ADELHEID WELLHAUSEN

DIE LATEINISCHE ÜBERSETZUNG DER HISTORIA LAUSIACA DES PALLADIUS

PATRISTISCHE TEXTE UND STUDIEN

IM AUFTRAG DER
PATRISTISCHEN KOMMISSION
DER AKADEMIEN DER WISSENSCHAFTEN
IN DER BUNDESREPUBLIK DEUTSCHLAND

HERAUSGEGEBEN VON
H. C. BRENNECKE UND E. MÜHLENBERG

BAND 51

WALTER DE GRUYTER · BERLIN · NEW YORK
2003

DIE LATEINISCHE ÜBERSETZUNG DER HISTORIA LAUSIACA DES PALLADIUS

TEXTAUSGABE MIT EINLEITUNG

VON

ADELHEID WELLHAUSEN

WALTER DE GRUYTER · BERLIN · NEW YORK

2003

Gedruckt mit Unterstützung der Deutschen Forschungsgemeinschaft

D 7

∞ Gedruckt auf säurefreiem Papier,
das die US-ANSI-Norm über Haltbarkeit erfüllt.

ISBN 3-11-016710-7

Bibliografische Information Der Deutschen Bibliothek

Die Deutsche Bibliothek verzeichnet diese Publikation in der Deutschen Nationalbibliografie; detaillierte bibliografische Daten sind im Internet über http://dnb.ddb.de abrufbar.

Printed in Germany
Einbandgestaltung: Christopher Schneider, Berlin

VORWORT

Die Historia Lausiaca wurde um 420 n. Chr. von dem Bischof Palladius in griechischer Sprache verfaßt und danach in verschiedene andere Sprachen übersetzt, darunter auch ins Lateinische. In der Patrologia Latina sind in einer "Appendix ad vitas patrum" zwei von Heribert Rosweyde edierte lateinische Übersetzungen abgedruckt, und zwar unter dem Titel "Heraclidis Eremitae Paradisus" (PL 74, 243-342) die Fassung BHL 6532 (in dieser Ausgabe Version I genannt) und als "Palladii Lausiaca" (PL 74, 343-382) die Fassung BHL 6534 (als Version II bezeichnet). Der vor der Appendix stehende und als eigentliche Historia Lausiaca aufgefaßte Text (De vitis patrum liber octavus sive Historia Lausiaca, interprete Gentiano Herveto, ed. H. Rosweyde, PL 73, 1066-1234) ist dagegen keine alte, sondern eine mit der Historia Monachorum kontaminierte neuzeitliche Übersetzung.

Befaßt man sich mit der handschriftlichen Überlieferung der beiden Übersetzungen "incerto sed veteri interprete" aus der Appendix, so stößt man bald auf eine weitere Fassung, die zu einem großen Teil mit Version I übereinstimmt, aber von geringerem Umfang ist. Diese Kurzfassung heißt in der vorliegenden Edition Ia. Die mir bekannt gewordenen Handschriften lassen sich den drei Texttypen I, Ia und II zuordnen, wobei die meisten Handschriften auf die Version I entfallen und damit ihre weite Verbreitung bezeugen. Vergleicht man die lateinischen Fassungen mit denen des griechischen Textes, so stellt man fest, daß Ia und II in groben Zügen der griechischen Kurzfassung (in der Edition von Cuthbert Butler mit der Sigle G bezeichnet) entsprechen, während I mit der griechischen Langfassung B vergleichbar ist. Allerdings liegt keine scharfe Trennung zwischen den Versionen vor, vielmehr bestehen zahlreiche Querverbindungen. Bei Ia und II handelt es sich um zwei voneinander unabhängige Übersetzungen, wobei II enger an seine Vorlage angelehnt ist als Ia. Bei näherer Betrachtung des Verhältnisses zwischen den Fassungen Ia und I ergibt sich, daß I durch Bearbeitung der Version Ia unter Benutzung einer griechischen Vorlage entstanden ist. Die Bearbeitung besteht einerseits in stilistischer Glättung und Vereinfachung des Textes und andererseits in der Einfügung von Zusätzen (meist erläuternden Einschüben, Attributen zu Personen oder zusätzlichen Bibelzitaten), die teilweise auch eine Entsprechung im Griechischen haben.

Angesichts dieser Lage erwies sich die Textfassung Ia aus mehreren Gründen als lohnender Editionsgegenstand: Zunächst einmal existierte von dieser Fassung bisher noch keine Ausgabe. Ferner bildet sie die Grundlage, auf der die einflußreichere Version I basiert. Schließlich ist sie in sprachlicher und textkritischer Hinsicht interessant, da sie oft, verglichen mit I, in semantischer oder syntaktischer Hinsicht die lectio difficilior bietet. Jedoch war es unumgänglich, zur Textrekonstruktion auch die Langfassung I als Zeugen zu verwenden: Zu schwach ist die handschriftliche Basis, auf die sich der Ia-Text stützen kann, da sich unter den wenigen vorhandenen Handschriften etliche Exzerpte und Fragmente befinden und auch die scheinbar vollständigen Handschriften Lücken aufweisen. Zudem ist der Textzustand von Ia an vielen Stellen korrupt, an denen I zwar oft vom Bearbeiter korrigiert oder aus dem Griechischen neu übersetzt ist, nicht selten aber auch die ursprüngliche Lesart von Ia bewahrt hat. Die Version I ist daher durchgehend im Apparat dokumentiert. Die unabhängige Fassung II dagegen wurde nur vereinzelt zum Vergleich herangezogen und hatte für die Textherstellung keine entscheidende Bedeutung. Der Konsens der die Editionsgrundlage bildenden Ia-Handschriften wird mit der Sigle α bezeichnet, während die Version I durch die Handschriftenfamilie β vertreten wird, die eine frühe Stufe der Überlieferung darstellt und sich schon durch äußere Merkmale, die auf eine Corpusbildung schließen lassen, als zusammengehörig erweist.

Ziel der Textrekonstruktion war die annähernde Wiederherstellung der Textgestalt der ursprünglichen Übersetzung Ia vor ihrer Bearbeitung und Erweiterung zur Version I. Daß dabei die Bewertung der Lesarten, besonders bei gleichwertigen Varianten innerhalb von α oder zwischen α und β, oft eine Ermessensfrage war, liegt in der Natur der Sache.

Daß das Projekt einer Herausgabe der lateinischen Historia Lausiaca überhaupt ins Leben gerufen wurde, ist in erster Linie Eva Schulz-Flügel, Beuron und Tübingen, zu verdanken, die seinen Anschluß an die von ihr geleistete Edition der Historia Monachorum des Rufin als sinnvoll erachtete, da durch die Sammlung der Handschriften, die zu einem beträchtlichen Teil beide Texte enthalten, bereits grundlegendes Material vorhanden war. Eva Schulz-Flügel stand mir in langjähriger Freundschaft jederzeit mit ihrer Erfahrung zur Seite.

Für die Betreuung der Arbeit bis zum Abschluß der Drucklegung danke ich Ekkehard Mühlenberg, Göttingen, der als Vorsitzender der Patristischen Kommission und der Kommission zur Erforschung altchristlichen Mönchtums der Akademie der Wissenschaften zu Göttingen stets darauf bedacht war, den Fortgang der Forschungen und später der Publikation durch vielfältige Hilfe zu erleichtern. Neben ihm begleiteten das Projekt als Mitglieder der Mönchtumskommission Klaus Nickau, Göttingen, der auch mein Doktorvater war, Karl Suso Frank OFM, Freiburg, und Basil Studer OSB, Engelberg und Rom.

Der Philosophischen Fakultät der Georg-August-Universität Göttingen bin ich zu Dank verpflichtet für die Annahme der Arbeit als Dissertation, ebenso der Patristischen Kommission der Akademien der Wissenschaften in der Bundesrepublik Deutschland für ihre Aufnahme in die vom Verlag Walter de Gruyter herausgegebene Reihe "Patristische Texte und Studien", schließlich der Deutschen Forschungsgemeinschaft, die die Publikation der Ausgabe durch einen großzügigen Druckkostenzuschuß gefördert hat.

Entscheidend für den Fortgang der Editionsarbeit war die bereitwillige Unterstützung durch die Mitarbeiter der Bibliotheken in ganz Europa, die mir ihre Handschriften durch Mikrofilme und Fotokopien zugänglich machten und meine Anfragen detailliert beantworteten. Für die Ermöglichung von Forschungsaufenthalten danke ich insbesondere der Abtei von Monte Cassino, die mir Zutritt zum Handschriftenstudium gewährte, und dem Vetus Latina Institut in Beuron, das mir sein reichhaltiges Material zur Überprüfung der Bibelzitate des Textes zur Verfügung stellte.

Mein aufrichtiger Dank gebührt ferner den wissenschaftlichen und studentischen Hilfskräften, die an dem Projekt in verschiedenen Phasen mitgewirkt haben. Stellvertretend für alle seien hier die Namen Margarete Lünstroth, Thomas Haye, Martin Müller-Wetzel und Christine von Mering genannt, die einen großen Beitrag zur Erstellung des Bibelstellen- und Autorenregisters geleistet hat.

Wertvolle Auskünfte über die Apophthegmenüberlieferung und Verbindungen zur Historia Lausiaca habe ich von meiner Göttinger Kollegin und Freundin Chiara Faraggiana, jetzt Bologna und Ravenna, erhalten. Ihr danke ich dafür herzlich.

Immer wenn sprachliches Feingefühl bei der Bewertung komplizierter Überlieferungssituationen gefragt war, konnte ich auf den Rat von Rolf Heine, Göttingen, zählen. Seinem nie ermüdenden Interesse verdanke ich es, daß mir die Freude an den Herausforderungen des lateinischen Textes der Historia Lausiaca stets erhalten blieb.

Schließlich verdienen auch die Kollegen meiner jetzigen Arbeitsstelle in der Bayerischen Akademie der Wissenschaften, der Kommission für die Herausgabe eines mittellateinischen Wörterbuches, meinen Dank für die Geduld, mit der sie das Erscheinen dieser Ausgabe erwartet haben.

Adelheid Wellhausen München, im Juli 2003

INHALTSVERZEICHNIS

SIGELLISTE

Sigel für die Handschriften der Textrekonstruktion

A	Valenciennes, Bibl. Mun. 521 (475), s. X, foll. 1^{r}-26^{r}	346
B	Torino, Bibl. Naz. Univ. Cod. Bobb. F. IV. 25, s. X, foll. 24va-98vb	427
b	Milano, Bibl. Ambros. D 525 Inf., s. XI, foll. 30va-57vb	429
C	Chartres, Bibl. Mun. 5 (16), s.VIII, foll. 108va-146vb	344
D	Monte Cassino, Bibl. dell'Abbazia 143 KK, s. XI, pp. 400^{a}-405^{a} (Exzerpt)	361
E	Einsiedeln, Stiftsbibl. 258 (4. Nr. 85), s. X/XI, pp. 2-251	431
F	Milano, Bibl. Ambros. I 61 Inf., s. XI, foll. 206^{r}-268^{r}	434
G	Roma, Bibl. Vallicelliana Tom. XII., s. XI, foll. 108^{v}-211^{v}	430
H	Monte Cassino, Bibl. dell'Abbazia 400 I, s. XI, pp. 277-290 (Exzerpt)	363
M	Monte Cassino, Bibl. dell'Abbazia 348 LL, s. XI, pp. 1-130	353
N	Novara, Bibl. Capit. del Duomo LXI, s. IX/X, foll. 194^{r}-242^{r}	432
P	Paris, Bibl. Nat. lat. 2994^{A}, s. IX, foll. 42^{r}-45^{r} (Exzerpt)	359
S	Roma, Bibl. Naz. Centr. Cod. Sess. 41, s. X, foll. 90va-183vb	350
T	Monte Cassino, Bibl. dell'Abbazia 463 I, s. XI, pp. 298; 393-398; 574-578; 581-585 (Exzerpt)	364
U	Bern, Burgerbibl. 611, s. VIII, foll. 40^{v}-41^{v} (Exzerpt)	356
V	Paris, Bibl. Nat. lat. 9729, s. IX, foll. 2^{r}-66^{v}	426
W	Wolfenbüttel, Herzog Aug. Bibl. 59.6. Aug. fol., s. XII/XIII, foll. 77va-79va (Exzerpt)	358
Z	Marseille, Bibl. Mun. 1233, s. X, foll. 49^{r}-66^{v} (Exzerpt)	348

Sigel für die Codices descripti

J	Monte Cassino, Bibl. dell'Abbazia 50 MM, s. XI, pp. 291^{a}-441^{b}	407
K	Napoli, Bibl. Naz. Cod. VIII B. 10, s. XIV, foll. 367vb-416vb	407
L	Napoli, Bibl. Naz. Cod. VIII B. 27, s. XV, foll. 196va-226ra	408
O	Benevento, Bibl. Capit. della Catt. Cod. III (IV), s. XI/XII, foll. 140va-143va (Exzerpt)	409
Q	Paris, Bibl. Nat. lat. N.A. 1491, s. XI, pp. 354^{a}-390^{a} (Exzerpt)	405
R	Paris, Bibl. Nat. lat. N.A. 1492, s. XV, foll. 40^{r}-54^{v} (Exzerpt)	406

Sigel für lateinische Handschriftengruppen, Textfassungen und Editionen

α	Consensus mss. **C A Z SM**[1]
β	Consensus mss. **VB bG E NF**
Ia	Recensio brevior versionis primae
I	Recensio longior versionis primae (= BHL 6532)
II	Versio altera (= BHL 6534)
Ro	Recensio I ab Heriberto Rosweyde edita, PL 74, 243-342
Lat. II	Versio altera secundum editionem Heriberti Rosweyde, PL 74, 343-382 (manuscriptis adhibitis)

In der Einleitung wird zwischen den Siglen Ia und I auf der einen und α und β auf der anderen Seite unterschieden. Ia und I werden verwendet, wenn die gesamte Textfassung bezeichnet werden soll; α und β stehen für die diese Textfassungen repräsentierenden Handschriftengruppen.

Sigel für griechische und syrische Textfassungen und Editionen

Gr	Textus graecus
Bu	Ed. Butler[2]
Ba	Ed. Bartelink
Gr G	Recensio brevior textus graeci
Gr B	Recensio longior textus graeci
Syr	Textus syrus (editio: Draguet, Formes syriaques)[3]. Litterae R vel Rm cum numero varias recensiones textus significant.

Abschnitte des griechischen Textes werden mit §-Zeichen in der Zählung der Ausgabe von Bartelink zitiert; die von mir eingerichteten Texteinheiten der lateinischen Ausgabe werden mit einem Punkt zwischen Kapitel- und Paragraphenzahl angegeben. Im ersten Teil der Einleitung (Komplex A) bildet der griechische Text die Zitiergrundlage, weil hier das Werk als solches, nicht seine lateinische Übersetzung, im Vordergrund steht.

Sigel für griechische Handschriften[4]

A	Partes recensionis longioris textum purum praebentes, plerumque Cod. Paris, B. N. Coisl. 295 (s. XIV)

---

1 Dazu treten ggf. weitere der oben angeführten Exzerpthandschriften. Der Fall, daß alle fünf α-Handschriften vorhanden sind, liegt nur in Cap. 19 vor; in allen anderen Kapiteln fehlt mindestens einer dieser Textzeugen.

2 Da die zweisprachige (griechisch-italienische) Ausgabe von G. J. M. Bartelink einen nahezu identischen Text und einen recht knappen textkritischen Apparat bietet, beziehe ich mich weiterhin auf die Ausgabe von Butler.

3 Den syrischen Text habe ich nur in der französischen Übersetzung benutzt.

4 Vgl. Edd. Butler II, S. 2 und Bartelink, S. 2.

C Cod. Paris, B. N. Coisl. 282, s. XI
P Cod. Paris, B. N. graec. 1628, s. XIV
T Cod. Torino, Bibl. Naz. Univ. graec. C. IV. 8 (al. 141), s. XVI
V Cod. Venezia, Bibl. Naz. Marciana Bess. 346, s. XI
W Cod. Oxford, Christ Church Wake graec. 67, s. X

ALPHABETISCHE LISTE DER HANDSCHRIFTEN[1]

	Admont, Bibl. d. Bened. Stiftes	
1	**143** (s. XII)	II
	Angers, Bibl. Mun.	
2	**290 (281)** (s. XI)	I
3	**810 (726)** (s. XII)	II
	Avranches, Bibl. Mun.	
4	**163** (s. XI)	I
	Basel, Univ. Bibl.	
5	**B III 23** (s. XIII)	I
6	**B V 2** (1399)	II
	Benevento, Bibl. Capit. della Catt.	
7	**Cod. III (IV)** (s. XI/XII)	Ia
	Berlin, Staatsbibl. zu Berlin, Preuss. Kulturbes. (Haus 1)	
8	**Ham. 683** (s. XII)	I
9	**theol. lat. fol. 36** (1448)	II
10	**theol. lat. fol. 275** (s. X)	II
11	[**lat. fol. 768 (= Görres 128)** (s. XV): *epitome*	(I)]
	Bern, Burgerbibl.	
12	**611** (s. VIII)	Ia
	Bloomington, Indiana Univ., The Lilly Libr.	
13	**Ricketts 170 (= Phillipps 13576)** (s. XIV)	(I) + II
	Brno, Univ. Knihovna	
14	**Mk 5 (I. 194)** (s. XIV)	I + II
15	[**Mk 108 (II. 24)** (s. XV): *epitome*	(I)]
	Bruxelles, Bibl. des Boll.	
16	**Cod. 27** (1461)	II
	Bruxelles, Bibl. Roy.	
17	**1800 (3149)** (s. XIV/XV)	II
18	**7462-81 (3177)** (s. XII/XIII)	I
19	**10801-06 (1189)** (1533-35)	I
	Cambridge, Univ. Libr.	
20	**Ff. V 27** (s. XIII)	I

[1] In dieser Liste ist die jeweilige Version (Ia, I oder II) angegeben; zudem sind den Textzustand betreffende Besonderheiten vermerkt. – Die Einzellisten befinden sich in Kapitel D1.

21	**Gg. I 32** (s. XV)	I
22	**Ii. IV 36** (s. XII)	I
	Cambridge, King's Coll.	
23	**4** (s. XV)	I
	Cambridge, Sidney Sussex Coll.	
24	**47 Δ 3.2.** (s. XII)	Ia
	Cambridge, Trinity Coll.	
25	**B. 2. 30 (141)** (s. XII)	I
	Châlons sur Marne, Bibl. Mun.	
26	**53 (57)** (s. XI)	II
	Chartres, Bibl. Mun.	
27	**5 (16)** (s. VIII)	Ia + II
	Cheltenham	
28	[**Phillipps 4740** (s. XII): *codex loco ignoto asservatus*	?]
	Darmstadt, Hessische Landes- und Hochschulbibl.	
29	**760** (s. XV)	II
	Dijon, Bibl. Mun.	
30	**136 (103)** (s. XII/XIII)	I + II
	Douai, Bibl. Mun.	
31	**852** (s. XII et XIII)	I
	Dublin, Trinity Coll.	
32	**C. 2. 9 (619)** (s. XIII/XIV)	I
	Durham, Dean and Chapter Libr.	
33	**B. 3. 8** (s. XIV)	I
	Edinburgh, Nat. Libr. of Scotland	
34	**18. 4. 3 (A. 5. 48)** (s. XII)	I
	Einsiedeln, Stiftsbibl.	
35	**258 (4. Nr. 85) Einsidl.** (s. X/XI)	I
	Épinal, Bibl. Mun.	
36	[**64** (s. XIV): *codex loco ignoto asservatus*	?]
	Erlangen, Univ. Bibl.	
37	**lat. 421** (s. XIV)	I
	El Escorial, Bibl. de Monast.	
38	**I-III-13** (s. IX/X)	I
39	**T-I-12** (s. XIV/XIII?)	II
	Saint-Evroult	
40	[**Cod. 82**: *codex loco ignoto asservatus*	?]
	Firenze, Bibl. Med. Laur.	
41	**S. Crucis Plut 10 sin 9** (s. XIV)	I + II
42	**S. Crucis Plut 19 Cod 16** (s. XI)	I
43	**S. Crucis Plut 20 dext 5** (s. XIII)	I + II
44	**S. Crucis Plut 34 sin 1** (s. XIII)	I + II
45	**Fes. 34** (1464)	I
	Frankfurt, Stadt- u. Univ. Bibl.	

46	**Lat Qu 54** (s. XV)	II
	Gdánsk, Bibl. Polskiej Akad. Nauk	
47	**1950 (XII B f 23)** (s. XV)	II
	Hereford, Cath. Libr.	
48	**O. 1. III (1708)** (s. XIII)	I
49	**P. 2. V (1726)** (s. XI)	I
	Holkham Hall, Libr. of the Earl of Leicester	
50	**129** (s. XI et XIII)	II
	Koblenz, Staatsarchiv	
51	**Best. 701 Nr. 133** (s. XIV/XV)	II
	Köln, Evangelische Bibliothek	
52	**Ser. Nov. Phil. 532** (1460)	II
	Köln, Stadtarchiv	
53	[**192** (s. XV): *epitome*	(I)]
	London, Ashburnham Place	
54	[**The Barrois mss LXXXIII** (s. XIV): *codex loco ignoto asservatus*	I?]
	London, Brit. Mus.	
55	**Cotton Faust. A II** (s. XII/XIII)	I
56	**Harl. 4719** (s. XII)	I
57	**Roy. 5 F V** (s. XIII)	I
58	**Roy. 8 D VIII** (s. XII)	I
59	**Add. 33518** (s. XII)	II
60	**Add. 37400** (s. XIV)	II
	London, Gresham Coll.	
61	[**Ms Norfolc. 3452** (s.?): *codex loco ignoto asservatus*	?]
	Manchester, John Ryland's Libr.	
62	**422 [R. 73461]** (s. XV)	II
	Marseille, Bibl. Mun.	
63	**1233 (Eb. 188 - R. 891)** (s. X)	Ia
	Metz, Bibl. Mun.	
64	**1248** (s. XI)	I
	Michaelbeuern, Bibl. der Abtei	
65	**man cart 42** (1469)	II
	Milano, Bibl. Ambr.	
66	**C 57 Sup** (1322)	I
67	**D 525 Inf** (s. XI)	I
68	**I 61 Inf** (s. XI)	I
69	**I 89 Sup** (s. X)	II
70	[**O 114 Sup** (s. XIII): *epitome*	(I)]
71	**S 24 Sup** (1197)	I
	Monte Cassino, Bibl. dell'Abbazia	
72	**50 MM** (s. XI)	Ia
73	**143 KK** (s. XI): *partim epitome*	Ia + (I) + II

74	**324 LL** (s. XI): *partim epitome*	(I) + II
75	**348 LL** (s. XI)	Ia
76	**400 I** (s. XI): *partim epitome*	Ia + (I) + II
77	**406 I** (s. XIV/XV)	II
78	**463 I** (s. XI): *partim epitome*	Ia + (I) + II
	München, Bayer. Staatsbibl.	
79	**Clm 2540** (s. XII)	II
80	[**Clm 3056** (s. XV): *partim epitome*	(I) + II]
81	[**Clm 5823** (s. XV): *partim epitome?*	(I)? + II]
82	[**Clm 18093** (1474): *partim epitome*	(I) + II]
83	**Clm 18553a** (s. XV)	II
	Namur, Bibl. du Musée Arch.	
84	**Fonds de la Ville 12** (s. XII)	II
	Napoli, Bibl. Naz.	
85	**Cod. VIII B. 10** (s. XIV)	Ia + II
86	**Cod. VIII B. 27** (s. XV)	Ia + II
	Napoli, Bibl. Orat.	
87	**Cod. XXII pil IV 4** (1432)	I
	Novara, Bibl. Capit. del Duomo	
88	**LXI** (s. X?)	I
	Oxford, Bodl. Libr.	
89	**602 (2393)** (s. XII/XIII)	I
90	**839 (2572)** (s. XII)	I
91	**Can. Misc. 167** (s. X/XI)	I
92	**Can. Misc. 523** (s. XV)	I
93	**Hatton 84** (s. XII)	I
94	**Jones 18** (s. XII)	I
95	**Ric. Rawl. D 893** (s. XII)	I
	Oxford, Merton Coll.	
96	**CXVIII** (s. XIV)	I
	Padova, Bibl. Anton.	
97	**Scaff. V, Ms 84** (s. XIII/XIV)	I
	Paris, Bibl. Mazarine	
98	**Hist. eccl. 1710** (s. XI/XII)	I
99	**Hist. eccl. 1712** (s. XII)	I
	Paris, Bibl. Nat.	
100	**lat. 1789** (s. XII et XIII)	I
101	**lat. 2025** (s. XIII)	I
102	**lat. 2462** (s. XII/XIII)	Ia
103	**lat. 2825** (s. XVI)	I
104	**lat. 2843** (s. XI)	II
105	**lat. 2941** (s. XIII)	II
106	**lat. 2988** (s. XII)	I
107	**lat. 2994**^{A} (s. IX)	Ia

108	**lat. 3588** (s. XIV)	I
109	**lat. 3784** (s. X/XI)	II
110	**lat. 5314** (s. XI/XII)	I
111	**lat. 5386** (s. XIII)	I
112	**lat. 5406** (s. XIV)	I + II
113	**lat. 5407** (s. XIV)	I + II
114	**lat. 5623** (s. XII)	I
115	**lat. 5624** (s. XIII)	II
116	**lat. 8996** (s. XI)	II
117	**lat. 9729** (s. IX)	I
118	**lat. 10841** (1411)	II
119	**lat. 12277** (s. XII)	I
120	**lat. 16051** (s. XII)	II
121	**lat. 17568** (s. XIII)	I
122	**lat. N.A. 1491** (s. XI)	Ia
123	**lat. N.A. 1492** (s. XV)	Ia
	Perugia, Bibl. Commun.	
124	**1035 (M 58)** (s. XIV)	I
	Poitiers, Bibl. Mun.	
125	**249 (62)** (s. XV)	I
	Praha, Národního Muzea	
126	**XII F. 7.** (s. XV)	II
	Reims, Bibl. Mun.	
127	**790** (s. XIV)	I
128	**1390** (s. XI/XII)	II
129	**1400** (s. XIII)	II
	Roma, Bibl. Casanat.	
130	**Cod. 620** (s. XV)	II
131	**Cod. 1366** (s. XI/XII)	II
132	**Cod. 1898** (s. XIV)	I
	Roma, Bibl. Naz. Centr.	
133	**Cod. Farf. 5** (s. XIII)	Ia + I
134	**Cod. Sess. 41** (s. X)	Ia
135	[**Cod. Sess. 73** (s. XIV/XV): *epitome*	(I)]
	Roma, Bibl. Romana	
136	[**Cod. V 4** (s.?): *codex loco ignoto asservatus*	I?]
	Roma, Bibl. Vallicell.	
137	**Cod. C. 55** (s. XIV)	I
138	**Tom. XII** (s. XI)	I
	Rouen, Bibl. de Rouen	
139	[**Cod. A. 387** (s. XII): *textus deest*	I?]
140	**Cod. U. 98** (s. XII)	I
141	**Cod. Y. 198** (s. XII/XIII)	I
	Savigny-Le-Vieux (Manche), La Trinité et Notre-Dame	

142	[**Cod. 47** (s.?): *codex loco ignoto asservatus*	I?]
	Schaffhausen, Stadtbibl.	
143	**Ms. Min. 107** (s. XI)	II
	Subiaco, Bibl. dell'Abbazia	
144	**98 (XCIII)** (s. XI)	II
145	**130 (CXXVII)** (s. XIII)	I
	Torino, Bibl. Naz. Univ.	
146	**Cod. Bobb. F. IV. 25** (s. X)	I
147	[**I. V. 41** (s. XII): *codex deletus*	I?]
148	**K. IV. 12** (s. XIII)	II
149	[**K. VI. 30** (s. XIV): *codex deletus*	I?]
	Trier, Stadtbibl.	
150	**1156/459** (s. XI et XII)	II
	Troyes, Bibl. Mun.	
151	**716** (s. XII/XIII)	I + II
152	**777** (s. XII)	II
	Valenciennes, Bibl. Mun.	
153	**521 (475)** (s. X)	Ia
154	[**831 (613)** (s. XIV/XV): *epitome*	(I)]
	Vaticano, Bibl. Apost.	
155	**Vat. lat. 1199** (s. XV)	I
156	**Vat. lat. 1200** (s. XV)	I
157	**Vat. lat. 1201** (s. XI)	Ia + II
158	**Vat. lat. 5411** (s. XI/XII)	Ia + II
159	[**Vat. lat. 6010** (s. XV): *epitome*	(I)]
160	**Vat. lat. 6443** (s. XIV)	I
161	[**Vat. lat. 9026** (s. XVIII): *Epist. ad Eugippium*]	
162	[**Vat. lat. 9137** (s. XVII): *Epist. ad Eugippium*]	
163	**Vat. lat. 9309** (s. XIII)	II
164	**Barb. lat. 702** (s. XI/XII)	Ia + II
165	**Chig. lat. B. VII. 125** (s. XII)	Ia
166	**Reg. Suec. 432** (s. XII)	I
167	**Reg. Suec. 452** (s. XII)	I
168	**Reg. Suec. 494** (s. XII)	I
169	**Reg. Suec. 589** (s. XI)	I
170	**Urb. lat. 48** (s. XIV): *partim epitome*	Ia + (I) + II
171	**Urb. lat. 396** (s. XV)	I
	Venezia, Bibl. Naz. Marc.	
172	[**Cod. marc. L. III, 153 (=2909) Misc. (= Cod. VII, 35 Val.)** (s. XV): *epitome*	(I)]
	Wien, Benediktinerabtei U. L. F. z. d. Schotten	
173	**347** (s. XV)	II
	Wien, Österr. Nat. Bibl.	
174	**386** (s. XII)	I

175	**433** (s. XI)	II
176	**4157** (s. XV)	II
	Winchester, Chapter Libr.	
177	[**III J** (s. XIII): *codex loco ignoto asservatus*	I?]
178	**Ms 14** (s. XII)	I
	Wolfenbüttel, Herzog. Aug. Bibl.	
179	**322 Helmst.** (s. XV)	II
180	**59.6. Aug. fol.** (s. XII/XIII)	Ia

BIBLIOGRAPHIE[1]

TEXTAUSGABEN UND ÜBERSETZUNGEN

Historia Lausiaca

Griechisch:

- Palladio, La Storia Lausiaca, Testo critico e commento a cura di G. J. M. Bartelink, Vite dei Santi II (a cura di Christine Mohrmann), Fondazione Lorenzo Valla, Milano 1974 **Bartelink**
- Butler, C., The Lausiac History of Palladius I/II, A critical discussion together with notes on early Egyptian monachism, Texts and Studies VI.1 u. 2, Cambridge 1898 u. 1904 (Nachdr. Hildesheim 1967) **Butler**
- Palladii episcopi Helenopoleos Historia ad Lausum, continens Vitas sanctorum patrum, Gentiano Herveto interprete, ed. F. Du Duc, PG 34, 995-1262 (= La Bigne, Bibliotheca Veterum Patrum, Auctarium, Tom. II, S. 893-1053, Paris 1624) **Du Duc**
- Lucot, A., Palladius, Histoire Lausiaque, Texte grec, introduction et traduction, Paris 1912 **Lucot**
- Palladii episcopi Helenopoleos Historia Lausiaca, ed. J. van Meurs, Leiden 1616 **Meursius**
- Ramon i Arrufat, A., Palladi Història Lausíaca, text revisat i traducció, Fundació Bernat Metge, Escriptors Christians, III Sèrie, 24, Barcelona 1927
- ΠΑΛΛΑΔΙΟΥ ΕΠΙΣΚΟΠΟΥ ΕΛΕΝΟΥΠΟΛΕΩΣ Η ΠΡΟΣ ΛΑΥΣΟΝ ΙΣΤΟΡΙΑ ἤτοι ΛΑΥΣΑΪΚΟΝ καὶ Η ΚΑΤ᾽ ΑΙΓΥΠΤΟΝ ΤΩΝ ΜΟΝΑΧΩΝ ΙΣΤΟΡΙΑ, ΠΕΡΙΕΧΟΥΣΑΙ ΒΙΟΥΣ ΕΡΗΜΙΤΩΝ ΠΑΤΕΡΩΝ. Ἐξ Ἱεροσολυμιτικοῦ χειρογράφου ΙΣΤ᾽. αἰῶνος ἐκδίδονται ὑπὸ ΑΥΓΟΥΣΤΙΝΟΥ ΜΟΝΑΧΟΥ Ἰορδανίτου, ἐν Ἱεροσολύμοις 1914

Lateinisch:

- Appendix ad vitas patrum, ed. H. Rosweyde (= Ed. Antwerpen 1628): Heraclidis Eremitae Paradisus, incerto sed veteri interprete (= BHL 6532), PL 74, 243-342 **Ro**; Palladii Lausiaca, incerto sed veteri interprete (= BHL 6534), PL 74, 343-382 **Lat. II**
- Idem, in: Vitae Patrum, De Vita et Verbis Seniorum Libri X. Historiam Eremiticam complectentes: Auctoribus suis et Nitori pristino restituti, ac Notationibus illustrati, Operâ et studio Heriberti Ros-weydi Ultraiectini, è Soc. Iesu Theologi. Accedit

[1] Die Abkürzungen von Reihen und Zeitschriften sind verwendet nach: S. M. Schwertner, Theologische Realenzyklopädie, Abkürzungsverzeichnis, 2., überarbeitete und erweiterte Auflage, Berlin 1994. Von Schwertner abweichende Abkürzungen sind: **AB** für *Analecta Bollandiana*, **RA** für *Recherches augustiniennes* und **RB** für *Revue bénédictine*. Darüber hinaus sind im Literaturverzeichnis und in den Fußnoten der Einleitung folgende Abkürzungen zum Einsatz gekommen: **CC** für *Corpus Christianorum*, **MGH** für *Monumenta Germaniae historica* und **RE** für *Paulys Realencyclopädie der classischen Altertumswissenschaft*.

Onomasticon Rerum et Verborum difficiliorum, cum multiplici Indice. Antverpiae ex Officina Plantiniana, Apud Viduam et Filios Io. Moreti M.DC.XV; Heraclidis Eremitae Paradisus: 933-977, Palladii Lausiaca: 978-995 **Ed. 1615**
- De vitis patrum liber octavus sive Historia Lausiaca, interprete Gentiano Herveto, ed. H. Rosweyde, PL 73, 1066-1234

Syrisch:
- Acta Martyrum et Sanctorum syriace, Tomus septimus vel Paradisus Patrum, ed. P. Bedjan, Paris 1897, Nachdr. Hildesheim 1968 (= syrischer Text)
- E. A. W. Budge, Lady Meux manuscript no. 6, The Book of Paradise being the Histories and Sayings of the Monks and Ascetics of the Egyptian Desert by Palladius, Hieronymus and others, the Syriac texts, according to the recension of ʿAnân-Îshô of Bêth ʿÂbhê, Vol. I: English translation; Vol. II: English translation – continued, Index and Syriac text, London 1904
- Ders., The Paradise or Garden of the Holy Fathers being Histories of the Anchorites, Recluses, Monks, Coenobites and Ascetic Fathers of the Desert of Egypt between A. D. CCL and A. D. CCCC circiter, compiled by Athanasius Archbishop of Alexandria, Palladius Bishop of Helenopolis, Saint Jerome and others, Vol. I, London 1907 (= engl. Übersetzung)
- Les formes syriaques de la matière de l'Histoire Lausiaque, ed. R. Draguet, CSCO Vol. 389, 390, 398, 399, Louvain 1978; Vol. 389 (= Scriptores Syri 169) und Vol. 398 (= Scriptores Syri 173): Text; Vol. 390 (= Scriptores Syri 170) und Vol. 399 (= Scriptores Syri 174): franz. Übersetzung **Draguet, Formes syriaques I** (= Vol. 389); **II** (= Vol. 390)

Koptisch:
- Amélineau, E., De Historia Lausiaca, quaenam sit huius ad monachorum Aegyptiorum historiam scribendam utilitas (adiecta sunt quaedam huius historiae coptica fragmenta inedita), Paris 1887 (= Text mit lat. Übersetzung)
- Ders., Histoire des Monastères de la Basse-Égypte (Vies des saints Paul, Antoine, Macaire, Maxime et Domèce, Jean le nain, etc.), Texte copte et traduction française, Annales du Musée Guimet, Tome XXV, Paris 1894
- Chaîne, M., La double recension de l'Histoire Lausiaque dans la version copte, in: ROC 25 (1925/26) 232-275 (= Text mit franz. Übersetzung)
- Koptische Heiligen- und Martyrerlegenden, Texte, Übersetzungen und Indices herausgegeben und bearbeitet von W. Till, Orientalia Christiana Analecta 102 u. 108, Roma 1935 u. 1936 (= Text mit deutscher Übersetzung)
- De Vogüé, A., Palladiana II, La version copte de l'Histoire Lausiaque: I. Le Prologue et la Vie de Pambô, in: Studia Monastica, Vol. 32 (1990) 323-339; Palladiana III: II. La Vie d'Évagre, Vol. 33 (1991) 7-21; Palladiana IV: III. La Vie de Macaire d'Égypte, Vol. 34 (1992) 7-28 (= franz. Übersetzung)

Übersetzungen:
- The Lausiac History of Palladius (Clarke, W. K. L.), Translations of Christian Literature, Series I, Greek Texts, London/New York 1918
- Palladio, Storia Lausiaca, a cura del P. G. Gottardi O. F. M., Edizioni Cantagalli, Siena 1961
- Des Palladius von Helenopolis Leben der heiligen Väter, aus dem Griechischen übersetzt von Dr. St. Krottenthaler, Kurat in München, Bibliothek der Kirchenväter 5, Kempten-München 1912

- Palladius, Historia Lausiaca, Die frühen Heiligen in der Wüste, herausgegeben und aus dem Griechischen übersetzt von J. Laager, Zürich 1987
- Palladius, Les moines du désert, Histoire lausiaque, Introduction par L. Leloir, OSB, Traduction par les sœrs carmélites de Mazille, Collection „les Pères dans la foi", Desclée De Brouwer 1981
- Palladius: The Lausiac History, translated and annotated by R. T. Meyer, Ph. D., Ancient Christian Writers, The Works of the Fathers in Translation, No. 34, Westminster (Maryland)/London 1965 **Meyer, Lausiac History**

Historia Monachorum

Griechisch:

- Palladius und Rufinus, ed. E. Preuschen, Ein Beitrag zur Quellenkunde des ältesten Mönchtums, Texte und Untersuchungen, Giessen 1897
- Historia Monachorum in Aegypto, ed. A.-J. Festugière, O. P. (Subsidia Hagiographica 34), Bruxelles 1961; mit Übersetzung und Anmerkungen (frz.): Subsidia Hagiographica 53, Bruxelles 1971

Lateinisch:

- Vitae Patrum, ed. H. Rosweyde, Antwerpen 1615, S. 448-485; Antwerpen 1617, S. 342-370; Antwerpen 1628 = 1615 (Nachdr. der ersten Edition in: PL 21, 387-462)
- Tyrannius Rufinus, Historia monachorum sive De vita sanctorum patrum, ed. E. Schulz-Flügel, Patristische Texte und Studien, hrsg. von K. Aland und E. Mühlenberg, Band 34, Berlin 1990 **Ed. HM**

Apophthegmata

Griechisch:

- Collectio alphabetica: Apophthegmata patrum, ed. J.-B. Cotelier, Ecclesiae Graecae Monumenta, Tom. I, 338-712, Paris 1677 (Nachdr. in: PG 65, 71-440) **AP alph.**
- Collectio anonymica, ed. F. Nau, in: Revue de l'Orient Chrétien 12 (1907) 43-69 (Nr. 1-37), 171-189 (Nr. 38-62), 393-413 (Nr. 63-132); 13 (1908) 47-66 (Nr. 133-174), 266-297 (Nr. 175-215); 14 (1909) 357-379 (Nr. 216-297); 17 (1912) 204-211 (Nr. 298-334), 294-301 (Nr. 335-358); 18 (1913) 137-146 (Nr. 359-400) **AP Nau**
  franz. Übersetzung: Les sentences des pères du désert, série des anonymes, traduite et présentée par Dom Lucien Regnault, moine de Solesmes, Solesmes – Bellefontaine 1985 **AP N**[2]
- Collectio systematica: Les apophtegmes des pères, Collection systématique, Chapitres I-IX, introduction, texte critique, traduction, et notes, par Jean-Claude Guy, s. j., SC 387, Paris 1993 **AP syst.**

---

[2] Die Apophthegmata des Cod. Coislin. 126 werden nach der von Nau selbst eingeführten Zählung bis Nr. 392 mit AP Nau und in den darauffolgenden Nummern nach der von Guy fortgeführten Zählung mit AP N zitiert (s. Guy, S. 64-74). – Als Textgrundlage für letztere wird die französische Übersetzung der anonymen Serie von L. Regnault herangezogen. Aus dieser werden auch die Apophthegmata des Cod. Sinai 448 (**AP J**) zitiert.

- Sanctorum patrum Macarii Aegyptii, Macarii Alexandrini, Opera quae supersunt omnia, Appendix altera quae continet SS. Macariorum Aegyptii et Alexandrini apophthegmata: II. Apophthegmata sancti Macarii magni [Aegyptii] a Petro Possino edita, PG 34, 231-236

Lateinisch:
- Verba seniorum (Coll. syst.), interpretatione Johannis et Pelagii, ed. H. Rosweyde, PL 73, 851-1022 (= BHL 6527; 6529) **PJ**[3]
- Verba seniorum Ps.-Rufini, ed. H. Rosweyde, PL 73, 739-810 (= BHL 6525) **AP (BHL 6525)**
- Paschasii Dumiensis translatio, Liber Geronticon de octo principalibus vitiis, ed. J. G. Freire, A versão latina por Pascásio de Dume, Tom I/II, Coimbra 1971 **Freire, Apophthegmata**
- Commonitiones sanctorum patrum, ed. J. G. Freire, Uma nova colecção de apotegmas, Coimbra 1974 **Freire, Commonitiones**
- Sententiae patrum Aegyptiorum quas de Graeco in Latinum transtulit Martinus Dumiensis episcopus, in: Martini episcopi Bracarensis Opera omnia, ed. C. W. Barlow, New Haven 1950, S. 30-51
- Batlle, C. M., „Vetera Nova“, Vorläufige kritische Ausgabe bei Rosweyde fehlender Vätersprüche, in: Festschrift B. Bischoff, Stuttgart 1971, S. 32-42

Syrisch:
- Apophtegmes traduits du Syriaque, in: Les sentences des pères du désert, nouveau recueil, Apophtegmes inédits ou peu connus, rassemblés et présentés par Dom L. Regnault, traduits par les moines de Solesmes, 2e édition, Solesmes 1977 **AP Bu**[4]

Koptisch:
- Le manuscrit de la version copte en dialecte sahidique des „Apophthegmata Patrum“ par M. Chaîne, Publications de l'Institut Français d'Archéologie Orientale, Bibliothèque d'Études Coptes, Tom. VI, Cairo 1960 **AP Chaîne**

Sogdisch:
- Berliner sogdische Texte II: Bruchstücke der großen Sammelhandschrift C2, ed. O. Hansen, Abhandlungen der geistes- und sozialwissenschaftlichen Klasse der Akademie der Wissenschaften und der Literatur in Mainz, Jahrgang 1954, Nr. 15

---

[3] Unter PJ werden die beiden bei Migne als *Liber quintus* und *Liber sextus* getrennt abgedruckten Apophthegmensammlungen zusammengefaßt. Dabei ergeben sich für die einzelnen Kapitel des *Liber sextus* folgende neue Bezeichnungen, die auf Guy zurückgehen: *Libellus primus*, 1-17 wird als PJ 18, 21-37 zitiert, der *Libellus secundus* als PJ 19 und der *Libellus tertius* als PJ 20. – Zu dieser neuen Einteilung und zum Problem des *Libellus quartus* (= PJ 21) s. Guy, S. 124.

[4] Die Apophthegmata werden in dieser Ausgabe nach der englischen Übersetzung des syrischen Textes zitiert: E. A. Wallis Budge, The Paradise of the Holy Fathers, Vol. II (containing the Counsels of the Holy Men and the Questions & Answers of the Ascetic Brethren generally known as the Sayings of the Fathers of Egypt), London 1907.

Andere Texte

- Acta apostolorum apocrypha, ed. R. A. Lipsius/M. Bonnet, Partes I-II, Darmstadt 1959 (= Leipzig 1891-1903)
- The acts of the Christian martyrs, ed. H. A. Musurillo, Introduction, Texts and Translations, Oxford early Christian Texts (hrsg. von H. Chadwick), Oxford 1972
- Aelredi Rievallensis, De institutione inclusarum, ed. C. H. Talbot, in: Opera omnia, edd. A. Hoste, O. S. B., et C. H. Talbot, CC (Cont. Mediaev.) 1, Turnhout 1971, S. 635-682
- Beati Flacci Albini seu Alcuini Caroli Magni magistri Operum pars sexta – Carmina, PL 101, 723-848
- Sancti Ambrosii episcopi Mediolanensis Opera, iuxta editionem monachorum sancti Benedicti, Tom. I-IV, Leiden/Paris 1853
- Sancti Ambrosii Opera, ed. C. Schenkl, CSEL 32, Pars I-IV, Wien 1897-1903
- Aratoris subdiaconi De actibus apostolorum, ed. A. P. McKinlay, CSEL 72, Wien 1951
- Aristotelis Politica, ed. W. D. Ross, Oxford 1957
- S. P. N. Athanasii archiepiscopi Alexandrini Epistola ad Serapionem Thmuitanum episcopum, PG 26, 529-676
- S. P. N. Athanasii archiepiscopi Alexandriae Ad imperatorem Constantium apologia, PG 25, 595-642
- S. Athanasii Spuria: Epistola I et II ad Castorem, PG 28, 849-906
- Sancti Aurelii Augustini De civitate dei, ad fidem 4. ed. Teubnerianae quam a. 1928/29 cur. B. Dombart et A. Kalb paucis em. mutatis add., CC (Ser. Lat.) 47-48, Turnhout 1955
- S. Aureli Augustini Hipponensis episcopi Epistulae, ed. A. Goldbacher: Pars I (ep. 1-30), CSEL 34 (Wien 1895); Pars II (ep. 31-123), CSEL 34 (Wien 1898); Pars III (ep. 124-184A), CSEL 44 (Wien 1904); Pars IV (ep. 185-270), CSEL 57 (Wien 1911); Pars V (Praefatio editoris et indices), CSEL 58 (Wien 1923)
- Sancti Aureli Augustini Contra Faustum, ed. I. Zycha, CSEL 25, Wien 1891
- Sancti Aureli Augustini De gratia Christi et de peccato originali libri duo, ed. C. F. Urba et I. Zycha, CSEL 42 III, Wien 1902
- Sancti Aureli Augustini Retractationum libri duo, ed. P. Knöll, CSEL 36, Wien 1902
- S. Basilii Magni Opera, PG 31 (889-1052: Regulae fusius tractatae; 1051-1306: Regulae brevius tractatae)
- Basili Regula, a Rufino latine versa, ed. K. Zelzer, CSEL 86, Wien 1986
- Benedicti Regula, ed. R. Hanslik, CSEL 75, Wien ^{2}1977
- Biblia sacra iuxta vulgatam versionem, rec. R. Weber OSB, 2 Bände, Stuttgart ^{2}1975 **Vulgata**
- Iohannis Cassiani Conlationes XXIIII, ed. M. Petschenig, CSEL 13, Wien 1886
- Iohannis Cassiani De institutis coenobiorum et de octo principalium vitiorum remediis libri XII, ed. M. Petschenig, CSEL 17, Wien 1888
- Cassiodori senatoris institutiones, ed. R. A. B. Mynors, Oxford 1937 (korr. 1961)
- M. Tulli Ciceronis Scripta quae manserunt omnia, Fasc. 45, De natura deorum, post O. Plasberg ed. W. Ax, Stuttgart 1961 (= ^{2}1933)
- M. Tulli Ciceronis Scripta quae manserunt omnia, Fasc. 44, Tusculanae Disputationes, ed. M. Pohlenz, Stuttgart 1976 (= 1918)
- Constance de Lyon, Vie de saint Germain d'Auxerre, ed. R. Borius, SC 112, Paris 1965

- Consuetudines canonicorum regularum Springirsbacenses-Rodenses, ed. S. Weinfurter, CC (Cont. Mediaev.) 48, Turnhout 1978
- Cypriani Galli poetae Heptateuchos, ed. R. Peiper, CSEL 23, Wien 1891, S. 1-208
- Das Decretum Gelasianum de libris recipiendis et non recipiendis, in kritischem Text herausgegeben und untersucht von E. v. Dobschütz, Leipzig 1912
- Defensoris Logociacensis monachi Liber scintillarum, ed. D. H. M. Rochais, O. S. B., CC (Ser. Lat.) 117,1, Turnhout 1957
- Probi Donati Servii qui feruntur De arte grammatica libri ex recensione H. Keilii, Notarum Laterculi ex recensione T. Mommseni, Grammatici Latini ex recensione H. Keilii Vol. IV, Leipzig 1864
- Eugippii Regula, ed. F. Villegas/A. de Vogüé, CSEL 87, Wien 1976
- Eugippi Vita sancti Severini, ed. Th. Mommsen (1898), Nachdr. Hannover 1978 (MGH, Scriptores rerum Germanicarum in usum scholarum, Bd. 26)
- Euripidis Fabulae, ed. G. Murray, Tom. III, Oxford ²1913
- Eusebius Werke, Siebenter Band: Die Chronik des Hieronymus, Hieronymi Chronicon, ed. R. Helm, GCS 47, Berlin ²1956
- Eusebius Werke, Zweiter Band: Die Kirchengeschichte, ed. E. Schwartz, und: Die lateinische Übersetzung des Rufinus, ed. Th. Mommsen, Erster – Dritter Teil, GCS 9, 1-3, Leipzig 1903-1909
- Eutropius von Valencia, Epistola de octo vitiis und Epistola de districtione monachorum et ruina monasteriorum, PL 80, 9-20
- Évagre le Pontique, Traité pratique ou Le moine, ed. A. et C. Guillaumont: Tom. I (introduction); Tom. II (édition, traduction, commentaire et tables), SC 170 u. 171, Paris 1971; deutsche Übersetzung: Bunge, G., Evagrios Pontikos, Praktikos oder Der Mönch: Hundert Kapitel über das geistliche Leben (mit einem Vorwort von A. M. Haas), Köln 1989
- Evagrius Ponticus, Opera, PG 40, 1213-1286
- The Letters and Poems of Fulbert of Chartres, edited and translated by F. Behrends, Oxford Medieval Texts, Oxford 1976
- Claudii Galeni Protreptici quae supersunt, ed. G. Kaibel, Berlin 1963
- Gennadius: Hieronymus, Liber de viris illustribus, Gennadius, Liber de viris illustribus, ed. E. C. Richardson, TU, 14. Band, Heft 1, Leipzig 1896
- Gregorii Iliberritani episcopi quae supersunt, ed. V. Bulhart, CC (Ser. Lat.) 69, Turnhout 1967
- Sancti Gregorii Magni Romani pontificis XL Homiliarum in evangelia libri duo, PL 76, 1075-1312
- Gregorius Magnus: Grégoire le Grand, Dialogues, ed. A. de Vogüé, Tome I-III, SC 251, 260 u. 265, Paris 1978-1980
- Gregor von Nazianz, Briefe, ed. P. Gallay, GCS, Berlin 1969
- Gregorius Nazianzenus: S. P. N. Gregorii theologi archiepiscopi Constantinopolitani Orationes, PG 35, 395-36, 664
- Gregorius Nyssenus, Encomium in sanctum Stephanum protomartyrem, ed. O. Lendle, Leiden 1968 **Lendle**
- Gregorius Nyssenus: Vita S. Macrinae, ed. V. Woods Callahan, in: Gregorii Nysseni Opera ascetica (= Gregorii Nysseni Opera, ed. W. Jaeger, Vol. VIII, Pars I), Leiden 1952, S. 345-414
- Gregorii Turonensis Opera, ed. B. Krusch et al., MGH, Scriptores rerum Merovingicarum, Tom. I, Hannover 1885

- Hieronymus: Commentaires de Jérôme sur le prophète Isaïe, Livres I-IV, edd. R. Gryson et P.-A. Deproost avec la collaboration de J. Coulie et E. Crousse, Vetus Latina 23, Freiburg 1993
- Sancti Eusebii Hieronymi Epistulae, ed. I. Hilberg, CSEL 54 (Wien 1910); 55 (1912); 56 (1918)
- S. Hieronymi presbyteri Opera, Pars I, 6: Commentarii in Prophetas minores, ed. M. Adriaen, CC (Ser. Lat.) 76, Turnhout 1969
- S. Hieronymi presbyteri Opera, Pars III (Opera polemica), 1: Contra Rufinum, ed. P. Lardet, CC (Ser. Lat.) 79, Turnhout 1982
- S. Hieronymi presbyteri Opera, Pars III (Opera polemica), 2: Dialogus adversus Pelagianos, ed. C. Moreschini, CC (Ser. Lat.) 80, Turnhout 1990
- S. Eusebii Hieronymi Opuscula, PL 23: 17-30: Vita S. Pauli primi eremitae; 29-54: Vita S. Hilarionis eremitae; 55-62: Vita S. Malchi monachi captivi; 65-92: Translatio latina regulae sancti Pachomii
- Œuvres complètes d'Hippocrate, ed. É. Littre, Tom. 1-10, Paris 1839-1861
- Hippocrate, Tom. V, 1re Partie (Des Vents, De l'art), ed. J. Jouanna, Paris 1988
- Honorius Augustodunensis, De luminaribus ecclesiae sive de scriptoribus ecclesiasticis libelli quatuor (lib. I ex Hieronymo sublectus; lib. II ex Gennadio sublectus), PL 172, 197-234
- Q. Horatius Flaccus, Opera, ed. F. Klingner, Leipzig ^{3}1959
- Hugonis de Sancto Victore Didascalicon de studio legendi, ed. C. H. Buttimer, Studies in Medieval and Renaissance Latin, Vol. X, Diss. Washington D. C. 1939
- Isaias Monachos, Orationes, PG 40, 1105-1206
- L'ascéticon copte de l'Abbé Isaïe, Fragments sahidiques édités et traduits par A. Guillaumont, Bibliothèque d'Études Coptes, Tome V, Cairo 1956 **Isaias copt.**
- Les cinq recensions de l'ascéticon syriaque d'Abba Isaïe, ed. R. Draguet (Text und franz. Übersetzung), CSCO Vol. 289 (= Scriptores Syri 120); Vol. 290 (= Scriptores Syri 121); Vol. 293 (= Scriptores Syri 122); Vol. 294 (= Scriptores Syri 123), Louvain 1968 **Isaias syr.**
- Jacobi a Voragine Legenda aurea vulgo Historia Lombardica dicta, ed. Th. Graesse, Reproductio phototypica editionis tertiae 1890, Osnabrück 1969
- S. P. N. Joannis Climaci Scala paradisi, PG 88, 631-1164
- Beati Joannis Eucratae liber qui inscribitur Pratum, PG 87, 2, 2847-3112 [lat.: De vitis patrum liber decimus sive Pratum spirituale, auctore Joanne Moscho, interprete Ambrosio Camaldulensi, PL 74, 119-240]
- Isidori Hispalensis episcopi Etymologiarum sive originum libri XX, ed. W. M. Lindsay, Tom. I (lib. I-X); Tom. II (lib. XI-XX), Oxford 1911
- Kyrillos von Skythopolis, ed. E. Schwartz, TU, 4. Reihe, 4. Band, 2. Heft = 49. Band, 2. Heft, Leipzig 1939
- Leontios' von Neapolis Leben des heiligen Iohannes des barmherzigen Erzbischofs von Alexandrien, ed. H. Gelzer, Sammlung ausgewählter kirchen- und dogmengeschichtlicher Quellenschriften (hrsg. von G. Krüger), Fünftes Heft, Freiburg i. B. und Leipzig 1893 [lat.: Vita sancti Joannis eleemosynarii, auctore Leontio Neapoleos Cyprorum episcopo, interprete Anastasio S. R. E. bibliothecario, PL 73, 337-384]
- Liber ordinis sancti Victoris Parisiensis, edd. L. Jocqué et L. Milis, CC (Cont. Mediaev.) 61, Turnhout 1984
- Die syrische Überlieferung der Schriften des Makarios, Teil 2: Übersetzung, von W. Strothmann, Göttinger Orientforschungen (Veröffentlichungen des Sonderforschungs-

bereiches Orientalistik an der Georg-August-Universität Göttingen, hrsg. von F. Junge), I. Reihe: Syriaca, Band 21, Wiesbaden 1981
- Nicephori Callisti Xanthopuli Ecclesiasticae Historiae libri XVIII, PG 145,557-147,448
- Nilus, Opera, PG 79
- Origenes Werke, 8. Band, ed. W. A. Baehrens, GCS 33, Leipzig 1925
- P. Ovidi Nasonis Amores, Medicamina faciei femineae, Ars amatoria, Remedia amoris, ed. E. J. Kenney, Oxford 1961
- P. Ovidii Nasonis Metamorphoses, ed. W. S. Anderson, Leipzig 1988
- P. Ovidi Nasonis Tristium libri quinque, Ibis, Ex Ponto libri quattuor, Halieutica, Fragmenta, ed. S. G. Owen, Oxford 1915
- The Oxyrhynchus Papyri, Part XVI, ed. B. P. Grenfell, A. S. Hunt, H. J. Bell, London 1924
- Pachomiana latina, Règle et épitres de S. Pachome, Épitre de S. Théodore et „Liber" de S. Orsiesius, Texte latin de S. Jérôme, ed. A. Boon, Bibliothèque de la RHE, Fasc. 7, Louvain 1932
- Commonitorium Palladii de vita Bragmanorum, ed. T. Pritchard, in: The „Ambrose" Text of Alexander and the Brahmans, CM 44 (1993) 109-139 (Text: 115-132)
- Palladios, Dialogue sur la vie de Jean Chrysostome, Tom. I-II, ed. A.-M. Malingrey avec la collaboration de P. Leclercq, SC 341-342, Paris 1988
- Διήγησις Παλλαδίου εἰς τὸν βίον τῶν Βραγμάνων, ed. J. D. M. Derrett, in: The History of 'Palladius on the races of India and the Brahmans', CM 21 (1960) 64-135 (Text: 108-135)
- Paroemiographi Graeci, ed. E. L. Leutsch/F. G. Schneidewin, Teil I u. II, Göttingen 1839/1851
- Pascasii Radberti Expositio in Matheo libri XII, ed. B. Paulus O. S. B., CC (Cont. Mediaev.) 56 (I-IV), 56 A (V-VIII), 56 B (IX-XII), Turnhout 1984
- Paolino di Milano, Vita di S. Ambrogio, ed. M. Pellegrino, Verba Seniorum N. S. 1, Roma 1961
- Sancti Pontii Meropii Paulini Nolani Opera, Pars I (Epistulae); Pars II (Carmina), ed. W. Hartel, CSEL 29 u. 30, Wien 1894
- Photius, Bibliothèque, Tome I („Codices" 1-84), ed. R. Henry, Paris 1959 (Cod. 59 auch abgedruckt in: Palladios, Dialogue sur la vie de Jean Chrysostome, Tom. II, ed. A.-M. Malingrey, SC 342, Paris 1988)
- Platonis Opera, rec. I. Burnet, Tom. I-V, Oxford 1900-1907
- MGH, Poetae latini aevi Carolini 1, ed. E. Dümmler, Berlin 1881 (Nachdr. 1964)
- MGH, Poetae latini aevi Carolini 2, ed. E. Dümmler, Berlin 1884 (Nachdr. 1964) **MGH Poet. II**
- MGH, Poetae latini aevi Carolini 3,2,1, ed. L. Traube, Berlin 1892
- Pollucis Onomasticon, ed. E. Bethe, Lexicographi Graeci, Vol. IX, Fasc. 1-3, Leipzig 1900-1937
- S. Prosperi Aquitani Epigrammatum liber unus, PL 51, 497-532
- Aurelii Prudentii Clementis Carmina, ed. M. P. Cunningham, CC (Ser. Lat.) 126, Turnhout 1966
- Ratherii Veronensis Praeloquiorum libri VI, ed. P. L. D. Reid, CC (Cont. Mediaev.) 46 A, Turnhout 1984, S. 3-196
- La Règle du Maître, Introduction, texte, traduction et notes par A. de Vogüé, Tom. I-III, SC 105-107, Paris 1964-1965

- Les Règles des saints pères, Introduction, texte, traduction et notes par A. de Vogüé; Tom. I: Trois Règles de Lérins au Ve siècle; Tom. II: Trois Règles du VIe siècle incorporant des textes Lériniens, SC 297-298, Paris 1982
- Tyrannii Rufini Opera, ed. M. Simonetti, CC (Ser. Lat.) 20, Turnhout 1961
- Cronica fratris Salimbene de Adam ordinis minorum, ed. O. Holder-Egger, MGH, Scriptores, Tom. XXXII, Hannover 1905-1913
- Sedulii Opera omnia, ed. I. Huemer, CSEL 10, Wien 1885
- Serapion von Thmuis, Epistula ad monachos, PG 40, 925-942
- Sokrates, Kirchengeschichte, ed. G. C. Hansen, GCS, Neue Folge, Band 1, Berlin 1995
- Sozomenus, Kirchengeschichte, ed. J. Bidez/G. C. Hansen, GCS 50, Berlin (West) 1960
- Suidae Lexicon (Lexicographi Graeci, Vol. I), ed. A. Adler, Partes I-V, Leipzig 1928-1938
- Sulpicii Severi libri qui supersunt, ed. C. Halm, CSEL 1, Wien 1866
- P. Cornelii Taciti libri qui supersunt, tertium ed. E. Koestermann, Tom. II, Fasc. 2: Germania, Agricola, Dialogus de oratoribus, Leipzig 1970
- P. Terenti Afri Comoediae, ed. R. Kauer/W. M. Lindsay, Oxford 1926
- Theodoret, Kirchengeschichte, ed. L. Parmentier, GCS 19, Leipzig 1911
- Théodoret de Cyr, Histoire des moines de Syrie, „Histoire Philothée", Introduction, texte critique, traduction, notes par P. Canivet et A. Leroy-Molinghen, Tome I u. II, SC 234 u. 257, Paris 1977 u. 1979
- Theodoros Anagnostes, Kirchengeschichte, ed. G. C. Hansen, GCS, Berlin (Ost) 1971
- Valerius Berdigensis: Sancti Valerii abbatis Opuscula, PL 87, 421-458
- Gai Valeri Flacci Setini Balbi Argonauticon libros octo rec. W.-W. Ehlers, Stuttgart 1980
- Valerii Maximi Factorum et dictorum memorabilium libri novem, ed. C. Kempf, Leipzig 1888
- Venanti Honori Clementiani Fortunati presbyteri italici Opera poetica, ed. F. Leo, MGH, Auctores antiquissimi 4, 1, Berlin 1881
- P. Vergili Maronis Opera, ed. R. A. B. Mynors, Oxford 1969
- Vetus Latina, Die Reste der altlateinischen Bibel (nach Petrus Sabatier neu gesammelt und herausgegeben von der Erzabtei Beuron), 11/1: Sapientia Salomonis, ed. W. Thiele, Freiburg 1977
- Vincentius Bellovacensis, Speculum historiale, Straßburg 1473
- B. abbatis Zosimae Alloquia, PG 78, 1679-1702

Vitae:

- Vita sancti Abrahae eremitae, auctore sancto Ephraem diacono, interprete anonymo, PL 73, 281-292
- Athanase d'Alexandrie, Vie d'Antoine, ed. G. J. M. Bartelink, SC 400, Paris 1994 **Vita Anton. (gr)**
- Vita di Antonio, ed. G. J. M. Bartelink, Vite dei Santi I, Fondazione Lorenzo Valla, Milano 1974 **Vita Anton. (lat)**
- Addenda supplementi vice ad opera sancti Joannis Damasceni superius edita, Vita Barlaam et Joasaph, PG 96, 857-1240
- Vita sancti Basilii, Caesareae Cappadociae archiepiscopi, auctore Amphilochio, interprete Urso, PL 73, 293-312

- Vita sanctae Eugeniae virginis ac martyris, auctore incerto, PL 73, 605-620
- Vita sanctae Euphrasiae virginis, auctore incerto, PL 73, 623-642
- Vita sancti Macarii Romani servi dei, qui inventus est iuxta Paradisum, auctoribus Theophilo, Sergio et Hygino, PL 73, 415-426
- S. Sophronii patriarchae Hierosolymitani Vita Mariae Aegyptiae, quae ex meretrice asceta facta est in solitudine Jordanis, PG 87, 3, 3697-3726 [lat.: Vita sanctae Mariae Aegyptiacae meretricis, auctore Sophronio, interprete Paulo Diacono, PL 73, 671-690]
- Vita sanctae Mariae meretricis neptis Abrahae eremitae, auctore sancto Ephraem archidiacono, interprete anonymo, PL 73, 651-660
- Vita sanctae Marinae virginis, auctore incerto, PL 73, 691-694
- Vie de sainte Mélanie, ed. D. Gorce, SC 90, Paris 1962 **Vita Melan.**
- Vita sanctae Melaniae Junioris auctore coaevo et sanctae familiari (= BHL 5885), in: AB 8 (1889) 16-63 **Vita Melan. (lat.)**
- Vie anonyme d'Olympias, in: Jean Chrysostome, Lettres a Olympias, ed. A.-M. Malingrey, SC 13bis, Paris ^{2}1968, S. 406-449
- Sancti Pachomii Vitae Graecae, ed. Hagiographi Bollandiani ex recensione F. Halkin, Subsidia Hagiographica 19, Bruxelles 1932
- La vie latine de saint Pachome, traduite du grec par Denys le petit, ed. H. van Cranenburgh, O. S. B., Subsidia Hagiographica 46, Bruxelles 1969
- Vitae patrum Iurensium: Passiones vitaeque sanctorum aevi Merovingici et antiquiorum aliquot, ed. B. Krusch, MGH, Scriptores rerum Merovingicarum, Tom. III, Hannover 1896, S. 125-166
- Vita beati Posthumii patris quinque millium monachorum, incerto auctore, PL 73, 429-438
- Vita sancti Simeonis stylitae, auctore Antonio eius discipulo, PL 73, 325-334

MONOGRAPHIEN UND AUFSÄTZE

- Altaner, B./Stuiber, A., Patrologie, Leben, Schriften und Lehre der Kirchenväter, Freiburg i. Br. ^{8}1978 **Altaner**
- Balthasar, H. U. v., Die Hiera des Evagrius, in: Zeitschrift für katholische Theologie 63 (1939) 86-106 und 181-206
- Bardenhewer, O., Geschichte der altkirchlichen Literatur, 5 Bände, Freiburg i. Br. 1913-1932 (Nachdr. Darmstadt 1962) **Bardenhewer**
- Benvéniste, E., Études sur quelques textes sogdiens chrétiens, in: Journal asiatique 243 (1955) 297-337
- Berardino, A. di/Studer, B., Storia della teologia I: Epoca patristica, Casale Monferrato 1993; darin (S. 215-220): Crouzel, H., La scuola di Alessandria e le sue vicissitudini: Le discussioni su Origene e l'origenismo (= Kapitel IV c)
- Bischoff, B., Paläographie des römischen Altertums und des abendländischen Mittelalters (Grundlagen der Germanistik 24), Berlin ^{2}1986
- Bonnet, M., The Lausiac History by Dom Cuthbert Butler, in: REA 6 (1904) 341-347
- Bousset, W., Apophthegmata, Studien zur Geschichte des ältesten Mönchtums, Tübingen 1923
- Ders., Komposition und Charakter der Historia Lausiaca, in: Nachrichten von der Königlichen Gesellschaft der Wissenschaften zu Göttingen, Phil.-hist. Klasse, aus dem Jahre 1917, Berlin 1918 **Bousset, Komposition und Charakter**

- Ders., Zur Komposition der Historia Lausiaca, in: ZNW 21 (1922) 81-98 **Bousset, Zur Komposition**
- De Bruyne, D. D., L'héritage littéraire de l'abbé Saint Valère, RB 32 (1920) 1-10
- Buck, D. F., The Structure of the *Lausiac History*, in: Byzantion 46 (1976) 292-307 **Buck, Structure**
- Bühler, W., Gibt es einen gemeinsamen Archetypus der beiden Überlieferungsstränge von Tertullians Apologeticum?, in: Philologus 109 (1965) 121-133
- Bunge, G., Évagre le Pontique et les deux Macaire, in: Irénikon 56 (1983) 215-227 und 323-360
- Ders., Palladiana I, Introduction aux fragments coptes de l'Histoire Lausiaque, in: Studia Monastica 32 (1990) 79-129 **Bunge, Palladiana I**
- Butler, E. C., Palladiana, in: JTS 22 (1921); I: S. 21-35; II: S. 138-155; III: S. 222-238 **Butler, Palladiana**
- Campenhausen, H. Freiherr von, Griechische Kirchenväter, Urban-Taschenbücher, Bd. 14, Stuttgart 1955 (^{7}1986)
- Ders., Lateinische Kirchenväter, Urban-Taschenbücher, Bd. 50, Stuttgart 1960 (^{6}1986)
- Capaldo, M., Caratteristiche strutturali e prototipi greci dell'Azbučno-ierusalimskij e dell'Egipetskij Paterik, in: Cyrillomethodianum 3 (1975) 13-27
- Chitty, D. J., Dom Cuthbert Butler, Professor Draguet, and the *Lausiac History*, in: JTS N. S. 6 (1955) 102-110
- Christ, W. von/Schmid, W./Stählin, O., Geschichte der griechischen Litteratur, Zweiter Teil: Die nachklassische Periode der griechischen Litteratur, Zweite Hälfte: Von 100 bis 530 nach Christus (= Handbuch der Altertumswissenschaft, Siebenter Band, Zweiter Teil, 2. Hälfte), München ^{6}1974 **Christ/Schmid/Stählin**
- Cranenburgh, H. van, OSB, La „Regula Angeli" dans la vie latine de saint Pachôme, in: Le Muséon 76 (1963) 165-194
- Curtius, E. R., Europäische Literatur und lateinisches Mittelalter, Bern ^{10}1984 **Curtius**
- Czapla, B., Gennadius als Litterarhistoriker, Eine quellenkritische Untersuchung der Schrift des Gennadius von Marseille „De viris illustribus", Kirchengeschichtliche Studien IV 1, Münster 1898
- Devos, P., Les nombres dans l'„Historia Monachorum in Aegypto", in: AB 92 (1974) 97-108
- Ders., Silvie la sainte pèlerine II. en occident, in: AB 92 (1974) 321-343
- Díaz y Díaz, M. C., Sobre la compilación hagiográfica de Valerio del Bierzo, in: Hispania Sacra 4 (1951) 1-23
- Diehl, E., Das Signum, in: RhM N. F. 62 (1907) 390-420
- Dornseiff, F., Das Alphabet in Mystik und Magie (ΣΤΟΙΧΕΙΑ, Heft VII), Leipzig ^{2}1925
- Draguet, R., Butler et sa *Lausiac History* face a un ms. de l'édition, le Wake 67, in: Le Muséon 63 (1950) 205-230
- Ders., Butleriana, Une mauvaise cause et son malchanceux avocat, in: Le Muséon 68 (1955) 239-258
- Ders., Le chapitre de l'*Histoire Lausiaque* sur les Tabennésiotes dérive-t-il d'une source copte?, in: Le Muséon 57 (1944) 53-145 und 58 (1945) 15-95
- Ders., L'„Histoire Lausiaque", une œuvre écrite dans l'esprit d'Évagre, Teil 1: RHE 41 (1946) 321-364; Teil 2: RHE 42 (1947) 5-49 **Draguet, L'Histoire Lausiaque, d'esprit évagrien**

– Ders., L'inauthenticité du proœmium de l'Histoire Lausiaque, in: Le Muséon 59 (1946) 529-534
– Ders., Un morceau grec inédit des vies de Pachôme apparié a un texte d'Évagre en partie inconnu, in: Le Muséon 70 (1957) 267-306
– Ders., Un nouveau témoin du texte G de l'„Histoire Lausiaque" (Ms. Athènes 281), in: AB 67 = Mélanges Paul Peeters I (1949) 300-308
– Ders., Une nouvelle source copte de Pallade: le ch. VIII (Amoun), in: Le Muséon 60 (1947) 227-255
– Ders., Réminiscences de Pallade chez Cyrille de Scythopolis, in: RAM 25 (1949) 213-218
– Ders., Une section „isaïenne" d'apophtegmes dans le Karakallou 251, in: Byzantion 35 (1965) 44-61 **Draguet, Karakallou 251**
– Ders., Un texte G de l'*Histoire Lausiaque* dans le Lavra 333 Γ 93, in: RSR 40 = Mélanges Jules Lebreton II (1951-1952) 107-115
– Evelyn White, H. G., The monasteries of the Wâdi'n Natrûn, Part II: The history of the monasteries of Nitria and of Scetis (edited by W. Hauser), Publications of the Metropolitan Museum of Art, Egyptian Expedition 7, New York 1932-33 **Evelyn White, Wâdi'n Natrûn**
– Feichtinger, B., Apostolae apostolorum, Frauenaskese als Befreiung und Zwang bei Hieronymus, Studien zur klassischen Philologie, Band 94, Frankfurt a. M. 1995
– Flusin, B., Art. „Pallade d'Hélénopolis", in: Dict. Spirit. XII 1, 1984, Sp. 113-126 **Flusin, Pallade**
– Gindele, C., OSB, Bienen-, Waben- und Honigvergleiche in der frühen monastischen Literatur, in: Regulae Benedicti Studia, Annuarium Internationale 6/7 (1977-1978) 1-26
– Graf, G., Geschichte der christlichen arabischen Literatur, Erster Band: Die Übersetzungen, Studi e Testi 118, Città del Vaticano 1944
– Grützmacher, G., Hieronymus, Eine biographische Studie zur alten Kirchengeschichte, Band 3 (Sein Leben und seine Schriften von 400 bis 420), Studien zur Geschichte der Theologie und der Kirche, Band X, Heft 2, Berlin 1908 (Nachdr. Aalen 1969)
– Guillaumont, A., Évagre et les anathématismes antiorigénistes de 553, in: Studia Patristica 3 (= TU 78), 1961, 219-226
– Ders., Les 'Kephalaia gnostica' d'Évagre le Pontique et l'histoire de l'origénisme chez les grecs et chez les syriens, Paris 1962 **Guillaumont, Kephalaia gnostica**
– Guillaumont, A. u. C., Art. „Évagre le Pontique", in: Dict. Spirit. IV 2, 1961, Sp. 1731-1744
– Guy, S. J., Recherches sur la tradition grecque des Apophthegmata patrum, Subsidia Hagiographica 36, Bruxelles 1962 **Guy**
– Hannick, C., La version slave des Paterika, in: Irénikon 47 (1974) 355-359
– Heppell, M., Slavonic Translations of Early Byzantine Ascetical Literature, in: JEH 5 (1954) 86-100
– Holl, K., Die Zeitfolge des ersten origenistischen Streits (1916), in: Gesammelte Aufsätze zur Kirchengeschichte II: Der Osten, Tübingen 1928, S. 310-335 [S. 335-350: Jülicher, A., Bemerkungen zu der Abhandlung des Hrn. Holl: Die Zeitfolge des ersten origenistischen Streits]
– Honigmann, E., Heraclidas of Nyssa (about 440 A. D.), in: Ders., Patristic Studies, Studi e Testi 173, Roma 1953, S. 104-122 **Honigmann, Heraclidas of Nyssa**
– Hunt, E. D., Palladius of Helenopolis: A Party and its Supporters in the Church of

the Late Fourth Century, in: JTS N. S. 24 (1973) 456-480 **Hunt, A Party and its Supporters**
- Ders., St. Silvia of Aquitaine, The Role of a Theodosian Pilgrim in the Society of East and West, in: JTS N. S. 23 (1972) 351-373
- Klopsch, P., Einführung in die mittellateinische Verslehre, Darmstadt 1972
- Lietzmann, H., Geschichte der Alten Kirche 4: Die Zeit der Kirchenväter, Berlin ^{2}1953
- Lucius, P. E., Die Quellen der älteren Geschichte des ägyptischen Mönchtums, in: ZKG 7 (1885) 163-198 **Lucius, Quellen des Mönchtums**
- Magheri Cataluccio, E., Il Lausaïkon di Palladio tra semiotica e storia, Roma 1984
- Moine, N., Melaniana, in: RA 15 (1980) 3-79
- Müller, C. W., Gleiches zu Gleichem, Ein Prinzip frühgriechischen Denkens, Wiesbaden 1965
- Peebles, B. M., De Sulpici Severi operum Martinianorum textus priscis fontibus, in: Harvard Studies in Classical Philology 51 (1940) 322 ff.
- Peeters, P., Une vie copte de S. Jean de Lycopolis, in: AB 54 (1936) 359-381 **Peeters, Une vie copte**
- Preuschen, E., Palladius und Rufinus, Ein Beitrag zur Quellenkunde des ältesten Mönchtums, Texte und Untersuchungen, Gießen 1897 **Preuschen**
- Prinz, O., Zur Präfixassimilation im antiken und im frühmittelalterlichen Latein, in: Archivum Latinitatis medii aevi 21 (1951) 88-115 und 23 (1953) 35-60 (Fortsetzung und Schluß)
- Rampolla del Tindaro, M., Santa Melania giuniore senatrice Romana, Documenti contemporanei e note, Roma 1905
- Reitzenstein, R., Historia Monachorum und Historia Lausiaca, Eine Studie zur Geschichte des Mönchtums und der frühchristlichen Begriffe Gnostiker und Pneumatiker, Forschungen zur Religion und Literatur des Alten und Neuen Testaments 24 (= N. F. 7), Göttingen 1916 **Reitzenstein, HM und HL**
- Ders., Hellenistische Wundererzählungen, Leipzig 1906 **Reitzenstein, Hellenistische Wundererzählungen**
- Sanlés, R., Art. „Origène", in: Dict. Spirit. 11, 1982, Sp. 933-962
- Schoo, G., Die Quellen des Kirchenhistorikers Sozomenos, Neue Studien zur Geschichte der Theologie und der Kirche, Elftes Stück, Berlin 1911
- Schulz-Flügel, E., Zur Entstehung der Corpora *Vitae Patrum*, in: Studia Patristica 20 (1989) 289-300 **Schulz-Flügel, Entstehung der Corpora**
- Schwartz, E., Palladiana, in: ZNW 36 (1937) 161-204 **Schwartz, Palladiana**
- Solignac, A., Art. „Vitae Patrum", in: Dict. Spirit. XVI, 1993, Sp. 1029-1035
- Tarchnišvili, P. M./Assfalg, J., Geschichte der kirchlichen georgischen Literatur, auf Grund des ersten Bandes der georgischen Literaturgeschichte von K. Kekelidze, Studi e Testi 185, Città del Vaticano 1955
- Telfer, W., The trustworthiness of Palladius, in: JTS 38 (1937) 379-383
- Thielmann, P., Lexikographisches aus dem Bibellatein, in: ALLG 1 (1884) 68-81
- Turner, C. H., The Lausiac History of Palladius, in: JTS 6 (1905) 321-355 **Turner, Lausiac History**
- Veilleux, A., La Liturgie dans le cénobitisme pachômien au quatrième siècle, Studia Anselmiana, Fasc. 57, Roma 1968
- Vogt, K., La moniale folle du monastère des Tabennésiotes, Une interprétation du chapitre 34 de l'Historia Lausiaca de Pallade, in: Symbolae Osloenses 62 (1987) 95-108 **Vogt, La moniale folle**

- Vogüé, A. de, Points de contact du chapitre XXXII de l'Histoire Lausiaque avec les écrits d'Horsièse, in: Studia Monastica 13 (1971) 291-294
- Weingarten, H., Der Ursprung des Mönchtums im nachconstantinischen Zeitalter, in: ZKG 1 (1877) 1-35 (= erster Artikel); 545-574 (= Schlußartikel) **Weingarten, Ursprung des Mönchtums**
- Zöckler, O., Askese und Mönchtum, Zweite, gänzlich neu bearbeitete und stark vermehrte Auflage der „Kritischen Geschichte der Askese", Erster Band, Frankfurt a. M. 1897 **Zöckler, Askese und Mönchtum**
- Ders., Evagrius Pontikus, Seine Stellung in der altchristlichen Literatur- und Dogmengeschichte, in: Biblische und kirchenhistorische Studien, Viertes Heft: Evagrius Pontikus, München 1893 **Zöckler, Evagrius Pontikus**

GRAMMATIKEN, KOMMENTARE, SPRACHLICHE UNTERSUCHUNGEN

- Blass, F./Debrunner, A., Grammatik des neutestamentlichen Griechisch, bearbeitet von F. Rehkopf, Göttingen ^{16}1984 **Blass/Debrunner**
- Blümer, W., Rerum Eloquentia, Christliche Nutzung antiker Stilkunst bei St. Leo Magnus, Europäische Hochschulschriften, Reihe XV (Klassische Sprachen und Literaturen), Bd. 51, Frankfurt a. M. 1991
- Engels, L., Fiducia dans la Vulgate, Le problème de traduction ΠΑΡΡΗΣΙΑ – FIDUCIA, in: GLCP, Suppl. Fasc. 1, Nijmegen 1964 **Engels, Fiducia**
- Erikson, A., Sprachliche Bemerkungen zu Epiphanius' Interpretatio evangeliorum, Lund 1939 **Erikson**
- Hiltbrunner, O., Beiträge aus der Thesaurus-Arbeit VII: corpus, in: Museum Helveticum 9 (1952) 42-47
- Hofmann, J. B., Beiträge zur Kenntnis des Vulgärlateins, in: Indogermanische Forschungen, Zeitschrift für indogermanische Sprach- und Altertumskunde 43 (1926) 80-122
- Hofmann, J. B./Szantyr, A., Lateinische Syntax und Stilistik, Handbuch der Altertumswissenschaft, Zweite Abteilung, Zweiter Teil: Lateinische Grammatik, Zweiter Band, München 1965 **LHS**
- Hoppenbrouwers, H., „Conversatio". Une étude sémasiologique, in: GLCP, Suppl. Fasc. 1, Nijmegen 1964, S. 45-95
- Horn, F., Zur Geschichte der absoluten Partizipialkonstruktionen im Lateinischen, Lund 1918
- Kühner, R./Stegmann, C., Ausführliche Grammatik der lateinischen Sprache, Zweiter Teil: Satzlehre, 2 Bde., Hannover ^{5}1976 (Nachdr. Darmstadt 1982) **Kühner/Stegmann**
- Leumann, M., Lateinische Laut- und Formenlehre, Handbuch der Altertumswissenschaft, Zweite Abteilung, Zweiter Teil: Lateinische Grammatik, Erster Band, München ^{6}1977 **Leumann**
- Linnér, S., Syntaktische und lexikalische Studien zur Historia Lausiaca des Palladios, Diss. Uppsala 1943 **Linnér**
- Löfstedt, B., Zum lateinischen possessiven Dativ, in: Zeitschrift für vergleichende Sprachforschung auf dem Gebiete der indogermanischen Sprachen 78 (1963) 64-83
- Löfstedt, E., Philologischer Kommentar zur Peregrinatio Aetheriae, Untersuchungen zur Geschichte der lateinischen Sprache, Uppsala 1911 **Löfstedt**

- Lorié S. J., L. Th. A., Spiritual Terminology in the Latin Translations of the Vita Antonii (with reference to fourth and fifth century monastic literature), LCP 11, Nijmegen 1955
- Lundström, S., Abhinc und ante, Studien zur Geschichte der lateinischen Zeitdifferenzbestimmungen, Acta Reg. Societatis humaniorum litterarum Lundensis 62, Lund 1961 **Lundström, Abhinc und ante**
- Ders., Übersetzungstechnische Untersuchungen auf dem Gebiete der christlichen Latinität, Acta Universitatis Lundensis, Nova series, Lunds Universitets Årsskrift, Band 51, Nr. 1, Lund 1955 **Lundström, Übersetzungstechnische Untersuchungen**
- Maierù, A. (Hrsg.): Grafia e interpunzione del latino nel medioevo, Seminario internazionale Roma, 27-29 settembre 1984, Lessico intellettuale Europeo XLI, Roma 1987
- Marti, H., Übersetzer der Augustinzeit, Interpretation von Selbstzeugnissen (Studia et Testimonia Antiqua 14), München 1974
- Meyer, R. T., Lexical Problems in Palladius' Historia Lausiaca, in: Studia Patristica 1, 1 (1957) 44-52 **Meyer, Lexical problems**
- Ders., Proverbs and Puns in Palladius' Historia Lausiaca, in: Studia Patristica 8, 2 (1966) 420-423 **Meyer, Proverbs**
- Mohrmann, C., Die altchristliche Sondersprache in den Sermones des hl. Augustin, Erster Teil: Einführung, Lexikologie, Wortbildung, LCP 3, Nijmegen 1932 **Mohrmann**
- Müller, C. F. W., Syntax des Nominativs und Akkusativs im Lateinischen, Historische Grammatik der lateinischen Sprache, Supplement, Leipzig und Berlin 1908 **Müller, Nom. und Akk.**
- Nägelsbach, K. F. v., Lateinische Stilistik, Nürnberg ^{9}1905 (Nachdr. Darmstadt 1980) **Nägelsbach**
- Neue, F., Formenlehre der lateinischen Sprache, Dritte Auflage von C. Wagener, Erster Band: Leipzig 1902, Zweiter Band: Berlin 1882, Dritter Band: Berlin 1897, Vierter Band: Leipzig 1905 **Neue/Wagener**
- Norberg, D., In registrum Gregorii Magni studia critica II, Uppsala Universitets Årsskrift 1939:7, Uppsala 1939 **Norberg, Greg. M.**
- Prinz, O., Zur Entstehung der Prothese vor *s*-impurum im Lateinischen, in: Glotta 26 (1938) 97-115 **Prinz, *s*-impurum**
- Rönsch, H., Itala und Vulgata, Das Sprachidiom der urchristlichen Itala und der katholischen Vulgata unter Berücksichtigung der römischen Volkssprache, Zweite, berichtigte und vermehrte Ausgabe, Marburg 1875 **Rönsch**
- Salonius, A. H., Vitae Patrum, Kritische Untersuchungen über Text, Syntax und Wortschatz der spätlateinischen Vitae Patrum (B. III, V, VI, VII), Lund 1920 **Salonius**
- Schwyzer, E./Debrunner, A., Georgacas, D., Griechische Grammatik, 3 Bände (1. Band: Lautlehre, 2. Band: Syntax, 3. Band: Register), Handbuch der Altertumswissenschaft, Zweite Abteilung, Erster Teil, Erster – Dritter Band, München 1939-1953 **Schwyzer/Debrunner**
- Stotz, P., Handbuch zur lateinischen Sprache des Mittelalters, Dritter Band: Lautlehre, München 1996
- Strömberg, R., Greek Proverbs, A collection of proverbs and proverbial phrases which are not listed by the ancient and Byzantine paroemiographers, Göteborg 1954 **Strömberg**

- Ders., Griechische Sprichwörter, Eine neue Sammlung mit Übersetzung und Kommentar, Stockholm 1961
- Süss, W., Über das Drama „Querolus sive Aulularia“, in: RhM N. F. 91 (1942) 59-122 **Süss, Querolus**
- Svennung, J., Untersuchungen zu Palladius und zur lateinischen Fach- und Volkssprache, Lund 1935 **Svennung**
- Swoboda, M., De proverbiis a Cicerone adhibitis, Torua 1963
- Vallejo, J., quippe (qui), in: Emerita 16 (1948) 202-220 **Vallejo, quippe (qui)**
- Zernial, H. L., Akzentklausel und Textkritik in der Historia Augusta, Antiquitas, Reihe 4 (Beiträge zur Historia-Augusta-Forschung), Band 18, Bonn 1986

LEXIKA UND KONKORDANZEN

- Battaglia, S., Grande dizionario della lingua italiana, Torino 1961 ff.
- Blaise, A., Dictionnaire latin-français des auteurs chrétiens, Turnhout 1954 **Blaise (chrétiens)**
- Ders., Dictionnaire latin-français des auteurs du Moyen-Age, Lexicon latinitatis medii aevi praesertim ad res ecclesiasticas investigandas pertinens, CC Continuatio Mediaevalis, Turnhout 1975 **Blaise (Moyen-Age)**
- Ders., Manuel du latin chrétien, Strasbourg 1955
- Ders., Le vocabulaire latin des principaux thèmes liturgiques, Turnhout 1966
- Cappelli, A., Lexicon abbreviaturarum – Dizionario di abbreviature latine ed italiane, Milano ^{6}1979
- Die deutsche Literatur des Mittelalters, Verfasserlexikon, begründet von W. Stammler, fortgeführt von K. Langosch, Berlin ^{2}1978 ff. **Verfasserlexikon**
- Dictionnaire de Spiritualité ascétique et mystique, Doctrine et Histoire, fondé par M. Viller, F. Cavallera, J. de Guibert et A. Rayez, Paris 1937 ff. **Dict. Spirit.**
- Fischer, B., OSB, Novae concordantiae bibliorum sacrorum iuxta Vulgatam versionem critice editam, Tom. I-V, Stuttgart-Bad Cannstatt 1977 **Vulgatakonkordanz**
- Georges, K. E., Lexikon der lateinischen Wortformen, Leipzig 1890 (Nachdr. Hildesheim 1967) **Georges, Wortformen**
- Graesse/Benedict/Plechl, Orbis Latinus, Lexikon lateinischer geographischer Namen, Handausgabe (lateinisch – deutsch / deutsch – lateinisch), Braunschweig ^{4}1971 **Orbis Latinus**
- Lampe, G. W. H., A patristic Greek Lexicon, Oxford 1961 **Lampe**
- Latinitatis Italicae medii aevi inde ab a. CDLXXVI usque ad a. MXXII Lexicon imperfectum; I (a – medicamen): cura et studio F. Arnaldi; II (medicamentum – quum): moderante F. Arnaldi, cura et studio M. Turriani; III-IV (r – zyson): moderante F. Arnaldi, cura et studio P. Smiraglia; Bruxelles 1939; 1951-1953; 1957-1964
- Liddell, H. G./Scott, R./Jones, H. S., A Greek-English Lexicon, Oxford ^{9}1940 **LSJ**
- Lundström, S., Lexicon errorum interpretum latinorum, Acta Universitatis Upsaliensis, Studia Latina Upsaliensia 16, Uppsala 1983
- Müller, G., Lexicon Athanasianum, Berlin 1952
- Niermeyer, J. F., Mediae latinitatis lexicon minus, Leiden 1976 **Niermeyer**
- Otto, A., Die Sprichwörter und sprichwörtlichen Redensarten der Römer, Hildesheim 1962
- Paulys Realencyclopädie der classischen Altertumswissenschaft, neue Bearbeitung,

begonnen von G. Wissowa, fortgeführt von W. Kroll und K. Mittelhaus, unter Mitwirkung zahlreicher Fachgenossen herausgegeben von K. Ziegler, Stuttgart/München, 1893 ff. **RE**
- Rönsch, H., Itala und Vulgata, Das Sprachidiom der urchristlichen Itala und der katholischen Vulgata unter Berücksichtigung der römischen Volkssprache, Zweite, berichtigte und vermehrte Ausgabe, Marburg 1875 (Nachdr. Hildesheim 1979) **Rönsch**
- Schaller, D./Könsgen, E., Initia carminum latinorum saeculo undecimo antiquiorum, Bibliographisches Repertorium für die lateinische Dichtung der Antike und des früheren Mittelalters, Göttingen 1977 **Schaller/Könsgen**
- Schmidt, P. G. (aus dem Nachlaß von H. Walther), Proverbia sententiaeque medii ac recentioris aevi, Nova series, Lateinische Sprichwörter und Sentenzen des Mittelalters und der frühen Neuzeit in alphabetischer Anordnung, Neue Reihe, 3 Bände (Carmina medii aevi posterioris latina II/7-9), Göttingen 1982-1986
- Schumann, O., Lateinisches Hexameter-Lexikon, Dichterisches Formelgut von Ennius bis zum Archipoeta, 5 Bände (MGH, Hilfsmittel 4,1-4,5), München 1979-1982
- Souter, A., A glossary of later Latin to 600 A. D., Oxford 1949 **Souter**
- Thesaurus Linguae Latinae, ed. auctoritate et consilio Academiarum quinque Germanicarum Berolinensis Gottingensis Lipsiensis Monacensis Vindobonensis (später: ed. iussu et auctoritate consilii ab Academiis Societatibusque diversarum nationum electi), Leipzig 1900 ff. **ThLL**
- Thesaurus patrum graecorum: Thesaurus sancti Gregorii Nazianzeni (Enumeratio lemmatum Orationes, Epistulae, Testamentum), curantibus J. Mossay et CETEDOC, Corpus Christianorum, Turnhout 1990
- Walde, A., Lateinisches etymologisches Wörterbuch, 3., neubearbeitete Auflage von J. B. Hofmann, Indogermanische Bibliothek, Erste Abteilung: Lehr- und Handbücher, II. Reihe: Wörterbücher, Erster Band, Heidelberg 1938 (A-L) und 1954 (M-Z) **Walde/Hofmann**
- Walther, H., Proverbia sententiaeque latinitatis medii aevi, Lateinische Sprichwörter und Sentenzen des Mittelalters in alphabetischer Anordnung, 5 Bände (Carmina medii aevi posterioris latina II/1-5), Göttingen 1963-1967

HANDSCHRIFTENKATALOGE UND VERWANDTES

- Bandini, A. M., Catalogus codicum latinorum Bibliothecae Mediceae Laurentianae (sub auspiciis P. Leopoldi), Tom. I-V, Firenze 1774-1778 **Bandini**
- Batlle, C. M., Die „Adhortationes sanctorum patrum" („Verba seniorum") im lateinischen Mittelalter, Beiträge zur Geschichte des alten Mönchtums und des Benediktinerordens, Heft 31, Münster 1972 **Batlle**
- Bibliotheca Casinensis seu codicum manuscriptorum qui in tabulario Casinensi asservantur series, cura et studio monachorum ordinis S. Benedicti abbatiae Montis Casini, Tom. I-IV, Monte Cassino 1873-1880 **Bibl. Casin.**
- Bibliotheca hagiographica latina antiquae et mediae aetatis, ed. Socii Bollandiani (Subsidia Hagiographica 6, Tom. 1 und 2), Bruxelles 1898/1901 und Novum supplementum, ed. H. Fros (Subsidia Hagiographica 70), Bruxelles 1986 **BHL**
- Bibliothèque Nationale, Catalogue général des manuscrits latins, 4 Bände, Paris 1939-1958 **Cat. gén.**

- Socii Bollandiani, Catalogus codicum hagiographicorum bibliothecae regiae Bruxellensis: Pars I: Codices latini membranacei, 2 Bände, Bruxelles 1886/89 **Boll. Bruxelles**
- Socii Bollandiani, Catalogus codicum hagiographicorum latinorum antiquiorum saeculo XVI, qui asservantur in bibliotheca nationali Parisiensi, Tom. I-III, Bruxelles 1889-1893 **Boll. Paris**
- Born, L. K., British manuscript project, A checklist of the microfilms prepared in England and Wales for the American Council of Learned Societies 1941-45, Washington 1955
- Bruckner, A., Scriptoria medii aevi Helvetica, Denkmäler schweizerischer Schreibkunst des Mittelalters VIII, Schreibschulen der Diözese Konstanz, Stift Engelberg, Genf 1950
- Caravita, A., I codici e le arti a Monte Cassino, Vol. I-III, Monte Cassino 1869-1870 **Caravita**
- Catalogue général des manuscrits des bibliothèques publiques des départements, 7 Bände (in Quarto), Paris 1849-1885 **Cat. gén. dép. (Quarto)**
- Catalogue général des manuscrits des bibliothèques publiques de France. Départements, 63 Bände, Paris 1886-1984 **Cat. gén. dép.**
- Catalogue of the manuscripts at Ashburnham Place, London 1881
- Catalogue des manuscrits de la Bibliothèque de la Ville de Chartres, Chartres 1840
- Catalogus codicum hagiographicorum bibliothecae civitatis Carnotensis, in: AB 8 (1889) 86-208
- Catalogus codicum hagiographicorum latinorum bibliothecae Ambrosianae Mediolanensis, in: AB 11 (1892) 205-368
- Catalogus translationum et commentariorum: Mediaeval and Renaissance Latin translations and commentaries, Vol. I, ed. P. O. Kristeller, Washington, D. C., 1960
- Clavis Patrum Graecorum, Vol. III, A Cyrillo Alexandrino ad Iohannem Damascenum, cura et studio Mauritii Geerard, CC, Turnhout 1979
- Delisle, L., Inventaire des manuscrits de la Bibliothèque Nationale, Fonds de Cluni, Paris 1884 **Delisle, Inventaire Cluni**
- Ders., Inventaire des manuscrits latins conservés à la Bibliothèque Imperiale sous les numéros 8823-11503 du fonds latin, Paris 1863, in: Inventaire des manuscrits latins conservés à la Bibliothèque Nationale sous les nos. 8823-18613, Paris 1863-1871 **Delisle, Inventaire nos. 8823-11503**
- Dolbeau, F. u. a., Les Vies latines de sainte Pélagie, Inventaire des textes publiés et inédits, in: RA 12 (1977) 279-305
- Ferrari, G. de, I più antichi codici della Biblioteca Capitolare di Santa Maria di Novara, Bollettino storico per la Provincia di Novara, Rivista della Società storica Novarese, Novara 1956
- Gamber, K., Codices liturgici latini antiquiores, Pars I/II, Freiburg (Schweiz) ^{2}1968
- Gengaro, M. L./Villa Guglielmetti, G., Inventario dei codici decorati e miniati (secc. VII-XIII) della Biblioteca Ambrosiana (Storia della Miniatura, Studi e Documenti 3), Firenze 1968
- Gheyn, J. van den, Catalogue des manuscrits de la Bibliothèque royale de Belgique, Tom. II et V (Histoire-Hagiographie), Bruxelles 1902 et 1905 **Gheyn**
- Grégoire, R., Repertorium Liturgicum Italicum, Studi medievali, 3. Reihe, Band 9, Fasc. 1 (1968) 465-592 (= Appendix) **Grégoire, Repertorium**
- Gullotta, G., Gli antichi cataloghi e i codici della Abbazia di Nonantola, in: Studi e

Testi 182, Città del Vaticano 1955
- Hagen, H., Catalogus codicum Bernensium, Bern 1875
- Halm, C. u. a., Catalogus codicum latinorum bibliothecae regiae Monacensis, 7 Bände, München 1868 ff. **Halm**
- Die Handschriften der Herzoglichen Bibliothek zu Wolfenbüttel, 2. Abteilung: Die Augusteischen Handschriften III, Wolfenbüttel 1898
- Heinemann, O. v., Die Handschriften der Herzoglichen Bibliothek zu Wolfenbüttel, Wolfenbüttel 1884 ff.
- Homburger, O., Die illustrierten Handschriften der Burgerbibliothek Bern, Die vorkarolingischen und karolingischen Handschriften, Bern 1962
- Indici e cataloghi, Catalogo dei manoscritti della Biblioteca Vallicelliana, NS VII, Vol. I, Roma 1961
- Inguanez, D. M., Codicum Casinensium manuscriptorum catalogus, Vol. I, Pars 1 – Vol. III, Pars 2, Monte Cassino 1915-1941 **Inguanez**
- James, M. R., A descriptive catalogue of the manuscripts in the Library of Sidney Sussex College, Cambridge, Cambridge 1895
- Ders., The western manuscripts of Trinity College, Cambridge, A descriptive catalogue, Vol. I, Cambridge 1900
- Knaus, H., Ältere Theologische Texte, in: Die Handschriften der Hessischen Landes- und Hochschulbibliothek Darmstadt, Wiesbaden 1977 ff.
- Kristeller, P. O., Latin manuscript books before 1600, A list of the printed catalogues and unpublished inventories of extant collections, New York ³1965
- Lowe, E. A., The Beneventan Script, A History of the South Italian Minuscule, I Text, II Hand List of Beneventan MSS., Sussidi Eruditi 33 u. 34, Roma ²1980 **Lowe, Beneventan Script I/II**
- Ders., Codices latini antiquiores V, Oxford 1950, und VII, Oxford 1956
- Mallet, J./Thibaut, A., Les manuscrits en écriture Bénéventaine de la Bibliothèque Capitulaire de Bénévent, Tom. I: man. 1-18, Paris 1984
- Mandarini, E., I codici manoscritti della biblioteca Oratoriana di Napoli illustrati, Napoli 1897 **Mandarini**
- Mangeart, J., Catalogue déscriptif et raisonné des manuscrits de la Bibliothèque de Valenciennes, Paris 1860
- Mazzatinti, G., Sorbelli, A., Inventari dei manoscritti delle biblioteche d'Italia I-LXXV, Forli-Firenze 1890 ff. **Mazzatinti**
- Meier, P. G. (O.S.B.), Catalogus codicum manuscriptorum qui in bibliotheca monasterii Einsidlensis servantur, Einsiedeln 1899
- Montfaucon, B. de, Bibliotheca bibliothecarum mss. nova, Paris 1739 **Bibl. bibl.**
- Morin, G., Trois manuscrits d'Engelberg à l'Ambrosiana, in: RB 39 (1927) 297-316
- Mošin, V., Rakopisi na Narodniot Muzej vo Ochrid. Les manuscrits du Musée national d'Ochrida, dans Zbornik na trudovi. Posevno izdanie po povod 10-godišninata od osnovubajeto na Muzejot, posveteno na XII megunaroden kongres na byzantolozite. Recueil de travaux. Édition spéciale publiée à l'occasion du Xᵉ anniversaire de la fondation du Musée et dédiée au XIIᵉ congrès international des études byzantines, Ohrid 1961, S. 163-243
- Nares, R. u. a., A catalogue of the Harleian manuscripts in the British Museum, Vol. III, London 1808
- Nortier, G., Les bibliothèques médiévales des abbayes bénédictines de Normandie, Paris 1971

- Ottino, G., I codici Bobbiesi nella biblioteca nazionale di Torino, Torino-Palermo 1890
- Pinto, E., La Biblioteca Vallicelliana in Roma, Miscellanea della R. Società Romana di Storia Patria, Roma 1932
- Poncelet, A., Catalogus codicum hagiographicorum latinorum bibliothecae Neapolitanae, AB 30 (1911) **Boll. Neapol.**
- Ders., Catalogus codicum hagiographicorum latinorum bibliothecae publicae Rotomagensis, in: AB 23 (1904) 129-275
- Ders., Catalogus codicum hagiographicorum latinorum bibliothecae Vaticanae, Subsidia hagiographica 11, Bruxelles 1910 **Boll. Vat.**
- Ders., Catalogus codicum hagiographicorum latinorum bibliothecarum Romanarum praeter quam Vaticanae (prodiit in appendice ad Analecta Bollandiana tom. XXIV-XXVIII), Subsidia hagiographica 9, Bruxelles 1909 **Boll. Roma**
- Rand, E. K., How many leaves at a time?, in: Palaeographia Latina, Part V., ed. W. M. Lindsay (= St. Andrews University Publications, XXIII), London 1927
- Ders., A survey of the manuscripts of Tours, Studies in the Script of Tours I, Vol. II (The Mediaeval Academy of America, Publication No. 3), Cambridge (Mass.) 1929
- Reifferscheid, A., Bibliotheca patrum latinorum Italica, 2 Bände, Wien 1865-72 **Reifferscheid**
- Revilla, P. A., Catálogo de los códices griegos de la Biblioteca de el Escorial, Tomo I, Madrid 1936
- Ruysschaert, J., Les manuscrits de l'Abbaye de Nonantola, Città del Vaticano 1955
- Schenkl, H., Bibliotheca patrum latinorum Britannica I-III, Wien 1891-1905 (Nachdruck Olms Hildesheim/New York 1969) **Schenkl**
- Stornajolo, C., Bibliothecae Apostolicae Vaticanae codices manu scripti recensiti iussu Leonis XIII Pont. Maximi, Codices Urbinates latini, Tom. I (Codices 1-500), Roma 1902 **Stornajolo**
- Archimandrite Vladimir, Sistematičeskoe opisaníe rukopisej Moskovskoj Sinodal'noj (Patriaršej) Biblioteki. I. Rukopisi grečeskija (Catalogue systématique des mss de la Bibliothèque synodale. I. Les mss grecs), Moscou, 1894. 510 mss (Transskription zitiert nach: Richard, M., Répertoire des bibliothèques et des catalogues de manuscrits grecs, Publications de l'Institut de Recherche et d'Histoire des Textes I, Paris [2]1958, S. 165, Nr. 613)

ABKÜRZUNGSVERZEICHNIS

ABKÜRZUNGEN DES TEXTKRIRTISCHEN APPARATES

a.	ante
a.c.	ante correctionem
add.	addidit
al.	aliter
app. crit.	apparatus criticus
ca.	circa
cap.	capitulum/i
cett.	ceteri
cf.	confer
codd.	codices
col.	columna/ae
corr. ex	correxit ex
def.	deficit
del.	delevit
e. g.	exempli gratia
eras.	erasit
exp.	expunxit
fort.	fortasse
hab.	habet
inf.	inferior(e)
in marg.	in margine
in ras.	in rasura
interlin.	inter lineas
lac.	lacuna
lin.	linea
litt.	littera/ae
m. a.	manus altera
m. rec.	manus recentior
om.	omisit
p.	post
p.c.	post correctionem
prim.	primum
rest.	restituit
sec.	secundum
sim.	simile
sup.	superior(e)
superscr.	superscripsit
supra ras.	supra rasuram
s. v.	sub voce
tert.	tertium
transp. a.	transposuit ante
transp. p.	transposuit post

BIBLISCHE BÜCHER

Gn.	Genesis
Ex.	Exodus
Lv.	Leviticus
Nm.	Numeri
Dt.	Deuteronomium
Jos.	Josue
2. Sm.	Samuelis II
3. Rg.	Regum III
4. Rg.	Regum IV
2. Par.	Paralipomenon II
Tb.	Tobias
Est.	Hester
Jb.	Job
Ps.	Psalmi
Ps. H	Psalmi iuxta Hebraicum translati
Prv.	Proverbia
Ecl.	Ecclesiastes
Sap.	Sapientia
Sir.	Sirach
Is.	Isaias
Jr.	Jeremias
Bar.	Baruch
Ez.	Ezechiel
Dn.	Daniel

Jon.	Jona	Phil.	ad Philippenses
Mi.	Micha	Col.	ad Colossenses
1. Mcc.	Macchabaeorum I	1. Th.	ad Thessalonicenses I
2. Mcc.	Macchabaeorum II	2. Th.	ad Thessalonicenses II
Mt.	Matthaeus	1. Tm.	ad Timotheum I
Mc.	Marcus	2. Tm.	ad Timotheum II
Lc.	Lucas	Tt.	ad Titum
Jo.	Johannes	Hbr.	ad Hebraeos
Act.	Actus Apostolorum	Jac.	Jacobus
Rm.	ad Romanos	1. Pt.	Petrus I
1. Cor.	ad Corinthios I	2. Pt.	Petrus II
2. Cor.	ad Corinthios II	1. Jo.	Johannes I
Gal.	ad Galatas	Apc.	Apocalypsis
Eph.	ad Ephesios	3. Esr.	Ezras III

ABGEKÜRZT ZITIERTE QUELLEN[1]

Act. Paul. et Thecl.	Acta Pauli et Theclae
Act. Petr. et Andr.	Acta Petri et Andreae
Act. Phil.	Acta Philippi
Act. SS.	Acta Sanctorum
Act. Thom.	Acta Thomae
Agius epic. Hath.	Dialogus Agii, Epicedium Hathumodae
Alcuin. carm.	Alcuinus, Carmina
Alcuin. Willibr. rhythm.	Alcuinus, Vita sancti Willibrordi, liber secundus (ed. Dümmler)
Ambr. Hel.	Ambrosius, De Helia et ieniunio
Ambr. virg.	Ambrosius, De virginibus
Ps.-Ambr. mor. Brachm.	Pseudo-Ambrosius, De moribus Brachmanorum (= versio latina Commonitorii Palladii)
Ammon. Aeg. ep.	Ammonius Aegyptius, Epistula ad Theophilum de Pachomio et Theodoro (ed. Halkin)
AP alph.	Apophthegmata patrum, collectio alphabetica
AP (BHL 6525)	Apophthegmata patrum, Rufino attributa
AP Bu	Apophthegmata patrum, versio syriaca
AP Chaîne	Apophthegmata patrum, versio coptica
AP J	Apophthegmata patrum, collectio anonymica (Cod. Sinai 448)
AP N	Apophthegmata patrum, collectio anonymica (continuata)
AP Nau	Apophthegmata patrum, collectio anonymica

[1] Die Abkürzungen folgen, soweit möglich, für die griechischen Autoren LSJ und Lampe, im Bereich der lateinischen Autoren dem ThLL. Bei zu knappen Kürzungen wurde der Deutlichkeit halber eine ausführlichere Zitierweise gewählt.

AP syst.	Apophthegmata patrum, collectio systematica
Apostol.	Apostolius (paroemiographus)
Arator act.	Arator, Historia apostolica
Arist. Pol.	Aristoteles, Politica
Ath. apol. Const.	Athanasios, Apologia ad Constantium
Ath. ep. Serap. 1-4	Athanasios, Epistulae ad Serapionem
Ps.-Ath. ep. Cast.	Pseudo-Athanasius, Epistula ad Castorem
Aug. civ.	Augustinus, De civitate dei
Aug. epist.	Augustinus, Epistulae
Aug. c. Faust.	Augustinus, Contra Faustum Manichaeum
Aug. pecc. orig.	Augustinus, De peccato originali
Aug. retract.	Augustinus, Retractationes
Basil. reg. brev.	Basilius, Regulae brevius tractatae
Basil. reg. fus.	Basilius, Regulae fusius tractatae
Bened. reg.	Benedictus Nursinus, Regula monachorum
Cassian. conl.	Iohannes Cassianus, Conlationes
Cassian. inst.	Iohannes Cassianus, Institutiones
Cassiod. inst.	Cassiodorus, Institutiones
Cassiod. Ios. antiq.	Cassiodorus, Flavii Iosephi antiquitates Iudaicae
Cic. nat. deor.	M. Tullius Cicero, De natura deorum
Cic. Tusc.	M. Tullius Cicero, Tusculanae disputationes
Common. patr.	Commonitiones sanctorum patrum
Constantius vita Germ.	Constantius Lugdunensis, Vita Germani episcopi Autissiodorensis
Cypr. Gall. gen.	Cyprianus Gallus, Liber Geneseos
Cyr. S. v. Euthym.	Cyrillus Scythopolitanus, Vita Euthymii
Cyr. S. v. Sab.	Cyrillus Scythopolitanus, Vita Sabae
Decret. Gelas.	Decretum Gelasianum
Diogenian.	Dogenianus (paroemiographus)
Eugipp. reg.	Eugippius, Regula
Eur. Ba.	Euripides, Bacchae
Eus. hist. eccl.	Eusebius, Historia ecclesiastica
Eutr. Val. epist.	Eutropius Valentiae episcopus, Epistulae
Evagr. Pont. cap. pract.	Evagrius Ponticus, Capita practica ad Anatolium (Migne)
Evagr. Pont. cent.	Evagrius Ponticus, Kephalaia gnostica, sex centuriae
Evagr. Pont. pract.	Evagrius Ponticus, Practicus (ed. Guillaumont)
Evagr. Pont. rer. mon.	Evagrius Ponticus, Rerum monachalium rationes
Evagr. Pont. vit. cog.	Evagrius Ponticus, De octo vitiosis cogitationibus
Flor. Lugd. carm.	Florus Lugdunensis, Carmina
Gal. Protr.	Galenus, Protrepticus (προτρεπτικός)
Gennad. vir. ill.	Gennadius, De viris illustribus
Gr. Naz. ep.	Gregorius Nazianzenus, Epistulae
Gr. Naz. or.	Gregorius Nazianzenus, Orationes
Gr. Nyss. v. Macr.	Gregorius Nyssenus, Vita Macrinae
Greg. Cypr.	Gregorius Cyprius (paroemiographus)
Greg. M. dial.	Gregorius I Papa (Magnus), Dialogi de miraculis patrum Italicorum

Greg. M. in evang.	Gregorius I Papa (Magnus), In evangelia homiliae
Greg. Tur. Mart.	Gregorius Turonensis, De virtutibus Martini
Greg. Tur. vit. patr.	Gregorius Turonensis, Vitae patrum
Hier. in Am.	Hieronymus, Commentarii in Amos prophetam
Hier. chron.	Hieronymus, Chronicon omnimodae historiae, sc. Eusebii Caesariensis chronicorum pars altera e graeco versa, retractata, ad a. 378 producta
Hier. epist.	Hieronymus, Epistulae
Hier. epist. Pachom.	Hieronymus, Epistulae Pachomii abbatis Tabennensis e graeco versae (ed. Boon)
Hier. Orsies. doctr.	Hieronymus, Orsiesii abbatis Tabennensis doctrina latine versa (ed. Boon)
Hier. reg. Pachom.	Hieronymus, Regula Pachomii abbatis Tabennensis aliorumque (?) versa e graeco una cum aliis Pachomianis (ed. Boon)
Hier. adv. Rufin.	Hieronymus, Adversus Rufinum libri tres
Hier. vir. ill.	Hieronymus, De viris illustribus
Hier. vita Hilar.	Hieronymus, Vita Hilarionis
Hier. vita Malchi	Hieronymus, Vita Malchi
Hier. vita Pauli	Hieronymus, Vita Pauli Thebaei (primi eremitae)
Hippocr. aph.	Hippocrates, Aphorismi (ἀφορισμοί)
Hippocr. flat.	Hippocrates, De flatibus (περὶ φυσῶν)
HL	Historia Lausiaca, versio latina (Ia)
HM	Historia monachorum, versio latina
Hor. carm.	Q. Horatius Flaccus, Carmina
Isaias copt.	Isaias Monachos, versio coptica
Isaias gr.	Isaias Monachos, versio graeca
Isaias or.	Isaias Monachos, Orationes
Isaias syr.	Isaias Monachos, versio syriaca
Isid. orig.	Isidorus, Origines (etymologiae)
Jo. Clim. scal.	Joannes Climacus, Scala paradisi
Jo. Mosch. prat.	Joannes Moschus, Pratum spirituale
Kopt. Leg. (Till I/II)	Koptische Heiligen- und Martyrerlegenden (ed. Till)
Leont. N. v. Jo. Eleem.	Leontius Neapolitanus, Vita Joannis Eleemosynarii
Macarius Aeg. ep. ad filios Dei	Macarius Aegyptius, Epistula ad filios Dei (ed. Strothmann)
Mantiss. Prov.	Mantissa Proverbiorum
Mart. Brac. sent. patr.	Martinus Bracarensis, Sententiae patrum
Mart. Potam. et Basil.	Martyrium Potamiaenae et Basilii (ed. Musurillo)
Nicephor. Callist. hist. eccl.	Nicephorus Callistus Xanthopulus, Historia ecclesiastica
Nil. Eulog.	Nilus Ancyranus, Tractatus ad Eulogium monachum
Nil. mal. cog.	Nilus Ancyranus, De malignis cogitationibus
Nil. spir. mal.	Nilus Ancyranus, De octo spiritibus malitiae
Nil. vit.	Nilus Ancyranus, De vitiis quae opposita sunt virtutibus
Nil. vit. cog.	Nilus Ancyranus, De octo vitiosis cogitationibus
Ov. am.	P. Ovidius Naso, Amores

Ov. epist.	P. Ovidius Naso, Epistulae heroides
Ov. met.	P. Ovidius Naso, Metamorphoses
Ov. rem.	P. Ovidius Naso, Remedia amoris
Ov. trist.	P. Ovidius Naso, Tristia
Pall. gent. Ind.	Palladius, De gentibus Indiae et de Bragmantibus (= Commonitorium Palladii)
Pall. v. Chrys.	Palladius, Dialogus de vita Iohannis Chrysostomi
Paralipom.	De SS. Pachomio et Theodoro Paralipomena (ed. Halkin)
Paschas. verba patr.	Paschasius, Verba patrum
Paul. Diac. carm.	Paulus Diaconus, Carmina
Paul. Med. vita Ambr.	Paulinus Mediolanensis, Vita Ambrosii
Paul. Nol. carm.	Paulinus Nolanus, Carmina
Paul. Nol. epist.	Paulinus Nolanus, Epistulae
Phot. bibl. cod.	Photius, Bibliothecae codices
PJ	Verba seniorum interpretatione Johannis et Pelagii
Poll. Onomast.	Pollux, Onomasticon
Prosp. epigr.	Prosper Tiro Aquitanus, Epigrammata ex sententiis Augustini
Prud. psych.	Aurelius Prudentius Clemens, Psychomachia
Regula Macar.	Regula Macarii abbatis
Regula mag.	Regula magistri
Regula patr.	Regula patrum
Rufin. apol. adv. Hier.	Rufinus, Apologia adversus Hieronymum
Rufin. Basil. reg.	Rufinus, Basilii regula latine versa
Rufin. hist. eccl.	Rufinus, Eusebii historia ecclesiastica translata et continuata
Rufin. Orig. in cant.	Rufinus, Origenis commentarius in canticum canticorum latine versus
Sedul. carm. pasch.	Sedulius presbyter, Carmen paschale
Serap. ep. mon.	Serapion Thmuitanus, Epistula ad monachos
Sergius explan. in Don. gramm. IV	Sergius vel Servius q. d. explanationes in artem Donati (sc. min. et mai.)
Socr. hist. eccl.	Socrates scholasticus, Historia ecclesiastica
Soz. hist. eccl.	Sozomenus, Historia ecclesiastica
Suid.	Suidas lexicographus
Sulp. Sev. dial.	Sulpicius Severus, Dialogi
Sulp. Sev. Mart.	Sulpicius Severus, Vita s. Martini
Tac. Agr.	(P.) Cornelius Tacitus, De vita Iulii Agricolae
Ter. Eun.	P. Terentius Afer, Eunuchus
Theodoret. hist. eccl.	Theodoretus Cyrrhensis, Historia ecclesiastica
Theodoret. hist. rel.	Theodoretus Cyrrhensis, Historia religiosa
Val. Fl.	C. Valerius Flaccus Setinus Balbus, Argonautica
Val. Max.	Valerius Maximus, Facta et dicta memorabilia
Ven. Fort. carm.	Venantius Fortunatus, Carmina
Verg. Aen.	P. Vergilius Maro, Aeneis
Verg. ecl.	P. Vergilius Maro, Eclogae sive bucolica
Verg. georg.	P. Vergilius Maro, Georgica

Vita Abr.	Vita Sancti Abrahae eremitae, auctore Sancto Ephraem diacono
Vita Anton. (lat)	Vita Antonii (latina)
Vita Anton. (gr)	Vita Antonii (graeca)
Vita Barl. et Iosaph.	Vita ss. Barlaam eremitae et Josaphat Indiae regis
Vita Basil.	Vita Sancti Basilii Caesareae Cappadociae episcopi
Vita Eugen.	Vita sanctae Eugeniae virginis et martyris
Vita Euphras.	Vita sanctae Euphrasiae virginis
Vita Macar. Rom.	Vita sancti Macarii Romani
Vita Mar. Aeg.	Vita sanctae Mariae Aegyptiacae meretricis
Vita Mar. meretr.	Vita sanctae Mariae meretricis neptis Abrahae eremitae
Vita Marin.	Vita sanctae Marinae virginis
Vita Melan.	Vita sanctae Melaniae iunioris
Vita Melan. (lat.)	Vita sanctae Melaniae iunioris (latine versa)
Vita Olymp.	Vita Olympiadis
Vita Pachom. prim. - quart.	Vita sancti Pachomii prima - quarta
Vita Posthum.	Vita beati Posthumii
Vita Sim.	Vita sancti Simeonis stylitae
Vitae patr. Iurens.	Vitae patrum Iurensium
Walahfr. carm.	Walahfridus Strabo, Carmina
Zen.	Zenobius (paroemiographus)
Zos. alloquia	Zosima abbas, Alloquia

EINLEITUNG

A DAS WERK

A1 VERFASSER, ENTSTEHUNGSZEIT UND HISTORISCHER HINTERGRUND DER HISTORIA LAUSIACA

Die unter dem Titel „Historia Lausiaca" bekannte Sammlung von Mönchsgeschichten wurde von dem aus Galatien stammenden[1] Bischof Palladius von Helenopolis in griechischer Sprache verfaßt. So soll am Beginn der Einleitung zu dieser Ausgabe ein als Bestandsaufnahme dienender Überblick über die Nachrichten zum Leben des Autors und die aus ihnen resultierenden Probleme geboten werden.

Der Hauptteil dessen, was über den Verfasser der Historia Lausiaca bekannt ist, ist seinen eigenen Werken zu entnehmen: der HL selbst[2] und dem Dialog über das Leben des Johannes Chrysostomos. Gemäß dem unterschiedlichen Charakter dieser beiden Quellen müssen auch in der Darstellung seines Lebens zwei Blöcke streng voneinander abgesetzt werden: in einem ersten Teil die v. a. auf relativen und oft widersprüchlichen Zeitangaben der HL beruhende Phase von seinem Eintritt in das Mönchsleben in der ägyptischen Wüste bis zu seiner Ordination zum Bischof und in einem zweiten Teil sein in historisch besser nachprüfbarem Kontext stehender Lebensabschnitt von der Bischofsweihe bis zum Tod. Dabei fällt auf, daß zwar in der HL mehrfach auf das Episkopat hingewiesen, im Dialogus aber keine Verbindung zwischen dem Bischof Palladius und dem Verfasser der Mönchsgeschichten hergestellt wird[3].

Bei der Beurteilung der HL als Quelle für die Biographie des Palladius muß zwischen wenigen absoluten Daten und einem mit diesen in Zusammenhang zu setzenden Geflecht aus relativen Zeitangaben unterschieden werden.

---

1 S. HL Cap. 35, §5 (s. Anm. 4).

2 Hier sind die für die Biographie des Palladius wichtigsten Kapitel der Prolog II, das Cap. 35, in dem er seinen Besuch bei Johannes von Lykopolis schildert, und das Schlußkapitel (71).

3 An der Identität des Bischofs von Helenopolis mit dem Verfasser der HL zweifelte P. E. Lucius, der schon wegen der „Geistlosigkeit" des letzteren den Bischof nicht mit dem Mönch Palladius gleichsetzen wollte. Als weitere Bestätigung für seine Einschätzung sah er die in der HL begegnenden chronologischen Unstimmigkeiten (s. u. S. 5 f.): „Wäre der Verfasser von H. L. wirklich mit dem Bischof von Helenopolis identisch, so hätte er sicherlich mehr Rücksichten auf die Chronologie genommen und seinen ägyptischen Aufenthalt etwas abgekürzt" (Quellen des Mönchtums, S. 196, Anm. 1).

Gleich im zweiten Paragraphen[4] des zweiten Prologs steht die Schlüsselstelle für alle weiteren chronologischen Berechnungen: Palladius teilt dem Leser mit, daß er seit 33 Jahren Mönch sei, seit 20 Jahren das Bischofsamt innehabe und in seinem 56. Lebensjahr stehe. Setzt man zu diesen pauschalen Angaben ein aus dem Beginn des Textes zu erschließendes absolutes Datum in Beziehung, so erhält man die wichtigsten Eckdaten für eine Biographie des Palladius: Der Anfang des ersten Kapitels bietet die, im Griechischen jedoch nur in der metaphrastischen Version B bezeugte[5], Information, Palladius sei während des zweiten Konsulats des Kaisers Theodosius des Großen zum erstenmal nach Alexandria gelangt; dieser Zeitpunkt wird im allgemeinen um das Jahr 388 angesetzt. Ausgehend von 388 als Anfangspunkt von Palladius' Mönchsleben, erhält man mit Hilfe der Angaben aus dem Prolog als Jahr der Abfassung der HL ca. 420[6], als Jahr der Bischofsweihe ca. 400[7] und als Geburtsjahr des Palladius ca. 365[8].

Das späteste in der HL genannte verifizierbare Datum läßt sich dem Cap. 54, §7 entnehmen: Mit der dort geschilderten Plünderung Roms durch eine θύελλα ... βαρβαρική ist die Eroberung der Stadt durch die Westgoten unter Alarich im Jahre 410 gemeint.

Von diesen absoluten Daten sind Zeitbestimmungen von nur relativem Aussagewert zu trennen. Zu diesen gehören neben der bereits erwähnten zusammenfassenden Stelle aus dem Prolog mehrere über den Text verstreute Angaben, die die Dauer des Aufenthalts des Verfassers in verschiedenen Wüstengegenden oder bei einzelnen Mönchen betreffen: In Ägypten will Palladius drei Jahre in der Umgebung Alexandrias (Cap. 7, §1), ein Jahr in Nitria (Cap. 7, §3) und neun Jahre in dem als „Zellen" (τὰ Κελλία) bezeichneten Teil der Wüste (Cap. 18, §1) verbracht haben. Für die außerhalb Ägyptens verlebte Zeit gibt er an, ein Jahr mit Posidonius in Bethlehem (Cap. 36, §1), drei Jahre mit Innocentius auf dem Ölberg in Jerusalem (Cap. 44, §1) und vier Jahre in Antinoe in der Thebais (Cap. 58, §1) zugebracht zu haben. Dazu kommen noch vagere Aussagen wie in Cap. 4, §1, er sei innerhalb von zehn Jahren viermal mit Didymus zusammengetroffen, in Cap. 45, §1, er habe sich in Galatien „lange Zeit" bei Philoromus aufgehalten, oder in Cap. 48, §2, er sei auch bei dem in einer Höhle bei Jericho wohnenden Elpidius zu Gast gewesen. Schließlich ist in Cap. 55, §1 noch von einer Schiffsreise die Rede, auf der Palladius und die ältere Melania gemeinsam Silvia (oder Silvania) nach Ägypten begleiteten.

---

4 Die Paragraphenangaben richten sich nach der Ausgabe des griechischen Textes von Bartelink.

5 Die Angabe fehlt ebenfalls in der Rezension R2 des syrischen Textes.

6 388 + 32.

7 388 + (32-20).

8 388 – (55-32).

Versucht man, diese Episoden in den vom Prolog vorgegebenen Rahmen chronologisch einzuordnen, so stößt man bald auf Schwierigkeiten: Auch wenn man die vier Jahre in Antinoe und die in Galatien verbrachte „lange Zeit“ ausnimmt, weil sie in die Periode nach der Bischofsweihe fallen[9], bleiben immer noch 3 Jahre Alexandria + 1 Jahr Nitria + 9 Jahre Kellia + 1 Jahr Bethlehem + 3 Jahre Ölberg = insgesamt 17 Jahre + eine unbestimmte Zeit in Jericho + die Schiffsreise in den Zeitraum von Palladius' Mönchsleben vor seinem Episkopat einzuordnen, also deutlich zuviel für die Zeitspanne von 388 bis ca. 400[10].

---

[9] S. u. S. 9.

[10] In der Literatur wurden verschiedene Lösungsversuche unternommen. Dabei waren die Meinungen v. a. in der Frage der chronologischen Einordnung der nicht in Ägypten stattfindenden Ereignisse geteilt: des bei Posidonius in Bethlehem verbrachten Jahres (Cap. 36), des dreijährigen Lebens auf dem Ölberg zusammen mit Innocentius (Cap. 44) und der mit Melania und Silvia unternommenen Schiffsreise von Jerusalem nach Ägypten (Cap. 55).

Preuschen versucht, die für die einzelnen Episoden zur Verfügung stehende Zeit zu verlängern, indem er den Beginn des Ägyptenaufenthalts auf etwa 384 vorverlegt. Damit verschieben sich allerdings auch etliche andere Daten: Das Geburtsjahr fällt auf 362, der Beginn des Kellia-Abschnitts auf 386, der Besuch bei Johannes von Lykopolis auf 391, die Ankunft in Palästina auf 394, die Ordination zum Bischof auf das Jahr 395 oder 396 und die Abfassung der HL schließlich auf 416. Die von Jerusalem ausgehende Reise mit Melania und Silvia wird auf das Jahr 383 datiert; sie ist damit für Preuschen der Auftakt von Palladius' Mönchsleben überhaupt (S. 242-245). – Mit der innerhalb der Forschung singulären Rekonstruktion Preuschens setzt sich Butler in der Appendix V des ersten Teils seiner Ausgabe (= I, S. 293-297) auseinander. Butler bleibt bei den Eckdaten 388 und 400, zwischen denen er durch geringfügige Verkürzung der einzelnen Zeitspannen die Aufenthalte des Palladius in Alexandria (388-90), Nitria (390/91) und den Kellia (391-99) unterbringt (I, S. 181. Diese chronologische Übersicht vervollständigt er in der Appendix V ii in Teil II, S. 237-247, bes. S. 245/6. Mit den von Butler zusammengestellten Daten stimmen die kurzen biographischen Abrisse in den Literaturgeschichten von Christ/Schmid/Stählin, S. 1392, und Bardenhewer, S. 153/4, überein, ebenso die von Evelyn White, Wâdi'n Natrûn, S. 87/8 gebotene Biographie des Palladius.). An die Abfahrt aus Ägypten im Jahre 399 habe sich, so Butler, das Bethlehem-Jahr angeschlossen; der dreijährige Aufenthalt auf dem Ölberg dagegen sei in die der Ankunft des Palladius in Alexandria unmittelbar vorausgehenden Jahre 386-88 zu datieren (II, S. 244/5). – Hunt läßt die von Butler aufgestellte Chronologie nur teilweise gelten: Er übernimmt zwar dessen Ansicht, daß Palladius sich schon 386-88 in der Gesellschaft des Innocentius auf dem Ölberg aufgehalten habe, setzt aber auch das von Butler später datierte mit Posidonius in Bethlehem verbrachte Jahr vor die ägyptische Zeit (A Party and its Supporters, S. 461 mit Anm. 6); zu diesem Zweck läßt er das Mönchsleben des Palladius schon 385 in Jerusalem beginnen (S. 458 u. 464). – Die Frühdatierung der Bethlehem- und Ölbergepisode führt auch Schwartz durch, da diese beiden Zeitabschnitte in dem Intervall von 388-400 nicht unterzubringen seien (Palladiana, S. 162/3). Die Schiffsreise des Palladius könne dagegen nicht schon im Jahr 388, sondern erst 395 oder später unternommen worden sein, da Palladius als junger

Zu diesen rein rechnerischen Schwierigkeiten[11] kommen Unstimmigkeiten zwischen verschiedenen Angaben der HL. So ist die in Cap. 18, §1 mit neun Jahren bemessene Aufenthaltsdauer in den „Kellia", die auf ein Verlassen der Wüste um 399/400 weist, nicht vereinbar mit der Aussage des Palladius in Cap. 35, §§ 11-12, er sei drei Jahre nach seinem Besuch bei Johannes an einem Magenleiden erkrankt und schließlich gezwungen gewesen, dieses in dem für seine gute Luft gerühmten Palästina auszukurieren. Von dort aus sei er nach Bithynien gegangen, wo seine Ordination zum Bischof – von Helenopolis – stattfand. Da für das Gespräch mit Johannes spätestens das Jahr 394 angesetzt werden kann[12], folgt daraus eine Abreise um 397[13].

Mann „kein Begleiter für eine Nonne" gewesen sei (S. 167, Anm. 11). – In einer detaillierten chronologischen Analyse der HL modifiziert Buck einige Angaben Butlers. So weist er etwa darauf hin, daß Palladius, wenn er von 386-88 bei Innocentius gewesen sei, dies nur als Laie getan haben könne; das HL-Kapitel 44 setze jedoch bei ihm schon mönchische Erfahrung voraus (Structure, S. 295). Es sei daher angemessener, die Jahre 397-400 dafür anzusetzen, wodurch man allerdings mit dem Posidonius-Jahr (399/400) in Konflikt gerate (S. 301/2), zumal auch die Seereise auf das Jahr der Bischofsweihe (400) zu datieren sei (S. 307). – Flusin läßt sowohl den Bethlehem-Aufenthalt als auch die Reise von Jerusalem nach Ägypten im Jahre 399 stattfinden; die Innocentius-Episode scheint er zusammen mit dem in Cap. 48 erwähnten Besuch bei Elpidius in Jericho – für diesen hatte Butler drei mögliche Zeitspannen vorgeschlagen: entweder die Ölberg-Periode (386-88) oder das Jahr in Bethlehem (399/400) oder die zwischen Ordination und Verbannung des Palladius liegende Phase (400-406) – zwischen 386 und 388 zu plazieren, wobei 386 für ihn der Zeitpunkt ist, an dem Palladius sein Leben als Mönch aufnahm (Pallade, Sp. 113/4).

11 Butler setzt eine gewisse arithmetische Großzügigkeit voraus, die Palladius aufgrund der langen Zeit, die zwischen den Ereignissen und deren Aufzeichnung aus der Erinnerung heraus verstrichen sei, zugestanden werden müsse und die vereinzelt zu einer Verwendung runder Zahlen geführt habe (I, S. 180 und ähnlich in Palladiana II, S. 152; vgl. zu diesem Phänomen auch P. Devos, Les nombres dans l'„Historia Monachorum in Aegypto", in: AB 92, 1974, 97-108). – An Butlers Vertrauen in die Zeitangaben der HL übt Peeters Kritik: „Mais plutôt que d'admettre une inexactitude dans les affirmations de Pallade, Dom Butler a préféré faire plier l'arithmétique. ..." (Une vie copte, S. 372/3). – Schwartz führt die in der HL anzutreffenden Datierungsschwierigkeiten darauf zurück, daß Palladius nur mit vollen Jahren rechne, die in der Addition zu große Zeiträume ergäben (Palladiana, S. 161).

12 Johannes starb nach Auskunft der HM (Kapitel I Ende) kurz nach dem Sieg des Theodosius über Eugenius, d. h. Ende 394 oder Anfang 395 (s. Butler I, S. 182).

13 Butler versucht, diese Mitteilung des Palladius mit dem übrigen Zeitablauf in Einklang zu bringen, indem er annimmt, daß sich Palladius zunächst ohne einen Ortswechsel um eine Überwindung der Krankheit bemüht habe und erst 399 nach Palästina aufgebrochen sei (I, S. 182). Auf das Problem der Jahre 397 bis 399/400 kommt auch Peeters zu sprechen: Er nimmt gegen Butler an, daß Palladius bereits 397, direkt zu Beginn seiner Krankheit, seine Kur in Palästina angetreten habe; seine Behauptung, neun Jahre in den Kellia gelebt zu haben, müsse damit zu sechs Jahren korrigiert werden (Une vie copte, S. 377).

Darüberhinaus wurden Widersprüche zwischen der HL und anderen Quellen gesehen: So führte beispielsweise ein gegen Palladius polemisierender Brief des Bischofs Epiphanius von Salamis auf Zypern an Bischof Johannes von Jerusalem[14] zu der Vermutung, daß sich Palladius im Jahre 394 in Jerusalem aufhielt – zu einem Zeitpunkt, der spätestens für seinen Besuch bei Johannes von Lykopolis in Frage kommt[15].

Angesichts der in der Forschung immer wieder unternommenen, letztlich aber unbefriedigenden, Versuche, die der HL zugrundeliegende Chronologie zu entwirren[16], kommt A. M. Malingrey in der Einleitung zu ihrer Ausgabe des Dialogs über das Leben des Johannes Chrysostomos[17] zu dem sehr berechtigten Schluß, daß für den mehr als 20 Jahre später aus der Erinnerung rekonstruierten ersten Teil von Palladius' Biographie gewisse Ungenauigkeiten in Kauf genommen werden müssen[18] – im Gegensatz zum zweiten Teil seines Lebens: Die durch den Chrysostomos-Dialog dokumentierte Zeit nach 400 kann anhand gut überlieferter historischer Ereignisse kontrolliert werden[19]. Man sollte daher darauf verzichten, den die Jahre 388-400 umfassenden Lebensabschnitt des Palladius lückenlos rekonstruieren zu wollen, zumal nicht ausgeschlossen werden kann, daß ein Teil der autobiographischen Angaben in der HL fiktiver Natur sind.

Das Leben des Palladius nach seiner Weihe zum Bischof von Helenopolis in Bithynien ist leichter überschaubar als seine in der ägyptischen Wüste verbrachte Zeit; die Hauptquelle hierfür ist der von ihm selbst verfaßte Dialog über das Leben des Johannes Chrysostomos[20]. Palladius scheint sehr bald in die Unruhen um Johannes[21] hineingeraten zu sein – mit persönlichen Konsequenzen:

---

14 Hier. epist. 51,9,3 (s. u. S. 16).

15 Wie oben (Anm. 10) dargelegt, versucht Preuschen, diesem und anderen Problemen durch Vorziehung einzelner Daten zu entgehen: Der Besuch bei Johannes fällt nach seiner Berechnung auf das Jahr 391, die Ankunft in Palästina auf 394. – Einen anderen Ausweg schlägt Butler vor: Ein Aufenthalt in Jerusalem im Jahre 394 könne durch eine kurze Unterbrechung der Kellia-Phase möglich gewesen sein, ohne daß die Richtigkeit der Aussage, Palladius habe neun Jahre in den Kellia gelebt, beeinträchtigt wäre (I, S. 296/7).

16 S. o. Anm. 10.

17 Auf S. 17 (Tom. I) sind einige der zentralen Aporien mit den dazugehörigen Lösungsvorschlägen zusammengestellt.

18 Ähnlich schon Peeters (s. o. Anm. 11). Vgl. Hunt, A Party and its Supporters, S. 459: „The importance lay, not in the chronological details of Palladius' autobiography (which are, in any case, likely to have been uncertainly recalled a generation after the event), but in his individual encounters as historical incidents."

19 Introduction, Tom. I, S. 18.

20 S. dazu z. B. Schwartz, Palladiana, S. 181-191.

21 Eine einführende Schilderung des Geschehens bietet: H. Freiherr von Campenhausen, Griechische Kirchenväter, Urban-Taschenbücher, Bd. 14, Stuttgart 1955 (^{7}1986), 11. Kapitel: Johannes Chrysostomos (S. 137-152).

Im Mai des Jahres 400[22] wurde in Konstantinopel eine Synode einberufen, in der sich Theophilus, der Patriarch von Alexandria, wegen der von den ägyptischen Mönchen gegen ihn erhobenen Anklagen vor Johannes Chrysostomos verantworten sollte. Weil aber Theophilus versuchte, Johannes selbst in die Rolle des Angeklagten zu drängen, und überhaupt schon eine diesem gegenüber feindliche Stimmung eingetreten war, reiste Palladius zur Unterstützung seines Freundes an[23]:

Pall. v. Chrys. 3,76-82:
Παραδραμόντος δὲ μηνὸς ἡμερῶν ἐπέστη Παλλάδιος, ὁ ἐπίσκοπος Ἑλενουπόλεως, δίχα γραμμάτων, ὃς ἔλεγεν καὶ αὐτὸς πεφευγέναι τὴν τῶν ἀρχόντων μανίαν· ἐγκεντρότερον δὲ ἡμῖν ἀφηγήσατο, ἐπιδείξας ἀντίγραφον διατάγματος περιέχοντος ὡς „Τὸν κρύπτοντα ἐπίσκοπον ἢ κληρικόν, ἢ ὅλως δεχόμενον ἐν οἰκίᾳ κοινωνικὸν Ἰωάννου, τὸν οἶκον δημεύεσθαι.“

Auf derselben Synode sollte Johannes in der Verhandlung gegen den von Bischof Eusebius von Valentinopolis der Simonie angeklagten Bischof Antoninus von Ephesus das Urteil sprechen. Als sich aber die Ankunft von Zeugen des Angeklagten verzögerte und Johannes damit die Möglichkeit der Bestechung gegeben sah, schickte er drei Bischöfe, darunter auch Palladius, zur Vernehmung der Zeugen nach Asien:

Pall. v. Chrys. 14,90-95:
Ταῦτα προεωρακὼς ὁ Ἰωάννης σκέπτεται μετὰ τῆς παρούσης συνόδου τινὰς τῶν παρόντων ἐπισκόπων ἀποσταλῆναι εἰς τὴν Ἀσίαν ἐπὶ ἐρωτήσει τῶν μαρτύρων. Ἐξαυτῆς οὖν ὡρίσθησαν τρεῖς ἐπίσκοποι κατελθεῖν, Συγκλήτιος μητροπολίτης Τραϊανουπόλεως, Ἡσύχιος ὁ Παρίου καὶ Παλλάδιος ὁ Ἑλενουπόλεως, …

Inzwischen intrigierten jedoch die Gegner des Johannes, allen voran Theophilus, weiter. Diesem gelang es im September 403 auf der sog. „Eichensynode“ bei Chalkedon, Johannes Chrysostomos u. a. wegen Be-

---

22 Die Datierung ergibt sich aus Pall. v. Chrys. 13,150 sqq.: Ἐπὶ τῆς τρισκαιδεκάτης ἐπινεμήσεως ἐν τῇ Κωνσταντινουπόλει ἐλθόντες οἱ ἀπὸ τῆς Ἀσίας τινῶν ἕνεκα ἀναγκαίων διέτριβον σὺν ἡμῖν παρόντων καὶ ἑτέρων ἐπισκόπων, ..., πάντων μητροπολιτῶν γεγηρακότων, συντεινόντων εἰς εἴκοσι δύο ἐπισκόπους. Bei der τρισκαιδεκάτη ἐπινέμησις handelt es sich um das vom 1. September 399 bis zum 31. August 400 dauernde 13. fiskalische Jahr (s. Ed. Malingrey, Tom. I, S. 274, Anm. 1; vgl. Schwartz, Palladiana, S. 161). Laut Ed. Malingrey, Anm. 3 hat Georgios von Alexandria (7. Jh.) in seiner Lebensbeschreibung des Johannes Chrysostomos der bei Palladius vorliegenden Aufzählung der anwesenden Bischöfe hinzugefügt: καὶ Παλλαδίου ἐπισκόπου Ἑλενουπόλεως καὶ ἑτέρων ἐπισκόπων.

23 Aufgrund der Erwähnung des Palladius in der Position eines Bischofs im Zusammenhang mit der in Konstantinopel abgehaltenen Synode erweist sich das Jahr 400 als *terminus ante quem* für seine Ordination. Dieses Datum steht mit den im Prolog der HL gemachten summarischen Angaben (s. o. S. 4) im Einklang.

stechung und Begünstigung anzuklagen und seine Verbannung bei Kaiser Arcadius zu erwirken. Aufgrund einer Fehlgeburt der Kaiserin Eudoxia, die dieses Ereignis als Gottesstrafe ansah, wurde er jedoch sofort zurückgeholt. Photius bezeugt in seiner „Bibliothek", daß auf dieser Synode auch gegen Palladius und weitere Bischöfe Anklagen vorgebracht wurden[24]:

Phot. bibl. cod. 59: Ἀνεγνώσθη συνόδου τῆς παρανόμως κατὰ τοῦ ἐν ἁγίοις Ἰωάννου τοῦ Χρυσοστόμου συγκροτηθείσης.

---

[24] Unter den hier genannten Beschuldigten befand sich auch ein Bischof Heraclides (vgl. Socr. hist. eccl. 6,17,1-3), gegen den in der Fortsetzung der zitierten Textstelle 18b weitere Vorwürfe erhoben werden: καὶ ἐπέδωκε λιβέλλον πάλιν ὁ μοναχὸς Ἰωάννης, οὗ ὁ διάκονος Ἰωάννης ἐν ταῖς κατὰ τοῦ Χρυσοστόμου κατηγορίαις ἐμνήσθη, ἐγκαλῶν κατὰ Ἡρακλείδου ὅτι Ὠριγενείστης ἐστί, καὶ ὅτι κλέπτης ἐφωράθη ἐν Καισαρείᾳ τῆς Παλαιστίνης, ἱμάτια τοῦ διακόνου Ἀκυλίνου κλέπτων, καὶ ὅτι αὐτόν, φησίν, ὁ ἐπίσκοπος Ἰωάννης τοιοῦτον ὄντα εἰς Ἔφεσον ἐχειροτόνησεν. Εἶτα πάλιν κατηγόρησεν Ἰσαάκιος ἐπίσκοπος τοῦ Ἡρακλείδου ὡς Ὠριγενειαστοῦ καὶ ὡς μὴ παραδεχθέντος Ἐπιφανίῳ τῷ ἁγιωτάτῳ μήτε εἰς εὐχὴν μήτε εἰς συνεστίασιν. Heraclides mußte, als Palladius die Verbannung traf, vier Jahre im Gefängnis von Nikomedia verbringen: Ἡρακλείδης ὁ Ἐφέσιος ἐν τῇ εἱρκτῇ τῆς Νικομηδείας ἐγκέκλεισται· τετραετής ἐστι χρόνος (Pall. v. Chrys. 20,62/3).

Aus den beiden Zitaten geht hervor, daß Heraclides Bischof von Ephesus war. Es handelt sich damit um den auf Zypern geborenen Heraclides, der einen ähnlichen Lebensweg wie Palladius zurücklegte: Er war zunächst Mönch in Nitria und Schüler des Evagrius, wurde später von Johannes Chrysostomos zum Bischof geweiht (vgl. Socr. hist. eccl. 6,11,10: αὐτὸς Ἡρακλείδην τινὰ διάκονον ἑαυτοῦ, γένει Κύπριον, εἰς τὴν ἐπισκοπὴν προεβάλετο) und fiel schließlich ebenfalls den gegen Johannes gerichteten Feindseligkeiten zum Opfer (s. Butler II, S. 183, Note 3).

In der Forschung wurden vielfältige Versuche unternommen, den hier erwähnten Heraclides mit dem sowohl in der griechischen als auch in der lateinischen Handschriftentradition als Autor der HL angegebenen Heraclides in Zusammenhang zu bringen: Reitzenstein (HM und HL, S. 4-7) sieht in der Tatsache, daß die Überlieferung zwischen Palladius und Heraclides schwankt, ein Indiz dafür, daß die HL – als Folge der gespannten kirchenpolitischen Lage – ursprünglich anonym erschien. – Schwierigkeiten bei der Identifizierung ergeben sich besonders aus den einander widersprechenden Herkunftsepitheta, die dem Namen des Heraclides in den verschiedenen griechischen und lateinischen Überlieferungszweigen beigelegt werden, wie „Bischof von Kappadokien" in der mit der HM kontaminierten langen HL-Fassung Gr A (s. Kapitel A3), „der Eremit" oder „der Alexandriner" in Lat. I und „Schüler des Antonius" in Lat. II (vgl. die Zusammenstellung in Butler II, S. 182/3, Note 3 und Kapitel C1, Anm. 24). – In dem Zusatz „Bischof von Kappadokien" vermutet Preuschen (S. 234) eine auf ungenauer Erinnerung beruhende „Verlegenheitsauskunft" über den Bischof Heraclides von Ephesus. – E. Honigmann (Heraclidas of Nyssa, S. 120-122), der den „Bischof von Kappadokien" mit Heraclidas von Nyssa (431-448) identifiziert, hält zwar eine Gleichsetzung des Heraclidas von Nyssa mit dem als „Eremit", „Alexandriner" und „Schüler des heiligen Antonius" bezeichneten Heraclides des lateinischen „Paradisus" für denkbar, schließt aber eine solche mit dem aus Zypern stammenden Bischof Heraclides von Ephesus aus.

ibid. p. 18b:
Ἐξήτασαν δὲ, ὡς ἐνόμισαν, ἐκ τῶν κεφαλαίων τούτων τὸ πρῶτον καὶ τὸ δεύτερον, εἶτα ἤρξαντο περὶ Ἡρακλείδου καὶ Παλλαδίου τοῦ Ἑλενουπόλεως τῶν ἐπισκόπων ἐξετάζειν· ...

Als es schließlich Ostern 404 zu blutigen Unruhen in Konstantinopel kam, schickte Kaiser Arcadius Johannes tatsächlich in die Verbannung. Palladius reiste daraufhin nach Rom (405), um sich bei Papst Innozenz I. für ihn einzusetzen. Mit einigen anderen asiatischen Bischöfen schloß er sich einer Gesandtschaft aus italienischen Bischöfen an, die Briefe vom Papst und von Kaiser Honorius von Rom nach Konstantinopel bringen sollte[25]. Die Briefe wurden jedoch unterwegs abgefangen und die Bischöfe inhaftiert und später verbannt. Dieses Schicksal widerfuhr auch Palladius: Im Jahre 406 wurde er nach Syene in Oberägypten in die Verbannung geschickt:

Pall. v. Chrys. 19,192-195:
Καὶ ὁ Θεόδωρος εἶπεν. Ἐν τίσιν οἱ ἐπίσκοποι οἱ μετὰ τῶν ἡμετέρων ἀποσταλέντες, Εὐλύσιος καὶ Παλλάδιος καὶ Κυριακὸς καὶ Δημήτριος; ἀμυδρῶς γὰρ ἠκούσαμεν ὅτι ἐξωρίσθησαν.

In Pall. v. Chrys. 20,35-42[26] werden auch die Verbannungsorte genannt: Ἐλθὼν γάρ τις συνοδεύσας αὐτοῖς διάκονος ἀφηγήσατο Κυριακὸν μὲν Ἐμέσης ἐνδοτέρω ὀγδοήκοντα σημείων εἰς Πάλμυραν, τὸ τῶν Περσῶν φρούριον, εἶναι· ... Παλλάδιον δὲ Βλεμμύων ἢ Αἰθιόπων ἐκ γειτόνων φρουρεῖσθαι <εἰς> Συήνην καλούμενον τὸ χωρίον· ...

Nach dem Tod des Theophilus im Jahre 412 wurde der Streit um Johannes Chrysostomos beigelegt. Dieser war bereits 407 in der Verbannung gestorben und wurde nun postum rehabilitiert. Palladius durfte 412 oder 413 nach Kleinasien zurückkehren[27]. Er blieb jedoch nicht bis zu seinem Lebensende Bischof von Helenopolis: Zu einem unbekannten Zeitpunkt[28] wurde er nach Aspona im Südosten Galatiens versetzt, wie Sokrates in einer Liste von Translationen bezeugt:

---

[25] Die italienischen Bischöfe legten die Reise zurück ... σὺν τοῖς περὶ Κυριακὸν καὶ Δημήτριον καὶ Παλλάδιον καὶ Εὐλύσιον τοὺς ἐπισκόπους (Pall. v. Chrys. 4,8/9).

[26] Im selben Kapitel (§§ 55-57) findet sich der einzige Beleg für einen Bruder des Palladius namens Brisson, der ebenfalls Kleriker gewesen sein muß; er zog sich nach dem Verbannungsbefehl gegen seinen Bruder aus seiner Kirche zurück: Βρίσσων δὲ ὁ ἀδελφὸς Παλλαδίου, ἀποστὰς ἑκουσίως τῆς ἑαυτοῦ ἐκκλησίας, ἐν τῷ ἀγριδίῳ αὐτοῦ διάγει, ταῖς χερσὶν ἑαυτοῦ τὴν γὴν μεταλλεύων.

[27] In die Zeit seines Exils datiert man allgemein die Abfassung des Dialogs über Johannes Chrysostomos (406-08).

[28] Butler (II, Appendix V ii, S. 245/6) setzt dafür das Jahr 417 an.

Socr. hist. eccl. 7,36,15:
Παλλάδιος ἀπὸ Ἑλενοπόλεως μετηνέχθη εἰς Ἄσπονα.

Über das letzte Lebensjahrzehnt des Palladius ist nichts mehr bekannt; er muß irgendwann zwischen 420 und 430 gestorben sein, denn auf dem Konzil von Ephesus (431) tritt bereits ein Eusebius als Bischof von Aspona auf.

Zu den im Dialogus bezeugten Ereignissen lassen sich einige Mitteilungen aus der HL in Beziehung setzen:

In Cap. 61, §7 rühmt Palladius die Gastfreundschaft der jüngeren Melania und ihres Gatten Pinianus, die er zusammen mit seinen Begleitern genießen durfte, als er in der Angelegenheit des Johannes Chrysostomos nach Rom reiste: οὐ μικρῶς δὲ καὶ ἡμᾶς πλείονας ὄντας ἐτίμησαν ἀπελθόντας ἐν Ῥώμῃ διὰ τὸν μακάριον Ἰωάννην τὸν ἐπίσκοπον, ἀναπαύσαντες ἡμᾶς ... Es handelt sich um die im Jahr 405 unternommene Reise zu Papst Innozenz I.

Hinweise auf die Repressalien, die Palladius im Zuge der kirchenpolitischen Auseinandersetzungen erlitt, enthalten die Paragraphen 11-13 des Cap. 35: In §11 kündigt Johannes von Lykopolis seinem Besucher die ihm als Bischof bevorstehenden Mühsale an: ἐπίσκοπος ἔχεις χειροτονηθῆναι καὶ πολλὰ καμεῖν καὶ θλιβῆναι. Den zu erwartenden Verfolgungen könne er nur dann entgehen, wenn er die Wüste nicht verlasse. Die Wahrheit der Prophezeiung bestätigt Palladius §§ 12-13, wo er angibt, nach seiner Bischofsweihe in die Streitigkeiten um Johannes Chrysostomos verwickelt gewesen zu sein (..., κοινωνήσας τῇ περιστάσει τῇ κατὰ τὸν μακάριον Ἰωάννην), und eine elfmonatige Einkerkerung in einer „finsteren Zelle" erwähnt[29]. Auf seine Verbannung schließlich wird in Cap. 60, §2 angespielt: Hier spricht eine in der Nachbarschaft des Palladius lebende Asketin von ihm als τῷ ἐπισκόπῳ τῷ ἐξωρισμένῳ.

Zudem können einige geographische Angaben aus der HL mit gewisser Wahrscheinlichkeit bestimmten Lebensabschnitten des Palladius nach seiner Ordination zum Bischof zugeordnet werden: So wird der in Cap. 58, §1 beschriebene vierjährige Aufenthalt in Antinoe in der Thebais in die in der Verbannung verbrachten Jahre 408-12, und der mit Philoromus in Galatien verlebte μακρὸς χρόνος (Cap. 45, §1) in die Zeit nach der Rückberufung datiert[30], wobei jedoch die genaue chronologische Position dieser Periode nicht ermittelt werden kann[31]. In die letzte Phase seines Lebens sind wohl auch die im letzten Teil der HL stehenden Kapitel, speziell die

---

[29] Die Kerkerhaft soll er in Athyras (Thrakien) erlitten haben (s. Flusin, Pallade, Sp. 115).

[30] S. Butler II, S. 245/6 (vgl. Schwartz, Palladiana, S. 192).

[31] S. Buck, Structure, S. 302.

in Ankyra in Galatien stattfindenden Ereignisse der Kapitel 66-69, zu setzen[32].

Den oben aus Photius angeführten Textstellen ist zu entnehmen, daß gegen die beiden Bischöfe Palladius und Heraclides auf der „Eichensynode" des Jahres 403 in erster Linie der Vorwurf des „Origenismus" erhoben wurde. Da einerseits diese Verurteilung nicht ohne Konsequenzen für die griechische und lateinische Überlieferung der HL geblieben ist[33] und noch im 16. Jahrhundert Herausgeber des Textes zu langen Rechtfertigungen in ihren Vorreden genötigt hat[34] und andererseits Palladius in der HL Namen erwähnt, die mit den Auseinandersetzungen in Zusammenhang stehen, soll an dieser Stelle ein kurzer Ausblick auf die der Synode vorausgegangenen Ereignisse, soweit sie das ägyptische Mönchtum betreffen, gegeben werden.

Eine zentrale Rolle im ersten origenistischen Streit[35] spielte der bereits erwähnte Patriarch von Alexandria, Theophilus: Nachdem er zunächst mit

---

[32] S. ebd., S. 306.

[33] S. Kapitel B1 b).

[34] S. Kapitel E3, Anm. 22.

[35] Die gegen die Schriften des Origenes gerichteten Repressalien erreichten zwei Höhepunkte, die als erster (Ende 4./Anfang 5. Jahrhundert) und zweiter origenistischer Streit (erste Hälfte des 6. Jahrhunderts) bezeichnet werden. Eine knappe Übersicht über den Ablauf beider Phasen der Auseinandersetzung findet sich bei R. Sanlés, Art. „Origène", in: Dict. Spirit. 11, 1982, Sp. 933-962 (bes. 955-958), ferner in der Einleitung zu G. Bunge, Evagrios Pontikos, Praktikos oder Der Mönch: Hundert Kapitel über das geistliche Leben, Köln 1989, S. 17-23 und auf den Seiten 217-220 des Kapitels „La scuola di Alessandria e le sue vicissitudini: Le discussioni su Origene e l'origenismo" von H. Crouzel in: A. di Berardino, B. Studer, Storia della teologia I: Epoca patristica, Casale Monferrato 1993. Besonders im Hinblick auf die Auswirkungen für die Überlieferung der Evagrius-Schriften sind die Abläufe analysiert von A. Guillaumont, Les ‚Kephalaia gnostica' d'Évagre le Pontique et l'histoire de l'origénisme chez les grecs et chez les syriens, Paris 1962. Zur einführenden Information über den ersten origenistischen Streit eignet sich: H. Freiherr v. Campenhausen, Lateinische Kirchenväter, Urban-Taschenbücher, Bd. 50, Stuttgart 1960 (^{6}1986), 5. Kapitel: Hieronymus (S. 109-150, bes. S. 140-147). Kurze Zusammenfassungen bieten auch die Seiten 169-181 von E. Schwartz, Palladiana, in: ZNW 36 (1937) 161-204, sowie das Kapitel „Der Origenes-Konflikt" in: B. Feichtinger, Apostolae apostolorum, Frauenaskese als Befreiung und Zwang bei Hieronymus, Studien zur klassischen Philologie, Band 94, Frankfurt a. M. 1995, S. 52-64. Als ausführlichere Studien sind zu nennen: G. Grützmacher, Hieronymus, Eine biographische Studie zur alten Kirchengeschichte, Band 3 (Sein Leben und seine Schriften von 400 bis 420), Berlin 1908 (Nachdr. Aalen 1969), Kapitel X („Der Origenistische Streit"), S. 1-94 und – als Rekonstruktion anhand der Quellen – K. Holl, Die Zeitfolge des ersten origenistischen Streits (1916), in: Gesammelte Aufsätze zur Kirchengeschichte II: Der Osten, Tübingen 1928, S. 310-335 (ergänzt von A. Jülicher, S. 335-350). Zum Ablauf der ersten Streitphase, soweit die ägyptische Wüste betroffen ist, s. a. Evelyn White, Wâdi'n Natrûn, Chapter VIII („The Origenist and Anthropomorphic strife at the mount of Nitria and in Scetis"), S. 125-144.

den Origenisten[36] sympathisiert[37] und in einem Osterbrief von 399 sogar öffentlich gegen den sog. „Anthropomorphismus" der Origenesgegner[38] Stellung genommen hatte, vollzog er unter dem Druck der unzufriedenen ägyptischen Mönche noch im selben Jahr einen Seitenwechsel und vertrieb – z. T. sogar mit militärischer Gewalt – viele origenistische Mönche aus der Wüste. An den sich hauptsächlich in Nitria abspielenden Unruhen[39] waren mehr als 300 Mönche beteiligt; sie wichen nach dem harten Vorgehen des Theophilus zum größten Teil nach Palästina aus[40]. Theo-

---

[36] Die sog. „Origenisten" beriefen sich nicht nur auf die Schriften des Origenes, sondern auf die der gesamten alexandrinischen Theologenschule von Clemens von Alexandria bis zu Didymus dem Blinden.

[37] Er weihte vor 394 den Priester von Nitria, Dioscorus, einen der sog. „Langen Brüder" (s. u. Anm. 42), zum Bischof von Hermopolis. – Vgl. Socr. hist. eccl. 6,7,13: Θεόφιλός τε ὁ ᾿Αλεξανδρείας ἐπίσκοπος πάνυ ἠγάπα καὶ ἐτίμα τοὺς ἄνδρας. διὸ {καὶ} ἕνα μὲν αὐτῶν τὸν Διόσκορον ἐπίσκοπον καθιστᾷ Ἑρμουπόλεως ... und Soz. hist. eccl. 8,12,2: ... τὸν δὲ Διόσκορον καὶ τῆς Ἑρμουπόλεως ἐπίσκοπον κατέστησεν (vgl. HL, Version Lat. II, Caput IV, 348B: *Nam senior eorum frater Dioscorus in episcopatum electus est* und HM XXIII 3,4 ..., *nam Dioscorus, qui maior natu in eis fuerat, ad episcopatus officium raptus est*).

[38] Die Origenisten riefen den Widerstand besonders der ungelehrten Mönche der ägyptischen Wüste hervor. Zu den „Anthropomorphiten" gehörte z. B. Serapion (s. Guillaumont, Kephalaia gnostica, S. 59-61).

[39] Diese Auseinandersetzungen erwähnt Sulpicius Severus (dial. 1,6,1): *prospero ... cursu septimo die Alexandriam pervenimus, ubi foeda inter episcopos adque monachos certamina gerebantur ex ea occasione vel causa, quia congregati in unum saepius sacerdotes frequentibus decrevisse synodis videbantur, ne quis Origenis libros legeret aut haberet, ...* – Über die Niederschlagung der nitrischen Aufstände berichtet er dial. 1,7,2: ..., *ex studiis partim orta seditio: quae cum reprimi sacerdotum auctoritate non posset, scaevo exemplo ad regendam ecclesiae disciplinam praefactus adsumitur, cuius terrore dispersi fratres ac per diversas oras monachi sunt fugati, ita ut propositis edictis in nulla consistere sede sinerentur.* Theophilus erwähnt die Ereignisse in polemischem Ton in mehreren Briefen: Hier. epist. 87,1 (ad Hieronymum): *nam Origenis heresim in monasteriis Nitriae quidam nequam et furiosi homines serere et fundare cupientes prophetica falce succisi sunt, quia recordati sumus apostoli commonentis: argue eos severe.* – Hier. epist. 89,1 (ad Hieronymum): *vidit* (sc. Theodorus monachus) *enim cuncta Nitriae monasteria et referre potest continentiam et mansuetudinem monachorum, quomodo extinctis ac fugatis Origenis sectatoribus pax ecclesiae reddita sit et disciplina domini conservetur.* – Hier. epist. 90,1 (ad Epiphanium): *nam ecclesia Christi ... egredientes de cavernis suis Origenis colubros evangelico ense truncavit et sanctum Nitriae monachorum agmen contagione pestifera liberavit.* – Zum Vergleich der origenistischen Mönche mit Schlangen vgl. Hier. adv. Rufin. 3,22: *Inde contendi Aegyptum, lustravi monasteria Nitriae et inter sanctorum choros aspides latere perspexi.*

[40] Vgl. den unten erwähnten im Jahr 400 an die palästinensischen und zyprischen Bischöfe gerichteten Synodalbrief des Theophilus (Hier. epist. 92). – In Abschnitt 92,1,3 ist unter den nach Palästina gezogenen *quidam peregrini* (*quos quia repperi cum quibusdam peregrinis, qui in Aegypto parumper habitant, ad vestram provinciam*

philus geriet dabei auch mit dem bisher mit ihm befreundeten Priester Isidor[41] in Konflikt, der sich zunächst nach Nitria begab, wo sich Ammonius, einer der „Langen Brüder“[42], im Vertrauen auf seine guten Beziehungen zu Theophilus mit der Unterstützung weiterer Mönche für ihn einzusetzen versuchte[43]. Schließlich waren jedoch sowohl Isidor als auch die „Langen Brüder“ zur Flucht aus Ägypten gezwungen. Über die Zwischenstation Palästina zogen sie nach Konstantinopel weiter[44] und fanden bei Johannes Chrysostomos gastliche Aufnahme, woraufhin sich Theophilus auch gegen diesen wandte (400)[45]. Außerdem verdammte er nun Origenes in einem von Papst Anastasius bestätigten Synodalbrief des Jahres 400[46] und in den drei[47] Osterbriefen von 401[48], 402[49] und 404[50], die

transmigrasse ...) höchstwahrscheinlich auch Palladius mitzuverstehen, da er ebenfalls um diese Zeit Ägypten verließ (s. o. S. 6). – Schwartz (Palladiana, S. 175) hält den Plural sogar für rhetorisch und bezieht die Stelle nur auf Palladius.

41 Im Jahre 396 hatte er Isidor mit einem Brief zu Bischof Johannes nach Jerusalem geschickt und so einen Streit zwischen diesem und dem Hieronymus favorisierenden Bischof Epiphanius geschlichtet.

42 Zu diesen gehören neben Ammonius „Parotes“ (HL Cap. 11) dessen drei Brüder Dioscorus, Eusebius und Euthymius (vgl. HL Cap. 10, §1). Sie wurden aufgrund ihrer Körpergröße die „Langen Brüder“ genannt (vgl. Socr. hist. eccl. 6,7,11/12: ..., οἱ Μακροὶ δὲ ἐκ <τῆς θέσεως> τοῦ σώματος ὠνομάζοντο und Soz. hist. eccl. 8,12,1: ... τοῖς ἐπίκλην μακροῖς).

43 S. Evelyn White, Wâdi'n Natrûn, S. 136/7, Guillaumont, Kephalaia gnostica, S. 63/4 und Flusin, Pallade, Sp. 125.

44 Vgl. den Brief des Theophilus an Epiphanius, Hier. epist. 90,3: *didici enim, quod calumniatores verae fidei Ammonius, Eusebius et Euthymius novo pro heresi furore bacchantes Constantinopolim navigarint, ut et novos, si quos valuerint, decipiant et veteribus suae inpietatis sociis coniungantur.* – Vgl. HL 11, §5 (Text nach der B-Fassung): Οὗτος ὁ μακάριος (*sc.* ὁ Ἀμμώνιος) ἐν Κωνσταντίνου πόλει ποτὲ παραγενόμενος, διὰ χρείαν τῶν τῆς ἐρήμου πολιτῶν, ...

45 Bereits 398 hatte er versucht, dessen Wahl zum Bischof von Konstantinopel zu verhindern.

46 Hier. epist. 92 (Theophili synodica epistula ad Palaestinos et ad Cyprios episcopos missa). – 92,1,1: *Arbitror, quod ante nostras litteras velox ad vos fama pertulerit temptasse quosdam in monasteriis Nitriae Origenis heresim serere et monachorum purissimum coetum in potione turbida propinare.* – In diesem Brief werden auch die Auseinandersetzungen um Isidor erwähnt: 92,3,1/2: *monachorum quidam ... facto cuneo sedenti mihi Alexandria vim facere conati sunt volentes causam Isidori, quam nos propter verecundiam et ecclesiae disciplinam episcoporum iudicio servabamus, proferre in medium et auribus ethnicorum dictu pudenda ingerere, ut seditio et turbae contra ecclesiam miscerentur; quorum consilia destruxit deus sicut Achitofel. omnis autem conatus eorum hic erat, ut sub nomine Isidori heresem defenderent, qui a multis episcopis propter varias causas a communione sanctorum fuerat separatus.*

47 Der Brief des Jahres 403 ist nicht erhalten.

48 Hier. epist. 96.

49 Hier. epist. 98.

50 Hier. epist. 100.

von Hieronymus ins Lateinische übersetzt wurden[51]. Die Unruhen von Nitria, die über Palästina auch auf Konstantinopel übergegriffen hatten[52], beruhigten sich 403, im Jahr der „Eichensynode“, wieder, und die vertriebenen Mönche konnten nach Ägypten zurückkehren[53].

Die Historia Lausiaca des Palladius ist, wie Preuschen[54] zu recht feststellt, keine „tendenziöse Parteischrift“. In der Regel vermeidet er sogar aus Vorsicht, da Lausus am Hof von Konstantinopel eine hohe Position innehatte, Anspielungen auf die kirchenpolitischen Streitigkeiten[55]. Seine Einstellung zu Origenes kommt in der HL auch nur am Rande vor: In Cap. 64 berichtet er anerkennend, daß die Jungfrau Juliana Origenes auf seiner Flucht beherbergte und versorgte, und fügt ehrfürchtig hinzu, daß er selbst ein Buch mit einem eigenhändigen Besitzvermerk des Origenes gesehen habe.

Von größerer Bedeutung sind die Kontakte, die er zu als origenistisch verfemten Mönchen hatte und zu denen er sich offen bekennt – allerdings unter Ausklammerung des politischen Hintergrunds[56]: Den später verurteilten[57] Schriftstellern Evagrius, seinem Lehrer[58], und Didymus dem Blinden

51 Die wichtigsten Dokumente zum ersten Origenistenstreit sind bei Guillaumont, Kephalaia gnostica, auf den Seiten 84-101 behandelt.

52 Die gesamten Abläufe vom Beginn der nitrischen Wirren bis zum Tod des Johannes Chrysostomos sind bei Sokrates, hist. eccl. 6,7-21 und Sozomenos, hist. eccl. 8,11-28 dargestellt (zum Aufstand der nitrischen Mönche und ihrer Flucht bis nach Konstantinopel vgl. Pall. v. Chrys. 6/7).

53 404 söhnte sich Theophilus mit den überlebenden „Langen Brüdern“ aus. Dioscorus und Ammonius waren 403 gestorben; vgl. Soz. hist. eccl. 8,17,5/6 (8,17,6 wird die Reaktion des Theophilus auf die Nachricht vom Tod des Ammonius berichtet: ὁ δὲ Θεόφιλος, ὡς ἐπύθετο, λέγεται δακρῦσαι καὶ εἰς πάντας εἰπεῖν, ὡς οὐδεὶς εἴη τῶν κατ᾽ αὐτὸν μοναχὸς οἷος Ἀμμώνιος, εἰ καὶ αὐτῷ ταραχῆς αἴτιος ἐγένετο).

54 Im Kapitel „Die Tendenzen des Palladius“, S. 259-261.

55 S. Schwartz, Palladiana, S. 197-200. – So erscheint beispielsweise die Ankündigung der ihn als Bischof erwartenden Mühsal in Cap. 35 nur in Form einer Prophezeiung. Dem Zweck der Verschleierung von Zusammenhängen dient nach Schwartz auch die Zerstückelung des Berichts über die ältere Melania in die Kapitel 46, 54 und 55: Auf diese Weise sei ihre Fahrt von Palästina in den Westen nicht mehr nachvollziehbar; die Schiffsreise mit Palladius, die nicht nur bis Ägypten, sondern in Wahrheit weiter bis nach Rom geführt habe, werde nur noch um der Episode mit dem jungen Diakon willen erzählt.

56 In Cap. 71, §1 findet sich mit der Formulierung ὑπερκινδυνεύοντα γνησίων φίλων nur eine vage Anspielung auf seinen Einsatz für seine in Bedrängnis geratenen Freunde.

57 Das Vorgehen gegen die Werke des Evagrius und Didymus kam in der zweiten Streitphase – mit dem von Kaiser Justinian 553 einberufenen 5. ökumenischen Konzil „Konstantinopel II“ – neu hinzu (von der ersten Phase der Auseinandersetzung war Evagrius nicht mehr direkt betroffen, da er im Jahre 399, also vor Ausbruch der eigentlichen Streitigkeiten, starb). Bereits vor dem Beginn des Konzils hatte Justinian einen Synodalbrief und eine Zusammenstellung von 15 „Anathematismen“ an die

widmet er je ein Kapitel. Evagrius lebte in der ägyptischen Wüste unter der Anleitung des Macarius Alexandrinus, des Priesters der Kellia (Cap. 18), und zählte auch Macarius Aegyptius (Cap. 17) zu seinen Lehrern[59]. Er scharte eine feste Gruppe um sich, der auch Ammonius (Cap. 11) angehörte: In Cap. 24, §2 heißt es οἱ ... περὶ τὸν ἅγιον Ἀμμώνιον καὶ Εὐάγριον, ebenso Cap. 35, §3 (οἱ περὶ τὸν μακάριον Εὐάγριον), und in §5 desselben Kapitels ist von einer συνοδία Εὐαγρίου und einer ἑταιρεία Εὐαγρίου die Rede[60]. Die Anfänge seiner Ausbildung zum Mönch erhielt Palladius bei dem später von Theophilus vertriebenen Priester Isidor (Cap. 1)[61].

Unter den von Palladius gerühmten Frauen nimmt die ältere Melania eine zentrale Rolle ein: Gleich drei Kapitel (46, 54 und 55) berichten über sie. In Cap. 55, §3 werden die von ihr immer wieder gelesenen Autoren aufgezählt; hier erscheint an erster Stelle Origenes, aus dessen Werken sie in nächtlichem Studium „dreihundert Myriaden Zeilen" durchgearbeitet habe. Melania, die zusammen mit Rufin ein Doppelkloster auf dem Ölberg in Jerusalem gegründet hatte[62], stand gerade mit den origenistischen Mönchen in engem Kontakt: Evagrius wurde – nach Auskunft der HL (Cap. 38, §9) – von ihr zum Mönch eingekleidet, Isidor und die „Langen Brüder" fanden zunächst bei ihr Aufnahme, bevor sie ihre Flucht nach Konstantinopel fortsetzten, und auch mit Pambo (Cap. 10), dem Lehrer der „Langen

---

Bischöfe geschickt. Von diesen nicht in den offiziellen Konzilsakten enthaltenen 15 Punkten hat A. Guillaumont gezeigt, daß sie nicht die Christologie des Origenes verurteilen, sondern eindeutig gegen die „Kephalaia gnostica" des Evagrius Ponticus gerichtet sind (Évagre et les anathématismes antiorigénistes de 553, in: Studia Patristica 3 (= TU 78), 1961, 219-226 und Kephalaia gnostica, v. a. S. 143-159). Für die Überlieferung seiner Schriften ergab sich damit eine ähnliche Folge wie für die des Origenes: Sie wurden ebenfalls nur noch in Übersetzungen oder unter fremden Namen, besonders unter dem des Nilus, tradiert (s. Guillaumont, Kephalaia gnostica, S. 166-170. Die „Kephalaia gnostica" verschwanden bald nach der Verdammung von 553 aus der griechischen Überlieferung, blieben aber in der syrischen Übersetzung erhalten. – Vgl. Bunge, Palladiana I, S. 84-87.).

58 In §5 des Cap. 35 gibt Palladius gegenüber Johannes von Lykopolis an, daß er aus Galatien stamme und zum Kreis um Evagrius gehöre. Daß Evagrius sein Lehrer war, erfahren wir auch aus Cap. 23, §1. In Cap. 26, §1 verteidigt er Evagrius gegen die Angriffe Herons auf dessen Lehre.

59 Vgl. HM XXVII 7,2. – Zur Biographie des Evagrius s. A. u. C. Guillaumont, Art. „Évagre le Pontique", in: Dict. Spirit. IV 2, 1961, Sp. 1731-1744, bes. Sp. 1731-1733, und die Einleitung zu G. Bunge, Evagrios Pontikos, Praktikos oder Der Mönch: Hundert Kapitel über das geistliche Leben, Köln 1989, S. 17-20. S. auch G. Bunge, Évagre de Pontique et les deux Macaire, in: Irénikon 56 (1983) 215-227 und 323-360.

60 Vgl. Evelyn White, Wâdi'n Natrûn, S. 86 und Guillaumont, Kephalaia gnostica, S. 58/9. – Die zwischen den einzelnen origenistischen Mönchen bestehenden Querverbindungen sind gut dargestellt bei Hunt, A Party and its Supporters.

61 S. u. S. 22.

62 Über Rufin äußert sich Palladius anerkennend in Cap. 46, §5.

Brüder"[63], und einem weiteren Bewohner von Nitria, dem Asketen Or[64] (Cap. 9), stand sie in Verbindung. In Cap. 46, §3 nennt Palladius die aus Ägypten vertriebenen Mönche, denen Melania Unterstützung zukommen ließ[65]. Melanias Einsatz für den Glauben und die Aufwendung ihrer Güter für die Armen hat andere vornehme Frauen zur Nachahmung angeregt: Als ihre direkte Nachfolgerin wird Olympias (Cap. 56) beschrieben[66], die wiederum Vorbild für Candida und Gelasia (Cap. 57) war. Von einigen der in Cap. 41 aufgezählten Frauen ist aus Briefen des Johannes Chrysostomos bekannt, daß sie ihn unterstützten, so von Theodora, Adolia, Basianilla und Sabiniana, der Tante des Bischofs von Konstantinopel, die ihm auch ins Exil folgte[67].

In den gegen die Origenisten polemisierenden Schriften erscheinen gerade die Namen derjenigen frommen Männer und Frauen, mit denen Palladius Umgang pflegte. So äußert sich Hieronymus, der gegen Rufin und Palladius auf der Seite der Origenesgegner stand, abfällig über Melania, indem er ihren Namen in lateinischer Übersetzung als Ausdruck für die „Dunkelheit ihrer Häresie" interpretiert:

Hier. epist. 133,3,5 (Ad Ctesiphontem):
Euagrius Ponticus Hiborita, qui scribit ad virgines, scribit ad monachos, scribit ad eam, cuius nomen nigredinis testatur perfidiae tenebras, edidit librum et sententias περὶ ἀπαθείας, ...

Eine andere Maßnahme, mit der Hieronymus seiner Abneigung gegen Melania Ausdruck gab, war die Tilgung ihres zuvor so gerühmten Namens aus seiner Chronik – ein Gesinnungswandel, den ihm Rufin in seiner Apologie vorhielt:

Rufin. apol. adv. Hier. 2,29:
Etiam nec illud eius admirabile factum silendum est, ne pudorem incutiamus audientibus, quod Marcellini consulis neptem, quam Romanae nobilitatis primam, parvulo filio Romae derelicto, Ierosolymam petisse, et ibi ob insigne meritum virtutis Theclam nominatam, in ipsis Chronicis suis

---

63 Capp. 10, §1 und 11, §1.

64 Dieser Or geriet durch Verwechslung mit dem gleichnamigen Mönch aus der Thebais (vgl. z. B. HM II) unverdienterweise in den Ruf eines Häretikers (s. Butler I, S. 177, Anm. 2).

65 Es werden angeführt: Isidor, Pisimius, Adelphius, Paphnutius, Pambo, Ammonius Parotes sowie zwölf Bischöfe und Priester. Die Erwähnung des Pambo beruht auf einem Irrtum, da dieser bereits kurz nach dem von Isidor vermittelten (Cap. 10, §2) ersten Besuch Melanias in Nitria gestorben war (§5). – Vgl. Guillaumont, Kephalaia gnostica, S. 57 mit Anm. 40 und Hunt, A Party and its Supporters, S. 468 mit Anm. 4.

66 Ähnlich wie in Cap. 71 über sich selbst sagt Palladius über sie Cap. 56, §2: οὐ μικροὺς ἀγῶνας ἀγωνισαμένη ὑπὲρ ἀληθείας.

67 S. Hunt, A Party and its Supporters, S. 476/7.

scripserat, post id de exemplaribus suis erasit, cum actus suos vidisset districtioris disciplinae feminae displicere.

Im oben zitierten Brief 133 charakterisiert Hieronymus die Historia monachorum Rufins als eine Schrift über Mönche, die diesen Namen nicht verdienen; als Beispiele für Origenisten führt er die „Langen Brüder“[68] und die mit ihnen in Verbindung stehenden Mönche an:

Hier. epist. 133,3,6:
qui (sc. Rufinus) librum quoque scripsit quasi de monachis multosque in eo enumerat, qui numquam fuerunt et quos fuisse describit Origenistas et ab episcopis damnatos esse non dubium est, Ammonium videlicet et Eusebium et Euthymium et ipsum Euagrium, Or quoque et Isidorum et multos alios, quos enumerare taedium est.

Es ist nicht verwunderlich, daß Hieronymus auch Palladius selbst als Origenisten angreift – entweder direkt in seinen eigenen Schriften oder indirekt, indem er entsprechende Schriftstücke ins Lateinische übersetzt. So verhält es sich etwa bei dem von Epiphanius an Bischof Johannes von Jerusalem geschriebenen Brief aus dem Jahre 394:

Hier. epist. 51,9,3 (Epistula Epiphanii Cyprii missa ad Iohannem episcopum a sancto Hieronymo translata):
Palladium vero Galatam, qui quondam carus nobis fuit et nunc misericordia dei indiget, cave, quia Origenis heresem praedicat et docet, ne forte aliquos de populo tibi credito ad perversitatem sui inducat erroris.

Ein von Hieronymus selbst stammendes Zeugnis desselben Tenors ist eine Stelle aus dem 415 verfaßten Dialogus adversus Pelagianos:

Hier. adv. Pelag. prol. 2,16-20:
Palladius servilis nequitiae eandem haeresim instaurare conatus est et novam translationis Hebraicae mihi calumniam instruere. Num et illius ingenio nobilitatique invidemus? Nunc quoque mysterium iniquitatis operatur et garrit unusquisque quod sentit: ...

Daß sich Palladius an zwei Stellen der HL mißbilligend über Hieronymus äußert, ist eher auf persönliche Abneigung als auf die Rolle, die dieser in den Streitigkeiten spielte, zurückzuführen: Am Schluß von Cap. 36

---

[68] Diese erscheinen auch in dem oben im Zusammenhang mit der „Eichensynode“ zitierten Codex aus der „Bibliothek“ des Photius: Im Anschluß an die gegen Heraclides erhobenen Vorwürfe werden Ammonius und seine Brüder mit Heraclides und Palladius in die Reihe der Origenisten gestellt, derentwegen Epiphanius den Kontakt zu Johannes Chrysostomos abgebrochen habe: Ἐπέδωκε καὶ ὁ Ἰσαάκιος καὶ λιβέλλον κατὰ τοῦ Χρυσοστόμου περιέχοντα ταῦτα, ... ὅτι ὁ μακάριος Ἐπιφάνιος διὰ τοῦς Ὠριγενειαστὰς Ἀμμώνιον, Εὐθύμιον, Εὐσέβιον καὶ Ἡρακλείδην καὶ Παλλάδιον οὐκ ἠθέλησε κιονωνῆσαι· (Phot. bibl. cod. 59,18b).

(§§ 6-8) gibt Palladius eine Prophezeiung des Posidonius wieder, nach der Hieronymus aufgrund seines eifersüchtigen und mißgünstigen Charakters, der seine rhetorischen Fähigkeiten verdunkle, jeden frommen Menschen aus seiner Umgebung vertreiben werde: τοσαύτην δὲ εἶχε βασκανίαν ὡς ὑπὸ ταύτης καλύπτεσθαι τῶν λόγων τὴν ἀρετήν und kurz darauf: χάριν δὲ τοῦτου τοῦ ἀνδρὸς οὐ μὴ οἰκήσει ἅγιος ἀνὴρ εἰς τοὺς τόπους τούτους, ἀλλὰ φθάσει αὐτοῦ ὁ φθόνος καὶ μέχρι τοῦ ἰδίου ἀδελφοῦ. In Cap. 41, §2 beklagt er, daß „ein gewisser" Hieronymus die heilige Paula aus eigennützigen Gründen an sich gekettet habe: ἧς ἐμπόδιον γέγονεν Ἱερώνυμός τις ἀπὸ Δαλματίας· δυναμένην γὰρ αὐτὴν ὑπερπτῆναι πασῶν, εὐφυεστάτη οὖσα, προσενεπόδισε τῇ ἑαυτοῦ βασκανίᾳ ἑλκύσας αὐτὴν πρὸς τὸν ἴδιον αὐτοῦ σκοπόν.

A2 STRUKTUR UND INHALT DER HISTORIA LAUSIACA

Die Historia Lausiaca wird als Auftragsarbeit bezeichnet[1]. Sie will für Lausus, den Kammerherrn des Kaisers Theodosius II. am Hof von Konstantinopel, geschrieben sein mit dem Ziel, ihm zur Erbauung zu dienen. Sowohl im Prolog als auch im Epilog spricht Palladius diesen mehrmals direkt an: Er ermahnt ihn, auf seinem Weg der Frömmigkeit weiter voranzuschreiten (Prol. II, §3[2]) und sich durch seine angesehene Stellung nicht von seiner Gottesfurcht abbringen zu lassen (Cap. 71, §6), gibt ihm aber auch so konkrete Ratschläge wie seinen Reichtum nicht zu vermehren (Prol. II, §9) und sich möglichst nicht in der Gesellschaft von Heuchlern aufzuhalten (§15). Der Prolog ist neben dem langen Kapitel 47, in dem Palladius der Frage nachgeht, warum viele Mönche trotz ihren frommen Bemühungen vom Schutz Gottes verlassen werden, der einzige Ort des Textes, an dem längeren theoretischen Abschnitten Raum gegeben wird.

Der übrige Bericht ist ganz den frommen Männern und Frauen und ihrem Wirken gewidmet. Der Charakter der Darstellung ist dabei äußerst uneinheitlich[3], was schon an der unterschiedlichen Länge der Kapitel deutlich wird: Man vergleiche etwa die wenigen Zeilen, in denen ein paar hervorstechende Eigenschaften des Asketen Or (Cap. 9) mitgeteilt werden, mit dem beachtlichen Umfang der Macarius-Kapitel. Die vier Grundtypen von Schilderungen, die E. Schulz-Flügel für die Historia monachorum er-

---

[1] Es ist nicht auszuschließen, daß es sich dabei um Prologtopik handelt, die bei Übersetzungsarbeiten weit verbreitet war: Vgl. H. Marti, Übersetzer der Augustinzeit, Interpretation von Selbstzeugnissen (Studia et Testimonia Antiqua 14), München 1974, S. 47 ff.

[2] Die Paragraphenzählung ist die der griechischen Ausgabe von Bartelink.

[3] Reitzenstein hat die Historia monachorum und die Historia Lausiaca, v. a. im Hinblick auf ihre Quellenlage, als „Sammelwerke" bezeichnet (s. HM und HL, Kapitel 1, S. 1-11).

mittelt hat[4], lassen sich auch in der HL wiederfinden. Es sind dies: 1. die Aufzählung weniger zentraler Fakten[5]; 2. eine chronologisch angelegte Vita[6]; 3. eine abgeschlossene Erzählung mit durchgehender Handlung[7]; 4. eine lockere Reihung apophthegmaähnlicher Elemente[8].

Die Frage nach der Struktur der Historia Lausiaca ist in der Literatur oft behandelt worden[9]. Sie setzt für den griechischen Text zunächst einmal

---

4 Ed. HM, S. 8/9.

5 Z. B. das schon erwähnte Cap. 9.

6 Z. B. Cap. 19 oder Cap. 38.

7 Z. B. Cap. 34 oder Cap. 65.

8 Sie begegnet z. B. in Cap. 18 oder am Schluß von Cap. 38.

9 Mit der Komposition des HL-Textes haben sich zuerst E. PREUSCHEN (S. 247-259), R. REITZENSTEIN (HM und HL, Kapitel 7) und W. BOUSSET (Komposition und Charakter der Historia Lausiaca, Berlin 1918, und als Nachtrag dazu: Zur Komposition der Historia Lausiaca, in: ZNW 21, 1922, 81-98) beschäftigt. Sie weisen wiederholt darauf hin, daß zusammengehörige Gruppen oft von einzelnen Kapiteln durchbrochen werden.

Reitzenstein (HM und HL, S. 145) gliedert den Text folgendermaßen:

Capp. 1-24: Ägypten (mit Wundererzählungen)
Capp. 25-28: gefallene Asketen
Capp. 29-71: andere Länder (ohne Wundererzählungen)

Den Zusammenhang der dritten, besonders umfangreichen, Gruppe unterbrechen einige Kapitel, die noch zum Ägyptenteil gehören und teilweise auch Wundertaten berichten; es sind Capp. 29, 37, 39, 47, 53, 58, 59 und 63. Aus der ersten Gruppe nimmt Reitzenstein die autobiographischen Kapitel 1-4 als überarbeitet heraus, da in ihnen im Gegensatz zu dem restlichen ägyptischen Abschnitt die „gnostischen" Begriffe γνῶσις und πνεῦμα (πνευματικός) begegnen (s. HM und HL, Kapitel 8).

Bousset greift die Ansätze Reitzensteins auf und führt sie weiter. Hinter den Capp. 1-4 sieht er allerdings keine ältere „gnostische" Quelle (Komposition und Charakter, S. 178/9).

Seine Gliederung ist die folgende (s. bes. S. 190 ff.):

Capp. 1- 6
Capp. 7-23: ägyptisches Mönchtum
Capp. 24-29: Anhang: sketisches Mönchtum
Capp. 30-39: Mönchtum in der Thebais (Mittelpunkt: Cap. 32)
Capp. 40-53: syrisch-palästinensisches Mönchtum
Capp. 54-65: βίοι heiliger Frauen
Capp. 66-69: Milieu von Ankyra (Galatien)
Capp. 70+71

Die Reihe der Capp. 40-53 wird durch einige thematisch unpassende Kapitel unterbrochen: das Kapitel über heilige Frauen (Cap. 41), das zu Galatien gehörende Cap. 45 und das einen Nachtrag zum ägyptischen Mönchtum bildende Cap. 47. In der folgenden Gruppe fällt nur das durch Cap. 59 (Antinoe) ausgelöste Cap. 58 aus dem Rahmen.

Bousset unterscheidet vier mögliche Quellen, die in die HL eingegangen sein könnten (HM und HL, S. 205):

die Entscheidung für eine bestimmte Kapitelreihenfolge voraus, wie sie Butler in §7 seiner Introduction[10] auf überzeugende Weise getroffen hat. Die Abfolge der Kapitel ist in der griechischen Überlieferung nur bis zu Cap. 39 einheitlich, von Cap. 40 an unterscheiden sich die griechische Kurzfassung (G) und Langfassung (B) voneinander[11], wobei G durch die syrische und B durch die lateinische Übersetzung unterstützt wird. Butler

---

1) eine Sammlung von Erzählungen über die Mönche der sketischen Wüste
2) Material aus der Pachomiusüberlieferung
3) ein Katalog syrischer Heiliger mit kurzer Charakterisierung
4) – vielleicht – eine Sammlung von Lebensbeschreibungen heiliger Frauen

Die Unstimmigkeiten in der Disposition der HL könnten nach Preuschen (S. 254) durch die folgende Entwicklung zustandegekommen sein: Bei der Anlage des Werkes unterteilte Palladius die Kapitel zunächst nach Männer- und Frauenviten, wobei er die Frauenkapitel denen über die Männer folgen ließ. Die beiden Abteilungen waren in sich geographisch geordnet. In einer späteren Bearbeitung sei der Komplex der Frauenbeschreibungen zerteilt und die einzelnen Stücke den jeweils geographisch zusammenhängenden Abschnitten über die Männer zugeordnet worden. Bei diesem Vorgang seien einige Kapitel aus ihrem geographischen Kontext gerissen worden und an thematisch unpassende Stellen geraten.

Dies ist nach E. Schwartz (Palladiana, in: ZNW 36, 1937, 161-204) beim Übergang von der G- zur B-Fassung des griechischen Textes geschehen. Er hält die von Butler zugrundegelegte aus B stammende Kapitelanordnung für sekundär und favorisiert die auch durch den syrischen Text gestützte Disposition der beiden G-Handschriften P (= Cod. Paris 1628) und W (= Cod. Oxford Christ Church 67) als logischer und den eigenen Ankündigungen des Palladius besser entsprechend (S. 193/4):

Asketen in Ägypten 1-39. 47; in Antinoupolis 58
Ephraim in Edessa 40
Asketen in Palästina 44. 43. 53. 50. 51. 48
Weibliche Asketen, durch besondere Einleitung 41-p. 128,5 παρθένοις τε καὶ χήραις abgesondert:
Alexandrien (aus der Geschichte des Athanasius) 63; in Antinoupolis 59. 60
Melanium die Ältere (Palästina) 46. unbestimmt 69. 70 (Caesarea in Palästina). Melanium die Ältere (Rom) 54+55.
Konstantinopel 56. 57. Rom 61. 62. aus Handschriften 64. 65
Asketen in Ankyra 66-68
Schlußwort, durchsichtig maskiert 71.

Die Abweichungen zwischen den Fassungen setzen erst nach Cap. 39 ein. Die Version B enthält zusätzlich die Kapitel 41B, 42, 45, 49 und 52 und wurde deshalb als materialreicher gegenüber der G-Fassung bevorzugt und so auch der lateinischen Übersetzung zugrundegelegt. Schwartz hält es für wahrscheinlich, daß die Kapitel zwar von Palladius selbst verfaßt, jedoch nicht von ihm in die HL aufgenommen wurden; erst nach seinem Tod seien sie von einem Mönch in den Text eingearbeitet worden (S. 196).

10 II, S. xlviii-lvi. – Vgl. v. a. die Tabelle auf S. l und die Übersicht auf S. lii.

11 Zum Verhältnis der griechischen und lateinischen Versionen zueinander s. Kapitel B3 a).

stellt die klarere Systematik des G-Textes als sekundär gegenüber der nur im Hinblick auf das Leben des Palladius verständlichen Ordnung von B heraus und schließt in diesem Punkt eine durch eine Redaktion erzielte Entwicklung von G zu B aus. Vielmehr hat nach Butlers Einschätzung ein Bearbeiter der B-Fassung eine Trennung der Männer- und Frauenkapitel vorgenommen und beide Abschnitte mit den jeweils in Ägypten lebenden Heiligen eingeleitet, so daß die Anordnung der Kapitel in G deutlich stärker von thematischer und geographischer Zusammengehörigkeit geprägt ist als in B. Ferner macht Butler die – schon von Preuschen postulierte – Authentizität der fünf in G fehlenden Kapitel 41B, 42, 45, 49 und 52 aus inhaltlichen und sprachlichen Gründen plausibel: So ist der Ausfall von Cap. 41B, das schon durch seinen syntaktisch unvollständigen Anfangssatz mit Cap. 41A eine Einheit bildet[12], wahrscheinlich durch die in ihm anzutreffende Polemik gegen Hieronymus bedingt und stellt Cap. 49 die natürliche Fortsetzung zu Cap. 48 dar (Sisinnius ist ein Schüler des Elpidius). Die ins Lateinische übernommene Struktur von B ist also als die originale zu betrachten; sie bildet das Gerüst für die folgende Untersuchung.

Um herauszufinden, ob der Anordnung der Kapitel ein bestimmter Plan zugrundeliegt, ist es zunächst nötig, im Prolog[13] der HL nach diesbezüglichen Vorgaben des Verfassers zu suchen. Die Auswertung der einschlägigen Stellen (in den Paragraphen 2, 5 und 16) führt zu der Beobachtung, daß für den Aufbau des Textes kein Gesamtkonzept formuliert ist; stattdessen werden verschiedene, z. T. miteinander konkurrierende, Ordnungsprinzipien angesprochen, von denen keines Anspruch auf Ausschließlichkeit erheben kann. Am aufschlußreichsten ist in dieser Hinsicht §2: Hier werden die von Lausus angeforderten τῶν πατέρων διηγήματα weiter spezifiziert als ἀρρένων τε καὶ θηλειῶν, ὧν τε ἑώρακα καὶ περὶ ὧν ἀκήκοα. In dieser Aussage sind zwei Dispositionsmöglichkeiten des Stoffes angelegt: eine thematisch nach Männern und Frauen gegliederte[14] und eine der Biographie des Verfassers folgende, in der das persönliche Zusammentreffen bzw. die über Erzählungen gewonnene Bekanntschaft mit den zu beschreibenden Personen die Abfolge der Kapitel bestimmt. Der Satz wird fortgesetzt mit der Aufzählung der bereisten Länder und Städte, unter denen genannt werden: die ägyptische Wüste, Libyen, die Thebais, Syene mit den dort lebenden Tabennesioten, weiter Mesopotamien, Palästina und Syrien

---

12 ἐν αἷς καὶ Παύλῃ τῇ Ῥωμαίᾳ τῇ μητρὶ Τοξοτίου, ... (§2) schließt an πολλαῖς ἀστείαις συντετύχηκα παρθένοις τε καὶ χήραις (§1) an.

13 Betrachtet werden soll hier nur der zweite Prolog, da der erste der jüngeren Rezension B angehört (s. Kapitel B3 a) und die dort begegnenden Angaben bereits durch Prolog II abgedeckt sind.

14 Die Absicht, neben den Männern auch mannhafte Frauen zu berücksichtigen, wird im ersten Prolog gleich viermal ausgesprochen.

sowie im Westen Rom, Kampanien und die umliegenden Gebiete[15]. Damit gesellt sich das geographische Prinzip hinzu, während am Schluß des Satzes mit den Worten ἄνωθεν ἐκθέσθαι σοι ἐν διηγήματος εἴδει τὸ βιβλίον τοῦτο eine von chronologischen Gesichtspunkten bestimmte Vorgehensweise in Aussicht gestellt wird, wie sie in dem Hinweis auf die Begegnungen des Verfassers mit den heiligen Männern und Frauen bereits angeklungen ist. In §5 erscheint noch einmal der geographische Rahmen in einer pauschalen Formulierung: ... πεζῇ τῇ πορείᾳ πατήσας πᾶσαν τὴν γῆν Ῥωμαίων, und am Ende des Prologs in §16 wird das Bemühen des Autors um Vollständigkeit in diesem Bereich suggeriert: ... οὐ τοὺς ἐν ταῖς πόλεσιν οὔτε τοὺς ἐν ταῖς κώμαις ἢ ἐρημίαις σοι καταλείψω ἀγνώστους τῷ λόγῳ[16]. Allerdings nimmt der sich direkt anschließende Schlußsatz des Prologs den möglicherweise entstandenen Eindruck von einer Anlage des Textes nach geographischen Kriterien wieder zurück, indem er ein thematisches Gliederungsprinzip in den Vordergrund stellt: οὐ γὰρ ὁ τόπος ἐστὶν ὁ ζητούμενος ἔνθα κατῴκησαν οὗτοι, ἀλλ᾽ ὁ τρόπος τῆς προαιρέσεως.

Die im Prolog angesprochenen Strukturierungsmöglichkeiten – chronologisch (bzw. biographisch), geographisch und thematisch – sind auch im Text selbst anzutreffen, wobei, wie schon der Prolog vermuten läßt, keines von ihnen die alleinige Grundlage der Kapitelfolge bildet. Allerdings ist dem geographischen Ordnungsprinzip ein leichter Vorrang eingeräumt[17]. Wenn eine Verbindung zum vorhergehenden Kapitel besteht, so wird dies meist schon im ersten Satz des neuen Kapitels ausgesprochen; manchmal ergibt sich ein Zusammenhang, auch mit weiter entfernt stehenden Kapiteln, erst aus dem weiteren Verlauf des Textes. Nicht selten konkurrieren mehrere Kriterien (z. B. geographisch und thematisch) miteinander, die dann auf Kontakte zu verschiedenen Kapiteln weisen können. In Kapiteln, bei denen kein Anschluß an Vorausgehendes erkennbar ist, wird zuweilen durch den Hinweis auf die Berühmtheit der beschriebenen Person oder die besondere Eignung des Stoffes zur Erbauung oder Warnung des Lesers eine Rechtfertigung für die Erwähnung gegeben. In vielen Fällen jedoch ist die

---

[15] Hieran knüpft eine zusammenfassende Formulierung in Cap. 71 an: In §2 dieses autobiographischen Kapitels über einen „mit ihm zusammenlebenden Bruder" behauptet Palladius, er habe hundertsechs Städte betreten (ἑκατὸν ἓξ πόλεις πατήσας, ...). Eine derartig hohe Anzahl an Reisezielen ergibt sich allerdings nicht aus dem vorangegangenen HL-Text. Hier liegt die Vermutung nahe, daß es sich bei dieser nicht verifizierbaren Zahlenangabe um eine formelhafte Aussage, evtl. vergleichbar mit dem lateinischen *sescenti*, handeln könnte.

[16] Vgl. Prol. I: πολλὰς δὲ πόλεις καὶ πλείστας κώμας, σπήλαιόν τε ἅπαν καὶ πάσας σκηνὰς τῆς ἐρήμου τῶν μοναχῶν, πεζῇ τῇ πορείᾳ περινοστήσας ... und: ... προστεθεικὼς τῶν πλείστων καὶ τὸ γένος καὶ τὴν πόλιν καὶ τὸν τόπον τῆς μονῆς.

[17] Ein Beispiel dafür ist Cap. 35: Palladius besucht Johannes von Nitria aus (§3), erzählt dies aber nicht chronologisch korrekt im Kontext der Nitria-Kapitel (7-16), sondern am Schluß der Thebais-Reihe, weil Lykopolis in der Thebais liegt.

Bekanntschaft des Verfassers mit der jeweiligen Hauptfigur die einzige Verknüpfung des Kapitels zum Gesamtwerk, ohne daß seine Position innerhalb des Textes genauer bestimmt wird.

Der Text setzt entsprechend der Biographie des Palladius[18] mit dessen Ankunft in Alexandria (Cap. 1, §1) und dem Beginn seiner eremitischen Ausbildung bei Isidor (§5) ein. Hieran schließt sich, weiter dem biographischen Gesichtspunkt folgend, die Fortsetzung dieser Ausbildung bei Dorotheus (Cap. 2) an. Cap. 3 (Potamiaena) weist als Erzählung Isidors auf Cap. 1 zurück; dasselbe gilt für Cap. 5 (Alexandra). Für die Kapitel 4 (Didymus) und 6 (die reiche Jungfrau) spielt die lokale Anknüpfung die zentrale Rolle: Didymus gehört zur Kirche der Alexandriner (Cap. 4, §1), und auch die geizige Jungfrau des 6. Kapitels lebt in Alexandria (§1). Das Kapitel beginnt darüberhinaus mit einem thematischen Neueinsatz, durch den das Leben der Jungfrau eine Reihe verächtlicher Beispiele eröffnen soll[19]. Die Kapitel 1-6 werden also durch eine doppelte Klammer – die des übereinstimmenden Ortes und die des Rückbezugs auf Isidor – zusammengehalten.

Cap. 7 greift nun nicht, wie man vermuten könnte, die thematische Ankündigung aus Cap. 6 auf, sondern schwenkt wieder zur Biographie des Verfassers zurück: Dieser teilt in §1 seinen Umzug von Alexandria nach Nitria mit; folglich kann das Sammelkapitel 7 über die Bewohner von Nitria als Bezugspunkt für die sich anschließenden Kapitel betrachtet werden. Aus Cap. 7 geht automatisch Cap. 8 (Amun) als Erzählung des Nitrioten Arsisius[20] hervor. Die in den folgenden Kapiteln beschriebenen Mönche Or (Cap. 9), Pambo (Cap. 10) und Beniamin (Cap. 12) werden alle als Nitrioten eingeführt; bei Ammonius (Cap. 11) steht eine persönliche Verbindung im Vordergrund: Er ist ein Schüler des Asketen Pambo. Damit bilden die Kapitel 10 und 11 eine engere Einheit. Die Einordnung des Cap. 14 (Esaias und Paesius) wird nicht gleich aus dem Kapitelanfang ersichtlich; möglicherweise spielen hier ein thematischer Bezug zu Cap. 13 – der Vater der beiden Brüder ist Kaufmann (Cap. 14, §1), Apollonius übte vor seinem Leben als Mönch die Tätigkeit eines Händlers aus (Cap. 13, §1) – und das Auftreten des Pambo im weiteren Verlauf des Cap. 14 eine Rolle. Mit Cap. 15 (der junge Macarius) verläßt Palladius die Mönchssiedlung Nitria selbst und wendet sich dem zwischen Nitria und Alexandria liegenden See Maria zu, der bereits in §1 des Cap. 7 erwähnt wurde. Als letztes Kapitel dieser Gruppe ist wohl Cap. 16 anzusehen, obwohl dessen Zusammenhang mit dem Vorhergehenden nicht deutlich hervortritt: Nathanael wird nur vage als τις τῶν παλαιῶν bezeichnet, den Palladius nicht mehr lebend angetroffen habe; seine Zelle wird als nahe an bewohntem Gebiet, also vermutlich in der Nähe Alexandrias, liegend beschrieben (§1).

---

[18] Zu den Bezügen zur Biographie des Verfassers vgl. Kapitel A1.

[19] §1: Οὐ παραλείψω δὲ ἐν τῷ διηγήματι καὶ τοὺς ἐν καταφρονήσει βεβιωκότας, ...

[20] Vgl. Cap. 7, §§ 3 und 6.

Den nachfolgenden Kapiteln liegt ein erneuter Ortswechsel des Palladius zugrunde, der jedoch erst in Cap. 18, §1 ausgesprochen wird: Es handelt sich um die Eröffnung seiner in der „Kellia" genannten Mönchssiedlung verbrachten Lebensphase. Cap. 18 bildet mit Cap. 17 eine Einheit, da es um zwei Asketen mit dem Namen Macarius geht. Cap. 17 setzt denn auch unvermittelt mit einem beide Kapitel betreffenden kurzen Vorspann ein, bevor auf den in der Sketis lebenden (§3) und bereits vor der Ankunft des Palladius verstorbenen (§13) Macarius Aegyptius eingegangen wird. Cap. 18 (Macarius Alexandrinus) knüpft an Cap. 17 an und stellt gleichzeitig den Bezug zum Leben des Palladius wieder her, da dieser mit dem Priester der „Kellia" persönlich zusammengetroffen ist (§1).

Die meisten der hieran anschließenden Kapitel bis Cap. 28 haben als Ort der Handlung die Sketis, lassen sich also geographisch Cap. 17 zuordnen. Ausnahmen sind Cap. 24 (Stephanus), das wie Cap. 15 am See Maria zu lokalisieren ist, das auf die „Kellia" des Cap. 18 zurückweisende Cap. 25 (Valens) und Cap. 28 (über eine gefallene Jungfrau), das gar in Jerusalem spielt und damit ganz aus dem Ägypten betreffenden ersten Teil der HL herausfällt. Neben dem geographischen Ordnungsprinzip gibt es hier verschiedene andere, z. T. dominierende, Verknüpfungslinien, so etwa das der persönlichen Verbindung zu anderen Namen: Paulus von Pherme (Cap. 20) und Valens (Cap. 25) haben mit Macarius Alexandrinus (Cap. 18) zu tun, und die Kapitel 21 (Eulogius) und 22 (Paulus Simplex) erweisen sich als Erzählungen des Kronios, des Priesters von Nitria[21] (Cap. 21, §1). Eine thematische Klammer ist um die Kapitel 24-28 zu legen: Sie sind Beispiele negativer Lebensführung, wie sie in Cap. 6 angekündigt wurden. In dieser Hinsicht hat auch das geographisch aus dem Rahmen fallende Cap. 28 an dieser Stelle seine Berechtigung. Innerhalb der Gruppe stehen Cap. 24 (Stephanus) und Cap. 26 (Heron) in einem engeren thematischen Zusammenhang: In beiden Fällen stellt Krankheit die Strafe für Ausschweifungen dar[22].

Die nächste geographische Einheit umfaßt die Kapitel 29-35: Bis auf die nicht lokalisierte Handlung des Cap. 31 (Piamun) spielen sich die in ihnen geschilderten Begebenheiten in der Thebais ab. Dabei sind Cap. 29 (Elias) und Cap. 30 (Dorotheus) dadurch enger miteinander verbunden, daß Dorotheus die Nachfolge des Elias in der Klosterleitung antritt. Deutliche Rückbezüge dieser Kapitel sind nicht zu erkennen; allenfalls zu Cap. 23

[21] Kronios wird in Cap. 7, §3 erwähnt.

[22] Daß Cap. 24 überhaupt in diese Reihe gehört, ist aus dem Kapitel selbst kaum ersichtlich, da hier das Lob der physischen Leidensfähigkeit im Vordergrund steht. Den einzigen Hinweis bietet die Aussage des Stephanus in §3, daß seine Geschlechtsteile Züchtigung verdient haben könnten. Erst in Cap. 47, §4 werden die Namen Stephanus, Heron, Valens und Ptolemaeus als zusammengehörig aufgezählt.

besteht ein leichter thematischer Anklang in Cap. 29: Hier werden wie im Pachon-Kapitel drastische Maßnahmen zur Befreiung von körperlicher Begierde dargestellt. Einen weiteren festen Block innerhalb dieser Gruppe bilden die die von Pachomius gegründeten Klöster der Tabennesioten behandelnden Kapitel 32-34 und unter diesen wiederum die Kapitel 33 und 34, in denen Episoden aus dem Frauenkloster von Tabennese erzählt werden. Von dem Frauenkloster und den in ihm stattfindenden Auseinandersetzungen aus kann man wieder in thematischer Hinsicht einen Bogen zu Capp. 29 und 30 schlagen, denn auch dort steht ein Frauenkloster im Mittelpunkt, in dem ununterbrochen Streitigkeiten geschlichtet werden müssen (Cap. 29, §§ 1/2). Mit dem von Palladius in Lykopolis besuchten Johannes (Cap. 35) endet nicht nur die Reihe der Thebais-Kapitel, sondern der gesamte – mit der Ausnahme des Cap. 28 – ausschließlich auf Ägypten bezogene erste Teil der Historia Lausiaca.

Die zweite Hälfte des HL-Textes läßt sich nicht in gleicher Weise unter eine Gesamtüberschrift stellen; sie zerfällt stärker in voneinander unabhängige Einheiten. Ägypten als geographischer Hintergrund ist auch weiterhin anzutreffen.

Bereits die nächsten vier Kapitel 36-39 können nur einzeln betrachtet werden. Mit dem Handlungsort Bethlehem ist Cap. 36 (Posidonius) lokal der in Cap. 43 einsetzenden Reihe der Palästina-Kapitel zuzuordnen. Das den im gesamten Mittelmeerraum umherziehenden Wanderasketen Serapion beschreibende Cap. 37 fällt sowohl geographisch als auch thematisch aus dem Rahmen des Werkes[23]. Cap. 38 (Evagrius) führt von Konstantinopel über Jerusalem nach Nitria und „Kellia“ und ist damit in die Nähe der auf Cap. 7 und Cap. 18 folgenden Kapitel zu rücken. Warum Palladius die Vita seines Lehrers an diese Stelle setzt, ist nicht erkennbar; er leitet sie nur mit der Bemerkung ein, es sei nicht gerecht (οὐ δίκαιον), sein Leben zu verschweigen. In den Ägypten gewidmeten Teil gehört auch Cap. 39, in dem ohne genauere geographische Einordnung nur von dem Ägypter Pior und dem Libyer Moses die Rede ist.

Ähnlich wie Cap. 38 wird auch Cap. 40 mit dem Hinweis darauf eröffnet, daß Ephraem, der Diakon der Kirche von Edessa in Syrien, Erwähnung verdiene. Zu Cap. 40 ist Cap. 42 zu nehmen, da auch Julianus in der Gegend von Edessa lebt. Zwischen beide Kapitel schiebt sich völlig unmotiviert ein Katalog heiliger Frauen (Cap. 41), die Palladius an verschiedenen Orten, vor allem in Rom, kennengelernt hat. Das Kapitel wird bereits mit dem Einleitungssatz als etwas thematisch Neues von seiner Umgebung abgehoben[24].

Von Cap. 43 bis Cap. 52 reicht eine Gruppe von auf Palästina bezogenen Erzählungen: Sie sind teils in Jerusalem – Cap. 43 (Adolius), Cap. 44

---

[23] S. u. Anm. 37.

[24] §1: Ἀναγκαῖον δέ ἐστι καὶ γυναικῶν ἀνδρείων μνημονεῦσαι ἐν τῷ βιβλίῳ, ...

(Innocentius) und das erste Melania-Kapitel (Cap. 46) –, teils in Jericho – Cap. 48 (Elpidius) und Cap. 49 (Sisinnius) – und teils in der Jordangegend – Cap. 50 (Gaddanas), Cap. 51 (Elias) und Cap. 52 (Sabas) – angesiedelt. Die Auslassungen in dieser Reihe zeigen an, daß auch hier die Einheit nicht gewahrt ist: Als Fremdkörper in geographischer Hinsicht treten mit Galatien Cap. 45 (Philoromus) und mit dem Dorf Phoinike in Ägypten Cap. 47 (Chronius und Paphnutius) in Erscheinung. Letzteres nimmt durch seinen hohen Anteil an theoretischen Erörterungen auch thematisch eine Sonderstellung ein, die es in die Nähe zum Prolog rückt. Ausgelöst werden diese Betrachtungen durch das Schicksal der gefallenen Asketen, wodurch ein inhaltlicher Bezug zu der Kapitelreihe 24-27 hergestellt wird[25]. Ansonsten spielen in diesem Abschnitt des Textes thematische Zusammenhänge keine große Rolle – es sei denn, man mißt der Tatsache, daß in den Kapiteln 43, das hierin an Cap. 42 anknüpft, 45, 48 und 49 Beispiele besonders strenger Askese geschildert werden, eine verbindende Wirkung zu. Capp. 48 und 49 sind dadurch enger miteinander verklammert, daß Elpidius und Sisinnius, die beide aus Kappadokien stammen, in einem Lehrer-Schüler-Verhältnis zueinander stehen.

Wie ein Nachtrag zu Capp. 24-27 wirkt das von dem dem Hochmut verfallenen Ägypter Abramius handelnde Cap. 53; das Thema des vermeintlichen Auserwähltseins durch Christus macht es besonders mit Cap. 25 vergleichbar.

Die vier anschließenden Kapitel bilden wiederum eine Einheit. Dabei werden die beiden zusammengehörigen Kapitel 54 und 55 über die ältere Melania ausdrücklich als Fortsetzung des Cap. 46 bezeichnet. So wie Cap. 56 aus Capp. 54/55 hervorgeht, ergibt sich Cap. 57 aus Cap. 56, da als Nachahmerin der Melania Olympias und als deren Nachfolgerinnen wiederum Candida und Gelasia vorgestellt werden.

Vor Cap. 58 ist mit der Rückkehr in die Thebais erneut ein Bruch festzustellen, der durch die Biographie des Verfassers bedingt ist: Die in diesem Kapitel beschriebene Stadt Antinoe war einer der Verbannungsorte des Palladius. Cap. 59 entwickelt sich aus Cap. 58 etwa wie Cap. 33 aus Cap. 32: Hier wird der Blick speziell auf die Frauenklöster der Stadt und zwei ihrer Bewohnerinnen, Talis und ihre Schülerin Taor, gelenkt. Die in Cap. 60 erzählte Geschichte von einer Jungfrau und dem Märtyrer Kolluthus ist wohl in dieselbe Gegend zu setzen, da Palladius von der Jungfrau als einer Nachbarin spricht. Mit dem Bericht über die in Rom lebende jüngere Melania in Cap. 61 greift Palladius eine in Cap. 58, §2 gemachte Ankündigung auf; Cap. 62 schließlich erhält seine Position aus dem Verwandtschaftsverhältnis des Pammachius mit Melania und ihrem Gatten Pinianus.

---

[25] S. o. S. 23.

Von Cap. 63 muß man den Blick auf Cap. 60, §2 zurücklenken: Hier ist das Thema der Verfolgung das verbindende Element. Während in Cap. 60 Palladius selbst als Verbannter angesprochen wird, ist es in Cap. 63 Athanasius, dem auf seiner Flucht von einer Jungfrau in Alexandria Unterschlupf gewährt wird. Auf dieselbe Weise hängt das in Caesarea in Kappadokien spielende Cap. 64 mit Cap. 63 zusammen; hier ist es Origenes, der auf der Flucht Hilfe von Juliana erhält. Auf rein assoziativem Wege ergibt sich Cap. 65 aus Cap. 64: Die aus Korinth erzählte Begebenheit findet sich ἐν ἄλλῳ βιβλίῳ παλαιοτάτῳ (Cap. 65, §1), womit auf das in Cap. 64, §1 erwähnte alte Buch, in dem Palladius eine persönliche Bemerkung des Origenes gefunden haben will, angespielt wird. An der soeben beschriebenen Gruppe von auf ganz verschiedene Orte bezogenen Kapiteln zeigt sich deutlich, daß das geographische Ordnungskriterium von anderen Strukturierungslinien überlagert und zurückgedrängt sein kann; in diesem Fall geht jeweils ein Kapitel aus dem vorangehenden hervor.

Hierauf folgt noch einmal eine in geographischer Hinsicht zusammenzunehmende Dreiergruppe, die mit dem letzten Lebensabschnitt des Verfassers, den er in Galatien verbrachte, in Beziehung gesetzt werden kann: Der den Kapiteln 66 (Verus), 67 (Magna) und 68 (ein barmherziger Mönch) gemeinsame Ort ist die in Galatien liegende Stadt Ankyra. Ohne Lokalisierung ist das eine reuige Jungfrau beschreibende Cap. 69 angefügt; es bildet den thematischen Bezugspunkt für das ebenfalls von Verführung und Reue (bzw. Bestrafung) handelnde Cap. 70 über den verleumdeten Lektor Eustathius, das, da es ein Geschehnis aus Caesarea berichtet, rein lokal gesehen der Gruppe der Palästina-Kapitel (Capp. 43-52) zuzurechnen wäre. Den Abschluß des Werkes bildet ein Kapitel über einen vermeintlich mit Palladius zusammenlebenden Bruder, mit dem dieser sich jedoch selbst meint; dieses geht schließlich in den allgemeinen Epilog über.

Der Gang durch den Text der HL hat ergeben, daß dieser sich in zwei Teile zerlegen läßt: Der erste Teil umfaßt die Kapitel 1-35 und bietet geographisch gesehen ein einheitliches Bild: Alle Geschehnisse – mit der Ausnahme eines Kapitels – spielen sich in Ägypten ab; den lokalen Hintergrund bilden Alexandria, Nitria, „Kellia", die Sketis und die Thebais (mit Tabennese). Der zweite Teil dagegen zerfällt in dieser Hinsicht: Die Orte der Handlungen liegen außer in Ägypten auch in Palästina, Syrien, Galatien, Kappadokien, Griechenland und Italien. Diese geographische Uneinheitlichkeit hat auch Konsequenzen für die weitere Struktur des Textes: Während im ersten Teil, v. a. am Anfang desselben, noch größere zusammenhängende Gruppen anzutreffen sind, findet man im zweiten eher für sich stehende Kapitel oder durch Fremdkörper unterbrochene Kapitelreihen vor.

Das Gesamtbild, das der Text bietet, ist das kleiner, auf geographischer oder thematischer Übereinstimmung beruhender Blöcke von zwei oder drei Kapiteln, die meist nicht an das Vorhergehende anschließen, sondern nur zum Leben des Autors in einem Bezug stehen. Zusammenfassende Einleitungs- oder Schlußsätze wirken zuweilen deplaziert, weil die von ihnen bezeichnete Gruppe – wie mannhafte Frauen oder gefallene Asketen – nicht als thematische Einheit existiert, sondern ihre einzelnen Vertreter auf verschiedene Stellen des Textes verteilt sind[26].

Dennoch liegt der Anlage des Werkes grob gesehen die Biographie des Verfassers zugrunde[27]: Am Anfang des Textes steht auch der Beginn der Ausbildung des Palladius zum Mönch, die Erzählungen aus Palästina (Cap. 36 und Capp. 43-52) folgen auf seinen Weggang aus Ägypten, die auf Antinoe in der Thebais bezogenen Kapitel (Capp. 58-60, dazu thematisch Capp. 63 und 64) lassen sich der Verbannungszeit zuordnen, und die Ankyra betreffende Kapitelgruppe 66-68 am Schluß des Werkes hat ihre Entsprechung in der in Galatien verbrachten letzten Lebensphase des Palladius.

Die Struktur des Textes soll anhand einer schematischen Übersicht dargestellt werden, in der die wichtigsten positionsbestimmenden Beziehungen zwischen den Kapiteln eingezeichnet sind. Da jeweils das Verhältnis eines neuen Kapitels zum vorhergehenden Text untersucht werden soll, sind nur zurückweisende Verbindungslinien berücksichtigt. Sie werden als den Kategorien „lokal", „thematisch", „persönlich"[28] und „biographisch"[29] zugehörig gekennzeichnet.

I Ägypten:

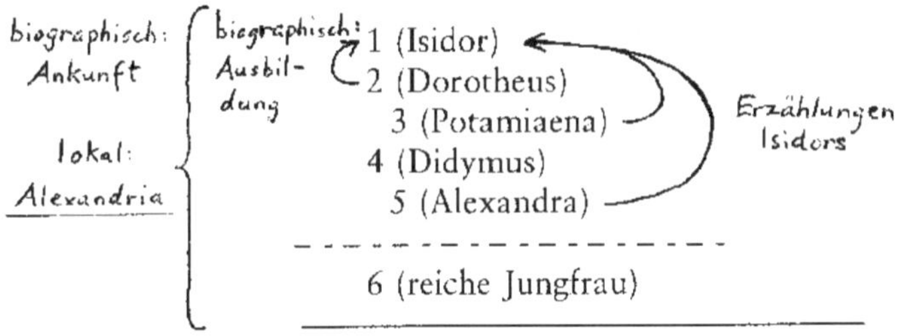

[26] So folgen auf den Eröffnungssatz des Cap. 6, der mehrere Beispiele negativer Lebensführung ankündigt, bis zu Cap. 25 (Valens) keine weiteren hierzu passenden Geschichten. Auch die Darstellungen tugendhafter Frauen treten nicht als geschlossener Abschnitt des Buches in Erscheinung: Zwischen den dem Frauenkatalog von Cap. 41 vorangestellten Worten: Ἀναγκαῖον δέ ἐστι καὶ γυναικῶν ἀνδρείων μνημονεῦσαι ἐν τῷ βιβλίῳ, αἷς καὶ ὁ θεὸς τὰ ἴσα τοῖς ἀνδράσι τῶν ἄθλων ἐχαρίσατο, ... und der die gute Tat der Juliana (Cap. 64) beschließenden Aussage: Οὐ παρέργως δὲ τέθεικα καὶ τὰς ἀρετὰς τούτων τῶν γυναικῶν, ἵνα μάθωμεν ὅτι πολυτρόπως ἔνεστι κερδαίνειν ἐὰν ἐθέλωμεν sind etwa genauso viele Männer- wie Frauenkapitel angeordnet.

[27] Darauf weist auch Buck, Structure, S. 306 hin: „Although thematic consideration sometimes override strict autobiography, in its broad outline the structure of the *Lausiac History* is based upon the course of Palladius' life from his introduction to monasticism at Alexandria to his bishopric at Aspuna."

[28] D. h. auf Kontakte zwischen den Mönchen bezogen.

[29] D. h. auf die Biographie des Palladius bezogen.

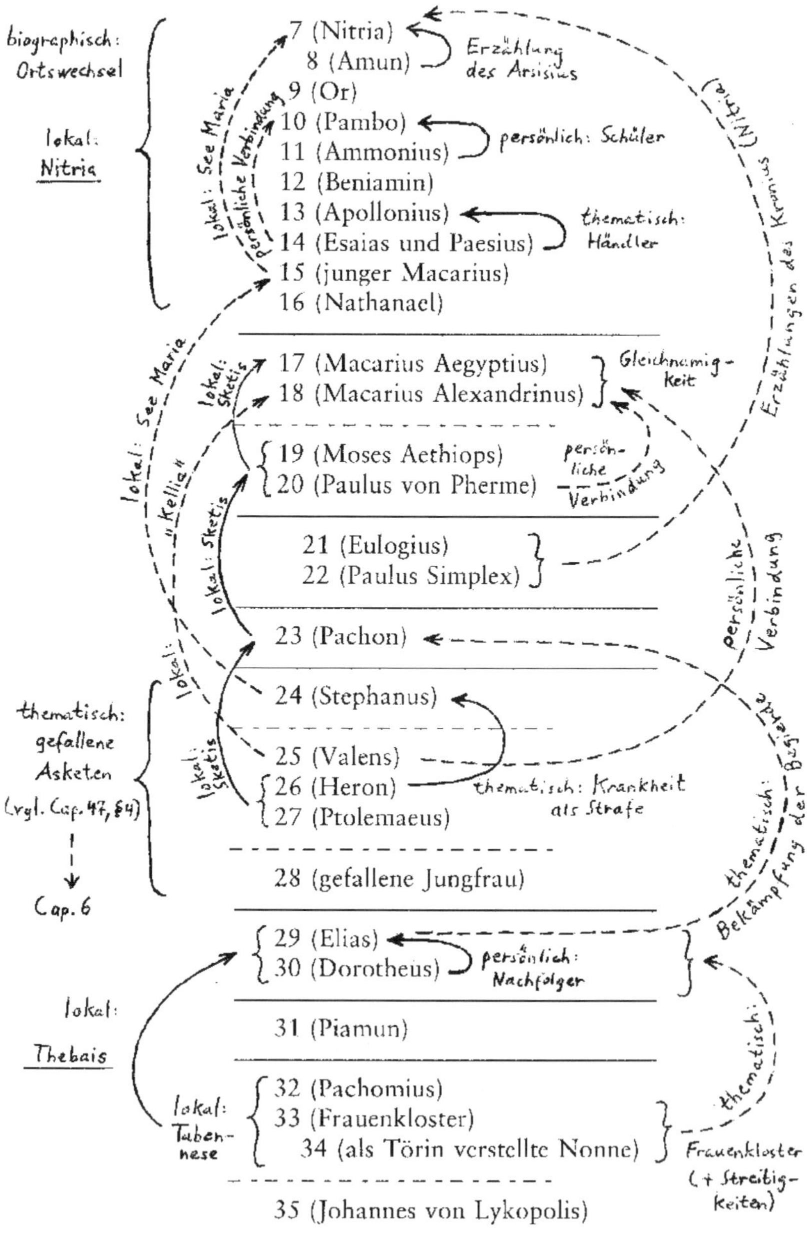
biographisch: Ortswechsel
lokal: Nitria
7 (Nitria)
8 (Amun)
Erzählung des Arsisius
9 (Or)
10 (Pambo)
11 (Ammonius)
persönlich: Schüler
12 (Beniamin)
13 (Apollonius)
14 (Esaias und Paesius)
thematisch: Händler
15 (junger Macarius)
16 (Nathanael)
lokal: See Maria
persönliche Verbindung
Erzählungen des Kronius (Nitria)
17 (Macarius Aegyptius)
18 (Macarius Alexandrinus)
Gleichnamigkeit
lokal: Sketis
19 (Moses Aethiops)
20 (Paulus von Pherme)
persönliche Verbindung
lokal: See Maria
„Kellia"
lokal: Sketis
21 (Eulogius)
22 (Paulus Simplex)
23 (Pachon)
persönliche Verbindung
lokal:
24 (Stephanus)
thematisch: gefallene Asketen (vgl. Cap. 47, §4)
Cap. 6
lokal: Sketis
25 (Valens)
26 (Heron)
27 (Ptolemaeus)
thematisch: Krankheit als Strafe
28 (gefallene Jungfrau)
thematisch: Bekämpfung der Begierde
29 (Elias)
30 (Dorotheus)
persönlich: Nachfolger
lokal: Thebais
31 (Piamun)
32 (Pachomius)
33 (Frauenkloster)
34 (als Törin verstellte Nonne)
lokal: Tabennese
thematisch:
Frauenkloster (+ Streitigkeiten)
35 (Johannes von Lykopolis)

II Ägypten und andere Länder:

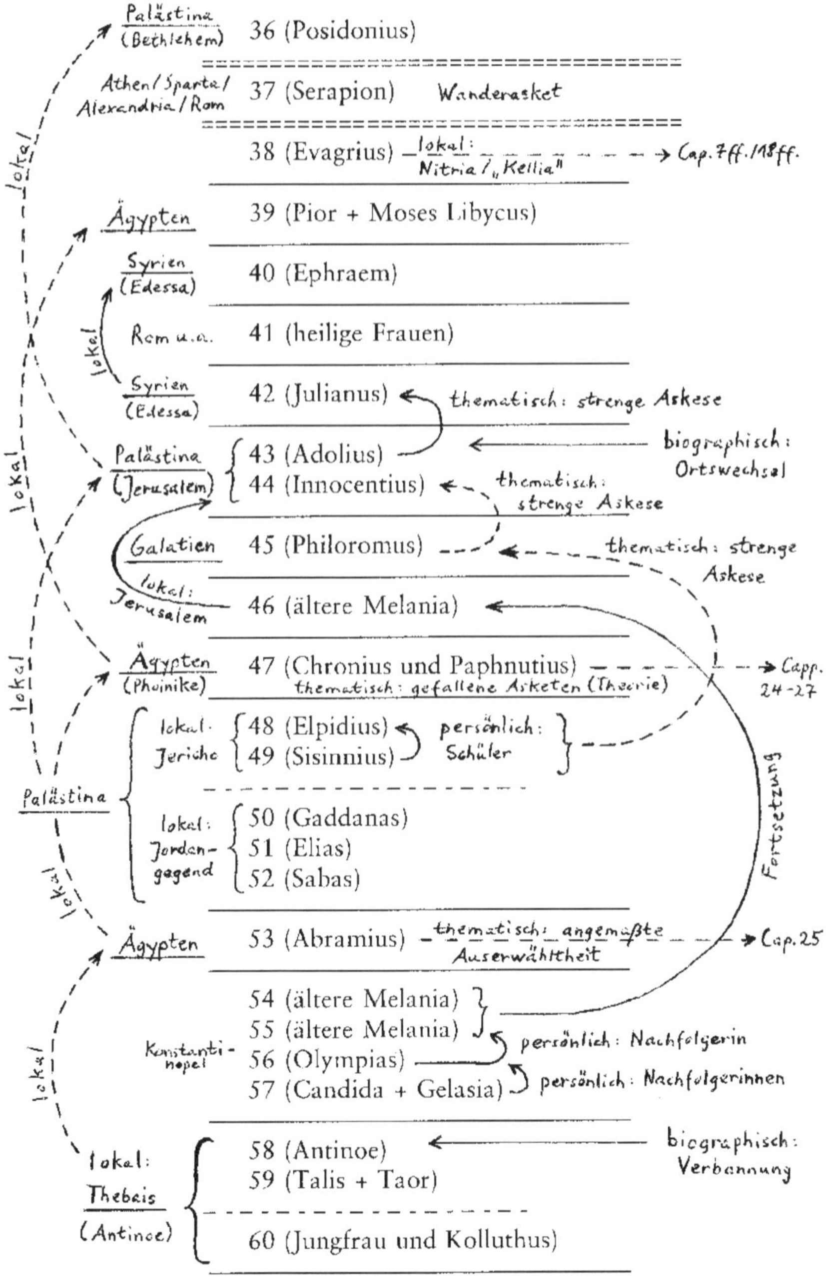

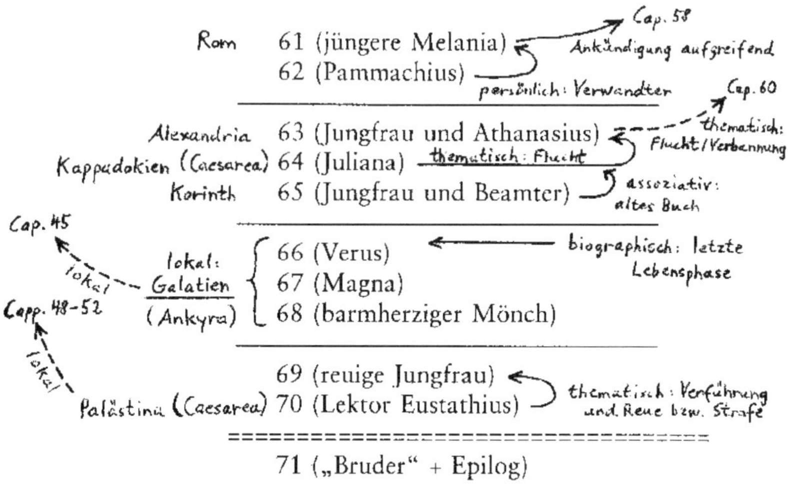

Um einen Eindruck davon zu vermitteln, wie ein anderer Autor einen vergleichbaren Stoff disponiert, soll kurz Buch VI, Capp. 29,3 ff. der Kirchengeschichte des Sozomenos betrachtet werden. Sozomenos stellt hier in Ägypten und anderen Regionen lebende Mönche vor[30], wobei ihm als Hauptquellen die HL und die HM dienen[31].

Untersucht man die Anordnung, in der die Kapitel dieses Abschnitts dargeboten werden, so fällt auf, daß ein – allerdings nicht konsequent eingehaltenes – System intendiert ist: Den äußeren Rahmen bildet die nach Herrschaftszeiten (βασιλεῖαι) gegliederte Chronologie. Innerhalb dieses Rahmens wird das Vorgehen von geographischen Kriterien bestimmt. Dabei folgt auf die Nennung des Ortes zunächst eine summarische Erwähnung der relevanten Namen, bevor die einzelnen Personen genauer behandelt werden.

So wird in Cap. 29,3 mit den einleitenden Worten Ἐν δὲ τῷ τότε … zunächst der zeitliche Anschluß an das Vorhergehende hergestellt. Danach werden die geographischen Grenzen abgesteckt: In den Blick genommen werden soll die Region um Alexandria, die wiederum unterteilt wird in die

30 Diesem Thema sind auch andere Kapitel der Historia ecclesiastica gewidmet, so v. a. Buch I, Capp. 13 und 14 sowie Buch III, Capp. 14 und 15. Aus der HL bekannte Namen kommen dort allerdings nur vereinzelt vor: Beschrieben werden in I 13,13-14 Paulus Simplex (= HL 22), in I 14,1-3 Amun (= HL 8), in III 14,1-3 Macarius der Ägypter (= HL 17), in III 14,9-17 Pachomius (= HL 32), in III 14, 29 Julianus (= HL 42) und Ephraem (= HL 40) und in III 15,1-5 Didymus der Blinde (= HL 4).

31 Eine Analyse der Entsprechungen zwischen Sozomenos VI 28-31,5 und den jeweils zugrundeliegenden HM- und HL-Kapiteln bietet Butler I, S. 53-56.

„sogenannte Wüste“ auf der einen und die der Mareotis und den Libyern benachbarte Gegend auf der anderen Seite. Als Vertreter der dort lebenden Asketen werden nun in den Paragraphen 4-6 Dorotheus (= HL 2) und in §§ 7-8 Piammon und Johannes (= HM XXXII und XXXIII) vorgestellt. Danach wechselt Sozomenos zur Sketis über und beschreibt in §§ 9-10 das Schicksal des Beniamin (= HL 12). In §11 schließt sich einer chronologischen Einordnung (κατ' ἐκεῖνο δὲ καιροῦ) eine Reihe von Namen ebenfalls in der Sketis lebender Mönche an: Marcus (aus HL 18, §25), der junge Macarius (= HL 15), Apollonius (= HL 13) und Moses der Äthiopier (= HL 19). Die folgenden Paragraphen (11-19) enthalten die in derselben Reihenfolge ausgeführte Darstellung der genannten Personen. Nach demselben Muster sind die §§ 20-30 aufgebaut: Der Zeitangabe ἐπὶ ταύτης δὲ τῆς βασιλείας folgt eine Aufzählung der Namen Paulus (= HL 20), Pachon (= HL 23), Stephanus (= HL 24), Moses (= HL 39, 2. Teil) und Pior (= HL 39, 1. Teil), wobei Stephanus und Moses als Libyer enger zusammengefaßt werden. Die detaillierte Beschreibung füllt die Paragraphen 20 bis zum Schluß des Kapitels aus.

Cap. 30 setzt wie üblich mit einer den chronologischen Hintergrund betreffenden Aussage ein: Ἐν τούτῳ δὲ εἰσέτι διέπρεπον ...; darauf folgen jedoch zunächst nur nicht weiter ausgeführte Zusammenstellungen von aus der HM und der HL entnommenen Namen. Auch hier wird systematisiert, indem zuerst (§1) als Vertreter des hohen Alters Origenes, Didymus und Kronion (= HM XXVI, XXIV und XXV) sowie Arsisius, Putubastes, Arsion[32] und Serapion (alle aus HL 7, §3)[33] erwähnt und dann (§2) als Beispiele für das mittlere und jüngere Alter drei der vier sog. „Langen Brüder“, nämlich Ammonius, Eusebius und Dioscorus (aus HL 10, §1), genannt werden. Einer anschließenden umfangreicheren Darstellung (§§ 3-5) wird nur noch Ammonius (= HL 11) gewürdigt. Der Rest des Kapitels (§§ 6-11) ist dem μετ' οὐ πολὺ ἐπὶ τῆς ἐχομένης βασιλείας anzusetzenden Leben des Evagrius (= HL 38) gewidmet.

In den folgenden ebenfalls nach geographischen Gesichtspunkten strukturierten Kapiteln greift Sozomenos nur noch sporadisch auf HL-Material zurück. Thema des Cap. 31 sind die drei Mönchssiedlungen Nitria (= HM XXI 1,1-2), Kellia (= HM XXII) und das weder in der HL noch der HM erwähnte Rhinokorura. Für Nitria und Kellia werden nur Gesamtbeschreibungen ohne Namensnennungen geboten; dabei wird der Abschnitt über Kellia mit dem Satz beschlossen: τάδε μὲν ἡμῖν ὡς ἐν βραχεῖ περὶ Σκήτεως εἰρήσθω ... (§5). Die nächstfolgenden geographischen Einheiten sind Palästina (Cap. 32) sowie Syrien und Persien (Cap. 33). Im Kontext syrischer Mönche wird Cap. 34 mit drei aus der HL stammenden Namen eröffnet:

32 Die Schreibung des Namens in der HL lautet Ἀσίων.

33 Die Aufzählung begegnet in ähnlicher Form auch in Buch III, Cap. 14,4.

Es handelt sich um den in der HL (Cap. 50) allerdings in Palästina angesiedelten Gaddanas sowie um die der Stadt Edessa in Syrien zuzuordnenden Mönche Julianus (= HL 42) und Ephraem (= HL 40)[34]. Nach weiteren Syrien gewidmeten Paragraphen bilden den Abschluß des Kapitels die Länder Galatien und Kappadokien (§§ 7-9).

Auf eine Auffälligkeit muß noch hingewiesen werden: Wie im Vorhergehenden schon angeklungen ist, sind die von Sozomenos vorgenommenen geographischen Zuordnungen nicht immer mit denen der HL identisch. Allein in den Kapiteln 29 und 30 sind mehrere Abweichungen zu beobachten: Beniamin wird in der Historia ecclesiastica im Abschnitt über die Sketis behandelt, in der HL dagegen als Bewohner von Nitria dargestellt; dasselbe gilt für Apollonius. Genauso werden die am Beginn von Cap. 30 aufgezählten Namen bei Sozomenos in der Sketis lokalisiert[35]; in der HL erscheinen sie im Kapitel über Nitria bzw. in dem über den Nitria-Bewohner Pambo.

In anderen Fällen stimmen zwar die Ortsangaben für die einzelnen Mönche mit den von der HL gebotenen Lokalisierungen überein, stehen jedoch im Widerspruch zum größeren geographischen Rahmen: So werden der sowohl bei Sozomenos als auch in der HL mit Macarius Alexandrinus, dem Priester der Kellia, in Verbindung stehende Marcus und der in beiden Texten in der Nähe des Sees Maria seine Herden weidende junge Macarius in das Sketis-Kapitel der Kirchengeschichte eingeordnet. Im selben Kontext wird Stephanus erwähnt, obwohl nicht nur die HL, sondern auch Sozomenos seine Wohngegend zwischen dem See Maria und der Marmarica[36] ansetzt.

Nach diesem Exkurs soll der Blick zurück zur HL und auf ihren Inhalt gelenkt werden. Führt man sich die Themenvielfalt dieses Werkes vor Augen, so läßt sich als Hauptbestreben des Verfassers die Bemühung um Vollständigkeit ausmachen. Es ist zu erkennen, daß er sich von der Absicht leiten ließ, möglichst alle Formen asketischen Lebens darzustellen[37].

---

[34] Die beiden Letztgenannten werden bereits in Buch III Cap. 14,29 der Kirchengeschichte erwähnt.

[35] Buch III, Cap. 14,4 stimmt hiermit überein.

[36] Sozomenos formuliert: παρὰ τὸν Μαρεώτην ... οὐκ ἄπωθεν τῆς Μαρμαρικῆς.

[37] Eine Geschichte fällt aus dem Rahmen der übrigen Erzählungen: das Kapitel über den die gesamte Mittelmeerwelt durchziehenden Serapion (Cap. 37). Richard Reitzenstein (Hellenistische Wundererzählungen, S. 64-74) hat auf die in dem Wanderasketentum, der ἀπάθεια und ἀναισχυντία des Serapion enthaltenen kynischen Elemente hingewiesen und die Erzählung als „ganz oberflächliche Umbildung einer kynischen Philosophen-Aretalogie" bezeichnet (S. 67). Das Serapion-Corpus nimmt für ihn eine „eigentümliche Mittelstellung zwischen der Wandergeschichte und Mönchsgeschichte" ein; es führe „am klarsten in die Anfänge dieser Literatur" (S. 80). Hinweise dieser Art sieht er auch in der im selben Corpus überlieferten Geschichte

Diese Intention zeigt sich zunächst in den verschiedenen in der HL begegnenden Typen frommer Menschen: Unter diesen ist der des Einsiedlers, der oft in Verbindung mit einem Begleiter oder Schüler auftritt, der häufigste[38]. Als Steigerung zu den Eremiten sind die Inklusen anzusehen, die ein noch höheres Maß an Abgeschiedenheit von der Welt wählen[39]. Andererseits können die Einsiedlerhöhlen oder -zellen so dicht gesät sein, daß ganze Mönchssiedlungen entstehen[40], von denen sich wiederum die eigentlichen Klostergemeinschaften abheben[41]. Auch eine Mischung aus den beiden entgegengesetzten Lebensformen kommt vor[42].

Außer den Menschen, die in der Regel bereits in jungen Jahren bewußt den Weg des asketischen Lebens eingeschlagen haben, gibt es jedoch auch diejenigen, die aus irgendeinem Anlaß zum Mönchtum bekehrt und danach besonders hart von dem Dämon, der sie nicht kampflos aus seiner Machtbefugnis entlassen will, bedrängt werden[43]. Zu den bisher vorgestellten Gruppen kommen noch die eigentlich außerhalb des monastischen Lebens stehenden frommen Christen, zu denen die reichen Witwen oder verheirateten Frauen gehören, die sich mit ihrem gesamten Hab und Gut

---

vom „Aschenbrödel im Nonnenkloster" (S. 75) – eine Formulierung, die er jedoch später wieder zurückzieht (HM und HL, S. 49, Anm. 1). Als ihre Vorlage vermutet er ein „orientalisches Märchen von einem wirklichen Königsohne, der durch ein Wunder seine Braut findet" (S. 76). Der Vorwurf, der dem heiligen Pityrion von dem Engel, der ihn zum Besuch des Nonnenklosters auffordert, gemacht wird (Cap. 34, §4: σὺ δὲ καθεζόμενος ὧδε, ἀνὰ τὰς πόλεις πλανᾶσαι τῇ διανοίᾳ), passe nur auf den kynischen Wandermönch, nicht aber auf einen ständig in seiner Zelle sitzenden Eremiten. In der syrischen Serapion-Vita sei der Tadel des Engels – viel passender – an Serapion gerichtet; Palladius habe diese Worte ungeschickt umgebildet, um sie der neuen Situation anzupassen (S. 77). – K. Vogt stellt eine an Reitzenstein anschließende Interpretation von J. Børtnes (1975) vor, die in dem HL-Kapitel 34 eine Parallele zum Isis-Mythos sieht (La moniale folle, S. 97/98).

38 So berichtet Palladius gleich zu Anfang, wie er selbst zu Isidor in die „Ausbildung" ging und von diesem dann dem noch strengere Askese übenden Dorotheus übergeben wurde (Cap. 1, §5 und Cap. 2, §1).

39 Beispiele für das Einschließen in einem Grabmal finden sich in Cap. 5 (Alexandra), Cap. 45, §2 (Philoromus) und Cap. 49, §1 (Sisinnius); dauerhaftes Einmauern begegnet in Cap. 35, §1 (Johannes von Lykopolis).

40 Dies ist z. B. in der nitrischen Wüste (Cap. 7) oder auf dem Berg Pherme (Cap. 20) der Fall.

41 Für diese sind das wichtigste Beispiel in der HL die von Pachomius gegründeten Klöster in Tabennese (Capp. 32-34).

42 Sie scheint in der Umgebung der Stadt Antinoe vorzuliegen, wo zwischen etlichen Männer- und Frauenklöstern auch in Felshöhlen eingeschlossene Anachoreten anzutreffen sind (Capp. 58 und 59).

43 Zu diesen gehören zwei ehemalige Räuber, der Äthiopier Moses (Cap. 19) und der in der Nähe von Antinoe in einer Höhle lebende Capito (Cap. 58, §4), ferner der junge Macarius (Cap. 15), der vor seiner Hinwendung zum Mönchsleben einen Totschlag verübt hat.

für die Armen und Bedürftigen einsetzen[44]. Ferner sind die Gruppen der Bekenner[45] und der Märtyrer[46] zu erwähnen.

Auch in den Möglichkeiten der Lebensgestaltung[47] wird ein breites Spektrum abgedeckt: Das Aufgehen im Dienst an anderen[48] kontrastiert mit der als besonders entbehrungsreich gerühmten Lebensweise strenger Asketen[49]. Besonders thematisiert wird die Bewahrung der Keuschheit in der Ehe[50]. Obwohl an keiner Stelle der HL eine bestimmte Lebensweise favorisiert wird, werden die Mühsale des Bischofsamtes dem unbehelligten anachoretischen Leben gegenübergestellt[51]. Neben dem Lob des Einsiedlerdaseins fehlt jedoch nicht die Anerkennung der den Mitmenschen gewidmeten Barmherzigkeit[52].

Die Asketen zeichnen sich durch bestimmte Tugenden aus. Zu ihnen gehört zunächst eine rein physische Leidensfähigkeit[53], ferner der demütige Gehorsam[54] sowie die sogar den Undank eines mit Wohltätigkeit Bedachten gleichmütig hinnehmende Selbstlosigkeit[55].

Gewissermaßen als Lohn für diese selbstauferlegte Mühsal erwerben sich die Asketen bestimmte Fähigkeiten[56]. An der Spitze steht hierbei die

---

44 Dies tun die ältere und ihre Enkelin, die jüngere Melania (Capp. 46 und 61).

45 Diesen werden die drei Frauen Olympias (Cap. 56), Candida und Gelasia (Cap. 57) zugerechnet.

46 Ein Märtyrerschicksal erleiden Potamiaena (Cap. 3) und ein junger Mann in Cap. 65, der eine Jungfrau aus einem Bordell befreit.

47 In einem Kapitel (14) wird die Frage der Lebenswahl explizit behandelt: Von zwei Brüdern nimmt der eine ein asketisches Leben auf, der andere wird für die Gemeinschaft tätig. Beide Lebensformen werden ausdrücklich als gleichwertig beurteilt.

48 Er wird etwa von dem Nicht-Mönch Sabas (Cap. 52), der älteren und jüngeren Melania (Capp. 54 und 61) sowie von Verus und seiner Ehefrau (Cap. 66) praktiziert.

49 Hier sind Dorotheus (Cap. 2), Julianus (Cap. 42), Adolius (Cap. 43) und Philoromus (Cap. 45) zu nennen.

50 Beispiele dafür sind Amun (Cap. 8) und Magna (Cap. 67), die beide gegen ihren Willen verheiratet worden sind.

51 Ammonius (Cap. 11) greift sogar zum Mittel der Selbstverstümmelung – er schneidet sich ein Ohr ab –, um seiner Berufung zum Bischof zu entgehen.

52 Diese Eigenschaft ist hervorstechendes Merkmal des Eulogius (Cap. 21), des Elias (Cap. 29), des Innocentius (Cap. 44) und eines in Ankyra lebenden Mönchs (Cap. 68).

53 Eine solche zeigen Beniamin (Cap. 12) und Stephanus (Cap. 24) gegenüber den Krankheiten, mit denen sie geschlagen sind.

54 Er wird in der HL zweimal in ähnlicher Weise dargestellt: an Macarius dem Alexandriner (Cap. 18, §§ 12-16) und an Paulus Simplex (Cap. 22). Auf den Zweck, in größter Demut zu dienen, ist auch die Verstellung einer Nonne aus dem Frauenkloster von Tabennese (Cap. 34) ausgerichtet. – Eine Interpretation des Kapitels auf der Grundlage von 1. Cor. 3,18 bietet K. Vogt, La moniale folle, S. 100-102.

55 Sie fordert Antonius von Eulogius (Cap. 21, §12), der an den von dem Krüppel erlittenen Beschimpfungen verzweifelt.

56 Das griechische Verb, mit dem eine solche „Verleihung“ einer besonderen Gabe bezeichnet wird, ist ἀξιοῦσθαι = „gewürdigt werden“, so z. B. in Cap. 35, §2: οὗτος

Fähigkeit der Dämonenaustreibung[57] und Krankenheilung[58], wobei in vielen Fällen beide Handlungen identisch sind[59]. Vergleichbar mit der Heilungsbefähigung ist die Gnade der Prophezeiung, die den Asketen auch unter ähnlichen Umständen zuteil wird[60]. In Anlehnung daran sind auch die Visionen zu erwähnen, die einige Asketen als Vorrecht genießen[61].

Zusätzlich zu den durch asketische Härte erworbenen „normalen" Privilegien gibt es solche von eher märchenhafter Natur. Hierunter ist der gesamte Komplex des Umgangs mit Tieren zu fassen, der sich auf der einen Seite in einer sonst nicht begegnenden Zutraulichkeit wildlebender Tiere äußert[62], der aber andererseits auch in der vollkommenen Immunität gegenüber giftigen bzw. mühelosen Bezwingung von gefährlichen Tieren bestehen kann[63]. Ein anderes Motiv dieser Kategorie ist das der himmlischen Speisung[64]. Schließlich könnte man in diesem Zusammenhang auch die besondere Zauberkraft des „Festbannens" nennen[65].

Bevor sie jedoch die beschriebenen Auszeichnungen erlangen können, müssen sich die Asketen harten Prüfungen unterziehen, die in den vor

---

τριάκοντα πληρώσας ἔτη ἐγκεκλεισμένος ... **κατηξιώθη** χαρίσματος πορρησέων und in Cap. 42: οὗτος εἰς τὰ ἔσχατα τοῦ τέλους **κατηξιώθη** τιμῆς χαρίσματος ἰαμάτων.

57 Z. B. Capp. 17, §§ 11-13; 22, §§ 9-13; 36, §§ 4-5.

58 Z. B. Cap. 18, §§ 11 u. 19-21. – Eine „Krankenheilung" besonderer Art wird in Cap. 6 geschildert: Durch eine List heilt der heilige Macarius eine reiche Jungfrau von der Habgier. Bezeichnenderweise wird für diesen Vorgang der medizinische Ausdruck φλεβοτομεῖν = „zur Ader lassen" verwendet. Noch eine weitere „Heilung" fällt aus dem Rahmen: In Cap. 17 wird eine Frau von einem Zauberer in eine Stute verwandelt und von ihrem Mann zum Zweck der „Heilung" dem Macarius vorgeführt. Dieser läßt sie zwar wieder als Frau erscheinen, stellt aber gleichzeitig durch eine modern wirkende „psychologische" Deutung die gesamte Verwandlung in Frage (§§ 8-9).

59 Z. B. Capp. 18, §22 und 44, §§ 3-4.

60 Macarius der Ägypter (Cap. 17, §§ 3-4), Johannes von Lykopolis (Cap. 35, §§ 2 und 14-15) und Posidonius (Cap. 36, §§ 6-7) sind in dieser Weise ausgezeichnet.

61 Dies trifft auf Isidor (Cap. 1) und Pambo (in Cap. 14) zu.

62 Macarius der Alexandriner wird von einer Antilope gesäugt und so vor dem Verdursten gerettet (Cap. 18, §9), und eine Hyäne legt ihm ihr blindes Junges vor die Füße, um es von ihm heilen zu lassen, und bringt ihm am nächsten Tag ein großes Schaffell als Geschenk (Cap. 18, §§ 27-28). – Beispiele für die Dienstbarmachung von Wildtieren bietet auch die HM im Zusammenhang mit dem Mönch Helenus (XI 9,8-9 und 9,11-14).

63 Cap. 18, §10 übersteht Macarius nicht nur unversehrt einen Schlangenbiß, sondern zerreißt die Schlange und beschimpft sie dabei als nicht von Gott gesandt. Cap. 48, §2 nimmt Elpidius von einem Skorpionstich überhaupt keine Notiz. Als Sabas (Cap. 52) einem Löwen begegnet, packt dieser ihn und zerrt ihn eine Meile weit fort, ohne ihm zu schaden.

64 Sie wird Elias (Cap. 51) zuteil, der in seiner Zelle drei überaus ergiebige Brote vorfindet. – Ein Beispiel hierfür aus der HM ist eine längere Erzählung in Kapitel I 6.

65 Dieses gelingt der als *femina virilis* geschilderten Piamun (Cap. 31), die gegen ihr Dorf vorrückende Feinde am Boden festzaubert. Ohne eigenes Zutun entgeht in Cap. 50 Gaddanas einem Angreifer, dem die das Schwert haltende Hand verdorrt.

allem in der Einsamkeit der inneren Wüste stattfindenden Dämonenkämpfen versinnbildlicht werden[66]. Die Dämonen setzen den Mönchen auf vielfältige Weise zu; das Spektrum reicht von physischer Gewalt[67] bis zu vom Vorsatz der Gottverbundenheit ablenkenden Gedanken[68], wobei den fleischliche Begierden betreffenden Phantasien eine zentrale Rolle zukommt[69].

Dem betroffenen Asketen bieten sich verschiedene Möglichkeiten zu reagieren: Er kann Askese und Gebet weiter steigern[70] oder in der Wüste umherirren[71]; dazu werden vielfältige Formen der Selbstkasteiung eingesetzt[72].

Außer diesen Gefahren, denen die Anachoreten ohne bewußtes Zutun ausgesetzt sind, droht ihnen nicht selten der durch eigenes Fehlverhalten provozierte Untergang. In der HL mangelt es nicht an Beispielen für gefallene Heilige, und das gesamte Kapitel 47 ist der Frage nach den Ursachen für derartiges Scheitern gewidmet. In den meisten der von Palladius zur Warnung der Leser[73] angeführten negativen Fälle entfernen sich die Asketen von der gebührenden Demut (ταπεινοφροσύνη) und erliegen dem Hochmut und der Eingebildetheit (ὑπερηφανία, οἴησις), während sie vor ihrem Fall meist Musterbeispiele strenger Lebensführung gewesen sind[74]. Eine

---

66 Als Paulus Simplex (Cap. 22) alle an ihn gestellten Anforderungen mit ungewöhnlicher Demut erfüllt hat, baut ihm Antonius in einiger Entfernung eine eigene Zelle und sagt (§9): Ἰδοὺ γέγονας μοναχός· μένε κατ᾽ ἰδίαν ἵνα καὶ πεῖραν δαιμόνων λάβῃς.

67 Opfer eines tätlichen Dämonenangriffs wird der ehemalige Räuber Moses (Cap. 19, §9).

68 Ein eindrückliches Beispiel dafür ist Cap. 16: Der Dämon versucht in immer verschiedenen Gestalten, den heiligen Nathanael aus seiner Zelle zu vertreiben und ihn so von seinem Vorsatz, der πρόθεσις, abzubringen. Ähnlich bemühen sich die Dämonen, Macarius Alexandrinus zum Verlassen seiner Zelle zu bewegen, indem sie ihm vorgaukeln, er müsse nach Rom gehen, um dort Kranke zu heilen (Cap. 18, §§ 23-24).

69 Pachon unterscheidet Cap. 23, §2 einen dreifachen πολεμὸς πορνικός: Er kann vom Körper ausgehen, wenn sich dieser in zu kräftiger Verfassung befindet, von unzüchtigen Gedanken (λογισμοί) hervorgerufen oder vom Dämon selbst ausgelöst werden. Wie Pachon werden auch Elias (Cap. 29) und Evagrius (Cap. 38) vom Dämon der Unzucht heimgesucht.

70 So sucht Moses, ermutigt durch Isidor, den Anfechtungen zu begegnen (Cap. 19).

71 Dieses Verhalten wird von Evagrius berichtet (Cap. 38, §11).

72 Evagrius stellt sich z. B. im Winter eine ganze Nacht lang nackt in einen Brunnen (Cap. 38, §11), und Dorotheus (Cap. 2, §2) sowie Macarius (Cap. 18, §24) schleppen Steine bzw. Sand durch die Wüste. Eine noch radikalere Methode ist die der (Selbst-)Kastrierung, wie sie Pachon (Cap. 23, §5) versucht und Elias (Cap. 29, §4) im Traum erlebt.

73 S. Cap. 25, §6.

74 Ein solches Umschlagen härtester Askese trifft besonders auf Heron (Cap. 26), Ptolemaeus (Cap. 27) und Abramius (Cap. 53) zu. – Dem Hochmut verfällt auch der Mönch aus der Erzählung des Johannes von Lykopolis in HM I 6 angesichts der ihm zuteil gewordenen Ehre der himmlischen Speisung (s. o. Anm. 64).

Vorsichtsmaßnahme der erfahreneren Väter gegen solche Schicksale besteht darin, vor jedweder Übertreibung zu warnen – sei es bei der Askese, sei es in dem Bestreben nach Gottnähe[75]. Neben der Überheblichkeit ist als weiteres Laster die eitle Ruhmsucht (κενοδοξία) für Fehltritte verantwortlich[76]. Zeigt jedoch die auf diese Weise gefallene Person ernsthafte Reue, so kann sie die göttliche Gnade zurückgewinnen[77].

Die Beglaubigungen, die Palladius für seine Geschichten anführt, sind in den meisten Fällen Autopsie oder mündlicher Bericht der Väter[78]; auf ein altes Buch als schriftliche Quelle beruft er sich nur in den Kapiteln 64 und 65[79]. Zahlreiche Kapitel führen kein Zeugnis an, sondern beginnen direkt mit der Vorstellung der Hauptfigur, wie z. B. Cap. 31: Πιαμοῦν γέγονε παρθένος ἥτις ...

Im Laufe der mit der HL befaßten Forschungsgeschichte wurde die historische Glaubwürdigkeit des Palladius immer wieder angezweifelt. Dabei haben verschiedene Strömungen einander abgelöst[80]: Die das unangefochtene Zutrauen zum Wahrheitsgehalt des Textes beendende Kritik[81]

---

75 Beide Versuchungen erlebt Macarius Alexandrinus (Cap. 18) an sich selbst –einmal, als er versucht, den Schlaf zu überwinden (§3), ein anderes Mal, als er seinen Geist dazu zwingen will, nicht von der Konzentration auf Gott abzuschweifen (§§ 17-18) –, aber er versteht es, die Warnsignale richtig zu deuten und von seinem Bemühen abzulassen.

76 Sie wird als Ursache für den Verlust der σωφροσύνη einer Jungfrau in Jerusalem (Cap. 28) entlarvt.

77 So ergeht es einer Asketin, die Gott bittet, ihr ein aus einer Verführung hervorgegangenes Kind wieder zu nehmen, und sich ganz dem Dienst an kranken Frauen widmet (Cap. 69). Palladius schreibt denn auch am Schluß des Kapitels, daß die aufrichtigen Büßer nicht verachtet werden dürfen. In der darauffolgenden Geschichte (Cap. 70) muß eine Frau allerdings erst durch harte Bestrafung dazu gebracht werden, ihre Verleumdung zuzugeben.

78 Bereits im Prolog II (§2) werden alle Möglichkeiten der Bekanntschaft angesprochen: ..., ἀρρένων τε καὶ θηλειῶν, ὧν τε ἑώρακα καὶ περὶ ὧν ἀκήκοα, οἷς τε συναναστράφην ... – Vgl. Prol. I: ..., ἃ μὲν αὐτὸς ἱστορήσας ἀνεγραψάμην, ἃ δὲ παρὰ τῶν ἁγίων πατέρων ἀκήκοα.

79 Cap. 64, §1: εὗρον δὲ ταῦτα ἐγὼ γεγραμμένα ἐν παλαιοτάτῳ βιβλίῳ στιχηρῷ, ... und Cap. 65, §1: Ἐν ἄλλῳ βιβλίῳ παλαιοτάτῳ ἐπιγεγραμμένῳ Ἱππολύτου τοῦ γνωρίμου τῶν ἀποστόλων εὗρον διήγημα τοιοῦτον, ὅτι ...

80 TURNER faßt den Wechsel der Einstellung am Beginn eines kurzen Forschungsüberblicks zusammen: „We shall find that the era of unhesitating credulity was succeeded by a generation of critics whose incredulity was quite as unhesitating: but we shall find that their day too is over, and that the reaction which has set in to saner views gives every prospect of being permanent" (Lausiac History, S. 332).

81 WEINGARTEN hat seine Skepsis in die anschauliche Formulierung gefaßt: „Denn des Rufinus Historia Monachorum, mit den entsprechenden Partien seiner Kirchengeschichte, und des Palladius dem Lausus gewidmete Vitae sanctorum patrum verdienen auch für das Meiste, was sie selbst gesehen haben wollen, fast genau so viel Glauben wie Gullivers Reisen in Liliput" (Ursprung des Mönchtums, S. 24). Noch

wurde wiederum von einer Phase der Annerkennung seines Quellenwertes[82] abgelöst; danach wurde das Vertrauen in die Zuverlässigkeit des Palladius als eines Historiographen wieder etwas verhaltener[83].

Heute setzt sich die Einstellung durch, daß die Fragestellung nach der Historizität dem literarischen Genus des Werkes nicht gerecht wird: Mit seiner Sammlung von Mönchsgeschichten verfolgte Palladius nicht das Ziel, wahre Begebenheiten zu berichten, sondern anhand von Beispielen asketischer Lebensformen geistliche Erbauung zu bieten[84]. Auf diese Absicht

---

schärfer ist die Kritik von LUCIUS, der noch die mit der HM kontaminierte Fassung des Textes (Butlers Version A; s. Kapitel A3) für die ursprüngliche Form der HL, den „Paradisus" aus der Appendix der Ausgabe Rosweydes dagegen für eine „willkürliche Kürzung resp. Bearbeitung" hielt. Er lehnte damit die Auffassung Tillemonts ab, der die aus der HM stammenden Abschnitte richtig als Interpolationen entlarvt hatte (Quellen des Mönchtums, S. 174, Anm. 1). Lucius urteilt über Rufin und Palladius, „daß ... die Angaben unserer beiden Schriftsteller über die Provenienz des Stoffes, den sie bieten, über die Quelle, aus der sie ihn geschöpft haben wollen, nicht mehr Glauben verdienen als ihre Wundergeschichten selbst" (S. 163/4).

82 Gegen Lucius bezieht ZÖCKLER (in seinem Anhang I zu Evagrius Pontikus, S. 92-103, bes. ab S. 99) in mehreren Punkten Stellung. Er nimmt die HL im Hinblick auf die Darstellung des Evagrius als eine „Quelle selbständigen Charakters" (S. 92) ernst. Vergleichbar wohlwollend äußert er sich in seinem Werk „Askese und Mönchtum" über die Verläßlichkeit des Palladius, empfiehlt jedoch „gegenüber jeder Art seiner Angaben kritische Zurückhaltung" (S. 218). Sein Fazit lautet: „Ungeachtet dieser und anderer Umstände, die zur Vorsicht bei seiner Benutzung mahnen, darf Palladius in den über die H. mon. hinausgreifenden Bestandteilen seiner Kompilation als eine Quelle beträchtlichen Wertes gelten" (S. 219). Ebenso wie Lucius sah auch Zöckler im „Paradisus" des Heraclides eine jüngere und historisch weniger zuverlässige Parallelrezension, die „das Palladianische Material teils vielfach umstellt, teils stark verkürzt" (S. 220). – Besonders entschiedene Fürsprache erhielt Palladius mit dem Erscheinen der Edition Butlers, der sich ebenfalls mit Lucius' Thesen auseinandersetzt (in: I, Appendix II, S. 278-282). Sein Kapitel „Historicity of the Lausiac History" (I, S. 178-196) schließt mit der gegen Weingarten gerichteten ähnlich bildhaften Formulierung: „But the line of demarcation between a fourth century romance and the Lausiac History, marvels and all, is as clear cut and distinct as that between Sinbad the Sailor and Christopher Columbus."

83 TELFER kommt in einer kurzen Studie über das koptische Kapitel über Johannes von Lykopolis (Cap. 35), in der er die von Peeters (Une vie copte) ausgesprochenen Zweifel an den von Palladius gebotenen Informationen aufgreift, zu dem Schluß: „Dom Butlers favourable estimate of Palladius can hardly be maintained" (The trustworthiness of Palladius, S. 383). – Im Kapitel „Historical Reliability" der Einleitung zu seiner englischen Übersetzung der HL faßt MEYER zusammen: „Today the *Lausiac History* is accepted as a true account, but with due recognition given the fact that there are some passages marked by hyperbole and that Palladius accepted some stories from others (including possibly in some cases stories in written form) which are dubious" (Lausiac History, Introduction, S. 8).

84 So versucht MOHRMANN in ihrer Einführung zu der Ausgabe des griechischen Textes von Bartelink, eine Einordnung der HL zu geben, indem sie Palladius eine historio-

deutet schon der Charakter hagiographischer Texte wie der HL und HM als Sammelwerke, in die Texte verschiedener Herkunft, sofern sie mit der Intention des Werkes vereinbar waren, aufgenommen wurden. Auch die HL enthält Indizien für diese Vorgehensweise bei der Abfassung – etwa in der Einarbeitung von Erzählungen des Kronios in den Kapiteln 21 und 22[85], in dem Vorhandensein inhaltlicher Widersprüche zwischen einzelnen Kapiteln[86] und in den sowohl innerhalb der HL[87] als auch zwischen der HL und HM[88] anzutreffenden Doubletten.

---

graphische Intention überhaupt abspricht: „L'*Historia Lausiaca* non è né una fiaba, né una descrizione storica del mondo degli asceti. È un' evocazione della vita del deserto, che Palladio conosceva bene e che considera esemplare, ... Non possiamo giudicarlo come storico, perché non ha voluto fare della storia, né secondo le regole moderne, né secondo le tradizioni degli storici antichi. Egli vuole piuttosto mostrare il valore spirituale della vita del deserto" (Introduzione, S. XVI). In dieser Meinung gingen ihr schon Christ/Schmid/Stählin voraus (s. S. 1392). – Vgl. HUNT, A Party and its Supporters, S. 459: „Yet to argue from this that the framework is pure fiction is to misunderstand the character of *H. L.* as a manual of spritual edification ... It was the very fact that Palladius wrote from personal experience ... in the quest of spritual improvement, which gave to his work its authority as a piece of edification."

85 S. Kapitel B3 c).

86 Bousset (Komposition und Charakter, S. 197/8) deckt Unstimmigkeiten zwischen den beiden Melania-Kapiteln 46 und 54 auf, die ihn zu der Annahme veranlassen, daß Palladius in diesen Kapiteln zwei unabhängige Quellen verarbeitet hat.

87 Am deutlichsten ins Auge fällt hier die zweimal erzählte Geschichte der Aufnahme durch einen angesehenen Meister und der damit verbundenen Gehorsamsprüfung, die einmal im Zusammenhang mit Macarius Alexandrinus (Cap. 18, §§ 12-16) und ein zweites Mal als Erlebnis des Paulus Simplex (Cap. 22) berichtet wird. Trotz einiger Unterschiede in Einzelheiten – bei Macarius handelt es sich um das Kloster des Pachomius, bei Paulus um die Zelle des Antonius, Macarius beeindruckt durch sein eisernes Fasten, Paulus darüberhinaus durch seinen unbedingten Gehorsam, das Verhalten des Macarius, der bereits Mönch ist, wird als Züchtigung der Brüder verstanden, Paulus dagegen geht es erst um die Anerkennung als Mönch – ist doch die Grundstruktur dieselbe: Beide wollen ihre Fähigkeit zu strengster Askese unter Beweis stellen, und beiden wird zunächst mit dem Hinweis auf ihr hohes Alter der Eintritt verwehrt, den sie sich durch geduldiges Ausharren vor der Tür ertrotzen müssen.

Eine weitere kleinere Episode begegnet zweimal in ähnlicher Weise: das Bemühen um Abtötung des Körpers durch übermäßige Anstrengung (Cap. 2, §2 und Cap. 18, §24). Auch hier sind die Unterschiede offensichtlich: Die Tätigkeit ist Teil der allgemeinen Lebensweise des Dorotheus, für Macarius ist sie eine einmalige Maßnahme zur Bekämpfung plötzlich aufgetretener ehrgeiziger Gedanken, bei Dorotheus hat sie einen konkreten Nutzen, indem er Steine schleppt und daraus Zellen für schwächere Brüder baut, Macarius dagegen trägt ziellos Sand durch die Wüste. Aber das Schleppen einer schweren Last entweder in glühender Hitze (Dorotheus) oder in nächtlicher Kälte (Macarius) hat für beide Asketen denselben Zweck, nämlich den zu bekämpfen, der ihnen zusetze, d. h. ihren Körper. Beide geben, befragt nach dem Grund ihres

A3 DIE ÜBERSETZUNGEN AUS DEM GRIECHISCHEN

Die Historia Lausiaca ist aus dem Griechischen in mehrere Sprachen übersetzt worden. Die Clavis Patrum Graecorum[1] führt neben den lateinischen Übersetzungen folgende an[2]:

- Versiones syriacae (BHO 846-853)
- Versio armeniaca
- Versiones copticae
- Versio georgica
- Versio arabica
- Versio aethiopica
- Versio palaeo-slavica
- [Versio sogdica][3]

Tuns, eine ähnliche Antwort. Dorotheus sagt: Ἀποκτείνει με, ἀποκτείνω αὐτό, und Macarius antwortet: Σκύλλω τὸν σκύλλοντά με.

Schließlich kann noch ein an zwei Stellen erzählter Vorgang erwähnt werden, dessen Ablauf in beiden Fällen derselbe ist, dem allerdings eine unterschiedliche Intention zugrundeliegt: Cap. 10, §§ 2-4 überreicht die ältere Melania dem heiligen Pambo dreihundert Pfund Silber, Cap. 58, §2 händigt die jüngere Melania dem Dorotheus von Antinoe fünfhundert Goldstücke aus. Beide Asketen übergeben das Geld einem „Verwalter", der es unter den Brüdern verteilen soll. Aber während Dorotheus damit die Bitte der Melania ausführt, hat die Geldgeberin in Cap. 10 eigentlich eine andere Absicht: Sie möchte Pambo an ihrem Reichtum teilhaben lassen und erwartet dafür seinen ausdrücklichen Dank. Als er nur mit den Worten: Ὁ θεὸς δώῃ σοι τὸν μισθόν reagiert, weist sie ihn auf die Höhe des gespendeten Betrages hin – um von dem Mönch belehrt und zum Schweigen aufgefordert zu werden.

88 Im HM-Kapitel über Macarius Aegyptius (XXVIII 3,1-3,4) wird wie in HL Cap. 17, §§ 6-9 die Episode von der in eine Stute verwandelten Frau erzählt, HM XXX 1,1-1,4 bietet eine Beschreibung der keuschen Ehe des Amun (= HL Cap. 8), und dem Kapitel der HL über Paulus Simplex entspricht HM XXXI.

1 Nr. 6036, Vol. III, S.168-172: Palladius, Historia Lausiaca (BHG 1435-1438v).

2 Clavis, S. 171/2.

3 Das sogdische Fragment soll lt. R. T. Meyer, der in der Einleitung zu seiner englischen Übersetzung der HL eine Zusammenstellung der aus dem Griechischen angefertigten Übersetzungen bietet, auf die griechische Langfassung (B) zurückgehen (Lausiac History, Introduction, S. 11). Meyer gibt als Literaturangabe: O. Hansen, Berliner sogdische Texte II, Akademie der Wissenschaften und der Literatur in Mainz, Abhandlungen der geistes- und sozialwissenschaftlichen Klasse, 1954, Nr. 15. Der von Hansen unter Nr. 20 (S. 908-912) in Umschrift und mit deutscher Übersetzung abgedruckte „Abschnitt aus dem Anhang zum Paradies des Palladios" gehört nicht zur HL: Er geht auf einen syrischen Text zurück, dessen Editionsort Hansen mit „Bedjan AMS VII, 964-967" und „Budge, Book of Paradise II, S. 1064 f." angibt; er steht also jeweils im Apophthegmenabschnitt der beiden syrischen Ausgaben. Das kurze Textstück trägt auch in seinem Aufbau – ein Vater beantwortet Fragen eines Bruders – apophthegmatischen Charakter. Der in der Clavis und auch bei Meyer genannte Beitrag: E. Benvéniste, Études sur quelques textes sogdiens chrétiens, in: Journal

Nur wenige dieser Übersetzungen bieten einen vollständigen Text der HL; in den meisten Fällen handelt es sich lediglich um Auszüge im Umfang weniger Kapitel. Von der koptischen, äthiopischen und paläo-slawischen Übersetzung sind nur Fragmente erhalten. Als griechische Textgrundlage hat sowohl die G- als auch die B-Fassung gedient.

Das größte Interesse in der Forschung haben die syrische und die koptische Übersetzung gefunden. Diese beiden Versionen sind es auch, die wegen ihres hohen Alters wertvolle Ergänzungen zur griechischen Tradition der HL darstellen.

Die maßgebliche Ausgabe der syrischen Übersetzung hat R. DRAGUET vorgelegt[4]. Er unterscheidet zwischen zwei Kompilationen: einer aus dem 6. Jahrhundert stammenden und dem sog. „Paradies“[5] des Anan-Iesus aus der 2. Hälfte des 7. Jahrhunderts, die sich streckenweise überschneiden[6]. Das Interesse der ersten Herausgeber syrischer HL-Kapitel konzentrierte sich auf die zweite Sammlung. So veröffentlichte TULLBERG 1851 die Kapitel 35, 40, 47, 22, 41, 63, 59, 60 und 29, davon einige unvollständig. 1893 folgten weitere Fragmente von E. A. W. BUDGE[7] aus folgenden Kapiteln: dem Widmungsbrief an Lausus, dem Prolog I, Cap. 10, 13, 14, 22 und 37. Eine vollständigere Ausgabe nach acht Handschriften lieferte 1897 P. BEDJAN[8]. Er teilte den Text in vier Abschnitte ein: I. (S. 1-193) = Palladius, 1. Teil; II. (S. 193-329) = Palladius, 2. Teil; III. (S. 329-442) = Hieronymus[9]; IV. (S. 442-1010) = Palladius, 3. Teil. Hinter dem 4. Abschnitt verbirgt sich in Wahrheit eine systematische Apophthegmensammlung, in die jedoch einige HL-Kapitel eingestreut sind. 1904 erschien eine nach einer späten Handschrift[10] angefertigte Ausgabe des „Paradies“ von Budge[11],

---

asiatique 243 (1955) 297-337 betrifft dasselbe Bruchstück. Es wird auf S. 316-319 als „Fragment du *Paradis de Palladius*“ vorgestellt und in französischer Übersetzung wiedergegeben. – Vgl. Flusin, Pallade, Sp. 116: „...; les fragments sogdiens signalés en CPG 3, n. 6036 n'appartiennent pas à HL“.

4 Seine französische Übersetzung des syrischen Textes wird mitunter zur Unterstützung griechischer Lesarten im textkritischen Apparat zitiert (s. die „Anmerkungen zu den Apparaten“ in Kapitel E5).

5 Der Titel ist spätestens seit Mitte des 9. Jahrhunderts bezeugt (Draguet, Formes syriaques I, S. 65*). In den Handschriften lautet er häufig „Paradies des Palladius“. Auf diese Weise wurden vielfach auch die übrigen zum „Paradies“ gehörenden Texte, darunter die HM und eine Apophthegmensammlung, Palladius zugeschrieben und als „Historia Lausiaca“ bezeichnet (Butler I, S. 95).

6 Die ältere Kompilation ist in 30, die jüngere in 20 Handschriften überliefert.

7 The Book of Governors, being The Historia Monastica of Thomas of Marga A. D. 842, edited and translated, 2 Bände, London 1893.

8 Acta Martyrum et Sanctorum syriace, Tom. VII, Paris 1897.

9 Gemeint ist hiermit die HM, die im Syrischen üblicherweise Hieronymus zugeschrieben wird (s. Butler I, S. 78).

10 Lady Meux 6 (= B bei Draguet).

die nur zwei Teile umfaßt, wobei der erste den Abschnitten I-III und der zweite der Apophthegmensammlung des Abschnitts IV entspricht. Die dieser Edition beigegebene englische Übersetzung hat Budge 1907 in einer durch den Vergleich mit weiteren Handschriften revidierten Fassung neu herausgegeben[12]; in der Einführung bietet er auf den Seiten xxx-xxxvij eine Struktur des Inhalts. Eine solche hat auch Draguet[13] auf der Grundlage des ältesten Zeugen für das „Paradies", eines auf das Jahr 794 datierbaren Stückes aus Cod. Mossoul 801 (s. IX/X) zusammengestellt. Demnach umfassen die beiden der HM vorausgehenden Abschnitte folgende Kapitel aus der HL:

Teil I: Epistola Palladii, Prolog II, Capp. 1-14, 15 (teilw.), 16-18, 22-24, 25 (teilw.), 26, 27, 53, 28, 69, 70, 29, 30, 32 (-34?), Epilog, 41 (teilw.), 63, 31, 59 (in 2 Teilen), 60, 65, 46, 54, 55, 61, 62, 56, 57 (in 2 Teilen), 64 (teilw.?), 66, 35, 36, 47 (in 2 Teilen), 58 (in 5 Teilen), 40 (mit AP erweitert), 44, 48 (in 2 Teilen), 49-52, 37, 71 (mit kurzem Epilog)

Teil II[14]: Prolog I, Cap. 18, §25[15] (= Marcus-Episode), 21, 43, 19, 39 (in 2 Teilen), 38, 22 (abgewandelt), 11 (abgewandelt), 44 (abgewandelt), 65 (abgewandelt), 34 (abgewandelt), [72], [73][16]

Zwar hielt schon Preuschen[17] den „Paradisus" für eine späte Kompilation und setzte Butler[18] frühere Versionen voraus, die Anan-Iesus seinem Werk einverleibt habe, aber erst Draguet trug eine genauere Analyse der syrischen Traditionen bei. Abgesehen vom zweiten Teil des Kapitels 41, von

---

11 Lady Meux manuscript no. 6, The Book of Paradise, 2 Vol., London 1904. Die Bände sind folgendermaßen aufgebaut: Vol. I (engl. Übersetzung): S. 111-299 = 1. Buch Palladius (S. 109: „The ‚Paradise' or The Book of the Triumphs of the Holy Fathers by Palladius, Bishop of Helenopolis"); S. 300-482 = 2. Buch Palladius; S. 485-585 = „Section III" (Hieronymus); S. 589-918 = „Sayings of the Fathers" (Palladius). – Vol. II (Fortsetzung der engl. Übersetzung und syrischer Text): S. 919-1075 = „Sayings of the Fathers" (Fortsetzung); syrischer Text: S. 93-242 = 1. Buch Palladius; S. 242-345 = 2. Buch Palladius; S. 345-431 = Hieronymus; S. 432-766 = „Sayings of the Fathers".

12 Das Incipit zum „Paradise of Palladius" lautet in dieser Übersetzung (S. 77): „And again we begin to write the Book of the Triumphs of the Holy Fathers who were Monks, which is called Paradise".

13 Formes syriaques I, S. 48*-57*.

14 Im zweiten Abschnitt ist der Zusammenhang der HL-Kapitel durch andere Texte unterbrochen.

15 Die Paragraphenzählung entspricht der der griechischen Ausgabe von Bartelink.

16 Mit [HL 72] und [HL 73] bezeichnet Draguet die beiden nur syrisch überlieferten Kapitel „Étienne" (= Stephanus) und „Eucarpios".

17 S. 219.

18 S. seine Beschreibung der syrischen Überlieferung in: I, S. 77-96, bes. S. 84 ff.

Cap. 42 und Cap. 45, die syrisch nicht vorhanden sind, existieren die übrigen Kapitel in unterschiedlich vielen Rezensionen. Wegen der Heterogenität der syrischen Bezeugungslage zieht es Draguet vor, von „matière lausiaque" oder „éléments lausiaques" statt von „Lausiaque syriaque" zu sprechen[19]. Insgesamt lasse sich mit Hilfe der syrischen Textzeugen[20] eine Überlieferungsstufe erreichen, die noch vor der durch die griechischen Handschriften repräsentierten liege. Durch ihr hohes Alter ist die syrische Übersetzung auch für die Rekonstruktion des lateinischen HL-Textes von Bedeutung, besonders dann, wenn sie in Übereinstimmung mit dem griechischen Wortlaut die Bevorzugung einer bestimmten lateinischen Lesart unterstützt.
Die von Draguet ermittelten Rezensionen sind im Überblick folgende:
- „reine" Rezensionen: R1 und R2 (= Übersetzungen der verlorenen griechischen Quelle von Palladius)
  R3 (= Übersetzung von Gr G)
  R4 (= Übersetzung von Gr B)[21]
- „gemischte" Rezensionen: Rm 2+4 und Rm 3+4
- zusätzliche „Unter-"Rezensionen: R3r, R3a, R3b, R3c, R4a

Draguet beschreibt die einzelnen Rezensionen wie folgt:
Die älteste Rezension, R1, wird nur in einer Handschrift des 6. Jh. überliefert. Sie umfaßt nach einem Abschnitt aus dem zweiten Prolog die Kapitel 1-16 und 18-29 in z. T. unvollständiger Form[22]; das Cap. 29 bricht zusammen mit dem mutilen Codex ab. Für R2 gibt es ebenfalls nur eine Handschrift aus dem 6. Jh., den schon erwähnten Codex D von 534; er wird in Cap. 8 durch zwei weitere aus dem 9. Jh. ergänzt. Dieser Rezension gehören ein Teil des auch in R1 überlieferten Absatzes aus Prolog II an, ferner die Kapitel 1-5, 8, 15, 16, 19, 20, 24, 39 und 43 oder Teile derselben. Der von R2 gebotene Text ist durch Wortauslassungen und Vereinfachungen kürzer als der von R1, das Vokabular ist z. T. normalisiert, und einzelne Fehler von R1 sind beseitigt worden. R2 könne jedoch nicht von R1 abhängen, weil auch R1 gegenüber R2 Lücken aufweist. Draguet vermutet für die beiden Rezensionen eine gemeinsame Quelle, die

---

[19] Formes syriaques I, S. 13*.

[20] Deren ältester, der vermutlich der Quellenschicht des „Paradies" angehört, stammt aus dem Jahr 534. Es handelt sich um Draguets Handschrift D = Sinaï syr. 46, die in Formes syriaques I, S. 21/2* beschrieben ist. Sie bietet ebenso wie die Handschriften der „Scorialensis/Mosquensis-Fassung" das Cap. 21 erst nach Cap. 22; dazwischen stehen die Kapitel 23, 34 und 37. – S. u. S. 51 zur armenischen Übersetzung und Kapitel B3 c).

[21] Dazu kommt noch R5 für das in den AP verborgene HL-Material.

[22] Genauere Angaben, auch für die folgenden Rezensionen, sind der Tabelle in Formes syriaques II, S. 16*-18* zu entnehmen.

er mit *R1/R2 bezeichnet[23]. Sie müsse von einem in Wortwahl und Syntax stark koptisch beeinflußten griechischen Text übersetzt worden sein, der auch die Vorlage für Palladius gebildet habe[24].

Die in mehreren Handschriften des 6. Jh. tradierte und ungefähr um das Jahr 500 zu datierende Rezension R3 repräsentiere eine Überlieferungsstufe, die etwa derjenigen der griechischen Version G entspreche, sich durch ihre selektive Struktur allerdings äußerlich schon von dieser entfernt habe. Sie ist die umfangreichste Rezension und besteht aus demselben Prolog-Absatz wie in R2, dem Widmungsbrief, Capp. 1, 2, 6, 9, 10, 12-14, 16-18, 21-23, 25-31, 34-38, 40, dem Anfang von 41, 44, 46-48, 50, 51, 53-55, 58 ohne den Anfang, einem Teil von 59, 60, 63, einem Teil von 64, 65, 69-71 und dem Epilog; dazu kommen die beiden Kapitel [72] und [73].

Die vor der 2. Hälfte des 7. Jh. entstandene Rezension R4 schließlich sei die Übersetzung einer griechischen B-Fassung. Sie kompensiert die Lücken von R3 und enthält an vollständig oder teilweise überlieferten Kapiteln nach den beiden Prologen Capp. 3, 6-8, 10, 11, 13, 15, 17, 23, 24, 38, 49, 52, 56-59, 61, 62, 64, 66-69 und den Epilog. R4 existiert sowohl in „Reinform" als auch in den beiden „gemischten"[25] Rezensionen Rm2+4 und Rm3+4. Als Rm2+4 liegen die Kapitel 1-5, 8, 15 (teilweise) und 24 (teilweise) vor, als Rm3+4 Teile aus Capp. 6 und 17. Während Anan-Iesus die Rezension R4 bereits vorgefunden habe, scheine er die beiden Mischfassungen – vermutlich mit dem Ziel, die Texte zu ergänzen – beim Kompilationsvorgang selbst angefertigt zu haben.

Die „Unterrezensionen" zu R3 und R4 betreffen jeweils nur einzelne Kapitel. Sie werden R3 oder R4 zugeordnet je nachdem, ob der Einfluß von Gr G oder Gr B vorherrschend ist. Die Zuordnungen sind folgende:

R3r: ein Stück aus Cap. 22
R3a: die Marcus-Episode aus Cap. 18 (= §25)
R3b: Cap. 23
R3c: Capp. 32-34
R4a: Cap. 38 (akephal) und der erste Teil von Cap. 64

Unter R5 schließlich werden die HL-Kapitel gefaßt, die in der den letzten Abschnitt des „Paradies" bildenden AP-Sammlung anzutreffen sind: Cap. 9, die Hyänenepisode aus Cap. 18 (= §§ 27-28), Cap. 20 und der Anfang von Cap. 43[26].

---

[23] Formes syriaques II, S. 22*.

[24] Im Anschluß an eine detaillierte Analyse der zahlreichen Koptizismen (S. 24*-58*) wagt er sogar die Hypothese, daß die Übersetzung aus dem Koptischen direkt erfolgt sein könnte: „A tout prendre, nous conjecturerions plutôt que *R1/R2 traduisait un texte copte." (S. 60*). Im Zuge der syrischen Überlieferung habe dann eine allmähliche „décoptisation" stattgefunden.

[25] Darunter ist sowohl ein Abwechseln der Rezensionen innerhalb desselben Kapitels als auch ihre gegenseitige Ergänzung zu einer neuen Version zu verstehen.

[26] Der Name des Adolius erscheint im Syrischen als „Aurelios".

In das „Paradies" des Anan-Iesus seien die Rezensionen R2, R3 und R4 eingeflossen; R1 gehöre der davorliegenden Tradition an[27].

Im Hinblick auf die *koptische* Tradition, von der nur Fragmente erhalten sind, werden zwei gegensätzliche Auffassungen verfochten: Für einen Teil der Forscher stellen die koptischen Texte eine Übersetzung aus dem Griechischen dar; andere dagegen sehen in ihnen Reste einer koptischen Vorlage für die Historia Lausiaca des Palladius.

Der letztgenannten Gruppe gehört E. Amélineau an, der als erster einige der koptischen Fragmente zusammen mit einer lateinischen Übersetzung veröffentlicht hat[28]: den an Lausus gerichteten Widmungsbrief, den 2. Prolog, Cap. 10 (Pambo) und Cap. 38 (Evagrius)[29]. Diesen Kapiteln hat er später noch das aus einer akephalen Handschrift entnommene Cap. 18 (Macarius Alexandrinus) mit französischer Übersetzung hinzugefügt[30]. Nach Amélineau geht sowohl aus inhaltlichen als auch aus formalen Kriterien[31] hervor, daß Palladius bei der Abfassung der Historia Lausiaca koptische Quellen benutzt hat, wobei die sich durch größere Ausführlichkeit und z. T. bessere Verständlichkeit gegenüber dem Griechischen auszeichnenden koptischen Texte etliches Material bewahren, das im Laufe der griechischen Überlieferung verlorengegangen ist[32]. Beim Vergleich zwischen dem HL-Text des Kapitels über Pambo und dessen koptischer Version in den im Anhang publizierten vatikanischen Fragmenten kommt er jedoch zu der komplizierten Konstruktion, daß die Fragmente aus der griechischen HL übersetzt wurden – unter Zuhilfenahme einer koptischen Schrift, die ihrerseits Palladius als Vorlage gedient habe[33].

Die Gegenposition vertritt Preuschen[34], der eine in boheirischem Koptisch verfaßte Übersetzung annimmt, die als ganze verlorengegangen ist. Die uns vorliegenden Fragmente sind eng an das Griechische angelehnt, aber einerseits durch Textverderbnisse entstellt, andererseits durch frem-

---

[27] S. die graphische Darstellung in Formes syriaques II, S. 82*.

[28] Als Anhang zu seinem Buch „De Historia Lausiaca, quaenam sit huius ad monachorum Aegyptiorum historiam scribendam utilitas", Paris 1887.

[29] Das letztgenannte Kapitel endet unvollständig, da die Handschrift mutil ist.

[30] Histoire des Monastères de la Basse-Égypte, Paris 1894, S. 244-261. Die Handschrift setzt erst mit dem Ende der Paradieswanderungsgeschichte (§9) ein. Darauf folgen die eigentlich erst am Schluß stehende Hyänenepisode (§§ 27-28) und weitere Abschnitte aus dem Kapitel in veränderter Reihenfolge.

[31] S. 29.

[32] S. 39: „... ad nos Palladii opus integrum non pervenisse fatendum est, multaque ex tempore aut scribarum imperitia perdita."

[33] S. 39: „Mihi quidem libet dicere Palladii opus ab auctore fragmentorum vaticanorum translatum esse, sed etiam hunc auctorem alio opere usum esse quo ipse antea usus sit Palladius."

[34] S. 223/4.

des Material erweitert worden, so daß sie keine zuverlässige Unterstützung des griechischen Textes bilden.

Butler[35] nimmt denselben Standpunkt ein wie Preuschen und widmet der Widerlegung von Amélineaus These die Appendix III[36]. Auch er sieht die koptischen Texte als im nördlichen Dialekt des Boheirischen angefertigte Übersetzung aus dem Griechischen an, die mit teilweise ungeschickt eingefügtem Material erweitert wurde. Dieses Zusatzmaterial war bereits im Griechischen vorhanden, wie Übereinstimmungen mit einigen Passagen aus der Kirchengeschichte des Sokrates zeigen[37]. Butler stellt in seiner Besprechung der Fragmente bezüglich Cap. 10 (Pambo) Verbindungen des koptischen Textes zum lateinischen der Version II fest[38]: Genau wie dort wird auch in der koptischen Version des Kapitels der mißliebige Name Origenes durch unverfänglichere Namen ersetzt: Johannes, Theodorus, Macarius[39]. Dasselbe Vorgehen ist auch in einem Zweig der griechischen Überlieferung anzutreffen, der laut Butler sowohl der koptischen als auch der lateinischen Tradition zugrundegelegen haben muß. Eine weitere Gemeinsamkeit zwischen dem Koptischen und Lat. II besteht darin, daß das Pambo-Kapitel mit dem vorausgehenden Kapitel über Or eine Einheit bildet[40].

In der Nachfolge Butlers haben sich noch einige Forscher mit den koptischen Fragmenten beschäftigt: M. Chaîne[41] stellte eine Doppelrezension des Kapitels über Macarius Aegyptius (Cap. 17) vor und veröffentlichte den mit einer französischen Übersetzung versehenen koptischen Text der langen und der kurzen (akephalen) Fassung. P. Peeters[42] beschrieb eine ebenfalls in mindestens zwei Versionen überlieferte koptische Vita des Johannes von Lykopolis, deren Verfasser „a suivi pas à pas le texte de l'*Histoire Lausiaque*“[43].

---

[35] Er beschreibt die koptische Version ausführlich auf den Seiten 107-155 des ersten Teils seiner Ausgabe.

[36] I, S. 283-287.

[37] I, S. 128 ff.

[38] I, S. 113/4.

[39] S. Kapitel B1 b).

[40] Auch die Tatsache, daß der innerhalb der lateinischen Tradition nur in der Version II vorkommende Widmungsbrief des Palladius zu den koptischen Fragmenten gehört, läßt sich als Indiz für eine Verwandtschaft anführen.

[41] La double recension de l'Histoire Lausiaque dans la version copte, in: ROC 25 (1925/26) 232-275.

[42] Une vie copte de S. Jean de Lycopolis, in: AB 54 (1936) 359-381.

[43] S. 362. – Der Text dieser Vita ist mit deutscher Übersetzung ediert in: Koptische Heiligen- und Martyrerlegenden, hrsg. von W. Till, Orientalia Christiana Analecta 102 (1935), S. 138-154 u. 108 (1936), S. 137-140. Der erste Teil enthält das von anderen kurzen Textstücken umrahmte HL-Kapitel über Johannes mit einer von §10 Ende bis §14 Anfang reichenden Lücke; das genau diese Lücke füllende erst nachträglich gefundene Blatt ist im zweiten Teil abgedruckt und übersetzt.

In einer umfassenden Studie über das Pachomius-Kapitel (Cap. 32)[44] ist schließlich R. DRAGUET[45] wieder zu dem Ergebnis Amélineaus gekommen: Er wies eine große Anzahl von Koptizismen in Syntax und Wortwahl nach, die über das in griechischen Texten übliche durch das Milieu bedingte Maß hinausgehen. Seiner Auffassung nach wurde das Kapitel in der damaligen Schriftsprache Ägyptens, dem sahidischen Koptisch[46], geschrieben und dann – vermutlich in Nitria – von einem boheirisch koptischen Anachoreten, der sowohl die griechische Sprache schlecht beherrschte als auch das pachomianische Mönchtum nur oberflächlich kannte, ins Griechische übersetzt. Es wurde von Palladius weitgehend unbearbeitet in die HL übernommen, nach seiner Eingliederung jedoch teilweise stilistisch redigiert. Draguet sieht in der von Butler vernachlässigten Handschrift O[47] einen Zeugen, der aufgrund seiner nur durch das Koptische erklärbaren Lesarten näher an das griechische Original heranreicht als die Handschriften T und P, auf die sich Butler hauptsächlich stützt[48]. Der von Draguet nachgewiesene koptisierende Stil des Cap. 32 umfaßt – bis auf den Anfang von Cap. 33 – nicht die beiden folgenden Kapitel, in denen Episoden aus dem pachomianischen Frauenkloster erzählt werden. Er herrscht allerdings auch im Kapitel über Amun (Cap. 8) vor[49]. Für die Abhängigkeit weiterer HL-Kapitel von koptischen Quellen fand Draguet nur noch in Cap. 20 (Paulus von Pherme) einzelne Hinweise.

In jüngster Zeit haben G. BUNGE und A. DE VOGÜÉ eine revidierte und kommentierte französische Übersetzung der von Amélineau und Chaîne publizierten Fragmente herausgegeben[50]. Diesen Übersetzungen hat Bunge eine detaillierte Analyse der koptischen Kapitel im Vergleich zu den ent-

---

44 Eine Forschungsgeschichte in komprimierter Form bietet A. Veilleux, La Liturgie dans le cénobitisme pachômien au quatrième siècle, Studia Anselmiana, Fasc. 57, Roma 1968, in dem Excursus „La valeur de Pallade et de Cassien pour la connaissance du monachisme pachômien", S. 138-154, bes. S. 139-144.

45 Le chapitre de l'*Histoire Lausiaque* sur les Tabennésiotes dérive-t-il d'une source copte?, in: Le Muséon 57 (1944) 53-145 und 58 (1945) 15-95.

46 Der boheirische Dialekt setzte sich erst im 9. Jahrhundert durch (Le Muséon 58, S. 81).

47 Oxford, Bodl. Libr., Laud. gr. 84 (s. XI/XII).

48 Le Muséon 58 (1945), S. 80: „..., les mss T et P ... sont des revisions de O, le témoin le plus proche qui nous reste de l'original. C'est en ce sens que nous qualifions O de texte primitif, T et P de textes revisés."

49 Une nouvelle source copte de Pallade: le ch. VIII (Amoun), in: Le Muséon 60 (1947) 227-255.

50 Palladiana II, La version copte de l'Histoire Lausiaque: I. Le Prologue et la Vie de Pambô, in: Studia Monastica, Vol. 32 (1990) 323-339; Palladiana III: II. La Vie d'Évagre, Vol. 33 (1991) 7-21; Palladiana IV: III. La Vie de Macaire d'Égypte, Vol. 34 (1992) 7-28. – Vgl. die neuerdings zusammen mit einem Kommentar erschienene französische Übersetzung „Quatre ermites égyptiens d'après les fragments coptes de l'Histoire Lausiaque", Spiritualité orientale 60, Abbaye de Bellefontaine 1994.

sprechenden HL-Texten vorangestellt[51], die die Beobachtung enthält, daß die einzelnen Kapitel durchaus unterschiedlichen Charakter haben: Während Capp. 17, 18 und 10 im Koptischen breiter angelegt und reicher ausgeschmückt sind als in der HL, stellen der Widmungsbrief und der Prolog eine getreue Übersetzung ohne zusätzliches Material dar, und auch die Struktur von Cap. 38 ist im koptischen Fragment und in der HL – abgesehen vom fehlenden Schluß des ersteren – im großen und ganzen dieselbe. Cap. 10 scheint eine Mischung aus zwei verschiedenen Redaktionen zu sein, von denen eine antiorigenistisch rezensiert wurde[52]; ebenso scheint Cap. 38 aus zwei Redaktionen zusammengesetzt zu sein. Da die Erweiterungen der koptischen Kapitel wie deren Grundmaterial als „palladianisch" angesehen werden müssen, stellt Bunge die neue Hypothese auf, daß sie aus einem anderen – verlorenen – Werk des Palladius über dieselben Themen entnommen worden sind: dem in der Kirchengeschichte des Sokrates erwähnten ἴδιον μονόβιβλον[53]. Bunge nimmt an, daß dieses Werk der HL vorausging und schon während des Ägyptenaufenthalts des Palladius (388-399) geschrieben worden sein muß, weil Sokrates ihn nicht als Bischof, sondern nur als Mönch bezeichnet und weder einen Titel der Schrift noch den Namen des Lausus nennt. Das μονόβιβλον war nur auf Ägypten beschränkt und an ein mönchisches Publikum gerichtet, wodurch erklärt wird, daß Palladius, als er das Buch für den frommen Laien Lausus umschrieb, vieles nicht in die neue „Historia Lausiaca" übernahm. Es handelt sich dabei um eben die Passagen, die im Koptischen und bei Sokrates als über den Stoff der HL hinausgehend noch erhalten sind[54].

Nach Bunge verdient die koptische „tradition latérale" als Übersetzung des verlorengegangenen griechischen Originals der materialreicheren und z. T. noch nicht antiorigenistisch überarbeiteten Vorgängerversion der HL, von der sich auch im Syrischen[55] und Lateinischen, speziell in der Fassung Lat. II[56], Spuren finden, die größte Beachtung.

Die Gestalt der zu erschließenden griechischen Vorlage spricht – neben der Tatsache, daß die Frage nach der Übersetzungsrichtung lange Zeit umstritten war – für ein hohes Alter der koptischen Übersetzung. Die in

---

[51] Palladiana I, Introduction aux fragments coptes de l'Histoire Lausiaque, in: Studia Monastica 32 (1990) 79-129.

[52] S. o. S. 48 zu Butler. An einer Stelle ist der Name Origenes nicht ersetzt worden.

[53] Socr. hist. eccl. 4,23,78-80. – Vgl. Kapitel C2.

[54] S. S. 121 ff.

[55] In der syrischen Rezension R3 sind zusätzlich zwei Kapitel über „Stephanus" und „Eucarpius" (s. o. Anm. 16) überliefert (s. Bunge, S. 107/8). – W. Bousset vermutet in einem Anhang zu Komposition und Charakter (S. 205-217) aufgrund des „Wir-Stils" der beiden Erzählungen, daß sie ursprünglich zur HL gehörten.

[56] So erscheint dort das Kapitel über Ammonius (Caput IV) besonders in seinem Anfangsteil in einer weit ausführlicheren Form als im griechischen Text und in der lateinischen Übersetzung Ia/I (s. Bunge, S. 109/10).

der Forschung begegnenden Hinweise auf eine Datierung sind jedoch sehr vage gehalten: So formuliert Butler äußerst vorsichtig: „But there are indications that the version is much older than the tenth century.“[57], und Draguets der Annahme einer ursprünglichen Abfassung des Pachomius-Kapitels in boheirischem Dialekt widersprechende Bemerkung „... on ne peut produire aucun texte littéraire bohaïrique antérieur au IXe siècle“[58] setzt unausgesprochen eine frühere Entstehung der koptischen Fassung voraus.

Von den übrigen Übersetzungen liegen in der Regel nur wenige Exzerpte oder Fragmente vor, die noch keiner systematischen Auswertung unterzogen worden sind. Der Text der bisher bekannten Kapitel scheint die griechische Vorlage, meistens eine B-Fassung, z. T. sehr frei wiederzugeben, in einigen Fällen sogar nur als Epitome.

In die *armenische* Sprache[59] wurden sechs Kapitel übersetzt: Cap. 22 (Paulus Simplex), Cap. 18 (Macarius Alexandrinus), Cap. 35 (Iohannes Lycopolitanus), Cap. 37 (Serapion), Cap. 21 (Eulogius und der Krüppel) und Cap. 38 (Evagrius)[60].

Von Cap. 22 existieren zwei Versionen, die weder dem Griechischen noch dem Syrischen genau folgen; sie stellen eher eine inhaltliche Paraphrase dar. Cap. 18 basiert zwar auf dem griechischen Text, ist aber der Form nach ebenfalls eine recht freie Wiedergabe des Inhalts mit Änderungen und Auslassungen. Ähnlich verhält es sich mit Cap. 35, an das sich das auch dem Johannes von Lykopolis gewidmete erste Kapitel der HM anschließt. Der armenische Text von Cap. 37 ist sehr korrupt. Zudem wird die griechische Fassung des Kapitels einerseits verkürzt wiedergegeben, andererseits durch zusätzliche, aus dem Apophthegmenstoff entnommene Episoden erweitert. Cap. 21 ist mit einigen Freiheiten – so erscheint der Name des Eulogius als „Liginus“ – wieder stärker am Griechischen orientiert. Das Kapitel über Evagrius (Cap. 38) gehörte nicht zur ursprünglichen Übersetzung. Nach einer freien Paraphrase am Anfang des Kapitels wird die Anlehnung an den griechischen Text wieder enger; einige Episoden sind jedoch umgestellt.

In der *georgischen* Übersetzungsliteratur steht die HL mit folgenden asketischen Werken und Autoren in einer Reihe: 1. Basilius der Große: Asketikon; 2. Ephräm der Syrer: Asketikon; 3. Dionysius Aeropagita; 4. Jo-

---

57 I, S. 154.

58 S. o. S. 47.

59 Diese Übersetzung ist von A. Robinson bei Butler (I, S. 97-106) beschrieben.

60 Hier fallen Anklänge an die sog. „Scorialensis/Mosquensis-Fassung“ der Apophthegmenüberlieferung auf: Vier der sechs Kapitel (22, 18, 37 und 21) sind auch dort anzutreffen, auch dort steht Cap. 22 vor Cap. 21; s. Kapitel B3 c). – Die genannten Merkmale sind z. T. auch der syrischen Übersetzung eigen (s. o. Anm. 20).

hannes Kassianus der Römer; 5. Palladius von Helenopolis: „Historia Lausiaca“ (Lausiakoni); 6. Theodoret von Cyrus: „Historia religiosa“[61]. Eine Angabe in der Literaturgeschichte von Tarchnišvili läßt vermuten, daß die georgische Übersetzung auf die B-Fassung des griechischen Textes zurückgeht[62].

Größere Teile einer HL-Übersetzung existieren in *arabischen* Handschriften; gedruckt ist jedoch bisher nur die arabische Version einer Pachomiusvita, die nicht aus dem Griechischen, sondern aus dem Koptischen angefertigt wurde[63]. Georg Graf nennt in seiner Geschichte der christlichen arabischen Literatur[64] einige Titel, unter denen das Werk in den Handschriften erscheint, so z. B. „Kitāb al-barādīsūs“ (= „Buch des Paradieses“), „Firdaus ar-ruhbān“ (= „Paradies der Mönche“) und „Firdaus al-abā'“ (= „Paradies der Väter“); als Übersetzer wird Abu'l-Barakāt genannt. Bezeugt ist auch eine von einem Ibn al-'Assāl aus der HL und anderen Schriften (vermutlich Apophthegmata) zusammengestellte Epitome.

Auch im *Äthiopischen* ist nur ein Fragment über Pachomius gedruckt[65], obwohl in den Handschriften wahrscheinlich mehr Text aus der HL enthalten ist. Bei dem Stück handelt es sich um eine Zusammenstellung von drei Fassungen der Pachomiusregel[66]: An erster Stelle steht eine mit Cap. 32 der griechischen HL übereinstimmende Version (ohne Capp. 33 und 34); darauf folgt eine kurze Redaktion, die von Hieronymus aus dem Griechischen ins Lateinische übersetzt wurde; den Abschluß bildet eine nur im Äthiopischen vorhandene gemischte Sammlung von Regeln. Eine Betrachtung des Aufbaus des Pachomius-Kapitels nach Palladius zeigt, daß der äthiopische Text auf dem griechischen beruht; eine Übersetzung aus dem Koptischen oder Arabischen ist nicht anzunehmen, da diese Versionen von der griechischen erheblich abweichen.

In der *paläo-slawischen* Literatur ist die HL – neben Spuren in anderen hagiographischen Sammlungen – vor allem im sog. „Egipetskij Paterik“ zu finden. Diesen Namen trägt eine aus 62 Kapiteln bestehende Zusammen-

---

[61] Diese Aufstellung von Schriften, als deren Übersetzer Ep'rem genannt wird, findet sich in der Geschichte der kirchlichen georgischen Literatur von P. Michael Tarchnišvili, Città del Vaticano 1955, S. 190.

[62] Bei Tarchnišvili (a. a. O.) heißt es: „Dem georgischen Text liegt die kürzere Redaktion des Johannes Meursius zu Grunde, die aus 72 Kapiteln besteht.“

[63] S. die mit einer Analyse der koptischen Fassungen dieser Vita verbundene Beschreibung bei Butler I, S. 159-171.

[64] Erster Band: Die Übersetzungen, Città del Vaticano 1944, S. 382/3.

[65] Zuerst von A. Dillmann, Chrestomathia Aethiopica, Leipzig 1866, S. 57-69, dann verbessert ediert von E. Littmann, Berlin 1950 (Darmstadt [2]1968). Die neueste Ausgabe ist: V. Arras, Collectio Monastica (Text und franz. Übersetzung), CSCO Vol. 238 (= Scriptores Aethiopici 45) und Vol. 239 (= Scriptores Aethiopici 46), Louvain 1963.

[66] S. Butler I, S. 155-158, bes. S. 156.

stellung von Auszügen aus verschiedenen asketischen Werken[67]: Die Kapitel 1-32 geben die HM vollständig wieder, Kapitel 33-35 enthalten Exzerpte aus der Schrift „De gentibus Indiae et Bragmanibus“[68] des Palladius, und die Kapitel 36-60 bieten eine Epitome der HL. Am Schluß der Sammlung stehen Apophthegmen des Antonius (Kapitel 61) und des Arsenius (Kapitel 62), die aus der ältesten alphabetischen Schicht stammen[69]. Diese Kompilation wurde vermutlich bereits aus dem Griechischen übernommen und nicht erst während des Übersetzungsvorgangs angelegt; eine namentliche Erwähnung eines der verarbeiteten Werke erscheint nirgends. Die slawische Übersetzung scheint an den griechischen B-Text angelehnt zu sein[70]. Sie ist erst seit dem 14. Jahrhundert handschriftlich nachweisbar, obwohl sie wahrscheinlich schon im 11. Jahrhundert entstanden ist.

Zum Schluß soll noch eine neuzeitliche lateinische Übersetzung behandelt werden, die lange Zeit als die vollständige Form der Historia Lausiaca des Palladius angesehen wurde, bis Preuschen die beiden Bestandteile, aus denen sie zusammengesetzt ist – die HL und die HM –, voneinander trennte[71].

Die lateinische Übersetzung des Gentianus Hervetus:

Neben den beiden spätantiken lateinischen Übersetzungen Lat. I und Lat. II[72], die nur als „Appendix ad vitas patrum“ in der Edition Heribert Rosweydes[73] erscheinen, wird das eigentliche achte Buch der Vitae-Patrum-Ausgabe von einer Übersetzung eingenommen, die weder dem Alter noch der Zusammensetzung nach ursprünglich ist: dem lateinischen Text des Gentianus Hervetus. Der Kanoniker aus Reims[74] Gentien Hervet (1499-1584)[75] fertigte eine Übersetzung an, die seit ihrem Erscheinen im Jahre 1555[76] mehrfach abgedruckt wurde, darunter auch in der ersten Vitae-Patrum-Edition Rosweydes (1615). 1624 gab Fronton Du Duc den

---

67 Zu den verschiedenen paläo-slawischen Sammlungen s.: M. Heppell, Slavonic Translations of Early Byzantine Ascetical Literature, in: JEH 5 (1954) 86-100; C. Hannick, La version slave des Paterika, in: Irénikon 47 (1974) 355-359; M. Capaldo, Caratteristiche strutturali e prototipi greci dell'Azbuwno-ierusalimskij e dell'Egipetskij Paterik, in: Cyrillomethodianum 3 (1975) 13-27.

68 BHG 6038.

69 Mündliche Auskunft von meiner Kollegin, Frau Dr. Chiara Faraggiana.

70 S. Capaldo, S. 19: „L'unica cosa che possiamo dire è che, per quanto riguarda il testo, la traduzione slava s'accorda bene con la redazione B, edita dal Meursius.“

71 S. 136/7.

72 BHL 6532 und 6534.

73 Sie sind abgedruckt bei Migne, PL 74, S. 243-342 und S. 343-382.

74 S. „In vitas patrum prolegomena XXVI“, prolegomenon XIV, PL 73, 51A.

75 Zu seiner Biographie s. P. O. Kristeller, Catalogus translationum et commentariorum, Vol. I, S. 109/10.

76 2. Auflage: 1570.

dieser Version entsprechenden griechischen Text heraus[77] und fügte ihr die Übersetzung Hervets hinzu, allerdings nicht ohne in ihr einige Änderungen vorzunehmen und sie damit dem Text der von ihm benutzten griechischen Handschriften anzupassen[78]. Diese abgewandelte Fassung übernahm Rosweyde in seine zweite Ausgabe (1628), und sie bildet auch die Grundlage für den Text Mignes[79].

Dieser Text, den Butler als „Long Recension (A)“[80] bezeichnet, ist die Übersetzung einer aus den griechischen Versionen G und B gemischten[81] und mit Kapiteln aus der Historia monachorum erweiterten Fassung[82]. Die Verknüpfung der beiden Texte erfolgte in der Weise, daß die HM[83] zwischen Cap. 35 (Iohannes von Lycopolis) und Cap. 36 (Posidonius) in die HL eingebettet wurde – eine assoziative Einfügung, da die HM mit dem Kapitel über Iohannes beginnt[84]. Eine Bemühung um systematische Ordnung zeigt sich u. a. darin, daß die Frauenviten, angefangen mit der älteren Melania, am Schluß zusammengefaßt wurden (ab Caput CXVII)[85]. Hervet hielt diesen kontaminierten Text für die vollständige Form der Historia Lausiaca, wie aus seiner Praefatio hervorgeht[86]: „Quorum alter quidem, nempe Palladius, antea Latine versus, sub Heraclidis nomine in lucem exiit, sed non integer, cum in eo plus quam triginta vitae desiderentur. Itaque non satis habui id quod ei deerat, supplere, nisi eum denuo a capite verterem. Hoc autem esse opus Palladii, nemo dubitaverit, qui legerit ...“.

Der von Hervet gebotene „HL-Text“ besteht aus folgenden 151 Kapiteln[87]:

Prooemium auctoris (= HL Prolog I)

Exemplar epistolae scriptae ad Lausum praepositum, ab Heraclide episcopo Cappadociae (= HL II, Epistola ad Lausum)

---

[77] Später abgedruckt bei Migne, PG 34, 995-1262. – Vgl. Kapitel B3 a).

[78] S. Butler I, S. 58/9.

[79] PL 73, 1066-1234.

[80] I, S. 58. – Bei Preuschen heißt die Version „Rec. H“ (S. 136).

[81] Butler (II, §3, S. xxv) ermittelte als die von Hervet benutzte Handschrift den Codex Vaticanus Ottobon. 377, s. XV/XVI (= Nr. 42 bei Butler) oder eine Kopie von ihm: Die Handschrift repräsentiert zwar den Texttyp A, enthält aber am Rand eingetragene Lesarten aus B, die von Hervet übernommen wurden.

[82] S. Clavis Patrum Graecorum 6036 (c), S. 170. – Dazu ist noch Material aus den Apophthegmen eingeflossen (Caput CXVI: Vita abbatis Bisarionis).

[83] Capita XLIII-LXXVI bei Hervet (s. u. S. 56 f.).

[84] S. Preuschen, S. 211/2.

[85] Eine genauere Analyse der der „Rezension (Rec.) H“ zugrundeliegenden Disposition findet sich bei Preuschen, S. 251 ff.

[86] PG 34, 991/2.

[87] In Klammern wird die Zugehörigkeit des jeweiligen Kapitels zur HL (Version I = HL, Version II = HL II) oder zur HM angegeben. Die Paragraphenzahlen entsprechen bei HL-Kapiteln denen dieser Ausgabe, bei HM-Kapiteln denen der Ausgabe von Eva Schulz-Flügel.

Exemplar epistolae scriptae ad Lausum praepositum, a Palladio episcopo Cappadociae (= HL Prolog II)

Caput primum: *Vita Isidori presbyteri et xenodochi* (= HL 1)
Caput II: *Dorotheus Thebanus* (= HL 2)
Caput III: *Acta et temperantia Potamiaenae* (= HL 3)
Caput IV: *Vita Didymi orbi* (= HL 4)
Caput V: *Alexandrae Vita* (= HL 5)
Caput VI: *De quadam Virgine quae laborabat amore divitiarum* (= HL 6)
Caput VII: *Vita abbatis Arsisii et eorum qui cum eo erant in monte Nitriae* (= HL 7)
Caput VIII: *De sancto Amon et eius coniuge* (= HL 8)
Caput IX: *Vita abbatis Or* (= HL 9)
Caput X: *Vita abbatis Pambo* (= HL 10)
Caput XI: *Vita abbatis Pior* (= Schluß von HL 10)
Caput XII: *Vita abbatis Ammonii et fratrum simul cum sororibus* (= HL 11)
Caput XIII: *Vita abbatis Beniamin* (= HL 12)
Caput XIV: *Vita Apollonii qui cognominabatur* ἀπὸ πραγματευτῶν, *id est a negotiatoribus* (= HL 13)
Capita XV et XVI: *Vita Paeesii et Isaiae* (= HL 14)
Caput XVII: *Vita Macarii iunioris* (= HL 15)
Caput XVIII: *Vita abbatis Nathanael* (= HL 16)
Capita XIX et XX: *Vita abbatis Macarii Aegyptii, et Macarii Alexandrini* (= HL 17+18)
Caput XXI: *Vita abbatis Marci* (= HL 18.34-36)
Caput XXII: *Vita abbatis Moysis, qui fuit ex latronibus* (= HL 19)
Caput XXIII: *Vita abbatis Pauli* (= HL 20.1-4)
Caput XXIV: *De virgine quae faciebat septingentas orationes* (= HL 20.4-5)
Caput XXV: *De Cronio presbytero* (= HL 21.1-3)
Caput XXVI: *De Eulogio Alexandrino et eo qui erat membris mancus* (= HL 21.4-23)
Caput XXVII: *De contemplatione quam vidit abbas Antonius* (= HL 21.24-25)
Caput XXVIII: *Vita abbatis Pauli Simplicis* (= HL 22)
Caput XXIX: *Vita abbatis Pachon* (= HL 23)
Caput XXX: *Vita Abbatis Stephani* (= HL 24)
Caput XXXI: *De Valente qui excidit* (= HL 25)
Caput XXXII: *De Erone* (= HL 26)
Caput XXXIII: *De Ptolemaeo qui excidit* (= HL 27)
Caput XXXIV[88]: *De virgine lapsa* (= HL 28)
Caput XXXV: *Vita abbatis Eliae* (= HL 29)

[88] Im Druck irrtümlich XXXV.

Caput XXXVI: *Vita abbatis Dorothei* (= HL 30)
Caput XXXVII: *De Amma Piamun* (= HL 31)
Caput XXXVIII: *Vita abbatis Pachomii, et eorum qui cum ipso erant* (= HL 32.1-13)
Caput XXXIX: *Vita abbatis Aphthonii* (= HL 32.14-33.1)
Caput XL: *De Virgine, de qua fuerat dictum falsum testimonium* (= HL 33.2-5)
Caput XLI: *De Virgine quae simulabat stultitiam* (= HL 34.1-2)
Caput XLII: *De sancto Pitirum* (= HL 34.3-10)

Caput XLIII: *De abbate Ioanne urbis Lyco* (= HL 35.1-21 + HM I 1-3)
Caput XLIV: *Narratio abbatis Ioannis de eo qui lapsus est* (= HM I 4)
Caput XLV: *De fratre qui ductus fuit paenitentia, eiusdem abbatis Ioannis narratio* (= HM I 5)
Caput XLVI: *Alia narratio abbatis Ioannis, de eo qui lapsus, ductus est paenitentia* (= HM I 6-7)
Caput XLVII: *De Poemenia* (= HL 35.22-24)
Caput XLVIII: *Vita abbatis Ammone, et eorum qui cum ipso erant* (= HM III)
Caput XLIX: *De abbate Be* (= HM IV: De abbate Beno)
Caput L: *De abbate Theona* (= HM VI)
Caput LI: *De abbate Elia* (= HM XII)
Caput LII: *Vita abbatis Apollo* (= HM VII)
Caput LIII: *Vita abbatis Amun* (= HM VIII)
Caput LIV: *Vita abbatis Copre presbyteri* (= HM IX)
Caput LV: *Vita abbatis Suri* (= HM X 8,1-4)
Caput LVI: *Vita abbatis Isaiae* (= HM X 8,5)
Caput LVII: *Vita abbatis Pauli* (= HM X 8,6-9)
Caput LVIII: *Vita abbatis Anuph* (= HM X 8,10-14)
Caput LIX: *Vita abbatis Hellenis* (= HM XI)
Caput LX: *Vita abbatis Appelle* (= HM XV 1)
Caput LXI: *Vita alterius Ioannis* (= HM XV 2-3)
Caput LXII: *De abbate Paphnutio* (= HM XVI 1,1)
Caput LXIII: *De Tibicine* (= HM XVI 1,2-12)
Caput LXIV: *De Protocomite* (= HM XVI 2)
Caput LXV: *De Mercatore* (= HM XVI 3)
Caput LXVI: *Vita abbatis Apollonii* (= HM XIX 1-3)
Caput LXVII[89]: *De Philemone martyre et iis qui cum ipso fuere martyribus* (= HM XIX 4-17)
Caput LXVIII: *Vita abbatis Dioscuri presbyteri* (= HM XX)
Caput LXIX: *Nitrienses Anachoretae* (= HM XXI + XXII)

---

[89] Im Druck irrtümlich LXVI.

Caput LXX: *De Abbate Ammonio et iis qui erant cum ipso* (= HM XXIII 3,5-10)
Caput LXXI: *Vita abbatis Isidori et eorum qui erant cum ipso* (= HM XVII)
Caput LXXII: *Vita abbatis Ammona presbyteri* (= HM XXXII: De Piammone)
Caput LXXIII: *De abbate Ioanne* (= HM XXXIII)
Caput LXXIV: *Vita abbatis Pityrionis et eorum qui cum ipso erant* (= HM XIII)
Caput LXXV: *Vita Eulogii presbyteri* (= HM XIV)
Caput LXXVI: *Vita Serapionis presbyteri* (= HM XVIII)

Caput LXXVII: *Vita abbatis Posidonii* (= HL 36.1-5)
Caput LXXVIII: *De Hieronymo* (= HL 36.6)
Caput LXXIX: *De Paula* (= HL 36.7)
Caput LXXX: *De Oxyperentio* (= HL 36.8)
Caput LXXXI: *De Petro* (= HL 36.8)
Caput LXXXII: *De Simeone* (= HL 36.8-9)
Caput LXXXIII: *Vita Serapionis Sindonitae* (= HL 37.1-15)
Caput LXXXIV: *Vita abbatis Domnionis* (= HL 37.16)
Caput LXXXV: *De Virgine silente* (= HL 37.17-22)
Caput LXXXVI: *De Evagrio celebri diacono* (= HL 38)
Caput LXXXVII: *Vita abbatis Pior* (= HL 39.1-5)
Caput LXXXVIII: *Vita abbatis Moysis Libyci* (= HL 39.6-10)
Caput LXXXIX: *Vita abbatis Chronii* (= HL 47.1-2)
Caput XC: *Vita abbatis Iacobi* (= HL 47.3)
Caput XCI: *Vita abbatis Paphnutii Cephala* (= HL 47.4)
Caput XCII: *De Cheremone* (= HL 47.5)
Caput XCIII: *De alio* (= HL 47.6)
Caput XCIV: *De alio* (= HL 47.6)
Caput XCV: *De Stephano lapso* (= HL 47.7-25)
Caput XCVI: *Vita abbatis Solomonis* (= HL 58.1-2)
Caput XCVII: *Vita abbatis Dorothei* (= HL 58.3-4)
Caput XCVIII: *Vita abbatis Dioclis* (= HL 58.5-7)
Caput XCIX: *Vita abbatis Capitonis* (= HL 58.8)
Caput C: *Vita anachoretae qui illudebatur* (= HL 58.9)
Caput CI: *Vita sancti Ephraem diaconi* (= HL 40)
Caput CII: *Vita abbatis Iuliani* (= HL 42)
Caput CIII: *Vita beati Innocentii* (= HL 44)
Caput CIV: *Vita abbatis Adolii* (= HL 43)
Caput CV: *De Abramio* (= HL 53)
Caput CVI: *Vita abbatis Elpidii* (= HL 48.1-4)
Caput CVII: *Vita abbatis Aenesii* (= HL 48.5)
Caput CVIII: *Vita abbatis Eustathii* (= HL 48.5-7)
Caput CIX: *Vita abbatis Sisinnii* (= HL 49)

Caput CX: *Vita abbatis Gaddana* (= HL 50)
Caput CXI: *Vita abbatis Eliae* (= HL 51)
Caput CXII: *De Sabbatio* (= HL 52: De Saba)
Caput CXIII: *De Philoromo presbytero* (= HL 45)
Caput CXIV: *Vita beati Severiani et eius uxoris* (= HL 66)
Caput CXV: *Vita Eleemonis monachi* (= HL 68)

[Caput CXVI: *Vita abbatis Bisarionis* (aus den AP)][90]

Caput CXVII: *Vita beatae Melaniae* (= HL 46.1-7)
Caput CXVIII: *Vita Ruffini presbyteri* (= HL 46.8-11 + 54)
Caput CXIX: *Vita parvae Melaniae* (= HL 61.1-8)
Caput CXX: *De Albina* (= HL 61.9)
Caput CXXI: *De Piniano* (= HL 61.10-11)
Caput CXXII: *De Pammachio* (= HL 62.1)
Caput CXXIII: *De Macario* (= HL 62.2)
Caput CXXIV: *De Constantio* (= HL 62.2)
Caput CXXV: *De Paula Romana* (= HL 41.2)
Caput CXXVI: *De Eustochio* (= HL 41.3)
Caput CXXVII: *De Venerea* (= HL 41.4)
Caput CXXVIII: *De Theodora* (= HL 41.5)
Caput CXXIX: *De Usia* (= HL 41.5)
Caput CXXX: *De Adolia* (= HL 41.5)
Caput CXXXI: *De Basianilla* (= HL 41.6)
Caput CXXXII: *De Photina* (= HL 41.7)
Caput CXXXIII: *De Asella* (= HL 41.9)
Caput CXXXIV: *De Avita* (= HL 41.10)
Caput CXXXV: *De Magna* (= HL 67)
Caput CXXXVI: *De Virgine quae excepit Athanasium episcopum* (= HL 63)
Caput CXXXVII: *Vita Ammae Talida* (= HL 59.1-2)
Caput CXXXVIII: *Vita Ammae Taor* (= HL 59.3-4)
Caput CXXXIX: *De virgine quae renuntiaverat* (= HL 60)
Caput CXL: *De virgine quae lapsa est, et egit poenitentiam* (= HL 69)
Caput CXLI: *De filia presbyteri quae lectorem calumniata erat, et Eustathio lectore* (= HL 70)
Caput CXLII: *Vita sanctae Silvaniae* (= HL 55.1)
Caput CXLIII: *De Iubino* (= HL 55.2-5)
Caput CXLIV: *De Olympiade* (= HL 56)
Caput CXLV: *De Candida* (= HL 57.1-4)
Caput CXLVI: *De Gelasia* (= HL 57.5)

[90] S. Rosweydi Notatio, Nr. 165 (PL 73, 1230B): „Varia Bisarionis apophthegmata passim in Vitis Patrum occurrunt."

Caput CXLVII: *De Iuliana* (= HL 64)
Caput CXLVIII: *De femina nobilissima quae fuit semper virgo* (= HL 65.1-4)
Caput CXLIX: *De Magistriano* (= HL 65.5-7)
Caput CL: *De uxore viri senatorii* (= ?[91] + HM Epilogus)
Caput CLI: *Vita fratris qui cum eo versabatur* (= HL 71)

[91] Am Anfang dieses Kapitels steht eine Episode über die Frau eines Senators, die aus Scham über ihre Unzucht mit einem gewissen Magnentinus Selbstmord begeht.

B DIE LATEINISCHEN VERSIONEN

B1 DIE VERSION IA/I

a) Die ursprüngliche Version Ia

Die Historia Lausiaca ist in drei lateinischen Versionen überliefert: der bisher noch ungedruckten ursprünglichen Version Ia, der aus dieser entwickelten Langfassung I (= BHL 6532)[1] und der von Ia/I unabhängigen Version II (= BHL 6534)[2]. Daß die erweiterte Fassung ihre Vorgängerversion bald verdrängte, ist an der großen Anzahl der erhaltenen I-Handschriften und der demgegenüber sehr geringen Zahl der Ia-Textzeugen ablesbar[3]. Dazu ist die Ia-Überlieferung von sehr unvollständigem Charakter: Zum größten Teil besteht sie aus wenige Kapitel umfassenden Exzerpten oder Fragmenten. Aber auch die Handschriften, die größere Textpartien tradieren, weisen Lücken auf: So ist eine Textstrecke aus den Capp. 11-13 sowie 68/69 nur in Version I bezeugt[4]. Zu dieser schmalen Basis im Textbestand tritt ein die Textkonstitution erschwerender Korruptelenreichtum im Text selbst, so daß die Hinzuziehung der Version I als weiteren Textzeugen oft unvermeidlich war[5].

Der Stil der Version Ia, der z. T. im I-Text erhalten geblieben ist, z. T. aber auch durch Umformulierung verändert wurde, soll an den folgenden Beispielen veranschaulicht werden[6]:

Einige ungewöhnliche Formulierungen in Ia sind durch die griechische Vorlage bedingt, wie etwa die persönliche Konstruktion in Cap. 20.5 *videris mihi esse manifestus, quod ...*, die das griechische δῆλος εἶ wiedergibt[7]; Version I hat hier das übliche unpersönliche *manifestum est*.

1 PL 74, 243-342. – Das Verhältnis zwischen den beiden Versionen ist in Kapitel B2 dargestellt.

2 PL 74, 343-382. – S. Kapitel B4.

3 Vgl. die Handschriftenlisten in den Kapiteln D1 b) und c).

4 S. die Handschriftenbeschreibung in Kapitel E1 a) α). – Einige möglicherweise schon auf den Übersetzer zurückzuführende kleinere Auslassungen sind in Kapitel B3 a) zusammengestellt.

5 Vgl. dazu die Besprechung problematischer Stellen in Kapitel C4.

6 Eine umfassendere, jedoch keineswegs vollständige, Sammlung der vom klassischen Latein abweichenden Wortbedeutungen, Formen und grammatischen Strukturen des Textes bietet der Grammatikindex.

7 S. LHS, S. 350 (vgl. Löfstedt, S. 46 f. zum persönlichen Gebrauch unpersönlicher Verba).

Insgesamt bietet der Text ein stark von der Umgangssprache geprägtes Bild. Dazu gehören Erscheinungen wie die Personifikation von abstrakten Begriffen: *Theodoram ... adeo nihil sibi de propriis bonis reliquisse cognovi, ut ... aliorum ei misericordia stipem ad alimenta praeberet* (Cap. 41.5) und: ... *quorumque conversatio tantum spe bona fruitur, ut filiorum quoque suorum praesentia lucra futurarum opum praemeditatione ac provisione contemnat* (Cap. 66.1)[8], die Bevorzugung der Parataxe gegenüber der Hypotaxe: *Accipe hanc sportellam de manibus meis ..., et memento ... mei* (Cap. 10.7)[9] sowie fehlende syntaktische Verknüpfungen wie in den Fragesätzen: *Vis ... suscipio te in domo mea ...?* (Cap. 21.7) und: *Vis ... edimus partem panis?* (Cap. 22.12)[10]. In Cap. 18.23 erscheint ein unabhängig von der Satzkonstruktion verwendetes *inquit*: Es steht in einer zitierten Rede innerhalb einer Erzählung des Macarius: ..., *ut iuberem sensui meo: ‚Ne velis'" – inquit – „‚a caelo ad terram descendere ...*[11]. Zu erwarten gewesen wäre *inquam*; um die 3. Person auf Macarius zu beziehen, muß man in der Erzählstruktur um zwei Ebenen zurückgehen. Unmittelbar vor dieser Stelle ist sogar ein zweifaches *inquit* im selben Bericht anzutreffen: *Quodam rursus tempore hoc rettulit nobis: „Quodcumque", inquit, „genus vitae et quoscumque mores novos desideravi, imitatus sum atque perfeci. Interim", inquit, „aliquando animum meum quaedam novae cogitationis cupiditas occupavit, ...*[12].

Auf den romanischen Sprachgebrauch weist beispielsweise Cap. 38.18 voraus: *cum ecclesiae claves perissent, ... signavit illam ostii partem, unde deerant claves*. Durch *unde* ist hier über die Zwischenstufe *a qua* der Genitiv *cuius* ersetzt worden[13].

Einen breiten Raum nehmen Inkonzinnitäten und Inkongruenzen aller Art ein. Eine der üblichsten ist der Moduswechsel[14], z. B. Prol.II.16: ..., *quibus contrarium est bonae vitae propositum, quia penitus prodesse nihil possint, et quibus curae sit varie cutem corporis expolire, etiamsi rectae cultores fidei memorantur* und Cap. 14.5: *Quemadmodum pares possunt*

---

8 Vgl. LHS, S. 752 f.

9 Vgl. LHS, S. 469 ff. und 528 ff. sowie Svennung, S. 478 ff. – Version B schreibt entsprechend dem griechischen ἵνα μέμνησαί μου *ut memor sis mei*.

10 Vgl. LHS, S. 460 f. (*vis* an der Spitze eines Fragesatzes).

11 Vgl. LHS, S. 417 f.: *inquit* ohne Subjektswort. – Das *inquit* fehlt in Version I.

12 Vgl. Löfstedt, S. 229 f. (zum pleonastischen Gebrauch von abgeschwächtem *inquit* nach einem anderen Verbum dicendi). – Version I überliefert das erste *inquit* nicht.

13 Vgl. LHS, S. 208 f.; Löfstedt, S. 180 f. und Salonius, S. 211 ff. (pronominale Adverbien an Stelle eines Kasus eines Pronomens mit oder ohne Präposition). Das Phänomen ist schon im Altlatein zu beobachten: W. Süss stellt in seiner Untersuchung „Über das Drama ‚Querolus sive Aulularia'", in: RhM N. F. 91 (1942) 59-122 auf S. 117 f. eine „häufige Verwendung von Adverbien wie *hinc*, *inde*, *unde* usw. ganz schon im Sinne des französischen *en*, *dont* oder *y*" fest.

14 Vgl. LHS, S. 539 u. 814 f.

videri, et non magis ille praecedat, qui evangelica praecepta conplerit, ...? sowie dessen Gegenteil, die Modusperseveration[15], z. B. Cap. 18.32: *proiecit se subito supra cellulae suae limen ita, ut extra cellulam suos relinqueret pedes atque hoc diceret: ...* Der Konjunktiv des *relinqueret* wirkte weiter und veranlaßte die Form *diceret* statt eines zu erwartenden – und im Griechischen mit καὶ λέγει auch vorgegebenen – Indikativs[16]. In diesen Zusammenhang ist auch Cap. 18.22 zu stellen: *tu ille Macharius eras et mihi te celare temptabas.* Die Erinnerung an eine zurückliegende Situation (*temptabas*) beeinflußte die auch in der Gegenwart noch gültige Feststellung über die Identität des Macarius und führte zum Gebrauch des Imperfekts *eras* an Stelle des logischeren Präsens[17].

Beliebt ist ferner die Koordination eines Partizips mit einem finiten Verb oder Infinitiv. Diese begegnet sowohl beim Partizip Präsens[18] – Cap. 39.4: *benedicens gloriam dei et ... regressa est ad habitaculum suum* und Cap. 71.2: *vicisse autem eum ... tam divitiarum quam vanae gloriae ex parte maiore cupiditatem atque id sibi solum sufficere credentem, quod haberet in manibus*[19] – als auch beim Partizip Perfekt[20] – Cap. 18.10: *Ingressum se igitur atque illic suspensum aeneum cadum invenisse dicebat* und Cap. 70.3: *Episcopus lectori suo vehementer iratus ... et ista dicebat.*

Inkongruenz im Numerus ist normalerweise auf das Neutrum beschränkt[21]. Eine solche constructio ad sensum (κατὰ σύνεσιν) liegt z. B. in Cap. 24.4 vor: *Nihil enim eorum, quae fecit deus, ex aliqua malignitate descendunt, ...*, wo der Übersetzer vermutlich bereits die korrekt im Plural stehende Fortsetzung des Satzes vor Augen hatte: *..., sed omnia ad bonum finem et votivum exitum expectant.* An einigen anderen Stellen des Ia-Textes ist diese Synesis-Erscheinung auch auf das Maskulinum übertragen[22]: Prol.II.15: *„Unusquisque, qui se ad agonem parat, ab omnibus*

---

15 Vgl. LHS, S. 335.

16 Einen solchen Einfluß könnte in dem oben angeführten Beispiel Prol.II.16 auch das *possint* aus dem Kausalsatz auf das *sit* ausgeübt haben.

17 Dieses erscheint im griechischen und syrischen Text, in Version I und in der Ia-Handschrift **S**.

18 Vgl. LHS, S. 389 f. u. 482; Löfstedt, S. 249; Svennung, S. 433 ff. und Lundström, Übersetzungstechnische Untersuchungen, S. 111.

19 Evtl. gehört auch Cap. 33.4 (*non ferens tanti sceleris atrocitatem et ipsa tunc laqueo innexa defecit*) in diese Kategorie. In Cap. 47.22 dient ein Part. praes. als Prädikat eines Relativsatzes: *..., qui me propter divitias, quas acceperas, a te aestimantes coli* (Version I: *aestimant*). – Vgl. dazu Svennung, S. 433 ff., der darauf hinweist, daß der Ersatz eines finiten Verbs durch ein Partizip Präsens im Relativsatz wegen der Verwechslungsmöglichkeit von ὅς und ὁ besonders leicht in Übersetzungen aus dem Griechischen eintreten kann. An der vorliegenden Stelle hat das Griechische jedoch einen Genitivus absolutus ohne Artikel (ὑπονοούντων).

20 Vgl. Svennung, S. 457 (Entstehung durch Ellipse von *esse*).

21 Vgl. LHS, S. 431 ff.; Löfstedt, S. 307 ff. und Svennung, S. 262 ff.

22 Vgl. dazu LHS, S. 432 unten.

abstinet.", scilicet ut, cum corpore videatur incolumis, abstineat his, quae faciunt crassiores, ..., Prol.II.19: *Nec enim locus quaeritur solus, in quibus tales habitaverint viri, ...* und Cap. 26.4: *Distabat autem ipsa Scithis a nobis quadragesimo lapide. In quibus bis manducavimus et ter aquam bibimus.* Im ersten Beispiel wird mit dem Plural *crassiores* auf die allgemeingültige Wirkung der dickmachenden Speisen hingewiesen; im zweiten zeigt der Plural an, daß die Aussage für alle in der Historia Lausiaca beschriebenen Mönche gilt, und im dritten Fall wird durch den Plural verdeutlicht, daß unter der Ortsangabe *quadragesimo lapide* die gesamte Wegstrecke zur Scithis zu verstehen ist. Noch freier konstruiert ist Cap. 38.9: *quod quasi a quaestione illa iudiciorum, quod in praesenti nocte metuerat, fuisset penitus absolutus.* Hier wird der Ausdruck *quaestio iudiciorum* mit einem zusammenfassenden *quod* wiederaufgenommen.

Andere Stellen des Ia-Textes wiederum können als „Kontaminationen" aus verschiedenen Formulierungen betrachtet werden. So sind in dem Schlußsatz des Kapitels 17 (Cap. 17.19): *Ante annum enim, quam ad illas solitudines venirem, quievit.* offenbar die beiden Konstruktionen *Ante annum ..., quo ...* und *Antequam ...* zusammengeflossen[23]. Ein Satz aus Cap. 31.2: *Nam cum apud Aegyptum quondam in ascensum fluminis Nili contra vici unius excidium vicus alter veniret ...* kommt in die Nähe einer Gedankenkontamination[24]: Hier sind die beiden Vorstellungen des Vorrückens gegen das Dorf (*contra vicum*) und des Herankommens zum Zweck der Zerstörung des Dorfes (*ad vici excidium*) zu der obenstehenden unlogischen Formulierung miteinander vermengt worden[25].

Schließlich sei noch auf den vor allem in der Umgangssprache begegnenden abundanten Gebrauch von einander verstärkenden Negationen hingewiesen[26]. In Cap. 15.1 *Iuvenis ... homicidium fecit invitus nullique nihil dicens ad deserta perrexit* soll die Verschwiegenheit des Macarius besonders betont werden: Er teilte keinem Menschen auch nur ein Sterbenswörtchen von seiner versehentlich begangenen Tat mit. Am Schluß von Cap. 61 wird die große Freigebigkeit der jüngeren Melania und ihres Mannes Pinianus gerühmt. Dies geschieht jedoch in einem Wortlaut, der durch ein überflüssiges *non* das Gegenteil des Beabsichtigten aussagt (Cap.

---

[23] Vgl. Lundström, Abhinc und ante, S. 92 ff. (*ante annum, quam* und weitere Beispiele).

[24] Vgl. LHS, S. 797.

[25] Allerdings ist zu bedenken, daß *contra* auch in abgeschwächter Bedeutung, etwa im Sinne von *ad*, verwendet sein kann (s. Kühner-Stegmann II 1, S. 540: *contra* bei Verben der Bewegung = „gegen einen Ort hin"). – Weitere Beispiele dieser Art bietet Svennung, S. 336 ff. (Kontaminationen verschiedener Präpositionsausdrücke), bes. S. 338, wo *contra* mit Gerundivum *ad* mit Gerundivum entspricht: „Recept. Sangall. A 140 *Potio bibenda contra vermes eiciendos*, Antidot. Reich. 10 r p. 54 *validissimus contra omnia venena resistenda*".

[26] Vgl. LHS, S. 802 ff. und Svennung, S. 535.

61.11): *Ne nobis quidem – et certe plurimis simul, qui Romam propter beatum Iohannem perrexeramus – non exigua praestiterunt, sed, dum et in illis partibus degeremus, officiosissimo nos susceperunt hospitio largissimisque sumptibus, cum exinde proficisceremur, honorarunt.* Offenbar war dem Übersetzer bei der Formulierung *non exigua* (= *magna*) durch die vorausgegangene Parenthese der Anfang des Satzes *Ne nobis quidem* ... bereits aus dem Blickfeld gerückt.

Auf der anderen Seite ist der Text der HL nicht kunstlos formuliert. Als gewählte Ausdrucksweise fällt etwa Cap. 1.5 auf: *cum Romano senatui affectibusque maiorum cognitus haberetur,* ... Mit *affectus maiorum* sind die Senatorenfrauen gemeint, die in Version I zu *feminae primates* vereinfacht worden sind. Diese Wortwahl begegnet noch einmal in Cap. 66.2: ..., *ut homines ne affectibus quidem parcerent suis*, wo *affectus* für *liberi* steht[27].

Unter den eingesetzten Stilmitteln findet sich mehrfach die Alliteration, so in Prol.II.7: *Quae quidem* ***v****ariis* ***v****isibilium invisibiliumque* ***v****itiorum* ***v****eluti fluctibus* ***v****erberatur,* ..., Cap. 35.16: ... *meliusque* ***c****onditos* ***c****ibos* ***c****omedo* und Cap. 37.4: *con****v****ersique ad castam pariter ac piam* ***v****itam* ***v****ehementer memoratum* ***v****enerabantur* ***v****irum.* Eine besondere Vorliebe hatte der lateinische Übersetzer jedoch für das Hyperbaton[28], das den Stil des Textes entscheidend prägt. Ein typisches Beispiel ist Cap. 11.5: *Cum quaedam delectatio corporalis sine ulla corpusculum eius intermissione vexaret,* ... In Cap. 32.15 ... *et in ea, quam Panos civitate vocant, quam ego trecentos habentem viros ingressus inveni* sind gleich mehrere Sperrungen miteinander verschränkt: *in ea – civitate*[29], *quam – habentem*, *ego – ingressus* und *trecentos – viros* gehören zusammen. In Cap. 69.2 schließlich ist eine Sperrung mit einer Prolepse kombiniert; dort heißt es: *me quoque perditam in hoc ostende, si saluti restitues, ut,* ... statt: *si me quoque perditam saluti restitues, in hoc ostende, ut* ...

Die großzügige Verwendung des Hyperbatons erschwert allerdings an etlichen Stellen das Textverständnis und begünstigt Mißverständnisse. So ist in Cap. 10.7 *Ante tamen ipsam, quam de saeculo exiret, vocavit* zu verstehen: *Antequam tamen de saeculo exiret, ipsam vocavit*; hier irritiert die Zusammenstellung von *ipsam* und *quam*. Ähnlich schwer zu durchschauen ist der Satz: *Hoc est autem, quod quaeritur, Pauli* (Cap. 22.18). Nicht *quod quaeritur Pauli* ist zu verbinden, sondern der Sinn ist: *Hoc autem, quod quaeritur, est Pauli.* In Cap. 36.8 ... *et quendam Aegyptium*

---

[27] Aus ThLL I 1191, 73 ff. geht hervor, daß von Apuleius an *affectus* „pro ipsis hominibus (raro rebus) amatis" verwendet wird, u. a. von Iuvencus, Paulinus Nolanus, Orosius, Cassianus, Apollinaris Sidonius, Dracontius und Fulgentius. – Vgl. Rosweyde, Anm. 37 (PL 74, 393 C).

[28] Auch Tmesis kommt vor: *Inter enim erat et circi spectaculis et theatri* (Cap. 26.5).

[29] Im Unterschied dazu verbindet Version I *Panos* mit *civitate****m***.

alium nomine Petrum soll nicht ausgesagt werden, daß Petrus ein anderer Ägypter sei, da zuvor nur von einem Italer Exuperantius die Rede war; der Satz wäre vielmehr umzustellen zu: ... *et quendam alium, Aegyptium, nomine Petrum.* Ebenso mißverständlich ist Cap. 37.11: *solidum ab eo, quem ille susceperat, receperunt.* Das Relativpronomen *quem* bezieht sich nicht auf *eo*, sondern auf *solidum*; gemeint ist nämlich: *solidum, quem ille susceperat, ab eo receperunt.* Bezeichnenderweise hat eine Handschrift der Version I[30] den Relativsatz geändert in: *qui illum susceperat* und damit auf anderem Wege denselben Sinn hergestellt.

Ungeschickte Zusammenstellung von nicht Zusammengehörigem ist auch unabhängig vom Gebrauch des Hyperbatons zu beobachten: In Cap. 4.2 ..., *ut in eo historia, quod scripsit, impleretur* ist *historia* nicht Subjekt zu *scripsit*, sondern als Ablativ mit *impleretur* zu verbinden; zu *scripsit* ist ein Subjekt wie *psalmista* oder *evangelista* zu ergänzen[31]. In Version I ist dieser schwer verständliche Satz zu ..., *ut in eo evidentissime, quod scriptum est, impleretur* geglättet worden[32]. Einige weitere Beispiele sind: Cap. 34.8: *deprecor deum, ut dignus ipsa | in die iudicii merear inveniri* (*ipsa* sc. *virgine*, nicht *ipsa in die*[33]); Cap. 38.9: *Exhibito ... evangelio atque in eodem | sacramento ipsi dato, ...* (*eodem* sc. *evangelio*, nicht *in eodem sacramento*); Cap. 43.4: *signo eo, quo | tempore fratres ceteros excitabat, percutiens fores omnium cellularum* (*quo* sc. *signo*, nicht *quo tempore*); Cap. 46.5: ..., *quod sinus suos posset fumo quodam atque terrore | ex pecunia eius implere* (nicht *fumo ... atque terrore ... implere*, sondern *ex pecunia ... implere*).

Ein weiterer die Klarheit des Textes verdunkelnder Umstand ist der häufige Subjektswechsel[34], der z. T. in Kombination mit Tempuswechsel[35] auftritt. Beispiele dafür sind Cap. 12.1: *Qui* (sc. *Beniamin*) *sive manus cuiquam inposuisset sive olei benedictionem dedisset, ab omni languoris molestia solvebatur* (sc. *aegrotus*); Cap. 18.5: *Hic quodam die, dum in cellula sua matutinus sederet, culicem sensit, a quo ita in pede vulneratur* (sc. *Macarius*), *ut dolorem ei inferret*[36] (sc. *culex*). *Quem occidit* (sc.

---

30 Es handelt sich um Cod. Einsiedeln 258, s. X/XI (= **E**).

31 Vgl. Löfstedt, S. 319 f.

32 S. Kapitel C4.

33 Eine Verbindung von *ipsa* mit *die* wäre allerdings unwahrscheinlich, weil Version Ia *dies* als maskulines Substantiv verwendet.

34 Vgl. LHS, S. 733 und Svennung, S. 42, Anm. 1.

35 Vgl. LHS, S. 815 f.

36 Die Ia-Handschrift **M** hat durch die Korrektur *sentiret* die Subjektseinheit wiederhergestellt. – An dieser Stelle liegt zweifacher Tempuswechsel mit Verletzung der Consecutio temporum (vgl. LHS, S. 552) vor: *sensit – vulneratur – inferret.* **M** schreibt post corr. *vulneratus* und setzt damit im Relativsatz ein Partizip an die Stelle des Prädikats (s. o. S. 62). *vulneratus* hat auch Version I, allerdings bei anderer Fortsetzung des Satzes.

Macarius), *qui* ...; Cap. 18.18: *Quo audito ille* (sc. *Pachomius*) *persuasit fratribus, ut in monasterio reciperetur* (sc. *Macharius*); Cap. 18.37: *Quem ille tenens expuens in oculos eius oravit* (sc. *Macarius*), *continuoque lucem, quam amiserat, vidit* (sc. *catulus*), *secumque tunc ipsum proprio lacte nutritum mater abduxit*; Cap. 34.7: *Cumque ad eum fuisset exhibita* (sc. *virgo*) *vidissetque* (sc. *Piterius*) *panno frontem ipsius involutam, proiecit se ad pedes ipsius dicens:* ...; Cap. 37.20: *Posteaquam autem processit e cella sua et ad quandam basilicam venit* (sc. *virgo*), *illic ad eam loquitur* (sc. *Serapion*)[37]*:* ...

Die Strukturierung der lateinischen Übersetzung ist im Unterschied zu dem kurze Sätze bevorzugenden griechischen Text[38] durch – teilweise unübersichtlichen – Periodenbau gekennzeichnet:

Cap. 18.4: *Aliam rursus propositi ipsius agnosce virtutem: Somnum vincere statuit hoc dicens, quod per viginti dies ne semel quidem sub tectum aliquod fuisset ingressus, ut sic vinceret somnum, diurni quidem aestus ardoribus flagrans, nocturno autem frigore tremens et, quemadmodum ipse referebat, nisi velocius ad tectum redisset somnumque cepisset, usque adeo sibi aruisse iam cerebrum intellegebat, ut sine sensu propemodum esse aliquo putaretur: „Vici ergo, quantum ad me pertinet; naturae vero, quae exigebat usum debitum, cessi."*

Cap. 47.4: *Quodam igitur die, cum sanctus quoque Pafnutius, quem Cefalan cognominabant, una cum ipsis degeret, vir magnam scientiam sripturarum habens, qui tam vetus testamentum omne quam novum interpretari solebat, cum tamen ipse nihil de scripturis sanctis aliquando legisset – adeo autem erat mitis et placidus, ut propheticam quoque posset mansuetudinis vi tegere[re] virtutem –, de quo istud refertur praeconium, quod per octoginta annos numquam habuerit duas simul tunicas, – quos cum ego et sancti diacones Evagrius atque Albanius vidissemus, simul quaerebamus ex ipsis scire cupientes, quae esset causa, quae nonnullos fratres errare faceret et in peccatum aliquod incurrere aut penitus a recti itineris proposito deviare.*

Durch einen solchen Satzbau ist der Verfasser entweder zur wörtlichen oder sinngemäßen Wiederaufnahme einzelner Kola gezwungen, um den Anschluß des Folgenden zu ermöglichen:

Prol.II.2/3: *Mihi quoque homini humilissimo placuit, dum magnitudinis tuae, quem scio amatorem esse doctrinae, erubesco non oboedire praeceptis, quibus ad meliora animi provocentur, tricesimum quidem ac tertium agenti annum quasi in numero fratrum vitaque monachorum, vicesimum autem episcopatus, quinquagesimum vero et sextum aetatis universae,* ***desideranti tibi*** *patrum nostrorum gesta cognoscere, non virorum tantum, sed etiam feminarum, quosque ipse viderim quosque aliis referentibus noverim, cum quibus etiam deserta Aegypti peragrarim, Libyae, Thebaidis, Syenae, in quibus et hi, quos Tabennensiotas dicunt, morantur, circa fines quoque Mesopotamiae, Syriae, Palaestinae et sub occidentalibus plagis, Roma atque Campania, et in ceteris circa ipsa loca,*

---

37 Subjekts- und Tempuswechsel.

38 Vgl. Kapitel B3 a).

desideranti igitur tibi *– ut superius conreprehendi – libet enarrare a principio omnium vitas ex supradictis partibus hoc libello, ut honestum et animae profuturum commonitorium gerens perenne medicamentum oblivionis omnem quidem inrationabilis desiderii respuas somnum, omnem etiam duplicis dolum mentis ab humanis rebus excludas cum universa pigredine morum bonorum et deformi animae defectione et ut iracundiae quoque motum, conturbationem atque tristitiam et inrationabilem metum per ista declinans, etiam advocationem saeculi vanam, amore perpetuo circa propositum piae religionis effulgeas, dux beatae vitae tibi et qui tecum sunt et qui sub te agunt et piissimorum futurus imperatorum – talibus enim factis semper ac meritis Christi amore flagrantes deo properant copulari –; per singulos tamen dies et reditum animae, qui procul dubio debetur, expectans secundum quod scriptum est: Bonum mihi est cum Christo esse. Et iterum: Praepara ad profectionem opera tua et esto ad agrum paratus.*

Cap. 38.6/7: *Ipse autem conscientiam cogitans suam, cum intellegeret ac videret, quod propter illam, quam norat, ista pateretur, putaretque, quod ad praefectum omnia maritus mulieris detulisset,* ***dumque*** *sub tali metu ante fores iudicis* ***intremescit****, qui interim aliam in manibus habens causam aliisque criminibus incumbens variis quosdam tormentis conficere videbatur, –* ***dum ergo fortiter timet****, subito angelus ille, qui tali eum visione tremefecerat, in cuiusdam amici ipsius convertitur formam ac sic eum, quem cum quadraginta reis aliis vinctum videbat, adloquitur: ...*

oder er fährt anders fort, als er angesetzt hat, nimmt also einen Anakoluth[39] in Kauf:

Cap. 2.1: ***Qui mihi****, cum venissem ad eum in principio iuventutis et peterem, ut institueret me ad mores vitamque monachorum, in ipso primi adhuc ardore aevi* ***locato****, cui non tantum necessaria esset doctrina verborum quantum iugis labor et fatigatio corporalis –* ***ille igitur*** *quemadmodum domitor equorum bonus* ***productum me*** *de civitatis internis usque ad quintum lapidem ad ea, quae vocantur solitudinis loca, Dorotheo cuidam Thebano monacho sexagesimum in spelunca agenti annum* ***commendavit et tradidit*** *iubens mihi, ut tribus apud eum annis morarer ad conterenda atque frangenda inlicitamenta vitiorum – noverat enim ipsius senis durissimam ac laboriosissimam vitam – et ut rursum ad ipsum redirem ob spiritalis scientiae notitiam atque doctrinam.*

In Cap. 39.7/8 ist ein Wechsel der Redeform zu beobachten: Der Erzähler fällt am Ende einer längeren in indirekter Rede gehaltenen Periode in die direkte Rede[40]:

Hic rettulit mihi, quod, cum adhuc iuvenis in monasterio suo esset ac puteum maximae capacitatis efficeret viginti in lato habentem pedes cumque per triduum <cum> octoginta aliis effossionibus ac purgationi eius insisteret neque in tanto

---

[39] Vgl. LHS, S. 729 ff. und Svennung, S. 172 ff. (zum sog. „konstruktionslosen Kasus", z. B. „isoliert-emphatischen Nominativ"; S. 178 ff.: Wiederaufnahme durch ein Demonstrativum eines folgenden Satzes).

[40] Im Griechischen ist die gesamte Episode als direkter Bericht des Moyses wiedergegeben.

profundo ullum aquae signum videret, praesertim cum etiam infra ipsius venae indicia, in quibus esse aliqui putabantur humores, duos paene alios effodissent pedes ac ne tunc quidem humorem aliquem invenire potuerint, „tristes", inquit, „admodum facti a tam inutili opere cogitabamus abscedere. Ecce autem subito ..."

Ein Aspekt des lateinischen Textes der Historia Lausiaca verdient besondere Beachtung: der Prosarhythmus[41]. Im folgenden werden 6 Textabschnitte analysiert; ausgewählt wurden der Anfang des ersten Prologs, der nur in Version I überliefert ist, Anfang und Ende des zweiten Prologs, der Beginn des Textes selbst, eine zusammenhängend erzählte Episode (Cap. 33.2-5), eine Passage von ausgeprägt apophthegmatischem Charakter (Cap. 38.15-23) und der Epilog.

Die Satz- und Kolonschlüsse werden auf die Grundformen hin untersucht – bei den metrischen Klauseln Ditrochäus (–⏑–⏓), Dispondeus (–––⏓), katalektischer Dikretikus (–⏑––⏓), Dikretikus (–⏑––⏑⏓) und Kretikus + Ditrochäus (–⏑––⏑–⏓); bei den akzentuierenden Cursus die aus den drei letztgenannten Klauseln entwickelten Formen cursus planus (x́xxx́x), cursus tardus (x́xxx́xx) und cursus velox (x́xxxxx́x)[42].

Prol.I.1-2:	*Klausel:*	*Cursus:*
scripturi sumus (–––⏑– / xx́xx́x)	––––	––––
anachoritarum (⏑⏑–––– / x́xxxx́x)	Dispondeus	velox
iter aggressi sunt (⏑⏑–––– / x́xxx́xx)	Dispondeus	tardus
commemoratio (–⏑⏑–⏑⏑ / x́xxx́xx)	––––	tardus
redimiri coronis (⏑⏑––⏑–– / xxx́xxx́x)	Ditrochäus	planus
finiere certamina (–––⏑––⏑⏑ / xxx́xxx́xx)	Dikretikus	tardus
sensuque doctissimo (––⏑––⏑– / xx́xxx́xx)	Dikretikus	tardus
corde piissimo (–⏑⏑–⏑– / x́xxx́xx)	––––	tardus

[41] Daß dieses Gestaltungsmittel von den christlichen Autoren eingesetzt wurde, zeigt z. B. die Arbeit von W. Blümer, Rerum Eloquentia, Christliche Nutzung antiker Stilkunst bei St. Leo Magnus, Europäische Hochschulschriften, Reihe XV (Klassische Sprachen und Literaturen), Bd. 51, Frankfurt a. M. 1991, S. 62 ff. (vgl. v. a. die Analysen ab S. 75). – Mitunter ist das Vorhandensein einer Klausel oder eines Cursus auch für textkritische Entscheidungen ausschlaggebend: So ist in der HL, Kapitel 44.8 ... *pretium ... exactum est et mulieri restitutum* aus Rücksicht auf den Prosarhythmus die Entscheidung gegen die Aufnahme eines zweiten *est* nach *restitutum* gefallen: Ohne das *est* endet das Kapitel mit einem cursus velox (vgl. zu diesem Thema etwa H. L. Zernial, Akzentklausel und Textkritik in der Historia Augusta, Antiquitas, Reihe 4: Beiträge zur Historia-Augusta-Forschung, Band 18, Bonn 1986).

[42] S. LHS, S. 716 f. Dort wird zusätzlich als seltener auftretende Klausel der Hypodochmius mit vorangehendem Kretikus (–⏑––⏑–⏑⏓) genannt, der bei Blümer, S. 63 als Kretikus mit 2½ Trochäen bezeichnet wird. Zernial führt auf S. 14 den dieser Form entsprechenden Cursus an: x́xxxxx́xx. LHS erwähnt unter den Cursus auch die daktylische Schlußform (x́xx).

spiritus praemunito (-⏑----- / x́xxxxx́x)	Dispondeus	velox
veraciter dicere (--⏑--⏑⏑ / xx́xxx́xx)	Dikretikus	tardus
spiritaliumque patrum (-⏑-⏑-⏑-- / xxxxx́xx́x)	Ditrochäus	----
crucifixere mollitiem (⏑⏑--⏑-⏑⏑- / xxx́xxxx́xx)	(katal. Dikret.)[43]	tardus
praedicare non desinit (-⏑-⏑--⏑- / xxx́xxx́xx)	Dikretikus	tardus
studemus describere (⏑----⏑⏑ / xx́xxx́xx)	----	tardus

Prol.II.1+17-19:

saeculo reliquerunt (-⏑-⏑--- / x́xxxxx́x)	katal. Dikret.	velox
salvatoris sequuntur (----⏑-⏑ / xxx́xxx́x)	Ditrochäus	planus
gloriae laborabant (-⏑-⏑--- / x́xxxxx́x)	katal. Dikret.	velox
instinctu daemonis (------ / xx́xxx́x)	Dispondeus	planus
rebus inimicus est (-⏑⏑⏑-⏑- / x́xxxx́xx)	(Dikretikus)[44]	----[45]
laudabilium disciplinam (--⏑⏑----- / xxx́xxxxx́x)	Dispondeus	velox
sectare conspectus (--⏑--- / xx́xxx́x)	katal. Dikret.	planus
diligenter inspicere (⏑⏑-⏑-⏑⏑⏑ / xxx́xxx́xx)	(katal. Dikret.)[46]	tardus
conparatione cognoscere (-⏑-⏑-⏑--⏑⏑ / xxxxx́xxx́xx)	Dikretikus	tardus
curiosius adprobare (-⏑-⏑⏑-⏑-⏑ / xxx́xxxxx́x)	Ditrochäus	velox
religiosorum color (⏑⏑⏑---⏑- / xxxx́xx́x)	----	----
flore velantur (-⏑--⏑ / x́xxx́x)	katal. Dikret.	planus
sermonis inflati (--⏑--- / xx́xxx́x)	katal. Dikret.	planus
reverentia syllabarum (⏑⏑-⏑⏑-⏑-⏑ / xxx́xxxxx́x)	Ditrochäus	velox
atque verborum (-⏑--- / x́xxx́x)	katal. Dikret.	planus
animare te poterunt (⏑⏑-⏑-⏑⏑- / xxx́xxx́xx)	(katal. Dikret.)[47]	tardus
taedio fatigeris (-⏑-⏑--⏑ / x́xxxxx́x)	katal. Dikret.	velox
esse, significat (-⏑-⏑⏑- / x́xxx́xx)	(katal. Dikret.)[48]	tardus
sermo testatur (-⏑--⏑ / x́xxx́x)	katal. Dikret.	planus
narrationis exordium (--⏑-⏑---⏑ / xxx́xxxx́xx)	Dikretikus	tardus
expositione mea patiar (-⏑⏑⏑--⏑⏑--⏑⏑-/xxxxx́xx́xx́xx)	----	----[49]
habitaverint viri (⏑⏑-⏑-⏑- / xxx́xxx́x)	----	planus
praedicabiles mores (-⏑-⏑--- / xxx́xxx́x)	katal. Dikret.	planus

Cap. 1.1-2:

Theodosii consulatu (⏑⏑-⏑--⏑-- / xxx́xxxxx́x)	Kretikus+Ditroch.	velox
angelis nunc moratur (-⏑--⏑-⏑ / x́xxxxx́x)	Kretikus+Ditroch.	velox
civitate cognovi (-⏑-⏑--- / xxx́xxx́x)	katal. Dikret.	planus
pauperum fratrum (-⏑--- / x́xxx́x)	katal. Dikret.	planus

---

43 Mit Auflösung einer Länge.
44 Mit Auflösung einer Länge.
45 Hier ist nur die daktylische Schlußform feststellbar.
46 Mit Auflösung einer Länge.
47 Mit Auflösung einer Länge.
48 Mit Auflösung einer Länge.
49 Daktylische Schlußform.
50 Mit Auflösung einer Länge.

promeruisse memorabant (–◡◡-◡◡◡◡–– / xxxx́xxxx́x)	(katal. Dikret.)[50]	velox
Nitrias nomen est (–◡––◡– / x́xxx́xx)	Dikretikus	tardus
aetatis suae anno (–––◡–––[51] bzw. –––◡––[52] / xx́xxxx́x)	katal. Dikret. bzw. Ditroch.	––––[53]
obiit in pace (◡◡◡––◡ / x́xxxx́x)	(katal. Dikret.)[54]	––––
velaret caput (–––◡– / xx́xx́x)	––––	––––
balneas attigit (–◡––◡– / x́xxx́xx)	Dikretikus	tardus
carnibus cibum sumpsit (–◡–◡––– / x́xxxxx́x)	katal. Dikret.	velox
spiritalis alimoniae (–◡–◡◡◡–◡– / xx́xxxx́xx)	(Dikretikus)[55]	––––[56]
ipsius nesciebant (––––◡–– / xx́xxxx́x)	Ditrochäus	––––
voluptatibus inputarent (◡––◡◡–◡–– / xx́xxxxxx́x)	Ditrochäus	velox
singillatim velim (––––◡– / xxx́xx́x)	––––	––––
profecto deficiet (◡–––◡◡– / xx́xx́xx)	––––	tardus
tamque pacificus (–◡–◡◡◡ / x́xxx́xx)	(katal. Dikret.)[57]	tardus
videbantur inimici (◡––◡◡◡–– / xx́xxxx́x)	(katal. Dikret.)[58]	––––
venerabilem vitam (◡◡–◡––– / xx́xxx́x)	katal. Dikret.	planus

Cap. 33.2-5:

accidit talis (–◡––– / x́xxx́x)	katal. Dikret.	planus
ignorantiam postulabat (–––◡––◡–– / xx́xxxxxx́x)	Kretikus+Ditroch.	velox
iuvenis processisset (–◡––––– / x́xxxxx́x)	Dispondeus	velox
deserta regionis (––◡◡◡–– / xx́xxxx́x)	(katal. Dikret.)[59]	––––[60]
tale responsum (–◡––– / x́xxx́x)	katal. Dikret.	planus
nostros habemus (––◡–◡ / x́xxx́x)	Ditrochäus	planus
rettuli, notasset (–◡–◡–– / x́xxxx́x)	Ditrochäus	––––
iracundiaeque fervore (–––◡–◡–––◡ / xxxx́xxxx́x)	katal. Dikret.	planus
coepit calumniari (––◡–◡–– / x́xxxxx́x)	Ditrochäus	velox
malitia sentiebant (◡◡◡–––◡–– / xx́xxxxx́x)	(Kretikus+ Ditroch.)[61]	velox
tristis effecta (–◡––◡ / x́xxx́x)	katal. Dikret.	planus
ferre non posset (–◡––– / x́xxx́x)	katal. Dikret.	planus
tale aliquid cogitasse (–◡◡◡–––◡–◡[62] / x́xx́xxxxx́x)	(Kret.+Ditroch.)[63]	velox
fine defecit (–◡––– / x́xxx́x)	katal. Dikret.	planus

---

51 Mit Hiat.

52 Mit Elision bzw. Synaloiphe.

53 Mit Elision bzw. Synaloiphe liegt ein cursus planus vor.

54 Mit Auflösung einer Länge.

55 Mit Auflösung einer Länge.

56 Daktylische Schlußform.

57 Mit Auflösung einer Länge.

58 Mit Auflösung einer Länge.

59 Mit Auflösung einer Länge.

60 Bei dreisilbiger Messung von *regionis* liegt ein cursus planus vor.

61 Mit Auflösung einer Länge.

62 Mit Hiat.

63 Mit Auflösung einer Länge.

fuerat, audivit (⏑⏑⏑––⏑ / x́xxxx́x)	(katal. Dikret.)[64]	––––
crimen agnovit (–⏑––– / x́xxx́x)	katal. Dikret.	planus
innexa defecit (––⏑––⏑ / xx́xxx́x)	katal. Dikret.	planus
presbytero rettulerunt (–⏑⏑––⏑–– / xx́xxxxx́x)	Ditrochäus	velox
morte necaverunt (–⏑⏑––– / x́xxxx́x)	––––	––––
oblationem deo fieri (––⏑––⏑–⏑⏑– / xxx́xxxxx́xx)	(katal. Dikret.)[65]	––––[66]
insusurratione discordes (–⏑––⏑–⏑–––/x́xxxxx́xxxx́x)	katal. Dikret.	planus
peccatis essent (––––– / xx́xx́x)	Dispondeus	––––
calumniae credidissent (⏑–⏑––⏑–– / xx́xxxxx́x)	Kretikus+ Ditrochäus	velox
communione prohiberi (––⏑–⏑⏑––– / xxx́xxxxx́x)	––––	––––

Cap. 38.15-23:

fornicationis incubuit (–⏑–⏑–⏑–⏑⏑– / xxxx́xxxx́xx)	––––	tardus
ipse referebat (–⏑⏑⏑–– / x́xxxx́x)	(katal. Dikret.)[67]	––––
stabat in puteo (–⏑–⏑⏑– / x́xxx́xx)	(katal. Dikret.)[68]	tardus
constringerentur (––⏑–⏑ / x́xxx́x)	Ditrochäus	planus
verba conpellere (–⏑––⏑⏑ / x́xxx́xx)	Dikretikus	tardus
sine tecto fuit (⏑⏑––⏑⏑ / x́xx́xx́x)	––––	––––
ipse dicebat (–⏑––⏑ / x́xxx́x)	katal. Dikret.	planus
videmus, exirent (⏑–⏑––– / xx́xxx́x)	katal. Dikret.	planus
tractare cupientes (––⏑⏑⏑–– / xx́xxxx́x)	(katal. Dikret.)[69]	velox
esse dicebat (–⏑––– / x́xxx́x)	katal. Dikret.	planus
disserendo superavit (–⏑––⏑⏑–⏑ / xx́xxxx́x)	––––	––––
claves perissent (––⏑–– / x́xxx́x)	Ditrochäus	planus
ostii partem (–⏑––⏑ / x́xxx́x)	katal. Dikret.	planus
deerant claves (–⏑––– / x́xxx́x)	katal. Dikret.	planus
manu pulsans fores (⏑–––⏑– / x́xx́xx́x)	––––	––––
totiens verberatus est (⏑⏑–––⏑–⏑– / x́xxxxx́xx)	––––	––––[70]
esse non possit (–⏑––⏑ / x́xxx́x)	katal. Dikret.	planus
essent futura (––⏑–⏑ / x́xxx́x)	Ditrochäus	planus
prophetando praedixit (⏑–––––– / xx́xxx́x)	Dispondeus	planus
solitudines veni (–⏑–⏑––– / xx́xxx́x)	katal. Dikret.	planus
holeris cibum sumpsi (⏑⏑–⏑––– / x́xxxxx́x)	katal. Dikret.	velox
viride attigi (⏑⏑⏑–⏑⏑–[71] bzw. ⏑⏑–⏑–[72] / x́xxx́xx)	––––	tardus
balneas vidi (–⏑––– / x́xxx́x)	katal. Dikret.	planus

64 Mit Auflösung einer Länge.

65 Mit Auflösung einer Länge.

66 Daktylische Schlußform.

67 Mit Auflösung einer Länge.

68 Mit Auflösung einer Länge.

69 Mit Auflösung einer Länge.

70 Der an dieser Stelle vorliegende Cursus entspricht der Kombination aus Kretikus und Hypodochmius (= Nr. 4 bei Zernial).

71 Mit Hiat.

72 Mit Elision bzw. Synaloiphe.

vitae suae anno (––⏑–––[73] bzw. ––⏑––[74] / x́xxxx́x)	katal. Dikret. bzw. Ditrochäus	––––[75]
coctum est, edebat (–⏑–⏑–– bzw. ––⏑––[76] / x́xxxx́x)	Ditrochäus	––––[77]
sumeret cibum (–⏑–⏑– / x́xxx́x)	––––	planus
attigit numquam (–⏑––⏑ / x́xxx́x)	katal. Dikret.	planus
epiphaniam communicaret (⏑⏑⏑––––⏑––/xxxx́xxxxx́x)	Ditrochäus	velox
ageret annum (⏑⏑⏑–⏑ / x́xxx́x)	(Ditrochäus)[78]	planus
esse liberatum (–⏑–⏑–⏑ / x́xxxx́x)	Ditrochäus	––––
talem ipsius vitam (–⏑––––– bzw. ––––––[79] / x́xxxxx́x)	Dispondeus	velox
sudores tantos (––––– / xx́xx́x)	Dispondeus	––––
tantos labores (––⏑–– / x́xxx́x)	Ditrochäus	planus
iuges orationes (––––⏑–– / x́xxxxx́x)	Ditrochäus	velox
nuntiaverat, dixit (–⏑–⏑––– / xxx́xxx́x)	katal. Dikret.	planus
blasphemas, homo (–––⏑⏑ / xx́xx́x)	––––	––––
patrem meum novi (––⏑––– / x́xxxx́x)	katal. Dikret.	––––

Cap. 71.9-11:

meminisse sanctorum (⏑⏑–⏑––⏑ / xxx́xxx́x)	katal. Dikret.	planus
memoriae litterarum (⏑⏑⏑––⏑–– / xx́xxxxx́x)	Kretikus+ Ditrochäus	velox
sensus accensus est (–⏑––⏑– / x́xxx́xx)	Dikretikus	tardus
ista conscribi (–⏑––– / x́xxx́x)	katal. Dikret.	planus
praeciperes hoc libello (–⏑⏑––⏑–– / xx́xxxxx́x)	Ditrochäus	velox
resurrectionis agnoscens (⏑––⏑–⏑––– / xxxxx́xxxx́x)	katal. Dikret.	planus
patientiam lege (⏑⏑–⏑–⏑– / xxx́xxx́x)	––––	planus
sensibus sequere (–⏑–⏑⏑⏑ / x́xxx́xx)	(katal. Dikret.)[80]	tardus
caelestiumque nutrire (––⏑–⏑––– / xxxx́xxx́x)	katal. Dikret.	planus
praecesserant, dies (––⏑–⏑– / xx́xxx́x)	––––	planus
omnibus praebe (–⏑––⏑ / x́xxx́x)	katal. Dikret.	planus
praesentem diem (––––⏑ / xx́xx́x)	Dispondeus	––––
sedis inveni (–⏑––– / x́xxx́x)	katal. Dikret.	planus
timoremque fecerunt (⏑––⏑––– / xxx́xxx́x)	katal. Dikret.	planus
volueris adorare (⏑⏑⏑⏑⏑––⏑ / xx́xxxxx́x)	(katal. Dikret.)[81]	velox

Aus der Analyse der gewählten Textpassagen geht eindeutig hervor, daß die lateinische Übersetzung der Historia Lausiaca rhythmisiert ist: Von 132 untersuchten Stellen weisen nur 10 keine Klausel, 19 keinen Cursus

[73] Mit Hiat.
[74] Mit Elision bzw. Synaloiphe.
[75] Bei Elision bzw. Synaloiphe ergäbe sich ein cursus planus.
[76] Mit Elision.
[77] Bei Elision bzw. Synaloiphe ergäbe sich ein cursus planus.
[78] Mit Auflösung einer Länge.
[79] Mit Elision.
[80] Mit Auflösung einer Länge.
[81] Mit Auflösung einer Länge.

und 11 weder Klausel noch Cursus auf[82]. Beispiele für fehlenden Prosarhythmus sind etwa Prol.I.1 *scripturi sumus* (–––⏑– / xx́xx́x) und Cap. 38.17 *disserendo superavit* (–⏑––⏑⏑–⏑ / xxx́xxxx́x). Weiterhin ist zu erkennen, daß der Grad der Rhythmisierung nicht vom Charakter des betreffenden Textstückes abhängt: Für die verschiedenen Proben aus den HL-Kapiteln ergibt sich dasselbe Bild wie für die Prologparagraphen – ein Beleg dafür, daß die gesamte Übersetzung aus einem Guß angefertigt und nicht etwa aus mehreren Teilen zusammengesetzt worden ist. Auch zwischen den Versionen Ia (Prolog II) und I (Prolog I) ist kaum ein Unterschied feststellbar. Der erste Prolog hebt sich allenfalls dadurch vom zweiten Prolog und dem eigentlichen Text geringfügig ab, daß in ihm der Anteil der rein vorliegenden Klauseln höher ist; in den übrigen analysierten Abschnitten wird eine Klausel öfter nur mit Hilfe einer aufgelösten Länge erzielt. Dies betrifft in erster Linie den katalektischen Dikretikus (15x), dem an 7 von diesen Stellen der cursus tardus zugeordnet ist wie beispielsweise in Prol.II.17 *diligenter inspicere* (⏑⏑–⏑–⏑⏑⏑ / xxx́xxx́xx) und Cap. 71.10 *sensibus sequere* (–⏑–⏑⏑⏑ / x́xxx́xx).

Die zahlenmäßige Verteilung der Klausel- und Cursusgrundformen ist folgende:

Klauseln[83]:	Ditrochäus	22x
	Dispondeus	11x
	katalektischer Dikretikus	**59x**[84]
	Dikretikus	12x
	Kretikus+Ditrochäus	7x
Cursus:	**planus**	49x
	tardus	24x
	velox	28x

Das mit Abstand am häufigsten anzutreffende Kolonende ist im Bereich der quantitierenden Klauseln der katalektische Dikretikus und unter den akzentuierenden Cursus der aus dieser Klausel entwickelte cursus planus, der ungefähr doppelt so oft auftritt wie jeder der beiden anderen Cursus.

Der Cursus steht nur in weniger als der Hälfte der Stellen (51x) der ihm entsprechenden Klausel gegenüber, wie es z. B. in Cap. 33.2 *accidit talis* (–⏑––– / x́xxx́x = katalektischer Dikretikus / cursus planus), Cap. 38.16 *verba conpellere* (–⏑––⏑⏑ / x́xxx́xx = Dikretikus / cursus tardus) und Cap. 33.5 *calumniae credidissent* (⏑–⏑––⏑–– / xx́xxxxx́x = Kretikus + Ditrochäus / cursus velox) der Fall ist. Ansonsten ist die Klausel meist kürzer als

---

[82] In 5 der Stellen ohne Cursus liegt jedoch eine daktylische Schlußform vor.

[83] Einschließlich der durch eine aufgelöste Länge erreichten.

der festzustellende Cursus: So ist der Satzschluß *prophetando praedixit* (Cap. 38.20) als cursus planus (xxxxxxx), in metrischer Hinsicht jedoch nur als Dispondeus (⌣––––––) zu interpretieren, bei *reverentia syllabarum* (Prol.II.18) liegt auf der einen Seite ein cursus velox (xxxxxxxxx), auf der anderen aber nur ein Ditrochäus (⌣⌣–⌣⌣–⌣–⌣) vor, und dem in *saeculo reliquerunt* (Prol.II.1) zu konstatierenden cursus velox (xxxxxxx) ist als Klausel nur ein katalektischer Dikretikus (–⌣–⌣–––) zuzuordnen.

29mal ist entweder nur eine Klausel oder nur ein Cursus zu ermitteln. Der erstgenannte Fall trifft beispielsweise auf *esse liberatum* und *sudores tantos* in Cap. 38.22 zu, wo zwar ein Ditrochäus (–⌣–⌣–⌣) bzw. Dispondeus (–––––), aber kein Cursus namhaft gemacht werden kann. Umgekehrt bietet sich in *sumeret cibum* (Cap. 38.21) und *studemus describere* (Prol.I.2) ein cursus planus (xxxxx) bzw. tardus (xxxxxxx) dar, eine Klausel ist jedoch nicht auszumachen.

Schließlich bleibt noch zu erwähnen, daß sowohl für die quantitierende als auch die akzentuierende Analyse die Behandlung der Hiate von Bedeutung ist: Für die beiden Formulierungen *aetatis suae anno* (Cap. 1.1) und *vitae suae anno* (Cap. 38.21) ergibt sich bei Beibehaltung des Hiats jeweils ein katalektischer Dikretikus (–––⌣––– bzw. ––⌣–––), mit Elision oder Synaloiphe dagegen ein Ditrochäus (–––⌣–– bzw. ––⌣––), und in Cap. 33.4 *tale aliquid cogitasse* führt nur die Messung mit Hiat zu einer Klausel: der Kombination aus Kretikus und Ditrochäus mit einer aufgelösten Länge (–⌣⌣⌣–––⌣–⌣). Bei den Cursus ist in den meisten Fällen Hiatlesung vorauszusetzen. An den beiden obengenannten Stellen *aetatis* bzw. *vitae suae anno* allerdings stellt sich ein Cursus nur bei Elision/Synaloiphe ein: (x)xxxxx (= cursus planus); dasselbe gilt für *coctum est, edebat* in Cap. 38.21.

b) Die erweiterte Version I

Aus der Version Ia ist unter Zuhilfenahme des griechischen Textes die erweiterte Fassung I (= BHL 6532) der Historia Lausiaca hervorgegangen[1]. In dieser Gestalt hat der Text die größte Verbreitung erfahren, wie die Zahl der erhaltenen Handschriften zeigt[2]. Diese Entwicklung kann durch drei Faktoren begünstigt worden sein:

---

[84] Davon 2x mit stehengelassenem Hiat.

[1] Sie ist bei Rosweyde in der „Appendix ad vitas patrum" als „Heraclidis eremitae Paradisus, incerto sed veteri interprete" (PL 74, 243-342) abgedruckt. – Zum Verhältnis zwischen den beiden Versionen s. Kapitel B2.

[2] Diese Textfassung ist auch die von Heribert Rosweyde herausgegebene und bei Migne (PL 74, 243-342) abgedruckte.

1. Der I-Text bietet mehr Material als der Ia-Text.

Der Textbestand ist in erster Linie durch interpretierende oder ausschmükkende Zusätze innerhalb der Kapitel erweitert worden[3]; neue Kapitel sind abgesehen von dem in Ia noch nicht vorhandenen ersten Prolog nicht hinzugekommen. Die Vermehrung des Textmaterials betrifft – neben dem Bereich der Bibelzitate – in besonders auffallendem Maße Dialoge oder beliebig erweiterbare Reihungen, wie sie etwa in Capp. 21.9-10 und 34.9 vorliegen. Verkürzungen des Ia-Textes durch die Version I sind dagegen nur selten anzutreffen, so in Cap. 39.7, wo in I der Teilsatz *cumque per triduum <cum> octoginta aliis effossionibus ac purgationi eius insisteret* fehlt, oder in Cap. 66.1, wo Version I den Relativsatz *quorum vitam longo tempore expertus probavi* nicht überliefert.

Um einen Eindruck vom unterschiedlichen Umfang der Versionen Ia und I zu geben, soll im folgenden der durch ein Streitgespräch beherrschte Textabschnitt Cap. 21.9-10 in ähnlicher Weise, wie es Butler für die griechischen Fassungen G und B durchgeführt hat[4], dargestellt werden: Auf dem Hintergrund des der Version I entsprechenden Rosweyde-Textes werden die durch die Kurzfassung Ia abgedeckten Passagen durch Fettdruck hervorgehoben[5]. Diese Textstelle ist als extremes Beispiel zu betrachten; im Normalfall sind die Abweichungen weniger gravierend.

Cap. 21.9-10 (PL 74, 281 B-D)[6]:

Post quindecim vero annos instinctu daemonis, supradictus aegrotus immemor tot laborum Eulogii, tantorumque meritorum, coepit ab eo velle discedere, multisque eum iniuriis atque opprobriis increpare, dicens: Fugitive, qui propriam domum devorasti, furatusque es alienam substantiam, in me occasionem salutis tuae reperisse te credis? Eulogius autem rogabat eum, et satisfaciens animo eius dicebat: Noli, mi domine, noli talia loqui, sed dic potius quid te contristaverim, et emendo. Elephantiosus autem cum furore dicebat: Vade, nolo istas adulationes tuas. **Proice me, inquit, in publicum,** refrigeratione tua non egeo. Eulogius autem, Obsecro te, inquit, placare, aut quid te contristaverim, venerande senex, edicito. Elephantiosus autem asperior, in furore dicebat ad eum: Iam non fero fraudulentas irrisiones tuas, adulationes et subsannationes tuas non tolero, nec mihi haec arida parcaque vita iucunda est; **volo carnibus saturari. Cumque exhibitae ei** a viro patientissimo Eulogio **carnes fuissent, coepit iterum proclamare: Non potes, inquit, meae satisfacere voluntati,** nec tecum solitarius habitare praevaleo. **Populum videre, ad publicum ire desidero.** Dicit ei Eulogius: Ego tibi adduco

---

3 Eine Klassifizierung dieser Zusätze, von denen ein Großteil aus der griechischen B-Fassung stammt, wird in Kapitel B3 b) vorgenommen.

4 II, Introduction §2, S. xix. – Vgl. Kapitel B3 a).

5 Mit dieser Methode können nur die quantitativen Unterschiede erfaßt werden; die besonderen Lesarten von Ia bleiben unberücksichtigt.

6 „j“ ist zu „i“ normalisiert.

multitudinem fratrum. Rursus ferocior, ac pene blasphemus aegrotus: Vae, inquit, misero mihi, tuam faciem nolo videre, et adducis mihi similes tui, solius panis devoratores[7]? concutiensque semetipsum inquieta voce proclamabat, dicens: Nolo, nolo; ad publicum ire desidero. **O violentia! in eum locum me proice, unde me sustulisti. Tanta ergo erat eius insania, adeoque sensus ipsius in ferinos** quodammodo **clamores converterat daemon, ut et suspendisset forte laqueo se, si manus per quas hoc facere posset habuisset.**

Gegenüber dem von Butler gebotenen griechischen Vergleichspaar fällt auf, daß im Lateinischen die Erweiterungen der Langfassung nicht über den gesamten Text verteilt, sondern blockartig zusammengefaßt und im wesentlichen auf drei Stellen (Anfang, Mitte und Ende der Passage) konzentriert sind.

2. Der I-Text weist gegenüber Ia stilistische Glättungen und interpretierende Vereinfachungen bzw. Verdeutlichungen auf.

Im Zuge der Überarbeitung der Version Ia sind außer der Erweiterung des Textmaterials auch Umformulierungen vorgenommen worden, die eine Verbesserung der Lesbarkeit des Textes zum Ziel hatten[8]. Daß der Bearbeiter dabei nicht nur Stil und Wortwahl im Blick hatte, sondern auch bewußt interpretierend eingriff, zeigt besonders kraß eine Stelle aus Cap. 34: In §3 erhält der heilige Piterius von einem Engel den Auftrag, das Frauenkloster von Tabennese zu besuchen; dort werde er eine Jungfrau finden *in capite habentem coronam*, die er sich zum Vorbild nehmen solle. Durch die Ersetzung von *coronam* durch *conscissum pannum* ist in Version I die Pointe, die darin besteht, daß Piterius in dem um die Stirn der Nonne gewickelten Lumpen die verheißene *corona* erkennt, aufgehoben worden.

Während durch die meisten Eingriffe des Bearbeiters, auch in dem soeben beschriebenen Beispiel, keine Änderung in der inhaltlichen Aussage bewirkt wurde, ist auf eine Stelle hinzuweisen, von der umstritten ist, ob sie eine Präzisierung oder Uminterpretation des Ia-Textes darstellt: Das auf das Melania-Kapitel 54 folgende Cap. 55 beginnt mit der Mitteilung, daß Palladius und Melania die Jungfrau Silvia (bzw. Silvania, wie im Griechischen überliefert ist), die Schwägerin des früheren Präfekten Rufinus, auf einer Schiffsreise nach Ägypten begleiten. Unter den Reisenden befindet sich auch der Diakon Iovinus, der sich Hände und Füße in kaltem Wasser kühlt und für diese Verweichlichung von „jener" getadelt wird (55.3): *Ad quem sancta illa veluti filium verum sapiens mater accessit et mollitiem ipsius deliciasque reprehendens ista dicebat:* „... Das in der Fassung Ia

---

[7] Im Migne-Text ist irrtümlich *devorator es* gedruckt.

[8] Die in Kapitel B2 zusammengestellten Beispiele zeigen, daß mit der Neuübersetzung aus dem Griechischen meist eine sprachliche Vereinfachung einherging.

stehende unbestimmte *illa* gibt das griechische ἐκείνη wieder und läßt die Frage offen, welche der beiden vorher genannten Frauen, Melania oder Silvia, hier gemeint ist. Version I dagegen legt mit *illa Silvia* das Verständnis des Folgenden in einer Richtung fest. Handelt es sich aber bei der Lesart von I um eine Verdeutlichung der korrekten Interpretation oder um eine inhaltliche Fehldeutung? E. D. Hunt beklagt in seinem Aufsatz über die heilige Silvia[9], daß durch den Einfluß Butlers[10] und Turners[11] das ursprünglich Silvia gewidmete Kapitel 55 an Melania gefallen sei[12]. Nach P. Devos[13] dagegen ereignete sich der Zwischenfall zwischen Jovinus und Melania, und die Rolle der Silvia wurde erst im *Paradisus Heraclidis* vergrößert[14].

Die Einsetzung des Namens Silvia in den Text entscheidet nicht nur über die auf dem Schiff stattfindende Eingangsepisode des Cap. 55, sondern hat Konsequenzen für die Zuordnung sämtlicher weiterer biographischen Angaben dieses Kapitels: Es werden nicht mehr Melanias, sondern Silvias strenge Askesegewohnheiten beschrieben (55.3), und nicht mehr Melania, sondern Silvia ist es, die nächtelang die bedeutenden christlichen Autoren (einschließlich des umstrittenen Origenes) studiert (55.4). Silvia nimmt sogar an Melanias Stelle die Position des Vorbildes für Olympias ein, denn der erste Satz des Cap. 56 (*Postquam vestigia ipsius secuta est, Olympias nomine castissimis moribus femina ac dei amore flagrantibus proposito eius exhibuit parem vitam.*) bezieht sich nun auf sie.

3. Der Text der Version Ia befand sich vermutlich schon früh in einem korrupten Zustand.

Eine Reihe der in den α-Handschriften überlieferten Textverderbnisse läßt den Schluß zu, daß diese bereits zur Zeit der Anfertigung der Fassung I vorhanden waren. In diesen Fällen hat sich der Bearbeiter entweder zu einer Neuübersetzung aus dem Griechischen genötigt gesehen oder eigene Korrekturen vorgenommen, die nur auf der Grundlage eines korrupten Ia-Textes verständlich sind[15].

---

9 St. Silvia of Aquitaine, The Role of a Theodosian Pilgrim in the Society of East and West, in: JTS N. S. 23 (1972) 351-373.

10 Butler hält in Note 99 (II, S. 230) die heilige Silvia von Aquitanien für „a purely mythical personage".

11 Er schreibt Lausiac History, S. 353: „It (*sc.* Cap. 55) closes with a eulogy couched in terms quite exceptional in the *Lausiac History*, appropriate enough to Melania, but wholly inappropriate to a person like Silvania, of whom (now that the so-called *Peregrinatio Silviae* is attributed elsewhere) we know absolutely nothing to justify it."

12 S. 351/2.

13 Silvie la sainte pèlerine II. en occident, in: AB 92 (1974) 321-343.

14 S. 321.

15 S. Kapitel B2.

Eine andere Art der Bearbeitung betrifft den HL-Text allgemein, im Lateinischen jedoch die Version I stärker als die Version Ia: Es handelt sich um tendenziöse Eingriffe in die Textgestalt, die der Unterdrückung von im Zuge der Auseinandersetzungen um die Origenisten kirchenpolitisch anstößig gewordenen Namen dienten. Da sich hiervon auch im griechischen Text und in anderen Übersetzungen als der lateinischen wie etwa der syrischen und koptischen[16] Spuren nachweisen lassen, soll dieser Komplex in einem größeren Zusammenhang untersucht werden.

Tendenziöses in der HL

Die in Kapitel A1 beschriebenen origenistischen Streitigkeiten, vor allem die im 6. Jahrhundert stattfindende zweite Phase, die 543/553 zur offiziellen Ächtung nicht nur des Origenes, sondern auch des Evagrius und Didymus führte, sind nicht ohne Auswirkungen auf die Überlieferung der Historia Lausiaca geblieben[17]. Als augenfälligste Folge ist hier die Auslassung ganzer Kapitel zu nennen, in erster Linie des Evagrius-Kapitels (Cap. 38)[18]: In der griechischen Version G fehlt das Kapitel in zwei der wichtigsten Handschriften (P und W)[19], in der syrischen Übersetzung ist es in den beiden Hauptrezensionen R1 und R2 nicht vorhanden. Daß bei der Unterdrückung dieses Kapitels jedoch nicht konsequent verfahren wurde, zeigt etwa die lateinische Version II: Obwohl sie nur eine begrenzte Auswahl aus der HL darstellt, enthält sie das Evagrius-Kapitel (Caput XV)[20].

Eine andere Form von tendenziöser Bearbeitung ist die Ersetzung oder Auslassung der Namen als origenistisch geltender Mönche an den Stellen, an denen sie außerhalb ihrer eigenen Kapitel im Text begegnen. Hiervon lassen sich Spuren in der langen lateinischen Fassung I nachweisen, die allerdings weit davon entfernt ist, ein systematisch gesäuberter Text zu sein[21]. Wie uneinheitlich der Umgang mit diesem Thema in den verschie-

---

16 Für das Koptische kann im folgenden nur Cap. 10 (Pambo) nach der französischen Übersetzung von G. Bunge und A. de Vogüé, Palladiana II, S. 333-339 (s. Kapitel A3) herangezogen werden.

17 S. dazu z. B.: Preuschen, S. 221/2; Turner, Lausiac History, S. 346-349; Guillaumont, Kephalaia gnostica, S. 160-170; Bunge, Palladiana I, S. 82-87.

18 In geringerem Maße waren auch andere Kapitel betroffen, so die Kapitel 4 und 11 über Didymus und Ammonius (vgl. Bunge, Palladiana I, S. 85) und das Kapitel 64 über Juliana, die Origenes auf seiner Flucht aufnahm und versteckte; dieses Kapitel vermißt man in den griechischen G-Handschriften T und W und in den syrischen Rezensionen R1 und R2. – Aus der Beobachtung, daß das Didymus-Kapitel nur in einigen B-Handschriften fehlt, schließt Turner (Lausiac History, S. 347), daß die orthodoxe Überarbeitung des Textes bereits vor der Mitte des 6. Jahrhunderts erfolgte.

19 S. Butler II, S. lxix.

20 Hierauf hat Preuschen S. 222 hingewiesen.

21 Vgl. Preuschen, S. 221.

denen Sprachen und Rezensionen ist, zeigt die folgende Zusammenstellung, in die neben den explizit verurteilten Schriftstellern Origenes, Evagrius und Didymus auch die in die Querelen des 4. Jahrhunderts verwickelten Mönche Isidor und Pambo sowie die vier „Langen Brüder" Ammonius, Dioscorus, Eusebius und Euthymius miteinbezogen sind.

Vorkommen origenistischer Namen in der HL[22]:

1. Origenes:

10.1	Lat:	Ia+I Origenes; II Iohannes
	Gr:	PWB Ὠριγένους; TA Ἰωάννου
	Syr:	„Origène"
	Kopt.:	„Jean"
10.4	Lat:	Ia Origeni; I *om.*; II Theodoro
	Gr:	PWB Ὠριγένει; TA Θεοδώρῳ
	Syr:	„Origène"
	Kopt.:	„Théodore"
10.8	Lat:	Ia Origene; I Paulo; II Macario
	Gr:	B Ὠριγένει; PWTA Μακαρίῳ
	Syr:	„Origène"
	Kopt.:	„Macaire le prêtre" + „Théodore"
10.9	Lat:	Ia Origenes; I Paulus; II —— (Abschnitt fehlt)
	Gr:	B Ὠριγένης; PWT Θεόδωρος
	Syr:	„Origène"
	Kopt.:	„Théodore" + „Jacob"
11.6	Lat.:	Ia —— (Abschnitt fehlt); I *om.*
	Gr:	B Ὠριγένους; PWTA *om.* (Ἀθανασίου καὶ Βασιλείου)
	Syr:	R1 *om.*; R4 „Origène"
37.16	Lat:	Ia Origenis discipulo; I fortissimo atque abstinentissimo miraculisque famoso
	Gr:	VCB μαθητῇ Ὠριγένους; PWTA *om.*
	Syr:	„Origène"
55.4	Lat:	Ia Origenis; I legendo
	Gr:	PB Ὠριγένους; TA *om.*
	Syr:	*om.* (zwischen „Étienne" und „Basile": „de Pierre")
64.1	Lat:	Ia+I Origenem
	Gr:	Ὠριγένην
	Syr:	„Origène"

[22] Vgl. die Tabelle in Butler II, S. lxxxv-lxxxvi. – Bunge, Palladiana I, S. 82/3 gibt in den Anmerkungen weitere Stellen, an denen die Namen nicht im griechischen Text, sondern nur in einzelnen Handschriften oder in der syrischen und koptischen Übersetzung vorkommen.

64.2	Lat:	Ia+I Origenis
	Gr:	Ὠριγένους
	Syr:	„Origène“

2. weitere origenistische Mönche (Vorkommen außerhalb ihrer eigenen Kapitel):

Evagrius:

11.7	Lat:	Ia+I Evagrius
	Gr:	BA Εὐάγριος; PTB *om.*
	Syr:	„Évagre“
12.3	Lat:	Ia+I Evagrium; II Theodorum et Macariolum
	Gr:	PWBA Εὐάγριον; T Θεόδωρον
	Syr:	„Évagre“
23.2	Lat:	Ia+I Evagrio; II *om.*
	Gr:	TVCB Εὐαγρίῳ; PW Εὐλογίῳ
	Syr:	„Évagre“
24.3	Lat:	Ia+I Evagrius; II Eulogio
	Gr:	TVCB Εὐάγριον; PW Εὐλόγιον
	Syr:	„Évagre“
26.1	Lat:	Ia+I Evagrium
	Gr:	VCB Εὐάγριον (τὸν μακάριον Εὐάγριον); PWTA Μακάριον (τὸν Μακάριον τὸν πρεσβύτερον)
	Syr:	„Évagre“
35.4	Lat:	Ia Macharius; I Evagrius
	Gr:	Εὐάγριον (τὸν μακάριον Εὐάγριον)[23]
	Syr:	„Évagre“
35.4	Lat:	Ia+I Evagrius
	Gr:	Εὐάγριος (ὁ μακάριος Εὐάγριος)
	Syr:	„Évagre“
35.8	Lat:	Ia+I Evagrii
	Gr:	Εὐαγρίου
	Syr:	„Évagre“
35.8	Lat:	Ia+I Evagrii
	Gr:	G Εὐαγρίου; B *om. (homoeotel.)*
	Syr:	„Évagre“
47.4:	Lat:	Ia+I Evagrius
	Gr:	BA Εὐάγριος; PTB *om.*
	Syr:	„Évagre“

---

[23] Vgl. Kapitel C4.

Didymus:

11.6 Lat: Ia+I Didymi
Gr: B Διδύμου; PWTA *om.* (Ἀθανασίου καὶ Βασιλείου)
Syr: R1 *om.*; R4 „Didyme"

Isidor:

3.1 Lat: Ia+I Isidorus; II Isidorus
Gr: Ἰσίδωρος
Syr: „Isidore"
10.3 Lat: Ia+I Isidoro; II Isidorum
Gr: Ἰσιδώρου
Syr: „Isidore"
Kopt.: „Isidore"
19.7 Lat: Ia+I Isidorum; II —— (Abschnitt fehlt)
Gr: Ἰσίδωρον
Syr: „Isidore"
19.14 Lat: Ia+I Isidoro; II Isidoro
Gr: Ἰσιδώρῳ
Syr: „Isidore"
19.15 Lat: Ia+I Isidorus; II Isidorus
Gr: Ἰσίδωρος
Syr: „Isidore"
19.17 Lat: Ia+I Isidoro; II Isidorus
Gr: Ἰσιδώρου
Syr: „Isidore"
46.3 Lat: Ia+I Isidorum
Gr: Ἰσίδωρον
Syr: „Isidore"
46.4 Lat: Ia Isidorum (*om.* **Z**, *del.* **M**); I Isidorum
Gr: Ἰσίδωρον
Syr: „Isidore"
46.4 Lat: Ia+I Isidorum
Gr: Ἰσιδώρῳ
Syr: „Isidore"
[6.8 Lat: Ia+I Macharius (**Ro** und einige I-Hss.: Isidorus); II Macarius
Gr: Μακάριος
Syr: R1 *om.*; R3 + Rm3+4 „Macaire"]

Pambo:

14.4 Lat: Ia+I Pambo
Gr: Παμβώ
Syr: R1 „Antoine"; R3 „Pambo"

14.5	Lat:	Ia Pambo (*om.***Tb**); I Pambo
	Gr:	Παμβώ
	Syr:	R1 „Antoine“; R3 „Pambo“
46.3	Lat:	Ia Pambo (ambo **Z**); I Pambo
	Gr:	Παμβώ
	Syr:	„Pambo“
46.4	Lat:	Ia+I Pambo
	Gr:	Παμβώ
	Syr:	„Pambo“

Ammonius:

10.1	Lat:	Ia+I Ammonius; II Ammonius
	Gr:	PWB Ἀμμωνίου; TA Ἀμμῶνος
	Syr:	„Ammonios“
	Kopt.:	„Amon“
10.8:	Lat:	Ia+I Ammonio; II Ammonio
	Gr:	PBA Ἀμμωνίῳ; WT Ἄμμωνι
	Syr:	„Ammonios“
	Kopt.:	„Ammon“
10.9	Lat:	Ia Ammonius; I Ammonius (ammonitus **b**); II —— (Abschnitt fehlt)
	Gr:	PB Ἀμμώνιος; WT Ἄμμων
	Syr:	R1 „Amoun“; R4 „Ammonios“
	Kopt.:	„Ammon“
24.3	Lat:	Ia Ammonius; I Ammonius (antonius **N**); II Ammonio
	Gr:	Ἀμμώνιον
	Syr:	R1 „d'Oulbinos“ (nach „Évagre“); R2 *om.*; Rm2+4 „Ammonios“
35.4	Lat:	Ia+I Ammonius
	Gr:	VCB Ἀμμώνιον; PTA *om.*
	Syr:	*om.* („ceux de la maison du bienheureux Évagre“)
46.4	Lat:	Ia+I Ammonium
	Gr:	Ἀμμώνιον
	Syr:	„Ammonios“

Dioscorus:

10.1	Lat:	Ia+I Dioscorus; II Dioscori
	Gr:	Διοσκόρου
	Syr:	„Dioscore“
	Kopt.:	„Dioscore“
12.3	Lat:	Ia+I Dioscorus; II Macarius
	Gr:	PWBA Διόσκορος; T Μακάριος
	Syr:	„Dioscore“

46.3	Lat:	Ia+I Dioscorum
	Gr:	PWBA Διόσκορον; T *om.*
	Syr:	„Dioscore"

Eusebius:

10.1	Lat:	Ia+I Eusebius; II *om.*
	Gr:	PWB Εὐσεβίου; TA *om.*
	Syr:	„Eusebios"
	Kopt.:	*om.*
63.2	Lat:	Ia+I Eusebium
	Gr:	Εὐσεβίου
	Syr:	„Eusèbe"

Euthymius:

10.1	Lat:	Ia Ertymius; I Euthymius; II *om.*
	Gr:	PWB Εὐθυμίου; TA *om.*
	Syr:	R1 „Anthimos"; R3 „Euthymios"
	Kopt.:	*om.*

Die lateinische Übersetzung Ia ist nahezu frei von korrigierenden Eingriffen, sogar bei dem Namen des Origenes selbst. Die wenigen Abweichungen lassen sich als Verschreibungen oder Mißverständnisse erklären, wie etwa der Name des Euthymius in Cap. 10.1, der in Lat. Ia als „Ertymius" erscheint. Auch die Ersetzung des Evagrius durch Macharius in Cap. 35.4 muß nicht zwingend auf eine orthodoxe Bearbeitung zurückgeführt werden: Sie kann auf einer Fehlinterpretation des griechischen Wortlauts τὸν μακάριον Εὐάγριον beruhen[24].

Demgegenüber weist die lateinische Fassung I systematische Korrekturen auf – allerdings nur an den Origenes-Stellen[25]; bei den übrigen Namen ist ihr Erscheinungsbild mit dem von Ia vergleichbar[26]. Im Umgang mit dem Namen Origenes sind drei Arten von Veränderungen erkennbar: 1. die Ersetzung durch den unverfänglichen Namen Paulus: Dies ist an zwei Stellen in Cap. 10 (10.8 und 10.9) geschehen. Wie sehr dabei der bloße Name Origenes bestimmend gewesen ist, zeigt sich daran, daß dort nicht der häretische Schriftsteller, sondern der *oeconomus* des Pambo gemeint ist. 2. die Omission: Davon ist ebenfalls der *oeconomus* des Pambo (Cap. 10.4) betroffen; der Name des theologischen Schriftstellers ist bei der Aufzählung des Lektürekanons des Ammonius in Cap. 11.6 ausgefallen. 3. im

24 S. dazu Kapitel C4.

25 Der Name ist nur an den beiden Stellen in Cap. 64 stehengeblieben.

26 An den beiden oben erwähnten Stellen bietet sie sogar die Namen Euthymius und Evagrius korrekt.

Zusammenhang mit der Auslassung eine Umformulierung des Kontextes: In Cap. 37.16 ist die Wendung *Origenis discipulo* durch die aufwendige Umschreibung *fortissimo atque abstinentissimo miraculisque famoso* ersetzt worden; in Cap. 55.4 ist für den Autornamen *Origenis* ein harmloses *legendo* eingetreten.

Stärkere Bearbeitungsspuren, die allerdings z. T. schon auf die griechische Vorlage zurückgehen, sind in der zweiten lateinischen Übersetzung anzutreffen, vor allem bei Origenes und Evagrius. Die übrigen Namen (bis auf den des Isidor) kommen bei der Unvollständigkeit des Textes zu selten vor, um eine Feststellung von Tendenzen zu erlauben. Hin und wieder ist eine Omission eingetreten (bei Isidor, Ammonius, Eusebius und Euthymius). Im Fall von Origenes und Evagrius überwiegt die Verdrängung durch andere Namen: Origenes erscheint als Iohannes (10.1), Theodorus (10.4) und Macarius (10.8), wobei die beiden letztgenannten Korrekturen wieder auf den *oeconomus* bezogen sind. Für Evagrius treten an einer Stelle (24.3) Eulogius, an einer anderen (12.3) sogar zwei Namen, Theodorus und Macariolus, ein.

Im Griechischen bietet sich ein deutlich anderes Bild als im Lateinischen: Hier ist es die ursprüngliche Fassung G, die eine Bearbeitung erfahren hat, von der die Langversion B weitgehend verschont geblieben ist[27]: Diese überliefert die Namen meist in unveränderter Form, den des Origenes in einigen Fällen (10.8; 10.9; 11.6) sogar allein, ebenso den des Didymus in Cap. 11.6. Evagrius ist in B einige Male einer Omission zum Opfer gefallen, wozu allerdings nicht Cap. 35.8 gerechnet werden darf, weil hier aufgrund einer Haplographie ein ganzer Satz ausgelassen ist. Die G-Tradition ist in den meisten Fällen gespalten in die Bewahrung des Namens und dessen Auslassung und/oder Abwandlung[28]. Origenes wird ersetzt durch Johannes, Theodorus und Macarius, die vier Namen Origenes, Didymus, Pierius und Stephanus in Cap. 11.6 müssen Athanasius und Basilius weichen, an Stelle des Evagrius erscheinen Theodorus, Eulogius und Macarius, Ammonius wird mehrmals zu Ammon verkürzt, und Dioscorus wird an einer Stelle in Macarius umbenannt. Unbehelligt sind nur Isidor und Pambo geblieben. Im Fall des Eusebius ist offenbar nach der Person unterschieden worden: Während Eusebius als Name des „Langen Bruders" in Cap. 10.1 in Handschrift T fehlt, ist er in Cap. 63.2 als Name des *praepositus* des Kaisers Constantius erhalten geblieben.

Die syrische Übersetzung bewahrt die meisten Namen unverändert. Jedoch hat R1 wie Gr G in Cap. 11.6 Origenes und Didymus ausgelassen.

---

27 Hierin hat man einen Anhaltspunkt für die Datierung des B-Textes gesehen: Honigmann (Heraclidas of Nyssa, S. 109) nimmt eine Entstehung dieser Fassung vor den einschneidenden Maßnahmen von 543 und 553 an.

28 Butler (II, S. lxxxvi-lxxxviii) hat die zwischen den einzelnen Handschriften auftretenden Kombinationen untersucht.

In Cap. 55.4 fehlt Origenes ebenfalls; dafür ist zwischen „Étienne" und „Basile" „de Pierre" eingeschoben worden. Verhältnismäßig starke Eingriffe sind bei dem sonst so unauffälligen Pambo zu verzeichnen – in Cap. 14 überliefert R1 zweimal „Antoine" – und vor allem bei Ammonius: Hier schreibt R1 den schon aus dem Griechischen bekannten Namen „Amoun" (10.9) sowie „Oulbinos" (24.3), und in Cap. 35.4 verzichtet die allein vorhandene Rezension R3 zugunsten der zusammenfassenden Formulierung „ceux de la maison du bienheureux Évagre" auf den Namen Ammonius.

Was die koptische Übersetzung betrifft, so fällt die schon von Butler konstatierte[29] häufige Übereinstimmung mit Lat. II auf. Diese tritt besonders im Fall des Origenes hervor: Wie die lateinische Fassung so ersetzt auch der koptische Text alle vier Origenes-Erwähnungen in Cap. 10 durch die Namen Johannes, Theodorus und Macarius, wobei an den letzten beiden Stellen mit „Macarius und Theodorus" sowie „Theodorus und Jacob" sogar eine Doppelersetzung stattgefunden hat, wie sie an anderer Stelle auch von Version Lat. II praktiziert wird: In Cap. 12.3 tritt die Kombination „Theodorus und Macariolus" für Evagrius ein. Die beiden „Langen Brüder" Eusebius und Euthymius (10.1) bleiben in beiden Fassungen unerwähnt. Bei der Behandlung des Ammonius allerdings gehen Kopt. und Lat. II getrennte Wege: Während der lateinische Text den Namen unverändert läßt, folgt die koptische Übersetzung mit der Abwandlung in Am(m)on einem Teil der syrischen und griechischen G-Überlieferung.

In den Zusammenhang einer – größtenteils nachträglichen – orthodoxen Überarbeitung ist auch die in einigen Handschriften erfolgte Tilgung eines gegen Hieronymus polemisierenden Abschnitts am Schluß von Cap. 36 (§§ 6-8)[30] zu stellen, obwohl hier wohl das Bestreben im Vordergrund gestanden hat, die in dem Absatz enthaltene Rufschädigung einer theologischen Autorität rückgängig zu machen:

> Huius viri hanc praenuntiationem, quam prophetiam vocant, aliquando cognovi: Hieronimus nomine presbyter quidam habitat in illis locis magno ingenio Latini sermonis et eloquio vehementer ornatus. Tantam autem invidiam in se habet, ut ea virtutem facundiae talius obscuret. Cum quo Posidonius cum diebus multis fuisset, hoc in aurem quodam tempore mihi insusurravit: „Matrona", inquit, „haec Paula, quae curam istius habet, ante ipsum, ut credo, morietur et liberabitur eius invidia. Propter istum autem virum nullus aliquando sanctorum in his habitabit locis, sed invidia eius etiam contra fratrem suum saeviet." Rem vero ipsam subsecutam eius verba cognovimus: Nam inde et Exuperantium Italum

---

29 S. Kapitel A3.

30 S. dazu die Beschreibung der α- und β-Handschriften in den Kapiteln E1 a) α) und E2 a). – Im Griechischen fehlt der Absatz in den G-Handschriften P und W (s. Butler II, S. 213, Note 67).

civem fugavit et quendam Aegyptium alium nomine Petrum, postea et Simeonem admirabilem virum, quem interim ego notasse ac nosse me memini.

Aber auch hier kann nicht von einer konsequenten Bearbeitung die Rede sein. In der Handschriftengruppe **α** zeigen nur **S** und **M** entsprechende Spuren: In **S** sind die Paragraphen 6 und 7 von *Hieronimus nomine presbyter* bis *ut credo* ausradiert und der folgende Text bis zum Schluß durchgestrichen. In **M** wurde das Stück von *Hieronimus* (§6) bis *istum autem virum* (§7) zunächst expungiert, dann jedoch wieder als zum Text gehörig betrachtet. Ähnlich sieht es in der Familie **β** aus: **B** bietet die Strekke von *Hieronimus* (§6) bis *Italum civem* (§8) in Rasur. Allein in **V** wird der Großteil der Paragraphen 6-8 (*Hieronimus – alium nomine Petrum*) nicht überliefert: Hier geht die Zensur also schon auf eine frühere Stufe zurück.

Wie unsystematisch bei der Entfernung der Polemik gegen Hieronymus aus dem HL-Text vorgegangen wurde, zeigt sich auch daran, daß ein ebenfalls Hieronymus angreifender, aber unauffälligerer Passus in Cap. 41 (§2) in den meisten Fällen unangetastet blieb[31]:

Multas igitur feminas vidi plurimasque tam viduas quam virgines novi, inter quas et Paulam nomine Urbicam quandam, Toxotii matrem, mulierem prudentem ac spiritalem, cui Hieronimus quidam Dalmata cives inpedimento fuit, quae omnes alias acumine ac sapientia cordis sui spiritalibus pinnis superare potuisset, nisi ille eam ad propositum propriae voluntatis trahens a maioris gloriae merito et amore revocasset.

Allerdings wurden in **M** die anstößigen Aussagen über Hieronymus (*cui Hieronimus quidam Dalmata cives inpedimento fuit* und *nisi ille – revocasset*) gelöscht, und **B** hat sogar den gesamten Abschnitt von *et Paulam* bis zum Ende des folgenden Paragraphen über Eustochium getilgt. In **B** ist dazu von späterer Hand *in marg.* die folgende Warnung vor Palladius nachgetragen: *Nota autorem huius libri de beatissimis hieronymo paula et eustochio feda quaedam et omnino falsa et sensisse et scripsisse sicut hic et etiam supra in capitulo XXVI contra opinionem sanctorum Augustini Cyrilli etiam et totius sanctae matris ecclesiae quae illorum vitam virtutibus et meritis insignem approbat et celebrat.*

Schließlich ist noch auf den Schlußabsatz des Kapitels 11 (über Ammonius) hinzuweisen: Er enthält eine Anspielung auf dessen Flucht nach Konstantinopel: Οὗτος ὁ μακάριος ἐν Κωνσταντίνου πόλει ποτὲ παραγενόμενος, διὰ χρείαν τῶν τῆς ἐρήμου πολιτῶν, ... (Cap. 11, §5). Das Stück fehlt in den Handschriften der griechischen und lateinischen kurzen Versionen G und Ia, wobei es im Lateinischen in die die Capp. 11.6 bis 13.1 umfassende Lücke fällt.

---

31 Vgl. Preuschen, S. 221.

B2 DAS ABHÄNGIGKEITSVERHÄLTNIS ZWISCHEN IA UND I

Die Version I der Historia Lausiaca ist zum einen die Übersetzung der griechischen Langfassung B, zum andern die erweiterte Bearbeitung der lateinischen urprünglichen Version Ia. Die erste Aussage läßt sich durch die in Gr B vorhandenen Entsprechungen zu zahlreichen I-Zusätzen belegen[1], die zweite ergibt sich aus der Tatsache, daß die beiden lateinischen Versionen über weite Strecken wörtlich übereinstimmen. Der Verfasser von Lat. I muß also den Ia-Text anhand einer griechischen B-Vorlage überarbeitet haben.

Daß I von Ia abhängt, läßt sich an einer Reihe von Stellen[2] zeigen, aus denen ersichtlich wird, daß der Text von I entweder die Weiterentwicklung einer Ia-Formulierung ist oder eine durch die Unverständlichkeit des Ia-Wortlauts veranlaßte Neuübersetzung aus dem Griechischen darstellt. Die beiden lateinischen Textfassungen werden durch die Handschriften der Familien **α** (Version Ia) und **β** (Version I) vertreten. Zu **α** gehören die fünf Handschriften **C**, **A**, **Z**, **S** und **M**, die sich in zwei Zweige (**CAZ** und **SM**) gliedern; in einigen Kapiteln wird der Zweig **CAZ** durch die Exzerpte **U** und **W**, der Zweig **SM** durch die Exzerpte **H**, **T** und **D** ergänzt. Die Familie **β** wird von den sieben Handschriften **VB bG E NF** gebildet[3]. In den die verschiedenen Möglichkeiten der Entwicklung von Ia zu I illustrierenden Graphiken dieses Kapitels ist jeweils vermerkt, welche Stufe in den Handschriften von **α** bzw. **β** konkret greifbar ist.

Der Normalfall der Beziehung zwischen Ia und I, der für den Hauptanteil des Textes gilt und bei dem sich keine Abhängigkeit der einen Fassung von der anderen nachweisen läßt, liegt vor, wenn Version I einen korrekten Ia-Text wiedergibt:

griechische Vorlage
|
lateinische Übersetzung
|
Version Ia (korrekt): **α**
|
Version I (korrekt): **β**

---

[1] S. Kapitel B3 b).

[2] Die meisten dieser Stellen sind als textkritisch umstrittene Fälle in Kapitel C4 diskutiert.

[3] Zum genauen Aufbau der beiden Handschriftenfamilien s. die Kapitel E1 und E2.

Ebenfalls häufig tritt die Situation auf, daß Version I den korrekten Ia-Text bewahrt, Ia jedoch im Laufe der weiteren Textüberlieferung korrupt geworden ist. Diese Lage ist in einem Großteil der in Kapitel C4 beschriebenen Beispiele anzutreffen, in denen der von I tradierte Text als ursprünglicher Ia-Wortlaut beurteilt und deshalb in den Text der Edition aufgenommen worden ist[4]:

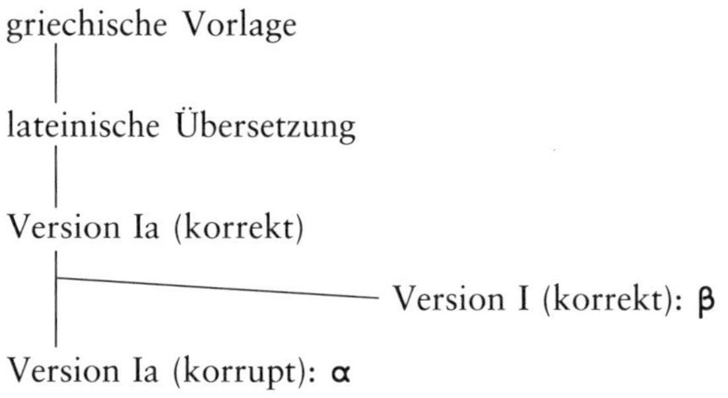

Aufschlußreicher sind die Stellen, an denen dem Bearbeiter vermutlich ein bereits verderbter Ia-Text vorgelegen hat. In diesem Fall standen ihm drei Möglichkeiten zur Verfügung: Er konnte den Text – vielleicht auch, weil er die Korruptel nicht bemerkte – unverändert übernehmen (a), ihn selbständig korrigieren (b) oder ihn aus dem Griechischen neu übersetzen (c):

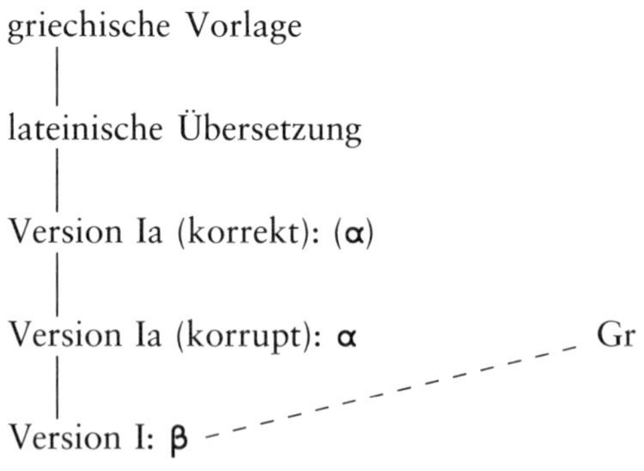

Ein Beispiel für Möglichkeit a bietet Cap. 32.15:

Inter quos sarcinatores quindecim repperi, fabros ferrarios septem, carpentarios quattuor, camellarios duodecim, fullones quindecim numero, sin-

4 Vgl. Kapitel E4.

gulos in arte propria laborantes et ex his, quae cotidiano victui superesse poterant, etiam monasteriis feminarum carceribusque vicinis necessaria quaeque praebentes.

Die Struktur des Satzes erfordert parallel zu *laborantes* auch das Partizip *praebentes* im Akkusativ. Sowohl Ia als auch I überliefern jedoch in Angleichung an die vorausgehenden Dative *monasteriis* und *carceribus* ... *vicinis* die Form *praebentibus*. Sie wurde also von I korrekturlos aus Ia übernommen.

Die im folgenden angeführten Stellen deuten darauf hin, daß der Verfasser von I eine verderbte Ia-Formulierung vorgefunden und diese ohne Konsultation des griechischen Textes korrigiert hat (Möglichkeit b):

Cap. 19.10:

„*Quid*", *inquit*, „*faciam, quod ita mihi semper insomnis obscuratur animus sensusque turbatur, a quibus voluptatis expertae memoria non recedit?*"

In Version Ia scheint, nach der Mehrheit der α-Handschriften *a. corr.* zu urteilen, durch irrtümliche Angleichung des Genitivs *voluptatis* an das vorangehende *quibus* überliefert worden zu sein: ... *a quibus voluptatibus expertae memoria non recedit*. In Version I ist nun nicht die als ursprünglich anzunehmende Form *voluptatis* rekonstruiert, sondern der Ablativ beibehalten und mit *carnis* ein neuer Genitiv eingesetzt worden.

Cap. 39.8:

sanctus Pior ... adstitit nobis et his post primam salutationem locutus est verbis: „...

Version Ia überliefert die sinnlose Formulierung ... *et his postremam salutationem locutus est verbis*. Version I hat nicht versucht, die im Griechischen mit μετὰ τὸν ἀσπασμόν (PT) bzw. ἀσπασάμενος (VC) vorgegebene *salutatio* zu bewahren, sondern, durch die Verschreibung *postremam* verleitet, den Wortlaut in ... *et his postremo locutus est verbis* umgeändert.

Cap. 44.4:

Hic ipse Innocentius quam misericors fuerit, si referre vere voluero, delirare [eum] in quibusdam forsitan iudicabo<r>.

Der die Aussage ins Gegenteil verkehrende Ia-Text läßt sich in Anlehnung an die griechische passive Konstruktion λῆρος ὀφθήσομαι durch Tilgung des *eum* und Umwandlung des *iudicabo* ins Passiv leicht heilen. In Version I ist der korrekte Sinn auf der Grundlage der Ia-Formulierung wiederhergestellt worden: *eum* wurde durch *me* ersetzt, und mit *quis iudicabit* ist die aktive Konstruktion des Satzes erhalten geblieben (..., *delirare me in quibusdam forsitan pro eius simplicitate quis iudicabit*).

Cap. 47.4:

adeo autem erat mitis et placidus, ut propheticam quoque posset mansuetudinis vi tegere[re] virtutem

Die in den α-Handschriften bezeugte Ia-Lesart ... *mansuetudinis vitae gerere virtutem* ist offensichtlich durch falsche Worttrennung zustandegekommen. Durch die Wiederherstellung des Infinitivs *tegere* ist auch dem im Griechischen vorgegebenen καλύπτεσθαι Genüge getan. Der Wortlaut von I zeigt deutlich, daß der Grund für die Korruptel nicht erkannt wurde: Die Form *vitae* wurde aus Ia übernommen und die Formulierung mit Hilfe eines neuen Infinitivs geglättet zu ... *mansuetudine vitae superare virtutem.*

Cap. 47.18:

Et si quidem iste, qui talis est, se emendare festinet ... volueritque <...> mensuramque cognoverit suam, ...

Die uneinheitliche Überlieferungslage in **α** (*deserere voluerit* **C**, *volueritque corrigi* **S**) läßt keine Aussage darüber zu, was für ein Verbum in Ia von *volueritque* ursprünglich abhing. In Version I wurde die Lücke „geschlossen", indem die Form *cognoverit*, die im Griechischen in einer ebenfalls finiten Form ihre Vorlage hat (... καὶ ἐπιγνῷ ἑαυτοῦ τὰ μέτρα) an die Stelle des ausgefallenen Infinitivs nachrückte: ... *volueritque mensuram sui cognoscere.*

Cap. 54.7:

Prohibebant enim illi eam a domibus ceterorum

Diese Lesart ist aufgrund des griechischen τῶν λοιπῶν οἴκων aus dem in Ia verschriebenen *ab omnibus ceterorum* leicht zu rekonstruieren. Das von I gebotene *ab omnibus ceteris* stellt dagegen eine Weiterentwicklung der Verschreibung aus Ia dar.

Cap. 57.2:

Postmodum vero consummatis castitatis ac sanctitatis bonis omnibusque rebus suis competenti distributione dispersis et ipsa suam filiam subsecuta est.

Hier liegt ein ähnlicher Fall wie in dem zuerst genannten Beispiel aus Cap. 19 vor: Aufgrund einer in Ia verschriebenen Form schien eine Lücke entstanden zu sein, die von Version I gefüllt wurde: Im Laufe der Ia-Überlieferung wurde *consummatis* in *consummatio* verderbt; dies hatte zur Folge, daß der erste der beiden Ablativi absoluti zerfiel und *bonis* zu *omnibusque rebus suis* gezogen wurde. In Version I ist nun die Weiterentwicklung dieses Zustands erkennbar: Der syntaktisch nicht einzuordnende Nominativ *consummatio* wurde in einen Ablativ (*consummato*) „zurück"-verwandelt und durch ein neues Substantiv (*officio*) zum Abl. abs. ergänzt, während der zweite durch das Hinzutreten des *bonis* abundant gewordene Abl. abs. in der Formulierung *bonis omnibus rebus suis ... dispersis* bestehen blieb: *consummato castitatis ac sanctitatis officio bonis omnibus rebus suis competenti distributione dispersis ...*

Cap. 70.2:

Cumque iam gravida iuberetur a patre, ut proderet tanti sceleris auctorem, a memorato lectore vitiatam esse se dixit.

Die in Version I anzutreffende Formulierung *Cumque iam gravida videretur patre, ut proderet ... auctorem, cogente ...* ist aller Wahrscheinlichkeit nach ein Korrekturversuch einer bereits in Ia eingetretenen Verschreibung von *iuberetur* zu *videretur*: *Cumque iam gravida videretur a patre, ut proderet ... auctorem, ...* So wie in Ia die einzelnen α-Handschriften durch Zusätze wie *conpellitur* (**S**) oder *coacta* (**M** *p.c.*) die Konstruktion zu retten versuchten, hatte auch in I die Umfunktionierung von *patre* zum Subjekt eines Abl. abs. (*patre ... cogente*) den Sinn, die Syntax zu heilen – unter Beibehaltung der aus Ia übernommenen Textverderbnis *videretur*.

Die dritte der oben angeführten Möglichkeiten (c), die der Bearbeiter im Umgang mit einer korrupten Ia-Vorlage hatte, besteht in der Korrektur der verderbten Stelle am griechischen Text. Dies scheint in den folgenden Fällen geschehen zu sein:

Prol.II.15:

utatur quidem cibis aut potibus [a]ut medicamentis

Die Genese dieses Fehlers im Ia-Text ist leicht nachzuvollziehen: Aus einem einzig sinnvollen *ut medicamentis*, mit dem die Anwendungsweise des Essens und Trinkens bezeichnet wurde, ist während der Tradierung in Analogie zum Vorhergehenden *aut medicamentis* entstanden und damit eine der Aussage zuwiderlaufende Gleichstellung der *medicamenta* mit den *cibi* und *potus* erreicht worden. Version I hat das ungerechtfertigte zweite *aut* nicht in *ut* zurückkorrigiert, sondern das ὡς φαρμάκοις der griechischen Vorlage mit *tamquam medicamentis* neu übersetzt.

Cap. 8.7:

viginti aliis annis ac duobus emensis defunctus est

Vermutlich liegt dieser Text der in Version Ia überlieferten syntaktisch unzulänglichen Formulierung *viginti aliis annis ac duobus mensibus defunctus est* zugrunde, die sowohl die α-Handschriften zu Verbesserungsversuchen anregte (conversatus *add.* **A**, vivens **S**, exactis *add.* **M**) als auch den Verfasser des I-Textes zu einem korrigierenden Eingriff bewegte: Er ersah aus dem griechischen Text, daß dort von 22 Jahren und nicht von 20 Jahren und 2 Monaten die Rede ist, und ließ bei seiner Neuübersetzung von βιώσας ἄλλα εἴκοσι δύο ἔτη ... ἐτελεύτησε das ungerechtfertigte *mensibus* weg, ohne darin eine mögliche Verschreibung des vermißten Partizips zu erkennen.

Im folgenden Beispiel ist durch die Heranziehung der griechischen Vorlage in Version I eine Doppelübersetzung zustande gekommen:

Cap. 18.29/30:

... cum capillorum quoque recuperatione curatus videntibus nobis ad propria discessit. Adductus est quondam ad ipsum puer quidam, qui daemonis spiritu laborabat.

Das vorliegende Textstück enthält den Übergang zwischen zwei Schilderungen von Krankenheilungen. Die im Griechischen am Beginn der zweiten Erzählung stehende Angabe Ἐπ' ὄφεσιν ἐμαῖς ... ist von Version Ia fälschlicherweise der ersten Episode zugeordnet worden, wie die Position des Abl. abs. *videntibus nobis* zeigt. In Fassung I ist zwar die irrtümliche Auslassung durch Einfügung der Worte *in mei praesentia* in den zweiten Satz (*Post haec adducitur ad eum in mei praesentia puer quidam, ...*) behoben, das in Ia vorgefundene, nun überflüssige *videntibus nobis* jedoch stehengelassen worden.

Cap. 19.14:

cum venisset illuc quidam ad vas, quod portabat, implendum

In der Ia-Überlieferung ist *ad vas* zu einem in der Verbindung mit *quidam* unpassenden und den weiteren Bau des Satzes störenden *abbas* verschrieben worden. Dies fiel auch dem Bearbeiter der Version Ia auf, denn er übersetzte den griechischen Text nach der B-Fassung (ἐλθών τις τῶν μοναχῶν ἀντλῆσαι) mit *cum venisset illuc quidam monachus ad hauriendam aquam* neu.

Cap. 45.1:

illi, qui nobilitate generis aniceti dicerentur

Das in Ia als Lehnwort aus dem Griechischen beibehaltene *aniceti* – der griechische Text dieser Stelle lautet: αὐτοὺς τοὺς ἀνικήτους ἐν γένει – muß, wie die in den **α**-Handschriften bezeugten Reste *nati* (**C**), *canicii* (**S** *p.c.*) und *anicii* (**M**) nahelegen, bald unverständlich geworden sein. In Fassung I ist daher mit *insuperabiles* eine wirkliche Übersetzung des Begriffs an die Stelle der unkenntlich gewordenen bloßen Transkription von Ia getreten.

Cap. 61.6:

ecclesiis per insulas positis

Diese Stelle ist wieder ein Beispiel für eine vom Bearbeiter der Version Ia nicht bemerkte Doppelübersetzung: Er fand in Ia die Formulierung *ecclesiis per singulas positis* vor und „berichtigte" sie – ausgehend vom griechischen Text ταῖς ἐν νήσοις ἐκκλησίαις – zu *ecclesiis, quae per singulas insulas sunt*. Mit hoher Wahrscheinlichkeit ist jedoch bereits in der Form *singulas* ein verschriebenes *insulas* zu sehen.

Einige Textstellen, an denen Version I den korrekten, Version Ia dagegen einen verderbten Text überliefert, die also dem ersten Eindruck nach der oben an zweiter Stelle stehenden Graphik zuzuordnen sind, erwecken den Verdacht, daß in Ia ein Korrektor am Werk war, der versuchte, den Sinn der verschriebenen Formulierung nachträglich zu retten. Die obenstehende Zeichnung wäre also wie folgt zu ergänzen:

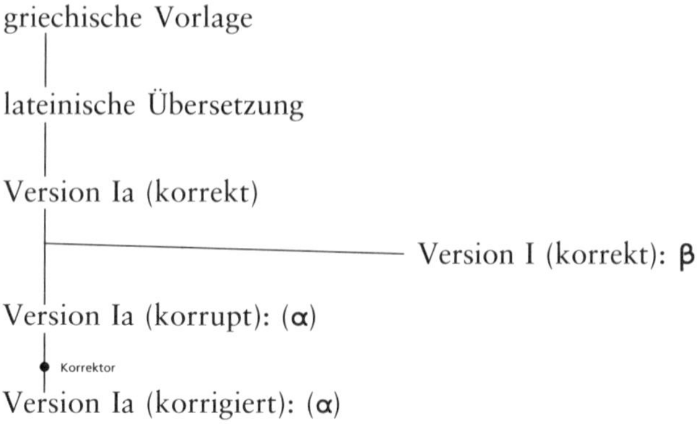

Cap. 21.21:

Ne quis vestrum quoquam se vertat, neuter ab altero separetur, sed ad cellam vestram, in qua per tantum tempus vixistis, redite.

Aus der von I richtig bewahrten Übersetzung des griechischen Textes Μὴ περιστραφῆτε μηδαμοῦ ... ist in Ia geworden: *Ne quis verbum quodquam dicat, ...* Der erste Schritt zu dieser Formulierung war wohl die Verschreibung von *vestrum* zu *verbum*, die als bewußte Korrektur die Änderung von *quoquam se vertat* in *quodquam dicat* nach sich zog. Die **α**-Handschriften repräsentieren z. T. eine Zwischenstufe: **A** *a.c.* und **S** bieten zwar das Prädikat *dicat*, schreiben aber noch das zum urprünglichen Wortlaut gehörende *quoquam*.

Cap. 32.7:

„Si quis", inquit, „de alio monasterio peregrinus advenerit aliam regulam sequens, ..."

Die Fassung Ia tradiert an Stelle des unproblematischen und dem griechischen ... ἄλλον ἔχοντος τύπον gut entsprechenden ... *aliam regulam sequens* die nicht leicht nachzuvollziehende Wendung ... *aliam illis relin-*

quens consuetudinem vitae. Die diese Umformulierung auslösende Korruptel könnte eine Zusammenziehung der Worte *regulam sequens* zu *relinquens* gewesen sein, wodurch sich ein späterer Korrektor veranlaßt sah, die entstandenen Leerstellen zu füllen: Als Akk.-Objekt fügte er *consuetudinem vitae*, als Dat.-Objekt *illis* ein.

Cap. 46.6:

Interdum enim necesse est ita adversum inprudentes agi et veluti accipitre arrogantia uti.

Eine Verlesung von der selten auftretenden Form *accipitre* zu dem optisch ähnlichen viel gebräuchlicheren Infinitiv *accipere* hat in Fassung Ia eine weitreichende Umformulierung ausgelöst: ... *et veluti accipere contra eos scutum arrogantia quoque aliqua fastigii saecularis armari*. Der neue Infinitiv erforderte zunächst ein Objekt, was mit *contra eos scutum* eingesetzt wurde. Um in dem Bild der Bewaffnung zu bleiben, ersetzte der Korrektor das wenig aussagekräftige *uti* durch das stärkere *armari* und milderte die Härte der Verbindung *arrogantia armari* durch das einschränkende *aliqua* sowie den erläuternden Genitiv *fastigii saecularis*. Das dem *veluti* gegenübergestellte *quoque* dient der Herstellung einer besseren Ausgewogenheit zwischen den beiden Teilen *accipere ... scutum* und *arrogantia ... armari*.

Die als nächste angeführte Textstelle hat der lateinische Bearbeiter neu übersetzt, weil er an dem vorgefundenen Ia-Text, der wieder die Spuren eines Korrekturversuchs trägt, Anstoß genommen hat. Es ist allerdings nicht zu entscheiden, ob in Ia zum Zeitpunkt der Abfassung von I die sinnentstellende „Verbesserung“ bereits stattgefunden hatte oder nicht. Die beiden folgenden Situationen sind also denkbar, und in beiden Fällen wäre ein Rückgriff auf das Griechische verständlich:

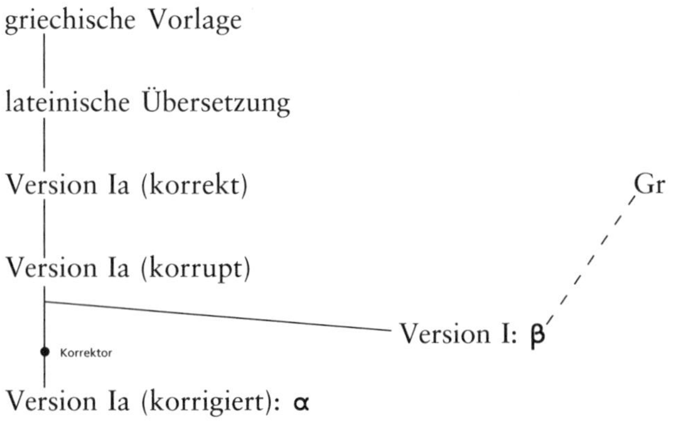

oder:

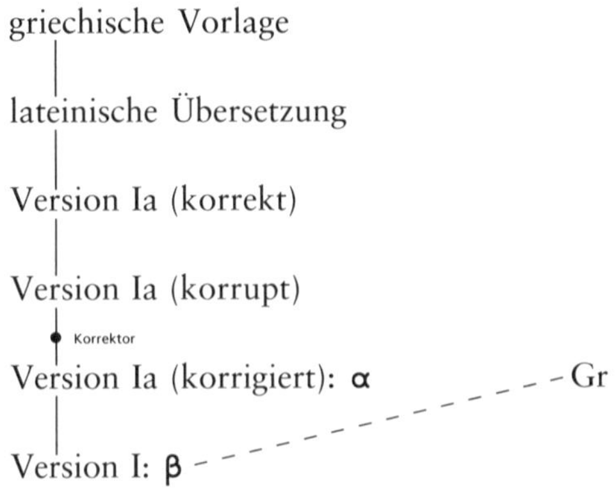

Cap. 58.5:

„Sensus“, inquit, „humanus, cum a cogitatione recesserit dei, aut quodcumque animal aut daemon incipiet fieri.“

So könnte die Ia-Übersetzung für das von der griechischen G-Handschrift P gebotene ... ἢ κτῆνος γίνεται ἢ δαίμων ursprünglich gelautet haben. Die beiden hier allein vorhandenen **α**-Handschriften **C** und **M** überliefern jedoch: ... *aut quaecumque anima laus daemonis incipiet fieri.* Der Auslöser dieser Verlesung war vermutlich eine Wortgrenzenverschiebung von *animal aut* zu *„anima laut“*; die weiteren Veränderungen (von *quodcumque* zu *quaecumque*, von *„laut“* zu *laus* und vom Nominativ zum Genitiv von *daemon*) müssen wohl als Folgeerscheinungen betrachtet werden, die dazu dienten, dem Satz wieder einen Sinn zu geben. Der Wortlaut der Version I (... *aut daemoni efficitur similis aut mutis animalibus comparatur*) kann weder auf der korrigierten Fassung noch auf einer Vorstufe von Ia beruhen; in der Umstellung von *animal* und *daemon* entspricht er vielmehr dem Text der griechischen Version B.

Das folgende Beispiel zeigt, daß die Beibehaltung eines korrigierten Ia-Textes und der Rückgriff auf die griechische Vorlage durch Version I gleichzeitig möglich sind, wobei es im vorliegenden Fall zu einer Doppelübersetzung gekommen ist:

Cap. 19.1/2:

..., cuius et hoc inter latrocinia eius factum memorabatur: Pastorem quendam [qui] in re quadam una cum canibus suis [morabatur] nocte ei inpedimento fuisse.

Der Räuber Moyses lauert dem Hirten auf, weil er ihm mit seinen Hunden in der Nacht bei einem Streifzug hinderlich ist: ... παρεμποδίσαντι αὐτῷ εἰς πρᾶγμά τι μετὰ τῶν κυνῶν ἐν νυκτί. Die Wendung *in re quadam* bezieht sich also auf *ei inpedimento fuisse* und nicht auf einen Relativsatz *qui ... morabatur*. Die Form *morabatur* läßt sich als Dittographie zu dem dicht vorausgehenden *memorabatur* erklären. Aus diesem überzähligen Verb hat ein späterer Korrektor der Ia-Fassung durch Einfügung des Relativpronomens *qui* einen Nebensatz gebildet und so den Zusammenhang zwischen *in re quadam* und *inpedimento fuisse* zerrissen. Der I-Bearbeiter hat nun die scheinbar fehlende Entsprechung zu dem griechischen εἴς πρᾶγμά τι an der passenden Stelle aus Gr B (εἴς πρᾶγμά τι ἀπιόντα) eingefügt: ... *nocte ei ad scelestum eunti negotium inpedimento fuisse*; er erkannte aber nicht, daß die Stelle bereits in Ia übersetzt war, sondern übernahm den Relativsatz unverändert in die neue Version.

Auch im nächsten, allerdings nicht eindeutig zu klärenden Fall könnte es sich bei dem Text von I um eine Kombination aus einem übernommenen Ia-Wortlaut und einer aus dem Griechischen stammenden Korrektur handeln:

Cap. 57.2:

Quae filiam quidem propriam ... praemisit ad Christum ut maximum donum laterum suorum atque virtutum.

Die ungewöhnliche Verbindung der konkreten *latera* mit den abstrakten *virtutes* wird in Fassung I überliefert; Ia stellt dagegen die *virtutes* mit auf derselben Ebene stehenden *labores* zusammen: ... *ut maximum donum laborum suorum atque virtutum*. Da jedoch vom Griechischen her (... δῶρον τῶν ἑαυτῆς λαγόνων) die Übersetzung *latera* vorgegeben ist und diese außerdem die lectio difficilior darstellt, bietet in diesem Teil Version I die korrekte Lesart. Weniger eindeutig ist der Zusatz *atque virtutum* zu beurteilen: Nachdem in der Ia-Überlieferung *laterum* zu *laborum* verlesen worden ist, könnte ihn ein Korrektor ergänzt haben, um der Aussage eine positive Wendung zu geben. Der Verfasser des I-Textes hätte dann zwar *laborum* anhand des Griechischen in *laterum* zurückkorigiert, gleichzeitig aber das sekundäre *atque virtutum* mitübernommen. Andererseits kann nicht ausgeschlossen werden, daß bereits der lateinische Übersetzer die Worte hinzugefügt hat, um die Formulierung *donum laterum suorum* abzumildern und zu erhöhen: In diesem Fall hätte die Version I den ursprünglichen Text der gesamten Stelle bewahrt.

An der folgenden Textstelle hat der lateinische Bearbeiter einen korrekten Ia-Wortlaut unter Zuhilfenahme des Griechischen unnötigerweise verändert:

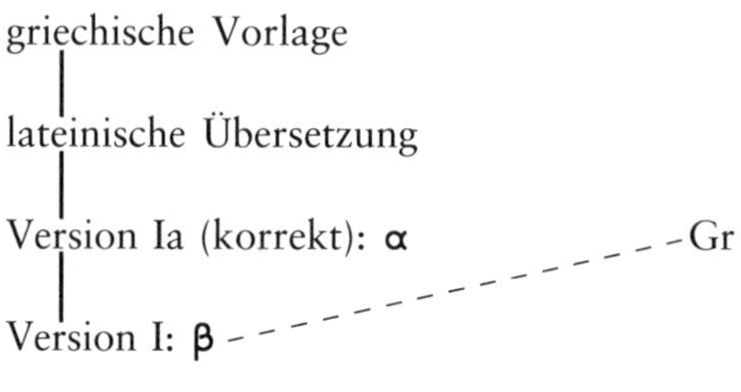

Cap. 18.36:

Quid ultra cupis in extremis aetatis tuae canis?

Diese Ia-Formulierung fordert eine Fehldeutung förmlich heraus: Anstatt *canīs* (die für das Alter stehenden grauen Haare[5]) mit *in extremis* zu verbinden, hat der Verfasser von I in dem Wort offenbar den Vokativ *canĭs* gesehen, zumal in demselben Absatz noch weitere Selbstbeschimpfungen des Macarius vorkommen (*decrepite senex* und *pessime senex*). Folglich hat er es durch einen anderen Vokativ ersetzt, der der griechischen Vorlage (πολιόφαγε) besser entspricht: *devorator ac ventris cultor*. Dabei fällt auf, daß in Ia nur der erste Teil des griechischen Schimpfwortes wiedergegeben ist, während I nur den zweiten berücksichtigt; möglicherweise lag dem Bearbeiter jedoch die ebenfalls belegte Variante πολύφαγε in Verbindung mit dem von Gr B bezeugten κοιλιόδουλε vor.

Zum Schluß sollen zwei Beispiele genannt werden, in denen eine Entwicklung von Ia zu I nicht festgestellt werden kann: Cap. 61.3 wird der Mann der jüngeren Melania, Pinianus, in Ia als *Marci ex praefecto filius*, in I (sowie im Griechischen und Syrischen) dagegen als Sohn des ehemaligen Präfekten *Severus* bezeichnet. Von der Ia- zur I-Lesart führt kein Weg, so daß man zwei verschiedene griechische Vorlagen annehmen muß – es sei denn, die beiden Versionen haben jeweils nur einen Bestandteil eines ursprünglichen Namens *Marcus Severus* bewahrt.

Eine gemeinsame griechische Vorlage, die von Ia und I jeweils zum Teil wiedergegeben wird, könnte in Cap. 37.8 anzusetzen sein:

Ia: „..., succurrite, subvenite omnes simul, quoscumque ... cernimus ..." **Cuius illi voce commoti** interrogant eum, ...

I: „..., succurrite." **Concurrentes autem** omnes simul, quoscumque ... cernimus ..., interrogant eum, ...

Der griechische Text unterstützt mit Καὶ προσδραμόντες ἅπαντες ... die Fassung von I. Die syrische Übersetzung dagegen vereinigt in sich beide Bestandteile und gibt damit vielleicht einen Hinweis auf eine vollständigere griechische Vorlage: „Et à sa voix ils s'étonnèrent tous, et ils coururent tous vers lui, ..."

5 Vgl. Rönsch, S. 306; cani (sc. capilli) = *senectus*, γῆρας.

B3 DAS VERHÄLTNIS DER VERSIONEN Ia UND I ZU DEN VERSCHIEDENEN FASSUNGEN DES GRIECHISCHEN TEXTES

a) Beobachtungen zu den Versionen

In den vorangegangenen Kapiteln wurde vorausgesetzt, daß die lateinische Übersetzung Ia ungefähr der griechischen kurzen Version G und die aus Ia entwickelte Fassung I der griechischen Rezension B entspricht. Daß diese Gleichsetzung eine Vereinfachung ist, zeigte sich schon in Kapitel B2, wo sich ergab, daß der lateinische I-Text unterschiedliche Stufen der Überlieferung repräsentiert und dabei auch hinter die Schicht der Ia-Handschriften zurückgeht.

Die Schwierigkeit einer Bestimmung des Verhältnisses zwischen den Versionen nimmt noch zu, wenn Vergleiche zwischen verschiedenen Sprachen vorgenommen werden müssen. Hier stellt sich immer die nicht eindeutig zu beantwortende Frage, ob eine vom Urtext abweichende Übersetzung der Überlieferungslage zuzurechnen oder auf den freien Umgang des Übersetzers mit seiner Vorlage zurückzuführen ist. Im konkreten Fall der Historia Lausiaca kommt erschwerend hinzu, daß die griechische handschriftliche Tradition noch nicht vollständig aufgearbeitet worden ist. Dies gilt besonders für die Rezension B, die ihrerseits in verschiedenen Fassungen vorliegt. Alle im folgenden zum Verhältnis zwischen dem griechischen und lateinischen Text gemachten Aussagen sind daher mit großen Vorbehalten behaftet.

Einem Vergleich ausgewählter Textstellen soll zunächst eine kurze Übersicht über die bisherigen Ausgaben des griechischen Textes vorausgeschickt werden[1].

Eine erste Veröffentlichung erfuhr der griechische Text der HL durch die Ausgabe von *Jean de Meurs, Leyden 1616*[2], d. h. zu einem Zeitpunkt, an dem die lateinischen Übersetzungen schon gedruckt vorlagen[3]. De Meurs folgte nur einer Handschrift, dem aus dem 10. Jahrhundert stammenden Codex Palatinus 41[4], der die HL in 103 Kapiteln und im Anschluß daran die HM überliefert. Der Text und die Kapitelreihenfolge entsprechen der

---

1 Beschreibungen der älteren griechischen Ausgaben bieten Preuschen, S. 135-138 und Butler II, Introduction §3 (= S. xxiv-xxvi). Zu den nach Butler angefertigten Editionen finden sich Angaben in: Meyer, Lausiac History, Introduction, S. 11-15 und Bartelink, Introduzione, S. XI/XII.

2 Der vollständige Titel lautet: „Palladii Episcopi Helenopoleos, Historia Lausiaca, ed. Ioannes Meursius, Primus Graecè nunc vulgavit, & Notas adjecit. Lugduni Batavorum, Ex Officina Ludovici Elzeviri, Typis Godefridi Basson, Anno M.D.C.XVI.“

3 Der mit der HM kontaminierte Text Hervets (s. Kapitel A3) war zum ersten Mal 1555 und in einer zweiten Auflage 1570 erschienen, und die erste Ausgabe Rosweydes existierte seit 1615.

4 Nr. 1 bei Butler.

Version B[5]. Zu bemerken ist die Auslassung der Kapitel 4 (Didymus) und 38 (Evagrius)[6] sowie der Ausfall eines Foliums in Cap. 17 (Macarius Aegyptius).

Auf der Grundlage des von de Meurs zugänglich gemachten Textes erstellte *Fronton du Duc, Paris 1624* eine neue Ausgabe[7]. Dabei bemühte er sich, den griechischen Text an die mit der HM erweiterte Übersetzung Hervets anzugleichen, indem er die vermeintlichen Lücken aus zwei die HL und HM tradierenden Handschriften[8] auffüllte. Auf der anderen Seite griff er auch in den lateinischen Wortlaut ein, um ihn mit den griechischen Formulierungen in Einklang zu bringen. Eine noch weitergehende Annäherung an Hervets Fassung führte *J. B. Cotelier, Paris 1686*[9] mit Hilfe zweier zusätzlicher Handschriften[10] durch; seine Ergänzungen betrafen jedoch fast ausschließlich die HM.

In dieser durch Cotelier erweiterten Gestalt wurde die Ausgabe du Ducs zunächst von *Lami, Florenz 1746* und schließlich von *Migne, Paris 1860*[11] nachgedruckt, wobei die Zusätze Coteliers in der Florentiner Edition an den Schluß des jeweiligen Kapitels gestellt, bei Migne dagegen wieder in den Text eingegliedert wurden, so daß dort ein Parallelabdruck des griechischen Textes und der lateinischen Übersetzung Hervets möglich war.

Es ergibt sich also, daß keine der bisher genannten Ausgaben[12] eine Version des griechischen Textes exakt wiedergibt: Die aus der HL und der HM kombinierte Langfassung A wurde nie nach einer diesen Texttyp repräsentierenden Handschrift herausgegeben, sondern aus verschiedenen B-Handschriften in Anlehnung an die bereits vorhandene lateinische Überset-

---

5 In seiner Vorrede an den Leser weist de Meurs auf die Unterschiede zwischen seinem Text und der von Hervet gebotenen Übersetzung hin: „Descripsi Heidelbergae, cum ante octennium illic agerem, ex bibliothecae Palatinae codice pervetusto membranaceo. Primus ego Graecè profero; cum Latinam versionem ante annos sexaginta vir eruditus, Gentianus Hervetus, dederit. Verùm certè aut nimium ille sibi indulsit, aut diversus multùm codex à Palatino, quo is usus. Nam quid versio ipsius differat à Palladii textu Graeco, facile cuique animadvertere, si conferre modò libebit.“

6 Der erste Satz des Kapitels 4 ist an Cap. 3 angeschlossen; danach folgt direkt Cap. 5. Die Unterdrückung der beiden Kapitel geht vermutlich auf eine orthodoxe Bearbeitung zurück, wie Butler auf S. xxiv feststellt. – Vgl. dazu Kapitel B1 b).

7 Sie erschien zuerst in: La Bigne, Bibliotheca Veterum Patrum, Auctarium, Tom. II, S. 393-1053. In den Jahren 1644 und 1654 wurde sie nachgedruckt in Tom. XIII der Magna Bibliotheca Veterum Patrum.

8 Es handelt sich um die beiden Pariser Codices graeci 464 (s. XVI) und 1600 (s. XI) = Nr. 3 und 13 bei Butler.

9 Ecclesiae Graecae Monumenta, Tom. III.

10 Codd. Paris graec. 1626 (s. XII) und 1627 (s. XIII) = Butler, Nr. 37 und 47.

11 Palladii episcopi Helenopoleos Historia ad Lausum, continens Vitas sanctorum patrum, Gentiano Herveto interprete, ed. F. Du Duc, PG 34, 995-1262.

12 Daneben gab es noch Editionen einzelner Kapitel und Kapitelgruppen, darunter die von Preuschen erstellte (s. Butler II, S. xxvi).

zung zusammengesetzt. Umgekehrt war die Version B nur dem Text nach, nicht aber dem eigentlichen Kapitelbestand entsprechend publiziert worden.

Das Verdienst Butlers besteht darin, eine genauere Scheidung der Versionen[13] durchgeführt und zum ersten Mal den Text der ursprünglichen kurzen Fassung G zur Verfügung gestellt zu haben. Alle folgenden Herausgeber reproduzierten mit geringfügigen Änderungen den Text Butlers, so *A. Lucot (Paris 1912)*, der die später stets übernommene Paragrapheneinteilung einführte, *Dom Antoni Ramon (Abbaye de Montserrat 1927)* und schließlich *G. J. M. Bartelink (Milano 1974)*. Doch obwohl Butlers Edition bis heute nicht ersetzt ist, blieb sie von z. T. heftiger Kritik nicht verschont.

Die ersten Reaktionen waren noch überwiegend positiv: M. Bonnet schließt seine Rezension der Ausgabe[14] mit den Worten: „En résumé, cette édition de l'*Histoire Lausiaque* est excellente. Avec ses Prolégomènes, on peut la citer comme un modèle de travail consciencieux, méthodique, solide et fructueux.", bedauert aber mangelnde Klarheit und zu spärliche Berücksichtigung der Version B im kritischen Apparat. Anerkennend urteilt auch Turner ein Jahr später[15], wobei er eine Steigerung von Butlers Fähigkeiten vom ersten zum zweiten Teil feststellt[16]. 1916 beklagt dagegen Reitzenstein[17], daß Butler den Wert der wichtigsten Handschrift, des Codex Taurinensis C.IV.8 aus dem 16. Jahrhundert (= T), „völlig verkannt" habe, und fordert eine Neuausgabe des Textes. Gegen diesen Angriff verteidigt sich Butler im ersten Teil seines Aufsatzes „Palladiana"[18], wo er allerdings einräumt, daß er T stärker berücksichtigt hätte, wenn ihm die Handschrift W[19] früher bekannt geworden wäre; der Text jedoch hätte sich dadurch nicht grundlegend geändert[20].

Butlers schärfster Kritiker ist jedoch Draguet, der über einen langen Zeitraum hinweg in zahlreichen Publikationen die Schwächen der Ausgabe

---

[13] Die Absonderung der HM von der HL hatte schon Preuschen vorgenommen.

[14] The Lausiac History by Dom Cuthbert Butler, in: REA 6 (1904) 341-347.

[15] Lausiac History, S. 344: „Dom Butler is indeed probably stronger as an historical and literary critic than as an exact scholar. ... Even in the domain of exact criticism, what a little there really is to add!"

[16] S. 345: „In a word, Dom Butler was then still feeling his way: now he moves as the acknowledged master of his subject."

[17] HM und HL, S. 2, Anm. 2.

[18] JTS 22 (1921) 21-35.

[19] Cod. Oxford, Christ Church, Wake 67, s. X.

[20] S. 34/5: „..., and had I discovered the Wake MS (W) at an earlier stage I would have followed P much less confidently. ... Were I to undertake now to re-edit the text, I would give less weight to P, and greater weight to the variants ... of T, certainly when supported by any other witness to the text. The text would, no doubt, be improved in many places; but it would not be substantially altered: ...".

geißelt[21]. Dabei wirft er Butler unvollständige Aufarbeitung der Überlieferung vor und fügt selbst ergänzendes Material aus Butler unbekannten oder von ihm vernachlässigten Handschriften hinzu[22], lehnt den Text der Edition als künstlich zusammengesetzt und in keiner Handschrift bezeugt ab[23], kritisiert Butlers Methode der Handschriftenklassifizierung[24] und unterstellt ihm sogar böswilliges Verschweigen einer Textpassage von 30 Zeilen in der von ihm zu spät entdeckten Handschrift W; damit habe er zu verhindern gesucht, daß der bereits gedruckte Teil seiner Edition in Frage gestellt werde[25]. Auf den zuletzt genannten Vorwurf der wissenschaftlichen Unaufrichtigkeit reagierte D. J. Chitty mit einer Verteidigung Butlers[26], die eine unmittelbare Erwiderung Draguets hervorrief[27], in der er seine zuvor geäußerte Interpretation aufrechterhält[28] und sich auf äußerst polemische und ironische Weise sowohl gegen Butler als auch gegen Chitty wendet[29].

---

21 S. z. B. „Butler et sa *Lausiac History* face a un ms. de l'édition, le Wake 67" (in: Le Muséon 63 [1950] 205-230), S. 228/9, bes. Anm. 39: „Butler nous a joué à nous-même un très mauvais tour, à moins que ce ne soit nous qui nous le soyons joué à nous-même en lui faisant confiance. ... Entretemps, nos yeux s'ouvraient sur les déficiences de l'édition et sur la complexité toujours grandissante de problèmes que Butler n'avait pas soupçonnés, ...".

22 In den Aufsätzen: „Un nouveau témoin du texte G de l',Histoire Lausiaque' (Ms. Athènes 281)", in: AB 67 = Mélanges Paul Peeters I (1949) 300-308; „Butler et sa *Lausiac History* face a un ms. de l'édition, le Wake 67"; „Un texte G de l'*Histoire Lausiaque* dans le Lavra 333 Γ 93", in: RSR 40 = Mélanges Jules Lebreton II (1951-1952) 107-115.

23 Butler et sa *Lausiac History* face a un ms. de l'édition, le Wake 67, S. 208: „Elle *(sc. l'idée)* le conduisit à construire un texte de son cru, par combinaison d'éléments choisis dans la tradition dont il disposait, et à nous livrer un texte qui, comme tel, n'a d'existence dans aucun ms."; Un texte G de l'*Histoire Lausiaque* dans le Lavra 333 Γ 93, S. 114: „... sur le texte de Butler, qui est composite et artificiel". – Schon E. Schwartz hatte in Palladiana, S. 195 darauf hingewiesen, daß Butler von Cap. 40 bis zum Schluß der HL einen G-Text mit der Kapitelreihenfolge aus B verbindet.

24 In seinem Aufsatz „Un morceau grec inédit des vies de Pachôme apparié a un texte d'Évagre en partie inconnu", in: Le Muséon 70 (1957) 267-306, bes. S. 269.

25 Butler et sa *Lausiac History* face a un ms. de l'édition, le Wake 67, S. 225-227.

26 Dom Cuthbert Butler, Professor Draguet, and the *Lausiac History*, in: JTS N. S. 6 (1955) 102-110. Chitty erklärt Butlers Schweigen damit, daß es sich bei dem zusätzlichen Textabschnitt in W um eine Interpolation aus der HM handelt, die Butler nicht weiter interessierte und deren Erwähnung er unter dem Druck der bevorstehenden Veröffentlichung seiner Ausgabe, keineswegs aber aus unlauteren Absichten, unterlassen habe (S. 109).

27 „Butleriana, Une mauvaise cause et son malchanceux avocat", in: Le Muséon 68 (1955) 239-258.

28 S. 244/5.

29 V. a. am Schluß, S. 257/8 („Butler, si l'on veut, méritait un peu le fouet, ... Étranger, M. Chitty semble l'être à la complexité des problèmes qu'il aborde, ...").

In jüngerer Zeit wurde die Problematik einer angemessenen Herausgabe der griechischen HL mit mehr Nachsicht behandelt: E. Magheri Cataluccio vertritt sogar die Auffassung, daß sich das Werk als von mündlicher Tradition geprägter „testo aperto" überhaupt den Anforderungen einer kritischen Edition entziehe[30]; dementsprechend könne auch die Ausgabe Butlers nicht als endgültige Rekonstruktion der Historia Lausiaca des Palladius betrachtet werden[31]. Butler selbst hatte zwar keinen Anspruch auf abschließende Behandlung des Themas erhoben und außerdem eingeräumt, daß viele Varianten des Apparates als ebenso wahrscheinlich zu bewerten seien wie die in den Text aufgenommenen Lesarten, hatte aber mit seiner Einschätzung: „I do not doubt that in substantials it reproduces the original with correctness."[32] zu große Sicherheit suggeriert[33]; dieser Satz war es auch, der seine Nachfolger immer wieder zum Widerspruch veranlaßte.

Butler hat den §5 seiner Einleitung[34] dem Vergleich zwischen den verschiedenen Versionen des HL-Textes gewidmet: Für Cap. 23 (Pachon) stellt er die beiden griechischen Fassungen G und B, die lateinischen l (= Ia) und l_2 (= II) sowie zwei syrische Versionen (s und s_2) in Synopse einander gegenüber. In einer auswertenden Tabelle[35] erweist er anhand einiger ausgewählter Lesarten die G-Formulierungen gegenüber denen von B als maßgeblich für die lateinischen und syrischen Übersetzungen. Ein weiterer auf die reine Textmenge ausgerichteter Vergleich findet sich in §2 der Einleitung[36]: Hier ist das Verhältnis zwischen G und B an einem Abschnitt aus Cap. 21 optisch dargestellt[37].

---

30 Il Lausaïkon di Palladio tra semiotica e storia, Roma 1984, S. 30: „Il problema storico della collocazione sincronica e ideologica della HL è meno spinoso di quello della sua tradizione testuale, estremamente aperta e contaminata, rappresentata in molte versioni con varianti significative, difficile o forse impossibile ad inserire in una tradizione critica definitiva."

31 Ebd.: „Il *textus restitutus* da Dom Butler è una struttura-base contenente lo scheletro linguistico-narrativo del codice del Lausaïkon; non è una edizione critica definitiva perchè la storia della tradizione testuale dell'opera di Palladio sfugge alle categorie della filologia classica a cui si sono rivolti sia Butler sia i suoi più autorevoli antagonisti: Bousset, Reitzenstein, Draguet."

32 II, Introduction §10, S. xciii.

33 Draguet bekennt in „Butler et sa *Lausiac History* face a un ms. de l'édition, le Wake 67", S. 228/9, daß sein Vertrauen in die Zuverlässigkeit der Ausgabe Butlers erst allmählich erschüttert worden sei: „Et voici que la confiance que nous avions dans notre instrument de travail reçoit un choc douloureux. ... Désormais, cependant, en aucune rencontre particulière avec Butler, nous ne pourrons avoir encore le sentiment, combien nécessaire, de la sécurité."

34 II, S. xxxvi-xliv.

35 S. xlii.

36 II, S. xix.

37 Ähnliches ist für die beiden lateinischen Versionen Ia und I in Kapitel B1 b) dieser Ausgabe durchgeführt.

An dieser Stelle soll zunächst durch Gegenüberstellung der griechischen und lateinischen Kurzfassungen, d. h. Gr G, Lat. Ia und – zum Vergleich – Lat. II[38], sowie der Langfassungen, d. h. Gr B und Lat. I, untersucht werden, inwieweit sich diese vom Textbestand her entsprechen. Der Vergleichbarkeit mit den bereits durchgeführten Untersuchungen halber soll auch hier wieder der Dialog zwischen Eulogius und dem unzufriedenen Krüppel (Cap. 21.9-10, im Griechischen §§ 5-6) zugrundegelegt werden. An erster Stelle steht jeweils der griechische Text; darauf folgt die lateinische Übersetzung, in der diejenigen Formulierungen unterstrichen sind, die durch das Griechische abgedeckt sind.

1. Kurzfassungen:

Gr G

μετὰ δὲ τὰ δεκαπέντε ἔτη δαίμων ἐνέσκηψεν εἰς αὐτὸν καὶ ἀποστασιάζει πρὸς τὸν Εὐλόγιον· καὶ ἤρξατο τοσαύταις δυσφημίαις καὶ λοιδορίαις πλύνειν τὸν ἄνδρα, ἐπιλέγων· Σχάστα, φυγοκύρι, ἀλλότρια χρήματα ἔκλεψας, καὶ δι᾿ ἐμοῦ θέλεις σωθῆναι. ῥῖψόν με εἰς τὴν ἀγοράν· κρέα θέλω. ἤνεγκεν αὐτῷ κρέα. πάλιν οὖν ἀνέκραξεν· Οὐ πληροφοροῦμαι· ὄχλους θέλω· εἰς τὴν ἀγορὰν θέλω. ὦ βία· ῥῖψόν με ὅπου με εὗρες. ὡς εἰ εἶχε χεῖρας τάχα ἂν καὶ ἀπήγξατο, τοῦ δαίμονος αὐτὸν οὕτως ἀγριώσαντος.

Lat. Ia

Post quindecim vero annos instinctu daemonis supradictus aegrotus immemor tot laborum Eulogii tantorumque meritorum coepit ab eo velle discedere multisque eum iniuriis atque opprobriis increpare dicens: ‚Fugitive‘, inquit, ‚qui proprium dominum devorasti[39] furatusque es alienam substantiam, in me occasionem salutis repperisse te credis? Proice me‘, inquit, ‚in publicum; volo carne saturari.‘ Cumque exhibitae ei carnes fuissent, coepit iterum proclamare: ‚Non potes‘, inquit, ‚meae satisfacere voluntati: Populum videre, ad publicum ire desidero. Quid mihi violentus existis? Redde me ipsi loco, unde me ad te sustulisti.‘ Tanta ergo erat eius insania, adeoque sensus ipsius in ferinos mores converterat daemon, ut et suspendisset forte laqueo se, si manus, per quas hoc facere posset, habuisset.

Lat. II (Caput XVI, PL 74, 373 B/C)[40]

Post quindecim autem annos insidiatus est ei diabolus, et clamare coepit contra Eulogium, multisque iniuriis et detractionibus afficere virum. Dicebat enim ei: Multa mala commisisti, fugitive forsitan domini tui; alienas pecunias furatus es, et per me vis a peccatis tuis liberari. Et clamabat: Iacta me in plateam ubi ante iacebam, carnes desidero manducare. Hoc cum audisset Eulogius, obtulit ei carnes in cibum. Iterum ille clamabat: Non acquiesco, sed, ut dixi, iacta me in plateam, populos volo videre, iacta me ubi me invenisti. Forsitan si manus habuisset, suffocare se potuit, in tantum eum daemon exagitabat.

---

38 = BHL 6534. Diese von Ia unabhängige Übersetzung von Gr G wird in Kapitel B4 behandelt.

39 Hiermit ist die B-Lesart φαγοκύρι übersetzt.

40 Das „j“ des Mignedrucks wurde zu „i“ normalisiert.

2. *Langfassungen:*

Gr B

Μετὰ δὲ τὰ δεκαπέντε ἔτη δαίμων ἐνέσκηψεν εἰς αὐτὸν θέλων τάχα **καὶ τὸν Εὐλόγιον τῆς ἐντολῆς καὶ τῆς προθέσεως στερῆσαι,** καὶ τὸν λελωβημένον τῆς ἀναπαύσεως καὶ τῆς εὐχαριστίας κυρίου· καὶ ἀποστασιάζει οὗτος πρὸς τὸν Εὐλόγιον· καὶ ἤρξατο λέγειν κατ᾽ αὐτοῦ πολλὰ δύσφημα ὡς καὶ λοιδορίαις λοιπὸν πλύνειν τὸν ἄνδρα, ἐπιλέγων αὐτῷ· Σχάστα, **γλούττων,** φυγοκύρι, ἀλλότρια χρήματα ἔκλεψας, **καὶ τάχα δοῦλος ὑπάρχων τὸν ἴδιον δεσπότην ἐσύλησας· καὶ τῇ ἐμῇ προφάσει βούλει λαθεῖν, ὡς ἐπὶ προφάσει δῆθεν εὐποιίας εἰς τὸ ξενίδιόν σου λαβών με,** καὶ δι᾽ ἐμοῦ θέλεις σωθῆναι. ὁ δὲ Εὐλόγιος παρεκάλει αὐτὸν θεραπεύων αὐτοῦ τὴν καρδίαν, λέγων· Μή, κύριε, μὴ λέγε τοιαῦτα· ἀλλ᾽ εἰπὲ τί σε ἐλύπησα, καὶ διορθοῦμαι. ὁ δὲ ὅλος λελωβημένος ἔλεγεν ἐμβριθῶς· Οὐ θέλω σου ταύτας τὰς κολακείας· ἀπένεγκε, ῥῖψόν με εἰς τὴν ἀγορὰν παρὰ τὴν σήν μοι ἀνάπαυσιν. ὁ δὲ Εὐλόγιος· Παρακαλῶ σε, θεραπεύθητι, εἴ τι λυπῇ, κύρι ὁ μέγας. ὁ δὲ λελωβημένος ἀγριαίνων θυμῷ πρὸς αὐτὸν ἔλεγεν· Οὐκέτι ἀνέχομαι τῆς ὑπούλου σου καὶ εἰρωνικῆς κολακείας. οὐκ ἀρέσκομαι τῇ ζωῇ ταύτῃ τῇ τεταριχευμένῃ καὶ φειδωλῷ. ἐγὼ κρέα θέλω ἐσθίειν. ὁ δὲ μακρόθυμος Εὐλόγιος ἤνεγκεν αὐτῷ κρέα. ἰδὼν δὲ ταῦτα πάλιν ἀνέκραξεν ὁ δυσπαθής· Οὐ πληροφοροῦμαι εἶναι μετὰ σοῦ μόνου· ὄχλους θέλω. λέγει αὐτῷ ὁ Εὐλόγιος· Εγώ σοι φέρω ἄρτι πλῆθος ἀδελφῶν. ὁ δὲ πάλιν ἀποδυσπετῶν λέγει· Οὐαί μοι τῷ ταλαιπώρῳ, τὴν σὴν ὄψιν οὐ θέλω ἰδεῖν, καὶ ἄγεις μοι τοὺς ὁμοίους σου ἀργοφάγους; καὶ σπαράξας ἑαυτὸν, ἀτάκτῳ φωνῇ ἀνέκραξε λέγων· Οὐ θέλω, οὐ θέλω· εἰς τὴν ἀγορὰν θέλω. ὦ βία· ῥῖψόν με ὅπου με εὗρες. λέγω ὅτι εἰ εἶχε χεῖρας τάχα **οὐ παρῃτεῖτο καὶ** ἀγχόνῃ χρήσασθαι **ἢ ξίφει ἑαυτὸν χειρίσασθαι,** τοῦ δαίμονος αὐτὸν οὕτως ἐξαγριώσαντος.

Lat. I (PL 74, 281 B-D)

<u>Post quindecim vero annos instinctu daemonis, supradictus aegrotus immemor tot laborum Eulogii, tantorumque meritorum, coepit ab eo velle discedere, multisque eum iniuriis atque opprobriis increpare, dicens: Fugitive, qui propriam domum devorasti, furatusque es alienam substantiam, in me occasionem salutis tuae reperisse te credis? Eulogius autem rogabat eum, et satisfaciens animo eius dicebat: Noli, mi domine, noli talia loqui, sed dic potius quid te contristaverim, et emendo. Elephantiosus autem cum furore dicebat:</u> Vade, <u>nolo istas adulationes tuas. Proice me, inquit, in publicum, refrigeratione tua non egeo. Eulogius autem, Obsecro te,</u> inquit, <u>placare,</u> aut <u>quid te contristaverim, venerande senex,</u> edicito. <u>Elephantiosus autem asperior, in furore dicebat ad eum: Iam non fero fraudulentas irrisiones tuas, adulationes et subsannationes tuas non tolero, nec mihi haec arida parcaque vita iucunda est; volo carnibus saturari. Cumque exhibitae ei a viro patientissimo Eulogio carnes fuissent, coepit iterum proclamare: Non potes,</u> inquit, <u>meae satisfacere voluntati, nec tecum solitarius habitare praevaleo. Populum videre,</u> ad publicum ire desidero. <u>Dicit ei Eulogius: Ego tibi adduco multitudinem fratrum. Rursus ferocior,</u> ac pene blasphemus aegrotus: <u>Vae, inquit, misero mihi, tuam faciem nolo videre, et adducis mihi similes tui, solius panis devoratores[41]? concutiensque semetipsum inquieta voce proclamabat, dicens: Nolo, nolo; ad publicum ire desidero. O violentia! in eum locum me proice, unde</u>

---

[41] Im Migne-Text ist irrtümlich *devorator es* gedruckt.

me sustulisti. Tanta ergo erat eius insania, adeoque sensus ipsius in ferinos quodammodo clamores converterat daemon, ut et suspendisset forte laqueo se, si manus per quas hoc facere posset habuisset.

Sowohl zu den kurzen als auch zu den langen Fassungen läßt sich feststellen, daß die lateinischen Texte im großen und ganzen den griechischen Vorlagen[42] entsprechen. Dabei ist die Übersetzung Lat. II enger an den griechischen G-Text angelehnt und gibt diesen an einigen Stellen wörtlicher wieder als die freier formulierte Version Ia[43]. Im Unterschied zu der sonstigen Tendenz, daß die lateinische Übersetzung nicht alle Sätze des griechischen Textes erfaßt, fällt bei den beiden Langfassungen Gr B und Lat. I auf, daß hier der griechische Text in seinem Umfang stellenweise über den lateinischen hinausgeht[44].

Die folgenden Beobachtungen beziehen sich nur noch auf die vier Versionen Gr G, Gr B, Lat. Ia und Lat. I; Lat. II bleibt außer acht.

Betrachtet man den gesamten Aufbau des Textes, so sind sowohl Gemeinsamkeiten als auch Unterschiede zwischen den kurzen und langen Versionen beider Sprachen zu konstatieren. Parallel ist die Zuordnung der Prologe: Während G und Lat. Ia mit dem zweiten längeren Prolog (Πολλῶν πολλὰ καὶ ποικίλα ...[45] bzw. *Multi quidem multos ...*) beginnen, ist in B und Lat. I ein kürzerer Prolog oder ein Proömium (Ἐν ταύτῃ τῇ βίβλῳ ...[46] bzw. *In hoc libro ...*) davorgeschaltet. Dieser Prolog wird von Butler aus stilistischen Gründen als Zutat der metaphrastischen Version erwiesen; er ist nur in einigen Untergruppen von B und in der G-Handschrift P vorhanden, dazu in Lat. I und einem Teil von Syr[47]. Butler wird in dieser Ansicht von R. Draguet[48] unterstützt, der die Wortwahl des Proömiums als abweichend vom gesamten restlichen HL-Text und damit unpalladianisch herausstellt[49].

In einem anderen Punkt ist jedoch die Parallelität zwischen den Versionen durchbrochen – in der Reihenfolge der Kapitel. Sie ist nur bis Cap. 39 für Gr G und B identisch; danach entwickelt sie sich auseinander: Gr B,

---

42 Mit dem Begriff „Vorlage“ soll hier nur das Verhältnis zwischen der griechischen und der lateinischen HL charakterisiert, nicht die konkrete, der Übersetzung zugrundegelegte Vorlage bezeichnet werden, die für uns – zumindest nach dem gegenwärtigen Stand der Aufarbeitung der griechischen Tradition – nicht mehr rekonstruierbar ist.

43 Vgl. den Textvergleich in Kapitel B4.

44 Diejenigen Formulierungen, die keine Entsprechung in Lat. I haben, sind fett hervorgehoben.

45 = BHG 1437.

46 = BHG 1435.

47 Vgl. II, S. 182, Note 1.

48 L'inauthenticité du prooemium de l'Histoire Lausiaque, in: Le Muséon 59 (1946) 529-534.

49 S. die Zusammenstellung auf den Seiten 531-534 seines Aufsatzes.

Lat. Ia und Lat. I stehen Gr G und Syr gegenüber. Butler hat seinen Text nach der Fassung von G, aber der Anordnung von B eingerichtet und auf diese Weise auch die fünf in G fehlenden Kapitel 41B, 42, 45, 49 und 52 dem Werk eingegliedert. Die so entstandene Form der HL ist diejenige der Version Lat. Ia, auf deren großen Wert Turner in diesem Zusammenhang hingewiesen hat[50]: In ihr sei die ursprüngliche Textgestalt (G) mit der korrekten Kapitelreihenfolge (B) kombiniert. Anders urteilt hierüber Schwartz[51]: Er hält die Anordnung von G für die allein überzeugende und sieht bei der Ausrichtung auf B Dispositionsmängel[52].

Der obenstehende Vergleich hat ergeben, daß sich dem Textumfang nach Gr G und Lat. Ia sowie Gr B und Lat. I grob entsprechen. Im Hinblick auf die Formulierungen ist zu erwarten, daß Lat. I als aus Lat. Ia entwickelt in den gemeinsamen Abschnitten Gr G und in den über Ia hinausgehenden Teilen Gr B zuzuordnen ist. Daß dies nur bedingt zutrifft, zeigt die Zusammenstellung der **β**-Zusätze in Kapitel B3 b): Die Erweiterungen der lateinischen Langfassung sind keineswegs einheitlich, sondern spalten sich in verschiedene Gruppen auf.

Einige Beispiele[53] sollen die zwischen Gr G und Lat. I einerseits und Gr B und Lat. Ia andererseits bestehenden Verbindungen verdeutlichen:

Gr G = Lat. I:

Prol. II., §4[54]:
ἐστὶ θεϊκῆς διδασκαλίας – divinae doctrinae est (**Ia**: divinae scimus esse doctrinae)
Cap. 1, §3:
τῶν θείων δογμάτων – divini dogmatis (**Ia**: divinae sectae)
Cap. 4, §3:
δι' ἀρετὴν – pro adquirendis virtutibus (**Ia**: spiritali mente)
Cap. 5, §2:
εἰς τὸ μνῆμα (+ τοῦτο T) – in illo sepulchro (**Ia**: in illo ... loco)
Cap. 6, §3:
δύναται ... φρονήσει κινούμενος θεϊκῇ μήτε ... καταφρονεῖν – Potest ... spiritali scientia divinoque amore commotus nec ... contemnere (**Ia**: Potest ... ita, ut deus praecepit, sapere, ut nec ... contemnat)

---

50 Lausiac History, S. 341/2.
51 Palladiana, S. 193-196.
52 Vgl. Kapitel A2.
53 Der Auswahl liegen die Kapitel 1-40 des Textes zugrunde.
54 Da vom griechischen Wortlaut ausgegangen wird, sind die Paragraphenangaben diejenigen des griechischen Textes nach der Ausgabe von Bartelink.

Cap. 6, §3:
ἐπὶ ματαίῳ ... λογιζόμενος – deputans vanitati (**Ia**: vanitati cuidam parem fingens)
Cap. 14, §§ 1/2:
ἐὰν ἔλθωμεν ..., καὶ ἡμεῖς ... ἔχομεν καταλεῖψαι τοὺς πόνους (+ ἡμῶν TB): ἴσως δὲ καὶ κινδύνοις περιπεσούμεθα ... – Si ... arripimus, etiam ipsi labores nostros ... relinquemus nosque fortasse euntes in pericula praecipites ... consument. (**Ia**: Mercationem ... arripimus, ut et ipsi labores ... relinquamus, ut et nos euntes in pericula praecipites ... consumant?)
Cap. 16, §3:
παρ᾿ ὀλίγον αὐτὸν ἐξώκειλε τῆς προθέσεως – *(an früherer Stelle:)* ut eum a propositi sui lege deflecteret (**Ia** *om.*)
Cap. 18, §8:
βαυκάλιον ὕδατος στάζον – ampullam ... aquae stillantis (**Ia**: ampullam ..., ex qua aquam destillare cernebat)
Cap. 18, §10:
ὧν ἔνιαί εἰσιν ἀθυρίδωτοι – ex quibus quaedam sine fenestris erant (**Ia**: ... una sine fenestris erat)
Cap. 18, §24:
τὸν σκύλλοντά με – vexantem me (**Ia**: eum, qui me vexare contendit)
Cap. 18, §25:
ἀποστηθίζων – memoriter retinebat (**Ia**: memoria sine haesitatione retinebat)
Cap. 18, §29:
καὶ εἰς τὸ ἄκρον τοῦ πώγωνος – parumque circa mentum aliquid videbatur (**Ia**: et parum aliquid videbatur circa capillos eos, qui per tempora utraque descendunt)
Cap. 19, §9:
τὴν ἄλλην οὖν ἡμέραν – Postero die (**Ia**: Post triduo vero)
Cap. 22, §7:
ᾑρεῖτο γὰρ ... σκορπίους ποιμᾶναι ἢ μοιχαλίδι γυναικὶ συζῆσαι. – Eligebat enim ... cum scorpionibus se quam cum adultera victitare. (**Ia**: Magis enim ... cum scorpionibus quam cum adulteris vivere se posse credebat.)
Cap. 22, §12:
καὶ ἐλευθερώσῃς τὸν ἄνθρωπον – liberumque eum a tali morte digneris efficere (**Ia** *om.*)
Cap. 26, §5:
ταῦτα πάντα – quae ei acciderant, cuncta (**Ia** *om.* cuncta)
Cap. 32, §5:
ἄλλου μοναστηρίου ἄλλον ἔχοντος τύπον – de alio monasterio ... aliam regulam sequens (**Ia**: aliam illis relinquens consuetudinem vitae)

Cap. 32, §6:
προᾳδεσθαι τυπώσας – statuit ... praecinere (**Ia**: dici ordinaverat)
Cap. 35, §5:
Πόθεν εἶ, καὶ τί παραγέγονας; – Unde es vel cur advenisti? (**Ia**: Unde advenis?)
Cap. 35, §8:
τὴν τοῦ πατρός σου ἐπιθυμίαν, καὶ τὴν κατήχησιν τοῦ ἀδελφοῦ σου καὶ τῆς ἀδελφῆς εἰς τὸν μονήρη βίον – et circa patris desiderium et quemadmodum frater tuus sororque converti atque in solitudine agere vitam suam deberent (**Ia**: et quod pater tuus te desideraret et quemadmodum frater tuus sororque de vita, quam in solitudinibus agere deberes, hortari solerent)
Cap. 36, §1:
ὁπηνίκα ἐκαθέσθη ἐπέκεινα τοῦ Ποιμενίου – eo tempore, cum sederet in illa regione, quam Poemenion dicunt (**Ia**: transiret illam regionem, quam Poemenici dicunt)
Cap. 36, §2:
βοτάνας ... ἀγρίας – herbis agrestibus (**Ia**: holeribus)
Cap. 36, §2:
ἐκλειπόντων μου τῶν βρωμάτων – cum penitus alimenta, quibus sustentari poteram, defecissent (**Ia**: cum penitus haberem nihil, quo sustentarer, alimenti)
Cap. 37, §5:
κατήντησεν εἰς Ἑλλάδα, καὶ διατρίψας ... ἐν Ἀθήναις – ... ad elladam pervenit ac ... moratus athenis (**Ia**: Quo ... pervenit ac ... illic moratus)
Cap. 37, §7:
οὗ ἄνευ ζῆσαι οὐ δύναμαι – et nisi reddidero mortem minatur (**Ia** *om.*)
Cap. 37, §11:
ἀπενέγκατέ με καὶ ῥίψατε – Reducite me atque proicite (**Ia** *om.* atque proicite)
Cap. 37, §14:
τότε λέγει αὐτῇ· Ἔξελθε καὶ πρόελθε. – Deinde ait: Egredere et procede. (**Ia**: Exi ergo et sequere me.)
Cap. 37, §14:
εἰ θέλεις τελείως με πληροφορῆσαι – Si ergo vis persuadere mihi certissime (**Ia** *om.* mihi certissime)

In den angeführten Beispielen bietet Version Ia meist länger umschreibende, z. T. sogar von Gr G und Lat. I inhaltlich abweichende, Formulierungen; einige Stellen fehlen in Ia ganz.

Noch häufiger begegnet die umgekehrte Konstellation, die in einer Stellenauswahl veranschaulicht werden soll:

Gr B = Lat. Ia[55]:

Prol. II, §8:
+ μεθ' ἃς ἀλλοτριοπραγμοσύναι – postque alienorum negotiorum cura succedit
Prol. II, §16:
+ καὶ τὸ ἀπέρπερον ἦθος – et inconfusa mens animi
Prol. II, §16:
ἡ παροιμία (**G**: ἡ σοφία) – sanctarum scripturarum proverbialis sermo
Cap. 3, §2:
τιμωρουμένην αὐτὴν ἀποθανεῖν (**G**: τιμωρηθῆναι) – ut in tormentis deficeret
Cap. 3, §3:
ὑποκαίεσθαι + λαμπροτάτῳ πυρὶ – accerrima flamma succenderet
Cap. 7, §3:
διηγήμασι (+ ἀρχαιοτέρων) πατέρων – relationibus super his, qui ante ipsos fuerant
Cap. 7, §4:
βιβλίον + ἀναγινώσκειν – legendum ... codicem
Cap. 7, §6:
προφητικὸν χάρισμα ἐσχηκότα (**G**: προφήτην) – prophetica gratia clarum
Cap. 8, §3:
ὑπὸ βαθὺν ὄρθρον ἀπίει εἰς τὸν κῆπον (**G**: ἐξήρχετο) – ad opus solitum mane pergebat
Cap. 8, §6:
ἀναγομένην + εἰς τὸν οὐρανὸν – tunc, cum ... ferebatur ad caelum
Cap. 10, §1:
γέγονε + πάροικος – habitator ... fuit
Cap. 10, §3:
πένεται πλέον + παρὰ τὰ ἄλλα – plus videntur egere quam cetera
Cap. 11, §2:
μετὰ βοηθείας + πολλῆς εἰς τὸ συλλαβέσθαι αὐτὸν – cum magna multitudine, quo facilius abstraheretur
Cap. 16, §4:
διάκονοι + τῶν ἐπισκόπων – diaconi episcoporum
Cap. 16, §4:
τὰ κρυπτὰ τῆς ἐμῆς καρδίας (**G**: τὴν καρδίαν μου) – mei cordis arcanum
Cap. 16, §6:
ἐπιλογισάμενος + τῷ εὐσεβεῖ λογισμῷ – rationabili confirmatus ingenio
Cap. 16, §6:
προσευξάμενος + τοίνυν τῷ κυρίῳ – Oratione igitur ad deum facta

---

[55] Mit „+" gekennzeichnete Stellen sind Zusätze von B gegenüber G, die in Lat. Ia wiederkehren; in den übrigen Fällen ist der von B abweichende G-Wortlaut angegeben.

Cap. 17, §11:
τάγμα + δαιμόνων – legio daemonum
Cap. 17, §12:
γνώμης + ἀλλοιουμένης – diversae ac dissonae voluntatis
Cap. 18, §1:
τὰ μὲν + σημεῖα – alia miracula
Cap. 18, §6:
τὴν ὁδὸν + ἄγουσαν ἐπὶ τοῦτον τὸν τόπον – quaenam ad memoratum locum deduceret via
Cap. 18, §18:
ἀπέστην + τῆς προθέσεως ταύτης – ab huiusmodi proposito ... abscessi
Cap. 18, §21:
ἀπῆλθεν ὑγιὴς + εἰς τὸν οἶκον αὐτοῦ – curatus ... ad propria discessit
Cap. 18, §22:
ὕδωρ + ηὐλογμένον – benedicta ... aqua
Cap. 19, §3:
ἀπέδειρε + τοὺς κριοὺς – nudatis pelle ovibus
Cap. 19, §4:
οὐκέτι ἔξεστί μοι ἀδικεῖν οὐδένα (**G**: οὐκ ...) – nulli ... ulterius nocere iam possum
Cap. 19, §5:
τὴν (+ προτέραν) συνήθειαν – antiquam consuetudinem
Cap. 19, §7:
δὸς ἑαυτὸν εἰς ἀγρυπνίαν + κατὰ μικρὸν – Si igitur paulisper te volueris vigiliis occupare
Cap. 19, §10:
κοινώνησον + τοῖς μυστηρίοις – ad sanctorum mysteriorum communionem ... accede
Cap. 20, §2:
θλίβομαι + σφόδρα – satis tristis sum
Cap. 21, §4:
μετὰ τοῦ θεοῦ + εἰπὼν – cum domino ... his locutus est verbis:
Cap. 21, §4:
μέχρι (+ ἡμέρας) θανάτου – usque in diem mortis
Cap. 21, §5:
κρέα θέλω + ἐσθίειν – volo carne saturari
Cap. 21, §12:
+ ταῦτ᾽ ἀκούσας – ad haec ... verba
Cap. 21, §13:
τοῦτον + τοῖς ἐπιπλήκτοις λόγοις – ipsum mordaci sermone
Cap. 22, §1:
καὶ + θεασάμενος ταύτην μετὰ τοῦ συνήθους – subitoque cum alio iacentem viro deprehendisset

Cap. 22, §5:
θαλλοὺς + ἐκ φοινίκων – palmas ... vel cortices dactulorum
Cap. 22, §13:
ἔτι ταῦτα λαλοῦντος αὐτοῦ (**G** *om.*) – Quo ista dicente
Cap. 22, §13:
ποῦ ἀπέλθω + οὐκ οἶδα – quo eam, nescio
Cap. 23, §6:
ἀνέκαμψα + εἰς τὴν κέλλαν – ad propria secreta remeavit
Cap. 23, §6:
μετὰ θάρρους + λοιπὸν – de cetero cum fiducia
Cap. 24, §3:
τοιοῦτος βίος + τοῦ ἀνδρὸς – talis illius viri vita
Cap. 24, §3:
οὕτως οὖν ἡμᾶς παρακαλέσας καὶ (+ τοῖς τοιούτοις λόγοις) ὑποστηρίξας ᾠκοδόμησε. – Hac itaque suorum contemplatione sermonum aedificatos nos confirmatosque dimisit.
Cap. 25, §1:
ὑπερηφανίας + ἄκρον κορυφῆς – superbiae cacumen
Cap. 27, §1:
+ καὶ πληρώσας – quas ... implebat
Cap. 28:
τὴν θυρίδα + τῆς κέλλης – fenestram cellae suae
Cap. 29, §1:
φροντίζων + εἰς πάντα – omniumque ... curam gerebat
Cap. 29, §4:
καὶ (+ ἐπὶ τούτῳ) ὤμοσεν αὐτοῖς – Cum ergo in haec illis verba iurasset
Cap. 29, §4:
ἐπερωτῶσιν ... αὐτὸν + οἱ ἄγγελοι – angeli interrogant eum
Cap. 32, §4:
εἶναι + τῶν ἀδελφῶν – esse ... fratrum
Cap. 32, §5:
τὸ στοιχεῖον + τοῦ γράμματος – vocabulorum ... notas
Cap. 33, §3:
καὶ + μεταξὺ αὐτῶν – inter eas
Cap. 33, §§ 3/4:
καὶ ἐτελεύτησεν οὕτως (**G**: καὶ ἐτελεύτησεν. οὕτως ...) – atque hoc fine defecit
Cap. 35, §6:
εὗρες + ἐν ἐμοὶ – in me inveneras
Cap. 37, §5:
τετάρτης οὖν ἐπιλαβομένης ἡμέρας + μηδὲν ὅλως ἐν τούτοις γευσάμενος – Cum iam igitur usque ad quartum diem nihil penitus edendo venisset

Cap. 37, §10:
προσεδόκησαν ἀηδίαν τινὰ ἐκ τοῦ πλοῦ (**G**: προσεδόκησαν διὰ τὸν πλοῦν) – causam esse aliquam de navigationis molestia crediderunt

Cap. 37, §10:
ἔλαβε + ἐν τῷ πλοίῳ – suscepisset in navi

Cap. 37, §10:
ἀκούσαντες δὲ τοῦτο οἱ ναυτικοὶ (**G** *om.*) – Quo audito ... nautae

Cap. 37, §12:
ἔγνω περὶ ἡσυχαζούσης τινὸς παρθένου ἥτις εἴη (+ ἐγκατακεκλεισμένη ἐν κέλλῃ μηδέποτε) μηδενὶ συντυγχάνουσα – cognovit esse illic virginem quandam, quae ab omnibus separata clausisset se intra cellulam suam atque illic quiescens nullum hominum umquam videret

Cap. 37, §13:
οὐ μὴ ὁδεύσῃ + πρὸς τὸν θεόν – ad deum ire non possunt

Cap. 37, §14:
ὅτι (+ ἀληθῶς) ἀπέθανες – vere te mortuam

Cap. 37, §16:
ἐν αὐτῇ τῇ ἐρήμῳ ταφείς (**G**: ἐν αὐτῇ τῇ Ῥώμῃ ...) – et in desertis ipsis sepultus est locis

Cap. 38, §2:
Καισαρέων + τῆς πρὸς τὸν Ἀργέα – circa fines montis Argaei

Cap. 38, §2:
ἐκεῖθεν + ἐλθὼν ὁ ἅγιος Γρηγόριος ἐπίσκοπος – Unde, cum sanctus Gregorius ... vocatus ... venisset

Cap. 39, §1:
καὶ ἀκούσασα ὅτι (+ ὁ ἀδελφὸς αὐτῆς) ζῇ – cum fratrem suum vivere comperisset

Cap. 39, §2:
παρεγένετο καὶ ἔξω ἕστηκε (P: στὰς οὖν ἔξω ...; VCT: ἔξω οὖν στὰς ...) – venit et pro foribus adsistit

Cap. 39, §3:
ὀρύξας + φρέαρ – cum ... fecisset sibi puteum

Cap. 40, §3:
ξενοδόχον + τῶν δεομένων – susceptorem ac ministrum peregrinorum atque miserorum

Nach dem Blick auf die Versionen sollen nun einige Beobachtungen zum Verhältnis zwischen dem griechischen und lateinischen Text zusammengetragen werden, die in einem begrenzten Rahmen Aussagen über die hier angewandte Übersetzungstechnik ermöglichen. Aufgrund der bisher noch unzureichenden Erforschung der griechischen Überlieferung besitzen derartige Aussagen allerdings nur einen tendenziellen Wert. Um aber überhaupt einen Ansatzpunkt für übersetzungstechnische Untersuchungen zu erhalten, wird – nicht nur für den nachfolgenden Abschnitt, sondern für alle das Verhältnis zwischen griechischem und lateinischem Text betreffenden Feststellungen dieser Einleitung – die griechische Kurzfassung G in der ihr durch Butler zugewiesenen Form als Vorlage für die lateinische Übersetzung Ia definiert. Der tatsächlich zugrundegelegte Text kann sich jedoch von G gravierend unterschieden haben.

Obwohl sich der lateinische Übersetzer im großen und ganzen eng an seine Vorlage hält, folgt er ihr in den Einzelheiten nicht sklavisch, sondern bringt durch Abweichungen in der Syntax oder Wortwahl eigene Nuancen zum Ausdruck. Die angeführten Beispiele sind bis auf wenige Ausnahmen dem Textbestand bis Cap. 40 entnommen. Da die Gegenüberstellung der beiden Sprachen auf die Versionen Gr G und Lat. Ia ausgerichtet ist, bleiben diejenigen Textabschnitte, die im Lateinischen nur in Version I überliefert sind (d. h. der erste Prolog und eine die Capp. 11-13 umfassende Passage), ausgespart.

Zunächst soll der reine Umfang einzelner Textstellen betrachtet werden. Hier ist im Normalfall der lateinische Text ausführlicher als der griechische:

Prol. II, §9:

καὶ τούτῳ πάλιν ὑποπεσόντες οἰκτρῶς φιλοζωΐᾳ καὶ ἀκηδίᾳ καὶ ἡδονῇ τὴν ἐπιορκίαν ὠδίναντες – quique sacramentis propriis obligati, dum hinc promissa implere non possunt et inde deformiter amore vivendi ac voluptate retinentur, ex necessitate, cui sua subiacent culpa periurii crimen incurrunt

Prol. II, §15:

ὄφελος οὐδὲν ἐχόντων – quibus contrarium est bonae vitae propositum, quia penitus prodesse nihil possint

Cap. 1, §3:

ἐξίστασθαι τὴν διανοίαν καὶ ἐνεάζειν – obstupesceret subito ac mente mutata et sensibus spiritaliter occupatis transmigrare alio videretur

Cap. 7, §5:

ὡς εἶναι πάντες ἀνενδεεῖς – ex cuius operis emolumento nulli eorum quicquam deficit ad vitam

Cap. 8, §4:

κρύπτεσθαί σου τὴν τοιαύτην ἀρετὴν συνοικοῦντί (συνοικοῦντα TB) μοι ἐν ἁγνείᾳ – in occulto te tantam habere virtutem nec ulli esse cognitum, quod in hac castitate atque pudicitia simul vivimus et manemus

Cap. 18, §9:

καὶ ἕως τοῦ κελλίου αὐτοῦ ἦλθεν ἡ βούβαλος θηλάζουσα αὐτόν, τὸ δὲ μοσχάριον αὐτῆς μὴ δεχομένη. – Idque sibi suffecisse dicebat, dum usque ad cellulam perveniret. Quo ipsa etiam bestia ipsum secuta est ubera eidem sua praebens nec proprium fetum sancti illius contemplatione suscipiens.

Cap. 18, §18:
ἵνα μή μοι λογισθῇ τῦφος – ne aliquod mihi ex perpetuo divinitatis intuitu genus arrogantiae adscriberetur
Cap. 19, §10:
μέτρα γάρ εἰσι καὶ τῆς ἀνδρείας τῆς ἐν τῇ ἀσκήσει. – Est enim et modus certus in ipso vitae monachorum proposito, intra quem nos oporteat nostras exercere virtutes.
Cap. 21, §3:
πρὸς συμφορὰν τῶν ἐντυγχανόντων – qua magis posset ab intuentibus malorum suorum remedium promereri
Cap. 21, §17:
τοῖς θελήμασι τῆς σαρκὸς καὶ τῇ μνησικακίᾳ ἐξακολουθήσασαι – quod patiuntur, quicumque carnali oboedierint voluntati et quicumque iracundiam retinentes reddere malis paria temptaverint
Cap. 22, §5:
ἵνα δυσφορήσας ὁ γέρων φύγῃ τὸν 'Αντώνιον – ut, cum ille tanto labori inparem se videret, a sancto tandem Antonio necessitate tali conpulsus abscederet
Cap. 24, §2:
ὑπερβολῇ παρασκευῆς θεϊκῆς – In tantum separata mens ipsius erat a rebus humanis et caelestibus solis cogitationibus occupata.
Cap. 24, §3:
οὐδὲν γὰρ ὧν ποιεῖ ὁ θεὸς κακίᾳ ποιεῖ, ἀλλὰ τέλει χρηστῷ. – Nihil enim eorum, quae fecit deus, ex aliqua malignitate descendunt, sed omnia ad bonum finem et votivum exitum expectant.
Cap. 25, §5:
ἀπεθεράπευσαν, εὐχαῖς καὶ ἀδιαφορίᾳ καὶ ἀπραγοτέρῳ βίῳ τὸ οἴημα αὐτοῦ καθελόντες – propriis orationibus curaverunt. Haec autem fuit forma medicinae: Saecularis eum vitae conversationi dederunt, ut ex eo, quod nihil haberet commune cum sanctis, inflatio animi ipsius tumorque cessaret
Cap. 32, §7:
ἵνα κἂν ὡς οἰκέται τὴν σύνταξιν πληροῦντες τῆς πολιτείας διατεθῶσιν ἐν παρρησίᾳ – ut, cum servili quadam necessitate conpulsi ostenderint dignam in se suo proposito disciplinam, tum demum ad fiduciam valeant divinae notitiae pervenire
Cap. 35, §1:
ἀνῳκοδόμησεν ἑαυτόν – ita se inclusit, ut aditum quoque ipsum, per quem introisset, extruxerit
Cap. 35, §9:
τὰς ἐλαυνούσας με προφάσεις ἠνυσμένας μαθών – maxime posteaquam occasiones, quae me solitudinem relinquere conpellebant, iuxta votum meum impletas esse cognovi

Cap. 35, §14:
ἡ δὲ παραλογισαμένη ἢ ἐπιλαθομένη – Quod cum illa seu per neglegentiam sive per oblivionem suam non ita, ut iusserat sanctus ille, fecisset
Cap. 37, §12:
τίς εἴη μέγας ἀσκητὴς ἢ ἀσκήτρια ἐν τῇ πόλει – quisnam illic magnus aliquis esse monachus diceretur vel quae virgo dei praedicaretur a cunctis
Cap. 38, §1:
ἀλλὰ ταῦτα γραφῇ παραδοῦναι εἰς οἰκοδομὴν τῶν ἐντυγχανόντων καὶ δόξαν τῆς ἀγαθότητος τοῦ σωτῆρος ἡμῶν – sed oportet nos ipsius facta monimentis tradere litterarum sine dubio legentibus cunctis et gloriam bonitatis salvatoris nostri agnoscentibus profutura
Cap. 38, §2:
προσχὼν αὐτοῦ τῇ ἐπιτηδειότητι ὁ σοφώτατος καὶ ἀπαθέστατος καὶ παιδείᾳ διαλάμπων Γρηγόριος ὁ Ναζιανζηνὸς ἐπίσκοπος προχειρίζεται διάκονον – videns eum spiritalibus aptissimum rebus benedictus atque venerandus Gregorius Nazianzenae episcopus civitatis, ille, qui insigni providentia doctrinaque praeclarus nulla se humani generis passione laesum probavit, diaconum supradictum Evagrium facit
Cap. 38, §9:
τῶν ἰατρῶν δὲ ἀπορούντων καὶ τρόπον θεραπείας μὴ εὑρισκόντων – Cum igitur plurimorum ars exquisita medicorum omnia facere temptaret neque ullum tamen curationum genus, quod ad salutem eius proficeret, inveniret
Cap. 38, §11:
ἄλλοτε πάλιν ὤχλησεν αὐτῷ πνεῦμα βλασφημίας – Aliquando iterum blasphemiae spiritus eum coepit urguere et ad sacrilega eundem contra deum verba conpellere *(doppelte Übersetzung)*

In einem Teil der im lateinischen Text wortreicher wiedergegebenen Stellen läßt sich ein gegenüber dem Griechischen vorhandener „Zusatz" abtrennen. Meistens handelt es sich dabei um Relativsätze, die weitere Informationen, vom Übersetzer eingefügte Beurteilungen, Zusammenfassungen von bereits Mitgeteiltem oder Rückverweise enthalten.

Prol. II, §3:
τὴν ἀνάλυσιν τῆς ψυχῆς – reditum animae, qui procul dubio debetur
Prol. II, §9:
τὸ αὐτεξούσιον – liberam illam, quam in ipsis deus fecerat, voluntatem
Prol. II, §11:
εἰδώλοις – idola, quae ipsi fecerant
Cap. 2, §4:
ἐν τῷ φρέατι – in puteo, quo me miseras
Cap. 4, §4:
καὶ εὕρηται οὕτως – et sic omnia, sicut audierat, adprobavit

Cap. 7, §2:
πολλοστόν – cum multitudine, si hoc desiderasset
Cap. 7, §4:
ἑβδομάδα μίαν – Unius ... septimanae, ex quo venisset
Cap. 8, §3:
τῷ κήπῳ – in hortulo, quem colebat
Cap. 10, §2:
εἰς τὴν ἔρημον – in solitudines, ubi degebat
Cap. 11, §3:
ἀφέντες αὐτὸν ἀνεχώρησαν – eum, cum nihil proficerent, reliquerunt
Cap. 14, §5:
Οὗτος – Iste, quem nos amplius praedicamus
Cap. 15, §2:
ἐπὶ τῷ φόνῳ – ex homicidio, quod ignarus admiserat
Cap. 16, §3:
τῷ δαίμονι – cum daemone, quem superare cupiebat
Cap. 18, §7:
τοὺς καλάμους – eos, quos alibi reliquerat, calamos
Cap. 18, §13:
κακολογῶν αὐτούς – maledicere incipies eis, quos non potueris imitando sectari
Cap. 18, §23:
οὐκ ἀπέρχομαι – non ibo, quo vultis
Cap. 19, §3:
τὸ τίς ἐστιν – quis ille esset, qui ibi degeret
Cap. 21, §3:
λελωβημένον – valitudine illa, quam superius dixi, repletum
Cap. 22, §1:
μὰ τὸν Ἰησοῦν – Et per Iesum, qui haec respicit, iuro
Cap. 23, §3:
ἵνα ... φάγῃ με τὰ θηρία – ut, quod sine dubio fore crederem, ab ... bestiis devorarer
Cap. 29, §4:
ἀπηλλάχθαι τοῦ πάθους – omni, quam formidabam, me molestia liberatum
Cap. 33, §3:
ἑωρακυῖα τὴν συντυχίαν – cum eos in hac visione, quam rettuli, notasset
Cap. 34, §5:
ἐκείνη οὐ παρεφαίνετο – inter quas solam illam, propter quam venerat, non videbat
Cap. 37, §5:
οὐκ ἠξιώθη παρά τινος ἄρτου – a nullo panem, quo vesceretur, accepit
Cap. 37, §8:
τὸ νόμισμα – solidum ..., quem ille susceperat

Cap. 39, §5:
τὴν τῶν ὑδάτων χρείαν – usum eius, quam desiderant, aquae

Häufig begegnet eine paraphrasierende Umschreibung griechischer Formulierungen; Substantive werden oft mit der Konstruktion des Genitivus identitatis wiedergegeben, verbale Ausdrücke nicht selten in Gerundium und Verb oder Substantiv und Verb aufgespalten.

Prol. II, §15:
μηδὲν βλαβῆς – nulla ... laesione maculeris
Prol. II, §16:
κἂν ἐν ἀκηδίᾳ τυγχάνῃς – etiamsi anxietatis alicuius taedio fatigeris
Cap. 2, §3:
ἐφιλοπεύστησα – quaerendo cognovi
Cap. 3, §2:
καταγελάσῃ – contemnendo rideret
Cap. 6, §3:
ἄδικον – iniustitiae crimen
Cap. 8, §5:
ἐκοιμήθη – somno quievit
Cap. 16, §3:
ἐνεδείξατο – inpugnando vexabat
Cap. 17, §7:
τῶν τροφῶν – escae alimoniis
Cap. 17, §10:
εἰς τὸ σπήλαιον – ad speluncae latebras
Cap. 18, §8:
τῷ χρόνῳ – longa iam temporis vetustate
Cap. 18, §8:
ὑπὸ τοῦ ἡλίου – nimio solis ardore
Cap. 18, §18:
τῦφος – aliquod ... genus arrogantiae
Cap. 19, §2:
δακὼν – morsu tenens
Cap. 19, §9:
ἐνόσησεν – aegritudine laboravit
Cap. 21, §5:
σωθῆναι – occasionem salutis repperisse
Cap. 21, §16:
ἀποκαλυφθῆναι – ut ostenderentur ... per revelationem
Cap. 22, §1:
ἁμαρτάνουσα – fraude peccantem
Cap. 22, §2:
ἐργάζου – operi cultoris incumbe

Cap. 23, §2:
ὁ τόπος – locorum natura
Cap. 23, §3:
πειράζομαι – huiusmodi temptatione sollicitor
Cap. 23, §6:
ἀγωνίζου – insiste agoni tuo
Cap. 24, §3:
ὑπολυπουμένων – tristitia repletis
Cap. 25, §3:
ὕβρισε καὶ ἐτύπτησε – iniuriis plagisque confecit
Cap. 26, §1:
γειτνιῶν – vicinitate proximus
Cap. 29, §2:
καθ᾽ ἡδονήν – corporali desiderio voluptatis
Cap. 29, §2:
τὸ πάθος – temptationem huius cupiditatis
Cap. 29, §5:
διωρθοῦτο – emendationibus corrigebat
Cap. 30:
ἐν βίῳ χρηστῷ – in moribus laudabilis vitae
Cap. 33, §3:
ἐτελεύτησεν – fine defecit
Cap. 34, §2:
ἠρκεῖτο – contenta vivebat
Cap. 35, §1:
τρεῖς θόλους – trium ... voluminum cellulas
Cap. 35, §7:
τῷ διαβόλῳ – diabolicae ... potestati
Cap. 35, §13:
τῆς ἐρήμου – solitudinum vitam
Cap. 37, §4:
δι᾽ ἐνιαυτοῦ – post anni curriculum
Cap. 38, §1:
γραφῇ παραδοῦναι – monimentis tradere litterarum
Cap. 38, §3:
τιμώμενον – honore frueretur
Cap. 38, §9:
ἐπὶ κυρίου – ante conspectum dei
Cap. 39, §1:
γηράσασα – senio admodum gravis
Cap. 40, §3:
τοὺς λιμώττοντας – fame pereuntes

Eine besondere Gruppe ist diejenige der – z. T. phraseologischen – Umschreibung mit *posse*, *velle*, *coepisse*, *consuescere*, *dignari* und ähnlich gebrauchten Verben:

Cap. 2, §3:
Ἐὰν πείσῃς – Si ... persuadere poteris
Cap. 4, §1:
οὗ ... συντυχίας ἔσχηκα – Quem ego ... vidisse me memini
Cap. 8, §3:
κελεύεις – iubere ... velis
Cap. 9:
οὐ κατείληφα – videre non potui
Cap. 11, §2:
παρεκάλεσεν – rogare coepit
Cap. 11, §3:
Ἐὰν με ἀναγκάσητε – Si ... me cogere volueritis ulterius
Cap. 16, §6:
ἀποκαλύψει – dignabitur revelare
Cap. 17, §3:
τοὺς ἐρχομένους – eos, qui ... frequentare consueverant
Cap. 17, §3:
γενομένῳ – qui ... meruit pervenire
Cap. 18, §17:
Μὴ κατέλθῃς – Ne velis ... descendere
Cap. 18, §18:
ἐν ᾧ εἱστήκειν – super quam stare consueveram
Cap. 18, §18:
μὴ δυνηθεὶς ... ποιῆσαι – cum viderem ... me habere non posse
Cap. 18, §29:
Οὐδὲν ποιεῖς – quia nihil hic agere te cernis
Cap. 19, §10:
ἵνα ... μὴ καυχήσῃ – ne iactare te posses
Cap. 21, §1:
ἔθαψαν – sepelire meruerunt
Cap. 21, §5:
ἀποστασιάζει – coepit ... velle discedere
Cap. 21, §10:
Ὁ ἀποκαλύψας – qui ... revelare dignatus est
Cap. 25, §4:
προσκύνησον – adorare festines
Cap. 32, §8:
ἔχον – quae ... habere noscuntur
Cap. 32, §8:
τὰς χρείας – ea ..., quae scit necessaria

Cap. 32, §9:
ἐκ τῶν περιττευμάτων – ex his, quae cotidiano victui superesse poterant
Cap. 34, §7:
βαρυνθεῖσα – gravarique se credens
Cap. 40, §2:
καπηλεύουσι – negotiari ... volunt

Die abundantere Ausdrucksweise des lateinischen Textes führt an einigen Stellen zu Tautologien:

Cap. 17, §6:
παρασκευάζει φοράδα αὐτὴν φανῆναι – fecit illam equam videri esse, non feminam (non feminam *ist überflüssig*)
Cap. 18, §9:
ἐξ ὧν ἡ μία – inter quos una de bubalis (de bubalis *ist bereits in* inter quos *enthalten*)
Cap. 32, §10:
πιπρασκέσθω – iubebant ... quibusdam ementibus vendi (quibusdam ementibus *ist überflüssig*)
Cap. 35, §4:
πεζεύσας – ambulando pedibus (pedibus *ist überflüssig*)
Cap. 37, §15:
ἐκδυσαμένη – Exue te ... vestibus tuis (vestibus tuis *ist überflüssig*)

In geringerem Maße als das Bemühen des lateinischen Übersetzers um Ausschmückung des Textes ist auch die entgegengesetzte Tendenz nachweisbar, nämlich die einer knapperen Zusammenfassung der griechischen Vorlage:

Cap. 4, §1:
οὗ καὶ συντυχίας ἔσχηκα ... πρὸς αὐτὸν ἀπερχόμενος – Quem ego ... vidisse me memini
Cap. 4, §1:
ἀπὸ ὀμμάτων ὑπῆρχεν, ... τὰς ὄψεις ἀποβαλών – captus est oculis
Cap. 4, §4:
ἐν τῷ θρόνῳ καθήμενόν με – residens
Cap. 11, §3:
ἀφέντες αὐτὸν ἀνεχώρησαν – eum ... reliquerunt
Cap. 17, §8:
ἀποκρίνεται οὖν τοῖς ἀδελφοῖς ὁ ἅγιος Μακάριος καὶ λέγει αὐτοῖς· – haec fratribus dixit:
Cap. 17, §9:
δοὺς δὲ αὐτῇ τροφὴν ἐποίησεν αὐτὴν φαγεῖν – iussitque eam refici
Cap. 17, §10:
πρᾶξιν τῆς ἀσκήσεως – factum

Cap. 18, §3:
τὸ δὲ ὅσον ἐπὶ τῇ φύσει – naturae vero
Cap. 18, §4:
κατέαξεν αὐτὸν τῇ χειρὶ – Quem occidit
Cap. 18, §14:
μέχρις οὗ αἱ τεσσαράκοντα ἐπληρώθησαν ἡμέραι καὶ τὸ πάσχα παραγέγονεν – usque ad quadragesimae finem et principium paschae
Cap. 19, §2:
ἠδυνήθη ὁ ποιμὴν διαλαθεῖν αὐτὸν, ἑαυτὸν καταχώσας εἰς τὴν ἄμμον – quocumque modo mersus in harena pastor latuit
Cap. 21, §4:
ἐνέγκας οὖν ὄνον ἦρεν αὐτόν, καὶ ἀπήνεγκεν εἰς τὸ ἴδιον ξένιον, καὶ ἦν αὐτοῦ ἐπιμελούμενος. – Quodque mox fecit et memoratum ad hospitium suum sine ulla dilatione transvexit.
Cap. 22, §8:
προθύμως ἐπακολουθήσαντα αὐτοῦ τῇ πολιτείᾳ – tam paratum ad omnia
Cap. 27, §1:
τόπος δέ ἐστιν οὕτω καλούμενος εἰς ὃν … – in quo tamen loco …
Cap. 27, §2:
ἔκδοτον ἑαυτὸν δεδωκὼς – deditus
Cap. 32, §5:
κατ᾽ ἀναλογίαν τῆς καταστάσεως τῶν προαιρέσεων καὶ τῶν τρόπων καὶ τῶν βίων – tales …, ut mores per eas significarentur animorum
Cap. 33, §4:
γνοῦσα ὅτι ἐσυκοφάντησεν ἀπὸ πονηρίας καὶ εἰργάσατο τὸ ἄγος τοῦτο – ubi … malitiae propriae crimen agnovit
Cap. 37, §4:
ἐπειδὴ δὲ τοῦτο πεποίηκεν ὁ θεὸς καὶ ἐσώθη ὑμῶν ἡ ψυχὴ διὰ τῆς ἐμῆς ταπεινώσεως – Quia igitur ad plenum per humilitatem meam hoc fecit deus
Cap. 37, §10:
βλέπουσιν αὐτὸν καθεζόμενον … ἐν τῷ πάντας ἐσθίειν, καὶ λέγουσιν αὐτῷ· – epulantes ipsi … illum … perseverantem sic adloquuntur:
Cap. 38, §4:
καὶ ἄγει ὡς ἐν δικαστηρίῳ καὶ βάλλει αὐτὸν εἰς τὴν λεγομένην κουστοδίαν – in carcerem tradi
Cap. 38, §4:
κλοιοῖς σιδηροῖς καὶ ἁλύσεσιν αὐχένα καὶ χεῖρας καταδησάντων – ferro quoque per totum corpus ligatum

Deutliche Unterschiede zwischen der lateinischen Übersetzung und der griechischen Vorlage lassen sich auch in der Struktur des Textes feststellen. Einige der Hauptmerkmale sind die Wiedergabe von direkter Rede mit indirekter Rede oder Handlungsbeschreibung, die Bevorzugung der Hypotaxe vor der Parataxe und damit verbunden die Zusammenfassung kürzerer Einzelsätze zu einer Periode, die Umkehrung von Haupt- und Nebenaussage und die abweichende Zuordnung einzelner Satzteile. Besonders der letztgenannte Punkt, zuweilen hervorgerufen durch eine Verschiebung der Satzgrenze, führt nicht selten zu Einbußen im logischen Aufbau des lateinischen Textes.

Prol. II, §12:
κἂν εἴπωσιν· Ἰδοὺ ἄνθρωποι φάγοι καὶ οἰνοπόται. – etiamsi nos aliqui ob cibum carnis et vini potum ut illos Iudaei aliquando reprehendant *(Wiedergabe von direkter Rede mit Handlungsbeschreibung)*

Cap. 6, §6:
Τῶν ποδῶν σου, λέγουσα, ἐφάπτομαι – et conplexa pedes ipsius orat et petit *(Wiedergabe von direkter Rede mit Handlungsbeschreibung)*

Cap. 8, §4:
λέγει αὐτῇ· Εἰπὲ ὃ βούλει. – Hortatur ille, ut, quod ei placeret, diceret. *(Wiedergabe von direkter mit indirekter Rede)*

Cap. 10, §7:
ἀλλ᾽ ἔλεγεν· Οὐδέπω εὕρηκα. – sed semper necdum se, quod responderet, invenisse dicebat *(Wiedergabe von direkter mit indirekter Rede)*

Cap. 17, §13:
ἐπιτιμήσας οὖν αὐτῇ ὅτι πολύ ἐστιν, ἐν ἑπτὰ ἡμέραις ἐπευξάμενος αὐτῷ ... – Quam ex hoc ille reprehendens ait: „Septem", inquit, „diebus hoc multum est." Et oratione pro ipso ... facta ... *(Wiedergabe von indirekter mit direkter Rede und andere Zuordnung der Zeitangabe)*

Cap. 18, §§ 1/2:
... οὐδενὸς ἄλλου ἐγεύσατο. κατορθώσας οὖν ... κατέπτυσε ... – ..., neque inde gustaret, quia, cum ... fecisset, ... contempsit *(Herstellung einer logischen Verbindung der beiden Sätze)*

Cap. 18, §14:
βρέξας ... θαλλοὺς ... εἰς πλῆθος ἔστη ἐν γωνίᾳ μιᾷ – udatos ... cortices tenens sic cum omni multitudine in uno angulo stabat *(andere Zuordnung von* εἰς πλῆθος, *dadurch evtl. Mißverständnis:* cum omni multitudine *auf die Mönche bezogen?)*

Cap. 18, §19:
παρεγένετο ..., καὶ οὐκ ἐδέχετο αὐτὸν ... – ... advenerat nec tamen ... susceptus fuerat ... – *(Herstellung von Subjektseinheit)*

Cap. 19, §6:
πεντήκοντα προσευχὰς ἐκτελῶν (+ τὴν ἡμέραν TB). κατατήξας οὖν αὐτοῦ τὸ σωμάτιον ... – quinquaginta faciens orationes. Cumque his modis consumpsisset universum diem ... (**I**: ... suum consumpsisset corpusculum) *(andere Zuordnung von* τὴν ἡμέραν*)*

Cap. 19, §9:
ἐλθών τις ... εὗρεν αὐτὸν ..., καὶ ἀνήγγειλε ... λαβὼν οὖν αὐτὸν ἀνήνεγκεν

...· καὶ ἐνόσησεν ... – cum venisset ... memoratumque aspexisset ... et hoc ... rettulisset, fecit ille praedictum ... protinus exhiberi, ubi ... aegritudine laboravit ... *(Hypotaxe statt Parataxe)*

Cap. 20, §1:

ψηφία συνάγων καὶ ... κατέχων, καὶ ῥίπτων καθ' ἑκάστην εὐχὴν ... – ita, ut ... collectos ... gestaret lapillos, ex quibus singulos, cum fecisset singulas orationes, ... iactare consueverat *(Hypotaxe statt Parataxe)*

Cap. 21, §6:

ὢ βία: – Quid mihi violentus existis? *(Erweiterung des Ausrufs zu einem vollständigen Satz)*

Cap. 21, §10:

φωνεῖ καὶ λέγει· Εὐλόγιε, Εὐλόγιε, Εὐλόγιε, ἐκ τρίτου. – illum nomine ter vocavit *(Wiedergabe von direkter Rede mit Handlungsbeschreibung)*

Cap. 21, §15:

ἔμαθεν οὖν ... καὶ ἐξέστη· καὶ λαβὼν εὐαγγέλιον καὶ θεὶς ... διωμόσατο ἀφηγούμενος ... – Cum igitur ... didicisset, obstipuit sumptoque evangelio sancto et ... posito cum sacramento ... exposuit ... *(Hypotaxe statt Parataxe)*

Cap. 22, §5:

καὶ βρέξας θαλλοὺς (+ ἐκ φοινίκων B) λέγει αὐτῷ· Δέξαι, πλέξον σειρὰν ὡς κἀγώ. – Udatas igitur palmas aqua vel cortices dactulorum obtulit ei, ut intexeret funes, sicuti et ipse faciebat. *(Wiedergabe von direkter Rede mit Handlungsbeschreibung)*

Cap. 22, §6:

θεὶς οὖν τὴν τράπεζαν φέρει ἄρτους. – ‚Pone ergo mensam', inquit Antonius, ‚et panes affer.' *(Wiedergabe von Handlung mit direkter Rede und Verschiebung des handelnden Subjekts von Antonius auf Paulus)*

Cap. 29, §4:

Ἠισθήθης ὠφελείας; – ..., an aliquid sibi factum suum profuisse sensisset *(Wiedergabe von direkter mit indirekter Rede)*

Cap. 31, §4:

ἡλωθέντες εἰς τὸν τόπον σαλευθῆναι οὐκ ἠδυνήθησαν – ita in memorato haeserunt loco, ut prorsus moveri inde non possent *(Vertauschung von Über- und Unterordnung)*

Cap. 34, §1:

... τοῦτο ἐκείνης αἱρησαμένης. – Talem ergo elegerat vitam ... *(Verschiebung der Satzgrenze)*

Cap. 34, §2:

... τὰ ἔτη τῆς ζωῆς αὐτῆς· ἐπὶ τραπέζης οὐκ ἐκαθέσθη – Numquam per omnem aevum sedit ad mensam *(Verschiebung der Satzgrenze)*

Cap. 35, §10:

εἶπον αὐτῷ ὅτι Εἰμί. – Ego autem me iam esse respondi. *(Wiedergabe von direkter mit indirekter Rede)*

Cap. 37, §6:
Τί ἔχεις, ἄνθρωπε; ἢ πόθεν εἶ; ἢ τί πάσχεις; – ..., quid haberet, unde venisset vel quid se diceret pati *(Wiedergabe von direkter mit indirekter Rede)*
Cap. 37, §16:
ἀπαθῶς γὰρ καὶ ἀνεπαισχύντως τοῦτο ποιῶ. – Faciens enim, quod ipsa non potes facere, nec pati me aliquid nec in aliquo deformari puto. *(Vertauschung von Über- und Unterordnung)*
Cap. 39, §1:
λόγον ἔδωκε τῷ θεῷ δι' ὑπερβολὴν ζήλου ... – tanti animi circa religionem fuit, ut statueret ante conspectum dei, ... *(Vertauschung von Über- und Unterordnung)*
Cap. 40, §§ 2/3:
..., οὐ ψευδῶς ἀλλ' ἀληθῶς. λέγουσιν αὐτῷ· – Qui tunc ei non falsa dicentes ista respondent: *(Verschiebung der Satzgrenze)*
Cap. 65, §1:
ταύτην κατ' ἐκεῖνο καιροῦ διέβαλον τῷ τότε δικάζοντι Ἕλληνι ὄντι κατὰ τὸν καιρὸν τῶν διωκτῶν, ὡς βλασφημοῦσαν ... – Quam eo tempore, cum apud paganum iudicem quendam tunc persecutio vesana flagraret, veluti ... conviciantem nonnulli criminibus appetebant *(unlogische Einfügung von* apud paganum iudicem quendam *in den Temporalsatz)*

Ein für Abweichungen besonders anfälliger Bereich ist der der Reihungen und Aufzählungen. Hier stimmt oft die Anzahl oder Reihenfolge der einzelnen Glieder im Griechischen und Lateinischen nicht überein:

Prol. II, §10:
λόγῳ τοίνυν μεταλαμβάνων καὶ λόγῳ ἀπεχόμενος – Si igitur sola ratione his rebus abstineas et sola iterum ratione easdem, cum velis, sumas
Cap. 4, §4:
καὶ τὴν ὥραν καὶ τὸν μῆνα καὶ τὴν ἑβδομάδα καὶ τὴν ἡμέραν[56] – et mensem et septimanam et diem et horam
Cap. 5, §3:
τοὺς ἁγίους πατριάρχας καὶ προφήτας καὶ ἀποστόλους καὶ μάρτυρας – per sanctos prophetas, apostolos atque martyres et patriarchas
Cap. 7, §4:
καὶ ἰατροὶ ... καὶ πλακουντάριοι – et placuntarii ... et medici
Cap. 10, §5:
ὃν ἐνταφιάσασα καὶ ὀθονίοις τὸ σῶμα ἑλίξασα κατέθετο· – Cuius corpore involuto linteo et sepulturae tradito ...

---

[56] Gr B hat die Abfolge vom kleinen (ὥρα) zum großen Zeitraum (μήν), also den umgekehrten Aufbau zum Lateinischen.

Cap. 14, §3:
πάντα ξένον ..., πάντα ἄρρωστον, πάντα γέροντα, πάντα πένητα – omnes advenas, omnes senes, omnes pauperes, omnes ... infirmos
Cap. 17, §1:
πολλὰ καὶ μεγάλα καὶ δύσπιστα ὄντα – ut innumera atque incredibilia
Cap. 17, §9:
Μηδέποτε ἀπολειφθῇς τῆς ἐκκλησίας, μηδέποτε ἀπόσχῃ τῆς κοινωνίας (+ τῶν μυστηρίων B) – Numquam ... a communione sancti mysterii separetur, numquam ab ecclesiae oratione discedat.
Cap. 18, §15:
μὴ λαλήσας μηδενί, μὴ ἀνοίξας τὸ στόμα – non os aperiens, non alicui quicquam loquens
Cap. 19, §7:
μὴ κοιμηθῆναι ..., μὴ κλῖναι γόνυ – nec genua solo flectere nec oculis somnum dare
Cap. 33, §1:
μετὰ βαΐων καὶ κλάδων ἐλαιῶν – cum olearum ramusculis palmulisque
Cap. 34, §2:
καίπερ κονδυλιζομένη καὶ ὑβριζομένη καὶ καταρωμένη καὶ μυσαττομένη – et certe cum ab omnibus caederetur, cum omnium viveret odio, maledicta omnium sustineret
Cap. 35, §10:
Εἰς τὰ μαγειρεῖα, εἰς τὰ καπηλεῖα, εἰς τὰς τραπέζας, εἰς τὰ κεράμια· – In coquinis, mensis, tabernis officinisque figulorum.
Cap. 35, §11:
καὶ πολλὰ καμεῖν καὶ θλιβῆναι – plurimumque tribulationum habiturus es ac laborum
Cap. 37, §10:
καὶ τὴν δευτέραν, καὶ τὴν τρίτην, καὶ τὴν τετάρτην – nec tertio quoque nec quarto die
Cap. 38, §12:
τοσαῦτα ἐμαστιγώθη οὗτος ὑπὸ δαιμόνων καὶ τοσαύτην ἔλαβε πεῖραν δαιμόνων – Hic ipse tam vehementer expertus est daemones atque ab his totiens verberatus est
Cap. 38, §12:
οὐ θριδακίου ἡψάμην, οὐχ ἑτέρου λαχάνου τινὸς χλωροῦ – non lactucae, non silvestris holeris cibum sumpsi, nihil viride attigi
Cap. 38, §12:
οὐκ ὀπώρας, οὐ σταφυλῆς – non uvas, non poma
Cap. 40, §3:
ξενοδοχίαν καὶ ὑπηρεσίαν καθ᾽ ἡμέραν παρέχων – cotidianum ministerium suum ac necessariam sollicitudinem praebens

Geht man von der Struktur des Textes zur Betrachtung der einzelnen Formulierungen über, so fällt auch hier auf, daß der Übersetzer seine Vorlage häufig verläßt. Ein Beweggrund dafür scheint das Bestreben zu sein, identisch oder ähnlich wiederkehrende Formulierungen des Griechischen zu variieren[57]. In anderen Fällen ist ein abweichender Wortlaut gewählt, obwohl eine engere Anlehnung an die Vorlage sprachlich möglich gewesen wäre und eine wörtlichere Wiedergabe zu keiner Wiederholung geführt hätte. Hier spielt z. T. die Absicht des Übersetzers eine Rolle, eigene Interpretationen miteinfließen zu lassen[58].

Cap. 1, §3:
ἐπὶ τραπέζης – dum sumeret cibum
Cap. 8, §3:
εἰς τὸν κῆπον – ad opus solitum
Cap. 8, §4:
κατ᾽ ἰδίαν μένειν – diversis mansionibus separemur
Cap. 10, §5:
τὴν σπυρίδα – hereditatem sancti illius
Cap. 14, §3:
τῇ ἀσκήσει – ei, quam elegerat, vitae
Cap. 17, §11:
τὰ βρώματα – varia universa, quae devoraverat
Cap. 18, §4:
μετὰ κόρον τοῦ αἵματος – qui et moriens plurimum cruoris effudit
Cap. 18, §16:
Δεῦρο – Dic mihi
Cap. 22, §7:
ἡγεῖτο γὰρ ... σκορπίους ποιμᾶναι ἢ μοιχαλίδι γυναικὶ συζῆσαι. – Magis enim ... cum scorpionibus quam cum adulteris vivere se posse credebat *(Zusammenfassung zweier Vorstellungen in einem Bild)*
Cap. 24, §2:
χειριζόμενον – medico ferroque praebentem
Cap. 34, §2:
μὴ γογγύσασα – nulla ipsius murmur audivit
Cap. 34, §6:
πεσὼν εἰς τοὺς πόδας αὐτῆς λέγει αὐτῇ· ... ὁμοίως κἀκείνη ἔπεσεν εἰς τοὺς

---

57 Auf unterschiedliche Wiedergabe desselben griechischen Wortlauts hat der Übersetzer besonders dann Wert gelegt, wenn dieselbe Formulierung an benachbarten Stellen begegnet: ἀπερίσπαστον ἀπὸ τοῦ θεοῦ ποιῆσαι – *inseparabilem a deo facere* (Cap. 18, §17) steht ἀπερίσπαστόν μου τὸν νοῦν ποιῆσαι – *tam iugiter individuum deo animum me habere* (Cap. 18, §18) gegenüber, und das zweimal in Cap. 18, §28 begegnende ἀφ᾽ οὗ ἐβαπτίσθη ist zuerst mit *ex quo lavacri gratiam spiritalem accepit* und danach mit *post baptismum* übersetzt.

58 S. weiter unten (S. 132 ff.).

πόδας αὐτοῦ – proiecit se ad pedes ipsius dicens: ... Quod rursus ad illius pedes et ipsa tunc fecit *(ungeschickte Variation zur Vermeidung einer Wiederholung)*

Cap. 37, §7:
εἶναι αὐτὸ σκηνήν – eum conposita quaedam et ficta narrare

Cap. 37, §7:
ἔθηκεν ἐν ἀρτοπωλείῳ – cuidam, qui panes vendebat, dato

Cap. 38, §2:
διαλεκτικώτατον ὄντα κατὰ πασῶν τῶν αἱρέσεων – grandi scripturarum peritia haereticorum omnium nenias destruentem

Cap. 40, §4:
καὶ διαδεξαμένης τῆς εὐθηνίας – post quem copiae frugum grandes fuerunt

Cap. 68, §4:
Πόθεν ἔχω πεῖσαι τὸν διδάσκαλόν μου ὅτι τὴν τέχνην αὐτοῦ μεμάθηκα, ἐὰν μὴ ἐκεῖνον αὐτὸν πωλήσω εἰς τὸ τῆς τέχνης κατόρθωμα; – Unde probabo magistro meo, quod eius artem diligenter didicerim, nisi distractis ipsius codicibus artis necessaria mihi providere festinem? *(Abschwächung des pointierteren Griechischen)*

Etliche Abweichungen sind durch im Lateinischen nicht nachahmbare Besonderheiten der griechischen Sprache bedingt. Hierunter fallen in erster Linie Komposita, die eine umschreibende Wiedergabe verlangen:

Prol. II, §1:
ἐξ ἀνθρωπαρέσκου ... προθέσεως – solis hominibus placere cupientes

Prol. II, §1:
τοῦ μισοκάλου δαίμονος – daemonis, qui bonis rebus inimicus est

Prol. II, §11:
τῶν ἐθελοφιλοσόφων – eorum, qui sibi sapientes videbantur

Cap. 6, §2:
φιλοσυγγενείας – affectus, qui deberi videtur adfinibus

Cap. 6, §5:
φλεβοτομῆσαι εἰς κουφισμὸν – solutione venae et inminutione sanguinis ... facere ... leviorem

Cap. 7, §2:
ἡ πανέρημος – penitus deserta ... loca

Cap. 7, §6:
ἀρχιμανδρίτην ἀνδρῶν τρισχιλίων – in monasterio proprio tria milia monachorum regentem

Cap. 10, §1:
ἀνδραγαθήματα – virtutum praerogativis

Cap. 11, §3:
ῥινότμητον – aliquem et naribus quidem truncum

Cap. 14, §1:
Σπαναδρόμου – usque ad Spaniam semper negotiando pergebat

Cap. 14, §5:
τῶν δὲ ἀντιφιλονεικοῦντων – cumque alii diversa ex parte contenderent
Cap. 16, §1:
ἐφιλοπραγμόνουν – diligentius requisivi
Cap. 17, §2:
ὡς λέγεσθαι αὐτὸν παιδαριογέροντα – ut senis puer nomen acciperet
Cap. 17, §6:
γυναικὸς ὑπάνδρου – uxoris
Cap. 18, §1:
ἄπυρον – nihil cocti cibi
Cap. 18, §5:
τὸ κηποτάφιον ... Ἰαννῆ καὶ Ἰαμβρῆ – hortum, in quo essent Iamnes et Mambres sepulti
Cap. 18, §15:
τὸν ἄσαρκον – qui ita vivit, quasi in carne non sit humana
Cap. 18, §21:
ἐτρίχωσε – cum capillorum ... recuperatione
Cap. 18, §26:
εὐκαιρηθεὶς ἐγώ – dum ego aliud, quod agerem, non haberem
Cap. 22, §8:
τοῦ πρωτουπνίου – in principio noctis
Cap. 23, §5:
καλαμωμένην – calamos colligentem
Cap. 26, §4:
γαστριμαργῶν καὶ οἰνοφλυγῶν – Cumque ... voracitati atque ebrietati se penitus dedisset
Cap. 28:
ὅ ἐστι κενοδοξίας – quae ex inanis gloriae cupiditate generantur
Cap. 29, §1:
σφόδρα γέγονε φιλοπάρθενος – magnam habuit devotarum deo virginum curam
Cap. 32, §10:
τῷ ... εἶναι ... πολυάνθρωπον – eo, quod ... frequentia hominum videretur
Cap. 32, §11:
οἱ ἐφημερευταὶ – qui per dierum vices reliquis serviebant
Cap. 35, §6:
Μὴ μικροψύχει· – Patere paulisper
Cap. 36, §4:
ἐδυστόκει – cum maxima difficultate pariebat
Cap. 36, §4:
μετὰ δευτέραν γονυκλισίαν – bisque in terra tantummodo genua fixit
Cap. 36, §7:
μνησικακήσας – iracundiam ... tenuisset

Cap. 37, §1:
εὐγράμματος – Peritissimus ... scientia litterarum
Cap. 37, §6:
τριβωνοφόροι τε καὶ βιρροφόροι – quoscumque palliis, quoscumque cernimus birris esse vestitos
Cap. 37, §9:
οἱ ἐπιβάται – omnes, qui cum ipso ingressi fuerant
Cap. 38, §3:
τὸ ἐπιχαιρεσίκακον – ex alienis malis gaudium atque laetitiam
Cap. 39, §4:
ὀλιγόπιστοι – homines parvae fidei

Nicht selten gehen mit den Änderungen im Wortlaut auch Verschiebungen in den inhaltlichen Aussagen einher. Dabei bleibt jedoch unsicher, ob derartige Abweichungen der Freiheit des Übersetzers zuzurechnen sind, auf Mißverständnissen beruhen oder auf eine verlorengegangene griechische Textfassung zurückgehen.

Cap. 2, §2:
οὐγγίας ἓξ ἄρτου – unciam panis
Cap. 4, §4:
ἵππους λευκοὺς – quattuor equites cum albis equis
Cap. 8, §3:
ζήσας ... μετ᾽ αὐτῆς ἐν τῷ αὐτῷ οἴκῳ – vixerunt ita, ut illa quidem totis diebus esset in cella
Cap. 18, §9:
†ὡς ἐπὶ τῶν ἱερέων† (+ καὶ τῶν μυστηρίων ἔστιν ἰδεῖν TB) *(Butler)*/ ὡς ἐπὶ τῶν ὀνείρων *(Bartelink)* – quod denique curvatura in caelo fieri ac videri ambulantibus solet
Cap. 18, §22:
διὰ πασῶν τῶν αἰσθήσεων – ex omni parte membrorum
Cap. 22, §6:
ἑαυτῷ μὲν ἔβρεξεν ἕνα, ..., ἐκείνῳ δὲ τρεῖς – et suam quidem partem perfudit aqua ...; ante illum tres posuit portiones
Cap. 26, §4:
ἐν τῇ κέλλῃ μὲν αὐτοῦ καθεσθῆναι οὐκ ἠδυνήθη – in cellam quidem suam non rediit
Cap. 36, §5:
μετὰ οὖν τὸ ἐξελθεῖν τὸν δαίμονα – posteaquam autem a sancto illo, qui eam a daemone liberavit, visitata est
Cap. 36, §7:
θαυμασίους ἄνδρας, οὓς τέως ἐγὼ ἐπεσημηνάμην – ... admirabilem virum, quem interim ego notasse ac nosse me memini *(im Lat. nur auf eine der beiden genannten Personen bezogen)*

Cap. 37, §11:

καὶ εὑρέθησαν τρέφοντες αὐτὸν ἕως Ῥώμης – ut ei usque Romam omnes alimenta praeberent *(Übertragung auf alle Reisenden)*

An mehreren Stellen läßt sich Fehlinterpretation des griechischen Textes als Grund für gravierende Abweichungen vermuten[59]:

Cap. 18, §1:

καὶ πλὴν λαχάνων ὠμῶν εἴ ποτε παρευρέθησαν καὶ ὀσπρίων βρεκτῶν οὐδενὸς ἄλλου ἐγεύσατο – sed crudo tantum holere contentus esset, ita ut, si forte umquam leguminis aliquid repperisset, neque inde gustaret *(fälschliche Beziehung der Negation* οὐδενὸς ἄλλου *auf den Konditionalsatz)*

Cap. 18, §5:

ὡς οὖν κεκτημένοι τὴν δυναστείαν ἐκ μακρῶν τῶν χρόνων ... ἔκτισαν τὸ ἔργον ... – Qui longo in tempore et in grandi potentia ... supradictum extruxerant opus ... *(fälschliche Beziehung der Partizipialkonstruktion auf den Bauvorgang selbst)*

Cap. 18, §10:

Μὴ ἀποστείλαντός σε τοῦ θεοῦ, πῶς ἐπελθεῖν μοι ἐτόλμησας; – Cum te non miserit deus, cur ausa es huc venire? *(Umdeutung zur echten Frage)*

Cap. 32, §4:

ἐν τῷ οὖν αὐτὸν ἐρωτᾶν ... ἠρώτα τὸν δεύτερον ὁ μειζότερος· – Dum igitur rogaret sanctus Pachomius ..., dicebat secundo illi, qui erat in suo ordine prior: *(fälschliche Übertragung des Subjekts vom jeweiligen Vorgesetzten auf Pachomius selbst, deshalb der Dativ* illi *statt eines Nominativs* ille*)*

Cap. 32, §10:

τρεφέσθωσαν μὲν διὰ τὰ σινιάσματα, διὰ τὰ ἀποκαθαρίσματα τῶν λαχάνων, διὰ τὰ ῥιπτόμενα περιττώματα, ἵνα μὴ ζημιῶνται – idcirco esse in monasterio oporteret sues, ne et cribratorum (**I**: cribratarum) excrementa frugum perirent et purgatorum folia holerum et cetera, quae damnum, si proicerentur, inferrent *(doppelte Übersetzung des Finalsatzes: beim ersten Mal* – ne ... perirent – *korrekt medial, beim zweiten Mal* – quae damnum ... inferrent – *fälschlicherweise aktivisch)*

---

[59] Ein Beispiel aus Version I ist Cap. 13, §1, wo von Apollonius gesagt wird, er sei wegen seines fortgeschrittenen Alters nicht mehr in der Lage, ein Handwerk oder die Schreibkunst zu erlernen (μήτε τέχνην μαθεῖν δυνάμενος μήτε ἄσκησιν γραφικήν). In der lateinischen Übersetzung *cum iam neque artem discere praevaleret ... neque abstinentiam spiritali scriptura mandatam* liegt ein Mißverständnis vor: Das an dieser Stelle „Übung“ oder „Fertigkeit“ bezeichnende Wort ἄσκησις ist vom Übersetzer im Sinne körperlicher Askese aufgefaßt worden; folglich mußte er auch das nun nicht mehr auf den Vorgang des Schreibens zu beziehende Attribut γραφική umdeuten, was er mit der Übertragung auf den Bereich der Heiligen Schrift tat.

Cap. 33, §4:
τὰς δὲ μὴ εἰρηνευσάσας αὐτάς – Quaecumque autem viderentur ex illius dicti insusurratione discordes *(intransitive Übersetzung eines transitiven Verbs)*
Cap. 35, §8:
τὴν τοῦ πατρός σου ἐπιθυμίαν, καὶ τὴν κατήχησιν τοῦ ἀδελφοῦ σου καὶ τῆς ἀδελφῆς εἰς τὸν μονήρη βίον – et quod pater tuus te desideraret et quemadmodum frater tuus sororque de vita, quam in solitudinibus agere deberes, hortari solerent (**I**: et circa patris desiderium et quemadmodum frater tuus sororque converti atque in solitudine agere vitam suam deberent) *(in* **Ia** *fälschliche Deutung der Genitive als Gen. subi. statt – wie in* **I** *korrekt – Gen. obi.)*
Cap. 35, §12:
τῇ περιστάσει τῇ κατὰ τὸν μακάριον Ἰωάννην – tempestatis illius, quae sub sancto Iohanne commota est *(*κατὰ *= „im Hinblick auf" als „unter" mißverstanden)*
Cap. 37, §6:
οὐκ ἔχοντες ὃ ἐγκαλέσουσιν – et sic ea, quae mihi ab ipsis obiciebantur, effugere *(*ἐγκαλεῖν *= „einfordern" als „vorwerfen" mißverstanden)*
Cap. 38, §7:
ἀπὸ τῆς ἐκστάσεως – quasi a quaestione illa iudiciorum *(vermutlich Verwechslung von* ἔκστασις *mit* ἐξέτασις*)*[60]
Cap. 39, §4:
καὶ τὴν συνήθη καὶ ὕποπτον φλέβα παρελθόντες – praesertim cum etiam infra ipsius venae indicia, in quibus esse aliqui putabantur humores, ... effodissent *(fälschliche Deutung des Verfehlens der Wasserader als zusätzliche Grabungsleistung)*
Cap. 40, §4:
στεφάνου τρόπον – ad exemplum stefani *(*στεφάνου *als Eigenname mißverstanden)*[61]
Cap. 47, §7:
συμβαίνει δὲ καὶ ... ποιεῖν ἐλεημοσύνην εἰς νοσοῦντας ἢ γεγηρακότας ἢ ἐκπεπτωκότας πλούτου – Evenit rursus, ut et ... quispiam ... misericordiam quidem in aegrotum inpendat aut ex divite se pauperem faciat *(die Unterstützung der Armgewordenen ist als freiwillige Aufgabe des Reichtums durch den Wohltäter selbst mißverstanden)*

Ein großer Teil der Unterschiede zwischen dem griechischen und lateinischen Text kommt dadurch zustande, daß sich der Übersetzer nicht mit einer freieren Wiedergabe der Vorlage begnügt, sondern in verschiedenen

---

[60] Vgl. Lundström, Übersetzungstechnische Untersuchungen, S. 44.
[61] Besonders deutlich wird dieses Mißverständnis in der Lesart der α-Handschrift **S**: *beati stefani.*

Formen Bewertungen oder Kommentierungen einfließen läßt. So suggeriert er dem Leser durch die Wortwahl oder syntaktische Struktur bestimmte Betrachtungsweisen.

Prol. II, §2:
φιλομαθέστατε – quem scio amatorem esse doctrinae *(Einengung auf die Beschäftigung mit der christlichen Lehre*[62] *gegenüber weiter gefaßter Wißbegier im Griechischen)*

Prol. II, §2:
ἀρρένων τε καὶ θηλειῶν – non virorum tantum, sed etiam feminarum *(besondere Hervorhebung der weiblichen Asketen)*

Prol. II, §3:
ὁδηγὸς – dux beatae vitae

Prol. II, §7:
ἰδιοπραγμοσύνῃ – diligenti animae ad deum vacatione

Prol. II, §15:
διὰ τούτων – per illorum veneranda conloquia

Cap. 2, §1:
τῶν παθῶν – inlicitamenta vitiorum

Cap. 2, §1:
ἡ δίαιτα – vitae … certamen

Cap. 3, §3:
τὴν γνώμην – devotam … voluntatem

Cap. 6, §9:
ἧς ἐφρόντιζε – cuius nimiam curam gerebat

Cap. 7, §4:
εἰ δὲ ἀξιόλογος (+ τις B) εἴη – Si autem honestior aliquis minusque aptus huiusmodi operibus videretur

Cap. 11, §4:
ἡδονῆς αὐτῷ ἐπαναστάσης – Cum quaedam delectatio corporalis sine ulla corpusculum eius intermissione vexaret

Cap. 17, §4:
παρακοῦσαι – ut … tam salubria eius dicta contemneret

Cap. 17, §12:
τῆς μητρὸς – mater infelix

Cap. 18, §1:
εἴ τι ἀκήκοε πώποτε – si quid magnum a quibuscumque sanctis fieri didicisset

Cap. 18, §9:
μὴ δεχομένη – nec … sancti illius contemplatione suscipiens

---

[62] In Handschrift **M** ist diese Interpretation von *doctrinae* durch den Zusatz von *sanctae* explizit ausgedrückt.

Cap. 18, §15:
θεασάμενοι οὖν – Quem cum esse tam durae atque inimitabilis vitae ... considerassent

Cap. 18, §17:
μὴ κατέλθῃς ὑποκάτω τοῦ οὐρανοῦ – Sperne illa, quaecumque infra caelestia videntur, habitacula.

Cap. 18, §20:
παιδεύεται – talius supplicii ... atrocitate cruciatur

Cap. 22, §3:
εἰς κοινόβιον – ad leviora monasteria

Cap. 23, §1:
ἐλαύνοντός με τοῦ πάθους – vi ipsius morbi perculsus

Cap. 23, §1:
οὐκ ἀνεθέμην τὸ πρᾶγμα – nihil de pestilentiae talius ardore dicebam nec ... tale aliquid confitebar *(doppelte Übersetzung)*

Cap. 26, §4:
ἐς ὕστερον ἀκούσιον εὑράμενος σωτηρίαν – unde tamen postea remedium propriae salutis invenit *(Verschweigen der Unfreiwilligkeit)*

Cap. 26, §5:
ἐκοιμήθη – debito fine requievit

Cap. 28:
κατὰ σκηνὴν ἀνθρωπίνην – humanae vanitatis inlecebras

Cap. 29, §1:
κατοικτειρήσας τὸ τάγμα τῶν ἀσκητριῶν – feminei sexus miseratione *(Verallgemeinerung)*

Cap. 33, §4:
τὸ πρᾶγμα – tanti sceleris atrocitatem

Cap. 34, §7:
διαφόρως – varia peccata ... propria

Cap. 37, §13:
ὕστερον αὐτῇ συνέτυχε – et tum demum ab ea susceptus fuisset

Cap. 38, §5:
ὁ τὴν ὀπτασίαν παρασχὼν αὐτῷ – ille, qui tali eum visione tremefecerat

Cap. 39, §4:
τοῦ ἔργου – a tam inutili opere

Cap. 40, §2:
καταλαβόντος ... τὴν Ἐδεσηνῶν πόλιν – Cum ... in Edessena civitate saeviret

Ein vom Übersetzer häufig eingesetztes Mittel ist die Relativierung vorgefundener Aussagen und eine vorsichtige Distanzierung von der griechischen Vorlage:

Prol. II, §6:
ἐν εἴδει καυχήματος – quasi cum quadam iactantia

Prol. II, §9:
δουλώσαντες – in servitutem quodammodo redegerunt
Cap. 1, §2:
αὐτοὺς τοὺς ἐχθροὺς αὐτοῦ – ipsi, qui pertinacissimi eiusdem videbantur inimici
Cap. 1, §3:
ἔσχε – fertur habuisse
Cap. 1, §3:
διὰ τὴν δοθεῖσαν ἡμῖν παρὰ Χριστοῦ ἐξουσίαν – propter eam, quam a Christo accepisse videor (**I**: quam Christus nobis tribuit), potestatem
Cap. 2, §3:
ἀναγκάζοντος δέ μου αὐτόν – cum a me quodammodo cogeretur
Cap. 6, §2:
φιλοσυγγενείας – affectus, qui deberi videtur adfinibus
Cap. 8, §4:
ἄτοπον γάρ ἐστι – Inconveniens enim atque incongruum puto
Cap. 13, §2:
ὧν ἐπιδέονται οἱ ἀσθενοῦντες – quae maxime necessaria videntur infirmis
Cap. 16, §2:
ψόφον εἰργάζετο – maximum sonum ... facere videbatur
Cap. 17, §11:
ὡς ὑπὸ πυρός – veluti quodam ignis ardore
Cap. 18, §15:
ἐστασίασαν – quasi quadam ... seditione commoti
Cap. 18, §18:
πάντα τὰ ἐν τῷ κελλίῳ – omnia, quae habere intra cellam videbar
Cap. 20, §2:
κατοικεῖ – esse perhibetur
Cap. 21, §2:
οἳ παρεγένοντο – quos illuc ... venisse memorabant
Cap. 22, §8:
οὐκ οἶδα – fortassis ignoro
Cap. 25, §6:
Ἀναγκαῖον δέ ἐστι ... πρὸς ἀσφάλειαν τῶν ἐντυγχανόντων – Valde autem et hoc necessarium credo legentibusque arbitror profuturum, quod ...
Cap. 26, §2:
πεῖραν δὲ αὐτοῦ εἴληφα κἀγώ – Ego quoque eum videor expertus
Cap. 26, §4:
ὡς ὑπὸ πυρὸς – quasi quodam ... incendio
Cap. 34, §5:
λείπει γὰρ καὶ ἄλλη – deesse enim videtur hic aliqua
Cap. 35, §8:
εὐλαβεῖς ... προφάσεις καὶ εὐλόγους – Rationabiles ... et quasi iustas occasiones

Cap. 37, §8:
τότε ἔγνωσαν οἱ φιλόσοφοι ὅτι ἀληθῶς ἐνάρετος ἦν – Cognito autem eo philosophi illi omnique rei veritate perspecta magnum nescio quem virum esse firmantes

Auf der anderen Seite ist eine besonders nachdrückliche Ausdrucksweise nicht selten:

Prol. II, §8:
τῆς ἰδιοπραγμοσύνης – hi, qui solis et propriae tantum animae negotiis vacant
Prol. II, §4:
ἐστὶ θεϊκῆς διδασκαλίας – divinae scimus esse doctrinae (**I**: divinae doctrinae est)
Prol. II, §5:
ὅπερ οὐκ εἶχον – quod procul dubio non haberem
Prol. II, §6:
ὁ πολλῷ κρείττων ἐμοῦ – ille, qui absque aliqua conparatione melior me est
Cap. 6, §2:
ὡμολόγηται – dudum profecto monstratum est
Cap. 8, §4:
δικαιοσύνην ἀσκοῦντα – et iustitiae totus inservias
Cap. 13, §2:
χρεία ἦν – necessaria vel maxime ... est
Cap. 17, §4:
ἀκέραιον τόπον ἐν ᾧ ... – incolumis vel una sola pars ..., ne in tali quidem spatio, quod ...
Cap. 17, §8:
προσηύχετο – instanter oraret
Cap. 17, §9:
Μηδέποτε – Numquam ... omnino
Cap. 18, §3:
οὐκ εἰσῆλθεν – ne semel quidem ... fuisset ingressus
Cap. 18, §15:
σιωπῇ ἑστώς – cum summa taciturnitate consistens
Cap. 18, §22:
ἀνακράξας – cum clamore maximo vocis
Cap. 19, §7:
σκοτίζουσί μου – ita mihi semper obscuratur ...
Cap. 21, §6:
εἰς ἀπελπισμόν με ἤγαγεν – penitus me desperare iam fecit
Cap. 21, §10:
καὶ ... ἀπεκάλυψε – iam et ... procul dubio revelavit

Cap. 22, §1:
οὐ μέλει μοι – unde certum sciatis ad me hoc nihil penitus pertinere
Cap. 22, §3:
καὶ τοῦτο λιμῷ – et hoc summa cum inedia
Cap. 22, §9:
λίαν ὢν ἁπλοῦς – eo, quod habitaret in eo vera et tota simplicitas
Cap. 23, §2:
τὸ μὴ εἶναι συντυχίας θηλειῶν – ipsarum, quod nemini dubium est, absentia feminarum
Cap. 25, §6:
Ἀναγκαῖον – Valde ... necessarium
Cap. 26, §1:
ἀπατῶνται – Maximo errore falluntur
Cap. 26, §5:
ἀποπεσεῖν – radicitus caderent
Cap. 31, §1:
μάχονται γὰρ – cum grandi enim certamine
Cap. 34, §2:
καίπερ κονδυλιζομένη καὶ ὑβριζομένη καὶ καταρωμένη καὶ μυσαττομένη – et certe cum ab omnibus caederetur, cum omnium viveret odio, maledicta omnium sustineret
Cap. 35, §13:
ἐν ζοφερῷ κελλίῳ – in obscurissima[63] cellula
Cap. 36, §3:
ἔχων ἐκεῖνα τὰ βρώματα παραμυθίαν – cibus ipse maximum mihi solacium fuit
Cap. 36, §6:
κεκοσμένος – vehementer ornatus
Cap. 37, §6:
ἵνα σοι βοηθήσωμεν – adiuvaturos se in omnibus eum pollicentur
Cap. 38, §10:
ἀνὴρ ἀπὸ ἁβροτάτου καὶ τρυφηλοῦ βίου καὶ ὑγροτάτου ἠγμένος – ille, qui inter copias magnas atque delicias cum maxima semper voluptate vivebat
Cap. 39, §4:
τοῦ καύματος – in maximo ardore aestus
Cap. 40, §1:
Τὰ κατὰ Ἐφραὶμ ... πάντως ἀκήκοας· – De Effrem ... multa te audisse non dubito:

---

[63] Mit diesem Superlativ sollen die Bedingungen der Kerkerhaft des Palladius als besonders dramatisch dargestellt werden (s. Kapitel A1).

Eine bestimmte Art der Bekräftigung besteht in der Anführung der Quelle eines Berichtes oder der Betonung der Autopsie:

Prol. II, §2:
καὶ περὶ ὧν ἀκήκοα – quosque aliis referentibus noverim
Cap. 6, §7:
ᾧ συνεχρονίσαμεν καὶ ἡμεῖς – quod ego quoque, qui cum illo diu fueram, satis noram
Cap. 7, §3:
ἐκκλησία ἐστὶ μεγάλη – unam ecclesiam maximam vidi
Cap. 18, §3:
ὡς ἔλεγεν – quemadmodum ipse referebat
Cap. 18, §5:
ὡς αὐτὸς ἡμῖν διηγήσατο – sicut solebat referre *(Betonung des wiederholten Erzählens)*
Cap. 18, §8:
ὡς διηγήσατο – ut ipse referebat
Cap. 20, §2:
περὶ ἧς μοι διηγήσαντο ὅτι ... οὐδέποτε γεύεται – quam ... ieiunare cognovi
Cap. 37, §1:
ὃς πολλὴν ἐξήσκησεν ἀκτημοσύνην – Quem nihil umquam habuisse vel possedisse satis notum omnibus fuit.

Im folgenden soll die Vorgehensweise des Übersetzers bei der Wiedergabe einzelner Wörter noch etwas genauer betrachtet werden. Wie bei längeren Formulierungen so sind auch hier oft stark interpretierende Eingriffe vorgenommen worden, die entweder auf die vorliegende Situation bezogen oder auf Allgemeingültigkeit ausgerichtet sind, zuweilen fast im Sinne einer Definition.

Prol. II, §1:
τῷ βίῳ – huic saeculo
Prol. II, §7:
τοὺς ἐντυγχάνοντας – aliis legentibus
Prol. II, §12:
τὸ σῶμα – necessitas corporalis
Prol. II, §16:
τῶν προσώπων – hominum religiosorum
Cap. 3, §2:
τῇ αὐστηρίᾳ – contradicendi proposito
Cap. 6, §3:
παραμυθίαν – vitae alimoniam
Cap. 9:
ἐν τοῖς διηγήμασιν – in vitae ipsius expositione

Cap. 11, §1:
φιλόλογος ἦν – lectioni et scripturis vacabat
Cap. 16, §4:
τοῦ δράματος τούτου – de spe talius ingenii
Cap. 17, §1:
τραγήματα – poma vel legumina nucesque
Cap. 18, §23:
οἰκονομίας – quandam operis boni speciem
Cap. 19, §5:
οἱ δαίμονες – huiusmodi cogitationes
Cap. 21, §3:
τοῖς θορύβοις – huic mundo
Cap. 21, §10:
τὸ πρᾶγμά – adventus mei causam
Cap. 22, §13:
τὸ ῥηθέν – sermo scripturarum divinarum
Cap. 29, §1:
χρηστήρια – instrumenta diversae supellectilis necessaria
Cap. 32, §7:
τὸν κανόνα – inpositam sibi vivendi regulam
Cap. 32, §7:
ἐν παρρησίᾳ – ad fiduciam ... divinae notitiae
Cap. 32, §10:
τὰ δὲ ἄκρα – ungulas tamen ac minimas partes eorum
Cap. 33, §4:
τοῖς εἰρημένοις – tali calumniae
Cap. 34, §1:
τὸ δὴ λεγόμενον – secundum vulgare proverbium
Cap. 36, §6:
καὶ προφητείαν – praenuntiationem, quam prophetiam vocant *(Definition)*
Cap. 38, §2:
χωρεπισκόπου – presbyteri multarum ecclesiarum curam gerentis, quos priodeutas vocant *(Definition)*
Cap. 40, §1:
τοὺς παρατυγχάνοντας – omnes, qui ad videndum eundem veniebant

Bei der lateinischen Wiedergabe einzelner Begriffe – sowohl von Substantiven als auch von Verben – nimmt ein Phänomen eine zentrale Rolle ein: die Aufspaltung in zwei in der Regel einander gleichgeordnete Einzelwörter[64]. So ist es dem Übersetzer möglich, mehrere von dem Wort gebote-

[64] Diese Zweiteilung eines Begriffs ist in der lateinischen Übersetzungsliteratur nicht selten anzutreffen; s. speziell zu den von Rufin verwendeten Doppelausdrücken Ed.

ne Nuancen zu berücksichtigen. Dabei sind entweder beide Bestandteile gleichermaßen vorgegeben (z. B. Prol. II, §15: συντυχίας – *conspectum ... atque conloquium*), oder die lateinische Junktur besteht aus der Übersetzung des Wortes und einem zusätzlich in ihm angelegten Aspekt (z. B. Cap. 18, §15: τὰ τῆς πολιτείας – *tali conversatione atque virtute*).

Prol. II, §1:
τοῖς δόγμασι τοῦ σωτῆρος – instituta atque vestigia salvatoris
Prol. II, §1:
διεφθαρμένης προθέσεως – corrupto atque vitiato mentis ingenio
Prol. II, §3:
κατορθωμάτων – factis ... ac meritis
Prol. II, §5:
ἀνδρὸς φιλοθέου – hominis sancti et amatoris dei
Prol. II, §9:
ὑπηρεσίαν – ministeria et fomenta
Prol. II, §10:
μετὰ τύφου – cum arrogantia et fastu
Prol. II, §15:
συντυχίας – conspectum ... atque conloquium
Prol. II, §16:
τῶν νοημάτων – sensuum atque verborum
Cap. 1, §2:
τρυφῇ – epulationibus ... ac voluptatibus
Cap. 4, §2:
ἐν γνώσει – scientiam ... peritiamque
Cap. 6, §2:
γένους – propinquitatis et generis
Cap. 6, §4:
συνδιαλύεσθαι – dissipari atque dissolvi
Cap. 6, §5:
ἀναγκαῖοι – necessarii atque pretiosi *(Verbindung von wörtlicher und interpretierender Übersetzung)*
Cap. 7, §3:
ὠφεληθεὶς – instructus et doctus
Cap. 8, §2:
τῇ χάριτι – instinctu et gratia
Cap. 8, §4:
ἁγνείᾳ – castitate atque pudicitia
Cap. 15, §2:
καταπτύειν – contemneret ... atque despiceret

HM, S. 44 und H. Marti, Übersetzer der Augustinzeit, Interpretation von Selbstzeugnissen (Studia et Testimonia Antiqua 14), München 1974, S. 54.

Cap. 17, §2:
διακρίσεως – iudicii ... et sapientiae
Cap. 17, §3:
τῆς φιλαργυρίας – cupiditatis atque avaritiae
Cap. 17, §5:
τοῖς ... πράγμασιν – negotiis ac sollicitudinibus
Cap. 17, §13:
ἀποθεραπεύσας – curatum et ad pristinam sanitatem reductum
Cap. 18, §2:
κλάσας – confractum atque in partes redactum modicas
Cap. 18, §15:
τὰ τῆς πολιτείας – tali conversatione atque virtute
Cap. 18, §17:
κατορθώσας – imitatus sum atque perfeci
Cap. 19, §6:
σφοδρότερον – instanter ac fortiter
Cap. 21, §7:
ζῇ – vivit et superest
Cap. 21, §11:
εἰς ἄκρον με χειμάζει – variis me procellis ac tempestatibus vexat
Cap. 22, §2:
τὰς θλίψεις – miseriis ac labori
Cap. 22, §6:
προθύμως – patienter ac libenter
Cap. 23, §2:
σπουδῆς – studium ac desiderium castitatis
Cap. 23, §4:
βλασφημῆσαι – ore ac sermone peccare
Cap. 25, §5:
τὸ οἴημα αὐτοῦ – inflatio animi ipsius tumorque
Cap. 25, §6:
ὑπόθεσις – causa ... et occasio
Cap. 29, §1:
τὰς ἀλωμένας – quae vagari et errare consueverant
Cap. 29, §2:
κατὰ λόγον – ita, ut oportet aut convenit
Cap. 32, §7:
τῇ τοῦ θεοῦ θεωρίᾳ – visioni et cultui dei
Cap. 34, §4:
τῇ διανοίᾳ – animo et cogitatione
Cap. 38, §8:
ταριχεύσας αὐτοῦ τὸ σαρκίον – corpus eius adtrivit carnesque consumpsit
Cap. 39, §4:
ἐμικροψυχήσατε – angustiamini et desperare voluistis?

Vor dem Hintergrund der im ganzen überwiegenden Freiheiten bei der Übertragung der griechischen Formulierungen fallen Stellen mit sehr enger Anlehnung an die Vorlage in Wortwahl und Satzbau besonders auf. So bemüht sich der Übersetzer wiederholt, den ingressiven Aspekt des Griechischen zum Ausdruck zu bringen. Allerdings führt eine zu wörtliche Wiedergabe an einigen Stellen auch zu ungeschickten oder sogar unlateinischen Formulierungen.

Prol. II, §9:
προλήψει ἀλόγῳ – inrationabili anticipatione *(wörtliche Übersetzung des im allgemeineren Sinne von „Vorstellung" gebrauchten* προλήψει*)*
Prol. II, §16:
ἡ ... χρόα τῶν προσώπων – ipse hominum religiosorum color *(unpassende Verbindung zwischen wörtlichem* color *und interpretierender Übersetzung des Genitivs)*
Cap. 1, §3:
Ἀιδοῦμαι μεταλαμβάνων ἀλόγου τροφῆς – Erubesco ... inrationabilem cibum sumens *(Übernahme der Partizipialkonstruktion)*
Cap. 4, §2:
ὡς καθ' ἱστορίαν πληροῦσθαι ἐπ' αὐτῷ τὸ γεγραμμένον – ut in eo historiā, quod scripsit, impleretur[65]
Cap. 17, §2:
ὃς ἔζησε τὰ σύμπαντα ἔτη ἐννενήκοντα – qui vixit nonaginta omnes simul annos
Cap. 17, §2:
τετρακονταετὴς γὰρ γενόμενος – Ubi enim primum esse quadragenarius coepit *(ingressive Übersetzung)*
Cap. 18, §2:
τὸν βουκέλλατον – buccellatum
Cap. 18, §8:
κάδιον – cadum
Cap. 18, §14:
ἐπέστη ἡ τεσσαρακοστή – supervenissent quadragesimae dies
Cap. 18, §16:
ἵνα μὴ μέγα φρονῶσιν ἐπὶ ταῖς ἑαυτῶν ἀσκήσεσιν – ne magnum aliquid in conversatione vitae suae facere se putarent *(nichtadverbiale Wiedergabe des* μέγα*)*
Cap. 18, §17:
ἀπερίσπαστον ἀπὸ τοῦ θεοῦ ποιῆσαι – inseparabilem a deo facere
Cap. 18, §26:
νομίσας αὐτὸν ὑπὲρ ἄνθρωπον – dum ... supra hominem esse ipsum puto

---

65 Vgl. Kapitel C4.

Cap. 20, §3:
δῆλος εἶ + *Part.* – videris mihi esse manifestus, quod ... *(Übernahme der persönlichen Konstruktion)*
Cap. 21, §4:
Θέλεις ... λαμβάνω σε ... καὶ διαναπαύω σε; – Vis ... suscipio te ... et ... sustento?
Cap. 21, §6:
θεῷ δεξιὰς ἔδωκα – deo dexteras dedi
Cap. 21, §17:
ἦλθεν ... μοι φωνὴ – Vocem ... sibi ... venisse referebat:
Cap. 22, §6:
Θέλεις φάγωμεν ἄρτου κλάσμα; – Vis ... edimus partem panis?
Cap. 22, §10:
Σὺ γὰρ τί; – Tu autem quid?
Cap. 23, §3:
ἔθηκα ἐμαυτὸν ἐν ἡμέρᾳ γυμνόν – me proieci per diem nudum *(Beibehaltung der Wortstellung)*
Cap. 25, §1:
μέγα φρονῆσαι – ut ita in se nescio quid esse magnum putaret *(nichtadverbiale Wiedergabe des* μέγα*)*
Cap. 26, §5:
καὶ ὡς ἐσκέπτετο ἁμαρτῆσαι – et, dum peccare meditatur
Cap. 26, §5:
τὰ πρὸς τὸ ἕλκος αὐτοῦ διελέγετο – proprium ei vulnus insinuans
Cap. 29, §3:
ὕπνωσεν – subito ei ... somnus obrepsit *(ingressive Übersetzung)*
Cap. 29, §5:
ἐκ πλαγίων (*al.* πλαγίου) τοῦ μοναστηρίου (B) – ex obliquo habitaculi illius posita
Cap. 29, §5:
ἔζησε δὲ ἄλλα τεσσαράκοντα ἔτη – Vixit autem quadraginta alios annos
Cap. 32, §1:
περιττῶς οὖν καθέζῃ – unde iam ... superflue sedes
Cap. 32, §11:
τὰ ... ἄκρα – pedum vel capitum summitates
Cap. 34, §3:
μέγα φρονεῖς ἐπὶ σεαυτῷ – grande aliquid esse te credis *(nichtadverbiale Wiedergabe des* μέγα*)*
Cap. 35, §11:
ἠρρώστησα – in valitudinem ... incurri *(ingressive Übersetzung)*
Cap. 35, §12:
ὕδρωπα μελετήσας – hydropem medicans
Cap. 37, §1:
οὐδὲ ἠρεμῆσαι ἴσχυσεν ἐν κελλίῳ – cellulae unius quiete non poterat esse

contentus *(Überbetonung des Aspekts der „Ruhe“ in* ἠρεμῆσαι*)*
Cap. 37, §4:
κατοικτειρήσας – ad miserationem ... adductus *(ingressive Übersetzung)*
Cap. 39, §4:
λυπηθέντες – tristes ... facti *(passivische Übersetzung)*
Cap. 40, §2:
Οὐκ ἔχομεν τίνι πιστεύσομεν ... – Non habemus ..., quibus pecuniam ... credere debeamus.
Cap. 40, §2:
Τί ὑμῖν δοκῶ ἐγώ; – Qualis ... vobis ego videor?

b) Charakterisierung der β-Zusätze

Nachdem die beiden lateinischen Versionen Ia und I zunächst gesondert betrachtet (Kapitel B1 a und b) und dann in ihrem Abhängigkeitsverhältnis untersucht worden sind (Kapitel B2), nachdem danach der Blick auf die Beziehungen zwischen den lateinischen und griechischen Textfassungen gelenkt worden ist (Kapitel B3 a), sollen nun detailliertere Beobachtungen zum Verhältnis zwischen der lateinischen Lang- und Kurzfassung unter Einbeziehung der griechischen und syrischen Überlieferung sowie der der lateinischen Version II folgen, die den Rahmen eines textkritischen Apparates sprengen würden. Zudem ergibt sich in einem geschlossenen Kapitel der Einleitung die Möglichkeit einer Systematisierung des Befundes, die in einem sich über den gesamten Text erstreckenden Apparat ebenfalls nicht gegeben wäre. Das hier zur Verfügung gestellte Material ist somit als Erweiterung des kritischen Apparates und zugleich als Grundlage für eine eingehendere Charakterisierung der beiden lateinischen Fassungen zu sehen.

Neben den wenigen Stellen, an denen der Text von Ia (α) mit Hilfe von I (β) vervollständigt werden mußte, weil die Syntax durch den Ausfall einiger Wörter gestört war[1], ist in einer beträchtlichen Anzahl von Fällen der Textbestand in β gegenüber dem von α vermehrt. Diese Textstücke sind im kritischen Apparat durch + als zusätzlich zur handschriftlichen α-Überlieferung vorhanden gekennzeichnet. All diesen Erweiterungen ist gemeinsam, daß sie weder von der Syntax noch vom Inhalt des Textes gefordert werden. Daher erweist sich erst bei einem genauen Vergleich des lateinischen Textes mit der griechischen Vorlage und anderen Übersetzungen aus dem Griechischen, daß es sich keineswegs bei allen Stellen um gleichartige „Zusätze“ des Bearbeiters der lateinischen Kurzfassung handelt, sondern daß sie sich in der griechischen Kurzversion (G), in der me-

---

1 S. dazu Kapitel C4. Die größeren in α ausgefallenen Partien in den Kapiteln 11-13 und 68-69 sollen hier außer Betracht bleiben.

taphrastischen Version (B), in den verschiedenen Rezensionen des syrischen Textes und in der zweiten unabhängigen lateinischen Übersetzung (Lat. II) – in jeweils wechselnden Konstellationen – wiederfinden.

Eine mögliche Konsequenz dieser Erkenntnis wäre es nun, die entsprechenden Formulierungen in den α-Text einzufügen, was besonders dann naheläge, wenn hinter β eine geschlossene Überlieferung im Griechischen, Syrischen und möglichst auch in Lat. II steht. Da sich allerdings die Überlieferung im Griechischen und Syrischen keineswegs immer einheitlich darstellt – so können die Erweiterungen in β mit Gr G, mit Gr B, mit einem Teil der Handschriften von Gr G oder mit Gr B und einem Teil der Handschriften von Gr G übereinstimmen – und uns ferner die tatsächliche griechische Vorlage vermutlich verlorengegangen ist bzw. aus den von Butler herangezogenen Handschriften nicht mehr eindeutig rekonstruiert werden kann, muß man in jeder der beschriebenen Überlieferungssituationen die mögliche Grundlage der Übersetzung sehen und damit allen in Frage kommenden Stellen dieselbe Wahrscheinlichkeit, ursprünglich zum α-Text gehört zu haben, zubilligen. Aufgrund der großen Zahl derartiger Textstellen wäre jedoch eine Veränderung des Charakters des handschriftlich überlieferten α-Textes die Folge.

Ein weiterer Aspekt, der gegen die Aufnahme der Zusätze in den Text spricht, ist die unwahrscheinliche Voraussetzung, die man mit einem solchen Vorgehen implizieren würde: Man müßte annehmen, daß nach dem Ausfall einer so großen Zahl von Sätzen und Wortgruppen in jedem Fall zufällig ein syntaktisch und semantisch sinnvoller Text zurückblieb. Einige Indizien sprechen vielmehr für eine absichtliche Kürzung in α, wobei natürlich immer noch offen bleibt, ob diese einem Bearbeiter, der den α-Text nach der Abspaltung von β noch einmal verändert hat, zuzuschreiben ist oder ob der Übersetzer selbst diese Raffungen vorgenommen hat. Mit der zweiten Möglichkeit muß immerhin gerechnet werden, so daß eine Auffüllung des Textes mit den β-Zusätzen unzulässig wäre. In der Tat deuten einige Formulierungen in α darauf hin, daß hier vorsätzlich gekürzt wurde, z. T. mit dem Ziel, logische Unzulänglichkeiten im griechischen Text zu beseitigen. β hat dann durch Vergleich mit dem Griechischen den ursprünglichen Umfang der Textstelle wiederhergestellt.

Ein Beispiel für ein solches korrigierendes Vorgehen des Übersetzers ist der β-Zusatz in Cap. 35, Z. 43: *Unde es vel cur advenisti?* (entsprechend im Griechischen). α hat nur *Unde advenis?* Wenn man berücksichtigt, daß im folgenden dreimal in verschiedener Form die Frage nach der Herkunft, aber mit keinem Wort diejenige nach dem Grund des Kommens beantwortet wird[2], kann man dem Übersetzer die Streichung des Teils der Frage, der nicht beantwortet wird, durchaus zutrauen.

---

2 *Respondi me esse peregrinum et de Galatiae partibus venire et unum me ex Evagrii fratribus esse confessus sum.*

Ähnlich verhält es sich mit einem Dialog in Cap. 21: In Z. 94 bietet β zusammen mit dem Griechischen im Anschluß an die Frage des Eulogius: *Quid quaeso ... iubes?* folgende Fortsetzung: *Et Antonius: Quid, inquit, huc*[3] *venisti? Respondit Eulogius dicens: Qui tibi nomen meum revelare dignatus est, ipse iam et adventus mei causam procul dubio revelavit.* In α bleibt Eulogius der Sprecher und nimmt direkt hinter *iubes* mit *Nam qui tibi nomen meum revelare dignatus est, ...* bereits die Antwort auf eine mögliche Frage des Antonius vorweg; dieser greift denn auch mit *Quid ... veneris, scio ...* die Einschätzung der Lage durch Eulogius auf. Der Satzanschluß mit *Nam* deutet auf eine bewußte Verknüpfung der beiden Sätze durch α hin.

Diese Überlegungen und die vielfältige Überlieferungslage im Griechischen lassen folgende Behandlung der fraglichen Stellen sinnvoll erscheinen:

Eine in Gruppen gegliederte Liste enthält die in β zusätzlich zu α vorhandenen Textstücke, jedoch ohne die Sonderlesarten der einzelnen β-Handschriften, die im Apparat zur Stelle nachgeschlagen werden können. Erfaßt sind dabei nur die mit + deutlich als Zusätze gekennzeichneten Wendungen, meist syntaktisch geschlossene Einheiten[4]. Nicht aufgeführt sind einzelne Wörter oder gegenüber α ausführlichere Formulierungen anderen Wortlauts, die sich nicht in einen mit α übereinstimmenden Teil und einen „Zusatz" aufspalten lassen[5]. Inhaltlich lassen sich keine Unterschiede zwischen den einzelnen Gruppen feststellen: Die Zusätze reichen über die Grenzen der Katagorien hinweg von kurzen Einschüben des Typs *et ait* über Charakterisierungen wie *magnus ille famulus dei* bis hin zu größeren Absätzen mit zusätzlichen Informationen; nicht selten sind passende Bibelzitate eingefügt oder an bereits vorhandene weitere angehängt.

Im textkritischen Apparat verweist eine zwischen zwei Asterisken (*) stehende Zahl im Anschluß an den Zusatz auf die Liste in der Einleitung, in der der Zusatz mit Hinweis auf die sonstige Überlieferung aufgeführt ist. Auf diese Weise wird die Lektüre des Textes nicht durch Besonderheiten der Überlieferung unterbrochen und dem Leser trotzdem die Möglichkeit geboten, sich über den Zustand der Textform zu informieren. Die Numerierung erstreckt sich auf die oben schon erwähnten Gruppen von Stellen, die eine wie auch immer geartete Entsprechung im Griechischen haben (Gruppe

---

3 Das Vorhandensein der Richtungsangabe *huc* stimmt allerdings mit einer griechischen Parallelüberlieferung in den AP überein, die sehr altes Variantenmaterial enthält; dort lautet die Frage: Τί ὧδε ἧκας; in den HL-Handschriften selbst dagegen nur Τί ἧκες;

4 Die tatsächliche Anzahl der über α hinausgehenden Formulierungen ist also erheblich größer.

5 Ebensowenig sind am Beginn einer β-Lesart stehende Erweiterungen wie z. B. Redeeinleitungen erfaßt, obwohl sie mit den angehängten Zusätzen vergleichbar sind. Für derartige Fälle sind die griechischen und syrischen Parallelen im Apparat angegeben.

1-3); dazu kommen einige unklare Fälle, in denen die griechische Überlieferung gespalten oder nur für einen Teil des β-Zusatzes bezeugt ist (Gruppe 4).

Ohne Verweis im Apparat sind diejenigen Zusätze aufgelistet, die scheinbar nur in β auftreten und entweder wirkliche Erweiterungen (Gruppe 5) oder Doppel- bzw. Alternativübersetzungen (Gruppe 6 und 7) zu α darstellen, damit also für die Textkonstitution uninteressant sind. Dieses Bild ergibt sich jedoch nur auf der Grundlage der griechischen Edition von Butler, der zwar Abweichungen von B gegenüber G, selten dagegen über den Textbestand von G hinausgehende längere B-Partien im Apparat vermerkt hat. Vermutlich wäre nach gründlicher Aufarbeitung der B-Überlieferung ein Großteil dieser Erweiterungen unter 2 („Mit Gr B übereinstimmende Zusätze“) einzuordnen[6].

Der griechische Text wird nach der Ausgabe von Butler, der Text der Übersetzung Lat. II nach dem Konsens der älteren Handschriften[7] zitiert. Die Information Lat. II *om.* wird nur dann gegeben, wenn das Kapitel und die in Frage kommende Episode in dieser Übersetzung überhaupt existieren, der Zusatz dort also einen Platz hätte haben können.

1) Mit Gr G übereinstimmende Zusätze:

An erster Position in der Liste ist die Katagorie von Stellen angeführt, denen die größte „Berechtigung“ zukommt, in den α-Text aufgenommen zu werden, nämlich die Formulierungen, die in der griechischen Kurzfassung (G) enthalten sind; mit dieser Textform stimmt die Übersetzung α im ganzen gesehen weitgehend überein. Unterstützend kommt hinzu, daß in fast allen Fällen dieser Gruppe Bezeugungen in mindestens einer syrischen Rezension und in Lat. II (soweit das betreffende Kapitel vorhanden ist) zu finden sind.

Cap. 2

1

16 colligebat + singulisque annis cellam struendo perficiens his, qui fabricare non poterant, offerebat

Gr: καὶ τούτους ἀεὶ οἰκοδομῶν καὶ κέλλας ποιῶν παρεχώρει τοῖς μὴ δυναμένοις οἰκοδομεῖν, κατ᾽ ἔτος τελειῶν κέλλαν μίαν.[8]

---

6 S. u. (S. 160 ff.) Gruppe 5. Dort wird zu den umfangreichsten β-Stücken jeweils die griechische Entsprechung gegeben.

7 Von den 69 mir bekannten Handschriften der Version II konnte ein Drittel kollationiert und dem bei Migne gedruckten Text gegenübergestellt werden. Dabei zeigte sich, daß diese zumeist aus dem 10. bis 12. Jahrhundert stammenden Handschriften an vielen Stellen einhellig von der auf Handschriften des 15. Jahrhunderts basierenden Edition Rosweydes abweichen. – S. Kapitel B4.

8 Zu dieser Stelle gibt es eine Parallelüberlieferung bei Sozomenos (hist. eccl. 6,29,4): ᾧ βίος ἦν ἐν ἡμέρα μὲν ἀπὸ τῆς πέλας θαλάσσης λίθους συλλέγειν καὶ ἔτους ἑκάστου οἰκίδιον κατασκευάζειν καὶ διδόναι τοῖς μὴ δυναμένοις ἑαυτοῖς οἰκοδομεῖν.

Syr: *hab.*
Lat. II: eosque aedificans et cellulas faciens tradebat non valentibus sibi aedificare per singulos annos singulas explicans cellulas/cellas

Cap. 6
2
32 dissolvi + virtutum scilicet spiritalium contemptores
Gr: ὅσοι τῶν ἀρετῶν ἀμελοῦσι
Syr: *sim.* R1, *om.* R4
Lat. II: dum virtutes neglegunt
3
72 viros + et ait
Gr: καὶ λέγει αὐτῇ
Syr: *hab.*
Lat. II: et dicit ei

Cap. 10
4
6 fuit + ut praeceptum domini videretur implesse
Gr: ὡς ἀπαιτεῖ ὁ λόγος
Syr: *idem* R3
Lat. II: ut vera deposcit ratio

Cap. 16
5
41 panes + in cista
Gr: ἐν σαργάνῃ
Syr: *hab.*
Lat. II: in cophinis
6
52 Nathanahel + velut aeneus
Gr: ἐννεὸς[9]
Syr: *aliter*
Lat. II: *om.*

---

[9] *aeneus* ist vermutlich Übersetzung nach dem Klang. Für diese Verfahrensweise sind Beispiele zusammengestellt in: Sapientia Salomonis ed. W. Thiele (Vetus Latina 11/1), Praefatio, S. 218. Vgl. P. Thielmann, Lexikographisches aus dem Bibellatein (ALLG 1, 1884), S. 81, wo zu *qui antesteterunt* als Übersetzung zu τοὺς ἀντιστάντας (Judith 2,15) angemerkt wird: „Zugleich aber ist klar, daß das griechische ἀντιστάντας auf die Wahl des lateinischen Wortes eingewirkt hat." Zu der Wortentsprechung οἱ πρόγονοι – *progenies* (eccli. 8,5) heißt es, daß „*progenies* offenbar dem πρόγονοι des Originals zu liebe in einer seinem gewöhnlichen Gebrauche als ‚Nachkommenschaft' oder ‚Nachkömmling' geradezu entgegengesetzten Bedeutung auftritt".

Cap. 17

7

21 presbyteratum + loco eiusdem sancti macharii
Gr: εἰς τὸν τόπον αὐτοῦ τοῦ Μακαρίου
Syr: *hab.*
Lat. II: in loco ipsius macharii

8

71 fecit + iussitque eam refici
Gr: δοὺς δὲ αὐτῇ τροφὴν ἐποίησεν αὐτὴν φαγεῖν[10]
Syr: *hab.*
Lat. II: Dans autem ei cibum fecit eam manducare

Cap. 21

9

92 vocaretur + dicit ei rursus
Gr: λέγει αὐτῷ ἔπειτα πάλιν
Syr: *hab.*
Lat. II: Tunc dicit ei

Cap. 22

10

20 vivere + operariorum vitam
Gr: ἐργατικὸν βίον
Syr: *deest*

Cap. 26

11

39 patribus + quae ei acciderant
Gr: ταῦτα
Syr: *hab.*

Cap. 28

12

1 ac] et + per sex annos
Gr: ἐπὶ ἑξαετίαν
Syr: *hab.* (R3=Gr)

---

[10] Vielleicht ist dieses Stück vom Übersetzer übersprungen worden, weil bereits im Satz davor ἐποίησεν αὐτὴν (*sc.* γυναῖκα φανῆναι) steht.

Cap. 32

13
31 zeta + et iterum: Saluta ro
Gr: πάλιν· Ἄσπασαι τὸ ῥῶ
Syr: *hab.*

Cap. 37

14
42 peregrinando + ad elladam
Gr: εἰς Ἑλλάδα
Syr: *hab.*

15
69 flagitans + et nisi reddidero mortem minatur
Gr: οὗ ἄνευ ζῆσαι οὐ δύναμαι
Syr: *hab.*

16
101 me (*sec.*) + atque proicite
Gr: καὶ ῥίψατε
Syr: *hab.*

Cap. 45

17
17 annis + memoratis passionibus domitis
Gr: διακαρτερήσας ἐν τούτοις
Syr: Das Kapitel fehlt.

Cap. 46

18
17 Ammonium + unam habentem auriculam
Gr: τὸν παρώτην
Syr: *deest*

19
49 omnesque + ad se venientes
Gr: τοὺς παρατυγχάνοντας
Syr: *hab.*

Cap. 47

20
68 inpendat + aut seni
Gr: ἢ γεγηρακότας
Syr: *deest*

Cap. 58

21
38 vivit + si pia est
Gr: εὐσεβεῖ
Syr: *deest*

Cap. 63

22
18 me + qui ad meam poenam inique parati sunt
Gr: τοὺς τιμωρήσασθαί με βουλομένους
Syr: *hab.*

23
19 mihi + hac nocte
Gr: ταύτῃ τῇ νυκτί
Syr: *hab.*

Für diejenigen Zusätze, die nur in einem Teil der Handschriften von G vorhanden sind, stellt sich das Bild in der syrischen Überlieferung ähnlich gespalten wie in der griechischen dar.

Cap. 10

24
60 exhibuit + qui interrogatus cur hoc fecisset respondit
Gr: καὶ ἐπερωτηθείς· Τί πεποίηκας οὕτως· (Τί – οὕτως *om.* T)
Syr: *hab.* R4

Cap. 18

25
196 potui + domine mi. Tunc magnus ille macharius
Gr (T): κύριέ μου (das Folgende nicht im Gr)
Syr: *deest*
Lat. II: *om.*

Cap. 22

26
128 pellas + liberumque eum a tali morte digneris efficere
Gr (PO): καὶ ἐλευθερώσῃς τὸν ἄνθρωπον (*om.* T)
Syr: *hab.* R3

Cap. 25

27
2 mente corinthus + id est sensu inflatus
Gr (A): πεφυσιωμένος τὸ φρόνημα
Syr: *deest*

Cap. 36

28
26 venire + atque orare pro ea
Gr (VC): καὶ εὔξασθαι ὑπὲρ αὐτῆς, *om.* P(W)TA
Syr: *hab.*

Cap. 59

29
4 atque + in abstinentiae puritate per eius doctrinam
Gr (A): αὐτῇ ἐν τῇ ἀσκήσει
Das Syrische hat den gesamten Zusatz.

2) Mit Gr B übereinstimmende Zusätze:

Diese Gruppe von Stellen muß ebenfalls berücksichtigt werden, weil der α-Text trotz seiner engen Anlehnung an Gr G an zahlreichen Stellen Lesarten aus Gr B übersetzt. So muß auch hier mit der Möglichkeit gerechnet werden, daß β ursprüngliches α-Textmaterial bewahrt hat. Aufgrund von stichprobenartigen Vergleichen mit der griechischen Langfassung ist zu vermuten, daß auch ein großer Teil der in Gruppe 5 angeführten Zusätze an dieser Stelle einzuordnen sind.

Cap. 10

30
9 Isidoro + presbytero et xenodocho
Gr: τοῦ πρεσβυτέρου καὶ ξενοδόχου
Syr: *deest*
Lat. II: *om.*

31
45 Ammonius + servi christi
Gr: οἱ δοῦλοι τοῦ Χριστοῦ
Syr: *hab.* R4
Lat. II: *om.*

Cap. 17

32
61 misericordiam + sancti orationibus
Gr: τῇ προσευχῇ τοῦ δικαίου
Syr: *deest*
Lat. II: *om.*

Cap. 18

33
164 virtutes + cherubim ac seraphim

Gr: τὰ Χερουβίμ, τὰ Σεραφίμ
Syr: *deest*
Lat. II: Die Episode fehlt.

Cap. 21
34
33 ergo + mihi iesu christe
Gr: μοὶ (G) + Χριστὲ
Syr: *hab.* R1
Lat. II: mihi, (Christe) domine

Cap. 22
35
62 affer + Quod cum oboedienter fecisset
Gr: καὶ ὑπήκουσε
Syr: *deest*

Cap. 27:
36
14 ferri + Persuasit igitur ei vitae hostis humanae in eius animam prorsus ingrediens atque dicens: His ita se habentibus quid frustra consumeris ptholomee aut qua mercedis retributione laboras, cum nulla sit remuneratio meritorum? Quod si esset etiam retributor, quae merces pro tantis laboribus tibi sufficiet. Quale vero iudicium scripturae minantur, ubi sine providentia cuncta labuntur? His diabolicis cogitationibus miserrimus ptholomeus infractus fertur insaniens et a naturali discedens prudentia
Gr: ὑπέβαλεν οὖν αὐτῷ ὁ πολέμιος τῆς πάντων ζωῆς ἐνσκήψας ὅλος εἰς τὴν τούτου ψυχὴν λέγων· Τούτων οὕτως ἐχόντων τί μάτην οὕτως σαυτὸν καταδαμάζεις; ἵνα εἰς ποῦ σοι ὀνήσῃ, Πτολεμαῖε, μὴ οὔσης ἀντιμισθίας; ποῖος δέ σοι μισθὸς ἂν ἐξήρκεσεν τούτων τῶν πόνων, εἰ καί τις ἦν ὁ ἀποδιδούς σοι· ποία δὲ καὶ κρίσις ἐστὶν ἣν ἀπειλοῦσιν αἱ γραφαὶ ἀπρονοήτων ὑπαρχόντων ἁπάντων; τούτοις τοῖς σατανικοῖς λόγοις κατακλασθεὶς ὁ πανάθλιος Πτολεμαῖος λέγεται φέρεσθαι μετέωρος ἐξεστηκὼς τῶν κατὰ φύσιν φρενῶν[11]
Syr: *deest*[12]

---

[11] Bereits der letzte Teil des vorangehenden α-Textes (*sed omnia suis quodammodo motibus ferri*) stammt aus Gr B: ἀλλ' ἁπλῶς εἶναι τὰ πάντα ἐκ τοῦ τὸν κόσμον αὐτομάτως φέρεσθαι. Diese Textstelle wird in ihren verschiedenen Versionen ausführlich diskutiert in Butler II, S. 202-204, Note 45. Butler hält eine Enstehung von Gr G aus Gr B aufgrund von Haplographie des zweifachen φέρεσθαι für möglich. Als B-Text, der dem lateinischen Übersetzer vermutlich vorgelegen hat, rekonstruiert Butler, unterstützt durch Syr R1: „ἐπὶ τοσοῦτον ἐχέσθη τῆς εὐθείας (ὁδοῦ) ὡς λέγειν μηδὲν εἶναι τὰ πράγματα ἀλλ' ἢ (or ἀλλὰ) φέρεσθαι τὰ πάντα αὐτομάτως· ὅς γε λέγεται φέρεσθαι μετέωρος μέχρι τῆς δεῦρο ἀλώμενος ἐν Αἰγύπτῳ, κ. τ. λ.".

[12] Zum Verhältnis zwischen den syrischen Versionen und dem griechischen Text s. Draguet, Formes syriaques, Vol. 399, S. 153, Anm. 1.

Cap. 28

37

13 castitatis + Idcirco autem religiosissime hominum utramque vitam et eorum qui per neglectum post labores immodicos et temporum spatia de summo fastigio ceciderunt describimus, ut unusquisque ex sua conversatione insidias inimici considerans et occultos eius laqueos possit evadere. Sed cum sint magnorum virorum feminarumque quam plurimi qui abrenuntiationibus suae principia virtute peregerint, deinde ab hoste cunctorum hominum sunt elisi. Ideo ex pluribus quorum etiam vitae socius extiti paucos enumero, quia neque illos ad fortia iam revocare ulterius nec mihi prodesse praevaleo magnos christi athletas laudans nec imitans.

Gr: Διὰ δὲ τοῦτο γεγράφαμεν, πιστότατε τῶν ἀνδρῶν Λαῦσε, καὶ τῶν ἐξ ἀρετῆς κατωρθωκότων τὸν βίον, καὶ τῶν ἀπὸ ῥᾳθυμίας ἐξ ἄκρας πολιτείας μετὰ πόνους πολλοὺς χειρωθέντων ὑπὸ τοῦ διαβόλου ταῖς παντοίαις τούτου σαγήνεσι, ἵν᾽ ἕκαστος ἐκ τῆς ἑαυτοῦ πολιτείας τοῦ μισοκάλου καταμανθάνων τὰ κεκρυμμένα δίκτυα φεύγῃ τὰς τούτων παγίδας. πολλῶν τοίνυν ὄντων καὶ μεγάλων ἀνδρῶν τε καὶ γυναικῶν τῶν κατ᾽ ἀρχὰς τὴν ἐνάρετον τῆς ἀσκήσεως πολιτείαν κατορθωσάντων, τελευταῖον δὲ ὑπὸ τοῦ ἀντιπάλου πάντων ἀνθρώπων ἐκριζωθέντων, ἀπὸ τῶν πολλῶν μνημονεύσας ὀλίγων, ἀποσιωπήσω τοὺς πλείστους, μήτε αὐτοὺς ἀνιστῶν, μήτε ἐμαυτὸν ὠφελῶν ἐπὶ πολὺ τούτοις προσδιατρίβων, καὶ τῶν ἐξόχων τοῦ Χριστοῦ ἀμελῶν ἀθλητῶν, μὴ διηγούμενόν με μᾶλλον τὰς τούτων ἀρετὰς τῆς ἐνθέου αὐτῶν ἀσκήσεως.

Syr: *deest*

Cap. 29

38

40 vade + ad monasterium tuum

Gr: εἰς τὸ ἀσκητήριόν σου

Syr: *deest*

Cap. 32

39

22 capere + vel somnum

Gr: μηδὲ καθευδέτωσαν

Syr: *aliter*

40

65 pervenire + His itaque dispositis impleto ministerio angelus discessit a sancto pachomio

Gr: ταῦτα διαταξάμενος καὶ πληρώσας τὴν διακονίαν ἀνῆλθεν

Syr: *deest*

Cap. 35

41

56 idcirco + magis coepi
Gr: μᾶλλον (προσεκαρτέρουν)
Syr: *deest*

Cap. 38

42

58 ait + Si haec vera sunt
Gr: εἰ οὕτως ἔχει
Syr: *hab.* R4
Lat. II: *om.*

Cap. 45

43

14 vicit] superavit + velut si quis immensum incendium validissimis aquis extinguat
Gr: καθάπερ πυρκαϊὰν ἄμετρον ὕδατι λάβρῳ κατασβέσας ἄκρας ἐγκρατείας ὅρῳ
Syr: Das Kapitel fehlt.

44

17 cecinit + dicens: Exaltabo te domine quoniam suscepisti me nec delectasti inimicos meos super me
Gr: Ὑψώσω σε, κύριε, ὅτι ὑπέλαβές με, καὶ οὐκ εὔφρανας τοὺς ἐχθρούς μου ἐπ᾽ ἐμέ

45

28 etiam + ipse beatissimus
Gr: ὁ μακάριος

46

37 fuit + pro honore sanctorum locorum
Gr: εἰς τιμὴν τῶν ἁγίων τόπων

47

39 hoc + ad nostram aedificationem
Gr: χάριν τοῦ ἡμᾶς ὠφεληθῆναι

48

40 separatus + Haec sunt beatissimi philoromi certamina quibus invictus apparuit et haec sanctorum patrum inmarcescibilis ei gloriae corona donata.
Gr: ταῦτα τὰ ἆθλα τοῦ μακαρίου Φιλορώμου καὶ ἐν τούτοις ἡ ἀήττατος νίκη· καὶ αὐτῷ ἀποδέδοται τῶν μακαρίων πόνων τὸ πέρας, ὁ ἀμαράντινος τῆς δόξης στέφανος

Cap. 47

49
53 descendit + id est ex peccato aliquo vel infidelitate subripiente paulatim
Gr: ἐξ ἀλογίας ἢ ἀπιστίας τῶν ἐγκαταλιμπανομένων
Syr: *deest*

Cap. 71

50
28 reminiscor + quod angelo loquente haec audierit
Gr: ἔγνων πάλιν τοῦτον λιπόμενον ἀναλωμάτων ἀκοῦσαι παρ᾽ ἀγγέλου ὅτι
Syr: *hab.*

3) Mit Gr B und einem Teil der Gr G-Handschriften übereinstimmende Zusätze:

Die folgenden Zusätze sind sowohl durch die griechische Langfassung als auch durch einzelne Kurzformhandschriften bezeugt.

Cap. 14

51
44 sunt + apud deum
Gr: πρὸς τὸν κύριον B (θεὸν T)
Syr: *hab.* R1

Cap. 16

52
35 dominos meos episcopos + veneror et omnem clerum debita honorificentia prosequor cunctorumque omnium me extremum esse non dubito, sed et his
Gr: σέβω καὶ πάντα τὸν κλῆρον τιμῶ, καὶ πάντων ἀνθρώπων (+ ἐγὼ ὁ ἁμαρτωλὸς B) περίψημά εἰμι (B *om.* εἰμι)· πᾶσι δὲ τούτοις (B+T)
Syr: *sim.* R1+R2 (R3 ut α)

Cap. 18

53
124 statim + de tuo monasterio
Gr: τῆς μονῆς (B+T)
Syr: *idem ac* Lat. II
Lat. II: foras

54
194 esse + cui nihil occultum est
Gr: ὃν οὐδὲν λανθάνει (B+T)
Syr: *deest*
Lat. II: quem nihil latet

55
254 tibi + quod furari praevaleas
Gr: ὃ θέλεις συλῆσαι (B+T)
Syr: *deest*
Lat. II: *om.*

Cap. 21

56
94 iubes + Et antonius: Quid, inquit, huc venisti? Respondit eulogius dicens
Gr: λέγει ὁ μέγας (B+T) / ἔφη ὁ Ἀντώνιος (W): Τί ἧκες; ἀποκρίνεται ὁ Εὐλόγιος καὶ λέγει αὐτῷ· (ὁ – αὐτῷ *om.* T)
Syr: *hab.*
Lat. II: Interrogavit eum Antonius: Quid huc venisti? Ait Eulogius

Cap. 32

57
29 ceteris + usque ω (B+O)
Gr: ἕως τοῦ ω
Syr: *hab.*

Cap. 37

58
40 cognovimus + Et ait illis: Date hoc vos quia vestrum est, ego enim alienas pecunias non dono pauperibus. Dicunt ergo ei: Saltim
Gr: ὁ δέ φησίν· Ὑμεῖς δότε τὸ ὑμέτερον· ἐγὼ γὰρ ἀλλότρια χρήματα οὐ χαρίζομαι πένησιν (B+T)
Syr: *deest*

59
134 persuadere + mihi certissime
Gr: τελείως (B+VC)
Syr: *deest*

Cap. 43

60
23 somno refectus + usque ad horam tertiam
Gr: μέχρι τρίτης ὥρας (B+A), *cett.* μέχρι τῆς ὥρας (*sc.* τῆς ψαλμῳδίας)
Syr: „jusqu'à trois heures"

Cap. 47

61
131 dicebant + sanctissimi atque optimi
Gr: ὅσιοι (B+P)
Syr: *deest*

Cap. 51

62
6 panes + magnos atque recentes
Gr: νεαροὺς (B+P)
Syr: *deest*

Cap. 62

63
4 moriens + migransque ad dominum
Gr: πρὸς κύριον ἀπεδήμησεν (B+T)
Syr: *hab.*

4) Unklare Fälle:

Die hier gesammelten Zusätze lassen sich schwer einer der bisherigen Gruppen zuordnen, meist weil sie nicht vollständig auf eine Formulierung im Griechischen zurückgeführt werden können, z. T. auch, weil eine besondere Überlieferungssituation vorliegt.

Cap. 7

64
2 viros + abstinentiae virtutibus adornatos:
Die griechische Formulierung καλλίστοις καὶ σπουδαιοτάτοις wird in **β** mit *abstinentiae virtutibus adornatos ... sanctissimosque*, in **α** nur mit *sanctissimosque* wiedergegeben. Im Syrischen ist die Charakterisierung wie im Griechischen zweiteilig.

Cap. 10

65
18 femina + sicut retulit mihi:
Im Griechischen steht ein in die direkte Rede eingeschobenes φησίν.

Cap. 16

66
28 quod – fecit] quoque aggreditur + ut eum a propositi sui lege deflecteret:
Dieser Zusatz ist die vorgezogene Übersetzung des im griechischen Text an späterer Stelle erscheinenden παρ' ὀλίγον αὐτὸν ἐξώκειλε τῆς προθέσεως (*sim.* Syr). In **α** ist der gesamte Absatz anders strukturiert als in **β**.
Lat. II: paulo minus fecit eum excedere a proposito suo

Cap. 17

67
101 fudisset + orante super illum deumque precante viro sanctissimo:

Zusammen mit dem auch in **α** vorhandenen *preces fundere* ist in **β** das im Griechischen ohnehin schon abundante ἐπηύξατο αὐτῷ τὸν θεὸν ἱκετεύων (*sim.* Syr) dreifach übersetzt.
Lat. II: imprecatus est deum et supplicans

Cap. 18

68
51 itaque + famulus christi macharius:
Diese Formulierung entspricht nicht dem im griechischen Text an dieser Stelle stehenden ὁ ἅγιος; die einzige Übereinstimmung liegt also in einer genaueren Bezeichnung des Subjekts, die in Syr und Lat. II fehlt.

69
118 fratres + qui hoc ab adolescentia didicerunt:
Falls man die Aussage οἱ ἀδελφοί εἰσιν ἀσκηταί (*sim.* Syr) nicht in dem folgenden *consuetudinem* verkürzt wiedergegeben sehen will, kann man diesen Zusatz als deren Entsprechung ansehen.
Lat. II: fratres enim continentissimi sunt

70
254 recede + a me hominum inimice:
Der Zusatz ist mit ἀπ᾽ ἐμοῦ im Griechischen nur teilweise bezeugt, ebenso im Syrischen. In Lat. II fehlt er ganz.

71
263 postea + a beatissimo viro athanasio:
Im Griechischen ist der Geber mit Παρὰ τοῦ Μακαρίου angegeben; das Syrische bringt ebenfalls den Eigennamen Makarios. Die Variante Athanasios ist schon in der griechischen handschriftlichen Überlieferung bezeugt – als Kontamination aus den beiden Attributen ἀθανάτῳ und θαυμασίῳ[13].
β hat, um die unvermittelte Erwähnung des Athanasios zu rechtfertigen, in Z. 357 die Erklärung eingefügt: *quam memoratus servus christi sancto athanasio episcopo dereliquit*[14].
Lat. II enthält den Zusatz nicht.

Cap. 21

72
37 adducam + Cui vehementer exultans consensit egrotus:
Der Zusatz ist zu lang, um als bloße Übersetzung des griechischen συνέθετο bezeichnet werden zu können. In Syr und Lat. II erscheint eine Antwort anderen Inhalts.

---

[13] S. dazu Butler II, S. 196/7, Note 32 und, darauf bezugnehmend, Moine, Melaniana, S. 20, Anm. 76.
[14] S. u. (S. 165) in Gruppe 5.

73
99 repperi + proiectum cuius curam nullus hominum gerebat:
Hier ist ebenfalls nur das *proiectum* mit ἐρριμμένον im griechischen Text enthalten; im syrischen fehlt auch dieses. Lat. II bietet *iacentem.*

Cap. 22

74
57 laborem + aut in aliquo saltim ad momentum tristem vultum suum murmurando monstrasset:
Es ist schwer zu entscheiden, ob in dem dreiteiligen οὔτε ἐγόγγυσεν οὔτε ἐμικροψύχησεν οὔτε ἠγανάκτησε (*idem* Syr) die Vorlage für diese Formulierung zu sehen ist oder ob dem Bearbeiter des α-Textes dessen Wortlaut *neque aegre iteratum suscepit laborem*[15] zu gerafft erschienen ist und ihn zu der oben angeführten Erweiterung veranlaßt hat.

75a
130 dicebat + Vade vade exeo

75b
130 patior + ecce discedo ab homine nec accedo ulterius:
Diese beiden Stellen müssen zusammen betrachtet werden. Die griechische Überlieferung ist hier gespalten:
Die Handschriften P und T haben Ὦ βία, ἐλαύνομαι· ἡ ἁπλότης με τοῦ Παύλου ἐλαύνει (= Syr R3), O dagegen bietet Ὦ βία, ἐλαύνει με ἡ ἁπλότης τοῦ Παύλου (= Syr R3r). Während α mit *Vim patior. Simplicitas me Pauli urguet atque persequitur* O folgt, steht β P und T näher, enthält jedoch deren ersten Teil in veränderter Form zweimal: *Vade, vade, exeo. Vim patior, ecce discedo ab homine nec accedo ulterius. Simplicitas me Pauli urguet ac persequitur.*

Cap. 25

76
3 apparet + sicut ad eos scribens beatus apostolus paulus de hoc exprobrat vitio dicens: Et vos inflati estis. Hic ipse valens postquam pervenit ad heremum in qua per plurimos annos vixit nobiscum difficilisque vitae assecutus est studium:
Der erste Teil dieses Zusatzes ist eine freie Anknüpfung an die Erwähnung des Namens Paulus im Griechischen. Die Fortsetzung, ab *Hic ipse Valens ...*, hat mit οὗτος τὴν ἔρημον καταλαβὼν ᾤκησε μεθ' ἡμῶν ἐπὶ πλείονα ἔτη· zum größten Teil eine Vorlage im griechischen Text, mit dem der syrische übereinstimmt.

---

[15] Davor steht allerdings schon *eius ista praecepta et libenter et patienter audivit*, was man als etwas freiere und positiv formulierte Übersetzung der ersten beiden Bestandteile der Aufzählung auffassen kann.

Cap. 37

77

142 ut dicis mortua es + Mortuo autem numquam curae est si quis ei vel detraxerit vel irriserit, nihil enim horum potest sentire. Tunc dicit ei virgo: Obsecro te quicquid aliud vis in meo proposito iube et faciam:
Hier ist nur der Schluß im Griechischen nachweisbar: τότε λέγει αὐτῷ ἐκείνη· Εἴ τι ἄλλο θέλεις, ποιῶ· (*idem* Syr).

Cap. 45

78

26 et acerrimos] ac simplices + intentionemque ad deum
Der griechische Zusatz ist parallel gebaut, unterscheidet sich aber inhaltlich vom lateinischen: καὶ προσεχείᾳ τοῦ ἔργου.

Cap. 67

79

17 hoc + hilariter et occulte:
Das Griechische bietet mit κατὰ τὸ λεληθὸς eine Vorlage für *occulte*; im Syrischen dagegen findet sich eine Entsprechung zu *hilariter* („avec gaîté"). Eventuell lag β ein griechischer Text mit beiden Angaben vor.

5) In β (und eventuell in Gr B) vorhandene Zusätze:

Mit der nun folgenden umfangreichsten Gruppe beginnen die β-eigenen Zusätze, die – auf der Grundlage des bisherigen Forschungsstandes – für die Rekonstruktion des Textes von α keine Rolle spielen und deshalb auch nicht numeriert sind. Unter den von Butler in den kritischen Apparat aufgenommenen Lesarten sind keine diesen Erweiterungen des lateinischen Textes entsprechenden griechischen Formulierungen verzeichnet. Ein Vergleich der auffälligsten Stellen mit den älteren griechischen Ausgaben von Du Duc (1624) und Meursius (1616), denen Handschriften der B-Fassung zugrundeliegen, hat jedoch ihr Vorhandensein auch im griechischen B-Text ergeben; es ist also anzunehmen, daß dies auch für die meisten der übrigen kürzeren Zusätze gilt. Dazu wäre allerdings eine genauere Untersuchung der bisher noch nicht kritisch edierten griechischen Langfassung notwendig.

In der nun folgenden Liste wird den längeren von β überlieferten Abschnitten jeweils der entsprechende Wortlaut aus B nach der Edition von Du Duc hinzugefügt. Diese Ausgabe bietet zwar einen mit der Historia monachorum kontaminierten Text[16], ist aber durch ihre Aufnahme in die Patrologia Graeca[17] leichter zugänglich als der Druck der auf einer einzel-

---

16 S. Kapitel A3.

17 PG 34, 995-1262.

nen B-Handschrift (Palatinus 41) basierenden Ausgabe des Meursius; außerdem weicht Du Duc nicht sehr stark von Meursius ab, weil er dessen Text zugrundegelegt und ihn nur durch zwei Handschriften erweitert hat[18]. – Eine Häufung besonders umfangreicher Zusätze fällt in den Kapiteln 18 und 21 auf; sie konzentrieren sich vorwiegend auf die Ausschmükkung von Schimpfreden.

Einen Teil der Sammlung machen kurze Zusätze aus, die das Geschehen in eine Beziehung zu Gott setzen: *domini amore* (8, 40), *apud deum* (14, 31), *per gratiam dei* (17, 107), *in domino* (17, 111), *in nomine domini* (22, 87), *propter christum* (34, 1), *dei dono* (47, 19), *in christo* (48, 26), *ad dominum meum* (60, 20), *pro christi nomine* (61, 11).

Eine weitere Gruppe bilden die Zusätze, die sich speziell auf die Situation des Gebetes oder die Lobpreisung Gottes beziehen; hier kehren oft dieselben oder sehr ähnliche Formulierungen wieder: *dominum meum glorificans* (5, 22), *deumque glorificans* (8, 41), *deumque glorificans sancto etiam viro gratias referens* (18, 201), *et dominum benedicat* (22, 105), *et glorificet dominum* (22, 111), *ac dominum deprecare* (25, 23). Diesem Zweck dienen auch Bibelzitate, die mehrfach verwendet sein können: *spiritum suum domino commendaret* (10, 30) und *spiritum suum manibus dei commendans* (60, 22).

Schließlich gehören in diese Kategorie auch die zahlreichen Zusätze, die die asketischen Fähigkeiten der Hauptperson des jeweiligen Kapitels unterstreichen: *magnus ille famulus dei* (15, 16), *nobilissimus agonista* (16, 1), *ille tantus decertator* (17, 111), *hic virorum fortissimus* (18, 25), *hic beatissimus* (18, 99 u. 217), *servus christi moyses* (19, 54), *egregius monachus* (20, 4), *a viro patientissimo eulogio* (21, 50), *magnus athleta christi* (35, 118), *beatissimus ille* (37, 77), *virorum patientissimus* (37, 101), *athleta christi fortissimus* (37, 106), *famulum christi* (46, 11), *illo athleta* (47, 147), *cum hoc athleta christi* (48, 25), *ancillam christi* (59, 2).

Manchmal wird ein Begriff zum Anlaß genommen, eine bestimmte Ergänzung anzufügen. Eine solche Doublette findet sich in den Kapiteln 61 und 66:

Cap. 61, Z. 36/37: *ecclesiis + atque monasteriis et xenodochiis ... cunctisque egentibus*

Cap. 66, Z. 10: *ecclesias + et monasteria et xenodochia cunctosque egentes*

Einige Zusätze stehen in logischem Widerspruch zu anderen Aussagen in unmittelbarer Nähe oder an weiter entfernter Stelle des betreffenden Kapitels:

---

[18] Zu den frühen Editionen des griechischen Textes s. Butler II, Introduction §3 (S. xxiv-xxvi).

In Cap. 18, Z. 268 ist an die Mitteilung *sexagesimum post baptismum agens annum* in β angehängt: *et quadragesimum ante baptismum.*

Serapion (Cap. 37) besteigt ein Schiff, um nach Rom zu fahren, und bezahlt in β sofort den Fahrpreis: *reddito pretio prius quod accepit a dominis* (Z. 84). In Z. 98/99 bietet er jedoch wegen seiner Mittellosigkeit Anlaß zu Mißstimmung, *cum nulli ab eo datum aliquid repperissent.*

Von den Erweiterungen, die inhaltlich relevante Informationen enthalten, sei nur ein Beispiel angeführt: In Kapitel 67 über Magna wird in Z. 9 der Tod des Mannes mitgeteilt; β erwähnt die wirtschaftliche Konsequenz, die sich hieraus für die Witwe ergibt: Sie hat nun *cunctarum facultatum domina simul effecta* freie Verfügungsgewalt über die Besitztümer. Damit wird in β bereits die am Ende des Kapitels berichtete Verteilung des Vermögens an die Pilger, Armen etc. vorbereitet.

Prol. II

39 peccabit + iuxta quod scriptum est: In omnibus verbis tuis memento novissima tua et in perpetuum non peccabis. Supra cetera vero omnia

Cap. 1

11 sumpsit + non mensae usque ad satietatem interfuit

Cap. 2

41 facere + reliquumque genus venenosarum bestiarum

Cap. 5

9 melania + mulier romana
17 potes + o ancilla christi
22 quiete + dominum meum glorificans

Cap. 6

4 quaedam + solo nomine
6 dives + amatrix potius auri quam christi
7 virgini + non vim patienti non monacho
76 rediit + non enim hoc secundum dei fecerat voluntatem, sed ingeniosa viri sanctissimi necessitate compulsa

Cap. 8

18 domine + castam vitam libenter amplecti
40 pudicitia + domini amore
41 agens + deumque glorificans
41 respondit + bene tibi placuit mi domina soror
45 quievit + cum sexaginta duos annos aetatis suae finisset

Cap. 10

15 quid + ex ea pecunia
25 sprevisse + immo amplius honorasse
30 exiens + spiritum suum domino commendaret
40 gratis + ab aliquo
55 ipsius pambo + inter alia

Cap. 11

22 rogantes + quo non adquiescente vim quoque inferre temptabant
24 cum + super hoc

Cap. 13

16 est + et consolatio

Cap. 14

28 contentione + quod uterque videretur fuisse perfectus
31 ille + apud deum

Cap. 15

16 numquam + magnus ille famulus dei

Cap. 16

1 viris + nobilissimus agonista
26 modo + cellam suam
59 servio + qui dominatur omni spiritui
62 dignabitur revelare] aspiciat + et suam faciens voluntatem non me ex ea laedi concedat ulterius

Cap. 17

5 fidelissime virorum lause + gratia domini
7 vero + iunioris tempus aetatis vincens virtutibus
29 fratres + more iudae
44 pervenire + eo quod illa pudicitiae dedita virginitatis suae coniugem nimis amaret
100 infelix + de intolerabili calamitate filii sui
105 reprehendens + quid inquit locuta es
107 modo + per gratiam dei
111 venirem] introirem + ille tantus decertator
111 quievit + in domino

Cap. 18

7 sanctis + in abstinentia
14 audivit + hic eximius monachorum cupiensque eum imitari

25 virtutem + Hic virorum fortissimus
47 potentia + suae artis
50 fecerant + Haec autem omnia idcirco fecisse dicuntur quod se post obitum in eodem loco tamquam in paradiso crederent esse mansuros.
68 poteris + Numquid et nos aliquos monachorum temptavimus? Habes heremum propriam cum tuis similibus, unde nostros quoque propinquos expellere festinas, nihil nobis tecum commune est. Quid nostras regiones ingrederis? Si habitator es heremi, tua tibi solitudo sufficiat; nobis hunc locum sui tradiderunt incolere conditores. Quid hanc possessionem quaeris inrumpere, in quam nullus umquam hominum, postquam nobis a fratribus nostra hic manu sepultis est traditus vivens ingressus est? Cumque adhuc daemones plurima replicarent atque lugerent
Gr B:
μὴ καὶ ἡμεῖς εἴς τινας τῶν μοναχῶν ἐνεργήσαμεν; Τὰ ἡμέτερα ἔχεις ἐκεὶ μετὰ τῶν σῶν ὁμοίων, τὴν ἔρημον· κἀκεῖθεν τοὺς συγγενεῖς ἡμῶν ἐξεδιώξατε. Οὐδὲν κοινὸν ἡμεῖς ἔχομεν μετὰ σοῦ. Τί ἐπιβαίνεις ἡμῶν τοῖς τόποις; ὡς ἀναχωρητὴς ἀρκέσθητι τῇ ἐρήμῳ. Ἡμῖν τοῦτον τὸν τόπον οἱ κτίσαντες ἀπεκλήρωσαν. Οὐ δύνασαι αὐτὸς μεῖναι ἐνθάδε.[19] Τί ζητεῖς εἰσελθεῖν εἰς τοῦτο τὸ κτῆμα, εἰς ὃ οὐδεὶς τῶν ἀνθρώπων τῶν ζώντων εἰσῆλθεν ἀφ᾽ οὗπερ οἱ τοῦτο κτίσαντες ἀδελφοὶ ὑφ᾽ ἡμῶν ἐνθάδε κατεκηδεύθησαν; καὶ ἔτι πολλὰ ταραττομένων τῶν δαιμόνων καὶ ὀλοφυρομένων
70 discedam + Et daemones: Hoc, inquiunt, nobis per tuam conscientiam sponde fideliter. Christi vero servus ait simpliciter: Hoc faciam. Continuoque daemones ab eius oculis recesserunt.
Gr B:
Οἱ δὲ δαίμονες· Τοῦτο ἡμῖν ὁμολόγησον ἐπὶ τῆς σῆς συνειδήσεώς σου. Ὁ δὲ τοῦ Χριστοῦ δοῦλος· Τοῦτο ποιήσω. Οἱ δὲ δαίμονες ἄφαντοι γεγόνασι.
74 alios] totos + ad cellulam suam
79 videbat + et velut stantem vicinius ac se invitantem
91 dum + ad requiem monachorum
96 cellulas + in quibus virtutum operabatur insignia
99 tenebris + hic beatissimus
105 laborabat + Quae cum ei fuisset oblata atque ante cellam beati viri proiecta, motus in ea misericordia
128 ingressus + in eam sanctus macharius
151 cupiebam + audiens de te magna miracula
154 rogatus + ab omnibus
165 creatorem deum + illic conversare
165/166 habitacula + ne carnales cogitationes incurras

---

[19] Dieser Satz steht im lateinischen α- und β-Text unmittelbar vor dem Zusatz.

187 discedat + Cumque ego dicerem: Cur obsecro id fieri iubes
189 numquam + velut sacerdos
201 curatus + deumque glorificans sancto etiam viro gratias referens
203 ipsum] eum + in mei praesentia
217 virtutis + hic beatissimus
246 puto] existimans + sicut et erat
258 foris + in atrio
263 exhibuit + quam memoratus servus christi sancto athanasio episcopo dereliquit
268 annum + et quadragesimum ante baptismum
268 ipsius] huius + athletae christi macharii, oportet enim me de hoc quoque tibi significare famule dei lause eo quod parvitas mea conversata cum eo diutius eundem cognoverit diligenter, statura
278 tibi + amator christi et famule dei doctissime

Cap. 19

52 tuo] abstinentiae tuae + membra tua quae sunt super terram mortificans castrimargiae excludens introitum quae fornicationis est incentivum
52 victus + cui fomenta ciborum non porrigis
54 propria + servus christi moyses
67 hortatus – suscepit] hortatu suscepto consilio + tamquam ab homine qui hoc experientia didicisset
99 cellam + diligenter custodiens deinceps sub quiete mensuram
100 interrogatus + utrum illi molestus memoratus spiritus extitisset
101 exinde] ex ea hora + qua famulus dei pro ipso oravit

Cap. 20

4 vocatur + egregius monachus
19 ipse + cum esset et vir et sani corporis

Cap. 21

48 credis + Eulogius autem rogabat eum et satisfaciens animo eius dicebat: Noli, mi domine, noli talia loqui, sed dic potius quid te contristaverim et emendo. Elephantiosus autem cum furore dicebat: Vade, nolo istas adulationes tuas.
Gr B:
Ὁ δὲ Εὐλόγιος παρεκάλει αὐτὸν, θεραπεύων αὐτοῦ τὴν καρδίαν, λέγων· Μὴ, κύριε, μὴ λέγε τοιαῦτα. Ἀλλ᾽ εἰπὲ τί σε ἐλύπησα, καὶ διορθοῦμαι. Ὁ δὲ ὅλος λελωβημένος ἔλεγεν ἐμβριθῶς· Οὐ θέλω σου ταῦτας τὰς κολακείας·
49 publicum + refrigeratione tua non egeo. Eulogius autem, Obsecro te, inquit, placare aut quid te contristaverim, venerande senex, edicito. Elephantiosus autem asperior in furore dicebat ad eum: Iam non fero

fraudulentas irrisiones tuas, adulationes et subsannationes tuas non tolero nec mihi haec arida parcaque vita iocunda est
Gr B:
(ῥίψον με ἐν τῇ ἀγορᾷ) παρὰ τὴν ἐμὴν πρώτην ἀνάπαυσιν. Ὁ δὲ Εὐλόγιος· Παρακαλῶ σε, θεραπεύθητι, εἴ τι λυπῇ, κῦρι ὁ μέγας. Ὁ δὲ λελωβημένος ἀγριαίνων θυμῷ πρὸς αὐτὸν ἔλεγεν· Οὐκέτι ἀνέχομαι τῆς ὑπούλου σου καὶ εἰρωνικῆς κολακείας. Οὐκ ἀρέσκομαι τῇ ζωῇ ταύτῃ τῇ τεταριχευμένῃ καὶ φειδωλῷ.
50 ei + a viro patientissimo eulogio
Gr B: Ὁ δὲ μακρόθυμος Εὐλόγιος
51 voluntati + nec tecum solitarius habitare praevaleo.
Gr B: Οὐ πληροφοροῦμαι εἶναι μετὰ σοῦ μόνου
52 desidero + Dicit ei eulogius: Ego tibi adduco multitudinem fratrum. Rursus eum ferocior ac paene blasphemus egrotus: Ve, inquit, misero mihi, tuam faciem nolo videre et adducis mihi similes tui solius panis devoratores. Concutiensque semetipsum inquieta voce clamabat dicens: Nolo, nolo; ad publicum ire desidero.
Gr B:
Λέγει αὐτῷ ὁ Εὐλόγιος· Ἐγώ σοι φέρω ἄρτι πλῆθος ἀδελφῶν. Ὁ δὲ πάλιν ἀποδυσπετῶν λέγει· Οὐαί μοι τῷ ταλαιπώρῳ, τὴν σὴν ὄψιν οὐ θέλω ἰδεῖν, καὶ ἄγεις μοι τοὺς ὁμοίους σου ἀργοφάγους[20]; Καὶ σπαράξας ἑαυτὸν, ἀτάκτῳ φωνῇ ἀνέκραξεν, λέγων· Οὐ θέλω, οὐ θέλω, εἰς τὴν ἀγορὰν θέλω.
57 fecit + Dicunt ei: Quam ob causam? Respondit eis: Quia dura sunt quae mihi conatur imponere et quid agam ignoro.
68 supradictum egrum + blandis precibus superans
100 salvari + Ex quo autem pariter sumus, quintus et decimus annus est, sicut et vestrae sanctitati credo omnia revelata.
100 annos + cum a me nihil mali pertulerit
119 vestrum + o filii
120 redite + cum pace omnem tristitiam deponentes
124 possit + vestrisque coronis fraudemini
125 redeundo + redintegrata pace
127 aegrotus + animo vehementer incolomis
139 nocte + qua beatum dimisit eulogium

Cap. 22

2 plures + vicini fratrum
39 aquam + non aliud quicquam
40 ne + ignarus longi ieiunii
49 atque] et + per quattuor dies

---

[20] Als Vorlage für das lateinische *panis devoratores* ist eher die Lesart ἀρτοφάγους anzusetzen.

51 abscederet + vitamque desereret monachorum
58 senem + Dic senex
84 ipsi] illi + Ecce frater
87 ecce + in nomine domini
105 revertatur + et dominum benedicat
111 recedas + et glorificet dominum
116 inrogabat + hoc clamitans: Detestandi senes quos oblivio nostra praeteriit, insatiabilis qui propriis contenti non estis, quid nobis vobiscum commune est? Quid in nos exercetis vestram tyrannidem?
125 montis + velut columna caelestis
125 stetit + paulus immobilis
135 refert + Et rursus in alio loco: Supra quem requiescit spiritus meus nisi super humilem et quietum et trementem verba mea? Solent enim miserrimi ac vilissimi daemonum a magnis viris solo fidei robore, magni autem daemones a simplicibus vel humilibus fugari.
Gr B:
Ἐπὶ τίνα ἐπιβλέψω, φησὶν ὁ Κύριος, ἐπὶ[21] τὸν ταπεινὸν, καὶ ἡσύχιον, καὶ τρέμοντά μου τοὺς λόγους. Εἴωθε γὰρ τὰ ταπεινότερα τῶν δαιμόνων ὑπὸ τῶν ἀρχικῶν ἀνθρώπων ἐν τῇ πίστει ἐκβάλλεσθαι· τοὺς δὲ ἀρχικοὺς πάλιν δαίμονας ὑπὸ τῶν ταπεινῶν φυγαδεύεσθαι.
136 Pauli + aliaque complura his et maiora

Cap. 23

37 est + Sol cognovit occasum suum
38 bestiae silvarum + Catuli leonum rugientes ut rapiant et quaerant a deo escam sibi
59 momordit + divina sicut credo gratia providente
69 confusus abscessit + His itaque verbis contra insidiantium daemonum pugnas sanctus pachomius me confirmans fortioremque faciens ad certamen adversum spiritum fornicationis divina gratia tolerandum sufficienter me exhortatum remisit ad cellam.
Gr B:
Τούτοις τοῖς λόγοις τῶν πρὸς τὸν Σατανᾶν παλαισμάτων ὁ ἅγιος Παχὼν στηρίξας με, καὶ γενναιότερον πρὸς τοὺς πόνους ἀλείψας με, φέρειν ῥᾳδίως τὸν πόλεμον τοῦ τῆς πορνείας δαίμονος ἐκδιδάξας, ἀπέπεμψεν, ἐν πᾶσιν ἀνδρίζεσθαί με παρακελευσάμενος.

Cap. 24

16 adeo + per gratiam patientiae
22 ille + beatus dei servus stephanus sentiens sic
28 sermonum + ad patientiae studium nos

---

[21] Der an dieser Stelle verglichene Codex Paris gr. 1596 (p. 73) schreibt ein dem lateinischen *nisi* besser entsprechendes ἀλλ᾽ ἐπὶ.

Cap. 25

7 igitur + eius notissimi
23 cetero + ac dominum deprecare
24 audiretur + tristis de eius ruina factus

Cap. 26

3 labores + nimiosque sudores vitamque summum plenam virtutibus
26 postremum + maligni daemonis fraude

Cap. 27

3 autem + inter initia
17 sermonem + sed velut aeneus[22] revertens de publico miserandum lacrimisque plenum spectaculum oculis christianorum expositus, irrisio vero atque deceptio cunctis qui gratiam nostrae conversationis ignorant.
Gr B:
ἀλλὰ ἐνεὸς ἀνακάμπτων τὴν ἀγορὰν, ἐλεεινὸν θέαμα καὶ πλῆρες δακρύων προκείμενος Χριστιανῶν ὀφθαλμοῖς, παίγνιον δὲ καὶ χλεύη τοῖς ἀγνοοῦσι τὸν ἡμέτερον βίον.
19 praesumptione + dum putat illusus ab auctore facinorum, quod omnes sanctos patres scientiae virtute praecellat, per quam suus hostis effectus hanc foveam perditionis incurrit numquam cum talibus viris qui gubernaculis sapientiae spiritalis usi sunt loqui dignatus. Unde neglectus ac neglegens ad mortis profunda dilapsus est, sicut arbor foliorum exuberans repente unius momenti tempore nuda aridaque monstratur
Gr B:
τῷ νομίζειν αὐτὸν ἐμπαιζόμενον ὑπὸ τοῦ πλάνου ὅτι γνῶσιν ἔχει ὑπὲρ πάντας τοὺς ἁγίους Πατέρας· δι᾽ ἧς φυσιωθεὶς ὁ ἑαυτοῦ πολέμιος εἰς τὸν βυθὸν τοῦτον κατεποντίσθη τῆς ἀπωλείας, μηδέποτε μηδενὶ συντυχὼν τῶν ἁγίων Πατέρων τῶν σοφῶς κυβερνησάντων, καὶ τῇ τούτων πνευματικῇ διδασκαλίᾳ τημεληθεὶς, ἀλλ᾽ ἀκυβέρνητος εὑρεθεὶς, καὶ ὑπὸ τῆς σκοτεινῆς λαίλαπος χειμασθεὶς, εἰς ἔσχατον θανάτου πυθμένα ἐξώκειλεν. Ἢ ὥσπερ δένδρον γενναῖον καὶ εὐθαλὲς κομῶν τοῖς φύλλοις καὶ τοῖς καρποῖς ἐν μιᾷ καιροῦ ῥοπῇ πάντων ἀθρόον γυμνωθὲν ἐδείχθη ξηρὸν

Cap. 28

4 postremum + divino auxilio destitutam
13 occuparet + discedente ab ea angelo sanctitatis

---

[22] S. Anm. 9.

Cap. 29

1 habuit + considerationem sexus infirmi

Cap. 30

9 accessus + Haec est beati dorothei in abstinentia virtute perfectio et finis huiusmodi.

Cap. 31

21 venientibus + locumque istum redde pacatum

Cap. 32

27 fratrum + iuxta viginti quattuor numerum litterarum
33 monachis + inquit angelus

Cap. 34

1 esse + propter christum
2 finxit habere + ut virtutem sui propositi posset implere
2 Quae + cum se admodum humiliaret atque deiceret
4 ministerii + tamquam ancilla cunctis oboediens
6 legimus + Si quis inter vos vult esse maior sit omnium servus et omnium minister. Et beatus apostolus
14 vivebat + numquam calciamentis est usa
32 autem + post orationem
35 eum + Omnes hic sumus. Quibus respondit: Una deest quam mihi angelus demonstravit. Dicunt ei
49 mea + cum sit melior
52 confitentes + quibus illam sanctissimam contristarunt. Et alia quidem dicebat: Ego eam delusi, alia: Ego habitum eius deiectum derisi, alia: Ego eam quod esset tacita iniuriis affligebam.
Gr B:
πῶς διαφόρως τὴν ἁγίαν ταύτην ἐλύπουν· ἡ μὲν λέγουσα· Ἐγὼ αὐτὴν ἀεὶ ἐχλεύαζον· καὶ ἄλλη· Ἐγὼ δὲ τὸ σχῆμα αὐτῆς ταπεινὸν κατεγέλων· καὶ ἑτέρα· Ἐγὼ αὐτὴν ὕβριζον σιωπῶσαν·
56 ille + una cum memorata sanctissima virgine

Cap. 35

17 praedixit + quod eum quidem superaturus esset, sed ipse ibidem vitam finiturus filiumque suum successorem imperii relicturus
18 convaluit + Propter quod et theodosius imperator prophetali eum venerari honore consueverat.
43 advenis] es + vel cur advenisti
104 cognoveram + de spiritali divinoque
118 ille + magnus athleta christi

Cap. 36

1 Thebaeo + viro probatissimo atque patientissimo

22 miraculum + vero sanctissimus

51 mihi + beatissimus atque abstinentissimus

53 tenuisset + Haec sunt signa atque miracula fortissimi in christo possidonii quae divina gratia operatus in his vitam famosam finire promeruit.

Cap. 37

3 fuit + propter quod etiam apathes id est impassibilis vocabatur quia nullum patiebatur desiderium possidendi

27 iam + necessarius non sum

30 animarum + quas magno errore implicitas videbam

33 deus + gaudeo, idcirco

44 quicquam + aliud secum praeter sindonem qua fuerat amictus

55 descendo + conversatione monachus

59 retinet + nec habeo unde ei satisfacere possim

68 illa + sicut severissimus fenerator

77 venisset + beatissimus ille

81 eius + totamque familiam

84 Quodam tempore] Post paululum tempus + cum ab eis discessisset hic spiritalis adamans serapion

84 navem + reddito pretio prius quod accepit a dominis

101 ille + virorum patientissimus

102 vero + indignantes dicebant: O ira

103 tamen – redirent] faceremus + cum sit navigii tanta prosperitas

106 Romam + athleta christi fortissimus

118 desidero + Illa vero reddidit ei responsum dicens quod ex multis annis neminem videt. Dicit ei: Vade nuntia me ei

119 misit + Illa vero nec sic quidem voluit nuntiare.

127 sunt + homini huic saeculo

136 scio + Et ait virgo: Quid vis amplius faciam?

138 nudum + nec aliqua verecundia perturbatum

146 arbitreris] glorieris + Didicisti enim quod vivis et adhuc hominibus places.

Cap. 38

9 annos + vere enim placita erat domino anima eius

34 officiis + ipsaque insistente paratum esset periculum

57 sustinere + et maioribus his debere torqueri

Cap. 39

16 credidisset + proiecit se in orationem

Cap. 41

1 quoque + sicut praefati sumus
2 viriles mores habentibus + atque honestis

Cap. 44

3 cognosces + Nam quicquid aliorum oculos latuit, nobis non potuit occultari.
18 forsitan + pro eius simplicitate
25 exhibitus + aliosque qui eum deduxerant

Cap. 46

5 meruit impleri] aeterno sponso meruit copulari + usque in finem vitae suae diligens eum
11 arsisium + famulum christi
17 presbyterosque + et alios quosdam usque ad centum duodecim numero
33 mandavi + quasi quae diceret
34 accipitre] accipitre + vel cane
34 uti + quae congruo tempore superbos comprehensura mittatur
55 clericos + et haec pariter facientes vitam suam pio studio finierunt

Cap. 47

19 magnam + dei dono
85 virtutem + donatore cognito damnare coguntur
99 his – plenum] qui sanguisugis plenus est + licet quisquam sitiens tamen vitare cogatur
147 sancto + illo athleta
176 egerunt + sed evanuerunt in cogitationibus suis et obscuratum est insipiens cor eorum. Dicentes enim se sapientes stulti facti sunt elationis atque tumoris daemonio copulati. Unde sequitur: Propter quod
Gr B:
ἀλλ᾽ ἐματαιώθησαν ἐν τοῖς διαλογισμοῖς αὐτῶν, καὶ ἐσκοτίσθη ἡ ἀσύνετος αὐτῶν καρδία. Φάσκοντες εἶναι σοφοὶ, ἐμωράνθησαν· οἱ τῷ τῆς οἰήσεως καὶ ἀπονοίας δαίμονι προσραγέντες· διὸ
176/177 infirmas – passiones] passiones ignominiae + ut contumeliis afficiant corpora sua in semetipsis

Cap. 48

15 Elpidium + verae spei gloria gratulantem et propter christum tribulationum pericula sustinentem
25 etiam + cum hoc athleta christi
26 fuit + in christo

Cap. 51

2 morum + hospitalis et caritate plenissimus

Cap. 54

56 obtemperaverant + laetabantur quod intolerandis malis quorum mater est semper obsidio subtracti fuissent
61 reservatae + ceteris in urbe qui eorum adversabantur saluti sera paenitentia infructuosaque conclusis

Cap. 55

19 medicis + uti lavacro
30 evolare + immortales ab eo vicissitudines receptura

Cap. 56

3 vitam + in omnibus divinarum sequens consilium scripturarum
3 comite + secundum carnem

Cap. 57

23 irata + Fugiebat enim haec beatissima memoriam malitiae sciens, quod iter eius ad aeternam mortem perduceret.

Cap. 58

26 scientiamque + caelestis philosophiae
51 ventorum + atque persecutor umbrarum
54 vitiaverat + divinaeque conversationis fecerat alienum

Cap. 59

2 feminarum + perfecta conversatione viventium
2 nomine + ancillam christi
7 retinebat + ad incorruptionis gloriam corpora earum mentesque conservans

Cap. 60

20 enim + ad dominum meum
22 conposuit + spiritum suum manibus dei commendans

Cap. 61

11 tantum + pro christi nomine
24 salvum facies + Unde scis vir si mulierem salvam facies?
36 ecclesiis + atque monasteriis et xenodochiis
37 plaga + cunctisque egentibus

Cap. 65

29 deus + custos salutis humanae

Cap. 66

10 ecclesias + et monasteria et xenodochia cunctosque egentes
15 pauperibus + et famem patientibus

Cap. 67

7 modis + aegrotam se simulans
9 marito + cunctarum facultatum domina simul effecta
19 recedens + in omnibus abstinentiae studium spe vitae reservans et exequens.

Cap. 70

27 partum + Ipse vero derelicta ea in monasterio memorato in angusta cellula se concludens arripiensque abstinentiam nimis difficilem adiit christum corde contrito cum lacrimis atque gemitibus dicens: „Tu, domine, cui nota sunt omnia, actus quoque meos agnoscis nec est quisquam locus, qui omnipotentiae tuae oculis sit occultus, (340 B) qui universa nosti, antequam fiant, tu solus profunda prospicis cogitationum, quarum sincerissimus atque acutissimus iudex esse consuesti, tu auxiliator iniusta patientium, tu calumniam subeuntium consolator, cui nihil placet iniquum, apud quem mensura iustitiae inaccessibili semper luce perspicua est et omne opus hominum coram te est – tuae est igitur aequitatis incommutabilisque iudicii causam quoque meam divina manifestare sententia.“ Itaque cum iuvenis infatigabiliter dominum precaretur ieiuniisque vigilanter ac diligenter incumberet

Gr B:

Καὶ καταλιπὼν αὐτὴν ἐν τῷ μοναστηρίῳ ὁ ἀναγνώστης, ἀπελθὼν ἑαυτὸν ἐγκαθεῖρξεν εἰς κελλίον αὐχμηρὸν, ἀναλαβὼν πολιτείαν σκληραγωγίας ἀκροτάτην, προσελθὼν τῷ Χριστῷ ἐν καρδίᾳ συντετριμμένῃ, μετὰ πολλῶν δακρύων καὶ στεναγμῶν, λέγων· Σὺ οἶδας, Κύριε, τὰς ἐμὰς πράξεις, ὁ ἐπιστάμενος πάντα ὃν οὐδὲν λέληθεν. Οὐδὲ ἔστι τις τόπος ἀπόκρυφος ἐν ᾧ τις ἀποκρυβήσεται τῆς σῆς παντεφόρου δυνάμεως. Ὁ εἰδὼς τὰ πάντα πρὶν γενέσθαι, σὺ μόνος βλέπεις βάθη λογισμῶν, καὶ πᾶσα ἔννοια παρὰ σοῦ ὁρᾶται ὀφθαλμοφανῶς· σὺ ὢν ἐταστὴς ἐνθυμήσεως ὀξὺς δικάζεις ἀκριβῶς· σὺ ἀδικουμένων βοηθός· αὐτὸς εἶ συκοφαντουμένων ἔκδικος ἀπαραλόγιστος, ᾧ οὐδὲν ἀρέσκει τῶν ἀδίκων. Πᾶσα δὲ ῥοπὴ ζυγοῦ δικαιοσύνης παρὰ σοί. Πάρεστι γὰρ πάντοτέ σοι φῶς ἀπρόσιτον, καὶ πᾶν ἔργον ἀνθρώπων ἐνώπιόν σού ἐστιν. Τῆς οὖν σῆς ἐστι δικαίας καὶ ἀπαραλλάκτου κρίσεως ἀποφῆναι καὶ τὴν δίκην τὴν ἐμήν. Προσευχομένου τοῦ νεανίσκου ἐκτενῶς, καὶ τῇ νηστείᾳ προσκαρτεροῦντος ἐμμελῶς

29 pariendi + simulque instabat iustum dei iudicium
35 eo] primum + quod virginitatem perdidi, deinde

38 alii + velut incredulus
39 biduum + imminente ei divino iudicio
43 fuisset + et idcirco parere non valeret
48 ingressus + ieiuniis vigiliisque

Cap. 71

5 ieiunandum + voluisse placere hominibus

6) Doppelübersetzungen zusätzlich zu α:

Bei dieser und der letzten Kategorie besteht kein Anlaß, die Zusätze in den Text einzufügen, weil die Übersetzung der betreffenden Textstellen bereits durch α abgedeckt ist und die Formulierungen von β eindeutig als Ergänzungen oder Ersetzungen von α beurteilt werden können. Dabei fällt auf, daß sich die Übersetzungen von β in vielen Fällen enger am griechischen Text orientieren als diejenigen von α; vermutlich hat also der Bearbeiter Anstoß an dem seiner Meinung nach zu freien Umgang des α-Textes mit der griechischen Vorlage genommen und in der einen oder anderen Weise korrigierend eingegriffen[23].

Cap. 1

33 rerum + sine invidiae stimulo (neben *abundantia* Übersetzung von ἀφθονίᾳ)

Cap. 5

18 tali + contra acediam vel cogitationes (neben *solitudini* Übersetzung von ἀκηδίᾳ)

Cap. 18

203 ipsum] eum + in mei praesentia (neben *videntibus nobis* Übersetzung von 'Επ' ὄψεσιν ἐμαῖς)

Cap. 19

9 ei + ad scelestum eunti negotium (neben *in re quadam* Übersetzung von εἰς πρᾶγμά τι)
35 coeperunt + confitentes deo sua delicta (neben *ad paenitentiam venire coeperunt* Übersetzung für ἐξομολογησάμενοι)
61 mihi + secundum pristinam consuetudinem (neben *memoria* Übersetzung für συνήθειαν)

Cap. 21

2 fatigata] fatigatus + spiritu acediae (neben *fatigata quodammodo mente* Übersetzung für ἀκηδίας)

---

[23] Vgl. Kapitel B2.

Cap. 26

24 ut + eum gradientem (neben *properantem* Übersetzung für βαδίζοντα)

Cap. 38

25 illustris + et unius de magnatibus (neben *cuiusdam inlustris viri* Übersetzung für τῶν μεγιστάνων)

46 timet + atque ultra modum anhelare se sentit (neben *fortiter timet* Übersetzung für σφόδρα ἀγωνιῶν)

Cap. 43

22 suis + sepius aquam destillantibus (neben *tamquam de lavacro quodam exhibitas* Übersetzung für ὡς ἀπὸ πλύτρας)

7) Alternativübersetzungen zu **α**:

Cap. 16

12 priore + acediam perpessus (statt *anxius* Übersetzung für ἔδοξεν ἀκηδιᾶν)

Cap. 18

132 tenens + infusos ac copiosos (statt *Udatos ... cum omni multitudine* Übersetzung für βρέξας ... θαλλοὺς ... εἰς πλῆθος)

269 parumque + circa mentum:
Übersetzung für εἰς τὸ ἄκρον τοῦ γενείου (T+B); **α** hatte vermutlich εἰς τὸ ἄκρον τοῦ πώγωνος (PA) vorliegen und interpretiert mit *circa capillos eos, qui per tempora utraque descendunt* τὸ ἄκρον anders.

c) Parallelüberlieferung in den griechischen Apophthegmata patrum

Einige Kapitel aus der griechischen Historia Lausiaca werden in Verbindung mit verschiedenen Apophthegmen-Fassungen tradiert[1]. Diese von dem eigentlichen HL-Text unabhängige Parallelüberlieferung enthält Lesarten, die der ursprünglichen lateinischen Übersetzung näherstehen als der griechische Text in der von Butler dargebotenen Form und die z. T. durch einzelne Versionen der syrischen Übersetzung bestätigt werden. Das Material reicht nicht aus, um weiterreichende Schlüsse zu ermöglichen; es bietet aber Hinweise auf Überlieferungsschichten, die durch die von Butler herangezogenen Historia Lausiaca-Handschriften nicht mehr erfaßt werden, vielleicht aber dem Verfasser der ersten lateinischen Übersetzung noch zugänglich waren.

---

[1] Die Einblicke in die Apophthegmata-Überlieferung und die Informationen zu den hier erwähnten Handschriften verdanke ich meiner Kollegin Frau Dr. Chiara Faraggiana.

1. *„Scorialensis/Mosquensis-Fassung":*

Die für die Parallelüberlieferung der griechischen HL wichtigste Apophthegmenfassung wird u. a. von zwei Handschriften repräsentiert: dem Codex Scorialensis R. II. 1. aus dem 12. Jahrhundert[2] und dem Codex Mosquensis Synod.[3] gr. 345 (Vlad. 342) aus dem 11. Jahrhundert[4].

Die wichtigere Handschrift ist der Scor. R. II. 1: Er enthält die HL-Kapitel zusammen mit einigen Kapiteln aus der HM und wenigen Apophthegmata noch in einem alphabetisch angelegten Anfangsdossier (foll. 1-32) vor der großen alphabetischen Sammlung, in die es später eingeflossen ist. Dieser Schritt der alphabetischen Eingliederung der HL-Kapitel in die Apophthegmensammlung ist im Mosq. 345 schon vollzogen; dennoch weist auch diese Handschrift alte Lesarten auf[5].

Bei der von diesen Handschriften überlieferten AP-Fassung handelt es sich um die noch unedierte alphabetisch-anonyme Sammlung, die von Guy auf den Seiten 212-220 beschrieben ist und von ihm als „Collection alphabético-anonyme dérivée du type systématique" bezeichnet wird. Sie ist jedoch nicht so spät entstanden, wie Guy annimmt, sondern evtl. bereits von PJ beeinflußt, zumindest aber mit sehr altem Material angefertigt.

---

2 Der Codex wird im Katalog von P. A. Revilla (S. 74) auf das 11. Jahrhundert datiert. Eine Neudatierung in das letzte Viertel des 12. Jahrhunderts wurde von S. Lucà in einem Vortrag während des „XVIIIth International Congress of Byzantine Studies", der vom 8.-15. August 1991 in Moskau stattfand, vorgenommen. – Beschreibungen der Handschrift finden sich bei Revilla, S. 74-81 und Guy, S. 212-214.

3 Ehemals Synodalbibliothek (Gosudarstvennyj Istoričeskij Muzej), jetzt Bibliothek des Historischen Museums.

4 Die Handschrift stammt nicht, wie im Katalog von Vladimir angegeben, aus dem 10., sondern aus der 1. Hälfte des 11. Jahrhunderts.

5 Weitere zu dieser Gruppe gehörende Handschriften, die aber noch auf die Präsenz der HL-Kapitel hin überprüft werden müssen, sind: Par. gr. 919; Vat. gr. 858; Mosq., Bibl. von Rußland (ehem. Lenin), Sevastjanov 62; Vat. gr. 729 (kürzere Fassung der AP-Sammlung); Firenze, B. N., N. A. 437 (kürzere Fassung der AP-Sammlung); Athos, Santa Anna 2.

6 S. Revilla, S. 75-81 und Guy, S. 212/213. – Die Kapitelreihenfolge 22, 21 scheint sehr alt zu sein: Sie ist auch in der syrischen Handschrift Sinaï syr. 46 (a. 534) nachweisbar; dort sind die beiden Kapitel allerdings durch die Kapitel 23, 34 und 37 voneinander getrennt (s. die Beschreibung der Handschrift bei Draguet, Formes syriaques I, S. 22). Dazu kommen London, Brit. Mus. Add. 17177 und Add. 12173, beide aus dem 6. Jahrhundert (vgl. Draguet, Formes syriaques I, S. 26-30). Ebenso bieten die nach Draguet wichtigste Handschrift für den griechischen G-Text der HL, Ms. Oxford, Christ Church Wake 67 (s. X), sowie der Parisinus graecus 1627 (s. XIII) das Kapitel 22 vor 21. – Schließlich ist noch auf die armenische Überlieferung hinzuweisen: In ihr erscheinen sechs Kapitel aus der HL in der Reihenfolge **22**, 18, 35, 37, **21**, 38. Wie in der oben erwähnten syrischen Handschrift steht auch hier das Serapion-Kapitel unmittelbar vor Cap. 21 (s. Kapitel A3).

In der „Scorialensis/Mosquensis-Fassung“ sind folgende Kapitel aus der HL enthalten: 22, 21, 17, 18, 32-34 und 37[6].

Die Kapitel 22 und 21 sind ein Auszug aus den Erzählungen des Kronios; sie bilden zusammen mit zwei Apophthegmata und einer Vita des Paulus Thebanus[7] den folgenden Komplex[8]:

1. Vita Pauli/N
2. Cap. 22 der HL (= Paulus Simplex)
3. AP N 599 (unediert)[9]
4. Cap. 21 der HL (= Eulogius und der Krüppel)
5. AP alph. Antonius 14 (mit abweichendem Incipit)

Alle fünf Stücke beruhen auf Berichten von Schülern des Antonius. Vergleicht man die Quellenangaben für diese Erzählungen in der AP-Fassung[10] mit denjenigen des von Butler edierten HL-Textes, so stellt man markante Unterschiede fest:

zu Vita Pauli/N: Διηγήσαντο ἡμῖν οἱ μαθηταὶ τοῦ ἀββᾶ Ἀντωνίου Μακάριος καὶ Πλουτῖνος, οἱ καὶ θάψαντες αὐτόν, ὅτι ...

zu Cap. 22 – AP: Διηγήσαντο δὲ ἡμῖν Κρόνιος καὶ Ἱέραξ, μαθηταὶ καὶ αὐτοὶ τοῦ ἀββᾶ Ἀντωνίου, ὅτι ...
Bu: Διηγεῖτο δὲ καὶ τοῦτο ὁ Κρόνιος καὶ ὁ ἅγιος Ἱέραξ καὶ πλείονες ἄλλοι ...

zu AP N 599: Οὗτος (sc. Παῦλος ὁ ἁπλοῦς) διηγήσατο ἡμῖν ὅτι ...

zu Cap. 21 – AP: Κρόνιός μοι διηγήσατο πρεσβύτερος τῆς Νιτρίας ὅτι ...
Bu: ebenso

zur letzten Episode des Cap. 21
AP: Ἔλεγε δὲ ἡμῖν ὁ ἅγιος ἐν τῇ διδαχῇ αὐτοῦ ὠφελείας χάριν ὅτι· ...
Bu[11]: Καὶ τοῦτο δὲ διηγήσατο ὁ Κρόνιος, ὅτι Ἐν τῇ νυκτὶ ἐκείνῃ διηγήσατο ἡμῖν ὁ μακάριος Ἀντώνιος ὅτι ...

zu AP alph. Antonius 14: Καὶ τοῦτο δὲ διηγήσατο ἡμῖν ὁ ἀββᾶς Κρόνιος, ὁ μαθητὴς τοῦ μεγάλου Ἀντωνίου, ὅτι ...

---

7 Diese stellt vermutlich die Vorlage für die lateinische Vita des Hieronymus dar.

8 Die Vorstellung dieser Kapitelgruppe war Teil eines Vortrags von Frau Dr. Chiara Faraggiana während der „Twelfth International Conference on Patristic Studies“ in Oxford (21.-26. August 1995).

9 Die Zählung beruht auf der französischen Übersetzung der anonymen Sammlung von Dom Lucien Regnault (s. Bibliographie, Textausgaben und Übersetzungen).

10 Die im folgenden angeführten Incipit werden nach Cod. Scor. R. II. 1. zitiert.

11 II, p. 69,4.

Verschiedene Anzeichen deuten darauf hin, daß die Formulierungen im Butler-Text sekundär sind: Am Anfang von Cap. 22 fehlt bei Bu der Adressat (ἡμῖν), mit dem derjenige gemeint sein muß, der die Erzählungen des Kronios aufgezeichnet hat. Außerdem fehlt die Mitteilung, daß Kronios und Ierax Schüler des Antonius waren; stattdessen erfolgte mit ... καὶ πλείονες ἄλλοι ... eine Erweiterung der Quellenangabe, woraus hervorgeht, daß die genaue Herkunft der Informationen unklar geworden war.

Die Einleitung zu Cap. 22 lautet zwar bei Butler ebenso wie in der AP-Version, aber dennoch werden mit μοι in beiden Fällen verschiedene Personen bezeichnet: In den AP ist wieder der Verfasser der Kronioserzählungen gemeint, in der HL bezieht man die Angabe automatisch auf Palladius.

Besonders aufschlußreich ist der Beginn der letzten Episode des Kapitels 21, einer Erzählung des Antonius innerhalb der Erzählung des Kronios: Die Angabe ἡμῖν fehlt wieder in der HL, ὁ ἅγιος ist offenbar als Bezeichnung für Antonius nicht mehr verstanden worden, so daß die Interpretation ὁ μακάριος Ἀντώνιος notwendig wurde, und es spricht nicht mehr Kronios selbst, der in der AP-Formulierung in ἡμῖν inbegriffen ist; dadurch gerät die Erzählung des Antonius auf eine andere Ebene: διηγήσατο ..., ὅτι ... διηγήσατο ... ὅτι ...

Nach diesen Hinweisen kann man vermuten, daß es sich bei dem Textstück in der AP-Version um die Quelle für die Kapitel 21 und 22 handeln könnte, die von Palladius mit leichten Umformungen in die HL eingearbeitet worden ist. Sichere Aussagen über diesbezügliche Zusammenhänge können jedoch erst nach genauer Erforschung der Überlieferungslage gemacht werden.

Auch die Form, in der Kapitel 37 (Serapion) in der AP-Fassung vorliegt, weicht in einer interessanten Hinsicht von der Version des Palladius ab: Zwischen dem Aufenthalt des Serapion in Sparta und seiner von Alexandria nach Rom führenden Schiffsreise (§§ 8 und 9) ist in der HL ein inhaltlicher Bruch festzustellen: Dort wird nämlich unvermittelt formuliert: ἐν τῷ ἀποπλεῦσαι αὐτοὺς καὶ γενέσθαι ἀπὸ σταδίων πεντακοσίων Ἀλεξανδρείας ..., ohne daß vorher erwähnt worden wäre, daß die Reise von Alexandria ausging. In der Fassung des Scorialensis/Mosquensis dagegen stehen in der Nahtstelle zwei Apophthegmata[12], die in einem ägyptischen Dorf und in Alexandria spielen. Sie bilden damit das notwendige Bindeglied zwischen den beiden in der HL berichteten Geschehnissen. Dies ist jedoch kein zwingendes Indiz für die Ursprünglichkeit der AP-Fassung; es kann sich auch um eine nachträgliche Verknüpfung ursprünglich als unabhängig voneinander erzählter Einzelepisoden handeln.

---

[12] AP alph. Serapion 1 und AP N 566.

AP-Lesarten in den Kapiteln 21, 22, 34 und 37[13]:

Cap. 21:

21.2 qui confluebant]
τῶν συνηγμένων **AP**; τῶν παρατυγχανόντων **Bu**

21.5 Cum ... neque ... degere ... posset]
μήτε ... ἐλθεῖν δυνάμενος **AP** (Syr R3: „qu'il ne pouvait ... entrer")
μήτε ... βουλόμενος εἰσελθεῖν **Bu** (Syr R1: „entrer il ne voulait pas")

21.7 ad iacentem illum ait]
λέγει τῷ λελωβημένῳ **AP**
προσελθὼν τῷ λελωβημένῳ λέγει αὐτῷ **Bu**

21.7 memoratum ad hospitium suum sine ulla dilatione transvexit]
ἐπῆρεν αὐτὸν εἰς τὴν ξενίαν αὐτοῦ **AP**
ἦρεν[14] αὐτόν, καὶ ἀπήνεγκεν εἰς τὸ ἴδιον ξένιον καὶ ἦν αὐτοῦ ἐπιμελούμενος **Bu**

21.11 Ad vicinos ... monachos]
πρὸς τοὺς πλησίον αὐτοῦ μοναχοὺς **AP**
πρὸς τοὺς ἐκ γειτόνων ἀσκητὰς **Bu**

21.13 sermonibus fratrum libenter instructus]
πεισθεὶς τῇ ἀγαθῇ συμβουλείᾳ **AP**; ἠνέσχετο αὐτῶν **Bu**[15]

(21.17 Quid, inquit, huc venisti? **β**]
τί ὧδε ἦκας; **AP**; Τί ἥκες; **Bu**[16])

21.17 et adventus mei causam ... revelavit]
καὶ τὸ πρᾶγμα ἀπεκάλυψε **AP** (Mosq.)
καὶ τὸ πρᾶγμά σοι ἀπεκάλυψε **Bu** (+ Scor.)

21.19 Tu eum a te proicis?]
Σὺ ῥίπτεις αὐτόν; **AP** (= Syr R3); Ῥίπτεις αὐτόν; **Bu**

21.21 idcirco accidit vobis, quia ...]
διὰ τοῦτο ... συνέβη ὑμῖν ἐπειδὴ ... **AP** (= Syr R1)
συνέβη ὑμῖν ἐπειδὴ ... **Bu**

21.24[17] ad speciem maris fusum]
ὥσπερ θάλασσαν **AP**; ἔχουσαν μέτρον θαλάσσης **Bu**

---

[13] Für diese Kapitel wurde eine Kollation vorgenommen. Lesarten, die im textkritischen Apparat Butlers für Handschriften des G-Textes bezeugt sind, werden nicht berücksichtigt. Gr B wird bei Übereinstimmung mit der AP-Fassung nach dem Text von Du Duc (PG 34, 995-1262) zitiert. Stützt der syrische Text (oder eine seiner Rezensionen) den AP-Wortlaut, so wird er in der französischen Übersetzung angeführt. – Der Aufstellung zugrundegelegt wurde der Scorialensis R. II. 1.

[14] ἐπῆρεν TW B.

[15] Gr B hat: Ὁ δὲ εὐπειθὴς Εὐλόγιος ἠνέσχετο αὐτῶν.

[16] Gr B: Τί ἦλθες ἐνθάδε;

[17] Der Abschnitt 21.23 (= gr. 21.15 nach Bartelink) fehlt in der AP-Fassung.

Cap. 22:

22.1 Referebant autem nobis]
Διηγήσαντο δὲ ἡμῖν **AP** (Syr: „Or nous a raconté")
Διηγεῖτο δὲ καὶ τοῦτο **Bu**

22.2 quadam die]
ἐν μιᾷ **AP** (= Syr R1+R3r)[18]
αἰφνίδιον **Bu** (Syr R3: „soudain, un jour")

22.2 tali loquens ad utrosque sermone]
ἐπιφωνεῖ αὐτοῖς λέγων **AP** (= Gr B)
ἐπιφωνεῖ αὐτοῖς καὶ λέγει **Bu**

22.13 psalmum ... dicens orationes duodecim fecit]
ψάλλων δώδεκα εὐχὰς ἐποίει **AP** (Syr R3: „[il exécuta] ce psaume-là ..., douze fois, en faisant douze prières")
ψάλας δωδέκατον ηὔξατο **Bu**

22.18 illic commanens]
Ὠκήσας *(sic!)* ... ἐν αὐτῷ **AP** (Syr R3r: „quand ... eut été dans la hutte")
οἰκήσας **Bu** (= Syr R3)

22.19 cum eis]
μετ᾽ αὐτῶν **AP**; ἀπάγει αὐτοὺς **Bu** (ἀγαγὼν αὐτοὺς O)

Cap. 34:

34.3/4[19] ... neque quoquam aliquando progrediens ... Statim igitur ... venit]
... μηδέποτε ἐξελθὼν τοῦ ὄρους. Ὁ δὲ ἀναστὰς ἀπῆλθε **AP**; καὶ ὁ μηδέποτε ἐξελθὼν ἀπῆλθεν **Bu**[20]

34.5 omnes sorores ... inspicere]
πᾶσας τὰς ἀδελφὰς θεάσασθαι **AP** (= Syr R3)
πάσας ἰδεῖν **Bu**[21]

---

[18] In Cod. Vat. gr. 2091 (Basilianus 130), einer Handschrift, die einen von der üblichen Form stark abweichenden B-Text überliefert, lautet die Stelle: μιᾶς οὖν τῶν ἡμερῶν. Auch der Beginn des zweiten Prologs steht mit der Formulierung Πολλῶν οὖν πολλὰ καὶ ποικίλα ... dem lateinischen *Multi **quidem** multos* ... näher als der Wortlaut der bei Butler in Text und Apparat dokumentierten Textzeugen. Die Anfang des 12. Jahrhunderts im süditalienischen Rossano geschriebene Handschrift – die Angaben stammen von meiner Kollegin Frau Dr. Chiara Faraggiana – erscheint bei Butler unter Nr. 19 (s. Butler II, Introduction, S. xv).

[19] Die AP-Fassung des Kapitels 34 setzt erst mit der Mahnung des Engels an Pityrion ein (34.3).

[20] Gr B ist wie AP und der lateinische Text konstruiert: ..., ὁ μηδέποτε οἰκουμένην πατήσας. Ἀναστὰς δὲ ἐκ τούτου τοῦ τόπου ὁ μέγας Πιτηροὺμ, ἦλθεν ...

[21] Gr B: πάσας τὰς παρθένους ἰδεῖν.

34.5 solam illam, propter quam venerat]
ἡ ζητουμένη **AP** (Syr R3: „celle dont l'ange lui avait donné un signe")
ἐκείνη **Bu** (Syr R3c: „cette bienheureuse")
34.8 et vestra et mea]
καὶ ὑμῶν καὶ ἐμοῦ **AP** (= Gr B + Syr R3c)
καὶ ἐμοῦ καὶ ὑμῶν **Bu** (= Syr R3)
34.9 sanctus ille]
ὁ ἅγιος Πιτυρίων **AP** (Syr R3c: „le bienheureux Pitor")
non hab. **Bu**[22] (= Syr R3)

Cap. 37:

37.4 ipsa ipsius coniux]
ἡ γυνή **AP**; ἡ μιμάς **Bu**
37.5 secretum meum]
τὸ μυστήριον τοῦ δράματός μου **AP** (Syr: „ma chose et celle de mon combat")
τὸ μυστήριον τοῦ δράματος **Bu**
37.5 monachus]
μοναχὸς **AP** (= Syr); ἀσκητὴς **Bu**
37.6 nos ... pro nostra salute nos dedisse cognovimus]
γέγονε τῆς ἡμῶν σωτηρίας **AP**
ἡμῖν γέγονε σωτηρίας **Bu**
37.7 panem ... accepit]
ἠξιώθη ... λαβεῖν ἄρτον **AP**; ἠξιώθη ... ἄρτου **Bu**
37.10 exigens debitum solitum ... ac flagitans]
ζητοῦσα τὸ σύνηθες **AP**
ζητοῦσα τὸ σύνηθες χρέος οὗ ἄνευ ζῆσαι οὐ δύναμαι **Bu**[23]
37.15 At ille ... inquit]
Ὁ δὲ λέγει αὐτοῖς **AP**; λέγει αὐτοῖς **Bu**[24]
37.15 non libenter tamen ... illuc redirent]
οὐδὲ ... ἡδέως ἂν εἶχον εἰς τοὐπίσω ὑποστρέψαι **AP** (Syr: „eux ... n'étaient pas en mesure de retourner là")
οὐδὲ ... ἡδέως ἂν ἔλυον **Bu**
37.16 illic]
ἐκεῖ **AP**; ἐν τῇ πόλει **Bu**
37.16 languentes]
ἀσθενοῦντας **AP**; νοσοῦντας **Bu**

---

22 Gr B: ὁ ἅγιος Πιτηροὺμ.

23 β gibt mit ... *et nisi reddidero mortem minatur* Gr B wieder: ὅπερ ἐὰν μὴ ἀποδῶ, ζῆσαι οὐ συγχωρεῖ μοι.

24 Gr B: Ὁ δὲ μακρόθυμος λέγει αὐτοῖς· ...

37.18 Cumque ... tum demum ab ea susceptus fuisset]
μόλις ἀνοίξασα ἠξίωσε συντυχεῖν **AP**
αὐτῇ συνέτυχε **Bu**

37.18 Illa respondit *(bis)*]
Ἡ δὲ λέγει αὐτῷ **AP**; λέγει αὐτῷ **Bu**[25]

37.19 Si igitur hoc ipsum persuadere vis mihi]
εἰ θέλεις με πληροφορῆσαι **AP**; ἵνα με πληροφορήσῃς **Bu**

37.19 Illa respondit: Si possibilia tantum ...]
Λέγει αὐτῷ ἐκείνη· Μόνον δυνατά ... **AP**
λέγει αὐτῷ· Δυνατά ... **Bu**[26]

37.21 ne magnum iam aliquid esse te credas neque te supra homines sanctam putes et mortuam rebus saecularibus arbitreris]
μηκέτι μέγα φρονῇς καὶ ἔχῃς σεαυτὴν ὡς πάντων εὐλαβεστέραν καὶ ἀποθανοῦσαν τῷ κόσμῳ **AP**
μηκέτι μέγα φρόνει ἐπὶ σεαυτῇ ὡς πάντων εὐλαβεστέρα καὶ ἀποθανοῦσα τῷ κόσμῳ **Bu**

2. *„Ionisch-adriatische Fassung“:*

Von weniger großer Bedeutung für die Überlieferung der HL ist eine vermutlich in Süditalien entstandene Version, die das von der Rettung einer Jungfrau aus einem Bordell handelnde Kapitel 65 überliefert. Die Apophthegmata liegen hier in einer gekürzten alphabetischen Sammlung vor.

Die Fassung wird von folgenden Handschriften repräsentiert:

- Sinai, Katharinenkloster 444 (s. XI/XII)
- Ambrosianus F. 100 Sup (a. 1112-1114)[27]

AP-Lesarten in Cap. 65:

65.2 puella]
κόρη **AP**; παρθένος **Bu**

65.3 prostare praecepit]
στῆναι ... προσέταξεν **AP** (Syr: „il requit ...“)
στήσας **Bu**

65.4 habituri ... ipsius ... potestatem]
ἐξουσίαν μου ἔχετε **AP** (= Gr B + Syr)
ἐξουσίαν ἔχετε **Bu**

65.6 vela caput tuum]
περικαλυψαμένη τὴν κεφαλήν **AP** (= Syr)
περικαλυψαμένη **Bu**

---

[25] Gr B hat an der 1. Stelle: Ἀποκρίνεται αὐτῷ ἐκείνη λέγουσα· ... und an der 2. Stelle: Λέγει αὐτῷ ἐκείνη· ...

[26] Gr B stimmt fast mit AP überein: Λέγει αὐτῷ ἐκείνη· Δυνατά μοι μόνον ...

[27] Dazu kommt noch ein Ochridensis 33 (s. XI/XII). Dieser Codex ist im Katalog von V. Mošin unter Nr. 74 auf den Seiten 223/4 beschrieben.

65.7 duplici martyrio coronatum]
κομησάμενος τοὺς στεφάνους **AP** (= Syr); *non hab.* **Bu**[28]

3. ursprüngliche alphabetische Fassung:

In dieser bereits Ende des 5. Jahrhunderts entstandenen AP-Fassung werden in den Apophthegmata Or 2 und Pambo 8 zwei kurze Abschnitte aus den HL-Kapiteln 9 und 10[29] überliefert.

Die wichtigste diese Sammlung vertretende Handschrift ist der aus dem Anfang des 11. Jahrhunderts stammende Codex Vaticanus graecus 2592.

Or 2 nach Vat. gr. 2592:
Ἔλεγον περὶ τοῦ ἀββᾶ Ὢρ ὅτι οὔτε ἐψεύσατο ποτὲ οὔτε ὤμοσεν οὔτε κατηράσατο ἄνθρωπον οὔτε ἐκτὸς ἀνάγκης ἐλάλησεν.

Pambo 8 nach Vat. gr. 2592:
Διηγήσαντο περὶ τοῦ ἀββᾶ Παμβῶ, ὅτι τελευτῶν, κατ᾽ αὐτὴν τὴν ὥραν τοῦ ἐκλιμπάνειν, εἶπεν τοῖς παρεστῶσιν αὐτῷ ἁγίοις ἀνδράσιν, ὅτι· Ἀφ᾽ οὗ εἰσῆλθον εἰς τὸν τόπον τοῦτον τῆς ἐρήμου καὶ ᾠκοδόμησά μου τὴν κέλλαν καὶ ᾤκησα, ἐκτὸς τῶν χειρῶν μου οὐ μέμνημαι ἄρτον φαγὼν οὐδὲ μεταμεμέλημαι ἐπὶ λόγῳ ᾧ ἐλάλησα ἕως τῆς ἄρτι ὥρας, καὶ οὕτως ἀπέρχομαι πρὸς τὸν θεὸν ὡς μηδὲ ἀρξάμενος τοῦ θεοσεβεῖν.

Statt ἁγίοις ἀνδράσιν steht im Text Butlers ἀνδράσι περιβοήτοις. Die lateinische Übersetzung scheint mit *sanctitate famosis viris* beide Lesarten wiederzugeben. PJ[30] stützt mit *viris sanctis* die Lesart des Vaticanus.

B4 DIE VERSION II

Neben der Version Ia und ihrer Bearbeitung I gibt es eine weitere lateinische Textfassung, die Version II (= BHL 6534). Sie ist bei Rosweyde[1] unter dem Titel „Palladii Lausiaca incerto, sed veteri interprete" abgedruckt.

In der handschriftlichen Überlieferung[2] erscheint der Text unter folgenden Titeln:

---

28 Der Kapitelschluß lautet in der griechischen B-Fassung: Διὸ καὶ διπλῆς τιμῆς παρὰ τοῦ Χριστοῦ, καὶ τῶν ἀοιδίμων καὶ μακαρίων στεφάνων παρὰ τῆς τούτου φιλανθρωπίας ἠξιώθη.

29 Es handelt sich im lateinischen Text um die Paragraphen 9.2 und 10.8 (= gr. 10.6 nach Bartelink).

30 1,16.

1 PL 74, 343-382.

2 Da die zweite Version der lateinischen Übersetzung nicht ediert werden sollte, lagen mir auch nicht alle Handschriften dieser Textversion vor. Die Angaben zu folgenden Handschriften beruhen nur auf den Katalogen: Angers, Bibl. Mun. **810 (726)**; Berlin,

- *De vita sanctorum patrum*: London, Add. 33518 (s. XII)
- *Liber vitae sanctorum patrum*: Paris, lat. 3784 (s. X/XI); Roma, Cod. 1366 (s. XI/XII)
- *Liber secundus de vita sanctorum patrum*: Berlin, theol. lat. fol. 275 (s. X); Milano, I 89 sup (s. X); Paris, lat. 8996 (s. XI); Praha, II F. 7. (s. XV); Trier 1156/459 (s. XI et XII); Wien 433 (s. XI)
- *Liber tertius*: Berlin, theol. lat. fol. 36 (a. 1448); Frankfurt, Lat Qu 54 (s. XV); Köln, Ser. Nov. Phil. 532 (a. 1460)
- *Liber tertius de vita sanctorum patrum*: Manchester 422 (s. XV)
- *Liber tertius in vita sanctorum patrum*: Paris, lat. 10841 (a. 1411)
- *Liber quartus*: Angers 810 (s. XII); Basel, B V 2 (a. 1399)
- *Liber quartus vitas patrum*[3]: Bruxelles, Cod. 27 (a. 1461)
- *Liber quartus vitae sanctorum patrum*: Reims 1390 (s. XI/XII)
- *Liber quartus de vita sanctorum patrum*: München, Clm 2540 (s. XII)
- *Quartus liber in vitis patrum*: Gdánsk 1950 (s. XV)
- *Liber de conversatione sanctorum patrum*: München, Clm 3056 (s. XV); Clm 18093 (a. 1474); Clm 18553a (s. XV)

Als Autornamen begegnen *Palladius* (Berlin, theol. lat. fol. 36; Köln, Ser. Nov. Phil. 532; Manchester 422), *Eraclides* (München, Clm 3056; Clm 18093; Clm 18553a) und *Heraclius* (Angers 810; London, Add. 33518; Paris, lat. 5624; lat. 16051), wobei zu Eraclides als Adressat *Lausus* und zu Heraclius in den beiden Pariser Handschriften ein *coepiscopus elladius* genannt ist.

Zur Reihenfolge der Kapitel

Die von Rosweyde wiedergegebene Abfolge der Kapitel ist folgende:

Prologus
Caput primum: Isidori et Dorothei conversatio, et passio cuiusdam virginis.
Caput II: De Pasco, et quomodo tentamenta carnis evicerit.
Caput III: De Didymo, et beatis virginibus Alexandria ac Melania.
Caput IV: De Ammonio, fratribus eius, ac tribus sororibus religiosis.
Caput V: De Hor, Pambo et Melania Romana.

Staatsbibl. zu Berlin, Preuss. Kulturbes. (Haus 1) **theol. lat. fol. 36**; Bruxelles, Bibl. des Boll. **Cod. 27**; Bruxelles, Bibl. Roy. **1800 (3149)**; Darmstadt, Hessische Landes- und Hochschulbibl. **760**; Gdánsk, Bibl. Polskiej Akad. Nauk **1950 (XII B f 23)**; Holkham Hall, Libr. of the Earl of Leicester **129**; London, Brit. Mus. **Add. 37400**; Manchester, John Ryland's Libr. **422 [R. 73461]**; Michaelbeuern, Bibl. der Abtei **man cart 42**; Namur, Bibl. du Musée Arch. **Fonds de la Ville 12**; Schaffhausen, Stadtbibl. **Ms. Min. 107**; Torino, Bibl. Naz. Univ. **K. IV. 12**; Vaticano **Vat. lat. 9309**; Wolfenbüttel, Herzog. Aug. Bibl. **322** Helmst.

3 Zur Ursprünglichkeit der Titelform *Vitas patrum* gegenüber *Vitae* oder *Vita patrum* s. Batlle, S. 7-9 („Der Name: Vitas oder Vitae Patrum").

Caput VI: De sancti *(sic!)* Benjamin hydropico patientissimo.
Caput VII: De sancto Apollonio, qui quinque millibus monachorum ministravit.
Caput VIII: De sancto Nathanael, et tentamentis eius a daemone.
Caput IX: De vita et mirificis gestis sanctissimorum virorum Macarii Aegyptii et Macarii Alexandrini.
Caput X: Vita et conversatio alterius Macarii, videlicet Alexandrini presbyteri, et Marci monachi.
Caput XI: De beato Joanne abbate.
Caput XII: De Marciano famulo Christi.
Caput XIII: De Virgine quadam solo nomine.
Caput XIV: Vita et conversatio Moysi quondam latronis.
Caput XV: Vita Evagrii.
Caput XVI: De Cronii presbyteri vita, et de Eulogii longanimitate.
Caput XVII: Vita et sufferentia beati Stephani.
Caput XVIII: Vita et zelus pro castitate sancti Innocentii.
Caput XIX: Eustathii lectoris sufferentia.
Caput XX (= Sammlung aus 19 Apophthegmata)

Diese Anordnung der Kapitel[4], einschließlich der Apophthegmensammlung in Kapitel XX, wird – in dem mir verfügbaren Material – nur von drei Handschriften geboten: **Köln, Ser. Nov. Phil. 532** (a. 1460); **Paris, lat. 10841** (a. 1411) und **Roma, Cod. 620** (s. XV). Dazu kommen vermutlich noch, wie aus Katalogangaben zu schließen ist, **Berlin, theol. lat. fol. 36** (a. 1448) und **Manchester 422** (s. XV). Es handelt sich also durchweg um Handschriften des 15. Jahrhunderts, die damit den von Rosweyde edierten Text als eine späte Stufe der Überlieferung erscheinen lassen.

Unter den übrigen Handschriften tritt, wenn man von den kürzeren Exzerpten und den Handschriften mit individueller Kapitelfolge einmal absieht, besonders folgender Typus hervor:

Epistola Palladii[5]
Caput I
Caput II
Caput III
Caput XIII
Caput IV
Caput V

---

[4] Es geht bei der Klassifizierung der Handschriften in diesem Zusammenhang nur um Überlieferungstypen; geringfügige Umstellungen oder Auslassungen einzelner Kapitel werden also nicht berücksichtigt.

[5] Bei dieser Epistola handelt es sich in Wahrheit um eine Mischung aus Textstücken verschiedener Herkunft (s. u. S. 192 ff.).

Caput VI
Caput VII
Caput VIII
Caput IX
Caput X
Caput XIV
Caput XV
Caput XVI
Caput XVII
Caput XVIII
Caput XIX

Die Hauptabweichungen dieser Reihenfolge gegenüber der Edition Rosweydes sind neben dem veränderten Prolog der Wegfall der Apophthegmensammlung am Schluß (Caput XX), das Fehlen der Kapitel XI (Iohannes Colobus) und XII (Marcianus) sowie die zwischen die Kapitel III und IV vorgezogene Position des Kapitels XIII. Diesem Typ sind etliche Handschriften vom 10. bis zum 15. Jahrhundert zuzuordnen[6]:

Admont 143 (s. XII)
Basel, B V 2 (a. 1399)
Berlin, theol. lat. fol. 275 (s. X)
Frankfurt, Lat Qu 54 (s. XV)
Michaelbeuern, man cart 42 (a. 1469)[7]
Milano, I 89 Sup (s. X)
München, Clm 2540 (s. XII)
München, Clm 3056 (s. XV)
München, Clm 18093 (a. 1474)
München, Clm 18553a (s. XV)
Paris, lat. 5624 (s. XIII)
Paris, lat. 8996 (s. XI)
Praha, XII F. 7. (s. XV)
Reims 1390 (s. XI/XII)
Roma 1366 (s. XI/XII)
Trier 1156/459 (s. XI et XII)
Troyes 777 (s. XII)
Wien 347 (s. XV)
Wien 433 (s. XI)
Wien 4157 (s. XV)

---

6 Auch hier ist wieder von individuellen Abweichungen abzusehen.

7 Das Kapitelverzeichnis, das mir von Pater B. Egelseder in einem Brief vom 4.9.1991 zugeschickt wurde, weist auf diesen Typus hin.

Bei einigen dieser Handschriften sind auffällige Besonderheiten der Überlieferung festzustellen:

a) Dreiteilung des Kapitels IX:

Das Kapitel IX (über Macarius Aegyptius) ist in drei Teile zerlegt:

1. Anfang (*De magnis et praecipuis et sanctis ac beatissimis viris ...*; 354 A) – ... *in solitudinem quievit* (356 D)
2. *Quodam tempore cum ad beatum Macarium quidam venisset* ... (356 D) – ... *ne alius accipiat coronam tuam* (358 D)
3. *Sanctus abbas Macarius commonebat saepe discipulos suos* ... (358 D) – Schluß (... *in perpetui luminis splendore semper gaudere*; 359 C)

Während Teil 1 an seiner normalen Position zwischen den Kapiteln VIII und X steht, werden die Teile 2 und 3 nach dem Schluß der HL „nachgeholt", wobei Teil 2 unmittelbar auf Teil 3 folgt[8].

Dies trifft zu für München, Clm 3056; Clm 18093; Clm 18553a; Wien 347; Wien 4157 und laut Katalog auch für Bruxelles, Cod. 27.

b) Endposition des Kapitels XI:

Das 11. Kapitel (über Iohannes Colobus), das nicht zum eigentlichen HL-Text gehört, wird in einigen Handschriften im Anschluß an Kapitel XIX überliefert:

Basel, B V 2
Berlin, theol. lat. fol. 275
London, Add. 37400 (lt. Katalog)
Michaelbeuern, man cart 42 (lt. Kapitelverzeichnis)
München, Clm 2540
München, Clm 3056
München, Clm 18093
München, Clm 18553a
Trier 1156/459
Wien 347

Die drei Münchner Handschriften Clm 3056, Clm 18093 und Clm 18553a bieten nur die erste Hälfte des Kapitels XI (bis ... *quod in illis diebus intermissum est*; 365 C).

c) Endposition des Kapitels XII:

Das ebenfalls nicht zur HL gehörige Kapitel XII (über Marcianus) erscheint wie Kapitel XI in einigen Handschriften am Schluß des Textes. Es

[8] In der Handschriftenliste in Kapitel D1 e) ist der 1. Teil des 9. Kapitels als *pars prior* bezeichnet; die beiden Teile 3 und 2 sind als *pars altera* zusammengefaßt.

folgt in Michaelbeuern, man cart 42 auf Kapitel XI, in München, Clm 3056, Clm 18093, Clm 18553a sowie Wien 347 auf den 2. Teil von Kapitel IX.

Für die drei Münchner Handschriften ergibt sich damit als Kapitelfolge am Schluß der HL: ... XIX, XI (1. Teil), IX (3. und 2. Teil), XII[9].

Zum Textbestand der Kapitel[10]

Außer den beschriebenen Abweichungen in der Kapitelreihenfolge gibt es in der handschriftlichen Überlieferung[11] auch im Textbestand einzelner Kapitel Unterschiede gegenüber der Edition Rosweydes:

Kapitel IV:

Der letzte Absatz (*Dicebat sanctus abbas Dioscorus – ad coelestis regni gloriam pervenire*; 350 A) gehört nicht zur HL, sondern entspricht inhaltlich etwa Cap. XX (De Dioscoro) der HM und – dem Wortlaut nach genauer – Common. patr. 1,15.

Kapitel VI:

Das Kapitel endet mit *Tantus erat tumor corporis* (351 D). Danach folgen zwei Erzählungen aus den Apophthegmata patrum: *Referebat abbas Benjamin – conversationem sancti senioris* (351 D - 352 A) = AP alph. Beniamin 2 = Common. patr. 1,9 und *Item referebat nobis – aliquando egressus est* (352 A/B) = AP alph. Beniamin 3 = Common. patr. 1,10.

Kapitel IX:

Die Episode *Alia quoque puella – absque pristinae infirmitatis obstaculo* (355 B/C) entspricht HM XXVIII 3,5-7; die Erzählung *Dicebant enim aliquando venisse ad eum haereticum quemdam Hieracitam – extra terminos terrae illius turbaverunt* (356 A/B) ist das sich an §3,7 anschließende Stück desselben Kapitels, XXVIII 4,1-5. In Abschnitt 356 D schließlich findet sich mit dem Satz *Multa etiam et alia – caetera opera eius noscuntur* der letzte Paragraph des HM-Kapitels, §4,6. Vor *Hunc ego non vidi* (356 D) ist in einigen Handschriften HM XXVIII 2,1-6 eingefügt. Mit *in solitudinem quievit* (356 D) endet der 1. Teil des 9. Kapitels; die Teile 2

---

9 Zwischen den 1. Teil des Kapitels XI und den 3. Teil von IX sind andere kurze Texte eingeschoben.

10 Vgl. die Tabelle in Freire, Commonitiones, S. 53 und die Beschreibung der Version II bei Butler (I, S. 64-69). Butler analysiert dort einige weitere in den ursprünglichen HL-Text eingedrungene Zusätze.

11 Die folgenden Beobachtungen gelten nur für die kollationierten älteren Handschriften der Version II.

und 3, die in einigen Fällen am Schluß des Textes überliefert werden[12], sind mit Common. patr. 4,19 und Common. patr. 3,1 identisch[13].

Kapitel X:

Der Abschnitt *Reversus ergo ad fratres – ferre multitudo fratrum insueta non posset* (361 B/C) stammt zwar z. T. aus der HM (XXIX 1,4-5), ist aber in den Handschriften vorhanden. Darauf folgt ein weiterer HM-Einschub, der bei Rosweyde nicht abgedruckt ist: XXIX 3,1-4,13. Der größte Teil des weiteren Textes (*Quodam tempore idem sanctus Macarius – leaenam fecit esse mansuetam*; 361 C - 365 A) fehlt in etlichen Handschriften.

Kapitel XI und XII:

Diese beiden Kapitel gehören ursprünglich nicht zur HL; sie sind jedoch, wie oben beschrieben, z. T. am Ende des Textes anzutreffen. Kapitel XI ist aus zwei Abschnitten der Commonitiones sanctorum patrum zusammengesetzt: Die erste Hälfte (*Dicebant sancti Patres – intermissum est*; 365 B/C) entspricht Common. patr. 1,2, die zweite (*Quidam ex fratribus – solent exercere*; 365 C/D) Common. patr. 1,3. Kapitel XII gibt eine Erzählung aus der Historia religiosa des Theodoret (hist. rel. 3,14) wieder und stimmt zudem mit Common. patr. 5,4 überein.

Sind im vorausgegangenen hauptsächlich Textstellen aus der HL in der bei Rosweyde abgedruckten Gestalt ausgeschlossen worden, so bleibt noch auf Abschnitte hinzuweisen, die in einer Gruppe von Handschriften[14] zusätzlich vorhanden sind. Sie stammen vorwiegend aus der Historia monachorum und sind in die Kapitel 4, 9, 10, 15 und 16 eingefügt:

Kapitel IV:

Am Kapitelende finden sich nach ... *quae multos populos docere potuit* (350 A) an Stelle des Absatzes über Dioscorus[15] die drei kurzen HM-Kapitel über Cronius (XXV), Origenes (XXVI) und Didymus (XXIV).

---

12 S. o. S. 187.

13 In den 2. Teil ist überdies AP alph. Macarius 23 eingefügt; es entspricht dem Textstück von *Tunc dicit ei senior: Audi me, fili* ... (357 B) bis ... *imitare ipsum Dominum Salvatoremque nostrum* (357 C).

14 Bekannt sind mir London, Add. 33518; Paris, lat. 5624; Reims 1390 und Troyes 777. Die Londoner Handschrift bietet eine aus den beiden obengenannten Kapitelfolgen gemischte Version: Sie enthält nach der Epistola die Kapitel I-X in der Rosweyde-Reihenfolge; an Kapitel X schließt sich Kapitel XIV an. Die drei anderen Handschriften gehören der üblicherweise tradierten Fassung an (s. o). In Reims 1390 ist zwischen die Kapitel XVII und XVIII HM 4 (De abbate Beno) eingeschoben.

15 S. o. S. 188.

Kapitel IX:

Die im Rosweyde-Text 355 B/C begegnende Geschichte über die Heilung eines Mädchens (HM XXVIII 3,5-7) wird erst im Anschluß an die Worte ... *reddidit matri* (356 D) berichtet.

Kapitel X:

Auf die Worte ... *ad consuetum opus Domini* (364 B) folgen eine Erzählung über eine Blindenheilung sowie HM XXIX 4,14-16.

Kapitel XV:

Das Kapitel über Evagrius endet nicht mit ... *meus enim pater immortalis est* (372 B), sondern mit daran angehängtem HM XXVII 7,3-4.

Kapitel XVI:

An den Schluß des Kapitels ... *prae nimietate poenarum aeternarum* (375 B) ist assoziativ eine weitere, aus den Apophthegmata patrum entnommene, Antonius-Episode angefügt[16].

Zur Apophthegmensammlung (Kapitel XX)

Auf das Kapitel XIX über den Lektor Eustathius folgt in der Edition Rosweydes und in einigen Handschriften des 15. Jahrhunderts eine Zusammenstellung von 19 Apophthegmata (Inc.: *Solebat*[17] *beatus abbas Pastor exponere fratribus ...*), die zum größten Teil in anderen Sammlungen nachgewiesen werden konnten[18]. Es handelt sich um keine bekannte Sammlung, sondern um ein Florilegium:

AP Nr. 1[19]*:*

= Common. patr. 1,8
= (in verkürzter Form) AP alph. Poemen 16 und PJ 4,29

AP Nr. 2:

= Paschas. verba patr. 57,1

AP Nr. 3:

= ?

[16] AP alph. Antonius 2 (= PJ 15,1).

[17] Es gibt die handschriftliche Variante *Volebat.*

[18] Hier danke ich meiner mit einer Apophthegmenedition befaßten Kollegin Frau Dr. Chiara Faraggiana für ihre Hilfe. Ein großer Teil der Texte ist schon von J. G. Freire (Commonitiones, S. 56) identifiziert worden.

[19] Bisweilen ist nur das 1. Apophthegma aus der Sammlung überliefert, so z. B. in Admont 143 und in dem nichts Weiteres aus der HL enthaltenden Exzerpt Paris 2843.

AP Nr. 4:

a) *Frater interrogavit – sed statim abscidere*
= AP alph. Poemen S 2[20] = PJ 10,61
b) *Interrogavit autem – sine sollicitudine*
= AP alph. Poemen S 19 = PJ 4,31e[21]
c) *Dixit ei abbas Isaac – sed passionum*
= AP alph. Poemen 184

AP Nr. 5:

a) *Interrogavit frater – remissum est illi*
= AP alph. Poemen 99 = Paschas. verba patr. 31,3
b) *Interrogavit eum iterum – plangerent mecum*
= AP alph. Dioscorus 2
c) *Qui semetipsum videt – et non nostra*
= ?
d) *Monachus – non est*
= AP alph. Poemen 91

AP Nr. 6:

= Paschas. verba patr. 78,2

AP Nr. 7:

= Common. patr. 5,6

AP Nr. 8:

= AP alph. Ammonas 8
(bis ... *perficere mensuram hanc* = Paschas. verba patr. 24,5)

AP Nr. 9:

= AP Nau 18 = Paschas. verba patr. 2,3

AP Nr. 10:

cf. AP Nau 327; cf. Mart. Brac. sent. patr. 109 (Schluß)

AP Nr. 11:

= Paschas. verba patr. 86,1

AP Nr. 12:

= Paschas. verba patr. 39,7

---

[20] S = Supplement (s. Guy, S. 29-31).
[21] Ed. C. M. Batlle, „Vetera Nova“.

AP Nr. 13:

= AP N 417

AP Nr. 14:

a) *Quidam frater – satisfaciet illi*
= Paschas. verba patr. 28,2
b) *Et respondit – deinceps certaturum*
= AP alph. Sisoes 1 = PJ 16,10 = Paschas. verba patr. 21,2

AP Nr. 15:

a) *A quodam fratre – tibi reconcilietur*
= AP Nau 304 = Paschas. verba patr. 34,7
b) *et in omni vituperatione – haec mihi evenerunt*
= AP alph. Or 12 = AP Nau 305 = PJ 15,61 = Paschas. verba patr. 21,3[b]
c) *Quoniam si commemoraverimus – erimus insaucii*
= AP alph. Macarius 36 (= Evagr. Pont. pract. 93) = PJ 10,34
= Mart. Brac. sent. patr. 15
d) *Suspiravit autem – vituperet semetipsum*
= AP alph. Poemen 134 = Mart. Brac. sent. patr. 60

AP Nr. 16:

= AP Nau 50

AP Nr. 17:

bis ... *teipsum perdere debes* = AP alph. Macarius 17 = PJ 4,28

AP Nr. 18:

= Common. patr. 1,12
(bis ... *in aliqua occasione Deum offendamus* = AP alph. Netra 1 = PJ 10,36)

AP Nr. 19:

= AP alph. Tithoes 6

Die „Epistola ad Lausum"

Der in der Edition Rosweydes gebotene Prolog ist an die dort edierte Sammlung gebunden und findet sich daher auch erst in Handschriften des 15. Jahrhunderts. In den älteren Handschriften geht dem Text ein Prolog voraus, der nach seinem Beginn „Epistola ad Lausum" heißen soll, in Wirklichkeit aber eine Mischung aus verschiedenen Teilen darstellt.

Da diese Epistola noch unediert ist, wird im folgenden ihr Text gegeben – nicht in einer kritischen Edition, sondern auf der Grundlage der beiden ältesten Handschriften[22] mit geringfügigen Korrekturen:

Beatifico et admiror propositum tuum. Dignum est enim a beatitudine incipere huius epistolae textum, quoniam omnes circa vana et inania praesentis saeculi studium suum inpendunt et in aedificatione lapidum, ex quibus non valde gaudebunt. Ipse autem verbum aedificationis et sanctae scripturae doctrina doceri desideras sanctorumque patrum conversationem et instituta perquiris.

Multorum igitur multa et varia per singula tempora habentur conscripta de his, qui inlecebras saeculi derelinquentes, quorum bonum desiderium inspiratio supernae gratiae dei adiuvit[23], in aedificationem eorum, qui fide voluntaria permanent in doctrina salvatoris nostri Christi. Visum est et mihi humili et reverentiae tuae praeceptis et desiderio tuae magnitudinis oboedire, amator doctrinae veritatis, pro possibilitate mentis meae. Tricesimum siquidem et tertium annum aetatis agens in congregatione fratrum conversatus sum, nihilominus etiam et in solitaria vita, vicesimum autem et in episcopatu. Igitur desideranti tibi sanctorum patrum enarrare vitas, virorum scilicet ac feminarum, quos vidi et de quibus audivi, cum quibus et conversatus sum tam in Aegypti solitudine quam etiam in Libia et Thebaida et Syene[24], simul et qui dicuntur Tabennensiotae, deinde in Mesopotamia, Palestinae et Siriae et partibus occiduis Romae et Campaniae et eorum, qui in his morantur, itaque habeo[25] ab initio exponere tibi et enarrare specialiter in libro hoc, ut in compendio salutifero commonitorio habeas et indeficientem animae medicinam et obliviscaris omnem quidem desidiam mentisque somnolentiam et inrationabile desiderium, omnem autem dissensionem animae, etiam et commonitionem iracundiae et tristitiam et inrationabilem timorem per haec repellas simul et ambitionem mundi despicias, ut in fide veritatis et in desiderio proficias, quatenus in proposito pietatis dux tibimetipsi bonorum operum et eorum, qui tecum sunt et qui post te erunt, piissimorum efficiaris imperatorum. Ex hoc enim amatores Christi proficiunt ad aeternam salutem.

Non ergo spernas simplicitatem et inpolitos sermones. Nec enim operis est divinae doctrinae sophistice et eloquenter signare sermones, sed suadere mentes hominum in fide et operibus veritatis secundum quod scriptum est: *Aperi os tuum verbo dei*[26]. Et iterum: *Non spernas narrationem seniorum, et ipsi enim didicerunt a patribus*[27]. Denique sanctorum, id est patriarcharum et prophetarum, Abraham scilicet et Isaac et Iacob, Moysi et Heliae et Iohannis, ideo descripta est fides et conversatio, non tantum ut illos glorificarent[28], quos certe dominus glorificaverat et in regno suo gloriosos habebat, sed ut legentibus posteris conferrent veritatis doctrinam et exempla salutis.

---

22 Berlin, theol. lat. fol. 275 und Milano I 89 Sup, beide aus dem 10. Jahrhundert.

23 Emendiert nach Paris, lat. 3784 (s. X/XI). Die beiden zugrundegelegten Handschriften bieten *adiuvabit*.

24 Die Handschriften schreiben *seneae* bzw. *senee*.

25 Emendiert nach Paris, lat. 8996 (s. XI). In Codd. Berlin, theol. lat. fol. 275 und Milano I 89 Sup steht *habens* (Milano I 89 Sup: *habens tibi exponere*).

26 *cf.* Prv. 31,8 *et* 9.

27 Sir. 8,11.

28 PL 73, 739/740: *glorificaremus*.

Wie schon durch das Druckbild angedeutet ist, besteht die Epistola aus drei Teilen: Der Anfang gibt den Beginn des griechischen Briefes an Lausus wieder[29]:

Μακαρίζω σου τὴν προαίρεσιν· ἄξιον γὰρ ἀπὸ μακαρισμοῦ ἄρξασθαι τῆς ἐπιστολῆς· ὅτι πάντων εἰς τὰ μάταια κεχηνότων καὶ λίθους οἰκοδομούντων ἐξ ὧν οὐκ ὠφεληθήσονται, αὐτὸς λόγους οἰκοδομῆς διδάσκεσθαι θέλεις.

Der Hauptteil entspricht der späteren Fassung des Prologs der Version II[30], weicht aber von dem dort gebotenen Wortlaut nicht unbeträchtlich ab.

Der dritte Absatz schließlich stimmt mit dem zweiten Teil des kurzen Prologs zum Liber tertius der Vitae Patrum Rosweydes[31] überein (Inc.: *Vere mundum quis dubitet ...*)[32]. Die beiden in der HL zwischen *operibus veritatis* und *Denique sanctorum*[33] zusätzlich eingeschobenen Bibelzitate[34] begegnen in derselben Kombination, eingeleitet mit *secundum quod dictum est*, im zweiten Prolog der Version Ia/I; auch dort geht den Zitaten der Gedanke einer Unterscheidung zwischen der anspruchslosen Form und dem allein maßgeblichen Inhalt hagiographischer Texte voraus[35].

Textbeispiel

Der Stil der Version II ist deutlich knapper und schlichter als derjenige der Version Ia und erst recht der noch stärker ausgeschmückten Version I.

Zur Veranschaulichung der Unterschiede zwischen den beiden Fassungen II und Ia wird als Textbeispiel eine Episode aus dem Kapitel über Macarius den Ägypter gewählt und auch dem griechischen Text gegenübergestellt[36].

---

29 = BHG 1436. Er ist abgedruckt in Butler II, S. 6/7. Butler gibt auch die lateinische Entsprechung der Brieferöffnung aus der Handschrift London, Add. 33518. – Der Brief ist lt. Butler authentisch und wurde zusammen mit dem Buch an Lausus geschickt. Er ist vorhanden in G, dem größten Teil von B, in Lat. II und dem Koptischen, fehlt dagegen in einigen B-Handschriften, Lat. Ia und I sowie dem Hauptanteil der syrischen Überlieferung (vgl. Butler II, S. 182, Note 2).

30 PL 74, 343/344.

31 Verba seniorum, auctore probabili Ruffino Aquileiensi presbytero (= BHL 6525).

32 PL 73, 739/740.

33 In BHL 6525 lautet der Text *Patrum denique sanctorum ...*

34 Prv. 31,8/9 und Sir. 8,11.

35 Prol. II, §3: Non enim hoc opus divinae scimus esse doctrinae, ut quis facunde loquatur, sed ut omnium sensus intellectu veritatis instituat secundum quod dictum est: *Aperi os tuum verbo dei.* Et iterum: *Ne amiseris relationem* (Version I: *narrationem*) *senum, nam et ipsi a patribus aliquando didicerunt.*

36 Butler hat anhand des Kapitels über Pachon eine Gegenüberstellung der vier Versionen Gr B, Gr G, l (= Lat. I) und l_2 (= Lat. II) vorgenommen: II, Introduction §5, S. xxxvi-xli. – Vgl. den Versionsvergleich in Kapitel B3 a).

Gr G (Kapitel 17, §§ 6-9):

Ἀνήρ τις Αἰγύπτιος ἐρασθεὶς ἐλευθέρας γυναικὸς ὑπάνδρου, καὶ μὴ δυνάμενος αὐτὴν δελεάσαι, προσωμίλησε γόητι λέγων· Ἕλκυσον αὐτὴν εἰς τὸ ἀγαπῆσαί με, ἢ ἔργασαί τι ἵνα ῥίψῃ αὐτὴν ὁ ἀνὴρ αὐτῆς. καὶ λαβὼν ὁ γόης τὸ ἱκανὸν ἐχρήσατο ταῖς γοητικαῖς μαγγανείαις, καὶ παρασκευάζει φοράδα αὐτὴν φανῆναι. θεασάμενος οὖν ὁ ἀνὴρ ἔξωθεν ἐλθὼν ἐξενίζετο ὅτι εἰς τὸν κράββατον αὐτοῦ φορβὰς ἀνέκειτο. κλαίει, ὀδύρεται ὁ ἀνήρ· προσομιλεῖ τῷ ζῴῳ· ἀποκρίσεως οὐ τυγχάνει. παρακαλεῖ τοὺς πρεσβυτέρους τῆς κώμης· εἰσάγει, δεικνύει· οὐχ εὑρίσκει τὸ πρᾶγμα. ἐπὶ ἡμέρας τρεῖς οὔτε χόρτου μετέλαβεν ὡς φορὰς οὔτε ἄρτου ὡς ἄνθρωπος, ἀμφοτέρων ἐστερημένη τῶν τροφῶν. τέλος, ἵνα δοξασθῇ ὁ θεὸς καὶ φανῇ ἡ ἀρετὴ τοῦ ἁγίου Μακαρίου, ἀνέβη ἐπὶ τὴν καρδίαν τοῦ ἀνδρὸς αὐτῆς ἀγαγεῖν αὐτὴν εἰς τὴν ἔρημον. καὶ φορβιάσας αὐτὴν ὡς ἵππον, οὕτως ἤγαγεν εἰς τὴν ἔρημον. ἐν δὲ τῷ πλησιάσαι αὐτοὺς εἱστήκεισαν οἱ ἀδελφοὶ πλησίον τῆς κέλλης τοῦ Μακαρίου, μαχόμενοι τῷ ἀνδρὶ αὐτῆς καὶ λέγοντες· Τί ἤγαγες ὧδε τὴν φορβάδα ταύτην· λέγει αὐτοῖς· Ἵνα ἐλεηθῇ. λέγουσιν αὐτῷ· Τί γὰρ ἔχει; ἀπεκρίνατο αὐτοῖς ὁ ἀνὴρ αὐτῆς ὅτι Γυνή μου ἦν, καὶ εἰς ἵππον μετεβλήθη, καὶ σήμερον τρίτην ἡμέραν ἔχει μὴ γευσαμένη τινός. ἀναφέρουσι τῷ ἁγίῳ ἔνδον προσευχομένῳ· ἀπεκαλύφθη γὰρ αὐτῷ, καὶ προσηύχετο περὶ αὐτῆς. ἀποκρίνεται οὖν τοῖς ἀδελφοῖς ὁ ἅγιος Μακάριος καὶ λέγει αὐτοῖς· Ἵπποι ὑμεῖς ἐστέ, οἱ τῶν ἵππων ἔχοντες τοὺς ὀφθαλμούς. ἐκείνη γὰρ γυνή ἐστι, μὴ μετασχηματισθεῖσα, ἀλλ᾿ ἢ μόνον ἐν τοῖς ὀφθαλμοῖς τῶν ἠπατημένων. καὶ εὐλογήσας ὕδωρ καὶ ἀπὸ κορυφῆς ἐπιχέας αὐτῇ γυμνῇ ἐπηύξατο· καὶ παραχρῆμα ἐποίησεν αὐτὴν γυναῖκα φανῆναι πᾶσι. δοὺς δὲ αὐτῇ τροφὴν ἐποίησεν αὐτὴν φαγεῖν, καὶ ἀπέλυσεν αὐτὴν μετὰ τοῦ ἰδίου ἀνδρὸς εὐχαριστοῦσαν τῷ κυρίῳ. καὶ ὑπέθετο αὐτῇ εἰπών· Μηδέποτε ἀπολειφθῇς τῆς ἐκκλησίας, μηδέποτε ἀπόσχῃ τῆς κοινωνίας· ταῦτα γάρ σοι συνέβη τῷ ἐπὶ πέντε ἑβδομάδας μὴ προσεληλυθέναι τοῖς μυστηρίοις.

Lat. II (Kapitel IX, 354 D - 355 B):

Vir enim quidam Aegyptius concupivit ingenuam mulierem maritatam; et non valens eam capere, locutus est malefico, dicens: Facito eam ut amet me, et ita age ut proiiciat eam vir eius. Accipiens ergo maleficus, sufficienter usus est maleficio, et fecit eam equam videri. Videns autem vir eius veniens deforis mirabatur quia in lecto eius equa iaceret, et coepit plangere et eiulare; nam loquebatur animali, et responsum non dabat. Itaque deprecatus est presbyteros possessionis, et adducens, ostendit eis, qui non invenerunt causam. Usque ad tres dies, neque fenum accipiebat, quomodo equa; neque panem, sicut homo: utroque privabatur cibo. Ad ultimum, ut glorificaretur Deus, et appareret virtus sancti Macarii, ascendit in cor viri, ut deduceret eam in solitudinem. Et vinxit eam quasi equam, et duxit in solitudinem. Cum appropinquaret ergo, stabant fratres iuxta cellam Macarii, litigantes et dicentes: Quid adduxisti huc equam istam? Dicit eis: Ut misericordiam consequatur. Dicunt ei: Quid enim habet? Qui respondit: Uxor mea erat, et in equam conversa est; et hodie habet tertium diem, non gustans quidquam. Qui retulerunt sancto Macario intus oranti. Propterea enim revelaverat ei Deus. Respondit ergo fratribus, et dicit eis: Equi vos estis, qui equorum oculos habetis; illa autem mulier non est transfigurata, sed solum in oculis eorum qui seducuntur videtur equa. Et benedicens oleum, a vertice perunxit eam nudam, et superoravit, et statim fecit eam mulierem videri ab omnibus. Dans autem ei cibum, fecit eam manducare, et dimisit cum proprio viro, gratias referentem Deo. Et praecepit ei, dicens: Nunquam cesses a communione. Haec autem tibi evenerunt, quia per quinque septimanas non appropinquasti divinis.

Lat. Ia (Cap. 17, §§ 8-12):

Nam Aegyptius quidam, cum amore vesano alienae uxoris arderet nec posset ad effectum tam scelestae cupidinis pervenire, maleficum precatus est, ut se amari ab ea faceret aut quocumque illam modo a marito proprio repudiari. Maleficus autem multis muneribus inlectus solito propriae artis ingenio fecit illam equam videri esse, non feminam. Quam ubi talem vir ipsius domum regressus aspexit, tam monstruosa novitate turbatus, quod iacere in lectulo suo equam videret, ingemescebat ac flebat, eo quod ipsum adloquens animal nullum loquentis poterat audire responsum. Rogat igitur presbyteros ipsius vici, ad domum ducit et, quid illic pateretur, ostendit. Et nec tunc quidem causam mali praesentis agnoscit. Quae tamen iam per triduum nec ut equa feno nec pane ut homines utebatur utriusque escae alimoniis destituta. Ad postremum, ut magnificaretur gloria dei et ut sancti illius Macharii virtus innotesceret cunctis, subito in cor mariti eius ascendit, ut cum ea ad loca deserta penetraret. Inligatam igitur eam ita, ut iumenta vinciri solent, ad deserta deduxit cumque iam sancti Macharii cellulae adpropinquarent iuxtaque eam alii monachi eminus starent obiurgantes memoratum virum, cur cum equa ad monasterium venire voluisset, ait ille: „Venit huc, ut possit misericordiam promereri." Illisque interrogantibus, quid haberet, ille respondit: „Uxor", inquit, „mea est haec, quae in equam videtur esse conversa. Habet autem hodie tertium diem, ex quo nullum penitus cibum sumit." Quod cum supradicti fratres oranti Machario sancto, cui iam et hoc ipsum deus notum fecerat, rettulissent et pro eadem instanter oraret, haec fratribus dixit: „Vos", inquit, „equi estis, qui equorum habetis oculos. Illa autem mulier est nec transfigurata in aliam naturam videtur nisi eorum oculis, qui praestigii vanitate falluntur." Confestimque benedictam a capite ipsius nudae infundens aquam oratione conpleta subito videri eam omnibus feminam fecit et gratias agentem deo cum coniuge suo remeare praecepit haec dicens: „Numquam", inquit, „omnino a communione sancti mysterii separetur, numquam ab ecclesiae oratione discedat. Hoc enim idcirco perpessa est, quia per septimanas quinque mysteria divina non attigit."

Die lateinische Version II bleibt sowohl inhaltlich als auch formal näher am griechischen Text als die Fassung Ia: Der Satzbau ist einfach und eng am Griechischen orientiert, kurze Sätze überwiegen. Der Verfasser des Ia-Textes dagegen hat mehrere Sätze zu Perioden verknüpft, direkte Rede in indirekte umgewandelt und auch den Inhalt freier gehandhabt: Bisweilen hat er in der griechischen Vorlage nicht gegebene interpretierende Bemerkungen eingefügt, wie z. B. *tam monstruosa novitate turbatus*, oder er gibt zusätzliche Informationen wie *Maleficus autem multis muneribus inlectus ...*

Es ist deutlich erkennbar, daß es sich bei der lateinischen Version II um eine von Ia unabhängige Übersetzung handelt, denn trotz identischem Inhalt sind kaum Gemeinsamkeiten im Wortlaut festzustellen; der Übersetzer kannte also die erste Fassung offenbar nicht. Dazu kommt, daß sich der Verfasser von Lat. II gleichzeitig als Bearbeiter betätigte, indem er auch in den Textbestand starke Eingriffe vornahm, wie sich besonders an der kompilierten Gestalt der „Epistola ad Lausum" zeigt[37].

---

[37] S. o. S. 192 ff. – Auf Bearbeitungsspuren in dieser Übersetzung auch inhaltlicher Art (z. B. durch die Tilgung häretischer Namen) weist Preuschen, S. 221/2 hin. Ein zusätzliches Indiz für eine erfolgte Bearbeitung ist darin zu sehen, daß die HL der Version II oft in Überlieferungsgemeinschaft mit anderen bearbeiteten Texten anzutreffen ist: mit der Apophthegmenfassung BHL 6525 (Inc.: *Vere mundum quis dubitet ...*) und der HM des viele Sonderfehler und Korrekturen aufweisenden Texttyps ε (s. Ed. HM, S. 231, Anm. 1 und S. 174-193).

C DER LATEINISCHE TEXT DER VERSION Ia/I

C1 VERBREITUNG, TITEL UND AUTOR

Die Historia Lausiaca, die unter diesem Namen in den lateinischen Handschriften nicht begegnet[1], wird – sofern sie nicht anonym und ohne Autorenangabe erscheint – unter verschiedenen Titeln überliefert und unterschiedlichen Verfassern zugeschrieben. Dabei bestehen deutliche Unterschiede zwischen den Versionen. Deshalb sollen in der folgenden Aufstellung die Versionen Ia und I getrennt betrachtet werden[2].

Version Ia

Ohne Titel[3] ist die HL überliefert in **Z** (= Marseille 1233, s. X)[4], **D** (= Monte Cassino 143 KK, s. XI), **H** (= Monte Cassino 400 I, s. XI), **T** (= Monte Cassino 463 I, s. XI) und **W** (= Wolfenbüttel 59.6. Aug. fol., s. XII/XIII). In den übrigen Handschriften finden sich folgende Titel:

im 8. Jahrhundert:
- *Liber qui apellatur paradisus*: **U** (= Bern 611)
- *Libellus paradisi de vita sanctorum*: **C** (= Chartres 5/16)

---

1 Butler (II, S. 8) nennt als die drei im Griechischen dominierenden Titel τὸ Λαυσιακόν (oder Λαυσαϊκόν), Παράδεισος und Βίος τῶν ἁγίων Πατέρων, wobei der erstgenannte Titel auf die spätere Tradition konzentriert ist („at a later period this was apparently the title most in popular use"). Nur wenige Handschriften bieten den Bestandteil ἱστορία oder ἱστορικός in den Formen Ἡ πρὸς Λαῦσον ἱστορία (τῶν ἁγίων πατέρων) und Ἡ πρὸς Λαῦσον ἱστορικὴ βίβλος. Der Titel Λαυσιακὴ ἱστορία ist nur einmal bezeugt: in der Athos-Handschrift Nr. 2031 („This last is the only instance that has as yet appeared of the name by which the work has now commonly to be known – *Historia Lausiaca*"). Der Sinn dieser Bezeichnung ist nicht leicht zu erfassen: Vermutlich handelt es sich um eine Analogiebildung zum Titel der Historia monachorum, in dem ἱστορία in der Bedeutung „Besuch" verwendet ist (s. Lampe s. v.: „A. investigation, knowledge; 1. sight; ... of visits").

2 Zu den für Version II bezeugten Titeln und Verfassern s. Kapitel B4.

3 Die folgenden Angaben zu Titel und Autor sind auch im Kapitel der Beschreibung der **α**-Handschriften, Kapitel E1 a) α), zusammengestellt.

4 In der von **Z** abhängigen Handschrift **Q** (= Paris, lat. N.A. 1491, s. XI) stehen die exzerpierten HL-Kapitel zusammen mit der HM unter dem Titel *Vita sive conversatio sanctorum patrum anachoritarum* oder, wie im Explicit ausführlicher formuliert ist: *Liber de vita et conversatione seu miraculis sanctorum patrum anachoritarum*.

im 10. Jahrhundert:
- *Liber qui apellatur paradisus de conversatione* (*corr. ex* conversione) *sanctorum patrum*: **A** (= Valenciennes 521/475)
- *Liber qui appellatur paradysus palladii monachi qui fuit discipulus evagrii*: **S** (= Roma, Cod. Sess. 41)

im 11. Jahrhundert:
- *Liber palladii qui appellatur paradysus*: **M** (= Monte Cassino 348 LL)

Die Mehrzahl der Handschriften dieser Version tradiert die HL anonym; nur **S** und **M** nennen *Palladius* als Autor.

Version I

Eine größere Anzahl überlieferter Titel für die lateinische Historia Lausiaca bietet die sehr viel weiter verbreitete redigierte Textfassung I, zu der auch die Handschriftengruppe **β** gehört. Diese wird in der folgenden Aufstellung nicht ausdrücklich von den übrigen Handschriften der Version I abgehoben. Nicht berücksichtigt werden kleinere ohne Titel und Autorenangabe tradierte Exzerpte, ebenso Handschriften, die am Anfang mutil sind.

Bei der Gruppierung der Titelformulierungen war zu beachten, daß diese nicht selten innerhalb derselben Handschrift variieren, je nach ihrer Position im Incipit, Explicit oder am Beginn der Prologe. In solchen Fällen erhielt die aus dem Incipit stammende Angabe Vorrang vor der des Explicit[5]. Die verschiedenen Formen der Einleitung des 1. Prologs (*In hoc libro* ...) sind in einer gesonderten Gruppe im Anschluß an die Buchtitel zusammengestellt.

Häufig belegt ist eine Kombination von Buch- und Prologtitel der Art: *Liber qui appellatur paradisus* und *Praefatio de vita sanctorum patrum ad lausum praepositum palatii ab heraclide directa* o. ä. Der Name des Verfassers läßt sich daher oft nicht dem eigentlichen Buchtitel, sondern nur der untergeordneten Prologüberschrift entnehmen.

a) Titel

Auch in der Version I enthalten einige Handschriften keinen Titel für den HL-Text; deren Anzahl ist allerdings gering:

Paris, Bibl. Nat. **lat. 5314** (s. XI/XII)
Oxford, Bodl. Libr. **Hatton 84** (s. XII)
Vaticano **Reg. Suec. 452** (s. XII)
Dublin, Trinity Coll. **C. 2. 9 (619)** (s. XIII/XIV)
Oxford, Merton Coll. **CXVIII** (s. XIV)[6]

---

[5] Stammt die Angabe doch aus dem Explicit, so ist dies jeweils in Klammern vermerkt.
[6] Hier ist jedoch von anderer Hand nachgetragen: *Paradisus heraclidis eremitae.*

Der am häufigsten überlieferte Titel lautet: *Liber qui appellatur paradisus / paradysus*[7]. Er wird von Handschriften aus dem 9. bis 15. Jahrhundert geboten, zu denen auch alle β-Vertreter außer **F** gehören:

9. Jh.:
Paris, Bibl. Nat. **lat. 9729** (= **V**)

10. Jh.:
Torino, Bibl. Naz. Univ. **Cod. Bobb. F.IV.25** (= **B**)
Novara, Bibl. Capit. del Duomo **LXI** (= **N**)

10./11. Jh.:
Einsiedeln, Stiftsbibl. **258** (= **E**)

11. Jh.:
Milano, Bibl. Ambros. **D 525 Inf.** (= **b**)
Roma, Bibl. Vallicelliana **Tom. XII** (= **G**)
Metz, Bibl. Mun. **1248** hat die abweichende Wortfolge *Liber qui paradisus appellatur* (aus Expl.).

12. Jh.:
Berlin, Staatsbibl. zu Berlin, Preuss. Kulturbesitz (Haus 1) **Ham. 683**
London, Brit. Mus. **Harl. 4719** (aus Expl.)
Milano, Bibl. Ambr. **S 24 Sup**
Paris, Bibl. Nat. **lat. 2988** (aus Expl.)
Paris, Bibl. Nat. **lat. 12277** (aus Expl.)
Winchester, Chapter Libr. **Ms 14**

12./13. Jh.:
London, Brit. Mus. **Cotton Faust. A II**

13./14. Jh.:
Padova, Bibl. Anton. **Scaff. V, Ms 84**

15. Jh.:
Vaticano **Urb. lat. 396** (aus Expl.)

Eine ähnliche Formulierung – *Liber qui vocatur paradisus / paradysus* – war im 11. bis 13. Jahrhundert in Handschriften aus dem französischsprachigen Raum verbreitet:

11./12. Jh.:
Paris, Bibl. Mazarine **Hist. eccl. 1710**

---

[7] Als „Paradies" werden im Spätmittelalter Predigtsammlungen und Tugendtraktate bezeichnet; so heißt z. B. ein Traktat des 15. Jahrhunderts *Paradisus animae* und eine mystische Predigtsammlung aus dem 14. Jahrhundert *Paradisus animae intelligentis* (s. Verfasserlexikon, Bd. 7, Sp. 293-303).

12./13. Jh.:
Bruxelles, Bibl. Roy. **7462-81 (3177)**
Dijon, Bibl. Mun. **136 (103)**
Troyes, Bibl. Mun. **716**

13. Jh.:
Paris, Bibl. Nat. **lat. 2025**

Vom 12. bis zum 15. Jh. ist der Titel *Liber qui dicitur paradisus / paradysus* anzutreffen, und zwar ausschließlich in Handschriften englischer Bibliotheken:

12. Jh.:
Cambridge, Univ. Libr. **Ii. IV 36**
Cambridge, Trinity Coll. **B. 2. 30 (141)** (aus Expl.)

14. Jh.:
Durham, Dean and Chapter Libr. **B. 3. 8**

15. Jh.:
Cambridge, Univ. Libr. **Gg. I 32**

Auch zu diesem Titel gibt es die Umstellung *Liber qui paradisus dicitur*, die in der Handschrift Hereford, Cath. Libr. **P. 2. V (1726)** aus dem 11. Jahrhundert überliefert wird.

Zwei Titelkurzformen – *Liber paradisi* und *Liber paradisus* – sind ebenfalls in der Zeit zwischen dem 11. und 13. Jahrhundert nachweisbar:

Liber paradisi:
Milano, Bibl. Ambros. **I 61 Inf.** (s. XI) (= **F**)
Angers, Bibl. Mun. **290 (281)** (s. XI)
Oxford, Bodl. Libr. **602 (2393)** (s. XII/XIII)

Liber paradisus:
Edinburgh, Nat. Libr. of Scotland **18. 4. 3** (A. 5. 48) (s. XII)
Douai, Bibl. Mun. **852** (s. XII et XIII)
Hereford, Cath. Libr. **O. 1. III (1708)** (s. XIII)

Die übrigen belegten Titelformulierungen verteilen sich über das 11. bis 16. Jahrhundert; sie sind jedoch meist nur in einzelnen Handschriften anzutreffen und stellen zum größten Teil Erweiterungen der ursprünglichen kurzen Überschriften dar:

11. Jh.:
Liber qui vocatur paradisus editus a pascasio diacono de vita sanctorum patrum:
Vaticano **Reg. Suec. 589**

11.-12.Jh.:
Liber beati heraclidis heremitae qui paradisus appellatur:
s. XI: Avranches, Bibl. Mun. **163** (aus Expl.)
s. XII: Vaticano **Reg. Suec. 432** (aus Expl.)

12. Jh.:
Liber heraclidis heremitae postmodum episcopi ad lausum principem palatii cui paradisus nomen est:
Paris, Bibl. Mazarine **Hist. eccl. 1712**
Wien, Österr. Nat. Bibl. **386**[8]

Liber pasc(h)asii diaconi de vitis sanctorum patrum:
Paris, Bibl. Nat. **lat. 5623**
Vaticano **Reg. Suec. 494** (aus Expl.)

12.-13. Jh.:
Liber de vita sanctorum patrum qui appellatur paradisus:
s. XII: Rouen, Bibl. de Rouen **Cod. U. 98**
s. XIII: London, Brit. Mus. **Roy. 5 F V**

Liber beati heraclidis episcopi de vita sanctorum patrum qui paradisus appellatur:
s. XII/XIII: Rouen, Bibl. de Rouen **Cod. Y. 198**

13. Jh.:
Liber qui appellatur paradisus de vita sanctorum patrum cenobitarum et anachoritarum:
Paris, Bibl. Nat. **lat. 5386**

Beati heraclidis episcopi liber qui paradisus dicitur sive de vitis sanctorum ad lausum praepositum palatii:
Cambridge, Univ. Libr. **Ff. V 27**

Liber pascasii diaconi de vita patrum:
Paris, Bibl. Nat. **lat. 17568**

Liber paschasii dyaconi qui dicitur paradisus de vitis sanctorum patrum ad eugipium presbiterum:
Subiaco, Bibl. dell'Abbazia **130 (CXXVII)**

14. Jh.:
Liber heraclidis qui dicitur paradisus:
Brno, Univ. Knihovna **Mk 5 (I. 194)** (aus Expl.)

Libellus heraclidis episcopi de vita sanctorum patrum:
Erlangen, Univ. Bibl. **lat. 421**

Liber heraclidis qui dicitur paradisus de vitis patrum:
Paris, Bibl. Nat. **lat. 5406** (aus Expl.)
Paris, Bibl. Nat. **lat. 5407** (aus Expl.)

Liber paschasii diaconi qui dicitur paradisus de vitis sanctorum patrum:
Paris, Bibl. Nat. **lat. 3588**

Liber tertius vitae sanctorum patrum qui dicitur paradisus:
Roma, Bibl. Casanat. **Cod. 1898** (aus Expl.)

Liber qui dicitur de floribus paradisi:
Reims, Bibl. Mun. **790**

Liber qui dicitur de floribus paradisi id est de vitis sanctorum patrum egipciorum quos ipse vidit vel audivit relatione hominum fide digna:
Vaticano **Vat. lat. 6443**

14.-15. Jh.:
Liber tertius qui appellatur paradisus:
s. XIV: Roma, Bibl. Vallicell. **Cod. C. 55**
s. XIV: Perugia, Bibl. Commun. **1035 (M 58)**[9]
s. XV: Vaticano **Vat. lat. 1199** (*tertius* nur im Expl.)
s. XV: Vaticano **Vat. lat. 1200** (*tertius* nur im Expl.)

15. Jh.:
Liber secundus vitae sanctorum patrum qui appellatur paradisus:
Firenze, Bibl. Med. Laur. **Fes. 34**[10]
Napoli, Bibl. Orat. **Cod. XXII pil IV 4**

Liber seu epistula sancti ieronimi ad lausum imperatorem de vita, nominibus, patria et habitatione sanctorum patrum:
Poitiers, Bibl. Mun. **249 (62)**

16. Jh.:
Heraclidis eremitae quondam palestinae episcopi liber qui dicitur paradysus:
Bruxelles, Bibl. Roy. **10801-06 (1189)**

Besonders auffällig ist ein Titel, der in zwei eine Epitomefassung der HL überliefernden Handschriften aus dem 15. Jahrhundert erscheint: München, Bayer. Staatsbibl. **Clm 3056** und **Clm 18093**. In ihnen lautet das Explicit: *Expliciunt excerpta libri (h)eraclidis de conversatione sanctorum patrum, qui etiam paradisus intitulatur alio nomine.* Hier werden zwei mögliche Buchtitel zur Auswahl angeboten; die Bezeichnung *Liber ... de conversatione sanctorum patrum* ist sonst nur noch in Handschrift **A** aus Version Ia anzutreffen[11].

---

[8] An ... *cui paradisus nomen est* ist noch angehängt: *in vitas patrum.*

[9] Im Explicit ist dieser Titel erweitert zu: *Liber tertius sanctorum patrum qui appellatur paradisus.*

[10] Der Titel enthält den Zusatz: ... *quem ipse heradius composuit.*

[11] S. o. S. 199.

Als – nicht strikt eingehaltene, aber doch vorherrschende – Tendenz bei der Entwicklung der Buchtitel im Verlauf der handschriftlichen Tradierung des Textes ergibt sich eine Erhöhung des Umfangs der Überschriften und eine Kombinierung verschiedener, früher einzeln verwendeter Bestandteile: So werden allmählich die beiden Bezeichnungen *Paradisus* und *Vitae sanctorum patrum* in einem Titel vereinigt[12]. Außerdem wurde eine Zählung der Bücher (*Liber secundus*, *Liber tertius*) erst im 14. und 15. Jahrhundert durchgeführt; sie findet sich ausschließlich in italienischen Handschriften.

b) Prologüberschrift

Für die Formulierungen, mit denen der 1. Prolog der HL (*In hoc libro ...*) eingeleitet wird, ergibt sich ein etwas abweichendes Bild: Es ändert sich eher die Wortfolge, als daß neue Informationen eingefügt werden. Doch auch hier kann man zwischen verbreiteteren Titelformen und singulären Erscheinungen trennen.

Eine Gruppe von Handschriften aus dem 10. bis 14. Jahrhundert, zu der auch fünf der sieben β-Zeugen gehören, eröffnet den Prolog mit den Worten: *Praefatio de vita sanctorum patrum ad lausum praepositum palatii ab heraclide directa*:

Torino, Bibl. Naz. Univ. **Cod. Bobb. F.IV.25** (s. X) (= **B**)
Novara, Bibl. Capit. del Duomo **LXI** (s. X ?) (= **N**)
Einsiedeln, Stiftsbibl. **258** (s. X/XI) (= **E**)
Milano, Bibl. Ambros. **D 525 Inf.** (s. XI) (= **b**)
Milano, Bibl. Ambros. **I 61 Inf.** (s. XI) (= **F**)
Berlin, Staatsbibl. zu Berlin, Preuss. Kulturbesitz (Haus 1) **Ham. 683** (s. XII)
Douai, Bibl. Mun. **852** (s. XII et XIII)
Oxford, Bodl. Libr. **602 (2393)** (s. XII/XIII)
Hereford, Cath. Libr. **O. 1. III (1708)** (s. XIII)
Dublin, Trinity Coll. **C. 2. 9 (619)** (s. XIII/XIV)

Die β-Handschriften **B**, **b** und **E** tradieren diese Überschrift allerdings nur im Explicit des Prologs; das Incipit lautet viel kürzer: *Praefatio vitae sanctorum patrum*[13]. Dies trifft auch auf eine weitere Handschrift des 12. Jahrhunderts zu, die schon äußerlich das Corpus der β-Handschriften repräsentiert: Milano, Bibl. Ambr. **S 24 Sup.**[14]

---

[12] Diese Tendenz zur Kontamination ließ sich auch für die Überlieferung der Historia monachorum nachweisen: S. Ed. HM, S. 36.

[13] **F** hat zwar die Langform des Titels im Incipit, schreibt aber ebenfalls *vitae* statt *de vita*.

[14] Zu dieser Handschrift s. Anm. 6 in der Handschriftenliste D1 c).

Der Titel *Praefatio beati heraclidis episcopi de vita sanctorum patrum ad lausum praepositum palatii* wird von einer ebenso großen Anzahl von Handschriften aus dem 11. bis 15. Jahrhundert überliefert, die sich überwiegend in englischen Bibliotheken befinden:

Avranches, Bibl. Mun. **163** (s. XI)
Cambridge, Trinity Coll. **B. 2. 30 (141)** (s. XII)
Edinburgh, Nat. Libr. of Scotland **18. 4. 3** (A. 5. 48) (s. XII)
London, Brit. Mus. **Harl. 4719** (s. XII)[15]
Rouen, Bibl. de Rouen **Cod. U. 98** (s. XII)
London, Brit. Mus. **Cotton Faust. A II** (s. XII/XIII)
Rouen, Bibl. de Rouen **Cod. Y. 198** (s. XII/XIII)
Cambridge, Univ. Libr. **Ff. V 27** (s. XIII)
London, Brit. Mus. **Roy. 5 F V** (s. XIII)
Durham, Dean and Chapter Libr. **B. 3. 8** (s. XIV)[16]
Erlangen, Univ. Bibl. **lat. 421** (s. XIV)[17]
Cambridge, King's Coll. **4** (s. XV)

Die übrigen Prologeinleitungen aus dem 11. bis 15. Jahrhundert werden nur von einzelnen oder kleinen Gruppen von Handschriften bezeugt:

11. Jh.:
Praefatio in vitam sanctorum patrum edita ab eraclide episcopo ad lausum praepositum palatii:
Hereford, Cath. Libr. **P. 2. V (1726)**

12. Jh.:
Praefatio beati heraclidis:
Oxford, Bodl. Libr. **Hatton 84**

Praefatio eraclidis episcopi ad lausum palatinum super vitas patrum:
Cambridge, Univ. Libr. **Ii. IV 36**

Prologus beati heraclidis episcopi in librum qui appellatur paradisus ad lausum praepositum palatii:
Winchester, Chapter Libr. **Ms 14**

12.+14. Jh.:
Praefatio heraclidis heremitae postmodum episcopi ad lausum principem palatii:
Wien, Österr. Nat. Bibl. **386** (s. XII)[18]

15 Statt *de vita* ... heißt es hier *in vitas sanctorum patrum*.

16 Es fehlt *beati*.

17 Statt *beati heraclidis* ist hier überliefert: *libelli heraclidis*.

18 In dieser Handschrift ist dem Titel hinzugefügt: ... *cui paradisus nomen est in vitas patrum*. Damit liegt ein typischer Fall von Kontamination verschiedener Elemente vor.

Reims, Bibl. Mun. **790** (s. XIV)
Vaticano **Vat. lat. 6443** (s. XIV)

14.-15. Jh.:
Praefatio eraclii/eradii de vita sanctorum patrum directa ad lausum praepositum palatii:
Perugia, Bibl. Commun. **1035 (M 58)** (s. XIV) – *eraclii*
Roma, Bibl. Vallicell. **Cod. C. 55** (s. XIV) – *eradii*
Vaticano **Vat. lat. 1199** (s. XV) – *eradii*
Vaticano **Vat. lat. 1200** (s. XV) – *eraclii*

15. Jh.:
Praefatio heradii directa ad lausum praepositum palatii:
Firenze, Bibl. Med. Laur. **Fes. 34**

Praefatio eraclidis episcopi in vitis sanctorum patrum ad lausum praepositum palatii:
Vaticano **Urb. lat. 396**

Die beiden schon erwähnten Handschriften aus dem 15. Jahrhundert, München, Bayer. Staatsbibl. **Clm 3056** und **Clm 18093**, bieten auch ein von den übrigen Handschriften abweichendes Incipit des Prologs: *Incipit prologus eraclidis viri religiosissimi discipuli sancti antonii ad lausum episcopum in libro/librum de conversatione (sanctorum) patrum.*

c) Autor

Die Zahl der Handschriften, die die HL anonym überliefern, ist größer als die derjenigen, die auf eine Titelangabe verzichten:

Paris, Bibl. Nat. **lat. 9729** (s. IX) (= **V**)
Roma, Bibl. Vallicelliana **Tom. XII** (s. XI) (= **G**)
Angers, Bibl. Mun. **290 (281)** (s. XI)
Metz, Bibl. Mun. **1248** (s. XI)[19]
Paris, Bibl. Mazarine **Hist. eccl. 1710** (s. XI/XII)
Paris, Bibl. Nat. **lat. 5314** (s. XI/XII)
Paris, Bibl. Nat. **lat. 12277** (s. XII)[20]
Vaticano **Reg. Suec. 452** (s. XII)[21]
Dijon, Bibl. Mun. **136 (103)** (s. XII/XIII)

---

[19] Dem Text der HL ist die *Epistola ad Eugippium* des Paschasius vorgeschaltet; s. dazu Kapitel D3 a).

[20] S. Anm. 19.

[21] Von weit späterer Hand ist nachgetragen: *Hic liber dicitur heraclidis paradisus* sowie *Historia Lausiaca*. Dies ist einer der seltenen Fälle (wenn nicht sogar der einzige), in denen der sonst nur aus der späteren griechischen Tradition bekannte Titel *Historia Lausiaca* (s. o. Anm. 1) im Lateinischen auftaucht.

Troyes, Bibl. Mun. **716** (s. XII/XIII)[22]
Paris, Bibl. Nat. **lat. 2025** (s. XIII)
Oxford, Merton Coll. **CXVIII** (s. XIV)[23]

Die überwältigende Mehrheit der zwischen dem 10. und 16. Jahrhundert geschriebenen Handschriften, einschließlich des größeren Teils von **β**, weist den Text einem *Heraclides* bzw. *Eraclides* zu[24]:

---

22 S. Anm. 19.

23 Eine andere Hand gibt *Heraclides* als Autor an.

24 Butler gibt in seinen „Critical and Historical Notes" (II, S. 183, Note 3) an, wo innerhalb der griechischen und lateinischen Überlieferung ein Heraclides als Verfasser der HL genannt ist: 1. im Archetyp der aus einem G- und B-Text gemischten und mit der Historia monachorum kontaminierten Langfassung A (s. dazu Kapitel A3) als „Heraclides, Bischof von Kappadokien", 2. in der revidierten lateinischen Fassung (Version I), in die diese Autorenzuweisung vermutlich über eine für die Revision benutzte griechische B-Handschrift eingedrungen ist, als „Heraclides der Eremit" oder „der Alexandriner" und 3. in der zweiten lateinischen Übersetzung (s. Kapitel B4) als „Heraclides, Schüler des Antonius" oder „Heraclides der Bischof". Eine eindeutige Identifizierung des in so verschiedenen Formen auftretenden Heraclides ist Butler jedoch nicht möglich: „I can throw no further light on the personality of this Heraclides, or on the manner in which the Lausiac History came to be attributed to him." – E. Honigmann sieht in Heraclides den Redaktor der metaphrastischen Version B des griechischen Textes (Heraclidas of Nyssa, S. 108) und – aufgrund wörtlicher Übereinstimmungen – gleichzeitig den Verfasser der Vita Olympiadis (S. 113/4) und setzt ihn mit dem zwischen 431 und 448 in Kappadokien sein Bischofsamt ausübenden Heraclidas von Nyssa gleich (S. 114/5). Daß auch Palladius in einem Teil der griechischen B-Handschriften als „Bischof von Kappadokien" bezeichnet wird, ist nach Honigmann (S. 107) nur als Korrekturversuch erklärbar, der in der Ersetzung des Namens Heraclides durch den des ursprünglichen Verfassers der HL besteht. – Zu dem mit Palladius zusammen angeklagten Bischof Heraclides von Ephesus s. Kapitel A1, Anm. 24.

Auf den Seiten 108/9 gibt Honigmann einen knappen Überblick über die bisher gemachten Identifizierungsversuche, der mit der Feststellung beginnt: „Several older scholars like Baronius, Rosweide, and Tillemont, seem to have supposed that „Heraclides" was nothing but a pseudonym for Palladius." Rosweyde scheint allerdings eher angenommen zu haben, daß Palladius und Heraclides zwei unabhängige Autoren gewesen seien, die über denselben Stoff geschrieben und deren Werke sich gegenseitig zu der von Hervet übersetzten langen HL-Fassung (s. Kapitel A3) ergänzt hätten. So schreibt er in Prolegomenon IV, § III (PL 73, 25 A-C): „Valde suspicor Palladium, ut tertio ex Herveti versione auctior prodiit, ex variis auctoribus esse concinnatum. Nam si Palladii primam editionem inspicias, vix tertiam eorum partem in ea invenias quae in postrema habentur. Inde prodiit Heraclidis titulo instructior aliquanto prima illa editione Palladii, minus tamen locuples quam postrema. Suspicionis meae fundus est, duplex praefatio apud Palladium, una Heraclidis, altera ipsius Palladii; ut facile fieri potuerit alterum alterius librum suo inseruisse. ... Nec mirum hic videri debet, a diversis, mutato nonnihil ordine, nunc imminuta, nunc auctiora eadem prodiisse, nam et in aliis his adiunctis libris idem factitatum reperies. ...".

Torino, Bibl. Naz. Univ. **Cod. Bobb. F.IV.25** (s. X) (= **B**)
Novara, Bibl. Capit. del Duomo **LXI** (s. X ?) (= **N**)
Einsiedeln, Stiftsbibl. **258** (s. X/XI) (= **E**)
Milano, Bibl. Ambros. **D 525 Inf.** (s. XI) (= **b**)
Milano, Bibl. Ambros. **I 61 Inf.** (s. XI) (= **F**)

Avranches, Bibl. Mun. **163** (s. XI)
Hereford, Cath. Libr. **P. 2. V (1726)** (s. XI)
Berlin, Staatsbibl. zu Berlin, Preuss. Kulturbesitz (Haus 1) **Ham. 683** (s. XII)
Cambridge, Univ. Libr. **Ii. IV 36** (s. XII)
Cambridge, Trinity Coll. **B. 2. 30 (141)** (s. XII)
Edinburgh, Nat. Libr. of Scotland **18. 4. 3** (A. 5. 48) (s. XII)
London, Brit. Mus. **Harl. 4719** (s. XII)
Milano, Bibl. Ambr. **S 24 Sup** (s. XII)
Oxford, Bodl. Libr. **Hatton 84** (s. XII)
Paris, Bibl. Mazarine **Hist. eccl. 1712** (s. XII)
Paris, Bibl. Nat. **lat. 2988** (s. XII)[25]
Rouen, Bibl. de Rouen **Cod. U. 98** (s. XII)
Vaticano **Reg. Suec. 432** (s. XII)
Wien, Österr. Nat. Bibl. **386** (s. XII)
Winchester, Chapter Libr. **Ms 14** (s. XII)
Douai, Bibl. Mun. **852** (s. XII et XIII)
London, Brit. Mus. **Cotton Faust. A II** (s. XII/XIII)
Oxford, Bodl. Libr. **602 (2393)** (s. XII/XIII)
Rouen, Bibl. de Rouen **Cod. Y. 198** (s. XII/XIII)
Cambridge, Univ. Libr. **Ff. V 27** (s. XIII)
Hereford, Cath. Libr. **O. 1. III (1708)** (s. XIII)
London, Brit. Mus. **Roy. 5 F V** (s. XIII)
Paris, Bibl. Nat. **lat. 5386** (s. XIII)
Dublin, Trinity Coll. **C. 2. 9 (619)** (s. XIII/XIV)
Brno, Univ. Knihovna **Mk 5 (I. 194)** (s. XIV)
Durham, Dean and Chapter Libr. **B. 3. 8** (s. XIV)
Erlangen, Univ. Bibl. **lat. 421** (s. XIV)
Paris, Bibl. Nat. **lat. 5406** (s. XIV)
Paris, Bibl. Nat. **lat. 5407** (s. XIV)
Reims, Bibl. Mun. **790** (s. XIV)
Vaticano **Vat. lat. 6443** (s. XIV)
Cambridge, Univ. Libr. **Gg. I 32** (s. XV)
Cambridge, King's Coll. **4** (s. XV)
Vaticano **Urb. lat. 396** (s. XV)
Bruxelles, Bibl. Roy. **10801-06 (1189)** (s. XVI)

---

[25] Zusätzlich wird *Paschasius*, der Verfasser der Epistola, als Autor genannt. – Vgl. oben Anm. 19.

In einigen – italienischen – Handschriften des 14. und 15. Jahrhunderts ist dieser Name verschrieben – entweder zu *Eraclius* oder zu *Heradius/Eradius*[26]:

Eraclius:
Perugia, Bibl. Commun. **1035 (M 58)** (s. XIV)
Napoli, Bibl. Orat. **Cod. XXII pil IV 4** (s. XV)[27]
Vaticano **Vat. lat. 1200** (s. XV)

Heradius/Eradius:
Roma, Bibl. Vallicell. **Cod. C. 55** (s. XIV)
Firenze, Bibl. Med. Laur. **Fes. 34** (s. XV)
Vaticano **Vat. lat. 1199** (s. XV)[28]

Eine weitere, aber deutlich schwächer repräsentierte Autorenzuweisung betrifft *Paschasius* (bzw. *Pascasius*), den Verfasser der *Epistola ad Eugippium*. Die folgenden Handschriften nennen ihn ausdrücklich als Autor der HL, im Gegensatz zu den schon erwähnten Fällen, in denen nur die Epistola Paschasii einem anonym überlieferten HL-Text vorangestellt ist und damit auf ihn bezogen werden muß:

Vaticano **Reg. Suec. 589** (s. XI)
Paris, Bibl. Nat. **lat. 5623** (s. XII)
Vaticano **Reg. Suec. 494** (s. XII)
Paris, Bibl. Nat. **lat. 17568** (s. XIII)
Subiaco, Bibl. dell' Abbazia **130 (CXXVII)** (s. XIII)
Paris, Bibl. Nat. **lat. 3588** (s. XIV)
Roma, Bibl. Casanat. **Cod. 1898** (s. XIV)

In Bruxelles, Bibl. Roy. **7462-81 (3177)** aus dem 12./13. Jahrhundert wird die Autorenzuweisung mit *Paschasius sive Palladius* nicht eindeutig entschieden; *Palladius* begegnet als Autor nur noch in **S** und **M** aus Version Ia[29].

Wie die HM[30] so läuft auch die HL in zwei Handschriften unter dem Namen des Hieronymus, im Unterschied zur HM, für die Hieronymus bereits im 9. Jahrhundert als Verfasser bezeugt ist, allerdings erst in späterer Zeit: Padova, Bibl. Anton. **Scaff. V, Ms 84** (s. XIII/XIV) und Poitiers, Bibl. Mun. **249 (62)** (s. XV) schreiben den Text *Ieronimus* zu. In der

---

26 Die Verlesung von *Heraclius* zu *Heradius* liegt paläographisch sehr nahe, da eng zusammengeschriebenes cl leicht mit d verwechselt werden kann.

27 S. Anm. 25.

28 S. Anm. 25.

29 S. o. S. 202.

30 S. Ed. HM, S. 35/6.

erstgenannten Handschrift wurde jedoch von anderer Hand *Palladius* nachgetragen.

Zwei Epitome-Handschriften schließlich – Milano, Bibl. Ambr. **O 114 Sup** (s. XIII) und Venezia, Bibl. Naz. Marc. **Cod. marc. L. III, 153 (=2909) Misc. (= Cod. VII, 35 Val.)** (s. XV) – weisen in ihrem Incipit *Basilius* als Autor der HL aus: *Incipit liber qui dicitur paradisus de vitis plurimorum sanctorum patrum, quem scripsit beatus/sanctus* ***basilius*** *episcopus*. Basilius wird in der Apophthegmenfassung des Kapitels 34 als Gewährsmann der Geschichte über die „virgo stulta" im Nonnenkloster von Tabennese angegeben[31].

C2 TESTIMONIEN

Für eine lateinische Übersetzung der Historia Lausiaca lassen sich keine direkten Zeugnisse anführen. Die meisten Testimonien beziehen sich vielmehr auf die unter dem Titel *Vitae patrum* gefaßten Schriften im allgemeinen; sie können daher die HL mitmeinen, ohne sie explizit zu nennen. Aus diesem Grunde werden im folgenden z. T. die auch für die HM herangezogenen Stellen zitiert[1].

Eine ausdrückliche Erwähnung einer von Palladius angefertigten Sammlung von Mönchsgeschichten findet sich nur im Griechischen. In der Kirchengeschichte des Sokrates wird jedoch kein Titel des Werkes genannt, sondern nur von einem ἴδιον μονόβιβλον gesprochen:

Socr. hist. eccl. 4,23,78-80:
πεπόνηται Παλλαδίῳ τῷ μοναχῷ ἴδιον μονόβιβλον, ὃς Εὐαγρίου μὲν ἦν μαθητής, πάντα δὲ ἀκριβῶς περὶ αὐτῶν διεξῆλθεν· ἐν ᾧ καὶ γυναικῶν ἐφάμιλλον τοῖς προειρημένοις ἀνδράσιν ἐπανελομένων βίον μνήμην πεποίηται. Εὐάγριος μὲν οὖν καὶ Παλλάδιος μικρὸν ὕστερον μετὰ τὴν τελευτὴν Οὐαλέντος ἤνθησαν·

Das ἓν βιβλίον des im 13./14. Jh. schreibenden Kirchenhistorikers Nicephoros Kallistos Xanthopulos geht, wie die Ähnlichkeit der Formulierungen zeigt, mit hoher Wahrscheinlichkeit auf die Sokrates-Stelle zurück:

Hist. eccl. 11,44 (PG 146, 725 A/B):
Εἰ δέ τῳ σκοπὸς τὰ περὶ αὐτῶν ἀκριβῶς διειδέναι, τί τε εἶπον καὶ ἔπραξαν πρὸς τὴν τῶν ἀκουόντων ὠφέλειαν, ὅπως τε καὶ θῆρες αὐτοῖς ὑπετάγησαν, Παλλάδιος ὁ Εὐαγρίῳ μαθητευθεὶς τὰ περὶ αὐτῶν πάντα εἰς ἓν ἀθροίσας βιβλίον, ἄριστα διεξῆλθε· καὶ τούτῳ τοῖς βουλομένοις ἐντυγχάνειν προτρέπομεν. Ἐν ᾧ οὐκ ἀνδρῶν μόνων, ἀλλὰ καὶ γυναικῶν βίους ἐφαμίλλως

---

[31] S. Kapitel D2 a).

[1] Vgl. Ed. HM, S. 32-35. Auch bei H. Rosweyde, Prolegomenon primum, PL 73, 13 A-15 D sind Belege für den Titel *Vitae patrum* zusammengestellt.

πολιτευσαμένων τοῖς προειρημένοις θείοις ἀνδράσιν εὐλαβῶς διεξέρχεται. Ἀλλὰ Εὐάγριος μὲν καὶ Παλλάδιος ἐπὶ τῆς ἐχομένης ἤνθησαν βασιλείας.

Eine genauere Bezeichnung des von Palladius verfaßten Werkes enthält die bald nach 610 entstandene[2] Epitome der Kirchengeschichte des Theodoros Anagnostes. Dort wird sogar der als *Paradisus* in den lateinischen Handschriften reichlich belegte[3] und in einer syrischen Übersetzung schon für das 7. Jahrhundert bezeugte[4] Titel Παραδείσια erwähnt:

Theodoros Anagnostes, Epitome 198:
Μνήμη διὰ πολλῶν τῶν ἐν ἀρεταῖς διαλαμψάντων μοναχῶν ἔν τε Αἰγύπτῳ καὶ Θηβαΐδι καὶ Παλαιστίνῃ, Συρίᾳ τε καὶ λοιπαῖς ἐπαρχίαις, ὧν καὶ τὰ ὀνόματα καὶ τὰς ἐκ μέρους ἀρετὰς οἱ ἱστοροῦντες τεθήκασιν. ὧν τὰ ὀνόματα διὰ τὸ πλῆθος οὐ τέταχα. μεθ' ὧν καί τινων ἐξηγητῶν ἐμνημόνευσαν, τινῶν δὲ καὶ χρήσεις παρήγαγον· ἐν οἷς καὶ Παλλαδίου λόγος τοῦ γράψαντος τὰ λεγόμενα Παραδείσια, ὃς ἦν Εὐαγρίου μαθητής.

Der größte Teil der lateinischen Testimonien ist keinem bestimmten Werk aus der Vita-Patrum-Literatur mit Sicherheit zuzuordnen, sondern bezieht sich entweder auf die gesamte Gattung oder auf eine nicht mehr genau feststellbare Schrift[5]. Zitiert werden nur solche Belege für den Titel *Vitae patrum*, die sich auf die HL beziehen können, nicht dagegen solche, die in Verbindung mit einer nachweislich nicht zur HL gehörenden Geschichte stehen. Ebenfalls nicht berücksichtigt wird die Formulierung *Vitae patrum* dann, wenn mit ihr nicht der Buchtitel, sondern das Leben der Väter selbst gemeint ist. Es werden nicht nur spätantike, sondern auch mittelalterliche Texte herangezogen:

Meist werden die *Vitae patrum* (oder *Vitae sanctorum patrum*) ohne nähere Differenzierung im Zusammenhang mit verwandter hagiographischer Literatur (wie z. B. *Institutiones* oder *Collationes*) genannt und zur Lektüre empfohlen:

– um 515: Vitae patr. Iurens. 11,4 (Romanus):
Ex quo etiam monasterio, nihil de ambitione sanctissima manifestans, librum ***Vitae sanctorum Patrum*** *eximiasque Institutiones Abbatum omni elegantia ac nisu aut supplicando elicuit aut potitus est conparando.*

– 1. Hälfte des 6. Jh.: Cassiod. inst. 1,32,4:
Et ideo futurae beatitudinis memores, ***vitas Patrum****, confessiones fidelium, passiones martyrum legite constanter, quas inter alia in epistula sancti Hieronymi ad Chromatium et Heliodorum destinata procul dubio reperitis,*

---

2 S. die Einleitung der Edition von G. C. Hansen, S. XXXVII.
3 S. Kapitel C1.
4 S. Kapitel A3.
5 Zur Vieldeutigkeit des Titels s. Batlle, S. 1-7 der Einführung und A. Solignac, Art. „Vitae Patrum“, in: Dict. Spirit. XVI, 1993, Sp. 1029-1035.

quae per totum orbem terrarum floruere, ut sancta imitatio provocans ad caelestia regna perducat; ...

– 6. Jh.: Greg. Tur. vit. patr. 20,3 (de Leobardo recluso):
Ego vero suspirans non minimo dolore, increpare hominem coepi, asserens diaboli [haec] esse caliditatem; librosque et ***vita patrum*** *ac institutione monachorum, vel quales qui recluduntur esse debeant, vel cum quali cautela monachis vivere oporteat, abscedens ab eo, direxi.*

– Ende des 6. Jh.: Eutropius von Valencia, Epistola de districtione monachorum – Eutr. Val. epist. 2 (PL 80, 17 A):
Quod si non ita est, sine causa ergo ***sanctorum Patrum*** *quotidie* ***vitam*** *legimus. Quorum professionem tenere nos dicimus, secundum eorum institutionem vivere detrectamus.*[6]

– um 790 – um 860: Paschasius Radbertus (Radbert von Corbie), Expositio in Mattheo 2,13 l. 1791sq.:
Quae qui nosse voluerit legat ***Vitas Patrum*** *et Conlationes eorum.*[7]

– um 890 – um 974: Rather von Verona, Praeloquia 5,30 l. 961sqq.:
Meditare regulam, ***vitas sanctorum Patrum*** *crebrius relege, in his te quasi in quodam speculo conspice et vitam tuam ad illorum compone.*

– um 960-1028: Fulbertus Carnotensis (Fulbert von Chartres), epist. 88 (Fulbert an Hildegar):
Mitto tibi Ciprianum, Porphyrium, et ***Vitas patrum****, cum psalterio ut petisti.*

– epist. 131 (Hildegar an A[scelin?]):
Cui sententiae multas alias in ***Vitis patrum*** *consentientes reperire potes, quae tuum animum optime revelabunt, opitulante Christi gratia, sine qua nihil valemus vel sumus.*

– um 1096-1141: Hugo de Sancto Victore (Hugo von St. Viktor), Didascalicon de studio legendi 5,7:
sed miseratione divina tandem per revelationem admonitus est, ne amplius harum scripturarum studio incumberet, sed ***sanctorum patrum vitam*** *et martyrum triumphos, aliasque tales simplici stylo dictatas, frequentare consuesceret, ...*

---

[6] Trotz der allgemeinen Formulierung des Titels ist eine gewisse Wahrscheinlichkeit vorhanden, daß hier die HM gemeint ist, da *Vita sanctorum patrum* als Überschrift zur HM in alten Handschriften belegt ist (s. Ed. HM, S. 34). Dieser Titel erscheint jedoch auch in der handschriftlichen HL-Überlieferung (s. Kapitel C1). Batlle (S. 3/4) hält es aufgrund von Ähnlichkeiten in der Formulierung des näheren Umfelds der Stelle zum Prolog und ersten Kapitel des *Liber Geronticon* des Paschasius Dumiensis auch für möglich, daß sich Eutropius auf diese Apophthegmensammlung bezieht.

[7] Der Apparat weist die *Vitae patrum* als RUF mon aus.

Eine besondere Gruppe stellen die Regulae und Consuetudines dar, in denen die Vitae Patrum als vorbildhaft für die Mönche zum Kanon der für die geistlichen Lesungen geeigneten Werke gezählt werden:

Mitte des 6. Jh.:

– Regula mag. 92,57:
... aut certe, ut de multis in ***Vitas*** *legitur* ***Patrum****, propter humilitatis desiderium monasteria vel congregationes suas absconse deserentes, subiugare se alieno malunt imperio.*[8]

– Bened. reg. 42,3:
si tempus fuerit prandii, mox surrexerint a cena, sedant omnes in unum, et legat unus collationes vel ***vitas patrum*** *aut certe aliud, quod aedificet audientes, ...*

– Bened. reg. 73,5sq.:
Necnon et collationes ***patrum*** *et instituta et* ***vitas*** *eorum, sed et regula sancti patris nostri Basilii, quid aliud sunt nisi bene viventium et oboedientium monachorum instrumenta virtutum?*[9]

Zwei Beispiele für mittelalterliche Consuetudines, in denen die Vitae Patrum empfohlen werden, seien genannt: die sog. Consuetudines canonicorum regularum Springirsbacenses-Rodenses[10] und der Liber ordinis S. Victoris Parisiensis[11].

---

[8] Hier ist eine Parallele zu der den HL-Kapiteln 18 (Macarius Alexandrinus) und 22 (Paulus Simplex) sowie HM XXXI („De Paulo") zugrundeliegenden Geschichte zu erkennen. Direkter scheint dem Text der Regula jedoch die Darstellung von Cassian. inst. 4,30-31 zugrundezuliegen (s. Batlle, S. 3). – Zwei weitere Stellen aus der Regula magistri, an denen *Vitae patrum* erwähnt werden, sind Regula mag. 26,12 (*... secundum testimonium, quod legitur in* ***Vitas Patrum****, ubi pro diebus festis delicatum petierunt a Domino cibum et apparuit eis cum favo angelus*) und Regula mag. 63,3sq. (*... sicut in Vitas* ***legitur Patrum****: abscedens unus frater de partibus orientis, veniens in partibus occidentis, rememoratus quod uni fratri valem non fecerat, praetermissae caritatis repedavit itinera, ut quod minus conplevit in fratre perficeret*). In der ersten Stelle könnte man allenfalls eine sehr vage Anspielung auf HM XI („De Heleno") sehen (s. Batlle, S. 2/3); in der HL kommt keine vergleichbare Handlung vor. Die im zweiten Text beschriebene Episode ist lt. Batlle (S. 3) in den Vitae Patrum überhaupt nicht nachweisbar.

[9] Batlle, S. 2, Anm. 4 sieht die an dieser Stelle angeführten *Vitae patrum* vor allem auf die *Adhortationes* (= BHL 6527) bezogen.

[10] Es handelt sich um die Regularkanoniker-Stifte Springiersbach (gegründet 1107) in der Diözese Trier und Klosterrath/Rolduc (gegründet 1104) in der Diözese Lüttich (s. die Einleitung der Edition, S. VI ff.).

[11] Als Entstehungszeit des in mehreren Schichten überlieferten Buches ist das 12./13. Jahrhundert anzusetzen; s. die Einleitung der Edition, S. VIII-XI („Introduction Historique").

In §108 der erstgenannten Consuetudines heißt es:
*Potest etiam, cum visum fuerit, ab aliquo sacra lectio recitari, aut de **vitis patrum** aut de collationibus vel institutionibus eorum aut de omeliis Cesarii vel dialogo Gregorii, et post lectionem verbum exhortationis proferri, quod audientes aedificet.*

Im Liber ordinis S. Victoris Parisiensis 19 l. 82sqq. wird die Aufgabe des Bibliothekars beschrieben:

*Debet etiam armarius inter hos libros, qui ad cotidianum officium ecclesiae necessarii sunt, etiam de aliis aliquot quos ad instructionem vel ad aedificationem fratrum magis commodos et necessarios esse perspexerit, in commune proponere, quales sunt bibliotecae et maiores expositores et passionarii et **vitae patrum** et omeliarii.*

Ähnlich schreibt der ebenfalls im 12. Jahrhundert lebende Zisterzienserabt Aelredus Rievallensis (Aelred von Rievaulx, Yorkshire) in „De institutione inclusarum", Cap. 9:

*Facto autem parvo intervallo aliquam lectionem de **Vitis Patrum**, vel Institutis, vel miraculis eorum sibi secretius legat, ut orta ex his aliqua compunctione, in quodam fervore spiritus completorium dicat, et cum pectore pleno devotionis, lectulo membra componat.*

Eine verbreitete Form der Vitae-Patrum-Rezeption ist die Wiedergabe einzelner Geschichten mit einem Zusatz wie *legitur in Vitis patrum*[12]. So berichtet im 13. Jh. der Franziskaner Salimbene von Parma in seiner Chronik eine Episode, die leicht an HL Cap. 51 oder 71.6 anklingt (Chronica, p. 48sq.):

*Item quidam sanctus pater, de quo in **Vitis patrum** legitur, cum ad faciendum cum eo festum dominice resurrectionis alii patres in sabbato*

---

[12] Vgl. oben die aus der Regula magistri angeführten Beispiele. – Im *Liber scintillarum* des sog. Defensor Logociacensis (Defensor von Ligugé bei Poitiers) aus der 2. Hälfte des 7. Jahrhunderts sind keine zusammenhängenden Erzählungen, sondern einzelne aus den Vitae Patrum und verschiedenen christlichen Autoren entnommene Sentenzen zusammengestellt. Einige Beispiele für die jeweils mit *In vitas patrum dixit* eingeleiteten Sprüche sind:

4,48: *In **vitas patrum** dixit: Corporalis labor dux est humilitatis.*

21,40: *In **vitas patrum** dixit: Castitate gignit abstinencia, gastrimargia autem mater est incontinenciae.*

41,16: *In **vitas patrum** dixit: Melius est commedere carnem et vinum bibere, quam commedere in vituperacionem fratrem suum …*

50,40: *In **vitas patrum** dixit: Melior est enim hic persolvere poenas, quam post exitum vitae huius in eternum cruciari igni.*

Der Charakter dieser Zitate läßt vermuten, daß unter *Vitas patrum* hier Apophthegmensammlungen zu verstehen sind.

sancto ivissent, orationem fudit ad Deum pro cibariis habendis. Et ecce subito angeli missi a Deo detulerunt ei panes pulcherrimos, quibus similes in tota Egypti provintia nunquam visi fuerunt; portaverunt etiam dactillos, ficus recentes et uvas et multa alia utilia et victui necessaria et coram istis sanctis patribus posuerunt. Quorum copia usque ad festum pentecostes abundavit. Et mirati sunt valde gratias agentes omnium bonorum largitori, qui aperit manum suam et implet omne animal benedictione.

Einzelne auch in der HL vorkommende Mönche sind in den Sammlungen „De viris illustribus" des Hieronymus und Gennadius beschrieben. Von dort gelangten sie in die Schrift „De scriptoribus ecclesiasticis" des Honorius Augustodunensis (um 1080 – um 1137):

Honorius Augustodunensis, De script. eccl.[13]
I 110 (über Didymus den Blinden) = Hier. vir. ill. 109
116 (über Ephraem den Syrer) = Hier. vir. ill. 115
II 7 (über Pachomius) = Gennad. vir. ill. 7
10 (über Macarius Aegyptius) = Gennad. vir. ill. 10
11 (über Evagrius Ponticus) = Gennad. vir. ill. 11

Läßt sich in den bisher angeführten Testimonien kaum ein direkter Bezug zur Historia Lausiaca herstellen, so ist andererseits die Aufnahme umfangreicher Teile der HL in spätere hagiographische Sammlungen nachweisbar[14]. Daneben weisen mittelalterliche Heiligenviten häufig Zitate und Anspielungen auf die frühchristlichen Mönchsgeschichten auf – ein Indiz dafür, daß die Vitae-Patrum-Texte allgemein bekannt waren und als Autorität herangezogen wurden.

Für die Übernahme längerer Textpartien sollen zwei Beispiele genannt werden:

Vinzenz von Beauvais (1184/94 – um 1264) hat Auszüge aus der HL dem 17. Buch seines Speculum historiale eingefügt, wo sie die Kapitel 64-98 bilden[15]. Am Beginn steht eine kurze, z. T. aus dem Prolog II entnommene, Einleitung:

---

[13] Honorius hat das 1. Buch aus Hieronymus, das 2. aus Gennadius geschöpft.

[14] Der Text hat jedoch – im Gegensatz zur HM (s. Ed. HM, S. 34/5) – nicht Eingang gefunden in die Sammlung des Spaniers Valerius von Bierzo (7. Jh.), die dieser in den Opuscula (PL 87, 441 A) beschreibt als *libros quos de Lege Domini et* ***sanctorum Triumphis*** *pro consolatione peregrinationis meae, atque correptionis disciplinae, vel scientiae industria ipse conscripseram.* – Zum Aufbau der Sammlung s. D. D. de Bruyne, L'héritage littéraire de l'abbé Saint Valère, RB 32, 1920, S. 1-10 (bes. S. 5-7) und M. C. Díaz y Díaz, Sobre la compilación hagiográfica de Valerio del Bierzo, Hispania Sacra 4, 1951, S. 1-23 (bes. S. 8/9).

[15] In andere Bücher sind weitere Texte aus den Vitae Patrum aufgenommen.

Cap. 64:

„Floruit etiam his temporibus (ut ex ipso volumine patet) sanctus Heraclides vir religiosissimus, qui et ipse descripsit ad Lausum Episcopum uno volumine ***vitas sanctorum Patrum*** quos ipse viderat, et quos, aliis deferentibus, noverat, cum quibus etiam deserta penetraverat Aegypti, Lybiae, Thebaidis, Syenae, circa fines quoque Mesopotamiae, Syriae, Palestinae, et sub occidentalibus regionibus Romae, atque Campaniae. Qui liber merito Paradisus vocatur, quia in eo sanctorum virtutes, et conversationes, tanquam lignorum Paradisi, pulchrae visui species describuntur. De quo haec pauca, quae sequuntur breviter excerpsi."

Es folgt *Heraclides in libro qui dicitur Paradisus. Suadeo tibi serve Dei Lause, ...* mit einem weiteren Stück aus Prolog II.

In Cap. 65 beginnt der eigentliche Text mit den Worten *Cum itaque primum Alexandriae urbem attigi in secundo Theodosii Imperatoris senioris consulatu, reperi sanctum Isidorum Presbyterum, ...*; daran schließt sich das Kapitel über Potamiaena (= HL 3) an.

Der Text ist der Version I angenähert, aber stark verkürzt, durch Umstellungen verändert und paraphrasierend nacherzählt.

Die weitere Abfolge der Kapitel ist[16]:

Cap. 66: Dorotheus (= HL 2)[17]
67: Didymus + Alexandra (= HL 4+5)
68: Ammon + Pambo (= HL 8+10)
69: Ammonius + Beniamin (= HL 11+12)
70: Macarius Aegyptius (= HL 17)
71: Macarius Alexandrinus (= HL 18)
72: Iterum de eodem
73: Adhuc de eodem
74: Moyses Aethiops (= HL 19)
75: Eulogius + elephantiosus (= HL 21)
76: De fine utriusque
77: Paulus Simplex (= HL 22)
78: (die Dämonenaustreibung durch Paulus simplex)
79: Pachomius (= Pachon HL 23)
80: Stephanus + Valens (= HL 24+25)
81: Elias + Dorotheus (= HL 29+30)
82: Pachomius (= HL 32)

---

[16] Merkwürdigerweise ist Cap. 16 (Nathanahel) zwischen das vorletzte und letzte Kapitel eingeschoben.

[17] Die Kapitelzahlen der HL geben nur Auskunft über die in den Überschriften auftretenden Namen, nicht über den tatsächlichen Inhalt der Kapitel.

83: „virgo stulta“ (= HL 34)[18]
84: Johannes inclusus (= HL 35)
85: Serapion (= HL 37)
86: Evagrius (= HL 38)
87: Ephraem, Adolius, Innocentius (= HL 40,43,44)
88: Philoromus (= HL 45)
89: Paula, Eustochium, Melania (senior) (= HL 41+46)
90: Elpidius, Sisinnius, Gaddanus, Elias (= HL 48,49,50,51)
91: Silvia (statt Melania), Diocles, Capito (= HL 55+58)
92: Amata, quaedam alia, Melania iunior (= HL 59,60,61)
93: Jungfrau und Athanasius (= HL 63)
94: Jungfrau und Beamter (= HL 65)
95: monachus misericors + virgo lapsa (= HL 68+69)
96: Lektor (= HL 70)
97: Nathanael (!) (= HL 16)
98: Frater (= HL 71)

Mit Kapitel 99 folgt *De Rufino presbytero et scriptis eius.*

In stärker exzerpierender Weise sind einzelne Stücke aus der HL der Legenda aurea des Jacobus de Voragine (1228/30-1298) eingegliedert worden.

Das Kapitel XVIII (*De sancto Macario*) beispielsweise zeigt deutlich den Charakter einer Kompilation aus verschiedenen Quellen: Auf eine Etymologie des Namens folgen im Wechsel kurze Episoden aus den Apophthegmata patrum und der HL, wobei die Textstücke so aus dem Zusammenhang gerissen worden sind, daß sie fast unverständlich werden; oft ist nur auf die Pointe einer Erzählung abgezielt worden.

Im folgenden werden nur die aus Cap. 18 der HL genommenen Passagen zitiert:

„... **[AP]** ... Dum tentationes ipsum juvenem molestarent, surgens et magnum saccum arenae humeris suis imponens diebus multis sic per desertum ibat. Quem Theosebius inveniens dixit: abba, cur tantum onus portas? Et ille: vexo vexantem me (aus **18.33**). ... **[AP]** ... Dum per quandam solitudinem profundissimam pergeret, ad milliare arundinem figebat, ut postmodum redire sciret. Sed dum jam novem diaetas fecisset et in quodam loco quiesceret, dyabolus omnes arundines collegit et ad caput eius posuit, unde ad redeundum plurimum laborabat (aus **18.8**). – Frater quidam plurimum cogitationibus suis molestabatur, quod scilicet in cella sua inutiliter esset, sed si inter homines habitaret, multis prodesse posset. Qui cum cogitationes suas Macario retulisset, ille ait: fili, sic illis

[18] Die Lesart *pannum conscissum* (34.3) weist den Text als der Version I nahestehend aus (Ia: *coronam*). – S. Kapitel D2 a).

responde, hoc saltem facio, quia propter Christum parietes istius cellae custodio (aus **18.40**). – Dum quendam pulicem se pungentem manu occidisset et multum de illo sanguinis emanasset, reprehendens se, quod propriam vindicasset injuriam, nudus sex mensibus in deserto mansit et inde a scabronibus totus laceratus exivit. Post hoc multis clarus virtutibus in pace quievit (aus **18.5**)."

C3 DIE SCHRIFTZITATE IN DER HISTORIA LAUSIACA

Der Text der HL enthält zahlreiche teils wörtliche, teils umformulierte Bibelzitate. Häufungen sind in den vorwiegend theoretischen Kapiteln festzustellen, d. h. im zweiten Prolog und in Cap. 47, die übrigen Zitate und Anspielungen sind eher gleichmäßig über den Text verteilt. Zu einem Teil handelt es sich um explizite Zitate, zu einem anderen um sprachliche Anklänge und inhaltliche Übereinstimmungen. Die erstgenannte Gruppe ist auch bei abweichender Formulierung im Text kursiv gesetzt, aus den beiden letzteren erscheinen nur einzelne biblische Begriffe kursiv; außerdem wird im Bibelstellenapparat durch *cf.* die größere Entfernung dieser Stellen vom Wortlaut der Bibel angezeigt. Im Apparat ist oft auf Zitate verweisen, die nur im textkritischen Apparat angeführt sind[1]. Meist sind hiervon Bibelstellen betroffen, die nur in **β**-Handschriften überliefert werden[2].

Die Präsenz der biblischen Bücher ist mit dem für die HM festgestellten Befund vergleichbar[3]: Oft zitiert werden die Psalmen, alle vier Evangelienbücher und sämtliche Paulusbriefe. Die nächsthäufig vetretene Gruppe besteht aus dem Pentateuch, den Büchern der Könige, dem Buch Job, den Proverbien, dem Liber Sapientiae Salomonis sowie den Büchern Sirach und Daniel. Nur vereinzelt herangezogen werden: Josue, Tobias, Ecclesiastes, Jeremias, Ezechiel, Macchabaei, Actus Apostolorum, Iacobus, Petrus, Apocalypsis.

Bei der Überlieferung der Schriftzitate treten die üblichen Verlesungen und Wortumstellungen auf, v. a. in **β**. Eine Ausnahme bilden die vom Korrektor nicht vollständig getilgten Zusätze der **α**-Handschrift **S**[4], unter denen sich auch biblische Wendungen befinden; diese stehen in ihrer Formulierung der Vulgata näher als die entsprechenden Zitate der übrigen **α**-Handschriften:

17.1 declaravit + *dicens perdes eos qui loquuntur mendacium* (*del.*) – **Ps. 5,7 (iuxta LXX)**

---

1 Die wörtlich zitierten Teile sind hier nicht in kursivem Druck gegeben.

2 S. u. S. 221 f.

3 Vgl. Ed. HM, S. 87.

4 Vgl. die Auflistung dieser Zusätze in Kapitel E1 a) α).

22.3 profiteor + *Magis enim* ut arbitror *cum scorpionibus habitare possum et volo quam cum adulteris.* Et haec dicens recedens iterata voce clamabat. (statt 22.13: Magis enim, ut arbitror, cum scorpionibus quam cum adulteris vivere se posse credebat.) – **Ez. 2,6**

41.10 Et ipsi enim iam ultimo fine naturae nunc in Christo quiescunt, qui peccatorum quidem omnium nexibus absoluti sunt, divinarum autem rerum peritiam atque notitiam semper habuerunt.] mox ut finem natura carnis pertulerint. Quia non tantum speramus nos *cum christo regnare* solos sed etiam illos qui se in quantum praevalent ab omni iniquitate custodiunt. Et *qui semper scrutantur mandata dei* uti opere faciant quae lectione vel auditu perceperint. – **Apc. 20,4.6** und **Ps. 118,115 (iuxta LXX)**

47.21 aut mortis causa his, qui eum comederint, erit] *insulsum quae sal conditum non fuerit vel gustari ea quae mansa cum fuerit mortem adfert.* – **Jb. 6,6**

In der lateinischen Überlieferung der Bibelstellen gibt es deutliche Unterschiede zwischen den beiden Textversionen: Der β-Wortlaut ist oft der entsprechenden Vulgataformulierung angenähert; nicht selten stimmt er mit dieser wörtlich überein. Diese Abweichungen gegenüber α gehen jedoch schon auf das Griechische zurück; der Verfasser der β-Rezension hat also nicht einen vorgefundenen α-Text selbständig umformuliert, sondern die Bibelzitate der griechischen B-Fassung[5] wiedergegeben:

Prol.II.3:

Gr G: Ἀγαθὸν τὸ ἀναλῦσαι καὶ σὺν Χριστῷ εἶναι·

Gr B: Συνέχομαι ἀγαθὴν ἐπιθυμίαν ἔχων τοῦ ἀναλῦσαι, καὶ σὺν Χριστῷ εἶναι· πολλῷ μᾶλλον κρεῖσσον.

α: Bonum mihi est cum Christo esse.

β: Coartor ex duobus desiderium habens dissolvi et esse cum Christo multo melius.

Phil. 1,23: *Coartor autem e duobus desiderium habens dissolvi et cum Christo esse multo magis melius.*

Prol.II.3:

Gr G: Ὁ γὰρ μνημονεύων ἀεὶ τοῦ θανάτου ὡς ἐξ ἀνάγκης ἥξει καὶ οὐ μελλήσει, οὐ πταίσει μεγάλα·

Gr B: Ἐν πᾶσι τοῖς λόγοις σου μιμνήσκου τὰ ἔσχατα, καὶ ἐς τὸν αἰῶνα οὐχ ἁμαρτήσεις.

---

[5] Gr B wird in den folgenden Beispielen nach der Ausgabe von Du Duc (PG 34, 995-1262) zitiert, da der textkritische Apparat bei Butler hier nicht ausreicht.

α: Nam qui memor semper est mortis, quae omnimodis sine cunctatione et cum necessitate ventura est, numquam gravia ac magna peccabit;
β: In omnibus verbis tuis memento novissima tua et in perpetuum non peccabis.
Sir. 7,40: *In omnibus operibus tuis memorare novissima tua et in aeternum non peccabis.*

In einigen Ausnahmefällen ist die α-Übersetzung freier und weiter vom Griechischen entfernt als die β- und Vulgataformulierung:

Prol.II.13:
Gr G+B: Πᾶν γὰρ ὃ οὐκ ἐκ πίστεως ἁμαρτία ἐστίν.
α: In omni enim re, quam non ex fide aliquis facit, peccat.
β: Omne enim quod non est ex fide peccatum est.
Rm. 14,23: *Omne autem quod non ex fide peccatum est.*

Zusätzlich zu abweichendem Wortlaut ist in Gr B und β gegenüber Gr G und α oft ein größerer Umfang der zitierten Bibelstellen festzustellen:

Cap. 23.7:
Gr G: Ἔθου σκότος καὶ ἐγένετο νύξ· ἐν αὐτῇ διελεύσονται πάντα τὰ θηρία τοῦ δρυμοῦ
Gr B: Ὁ ἥλιος ἔγνω τὴν δύσιν αὐτοῦ. Ἔθου σκότος, καὶ ἐγένετο νύξ. Ἐν αὐτῇ διελεύσονται πάντα τὰ θηρία τοῦ δρυμοῦ. Οἱ σκύμνοι ὠρυόμενοι τοῦ ἁρπάσαι καὶ ζητῆσαι παρὰ τῷ θεῷ βρῶσιν αὐτοῖς.
α: Posuisti tenebras et facta est nox; in ipsa discurrent omnes silvarum ferae.
β: Sol cognovit occasum suum. Posuisti tenebras et facta est nox; in ipsa pertransibunt omnes bestiae silvarum, catuli leonum rugientes ut rapiant et quaerant a deo escam sibi.
Ps. (iuxta LXX) 103,19-21: *Sol cognovit occasum suum. Posuisti tenebras et facta est nox; in ipsa pertransibunt omnes bestiae silvae* (silvarum **F**), *catuli leonum rugientes ut rapiant et quaerant a Deo escam sibi.*

Cap. 47.25:
Gr G: Ἐπειδὴ γὰρ γνόντες τὸν θεὸν οὐχ ὡς θεὸν ἐδόξασαν ἢ ηὐχαρίστησαν, παρέδωκεν αὐτοὺς ὁ θεὸς εἰς πάθη ἀτιμίας·
Gr B: Διότι γνόντες τὸν Θεὸν, οὐχ ὡς Θεὸν ἐδόξασαν, ἢ εὐχαρίστησαν, ἀλλ' ἐματαιώθησαν ἐν τοῖς διαλογισμοῖς αὐτῶν, καὶ ἐσκοτίσθη ἡ ἀσύνετος αὐτῶν καρδία. Φάσκοντες εἶναι σοφοὶ, ἐμωράνθησαν· οἱ τῷ τῆς οἰήσεως καὶ ἀπονοίας δαίμονι προσραγέντες· διὸ παρέδωκεν αὐτοὺς ὁ Θεὸς εἰς πάθη ἀτιμίας, τοῦ ἀτιμάζεσθαι τὰ σώματα αὐτῶν.

α: Quoniam, inquit, cum agnovissent deum, non ut deo gloriam detulerunt neque gratias egerunt, tradidit ipsos deus in infirmas animae vel corporis passiones.

β: Quoniam cum cognovissent deum non sicut deum glorificaverunt aut gratias egerunt, sed evanuerunt in cogitationibus suis et obscuratum est insipiens cor eorum. Dicentes enim se sapientes stulti facti sunt elationis atque tumoris daemonio copulati. Unde sequitur: Propter quod tradidit illos deus in passiones ignominiae ut contumeliis afficiant corpora sua in semetipsis.

Hier haben die Stellen Rm. 1,21.22.24.26 zugrundegelegen, aus denen G/α und B/β unterschiedlich viel Material heranziehen, β auch hier wieder in stärkerer Anlehnung an den Vulgatawortlaut:

Rm. 1,21: *Quia cum cognovissent Deum non sicut Deum glorificaverunt aut gratias egerunt sed evanuerunt in cogitationibus suis et obscuratum est insipiens cor eorum.*

Rm. 1,22: *Dicentes enim se esse sapientes stulti facti sunt.*

Rm. 1,24: *Propter quod tradidit illos Deus in desideria cordis eorum in inmunditiam ut contumeliis adficiant corpora sua in semet ipsis.*

Rm. 1,26: *Propterea tradidit illos Deus in passiones ignominiae nam feminae eorum inmutaverunt naturalem usum in eum usum qui est contra naturam.*

Gelegentlich wird in B und β an eine auch in G und α vorhandene Bibelstelle eine weitere, in den Kontext passende, Stelle angehängt. In dem folgenden Beispiel weist β eine größere Nähe zum griechischen B-Text als zur Vulgata auf:

Cap. 22.24:

Gr G: Ἐπιδεικνυμένην πίστιν ἀπαγγελεῖ δίκαιος.

Gr B: Ἐπιδεικνυμένην πίστιν ἀναγγελεῖ δίκαιος. Καὶ πάλιν ἐν ἑτέρῳ· Ἐπὶ τίνα ἐπιβλέψω, φησὶν ὁ Κύριος, ἐπὶ[6] τὸν ταπεινὸν, καὶ ἡσύχιον, καὶ τρέμοντά μου τοὺς λόγους.

α: Demonstratam omnibus fidem iustus refert.

β: Demonstratam fidem iustus refert. Et rursus in alio loco: Supra quem requiescit spiritus meus nisi super humilem et quietum et trementem verba mea?

Prv. 12,17: *Qui quod novit loquitur index iustitiae est qui autem mentitur testis est fraudulentus.*

\+ Is. 66,2: *Ad quem autem respiciam nisi ad pauperculum et contritum spiritu et trementem sermones meos?*

---

[6] Cod. Paris gr. 1596, p. 73 hat ἀλλ᾽ ἐπὶ.

Im folgenden Fall ist nur in der griechischen und lateinischen Langfassung ein Bibelzitat vorhanden; in den beiden Kurzversionen fehlt es:

Cap. 45.3:
Gr G: —
Gr B: Ὑψώσω σε, κύριε, ὅτι ὑπέλαβές με, καὶ οὐκ εὔφρανας τοὺς ἐχθρούς μου ἐπ᾽ ἐμέ.
α: —
β: dicens: Exaltabo te domine quoniam suscepisti me nec delectasti inimicos meos super me.
Ps. (iuxta LXX) 29,2: *Exaltabo te domine quoniam suscepisti me nec delectasti inimicos meos super me.*

Ein Vergleich der Bibelzitate der HL mit dem Material des Vetus-Latina-Institutes förderte nicht viele wörtliche Übereinstimmungen zutage. Lediglich in den Formulierungen einiger Kirchenväter, v. a. bei Augustin, Hieronymus und Ambrosius, vereinzelt auch bei anderen Autoren (wie Rufin), in anonymen Sammelwerken (Sacramentaria, Missalia) und in Vet.-Lat.-Codices begegnen einige der in der HL verwendeten Begriffe. Die große Nähe der α-Stellen zum griechischen Text deutet vielmehr darauf hin, daß der Übersetzer die Zitate direkt aus dem Griechischen übertragen hat, ohne sie anhand einer Bibelversion zu überprüfen[7]; erst der lateinische Bearbeiter scheint seine Übersetzung der Bibelstellen aus Gr B auf die Vulgata abgestimmt zu haben.

Die folgende Übersicht soll einen Einblick in die Art der Übereinstimmungen zwischen HL- und Vetus-Latina-Formulierungen geben[8]:

---

7 Ein besonders deutliches Beispiel für diese Vorgehensweise ist das oben angeführte Zitat aus Cap. 22.24. – Bereits F. C. Burkitt, der in Butlers Ausgabe der griechischen HL die Bibelzitate der lateinischen Übersetzungen im Hinblick auf ihre Herkunft untersucht hat (Butler I, Note S. 70-76), hat bei der frühen lateinischen Kurzfassung Ia die Beobachtung gemacht, daß die meisten ihrer Formulierungen auf keine bekannte Bibelversion zurückgehen, sondern direkt dem griechischen Text der HL entstammen.

8 Burkitt kommt nach einem Vergleich der Bibelzitate der HL mit den Autoritäten altlateinischer Bibeltexte zu dem Ergebnis, daß die von Kirchenvätern bezeugten Ausdrücke in die Richtung eines afrikanischen Bibeltextes weisen, der dem lateinischen Übersetzer vorgelegen haben könnte. Er schließt daran den vorsichtigen Versuch einer Lokalisierung und Datierung der ersten lateinischen Übersetzung an (S. 75): „Slight as these indications are in comparison with the evidence which shews the translator's general independence of all Biblical texts, they all point in one direction, namely to Africa. In the absence therefore of anything to suggest another locality we may legitimately assume as a working hypothesis that the first Latin translation of the Lausiac History was made in Africa, some time before the end of the 5th century."

Prol.II.3: Sir. 7,40
HL α: *aliter*
HL β: memento
Vet. Lat.: memento (*Rufin.*[9], *Verec.*)
Vulg.: memorare

Prol.II.5: Gal. 1,18
HL α: ascendi
HL β: ascendi
Vet. Lat.: ascendi (*Ambr.*, *Aug.*, *Mutian.*); ascendit (*Tert.*, *Mar. Victorin.*, *Hier.*, *Aug.*, *Theod. Mops.*)
Vulg.: veni

Prol.II.5: Mt. 18,24
HL α: debitor
HL β: debitor
Vet. Lat.: debitor (*Cod. e*, *Cod. δ; Aug.*); debitori (*Hier.*); debitorem (*Aug.*)
Vulg.: qui debebat

Prol.II.11: Mt. 9,11
HL α: epulatur
HL β: manducat
Vet. Lat.: epularetur (*Ambr.*)
Vulg.: manducat

Prol.II.13: Gal. 5,6
HL α: dilectione
HL β: dilectione
Vet. Lat.: per dilectionem (*Aug.*, *Agapet. I.*, *Avell.*, *Ambr. Autpert.*, *Comment. in epist. cath. Scott. anonym.*)
Vulg.: per caritatem

Prol.II.14: Mt. 7,16
HL α: agnoscetis/agnoscimus
HL β: agnoscetis/cognoscetis
Vet. Lat.: agnoscimus (*Rustic.*); debemus agnoscere (*Concil. Oecumen.*); agnosci ... iussit (*Aug.*)
Vulg.: cognoscetis

Cap. 4.2: Ps. 145,8
HL α: sapientes facit

---

[9] Ich gebe hier nicht die üblichen Vetus-Latina-Abkürzungen, sondern die ausführlicheren des ThLL, soweit die Autoren dort erfaßt sind.

HL β: sapientes facit
Vet. Lat.: sapientes facit (*Cod. Veron.*; *Hier.*, *Aug.*, *Cassian.*, *Prosp.*); sapientes faciens (*Hier.*); sapientificat (*Hil.*)
Vulg.: inluminat

Cap. 6.5: 1. Cor. 6,9
HL α: ab hereditate/ad hereditatem ... excludit
HL β: ab hereditate ... excludit
Vet. Lat.: non habet hereditatem (*Beda Ven.*); non hereditabunt (*Cod. 64*; *Iren.*, *Aug.*); excludit (*Anian.*)
Vulg.: non possidebunt

Cap. 10.11: 2. Th. 3,8
HL α: onerosus existerem
HL β: onerosus existerem
Vet. Lat.: oneri esset (*Rufin.*)
Vulg.: gravaremus

Cap. 14.5: Mt. 19,21; Mc. 10,21; Lc. 18,22
HL α: pauperibusque donarit/donaret/donaverit
HL β: pauperibus donavit
Vet. Lat.: donet pauperibus (*Columban.*); donare pauperibus non poterat (*Ferrand.*)
Vulg.: da pauperibus

Cap. 14.5: Mt. 10,38; 16,24; Mc. 8,34; Lc. 9,23; 14,27
HL α: portans
HL β: portans
Vet. Lat.: portat (*Cod. a*; *Hier.*, *Hil.*); portavit (*Jonas Bobb.*); portandam patiendamque susceperit (*Lact.*)
Vulg.: accipit; tollat; baiulat

Cap. 17.1: Ps. 5,7
HL α: pereant/perdes **S** *a.c.* (s. o. S. 221!)
HL β: pereant
Vet. Lat.: pereunt (*Arnob. Iun.*)
Vulg.: perdes

Cap. 18.8: Ex. 13,21
HL α: monstravit
HL β: monstravit
Vet. Lat.: monstrante (*Cypr. presb.*, *Ps.-Prosp.*); monstrata (*Ild.*); demonstrare (*Zeno*, *Antiphon. Mozarab.*)
Vulg.: ad ostendendam

Cap. 25.9: Gn. 2,9
HL α: per quod bonum malumque cognoscitur
HL β: per quod bonum malumque cognoscitur
Vet. Lat.: bonum et malum (*Rufin.*, *Ps.-Rufin.*, *Aug.*); ad cognoscendum (*Ps.-Rufin.*); cognoscentiae (*Apocryph. Apocal.*)
Vulg.: scientiae boni et mali

Cap. 26.2: Mt. 23,10; Jo. 13,13
HL α: in terris
HL β: in terris
Vet. Lat.: in terris (*Aug.*); super terram (*Hier.*, *Aug.*, *Theophil. Alex.*)
Vulg.: —

Cap. 27.6: Prv. 11,14
HL α: Qui non habent gubernationem, cadunt sicut folia.
HL β: Qui non habent gubernationem, cadunt sicut folia.
Vet. Lat.: Quibus non est gubernatio (*Hier.*, *Cassian.*); cadunt ut folia (*Cassian.*); cadent quasi folia (*Hier.*)
Vulg.: ubi non est gubernator populus corruet

Cap. 34.1: 1. Cor. 3,18
HL α: putat se esse sapientem in hunc mundum/hoc mundo
HL β: putat se esse sapientem in hoc mundo
Vet. Lat.: putat se (*Cypr.*, *Aug.*, *Pelag. I.*); in hoc mundo (*Rufin.*, *Eugipp.*)
Vulg.: videtur ... sapiens esse in hoc saeculo

Cap. 35.14: Lc. 9,62
HL α: posuit
HL β: posuit
Vet. Lat.: ponens (*Aug.*, *Cassian.*, *Beat.*); ponentes (*Anonym. Casp. epist.*)
Vulg.: mittens

Cap. 38.1: Sap. 4,13
HL α: implevit
HL β: implevit
Vet. Lat.: inplevit (*Ambr.*)
Vulg.: explevit

Cap. 38.10: Ex. 4,21
HL α: obdurat/obdurabat
HL β: obdurat

Vet. Lat.: obduratus (*Fulg.*); obdurare (*Greg. M.*, *Iulian. Toled.*); obdurabo (*Faust. Rei.*, *Greg. M.*); obduratio (*Aug.*)
Vulg.: indurabo

Cap. 47.12: Rm. 12,8
HL α: cum laetitia et cum largitate misereri
HL β: cum laetitia et cum largitate misereri
Vet. Lat.: largiatur laetus et hilaris (*Elig.*); largus et hilaris (*Fulg.*); largitur in hilaritate (*Chrysost.*); in caritate largitur (*Euseb. Emes.*); largitur (*Ambr.*); largiri in simplicitate (*Ambr.*)
Vulg.: qui tribuit in simplicitate ... qui miseretur in hilaritate

Cap. 47.16: Ps. 49,16 (iuxta LXX)
HL α: exponis
HL β: enarras
Vet. Lat.: exponis (*Cypr.*, *Athan.*, *Evagr. vita Anton.*, *Optat.*, *Aug.*)
Vulg.: enarras

Cap. 47.20: Gn. 3,1
HL α: sapientissimus
HL β: sapientissimus
Vet. Lat.: sapientissimus (*Orig.*, *Aug.*, *Ps.-Aug.*, *Beda Ven.*)
Vulg.: callidior

Cap. 54.3: Rm. 8,35.39
HL α: a dilectione christi/dei posset/possit avelli
HL β: a dilectione christi posset avelli
Vet. Lat.: a dilectione christi (*Tert.*, *Cypr.*, *Ambr.*, *Ps.-Aug.*, *Pelag.*); a christi dilectione (*Orig.*); a dilectione dei (*Tert.*, *Hier.*, *Ps.-Aug.*); divellat (*Ambr.*)
Vulg.: nos separabit a caritate Christi (**8.35**); poterit nos separare a caritate Dei (**8.39**)

Cap. 61.6: 2. Tm. 4,17
HL α: eripuit
HL β: eripuit
Vet. Lat.: eripere (*Paenit. Vinnian.*); ereptus (*Rustic.*); ereptum (*Geront.*)
Vulg.: liberatus sum

Cap. 69.2: Ez. 33,11 + Sap. 1,13
HL α: qui non vis mortem peccantium nec perditione delinquentium delectaris
HL β: qui non vis mortem peccantium nec perditione delinquentium/morientium delectaris

Vet. Lat.: peccantium (*Iulian. Pom.*); peccantis (*Ps.-Aug.*); peccantes (*Acta Sanct.*); peccatorum (*Hil.*, *Hier.*, *Gild.*, *Sacr. Greg.*, *Sacr. Gelas.*, *Missal. Gothic.*); peccatoris (*Ambr.*, *Acta Sanct.*); delinquentis (*Chrysost.*, *Poet. Merov.*); delinquentes (*Sacr. Leon.*, *Sacr. Greg.*, *Sacr. Gelas.*, *Leo II.*); delectaris (*Arnob. Iun.*); delectatur (*Cypr.*, *Ambr.*, *Filastr.*, *Rufin.*, *Hier.*, *Rustic.*)

Vulg.: nolo mortem impii (**Ez. 33,11**) + nec laetatur in perditione vivorum (**Sap. 1,13**)

C4 KOMMENTIERUNG PROBLEMATISCHER STELLEN DES α-TEXTES

Im folgenden werden einige Erläuterungen zu problematischen Stellen des Textes von α gegeben, mit dem Ziel, die in den betreffenden Passagen vorgenommenen textkritischen Entscheidungen für den Leser besser nachvollziehbar zu machen[1]. Die meisten dieser Stellen sind aufgrund gespaltener und korrupter Überlieferung erklärungsbedürftig; oft erschwert das Fehlen einiger α-Textzeugen eine fundierte Entscheidung. Vereinzelt muß angenommen werden, daß eine Auslassung oder Fehlübersetzung bereits im Archetyp vorhanden war. Grammatische oder lexikalische Besonderheiten werden hier nicht systematisch erfaßt, sie sind jedoch im Grammatikindex aufgelistet.

Bei der Diskussion der Stellen werden der griechische und syrische Text zuhilfe genommen sowie die in der Regel unproblematische Lesart[2] von β (ggf. auch der Version Lat. II) angeführt. Hinweise dieser Art finden sich vielfach bereits im kritischen Apparat, in dem auch auf die Behandlung der betreffenden Stelle in diesem Kapitel verwiesen wird.

Da die Version Ia eine Übersetzung der griechischen G-Fassung ist, wird in der Regel auch nur diese – in der Edition von Butler – als griechischer Text zitiert. Die Version I dagegen stellt eine Überarbeitung von Ia anhand der griechischen B-Fassung dar, die noch nicht in einer kritischen Ausgabe vorliegt[3]. Obwohl beide griechischen Versionen – wie auch die lateinische Kurz- und Langfassung – streckenweise miteinander übereinstimmen, ist

[1] Textstellen, die speziell zur Illustration des Verhältnisses zwischen α und β geeignet sind, werden in Kapitel B2 besprochen; in Kapitel B3 a) sind solche zusammengestellt, die im Hinblick auf die Gestalt der griechischen Vorlage von Interesse sind.

[2] Dieses Muster trifft natürlich nicht auf alle Stellen zu, da β von α abhängt und damit auch einen Teil der überlieferungsbedingten Korruptelen aufweist.

[3] Die B-Varianten sind von Butler nicht vollständig im Apparat verzeichnet; so fehlen besonders die längeren über G hinausgehenden Textabschnitte. – Vgl. hierzu Kapitel B3 a) und b).

der zitierte griechische Text nicht zwangsläufig auch als „Vorlage“[4] der angeführten β-Varianten zu verstehen. In der Regel bleibt jedoch das Verhältnis zwischen den beiden Langfassungen außer Betracht[5].

An etlichen Stellen hat sich die Heilung eines korrupten α-Wortlauts mit Hilfe von β als unumgänglich erwiesen. Die von β gebotenen Lesarten werden aber nur dann relevant, wenn sie

a) dem griechischen G-Text näherstehen als α
b) eine frühere Überlieferungsstufe von Ia repräsentieren als die erhaltenen α-Handschriften, d. h. α als aus β verschrieben erklärt werden kann.

Die Stellen werden dem Verlauf des Textes folgend mit Angabe des Paragraphen geboten.

Prol.II.1:

veluti quadam rerum confusione vesani

Die Handschriften überliefern *aerum*, das **M** in *aeris* korrigiert. Diese Lesart ergibt weder einen zufriedenstellenden Sinn noch ist sie aus dem ebenfalls Schwierigkeiten bereitenden griechischen Wort ὑλομανησάντων[6] zu erklären. Für eine durch das *veluti* begünstigte Deutung im Sinne von „gleichsam durch eine Luftturbulenz (also durch ungünstige Witterungseinflüsse) verwirrt“ erbrachte die Durchsicht des Materials des Thesaurus Linguae Latinae keine schlagenden Belege. Es findet sich zwar die Junktur *aerum intemperantia* (griech. δυσκρασία τῶν ἀέρων)[7], aber immer in konkret meteorologischer Bedeutung mit Einfluß auf die körperliche Gesundheit.

Die von Rosweyde gebotene Form *rerum*, die möglicherweise eine handschriftliche Grundlage hat[8], stellt nur einen geringfügigen paläographischen Eingriff dar und greift den Wortbestandteil ὕλη auf. Zudem ist ein abundant stehender Genitiv Plural *rerum* bei abstrakten Substantiven im Lateinischen häufig belegt[9]. Die Lesart Rosweydes scheint mir daher der handschriftlichen α- und β-Überlieferung vorzuziehen zu sein.

---

4 Wenn im Zusammenhang mit Version Ia von der griechischen Vorlage die Rede ist, wird damit zwar die im G-Text konkret vorliegende Textfassung bezeichnet, es muß aber immer im Bewußtsein bleiben, daß der ersten lateinischen Übersetzung ein griechischer Text zugrundegelegen hat, der entweder für uns verloren ist oder auf dem gegenwärtigen Stand der Forschung noch nicht rekonstruiert werden kann.

5 Vgl. zu den Beziehungen zwischen den Versionen Kapitel B3 a).

6 LSJ und Lampe übersetzen ὑλομανέω mit „run to wood“, Lampe darüberhinaus mit „grow to rank, run riot“. Linnér behandelt das Wort nicht. Die syrische Übersetzung bietet mit „en démence à la suite des concupiscences corporelles“ eine recht freie Interpretation.

7 Z. B. in der Vita Melaniae.

8 Vgl. Kapitel E3, Anm. 40.

9 Beispiele dazu bei Nägelsbach, S. 96 f.

Prol.II.2:

tricesimum quidem ac tertium agenti annum quasi in numero fratrum vitaque monachorum, vicesimum autem episcopatus, quinquagesimum vero et sextum aetatis universae

Palladius teilt an dieser Stelle mit, daß er zum Zeitpunkt der Abfassung des Berichts über die Mönche im 56. Lebensjahr, im 33. Jahr seines Mönchslebens und im 20. Jahr seines Episkopats stehe. Setzt man für seine Geburt die Zeit um 365, für den Beginn seiner monastischen Ausbildung etwa 388 und für seine Bischofsweihe das Jahr 400 an, was zu einer Abfassungszeit der HL um 420 führt[10], so ergibt sich daraus, daß nur die von β überlieferte Angabe *vicesimum ... episcopatus*, die auch mit dem Griechischen und Syrischen übereinstimmt, richtig sein kann, nicht die von α gebotene Zahlenangabe *quadragesimum*. In α ergäbe sich darüberhinaus die sehr unwahrscheinliche Annahme, daß Palladius im Alter von 16 Jahren Bischof geworden sein muß. Eventuell waren die Zahlen in der griechischen Vorlage des Übersetzers nicht ausgeschrieben und entweder schon dort verwechselt (μ' statt κ') oder während des Übersetzungsvorgangs mißverstanden worden.

Prol.II.2:

et inrationabilem metum per ista declinans, etiam advocationem saeculi vanam, amore perpetuo circa propositum piae religionis effulgeas

Die aus β stammende Lesart *effulgeas* stimmt ebenso wie die Struktur des gesamten Satzes mit dem griechischen Text überein:

> καὶ ἄλογον φόβον διὰ τούτου ἀποσκευαζόμενος καὶ τὸν μετεωρισμὸν τοῦ κόσμου, ἀδιαλείπτῳ πόθῳ προκόπτοις (Bu)/προκόπτῃς (Ba) ἐν τῇ προθέσει τῆς εὐσεβείας, ...

Durch *effugias* in α ändert sich auch die Satzstruktur: *advocationem saeculi vanam* wird Objekt zu *effugias*, nicht mehr zu *declinans*. Damit wäre das griechische ἀποσκευαζόμενος doppelt übersetzt (durch *declinans* und *effugias*), das προκόπτοις/προκόπτῃς dagegen überhaupt nicht.

Die syrische Übersetzung enthält Anklänge an beide Möglichkeiten; auch sie gibt ἀποσκευαζόμενος zweifach wieder („tu rejettes" und „en fuyant"), bietet aber in „et en accedant" auch eine Entsprechung zu προκόπτοις/προκόπτῃς:

> „afin q'ainsi tu rejettes ... la crainte vaine, en fuyant les plaisirs de ce monde vain et corrumpu et en accédant par une constante aspiration à l'espérance en Dieu".

[10] Zur Chronologie von Palladius' Leben s. Kapitel A1.

Prol.II.4:

per triginta et per alios totidem pergens dies pedibus

α bietet an dieser Stelle eine völlig überhöhte Zeitangabe:

per triginta et per alios totidem annos pergens pedibus **S**

per triginta et per alios totidem annos solis semper gradiens pedibus **M**

annos ist vermutlich nach Ausfall von *dies* als neues Objekt eingefügt worden. Dabei lassen sich an den von **S** und **M** angebotenen Lösungen zwei verschiedene Wege dieses Ausfalls nachvollziehen: Während in **S** eine einfache Auslassung des Wortes *dies* vorliegt, ist in **M** die Formulierung *pergens dies* zu *semper gradiens* aufgebauscht worden; die Bestandteile *per* (in *semper*) und *dies* (in *gradiens*) sind noch erkennbar.

Denkbar wäre jedoch auch, daß als ursprüngliche Lesart etwa *per triginta annos et per alios totidem pergens dies pedibus* anzunehmen ist und daß damit eine nur als floskelhaft zu verstehende Zeitangabe vorlag.

Prol.II.6:

sed ut aliis legentibus profuturi

Die aus β stammende Lesart *legentibus* ist mit großer Wahrscheinlichkeit die Grundlage für die in α eingetretene Verschreibung *neglegentibus* (das *se* in **A** und **S** ist als Folgefehler dazu zu bewerten). Daß der griechische Begriff οἱ ἐντυγχάνοντες oft auf die Leser bezogen übersetzt wird, beweisen einige Parallelstellen in der HL: Im 1. Prolog (§3) ist τὴν τῶν ἐντυγχανόντων ὠφελείαν mit *utilitatem legentium* wiedergegeben, in Cap. 6.1 entspricht *ut legentibus consulamus* εἰς ... ἀσφάλειαν ... τῶν ἐντυγχανόντων, *legentibusque arbitror profuturum* ist in Cap. 25.9 die Übersetzung für πρὸς ἀσφάλειαν τῶν ἐντυγχανόντων, und in Cap. 38.1 sind die Taten des Evagrius *sine dubio legentibus cunctis ... profutura* (Gr: εἰς οἰκοδομὴν τῶν ἐντυγχανόντων).

Prol.II.7:

Quapropter haec sciens, fidelissime multumque venerabilis serve Christi, Lause

Der richtige Wortlaut ist nur von β bewahrt worden. In α ist mit

quod fidelissimus (*corr. ex* fidelissime) multumque venerabilis sermo (*corr. ex* ser////) est christi laus et **S**

und

quod fidelissime multumque venerabilis serve christi laus et (quod *et* laus et *exp.*) **M**

der Eigenname Lausus nicht mehr verstanden worden, was zu unterschiedlichen Heilungsversuchen geführt hat. Das *quod* und das in **S** eingefügte *est* sollte die ursprüngliche Apposition als abhängig von *sciens* in eine syntaktisch korrekte Form bringen. Der Korrektor von **M** hat die Apposition wieder hergestellt, jedoch ohne den Namen zu erkennen. In beiden Handschriften sind noch deutliche Reste der Ursprungslesart erhalten geblieben, was darauf hindeutet, daß das Mißverständnis noch nicht weit in der Überlieferung zurückliegt, sondern vielleicht erst der direkten Vorlage von **S** und **M** zuzurechnen ist.

Prol.II.8:

Multi enim fratrum ... a recti propositi itinere deviaverunt indifferenter sub specie alicuius religionis curiositatis cuiusdam amore languentes, ex qua multiplex animi sollicitudo generatur postque alienorum negotiorum cura succedit, cum quibus calumniosi etiam nomen incurritur, quo nomine a bonorum actuum administratione prohibentur, qua quidem hi, qui solis suae propriae tantum animae negotiis vacant, fruuntur ut matre.

Mit diesem teilweise recht frei interpretierenden Abschnitt wird ein griechischer Text wiedergegeben, in dessen Mittelpunkt ein Wortspiel aus verschiedenen Komposita des Begriffs πραγμοσύνη steht:

> πολλοὶ γὰρ τῶν ἀδελφῶν ... ἠστόχησαν ἀπαθείας ἀδιακρίτῳ προσχήματι εὐσεβείας τὰς φιλοπραγμοσύνας νοσήσαντες, ἐξ ὧν τίκτονται πολυπραγμοσύναι, μεθ᾽ ἃς ἀλλοτριοπραγμοσύναι καὶ κακοπραγμοσύναι ἀπελαύνουσαι καλοπραγμοσύνην, τὴν μητέρα τῆς ἰδιοπραγμοσύνης.[11]

In der gesamten lateinischen Überlieferung ist in die am Schluß stehende Definition der ἰδιοπραγμοσύνη eine Negation eingedrungen, die den Sinn ins Gegenteil verkehrt: in **S** (und vermutlich auch in **M** *a.c.*) in den qui-Satz, in **β** (von Rosweyde beibehalten) als gravierenderer Eingriff in den übergeordneten Relativsatz.

Die ἰδιοπραγμοσύνη ist im Griechischen ein rein positiver Begriff[12], ebenso im Lateinischen am Ende von §7, wo das Wort mit *diligens animae ad deum vacatio* übersetzt ist. An der hier vorliegenden Stelle hat der Übersetzer den Begriff verbal wiedergegeben und gleichzeitig mit *propriae* den Bestandteil ἴδιο- wörtlich übersetzt. Durch die doppelte Einschränkung *solis* und *tantum* hat die Formulierung möglicherweise einen negativen Beiklang bekommen, weil das ausschließliche Fixiertsein auf die eigene Seele etwa dem christlichen Gebot der Nächstenliebe widerspricht. Eventuell sollte mit Hilfe der Negation die für diese Stelle notwendige positive Grundaussage wiederhergestellt werden.

---

[11] Das Stück μεθ᾽ ἃς ἀλλοτριοπραγμοσύναι καὶ stammt aus der B-Fassung.

[12] Mit ihm ist das „Achthaben auf seine Seele" gemeint; vgl. die auf Ps. 23, 3-4 beruhenden Ausführungen in Cap. 6.7 (*qui non habuit pro vanitate animam suam*). S. auch Draguet, L'Histoire Lausiaque, d'esprit évagrien, Teil 1, S. 340, Nr. 42: „... à la concentration de l'ascète sur sa propre perfection (ἰδιοπραγμοσύνη?), concentration qui, seule, le conduira à l'ἀπάθεια." M. E. verfehlt ist die Deutung von R. T. Meyer, Lexical problems, S. 46: „acting independently".

Die Korrektur von **M** *suae propriae tantum animae* könnte der originalen Lesart entsprechen. Eine ähnlich abundante Formulierung begegnet in Cap. 14.5: *et non solum suae tantummodo consuleret animae*; interessanterweise wird dort gerade das Nichtbeschränktsein auf die eigene Seele, das sich in der Fürsorge für die Armen und Kranken äußert, positiv bewertet. Sprachlich gesehen ist die Zusammenstellung von *suus* und *proprius* in der HL allerdings eher ungewöhnlich: Normalerweise dient *proprius* als Ersatz für *suus*; nur in Cap. 8.1 wird besonders betont, daß Amon von seinem eigenen Onkel (*ab avunculo suo proprio*) zur Ehe gezwungen wird.

Prol.II.15:

non frequenter et intempestive neque sine consideratione aut carnem edat aut bibat vinum

An dieser Stelle ist ebenfalls **M** *p.c.* in den Text aufgenommen worden; **S** und **M** *a.c.* überliefern die sinnlose Anweisung: *frequenter intempestive neque sine consideratione aut carnem edat aut bibat vinum*. Daß hier eine Verneinung fehlt, legt nicht nur der Inhalt, sondern auch das vorhandene *neque* nahe. Die **β**-Variante *non intempestive* erklärt nicht die Entstehung von *frequenter* in **α**. Außerdem ist die griechische Vorlage im Gegensatz zu **β** dreiteilig: ἀλόγως ἢ ἀσκόπως ἢ ἀκαίρως οὐ βρώσεται κρέα οὐδὲ πίεται οἶνον. Falls man *frequenter* nicht als Glosse zu *intempestive* einstufen will, kann man sich vorstellen, daß der lateinische Übersetzer mit dem Doppelausdruck *non frequenter et intempestive* das griechische Wort ἀκαίρως erfaßt und sich dann, um die Ausgewogenheit zu wahren, bei der Wiedergabe der beiden nahe beieinanderliegenden Begriffe ἀλόγως und ἀσκόπως auf die Wendung *neque sine consideratione* beschränkt hat. Dabei müßte man allerdings eine Vertauschung der Wortreihenfolge annehmen. Diese Voraussetzung entfällt, wenn man in der griechischen Überlieferung die Familie p[13] zugrundelegt, die Butler bei seiner Rekonstruktion der G-Fassung nicht berücksichtigt hat, die jedoch altes Material enthält und für die hier besprochene Stelle die Vorlage geliefert haben kann: Dort ist nämlich die Reihenfolge von ἀσκόπως und ἀκαίρως vertauscht, d. h., *intempestive* könnte ἀκαίρως und *sine consideratione* ἀσκόπως entsprechen, ohne daß die Wortstellung abgewandelt worden wäre. In *frequenter* könnte man dann eine möglicherweise im Laufe der Überlieferung veränderte Entsprechung zu ἀλόγως sehen.

Prol. II.15:

neque cum eo habitet, cuius conscientiam magis norit malignam

Als Fortsetzung der soeben behandelten Textstelle ist in **α** tradiert: *neque*

---

[13] S. Kapitel B3 a). Die hier eingesehenen Handschriften sind der Marcianus II 70 und der zur Familie C^2 gehörende Coislinianus 282.

cum eo habitet, cuius conscientiam magis norit. Lt. Thesaurus[14] ist auch ohne entsprechende Attribute eine Deutung des Begriffs *conscientia* „in malam partem" möglich; das von **β** überlieferte *malignam* könnte also ein nachträglich eingefügter, nicht unbedingt notwendiger erläuternder Zusatz sein. Aufgrund der Übereinstimmung zwischen **β**, dem griechischen (... τινὰ κακῷ συνειδότι) und dem syrischen Text („... personne avec une conscience mauvaise") ist allerdings eher ein Ausfall von *malignam* in **α** anzunehmen.

Cap. 1.3:

intuitu cuiusdam rei ac miraculo raptum fuisse

Sowohl *intuitu* als auch *ac miraculo* sind unsicher überliefert: **S** korrigiert *invitum* aus *invitus*, bei **A** ist nicht eindeutig zu entscheiden, ob *intuitum* oder *invitum* gelesen werden muß. *intuitu* hat jedoch eine gute Stütze in Cap. 15.4 (*divinitatis ... intuitum*) und Cap. 18.25 (*divinitatis intuitu*).

Für *ac miraculo* schreibt **S** *p.c. ammiraculo*[15] und **A** *ad miracula*. Letzteres ist wohl sekundär als adverbiale Bestimmung zu *raptum fuisse* gebildet worden; *raptus* ist hier in der Bedeutung „entrückt" zu verstehen. Die Lesart *ac miraculo* führt zu dem Begriffspaar *intuitu – miraculo* und fordert damit eine abstrakte Deutung von *miraculum*, für die der Thesaurus zahlreiche Belege angibt[16], nicht selten in der Verbindung mit *stupor*; Sulp. Sev. hat sogar die Formulierungen *cuius rei miraculo* und *tantae rei miraculo*[17].

β ist mit *cuiusdam theoriae miraculo raptum fuisse* eng an Gr (ἁρπαγεὶς ὑπὸ θεωρίας τινός) und Syr („et a été ravi par une théoria") angelehnt.

Cap. 2.1:

Qui mihi, cum venissem ... et peterem, ut institueret me ..., in ipso primi adhuc ardore aevi locato, cui non tantum necessaria esset doctrina ... quantum ... labor ... – ille igitur ... productum me ... Dorotheo cuidam Thebano monacho ... commendavit et tradidit

Die hier vorliegende anakoluthische Formulierung hat zu verschiedenen Glättungsversuchen Anlaß gegeben: *Qui me ... locatum* (**A** *p.c.*), *Ego itaque ... locatus* (**M** *p.c.*), *Is itaque ... locatum* (**β**), wobei in **A** und **M**

---

[14] ThLL IV, 367, 26 ff.

[15] Für *admiraculum* teilte der Thes. Ling. Lat. auf eine Anfrage eine Stelle mit (Brief von Herrn G. Eder an Herrn Dr. R. Heine vom 12.07.90): Cassiod. Ios. antiq. 18,76 p. 519: quidam vero admiraculum ducebant (ἐν θαύματι καθίσταντο).

[16] ThLL VIII 1058, 26 ff. („*metonymice i. q. affectus re mira motus*"), spec. 33-35 (Itala apoc. 17,6: *miraculo magno* – Vulg.: *admiratione*) et 69 ff.

[17] Chron. 1,31,4 und dial. 2,2,7.

durch das wiederaufgenommene *ille igitur* im Gegensatz zu dem glatt konstruierten **β** (*Is itaque, cum venissem ... et peterem, ut instrueret me ... locatum ..., productum me ... commendavit et tradidit*) der Anakoluth bestehen bleibt; in **M** ist lediglich der syntaktisch nicht eingebundene Dativ durch einen ebensolchen Nominativ ersetzt.

Die Konstruktion *Qui mihi ... locato*[18] ... – *ille igitur ... productum me ... commendavit et tradidit* scheint durch eine mißglückte Nachahmung der griechischen Vorlage zustandegekommen zu sein:

> Οὗτος φοιτήσαντί μοι νέῳ ὄντι πρὸς αὐτὸν καὶ παρακαλοῦντι στοιχειωθῆναι ἐν τῷ μονήρει βίῳ, σφριγώσης ἔτι τῆς ἡλικίας καὶ λόγου μὴ δεομένης ἀλλὰ πόνων τῶν κατὰ σάρκα, ὡς καλὸς πωλοδάμνης ἐξήγαγέ με ἔξω τῆς πόλεως εἰς τὰ λεγόμενα ἐρημικὰ ἀπὸ σημείων πέντε· καὶ παραδοὺς Δωροθέῳ τινὶ ἀσκητῇ Θηβαίῳ ...

Der Wechsel zwischen Dativ- und Akkusativ-Konstruktionen findet sich auch in der Übersetzung Lat. II wieder:

> *Hic venienti mihi iuveni et deprecanti eum, ut institueret me confirmaretque in monachorum vita ferventem* (*fervensque* codd. maxima ex parte) *iuvenili aetate, verbo quidem me non est consolatus, sed magis laborem indixit corporalem. Eduxit enim me foras de civitate ad ea quae dicuntur secretiora loca miliario quinto tradens me Dorotheo cuidam abstinentissimo viro, Thebaeo, ...*

Cap. 2.2:

„Quid facis“, inquam, „pater, in tanta senecta interficiens corpusculum tuum in ardoribus tantis?“, respondit hoc dicens: „Occidit me, occido illum.“

Die Kongruenz *corpusculum – illum* läßt sich auf zweifache Weise erklären: entweder durch die Annahme eines Neutrums *illum*[19] oder durch die Deutung von *corpusculum* als Masculinum. Dem Phänomen, daß *corpus* oft mit maskulinen Adjektiv- oder Pronominalformen verbunden wird, ist O. Hiltbrunner in einem Aufsatz[20] nachgegangen. Er kommt zwar zu dem Ergebnis: „Die scheinbare Verbindung mit maskulinen Pronominal- und Adjektivformen hat nichts zu tun mit einem echten Genuswechsel, sondern sie erklärt sich teils aus morphologischen Entwicklungen auf Sei-

---

[18] Das Partizip *locato* könnte auch in den Relativsatz *cui non tantum necessaria esset doctrina verborum* ... einbezogen werden, aber auch in diesem Fall bliebe der Bruch zwischen *mihi* und *ille igitur ... productum me* ... bestehen. Gegen eine solche Lösung spricht jedoch die Wortstellung, durch die das Relativpronomen ungewöhnlich spät im Satz erscheinen würde.

[19] Diese Form ist im ThLL gut belegt: VII 1, 340, 59-71.

[20] Beiträge aus der Thesaurus-Arbeit VII: corpus, in: Museum Helveticum 9 (1952) 42-47.

ten des Pronomens und Adjektivs, teils aus der Syntax."[21], hält aber speziell für einige Grabinschriften auch eine psychologische Erklärung für möglich: „... liegt, ..., das Schwanken der Vorstellung und des Ausdrucks zwischen der Person des Begrabenen und der Leiche sehr nahe." und: „Offenbar stellte sich der Schreiber, als er *deductus* schrieb, noch den Toten als Subjekt vor"[22].

Eine solche personifizierte Deutung ist m. E. auch an dieser HL-Stelle sehr plausibel: Der Mönch sieht in seinem Körper einen Widersacher, der als handelndes Subjekt vorgestellt ist (*Occidit me*) und den es zu bekämpfen gilt. Noch deutlicher kommt diese Einstellung an einer anderen Stelle zum Ausdruck: Cap. 18.33 schleppt Macarius in einer vergleichbaren Situation mit Sand gefüllte Körbe durch die Wüste und gibt dem ihn nach dem Grund dieser Anstrengung fragenden Theosebius die Antwort: „*Vexo eum, qui me vexare contendit. Otio enim fruens iter aliquod agere me cogit.*"

Cap. 3.4:

ut possis videre, quantam mihi dederit ignotus tibi patientiam Christus.

α (hier aus den Handschriften **A Z SM** bestehend) überliefert geschlossen *dedit*; auch die lateinische Übersetzung II gibt den griechischen indirekten Fragesatz ... πόσην μοι χαρίζεται ὑπομονὴν ὁ Χριστός mit ..., *quantam mihi patientiam donavit Christus* wieder. Parallelstellen, die den Gebrauch des Indikativs in der indirekten Frage[23] stützen könnten, finden sich in der HL nicht; Cap. 6.13, wo Macarius die alexandrinische Jungfrau auffordert, die vermeintlichen Edelsteine zu begutachten: *veni ac vide, si tibi possunt placere*[24], ist nicht direkt vergleichbar. Zudem ist an der hier vorliegenden Stelle die paläographische Nähe von *dedit* zu *dederit* so groß – es muß nur ein Kürzungsstrich ausgefallen sein –, daß m. E. die β-Lesart *dederit* auch als ursprüngliche Lesart der Ia-Version angesehen werden muß und deshalb in den Text aufzunehmen war.

Cap. 4.1:

Quem ego intra decem annos diversis vicibus quater vidisse me memini

Die Zeitangabe *temporibus quater* bezeugt β übereinstimmend mit dem griechischen συντυχίας ... τέσσαρας und dem syrischen „quatre fois" der Rezension R1. α bietet stattdessen *vicibus tertio*. Wenn diese Lesart nicht auf eine andere, uns verlorengegangene, Vorlage zurückgeht, kann man sich über den Zwischenschritt *ter* auch eine Verschreibung von *quater* zu

---

[21] S. 47.

[22] S. 44 f.

[23] S. LHS, S. 537-539.

[24] Nur **M** hat hier *possint*, alle anderen Textzeugen, auch β, schreiben *possunt*.

tertio[25] vorstellen. In Verbindung mit der Gesamtüberlieferungslage hat diese Überlegung zur Aufnahme von *vicibus quater* in den Text geführt.

Cap. 4.2:

habens insitum bonum ac semper incolumem naturalem magistrum, conscientiam suam

Hier hat die Zuordnung der drei Adjektive in der Überlieferung zu Verwirrung geführt: *bonum* wurde substantivisch aufgefaßt und mit dem Attribut *incolumis* verbunden (*bonumque semper incolume* **S** *p.c.* **β**). Die korrigierte Fassung von **M** *bonum ac semper incolumem* kann dagegen gut eine freie Wiedergabe des prädikativen ἐρρωμένον sein, so daß im Lateinischen nach Angleichung an die griechische Wortfolge zu verstehen ist: *habens insitum naturalem magistrum bonum ac semper incolumem, conscientiam suam.*

Cap. 4.2:

ut in eo historia, quod scripsit, impleretur

Diese elliptische Formulierung – zu *scripsit* ist als Subjekt der Schreiber der Psalmen o. ä. zu denken[26] – ist mißverstanden worden, weil der Ablativ *historia* nicht als zu *impleretur* gehörig erkannt wurde. Auch die ungewöhnliche Bedeutung von *historia*, die einem „tatsächlich" o. ä. nahekommt und der griechischen Konstruktion καθ' ἱστορίαν nachgebildet wurde, bereitete Schwierigkeiten. So ist in **M** zu lesen: *ut in ea historia quam scripsit impleret*; Version I hat neu aus dem Griechischen übersetzt: *ut in eo evidentissime quod scriptum est impleretur.*

Cap. 6.9:

Lapides ad me necessarii atque pretiosi, smaragdi et iacinthi, subito venerunt

Die Doppelübersetzung *necessarii atque pretiosi* gibt das griechische ἀναγκαῖοι wieder; das Syrische hat „De bonnes pierres et des perles excellentes" (R1) und „Des pierres précieuses" (R3). In Lat. II heißt es nur *Lapides pretiosi.* Hier liegt der Verdacht nahe, daß der lateinische Übersetzer der Version Ia, um alle Bedeutungsnuancen[27] zu erfassen, ἀναγκαῖος

---

[25] Der Gebrauch von Ordinalia an Stelle von Multiplikativa ist im Spätlatein häufig (vgl. LHS, S. 214; Svennung, S. 290 ff.).

[26] Vgl. Löfstedt, S. 319 f.: *dixit* und *dicit* mit hinzuzudenkendem Subjekt *psalmista* oder *evangelista* (vgl. LHS, S. 417 f. zu *inquit* bei Anführung von Bibelzitaten).

[27] Sowohl LSJ als auch Lampe führen unter ἀναγκαῖος die Bedeutung „costly" an. Die zitierten Stellen müssen aber nicht zwingend in dem hier besprochenen Sinne interpretiert werden. – LSJ: POxy. 1870 (Z. 12: [καὶ ὄξ]ους ἀναγκαίου διπλοῦν); Suid. unter βεστιάριον (παρὰ Ῥωμαίοις τόπος, ἔνθα ἡ ἀναγκαία ἀπόκειται ἐσθής.); Lampe: T.

mit *necessarius* zunächst wörtlich übersetzt und dann die an dieser Stelle geforderte Bedeutung *pretiosus* hinzugefügt hat. Andererseits kann er jedoch auch *necessarius* selbst im Sinne von „kostbar“, „wertvoll“ verwendet haben, so daß zusammen mit *pretiosus* ein Hendiadyoin vorliegt. Tatsächlich hat sich bei der Durchsicht des Thesaurus-Materials ein deutlicher Beleg für diese Verwendungsweise des Wortes *necessarius* bei Cassiodor gefunden (Ios. antiq. 15,1 l.18): *si quid argenti aut auri vel aliud necessarium fuisset inventum. necessarium* ist hier die Übersetzung für κειμήλιον.

Cap. 6.12:

quippe qui et misericordia in eo esset et cultus dei

Die Handschrift **Z** tradiert als einzige das mit *misericordia* parallel konstruierbare abstrakte Substantiv *cultus*; die anderen Handschriften konstruieren entweder persönlich (... *et misericors esset omnibus et cultor dei* **M** *p.c.*; ... *et misericors esset et in cultura dei praeclarus* **β**), oder sie bieten eine syntaktisch nicht stimmige Mischform aus persönlicher und abstrakter Ausdrucksweise (... *et misericordia in eo esset et cultor dei* **A** und **S** sowie die Montecassino-Exzerpte **H**, **Ta** und **Tb**). Die Einleitung des Satzes schwankt zwischen *quippe qui*, *quippe quia* (**α**) und *quippe cum* (**β**). Das in **Z** überlieferte *qui* steht der folgenden Konstruktion nicht entgegen, da *quippe qui* im Spätlatein zu einer mit *quippe cum* vergleichbaren kausalen Konjunktion erstarrt ist[28].

Cap. 7.1:

inde descendens ad montem, cui Nitrias nomen est, veni

Das einhellig überlieferte *descendens ad montem* scheint eine widersprüchliche Aussage zu sein; tatsächlich liegt hier aber eine Sonderbedeutung des Wortes *mons* vor, die ebenso auf die griechische Entsprechung ὄρος zutrifft: Mit dem in monastischer Literatur häufiger begegnenden Begriff ist ein von einem oder mehreren Eremiten bewohnter unwirtlicher Ort in der Wüste gemeint, ohne daß dieser eine Erhebung im Gelände darstellen muß[29].

Job 40 (p.130.6; *kann lt. mündl. Auskunft von B. Schaller auch als „angemessenes Begräbnis“ verstanden werden*); Leont. N. v. Jo. Eleem. 22 (p.42.21: ἐκεῖνος οὖν νομίσας ὅτι πτωχός ἐστιν, ἀποδύεται τὸ ἐσωφόριον αὐτοῦ, ἀναγκαῖον ὑπάρχοντα, καὶ δίδωσιν αὐτὸ παρακαλέσας ἀυτὸν ἵνα αὐτὸς αὐτὸ φορέσῃ.). – Zu ἀναγκαῖος in der Bedeutung „teuer“, „wertvoll“ s. Linnér, S. 110.

28 S. Vallejo, quippe (qui), v. a. S. 214, 216 und die „Conclusiones“ S. 218-220, wo die „tendencia a la petrificación de *quippe qui*“ konstatiert wird.

29 S. die Definition von ὄρος in der Beschreibung des „Mount of Nitria“ bei Evelyn White, Wâdi'n Natrûn, S. 17-23, bes. S. 21: „but in Egyptian monastic literature the word sometimes seems to mean no more than a desolate, uncultivated place, differing

Cap. 8.3:

Prolatum autem de sinu parvum libellum ... puellae ex persona apostoli ac salvatoris legebat

Den Akkusativ *Prolatum ... parvum libellum* hat die Handschrift **S** in einen Ablativus absolutus korrigiert. Als eine absolute Partizipialkonstruktion scheint mir dieser Satzanfang im Akkusativ jedoch nicht gemeint zu sein[30], sondern vielmehr als Objekt zu *legebat.*

Interessant ist die Formulierung *puellae ex persona apostoli ac salvatoris legebat*, die aus dem Griechischen wörtlich übernommen ist:

καὶ ἐξενεγκὼν ἐκ τοῦ κόλπου αὐτοῦ βιβλιδάριον ἐκ προσώπου τοῦ ἀποστόλου καὶ τοῦ σωτῆρος ἀνεγίνωσκε τῇ κόρῃ ...

Die Konstruktion von ἐκ προσώπου τινός mit λέγω, φημί, εἶπον ist im Lexicon Athanasianum[31] gut belegt. Die Stelle ist demnach so zu verstehen, daß Amon seiner Braut Abschnitte aus der Bibel vorliest und dabei die Rolle der Apostel und des Erlösers einnimmt.

Cap. 8.3:

post satisfactionem instinctu et gratia divinitatis impleta

Abgesehen von dem Verbesserungsversuch *verborum eius* in **M** und den offensichtlichen Verlesungen *convinctum* bzw. *coniunctum* in den **β**-Handschriften **N** und **F** überliefern alle Handschriften entweder *in ictu et* (**A** *a.c.* **S**) oder nur *in ictu* (**A** *p.c.* **β**). Laut ThLL[32] gibt es zwar Wendungen wie *uno ictu* o. ä., mit denen *„fere id quod statim, confestim, simul"* gemeint ist, innerhalb der HL ist jedoch die Formel *instinctu dei* (Cap. 71.5) und vergleichbar *instinctu daemonis* (Prol.II.1 und Cap. 21.5) gut belegt. M. E. ist auch an der hier vorliegenden Stelle *instinctu* zu konizieren. Der Übersetzer hat damit das in der griechischen Vorlage stehende τῇ χάριτι τοῦ

---

therefore in its connotation from ἡ ἔρημος, which is desolate, *uninhabitated* country. It is almost certain that ὄρος in the phrase τὸ ὄρος τῆς Νιτρίας is used in this weakened sense." und S. 21/2: „Finally, it is very significant that in all the literature relating to the Mount of Nitria there is never a hint or suggestion that we have to do with abrupt or rocky country. In speaking of the Mount of Nitria, therefore, we must be understood to mean merely the desert waste or ‚gebel' adjoining the town or village of Nitria."

30 Zum Accusativus absolutus s. z. B. LHS, S. 143, Löfstedt, S. 158, Svennung *passim.* S. auch F. Horn, Zur Geschichte der absoluten Partizipialkonstruktionen im Lateinischen, Lund 1918, S. 79-87, der mit Recht zu bedenken gibt (S. 80): „Die nun angeführten Stellen sind insofern lehrreich, als sie zeigen, daß man immer zuerst in Erwägung ziehen muß, ob nicht andere Erklärungsgründe möglich sind. Besonders wichtig ist dies bei solchen Schriften, wo Anakoluthe häufiger vorkommen, ...".

31 S. unter πρόσωπον: „spec. dictio ἐκ προσώπου τινός = loco vel vice alcs".

32 VII 1, 168, 24-49.

θεοῦ πληροφορηθεῖσαν zweifach ausgedrückt: einmal nominal (*post satisfactionem*) und einmal mit dem Partizip *impleta*, wobei τῇ χάριτι mit *instinctu et gratia* ebenfalls doppelt wiedergegeben ist.

Cap. 8.7:

viginti aliis annis ac duobus emensis defunctus est

Als gemeinsame Lesart der vorhandenen α-Handschriften kann die folgende angesehen werden: *viginti aliis annis ac duobus mensibus defunctus est*. Die überlieferten Partizipien, mit denen der Satz vervollständigt wurde, müssen als sekundär betrachtet werden, da sie sowohl in der Wortwahl als auch in der Position variieren (conversatus **A** *p.c.*, exactis **M** *p.c.*, vivens **S**, transactis **β**). Dazu kommt die seltsame Tatsache, daß in **α** von zwanzig Jahren und zwei Monaten die Rede ist, während es im Griechischen (und entsprechend im Syrischen) heißt: βιώσας ἄλλα εἴκοσι δύο ἔτη ... ἐτελεύτησε; **β** hat aus diesem Grunde auch *mensibus* getilgt.

Bei dieser Ausgangslage liegt es nahe, in dem störenden *mensibus* das fehlende Partizip zu vermuten. Wenn man bedenkt, daß die Endung *-bus* mit Sicherheit abgekürzt war, dann ist der Schritt zu einer Konjektur von *mensis* oder – vielleicht besser – *emensis* nicht mehr weit: *emetiri* ist im Thesaurus in passiver Form und temporaler Bedeutung ausreichend belegt[33]; dazu gibt es das Verb – wenn auch nicht temporal verwendet – in der HL noch einmal (Cap. 47.1): ... *a proprio vico usque ad certum desertorum emensus est finem.*

Cap. 8.8:

erubescens sibi vestimentum detrahere, ne nudum umquam suum corpus aspiceret

Im Gegensatz zu dieser von **A** und den **β**-Handschriften gebotenen Interpretation, ist in **S** und **M** *p.c.* an verschiedener Stelle ein *aliquis* eingefügt. Im griechischen Text ist das Subjekt nicht ganz eindeutig: ... ἵνα μὴ γυμνὸν αὐτὸν ἴδῃ. Mir scheint der Lesart ohne *aliquis* der Vorrang zu gebühren: Der Sinn wird durch *aliquis* vereinfacht und abgeschwächt, denn die Scheu vor dem eigenen Körper drückt ein höheres Maß an Askese aus und läßt die Formulierung pointierter erscheinen, als es die in der Weise von **S** und **M** erweiterte Formulierung tut.

Zur Unterstützung kann die Schilderung der Episode in der *Vita Antonii* herangezogen werden, die dort mit ähnlichen Worten dargestellt ist (Ed. Bartelink, Cap. 60, §6): *Et posteaquam ivit Theodorus, erubescebat iterum seipsum nudum videre.*

---

[33] ThLL V 2, 482, 21-43: „*temporaliter ... part. perf. passive*".

Cap. 8.9:

Est enim illi derivatio quaedam magni illius fluminis Nili.

Theoretisch läßt sich die Form *illi* als Dativ deuten, mit dem das im vorhergehenden Satz erwähnte *fluvium* wiederaufgenommen würde. Der Satz wäre dann zu übersetzen: „Er (d. h. der Fluß) hat nämlich einen Zufluß aus jenem großen Fluß Nil." Dem steht jedoch entgegen, daß eine Sache nicht oft im Dativus possessivus konstruiert wird[34]. Vorzuziehen scheint mir daher eine andere Möglichkeit, *illi* zu verstehen, nämlich als Adverb, gleichbedeutend mit *illic*. Für diese Form gibt es etliche Belege im ThLL[35]. Rosweyde hat die Stelle in diesem Sinne verstanden und *illic* für *illi* koniziert.

Cap. 10.8:

Post quae ita ad dominum deum pergo, tamquam necdum divinae cultum religionis attigerim.

Die für diese Textstelle zur Verfügung stehenden **α**-Handschriften **S** und **M** leiten den Satz in nicht konstruierbarer Weise mit *Postquam* ein; der Korrektor von **M** hat daher in marg. *conversationem* ergänzt. Die **β**-Lesart bietet keine Hilfe zur Emendation von **α**, weil der Bearbeiter mit *Ita tamen* das καὶ οὕτως der griechischen Vorlage neu übersetzt hat. Der geringste Eingriff, um **α** zu heilen, ist m. E. eine Änderung in *Post quae*, zumal diese allgemeine Satzeinleitung auch an anderer Stelle begegnet: In Cap. 22.15 heißt es: *Post quae surrexit Antonius et dictis duodecim psalmis totidemque orationibus factis paulisper in principio noctis quievit.*

Cap. 13.2/3:

Ad talem se vitam, cui soli aptus erat, instituerat in senecta. Qui tamen, cum ante obitum suum aliquem forte vidisset, ei similem [non] putabat

In der **α**-Überlieferung, die hier nur durch die Handschriften **S** und **M** dokumentiert wird, ist der Sinn dieser Passage nicht mehr verstanden worden. Besonders der griechische Ausdruck ὁμοίῳ ἑαυτοῦ im zweiten Satz ist offensichtlich mißverstanden worden, wie aus der sinnentstellenden Negation hervorgeht. Auch das *putabat* hat im Griechischen keine Vorlage. Die korrigierte **M**-Fassung des ersten Teils (*Ad talem vitam, cui solus aptus erat, instituerat discipulum suum.*) ist reine Interpretation; **S** ist zwar nicht so stark abgewandelt worden, seine Lesart konnte aber nicht ohne

---

[34] S. LHS, S. 90: „Der Dat. possess. bei esse ... bezeichnet eine Person (seltener eine Sache, ...), der etwas zufällt, zu eigen wird". Bengt Löfstedt erwähnt die Möglichkeit, daß mit dem Dativus possessivus eine Sache bezeichnet wird, in seinem Aufsatz „Zum lateinischen possessiven Dativ" überhaupt nicht.

[35] VII 1, 368, 27-34: „*i. q. illic*".

Modifikationen übernommen werden: *cuidam seni qui* ließ sich jedoch leicht als Verschreibung aus *cui soli* erkennen und an **M** und β zurückkorrigieren, aus der übrigen Überlieferung wurde auch *erat* für das singuläre *videbatur* eingesetzt. Aus Gründen der methodischen Konsequenz schien es ratsam, auch für den zweiten Teil eher **S** als **M** zugrundezulegen, obwohl der von **S** gebotene Wortlaut ähnlich unbefriedigend und sicher nicht als original anzusehen ist. Die wie in den meisten Fällen problemlose β-Variante ließ sich trotz weitgehender Übereinstimmungen mit α nicht zur vollständigen Erklärung der in α erfolgten Umformung heranziehen; deshalb wurden die α-Lesarten als Textgrundlage belassen.

Cap. 14.1:

Alii etiam duo fratres fuerunt, qui Esaias et Paisius vocabantur, quorum pater emendis vel mutandis mercibus studens usque ad Spaniam semper negotiando pergebat. Quo mortuo diviserunt ...

Der erste Satz dieses Kapitels erscheint in α[36] als Nominalsatz, wie er in der HL vereinzelt vorkommt; nur **A** hat hinter *fratres erant* ergänzt. Das Griechische enthält mit ὑπῆρχον ein Prädikat. Im Syrischen ist die Überlieferung gespalten: Während R1 mit Gr und β übereinstimmt („D'autres, ..., étaient en effet frères, ..."), hat R3 eine eher α vergleichbare Konstruktion: „D'autres encore, deux frères, ..., ceux-là, quand fu mort leur père, partagèrent ...". Der α-Text läßt sich jedoch nur schwer halten, weil der relativische Anschluß *Quo mortuo* ... eine durchgehende Konstruktion des Satzes verhindert. Der Korrektor von **M** hat dies erkannt und *Quo* in *eo* geändert. Ein Ausfall von *fuerunt* direkt nach *fratres* ist aber so gut denkbar – besonders, wenn beide Wörter abgekürzt waren –, daß die (Wieder-)Einfügung aus β nur ein geringer Eingriff ist.

Cap. 14.2:

Mercationem, in qua pater noster vixit, arripimus, ut et ipsi labores aliis relinquamus, ut et nos euntes in pericula praecipites vel marini, ut adsolet, fluctus vel latronum tela consumant?

Das hier formulierte Motiv der Lebenswahl ist in β neben kleineren Änderungen in der Formulierung auch in der Gesamtstruktur des Satzes anders wiedergegeben:

> *Si mercationem ... arripimus, etiam ipsi labores nostros aliis relinquemus nosque fortasse euntes in pericula praecipites vel marini, ut adsolent, fluctus vel latronum tela consument.*

Die β-Formulierung entspricht – wie auch die syrische Übersetzung – der griechischen Vorlage:

---

[36] **H**, **Ta** und **Tb** bieten als Exzerpthandschriften mit *Fuerunt etiam duo fratres* einen abweichenden Kapitelanfang.

ἐὰν ἔλθωμεν ἐπὶ τὴν ἐμπορίαν ..., καὶ ἡμεῖς ἑτέροις ἔχομεν καταλεῖψαι τοὺς πόνους (+ ἡμῶν TB)· ἴσως δὲ καὶ κινδύνοις περιπεσούμεθα λῃστρικοῖς ἢ θαλαττικοῖς.

Diese Abweichung zwischen **α** und **β** ist nicht durch den Gang der Überieferung zu erklären: Entweder wollte der Ia-Übersetzer die Passage bewußt rhetorisch lebendiger gestalten als seine Vorlage (direkte Frage, Anapher *ut et ipsi ..., ut et nos ...*), und der Bearbeiter machte diesen Schritt wieder rückgängig, oder er interpretierte das griechische ἐὰν wie εἰ als Frageeinleitung[37]; eventuell fand er auch εἰ in seinem griechischen Text vor. Eine solche Deutung könnte dem in **S** überlieferten *an mercationem ...* zugrundeliegen.

Cap. 16.1:

Fuit alter quidam de antiquis viris nomine Nathanahel

An diesem Kapitelanfang liegt ein ähnliches Problem vor wie am Beginn von Cap. 14. Auch hier ist in **α** entweder kein Prädikat überliefert (**H**), oder das immerhin mit **β** übereinstimmende *fuit* hat keine feste Position im Satz: In **A** und **S** fehlte es ursprünglich und wurde von einem Korrektor in **A** nach *quidam* und in **S** am Satzanfang hinzugefügt; in **M** steht das Verb hinter *Nathanahel*. Die Lösung von **S** *p.c.* hat am meisten für sich: Sie wird nicht nur von **β** gestützt, sondern findet darüberhinaus eine Parallele in Lat. II (*Fuit alius quidam ...*) und gibt dazu die griechische Wortfolge wieder: Γέγονεν ἄλλος τις ... Das letztgenannte Argument hat einigen Aussagewert, weil am Kapitelanfang die Wortstellung des Griechischen im Lateinischen nach Möglichkeit beibehalten wird.

Cap. 16.6:

Inter quae inmundus ille spiritus et hoc, quod dicimus, fecit captato adventu quorundam septem sanctorum episcoporum, qui ad ipsum ... venerunt. Cum enim episcopos ipsos ... egredientes ne uno quidem passu prosequeretur, dicunt ad eum diaconi episcoporum:

Die Struktur dieses Satzes ist gegenüber dem griechischen Text verschoben: Vor *captato* ist kein Neueinsatz möglich, weil ein so begonnener Satz kein Prädikat hätte. Mit *Cum enim episcopos ipsos ...* kehrt der lateinische Text zur griechischen Aufteilung zurück:

ἐν οἷς καὶ τοῦτο· ἐπιτηρήσας ἑπτὰ ἐπισκόπων ἁγίων ἐπίσκεψιν, ..., παρ᾽ ὀλίγον αὐτὸν ἐξώκειλε τῆς προθέσεως. τῶν γὰρ ἐπισκόπων ... ἐξερχομένων, οὐ προέπεμψεν αὐτοὺς οὐδὲ βῆμα ποδός. λέγουσιν αὐτῷ οἱ διάκονοι (+ τῶν ἐπισκόπων B)·

---

[37] Auch im Lateinischen ist *si* in der Bedeutung von *-ne* als Einleitung direkter Fragen möglich (vgl. Rönsch, S. 404 f.; LHS, S. 464; Löfstedt, S. 327 f.; Svennung, S. 514, bes. Anm. 3; Salonius, S. 313 ff.).

Auch β gibt die Gliederung dieses griechischen Abschnitts nicht genau wieder[38]: Der Anfang ist zwar übereinstimmend mit dem Griechischen logischer konstruiert als in α, bei *cum episcopos ipsos* ... muß der β-Text jedoch die griechische Vorlage verlassen, weil in ihm der griechische Hauptsatz παρ' ὀλίγον αὐτὸν ἐξώκειλε τῆς προθέσεως schon in der Form eines Finalsatzes vorgezogen worden ist:

Inter quae inmundus ille spiritus hoc quoque aggreditur, ut eum a propositi sui lege deflecteret: Captato namque adventu quorundam septem sanctorum episcoporum, qui ad requirendum eum ... venerunt, cum episcopos ipsos ... egredientes ne uno quidem passu prosequeretur, dicunt ad eum diaconi episcoporum:

Lat. II folgt getreu dem griechischen Satzbau:

In quibus hoc. Observans septem episcoporum sanctorum virorum visitationem, ..., paulo minus fecit eum excedere a proposito suo. Episcopi autem ... egredientes, non deduxit eos nec passum pedis. Dicunt ei ministri, id est diaconi:

Cap. 16.6:

sive provisione dei sive daemonis temptatione

Für den griechischen Ausdruck ἐκ θεοῦ προνοίας (Syr: „par la volonté de Dieu") bieten die lateinischen Handschriften unterschiedliche Übersetzungen an: *visitatione dei* (**A**), *visione dei* (**S** *a.c.* **M**, *visionem dei* **H**), *iussione dei* (**S** *p.c.*), *providentia dei* (β). Als Ursprungslesart, aus der sich alle hier angeführten Varianten ableiten lassen, bietet sich *provisione* an, wie es in Lat. II neben *providentia* mehrheitlich überliefert wird. Zur Unterstützung dieser Konjektur kann eine Stelle aus dem ersten Prolog (§5) herangezogen werden: *provisioneque sanctorum patrum*; die der Übersetzung zugrundeliegende griechische Formulierung lautet auch hier: καὶ προνοίᾳ τῶν ἁγίων πατέρων.

Cap. 16.9:

eidem panes porto et alia, quibus a quodam fratres pascuntur

Diese etwas vage Aussage scheint die von den α-Handschriften gemeinsam überlieferte Lesart zu sein[39]; β benutzt mit *quia ipse frater tuus agapen facturus est* ein griechisches Lehnwort[40] und übersetzt den von α sehr frei

---

38 Die griechische B-Fassung entspricht dem G-Text in der Struktur.

39 Auch der von **H** gebotene Text *quia quodam fratres pascuntur* könnte über *qui a quodam fratres pascuntur* auf dieser Lesart beruhen.

40 *Agape* in der Bedeutung *„dona vel epulae"* ist schon bei Tertullian als terminus belegt: s. ThLL I 1266, 58-78. Zur Bedeutungsentwicklung des Wortes s. Mohrmann, S. 74 ff. und L. Th. A. Lorié S. J., Spiritual Terminology in the Latin Translations of the Vita Antonii (with reference to fourth and fifth century monastic literature), LCP 11, Nijmegen 1955, S. 18 f.

wiedergegebenen Satz ἐπειδὴ ἀγάπη ἐστὶ τοῦδε τοῦ ἀδελφοῦ wörtlicher neu. Noch enger an der griechischen Vorlage, allerdings mit einem lateinischen Begriff für griech. ἀγάπη, ist Lat. II: *propter quod convivium fratris ipsius est*. Es hat den Anschein, daß der Übersetzer in Version Ia den griechischen Genitiv τοῦδε τοῦ ἀδελφοῦ als Gen. obiectivus gedeutet und gleichzeitig verallgemeinert hat, während der Verfasser von I den Genitiv als subjektiven verstanden hat.

Eine dritte Möglichkeit der Interpretation kommt in der syrischen Übersetzung zum Ausdruck; hier geht es speziell um die Totenfeier für einen verstorbenen Bruder: „je transporte du pain au désert pour la commémoration de notre frère un tel" (R1, + „qui est mort" R2); „je transporte du pain pour tel frère qui a un repas-funéraire" (R3). Der griechische Text läßt tatsächlich mehrere Deutungsmöglichkeiten zu; die Übersetzung von **α** ist allerdings zu weit von dem Bedeutungsspektrum des Wortes ἀγάπη entfernt.

Cap. 17.5:

ut non posset incolumis vel una sola pars eius corporis inveniri, ne in tali quidem spatio, quod unus alicuius digitus occuparet

Die Handschriften überliefern geschlossen den unverständlichen Ausdruck *una hora pars*; in **M** ist *hora* ausradiert, von Rosweyde wurde es weggelassen. In der griechischen Vorlage gibt es keinen Hinweis auf eine zeitliche Konnotation (etwa: „kein Teil seines Körpers war auch nur einen Moment lang ohne Krankheit" o. ä.):

> ... ὡς μὴ εὑρεθῆναι εἰς τὸ σῶμα αὐτοῦ ἀκέραιον τόπον ἐν ᾧ τις δάκτυλον πήξει.

Die paläographisch am leichtesten zu rechtfertigende Erklärung ist eine Verschreibung von *hora* aus *sola*. Die stark betonende Junktur *unus solus*, für die sich auch Parallelen in der Vulgata finden[41], ist der Aussageabsicht dieser Stelle auch angemessen[42].

Cap. 17.13:

itaque a nullo umquam, si voluisset, <posset> videri

Die von den Handschriften tradierte und auch von Rosweyde übernommene Formulierung *itaque* (*ita ut* **NF**) *a nullo umquam se voluisset videri* ist syntaktisch nicht zu halten. Der einzig mögliche Sinn dieses Satzes wäre

---

[41] Z. B. 3 Esr. 4,7 (*et ipse unus solus*) und 4 Esr. 7,8 (*semita autem est una sola inter eos posita*).

[42] Eine häufig belegte Junktur ist auch *unus aliquis* (s. ThLL I 1612, 31-55); der an dieser Stelle am besten passende terminus technicus wäre *sincerus*. Beide Lösungen ließen sich allerdings paläographisch weniger gut begründen als die Konjektur *sola*.

der kausale, der aber an der Konjunktion *itaque* scheitert[43]. Die konsekutive Variante der Handschriften **N** und **F** ist wegen des Tempus ebenfalls keine akzeptable Lösung. Bei der von **M** *p.c.* gebotenen Lesart *ita a nullo umquam se volebat videri* handelt es sich um eine nachträgliche Verbesserung. Der griechische Text sowie die syrische und die zweite lateinische Übersetzung liefern keine Anhaltspunkte:

Gr: καὶ οὐδεὶς αὐτὸν εὕρισκε. (*idem* Syr)

Lat. II: *et nemo eum inveniebat.*

Die Stelle kann geheilt werden, wenn man *se* als Verlesung von *si* betrachtet und einen durch das Homoioteleuton bedingten Ausfall von *posset* nach *voluisset* annimmt; in *itaque* (= *et ita*) ist dann die Fortsetzung des *ut*-Satzes zu sehen.

Ansätze zu dieser Lösungsmöglichkeit finden sich in zwei Handschriften der Version I aus dem 15. Jh.: *ita ut a nullo umquam posset videri* (Cod. Napoli, Bibl. Orat. XXII pil IV 4, a. 1432) und: *ita quod a nullo umquam si voluisset potuisset videri* (Cod. Firenze, Bibl. Med. Laur. Fes. 34, a. 1464).

Cap. 18.4:

Vici ergo, quantum ad me pertinet; naturae vero, quae exigebat usum debitum, cessi.

In α, das an dieser Stelle nur aus **S** und **M** besteht, ist *naturae* an die Stelle eines Akk.-Objekts zu *Vici* gerückt und zu *naturam* umgeformt worden; *vero* ist danach ausgefallen. β hat den zweiten Teil korrekt bewahrt, die Stelle des Akk.-Objekts zu *Vici* jedoch mit *somnum* ausgefüllt. Da ein solches Objekt aber sowohl im Griechischen (καὶ τὸ μὲν ὅσον ἐπ᾽ ἐμοὶ ἐνίκησα· τὸ δὲ ὅσον ἐπὶ τῇ φύσει τὴν χρείαν ἐχούσῃ τοῦ ὕπνου παρεχώρησα.) als auch im Syrischen („Moi j'avais vaincu conformément à mon propos, mais la nature du corps avait été vaincue et je lui avais donné son besoin.") fehlt – die Version Lat. II hat *me* als Objekt –, sollte man auch im lateinischen Text den intransitiven Gebrauch von *Vici* halten; man kommt also mit der Änderung von *naturam* in *naturae* und der Wiedereinfügung von *vero* aus, ohne das Objekt *somnum* aus β übernehmen zu müssen.

Cap. 18.14:

Alia cella angustior erat, in qua pedes suos extendere non valeret, alia latior, ad quam ad se venientes suscipiebat.

Der Teil von *in qua* bis *alia latior* fehlt in α; er ist jedoch im Griechischen, Syrischen und in der Übersetzung Lat. II vorhanden. Dazu wird er sowohl vom Sinn – es handelt sich um eine Besucherzelle, die nicht zu klein

---

[43] Das Material des Thesaurus enthält auch in den Addenda keine Belege für *itaque* mit Konjunktiv (Brief von Herrn G. Eder an Herrn Dr. R. Heine vom 12.07.90).

sein kann – als auch von der Antithese *angustior – latior* gefordert. Hier liegt also eine der Stellen vor, an denen **α** mit Hilfe von **β** ergänzt werden muß. Da diesem Satz schon eine längere Aufzählung der verschiedenen Zellen des Macarius vorausgeht, ist es gut vorstellbar, daß ein Abschreiber von *angustior erat* direkt zum zweiten Relativsatz *ad quam ad se venientes suscipiebat* gesprungen ist.

Cap. 18.19:

udatos ille de arboribus dactulorum cortices tenens sic cum omni multitudine in uno angulo stabat

udatos ist handschriftlich nicht überliefert; **A** und **M** schreiben *ut ad os*, **S** und **β** lassen das Wort aus. Die Variante *ut ad os* ist nicht sehr überzeugend, es sei denn, man sieht in der Formulierung *ut ad os ... cortices tenens* die Beschreibung einer ausgefallenen Askesepraxis, bei der die Feuchtigkeitsaufnahme nur über Palmblätter oder -rindenstücke geschieht. Wahrscheinlicher ist es aber, eine Vertauschung von d und t und falsche Worttrennung anzunehmen. Damit würde auch der griechische Text wiedergegeben:

βρέξας οὖν θαλλοὺς τοὺς ἐκ φοινίκων εἰς πλῆθος ἔστη ἐν γωνίᾳ μιᾷ

Syr R1: „se trempa des feuilles de dattier pour le travail et il se tint debout dans un coin de la maison“

R3: „se trempa des feuilles de palmiers, une quantité, et se tint debout dans un coin“

Dieselbe Situation wird in dem Parallelbericht dieser Episode in Cap. 22 geschildert. In Paragraph 9 wird mitgeteilt, daß Antonius Paulus beauftragt, aus nassen Palmblättern oder -rinden Seile zu flechten, und auch dort heißt es: *Udatas igitur palmas aqua vel cortices dactulorum obtulit ei, ut intexeret funes, sicuti et ipse faciebat* (Gr: καὶ βρέξας θαλλοὺς λέγει αὐτῷ· ...).

Die Wendung *cum omni multitudine*, die die Vorstellung suggeriert, Macarius stehe mit allen Mitbrüdern in einer Ecke, ist die ungeschickte Übersetzung des auf die θαλλοί bezogenen εἰς πλῆθος mit falscher Zuordnung zu *stabat*.

Cap. 18.26:

cuius totum caput adeo exesum et consumptum erat illa valitudine, quae carcinus nominatur, ut nudum os verticis videretur

Die von den **α**-Handschriften gebotenen Lesarten sind offensichtliche Verschreibungen: *nuditas verticis* **A** *p.c.*, *nuntinum verticis* **S**, *nuntius verticis* **M**, wobei in **M** der gesamte Nebensatz *ut – videretur* expungiert ist. **β** überliefert ein sehr verständliches *os etiam verticis*, koniziert man aber *nudum os verticis*, so bewahrt man die größtmögliche Nähe zu den in **α** belegten Varianten, besonders zu dem in **A** stehenden *nuditas*. Denkbar wäre auch *ipsum os verticis*, das in Lat. II erscheint (*capitis ... eius ipsa ossa*) und Gr (αὐτὸ τὸ ὀστέον ἀπὸ τῆς κορυφῆς) sowie Syr („l'os lui-même de sa tête") genau entspräche. Eine solche Konjektur wäre jedoch paläographisch weiter vom vorhandenen Variantenmaterial entfernt.

Cap. 19.1/2:

cuius et hoc inter latrocinia eius factum memorabatur: Pastorem quendam [qui] in re quadam una cum canibus suis [morabatur] nocte ei inpedimento fuisse.

Die Aussage über den Hirten: *qui in re quadam una cum canibus suis morabatur* ist nur schwer verständlich und hat daher Korrekturen des Wortes *re* veranlaßt: *regione* in **C** und dem mit ihm verwandten Exzerpt **W**, *rure* in **M**. Wie aus dem griechischen Wortlaut hervorgeht, muß es sich jedoch bei *re* um die korrekte Lesart handeln: ὅτι ποιμένι τινὶ ἐμνησικάκησέ ποτε παρεμποδίσαντι αὐτῷ εἰς πρᾶγμά τι μετὰ τῶν κυνῶν ἐν νυκτί· Hieraus wird auch deutlich, daß *in re quadam* zu *ei inpedimento fuisse* zu ziehen ist und einen der Raubzüge des Moyses bezeichnet, der an der Anwesenheit des Hirten zu scheitern droht[44]. Genau diese Aussage erhält man durch Athetese von *qui* und *morabatur* wieder: Letzteres kann durch Dittographie des in kurzem Abstand vorausgegangenen *memorabatur* in den Text geraten sein und das Pronomen *qui* zur Vervollständigung des neu entstandenen Satzes nach sich gezogen haben. Da die Wendung *in re quadam* nun ihrer ursprünglichen Funktion beraubt war, hat der Verfasser der Version I im lateinischen Text eine Entsprechung zu εἰς πρᾶγμά τι vermißt und diese nach Gr B mit *ad scelestum eunti negotium* erneut hinzugefügt.

Cap. 19.4:

ut etiam daemonem malorum consortem suorum, qui a prima cum eo aetate peccasset, ad cognoscendum adduceret Christum et eminus conlocaret

Die Aussage, daß ein Dämon nicht wie sonst besiegt, sondern bekehrt wird, ist rätselhaft. Butler bemerkt dazu[45]: „I am unable to illustrate or explain this curious piece of demonology". Bartelink verweist in einer

---

[44] Daß Teile des griechischen Textes in der lateinischen Übersetzung an eine syntaktisch unlogische Stelle rücken, ist in der HL häufiger zu beobachten; vgl. z. B. Cap. 65.2: *Quam eo tempore, cum apud paganum iudicem quendam tunc persecutio vesana flagraret, veluti diis ipsorum sacrilegisque temporibus atque idolis conviciantem nonnulli criminibus appetebant.* Der Wortlaut des Griechischen (ταύτην κατ' ἐκεῖνο καιροῦ διέβαλον τῷ τότε δικάζοντι Ἕλληνι ὄντι κατὰ τὸν καιρὸν τῶν διωκτῶν, ὡς βλασφημοῦσαν ...) macht deutlich, daß das Stück *apud paganum iudicem quendam* zu *Quam ... nonnulli criminibus appetebant* und nicht in den *cum*-Satz zu ziehen ist. – Zu weiteren falschen Zuordnungen, besonders an der Satzgrenze, s. Kapitel B3 a).

[45] II, S. 198, Note 34.

Anmerkung[46] auf eine metaphorische Deutung Lucots: „Il Lucot vi vede invece una metafora: si tratterebbe delle cattive inclinazioni di Mosè“[47]. In dieselbe Richtung geht eine Erklärung Draguets, der für einen übertragenen Gebrauch des Wortes Parallelen aus der HL und aus Werken des Evagrius anführt[48]. J. Laager[49] übersetzt die Stelle so, als handele es sich bei dem Dämon um einen konkreten Räubergenossen des Moyses: „..., daß er seinen Genossen bei den Missetaten – seinen bösen Geist und Mittäter von Jugend auf – gänzlich zur Erkenntnis Christi führte“[50]. Ähnliches scheint Rosweyde mit seiner Konjektur des Eigennamens *Clemonem*[51] ausdrücken zu wollen[52]. Auch die Variante *hominem* der Handschriften **Z** und **W** kann man in diesem Sinne deuten. Die Überlieferung des Griechischen (τὸν ... δαίμονα) und Syrischen („le diable“) unterstützt jedoch eindeutig die Lesart *daemonem*.

Auch die Fortsetzung im lateinischen Text ... *et eminus conlocaret* ist unklar und beruht offenbar auf einem Mißverständnis der griechischen Vorlage:

ὡς καὶ αὐτὸν τὸν συμπράκτην αὐτοῦ τῶν κακῶν ἐκ νεότητος δαίμονα τὸν αὐτῷ συναμαρτόντα ἄντικρυς εἰς ἐπίγνωσιν ἀγαγεῖν τοῦ Χριστοῦ.[53]

Die Hauptschwierigkeit liegt in der Deutung der Formulierung ἄντικρυς ... ἀγαγεῖν. Eine Möglichkeit wäre die Annahme, daß eine Antithese ausgedrückt werden soll: Nachdem der Dämon früher Moyses zu Übeltaten angestiftet hat, führt ihn nun „umgekehrt“/„seinerseits“ Moyses zur Erkenntnis Christi. Der LSJ führt als erste Übersetzung für ἄντικρυς an: „straight on, right on“. Hiermit wäre also zu verstehen, daß Moyses den Dämon „geradewegs“ zur Erkenntnis Christi geführt habe – eine Auffassung, der Laager mit seiner Übersetzung „gänzlich“ nahekommt. Weitere

---

46 S. 342, Anm. 26.

47 Lucot verwirft die Interpretation Butlers und vermutet stattdessen „une apposition métaphorique“; er übersetzt die Stelle: „... qu’ il amena publiquement à la connaissance supérieure du Christ le complice de ses méfaits, démon depuis sa jeunesse, qui avait péché avec lui“.

48 Draguet, L’Histoire Lausiaque, d’esprit évagrien, Teil 1, S. 361, Nr. 119: „En fait, δαίμων est pris au sens figuré, comme c’est clairement le cas, d’ailleurs, dans deux autres passages: HL, 3069: δαίμονας αὐτοὺς ἀπεργάζεται ἡ ὑπερηφανία, et HL 3361: νοῦς ἀποστὰς θεοῦ ἐννοίας ἢ κτῆνος γίνεται ἢ δαίμων. ...“.

49 S. 106.

50 Fast genauso lautet schon die Übersetzung Krottenthalers, S. 46: „..., daß er sogar einen Genossen, der von Jugend auf an seinen Untaten teilnahm, zur Erkenntnis Christi führte“. Krottenthaler setzt diesen Satz in eckige Klammern.

51 Diese Deutung ist paläographisch möglich, weil in handschriftlicher Überlieferung ein d oft nicht von einem eng zusammengeschriebenen cl zu unterscheiden ist.

52 Er schlägt in Anm. 11 (PL 74, 395 D) sogar vor, die griechische Lesart δαίμονα in κλήμονα zu emendieren.

53 Der Text ist nur in Gr B überliefert.

Bedeutungen des Wortes ἄντικρυς sind lt. LSJ: „outright, openly, without disguise" und die schon bei Aristoteles nachweisbare Verwendung im Sinne von ἀντικρύ, d. h. „opposite". Beide Aspekte kommen in der „Übersetzung" der Stelle[54] von L. Leloir zum Ausdruck: „... que le diable, celui qui l'excitait depuis sa jeunesse et le faisait pécher, luttait contre lui à découvert: Moïse le voyait. C'est ainsi qu'il parvint à la connaissance du Christ."

eminus als Ausdruck der Militärsprache[55] enthält zwar die Bedeutung des Gegnerischen, Feindlichen, ist aber in diesem Zusammenhang weniger passend, als es der Gegenbegriff *comminus* wäre – es sei denn, man versteht *eminus conlocare* abweichend vom Griechischen etwa als „in die Flucht schlagen". Vielleicht wollte der Übersetzer jedoch mehr das Sichtbarwerden des Dämons für den Mönch betonen[56] und verwechselte *eminus* mit *eminens* oder benutzte das Wort in diesem Sinne: Immerhin gibt es das Deminutiv *eminulus* in derselben Bedeutung[57].

Cap. 19.6:

propter priorem eius conversationem rationem hanc tamen suis sensibus colligebant:

SM und **β** geben den griechischen Begriff μεταβολή (Syr: „pénitence") mit dem leicht verständlichen Wort *conversio* wieder: Gemeint ist ja die vorausgegangene Bekehrung des Räubers Moyses[58]. *conversationem* könnte also einfach eine durch das nachfolgende *rationem* ausgelöste Verschreibung sein. Unter den vielfältigen Bedeutungen des Lemmas *conversatio* gibt jedoch der ThLL gleich zu Beginn die Bedeutung *„i. q. conversio"* an[59]. Die dort zusammengestellten v. a. aus christlicher Literatur stammenden Belege untersucht H. Hoppenbrouwers in einem Aufsatz über die Bedeutungs-

---

[54] S. 74. Da Draguet die Überstzung des syrischen Textes mit fast denselben Worten formuliert – neben anderen kleinen Abweichungen heißt es bei ihm nicht „luttait ...", sondern „se dressait contre lui" – und Leloir die Rezensionen Draguets benutzt hat (S. 22/23: „Les diverses recensions syriaques de Draguet ont été utilisées, selon des critères de vraisemblance et de clarté, sans spécifier lesquelles, ..."), scheint seine Übersetzung der vorliegenden Stelle eher auf Draguets Übersetzung aus dem Syrischen als auf dem griechischen Text selbst zu beruhen. Für eine direkte Übersetzung aus dem Griechischen wäre seine Wiedergabe auch zu frei.

[55] S. ThLL V 2, 496, 55-497, 3.

[56] Vgl. Draguet, Vol. 390, S. 109, Anm. 3,1: „L'apparition du diable est un thème des récits monastiques." – Bartelink übersetzt ἄντικρυς mit „apertamente", verbindet es aber mit εἰς ἐπίγνωσιν ... τοῦ Χριστοῦ: „... a riconoscere apertamente il Cristo".

[57] S. ThLL V 2, 496, 34-46 („*fere i. q. eminens*").

[58] Auch Cassian (conl. 3,5,2) berichtet von der Bekehrung des Moyses mit den Worten: *necessitatem conversionis adripuit.*

[59] IV 850, 54-70.

nuancen und Verwendungsweisen des Begriffs *conversatio*[60]. Er kommt zu dem Ergebnis, daß *conversatio* in der inchoativen Bedeutung „Reue", „Bekehrung" und konkreter „Hinwendung zum Mönchtum" ein sehr künstliches Produkt ist und ausschließlich in Übersetzungsliteratur aus dem Griechischen auftritt (S. 58): „Il s'agit plutôt d'un phénomène artificiel que l'on ne rencontre que sous la plume des traducteurs. ... Or, ce verbe est absolument artificiel; il est extrêmement rare et s'explique soit comme traduction du grec, soit – une fois chez Sénèque – par raison d'euphonie. ... On peut se demander, enfin, si ce *conversatio* n'a pas figuré dans certains lexiques grec-latins, employés par les traducteurs de l'Antiquité."

Geht man von der üblicheren – durativen – Bedeutung „Lebensweise" aus, so ließe sich *conversatio* in Verbindung mit *prior* auch als die frühere verwerfliche Lebensweise des Moyses verstehen, die seinen Sinneswandel nur umso bewunderungswürdiger erscheinen läßt. Die griechische Vorlage lenkt das Verständnis allerdings eher in die Richtung einer als *conversio* verstandenen *conversatio*.

Cap. 19.9:

... *quinquaginta faciens orationes. Cumque his modis consumpsisset universum diem*

Die Aussage in β lautet mit *Cumque his modis suum consumpsisset corpusculum* ganz anders, ebenso in Lat. II (*tabefaciens corpus suum*). Die Erklärung für diesen Widerspruch liegt im Griechischen: πεντήκοντα προσευχὰς ἐκτελῶν (+ τὴν ἡμέραν TB). κατατήξας οὖν αὐτοῦ τὸ σωμάτιον ...

Durch falsche Zuordnung hat der lateinische Übersetzer die adverbiale Zeitbestimmung τὴν ἡμέραν als Objekt zu κατατήξας gezogen, vielleicht hörte der Satz in seiner Vorlage damit sogar auf. Der Bearbeiter der Ia-Fassung kontrollierte den ihm vorliegenden Text vermutlich am Griechischen und ersetzte *universum diem* durch das korrekte Objekt *suum ... corpusculum*.

Cap. 19.10:

quod ita mihi semper insomnis obscuratur animus sensusque turbatur, a quibus voluptatis expertae memoria non recedit

Das Verständnis dieser Stelle[61] hängt in erster Linie von der Interpretation der Wörter *expertus* (aktiv „erfahren"/„geübt in" oder passiv „erfahren"/„erlebt"?) und *memoria* („der Verstand/das Gedächtnis" oder „die

---

[60] „Conversatio". Une étude sémasiologique, in: GLCP, Suppl. Fasc. 1, Nijmegen 1964, S. 45-95, bes. S. 53-58.

[61] Das griechische κατὰ συνήθειαν ἡδονῆς trägt nicht viel zur textkritischen Entscheidung im Lateinischen bei. Die Wendung ist in β mit *secundum pristinam consuetudinem* schon annähernd übersetzt worden.

Erinnerung an etwas"?) ab. Die tradierten Lesarten lassen verschiedene Deutungen zu:

Die Formulierung des β-Textes (... *et a voluptatibus carnis experta memoria non recedit*) bereitet wie gewohnt keine Schwierigkeiten: Der in fleischlichen Genüssen erfahrene Verstand kann sich noch nicht von den in den Traumbildern erscheinenden Annehmlichkleiten losreißen. Die Varianten der α-Handschriften sind problematischer:

- *a quibus voluptatibus expertae memoria non recedit* **C** *a.c.* **A** *a.c.* **Z M** *a.c.* – Mit *voluptatibus* sind die *insomnia* gemeint, als Beziehungswort zu *expertae* muß m. E. noch einmal *voluptatis* ergänzt werden; *memoria* hätte dann die Bedeutung „Erinnerung".
- *a quibus voluptatibus experta memoria non recedit* **C** *p.c.* **M** *p.c.* – Da die Annahme eines isoliert stehenden *experta* unwahrscheinlich ist, scheint *voluptatibus experta* zusammenzugehören und mit *memoria* entweder den „an Vergnügungen gewöhnten Geist" oder die „durch Vergnügungen erworbene Erinnerung" zu meinen.
- *atque a voluptatibus expertis memoria non recedit* **W** – Hier ist keine direkte Verbindung zu den *insomnia* ausgedrückt; die nicht näher charakterisierte *memoria* wird wohl eher das Gedächtnis als Sitz der Erinnerungen sein als die Erinnerung selbst.
- *a quibus voluptatibus expertis memoria non recedit* **A** *p.c.* – Bis zu *expertis* werden die Träume bezeichnet; für die Bedeutung von *memoria* gilt das zu Handschrift **W** Gesagte.
- *a quibus voluptatis expertae memoria non recedit* **S** – Unter *voluptatis expertae memoria* ist soviel wie „die Erinnerung an das erlebte Vergnügen" zu verstehen. Diese Lesart scheint mir die plausibelste zu sein, zumal die Form *voluptatibus* leicht durch Angleichung an *quibus* entstanden sein kann. Vom Sinn her wird die *voluptas* eher zur Beschreibung der *memoria* als zur zusätzlichen Bezeichnung der *insomnia* gebraucht.

Cap. 19.14:

cum venisset illuc quidam ad vas, quod portabat, implendum

Vergleicht man die verschiedenen α-Lesarten, in denen durchweg *abbas* das Subjekt ist, mit dem griechischen, syrischen und lateinischen Text der Version II, so fällt auf, daß sich nirgendwo eine Entsprechung zu der α-Variante findet:

Gr: ἐλθών τις ἀντλῆσαι ὕδωρ (*idem* Syr)

Lat. II: *veniens quidam haurire aquam*

Dazu wirkt die Junktur *quidam abbas* als Bezeichnung für den Abt eines Klosters störend; in **C** und **W** scheint *quidam* aus diesem Grund ausgelassen worden zu sein.

Die syntaktisch unvollständige in **M** vor der Korrektur stehende Lesart *quidam abbas quod portabat implendum* kommt dem ursprünglichen

Wortlaut noch am nächsten; die Ergänzung des Objekts *vas* an verschiedener Position in **W**, **S** und **M** *p.c.* führt schon von der Ursprungslesart weg. Aus dem unbefriedigenden *abbas* läßt sich ohne große Mühe ein verschriebenes *ad vas* wiederherstellen. Diese Verlesung ist paläographisch äußerst naheliegend und wird darüberhinaus durch den Erfahrungshorizont des Schreibers begünstigt.

Der Verfasser der Rezension I muß einen bereits verschriebenen Ia-Text vorgefunden haben: Er hat *abbas* anhand von Gr B in *monachus* korrigiert und im übrigen die Stelle mit *ad hauriendam aquam* neu übersetzt.

Cap. 19.17:

Tantam autem hic ipse adversum daemones gratiam dei meruit, ut minus quam nos a muscis ille a daemonibus terreretur.

Die logisch korrekte Formulierung dieses Sachverhalts ist nicht in der gesamten Überlieferung erhalten geblieben. Prinzipiell gibt es zwei Ausdrucksmöglichkeiten – entweder: *ut magis nos a muscis quam ille a daemonibus terreretur*[62] oder: *ut minus quam nos a muscis ille a daemonibus terreretur.* Für die erste Möglichkeit, die von **S** *p.c.* bezeugt wird, spricht die Tatsache, daß das *quam* vor *ille* ein konstanter Bestandteil der handschriftlichen Überlieferung ist[63], und außerdem die Übereinstimmung mit Gr (ὡς τὰς μυίας ταύτας ἡμᾶς φοβεῖσθαι μᾶλλον ἢ ἐκεῖνον τοὺς δαίμονας), **β** (*ut amplius nos a muscis quam ille a daemonibus terreretur*) und Lat. II (*ut muscas nos magis timeamus quam ille daemones*). Die überwiegende Bezeugung des Anfangs *ut minus quam* ... in **α** läßt jedoch eher darauf schließen, daß der Übersetzer die zweite Ausdrucksweise gewählt hat, die dann während der Überlieferung mit der ersten vermischt wurde. Dieser Verdacht wird dadurch bekräftigt, daß das Exzerpt **W**, das auch andere richtige Lesarten bewahrt – darunter die wichtige Formulierung *ad ecclesiam* in §5 dieses Kapitels[64] –, die Textstelle ohne das zweite *quam* schreibt.

Der **β**-Text stellt offensichtlich eine Korrektur am griechischen Text dar, die von dem überflüssigen *quam* ausgeht und deshalb nicht die ursprüngliche Ia-Lesart zurückgewinnt.

Cap. 21.2:

aliquando post decem, aliquando etiam post viginti, interdum post quinque dies

Dieser **β**-Text stimmt mit dem Griechischen überein:

---

[62] Obwohl man hier eher *terreremur* erwartet, ist die Attraktion der Person an das nächststehende Subjekt möglich.

[63] Auch das *cum* in Handschrift **Z** ist ein Beweis dafür, daß diese Position des Satzes besetzt war.

[64] S. Kapitel E1 a) β).

ποτὲ μὲν διὰ δέκα, ποτὲ δὲ διὰ εἴκοσι, ποτὲ δὲ διὰ πέντε ἡμερῶν

Obwohl β die Stelle aus dem Griechischen neu übersetzt haben kann, muß man auch damit rechnen, daß α ursprünglich den vollständigen Wortlaut gehabt hat, von dem die erhaltenen Handschriften nur Reste überliefern:

aliquando etiam post viginti dies **C S**

post decem aliquando, aliquando etiam post viginti dies **M**

Ähnliche Unterschiede im Textumfang zwischen den syrischen Rezensionen lassen auf einen schlechten Zustand der griechischen Vorlage schließen:

R1: „parfois à dix et parfois à vingt jours“

R3: „une fois en cinq ou dix ou vingt jours“

Cap. 21.16:

Cum autem <didicisset Aegyptios venisse>, dixi[sse]t illi sanctus Antonius: „Fac illis lenticulam et sumant cibum.“, <et> una cum eis oratione conpleta iubebantur abscedere. At cum Hierosolimitas venisse didicisset, per totam cum ipsis noctem sedens ea illis, quae saluti eorum proficerent, loquebatur.

Durch einen Fehler im Archetyp der gesamten lateinischen Überlieferung hat sich die vom Kontext geforderte – und in Gr, Syr und Lat. II vorhandene – Antithese zwischen den *Aegyptii* und den *Hierosolimitae* verschoben; das *At* hat in der tradierten Textform (*Cum autem dixisset ... – At cum Hierosolimitas venisse didicisset ...*) keine Berechtigung mehr. Der Text, den Rosweyde aus dem Codex „Moretianus“[65] übernommen hat (*Cum autem didicisset Aegyptios venisse dixissetque illi ...*), stellt den parallelen Aufbau der Stelle wieder her und bietet gleichzeitig durch die Ähnlichkeit zwischen *didicisset* und *dixisset* eine Erklärungsmöglichkeit für den Ausfall des ersten Teils an.

Allerdings ist auch die „Moretianus“-Lesart logisch nicht völlig befriedigend: Das *dixissetque*, mit dem die Reaktion des heiligen Antonius auf die Mitteilung, es seien Ägypter gekommen, ausgedrückt wird, sollte richtiger das Prädikat des Hauptsatzes sein als den *cum*-Satz fortsetzen, wie es auch in Gr (..., ἔλεγε πρὸς αὐτὸν ὁ ἅγιος ᾽Αντώνιος· ...), Syr („..., il lui disait: ...“) und Lat. II (..., *iubebat beatus Antonius, ut* ...) der Fall ist. Mit dieser Überlegung käme man zu einer ursprünglichen lateinischen Formulierung wie: *Cum autem didicisset Aegyptios venisse, dixit illi sanctus Antonius: ...*; das zweite Prädikat *iubebantur* müßte dann wie in Lat. II durch *et* o. ä. mit dem ersten verbunden werden. Den weiteren Hergang der Textverderbnis könnte man sich so vorstellen, daß *dixit* zunächst irrtümlich als *dixisset* an *didicisset* angeglichen wurde und später entweder

[65] Cod. Bruxelles, Bibl. Roy. 7462-81 (s. XII/XIII); s. Kapitel E3.

durch Haplographie den Teil *didicisset Aegyptios venisse* verdrängt hat (wie in **α** und **β** geschehen) oder mit Hilfe eines *-que* an *didicisset* angeschlossen wurde; die Lesart des „Moretianus" wäre damit als Ergebnis einer Korrektur zu betrachten.

Es ist jedoch auch nicht auszuschließen, daß die Auslassung schon auf den lateinischen Übersetzer zurückgeht, der im griechischen Text von ἔλεγεν αὐτῷ zu ἔλεγε πρὸς αὐτὸν gesprungen sein kann:

ὅτε μὲν ἔλεγεν αὐτῷ· Αἰγύπτιοί εἰσιν, ἔλεγε πρὸς αὐτὸν ὁ ἅγιος Ἀντώνιος· Ποίησον φακὸν καὶ δὸς αὐτοῖς φαγεῖν· καὶ ἐποίει αὐτοῖς εὐχὴν μίαν, καὶ ἀπέλυεν αὐτούς. ὅτε δὲ ἔλεγεν ὅτι Ἱεροσολυμῖταί εἰσιν, ἐκάθητο διὰ πάσης νυκτός, λαλῶν αὐτοῖς τὰ πρὸς σωτηρίαν.

In diesem – nicht nachweisbaren – Fall, gegen dessen Wahrscheinlichkeit allerdings die Konstruktion im Syrischen und in der zweiten lateinischen Übersetzung spricht, wäre der Text der lateinischen Überlieferung beizubehalten.

Cap. 21.17:

ipse in tenebris propria voce suo illum nomine ter vocavit

Die Überlieferung ist hier nicht zwischen **α** und **β**, sondern innerhalb der beiden Gruppen gespalten: Die Mehrzahl der Handschriften hat *sua*, nur **A** *p.c.* **S** *p.c.* **VB** bieten *suo*. Die Verbindung von *sua* mit *propria voce* würde dem sonstigen Sprachgebrauch in der HL zuwiderlaufen[66]; außerdem stünde dann *nomine* zu isoliert. *suo illum nomine* ist dagegen der Aussageabsicht dieser Stelle eher angemessen: Die prophetische Gabe des Antonius erweist sich gerade darin, daß er den Namen des Eulogius kennt, bevor er mit diesem zusammengetroffen ist. Mit dieser starken Betonung auf dem Namen wäre auch eine dem griechischen Text adäquate Formulierung gegeben: σκοτίας οὔσης φωνεῖ καὶ λέγει· Εὐλόγιε, Εὐλόγιε, Εὐλόγιε, ἐκ τρίτου.

Cap. 21.21:

Ne quis vestrum quoquam se vertat

Der von **α** an dieser Stelle gebotene Text *Ne quis verbum quodquam dicat* ist als Entsprechung zu der griechischen Anweisung Μὴ περιστραφῆτε μηδαμοῦ, ἀπέλθετε· (*sim.* Syr) nur schwer zu halten. Dazu steht er in seiner Gestalt dem **β**-Text so nahe, daß man ihn leicht als Verschreibung aus der von **β** hier bewahrten Fasssung betrachten kann: Zuerst muß *vestrum* zu *verbum* verlesen worden sein, *quodquam* und *dicat* haben sich danach als „Folgefehler" eingestellt. Mit *quoquam* ist in **A** *a.c.* und **S** noch die Vorstufe zu der endgültigen **α**-Lesart erhalten geblieben.

---

66 Vgl. oben (S. 231 f.) die Besprechung der Stelle Prol.II.8.

Cap. 21.23:

ut ad illum occurreret diem, qui unius quidem quadragesimus, alterius autem tertius celebra[tu]ri tunc a fratribus dicebatur.

Eine Emendation der in α *a.c.* tradierten Verbformen *celebraturi* (**C**, *fort.* **A**) und *celebratur* (**SM**) ist nicht einfach: Die verschiedenen Korrekturen der Handschriften (*celebrandus tunc ... dicebatur* in **A**, *celebrabatur tunc ut ... dicebatur* in **S**, Tilgung des *celebratur* in **M**) sind nachträgliche Verbesserungsversuche. Die Variante von **S** und **M**, *celebratur*, läßt sich leicht in das von β überlieferte *celebratus* korrigieren, bereitet aber aufgrund des Tempus Schwierigkeiten[67]. Vielleicht bietet eher die Lesart *celebraturi* einen Ansatzpunkt: Von hier aus ist die Konjektur *celebrari* als Wiedergabe des griechischen Infinitivs ἐπιτελεῖσθαι[68] möglich. Die Silbe *-tu-* kann durch Vermischung mit dem folgenden *tunc* in das Wort geraten sein.

Cap. 22.10:

quindecim numero, quas orgyas vocant

Die Formen *cortigias* (**A S** *a.c.*), *cortygias* (**S** *p.c.*) und *corticias* (**M**) in α scheinen aus den in §9 erwähnten *cortices* einerseits und den von β bezeugten *orgyas* oder *orgias* andererseits kontaminiert zu sein. Für die Lesart *orgyas/orgias* spricht nicht nur das griechische Wort ὀργυίας, sondern auch eine mit der hier vorliegenden identische Formulierung in Cap. 47.1, in der auch α orgyas (**C S**) bzw. *orgias* (**M**) tradiert: *septem tantummodo, quas orgyas vocant, ad putei ima descendens.* Wie dort ist wohl auch in Cap. 22 die ursprüngliche Bedeutung eines Längenmaßes (Klafter) anzusetzen und auf die fertiggestellte Seilstrecke zu beziehen[69]. Eine andere Interpretation des Begriffs *orgia* gibt Souter mit „fabric of palm-leaves“; er beruft sich dabei auf eine Stelle aus der Regula Pachomii[70], die m. E. aber nicht zwingend auf eine solche Metonymie weist. An der HL-Stelle könnten zwei Umstände das Verständnis der *orgyae* als einzelne Seilstücke von der Länge eines Klafters nahelegen: zum einen der von der griechischen Vorlage (§5: πλέξον σειράν) abweichende – vielleicht durch das nachfolgende *sicuti* hervorgerufene – Plural *funes* statt *funem*, zum andern die Formulierung *quindecim numero*; allerdings ist die Angabe *numero* nicht überzubewerten, da sie an vielen Stellen des Textes zur Erhöhung des

---

67 Ein – eher unwahrscheinlicher – Ausweg wäre die Deutung von *dicere* als liturgischer Terminus technicus im Sinne von „feiern“, „zelebrieren“ (wie z. B. in *missam dicere*), so daß *celebratus* nur noch Attribut zu *dies* wäre.

68 Vgl. Lat. II *celebrare.*

69 S. ThLL IX 2 (orgyia), 973, 74-84.

70 Hier. reg. Pachom. 177 = praecepta ac leges 1 (Ed. Boon, S. 71): *Viginti quinque orgias praepositus domus ac secundus debebunt de palmarum foliis texere, ut ad exemplum eorum operentur et ceteri.*

Eindrucks von Präzision hinzugefügt wird wie z. B. in Cap. 54.7: *ante quadringentos numero annos*.

Will man in den **α**-Lesarten *corticias* und *cortygias* keine reinen Verschreibungen sehen, sondern sie als Versuch des Übersetzers werten, die einzelnen Exemplare der zuvor erwähnten *funes* zu benennen, so können folgende Überlegungen angestellt werden: a) *corticias (= corticeas)* könnte Attribut zu einem zu ergänzenden *funes* sein, das als Femininum gut belegt ist[71]. Dagegen spricht jedoch die Tatsache, daß sowohl im direkten Kontext der Stelle (22.11: *retexuit funes eosdem*) als auch bei einer anderen Erwähnung von *funis* (Cap. 2.3: *intexebat funem quendam*) das Wort maskulin verwendet ist. b) Bei *corticias (= corticeas)* könnte es sich um eine Form eines femininen Substantivs *corticea* handeln, was der Verweis auf das italienische *corteccia* am Schluß der Artikels *corticeus* im ThLL[72] anzudeuten scheint. Der Artikel *cortéccia* in Battaglia III[73] gibt als Grundbedeutung an: „Bot. Parte esterna del fusto e della radice nelle piante vascolari" und schließt mit dem Hinweis: „= Lat. corticea, dall'agg. corticeus". Ein Beleg für ein solches Substantiv scheint allerdings weder im klassischen noch im mittelalterlichen Latein vorhanden zu sein. Außerdem wäre dessen Bedeutung vermutlich dieselbe wie die des Wortes *cortex* und daher auf die Stelle in Cap. 22 nicht anwendbar. c) In *cortigias* könnte eine – paläographisch leicht mögliche – Verschreibung von *corrigias* vorliegen, einer Bezeichnung, die man sich auch auf Seile angewandt vorstellen kann. Aber auch diese Lösung ist nicht ganz befriedigend: Bei einem solchen auf biblischem Hintergrund bekannten Wort[74] ist keine distanzierende Umschreibung mit *quas ... vocant* zu erwarten, die viel eher auf ein ins Lateinische übertragenes Fremdwort wie ὀργυία paßt.

Cap. 23.11:

neque ullo certaminis angore iam laborans

Der Genitiv *sollicitudinis* in **C**, **S** und **M** läßt sich neben *certaminis* nur schwer zuordnen. Vielleicht bewahrt **β** mit *vel sollicitudine* die ursprünglichere Form, in der man eine Glosse zu dem selteneren Wort *angor* vermuten könnte. Das Exzerpt **Z**, in dem *sollicitudinis* fehlt, repräsentiert möglicherweise den Zustand von Ia vor dem Eindringen der Doppellesart.

Cap. 24.4:

Nobis autem tam tristitia repletis quam ipsius horrore confusis cogitantibusque, quod ...

---

71 Vgl. ThLL VI 1594, 36-48; Georges, Wortformen; Neue/Wagener I, S. 1003; LHS, S. 11; Erikson, S. 5.

72 Vol. IV 1071, 26.

73 S. Battaglia, Grande dizionario della lingua italiana III (Cert-Dag), Torino 1964.

74 S. Vulgatakonkordanz.

Sowohl in α- als auch in β-Handschriften ist *cogitantibusque* oder *cogitationibusque* überliefert – mit entsprechenden Folgen für die Satzstruktur: Im einen Fall ist *tam ... repletis quam ... confusis cogitantibusque* zu verstehen, im andern *horrore confusis cogitationibusque* miteinander zu verbinden. In **S** und **M** ist *-que* getilgt worden, so daß entweder *cogitationibus* syntaktisch auf eine andere Stufe gelangt als *horrore* oder aber *confusis cogitationibus* zusammen als Ablativus absolutus zu interpretieren ist.

Die verbale Konstruktion *cogitantibusque, quod* ... + Konjunktiv wird durch eine vergleichbare Formulierung in Cap. 23.7 (*Cogitans igitur et credens, quod mihi sic pepercisset deus, ...*) schwach gestützt[75]. *Cogitatio(nes)* mit *quod* ist in der HL überhaupt nicht belegt[76], aber prinzipiell möglich[77]. Das in der griechischen Vorlage stehende Partizip σιαινομένων (bzw. λογιζομένων T) ὅτι ... spricht eher für die Partizipialkonstruktion im Lateinischen[78]. Denkbar ist, daß es sich bei *cogitationibusque* um eine Korrektur einer durch Ausfall des Nasalkürzungsstriches entstandenen Form *cogitatibusque* handelt.

Cap. 24.4:

Fortassis autem et ipsa pars corporis talibus dedi suppliciis merebatur

Der richtige Wortlaut dieser Textstelle ist von Rosweyde bereits wiederhergestellt worden. In α und β sind an verschiedener Stelle aufgrund christlicher Assoziationen, die durch den Kontext dieses Kapitels leicht hervorgerufen werden konnten, Verschreibungen eingetreten: α überliefert *de dei* für *dedi*, β spiritalibus statt *talibus*. Die Lesart von **S** talibus de dei suppliciis merebatur ist auch in syntaktischer Hinsicht nicht zu halten[79], die von **C** (*talibus puniri dei suppliciis merebatur*) und **M** *p.c.* (*talia de dei iudicio merebatur*) gebotenen Formulierungen sind dagegen eindeutig Verbesserungsversuche.

Cap. 26.5:

Hic igitur ad postremum quasi quodam exagitatus incendio in cellam quidem suam non rediit, profectus autem Alexandriae civitatem ...

Der Satz ist in α unvollständig tradiert: ... *quasi quodam exagitatus incendio in cellam quidem, profectus autem ...*

---

75 *credere* wird häufiger mit *quod* konstruiert. Für weitere Belege von *cogitare* + *quod*, v. a. in biblischem Kontext, s. ThLL III 1467, 21-32.

76 Das Wort kommt 24 mal vor und ist meist für negative Gedanken gebraucht.

77 S. ThLL III 1451, 51-56: „*seq. quod*".

78 Man muß sich jedoch bewußt sein, daß die Anlehnung an die Vorlage nicht immer auch eine Übereinstimmung in der Konstruktion mit einschließt.

79 Eventuell hat hier eine Vermischung mit der Konstruktion *mereri de* = „sich verdient machen um" stattgefunden.

C und **S** haben versucht, die Stelle mit der Korrektur *in cella*, **M** durch Tilgung von *autem* zu heilen. Die Worte *suam non rediit* aus **β** einzufügen, ist m. E. die einzige Möglichkeit, den vom Griechischen vorgegebenen Sinn wiederherzustellen:

οὗτος τελευταῖον ὡς ὑπὸ πυρὸς ἐλαυνόμενος ἐν τῇ κέλλῃ μὲν αὐτοῦ καθεσθῆναι οὐκ ἠδυνήθη· ἀπελθὼν δὲ εἰς Ἀλεξάνδρειαν ... (*idem* Syr)

Cap. 26.5:

cum mima quadam coepit loqui proprium ei vulnus insinuans. <...> pustella quaedam, quam carbunculum vocant, nata est ei in ipsis verendis

Der Text dieser Stelle ist von den Schreibern teilweise mißverstanden, teilweise wegen des anrüchigen Inhalts bewußt verändert worden; die handschriftlichen Varianten sind vielfältig. Gemeinsam ist jedoch allen Handschriften die Auslassung des Zwischenschritts, der zu der Bildung der *pustella* geführt hat und der auch in der griechischen und syrischen Überlieferung mehr angedeutet als mitgeteilt wird:

Gr: Τούτων οὕτως διαπραττομένων ...
Syr: „en faisant ces choses“ (R1)
„Les choses se faisant donc ainsi“ (R3)

Der Anschluß des zweiten Satzes in **M** *p.c.* und **β**: *Pustella enim quaedam* ... deutet auf ein Mißverständnis von *pustella* hin; die genannten Handschriften scheinen es auf *vulnus* zu beziehen, das die wörtliche, aber vermutlich unverstandene Übersetzung des griechischen Wortes ἕλκος ist: ... μιμάδι τινι συντυχὼν τὰ πρὸς τὸ ἕλκος αὐτοῦ διελέγετο. Der syrische Übersetzer hat mit „passion“ den Sinn der Stelle besser erfaßt[80].

Cap. 32.7:

aliam regulam sequens

Die hier vorliegende **β**-Lesart entspricht wie gewöhnlich dem griechischen Text (... ἄλλον ἔχοντος τύπον) mit dem einzigen Unterschied, daß dort die abweichende Regel nicht auf den Mönch, sondern auf das Kloster bezogen ist. In diesem Fall kann man jedoch annehmen, daß der von **α** gebotene Text ... *aliam illis relinquens consuetudinem vitae* zunächst aus **β** verschrieben und später von einem Bearbeiter ohne Hinzuziehung einer Vorlage „korrigiert“ worden ist – in ähnlicher Weise wie die Formulierung *accipere contra eos scutum* in Cap. 46.6, die auf einer Verlesung von

[80] Linnér diskutiert auf S. 117 f. die verschiedenen Übersetzungen der Passage und schlägt selbst die Wiedergabe des Wortes mit „Liebesplage“ vor. Die lateinische Entsprechung wäre eigentlich eher *ulcus* als *vulnus*; s. Linnér, S. 118: „Ähnlich steht im Lateinischen *ulcus*, z. B. Martialis 11,60. Forcellini VI 379 erklärt das Wort mit ‚latentem pruriginem, urticam, *obscenum Veneris sensum*, pizzicore, prurito‘“.

accipitre zu *accipere* beruht[81]: Der erste Schritt könnte die Zusammenziehung von *regulam sequens* zu *relinquens* gewesen sein, danach wurde *consuetudinem vitae* als neues Objekt eingefügt und schließlich die Stelle des Dativobjekts mit *illis* ausgefüllt[82].

Cap. 34.1:
totius illic ministerii implebat officium

Eine interessante Variante zu *ministerii* ist in einer Handschrift der Version I aus dem 15. Jh. überliefert: Cod. Firenze, Bibl. Med. Laur. Fes. 34 (a. 1464) hat anstelle des Genitivus identitatis *ministerii* die Lesart *monasterii*. Zusammen mit *totius* wäre diese auch in einer syrischen Rezension (R3: „en faisant tous les travaux du monastère") belegte Variante sehr sinnvoll[83]. Sie ist v. a. deshalb erwägenswert, weil die Möglichkeit der Verwechslung von *monasterium* mit *ministerium* besteht[84].

Cap. 34.10:
gravarique se credens excusationibus singulorum

Für das in α *a.c.* und in zwei β-Handschriften bezeugte *singulorum* gibt es verschiedene Erklärungsmöglichkeiten: Entweder hat der Übersetzer aus den Augen verloren, daß die Entschuldigungen von Frauen vorgebracht werden, oder er benutzt die maskuline Form als Femininum[85], oder aber die Form ist ein Gen. plur. neutr. und als Genitivus objectivus zu verstehen, im Sinne von „Entschuldigungen für die einzelnen Übeltaten".

Cap. 35.4:
nos, hoc est ego et benedictus Macharius et Albanius et Ammonius

In dieser Überlieferung steht der Satz im Widerspruch zu der Fortsetzung im selben Paragraphen: *Ait ergo nobis tunc sanctus Evagrius: ...* Evagrius ist in der α-Fassung unter den Begleitern des Palladius nicht erwähnt, in β dagegen wird der Name – wie auch im Griechischen und

---

81 S. die Besprechung der Stelle auf S. 271.

82 Die Form *illis* läßt sich auch als Abl. comp. verstehen und auf *aliam* beziehen. – Vgl. ThLL I 1628, 4-10: „(alius *i. q. alienus*)"; Niermeyer: „alius ab aliqua re: différent de – different from. S. xi."; Blaise (chrétiens): „autre, différent (cl.): *alius ab aliquo*, Tert. *Marc. 3,16; 5,1; ...*".

83 Im Griechischen heißt es nur: πᾶσαν ἐποίει ὑπηρεσίαν.

84 S. ThLL VIII, 1403, 2 f.: „*confund. c.* ministerium".

85 Einen solchen Gebrauch hat V. Bulhart in der Praefatio seiner Edition der „Tractatus Origenis" des Gregor von Elvira (CC 69) für den Bereich der Pronomina nachgewiesen (S. XVII, Nr. 38). In diesen Zusammenhang ist evtl. auch die in den α-Handschriften und in anderen Texten gut bezeugte Namensform *Melanius* für die hl. Melania zu stellen (s. den Exkurs in Kapitel E4).

Syrischen – anstelle des Macarius genannt: ... *hoc est ego et beatus evagrius et* ...

Für diese Unstimmigkeit sind zwei Gründe denkbar: Entweder liegt ein Mißverständnis des griechischen Textes vor: ... ἐγώ τε καὶ οἱ περὶ τὸν μακάριον Εὐάγριον ... Der Übersetzer hat demnach das Adjektiv μακάριον irrtümlich für den gleichlautenden Eigennamen gehalten und diesen mit einem neuen Attribut versehen; der eigentliche Name Εὐάγριον ist dabei entfallen und erst bei der Erstellung des I-Textes wieder eingesetzt worden. Möglich ist auch, daß der Irrtum bereits in der griechischen Überlieferung eingetreten ist, wie eine vergleichbare Situation am Beginn von Cap. 26 zeigt: Hier lautet zwar der lateinische Text einheitlich *contra sanctum Evagrium*, die griechische Überlieferung ist jedoch gespalten zwischen τὸν μακάριον Εὐάγριον (VCB) und τὸν Μακάριον τὸν πρεσβύτερον (PWTA).

Eine andere Erklärungsmöglichkeit ist die der bewußten Unterdrückung des als origenistisch verfemten Namens des Evagrius. Hierfür könnte die Tatsache sprechen, daß der Name auch an anderen Stellen entweder ausgelassen oder durch andere unverfänglichere Namen ersetzt wird[86]. Dieser Erklärungsversuch läßt allerdings die Frage unbeantwortet, warum in der unmittelbaren Fortsetzung der Stelle ὁ μακάριος Εὐάγριος korrekt mit *sanctus Evagrius* wiedergegeben ist.

Cap. 35.9:

provinciae ipsius praeses Alypius nomine

Der Name Alypius (oder Alipius), wie er von **β** in Übereinstimmung mit dem Griechischen tradiert wird[87], stellt sich in der Überlieferung von **α** zu *lycus* **SM** (bzw. *liccis* **C**) verkürzt dar. Diese Verschreibung wurde bestimmt durch den Ortsnamen Lycus begünstigt, der in § 1 zweimal genannt wird: ... *in oppido, cui Lycus vocabulo est* und ... *se ad Lycum contulit montem*. Aus diesem Grunde erschien eine Emendation des **α**-Textes anhand von **β** gerechtfertigt.

Cap. 35.15:

maxime posteaquam occasiones, quae me solitudinem relinquere conpellebant, iuxta votum meum impletas esse cognovi

Der von **α** gebotene Text ist korrupt; die wenig geglückten Verbesserungsversuche in **C** *p.c.* (*meos iuxta votum meum impletos propinquos*) und **M** *p.c.* (*in eis votum meum impletum*) können nicht über den Textausfall hinwegtäuschen. Ob dieser allerdings so umfangreich war, wie das von **β** überlieferte Stück, ist nicht mehr nachprüfbar. Die in **α** erhaltenen

---

86 S. dazu die Zusammenstellung in Kapitel B1 b).

87 Im syrischen Text lautet der Name „Olympios“.

Reste lassen immerhin auf eine ähnliche Formulierung schließen, so daß sich eine Ergänzung aus β als die einzige Möglichkeit erweist, diese Stelle zu heilen.

Auf eine lexikalische Besonderheit sei noch hingewiesen: *occasio* erscheint hier in der Bedeutung „Grund"/„Vorwand"[88]. Das Wort begegnet schon in §13 im selben Zusammenhang (*Rationabiles autem tibi et quasi iustas occasiones afferens daemon ventilare te temptabat.*), wo Rosweyde bezeichnenderweise *causas* koniziert hat.

Cap. 35.18:

Ego autem dictorum eius immemor fui.

Auch dieser Satz gehört zu den Stellen, die in α unvollständig überliefert sind: *Ego autem dictorum eius.* Die griechische Vorlage, unterstützt durch die syrische Übersetzung, verlangt eine Vervollständigung durch *immemor fui* oder eine vergleichbare Aussage:

Gr: ἐγὼ δὲ τῶν ῥημάτων αὐτοῦ ἐπελαθόμην.

Syr: „Or moi, j'oubliai ses paroles."

Eine Verknüpfung von *dictorum eius* mit dem folgenden Satz (*Post triennii tempus ...*) etwa im Sinne von: „Drei Jahre nach seinen Worten ..." ist syntaktisch nicht möglich. Die Korrektur von **M** stellt zwar eine syntaktische Verbindung her, berücksichtigt aber den Sinn nicht. So bleibt auch hier nur die Ergänzung aus dem β-Text übrig.

Cap. 37.20:

Statimque tunc illa processit. Posteaquam autem processit e cella sua et ad quandam basilicam venit, illic ad eam loquitur:

Auch diese Textstelle gehört zur Kategorie der beiden soeben besprochenen. In α ist überliefert: *Posteaquam autem processit e cella sua et illic ad eam loquitur.* Der zusätzliche Ausfall der Worte *Posteaquam autem processit* in **Z** (und den β-Handschriften **N** und **F**) ist eine durch das *processit* des vorhergehenden Satzes bedingte Haplographie. In dem Exzerpt **D** ist zwar das Stück von *Posteaquam* bis *processit* vorhanden, aber die Angabe *e cella sua* ist hinter das erste *processit* geraten.

Die Ergänzung des α-Textes ist wiederum auf der Grundlage von β vorgenommen worden, sie gibt den β-Text jedoch nicht in vollem Umfang wieder: Die Charakterisierung des Serapion mit *rursus ille sanctissimus* vor

[88] S. ThLL IX 2, 332, 10 ff.: „*i. q. causa fere levis, ratio*". Unter den griechischen Entsprechungen ist auch πρόφασις angeführt, der an der HL-Stelle gebrauchte Terminus. – Die dort mit προφάσεις verbundene Verbform ἠνυσμένας ist wohl am besten mit „hinfällig geworden" zu übersetzen und entspricht etwa der von LSJ unter ἀνύω angegebenen Bedeutung „make an end of, destroy".

illic ähnelt so sehr einer bestimmten Gruppe von β-Zusätzen[89], daß sie bei der Emendation nicht übernommen wurde, zumal der griechische G-Text dieser Stelle nur lautet:

καὶ μετὰ τὸ προελθεῖν αὐτὴν ἔξω καὶ ἐλθεῖν ἕως ἐκκλησίας τινὸς λέγει αὐτῇ ἐν τῇ ἐκκλησίᾳ· …

Der nun in Ia entstandene Subjektswechsel widerspricht dem sonstigen Stil der HL nicht[90] und kann daher akzeptiert werden.

Cap. 38.5:

Cumque praedicta ei mulier insisteret neque posset ille prior a voluntate rabiei ipsius separari, eo quod multis inretitus iam esset ac variis eius officiis

Weder α (*voluntate*) noch β (*voluptate*) bietet hier eine überzeugende Lesart. Am sinnvollsten wäre noch eine Vertauschung der Über- und Unterordnung in der β-Variante: … *a rabie voluptatis ipsius* …; in α ist der Genitiv *rabiei ipsius* m. E. als obiectivus aufzufassen.

Im Gegensatz zu anderen Stellen[91], an denen die korrekte Lesart *voluptas*, die in α zu *voluntas* verharmlost worden ist[92], aus β in den Text genommen wurde, ist hier eher die α-Lesart zu wahren, weil sie durch eine ungeschickte Umformung des griechischen Wortlauts ausgelöst worden sein kann:

τῆς οὖν γυναικὸς ἐπικειμένης καὶ λυττώσης θέλων ἀναχωρῆσαι οὐκ ἴσχυε, δεσμοῖς τῆς θεραπείας ταύτης κατεχόμενος.

Auch in der syrischen Rezension R4 spielt die Tatsache, daß sich der Wille des Evagrius nicht von der Frau losreißen kann, eine wichtige Rolle:

„et il ne pouvait facilement s'écarter d'elle, sa volonté à lui étant retenue par le confort de la femme, et il lui était difficile, en dehors de sa volonté à elle, de lui faire peine."

Ähnliches wird in Version Lat. II mitgeteilt:

Nam ipse quidem volebat recedere, sed non valebat, conligationibus obsequiorum eius detentus.

Die Aussage in α, die eigentlich etwa lauten müßte: … *neque posset illius prior voluntas a rabie ipsa separari* ist also zu der oben stehenden Formulierung verschoben worden.

Cap. 38.6:

cum intellegeret ac videret, quod propter illam, quam norat, ista pateretur

Die in fast allen Handschriften überlieferte und auch von Rosweyde beibehaltene Wendung *propter illa quae norat* ist zu vage für eine Wieder-

---

[89] S. Kapitel B3 b).
[90] Vgl. Kapitel B1 a).
[91] Prol.II.9; Cap. 38.13; Cap. 48.2.
[92] Nur das α-Exzerpt T stimmt in Cap. 38.13 mit β überein.

gabe des griechischen χάριν ταύτης (Syr R4: „a cause de cette femme“) und daher wahrscheinlich als Verschreibung von *propter illam, quam norat* anzusehen; das α-Exzerpt **T** bietet immerhin den Akkusativ *illam*. Es ist sogar zu erwägen, ob statt *norat* ursprünglich *amarat* übersetzt worden war; in §3 gibt es eine vergleichbare Formulierung: ... *amari ab eadem muliere, quam amaverat, coepit.*

Cap. 38.9:

– *quo rescellas suas deferret ad navem*
– *Mox igitur ingressus cum rescellis suis navem*

Das lateinische Wort für „Habseligkeiten“ o. ä., *recula* oder *rescula*, ist im Niermeyer unter *recula* mit folgenden möglichen Schreibweisen angegeben: *reicula, reicola, rescula, rescella, riscella, recella, resella*. Bei dieser Variationsbreite verwundert es nicht, daß auch an den beiden HL-Stellen die Überlieferung nicht einheitlich ist. Dabei liegt der Schwerpunkt sowohl bei den α- als auch bei den β-Handschriften auf einem sonst nicht belegten „doppelten Deminutiv“ *rescellulae*, einer Variante, die mit einiger Wahrscheinlichkeit durch Assoziation mit der Mönchszelle zustandegekommen ist. Der v. a. von **C** vorgenommene Korrekturversuch *res cellulae suae* belegt einen solchen Gedankengang. Gegenüber der von **Z** gebotenen Variante *reiculae* scheint mir der Lesart *rescellae* der Vorzug zu geben zu sein, weil sie einen plausiblen Ausgangspunkt für eine Verlesung zu *rescellulae* bildet.

Eine Spezialbedeutung von *res* und *rescellae* behandelt Salonius auf S. 427 f.: „Eine in den Wörterbüchern nicht beachtete Bedeutung des weitverzweigten Wortes *res* ist „die Kleidung“. ... Wie aus den zitierten Beispielen hervorgeht, bezeichnen *res* und *rescellae* alte, schlechte Kleidungsstücke im Gegensatz zu *vestis*.“ – Tatsächlich ist der griechische Begriff an der ersten Stelle ἱμάτια; er wird in Lat. II mit *vestimenta* wiedergegeben.

Cap. 38.9:

a quaestione illa iudiciorum, quod in praesenti nocte metuerat

Die Zusammenstellung von *quaestione* ... *iudiciorum* und *quod*, die auch in β bezeugt ist, hat die Korrektoren von **S** und **M** zu Eingriffen veranlaßt: Während in **S** *quod* durch Änderung in *quam* an *quaestione* angeglichen worden ist, hat **M** *quod* stehengelassen und *iudiciorum* in *iudicii* geändert. Eine Korrektur ist hier jedoch nicht nötig, da das Neutrum *quod* als frei zusammenfassend auf die gesamte vorausgehende Wendung bezogen werden kann.

Auffällig ist allerdings die Diskrepanz zwischen dem griechischen Text mit seinen anderen Übersetzungen und dem lateinischen Text:

Gr: ... ἀπὸ τῆς ἐκστάσεως τῆς γενομένης αὐτῷ ἐν τῇ νυκτί
Syr (R4): „... de cette vision qui avait été sur lui la nuit“
Lat. II: ... *de excessu quem perpessus in nocte fuerat*

Wie kommt es zur Übersetzung von ἔκστασις mit *quaestio iudiciorum*? – Es ergibt sich der Verdacht, daß entweder ἔκστασις mit ἐξέτασις verwechselt worden ist oder dieses Wort tatsächlich in der Vorlage des Übersetzers gestanden hat[93].

Cap. 38.14:

Scripsit iste tres libros, quos his vocabulis nominavit: unum Ierea, alterum Monachon, tertium Antirriticon

Die Werke des Evagrius Ponticus erscheinen hier in drei Buchtitel aufgespalten[94], im griechischen Text der Edition Butlers handelt es sich dagegen nur um ein Werk:

συντάττει οὖν οὗτος τρία βιβλία ἱερὰ μοναχῶν ἀντιρρητικὰ οὕτω λεγόμενα

Neben dem Problem einer korrekten Schreibung der Titel stellt sich für den lateinischen Text die Frage, ob hier ein Mißverständnis des Übersetzers vorliegt oder ob das – richtige – Bewußtsein für drei Schriften des Evagrius noch vorhanden war[95]. Schließlich muß auch die Schreibung des griechischen Titels als nicht geklärt betrachtet werden; nicht immer ist er als Einheit ediert worden[96].

Die Werke des Evagrius, die mit den o. g. Titeln in Verbindung gebracht werden können, sind folgende[97]:

- „Antirrhetikos" in 8 Büchern (= Clavis 2434)
- „Monachikos" in 2 Teilen: 1. „Praktikos" in 100 Kapiteln (= Clavis 2430)
  2. „Gnostikos" in 50 Kapiteln (= Clavis 2431)
- „Problemata gnostica"/„Kephalaia gnostica" in 6 Gruppen von je 100 Sentenzen

Die Meinungen über die zutreffende Interpretation der Textstelle sind geteilt: Butler[98] hält einen einzigen Buchtitel für die ursprüngliche HL-Lesart. Er räumt zwar ein, daß der „Antirrhetikos" nicht aus drei, sondern

---

93 Vgl. Lundström, Übersetzungstechnische Untersuchungen, S. 44: *extasis* für ἐξέτασις.

94 Dasselbe trifft auf die koptische Überlieferung zu (s. C. H. Turner, The Lausiac History of Palladius, S. 350). Im syrischen Text und der Übersetzung Lat. II gibt es keine Parallele.

95 Rosweyde, Anm. 26 (PL 74, 396/7), ist ratlos: „Hic vero haereo, nec video qui me expediam." Er führt dann Aussagen verschiedener Autoren über die Werke des Evagrius an.

96 Du Duc interpungiert folgendermaßen (1194 B): ... τρία βιβλία, Ἱερὰ, Μοναχὸν, Ἀντιῤῥητικὸν, οὕτω καλούμενα·, ähnlich Preuschen (86,14): ... τρία βιβλία, Ἱερά, Μοναχόν, Ἀντιῤῥητικὸν οὕτω λεγόμενα.

97 S. Altaner, S. 266 f. und A. u. C. Guillaumont, Art. „Évagre le Pontique", in: Dict. Spirit. IV 2, 1961, Sp. 1731-1744, bes. Sp. 1733 f.

98 II, S. 218, Note 75.

aus acht Büchern besteht, hält es aber für möglich, daß Palladius aufgrund der zeitlichen Distanz zum Tod des Evagrius den Titel irrtümlich einem anderen Werk seines Lehrers zugeschrieben habe. Dazu weist er darauf hin, daß die Identifizierung eines Werkes mit dem Titel „Hiera“ bisher nicht gelungen sei[99].

Die Befürworter von drei genannten Evagriusschriften[100] sehen sich mit der von Butler angesprochenen Schwierigkeit konfrontiert, ein Werk „Hiera“ nachweisen zu müssen[101], und halten entweder das Problem für nicht lösbar[102] oder stellen die von Butler kritisierte Verbindung zu den „Problemata gnostica“ her[103]. Eine andere Lösung schlägt H. U. v. Balthasar[104] vor: Er verwirft Butlers Lesung der Textstelle, unterstützt Zöcklers Auffassung und vermutet in den „Hiera“ des Evagrius den zusammenfassenden Titel für dessen Bibelkommentare[105].

---

99 Ebd.: „On the other hand a difficulty is removed, for there is no record of a work of Evagrius entitled Ἱερά, and its identification with the Γνωστικός was an expedient of desperation.“

100 G. Bunge (Palladiana I, Introduction aux fragments coptes de l'Histoire Lausiaque, in: Studia Monastica 32, 1990, 79-129) hält ungeachtet des Titels „Antirrhetika“ eine Anspielung auf die aus Praktikos, Gnostikos und Kephalaia Gnostika bestehende Trilogie für möglich: „Trois des principaux écrits d'Évagre formaient primitivement une trilogie: *Praktikos*, *Gnostikos* et *Kephalaia Gnostika*, précédée de la lettre à Anatolius comme dédicace. ... Ces ‚trois livres' mentionnés dans HL y faisaient-ils primitivement allusion?“ (S. 86).

101 E. Schwartz schlägt in seinem Aufsatz „Palladiana“, S. 203 vor, Στιχηρά statt ἱερά zu lesen, und stützt sich dabei auf die Angabe der Werke des Evagrius bei Socr. hist. eccl. 4,23,35-38: τούτων καὶ βιβλία ἄγαν σπουδαῖα συγγέγραπται, ὧν τὸ μὲν Μοναχὸς ἢ περὶ πρακτικῆς ἐπιγέγραπται ..., τὸ δὲ Γνωστικὸς ἢ <πρὸς> τὸν καταξιωθέντα γνώσεως ..., τὸ δὲ Ἀντιρρητικὸς ἀπὸ τῶν θείων γραφῶν πρὸς τοὺς πειράζοντας δαίμονας ... καὶ ἑξακόσια Γνωστικὰ προβλήματα, ἔτι μὴν καὶ **στιχηρὰ** δύο, ἓν Πρὸ τοὺς ἐν {τοῖς} κοινοβίοις καὶ ἓν Πρὸς τὴν παρθένον·

102 So C. H. Turner, The Lausiac History of Palladius, S. 350 f. Er läßt die Frage offen, ob unter dem Titel „the ‚Priest'“ (= Ἱερέα), wie es die koptische und die lateinische Übersetzung nahelegen, oder nach den meisten griechischen Handschriften „‚Sacred Things'“ (= Ἱερά) zu verstehen sei.

103 Dies tut O. Zöckler, Evagrius Pontikus, Seine Stellung in der altchristlichen Literatur- und Dogmengeschichte, S. 22: „es bleibt lediglich eine übrigens nahe liegende Hypothese, wenn wir dies Buch der „Heiligtümer“ oder „heiligen Dinge“ mit den „Prognostischen Problemen“, deren Sokrates gedenkt, für eins und dasselbe erklären“.

104 Die Hiera des Evagrius, in: Zeitschrift für katholische Theologie 63 (1939) 86-106 und 181-206.

105 S. 87: „Uns scheint es die naheliegendste Hypothese, diese „heiligen Schriften“ des Evagrius in seinen Kommentaren zur Heiligen Schrift zu suchen, von denen man freilich bisher nur Spuren besaß und denen man daher keine Aufmerksamkeit zuwandte. Immerhin waren in publizierten und unpublizierten Katenen so viele Hinweise auf diese Seite des Evagriuswerks vorhanden, daß diese Nichtbeachtung befremdlich erscheint.“

Im lateinischen Text ist jedoch nicht „Iera“, sondern „Ierea“ überliefert[106]. Für diese Form gibt es eine griechische Parallele in einer Handschrift, die einen stark abgewandelten B-Text tradiert[107]. In ihr lautet die Stelle: ... τρία βιβλία, ἱερέα μοναχῶν ἀντιρρητικὸν οὕτω (sic!) καλούμενα. Entsprechendes bietet auch die koptische Version des Evagrius-Kapitels: de Vogüé[108] merkt zu seiner französischen Übersetzung dieser Passage an, daß ein Werktitel „Priester“ dem gnostischen Gedankengut des Evagrius gut entspräche, und kommt zu dem Schluß, daß damit der „Gnostikos“ gemeint sein könnte[109].

Cap. 39.8:

post primam salutationem

Die von den α-Handschriften **S** und **M** *a.c.* tradierte Übersetzung *postremam salutationem* für Gr: μετὰ τὸν ἀσπασμόν (PT) bzw. ἀσπασάμενος (VC) ergibt keinen Sinn; die Korrektur in **M** *post datam salutationem* ist, wie häufig, eine nachträgliche Glättung.

Die Lösung liegt vielmehr in der Annahme einer Verschreibung von *post primam* vermutlich über *postrimam* zu dem handschriftlich bezeugten *postremam*. Die Wendung *post primam salutationem* ist in der HL noch einmal belegt: In Cap. 35.8 wird über Johannes von Lycopolis gesagt: *Post primam itaque salutationem hoc mihi per interpretem dixit: ...*

Cap. 40.7:

cum, quid [vel circa quos] faceret, non haberet

Dem griechischen μηκέτι ἔχων ὃ πράξει (Syr: „comme il n’avait pas une autre chose à exécuter“) entspricht als wörtliche Übersetzung *cum, quid faceret, non haberet*. Wahrscheinlich war dies auch der ursprüngliche Wortlaut, denn das einheitlich überlieferte *quibus* ist als paläographisch naheliegende Verschreibung aus *quid* gut denkbar, zumal von den Schreibern leicht eine irrtümliche Verbindung zu dem direkt vorausgehenden

---

[106] ἱερός und ἱερεύς werden allerdings häufig verwechselt (s. Lundström, Übersetzungstechnische Untersuchungen, S. 83).

[107] Es handelt sich um den – nach Angabe meiner Kollegin Frau Dr. Chiara Faraggiana – Anfang des 12. Jahrhunderts in Rossano (Süditalien) geschriebenen Codex Vat. gr. 2091 (Basilianus 130), der von Butler (II, Introduction, S. xv) als Ms. Nr. 19 erwähnt wird.

[108] Palladiana III, La version copte de l’Histoire Lausiaque, II. La Vie d’Évagre, in: Studia Monastica 33 (1991) 7-21.

[109] S. 13, Anm. 39: „... le traducteur copte a dû lire, comme le latin, non pas le *hiera* du grec (‚sacrés‘), mais *hierea* (‚prêtre‘). A supposer que cette lecture soit correcte, on peut lui trouver un sens bien évagrien. Au sens ‚spirituel‘, en effet, le ‚prêtre‘ est chez Évagre le ‚gnostique‘, qui s’identifie avec le ‚père spirituel‘ ... Il s’agirait donc du *Gnostikos*.“

cum hergestellt werden konnte. Die Worte *quid iam* sind in **M** an der Stelle von *circa quos* nachträglich wieder hineinkorrigiert worden.

Mit hoher Wahrscheinlichkeit ist in *vel circa quos* eine Glosse zu sehen, die die ungewöhnliche Kombination des *faceret* mit dem Dativus commodi *quibus* erläutern sollte. Die Korrektur in **C** *cum non haberet ipse, quibus facere hanc misericordiam posset* ist ein Beleg dafür, daß diese Konstruktion Anstoß erregte.

Cap 40.7:

Huiusmodi autem illi occasionem circa finem ipsius ad exemplum Stefani pietas divina praestiterat.

Der griechische Text zu dieser Stelle lautet:

..., τοῦ θεοῦ παρασχόντος αὐτῷ τὴν ἀφορμὴν ταύτην στεφάνου τρόπον εἰς τὰ ἔσχατα αὐτοῦ. (*sim.* Syr)

Die übliche Übersetzung in der HL für στέφανος/στεφανοῦσθαι ist *corona*/*coronari*[110]. Daher wäre hier der Gebrauch von *stefanus* als Lehnwort aus dem Griechischen sehr ungewöhnlich. Wahrscheinlicher ist die Annahme, daß der lateinische Übersetzer fälschlicherweise den Eigennamen Stefanus verstanden hat, was in der Handschrift **S** am deutlichsten zum Ausdruck kommt: ... *ad exemplum beati Stefani.* Dieses Mißverständnis ist evtl. auf biblischem Hintergrund entstanden: In Apostelgeschichte 6, 1-8 wird von der Wahl der sieben Gehilfen der Apostel berichtet, zu denen auch Stephanus zählt und deren Aufgabe in der Versorgung der Armen besteht, also mit der Tätigkeit des Ephraem in der HL vergleichbar ist und zu der Assoziation in diesem Kapitel geführt haben kann.

Cap. 41.5:

Defecerat autem in monasterio, quod Esychae vocabulo nominatur, proximo mari femina iustae semper ac per omnia probabilis vitae. Cuius sororem etiam Adoliam noram

Die Gliederung dieser Passage ist nicht sehr sinnvoll: Von einer frommen Frau, deren Name nicht genannt wird, ist nur mitgeteilt, daß sie im nahe am Meer gelegenen Kloster des Hesych starb; danach geht der Erzähler sofort zu ihrer Schwester Adolia über. Ein Vergleich mit dem griechischen Text zeigt, daß sich die Struktur verschoben hat:

καὶ Θεοδώραν τὴν τοῦ τριβούνου, ... οὕτω τελευτῆσαι ἐν τῷ μοναστηρίῳ τοῦ Ἡσυχᾶ παρὰ θάλατταν. ἔγνων Ὁσίαν ὀνόματι, τὰ ὅλα καὶ σεμνοτάτην γυναῖκα· καὶ τὴν ταύτης ἀδελφὴν Ἀδολίαν, ...

---

[110] Z. B. Capp. 8.1; 21.21; 34.3 (mit διάδημα statt στέφανος); 65.7. Das *coronatum* der letztgenannten Stelle hat nur in der griechischen AP-Überlieferung in στεφανοῦσθαι eine Entsprechung; s. Kapitel B3 c).

Der Text muß bis *proximo mari* also eigentlich dem vorhergehenden Satz über Theodora zugeordnet werden. Im Anschluß daran wird im Griechischen eine weitere Frau namens Hosia eingeführt. Das Stück ἔγνων Ὁσίαν ὀνόματι ist im lateinischen Text nicht wiedergegeben. Da der Fehler bereits im Archetyp der lateinischen Überlieferung steht, kann er entweder durch eine Lücke in der griechischen Vorlage verursacht worden sein oder durch ein Mißverständnis des Eigennamens Ὁσία, der auch als Adjektiv aufgefaßt werden kann[111]. Die Beschreibung der Frau – in Gr nur mit σεμνοτάτην – besteht im Lateinischen aus zwei Teilen: ... *iustae* ... *ac* ... *probabilis vitae*. Obwohl eine solche Aufspaltung eines griechischen Begriffs in zwei lateinische in der HL nichts Ungewöhnliches ist, könnte in diese Formulierung der Eigenname Ὁσία eingegangen sein.

Cap. 41.10:

Avitam aliquam deo dignam cum Aproniano quodam ipsius viro

Die **α**-Handschriften überliefern für *Aproniano* den Namen des *Pinianus*. Da dieser jedoch der Mann der jüngeren Melania ist[112], mußte hier der richtige Name aus **β** eingefügt werden[113].

Die Verwechslung der beiden Eigennamen ist schon im Griechischen belegt – wie im Lateinischen (*proniano* **E**) auch dort mit Zwischenstufen: Ἀπρονιανῷ, Ἀπρινιανῷ, Πρινιανῷ, Ἀπριανῷ. Man muß also auch mit der Möglichkeit rechnen, daß in der Vorlage des Übersetzers Πρινιανῷ oder eine ähnliche Form gestanden hat, die dieser dann mit *Piniano* wiedergegeben hat; in diesem (nicht nachweisbaren) Fall wäre *Piniano* in den Text zu nehmen.

Die Verschreibung begegnet auch in der umgekehrten Richtung: In Cap. 54.6 (*Piniano eius marito*) lauten die griechischen Varianten Ἀπενιανῷ (P) und Ἀπριανῷ (A); in Cap. 61.3 (*Piniano marito suo*) bietet das Griechische neben Πινιανῷ auch Ἀπενιανῷ (P), Ἀσπρινιανῷ (T) und Πιπιανῷ (A).

Bei der Formulierung *neptis suae maritum Pinianum nomine* in Cap. 54.5 dagegen liegt der Fall etwas anders: Hier kann zwar ebenfalls eine Verwechslung der beiden Namen der Ausgangspunkt gewesen sein, das Ergebnis ist jedoch keine inhaltlich falsche Aussage, weil der gesamte Kontext uminterpretiert worden ist[114].

---

[111] In Capp. 35.4 und 40.7 hat die umgekehrte Verwechslung stattgefunden: Μακάριος statt μακάριος und Στέφανος statt στέφανος (s. weiter oben).

[112] Vgl. Cap. 54.5-6.

[113] Zu Apronianus und Avita s. Butler II, S. 228, Note 95 und Moine, Melaniana, S. 28 ff. mit Hinweis auf Paul. Nol. carm. 21.

[114] S. unten zur Stelle S. 278 f.

Cap. 43.1:

ut prope id, quod dicunt fantasma [hoc est non res vera, sed imago] esse aliqua putaretur.

Für das ursprüngliche Vorhandensein der Erläuterung *hoc est non res vera, sed imago* gibt es weder im Griechischen (ὑπενοήθη καὶ φάσμα εἶναι) noch im Syrischen („il semblait comme une ombre") einen Hinweis. Vielmehr lassen der Definitionscharakter und die Einleitung mit *hoc est* ... die Vermutung zu, daß hier eine Glosse zu dem griechischen Fremdwort *fantasma* in den Text eingedrungen ist. Interessant ist auch, daß hier *fantasma* nicht mehr als Neutrum empfunden, sondern wie ein Femininum (*aliqua*) behandelt wird.

Cap. 44.1:

De benedicto Innocentio, ..., a multis quidem et magnis viris audisti, nihilominus tamen etiam a nobis, qui cum eo annis tribus viximus, pauca cognosces.

An dieser Textstelle ist wieder eine Ergänzung der α-Überlieferung mit Hilfe von β notwendig: α bietet nicht das Stück *a multis quidem et magnis viris audisti*, für das in Gr und Syr Entsprechungen vorhanden sind, fährt jedoch wie β mit *nihilominus tamen* ... fort. Durch diese Formulierung wird bereits angedeutet, daß ein Textausfall stattgefunden hat. Bezeichnenderweise hat die Handschrift **M**, die besonders in ihrer korrigierten Fassung zu syntaktischen und semantischen Glättungen neigt, die Worte *nihilominus tamen etiam* nicht.

Cap. 44.4:

Hic ipse Innocentius quam misericors fuerit, si referre vere voluero, delirare [eum] in quibusdam forsitan iudicabo<r>.

Der von α überlieferte Wortlaut *delirare eum in quibusdam forsitan iudicabo* widerspricht der Aussageabsicht des Autors und ist zweifellos eine Textverderbnis. Durch Athetese des *eum* und Konjektur von *iudicabor* erhält man nicht nur den eigentlich gemeinten Sinn zurück, sondern bekommt gleichzeitig eine Konstruktion, die dem griechischen λῆρος ὀφθήσομαι nahekommt. In β ist der korrupte α-Text durch die Umformulierung *delirare me ... quis iudicabit* berichtigt, dabei jedoch von seiner ursprünglichen Gestalt weiter entfernt worden.

Cap. 45.1:

illi, qui nobilitate generis aniceti dicerentur

Bei den Varianten der α-Handschriften **S** und **M**, *canicii* und *anicii*, handelt es sich zweifellos um die Überreste einer verderbten und nicht mehr verstandenen Lesart; die Formulierung *esse nati* aus **C** dagegen ist ein Verbesserungsversuch ohne Anspruch auf Authentizität.

Die Lösung ist in diesem Fall direkt dem griechischen Text zu entnehmen: ... αὐτοὺς τοὺς ἀνικήτους ἐν γένει. Der Thes. Ling. Lat. bezeugt als Lehnwort aus dem Griechischen ein Lemma *anicetus*[115], als dessen Relikte sich die o. g. **α**-Verschreibungen unschwer identifizieren lassen. Der Bearbeiter der lateinischen Kurzfassung konnte – wie öfter – mit seiner Vorlage nichts anfangen und übersetzte auch die vorliegende Stelle mit *illi, qui nobilitate generis insuperabiles videbantur*, neu.

Cap. 45.6:

elefantiasis laborantibus morbo

Handschriftlich überliefert ist in **α** und **β** mehrheitlich *elefantiosis laborantibus morbo*, wobei unklar bleibt, ob *elefantiosis* als Dativ des Adjektivs *elefantiosus* oder als Genitiv eines Substantivs *elefantiosis* aufzufassen ist; letzteres könnte durch Vermischung der beiden griechischen Vokabeln ἐλεφαντίασις und ἐλεφάντωσις[116] zustandegekommen sein. Die Korrektur *elefantiae* in **M** und evtl. **C** einerseits und die Variante *elephantino* in der **β**-Handschrift **E** – ebenso Rosweydes *elephantioso* – andererseits sind Versuche, die Konstruktion in der einen oder anderen Richtung eindeutig zu formulieren. In der HL ist *morbus* mit der Angabe der Krankheit sowohl im Genitiv (Cap. 28.2: *superbiae morbus*) als auch in adjektivischer Form (Cap. 21.3: *elefantiaco morbo*) belegt. Die nächstliegende Emendation scheint mir hier die Korrektur in *elefantiasis* zu sein, das der von **α** *a.c.* tradierten Variante paläographisch sehr nahe steht und zudem im Thesaurus ausreichend belegt ist[117].

Cap. 46.6:

Ego, inquit, illius filia et illius coniux fui, ancilla vero Christi sum.

Eine Verschreibung der sicherlich richtigen Lesart *Christi* zu dem von **α** auch an der dritten Stelle dieser Aufzählung gebotenen *illius* ist schwer nachvollziehbar; vermutlich ist eher eine mechanische Fortsetzung der „*illius*-Reihe“ anzusetzen. Dadurch ist der durch das *vero* angedeutete Kontrast verlorengegangen, den **C** *p.c.* (und vielleicht auch **S** *a.c.*) mit *illius non sum* wiederherzustellen versucht hat. Für einen zeitlichen Gegensatz zwischen *olim* und *nunc* – wie in **β** und Gr B tradiert – zusätzlich zum Kontrast zwischen *filia/coniux* auf der einen und *ancilla* auf der anderen

---

[115] ThLL II 68, 48-52.
[116] S. LSJ unter ἐλεφανταγωγός und ἐλεφαντόω.
[117] ThLL V 2, 353, 15-27.

Seite bieten der griechische G-Text und die syrische Übersetzung keinen Anhaltspunkt, weshalb das *nunc* aus β auch nicht zu übernehmen war:
Gr G: ..., τοῦ δὲ Χριστοῦ εἰμὶ δούλη.
Syr: „Moi, je suis ... et la servante du Christ"

Cap. 46.6:

Interdum enim necesse est ita adversum inprudentes agi et veluti accipitre arrogantia uti.

Diese Stelle ist ein Beispiel dafür, daß die Verschreibung eines Wortes zu weitreichenden Umformulierungen und Ergänzungen führen kann: Die α-Handschriften belegen, daß zunächst das ausgefallene Wort *accipitre*[118] mit dem vom optischen Eindruck her sehr ähnlich wirkenden Verb *accipere* verwechselt worden ist. Folglich mußte in einem nächsten Schritt die Position des Akk.-Objekts besetzt werden, was mit *scutum* – erweitert um *contra eos* – geschehen ist. Schließlich ist das schlichte *arrogantia uti* zu der Formulierung *arrogantia quoque aliqua fastigii saecularis armari* aufgebauscht worden, wobei der Bearbeiter[119] dieser Stelle mit *armari* im Bereich des militärischen Vokabulars (*accipere ... scutum*) geblieben ist.

Cap. 47.4:

adeo autem erat mitis et placidus, ut propheticam quoque posset mansuetudinis vi tegere[re] virtutem

In den α-Handschriften ist einheitlich bezeugt *gerere virtutem*; der vorausgehende Wortlaut dagegen variiert: *pro mansuetudinis vita* (**C** *p.c.*), *mansuetudinis vitae* (**S M** *a.c.*), (*propheticae ...*) *mansuetudinis et vitae* (**M** *p.c.*) – ein Zeichen dafür, daß die Konstruktion und das Verständnis der Stelle Schwierigkeiten bereiteten. Auch die Formulierung von β ... *mansuetudine vitae superare virtutem* ist nicht überzeugend. Vielmehr ist es gut denkbar, daß die griechische Wendung ... ὡς καλύπτεσθαι προφητικὴν ἀρετήν ursprünglich übersetzt war mit: ..., *ut propheticam quoque posset mansuetudinis vi tegere virtutem*. Durch falsche Worttrennung haben sich dann die Bestandteile *vite* und *gere* ergeben, und letzteres wurde schließlich zum Infinitiv *gerere* vervollständigt. Der Verfasser der lateinischen Langform konnte wie an mehreren anderen Stellen so auch hier den Fehler nicht wieder rückgängig machen, sondern brachte auf der Grundlage der vorgefundenen Verschreibung (*vitae*) mit *superare* seine Korrektur an.

---

118 Die umfangreichere β-Lesart *accipitre vel cane* entspricht der griechischen B-Fassung, Gr G hat nur ἱέρακι.

119 Vgl. Kapitel B1 a).

Cap. 47.11:

Interdum <...> autem actus ipse noster in crimen est, quando non ex recto proposito nec eo, quo convenit, more a nobis aliquid perpetratur.

Diese Textstelle wird von **α** und **β** in sprachlich korrekter Form überliefert. Dennoch muß man vermutlich eine Lücke im Archetyp ansetzen, wie der Vergleich mit der griechischen Vorlage zeigt:

> ποτὲ μὲν γὰρ ἡ πρόθεσις ἐξαμαρτάνει, ὅταν κακῷ σκοπῷ γένηται· ποτὲ δὲ καὶ ἡ πρᾶξις, ὅταν διεφθαρμένως ἢ καθ᾽ ὃν δεῖ τρόπον μὴ γένηται. (*idem* Syr)

Daß es hier um eine Gegenüberstellung von *propositum* (πρόθεσις) und *actus* (πρᾶξις) geht, beweist nicht nur der griechische (und syrische) Text dieser Stelle, sondern auch die gesamte Umgebung der Textstelle: In §10 wird gesagt, daß die Menschen, die von Gott verlassen worden sind, eben dadurch beginnen *vel propositum suum emendare vel factum.* Im Anschluß an unsere Stelle (§11) wird die Möglichkeit eines *flagitiosum animi propositum* in Kombination mit einem *actus rationabilis* behandelt, in §12 schließlich der umgekehrte Fall (*actus indignus* bei *propositum rectum*) erörtert.

Es hat also den Anschein, daß beide Teile der Alternative mit *Interdum* eingeleitet waren und die erste Hälfte durch Haplographie übersprungen worden ist. Natürlich kann dasselbe auch in der griechischen Vorlage bei der parallelen Formulierung ποτὲ μὲν ...· ποτὲ δὲ ... stattgefunden haben, so daß dem Übersetzer ein unvollständiger griechischer Text zur Verfügung stand.

Cap. 47.12:

cum maerore quodam mentis invitae

α *a.c.* und auch der größte Teil der **β**-Handschriften bezeugen *cum more quodam mentis invitae* als Übersetzung für μετὰ γογγυσμοῦ; in **α** sind mit *cum amore* (**C**) und *tumore* (**M**) wenig hilfreiche Korrekturversuche unternommen worden.

Um die Aussageabsicht zu erfüllen, würde die Vokabel *mos* genügen: Der Thesaurus führt unter diesem Lemma zahlreiche Belege in der Rubrik „*fere i. q. habitus*“[120] an, darunter viele speziell „*in malam partem*“ zu interpretierende[121]. Die Stelle könnte also etwa verstanden werden: „mit der Haltung eines unwilligen Geistes“. Für eine Übernahme der nur von **V** und **B** *p.c.* gebotenen Lesart *maerore* spricht allerdings die große Wahrscheinlichkeit der Verschreibung zu *more* und die Verbindung mit dem *cum*, das sich mit *more* in der geforderten Bedeutung nicht gut konstruieren ließe.

---

[120] ThLL VIII 1524, 5 ff.

[121] Ebd., Sp. 54 ff.

Cap. 47.14:

Sed quando quid non fit propter id ipsum, quod novimus bonum, neque factum neque ingenium mentis humanae, neque illas ipsas praerogativas, quae infixae sunt mentibus plurimorum, quidam poterunt inputare datori bonorum omnium deo, sed magis totum adscribere voluntati propriae potestatis

Der griechische Text dieser Stelle lautet:
ἀλλ᾽ ὅταν μὴ γένηται δι᾽ αὐτὸ τὸ καλὸν μήτε ἡ πρᾶξις μήτε ἡ εὐφυία, μήτε οἱ τὰ προτερήματα κεκτημένοι οὐ τῷ δοτῆρι τῶν ἀγαθῶν θεῷ ἐπιγράφουσιν, ἀλλὰ τῇ ἰδίᾳ προαιρέσει καὶ εὐφυίᾳ καὶ ἱκανότητι, ...

In der lateinischen Übersetzung ist die Formulierung οἱ τὰ προτερήματα κεκτημένοι zu *illae ipsae praerogativae, quae infixae sunt mentibus plurimorum* umkonstruiert worden, was auch im folgenden zu Änderungen führen mußte. Während jedoch in β die aktivische Konstruktion des Griechischen folgerichtig ins Passiv umgewandelt ist (*neque illae ipsae praerogativae, ..., imputantur ..., sed magis totum adscribitur ...*), beginnt α zwar auch mit dem Nominativ *illae ipsae praerogativae*, setzt den Satz aber mit *quidquam poterunt inputare ..., sed magis totum adscribere ...* fort. Die Vorzüge der Seele erscheinen also selbst als die Handelnden[122].

Der geringste Eingriff zur Heilung der α-Konstruktion ist m. E. die Ersetzung des Nominativs durch den Akkusativ (*illas ipsas praerogativas*) und die Änderung von *quidquam* in ein persönliches Subjekt *quidam*. Möglicherweise ist der Nominativ dadurch zustande gekommen, daß von einem Schreiber die dreifache Nennung des *neque* als eine zusammenhängende Reihe aufgefaßt wurde, wodurch die *praerogativae* an die vorhergehende Apposition zum Subjekt, *neque factum neque ingenium mentis humanae*, angeschlossen wurden. Derselbe Irrtum kann auch schon dem Übersetzer selbst unterlaufen sein: Eventuell hat er den griechischen Text zunächst nur bis καλὸν erfaßt (wofür das zusätzlich eingefügte Subjekt *quid* ein Indiz wäre) und dann das dreimalige μήτε zu einer Reihung verbunden.

Eine andere Möglichkeit der Emendation (W. Stroh mündl.) scheint mir ebenfalls erwägenswert: ..., *neque illarum ipsarum praerogativarum, ..., quidquam poterunt inputare ..., sed magis totum adscribere ...* Bei dieser Lösung käme als besondere Nuance eine Betonung des Gegensatzes zwischen *quidquam* und *totum* zum Ausdruck: Die Besitzer der Vorzüge sind noch nicht einmal in der Lage, wenigstens einen Teil derselben Gott zuzuschreiben, sondern sie rechnen sie in ihrer Gesamtheit sich selbst an. Da es für einen solchen Nebengedanken jedoch weder im Griechischen noch im Syrischen einen Hinweis gibt und der Übersetzer sonst die Aussage

---

[122] Es sei denn, man stellte die *praerogativae* noch in die Reihe des *factum* und *ingenium*; in diesem Fall würde aber vor *quidquam poterunt inputare*, das als unbestimmtes Subjekt „die Menschen" einführte, ein weiteres *neque* fehlen.

seiner Vorlage getreu wiedergibt, scheint mir diese Konjektur auf inhaltlicher – und auch stilistischer (*neque illarum ipsarum praerogativarum ... quidquam*) – Ebene zu raffiniert, um dem Übersetzer angemessen zu sein.

Cap. 47.17:

nam voracitati atque ebrietati studentes caenosis conparantur, pecuniae cupidi vel rapaces his, quos impleverant ranae

Das an dieser Stelle unmotivierte Plusquamperfekt *impleverant* steht in der Mehrzahl der α-Handschriften (**C S** *p.c.* **M**). Obwohl gerade bei Verbalendungen Verschreibungen überaus häufig auftreten und der Schritt besonders zu dem von Rosweyde in den Text genommenen *impleverunt* sehr klein ist, möchte ich die Plusquamperfektform stehenlassen: Der Ersatz des Perfekts oder Imperfekts durch das Plusquamperfekt, v. a. in Relativsätzen, ist seit dem Altlatein eine verbreitete Erscheinung[123]. Auch innerhalb der HL lassen sich weitere Beispiele für diesen Tempusgebrauch anführen:

Cap. 58.4: *Huic quondam iunior illa Melania maioris Melaniae neptis, de qua in sequentibus dicam, quingentos numero* ***transmiserat*** *solidos rogans, ut fratribus illic degentibus eos ipse divideret. Ex quibus ipse tres tantummodo tulit, reliquos Diocli cuidam solitario monacho iussit dari, viro omnium rerum scientia praedito, quem ille longe sapientiorem se esse dicebat, qui posset sine aliqua animae laesione cuncta dividere per eos, quos vere necessariis rebus sciret egere, illos tres solidos dicens sibi posse sufficere.*

Cap. 58.5: *Hic ipse Diocles grammaticus quidem primum fuit, philosophiae autem se postea* ***dederat****, sed tempore procedente, cum vicesimum octavum annum ageret aetatis, gratia eidem divina persuasit, ut saecularibus rebus atque doctrinis renuntiaret, ad institutionem vero se Christi scientiamque conferret, et ipse igitur eo tempore tricesimum et quintum annum in speluncis habens nobis ista dicebat: ...*

Cap. 47.17:

quibus semper quidem sermo fecundus ut illis humor exuberat, a nullo tamen possunt libenter hauriri propter suorum amaritudinem morum

Mit *ut illis* hat die α-Handschrift **M** m. E. die richtige Lesart bewahrt; das von den übrigen Textzeugen und Rosweyde gebotene *utilis* scheint mir zu positiv für den Sinn dieser Stelle zu sein. Zudem habe ich die Lesarten *fecundus* (α) und *hauriri* (**S M** *a.c.* β) den Varianten *facundus* (β) und *audiri* (**C M** *p.c.*) vorgezogen, weil letztere leicht als interpretierende Vereinfachungen[124] zu erklären sind: Der Übersetzer konnte die griechische Wen-

[123] S. Löfstedt, S. 152-156.
[124] Vgl. §18: *facundia spiritalis.*

dung ... αἷς ἀεὶ μὲν ἐνλιμνάζει ὁ λόγος (bzw. ὁ ἰὸς σὺν τῷ λόγῳ) zwar nicht nachahmen, bemühte sich aber auch in seiner Umschreibung um eine Verquickung der sprudelnden Beredsamkeit mit dem Bild der Quelle.

Cap. 47.18:

Et si quidem iste, qui talis est, se emendare festinet relicta ea causa, ob quam deseruit ipsum deus (superbiam loquor), volueritque <...> mensuramque cognoverit suam

In der β-Überlieferung besteht die Aufzählung nur aus zwei Teilen: *Et si quidem iste, ..., se emendari festinet ..., volueritque mensuram sui cognoscere, ...*

In Gr und Syr dagegen ist die Reihe wie in α dreiteilig:

Gr: καὶ ἐὰν μὲν διορθώσηται ὁ τοιοῦτος, ..., καὶ ἀναλάβῃ ταπεινοφροσύνην καὶ ἐπιγνῷ ἑαυτοῦ τὰ μέτρα, ...

Syr: „Mais si un tel homme redresse son observance ..., et prend sur lui l'humilité et comprend sa mesure ..."

Nach *voluerit* muß also eine Formulierung ausgefallen sein, die dem griechischen ἀναλάβῃ ταπεινοφροσύνην entsprochen hat. Der Infinitiv *deserere* in **C** ist mit dem vorausgehenden Akkusativ *superbiam* zu verbinden und vermutlich durch das Prädikat des Relativsatzes *deseruit* ausgelöst worden. Vielleicht ist das in **S** stehende *corrigi* oder eine in Anlehnung daran zu konizierende Form *corripi*[125] die richtige Überlieferung. Der von β gebotene Text scheint sekundärer Natur zu sein: Der Bearbeiter der Version Ia hat die Überreste, die er vorfand, zu der oben zitierten Konstruktion zusammengezogen.

Cap. 47.25:

De aliis autem quibusdam, qui se putarent divinam habere notitiam, sed qui vitiosae essent mentis, sic dixit:

Die Worte *qui se putarent* fehlen in α *a.c.*; **C** und **M** haben mit ... *habere se ostendit* und *qui ... haberent* unterschiedliche Korrekturversuche angebracht. Als Grundlage für die Emendation wurde die β-Lesart *qui se putant* benutzt. Um jedoch in der Fortsetzung *sed qui ... essent* einen gleichzeitigen Tempus- und Moduswechsel zu vermeiden, schien die leichte Konjektur *putarent* gerechtfertigt.

Cap. 48.1:

In his speluncis Amorreorum, quae circa Hiericho esse memorantur, quas olim ipsi illi exciderant ferro

---

[125] In derselben Bedeutung wie etwa Cap. 37.4: *Interea longi temporis spatio prior mimae maritus animo stimulante correptus est, ...*

Als Textzeugen für den ersten Absatz dieses Kapitels kommen nur die Handschriften **S** und **M** in Frage: **C** ist zu stark korrigiert worden und die **β**-Handschriften tradieren den Beginn bis zur ersten Erwähnung des Namens Elpidius nicht. Der zweite Relativsatz lautet in **S** und **M** *a.c.*: *quae olim ipsi illi excidere ac ferre. quae* ist wahrscheinlich eine automatische Wiederaufnahme des ersten Relativpronomens und kann leicht in *quas* verbessert werden. Schwieriger ist es, die beiden Infinitive[126] *excidere ac ferre*, mit denen die seltene griechische Verbform λελαξεύκεισαν wiedergegeben ist, zu erklären, da der Gebrauch von historischen Infinitiven für die HL äußerst ungewöhnlich und darüberhinaus der Sinn von *ferre* schwer zu deuten wäre. Eine Korrekturmöglichkeit könnte darin bestehen, daß man die Form *excidere* in *exciderunt* abändert und in *ferre* eine zweite – verschriebene – Perfektform sieht, etwa *fecere*. Vorzuziehen scheint mir jedoch eine andere Lösung[127]: *excidere ac* könnte aus *exciderant* verschrieben sein, und statt *ferre* ist evtl. *ferro* zu lesen, so daß die lateinische Übersetzung gegenüber der griechischen Vorlage um die Angabe des Arbeitsinstrumentes[128] vermehrt wäre.

Cap. 48.6:

ut sol per ipsius ossa luceret

Die Worte *sol per* verbergen sich m. E. hinter der von **S** und **M** tradierten unpassenden Präposition *super*, wobei in **S** *sol* nachträglich wieder hineinkorrigiert, dann aber zu *sola* verschrieben worden ist. In **β** (..., *ut solis instar ossuum eius iunctura luceret*) ist entweder der griechische Text ... ὡς ἥλιον διαφαίνειν αὐτοῦ τῶν ὀστέων τὸ πῆγμα mißverstanden worden, oder die griechische Vorlage, die dem Bearbeiter zur Verfügung stand, hatte eine dementsprechend korrupte Gestalt.

Cap. 49.1:

ex servili quidem origine genus ducens, fiduciam tamen habens in deum mentis

Die **α**-Handschriften **C** und **M**[129] bieten unkorrigiert *fiduciam tamen habens in deum mentem*. Um den Satz syntaktisch konstruierbar zu machen, gibt es zwei naheliegende Möglichkeiten: *fiduciae tamen habens in*

---

126 Der Form nach könnte *excidere* auch Indikativ Perfekt sein. Da diese Endung in der HL sonst aber nur in eindeutigen Fällen vorkommt und andererseits *excidere* durch *ac* mit *ferre* verbunden ist, muß man annehmen, daß der Infinitiv gemeint ist.

127 Der Vorschlag stammt von Prof. Dr. W. Stroh (mündl.).

128 Vgl. ThLL VII 1, 579, 48 ff. (ferrum): „*instrumentum ad secandum vel caedendum vel confodiendem aptum*".

129 In **S** findet sich hier eine der individuellen Umformulierungen, die von dem Korrektor nicht ausradiert wurden; vgl. Kapitel E1 a) α).

deum mentem oder *fiduciam tamen habens in deum mentis*. Einige Kriterien sprechen für den zweiten Vorschlag. Wie aus dem griechischen und syrischen Text hervorgeht, besteht der Gegensatz der Aussage zwischen der unfreien Geburt des Sisinnius und seiner Freiheit in Bezug auf den Glauben:

Gr: ..., ἐξ οἰκετικῆς μὲν ὁρμώμενος τύχης ἐλεύθερος δὲ κατὰ τὴν πίστιν
Syr: „... qui était fils d'une servante mais libre par la foi"

Bei der zuerst genannten Emendationsmöglichkeit – *fiduciae in deum mens* wäre etwa als „gottesfürchtiger Sinn" zu verstehen – ginge der Kontrast „unfrei – frei" verloren. Im zweiten Fall wäre κατὰ τὴν πίστιν mit *in deum mentis* („eines auf Gott gerichteten Sinnes") ausreichend wiedergegeben, und *fiduciam ... habens* ist als Übersetzung für ἐλεύθερος vorstellbar: Wie der Begriff παρρησία umfaßt auch das Wortfeld von ἐλεύθερος sowohl den Aspekt der Freiheit als auch den der Zuversicht, des Vertrauens[130]. Die gängige lateinische Übersetzung von παρρησία aber ist *fiducia*[131]. Es kann hier also durchaus eine Übertragung des üblichen Begriffspaares παρρησία – *fiducia* auf ἐλεύθερος – *fiduciam ... habens* stattgefunden haben. Dazu kommt, daß die Konstruktion *fiduciam habere* sprachlich gut abgesichert ist[132].

Eine mit der vorliegenden Stelle vergleichbare Konstruktion mit Genitivus obiectivus ist außerdem in der HL bei *fiducia* mehrfach belegt, bei *mens* dagegen nie[133]: *fiducia probabilis vitae* (Cap. 25.5), *ad fiduciam ... divinae notitiae* (Cap. 32.12), *inmensae fiducia castitatis* (Cap. 59.1). In allen drei Fällen steht im griechischen Text παρρησία.

Die Neuübersetzung von β ..., *sed habens in deo fiduciae libertatem* berücksichtigt die in α spürbare Konnotation von *fiducia* nicht: Da ἐλεύθερος bereits durch *habens ... libertatem* abgedeckt ist, bleibt als unproblematisches Begriffspaar πίστις – *fiducia* übrig.

Cap. 54.3:

Cui parentes quoque eius ac filius procuratoresque ipsius ex facultatibus propriis multa praebebant.

In die gesamte lateinische Überlieferung (α und β) ist hier mit *filii procuratoresque* ein sachlicher Fehler eingedrungen, den Rosweyde durch Streichung des *-que* berichtigt hat, allerdings im Widerspruch zur griechi-

---

130 Lampe gibt unter ἐλεύθερος auch die Bedeutung „bold, confident" an.

131 S. die detaillierte Untersuchung von L. Engels, Fiducia dans la Vulgate, Le problème de traduction ΠΑΡΡΗΣΙΑ – FIDUCIA, in: GLCP, Suppl. Fasc. 1, Nijmegen 1964.

132 S. ThLL VI 1, 700, 47-67; Salonius, S. 390 f.; Engels, Fiducia, bes. S. 108, Anm. 3 u. S. 136 f. – In der HL begegnet die Formulierung noch Prol.II.8: *divinarum etiam lectionibus et conscriptionibus litterarum habentes fiduciam ...*

133 *mens* steht dagegen 20 x selbst im Genitiv.

schen Vorlage, wo mitgeteilt wird, daß Melania für ihre wohltätigen Zwecke von ihrem Sohn und den Verwaltern finanziell unterstützt wird:

Gr: χορηγούντων αὐτῇ ... αὐτοῦ τοῦ υἱοῦ καὶ τῶν ἰδίων ἐπιτρόπων τὰ χρήματα.

Syr: „... son fils et l'administrateur de celui-ci, lui envoyaient constamment du leur."

Daß es sich nur um einen Sohn handelt, belegen zwei weitere Textstellen: Im selben Paragraphen ist vom *desiderium unici filii* die Rede, und in Cap. 46.2 war gesagt worden: *procuratore ante filio suo constituto*[134]. Daher schien auch an dieser Stelle die leichte Konjektur *filius* angebracht, zumal die Endung mit hoher Wahrscheinlichkeit abgekürzt war. Nicht ganz klar ist allerdings aus dem lateinischen Text ersichtlich, wessen Verwalter (oder Vormünder) gemeint sind; auch zwischen Gr und Syr schwankt die Interpretation: Während es im griechischen Text diejenigen der Melania sind, hat die syrische Übersetzung sie auf den Sohn bezogen[135].

Cap. 54.5:

benedictum illum quidem neptis suae maritum Pinianum nomine

Im Griechischen, das durch das Syrische (R3) gestützt wird, ist an dieser Stelle der Name Ἀπρονιανός (T) oder – in verschriebener Form – Ἀπριανός (PA) überliefert. Trotz dieser auch sonst auftretenden Verwechslung[136] wird jedoch in diesem Fall der Sinn des Textes nicht entstellt, wie der weitere Kontext zeigt:

Die ältere Melania reist mit dem Schiff von Caesarea nach Rom, um ihre mit Pinianus verheiratete Enkelin, die jüngere Melania, in ihren asketischen Bemühungen zu unterstützen.

Gr: κἀκεῖσε συντυχοῦσα τὸν μὲν μακαριώτατον ἄνδρα καὶ ἀξιόλογον Ἀπρονιανόν, Ἕλληνα ὄντα, κατήχησε καὶ χριστιανὸν ἐποίησε, πείσασα αὐτὸν καὶ ἐγκρατεύεσθαι μετὰ τῆς ἰδίας γυναικός, ἀνεψιᾶς ταύτης, καλουμένης Ἀβίτας. στερεώσασα δὲ καὶ τὴν ἰδίαν ἐγγόνην Μελανίαν σὺν τῷ ταύτης ἀνδρὶ Πινιανῷ, ...

Lat: *atque illic, propter quos venerat, visis benedictum illum quidem neptis suae maritum Pinianum nomine, honestum ac nobilem virum, paganum tamen, instantissime docuit et christianum pro-*

---

[134] Auch bei anderen Autoren ist die Formulierung „unicus filius" belegt, so z. B. Hier. chron. ad 374 p. Chr.; epist. 39,5,5; Paul. Nol. 29,8-9 und 45,2 (ausführlicher über den Sohn §3). Paulinus von Nola gibt die Information, daß Melania nach dem Tode zweier anderer nur einen Sohn zurückbehielt (29,8: ... *ita crevit aerumnis, ut duos filios et maritum intra anni tempus amitteret, unico tantum sibi parvulo ... derelicto*), bis auch dieser starb (45,2). – S. Moine, Melaniana, S. 40 mit Anm. 193.

[135] E. Schwartz weist in Palladiana, S. 167, Anm. 10 darauf hin, daß Melania nach damaliger Rechtslage die Vormundschaft in Erbschaftsangelegenheiten selbst führen konnte.

tinus fecit, cui persuadere spiritaliter potuit, ut etiam a concubitu propriae se coniugis abstineret. Confirmatis ergo his simul, hoc est nepte sua Melania et Piniano eius marito, ...

Der Vergleich der beiden Texte zeigt, daß in der lateinischen Übersetzung Pinianus, der Mann der Enkelin Melania, an die Stelle des Apronianus, des Mannes der Nichte Avita, getreten ist. Während also im Griechischen (und Syrischen) die ältere Melania zunächst (συντυχοῦσα ... μὲν ...) mit Apronianus und ihrer Nichte Avita zusammentrifft und sich erst danach (στερεώσασα δὲ καὶ ...) ihrer Enkelin und deren Ehemann Pinianus zuwendet, werden im Lateinischen die beiden Handlungen in eine zusammengezogen: *illic, propter quos venerat, visis*[137] meint Melania und Pinianus; dementsprechend fehlt eine lateinische Übersetzung für καλουμένης Ἀβίτας. Mit *Confirmatis ergo his simul* wird folgerichtig nur das bereits Berichtete wiederaufgenommen. Für diese Umdeutung können verschiedene Gesichtspunkte maßgeblich gewesen sein: zunächst die schon erwähnte und öfter begegnende Verwechslung der beiden Namen Apronianus und Pinianus, ferner die Erwartungshaltung des Übersetzers: Durch die unmittelbar vorausgegangene Nennung des Reisegrundes der älteren Melania ist jeder Leser auf eine Fortsetzung mit dem Paar Pinianus/Melania eingestellt. Schließlich kann auch die Wiedergabe beider Verwandtschaftsverhältnisse mit *neptis*, was ja sowohl „Nichte“ als auch „Enkelin“ bedeuten kann, die Gleichsetzung beider Ereignisse begünstigt haben, die im Griechischen nicht möglich ist: Dort wird zwischen ἀνεψιά (bzw. ἀδελφιδή B) und ἐγγόνη (bzw. ἐκγόνη B) unterschieden.

Cap. 54.8:

Publicolae quoque filium admodum iuvenem consilio docuit

Ob die ältere Melania an der vorliegenden Stelle ihren eigenen Sohn Publicola[138] oder ihren Enkel, den Sohn des Publicola und damit Bruder der jüngeren Melania (oder gar ihren Urenkel, den Sohn der jüngeren Melania) unterrichtet, ist nicht eindeutig entscheidbar. In der lateinischen Übersetzung deutet alles auf die zweite Möglichkeit hin: Die Namensform *Publicolae* wird zwar nur von der α-Handschrift **Z** überliefert[139], aber auch die Verschreibungen in **S** (*Publicum laetoque* ...) und **M** (*proprium leto* ...) lassen auf einen ursprünglichen Genitiv schließen. Die β-Handschriften überliefern den Namen nicht: Entweder fehlte er in der Vorlage des Bear-

[136] S. o. zu Cap. 41.10.

[137] Der lateinische Text hat hier in Gr B eine Stütze: Für κἀκεῖσε ist dort καὶ τοῖς ἐκεῖ überliefert.

[138] Valerius Publicola war der Sohn der älteren und der Vater der jüngeren Melania; s. RE XXIII 2 (46. Halbband), 1906, Publicola 2 und N. Moine, Melaniana, S. 37 ff.

[139] Es ist jedoch nicht ausgeschlossen, in dem schlecht lesbaren *publi//////ique* in **C** noch die Reste der ursprünglichen Lesart *publicolae quoque* zu sehen.

beiters, oder dieser ließ die in α verschriebene Stelle einfach aus. Durch den Wegfall des Namens läßt sich der verbleibende Text *Filium quoque admodum iuvenem* ... nur noch auf den Sohn der Melania beziehen. Der syrische Text ist mit „son fils Publicola" ein Beleg für diese Auffassung. Das Griechische läßt beide Interpretationen zu, da die Form Πουπλικουλᾶ (oder Πουπλικούλα) für Akkusativ und Genitiv identisch ist; allerdings bezeugt die Handschrift T mit Πουπλίκου eindeutig einen Genitiv.

Als Indiz zugunsten des Enkelsohnes[140] kann dessen Charakterisierung als *admodum iuvenis* gewertet werden: Im selben Kapitel ist bereits von der Unterweisung der Enkelin und deren Ehemannes die Rede gewesen; daher ist es unwahrscheinlich, daß der Vater der verheirateten jüngeren Melania als „sehr jung" bezeichnet wird. Ferner werden in §4 dieses Kapitels zwei Kinder des Publicola erwähnt (..., *ex quo et filios suscepit duos*; Gr: ὃς ἔσχε καὶ τέκνα δύο), die im Syrischen (R3) sogar zusätzlich als „un garçon et une fille" spezifiziert werden. Man könnte daher in diesen beiden Kindern die jüngere Melania und ihren Bruder erkennen, zumal in Cap. 61.7 ausdrücklich von einem Bruder die Rede ist: Melania schenkt achttausend Sklaven die Freiheit und verkauft die restlichen an ihren Bruder. Legt man ein solches Geschwisterpaar zugrunde, so bereitet jedoch die griechische Formulierung τὸν Πουπλικουλᾶ δὲ υἱὸν τὸν νεώτερον ... Schwierigkeiten, da sie neben dem jüngeren auch einen älteren Sohn voraussetzt.

Das Problem dieser Textstelle wird ausführlich diskutiert von Nicole Moine[141], die die Annahme eines Sohnes des Publicola und der Albina aufgrund des syrischen Textes und der Fassung von β ausschließt. In Anlehnung an die Vita Melaniae, die von einem Sohn und einer Tochter der jüngeren Melania spricht, hält sie es für wahrscheinlicher, daß deren Nachkommen gemeint sind, die Palladius irrtümlich dem Publicola zugeschrieben hat. Palladius wiederum nennt im Gegensatz zur Vita in Cap. 61.3 zwei Kinder Melanias, die im griechischen Text ausdrücklich als männlich bezeichnet werden (γενομένων γὰρ αὐτῇ παιδίων ἀρρένων δύο ...). Hierzu würde zwar die Angabe „der jüngere Sohn" passen, aber die Fortsetzung des Textes legt nahe, daß die Kinder bald nach ihrer Geburt gestorben sein müssen, was eine christliche Unterweisung ausschließt. Dazu kommt, daß die ältere Melania erst dann nach Rom reist, als ihre Enkelin bereits unter dem Eindruck des Todes ihrer Söhne den Beschluß gefaßt hat, asketisch zu leben.

Da sich die inhaltlichen Widersprüche nicht restlos aufklären lassen, war die eindeutig die Form *Publicolae* stützende Beleglage der α-Handschriften für die Entscheidung ausschlaggebend.

---

[140] So versteht den Text auch B. Feichtinger, Apostolae apostolorum, Frauenaskese als Befreiung und Zwang bei Hieronymus, Studien zur klassischen Philologie, Band 94, Frankfurt a. M. 1995, S. 192 f.

[141] Melaniana, S. 40, Anm. 194.

Cap. 55.1:

vir admodum sanctus et amator ac lector divinarum studiosissimus litterarum

An dieser Textstelle war zu entscheiden, ob die in **C** und **Z** bezeugte Spezifizierung *divinarum* in den Text aufzunehmen war oder nicht, ob diese also zur ursprünglichen Übersetzung gehört oder einen nachträglich eingefügten erläuternden Zusatz darstellt.

Zur Klärung dieser Frage bietet sich zunächst eine etwas genauere Betrachtung der griechischen Vorlage an, die für den gesamten lateinischen Ausdruck von *amator* bis *litterarum* nur das Wort φιλόλογος bietet. Bartelink weist in Anm. 5 zu Kapitel 11, wo das Wort ebenfalls begegnet[142], auf eine christliche Spezialbedeutung hin: „negli autori cristiani questo termine, composto con λόγος (‚dottrina cristiana'), ha assunto spesso il senso di ‚amante delle Scritture o degli scritti dei padri'". Im Lexicon Athanasianum ist ebenfalls diese Bedeutung des Begriffs angeführt: „φιλόλογος = *studiosus doctrinae, spec = gnarus sacrae Scripturae*". Die beiden dort angegebenen Stellen[143] bestätigen, daß φιλόλογος in biblischem Kontext gebraucht wurde. Dieselbe Beobachtung ergab eine Konsultation des Thesaurus Sancti Gregorii Nazianzeni: Auch hier fanden sich zwei Stellen[144], an denen φιλόλογος am besten mit „Bibelkundiger" o. ä. zu erfassen ist.

Einige vergleichbare Stellen in der HL können noch hinzugezogen werden: Im selben Kapitel (§4) wird Melania selbst als φιλήσασα τὸν λόγον charakterisiert, was mit *magnumque amorem habuit litterarum* übesetzt ist. Daß sie als Liebhaberin christlicher Literatur erscheinen soll, versteht sich auch ohne Attribut zu *litterae*, weil die von ihr gelesenen Autoren (Origenes, Gregorius, Basilius u. a.) im folgenden aufgezählt werden. Auf dieselbe Situation bezogen ist auch die Wendung *gratia litterarum* (τῇ χάριτι τῶν λόγων) in §5.

Nur bedingt vergleichbar sind Cap. 37.1 und Prol.II.8: In Cap. 37 heißt es von Serapion: *Peritissimus autem erat scientia litterarum scripturasque omnes tenaciter memoriterque recolebat.* Die christliche Konnotation der *litterae* kommt hier durch die Zusammenstellung mit den *scripturae* genügend zum Ausdruck; auch die Fortsetzung: *Ex nimia autem abstinentia omnium rerum et ex iugi divinorum meditatione librorum* ... ist in diesem Sinne eindeutig. *Peritissimus ... scientia litterarum* ist hier allerdings nicht

---

142 Cap. 11.2. Dort ist φιλόλογος ἦν mit *lectioni et scripturis vacabat* wiedergegeben.

143 Ath. apol. Const. 18 (617 B): φιλόλογος γὰρ εἶ; Ath. ep. Serap. 1,7 (548 B): καίτοι δυνάμενοι μαθεῖν καὶ παρὰ φιλολόγων ἀνδρῶν περὶ διαφορᾶς πνευμάτων.

144 Gr. Naz. ep. 115,88,12: πυκτίον ἀπεστάλκαμέν σοι τῆς Ὠριγένους Φιλοκαλίας ἐκλογὰς ἔχον τῶν χρησίμων τοῖς φιλολόγοις.; Gr. Naz. or. 30,16 (124 C): ὡς τῶν καθ' ἡμᾶς φιλολόγων τις (eine Anmerkung dazu lautet: Putat Elias hic „Basilium magnum" intelligi.).

die Übersetzung von φιλόλογος, sondern des neutraleren εὐγράμματος. – An der Prologstelle sind die *litterae* ebenfalls mit dem Adjektiv *divinae* verbunden: *divinarum etiam lectionibus et conscriptionibus litterarum habentes fiduciam ...*; das Attribut ist hier jedoch im griechischen Text schon vorgegeben: καὶ μελέτῃ θείων λογίων καὶ σπουδάσμασι θαρρήσαντες, ...

Fazit: Die Verwendungsweise des griechischen Begriffs φιλόλογος läßt eine christliche Ausdeutung und eine Verdeutlichung derselben durch spezifizierende Attribute durchaus zu. Ein solcher verdeutlichender Zusatz ist jedoch nicht zwingend notwendig, besonders dann nicht, wenn die Stelle in entsprechender christlich gefärbter Umgebung steht. Über die Art der Bildung des als *amator ac lector divinarum studiosissimus litterarum* bezeichneten Iovinus in Cap. 55 wird zwar nichts Genaueres mitgeteilt, doch geht der Stelle die Information: *tunc diaconus, nunc vero ... episcopus, vir admodum sanctus* voraus. Daher wäre die Eingrenzung *divinarum* zum richtigen Verständnis von *litterarum* nicht unbedingt gefordert. Es besteht also auch kein Anlaß anzunehmen, daß dieses im Grunde genommen überflüssige Attribut im Laufe der Überlieferung eingefügt worden ist, noch dazu in zwei voneinander unabhängigen Handschriften an derselben Stelle. Viel wahrscheinlicher ist die Einschätzung, daß das Adjektiv, da ohnehin selbstverständlich, in einem der Kopierprozesse – bewußt oder unbewußt – weggelassen worden ist.

Cap. 57.2:

ut maximum donum laterum suorum atque virtutum

In α findet sich die Lesart *laborum*; demgegenüber ist das mit dem griechischen λαγόνων übereinstimmende *laterum* eindeutig die lectio difficilior. Merkwürdig ist die Erweiterung *atque virtutum*, für die sich im griechischen Text keine Vorlage findet. Sie kann verschiedenen Ursprungs sein: Entweder ist sie von einem Bearbeiter eingefügt worden, nachdem *laterum* zu *laborum* verschrieben worden war – schließlich paßt sie zu diesem abstrakten Wort besser als zu dem konkreten *laterum* –, oder sie ist bereits von dem Übersetzer hinzugesetzt worden in der Absicht, die Aussage *donum laterum suorum* zu erhöhen.

Cap. 57.2:

consummatis castitatis ac sanctitatis bonis omnibusque rebus suis competenti distributione dispersis

Die Struktur dieser Stelle ist durch einen Schreibfehler gestört worden: Die α-Überlieferung (hier nur **C** und **M**) bietet in unkorrigiertem Zustand die Form *consummatio*; in beiden Handschriften hat ein Korrektor versucht, die Syntax zu heilen: **C** *p.c.* lautet: *cum consummatione castitatis ac sanctitatis bonisque omnibus suis ... dispersis*, und in **M** *p.c.* ist zu lesen: *consumato castitatis ac sanctitatis bono omnibusque rebus suis ... dispersis.*

Die beiden Lösungsmöglichkeiten verdeutlichen das Hauptproblem dieser Stelle, nämlich die korrekte Zuordnung von *bonis* entweder zum ersten oder zum zweiten Teil. In **β** ist der unpassende Nominativ *consummatio* in *consummato* korrigiert und *officio* eingefügt, *bonis* dagegen – wie in **C** – mit *dispersis* verbunden worden. Im Gegensatz zu diesem (in **C** fehlt *rebus*) ergibt sich dort jedoch die unschöne Häufung *bonis omnibus rebus suis* und damit auch ein Übergewicht des zweiten Teils gegenüber dem ersten.

Die am meisten befriedigende Lösung besteht m. E. in der leichten Konjektur *consummatis*; dadurch erhält man zwei parallel in Sperrung konstruierte Ablativi absoluti und hat nur die Ungewöhnlichkeit eines pluralischen *bona* mit zwei abhängigen abstrakten Genitiven in Kauf zu nehmen[145]. Die Struktur des griechischen Wortlauts 1 + 2 + 3 (σωφροσύνῃ καὶ ἁγνείᾳ καὶ τοῖς ... σκορπισμοῖς) ist damit in der lateinischen Formulierung zu 1 (a + b) + 2 verschoben worden.

Cap. 58.4:

illos tres solidos dicens sibi posse sufficere

Die Lesart der beiden verfügbaren **α**-Handschriften **C** und **M**, *duos tantum solidos* steht im Widerspruch zu der Mitteilung weiter oben: *Ex quibus ipse tres tantummodo tulit, ...* Die von den Korrektoren beider Handschriften ergänzten Dativobjekte *uni* (**C**) und noch deutlicher *unicuique* (**M**) sind wohl Versuche, den Widerspruch zu beseitigen: Jetzt sind nicht mehr die drei Münzen gemeint, die sich Dorotheus zurückbehalten hat, sondern es geht nun um eine angemessene Verteilung der übrigen, an Diocles weitergereichten, Geldmenge[146]. Die griechische Vorlage gibt jedoch mit der direkten Äußerung des Dorotheus: ἐγὼ γὰρ τούτοις ἀρκοῦμαι[147] den Sinn vor. Es ist nicht ausgeschlossen, daß das von **β** richtig bewahrte *illos tres* zu *duos tantum* verlesen worden ist, entweder auf dem Weg über die Zahlzeichen oder ausgehend von dem Wort *illos*: Nach Ausfall des i könnten die verbliebenen Buchstaben als die beiden mit der Endung *-os* versehenen Hasten der Zahl II mißdeutet und später zu *duos* ausgeschrieben worden sein.

---

[145] Im Singular ist die Konstruktion üblich, auch bei mehreren Genitiven; vgl. z. B. Aug. civ. 1,28: *integritatis et continentiae vel pudicitiae bono*; *de bono virginitatis vel viduitatis vel coniugalis pudicitiae*; *castitatis bono*; *continentiae bonum*.

[146] Dieser Aspekt kommt an der direkt vorausgehenden Stelle in der Fassung I zum Ausdruck: ..., *cum sciret amplius ac rationabilius quantum unicuique distribuere debuisset*. In Version Ia liegt dagegen die Betonung auf der Auswahl der wahrhaft Bedürftigen: ... *per eos, quos vere necessariis rebus sciret egere*.

[147] Die syrische Übersetzung hatte für „moi en effet je ne suis pas apte à ces choses" wahrscheinlich eine andere Vorlage.

Cap. 58.5:

„Sensus", inquit, „humanus, cum a cogitatione recesserit dei, aut quodcumque animal aut daemon incipiet fieri."

Der in α stehende Wortlaut: *aut quaecumque anima laus daemonis incipiet fieri* ist das Ergebnis der Bearbeitung einer verschriebenen Textstelle. Die Veränderungen sind jedoch nicht so tiefgreifend, daß eine Rekonstruktion der ursprünglichen Gestalt nicht möglich wäre: Durch eine leichte Verschiebung der Wortgrenzen erhält man eine Formulierung, die der griechischen Vorlage ... ἢ κτῆνος γίνεται ἢ δαίμων angemessen ist: ..., *aut quodcumque animal aut daemon incipiet fieri*. Es wäre sogar erwägenswert, den Genitiv *daemonis* zu belassen, der etwa mit „des Teufels" wiedergegeben werden könnte.

Die so wiederhergestellte Alternative findet eine Bestätigung in §6, wo eben diese Aufspaltung in *animal* und *daemon* erläutert wird:

> *„Qui a deo", inquit, „recesserit, necesse est, ut aut in desiderium aliquod aut in aliquam iracundiam ruat." Desiderium quidem illud insensatorum animalium, iracundiam vero daemonum esse dicebat.*

Aus der β-Lesart wird ersichtlich, daß der Bearbeiter den griechischen Text – und zwar in der B-Fassung – neu übersetzt hat. Die Aussage stimmt zwar inhaltlich mit α überein, ist aber anders formuliert: ..., *aut daemoni efficitur similis aut mutis animalibus comparatur*; die Umstellung entspricht Gr B.

Cap. 59.1:

in quibus Amatam quandam nomine senem vidi

Der Name „*Amata*", zu dem es in der lateinischen Überlieferung keine Varianten gibt, beruht auf einem Irrtum: Das Wort ist fälschlich zusammengesetzt aus dem Titel *amma* (= „Mutter")[148], der Entsprechung zu *abbas*, und dem Beginn des eigentlichen Namens *Talis*[149]. Dieselbe Kontamination liegt schon im Griechischen vor: Die korrekte Schreibweise ἀμμᾷ Ταλίδι (Bartelink) bzw. ἀμμά τινι Ταλίδι (T) erscheint auch als Ἀματαλίδι (Butler = PB); die syrische Übersetzung bietet ebenfalls eine Form „Amantalida".

Cap. 61.3:

Piniano marito suo, Marci ex praefecto filio

Der Mann der jüngeren Melania heißt Valerius Pinianus; er ist der Sohn des Valerius Pinianus Severus und Bruder des Severus[150]. Das cognomen

---

[148] Vgl. Cap. 34.8: *nam haec et vestra et mea est ammas (hoc enim nomine vocant illi feminas spiritales).*

[149] S. Anmerkung 32 bei Rosweyde (PL 74, 398 A).

[150] S. Butler II, S. 231, Note 107 und RE XX 2 (40. Halbband), 1706-1708, Pinianus 1 u. 2.

Severus ist in **β**, Gr (Σευήρου oder Σεβήρου) und Syr überliefert, von dem Namen *Marcus* dagegen findet sich außer in **α** keine Spur. Da die Lesart auf keine Weise aus **β** verschrieben sein kann, muß man mit einer verlorengegangenen griechischen Vorlage rechnen, die diesen Namen überlieferte, vielleicht sogar in der verbreiteten Kombination mit *Severus*.

Die Konstruktion *ex praefecto* ist zur Bezeichnung eines ehemaligen Praefekten (Gr: ἀπὸ ἐπάρχων)[151] üblich; sie begegnet in der HL noch Cap. 38.7 (*quidam ex praefecto praetorio vir*) und Cap. 55.1 (*Rufini ... ex praefecto sororem*).

Cap. 61.6:

ecclesiis per insulas positis

Die **α**-Lesart *singulas* (bzw. *singula* **Z**) ist mit großer Wahrscheinlichkeit aus *insulas* verschrieben; in **C** und **M** hat wieder ein Korrektor versucht, den Sinn zu retten: *singulis dispossuit* (**C** *p.c.*) und *per singulas distribuit* (**M** *p.c.*).

Aus dem Wortlaut von **β** ..., *quae per singulas insulas sunt* geht klar hervor, daß die lateinische Langversion unter Benutzung der Kurzfassung aus dem Griechischen neu übersetzt worden ist.

Cap. 65.2:

... *conviciantem nonnulli criminibus appetebant. Insidiabantur autem pulchritudinem eius volebantque ex ea lucrum hi, qui huiusmodi mercium negotiatores esse consuerant.*

Die erhaltenen **α**-Handschriften **C** und **M** überliefern den Text dieser Stelle lückenhaft. Ihre gemeinsame Lesart vor der Korrektur ist – soweit erkennbar: ... *criminibus appetebant autem pulchritudinem eius volebantque hi, qui* ...; der Korrektor von **C** hat durch Umformulierung die beiden Lücken überbrückt: ... *criminibus appetere propter pulchritudinem eius volebant hi, qui* ...

Die Textgestalt in **α** *a.c.* ist so nahe an dem von **β** tradierten Text geblieben, daß eine Ergänzung von *Insidiabantur* und *ex ea lucrum* leicht vorzunehmen war. Insbesondere das Vorhandensein des an zweiter Position im Satz stehenden *autem* auch in **α** beweist, daß diesem noch ein Wort vorausgegangen sein muß, nämlich das zweite der beiden unmittelbar aufeinanderfolgenden Prädikate *appetebant* und *Insidiabantur*. Der Akkusativ *pulchritudinem* ist kein Hinderungsgrund für die Einsetzung eben dieses Verbums[152]; vielmehr scheint der Dativ eine von dem Bearbeiter vorgenommene Normalisierung zu sein.

---

[151] S. ThLL X 2, 632, 17-44: „*locutione ex -o, ex -is significantur praefectorii, sc. praefectura functi vel gradum praefectura functorum tenentes.*" und weiter unten zu Cap. 66.1 (*clarissimum quendam* <...> *nomine ex comite*).

[152] S. ThLL VII 1, 1896, 56-72 (insidior): „*transitive i. q. insidiis petere*".

Cap. 66.1:

Intra Ancyram Galatiae civitatem clarissimum quendam <...> nomine ex comite una cum Bosforia coniuge ipsius vidi

An diesem Kapitelanfang scheint ein Eigenname ausgefallen zu sein, der jedoch auch in Gr (Οὐήρῳ P/Σευηριανῷ T) und Syr („Irounion") nicht einheitlich überliefert wird. Im lateinischen Text war offenbar das Mißverständnis, bei *ex comite* handle es sich um einen Namen, für den Ausfall verantwortlich. Dieses kommt besonders in der von **C** tradierten „Akkusativform" *excomitem* zum Ausdruck, die auch Rosweyde übernommen hat. Tatsächlich liegt hier aber – wie auch in Cap. 56.1 (*Seleuci ... ex comite filia*) – eine Amtsbezeichnung (Gr: ἀπὸ κομήτων)[153] vor.

Die Position für die postulierte lacuna ist nach dem Kriterium der Häufigkeit gewählt worden: In der eindeutigen Überzahl der Fälle ist *nomine* dem Namen nachgestellt[154].

Cap. 66.4:

In possessionibus maxime suis degunt fugientes conversationem et inlecebras civitatum timentesque, ne ex ipsarum rerum atque sermonum communitione participata cum ipsis quadam labe vitiorum a propositi sui tramite devient.

Die **α**-Lesart *deviarent* konnte nicht bestehen bleiben, weil im sonstigen Text der HL keine so gravierenden Verstöße gegen die Consecutio vorkommen. Der Schluß von Kapitel 70: ... *et ut possemus agnoscere, quemadmodum insistere orationibus deberemus, quarum tantam scimus esse virtutem*, wo **α** possimus schreibt, ist keine Stütze für die Variante *deviarent*, weil für den Konjunktiv Imperfekt von *posse* in den **α**-Handschriften mehrfach Unsicherheiten in der Schreibung von e und i bestehen. Statt der Konjektur *devient* wäre eventuell auch die Übernahme der **β**-Lesart *deviare cogantur* gerechtfertigt, weil man in *deviarent* auch die Reste dieser Formulierung vermuten könnte.

Cap. 70.2:

Cumque iam gravida iuberetur a patre, ut proderet tanti sceleris auctorem, a memorato lectore vitiatam esse se dixit.

Die Uneinheitlichkeit der Wiedergabe des griechischen ἐξεταζομένη in **S**

---

153 S. ThLL III 1777, 59 f.: „*post munus appellantur ex -e, ex -bus sim.*" und zu der Konstruktion allgemein: ThLL V 2, 1102, 10-55 (ex): „*non indicato fine, i. q. ‚antea', ‚quondam' ...: iuxta nomen: fere technice (sc. de officiis publ. et maxime milit. ...)*". – S. weiter oben zu Cap. 61.3 (*Piniano ..., Marci ex praefecto filio*) und vgl. den Grammatikindex A a).

154 Das Verhältnis beträgt 39 Stellen mit nachgestelltem *nomine* zu 7 Stellen, an denen *nomine* vorausgeht.

(*conpellitur*) und **M** *p.c.* (*coacta*) erweckt den Verdacht, daß keine dieser Lesarten zur ersten Übersetzung gehört. Tatsächlich kommt der von **M** *a.c.* und **H** gebotene Text (*Cumque iam gravida videretur a patre, ut proderet ...*) der Ausgangslage am nächsten: Durch den geringfügigen Eingriff einer Änderung von *videretur* in *iuberetur* ist ein Wortlaut herzustellen, der nicht auf die sekundären Einfügungen der Handschriften angewiesen ist und sich mit dem nachfolgenden *ut*-Satz problemlos konstruieren läßt. Für diese Emendation spricht sowohl die Tatsache, daß eine derartige Verschreibung im Lateinischen häufig auftritt[155], als auch die Existenz von Parallelbeispielen in der HL: In Cap. 8.1 (*in nuptiis iussus est coronari*) überliefern α *a.c.* und β für *iussus*, das nur in **A** *p.c.* und **S** *p.c.* erscheint, *visus*, und in Cap. 44.5 sind für *matrem eius, ..., propelli iuberem* auch die Varianten *viderem* (**C**) und *viderim* (**Z**) bezeugt. Dazu kann das in Z. 3 bereits vorhandene *videretur* (*cum in virginitatis esse proposito videretur*) die Verschreibung begünstigt haben.

Dem Verfasser der lateinischen Langform lag ein bereits verschriebener α-Text vor, da er die Form *videretur* übernommen und daran mit *patre ... cogente* einen Abl. abs. angeschlossen hat.

Cap. 71.11:

Nam que<m> opes, dignitas et potestas in nullo minorem [te] erga amorem dei timoremque fecerunt, totus ille iam Christi est

Die Konstruktion stellt sich in der α-Überlieferung vor der Korrektur inkonzinn dar: Sie beginnt persönlich, auf den unmittelbar vorher angesprochenen Lausus bezogen, und endet mit *totus ille iam Christi est* allgemein. Aus diesem Grunde ist in α *est* in *es* korrigiert worden, das auch von β bewahrt wird. Diese Lösung ist jedoch unbefriedigend, weil erstens der Gesamtzusammenhang des Satzes unterbrochen bleibt (*Namque ... te ... fecerunt – totus ille ... es*) und zweitens die Verbindung von *ille* mit der 2. Person Singular Schwierigkeiten bereitet[156]. Es ist vielmehr anzunehmen, daß die unpersönliche Konstruktion die ursprüngliche ist, wie sie auch vom griechischen Text vorgegeben (und in Syr bewahrt) wird:

Ὃν γὰρ ἀξία τοιαύτη ... οὐκ ἐποίησε χεῖρον, οὗτος ἀνάκειται τῷ Χριστῷ

Vermutlich ist als erster Schritt *Nam quem* zu *Namque* verlesen und danach als neues Objekt das vom Kontext her naheliegende *te* eingefügt worden; die Korrektur von *est* in *es* schließlich ist als Folgeeingriff mit dem Ziel der Vereinheitlichung der Konstruktion zu verstehen.

---

[155] S. ThLL VII 2, 575, 69 f. (iubeo): „*confunditur in codd. saepius c. ... videre*".

[156] *ille* ist daher in **M** ausradiert.

D DIE HANDSCHRIFTLICHE ÜBERLIEFERUNG DES LATEINISCHEN TEXTES

D1 DIE HANDSCHRIFTLICHE ÜBERLIEFERUNG

a) Kurze Charakterisierung

Der größte Teil der Handschriften, die den lateinischen Text der Historia Lausiaca überliefern, läßt sich eindeutig einer der drei Versionen Ia, I (= BHL 6532) und II (= BHL 6534)[1] zuordnen. Dabei steht die aus Ia entwickelte Fassung I sowohl im Hinblick auf die Anzahl der erhaltenen Handschriften als auch, was den Überlieferungszustand des Textes betrifft, auf der sichersten Basis: Die Bevorzugung dieser erweiterten und damit materialreicheren Version gegenüber der knapperen Vorgängerfassung hat sich in einer weiteren Verbreitung niedergeschlagen: Die Liste der den Texttyp I repräsentierenden Handschriften umfaßt 84 Nummern[2], unter denen die den HL-Text vollständig tradierenden Handschriften den Schwerpunkt bilden. Diese nicht durch äußere Merkmale gruppierbaren Handschriften lassen sich aufgrund ihres stark kontaminierten Charakters kaum mit Hilfe von Lesarten in scharf voneinander absetzbare Untergruppen gliedern. Ein anderes Bild bietet sich bei den Textzeugen, die schon in ihrem äußeren Aufbau Gemeinsamkeiten zeigen, etwa durch Auslassung einzelner Kapitel oder eine bestimmte Kapitelreihenfolge bei Exzerpten: Sie erweisen sich fast immer auch in ihren Lesarten als zusammengehörig[3].

Viel spärlicher sieht die Bezeugungslage bei der in dieser Ausgabe rekonstruierten Version Ia aus: Von den hier vorhandenen 25 Handschriften[4] sind nur fünf (davon drei Codices descripti) als annähernd vollständig zu bezeichnen; aber auch sie weisen in den Capp. 11-13 und 68/69 eine Lücke auf, so daß die betroffenen Textpassagen in dieser Fassung überhaupt fehlen. Die übrigen Ia-Handschriften tradieren entweder größere zusammenhängende Textteile, längere Exzerptreihen oder nur einzelne Kapitel[5]. Die durch die Lückenhaftigkeit der Überlieferung bedingten Schwierigkeiten bei der Auswertung der Textzeugen werden noch ver-

---

1 S. die Kapitel B1 bis B4 der Einleitung.

2 S. Kapitel D1 c).

3 S. die nach Gruppen geordnete Liste der I-Handschriften in Kapitel D1 d).

4 S. Kapitel D1 b).

5 Näheres findet sich in den Kapiteln E1 a) α) und b) α).

schärft durch einen z. T. schlechten Erhaltungszustand der Handschriften und korruptelenreichen Charakter ihrer Texte[6].

Die von Ia und I unabhängige Version II schließlich ist in 69 Handschriften vertreten. Diese ohnehin schon unvollständige HL-Fassung, die nur einen Auszug des Textes darstellt[7], wird zudem zu einem guten Drittel nur in Exzerpten tradiert[8].

Außer den Überlieferungsträgern der drei genannten Versionen gibt es weitere, die nur eine freie Paraphrasierung des Textes bieten; eine solche Charakterisierung als Epitome trifft auf 16 Handschriften zu[9]. Daneben bleibt ein Rest von 13 Codices, die in den Katalogen mit der Historia Lausiaca in Verbindung gebracht werden, aber entweder nur den nicht zur HL gehörenden Brief des Paschasius an Eugippius[10] enthalten oder infolge von Zerstörung oder Bibliotheksauflösung nicht mehr vorhanden bzw. auffindbar sind[11].

In den meisten Fällen ist die Zugehörigkeit zu einer der drei Fassungen klar bestimmbar; ganz selten läßt sich in einzelnen Kapiteln Kontamination zwischen zwei Versionen feststellen[12]. Öfter dagegen ist die Kombination mehrerer Texttypen (auch von Epitomefassungen) innerhalb derselben Handschrift anzutreffen, wobei aber die einzelnen Kapitel geschlossen einer Version entstammen[13].

Die Zuordnung zu den Versionen ließ sich mit Hilfe von Probekollationen vornehmen: Aus jeder der in der Form von Mikrofilm, Mikrofiches oder Fotokopie verfügbaren Handschriften wurde ein Abschnitt kollationiert; soweit möglich, wurden dafür drei konstante Probekapitel zugrundegelegt: als längere zusammenhängende Texteinheit die Capp. 17 und 18 über die beiden Macarii sowie das Cap. 34 über die „virgo stulta", das eine Schlüsselstelle zur Unterscheidung der Fassungen Ia und I bietet: In der Ia-Formulierung ... *in capite habentem coronam* (34.3) ist in Version I für *coronam* ein simpleres *conscissum pannum* eingetreten. Gehörten diese drei Kapitel nicht zum Bestand einer Handschrift, so mußte auf andere Textabschnitte, meist Anfang und Ende des Textes, ausgewichen werden.

---

6 Zu den mit der Textherstellung verbundenen Problemen, die oft ein Hinzuziehen der Version I erforderlich machten, s. v. a. die Kapitel B2 und C4.

7 S. Kapitel B4.

8 S. Kapitel D1 e).

9 S. Kapitel D1 f).

10 S. Kapitel D3 a).

11 Auch diese Handschriften sind in Kapitel D1 f) zusammengestellt.

12 S. dazu die Hinweise in den Handschriftenlisten.

13 In diesen Fällen wird mit *cf.* auf die jeweilige Fassung verwiesen, unter der die Handschrift ebenfalls geführt wird. Die betreffenden Zeugen erscheinen also in mehreren Listen.

Beide Versionen, Ia und I, weisen einzelne Kapitel betreffende Sonderüberlieferungen auf. So tradieren acht Ia-Handschriften das erwähnte Cap. 34 in einer Fassung, in der es sonst in die Apophthegmensammlung des Pelagius und Johannes (PJ) eingegliedert und dem heiligen Basilius zugeschrieben ist[14]. In Version I fällt eine Gruppe von größtenteils in Florenz liegenden Handschriften auf, die die Kapitel 18 (Macarius Alexandrinus), 19 (Moyses Aethiops) und 25 (Valens) in einer eigenständigen Gestalt, z. T. vor dem vollständigen HL-Text, überliefern[15].

Zu Version I gehört auch eine Gruppe von sieben Handschriften aus dem 9. bis 11. Jahrhundert, die als Familie β den Texttyp I im kritischen Apparat vertritt[16]. In ihr ist die HL in ein festes Corpus eingegliedert, in dem der HL-Text um eine Liste von Capitula und ein hexametrisches Gedicht über Heraclides erweitert und mit der HM und der Vita Severini kombiniert erscheint[17].

b) Die Handschriften der Version Ia[1]

			Benevento, Bibl. Capit. della Catt.
O		1	**Cod. III (IV)**, XI/XII, 140va-143va; Exc.: 21
			Bern, Burgerbibl.
U	α	2	**611**, VIII, 40^{v}-41^{v}; Exc.: 32
			Cambridge, Sidney Sussex Coll.
		3	**47 Δ 3.2.**, XII, 80^{r-v}; Exc.: 34 (AP-Fassung)
			Chartres, Bibl. Mun.
C	α	4	**5 (16)**, VIII, 108va-146vb; Exc.: pars 18-71 (sine 22) *(cf. II)*
			Marseille, Bibl. Mun.
Z	α	5	**1233 (Eb. 188-R. 891)**, X, 49^{r}-66^{v}; Exc.: 37, 38, 19, 23, 44, 31, 3, 5, 6, 34, 46, 54, 55, 61
			Monte Cassino, Bibl. dell'Abbazia
J		6	**50 MM**, XI, pp. 291^{a}-441^{b}

---

14 S. Kapitel D2 a).

15 S. Kapitel D2 b).

16 Diese Handschriftenfamilie ist beschrieben in Kapitel E2 a).

17 S. Kapitel D3.

1 Die Listen der Handschriften für die Texttypen Ia, I und II enthalten neben der Signatur auch die Angabe des Jahrhunderts oder Jahres der Abfassung der Handschrift und – soweit möglich – der Foliozahlen des Textes; ob der Text vollständig ist oder Kapitel fehlen, wird nicht vermerkt. Bei Exzerpten sind die enthaltenen Kapitel aufgeführt, sofern sie sich ermitteln ließen. Sind in einer Handschrift Textteile aus verschiedenen Versionen zusammengefügt, so wird ein Hinweis auf die entsprechende Handschriftenliste gegeben. In die Listen für die Fassungen Ia und I sind außerdem die Handschriftensiglen und die Zugehörigkeit zur Gruppe der für die Textrekonstruktion benutzten Handschriften, also α oder β, eingetragen.

D α 7 **143 KK**, XI, pp. 204^{b}-205^{a}; 217^{b}-218^{b}; 275^{b}-279^{a}; 400^{a}-405^{a}; 428^{a}-431^{b}; 434^{a}-437^{a}; Exc.: 18 (part.); 34 (AP-Fassung); 6, 14; 29, 37; 38; 6, 14 *(cf. II et Epit.)*

M α 8 **348 LL**, XI, pp. 1-130

H α 9 **400 I**, XI, pp. 131-133; 277-290; Exc.: 34 (AP-Fassung); 6, 14-16, 18 (part.), 70, 71 (sine Epil.) *(cf. II et Epit.)*

T α 10 **463 I**, XI, pp. 298; 316-318; 393-398; 574-578; 581-585; Exc.: 18 (part.); 34 (AP-Fassung); 6, 14; 38; 6, 14 *(cf. II et Epit.)*

Napoli, Bibl. Naz.

K 11 **Cod. VIII B. 10**, XIV, 367vb-416vb *(cf. II)*

L 12 **Cod. VIII B. 27**, XV, 196va-226ra *(cf. II)*

Paris, Bibl. Nat.

13 **lat. 2462**, XII/XIII, 204^{r}-205^{r}; Exc.: 34 (AP-Fassung)

P α 14 **lat. 2994**^{A}, IX, 42^{r}-45^{r}; Exc.: 34

Q 15 **lat. N.A. 1491**, XI, pp. 354^{a}-390^{a}; Exc.: 37, 38, 19, 23, 44, 31, 3, 5, 6, 34, 46, 54, 55, 61

R 16 **lat. N.A. 1492**, XV, 40^{r}-54^{v}; Exc.: 37, 38, 19, 23, 44, 31, 3, 5, 6, 34, 46, 54, 55, 61

Roma, Bibl. Naz. Centr.

17 **Cod. Farf. 5**, XIII, pp. 171 sq.; Exc.: 34 (AP-Fassung) *(cf. I)*

S α 18 **Cod. Sess. 41**, X, 90va-183vb (sine 12; 57-64)

Valenciennes, Bibl. Mun.

A α 19 **521 (475)**, X, 1^{r}-26^{r}; Exc.: Prol.II-22 (sine 11-13)

Vaticano, Bibl. Apost.

20 **Vat. lat. 1201**, XI, 147^{rb-vb}; Exc.: 34 (AP-Fassung) *(cf. II)*

21 **Vat. lat. 5411**, XI/XII, 99rb-100rb; Exc.: 34 (AP-Fassung) *(cf. II)*

22 **Barb. lat. 702**, XI/XII, 66^{r}-67^{v}; Exc.: 34 (AP-Fassung) *(cf. II)*

23 **Chig. lat. B. VII. 125**, XII, 128^{r}-129^{v}; Exc.: 34 (AP-Fassung)

24 **Urb. lat. 48**, XIV, 180va-181ra; Exc.: 34 (AP- Fassung) *(cf. II et Epit.)*

Wolfenbüttel, Herzog Aug. Bibl.

W α 25 **59.6. Aug. fol.**, XII/XIII, 77va-79va; Exc.: 19, 32 (part.)

c) Die Handschriften der Version I (= BHL 6532)

Angers, Bibl. Mun.

1 **290 (281)**, XI, 96^{r}-235^{v}

Avranches, Bibl. Mun.

2 **163**, XI, 3^{r}-76^{r}

Basel, Univ. Bibl.

3 **B III 23**, XIII, 54(52)$^{rb\text{-}va}$; 65(63)$^{va\text{-}b}$; 108(106)^{vb}-109(107)^{ra}; 119(117)^{rb}-121(119)^{ra}; 123(121)^{va}-129(127)^{ra}; 138(136)^{va}-155(153)^{rb}; Exc.: 18 (part.); 10 (part.); 12; 37; 17, 18, 22; 1-5, 13, 14, 19, 25, 31, 36, 39, 40, 42-71

Berlin, Staatsbibl. zu Berlin, Preuss. Kulturbesitz (Haus 1)

4 **Ham. 683**, XII, 273^{v}-321^{v}

Brno, Univ. Knihovna

5 **Mk 5 (I. 194)**, XIV, 194(CXCVI)^{ra}-197(CXCIX)^{vb}; Exc.: 22, 32 (part.), 33 (part.), 34, 35, 38, 46, 64, 65 *(cf. II)*

Bruxelles, Bibl. Roy.

6 **7462-81 (3177)**, XII/XIII, 96va-122vb (sine 34)

7 **10801-06 (1189)**, 1533-35, 67^{r}-155^{v}

Cambridge, Univ. Libr.

8 **Ff. V 27**, XIII, 1^{r}-54^{r}

9 **Gg. I 32**, XV, 220^{v}-221^{v}; Exc. ex Prol.II

10 **Ii. IV 36**, XII, 66^{r}-142^{r}

Cambridge, King's Coll.

11 **4**, XV, 140va-190rb (= rec.: 0va-50rb)

Cambridge, Trinity Coll.

12 **B. 2. 30 (141)**, XII[1], 2ra-58vb

Dijon, Bibl. Mun.

13 **136 (103)**, XII/XIII, 122ra-129ra; 130ra-198rb (sine 34)[2] *(cf. II)*

Douai, Bibl. Mun.

14 **852**, XII et XIII, 79^{r}-152^{r}

Dublin, Trinity Coll.

15 **C. 2. 9 (619)**, XIII/XIV, 1^{r}-69^{v}

Durham, Dean and Chapter Libr.

16 **B. 3. 8**, XIV, 157ra-186va

Edinburgh, Nat. Libr. of Scotland

17 **18. 4. 3** (A. 5. 48), XII, 1^{r}-52^{v}

Einsiedeln, Stiftsbibl.

E β 18 **258 (4. Nr. 85) Einsidl.**, X/XI, pp. 2-251

Erlangen, Univ. Bibl.

19 **lat. 421**, XIV, 62^{r}-137^{v}

---

1 Die Handschrift wird im Katalog von M. R. James, Vol. I, S. 90 auf das 12., von Schenkl (Nr. 2213) dagegen auf das 14. Jh. datiert. Nach Auskunft von Frau Prof. Mirella Ferrara, Univ. Milano (Brief vom 22.03.1992) ist die frühere Datierung richtig.

2 Der Text enthält zahlreiche α-Lesarten.

El Escorial, Bibl. de Monast.
20 **I-III-13**, IX/X, 177^{r}-190^{r}; Exc.: 3, 5, 29, 30, 63, 64, 23, 42, 43, 16
Firenze, Bibl. Med. Laur.
21 **S. Crucis Plut 10 sin 9**, XIV, 68va-74ra; Exc.: 18, 19, 25 *(cf. II)*
22 **S. Crucis Plut 19 Cod 16**, XI, pp. 125^{b}-136^{a}; Exc.: 18, 19, 25
23 **S. Crucis Plut 20 dext 5**, XIII, pp. 100^{a}-107^{b}; Exc.: 18, 19, 25 *(cf. II)*
24 **S. Crucis Plut 34 sin 1**, XIII, pp. 49^{a}-53^{a}; Exc.: 18, 19, 25 *(cf. II)*
25 **Fes. 34**, 1464, pp. 62^{a}-104^{b}
Hereford, Cath. Libr.
26 **O. 1. III (1708)**, XIII, 69^{r}-118^{v}
27 **P. 2. V (1726)**, XI, 1^{v}-92^{r}
London, Brit. Mus.
28 **Cotton Faust. A II**, XII/XIII[3], $98(99)^{r}$-$174(175)^{r}$
29 **Harl. 4719**, XII, 35ra-39vb (Exc.: 18, 19, 25); 40ra-65vb (sine 18, 19, 25)[4]
30 **Roy. 5 F V**, XIII, 106^{v}-150^{v}
31 **Roy. 8 D VIII**, XII, 48^{v}-50^{r}; Exc. ex Prol.II
Metz, Bibl. Mun.
32 **1248**, XI, 4^{r}-99^{v}
Milano, Bibl. Ambr.
33 **C 57 Sup**, 1322, 1^{r}-46^{v}[5]
b β 34 **D 525 Inf**, XI, 30vb-57vb
F β 35 **I 61 Inf**, XI, 206^{r}-268^{r}
36 **S 24 Sup**, 1197, 1^{r}-107^{r}[6]

---

[3] Die Datierung stammt von Miss C. M. Hall, Higher Executive Officer des Department of Manuscripts des Brit. Mus. (Brief vom 4. September 1991).

[4] Einige Kapitel stehen der Version Ia näher als I (vgl. Nr. 82).

[5] Diese Handschrift war mir wegen langfristiger Restaurierungsarbeiten an der Biblioteca Ambrosiana nicht mehr zugänglich. Aus den knappen Beschreibungen im Catalogus codicum hagiographicorum latinorum Bibliothecae Ambrosianae Mediolanensis, AB 11 (1892), S. 270 und bei Batlle, S. 145 geht nur hervor, daß der Codex „Vitae Patrum" (PL 73 und 74) enthält, darunter „vermutlich BHL 6532" (Batlle, S. 145).

[6] Auch in diesen Codex konnte ich wegen der mehrjährigen Schließung der Bibliothek nicht mehr Einsicht nehmen. – Eine detaillierte Beschreibung des in Engelberg geschriebenen Codex bietet G. Morin, Trois manuscrits d'Engelberg à l'Ambrosiana, in: RB 39 (1927), S. 300/1. Enthalten ist nur die Historia Lausiaca, der das Gedicht auf Heraclides vorangestellt ist (fol. 1^{v}). Fol. 2^{r} folgen die Capitula, an die sich fol. 3^{v} und 5^{r} die beiden Prologe anschließen; der Text selbst setzt fol. 10^{r} ein. Die Handschrift

Napoli, Bibl. Orat.
37 **Cod. XXII pil IV 4**, 1432, 58va-63va (Exc.: 18, 19, 25); 63va-106vb
Novara, Bibl. Capit. del Duomo
N β 38 **LXI**, X (?), 194^{r}-252^{r}
Oxford, Bodl. Libr.
39 **602 (2393)**, XII/XIII, 134^{v}-171^{v}
40 **839 (2572)**, XII, 25^{r}-30^{r}; Exc.: Prol.II, 47 (part.)
41 **Can. Misc. 167**, X/XI, 8^{r}-12^{r}; Exc.: 69, 70
42 **Can. Misc. 523**, XV, 1^{v}-14^{v}; Exc.: 18, 19
43 **Hatton 84**, XII, 120rb-121vb; Exc.: Prol.I et pars Prol.II
44 **Jones 18**, XII, 2ra[7]-12vb; 19ra-80rb
45 **Ric. Rawl. D 893**, XII, 137^{r}-138^{v}; Fragm. ex 6-8
Oxford, Merton Coll.
46 **CXVIII**, XIV, 287vb-315vb
Padova, Bibl. Anton.
47 **Scaff. V, Ms 84**, XIII/XIV, 42va-107va
Paris, Bibl. Mazarine
48 **Hist. eccl. 1710**, XI/XII, 37^{r}-38^{r}; 38^{v}-39^{r}; Exc.: 32 (part.), 40
49 **Hist. eccl. 1712**, XII, 1^{r}-179^{v}
Paris, Bibl. Nat.
50 **lat. 1789**, XII et XIII, 149^{r}-163^{v}; Exc.: 18-20, 23, 28, 36, 37, 45, 47, 58, 71
51 **lat. 2025**, XIII, 115^{v}-117^{r}; Exc.: 32 (part.), 40
52 **lat. 2825**, XVI, 82^{r}-85^{r}; Exc.: 46, 61
53 **lat. 2988**, XII, 28^{v}-164^{v}
54 **lat. 3588**, XIV, 113^{r}-222^{v}
55 **lat. 5314**, XI/XII, 52ra-92vb (sine Prol.I+II et Capp. 15 et 41)
56 **lat. 5386**, XIII, 3ra-5vb; 40vb-131va [8]

---

repräsentiert also die HL in der von den β-Textzeugen überlieferten Gestalt und weist durch das Fehlen der übrigen Teile des Corpus (Vita Severini und HM) sowie durch die Abfolge Gedicht – Capitula – Text eine besondere Nähe zu Handschrift **E** (= Einsiedeln, Stiftsbibliothek 258) auf; s. Kapitel D3 und E2 a). – Weitere Angaben, v. a. zur Kodikologie und zu den Miniaturen, finden sich bei: A. Bruckner, Scriptoria medii aevi Helvetica, Denkmäler schweizerischer Schreibkunst des Mittelalters VIII, Schreibschulen der Diözese Konstanz, Stift Engelberg, Genf 1950, S. 129, und: M. L. Gengaro/G. Villa Guglielmetti, Inventario dei codici decorati e miniati (secc. VII-XIII) della Biblioteca Ambrosiana (Storia della Miniatura, Studi e Documenti 3), Firenze 1968, S. 45.

[7] Fol. 1 des Codex und damit der Anfang des Textes fehlt.

[8] Die Kapitel stehen in veränderter Reihenfolge und sind z. T. mit der HM kontaminiert.

57 **lat. 5406**, XIV, 242rb-266ra; Exc.: 22, 32 (part.), 33 (part.), 34, 35, 38, 46, 64, 65 *(cf. II)*

58 **lat. 5407**, XIV, 267ra-272ra; Exc.: 22, 32 (part.), 33 (part.), 34, 35, 38, 46, 64, 65 *(cf. II)*

59 **lat. 5623**, XII, 1^{r}-110^{r}

V β 60 **lat. 9729**, IX, 2^{v}-66^{v}

61 **lat. 12277**, XII, 110^{r}-171^{r}

62 **lat. 17568**, XIII, 114rb-123va; Exc.: 37, 45, 47, 46, 54, 59, 63, 65, 69, 23, 28-31

Perugia, Bibl. Commun.

63 **1035 (M 58)**, XIV, 107ra-168va (sine Prol.II, Capp. 1 et 2 part.)

Poitiers, Bibl. Mun.

64 **249 (62)**, XV, 66vb-129rb (sequuntur versus)

Reims, Bibl. Mun.

65 **790**, XIV, 128ra-151rb (sine 34)

Roma, Bibl. Casanat.

66 **Cod. 1898**, XIV, 84va-94vb; 136va-146ra; Exc.: Prol.I-Cap. 6; Capp. 50-71

Roma, Bibl. Naz. Centr.

67 **Cod. Farf. 5**, XIII, pp. 200-377 (sine 34; *cf. Ia*)

Roma, Bibl. Vallicell.

68 **Cod. C. 55**, XIV, 49va-78rb

G β 69 **Tom. XII**, XI, 108^{v}-212^{v}

Rouen, Bibl. de Rouen

70 **Cod. U. 98**, XII, 1^{v}-86^{r}

71 **Cod. Y. 198**, XII/XIII, 57^{r}-136^{v}

Subiaco, Bibl. dell'Abbazia

72 **130 (CXXVII)**, XIII, 88va-142va

Torino, Bibl. Naz. Univ.

73 **Cod. Bobb. F. IV. 25**, X, 23vb-99rb

Troyes, Bibl. Mun.

74 **716**, XII/XIII, 110ra-116rb; 117ra-122rb; 123ra-173rb (sine 34)[9] *(cf. II)*

Vaticano

75 **Vat. lat. 1199**, XV, 138^{v}-219^{r}

76 **Vat. lat. 1200**, XV, 126vb-219vb

77 **Vat. lat. 6443**, XIV, 184ra-214rb (sine 34)[10]

78 **Reg. Suec. 432**, XII, 2^{v}-116^{r}

79 **Reg. Suec. 452**, XII, 75^{v}-131^{r}

80 **Reg. Suec. 494**, XII, 6^{r}-72^{v}

---

[9] Der Text enthält zahlreiche α-Lesarten.

[10] Der Text ist in einigen Kapiteln mit der Version Ia kontaminiert.

81 **Reg. Suec. 589**, XI, 130^{v}-188^{r}
82 **Urb. lat. 396**, XV, 56^{r}-94^{r}[11]
Wien, Österr. Nat. Bibl.
83 **386**, XII, 92vb-117vb (sine 34)
Winchester, Chapter Libr.
84 **Ms 14**, XII (circa 1190), 144va-199rb

d) Nach Gruppen geordnete Liste der I-Handschriften

Als oberstes Gliederungsprinzip bietet sich eine Trennung zwischen denjenigen Handschriften an, die den Text der HL (annähernd) vollständig enthalten, und denjenigen, die nur einzelne Teile desselben tradieren. Da letztere z. T. schon anhand äußerer Kriterien als zusammengehörig erkannt werden können, soll mit den Exzerptgruppen begonnen werden.

α) Unvollständige Texthandschriften:

1. Exzerptgruppen:

Gruppe der die Exzerptkapitel 18, 19 und 25 tradierenden Handschriften[1]:

Firenze, Bibl. Med. Laur.
S. Crucis Plut 20 dext 5, XIII, pp. 100^{a}-107^{b}; Exc.: 18, 19, 25
S. Crucis Plut 34 sin 1, XIII, pp. 49^{a}-53^{a}; Exc.: 18, 19, 25
S. Crucis Plut 10 sin 9, XIV, 68va-74ra; Exc.: 18, 19, 25
S. Crucis Plut 19 Cod 16, XI, pp. 125^{b}-136^{a}; Exc.: 18, 19, 25
London, Brit. Mus.
Harl. 4719, XII, 35ra-39vb (Exc.: 18, 19, 25); 40ra-65vb (sine 18, 19, 25)
Vaticano
Urb. lat. 396, XV, 56^{r}-94^{r}
Napoli, Bibl. Orat.
Cod. XXII pil IV 4, 1432, 58va-63va (Exc.: 18, 19, 25) = Teil A

Bindelesarten[2]:
18.9 Numquid et nos[3]] et *om.*
18.10 suspensum] suspensus
18.17 nec per totam] neque per totam

---

[11] In einigen Kapiteln sind Einflüsse von Ia erkennbar (vgl. Nr. 29).

[1] S. Kapitel D2 b).

[2] Im Gegensatz zu Kapitel E1, das die Einordnung der α-Zeugen und der von diesen abhängigen Handschriften betrifft, wird hier – wie auch bei der Gruppe der β-Handschriften in Kapitel E2 b) – der Begriff „Fehler“ vermieden und stattdessen neutral von „Lesart“ gesprochen, da eine stemmatische Darstellung nicht angestrebt ist und eine Bewertung der Varianten in diesem Rahmen nicht geleistet werden kann.

[3] Es werden die Lesarten von β zugrundegelegt; stimmen diese nicht mit dem α-Text überein, so sind sie aus dem kritischen Apparat entnommen worden.

18.23 Sperne illa] cerne illa
19.7 beatum moseum] moysen *(vel al.)* beatum[4]
25.4 dominum deprecare] deum deprecare

Bindelesarten ohne **Urb. lat. 396** (abhängig von **Harl. 4719**):
19.1 a se] ab se
19.1 palam *om.*
25.5 adorare festines] adora festinus

Bindelesarten der gesamten Gruppe mit Oxford, Bodl. Libr., **Can. Misc. 523**, XV, 1ᵛ-14ᵛ (Exc. 18, 19):
18.12 Quo ipsa etiam bestia] Quo etiam bestia[5]
18.27 accepit] percepit
18.29 manum] manus
18.33 ita onustus] onustus ita[6]
19.2 lateret] latitaret
19.8 Nolo ... esse te tristem.] Noli ... esse tristis.
19.9 instanter] incessanter

Ab und zu finden sich Übereinstimmungen mit einzelnen der sich um den zweiten Teil von **Cod. XXII pil IV 4** gruppierenden Handschriften[7], und zwar sowohl mit **Can. Misc. 523**:
18.22 magna miracula] multa miracula (mit **Cod. XXII pil IV 4**)
19.7 impugnaretur] impugnabatur (mit **Firenze, Fes. 34**)

als auch ohne diese Handschrift:
25.3 capere posset] capere potuisset (mit **Cod. XXII pil IV 4** und **Firenze, Fes. 34**)

Einige gemeinsame Lesarten werden von der Exzerptgruppe einschließlich **Can. Misc. 523** und nahezu der gesamten Handschriftengruppe um **Cod. XXII pil IV 4**, Teil B, geboten:
18.15 iam per multos] etiam per multos
18.21 ex hoc monasterio] de hoc monasterio

In Cap. 19.2 ist eine Verbindung zu einer α-Lesart feststellbar: Während die übrigen Handschriften das in α und β gleichermaßen auftretende *in re quadam* bzw. *in regione quadam* überliefern, ist in beiden Teilen von **Cod. XXII pil IV 4, Can. Misc. 523** und **Firenze, Fes. 34** *in rure quodam* zu lesen, eine Lesart, die sonst nur noch in einer Korrektur der α-Handschrift **M** (= Monte Cassino 348 LL) und den von ihr abhängenden Handschriften erscheint.

---

4 Diese Umstellung hat auch Cod. Edinburgh, Nat. Libr. of Scotland, **18. 4. 3 (A. 5. 48)**.
5 Codd. **Harl. 4719** *p.c.* und **Urb. lat. 396** haben die Auslassung nicht.
6 Für diese Lesart ist auch Cod. Paris, Bibl. Nat., **lat. 5314** anzuführen.
7 S. die folgende Gruppe.

Mit der vorhergehenden Gruppe zusammenhängende Handschriften:

Napoli, Bibl. Orat.
Cod. XXII pil IV 4, 1432, 63va-106vb (= Teil B)[8]

Perugia, Bibl. Commun.
1035 (M 58), XIV, 107ra-168va (sine Prol.II, Capp. 1 et 2 part.)

Vaticano
Vat. lat. 1199, XV, 138^{v}-219^{r}
Vat. lat. 1200, XV, 126vb-219vb

Bindelesarten:

17.10 magnificaretur] manifestaretur
17.14 in desertis illis locis sicut est vera permansit] sicut est in diversis locis vera permansit
17.15 hanc operam esse dicebant] haec dicebant esse opera
17.17 tanti mali] intanti mali
18.5 iniuriam propriam] propriam iniuriam
18.36 verbis in se] verbis sibi

Bindelesarten dieser Gruppe mit Roma, Bibl. Vallicell. **Cod. C. 55**, XIV, 49va-78rb:

17.5 pauperes fratres] fratres pauperes
17.7 meritis ipsius] ipsius meritis
18.9 Cumque adhuc daemones] Cumque daemones
18.12 greges, inter quos] greges inter quas
18.13 De eodem (capitulum) XXXI
18.25 Ad postremum] Ad extremum
18.26 De eodem (capitulum) XXXII
18.39 lavacri gratiam] gratiam lavacri
34.1 omnibus *om.*
34.2 modicam *om.*
34.7 Benedic me amma] Benedic me alma anima

Zu dieser Gruppe kommt bisweilen Firenze, Bibl. Med. Laur., **Fes. 34**, 1464, pp. 62^{a}-104^{b}, hinzu:

18.2 leguminis aliquid] legumina
18.15 nobilis ac dives virgo] dives *om.*
18.28 peccatum *om.*
18.28 tibi deus intulit] tibi *om.*
18.38 fecit ... leones] leones fecit
18.38 etiam huic] si etiam huic
34.1 ex vobis *om.*

---

[8] Diese Handschrift überliefert vor dem eigentlichen Text die drei Exzerptkapitel 18, 19 und 25 (s. die vorhergehende Gruppe und Kapitel D2 b). Hier werden jedoch nur die in den Text eingegliederten Kapitel (17, 18, 34) betrachtet.

Als weitere Exzerptgruppen sind zu nennen:

Capp. 22, 32 (part.), 33 (part.), 34, 35, 38, 46, 64, 65:

Brno, Univ. Knihovna
Mk 5 (I. 194), XIV, 194(CXCVI)^{ra}-197(CXCIX)^{vb}
Paris, Bibl. Nat.
lat. 5406, XIV, 242rb-266ra
lat. 5407, XIV, 267ra-272ra

Bindelesarten:

32.1 nosset futura] nosset (nosceret **lat. 5407**) et praediceret ipse futura
32.1 misericors] benignus
32.4 Utantur autem – cincti et *om.*
32.5 numerum litterarum] numerum litterarum fieri
32.5 usque ω] usque (ad) ultimam
32.6 vocabulo litterae] litterae *om.*
32.6 durioribus] altioribus
32.7-19 Plurima autem alia scripta erant in ipsis tabulis quae brevitatis causa praetermisi in hoc loco.
33.1 olearum ramusculis palmulisque *om.*
34.1 ac daemonem se habere finxit] simulavit
34.1 implere. Quae ...] implere iuxta illud quod ait apostolus paulus: Si quis ex vobis putat se esse sapientem in hoc mundo fiat stultus ut efficiatur sapiens. Quae ...
34.1 se admodum] supra modum se
34.1 officium – sapiens *om.*
34.2 per omne aevum suum *om.*
34.2 his solis alimoniis] talibus alimoniis
34.2 aut parum aut satis umquam *om.*
34.3 quondam sedenti – verbis] et dixit ei
34.4 habitaculum] monasterium
34.6 Quo audito memoratam vocare coeperunt.] Quae vocata
34.7 amma] mater
34.9 Ego eam delusi, alia: Ego habitum eius] Ego eam et habitum eius
34.9 eam a se verberatam] sepe verberasse eam
34.10 tantoque se nolens] nolensque tanto

Capp. 32 (part.) und 40:

Paris, Bibl. Mazarine
Hist. eccl. 1710, XI/XII, 37^{r}-38^{r}; 38^{v}-39^{r}
Paris, Bibl. Nat.
lat. 2025, XIII, 115^{v}-117^{r}

Diese beiden Exzerpte sind weniger durch signifikante Bindelesarten als vielmehr durch ihre Kapitelauswahl und identische Incipit und Explicit miteinander verbunden:

32 Inc. : Item de sancto pachomio in libro qui vocatur paradisus.
p. 32.12 (pachomio): Explicit. Hieronimus in libro virorum illustrium.
40 Inc. : In libro qui vocatur paradisus.
40 Expl.: In libro qui appellatur geronticum.

Prol.II + Cap. 47 (part.):

Oxford, Bodl. Libr.
839 (2572), XII, 25^{r}-30^{r}

Capp. 35-71:

Oxford, Merton Coll.
CXVIII, XIV, 304va-315vb

Beide Exzerpte haben in Cap. 47 mit den Handschriften **Avranches 163**, **Edinburgh, 18. 4. 3 (A. 5. 48)**, **Hereford, O. 1. III (1708)** und **Hereford, P. 2. V (1726)** folgende Lesarten gemeinsam:

47.9	dedere] dederunt
47.14	actu *om.*
47.22	aestimant] estimabant (**Oxford 839** *corr. ex* estimabat)
47.25	qui se putant] qui se putabant

Innerhalb dieser Gruppe fällt eine häufigere Übereinstimmung von **Oxford 839** mit **Hereford, O. 1. III** und **P. 2. V** auf:

47.9	quae autem periculosa] autem *om.*
47.12	videatur esse] esse videatur
47.14	quando] aliquando
47.14	tunc] tamen
47.18	se ut melior] se *om.*
47.18	extollat] extollatur
47.19	nudantur] nudatur

2. *Einzelne Exzerpte*

Die Einordnung der meisten Einzelexzerpte und des Fragments **Oxford, Ric. Rawl. D 893** ist schwierig, da die von ihnen überlieferte Textmenge oft zu gering ist, um eine sichere Aussage über Verwandtschafts- oder Abhängigkeitsverhältnisse zu treffen. Außerdem sind die der Kollation der „vollständigen" HL-Handschriften zugrundegelegten Probekapitel (17, 18 und 34) in vielen Fällen nicht enthalten, so daß – aus Mangel an Vergleichsmaterial – die Basis für eine Gruppierung zu schwach wäre. Aus diesem Grunde werden die noch verbleibenden Exzerpte im folgenden nur nach den vorhandenen Kapiteln und der überlieferten Textmenge geordnet aufgeführt.

Umfangreichere Exzerpte

Prol.I – Cap. 6; Capp. 50-71:

Roma, Bibl. Casanat.
Cod. 1898, XIV, 84va-94vb; 136va-146ra

Capp. 3, 5, 29, 30, 63, 64, 23, 42, 43, 16:

El Escorial, Bibl. de Monast.
I-III-13, IX/X, 177^{r}-190^{r}

Capp. 18-20, 23, 28, 36, 37, 45, 47, 58, 71[9]:

Paris, Bibl. Nat.
lat. 1789, XII et XIII, 149^{r}-163^{v}

Capp. 37, 45, 47, 46, 54, 59, 63, 65, 69, 23, 28-31:

Paris, Bibl. Nat.
lat. 17568, XIII, 114rb-123va

Capp. 18 (part.), 10 (part.), 12, 37, 17, 18, 22, 1-5, 13, 14, 19, 25, 31, 36, 39, 40, 42-71[10]:

Basel, Univ. Bibl.
B III 23, XIII, $54(52)^{rb-va}$; $65(63)^{va-b}$; $108(106)^{vb}$-$109(107)^{ra}$; $119(117)^{rb}$-$121(119)^{ra}$; $123(121)^{va}$-$129(127)^{ra}$; $138(136)^{va}$-$155(153)^{rb}$

Exzerpte einzelner Kapitel

Prol.I + pars Prol.II:

Oxford, Bodl. Libr.
Hatton 84, XII, 120rb-121vb

---

[9] Obwohl dieses Exzerpt eines der Probekapitel (Cap. 18) überliefert, läßt es sich keiner bestimmten Gruppe zuordnen.

[10] Diese fast den gesamten HL-Text überliefernde Exzerpthandschrift folgt keiner Handschriftenkonstellation durchgehend. In dem an zweiter Position erscheinenden vollständigen Macarius-Kapitel (18) zeigt sie Übereinstimmungen mit einigen Handschriften der Exzerptgruppe Capp. 18, 19, 25 (s. o. S. 296 ff. und Kapitel D2 b). Eine Anzahl von Lesarten hat sie mit der β-Handschrift **E** (= **Einsiedeln 258**) gemeinsam, z. B.: 18.7 *Ignorans igitur* (statt *Ignorans itaque*); 18.7 *vestigia* (statt *signa*); 18.8 *surrexisset sanctus macharius* (statt *sanctus macharius surrexisset*); 18.12 *sufficere* (statt *suffecisse*); 18.18 *de monasterio tuo* (statt *de tuo monasterio*); 18.36 *furari debeas* (statt *furari praevaleas*). An einer Stelle (18.37) überliefert die Handschrift *beato marco* für *sancto marco* zusammen mit **E** und der gesamten Exzerptgruppe der Kapitel 18, 19 und 25.

Prol.II (part.)[11]:

London, Brit. Mus.
Roy. 8 D VIII, XII, 48^{v}-50^{r}
Cambridge, Univ. Libr.
Gg. I 32, XV, 220^{v}-221^{v}

Capp. 46 + 61:

Paris, Bibl. Nat.
lat. 2825, XVI, 82^{r}-85^{r}

Capp. 69 + 70:

Oxford, Bodl. Libr.
Can. Misc. 167, X/XI, 8^{r}-12^{r}

3. *Fragment*

Capp. 6-8 (mutil.):

Oxford, **Ric. Rawl. D 893**, XII, 137^{r}-138^{v}

β) (Weitgehend) vollständige Texthandschriften:

Der Hauptanteil der I-Überlieferung wird von Handschriften gebildet, die den Text der HL vollständig oder mit geringfügigen Lücken bieten. Unter diesen überliefert eine Anzahl das Kapitel 34 über die „virgo stulta" nicht oder nicht in der I-Fassung[12]; hier könnte sich eine engere Zusammengehörigkeit herausstellen.

Handschriften ohne Cap. 34:

Bruxelles, Bibl. Roy.
7462-81 (3177), XII/XIII, 96va-122vb
Dijon, Bibl. Mun.
136 (103), XII/XIII, 122ra-129ra; 130ra-198rb
Reims, Bibl. Mun.
790, XIV, 128ra-151rb
Roma, Bibl. Naz. Centr.
Cod. Farf. 5, XIII, pp. 200-377

---

[11] In den beiden folgenden Exzerpten endet der Text des 2. Prologs an derselben Stelle, nämlich mit dem Ende von §15 ... *gratias sempiternas*. Der Beginn des exzerpierten Textes fällt dagegen in den beiden Handschriften nicht zusammen: Exc. **Roy. 8 D VIII** setzt mit §7 (*Quapropter haec sciens, ...*), Exc. **Gg. I 32** erst in §9 mit den Worten *Plures enim novimus ...* ein.

[12] **Roma, Cod. Farf. 5** enthält Cap. 34 in einem Ia-Text. – Vgl. die in Kapitel D2 a) dargestellte Sonderüberlieferung des Kapitels.

Troyes, Bibl. Mun.
716, XII/XIII, 110ra-116rb; 117ra-122rb; 123ra-173rb
Vaticano
Vat. lat. 6443, XIV, 184ra-214rb
Wien, Österr. Nat. Bibl.
386, XII, 92vb-117vb

Tatsächlich bilden alle aufgezählten Handschriften außer **Dijon 136** und **Troyes 716** eine zusammenhängende Gruppe, zu der noch Cod. **Paris, Bibl. Mazarine, Hist. eccl. 1712** tritt. Ihre aus den Probekapiteln 17 und 18 entnommenen gemeinsamen Lesarten sind:

17.10	uxor, inquit, mea fuit haec] uxor mea inquit haec fuit
17.13	non poterat molestiam] molestiam non poterat **Reims 790** *et* **Vat. lat. 6443** molestias non poterat *cett.*
17.13	conferret] conferebat
17.17	sui corporis] corporis sui
18.9	Numquid et nos] nos *om.*
18.12	Idque – perveniret *om.*
18.16	monasterium ... omnium] hominum monasterium
18.20	manibus] manu
18.26	cellae] ecclesiae
18.26	os ... verticis] os *om.* (vertex *omnes praeter* **Paris, Hist. eccl. 1712** *et* **Wien 386** *a.c.*)

Zusätzlich zu diesen ausschließlich der Gruppe eigenen Bindelesarten gibt es noch solche, die von wenigen anderen Handschriften geteilt werden, z. B.:

17.9	ducitque eos] et ducit illos
18.3	tenere potuissem] comprehendissem
18.3	ederem] comederem
18.24	esse crederem] esse *om.*
18.28	magnus ille] ille magnus
18.40	diceremque] dixissemque

Die Gruppe spaltet sich in zwei aus je drei Handschriften bestehende Untergruppen:

Auf der einen Seite existieren Bindelesarten von **Bruxelles 7462-81**, **Reims 790** und **Vat. lat. 6443**:

17.4	temporis] tempus
17.18	tres eum libras] tres illum libras
18.2	quadragesimam totam] totam quadragesimam
18.3	ergo] igitur
18.4	vincere] aliquando vincere

18.9 dicentesque] et dicentes
18.15 transmisit] munera transmisit
18.22 ubi erat] ut erat ante
18.34 proposito] proprio **Bruxelles 7462-81**
proprie **Reims 790** *et* **Vat. lat. 6443**
18.39 vultus ipsius] *om.* **Bruxelles 7462-81**
vultus *om.* **Reims 790** *et* **Vat. lat. 6443**

Wie schon aus den beiden zuletzt eingetragenen Lesarten hervorgeht[13], ist die Verbindung zwischen **Reims 790** und **Vat. lat. 6443** besonders eng:

17.6 quae imitari] quae *om.*
17.12 nudae] eque
17.16 flammea] flamma
17.18 reductum] ductum
18.3 tantundem] tandem
18.5 perforant] perferant
18.7 ambulat] ambulamus
18.7 sequebatur] sequeretur
18.8 adversum *om.*
18.9 aliquos monachorum] alios monachorum
18.9 discedam] discendam
18.15 Tantas autem] autem *om.*
18.15 catervas] creaturas
18.20 os] os suum
18.30 intumuit] etiam intumuit
18.30 vinum potare] potare vinum
18.30 reddidit] reddit
18.31 stimulando *om.*
18.33 pondere] onere
18.33 regressus in cellam est] regressus est ad cellam suam
18.35 Fuit autem] Fuitque
18.36 aliquid debeo tibi] aliquo debeo tibi quod
18.39 videbatur] videtur

Auf der anderen Seite stehen die drei Handschriften **Roma, Cod. Farf. 5**, **Wien 386** und **Paris, Hist. eccl. 1712** in einem Zusammenhang:

17.18 propriis faceret] faceret propriis
17.18 gratiam dei] dei gratiam
17.19 ego in corpore] in corpore ego
18.15 postea] portata
18.15 regressa, transmisit] regressa est
18.17 itaque ... eum] itaque eum

---

[13] Vgl. die oben (S. 306) aufgeführte Lesart 17.13 *molestiam non poterat*.

18.22	ubi erat] ante
18.23	dicens] dicensque
18.24	intra cellam videbar] videbar intra cellam
18.27	curari] curare
18.30	praecepitque] praecepit itaque
18.33	dicebat] dixit
18.35	eum esse existimans] existimans eum esse

Es bleiben noch die beiden außerhalb der beschriebenen Gruppe stehenden Handschriften **Dijon 136** und **Troyes 716** zu betrachten. Sie hängen äußerlich nicht nur durch das Fehlen des Cap. 34, sondern auch durch die Überlieferung desselben Kapitels aus Version Lat. II, nämlich des Kapitels II über Pasco, zusammen. Ferner fällt auf, daß sie häufig α-Lesarten bieten[14].

In den meisten Lesarten stimmen sie mit einer größeren Anzahl von Textzeugen überein; ihre ausschließlichen Bindelesarten sind:

17.1	referre vel scribere] scribere vel referre
17.3	propter eos, qui] propter eos qui illum
17.13	ipsius *om.*
17.13	discipulis] discipulus
17.14	vulgavit] divulgavit
17.15	Posteaquam] quod postea quam
17.18	matri ipsius] matri eius
18.12	illic plurimi] illic *om.*
18.15	iam per multos] per iam multos
18.23	carnales cogitationes] cogitationes carnales
18.26	verticis] vervecis
18.26	Ego itaque] itaque *om.*
18.27	dignus iste] iste dignus
18.30	carnes] carnem
18.33	Ille vero] Ipse vero
18.35	dentes quoque] quoque *om.*
18.37	continuoque] et continuo
18.39	expuisset in terram] locutus est verbum ociosum

Zu den Handschriften mit vollständigem HL-Text gehören diejenigen der Gruppe β. Die in erster Linie nach Merkmalen der äußeren Form[15] ausgewählten sieben Textzeugen repräsentieren eine frühe Stufe der erweiterten Fassung I und vertreten diese Version im textkritischen Apparat.

---

[14] So etwa 18.30 *possit* (β: *posset*); 18.33 *Vexo eum, qui me vexare contendit* (β: *Vexo vexantem me*); 18.34 *conspiciebam* (β: *videbam*); 18.36 *dicens sibi* (β: *dicens*) und 18.38 *grandem exhibuit* (β: *exhibuit*).

[15] Sie überliefern ein bestimmtes Corpus hagiographischer Texte. – S. die Kapitel D3 und E2 a).

Gruppe der β-Handschriften:

Paris, Bibl. Nat.
lat. 9729, IX, 2^{v}-66^{v} (= **V**)
Torino, Bibl. Naz. Univ.
Cod. Bobb. F. IV. 25, X, 23vb-99rb (= **B**)
Milano, Bibl. Ambr.
D 525 Inf, XI, 30vb-57vb (= **b**)
Roma, Bibl. Vallicell.
Tom. XII, XI, 108^{v}-212^{v} (= **G**)
Einsiedeln, Stiftsbibl.
258 (4. Nr. 85) Einsidl., X/XI, pp. 2-251 (= **E**)
Novara, Bibl. Capit. del Duomo
LXI, X (?), 194^{r}-252^{r} (= **N**)
Milano, Bibl. Ambr.
I 61 Inf, XI, 206^{r}-268^{r} (= **F**)

Es lassen sich keine signifikanten Bindelesarten anführen, die ausschließlich diese Handschriftengruppe betreffen: Die von ihnen gebotene Textform weicht nicht gravierend von dem als Kollationsgrundlage dienenden Rosweyde-Text ab; finden sich dennoch Abweichungen, so werden diese mit anderen Handschriften geteilt. Bei Spaltung aller I-Handschriften in mehrere reich bezeugte Lesarten bleibt die Gruppe jedoch immer als Einheit zusammen.

Eine genaue Aufarbeitung der Beziehungen zwischen den restlichen Handschriften würde eine eigenständige Untersuchung erfordern, die an dieser Stelle nicht geleistet werden kann. Zudem ist zu erwarten, daß sich keine scharf voneinander abgrenzbaren Gruppen ergeben werden, da erste Auswertungen der Lesarten einen hohen Grad an Kontamination erkennen ließen.

Es verbleiben noch folgende I-Handschriften zur Einordnung[16]:

Angers, Bibl. Mun.
290 (281), XI, 96^{r}-235^{v}
Berlin, Staatsbibl. zu Berlin, Preuss. Kulturbesitz (Haus 1)
Ham. 683, XII, 273^{v}-321^{v}
Bruxelles, Bibl. Roy.
10801-06 (1189), 1533-35, 67^{r}-155^{v}
Cambridge, Univ. Libr.
Ff. V 27, XIII, 1^{r}-54^{r}
Ii. IV 36, XII, 66^{r}-142^{r}
Cambridge, King's Coll.
4, XV, 140va-190rb (= rec.: 0va-50rb)

---

16 Ausgenommen sind diejenigen Handschriften, die bereits oben einzelnen Exzerptgruppen zugeordnet worden sind.

Cambridge, Trinity Coll.
B. 2. 30 (141), XII, 2ra-58vb
Douai, Bibl. Mun.
852, XII et XIII, 79^{r}-152^{r}
Dublin, Trinity Coll.
C. 2. 9 (619), XIII/XIV, 1^{r}-69^{v}
Durham, Dean and Chapter Libr.
B. 3. 8, XIV, 157ra-186va
Erlangen, Univ. Bibl.
lat. 421, XIV, 62^{r}-137^{v}
London, Brit. Mus.
Cotton Faust. A II, XII/XIII, $98(99)^{r}$-$174(175)^{r}$
Roy. 5 F V, XIII, 106^{v}-150^{v}
Metz, Bibl. Mun.
1248, XI, 4^{r}-99^{v}
Milano, Bibl. Ambr.
C 57 Sup, 1322, 1^{r}-46^{v}
S 24 Sup, 1197, 1^{r}-107^{r}
Oxford, Bodl. Libr.
602 (2393), XII/XIII, 134^{v}-171^{v}
Jones 18, XII, 2ra-12vb; 19ra-80rb
Padova, Bibl. Anton.
Scaff. V, Ms 84, XIII/XIV, 42va-107va
Paris, Bibl. Nat.
lat. 2988, XII, 28^{v}-164^{v}
lat. 3588, XIV, 113^{r}-222^{v}
lat. 5314, XI/XII, 52ra-92vb (sine Prol.I+II et Capp. 15 et 41)
lat. 5386, XIII, 3ra-5vb; 40vb-131va
lat. 5623, XII, 1^{r}-110^{r}
lat. 12277, XII, 110^{r}-171^{r}
Poitiers, Bibl. Mun.
249 (62), XV, 66vb-129rb (sequuntur versus)
Rouen, Bibl. de Rouen
Cod. U. 98, XII, 1^{v}-86^{r}
Cod. Y. 198, XII/XIII, 57^{r}-136^{v}
Subiaco, Bibl. dell'Abbazia
130 (CXXVII), XIII, 88va-142va
Vaticano
Reg. Suec. 432, XII, 2^{v}-116^{r}
Reg. Suec. 452, XII, 75^{v}-131^{r}
Reg. Suec. 494, XII, 6^{r}-72^{v}
Reg. Suec. 589, XI, 130^{v}-188^{r}
Winchester, Chapter Libr.
Ms 14, XII (circa 1190), 144va-199rb

e) Die Handschriften der Version II (= BHL 6534)[1]

Admont, Bibl. d. Bened. Stiftes
1 **143**, XII, 1^{r}-21^{v}; 27^{v}; 29^{r}-32^{v}
Angers, Bibl. Mun.
2 **810 (726)**, XII, 71^{r}-87^{v} (usque ad XVIII[2])
Basel, Univ. Bibl.
3 **B V 2**, 1399, 172ra-185rb: Epist., I-III, XIII, IV-VIII, XIV-XVI, XIX, XI
Berlin, Staatsbibl. zu Berlin, Preuss. Kulturbes. (Haus 1)
4 **theol. lat. fol. 36**, 1448, 50vb-67rb
5 **theol. lat. fol. 275**, X, 91^{r}-112^{r}
Bloomington, Indiana Univ., The Lilly Libr.
6 **Ricketts 170 (= Phillipps 13576)**, XIV, 69va-71vb; 152va-157va; 160va-166rb: IX (part.), X (part.); I-VIII; XIV-XIX *(cf. Epit.)*
Brno, Univ. Knihovna
7 **Mk 5 (I. 194)**, XIV, 189 (CXCI)^{vb}-190 (CXCII)^{vb}; Exc.: I, III (part.), IV, V, VI (part.) *(cf. I)*
Bruxelles, Bibl. des Boll.
8 **Cod. 27**, 1461, 143^{r}-? (ante 177^{r}, usque ad cap. XXIII[3]): Epist., I, III, XV; IV-VIII, IX (pars prior[4]), X, XIV-XVII, VIII (XVIII?)[5], XIX, XIII, IX (pars altera)
Bruxelles, Bibl. Roy.
9 **1800 (3149)**, XIV/XV, 76^{v}-106^{v}
Châlons sur Marne, Bibl. Mun.
10 **53 (57)**, XI, 93^{v}-111^{r}: Epist., I-VI, IX, X, XIV-XVI, XVIII, XIX, VIII, VII

---

[1] Da die zweite Version der lateinischen Übersetzung nicht ediert werden sollte, lagen mir auch nicht alle Handschriften dieser Textversion vor. Die Angaben zu folgenden Handschriften beruhen nur auf den Katalogen: Angers, Bibl. Mun. **810 (726)**, Berlin, Staatsbibl. zu Berlin, Preuss. Kulturbes. (Haus 1) **theol. lat. fol. 36**, Bruxelles, Bibl. des Boll. **Cod. 27**, Bruxelles, Bibl. Roy. **1800 (3149)**, Darmstadt, Hessische Landes- und Hochschulbibl. **760**, Gdánsk, Bibl. Polskiej Akad. Nauk **1950 (XII B f 23)**, Holkham Hall, Libr. of the Earl of Leicester **129**, London, Brit. Mus. **Add. 37400**, Manchester, John Ryland's Libr. **422 [R. 73461]**, Michaelbeuern, Bibl. der Abtei **man cart 42**, Namur, Bibl. du Musée Arch. **Fonds de la Ville 12**, Schaffhausen, Stadtbibl. **Ms. Min. 107**, Torino, Bibl. Naz. Univ. **K. IV. 12**, Vaticano **Vat. lat. 9309**, Wolfenbüttel, Herzog. Aug. Bibl. **322** Helmst.

[2] Kapitelzahlen nach der Edition von Rosweyde, PL 74, 343-382.

[3] S. AB, Tom. 24, Fasc. IV, Bruxelles 1905, S. 441 f.

[4] Zur Aufspaltung des Kapitels IX s. Kapitel B4.

[5] Im Katalog ist zwischen den Kapiteln 17 und 19 das vorher schon vorhandene 8. Kapitel angegeben; vielleicht ist jedoch Kapitel 18 gemeint.

Chartres, Bibl. Mun.

11 **5 (16)**, VIII, 220^{r-v}; Exc.: VIII *(cf. Ia)*

Darmstadt, Hessische Landes- und Hochschulbibl.

12 **760**, XV, 12ra-151ra[6]

Dijon, Bibl. Mun.

13 **136 (103)**, XII/XIII, 129rb-130ra; Exc.: II *(cf. I)*

El Escorial, Bibl. de Monast.

14 **T-I-12**, XIV (XIII?), 114ra-119vb; 180ra-182rb; 183va-185rb; Exc.: IX, X, XIV; XV, XIX; IV, XIII

Firenze, Bibl. Med. Laur.

15 **S. Crucis Plut 10 sin 9**, XIV/XV, 74ra-76va; Exc.: IX, X *(cf. I)*

16 **S. Crucis Plut 20 dext 5**, XIII, 108^{a}-109^{b}; Exc.: IX *(cf.* I)

17 **S. Crucis Plut 34 sin 1**, XIV, 53a-54b; Exc.: IX, X *(cf.* I)

Frankfurt, Stadt- u. Univ. Bibl.

18 **Lat Qu 54**, XV, 106va-127ra

Gdánsk, Bibl. Polskiej Akad. Nauk

19 **1950 (XII B f 23)**, XV, 97^{v}-193^{v}

Holkham Hall, Libr. of the Earl of Leicester

20 **129**, XI et XIII, ? (Nr. 30-34[7]); Exc.: IX, X, XIV

Koblenz, Staatsarchiv

21 **Best. 701 Nr. 133**, XIV/XV, 231^{r}-243^{r}; Exc.: I, III, VIII-X, XII, XIV, XVI, XIX

Köln, Evangelische Bibliothek

22 **Ser. Nov. Phil. 532**, 1460, 36va-48va (47ra)[8]

London, Brit. Mus.

23 **Add. 33518**, XII, 104^{r}-120^{r}: Epist., I-X, XIV-XVIII

24 **Add. 37400**, XIV, 102^{r}-115^{r}: Epist., I-X, XIV-XIX, XI[9]

Manchester, John Ryland's Libr.

25 **422 [R. 73461]**, XV, 87^{r}-123^{r}

---

[6] Zwischen diesen Foliozahlen stehen alle 5 Bücher der Vitae patrum, d. h. BHL 6524 (= HM), 6525, 6534 (= HL), 6528 und 6538. Siehe H. Knaus, Ältere Theologische Texte, in: Die Handschriften der Hessischen Landes- und Hochschulbibliothek Darmstadt, Wiesbaden 1977 ff., Bd. 4 (1979), S. 188 f.

[7] Schenkl, Nr. 3415.

[8] In Klammern stehende Foliozahlen geben – soweit dies zu ermitteln war – das eigentliche Ende des HL-Textes (Kapitel XIX) an, da das 20. Kapitel von einer Apophthegmensammlung gebildet wird, die nicht zum ursprünglichen Textbestand gehört. Eine solche Differenzierung wurde bei den ebenfalls sekundären Kapiteln XI (Iohannes Colobus) und XII (Marcianus) nicht vorgenommen, weil diese an verschiedenen Positionen im Text, teilweise im Innern, teilweise am Ende, auftreten können. – Zu den verschiedenen in Version II möglichen Kapitelfolgen s. Kapitel B4.

[9] S. Catalogue of additions to the manuscripts in the British Museum in the years 1906-1910, London 1912, S. 28-33, bes. S. 31.

Michaelbeuern, Bibl. der Abtei

26 **man cart 42**, 1469, 96rb-$120^{rb/va}$(?)[10]

Milano, Bibl. Ambr.

27 **I 89 Sup**, X, 55^{v}-92^{v}; Exc.: Epist., I-X, XV-XVIII

Monte Cassino, Bibl. dell'Abbazia

28 **143 KK**, XI, pp. 262^{b}-271^{b}; Exc.: X (part.), XIV, XVI *(cf. Ia et Epit.)*

29 **324 LL**, XI, pp. 240-253; Exc.: IX, X, IV *(cf. Epit.)*

30 **400 I**, XI, pp. 249-263; Exc.: X (part.), XIV, XVI *(cf. Ia et Epit.)*

31 **406 I**, XIV/XV, pp. ? (post 77)-92; Exc.: X (part.), XVI

32 **463 I**, XI, pp. 376-388; Exc.: X (part.), XIV, XVI *(cf. Ia et Epit.)*

München, Bayer. Staatsbibl.

33 **Clm 2540**, XII, 164ra-180vb

34 **Clm 3056**, XV, 213va-222vb; 223rb-224ra; 224rb-225vb: Epist., I-III, XIII, IV-VIII, IX (pars prior), XIV-XVII; XVIII, XIX, XI (pars prior); IX (pars altera), XII (*cf. Epit.*)

35 **Clm 5823**, XV, 100-124/5[11]

36 **Clm 18093**, 1474, 114ra-120vb; 121^{va-b}; 121vb-123ra: Epist., I-III, XIII, IV-VIII, IX (pars prior), XIV-XVII; XVIII, XIX, XI (pars prior); IX (pars altera), XII *(cf. Epit.)*

37 **Clm 18553a**, XV, 114rb-140vb; 142^{ra-vb}, 143rb-145ra: Epist., I-III, XIII, IV-VIII, IX (pars prior), XIV-XIX, XI (pars prior); IX (pars altera), XII

Namur, Bibl. du Musée Arch.

38 **Fonds de la Ville 12**, XII, ? (post 84^{v})-$108^{r/v}$(?)

Napoli, Bibl. Naz.

39 **Cod. VIII B. 10**, XIV, 167^{r}-171^{r}; Exc.: X (part.), XIV, XVI *(cf. Ia)*

40 **Cod. VIII B. 27**, XV, 79^{v}-82^{r}; Exc.: X (part.), XIV, XVI *(cf. Ia)*

Paris, Bibl. Nat.

41 **lat. 2843**, XI, 168^{r}; Exc. ex XX

42 **lat. 2941**, XIII, 68vb-70vb; Exc.: VI, IX (part.), X (part.), XIV, XIX

43 **lat. 3784**, X/XI, 118^{v}-122^{r}; 124^{r}-128^{r}; 129^{v}-130^{r}: Epist., I-III, XIII, XVI-XIX; XV, XIV, IX (pars prior), X, VIII, IV-VI; IX (pars altera)

---

[10] Nach dem Verzeichnis der Capitula ist Kapitel XIII vorgezogen; die Kapitel XI und XII stehen am Schluß (Brief von Pater B. Egelseder OSB vom 4.9.1991).

[11] Die Handschrift **Clm 5823 (Ebersb. 23)**, die mir nur der Signatur nach bekannt ist, scheint die Historia Lausiaca in der Version II zu enthalten, evtl. auch Exzerpte aus der Epitome-Fassung BHL 6534 b (s. Kapitel D1 f), da in ihr wie in den drei anderen Münchner Handschriften aus dem 15. Jahrhundert Clm 3056, Clm 18093 und Clm 18553a die HL den Titel „Heraclidis liber de conversatione sanctorum patrum" trägt. – S. Halm, Tom. I, Pars 3 (Codices num. 5251-8100 complectens), München 1873, S. 42, Nr. 314.

44 **lat. 5406**, XIV, 32^{v}-35^{v}/36^{r}(?); 237va-238vb; Exc.: X, IX; I et III (part.), IV-VI *(cf. I)*[12]

45 **lat. 5407**, XIV, 32ra-35ra; 261va-262rb; Exc.: X, IX; IV-VI *(cf. I)*

46 **lat. 5624**, XIII, 94^{r}-107^{v}

47 **lat. 8996**, XI, 97vb-103rb (sine IV-VII[13])

48 **lat. 10841**, 1411, 61va-80rb (77vb)

49 **lat. 16051**, XII, 138ra-145ra

Praha, Národního Muzea

50 **XII F. 7.**, XV, 239^{r}-244^{r}; 279^{r}-294^{r} (sine XVII)

Reims, Bibl. Mun.

51 **1390**, XI/XII, 137^{r}-154^{v} (usque ad XVIII)

52 **1400**, XIII, 97vb-98rb; Exc.: VIII

Roma, Bibl. Casanat.

53 **Cod. 620**, XV, 219^{r}-246^{r} (242^{v}) / 214^{r}-241^{r} (237^{v})[14]

54 **Cod. 1366**, XI/XII, 30^{v}-41^{v}; 50^{r}-73^{r}[15]

Schaffhausen, Stadtbibl.

55 **Ms. Min. 107**, XI, foll. ?[16]

Subiaco, Bibl. dell'Abbazia

56 **98 (XCIII)**, XI, 122^{r}-126^{v}; Exc.: XIV, XVI

Torino, Bibl. Naz. Univ.

57 **K. IV. 12**, XIII, 194^{v}-211^{v}

Trier, Stadtbibl.

58 **1156/459**, XI et XII, 122^{r}-143^{v}

Troyes, Bibl. Mun.

59 **716**, XII/XIII, 116rb-117ra; 122^{rb-va}; Exc.: II, IV (part.) *(cf. I)*

60 **777**, XII, 102rb-118va (usque ad XVIII)

Vaticano

61 **Vat. lat. 1201**, XI, 129va-138va; 146va-147rb: I-VIII, XIV-XIX; XIII *(cf. Ia)*

62 **Vat. lat. 5411**, XI/XII, 77rb-87rb; 98va-99rb; 102^{ra-vb}: I-VIII, XV-XVIII; XIII; IX (pars prior) *(cf. Ia)*

63 **Vat. lat. 9309**, XIII, inter 1^{r} et 10^{r}; Exc.: XI

---

[12] Die Kapitel dieser und der folgenden mit ihr sehr eng verwandten Handschrift sind teilweise gekürzt oder mit Episoden aus Version I durchsetzt.

[13] Durch Blattverlust in der Vorlage.

[14] Die erste Angabe entspricht der alten, die zweite einer neuen Foliozählung. Der HL-Text ist durch den Ausfall eines Blattes am Anfang mutil und beginnt erst in Kapitel I. – S. Boll. Roma, S. 226/7.

[15] S. Boll. Roma, S. 254: „Liber compositus ex libello BHL 6534 et ex libris de verbis seniorum."

[16] Die Handschriften der Stadtbibliothek Schaffhausen werden lt. einem Brief des Stadtbibliothekars Dr. R. Specht vom 3.10.1991 von Herrn Dr. R. Gamper neu katalogisiert.

64 **Barb. lat. 702**, XI/XII, 67^{v}-69^{r}; 193^{v}-216^{v}: XIII; I-X, XIV-XIX *(cf. Ia)*

65 **Urb. lat. 48**, XIV, 153rb-157ra; 159ra-173va: I-VIII; XIV-XIX *(cf. Ia et Epit.)*

Wien, Benediktinerabtei U.L.F. z. d. Schotten

66 **347**, XV, 1ra-17rb; 18va-19vb: Epist., I-III, XIII, IV-VIII, IX (pars prior), X, XIV-XIX, XI; IX (pars altera), XII

Wien, Österr. Nat. Bibl.

67 **433**, XI, 63^{r}-102^{v}

68 **4157**, XV, 72va-85vb; 88ra-89ra: Epist., I-III, XIII, IV-VIII, IX (pars prior), X, XIV-XIX; IX (pars altera), XII

Wolfenbüttel, Herzog. Aug. Bibl.

69 **322** Helmst., XV, 199^{v}-211^{v} (usque ad XVII)

f) Sonstige Handschriften

Handschriften, die nur die Epistola Paschasii ad Eugippium ohne den HL-Text enthalten[1]:

Vaticano

1 **Vat. lat. 9026**, XVIII, 195^{r-v} [2]

2 **Vat. lat. 9137**, XVII, 40^{r}+41^{r}+42^{r}+43^{r-v}

Handschriften, die eine Epitome der Historia Lausiaca enthalten[3]:

Berlin, Staatsbibl. zu Berlin, Preuss. Kulturbes. (Haus 1)

3 **lat. fol. 768 (= Görres 128)**, XV, 11rb-12rb; Exc. ex 17, 18, 22, 70, 18

Bloomington, Indiana Univ., The Lilly Libr.

4 **Ricketts 170 (= Phillipps 13576)**, XIV, 157va-158rb; Exc. (ex BHL 6534 b): 39 *(cf. II)*

Brno, Univ. Knihovna

5 **Mk 108 (II. 24)**, XV, 113^{r-v}; Exc. ex: 1, 6, 12-17

Köln, Stadtarchiv

6 **192**, XV, 22^{r}; Exc. (ex BHL 6534 b): Prol.

Milano, Bibl. Ambr.

7 **O 114 Sup**, XIII, 42^{v}-56^{v}; Exc. ex: 1-5, 7-14, 16, 15, 17-19, 24

---

[1] Der Brief des Paschasius an Eugippius ist in einigen Handschriften der HL vorangestellt und dieser fälschlicherweise zugeordnet. – S. Kapitel D3 a).

[2] Darauf folgen – bis fol. 196^{v} – das Incipit und Explicit der beiden Prologe und einige zusammenfassende Bemerkungen zum Inhalt der HL.

[3] Die Epitomeversionen folgen dem Texttyp I und geben diesen teilweise wörtlich wieder. Eine Form der Epitome hat die BHL-Nummer 6534 b.

Monte Cassino, Bibl. dell'Abbazia

8 **143 KK**, XI, pp. 271^{b}-272^{b}; 492^{b}-494^{a}; Exc.: 39 (ex BHL 6534 b); 23 *(cf. Ia et II)*

9 **324 LL**, XI, pp. 254-257; Exc.: 23 *(cf. II)*

10 **400 I**, XI, pp. 270-272; Exc. (ex BHL 6534 b): 39 *(cf. Ia et II)*

11 **463 I**, XI, pp. 388-389; Exc. (ex BHL 6534 b): 39 *(cf. Ia et II)*

München, Bayer. Staatsbibl.

12 **Clm 3056**, XV, 222vb-223rb; 225vb-226rb; 227ra-233ra; Exc. (ex BHL 6534 b): 25; 39; 23, 29, 30, 32, 33, 35, 37, 40, 43, 45, 41, 48-51, 55, 58, 59, 61, 63, 65, 68, 69, 71 *(cf. II)*

13 **Clm 18093**, 1474, 120vb-121ra; 123^{ra-b}; 124ra-128rb; Exc. (ex BHL 6534 b): 25; 39; 23, 29, 30, 32, 33, 35, 37, 40, 43, 45, 41, 48-51, 55, 58, 59, 61, 63, 65, 68, 69, 71 *(cf. II)*

Roma, Bibl. Naz. Centr.

14 **Cod. Sess. 73**, XIV/XV, 119va-137va (= BHL 6534 b)

Valenciennes, Bibl. Mun.

15 **831 (613)**, XIV/XV, 20va; 27vb; 33ra; 44^{rb-va}; 45^{va-b}; 51^{ra-b}; 60vb; 71vb; 75^{rb-va}; 98^{va-b}; 119vb; 235^{va-b}; 138vb; 139rb; Exc. ex: 37, 65, 40, 19, 38, 10, 11, 19, 38, 71, 2, 17, 18, 22, 5, 59, 11, 18, 21, 37, 18[4]

Vaticano

16 **Vat. lat. 6010**, XV, 237^{v}-247^{v}; Exc.: Prol.I, 1-3, 5, 8-10, 12, 14-30, 32-34, 31, 35-39, 41-45, 54, 55, 57-59, 61, 63-65, 69-71, 47-51, 53

17 **Urb. lat. 48**, XIV, 157^{ra-b}; Exc. (ex BHL 6534 b): 39 *(cf. Ia et II)*

Venezia, Bibl. Naz. Marc.

18 **Cod. marc. L. III, 153 (=2909) Misc. (= Cod. VII, 35 Val.)**, XV, 34^{r}-53^{r}; Exc. ex: 1-5, 7-14, 16, 15, 17-19, 24[5]

Zerstörte Handschriften oder Handschriften mit verlorenem HL-Text:

Rouen, Bibl. de Rouen

19 **Cod. A. 387**, XII, 86-?[6]

---

4 Die Handschrift, die den Titel „Manipulus exemplorum" trägt, enthält eine aus Version I abgeleitete Epitome mit wörtlichen Zitaten; meist sind nur einzelne Episoden oder wenige Sätze aus den Kapiteln entnommen.

5 Diese Handschrift ist eng verwandt mit Cod. Milano, **O 114 Sup**, wie schon die identische Kapitelauswahl vermuten läßt. Auch in den frei paraphrasierenden Formulierungen und in den zahlreichen, z. T. längeren, Auslassungen stimmen die beiden Handschriften überein. Dazu ist in einigen Lesarten Kontamination mit Version Ia feststellbar.

6 Cat. gén. dép., Tom. 1 (Rouen), Paris 1886, S. 125: „Au dernier feuillet, on lit, en écriture de XIIIe siècle, la note suivante qui constate un état ancien du volume: ‚Liber Heraclidis de vita sanctorum Patrum, qui appellatur Paradisus. ...'".

Torino, Bibl. Naz. Univ.[7]

20 **I. V. 41**, XII, 64^{v}-133^{r} (I?)

21 **K. VI. 30**, XIV, 1^{r}-45^{v} (I?)

Verschollene Handschriften:

Cheltenham

22 **Phillipps 4740**, XII, foll. ?[8]

Épinal, Bibl. Mun.

23 **64**, XIV, foll. ?[9]

Saint-Evroult

24 **Cod. 82**[10]

London, Ashburnham Place

25 **The Barrois mss LXXXIII**, XIV, 78^{r}-125^{v}/126^{r}(?)[11] (I?)

---

7 Die beiden folgenden Handschriften sind lt. einem Brief des Direktors der Bibliothek, Dr. L. Selvaggi, vom 1.3.1991 bei einem Bibliotheksbrand im Jahre 1904 vernichtet worden.

8 Die Handschrift, die bei Schenkl als Nr. 1613 geführt wird und im ersten Teil „Vitae S. Patrum Heremitarum" enthält, befindet sich, wie Anfragen ergeben haben, weder in London noch in Bloomington (wie der Codex Phillipps 13576) noch in Berlin, wo in den sog. Meerman-Handschriften ehemalige Phillipps-Handschriften vorhanden sind. Es ist jedoch unklar, ob in Cod. Phillipps 4740 die HL enthalten ist.

9 Als Inhalt dieser Handschrift gibt der Katalog Cat. gén. dép. (Quarto), Tom. III, Paris 1861, S. 424 „Vitae sanctorum patrum" an und beschreibt diesen wie folgt: „Le volume contient la vie des pères du désert, publiée par Rosweyd, (Vitae patrum, Anvers, 1628.)." Damit ist allerdings noch nicht eindeutig gesagt, ob die HL tatsächlich vorhanden ist. Die Handschrift ist in der Liste der handschriftlichen Überlieferung der HM aufgeführt, enthält also diesen Text (s. HM, S. 94). – Wiederholte Anfragen in der Bibliothek von Épinal zum genauen Inhalt sind ohne Resonanz geblieben.

10 S. Bibl. bibl., Tom. II, S. 1267: „Catalogus Codicum Manuscriptorum Bibliothecae Monasterii S. Ebrulphi Uticensis; S. 1269^{a}D: ... Cod. 82. ... B. Heraclidis Episcopi liber de vitis SS. Patrum ...". Vom Centre National de la Recherche Scientifique in Paris wurde mir mitgeteilt, daß ca. 150 aus Saint-Evroult stammende Handschriften nach Alençon, Paris und Rouen gelangt sind, aber weder die Nachforschungen des C.N.R.S. selbst noch Anfragen in Alençon und Rouen führten zur Auffindung des Codex (s. G. Nortier, Les bibliothèques médiévales des abbayes bénédictines de Normandie, Paris 1971, S. 190).

11 S. Catalogue of the manuscripts at Ashburnham Place, London 1881, Bd. 2 (Barrois Manuscripts). Der Verbleib dieser und der folgenden Handschrift ließ sich auch durch Anfrage im Brit. Mus. nicht ermitteln (Brief von Miss C. M. Hall, Higher Executive Officer des Department of Manuscripts, vom 4.9.1991). Auch in der Biblioteca Laurenziana in Florenz, in der ein Teil der Ashburnham-Sammlung aufbewahrt wird, liegt die Handschrift nicht, wie mir die Direktorin Frau Dr. Anna Lenzuni nach sehr sorgfältigen Recherchen über das Schicksal der einzelnen Teile der Sammlung (Libri, Barrois, Stowe, Appendice) im allgemeinen in einem Brief vom 1.2.1994 mitteilte.

London, Gresham Coll.
26 **Ms Norfolc. 3452**, saec. ?, foll. ?[12]
Roma, Bibl. Romana
27 **Cod. V 4**, saec. ?, foll. ?[13]
Savigny-Le-Vieux (Manche), La Trinité et Notre-Dame
28 **Cod. 47**, saec. ?, foll. ?[14] (I?)
Winchester, Chapter Libr.
29 **III J**, XIII, foll. ?[15] (I?)

D2 SONDERÜBERLIEFERUNGEN

a) in Version Ia: Das Kapitel 34

Das Kapitel 34, das von einer *virgo* handelt, *quae stultam esse se finxit*, wird als Exzerpt in acht Handschriften überliefert, in denen es entweder isoliert steht oder mit Version I oder II kombiniert ist:

nur Cap. 34[1]:

Cambridge, Sidney Sussex Coll., 47 Δ 3.2. (olim C. M. A. 710)
s. XII; membr.; foll. 114; 279,5 x 190,5; coll. 2[2]
Cap. 34: f. 81^{r-v}
Inhalt der Handschrift: einzelne Viten, aufgeteilt nach Männern und Frauen[3], anschließend „Collationes et vite sanctorum patrum".

---

12 Angabe aus Bibl. bibl., Tom. 1, S. 682 E.

13 Die Handschrift soll nach Angabe der Bibl. bibl., Tom. 1, S. 193 C den Text „Palladii Paradisus" enthalten. Eine Anfrage in der Bibl. Naz. Centr. ergab jedoch, daß außer den mir bereits bekannten Handschriften (Codd. Farf. 5, Sess. 41 und Sess. 73) keine weiteren Handschriften mit dem Text der HL in der Bibliothek vorhanden sind (Brief von Dr. P. Veneziani, Direttore, vom 10.4.1992). Vielleicht handelt es sich hier um eine alte Signatur für einen der drei genannten Codices.

14 In der Bibl. bibl., Tom. 2, S. 1343^{a}A wird ein Codex „Saviniacensis" 47 erwähnt, der neben „Dialogi S. Gregori" auch „Heraclidis Episcopus de vita SS. PP." enthält. Vom Centre National de la Recherche Scientifique erhielt ich jedoch die Auskunft, daß diese Handschrift mit den meisten anderen der Zisterzienserabtei verschollen ist.

15 Nach Schenkl, Nr. 3799 enthält die Handschrift an 6. Stelle „Liber qui vocatur Paradisus", könnte also den Texttyp I repräsentieren. Sie konnte aber in der Dean and Chapter Library of Winchester Cathedral nicht mehr ermittelt werden.

1 Zu dieser Gruppe gehört formal gesehen auch das Exzerpt **P** (= Paris, Bibl. Nat. lat. 2994^{A}, s. IX). Aufgrund seiner Nähe zu Handschrift **C** wird es jedoch im Zusammenhang mit den α-Handschriften besprochen; s. Kapitel E1 a).

2 Literatur: Batlle, S. 88; James, M. R., A descriptive catalogue of the manuscripts in the Library of Sidney Sussex College, Cambridge, Cambridge 1895, S. 30/1; Schenkl, Nr. 2828.

3 Das Kapitel über die „virgo stulta" ist eingebettet in die Reihe Maria Aegyptiaca – Thais – virgo stulta – Marina – sanctimonialis.

Paris, Bibl. Nat., lat. 2462 (olim Bigotianus 271, postea Regius C. 4198.4)
s. XII/XIII; membr.; foll. 211; 245/240 x 165; lin. plen.; Schriftraum 190 x 120[4]
Cap. 34: ff. 204^{r}-205^{r}
Inhalt der Handschrift: Smaragdus (Diadema monachorum), Vitae patrum (lib. I-IV), Visiones, Paulus diaconus Neapolitanus (Vita Theophili), Vita Thaidis (davor „virgo stulta"), Adso Dervensis (Libellus de Antichristo).

Vaticano, Bibl. Apost., Chig. lat. B. VII. 125
s. XII; membr.; foll. 239; 284 x 185; lin. plen.; Schriftraum 195 x 125[5]
Cap. 34: ff. 128^{r}-129^{v}
Inhalt der Handschrift: Apophthegmata patrum, HM teilw., De iudicio dei, „virgo stulta" und einige Einzelkapitel über Mönche, Vita Marinae.

Cap. 34 + Version I:

Roma, Bibl. Naz. Centr., Cod. Farf. 5 (alias 270; s. XVI: Monasterii Sancti Angeli de Caieta)
s. XIII; membr.; pag. 425 (414 bis); 240/238 x 178/170; lin. plen.[6]
Cap. 34: pp. 171-172; HL I: pp. 200-377
Inhalt der Handschrift: Exzerpte aus den Vitae patrum, danach einzelne Mönchsviten (darunter auch das „virgo stulta"-Kapitel), HL.

Cap. 34 + Version II:

Vaticano, Bibl. Apost.
Vat. lat. 1201 (olim 7*)
s. XI; membr.; foll. 221 (104 bis); 370 x 255/250; coll. 2[7]
Cap. 34: f. $147^{rb\text{-}vb}$; HL II: ff. 129va-147rb
Inhalt der Handschrift: Mönchsviten, dazwischen die HM, Apophthegmata patrum und die HL; im letzten Teil (nach der HL) konzentrieren sich die Viten heiliger Frauen, die mit dem Kapitel über die „virgo stulta" eröffnet werden.

Vat. lat. 5411
s. XI/XII; membr.; foll. 286; 400 x 290; coll. 2[8]
Cap. 34: ff. 99rb-100rb; HL II: ff. 77rb-99rb; $102^{ra\text{-}vb}$

---

[4] Literatur: Boll. Paris, Tom. I, Bruxelles 1889, S. 126; Cat. gén., Tom. II, Paris 1940, S. 469.

[5] Literatur: Boll. Roma, S. 271.

[6] Literatur: Batlle, S. 49; Boll. Roma, S. 117/8.

[7] Literatur: Batlle, S. 85; Boll. Vat., S. 70-72.

[8] Literatur: Batlle, S. 85; Boll. Vat., S. 131-133.

Inhalt der Handschrift: Mönchsviten und HL; auch hier liegt der Schwerpunkt am Ende der Handschrift auf den Frauenviten, von den das „virgo stulta"-Kapitel jedoch getrennt ist.

Barb. lat. 702 (olim XIV 75; 2106; s. XV: Liber Sancti Salvatoris de Monte Amiato)

s. XI/XII; membr.; foll. 271; 313/312 x 207/205; lin. plen.[9]

Cap. 34: ff. 66^{r}-67^{v}; HL II: ff. 67^{v}-69^{r}; 193^{v}-216^{v}

Inhalt der Handschrift: Mönchsviten, Apophthegmata patrum, HL; die „virgo stulta" wird im Anschluß an einige Frauenviten beschrieben, danach folgt das Kapitel über die „virgo avara" aus HL II (Cap. 13), die restlichen HL-Kapitel finden sich im Schlußteil der Handschrift.

Urb. lat. 48 (olim 102)

s. XIV; membr.; foll. 225 (+101 bis, 160-169 praetermissis); 333 x 230; coll. 2[10]

Cap. 34: ff. 180va-181ra; HL II: ff. 153rb-173va

Inhalt der Handschrift: Mönchsviten, HM, HL; auf die HL folgen das „virgo stulta"-Kapitel und eine Gruppe von Viten heiliger Frauen.

Dazu kommen drei in Monte Cassino liegende Exzerpte aus dem 11. Jahrhundert **400 I**, **463 I** und das von letzterem abhängige **143 KK**, die das Kapitel neben weiteren Auszügen aus der Version Ia enthalten[11].

Allen aufgezählten Handschriften ist die Zuschreibung des Kapitels an den heiligen Basilius gemeinsam[12]. Damit bieten diese Exzerpte das Kapitel 34 nicht in der üblichen Fassung der α-Handschriften, sondern in der Version der systematischen Apophthegmensammlung des Pelagius und Johannes[13]. Die Abweichungen vom α-Text sind jedoch nicht so gravierend und so zahlreich, daß sich ein erneuter Abdruck des Kapitels an dieser

---

[9] Literatur: Batlle, S. 85/6; Boll. Vat., S. 470-472.

[10] Literatur: Batlle, S. 118; Boll. Vat., S. 289-291; Stornajolo, S. 55-59.

[11] Diese drei Handschriften werden in Kapitel E1 a) β) unter den Siglen **H**, **T** und **D** in das Stemma der α-Zeugen eingeordnet. – Zu ihrer Beschreibung s. Kapitel E1 a) α).

[12] In zwei weiteren Handschriften, die einige exzerpierte Kapitel in einer Epitome-Fassung überliefern, ist Basilius als Autor für die HL angegeben: **Milano, Bibl. Ambros., O 114 Sup**, s. XIII und **Venezia, Bibl. Naz. Marc., Cod. marc. L. III, 153 (=2909) Misc. (= Cod. VII, 35 Val.)**, s. XV. Nach Preuschen, S. 256, Anm. 3, kommt in der syrischen Überlieferung die Zuweisung des Kapitels über Evagrius an einen Basilius vor. – In der HL wird der Name Basilius Capp. 38.2, 45.5 und 55.4 erwähnt.

[13] Die PJ-Sammlung (= BHL 6527; 6529) ist als *Liber quintus* und *Liber sextus* der *Vitae patrum*-Edition H. Rosweydes in PL 73, 851-1022 abgedruckt (s. die Bibliographie, Textausgaben und Übersetzungen, Anm. 3). Das Kapitel 34 findet sich als 19. Apophthegma des *Libellus decimus octavus* in Buch V auf den Spalten 984 A - 985 B (= Ed. 1615, S. 639).

Stelle lohnte. Zudem ist die Überlieferung des Textes innerhalb der Exzerpthandschriften nicht einheitlich; es existieren vielmehr zwei Gruppen, die in ihrer Textgestalt unterschiedlich weit von α entfernt sind:

1. Die α näherstehende Gruppe besteht aus den Handschriften **Cambridge, 47 Δ 3.2.** und **Roma, Cod. Farf. 5**. Die Fassung dieser Textzeugen, die der Edition Rosweydes zugrundegelegen hat[14], wird größtenteils[15] auch von den Montecassino-Exzerpten **400 I, 463 I** und **143 KK** tradiert[16].

2. Eine eng zusammenhängende Gruppe mit größerer Entfernung vom α-Text und teilweise vereinfachenden Formulierungen bilden die vier Handschriften der Vatikanischen Bibliothek **Vat. lat. 1201, Vat. lat. 5411, Barb. lat. 702, Urb. lat. 48**, denen auch die Überlieferungsgemeinschaft des Kapitels 34 mit der HL-Version II gemeinsam ist[17].

Die beiden verbleibenden Handschriften lassen sich keiner der beiden Gruppen eindeutig zuordnen: Der Codex **Vaticano, Chig. lat. B. VII. 125** steht in seinen Lesarten zwischen den Gruppen, und Cod. **Paris, lat. 2462** enthält eine stark zusammenfassende Textform mit vielen Abweichungen[18].

Die Zusammengehörigkeit der Handschriften untereinander wird schon aus den unterschiedlichen Formen des Incipit ersichtlich:

- *De virgine quae stultam se esse simulabat. Narravit sanctus basilius episcopus dicens ...*
  Cambridge, 47 Δ 3.2.
- *De virgine quae se stultam ac daemonium habere simulabat. Narravit sanctus basilius episcopus dicens ...*
  Roma, Cod. Farf. 5

---

14 An einer Stelle ist die Benutzung von **Cod. Farf. 5** eindeutig nachweisbar, weil Rosweyde eine sehr auffällige Sonderlesart dieser Handschrift in den Text aufgenommen hat: Sp. 985 A heißt es statt der üblichen Formulierung *Hoc enim nomine vocant illi feminas spirituales* mit einer nur von **Cod. Farf. 5** gebotenen Variante: *Hoc enim in ea vocant illi feminas spirituales.*

15 Zu Abweichungen s. u. S. 320 ff.

16 In den drei Handschriften schließt sich an das „virgo stulta"-Kapitel derselbe Text an wie in **Cod. Farf. 5**, nämlich das in der PJ-Sammlung unmittelbar folgende längere Apophthegma 18,20 (PL 73, 985 B–988 A) über Paulus Simplex (Inc.: *Beatae memoriae paulus simplex discipulus abbatis antonii narravit patribus talem rem: ...*); das Stück entspricht in der alphabetischen Sammlung AP alph. Paulus simplex (PG 65, 381 C–385 B).

17 In **Vat. lat. 1201, Vat. lat. 5411** und **Urb. lat. 48** folgt dazu auf das Exzerptkapitel derselbe mit den Worten *Narravit quidam senex dicens ...* beginnende Text.

18 In **Cod. Paris, lat. 2462** schließt sich an Cap. 34 unter dem Titel *De quadam virgine que enarabat* (corr. ex *enarravit*) *vitam patris et matris* derselbe Text an wie in den drei vatikanischen Handschriften der 2. Gruppe.

- *Narravit sanctus basilius episcopus dicens ...*
  Vat. lat. 1201, Vat. lat. 5411, Barb. lat. 702, Urb. lat. 48; 400 I
- *Narravit sanctus basilius archiepiscopus dicens ...*
  463 I, 143 KK
- *De ancillis dei. Narabat sanctus basilius episcopus dicens ...*
  Vaticano, Chig. lat. B. VII. 125
- *Narratio sancti basilii de sancto protherio. Narravit sanctus basilius episcopus ...*
  Paris, lat. 2462

Die folgenden beiden Listen geben die wichtigsten Abweichungen zwischen den verschiedenen Überlieferungsformen des Exzerptkapitels an, jedoch ohne die Sonderlesarten einzelner Handschriften. Dabei werden zunächst die Unterschiede der 1. Gruppe gegenüber der im Gesamttext der HL edierten α-Fassung angeführt und danach die zusätzlichen Änderungen der 2. Gruppe gegenüber der 1. vermerkt.

1. Abweichungen von Gruppe 1 zu α:

34.1 Fuit alia in hoc monasterio virgo] Narravit sanctus basilius episcopus dicens: Fuit in quodam monasterio feminarum quaedam virgo[19]
stultam esse] stulta esse
finxit] simulabat
horrori erat ut] pro errore habebatur ita ut
Talem ergo] Talem siquidem
34.2 Nulla hanc] Nulla aliquando hanc
de quadringentis] de quadringentis virginibus
illa mensarum] illa ipsa mensarum
34.3 angelus quondam] angelus domini quadam die
in Porfyrite qui dicitur loco] in loco qui dicitur porfyrite
Dum contra tantum enim populum] Quae dum contra tantum populum
animo et cogitatione urbes] urbes animo et cogitatione
34.4 Statim igitur] Statimque
virum et iam] verum etiam et
34.5 Ait ad postremum] Ait autem ad postremum
videtur hic aliqua] videtur aliqua
Unam, inquit] Unam, inquiunt
34.6 memoratam] supra memoratam
te Piterius] piterius te (mit Namensvarianten)
Erat autem] Erat autem vir

[19] Auch das Exzerpt **P** hat *Fuit in quodam monasterio quaedam virgo*, jedoch nicht die Zuschreibung an Basilius; s. Kapitel E1 a).

34.8 Omnes igitur sorores] Omnes sorores (= **C**) (+ haec videntes **Cambridge, 47 Δ 3.2.** = HL Gr B: ἰδοῦσαι δὲ τοῦτο)
mea est ammas] mea est amma
deprecor deum] deprecor deum, ait
34.9 alia colafis] alia vero colaphis
de monasterio illo] de monasterio illo occulte (= HL Gr B: λάθρα)
se merserit] se miserit

2. Abweichungen von Gruppe 2 zu Gruppe 1:

34.1 pro errore] pro (h)orrore
totius illic ministerii] totius illa ministerii
et erat secundum] et *om.*
spongia] expongia
impletum a se rebus] impletum *om.*
34.2 illa ipsa mensarum] ipsam mensam
his solis alimoniis] solis *om.*
cum omnium viveret odio *om.*
maledicta] illa
34.3 adstitit angelus] adstitit ei angelus
recessit] recedit
34.5 inspicere] videre (HL Gr: ἰδεῖν)
daemone] daemonio
ad me ipsam quoque] eam ad me
34.6 cum nollet audire] cum nollet venire
34.7 Quod rursus ad illius pedes et ipsa tunc fecit ac dixit] Quae rursus proiecit se ad pedes eius dicens (= HL Gr)
34.8 Omnes sorores] Omnes autem sorores
hoc ipsis omnibus ait] ait illis
mea est amma] mea est anima
et deprecor deum] et *om.*
dignus ipsa] dignus sicut ipsa (= **C**)
34.9 ad pedes ipsius] ad pedes eius
varia peccata ei propria] varia propria peccata ei
sordes catini] sordes camini
se ei iniurias] ei *om.*
34.10 in quem se miserit locum] in quo se merserit loco (α: in quem se merserit locum)
potuit notitiam] notitiam potuit

400 I, 463 I und **143 KK** bieten die unter 1. aufgeführten Abweichungen der Gruppe 1 vom α-Text – mit wenigen Ausnahmen, an denen sie mit α übereinstimmen:

34.1 stultam esse (nicht *stulta esse*)
34.4 virum et iam (nicht *verum etiam et*)

34.9 de monasterio illo (ohne das folgende *occulte*)
34.9 se merserit (nicht *se miserit*)

An anderen Stellen ist die Überlieferung der drei Handschriften zwischen beiden Gruppen gespalten:

34.1 horrori erat[20]] pro errore habebatur **463 I** + **143 KK** mit Gruppe 1
pro horrore habebatur **400 I** mit Gruppe 2
34.2 illa mensarum] illa ipsa mensarum **463 I** mit Gruppe 1
ipsa mensarum **400 I**
ipsam mensam Gruppe 2
34.9 se ei iniurias] ei *om.* **400 I** mit Gruppe 2

Unter den Beziehungen der Montecassino-Exzerpte zu anderen Handschriften fallen in der Exzerptgruppe des PJ-Kapitels Gemeinsamkeiten v. a. von **463 I** und **143 KK** mit dem Codex Vaticanus **Chig. lat. B. VII. 125** auf; daneben existieren einige Verbindungen zu der α-Handschrift **M** (= Monte Cassino 348 LL):

gemeinsame Lesarten mit Chig. lat. B. VII. 125:

34.1 Talem ergo] Talem siquidem Gruppe 1+2
Talem quidem **463 I** + **143 KK** + **Chig. lat.**
34.3 in huiusmodi] in *om.* **463 I** + **143 KK** + **Chig. lat.** (+ **C**)
34.3 Dum contra] Quae dum contra Gruppe 1+2
Qui dum contra **463 I** + **143 KK** + **Chig. lat.** *a.c.*
34.6 divina ... revelatione] divinam ... revelationem **463 I** + **143 KK** + **Chig. lat.** *a.c.*
34.7 panno] pannos **463 I** + **143 KK** + **Chig. lat.**
34.7 frontem ... involutam] fronte ... involuta **400 I** + **463 I** + **143 KK**
in fronte ... involuta **Chig. lat.**
34.9 se fudisse] diffudisse **400 I** + **463 I** + **143 KK**
effudisse *corr. ex* effudisset **Chig. lat.**

gemeinsame Lesarten mit **M**:

34.3; 34.6; 34.8 Piterio *et* Piterius] pisterio *et* pisterius **400 I** + **M** *p.c.*
34.8 ammas] amma Gruppe 1
mamma **463 I** + **143 KK** + **M** *p.c.* (mammas *a.c.*)
mammam **400 I**
34.10 se credens] se *om.* **400 I** + **M**
34.10 fine defecerit] finem fecerit **463 I** + **143 KK** + **M** *a.c.*

---

[20] Vor der Klammer steht hier und in den folgenden Rubriken jeweils die α-Lesart.

Darüberhinaus sind Sonderlesarten innerhalb der Montecassino-Gruppe zu verzeichnen:

Gruppenlesarten:

34.1 impletum] in plurimis (**463 I** *in ras.*)
34.2 maledicta] maledictum
34.7 frontem ipsius] fronte eius
34.7 Quod rursus] Quod rursum
34.8 obstipuerunt simul] simul obstipuerunt
34.8 Vos, inquit, estis] Vos estis inquit
34.8 haec et vestra] haec est vestra
34.8 vocant illi] illi *om.*
34.9 prociderunt] se proiecerunt
34.9 se fudisse] diffudisse
34.9 a se verberatam] esse verberatam

Sonderlesarten von ***400 I:***

34.2 caederetur] diceretur
34.2 omnium viveret] omnibus viveret
34.2 omnium sustineret] ab omnibus sustineret
34.3 quondam] quadam die Gruppe 1+2
om. **400 I**
34.3 affatusque est] est *om.*
34.3 cor] et cor
34.6 vocare coeperunt] venire fecerunt
34.9 saepe memorabat] sepedictam dicebat

Sonderlesarten von ***463 I + 143 KK:***

34.1 Fuit – virgo] Fuit in quodam monasterio feminarum quaedam virgo Gruppe 1+2
Fuit quaedam virgo **463 I + 143 KK**
34.1 caperent] acciperent
34.1 totius illic] totiens
34.1 sapientem] sapiens
34.3 cui hoc vocabulum] cum hoc vocabulum
34.3 grande] magnum
34.3 et unam] ea in eo **463 I**
ea in ea **143 KK**
34.3 aliquando progrediens] progrediens aliquando
34.5 solam illam] illam *om.*
34.6 credo] secreto
34.6 desiderat] volet
34.9 impletas a se esse] esse *om.*
34.9 fusis deo precibus] fusis a deo precibus

In den übrigen von den drei Exzerpten überlieferten Kapiteln der Version Ia erweist sich deutlich die Abhängigkeit der Handschrift **143 KK** von **463 I**. Dafür gibt es auch hier – neben der großen Zahl gemeinsamer Lesarten – leichte Anzeichen:

34.1 omnibus ... erat] ab omnibus ... habebatur Gruppe 1+2
ab hominibus (*corr. ex* ominibus) ... habebatur **463 I**
ab hominibus ... habebatur **143 KK**
34.7 fecit ac dixit] fecit hac dixit **463 I**
fecit hanc dixit **143 KK**

Wie bereits gesagt, hat die Handschrift **Paris, lat. 2462** eine stellenweise stark kürzende und paraphrasierende Textfassung; dazu deuten einige ihrer Verlesungen auf eine schlecht lesbare Vorlage hin. Ihre auffälligsten Änderungen sind (verglichen mit α):

34.1 totius illic ministerii implebat officium] serviebat sororibus
34.2 Numquam per omnem aevum sedit ad mensam] non cybum sumpsit
his solis alimoniis contenta] sola contenta
34.3 probatissimo viro semperque inter deserta viventi *om.*
neque quoquam aliquando progrediens *om.*
34.4 Quem mox illi et vita gloriosum virum et iam provectioris aetatis cum fiducia grandi introduci fecerunt.] Quae mox introduxerunt eum.
34.8 hoc ipsis omnibus ait] dixit
hoc enim nomine vocant illi feminas spiritales *om.*
et vestra et mea est ammas] est vera christi ancilla et mea domina
ut dignus ipsa in die iudicii merear inveniri] ut dignus sim ipsam in die iuditii in adiutorium habere
34.9 peccata ei propria confitentes] peccata contra eam habere confitentes
colafis eam a se verberatam saepe memorabat] colaphizasse se eam
nares ipsius senape impletas a se esse deflebat] in naribus ipsius synapium se misisse
34.10 non ferens illa tantam sui gloriam tantoque se nolens sororum honore cumulari] non ferens tanta frui gloria nolens sororum tantum honorem

Auch in Cod. **Vaticano, Chig. lat. B. VII. 125** sind auffällige Sonderlesarten zu verzeichnen; für einige von diesen könnte ebenfalls eine schwer entzifferbare Vorlage der Grund gewesen sein:

34.1 adeo omnibus aliis] ad eorum omnibus annos
34.3 te mulierem sanctiorem] meliorem et sanctiorem te
34.4 et vita gloriosum virum et iam provectioris aetatis] cum non solum vita gloriosum sed etiam provectioris aetatem conspicerent

34.7 panno frontem ipsius involutam] pannos in fronte ipsius involuta
34.8 vocant illi feminas spiritales] vocat femina spiritalis
34.9 peccata ei propria confitentes] peccata et crimina confitentes
34.10 non ferens illa tantam sui gloriam tantoque se nolens sororum honore cumulari gravarique se credens excusationibus singulorum] non ferens illa tantam vis gloriae tantoque se nolens sororum honore cumulum gravare in penitentiam singularum

Zur Darstellung der Unterschiede zwischen den einzelnen Exzerpthandschriften, auch im Vergleich zu α, β und dem griechischen Text, eignet sich gut eine Stelle in §7, die in α und der α-nahen Apophthegmenversion etwas ungeschickt übersetzt ist; die weiter entfernte Gruppe 2 stimmt hier mit dem griechischen HL-Text überein. Vermutlich handelt es sich hier um verschiedene Lösungsversuche für eine unklare Vorlage; der Hyparchetyp der Gruppe 2 könnte die Stelle neu aus dem Griechischen übersetzt haben. Dieser Fall stellt anschaulich die Schwierigkeit dar, bei derartig heterogenen Varianten für die sehr begrenzte Textmenge eines Kapitels den Gang der Überlieferung nachzuvollziehen oder gar eine gemeinsame Edition des Kapitels auf der Grundlage der vorliegenden acht Handschriften herzustellen:

Gr: καὶ πεσὼν εἰς τοὺς πόδας αὐτῆς λέγει αὐτῇ· ... ὁμοίως κἀκείνη ἔπεσεν εἰς τοὺς πόδας αὐτοῦ λέγουσα· ...

Der erste Satz ist weitgehend einheitlich überliefert – bis auf Cod. **Paris, lat. 2462**[21]:

... proiecit se ad pedes ipsius dicens: ...

Im 2. Satz spaltet sich die Überlieferung:

α + Exzerptgruppe 1[22]:

Quod rursus ad illius pedes et ipsa tunc fecit ac dixit: ...

Vaticano, Chig. lat. B. VII. 125:

Rursus ad illius pedes ipsa tunc cecidit ac dixit: ...

Exzerptgruppe 2:

Quae rursus proiecit se ad pedes eius dicens: ...

Paris, lat. 2462:

Qui rursus ad eius pedes et ipse tunc se proiecit ac dixit: ... (In dieser Handschrift ist die Reihenfolge der Handlungen vertauscht: Der vorhergehende Satz lautet: *At illa, ut vidit eum, proiecit se ad pedes eius dicens: ...*)

β: *Procidens autem et ipsa ad pedes eius dixit: ...*

---

21 S. weiter unten auf dieser Seite.

22 Dieser Textfassung ist auch die Handschrift **P** zuzurechnen. – Die Montecassino-Gruppe weicht nur mit der Lesart *rursum* von diesem Text ab.

b) in Version I: Die Exzerptgruppe der Kapitel 18, 19 und 25

Von den anderen Exzerpten der Version I[1] hebt sich eine Gruppe von Handschriften ab, die die Kapitel 18 (Macarius Alexandrinus), 19 (Moyses Aethiops) und 25 (Valens) als Einheit überliefern. Es handelt sich dabei um folgende sieben Handschriften:

Firenze, Bibl. Med. Laur.
S. Crucis Plut 10 sin 9
s. XIV; membr.; foll. 255; coll. 2[2]
Capp. 18, 19, 25: ff. 68va-74ra
S. Crucis Plut 20 dext 5 (olim 214)
s. XIII; membr.; pag. 483; 150 x 102; coll. 2[3]
Capp. 18, 19, 25: pp. 100^{a}-107^{b}
S. Crucis Plut 34 sin 1 (olim 757)
s. XIII; membr.; pag. 183; 365 x 255; coll. 2[4]
Capp. 18, 19, 25: pp. 49^{a}-53^{a}
S. Crucis Plut 19 Cod 16 (olim Liber Petri de Medicis Cos. Fil.)
s. XI; membr.; pag. 216; coll. 2[5]
Capp. 18, 19, 25: pp. 125^{b}-136^{a}

London, Brit. Mus.
Harl. 4719
s. XII; membr.; foll. 143; coll. 2[6]
Capp. 18, 19, 25: ff. 35ra-39vb

Vaticano, Bibl. Apost.
Urb. lat. 396 (olim 743)
s. XV; chart.; foll. 208; 333/2 x 228; lin. plen.[7]
Capp. 18, 19, 25: ff. 65^{v}-69^{v}; 73^{v}-74^{r}

Napoli, Bibl. Orat.
Cod. XXII pil IV 4 (olim monasterii Sancti Ludovici de Venetiis in contrata Sancti Hermachorae)
a. 1432; membr.; foll. 238; 283 x 209; coll. 2[8]
Capp. 18, 19, 25: ff. 58va-63va (= Teil A)[9]

---

1 S. Kapitel D1 d).

2 Literatur: Bandini, Tom. IV (1777), Sp. 85-90.

3 Literatur: Bandini, Tom. IV (1777), Sp. 569/70.

4 Literatur: Bandini, Tom. IV (1777), Sp. 299/300.

5 Literatur: Bandini, Tom. I (1774), Sp. 553-556.

6 Literatur: Nares, R., u. a., A catalogue of the Harleian manuscripts in the British Museum, Vol. III, London 1808, S. 195; Born, L. K., British manuscript project, A checklist of the microfilms prepared in England and Wales for the American Council of Lerned Societies 1941-45, Washington 1955, S. 23, A521.

7 Literatur: Boll. Vat., S. 297-299; Stornajolo, S. 377-379.

8 Literatur: Boll. Neapol., S. 234-236; Mandarini, S. 20/1.

9 An die drei exzerpierten Kapitel schließt sich in dieser Handschrift der vollständige

Diese Handschriftengruppe, die auf einen gemeinsamen Archetyp zurückgeht[10], gliedert sich in zwei Zweige:

1. Zweig

Den 1. Zweig bilden die vier in Florenz liegenden S. Crucis-Handschriften **Plut. 10 sin 9**, **Plut 20 dext 5**, **Plut 34 sin 1** und **Plut 19 Cod 16** (= F) zusammen mit der Handschrift **London, Harl. 4719** und der von ihrer korrigierten Fassung abhängigen Handschrift **Vaticano, Urb. lat. 396**.

Bindelesarten[11] *innerhalb des 1. Zweiges:*

18.2 nihil esset grave[12]] nihil grave esset
18.9 per tuam conscientiam] perpetua(m) conscientia(m)
18.18 pelle vel proice] pelle et proice
18.23 omnium creatorem deum] omnium creatorem dominum
18.38 melania] melanium/melanum/melianum

Der 1. Zweig ist wiederum gespalten in die Handschriftengruppe F auf der einen und die beiden Codices **Harl. 4719** und **Urb. lat. 396** auf der anderen Seite.

1. Teil des 1. Zweiges

Bindelesarten innerhalb von F:

18.9 hic manu sepultis] hunc manu sepulti
18.17 vales] valens
18.26 carcinus] carninus
18.30 Itaque – sanitatem *om.*
18.33 illo pondere suum] illud *vel* illum suum
18.34 castitatis] castus
18.37 nutritum] nutritu
19.13 athletae] adlete
25.8 venerabiles patres] venerabilis pater

Innerhalb dieser Gruppe läßt sich **Plut 19 Cod 16** einer aus **Plut 10 sin 9**, **Plut 20 dext 5** und **Plut 34 sin 1** bestehenden Untergruppe (= f) gegenüberstellen. Die Gruppe f zeichnet sich auch durch eine übereinstimmende

---

Text der HL an; dieser zweite, vollständige, Teil der Handschrift soll B heißen.

[10] Zu Bindelesarten der gesamten Gruppe gegenüber der restlichen Überlieferung von I s. Kapitel D1 d). Verwandt mit dieser Gruppe ist auch das nur aus den Kapiteln 18 und 19 bestehende Exzerpt **Oxford, Bodl. Libr., Can. Misc. 523**, XV, 1^v-14^v.

[11] Da für diese Handschriftengruppe kein Stemma angestrebt ist, werden für Übereinstimmungen die neutralen Bezeichnungen Binde- bzw. Sonderlesarten verwendet.

[12] Zugrundegelegt werden die Lesarten von β; sie sind deshalb nicht immer im Text zu finden, sondern stehen oft nur im kritischen Apparat.

Überlieferungsgemeinschaft aus: Auf die drei Exzerptkapitel folgt jeweils ein Kapitel über Martinus monachus, an das sich die beiden Macariuskapitel (Capp. 9 und 10) aus HL Version II anschließen[13].

Sonderlesarten **Plut 19 Cod 16** *(gegen f):*

18.3 lagenas] lanias
18.4 agnosce] agnoscere
18.5 unus] hunc
18.11 Cui dum] Cuidam
18.18 ad postremum] a postremo
18.21 ut quis esset eidem revelaret] ut quid esset eidem revelaret
18.30 daemonis spiritu] demoni spiritus
18.32 et trahite] eum trahite
19.1 ob detestandos] ob obtestandos
19.10 recedit] redit

Bindelesarten von f (gegen **Plut 19 Cod 16***):*

18.2 tamquam nihil esset grave] nihil quantumcumque grave esset
18.4 quae exigebat] quo exigebat
18.5 suam sola] solus **Plut 20 dext 5**
suam solus *cett.* f
18.6 fuerat memoria] memoria fuerat
18.9 venisti] advenisti
18.13 mediam] medium **Plut 19 Cod 16** u. **Napoli, Cod. XXII pil IV 4**
in medium f
18.17 Ait illi] Ait autem illi
18.24 ille ... conversus] illo ... converso
18.28 ut cum sarmento] ut cum sarmenti **Plut 20 dext 5**
ut eam sarmenti *cett.* f
18.32 et trahite] me trahite
18.33 locis spatiabatur] proficiscebantur **Plut 20 dext 5**
proficiscebatur *cett.* f
25.9 in vita aliquid sua] in vita aliquis sua

---

[13] Vgl. die Handschriftenliste in Kapitel D1 e). – Auch der übrige Inhalt dieser drei Handschriften („Vitae SS. Patrum auctoribus diversis“, d. h. einzelne Mönchsviten und die HM) ist annähernd identisch, ebenso die Reihenfolge der enthaltenen Werke. Exemplarisch sei dazu zitiert Bandini, Tom. IV, Sp. 299 (zu **Plut 34 sin 1**): „Vitae Sanctorum Patrum a diversis conscriptae, quae in hoc codice sunt omnes anepigraphae. Concordant autem quoad initium, et finem cum illis quas recensuimus in Codice IX. Plutei X sin supra a pag. 85. § I usque ad pag. 90. § LIII eumdemque cum illis omnino ordinem servant, ita ut ex eodem archetypo uterque codex profluisse videatur.“

Interessant ist eine der Gruppe f gemeinsame Variante in Cap. 19.3 (*nudatis pelle ovibus*): In den drei Handschriften findet sich an Stelle von oder zusätzlich zu *ovibus* die Variante *quidem*. **Plut 20 dext 5** hat nur *quidem*, **Plut 34 sin 1** bietet als Doppellesart *ovibus quidem*, und in **Plut 10 sin 9** steht im Text *quidem*, *in marg.* als Korrektur *ovibus*. Eine derartige Verschreibung ist leichter in Majuskel- als in Minuskelschrift zu erklären:

OVIB(VS)
QVID(EM)

War dazu die Endung gekürzt, so konnte die Verlesung noch leichter eintreten. Hier könnte also ein Beispiel für die Bewahrung eines Majuskelfehlers in z. T. jüngeren Handschriften vorliegen.

In allen drei zu f gehörenden Handschriften treten Sonderlesarten auf:

Sonderlesarten ***Plut 20 dext 5:***

18.3 quinque tantum] tantum quinque **Plut 20 dext 5**
tantum *cett.* f
18.5 suam sola] solus **Plut 20 dext 5**
suam solus *cett.* f
18.12 ubera eidem] ubera ei
18.21 seditione] seductionem
18.23 habes illic angelos *om.*
18.28 ut cum sarmento] ut cum sarmenti **Plut 20 dext 5**
ut eam sarmenti *cett.* f
18.31 degebat] detegebat
18.33 locis spatiabatur] proficiscebantur **Plut 20 dext 5**
proficiscebatur *cett.* f
19.6 remoramur] rememoramur
19.9 ante omnia abstinens cibo nihilque *om.*
25.3 Evenit] Et venit
25.8 orationibus] curationibus

Sonderlesarten ***Plut 34 sin 1:***

18.2 a quibuscumque sanctis] aliquibuscumque sanctis
18.3 observatione] observantie
18.29 curatus] curatus est
18.33 Vexo vexantem me] Vex ovex autem
19.9 Cumque his modis] Eumque his modis

Sonderlesarten ***Plut 10 sin 9:***

18.1 presbyter fuit] presbyter suffuit
25.5 finxerat] finxerant

a.c.:
18.19 solventem] solvent
18.22 celare] celarem

19.1 quo magis possim] quoque magis possim
19.2 scelestum] celeste (sceleste *p.c.*)
19.2 ovium cubile] ovium ovile

In f ist überdies die Tendenz festzustellen, daß **Plut 10 sin 9** vor der Korrektur und an nicht korrigierten Stellen mit **Plut 20 dext 5** und nach der Korrektur mit **Plut 34 sin 1** (*a.c.* und *p.c.*) mehr Lesarten gemeinsam hat; **Plut 34 sin 1** und **Plut 10 sin 9** scheinen also anhand derselben oder zumindest zweier eng miteinander verwandter Korrekturvorlagen verbessert worden zu sein.

Bindelesarten ***Plut 10 sin 9*** *(a.c.) und* ***Plut 20 dext 5:***

18.3 potuissem] potuissent *(a.c.)*[14]
18.9 per tuam conscientiam] perpetuam conscientiam *(a.c.)*
18.12 neque proprium fetum] ne proprium fetum *(a.c.)*
18.37 caecum] secum *(a.c.)*
19.14 aspexisset] aspexisse
19.14 isidoro] ysidori *(a.c.)*
25.3 eum, qui transmissa detulerat] eum *om.*
25.5 cernens] videris cernens *(a.c.)*
25.6 spatium stadii] spatii stadii
25 Expl.: Explicit de valente. Incipit de martino monacho.

Bindelesarten ***Plut 10 sin 9*** *p.c. und* ***Plut 34 sin 1*** *(p.c.)*[15]:

18.3 potuissem] potuisset
18.4 sub tectum aliquod] sub tecto aliquo
18.9 per tuam conscientiam] perpetua conscientia
18.13 morsum] morsu
18.28 Non potuisti] Nec potuisti
19.2 scelestum] sceleste
19.5 nocere iam possum] nocere iam possunt
19.6 conversationem] conversionem
19.13 venienti] venientis *(p.c.)*[16]

2. Teil des 1. Zweiges

Bindelesarten ***Harl. 4719*** *(p.c.) und* ***Urb. lat. 396:***

18 Inc.: De beato machario alexandrino presbytero XX
18.7 itinere confecto] confecto itinere
18.33 in desertis locis] in locis desertis
19 Inc.: De beato moyse ethiopa XXI

---

[14] Die Angabe *a.c.* bezieht sich auf **Plut 10 sin 9**.
[15] Übereinstimmungen mit anderen Handschriften sind nicht berücksichtigt.
[16] Mit *p.c.* wird eine Korrektur in **Plut 34 sin 1** bezeichnet. Im hier vorliegenden Fall ist *venientis* zu *venienti* zurückkorrigiert worden.

p.c.:
18.17 non pateris] non poteris imitari **Harl. 4719** *p.c.*
non poteris imitare **Urb. lat. 396**
18.26 carcinus] cancrina
18.39 statura brevis] staturae brevis
19.1 detestandos] detestando
19.4 talis, qualem] talis qualis
19.4 collocaret] conculcaret
25 Inc.: XXVIII De valente

Sonderlesarten ***Urb. lat. 396***:

18.3 Publicanus etenim meus] Publicanus etiam meus
18.27 sacerdos] secundos
18.32 vos ulterius] ulterius vos
19.3 Tunc ille arietes] Tunc *om.*
19.6 quare nos] quare non
19.14 et hoc maiori] hoc *om.*
25.2 daemonis ei accensa] ei demonis accensa
25.7 ut, cum sequenti] ut *om.*
25.9 Valde autem] autem *om.*

2. Zweig

Den zweiten Zweig stellt die Handschrift **Napoli, Cod. XXII pil IV 4** dar. Aus der großen Anzahl ihrer Sonderlesarten[17] wird eine Auswahl gegeben.

Sonderlesarten ***Cod. XXII pil IV 4***:

18.1 presbyter fuit] fuit presbyter
18.1 triennii] triennium
18.2 quibuscumque] quibusque
18.3 mihi laetus] letus mihi
18.4 vinceret somnum] somnum vinceret
18.4 usum debitum *om.*
18.5 dolensque] volvensque
18.6 essent ... sepulti] sepulti sunt
18.9 ab eius oculis *om.*
18.14 valeret] valebat
18.28 tibi deus intulit] deus intulit tibi
18.29 sancto etiam viro] et viro sancto
18.30 suspendi] suspendere
18.33 recipiente harenis] accipiente harenas

[17] Es lassen sich ca. 100 nachweisen, die zum größten Teil in Auslassungen und Wortstellungsvarianten bestehen.

18.33 fruens] vivens
18.38 a beatissimo viro athanasio accepisse se *om.*
19.4 a prima cum eo aetate] a patria cum eo
19.8 quod rursus] quod ostium
19.13 desuper *om.*
19.18 aetatis suae anno] anno etatis sue
25.2 non posset, quia ..., invenire] invenire non posset, quia ...
25.8 propriis *om.*
25.9 venire properemus] properemus venire

Die Wiedereingliederung der Exzerptkapitel in den Gesamttext

Betrachtet man den von den einzelnen Handschriften gebotenen Textbestand näher, so läßt sich der Weg, den die drei Exzerptkapitel im Laufe der Überlieferung genommen haben, genau verfolgen. Die hier beschriebene Exzerptgruppe ist nämlich gut dazu geeignet, die Exzerpierung einzelner Kapitel, deren gesonderte Tradierung und ihre schließliche Wiedereinfügung in den Gesamttext der HL nachzuvollziehen.

Die vier Handschriften der Gruppe F enthalten außer den drei Kapiteln 18, 19 und 25 keine weiteren HL-Kapitel; sie repräsentieren also den Status reiner Exzerpthandschriften. Anders verhält es sich mit dem 2. Teil des 1. Zweiges: In Cod. **London, Harl. 4719** folgt auf das Exzerpt der vollständige HL-Text, in dem allerdings der Text des Exzerpts ausgespart ist. Der Leser wird stattdessen mit dem Hinweis „*Vide retro xy fol.*" auf die vorangestellten Kapitel verwiesen. In dem abhängigen Codex **Vaticano, Urb. lat. 396** schließlich sind die Exzerptkapitel wieder in den Text eingegliedert worden, so daß der Sonderstatus dieser Handschrift von ihrer äußeren Erscheinungsform her nicht zu erkennen ist; erst die Untersuchung ihrer Lesarten macht deutlich, daß sie in die behandelte Exzerptgruppe einzuordnen ist.

Ein wieder anderes Bild bietet die Handschrift des 2. Zweiges, **Napoli, Cod. XXII pil IV 4**: Sie enthält sowohl das Exzerpt aus Capp. 18, 19 und 25 (= Teil A) als auch im Anschluß daran den vollständigen Text der HL (= Teil B). Die drei Kapitel sind also doppelt vorhanden, und zwar in verschiedenen Fassungen: zuerst mit den Sonderlesarten der Exzerptgruppe und danach in einer der „üblichen" Version I näherstehenden Form[18].

---

[18] Allerdings gibt es auch einige übereinstimmende Lesarten zwischen den Teilen A und B, z. B. 19.13 *dereliquid ... persensit* (statt *reliquit ... sentienti*), 19.9 *curam sui* (statt *sui curam*) und 25.1 *paulus apostolus* (statt *apostolus paulus*), wobei für die beiden letztgenannten Umstellungen noch Firenze, Bibl. Med. Laur., **Fes. 34**, 1464, pp. 62^{a}-104^{b} hinzutritt, eine Handschrift, mit der Teil B von **Cod. XXII pil IV 4** häufiger verbunden ist (s. die nach Gruppen geordnete Liste in Kapitel D1 d). In 18.24 hat **Cod. XXII pil IV 4** in Teil A zusammen mit Teil B und fast der gesamten Handschriftengruppe um diesen an Stelle der von **β** gebotenen Lesarten *videbar* oder *videbat* die Variante *videbatur*.

D3 BESONDERHEITEN DER FAMILIE β

a) Der Brief des Paschasius an Eugippius

In sechs von den sieben Handschriften der Familie β aus Version I[1] sind die HL, die HM und – zumindest teilweise – die Vita Severini zu einem Corpus vereinigt[2]. Letztere wird in ihrer vollständigen Form von einem Brief des Eugippius an Paschasius und dessen Antwort an Eugippius umrahmt[3]. Das *Rescriptum* des Paschasius fehlt in den Handschriften **N** und **F**, in denen die HL auch nicht unmittelbar auf die Vita Severini folgt, sondern jeweils am Ende des Codex steht. In der französischen Überlieferung des Corpus, d. h. in der Handschrift **V** (= Paris, Bibl. Nat. lat. 9729), ist die Vita zusammen mit dem ersten Brief ausgefallen[4]; es blieb also die Epistola Paschasii direkt vor den Capitula der HL zurück[5]. Diese neue Überlieferungsgemeinschaft führte zu dem Mißverständnis, Paschasius sei der Verfasser der lateinischen Übersetzung der HL[6].

Die einzelnen Teile der Vita Severini verteilen sich also auf die β-Handschriften wie folgt:

Epistola Eugippii ad Paschasium	**B**	**bG**	**NF**
Vita Severini	**B**	**bG**	**NF**
Epistola Paschasii ad Eugippium	**VB**	**bG**	

Die folgende Fassung des Paschasiusbriefes beruht auf der Grundlage der vier Handschriften **VB bG**.

---

1 S. die Beschreibung dieser Handschriften in Kapitel E2 a).

2 Die Handschrift Einsiedeln, Stiftsbibl. 258 (= **E**) enthält nur die HL.

3 BHL 7655 und 7657. Der Brief des Paschasius ist abgedruckt in PL 62, 39/40.

4 Die Handschrift Poitiers, Bibl. Mun. 249 (62) aus dem 15. Jahrhundert, die die Vita Severini vollständig enthält (s. Kapitel E2 a), ist vermutlich in Italien geschrieben worden. – S. Cat. gén. dép. XXV, Paris 1894, S. 73/4 (S. 74: „Écriture italienne").

5 Die häufiger bezeugte Kombination der HL mit der Epistola Paschasii trägt die BHL-Nummer 6533. – Vgl. Kapitel E2 a).

6 Dieser Irrtum manifestiert sich in dem Werk von M. Rampolla del Tindaro, Santa Melania giuniore senatrice Romana, Roma 1905: Auf den Seiten L-LI der Einleitung diskutiert er die Frage des Übersetzers der HL und kommt auf S. LI zu dem Schluß: „Sembra pertanto con l'autorità di undici codici che si possa ascrivere di ragione al diacono Pascasio la vetusta versione latina della Storia lausiaca di Palladio, divulgata col falso titolo di *Paradisus Heraclidis*." Auf Rampolla beruft sich E. Honigmann in seinem Kapitel über Heraclidas of Nyssa, Patristic Studies, S. 110, Anm. 1 zu S. 109/110: „Already at the end of the fifth, or at the beginning of the sixth century there existed an older Latin translation of the „*Paradisus Heraclidis*" which was „edited", i. e., revised and corrected, by the Roman Deacon Paschasius, who died in 513 or 514." – Vgl. die Titel- und Autorenangaben in den Handschriften der Version I, Kapitel C1.

Domino sancto semperque karissimo Eugepio presbytero Pascasius diaconus

1. Frater in Christo karissime, dum nos peritiae tuae facundia et otii felicitate perpendens amaritudines occupationesque multiplices peccatorum retractare contemnis, pudoris iacturam dilectionis contemplatione sustineo.

2. Direxisti commemoratorium, cui nihil possit adicere facundia peritorum, et opus, quod ecclesiae possit universitas recensere, brevi reserasti compendio, dum beati Severini finitimas Pannoniorum provincias incolentis vitam moresque verius explicasti et, quae per illum divina virtus est operata miracula, diuturnis mansura temporibus tradidisti memoriae posterorum – nesciunt facta priorum praeterire cum saeculo –, ut omnes praesentem habeant et secum quodammodo sentiant commorari, quibus eum relatio pervexerit lectionis.

3. Et ideo, quia tu haec, quae a me narranda poscebas, elocutus es simplicius, explicasti facilius, nihil adiciendum labori vestro studio nostro credimus, siquidem aliter audita narramus, aliter experta depromimus. Facilius virtutes magistrorum a discipulis exponuntur, quae suggeruntur crebrius conversatione docentium.

4. Divinis carismatibus inspiratus scis, bonorum mentibus excolendis quantum gesta sanctorum utilitatis impertiant, quantum fervoris attribuant, quantum puritatis infundant. De qua re apostolicae vocis auctoritas latius innotescens: „Forma“, inquit, „estote gregi“, et beatus Paulus Timotheo praecipit: „Forma esto fidelibus.“ Unde idem apostolus iustorum catalogum summa brevitate contexens ab Abel incipiens insignium virorum pergit narrare virtutes.

5. Sic et ille fidelissimus Mathathias morti gloriosissimae iam propinquans filiis suis hereditario iure sanctorum exempla distribuit, quorum certaminibus admirandis celebrius excitati animas suas pro legibus sempiternis sanctitatis fervore contemnerent.

6. Nec paterna liberos fefellit instructio: Tantum enim profuerunt memoratis facta maiorum, ut aperta fide armatos principes deterrerent, castra sacrilega superarent, cultus arasque daemoniacas longe lateque diruerent civilicamque coronam gestis decorati perennibus splendenti patriae providerent.

7. Unde et nos ornamentis sponsae Christi quiddam fraterno ministerio provideri gaudemus, non quo ullis, ut credo, temporibus defuerit clarior vita maiorum, sed quod domum magni regis plurimorum vexilla trophaeorum habere conveniat. Non enim vera virtus excluditur numerositate virtutum, sed optatis successibus eatenus ampliatur.

V *partim def.*

Incipit rescriptum sancti pascasii diaconi **B b** Incipit rescripta sancti paschasii diaconi **G**

Inc. *om.* **V** 5 contemplationi *corr. ex* contemplationis **b** 8 quod *add.* **b** 11 opera **b** *a.c.* 12 praeterire] perire **G** 19 docentum **B** 20 scis] sanctis *(abbr.)* **bG** 24 estote **b** *a.c.*

Explicat epistola pascasii diaconi ad eugipium presbyterum directa **B b** Explicit epistola paschasii diaconi ad eugipium directa **G** Expl. *om.* **V**

b) Die Capitula

In allen sieben Handschriften der **β**-Familie wird die HL durch eine ausführliche Liste von Capitula eingeleitet[1]. Diese Überschriften, die nach dem Typ *De NN* konstruiert sind, enthalten meist nur den Namen des jeweils beschriebenen Mönches, geben aber darüberhinaus in einigen Fällen auch Informationen zum Inhalt des Kapitels. Der Wortlaut ist in allen Handschriften fast identisch; allerdings ist die Zählung durchgehend verschoben. Die Handschrift **V** hat keine Kapitelnumerierung.

I	De beato isidoro presbytero
II	De virgine solo nomine
III	De sancto apollonio
IIII	De iuvene quodam machario
V	De beato nathanahel
VI	De beato machario aegiptio
VII	De beato machario alexandrino presbytero
VIII	De beato moyse aethiope
VIIII	De monte in aegipto posito cui nomen est ferme
X	De beato chronio nitriae presbytero
XI	De beato eulogio
XII	De beato paulo simplice
XIII	De beato pachomio
XIIII	De beato stephano
XV	De valente
XVI	De hyrone
XVII	De ptolomeo
XVIII	De virgine quadam
XVIIII	De helia qui curam feminarum suscepit
XX	De piamon virgine
XXI	De beato pachomio tabennensiota
XXII	De monasterio tabennensiotarum feminarum
XXIII	De quadam virgine quae latere volens stultam se finxit
XXIIII	De beato iohanne qui prophetiae gratiam meruit
XXV	De possidonio thebeo

[1] Die Capitula werden in derselben Gestalt auch von anderen Handschriften der Version I überliefert. – Vgl. Kapitel E2 a).

XXVI De beato hieronimo
XXVII De beato serapione
XXVIII De beato evagrio diacono
XXVIIII De quodam viro spiritali cui nomen erat pior
XXX De beato moyse qui ex libia fuit
XXXI De beato effrem diacono
XXXII De beata paula romana et nobilissima femina et filia eius beatissima virgine eustochio
XXXIII De iuliano quodam
XXXIIII De beatissimo innocentio
XXXV De fyloromo presbytero
XXXVI De beata melania maiore
XXXVII De beato chronio
XXXVIII De beato iacob
XXXVIIII De interrogatione lapsorum
XL De beato helpidio
XLI De beato gaddano
XLII De beato helia
XLIII De beato abraham aegiptio
XLIIII De beata melania maiore de qua supra
XLV De beato olimpiade
XLVI De beata muliere candida nomine
XLVII De antino thebaidis provinciae civitate
XLVIII De beato dorotheo presbytero
XLVIIII De capitone quodam qui prius latro fuit
L De duodecim monasteriis virginum in antiochiae civitate
LI De beata melania iuniore beati piniani coniuge
LII De beato pammachio
LIII De virgine quadam in alexandria commorante
LIIII De quadam virgine iuliana
LV De quadam virgine nobilissima in corinthiorum civitate
LVI De clarissimo quodam nomine et coniuge eius
LVII De magna quadam nomine in galatiae civitate
LVIII De monacho quodam in galatiae civitate
LVIIII De quadam filia presbyteri in cesarea palestinae provinciae
LX De quodam fratre cum quo se scriptor huius operis dicit vixisse

V *om. numeros capitulorum*

Incipiunt capitula libri qui appellatur paradisus **B bG E** Incipiunt capitula libri paradisi **NF** Inc. *om.* **V**

5 nathanahele **NF** 6 VI – aegiptio *om.* **VB** 7 VII] VI **B** || presbytero *om.* **NF** 8 VIII] VII **B** 9 VIIII] *transp. p.* ferme **F** VIII **B** 10 X] VIIII **B** 11 XI] X **B** 12 XII] XI **B**

|| simplici **F** 13 XIII – pachomio *om.* **VB** 14 XIIII] *transp. p.* stephano **F** XII **B** 15 XV] XIII **B** 16 XVI] XIIII **B** 17 XVII] XV **B** || tholomeo **b NF** pholomeo **G** ptholomeo **E** 18 XVIII] *transp. p.* quadam **F** XVI **B** 19 XVIIII] XVII **B** || accepit **G** 20 XX] *transp. p.* virgine **F** XVIII **B** 21 XXI] XVIIII **B** 22 XXII] XX **B** || De monasteriotarum feminarum **G** 23 XXIII] XXI **B** || cupiens **E** || *a.* stultam *del.* se **B** 24 XXIIII] XXII **B** XXV **b** 25 XXV] XXIII **B** XXVI **b** 26 XXVI] XXIIII **B** XXVII **b** 27 XXVII] XXV **B** XXVIII **b** 28 XXVIII] XXVI **B** XXVIIII **b** 29 XXVIIII] XXVII **B** XXX **b** 30 XXX] *transp. p.* fuit **F** XXVIII **B** XXXI **b** 31 XXXI] XXVIIII **B** XXXII **b** 32 XXXII] *transp. p.* nobilissima **F** XXX **B** XXXIII **b** || et *prim. om.* **NF** 33 virgo **NF** || eustochium **G** 34 XXXIII] *transp. p.* quodam **F** XXXI **B** XXXIIII **b** || quodam iuliano **N** 35 XXXIIII] XXXII **B** XXXV **b** 36 XXXV] *add.* **F** XXXIII **B** XXXVI **b** 37 XXXVI] XXXIIII **B** XXXVII **b** || beato **E** 38 XXXVII] XXXV **B** XXXVIII **b** 39 XXXVIII] *transp. p.* iacob **F** XXXVI **B** XXXVIIII **b** 40 XXXVIIII] XXXVII **B** XL **b** 41 XL] XXXVIII **B** XLI **b** 42 XLI] *transp. p.* gaddano **F** XXXVIIII **B** XLII **b** 43 XLII] XL **B** XLIII **b** || helia *corr. ex* helpidio **G** 44 XLIII] XLI **B** XLIIII **b** 45 XLIIII] XLII **B** XLV **b** || beato **E** *a.c.* || maiore *om.* **G** || de qua supra *om.* **NF** 46 XLV] XLIII **B** XLVI **b** 47 XLVI] XLIIII **B** XLVII **b** || beato **V** *a.c.* 48 XLVII] *transp. p.* civitate **F** XLV **B** XLVIII **b** || civitatis **N** *fort.* **F** (civit. *abbr.*) 49 XLVIII] XLVI **B** XLVIIII **b** 50 XLVIIII] *transp. p.* fuit **F** XLVII **B** L **b** 51 L] XLVIII **B** LI **b** || duodecim] XII **bG E** || virginum *om.* **E** || antiochia **E** 52 LI] XLVIIII **B** LII **b** || iuniore *om.* **E** || beati – coniuge *om.* **G** || piani **NF** 53 LII] L **B** LIII **b** || pachomio **NF** 54 LIII] LI **B** LIIII **b** || commorante] commorantem **b** *om.* **G E** 55 LIIII] LII **B** LV **b** 56 LV] LIII **B** LVI **b** || in – civitate *om.* **N** 57 LVI] LIIII **B** LVII **b** || De – eius] De monacho quodam in corinthiorum civitate **N** 58 LVII] LV **B** LVIII **b** || De – in *om.* **N** 59 LVIII] LVI **B** LVIIII **b** || quodam *om.* **G** || De – civitate] De clarissimo quodam nomine **N** 60 LVIIII] LVII **B** LX **b** || cuiusdam presbyteri **E** || palestinae provinciae] et coniuge eius + LX palestinae provintiae. LXI De magna quadam nomine **N** 61 LX] LVIII **B** LXI **b** LXII **N** || scriptor + in galatiae civitate **N** || dixit **V** *a.c.* **B** *a.c.* 62 vixisse *om.* **NF**

Expliciunt capitula **B bG E** Expliciunt capitula libri paradisi **F** Expl. *om.* **V N**

c) Das Gedicht auf Heraclides

Zur Gestalt der HL in den Handschriften der Familie **β** gehört auch ein hexametrisches Gedicht auf Heraclides[1], der häufig als Verfasser der latei-

[1] Das Gedicht (BHL 6534 d) ist bereits ediert in: MGH Poet. II, p. 682 (in der Rubrik „Carmina Varia"). Diese Edition ist mit einem reichen, aber nicht immer fehlerfreien Similienapparat versehen. Der Text basiert nur auf Cod. Paris, Bibl. Nat. lat. 9729 (= Handschrift **V**) aus dem 9. Jh. – Daneben gibt es einen Abdruck des Gedichts in: AB 11 (1892), Appendix ad cod. D. 525 Inf., S. 297-298. Ein Apparat zu diesem aus Handschrift **b** entnommenen Text gibt Varianten des Cod. Milano, Bibl. Ambros. I 61 Inf. (= Handschrift **F**) an.

nischen HL erscheint. Vermutlich ist das Gedicht zusammen mit den Capitula bei der Zusammenstellung des Corpus hinzugefügt worden[2]. Es bildet normalerweise den Abschluß der HL, in Handschrift **E** allerdings, die keine weiteren Werke enthält, steht es vor den Capitula[3].

Daß zwischen **N** und **F** eine Verwandtschaft besteht, zeigt sich neben ihren vielen gemeinsamen Lesarten auch darin, daß beide Handschriften die Verse 25-32 sowie den Schlußvers (36) nicht überliefern.

Die Wortwahl der Verse hebt sich deutlich von der eher schlichten Sprache der HL selbst ab; es ist poetisches und stellenweise ausgefallenes Vokabular benutzt mit Anklängen an Vergil, Ovid, Prudentius, Sedulius, Venantius Fortunatus u. a. Vers 16 beispielsweise (*Intertexta rosis spirant ubi lilia rubris*) ist z. T. Zitat aus der Psychomachia des Prudentius (v. 882): *Intertexta rosis candentia lilia miscet.*

Metrisch fällt auf, daß in den 36 Versen des Gedichts kein einziger Fall von Elision oder Synaloephe auftritt; andererseits gibt es auch keine Hiate, weil der Verfasser derartige Wortkonstellationen gezielt vermieden hat. Dieser Befund deutet auf eine Abfassungszeit, in der der Einsatz der in der antiken Dichtung häufig gebrauchten Synaloephe verpönt war[4]. Trotz einiger technischer Unvollkommenheiten kann das Gedicht aufgrund seiner stilistischen Ausgefeiltheit kaum vor dem 9. Jh., d. h. der Entstehungszeit des ältesten Textzeugen, geschrieben worden sein[5].

Der Hexameter v. 9 ist unvollständig; es fehlen eine kurze Silbe und ein vollständiger Versfuß: *Indidit acta potens quibus intima sepsit*[6]. Darüber-

---

[2] Das Gedicht wird von Schaller/Könsgen, S. 317, Nr. 7091 auf *inc. saec. IX* datiert, also auf die Abfassungszeit der zugrundegelegten Handschrift. Die Sigle A, unter der die Datierung erscheint, ist in der Einleitung der „Initia carminum latinorum", S. X, u. a. mit „Angabe über die Entstehungszeit" erklärt.

[3] Im Gegensatz zu der Epistola Paschasii und den Capitula kommt das Heraclides-Gedicht nur in wenigen weiteren Handschriften der Version I vor. – Vgl. Kapitel E2 a).

[4] S. dazu z. B. P. Klopsch, Einführung in die mittellateinische Verslehre, Darmstadt 1972, S. 79-87 (mit weiterer Literatur).

[5] So Prof. Dr. Fidel Rädle (mündl.). – Zu einer späten Datierung, allerdings aus anderen Gründen, kommt auch G. Morin in der Beschreibung der Handschrift Cod. Ambros. S 24 Sup (s. XII), die das Gedicht ebenfalls überliefert (Revue Bénédictine 39, 1927, 300/1): „La diffusion restreinte et relativement tardive de ce poème me porte à croire qu'il n'est pas de beaucoup antérieur à sa transcription dans les deux manuscrits de l'Ambrosiana." Morin weist auch auf die Nähe des Gedichtanfangs zum 1. Vers des Alkuin zugeschriebenen carm. 166 (Sancti Matthiae apostoli) hin: *Hoc sacer observat dilubrum Matthias almum* (PL 101, 769 C).

[6] In der Edition MGH Poet. II, p. 682, ist der Vers durch eine Konjektur von Wattenbach ergänzt: Indidit acta potens, quibus *ipsos* intima sepsit. Bei dieser Lösung kann *intima* nicht mehr als Akk.-Obj. verstanden, sondern muß – m. E. etwas unglücklich – neben *alma* als weiteres Attribut auf *fides* bezogen werden. – Nicht ganz eindeutig ist aufgrund seiner ἀπὸ κοινοῦ – Stellung auch die Zuordnung von *potens*: Ich

hinaus gibt es prosodische Mängel wie z. B. in v. 8, wo das *o* in *sacrosancta* gegen den üblichen Gebrauch kurz zu messen ist, oder besonders in v. 23, wo das kurze *e* in *nemore* als lang verwendet wird[7]. Zahlreiche Varianten führen in Handschrift **F** zu etlichen Verstößen gegen das Metrum, was den Schreiber dazu veranlaßte, das Gedicht mit folgendem spondeischen Vers zu unterschreiben: *Scriptorum culpa falsantur carmina multa.*[8]

Einen weiteren Hinweis darauf, daß das Gedicht aus späterer Zeit als die Abfassung und vermutlich auch die Übersetzung der HL stammt, liefert das Adjektiv *almificus* in v. 21: Es wird im ThLL[9] mit nur zwei Belegen[10] als *vox recentissima* angeführt, d. h., es ist nicht weit vor 600 zu datieren.

Inhaltlich sind einige biblische Anspielungen zu vermerken: Der Abschnitt vv. 9-14 klingt an die *armatura Dei* in Eph. 6, 11-16 an. In den beiden Schlußversen (35/36) scheint der nicht ganz leicht verständliche Satz *ne fors male flexa retrorsum | Marmoreae cervix statuae vertatur ad instar*[11] auf die Erstarrung von Loths Frau zur Salzsäule[12] anzuspielen; allerdings ist hier die *statua salis* durch eine *marmorea statua* ersetzt.

---

neige aber dazu, es wie Dümmler in MGH wegen seiner Position vor der Penthemimeres auf Heraclides zu beziehen, nicht auf *fides*, das durch *alma* (und bei der Konjektur *ipsos* auch durch *intima*) schon mit Attributen versehen ist. *Potens* in der Bedeutung „fähig, kundig“ o. ä. ist im Thes. Ling. Lat. gut belegt (ThLL X 2, 284, 8-21: *ingenio et arte*).

7 Bei dem lang gemessenen *i* in *nectit* (V 20) handelt es sich um eine auch schon in der antiken Dichtung zulässige Längung einer kurzen Silbe im elementum longum.

8 Dieser Gedichtschluß wird in der BHL als eigenständige Version des Gedichts unter der Nr. 6534 e geführt.

9 Vol. I, 1702, 53-56.

10 Ps. Ven. Fort. carm. spur. 3,2 *Christus, nomine cuius in almifico semperque beato.* und Inscr. christ. Rossi II p. 286,8,3 *martirum ac virginum almificus ... chorus.*

11 Zu *ad instar* mit vorangestelltem Genitiv s. ThLL VII 1, 1970, 29 und 79/80: *antecedit semel in poesi* – Ven. Fort. carm. 2,4,4 *conditur ... Adam factoris ad instar.*

12 Gn 19,26: *respiciensque uxor eius post se versa est in statuam salis.* Eine Wiedergabe der Genesis-Stelle in hexametrischer Form findet sich Cypr. Gall. gen. 658/9: *femina postergum positas dum respicit arces, | diriguit speciemque salis pro corpore sumpsit.* – Dazu kann man sich an Lc 9,62 (*nemo mittens manum suam in aratrum et aspiciens retro aptus est regno dei*) und Phil 3,13 (*quae quidem retro sunt obliviscens ad ea vero quae sunt in priora extendens me*) erinnert fühlen. In Hier. ep. 22,1,2 (*ad Eustochium*) liegt ebenfalls eine Verbindung von der Ermahnung an Loths Frau (Gn 19,17: *noli respicere post tergum*) und Lc 9,62 vor: *ne respexeris, inquit, retro nec steteris in tota circa regione ... non expedit adprehenso aratro respicere postergum ...* Dieselbe Kombination liegt in Rufin, Orig. in cant. 3 p. 213,14-18 vor: *Isti etiam ‚multiplicabuntur et‘, ut ait, ‚non revertentur‘. Non enim imitabuntur uxorem Lot, non redibunt ‚retrorsum‘; sciunt enim quia ‚qui mittit manum suam in aratrum, si retro respexerit, aptus non erit regno caelorum‘, sed semper, ‚quae retro sunt, obliviscuntur, et in ea, quae ante sunt, se extendunt‘.*

Mit dem Absatz von v. 25 (*Sumite, caelicolae, ...*) bis zum Schluß werden wahrscheinlich Mitbrüder[13] angeredet, denen das Buch zur erbaulichen Lektüre dienen soll. Der Gebrauch von *caelicolae* in der Bedeutung „Himmelsverehrer" in christlichem Sinn ist möglich[14]. Die Junktur *gratanter suscipere* in v. 33 ist sehr formelhaft[15].

Hoc sacer Heraclides limato famine praesul
Fortia priscorum repetens monimenta virorum
Candidolum confecit opus, virtutis ut index
Exemplarque foret radiantum normaque morum,
In quibus aetherei redibetur portio regni.
Unde nec immerito paradisum iure vocandum
Censuit ipse suum mira sub sorte libellum,
Cui sacrosancta patrum monitis congesta beatis
Indidit acta potens, quibus intima sepsit
Alma fides solidis iugiter comitata sub armis,
Dum perdura gravi certantes praelia marte,
Longa licet tenui nimium per tempora pastu
Lurida ieiunis gestarent pectora fibris,
Ingentes animos celebresque tulere triumphos.
Quos propter placida iam nunc in sede repausant,
Intertexta rosis spirant ubi lilia rubris
Mixtaque puniceum pingunt violaria sertum
Atque suo nardus redolens in gramine pulcher
Hinc sibi purpureum croceo complexus achanto
Narcissum nectit, illinc quoque sciscit amomum.
His pater almifico venerandus dogmate pollens
Intendens varios sollerter inesse nitores
Ceu paradisiaco calathis in nemore fartis
Florigerum rutilis conpinxit stemma figuris.
Sumite, caelicolae, vernantis dogma libelli,
Proderit en vobis, medicamina sumite cordis!
Non hic grandisoni reboant figmenta coturni,
Sed pia veridici fulgent documenta magistri.
Quisquis iustitiae, quisquis pietatis alumnus
Et cui fraternis recalent praecordia taedis
Quique tuis ultro conculcans fribola plantis
Providus insani spernis discrimina mundi,
Suscipe melliflui gratanter munera plectri!

---

[13] Vgl. v. 30: *Et cui fraternis recalent praecordia taedis.*

[14] S. ThLL III 74, 50-59: *apud christianos i. q. caelum venerantes* (mit Belegen aus Vetus Latina und Vulgata).

[15] S. ThLL VI 2, 2245, 48-61: „*formula in litteris accipiendis*".

Haec via, promissi quae scandit ad atria regni,
Iure colenda tibi, ne fors male flexa retrorsum
Marmoreae cervix statuae vertatur ad instar.

versus 25-32 *et* 36 *om.* **NF**

Versus suprascripti libri qui appellatur paradisus **VB bG** Incipiunt versus in librum qui apellatur paradisus **E** Item versus **N** Inc. *om.* **F**

4 radiantium **NF** 7 sorte] morte **G** 8 Cui] Qui **E** Tum **N** Tui **F** || beatis] ab ea **F** 9 Induit **NF** 10 fide **F** 11 gravi **G** || certante **NF** 12 scilicet **F** || pastum **b F** 13 fibris] libris **NF** 14 Ingestes **G** || triumphum **F** 15 placidam **F** || pausant **F** 16 Inter tecta **G** 18 pulchrum **NF** 20 illic **B** *a.c.* || scissi **F** 22 Intende **E** *a.c.* 23 paradisiacos **G** paradisi a quo **F** || fartis] partis **NF** 25 libellis **b** *a.c.* 27 hinc **G** *a.c.* 29 quisque **VB NF** 31 Quisque **E** 31 frivola **E** || blandis **b** 33 melliflua **N** || munere **F** || plecti **G** presens **N** pe *(sic!)* **F** 34 via] tibi **N** *om.* **F** 35 forsitan **F**

Expl. *om. omnes* Scriptorum culpa falsantur carmina multa. **F**

Die folgenden Testimonien sind – mit einigen Korrekturen – übernommen aus MGH Poet. II, p. 682:

2 *Verg. Aen. 8,356* veterumque vides monimenta virorum; *Ov. trist. 2,419.* 3 *Verg. Aen. 10,469* Hoc virtutis opus. 6 *Sedul. carm. pasch. 4,308* aetherium ... regnum. 10 *Ven. Fort. carm. 2,12,8; 10,14,2* alma fides; *Ov. am. 1,6,33* comitatus et armis. 11 *Verg. Aen. 7,806* proelia ...| dura.[16] 12 *Ov. epist. 7,142* tempora longa. 14 *Verg. georg. 4,83* Ingentes animos. 15 *Verg. Aen. 6,371*[17] Sedibus ut saltem placidis ... quiescam. 16 *Ov. am. 2,5,37* rosae fulgent inter sua lilia mixtae; *Verg. Aen. 12,68* mixta rubent ubi lilia multa | Alba rosa. 20 *Verg. ecl. 5,38* pro purpureo narcisso. 27 *Sedul. carm. pasch. 1,1* figmenta poetae | Grandisonis pompare modis tragicoque boatu. 29 *Ov. met. 14,443* notae[18] pietatis alumnus. 32 *Sedul. carm. pasch. 1,108* vitans discrimina mundi. 33 *Ov. rem. 153* munera Martis | Suscipe. 34 *Sedul. carm. pasch. 1,19* haec est via.

Dazu können folgende Stellen angeführt werden:

4 *Gennad. vir. ill. 41,4* velut speculum ac normam professionis suae; *Theodoret. hist. rel. 30 (1495 B)* vitae suae regulam ac normam. 14 *Ov. met. 1,166*[19]*; Val. Fl. 1,772* Ingentes animos. 16-20 *cf. Jo. Mosch. prat. prol. (2852 A)* 16/17 *Prud. psych. 882* Intertexta rosis candentia lilia miscet; *Ven. Fort. carm. 9,2,122* Candida ceu rubeis lilia mixta rosis; *Flor. Lugd. carm. 24,8* Candida puniceis lilia mixta rosis; *Agius epic. Hath. 490* Lilia

---

[16] Die ebenfalls angeführte Stelle Verg. Aen. 11,48 ist hier als Beleg unbrauchbar, weil sich *dura* auf *gente*, nicht auf *proelia* bezieht: *cum dura proelia gente*.

[17] In MGH Poet. II ist diese Stelle für mich nicht nachvollziehbar als Ib. VII, 371 zitiert.

[18] *Edd. omnes*. In keiner mir zugänglichen Edition konnte ich die in MGH Poet. II zitierte Lesart *nostrae* nachweisen.

[19] Überliefert ist auch *Ingentes animo*.

cum violis colligis atque rosis. 19 *Verg. Aen. 1,649.711* croceo ... acantho. 21 *Paul. Diac. carm. 25,20* caelesti dogmate pollens. 28 *Arator act. 1,798; Alcuin. Willibr. rhythm. 2,13,7; Alcuin. carm. 56,3,1; Walahfr. carm. 62,17* documenta magistri. 29 *Verg. Aen. 10,493* Quisquis ..., quidquid ...; *Ven. Fort. carm. 9,8,3; 5,12,3* pietatis alumne. 32 *Prosp. epigr. 93,1* Dum non perturbant animum discrimina mundi.

[*Anhang:*

Von erheblich schlichterer Gestalt ist ein in Cod. **Rouen U. 98** (s. XII) vor dem Text der HL (fol. 1^v) überliefertes aus 14 leoninisch gebauten Distichen bestehendes Gedicht[20], das ein *presbyter Hugo* (V. 19) nach der Abschrift des Werkes des Heraclides angefertigt hat. Es hat nach der Transkription aus der Handschrift folgenden Wortlaut:

Vitas sanctorum narrat liber iste virorum
  Sancti pontificis heraclidis[21] studiis,
Qui, quaecumque refert ex his, quae lectio defert,
  Cernere dum meruit, scribere mox voluit.
Hic clarus vita fuit alta petens heremita,
  Hinc post eligitur praesul et efficitur.
Ergo velut lumen in mundi nocte volumen
  Sanctos mirificat, casta beatificat.
Quod veluti flores sacros pandit quia mores,
  Nomen iure tulit, cuius opes retulit
Et bene provisum fuit hoc dici paradisum,
  Nomine delicias qui tenet eximias,
Quippe boni mores veros mereantur honores,
  Quos qui consequitur, deliciis fruitur.
Est felix vere paradisum dignus habere,
  In quo dum fuerit, tunc homo dives erit.
Id dum diligeret, sed eo domus ista careret,
  Illud sepe legens scribere nec neglegens
Huic se sponte iugo subiecit presbiter hugo[22],
  Instans ut potuit, posse deus tribuit.
Non pro laude quidem transcripsit monachus idem,
  Munus hoc aecclesiae sed daret ut propriae
Utque beatorum coniunctus caetibus horum
  Post socios habeat[23], quos liber hic memorat.

---

20 Vgl. Cat. gén. dép. I, Paris 1886, S. 375/6 und A. Poncelet, Catalogus codicum hagiographicorum latinorum bibliothecae publicae Rotomagensis, in: AB 23 (1904), S. 205/6.

21 Der Name ist in der Handschrift durchgestrichen.

22 Der Name ist in der Handschrift durchgestrichen.

23 In der Handschrift undeutlich: h//heac *vel sim.*

O quicumque legis sacrae servos ibi legis,
Hos ad vers<ic>ulos flecte tuos oculos
Dicens absque iugo sit iniqui frater hic hugo[24]
Hicque[25] deo placeat, semper ut haec videat.]

[24] Der Name ist in der Handschrift durchgestrichen.
[25] In Cat. gén. dép. I, S. 375 ist fälschlich *Dicque* transkribiert.

E DIE REKONSTRUKTION DES LATEINISCHEN TEXTES DER VERSION Ia

E1 DIE HANDSCHRIFTEN DER VERSION Ia

a) Die Handschriftengruppe α (= die Variantenträger)

Die Rekonstruktion des Textes der HL in der ursprünglichen Fassung muß sich auf nur wenige Handschriften stützen, die zudem noch unvollständig sind: Sie weisen an verschiedenen Stellen z. T. umfangreiche Lücken auf oder bieten nur einen kleinen Teil des Textes; für manche Textpartien gibt es keinen einzigen α-Textzeugen. Schon aus diesem Grunde muß die Handschriftenfamilie β als Zeuge für α hinzugezogen werden.

Zu den fünf Handschriften, die umfangreichere Textabschnitte enthalten, treten drei Exzerpte einzelner Kapitel und eine Gruppe von drei weiteren in Monte Cassino liegenden Exzerpthandschriften:

Die Handschriften größeren Textumfangs

C Chartres, Bibl. Mun. 5 (16), s. VIII, foll. 108va-146vb
A Valenciennes, Bibl. Mun. 521 (475), s. X, foll. 1^{r}-26^{r}
Z Marseille, Bibl. Mun. 1233, s. X, foll. 49^{r}-66^{v} (Exzerpt)
S Roma, Bibl. Naz. Centr. Cod. Sess. 41, s. X, foll. 90va-183vb
M Monte Cassino, Bibl. dell'Abbazia 348 LL, s. XI, pp. 1-130

Die Exzerpte einzelner Kapitel

U Bern, Burgerbibl. 611, s. VIII, foll. 40^{v}-41^{v}
W Wolfenbüttel, Herzog Aug. Bibl. 59.6. Aug. fol., s. XII/XIII, foll. 77va-79va
P Paris, Bibl. Nat. lat. 2994^{A}, s. IX, foll. 42^{r}-45^{r}

Die Exzerptgruppe aus Monte Cassino

D Monte Cassino, Bibl. dell'Abbazia 143 KK, s. XI, pp. 204^{b}-205^{a}; 217^{b}-218^{b}; 275^{b}-279^{a}; 400^{a}-405^{a}; 428^{a}-431^{b}; 434^{a}-437^{a}
H Monte Cassino, Bibl. dell'Abbazia 400 I, s. XI, pp. 131-133; 277-290
T Monte Cassino, Bibl. dell'Abbazia 463 I, s. XI, pp. 298; 316-318; 393-398; 574-578; 581-585

α) *Beschreibung*

1. *Die Handschriften größeren Textumfangs* (**CAZSM**)

C Chartres, Bibl. Mun. 5 (16)[1], olim (saec. XVII) Carnotensis Nr. 14 s. VIII; membr.; foll. 243; 355/350 x 260/255; coll. 2; lin. ca. 30[2]; litt. 29/30; Schriftraum 310 x 214

Allgemein:

Diese Ende des 8. Jahrhunderts in Saint Dénis geschriebene Handschrift[3] ist in einer der karolingischen nahestehenden Minuskel verfaßt, wobei auch unziale Buchstaben verwendet wurden. Sie zeichnet sich durch einen sparsamen Gebrauch von Abkürzungen und vollständige Schreibung des Diphthongs -ae- aus. Gelegentlich werden e/i und o/u verwechselt.

Die Handschrift ist leider durch Kriegseinwirkungen im Jahr 1944 stark beschädigt, stellenweise ganz zerstört worden. In Mitleidenschaft gezogen wurden vor allem Anfang und Ende des Codex; von diesen Partien sind nur noch spärliche Fragmente erhalten. Aber auch die oberen und unteren Ränder sind verbrannt, was insgesamt zu nicht unerheblichen Textverlusten geführt hat.

Darüberhinaus war der Codex auch früher schon am Anfang mutil[4]. Ferner wies bereits seine Vorlage einige Lücken und Blattvertauschungen auf[5], die der Schreiber von **C** nicht bemerkte; hiervon ist auch der Text der HL betroffen[6].

Der Inhalt der Handschrift ist folgender:

ff.	3-43^{v}	HM
	43^{v}-47	Vita Pauli
	47-58	Vita Hilarionis
	58-86	Vita Antonii
	86	Epistola Peladii *(sic!)*
		Fastidius, De vita christiana

---

[1] Vgl. die Beschreibung dieser Handschrift in Ed. HM, S. 112-114.

[2] Die oberen und unteren Zeilen einer Seite fehlen in der Regel wegen des stark beschädigten Zustands der Handschrift.

[3] B. Bischoff weist in einem Brief vom 15.12.1984 an Frau Dr. Schulz-Flügel darauf hin, daß die Abfassungszeit der Handschrift „... mit der Abtszeit von Fardulf zusammenfällt".

[4] S. Cat. gén. dép. XI, S. 2: „Incomplet du commencement (fol. 3)".

[5] Der Cat. cod. hag. bibl. civ. Carnotensis in AB 8 (1889) vermerkt auf S. 88: „Codex iste descriptus videtur ex exemplari in quo folia nonnulla exciderunt, alia vero a compactore loco suo mota sunt: quod non advertens scriba noster, quaedam documenta mire turbavit aut commiscuit."

[6] S. u. S. 346.

96^{v}-108^{v}	Epistula Constantii
	Vita Germani Autisiodorensis
108^{v}-146^{v}	HL
146^{v}-163^{v}	Actus Silvestri papae
163^{v}-166^{v}	Vita Symeonis
167-177^{v}	Vita Honorati episcopi
	Sermo Hilarii Arelatensis
177^{v}-179^{v}	Vita Mytriae, civitatis Aquindium
179^{v}-184^{v}	Vita Eutropii episcopi
184^{v}-194^{v}	Vita Pelagiae et Vita Melaniae iunioris *(vitae sunt inter se mixtae!)*
195 sqq.	Apophthegmata patrum

In seiner Zusammenstellung der Texte und v. a. durch die erstmalige Aufnahme der HL in das Corpus der Vitae-Patrum-Texte setzt sich dieser Codex von der bisherigen auf dem Decretum Gelasianum[7] fußenden gallischen Tradition ab[8].

Literatur:
- Batlle, S. 73
- Catalogue des manuscrits de la Bibliothèque de la Ville de Chartres, Chartres 1840, S. 3 (Nr. 16)
- Catalogus codicum hagiographicorum bibliothecae civitatis Carnotensis, in: AB 8 (1889) 87-89
- Cat. gén. dép. XI, Paris 1890, S. 2/3
- Cat. gén. dép. LIII, Paris 1962, S. 14

HL:

Die HL setzt in **C** auf fol. 108va mit Cap. 18.30 (*Adductus est quodam die ad ipsum puer quidam ...*) ein. Auf das Incipit *Incipit libellus paradisi de vita sanctorum* folgt als Einleitungssatz: *Quidam sanctus fuit in heremo apud nos faciens virtutes multas.* Das Explicit am oberen Rand von fol. 146vb (*Explicit liber paradisi*) ist wegen der Brandschäden kaum noch zu lesen, kann aber aus dem Katalog von 1890 entnommen werden[9].

Die Handschrift enthält die HL vom Ende des Kapitels über Macarius Alexandrinus an vollständig, abgesehen von dem fehlenden Cap. 22 (Paulus simplex) und einer allen α-Handschriften gemeinsamen Lücke in den Kapiteln 68 und 69: Durch den Textausfall sind Teilsätze aus 68.4 und 69.3 zu folgendem syntaktisch zwar möglichen, aber sinnlosen Satz zusammengefügt: *Est autem illic, quod esse in maioribus semper civitatibus solet: In portico enim ecclesiae / virgo plus mihi in paenitentia quam in*

---

[7] Vgl. Kapitel E2 a), Anm. 19.

[8] S. Schulz-Flügel, Entstehung der Corpora, S. 296.

[9] Cat. gén. dép. XI, S. 3.

virginitate sua placuit. Dazu kommt noch fol. $220^{\text{r-v}}$ das Kapitel VIII (Über Nathanael) aus der Version Lat. II.

In der Abfolge der Kapitel ist eine Abweichung von der üblichen Reihenfolge festzustellen: Auf den Anfang des Kapitels 44 folgen die Kapitel 48 (Schluß) - 71 (Anfang); daran schließen sich die Kapitel 44 (Schluß) - 48 (Anfang) an; den Abschluß bildet das Ende des Kapitels 71. Das Cap. 44 beginnt auf fol. 132vb und wird auf fol. 141vb fortgesetzt, der erste Teil des Cap. 48 setzt auf fol. 146ra, der zweite auf fol. 133ra ein, und das Kapitel über den Frater (71), das auf fol. 141ra beginnt, wird auf fol. $146^{\text{va-b}}$ zu Ende geführt. Die Blattvertauschung muß schon in der Vorlage von **C** vorgelegen haben, da der Übergang von einem Kapitel zum andern oft mitten in einer Spalte stattfindet.

Lemmata fehlen in **C** meist, sofern nicht der Kapitelanfang überhaupt zerstört ist; in seltenen Fällen ist ein Titel *De NN* anzutreffen. Der Text der HL ist durchgehend korrigiert; dabei stimmen Lesarten *p.c.* nicht selten mit **β** überein. An etlichen Stellen ist für die Korrektur jedoch keine Vorlage benutzt worden; zuweilen ist der Versuch erkennbar, verderbte, unleserliche oder nicht verstandene Formulierungen zu einem „sinnvollen" Text zu „verbessern": Beispielsweise bietet **C** *p.c.* in Cap. 23.8 *me memini estivo tempore* für *messium tempore*, in 29.4 *vagabundus* für *iugi ieiunus*, in 35.19 *hydropis morbum habens* für *hydropem medicans*, in 41.1 *de merito aliis omnem excluderet occasionem* für *demeret aliis omnem excusationis occasionem*, in 47.18 *speciebus* (*corr. ex* species) für *spicis*, in 65.4 *accepit et alii res veras istas* (*corr. ex* accepit res verum) *esse didicerunt* für *accipitres verum esse didicerunt* und in 71.11 *praesidis* für *piae sedis*.

Der Handschrift **C** kommt große Bedeutung zu, weil sie der älteste Zeuge für den größten Teil des **α**-Textes ist und gute Lesarten bewahrt[10]. Leider fällt sie aufgrund ihres sehr schadhaften Zustandes über weite Strekken des Textes als Variantenträger aus. Dies ist umso bedauerlicher, als die Handschriften **A** und **Z** nur wenige Kapitel tradieren und **C** daher für große Teile der HL der einzige Repräsentant des französischen Überlieferungszweiges ist.

A Valenciennes, Bibl. Mun. 521 (475), olim Cod. 475 – T.4.17
s. X; membr.; foll. 106; 280 x 200; lin. plen.; lin. 27; litt. 48/56

Allgemein:

Der Codex ist zu Beginn des 10. Jahrhunderts von mehreren Händen in Saint-Amand geschrieben worden. Er ist am Anfang etwas beschädigt und am Ende mutil.

---

10 Cap. 53.2 beispielsweise tradiert **C** als einzige Handschrift richtig *ex vana quadam praesumptione*, während **SM** und **β** einhellig die Verschreibung *ex una quadam praesumptione* überliefern.

Er enthält folgende Texte:

ff.	1-26	HL
	26^{v}	De visione cuiusdam episcopi
	27	Visio cuiusdam sancti
	27^{v}	De episcopo qui confessus est peccata sua populo
	28	De episcopo confessionem publicante
	28^{v}	Doctrina Basilii episcopi
	29^{r}	Quomodo debeamus militare domino
	29^{v} et 44^{v}	De virtutibus anime
	30^{v}	Passio Mametis
	35	Passio Pantaleonis
	42	Passio Benigni presbiteri
	45	Quare sancti homines duram mortem patiantur
	45^{v}	Prologus sequentis operis
	56	Sermo anonymus
	64^{v}	De octo principalibus vitiis
	68	De sacerdotibus
	69	Passio Lucie et Ancei regis
	71	Transitus Mariae
	75	Vita Eufrosine
	82	Vita Marine
	84^{v}	Conversatio Melaniae[11]

Literatur:

- Cat. gén. dép. XXV, Paris 1894, S. 423/4
- Mangeart, J., Catalogue déscriptif et raisonné des manuscrits de la Bibliothèque de Valenciennes, Paris 1860, S. 483-485 u. 677-679

HL:

Das Incipit der HL auf fol. 1^{r} lautet: *Incipit liber qui apellatur paradisus de conversatione* (*corr. ex* conversione) *sanctorum patrum.* Ein Explicit am Ende des Textes (fol. 26^{r}) ist nicht vorhanden. Die Handschrift enthält nur den Anfang der HL vom zweiten Prolog (*Multi quidem multos ...*) bis zum Ende des Kapitels 22 (Paulus simplex), also etwas mehr als das in **C** fehlende Stück. **A** teilt mit den verbleibenden α-Handschriften **S** und **M** eine von Cap. 11.6 (*Esca vero eius fuit huiusmodi*) bis 13.1 (... *cunctis fratribus languentibus exhibebat.*) reichende Lücke; diese beginnt in **A** allerdings schon in Cap. 10.4 (*praecipiens ei ...*) und reicht bis zum Ende des Kapitels 13.

Die Kapitelanfänge weisen keine Lemmata auf; erst in den letzten Kapiteln setzt eine römische Zählung ein, und Cap. 22 trägt zusätzlich die Überschrift *De paulo rustico.*

---

[11] Der Text bildet den Abschluß des Codex.

Der Text ist von zeitgenössischer Hand z. T. mit gravierenden und nicht immer glücklichen Eingriffen korrigiert worden wie z. B. in Cap. 6.8 *facere a cupiditatis onere utcumque leviorem*, wofür **A** *p.c.* bietet: *facere a cupiditatis amore qui cuique levis est.*

A ist als Zeuge für den in keiner anderen Handschrift des französichen Zweiges vollständig überlieferten Anfang der HL wichtig.

Z Marseille, Bibl. Mun. 1233[12] (Eb. 188 – R. 891)
s. X; membr.; foll. 203; 202/200 x 150/145; foll. 1-8 coll. 2, cett. lin. plen.; lin. 29; litt. 25/6 (2 coll.), ca. 55 (lin. plen.); Schriftraum 150/145 x 110/105

Allgemein:

Die Handschrift wurde um die Mitte des 10. Jahrhunderts wahrscheinlich in Frankreich geschrieben. Die Folia 193^{v}-199 und 201-203^{v} stammen von anderen, jedoch zeitgenössischen, Schreibern. Der Codex befand sich im Besitz des Magister Petrus de Villa nova, Vasco, wie aus einer Eintragung aus dem 15. Jh. hervorgeht, und danach des Kartäuserklosters Villeneuve bei Avignon („Vallis benedictionis").

Die in dieser Handschrift enthaltenen Texte sind folgende:

ff.	1-49	HM
	49-66^{v}	HL (Exzerpt)
	66^{v}-69	Paulus Diaconus, Epistula ad Carolum regem
	69^{v}-193^{v}	Apophthegmata patrum (= BHL 6527, 6539, 6530)
	193^{v}-199	Passio Desiderii episcopi
	199-201	Ps.-Hegesippus, Flavii Josephi Historia (Excerptum de passione Petri et Pauli)
	201-203^{v}	Johannes Chrysostomus, Sermo de poenitentia
	203^{v}	Versus de S. Anna

Literatur:
- Batlle, S. 23
- Cat. gén. dép. XV, Paris 1892, S. 345-347

HL:

Der Übergang von der HM zur HL auf fol. 49^{r} wird durch kein besonderes Incipit angezeigt. Stattdessen wird sofort zum ersten Kapitel des Exzerpts (Cap. 37) übergeleitet: *Explicit. Incipit de serapione.* Nach dem Muster *Explicit de NN. Incipit de NN.* sind auch die Lemmata der folgenden Kapitel aufgebaut. Danach erscheinen sie in weniger vollständiger

[12] Vgl. zu dieser Handschrift Ed. HM, S. 115. Daneben standen auch mir die dort erwähnten ausführlichen Unterlagen des IRHT, Paris, Section Latine, zur Verfügung.

Form; manchmal ist nur das Wort *Explicit* zu finden. Ein Explicit des gesamten Textes dagegen fehlt (fol. 66^{v}).

Das Exzerpt enthält eine Auswahl aus der HL von 14 Kapiteln in einer von der üblichen Reihenfolge abweichenden, eher systematisierenden Anordnung:

Cap.	37	(Serapion)
	38	(Evagrius diaconus)
	19	(Moyses Aethiops)
	23	(Pachon)
	44	(Innocentius)
	31	(Piamon)
	3	(Potamiaena)
	5	(Alexandra)
	6	(virgo avara)
	34	(virgo stulta)
	46	(Melania senior)
	54	(Melania senior)
	55	(Melania senior)
	61	(Melania iunior)

Den Hauptanteil dieser – offenbar speziell für ein Frauenkloster zusammengestellten[13] – Auswahl machen Geschichten über Frauen aus. Für die in den ersten Teil der Sammlung aufgenommenen Kapitel über Männer ist kein schlagendes Auswahlkriterium erkennbar; die Feststellung, daß sie im weitesten Sinne etwas mit Frauen zu tun haben[14], reicht nicht aus, da sie auch auf zahlreiche weitere hier nicht vertretene Kapitel der HL zutrifft.

Im Text finden sich Korrekturen von mindestens zwei Händen. Die Handschrift **Z** ist ebenfalls dem französischen Teil der Überlieferung zuzurechnen. In ihr haben sich z. T. alte Lesarten erhalten; in Cap. 54.8 bewahrt sie als einzige die in allen anderen Handschriften verschriebene Namensform *Publicolae*[15].

---

[13] Vgl. Schulz-Flügel, Entstehung der Corpora, S. 299 m. Anm. 57. Zwei weitere Handschriften, die diese Zielsetzung erkennen lassen, sind das Florilegium Paris, Bibl. Nat. lat. 2994^{A} (s. IX), die Ia-Handschrift **P** – s. Kapitel E1 a) α) – und die der Version I angehörende Handschrift Paris, Bibl. Nat. lat. 17568 (s. XIII) – s. Boll. Paris, Tom. III, Bruxelles 1893, S. 402. Die aus der HL überlieferten Kapitel, von denen ein auffallend großer Anteil Frauen betrifft, sind folgende: Capp. 37, 45, 47, 46, 54, 59, 60, 63, 65, 69, 23, 28, 29, 30, 31.

[14] Diskussion mit einer Jungfrau über den Rückzug aus der Welt (Serapion), Bedrängung durch die Liebe einer Frau (Evagrius; dieser wird außerdem von der älteren Melania aufgenommen und gepflegt), Bedrängung durch den Dämon der *fornicatio* (Moyses und Pachon), Verfluchung seines unzüchtigen Sohnes und Hilfe für eine alte Frau (Innocentius).

[15] S. Kapitel E1 a) β).

S Roma, Bibl. Naz. Centr. Cod. Sess. 41 (alias 1479, olim 73) s. X (foll. 1-183^{v}) et XIII (foll. 184-189); membr.; foll. 189; 300 x 205/200; coll. 2; lin. 27; litt. ca. 20

Allgemein:

Dieser Codex wurde aus mehreren Einzelstücken zusammengesetzt: Zusätzlich zu den später geschriebenen letzten Folia stammt auch das erste Blatt aus einer anderen Handschrift: „folium I ex grandiore quodam legendario, saec. XI litteris communibus descripto, huc translatum est.“[16] Der größte Teil des Codex (foll. 1-183^{v}) ist im 10. Jahrhundert in einer der beneventanischen ähnlichen Schrift geschrieben worden[17].

Auf fol. 1^{v} finden sich die Eintragung „Codex 4“ aus dem 16. Jh. und ein Vermerk aus dem 13. Jh.: „Iste liber est monasterii Nonantulani.“

Inhalt der Handschrift:

ff.	I-I^{v}	Narratio de Nicolao
	1-8	Vita Pauli
	8-56^{v}	Vita Antonii
	56^{v}-76^{v}	Vita Hilarionis
	76^{v}-82^{v}	Vita Malchi
	82^{v}-90^{v}	Vita Symeonis
	90^{v}-183^{v}	HL
	184-189	Computus expensarum domini Alberici de pane

Literatur:
- Boll. Roma, S. 106
- Gullotta, G., Gli antichi cataloghi e i codici della Abbazia di Nonantola, in: Studi e Testi 182, Città del Vaticano 1955, S. V-XXV
- Lowe, Beneventan Script I, S. 114 mit Anm. 2
- Reifferscheid I, S. 148
- Ruysschaert, J., Les manuscrits de l'Abbaye de Nonantola, Città del Vaticano 1955, S. 38/9

HL:

Noch vor dem Incipit der HL, direkt im Anschluß an die Vita Symeonis (fol. 90^{va-b}), ist in kleinerer Schrift eine Liste von Capitula bis einschließlich Cap. 17 eingetragen. Diese enthalten außer dem Namen des Mönches

---

[16] Boll. Roma, S. 106.

[17] S. Lowe, Beneventan Script, S. 114: „There are many North Italian MSS., products of Bobbio, Vercelli, Novara, and Nonantola, which show all or nearly all of the features which became Beneventan characteristics. Some of these MSS. have in fact been mistaken for Beneventan.“ In der dazugehörigen Anmerkung 2 wird der Codex Sess. 41 unter den Beispielen genannt.

kurze Informationen über den Inhalt des betreffenden Kapitels und decken sich mit den Lemmata, die jedoch bis zum Ende des Textes fortgeführt sind:

I	De ysodoro presbytero alexandrino
II	De dorotheo monacho
III	De potamina puella alexandrina
IIII	De didimo caeco alexandrino. De morte iuliani
V	De puella alexandria quae vivens sepulta est
VI	De virgine alexandrina nepotem ultra modum diligente
VII	De monasteriis alexandriae constitutis
VIII	De sancto ammone qui nolens sponsam accepit
VIIII	De beato pambo nitrie montis habitatore
X	De ammonio qui episcopatum rennuens aurem sibi amputasse dinoscitur
XI	De ysaia et paisio fratribus quos pambo in paradiso vidit
XII	De machario qui homicidium (*corr. ex* homicidio) fecit invitus
XIII	De nathanael quem diabolus expulit e cella
XIIII	De duobus machariis uno egyptio altero alanxandrino
XV	De machario egyptio qui feminam in equam versam curavit
XVI	De hoc ipso machario qui mortuus suscitaverit
XVII	De hoc machario qui legione demonum expuliset
XVIII	

Das ausführliche Incipit mit Verfasserangabe steht auf fol. 91[r] vor dem zweiten Prolog, der durch sein Incipit bereits inhaltlich charakterisiert wird: *Incipit liber qui appellatur paradysus palladii monachi qui fuit discipulus evagrii. Incipit prologus in quo tractat de etatis suae annis* (*corr. ex* annos) *et vitanda hereticorum dogmate* (*corr. ex* dogma) *et de distinctione carnium esus vel vini potus*. Dagegen ist ein Explicit auf der schon stark verblaßten letzten Seite des Textes nicht vorhanden.

S bietet den gesamten HL-Text ohne die beiden schon erwähnten Lükken (Capp. 11-13 und 68-69). Darüberhinaus hat **S** eine weitere Lücke: Fol. 178vb endet mit dem Anfang von Cap. 57 (*Quam rursus secuta est similis moribus vitae*) *in ras.*, fol. 179ra setzt in Cap. 65.6 mitten im Satz wieder ein (*dixit hoc virgini*). Möglicherweise ist der Ausfall einer Lage die Ursache.

Der Text von **S** ist systematisch anhand einer α-Vorlage korrigiert worden. Einen wesentlichen Bestandteil der Korrekturen machen z. T. umfangreiche Rasuren aus; die ursprünglich von **S** überlieferte Textform war also länger als der „normale" α-Text. Zu den getilgten Stellen gehört auch die polemische Passage über Hieronymus am Ende des Kapitels 36: Gelöscht sind hier Teile der Paragraphen 36.6 und 36.7 (*Hieronimus nomine presbyter – ut credo*); das folgende bis 36.9 (*moritur – tenuisset*) ist durchgestrichen. Leider ist der Text der ausradierten Stellen *a. corr.*

nicht mehr lesbar. In einigen Fällen hat der Korrektor jedoch den ursprünglichen Wortlaut stehengelassen:

Cap. 10.11 reprehendit + ne hoc facere debuisset

13.3 vivitur locis + pauperes quidem spiritu rebusque simul domino soli placere cupientes

17.1 declaravit + *dicens perdes eos qui loquuntur mendacium (del.)*

17.5 longe ante praedixerat + et *(add.)* evenire si ab illa cupiditate omnimodo non cessaret (*corr. ex* cessasset)

18.19 cortices tenens + quoddam exinde opus faciens

18.19 non panem, non aquam gustans, non flectens genua, non in terra iacens, sed tantum modica culiculorum folia dominico die sumens, ut manducare aliis videretur] dominico die modicum sumens panem cum flora culiculorum; bibens aquae modica (modica *add.*) quantitate ne ieiunium facere videretur; non genua flectens nec in terra iacens

18.23 Interim, inquit, aliquando animum meum quaedam novae cogitationis cupiditas occupavit] Interim quid aliquando animum meum quaedam novae cogitationis occupaverit pandam. Evenit inquit mihi

22.3 profiteor + *Magis enim* ut arbitror *cum scorpionibus habitare possum et volo quam cum adulteris*. Et haec dicens recedens iterata voce clamabat. (statt 22.13: Magis enim, ut arbitror, cum scorpionibus quam cum adulteris vivere se posse credebat.)

41.10 Et ipsi enim iam ultimo fine naturae nunc in Christo quiescunt, qui peccatorum quidem omnium nexibus absoluti sunt, divinarum autem rerum peritiam atque notitiam semper habuerunt.] mox ut finem natura carnis pertulerint. Quia non tantum speramus nos *cum christo regnare* solos sed etiam illos qui se in quantum praevalent ab omni iniquitate custodiunt. Et *qui semper scrutantur mandata dei* uti opere faciant quae lectione vel auditu perceperint.

47.20 loqui autem illa, quae sapiat, et illa facere, quae loquitur] loqui autem nulla nisi ea quae ad gloriam dei pertineat vel proximorum salutem. Ipse vero illa facere opere quae loquitur.

47.21 aut mortis causa his, qui eum comederint, erit] *insulsum quae sal conditum non fuerit vel gustari ea quae mansa cum fuerit mortem adfert.*

48.4 cum unus ex fratribus exiguam partem sarmenti ex arida

vite teneret manu acceptam, accipiens illam a fratre, dum in summitate montis sederet, velut plantans eam infodit solo] cum unus ex fratribus exiguam ei partem per quendam fratrem dum in summitate montis sederet plantae vitis transmisisset at ipse statim illas solo terrae proiecit

49.1 fiduciam tamen habens in deum mentis] fiducia quidem habens in deum humili semper christum deprecans mente (*corr. ex* mentem)

49.2 iacuit quique gratiam quoque contra daemones meruit spiritalem] iacuit alicubi aliquando foris. Qui talem ibidem accepit gratiam spiritalem ut ipsius iussu daemones fugarentur.

Die Handschrift **S** ist also *p. corr.* ein brauchbarerer Zeuge für die Konstitution des α-Textes als *a. corr.*

M Monte Cassino, Bibl. dell'Abbazia 348 LL (ext. 348 et 351; int. 801) s. XI (ex.); membr.; pag. 266; 275 x 190; lin. plen.; lin. 28; litt. 50/60

Allgemein:

Die Handschrift ist gegen Ende des 11. Jahrhundert in scriptura Beneventana geschrieben worden. Sie enthält folgende Werke:

pp.	1-130	HL
	130-138	Epistola sancti Athanasii episcopi de instituto et observatione monachorum
	139-195	Liber catericus sive egdicus id est accusator hereticorum et catholicorum defensor
	195-264	Liber nonagesime heresis quae asserit dei praedestinatione peccata committi
	264-266	De baptismi caeremoniis tractatus

Literatur:

- Caravita, Vol. I, S. 284
- Inguanez, Vol. II, Pars 2, Monte Cassino 1934, S. 190/1
- Lowe, Beneventan Script II, S. 83
- Reifferscheid II, S. 425/6

HL:

Die Seiten 1-3 werden durch eine Liste von Capitula ausgefüllt, die z. T. sehr ausführliche Beschreibungen der betreffenden Personen enthalten und von anderer Hand korrigiert und ergänzt worden sind. Auch hier bietet das Incipit eine Autorenangabe:

Incipiunt capitula libri palladii qui appellatur PARADYSUS.

I	De esidoro presbytero alexandrinae civitatis
II	De virgine quadam alexandrina
[III	De monte cui nitrias nomen est et sanctis in eo viris *(add. m. a.)*]
III	De duobus fratribus id est esaya (*corr. ex* esayas) et paysio (*corr. ex* paisias)
IIII	De machario iuvene annorum decem et octo
V	De nathanahel antiquo
VI	De (+ *lac. ca. 4 litt.*) machario quodam (quodam *in ras. ca. 8 litt.*) genere aegyptio (+ *ca. 20 litt. eras.*)
VII	De alio (alio *add. m. a.*) machario presbytero alexandrino qui in monasterio cui nomen cellae erat habitabat
VIII	De moyse quodam (*corr. ex* quendam) ethiope genere servo alicuius curialis
X *corr. ex* VIIII	De paulo monacho qui in monte cui nomen est ferme una cum quingentis monachis
IX *(del.)*	habitabat. In partes aegypti
XI	De chronio presbytero referente de sancto antonio
XI *(del.)*	et *(add. m. a.)* pluribus ad sanctum antonium convenientibus. Inter quos et eulogius cum elefantioso advenerat
XII	De paulo rustico simplice
XIII	De pachone quodam (+ *lac. ca. 7 litt.*) qui septuaginta agebat aetatis suae annos
XIIII	De stephano (*corr. ex* stefano) quodam qui ex libia provincia fuit
XV	De valente qui ex palestina provincia fuerat natus
XVI	De cherone quodam alexandrino genere
XVII	De ptolomei cuiusdam vita (vita *add. m. a., sequitur ras. ca. 8 litt.*)
XVIII	De quodam (quodam *p.c.*) virgine lapsa qui in hierosolimam habitabat *(sic!)*
XVIIII	De helia quodam (+ *ca. 6 litt. eras.*) monacho (*corr. ex* monachum) qui magnam habuit curam deo virginum devotarum
XX	De virgine nomine piamo cui deus scientiam dederat futurorum
XXI	De pachomio quodam (quodam *p.c., sequitur ras. ca. 7 litt.*) cui deus scientiam dederat futurorum
XXII	De monasteriis virorum quae in panos civitate sunt constituta
XXIII	De monasteriis virginum in loco eodem constitutis
XXIIII	De quadam (*corr. ex* quendam) virgine in suprascripto monasterio constituta
XXV	De quodam iohanne qui in licus oppido habitabat
XXVI	De quodam possidonio (+ *ca. 7 litt. eras.*) thebeo solitario monacho

XXVII	De hieronimo (+ *ca. 6 litt. eras.*) presbytero
XXVIII	De serapione quodam nomine qui sindonius cognomen acceperat
XXVIIII	De evagrio quodam nomine diacono qui apostolorum moribus vixit
XXX	De quodam pior nomine iuvene (*corr. ex* iuvenem) egyptio monacho (*corr. ex* egyptius monachus)
XXXI	De quodam moyse (*corr. ex* mose) nomine de libia oriundo monacho
XXXII	De effrem nomine diacono aecclesiae aedessenae (*corr. ex* aedesenae)
XXXIII	De paula nomine quadam (*corr. ex* quendam) + matrona romana *(m. a.)*
XXXIIII	De iuliano quodam nomine monacho in edessena (*corr. ex* edesena) provincia constituto (*corr. ex* constitutum)
XXXV	De benedicto innocentio qui in ea quae est ad olivam (*corr. ex* olibam) aecclesia presbiter fuit
XXXVI	De filoromo (*corr. ex* filoromum) nomine presbytero quodam (*corr. ex* quendam) in galatia constituto (*corr. ex* constitutum)
XXXVII	De sancta melania de spano vel urbico genere descendente (*corr. ex* descendens)
XXXVIII	De chronio quodam nomine qui ex vico fenicis fuit
XXXVIIII	De iacobo quodam nomine
XL	De interrogatione lapsorum
XLI	De elpidio quodam nomine presbytero cappadocensi
XLII	De sene gaddano nomine provinciae palestinae
XLIII	De helia quodam monacho provinciae suprascriptae
XLIIII	De abramio quodam monacho aegyptio
XLV	Item de suprascripta MELANIA
XLVI	De olimpiade nomine castissima femina (nomine *exp.*)
XLVII	De beata candida nomine femina (nomine femina *exp.*)
XLVIII	De anthino thebaydis provinciae civitate
XLVIIII	De dorotheo quodam presbytero qui in spelunca (*corr. ex* speluncha) fuit
L	De capitone nomine monacho ex latrone
LI	De duodecim monasteriis virginum + in anthino *(m. a.)*
LII	De melania iuniore
LIII	De pammachio nomine monacho
LIIII	De virgine quadam alexandrina
LV	De iuliana quadam virgine cesariensi (*corr. ex* cappadocense)
LVI	De nobilissima quadam virgine corinthii civitatis (*corr. ex* de corinthio civitate)
LVII	De clarissimo quodam nomine et uxore eius busforia de ancira civitate galatiae

LVIII De multis virginibus habitantibus in ancira civitate
LVIIII De quodam monacho habitante in eadem civitate
LX De filia presbyteri cuiusdam quae erat apud cesaream (cesaream *add. m. a.*) palestinae civitatem
LXI De virtute orationum

Der Text umfaßt die HL vollständig bis auf die beiden Lücken; er wird auf pag. 3 mit dem zweiten Prolog eröffnet: *Expliciunt capitula. Incipit prologus palladii episcopi. In eodem libro.* Vor dem 1. Kapitel steht die Überschrift *De esidoro presbytero. I.* Im weiteren Verlauf der HL ist die reine Kapitelzählung ohne beschreibende Lemmata die Regel; die Zahlen stimmen mit denen der Capitula überein. Der Text schließt auf pag. 130 ohne Explicit.

Auch in **M** ist ein Großteil des Hieronymus-Passus, von *Hieronimus* (36.6) bis *istum autem virum* (36.7), erst expungiert, danach jedoch restituiert worden. Im Zusammenhang damit stehen auch die Tilgungen der hieronymusfeindlichen Äußerungen im Abschnitt über Paula (Cap. 41.2): *cui Hieronimus quidam Dalmata cives inpedimento fuit* und *nisi ille eam ad propositum propriae voluntatis trahens a maioris gloriae merito et amore revocasset*. Die zahlreich vorhandenen Korrekturen sind meist grammatikalische Glättungen und stark an **β** orientiert. Es finden sich aber auch ursprüngliche Lesarten *p.c.*, so z. B. in 54.7: **M** hat nach der Korrektur die richtige Lesart *a domibus ceterorum*, während die übrigen **α**-Handschriften *ab omnibus* (bzw. *hominibus*) *ceterorum* überliefern, das in **β** zu *ab omnibus ceteris* normalisiert wurde. Man muß also annehmen, daß **M** zu einem Teil nach einer besseren Handschrift der Ia-Version korrigiert wurde[18].

2. *Die Exzerpte einzelner Kapitel* (***UWP***)

U Bern, Burgerbibl. 611, olim Bongarsianus[1]
s. VIII; membr.; foll. 153; 190 x 145; coll. 2 (1. Fasc.) et 1; lin. 14-27; Schriftraum 177/145 x 140/110

Allgemein:

Der Codex ist eine in der 1. Hälfte des 8. Jahrhunderts (vermutl. bald nach 727) evtl. im östlichen Frankreich aus verschiedenen Handschriften-

---

[18] Weitere Stellen, an denen **M** *p.c.* allein vermutlich die richtige Lesart bietet, sind: Prol.II.8 *suae propriae tantum animae*; Prol.II.15 *non frequenter et intempestive*; 18.3 *quantum quivissem tenere*; 32.15 *necessaria quaeque praebentes*; 38.5 *qui ... pertinerent*; 47.17 *ut illis humor* (vgl. Kapitel C4).

[1] S. die sehr ausführliche Beschreibung bei O. Homburger, Die illustrierten Handschriften der Burgerbibliothek Bern, Die vorkarolingischen und karolingischen Handschriften, Bern 1962, S. 21-23 (mit umfassender Bibliographie).

partien zusammengestellte Sammelhandschrift. Er ist in unterschiedlichen vorkarolingischen Kursiven und Minuskeln geschrieben[2]. Die Schriftgröße und die Größe des Schriftraums schwanken sehr stark; die Seiten sind z. T. stark beschnitten.

Die Handschrift umfaßt 28 verschiedene Bestandteile und enthält Exzerpte aus Bereichen wie Grammatik, Patristik und Medizin. Der Inhalt stellt sich wie folgt dar:

ff.	1-19	Glossaria latina
	19^{v}-40^{v}	Excerpta ex Isidori Etymologicis
	40^{v}-41^{v}	HL (Exc.)
	42	Carmen de ventis
	42^{v}-70^{v}	Asper, Ars grammatica
	71-72^{v}	Tractatus grammaticus de quinque nominum declinationibus
	72^{v}	Excerptum ex Isidoro
	73-80^{v}	Aenigmata Hexasticha
	80^{v}-81	Sententiae ex libris sacris petitae
	81^{v}	Descriptio arcae Noe
	81^{v}-82	Tractatus de stadiis
	82	Excerptum commentarii in Danielem
	82^{v}-85^{v}	Epistula Gallieni de febribus
	86-92	Theologica varia
	92^{v}-93	Index
	93^{v}	Tabula ventorum ad carmen de ventis
	94-96^{v}	Tractatus de computo
	97^{r-v}	Excerptum ex Isidori officiis
	98-99	Gregorii episcopi ad Bruniheldam reginam epistula (ep. IX, 109)
	99-100	Excerptum Gregorii de anima iustorum
	101-113	Ps.-Methodius, Sermo de regno gentium et de fine mundi
	114-115	Excerptum ex epistula Hieronymi ad Eustochium de virginitate servanda
	116-138^{v}	[Palimpsest, obere Schicht:] Physiologus
	138^{v}-145^{v}	[Palimpsest, obere Schicht:] Excerpta canonum
	116-142+145	[Palimpsest, untere Schicht:] Acta Sebastiani
	143-144	[Palimpsest, untere Schicht:] Evangelium Marci versionis antehieronymianae
	146-153^{v}	Receptarius

2 Hagen, S. 479, spricht von teilw. merowingischer, teilw. langobardischer Schrift.

Literatur[3]:

- Hagen, H., Catalogus codicum Bernensium, Bern 1875, S. 479-483
- Homburger, O., Die illustrierten Handschriften der Burgerbibliothek Bern, Die vorkarolingischen und karolingischen Handschriften, Bern 1962, S. 21-23
- Lowe, E. A., Codices latini antiquiores V, Oxford 1950, Nr. 604, und VII, Oxford 1956, Nr. 604 und 604 a-e

HL:

Auf fol. 40^v setzt ein in linea plena und sehr gedrängter vorkarolingischer Minuskel geschriebenes fast unkorrigiertes Exzerpt aus Kapitel 32 (Pachomius) der HL ein[4]. Die Seiten sind jeweils im unteren Teil beschnitten, aber erst danach beschrieben worden, so daß keine Textverluste eingetreten sind. Das Incipit des Textes lautet: *De libro qui apellatur paradisus. Quomodo beatus pagomeus angelo dictanti regulam suis monachis invexit.*

Ein Autor ist nicht angegeben. Ebenso fehlt ein Explicit, weil der Text mit fol. 41^v mitten im Satz mit den Worten ... *et cetera monasteria*[5] abbricht. Auf fol. 42^r beginnt in anderer Schrift ein neuer Text, ebenfalls mitten im Satz. Die unvollständige Form des Kapitels ist also auf den Vorgang der Kompilation der Handschrift zurückzuführen und damit mechanisch bedingt.

Orthographisch fällt eine durchgehende Vertauschung von e/i sowie o/u auf (z. B. in 32.2 statt *omnes monachos iuniores*: *omnis fratres monachus iunioris*). Der Name *Pachomius* erscheint als *Pagomeus* bzw. *Pagomius*. Weitere auffällige Formen sind: *Abenenses* statt *Tabennensis* (32.1), *vestipolo* statt *vestibulo* (32.3) und *salmus* statt *psalmos* (32.10).

Das vorliegende Exzerpt ist der älteste erhaltene Textzeuge der HL.

W Wolfenbüttel, Herzog Aug. Bibl. 59.6. Aug. fol.
s. XII/XIII; membr.; foll. 83; 305 x 215/205; coll. 2; lin. 36; litt. ca. 30; Schriftraum 260 x 160

Allgemein:

Der Inhalt dieser in gotischer Schrift geschriebenen Handschrift ist im Katalog mit *Vitae patrum sanctorum* angegeben; die Verba seniorum[6], die

---

3 Die Handschrift wird auch erwähnt in: H. van Cranenburgh, La „Regula Angeli" dans la vie latine de saint Pachôme (Le Muséon 76, 1963, 165-194), S. 170.

4 Der Text ist bei van Cranenburgh auf den Seiten 172-178 abgedruckt.

5 Cap. 32, §13.

6 Es handelt sich um die Rufin zugeschriebene Sammlung BHL 6525, in der Edition Rosweydes als „De vitis patrum liber tertius" bezeichnet (PL 73, 739-810).

Vita Fursei, die Vita Druithelmi sowie einige Einzelkapitel über Adamnanus[7], Eulogius[8], Symmachus und Symeon befinden sich darunter.

Literatur:

- Heinemann, O. v., Die Handschriften der Herzoglichen Bibliothek zu Wolfenbüttel, 2. Abteilung: Die Augusteischen Handschriften III, Wolfenbüttel 1898, S. 311

HL:

Das Exzerpt enthält den kaum korrigierten Text der Kapitel 19 (Moyses Aethiops) und 32 (Pachomius) der HL. Sowohl Incipit und Explicit als auch Kapitelüberschriften fehlen. Am Beginn von Cap. 19 (fol. 77va) ist von späterer Hand *in marg.* nachgetragen: *Ex Palladio de vitis PP. ap. Rosweyd. p. 749*, entsprechend (nicht *in marg.*) fol. 78vb: *Ex Palladio ap. Rosweyd. p. 756.* Auch dieses Exzerpt endet vor dem Kapitelschluß in Cap. 32.13 mit ... *habere noscuntur.* (fol. 79va), allerdings nicht aus mechanischen Gründen, sondern beabsichtigt. Es schließt sich direkt *Antonii vita S. Simeonis, ap. Rosweyd. p. 170 (m. rec. in marg.)* an.

Die Handschrift ist eng mit **C** verwandt und als Ergänzung zu den in **C** nicht lesbaren Stellen innerhalb der beiden Kapitel wichtig. Dazu kommt, daß sie in 19.5 mit *ad ecclesiam* gegen die gesamte übrige Überlieferung, die *ad fratres* bietet, die richtige Lesart hat; in **C** ist in *ad effectum* noch der Rest dieser Lesart erkennbar[9].

Obwohl dieser Textzeuge nicht zu den ältesten gehört (er stammt aus dem 12./13. Jh.), ist er durch die Bewahrung einer ursprünglichen Lesart für die Textrekonstruktion von Bedeutung.

P Paris, Bibl. Nat. lat. 2994^{A}
s. IX; membr.; foll. 194; 145 x 120/115; lin. plen.; lin. 16; litt. ca. 35; Schriftraum 105 x 80

Allgemein:

Die Handschrift ist im 9. Jahrhundert in westgotischer Minuskel geschrieben worden. Sie enthält im ersten Teil ein wahrscheinlich für ein Frauenkloster angefertigtes Florilegium (foll. $1\text{-}72^{v}$), im Anschluß daran Werke des S. Isidorus Hispalensis (foll. 73^{v}-194).

Literatur:

- Cat. gén., Tom. III, Paris 1952, S. 377-380

---

7 Zu diesem Text ist im Codex vermerkt: „AA. SS. Jan. II, 1120“.

8 Dieses Kapitel ist ein Auszug aus dem „Liber Geronticon de octo principalibus vitiis“ des Paschasius Dumiensis.

9 S. Kapitel E1 a) β).

HL:

Am Ende des Florilegiums, foll. 42^r-45^r, bietet die Handschrift zwischen dem *Sermo s. Ambrosii ad eos, qui in coenobiis habitant* (ff. 31-42) und den *Vitae sanctae Eufrosinae virginis* (ff. 45-62) und *sanctae Pelagiae* (ff. 62-72^v)[10] das Kapitel 34 (über die „virgo stulta") aus der HL mit dem Incipit *De pacientia cuiusdam virginis*. Damit gehört das Exzerpt äußerlich in die Gruppe derjenigen Handschriften, die dieses Kapitel in α-Textform entweder gesondert oder in Verbindung mit der HL-Fassung I oder zusammen mit HL II überliefern[11]. Da aber in der vorliegenden Handschrift nicht – wie in den übrigen Exzerpten des Kapitels 34 – durch eine Zuweisung an Basilius die Apophthegmenfassung vorliegt und andererseits die Textgestalt der üblichen α-Form nahesteht, wird die Handschrift an dieser Stelle angeführt; ihre Lesarten erscheinen auch im kritischen Apparat zu Cap. 34. Orthographisch gibt es leichte Unsicherheiten bei c und g.

3. *Die Exzerptgruppe aus Monte Cassino* (**DHT**)

Aus demselben Jahrhundert wie die α-Handschrift **M** stammen die drei ebenfalls in Monte Cassino liegenden Exzerpthandschriften **D**, **H** und **T**[1]:

Sie enthalten, unterbrochen durch andere Texte, etliche Kapitel aus verschiedenen Fassungen der HL, die ohne eine erkennbare Ordnung exzerpiert wurden; einige Kapitel wurden sogar doppelt abgeschrieben. Die Auswahl der Geschichten ist in den drei Handschriften nicht identisch; bestimmte „Kapitelblöcke" kehren jedoch immer wieder. Auch die zwischen den HL-Kapiteln stehenden Stücke, meistens Exzerpte aus den Apo-

---

10 S. Cat. gén., Tom. III, S. 379.

11 S. Kapitel D2 a).

1 Dazu kommt ein weiteres Exzerpt, das aber keine HL-Kapitel der Version Ia überliefert:

324 LL (ext. 324 et 264; int. 899)
s. XI (in.); membr.; pag. 282; 320 x 230; coll. 2

Der Codex ist in littera Beneventana geschrieben und besteht aus zwei Teilen: pp. 1-74 und 75-282, wobei der zweite Teil etwas älter zu sein scheint als der erste. Es finden sich in ihm folgende Kapitel aus der Historia Lausiaca:

pp. 240-250: *De duobus sanctis machariis*
pp. 251-253: *de sancto ammonio*
pp. 254-257: *De palladio qui vita patrum scripsit. Et pachon monachus eremita* (s. Inguanez, Vol. II, Pars 2, Monte Cassino 1934, S. 163-165)

Die beiden Kapitel über die Macarii und Ammonius entstammen der Textversion II; sie entsprechen Capp. IX, X und IV (s. Butler I, S. 65). Ihre Texte sind aus dieser Handschrift im Florilegium Casinense (Bibl. Casin., Tom. V, S. 325-332) abgedruckt. Das Kapitel über Pachon (Cap. 23) liegt in derselben Epitome-Fassung vor wie in Cod. 143 KK (s. u. S. 362).

phthegmata patrum, zeigen in allen drei Exzerpten über weite Strecken dieselbe Anordnung.

D Monte Cassino, Bibl. dell'Abbazia 143 KK (ext. 143 et 148; int. 792) s. XI (med.); membr.; pag. 514; 385 x 275; coll. 2; lin. 35; litt. 26/32; Schriftraum 295 x 210

Allgemein:

Der Codex, der um die Mitte des 11. Jahrhunderts in beneventanischer Schrift geschrieben wurde, enthält eine Sammlung von Exzerpten aus hagiographischer Literatur. Sein erster Teil (bis pag. 90) umfaßt verschiedene Heiligenviten: die Vita Onuphrii (pp. 1-8), Antonii (pp. 9-49), Hilarionis (pp. 49-70) und Sabae (pp. 70-90). Den restlichen Codex füllen zahlreiche Exzerpte aus den Vitae patrum und anderen Texten[2]. Den Abschluß bilden Kirchenväter-Exzerpte (Johannes Chrysostomus, Hieronymus, Ambrosius, Augustin u. a.). Auf der letzten Seite (p. 514) befindet sich ein von einer Hand des 13. Jahrhunderts geschriebener Brief eines Casinenser Abtes *ad ... abbatem S. Mariae de Thergo in Sardinia.*

Literatur:
- Batlle, S. 81
- Bibl. Casin., Tom. III, Monte Cassino 1877, S. 273-281 und S. 284-333 (= Florilegium Casinense ex Codice 148)
- Inguanez, Vol. I, Pars 2, Monte Cassino 1923, S. 228/9
- Lowe, Beneventan Script II, S. 71

HL:

Die Kapitel der HL sind wie auch die übrigen Exzerpte – abgesehen von einer Initiale am Anfang – ohne besondere Kennzeichnung in den sie umgebenden Text eingefügt. Die einzelnen Textstücke verteilen sich über die Handschrift wie folgt[3]:

pp. 204^{b}-205^{a}	**Cap. 18.5** (Macarius Alexandrinus, „culex- Episode“) aus **HL Ia**
...	...

[2] Der Inhalt des Hauptteils der Handschrift wird im Katalog von Inguanez, Vol. I, Pars 2, S. 228 folgendermaßen angegeben: „2 (pp. 90-354; 394-420; 428-69; 492-4). Excerpta ex Historia Lausiaca, Historia Monachorum et aliis vitis Patrum (M. boll. 73, 74) ... 3 Vitae Sanctorum et alia: ...“. Für die beiden folgenden Exzerpthandschriften lauten die Beschreibungen ähnlich.

[3] In eckigen Klammern sind in der Umgebung der HL-Kapitel stehende Texte angegeben, die nicht zur HL gehören.

217^{b}-218^{b}	**Cap. 34** (virgo stulta) aus **HL Ia** in der Apophthegmenfassung[4]
...	...
[260^{a}-262^{b}	Auszug aus Cap. 1 der HM (Iohannes)[5]]
262^{b}-266^{b}	2. Hälfte von **Cap. X** (Macarius Alexandrinus) aus **HL II**[6]
266^{b}-268^{a}	**Cap. XIV** (Moyses Aethiops) aus **HL II**
268^{b}-271^{b}	**Cap. XVI** (Chronius et Eulogius) aus **HL II**
271^{b}-272^{b}	**Cap. 39** (Pior) aus **HL I** in einer Epitome-Fassung
[272^{b}-273^{b}	(soror Iohannis)]
[273^{b}-274^{b}	(Theodorus)]
[274^{b}-275^{b}	(quidam frater)]
275^{b}-277^{b}	**Cap. 6** (virgo dives) aus **HL Ia**[7]
277^{b}-279^{a}	**Cap. 14** (Esaias et Paisius) aus **HL Ia**
...	...
400^{a}-401^{a}	**Cap. 29** (Elias) aus **HL Ia**
401^{a}-405^{a}	**Cap. 37** (Serapion) aus **HL Ia**
...	...
[420^{a}-428^{a}	Vita Melaniae iunioris]
428^{a}-431^{b}	**Cap. 38** (Evagrius) aus **HL Ia**
[431^{b}-433^{a}	Vita Thaisis]
[433^{a}-434^{a}	(quidam frater)]
434^{a}-435^{b}	**Cap. 6** (virgo dives) aus **HL Ia**
435^{b}-437^{a}	**Cap. 14** (Esaias et Paisius) aus **HL Ia**
...	...
492^{b}-494^{a}	**Cap. 23** (Pachon) aus **HL I** in einer Epitome-Fassung

Auf pp. 420^{a}-428^{a} findet sich die verkürzte Fassung (BHL 5886) der lateinischen Vita Melaniae iunioris (BHL 5885). Einige Formulierungen auf pp. 420^{a} und 421^{a}, v. a. die Rede Melanias an ihren Ehemann Pinianus, sind jedoch dem Wortlaut des Kapitels 61 (§§ 2-3; 5-6) der HL näher als den entsprechenden Passagen der ausführlicheren Vita; sie erscheinen in einer verkürzten Ia-Version[8].

---

[4] S. Kapitel D2 a).

[5] Es handelt sich um die Paragraphen 6,2 bis 6,24 in Ed. HM: *Fuit quidam monachus ... age gratias deo tuo.*

[6] PL 74, 362 A - 365 B: *Hic itaque Macarius audiens ... Haec pauca ex multis eius mirificis indicavi gestis.*

[7] Das Kapitel beginnt, auch an der zweiten Position und in den beiden folgenden Exzerpthandschriften, mit §2 (*Virgo quaedam Alexandriae fuit ...*), was der üblichen überlieferten Kapitelgrenze entspricht (vgl. den textkritischen Apparat zu diesem Kapitel).

[8] Diese Nähe zur HL beobachtete schon Butler bei der Beschreibung der Handschrift: Butler II, S. lxxvi und S. xxxiv, Anm. 1.

H Monte Cassino, Bibl. dell'Abbazia 400 I (ext. 400 et 293; int. 671) s. XI (in.); membr.; pag. 418; 295 x 200; col. 1; lin. 28; litt. 42/48; Schriftraum 260 x 150

Allgemein:

Die Teile, aus denen dieser Codex zusammengesetzt ist, wurden zu verschiedenen Zeiten angefertigt: pp. 1-318 sind zu Beginn, pp. 319-398 um die Mitte des 11. Jahrhunderts in Beneventana geschrieben; der letzte, in karolingischer Schrift geschriebene, Teil, pp. 399-418, stammt erst aus dem 13. Jahrhundert. In der Handschrift hat eine Vertauschung von Blättern stattgefunden; die Seiten sind in folgender Weise zu ordnen: pp. 1-14, 31-78, 15-30, 79-418.

Inhaltlich zerfällt der Codex in zwei Teile: pp. 1-300 und pp. 300-418. Den ersten Teil füllen Exzerpte aus der Historia Lausiaca, der Historia monachorum und anderen Texten der Vitae patrum wie z. B. den Apophthegmen, eingeleitet durch den Prolog der HM. Darauf folgen – bis zum Schluß der Handschrift – längere Viten: die Vita Macarii Romani (pp. 300-318), Pauli (pp. 319-328), Antonii (pp. 328-393), Hilarionis (pp. 394-410), Malchi (pp. 410-414) und Onufrii (pp. 414-418).

Literatur:
- Batlle, S. 82
- Inguanez, Vol. II, Pars 2, Monte Cassino 1934, S. 265/6
- Lowe, Beneventan Script II, S. 85

HL:

Auch in dieser Handschrift sind die Kapitel ohne Überschriften fortlaufend geschrieben; ihre Anordnung ist folgende:

pp.	131-133	**Cap. 34** (virgo stulta) aus **HL Ia** in der Apophthegmenfassung
	...	...
	[245-249	Auszug aus Cap. 1 der HM (Iohannes)]
	249-255	2. Hälfte von **Cap. X** (Macarius Alexandrinus) aus **HL II**
	255-258	**Cap. XIV** (Moyses Aethiops) aus **HL II**
	258-263	**Cap. XVI** (Chronius et Eulogius) aus **HL II**
	...	...
	270-272	**Cap. 39** (Pior) aus **HL I** in einer Epitome-Fassung
	[272-273	(soror Iohannis)]
	[273-274	(alius quidam monachus)][9]
	[274-276	(Theodorus)]

[9] Dieser kurze Text ist in den beiden anderen Handschriften nicht eingeschoben.

[276-276	(quidam frater)]
277-280	**Cap. 6** (virgo dives) aus **HL Ia**
280-282	**Cap. 14** (Esaias et Paisius) aus **HL Ia**
282-283	**Cap. 15** (Macarius homicida) aus **HL Ia**
283-285	**Cap. 16** (Nathanahel) aus **HL Ia**[10]
286	**Cap. 18.5** (Macarius Alexandrinus, „culex-Episode“) aus **HL Ia**
286-288	**Cap. 70** (lector Eustathius) aus **HL Ia**[11]
288-290	**Cap. 71** (frater) aus **HL Ia** (ohne Epilog)
[290-292	Vita Thaisis]

T Monte Cassino, Bibl. dell'Abbazia 463 I (ext. 463 et 239; int. 670) s. XI (in.); membr.; pag. 662; 303 x 200; col. 1; lin. 28/29; litt. 40/50[12]; Schriftraum ca. 245 x 145

Allgemein:

Diese Handschrift ist wie Cod. 400 I größtenteils in der 1. Hälfte des 11. Jahrhunderts in Beneventana geschrieben worden; einige Seiten (pag. 126 bis 143) tragen eine gotische Schrift des 13. und 14. Jahrhunderts. Der Codex war – vermutlich im 13. Jahrhundert[13] – zusammen mit anderen nun in Monte Cassino liegenden Handschriften[14] im Besitz des Klosters S. Mariae de Albaneta, wie aus einer Eintragung auf pag. 1 (*Liber sancte marie de Albaneto*) hervorgeht.

Wie in Cod. 143 KK stehen auch hier am Anfang einige Viten: die Vita Pauli (pp. 2-13), Antonii (pp. 13-83), Ylarionis (pp. 83-97), Sabae (pp. 99-126) und Onuphrii (pp. 127-142). Darauf folgen (bis pag. 506) der Prolog der Historia monachorum sowie zahlreiche Exzerpte aus der HL, der HM und anderen Vitae patrum-Texten, darunter viele Apophthegmata. Von p. 506 bis zum Ende enthält der Codex verschiedene hagiographische Texte (darunter auch Kapitel aus der HL), deren Zusammenstellung derjenigen in Cod. 143 KK sehr ähnelt: Beispielsweise ist die

[10] Das inhaltlich bereits zu Cap. 17 (Macarius Aegyptius) gehörende Stück *Illa autem ... sententia sancti spiritus declaravit* (17.1) bildet hier – wie in der α- und β-Überlieferung überhaupt – den Abschluß von Cap. 16 (vgl. den textkritischen Apparat zu Cap. 17).

[11] Der Schluß des Kapitels ... *et ut possemus agnoscere ... quarum tantam scimus esse virtutem* (70.12) fehlt hier wie in **S**, **M** und den von **M** abhängenden Handschriften, weil er dort das nächste Kapitel eröffnet (vgl. den Apparat zu Cap. 71). In der vorliegenden Exzerpthandschrift entfällt das Stück ganz; das sich anschließende Cap. 71 beginnt direkt mit *Frater quidam erat, qui ...*

[12] Die Buchstabenzahl schwankt sehr stark, weil an dem Codex verschiedene Hände mitgewirkt haben. Dasselbe gilt auch für die Maße des Schriftraums.

[13] Batlle, S. 82.

[14] S. Lowe, Beneventan Script I, S. 75.

Abfolge Vita Fursaei – Visio Dichtelmi – Visio Wettini in beiden Handschriften anzutreffen; ebenso findet sich die in Cod. 463 I vorhandene Reihe: *Omelia sancti dorothei que scripsit de vita sancti dosithei – Ammonitio sancti dorothei ad monachos – Item de spiritu blasphemie – Degradationis libri quem constituit S. iohannes solitarius – De omelia s. Iohannis chrysostomi quam scripsit super matheum evangelium* bis auf das Stück über den *spiritus blasphemiae* auch in Cod. 143 KK.

Literatur:
- Batlle, S. 82
- Bibl. Casin., Tom. I, Monte Cassino 1873, S. 87
- Grégoire, Repertorium, S. 537
- Inguanez, Vol. III, Pars 1, Monte Cassino 1940, S. 100-103
- Lowe, Beneventan Script II, S. 75 u. II, S. 88

HL:

Die Kapitel der HL sind wie in den beiden vorhergehenden Handschriften nicht von ihrer Umgebung abgehoben; oft beginnen sie nicht einmal in einer neuen Zeile. Ihre Anordnung ist der in Cod. 143 KK ähnlich:

pp.	298	**Cap. 18.5** (Macarius Alexandrinus, „culex-Episode") aus **HL Ia**
	...	...
	316-318	**Cap. 34** (virgo stulta) aus **HL Ia** in der Apophthegmenfassung
	...	...
	[373-376	Auszug aus Cap. 1 der HM (Iohannes)]
	376-381	2. Hälfte von **Cap. X** (Macarius Alexandrinus) aus **HL II**
	381-383	**Cap. XIV** (Moyses Aethiops) aus **HL II**
	384-388	**Cap. XVI** (Chronius et Eulogius) aus **HL II**
	388-389	**Cap. 39** (Pior) aus **HL I** in einer Epitome-Fassung
	[389-391	(soror Iohannis)]
	[391-392	(Theodorus)]
	[392-393	(quidam frater)]
	393-396	**Cap. 6** (virgo dives) aus **HL Ia**
	396-398	**Cap. 14** (Esaias et Paisius) aus **HL Ia**
	...	...
	[563-574	Vita Melaniae iunioris[15]]
	574-578	**Cap. 38** (Evagrius) aus **HL Ia**
	[578-580	Vita Thaisis]
	[580-581	(quidam frater)]
	581-584	**Cap. 6** (virgo dives) aus **HL Ia**
	584-585	**Cap. 14** (Esaias et Paisius) aus **HL Ia**

---

[15] Die Vita enthält hier dieselben Anklänge an HL, Cap. 61 wie in Cod. 143 KK.

Sowohl im Hinblick auf die Auswahl und Reihenfolge der HL-Kapitel als auch, was die Überlieferungsgemeinschaft allgemein betrifft[16], hängen die beiden Handschriften **D** (Cod. 143 KK) und **T** (Cod. 463 I) besonders eng zusammen: Die Anordnung der HL-Kapitel und der sie umgebenden Exzerpte ist, wie die oben stehenden Auflistungen zeigen, weitgehend dieselbe; **D** bietet jedoch zusätzlich zu **T** aus der HL die Kapitel 29, 37 und – in einer Epitome-Fassung – 23. In **H** (Cod. 400 I) sind gegenüber den beiden anderen Handschriften Unterschiede zu beobachten: Hier sind weitere HL-Kapitel, Capp. 15, 16, 70 und 71, exzerpiert worden; Cap. 38 dagegen fehlt, und die Kapitel 6 und 14 sind nur einmal vorhanden. Auch in der Kapitelanordnung gibt es Abweichungen: Der Auszug aus Cap. 18 steht nicht vor Cap. 34, sondern zwischen Capp. 16 und 70, Cap. 39 folgt nicht unmittelbar auf Cap. XVI aus HL II, in die Dreiergruppe über die Schwester des Iohannes, Theodorus und einen nicht näher bezeichneten Mönch (*quidam frater*) ist ein weiterer kurzer Text eingeschoben, und die Vita Thaisis schließt sich nicht an das hier fehlende Cap. 38, sondern an Cap. 71 an. Dennoch ist auch in dieser Handschrift die Reihung: HM 1 – Cap. X (HL II) – Cap. XIV (HL II) – Cap. XVI (HL II) – Cap. 39 – (soror Iohannis) – (Theodorus) – (quidam frater) – Cap. 6 – Cap. 14 deutlich erkennbar.

β) Darstellung der Beziehungen

*1. Die Handschriften größeren Textumfangs (**CAZSM**)*

Vier Handschriften sind die Hauptzeugen für die Version Ia der Historia Lausiaca: **C** (s. VIII), **A** (s. X), **S** (s. X) und **M** (s. XI). Dazu tritt das Exzerpt **Z** aus dem 10. Jahrhundert.

Für die vier Handschriften **C A S M** läßt sich eine Grobeinteilung in zwei Gruppen vornehmen: in den Zweig der aus Frankreich stammenden Handschriften **C** und **A** und in denjenigen der Handschriften italienischen Ursprungs **S** und **M**. Um den „französischen" und den „italienischen" Zweig als Gesamtheit zu benennen, verwende ich im folgenden {**C A**} und {**S M**} als Gruppenbezeichnungen, unabhängig davon, ob in jedem Fall alle Textzeugen der Gruppe vorhanden sind.

Die ebenfalls aus Frankreich stammende Exzerpthandschrift **Z** ist enger mit dem Zweig {**C A**} als mit dem Zweig {**S M**} verbunden. Obwohl die Zahl der in allen drei Handschriften **C**, **A** und **Z** gemeinsam tradierten Lesarten nur gering ist, kann doch aus den zahlreichen und zudem signifikanten Bindefehlern zwischen **C** und **Z** und den außerdem vorhandenen Gemeinsamkeiten zwischen **A** und **Z** auf eine Verwandtschaft zwischen den drei Zeugen {**C A**} und **Z** geschlossen werden.

---

[16] S. o. S. 361 f. u. S. 364 f.

Die drei in Frankreich geschriebenen Handschriften **C**, **A** und **Z** repräsentieren den Teil der Überlieferung, der die Textform der Version Ia besser bewahrt hat als der aus Italien stammende Zweig {**S M**}. Allerdings bieten auch **C**, **A** und **Z** keinen reinen Ia-Text; vielmehr erscheint der Text in allen α-Handschriften in einer von der Version I beeinflußten Form. Dies ist an der großen Zahl der Varianten erkennbar, die einzelne α-Handschriften gemeinsam mit Zeugen der Familie β tradieren; auch im Bereich der Korrekturen ist ein starker Einfluß der Fassung I erkennbar: Neben den Korrekturen, die auf das Konto des Korrektors selbst gehen, und denjenigen, für die eine Ia-Vorlage benutzt worden ist, gibt es viele Fälle, in denen eine α-Handschrift *post correctionem* dieselbe Lesart bietet wie β oder ein Teil desselben. Daraus kann man erkennen, daß die beiden Textfassungen schon früh miteinander vermischt worden sind.

Innerhalb der aus {**C A**} und **Z** bestehenden Handschriftengruppe geht **Z** vermutlich auf die älteste Vorlage zurück[1]. Für die Textkonstitution der betreffenden Kapitel konnte das Exzerpt jedoch nicht als zuverlässigste Handschrift zugrundegelegt werden, da sein Text auch oft vom α-Wortlaut abweicht: Das zeigen die am begrenzten Textbestand gemessen große Anzahl von Sonderfehlern und die starke Kontamination mit β: Mit der Exzerpierung – es hat eine thematisch eng begrenzte Auswahl fast nur Frauen betreffender Kapitel stattgefunden[2] – muß also eine Bearbeitung einhergegangen sein.

Das Verhältnis der Handschriften **C A S M** zueinander läßt sich schon aus der äußeren Form des Textes ablesen[3]: Da alle Handschriften die HL unvollständig überliefern, kann die Verteilung der Lücken über den Text als besonders signifikantes Kriterium herangezogen werden.

Zwei allen vier Handschriften gemeinsame Lücken erweisen diese als abhängig von einer gemeinsamen Quelle, wobei im ersten Fall (Capp. 11.6-13.1) nur die Handschriften **A S M** betroffen sind, weil **C** erst in Cap. 18 einsetzt, und der zweite Textausfall (Capp. 68.4-69.3) nur in den Handschriften **C S M** nachweisbar ist, da **A** mit dem Ende des Kapitels 22 ausfällt.

Die weiteren individuell über die Handschriften verteilten Lücken sind geeignet, die Unabhängigkeit der Textzeugen voneinander zu belegen:

Von **C** als der ältesten Handschrift können **A S** und **M** nicht abhängig sein, weil sie den in **C** fehlenden Anfang bis einschließlich Cap. 18.29 bieten; dazu kommt, daß das Cap. 22 in **C** fehlt, in **A S M** aber vorhanden ist.

A scheidet aus einem vergleichbaren Grund ebenfalls als Vorlage für **S** und **M** aus: Hier endet der Text – im Unterschied zu **S** und **M** – nach Cap. 22. Außerdem ist die erste gemeinsame Lücke in **A** umfangreicher als in **S**

---

[1] S. weiter unten in diesem Kapitel.

[2] S. die Beschreibung der Handschrift in Kapitel E1 a) α).

[3] Zur genauen Beschreibung der genannten Handschriften s. Kapitel E1 a) α).

und **M**: Sie beginnt schon in Cap. 10.4 und schließt das gesamte Kapitel 13 ein.

Die Länge der beiden fehlenden Stücke am Anfang und Ende des Textes stimmt in **S** und **M** überein. Dennoch kann **M** nicht von **S** abhängen, weil letzteres eine zusätzliche, die Kapitel 57.1 bis 65.6 umfassende, Lücke aufweist, die sich in **M** nicht findet[4].

Die vier Handschriften gehen also nach diesen Beobachtungen unabhängig auf einen Archetyp zurück, wobei für **S** und **M** ein gemeinsamer Hyparchetyp anzunehmen ist[5].

Z kann als Exzerpt nicht Vorlage für eine der vollständigeren Handschriften gewesen sein; es kann aber auch nicht aus **C** oder **A** abgeschrieben sein, weil es in jedem Fall Kapitel enthält, die in einer der beiden Handschriften fehlen.

Aus anderen äußeren Merkmalen wie der Überlieferungsgemeinschaft oder den Lemmata lassen sich keine Aussagen über das Verwandtschaftsverhältnis zwischen den Handschriften ableiten, da hierin keine signifikanten Gemeinsamkeiten bestehen. Auch das Incipit und Explicit bietet keine überzeugenden Anhaltspunkte: Entweder ist kein das ganze Werk umfassender Titel vorhanden (wie bei **Z**), oder die Formulierungen weichen voneinander ab. Die einzige Übereinstimmung ist die in **A**, **S** und **M** auftretende Bezeichnung *Liber qui appellatur paradisus*[6], aber auch hier schließt sich in **A** und **S** eine Fortsetzung in unterschiedlichem Wortlaut an[7].

Die aus der Anordnung der Lücken gezogenen Schlüsse werden durch die Verteilung der Fehler[8] bestätigt. Aufgrund der ständig wechselnden Bezeu-

---

4 Daß **S** und **M** unabhängig voneinander auf dieselbe Vorlage zurückgehen, zeigt z. B. ein Fehler im zweiten Prolog, §4: In beiden Handschriften erscheint zwar an Stelle des richtigen *dies* ein *annos* als Objekt zu *pergens*, der Weg zu dieser „Korrektur" aber war in beiden Fällen nicht derselbe: Während in **S** einfach der Ausfall von *dies* nach *pergens* durch die Ergänzung von *annos* davor kompensiert wurde, ist in **M** der Ausdruck *pergens dies* zunächst zu *semper gradiens* erweitert und schließlich zu *annos ... semper gradiens* vervollständigt worden (s. die „Kommentierung problematischer Stellen des α-Textes" in Kapitel C4).

5 Zu dem hypothetisch anzusetzenden Hyparchetyp von **C** und **A** s. u. S. 381 f.

6 Dieser Titel wird auch von den Handschriften der β-Gruppe geboten; s. Kapitel E2 a).

7 S. Kapitel E1 a) α).

8 Da in der Gruppe der α-Handschriften schon im Zuge der Textkonstitution eine Bewertung der Varianten durchgeführt wurde und eine graphische Darstellung dieser Handschriften einschließlich der Codices descripti, wenn auch mit Vorbehalten, vorgenommen werden konnte, werden in Kapitel E1 a) und b) – im Gegensatz etwa zu E2 b) und D1 d) – die Begriffe Binde- und Sonderfehler für abweichende Lesarten verwendet. Auch hier muß jedoch im Bewußtsein bleiben, daß in vielen textkritisch unklaren Fällen die ursprüngliche Lesart nicht mit letzter Sicherheit zu ermitteln war, besonders dann nicht, wenn mehrere etwa gleichwertige Varianten von geringer Signifikanz zur Auswahl standen.

gungslage in den einzelnen Kapiteln ist jedoch die Ausgangssituation für die Zusammenstellung der Varianten ungünstig. Wegen des lückenhaften Zustandes v. a. der Handschriften **C**, **A** und **Z** haben Bindefehler[9] in den verschiedenen Kapiteln jeweils einen unterschiedlichen Aussagewert: Nur in Cap. 19 sind die Textzeugen vollständig vorhanden. In allen anderen Kapiteln wird **α** durch eine der folgenden Kombinationen repräsentiert: **C A S M**, **C Z S M**, **A Z S M**, **C Z M**, **C S M**, **A S M**, **C M** oder **S M**.

Die Bezeugung durch die fünf **α**-Handschriften verteilt sich auf die einzelnen Kapitel wie folgt[10]:

C	A	Z	S	M:	19
C	A		S	M:	(18), 20, 21
C		Z	S	M:	23, 31, 34, 37, 38, 44, 46, 54, 55
	A	Z	S	M:	3, 5, 6
C		Z		M:	61
C			S	M:	24-30, 32, 33, 35, 36, 39-43, 45, 47-53, 56, (65), 66, 67, (68), (69), 70, 71
	A		S	M:	Prol.II-2, 4, 7-9, (10), 14-17, (18), 22
C				M:	57-60, 62-64, (65)
			S	M:	(10), (11), (13)

Bei dieser Aufstellung ist zu beachten, daß **C** auch in den Kapiteln, in denen es zur Verfügung steht, wegen seiner starken Beschädigungen für viele Lesarten als Zeuge ausfällt.

In der Auflistung der Fehler werden nach Möglichkeit nur die auffälligsten erfaßt. Nicht für alle Konstellationen lassen sich jedoch signifikante Fehler anführen. Es muß daher öfter auf Lesarten zurückgegriffen werden, die bei hagiographischen Werken in der Regel eine größere Rolle spielen als in der Textkritik klassischer Texte: 1. Übereinstimmungen von geringer Signifikanz (wie sie beispielsweise bei Pronomina und Konjunktionen vorkommen), da sie in der Häufung die Verwandtschaft von Handschriften oft besser illustrieren als die selteneren signifikanten Fehler; 2. Übereinstimmungen in richtigen Lesarten[11].

---

[9] In diesem Kapitel wird nur das Verhältnis der Handschriften innerhalb von **α** behandelt. Fehler der gesamten Version gegenüber dem Archetyp sind in Kapitel C4 besprochen.

[10] Vgl. dazu auch die Synopse auf S. 479/80. Die Kapitelzahl steht in Klammern, wenn die angegebene Konstellation nicht für das gesamte Kapitel gilt.

[11] Vgl. dazu die methodologisch sehr nützliche, besonders auf eine kontaminierte Überlieferung ausgerichtete, Einleitung „Allgemeine Studien zur Editionstechnik“ in Lendle, S. 49-98, speziell S. 73: „Denn die Klärung der Verwandtschaftsverhältnisse der erhaltenen Zeugen bezweckt im Grunde nur die Erkenntnis und damit Ausscheidung der auf dem Überlieferungsweg nach und nach eingedrungenen Sonderlesarten und Fehler, also die Herstellung des ältesten Textzustandes. Die Verwandtschaftsver-

In den Listen der Lesarten dieses Kapitels bleiben – wie auch in den übrigen die Beziehungen von Ia-Handschriften behandelnden Kapiteln – Verbindungen zu β unberücksichtigt. Bei der Präsentation der Fehler steht vor der Klammer jeweils die in den Text aufgenommene Lesart ohne Angabe ihrer Herkunft: Da sie nur die Folie darstellt, von der sich die Handschriftenfehler abheben sollen, ist es irrelevant, ob sie aus einer anderen α-Handschrift stammt, aus β entnommen ist oder auf einer Konjektur beruht.

Begonnen wird mit den Handschriften **S** und **M**, für die eine breitere Materialbasis vorhanden ist. Danach werden der Zweig {**C A**} sowie die Handschrift **Z** behandelt, wobei die Kapitel nach ihrer handschriftlichen Bezeugung gruppiert untersucht werden sollen.

*Der Zweig {**S M**}*

*Bindefehler **SM**:*

Sowohl für diese als auch für die folgenden Kategorien der Sonderfehler von **S** und **M** entfallen die Kapitel 57 bis 64 und z. T. 65 als Grundlage der Auswertung, weil – zusätzlich zu den α gemeinsamen Lücken – diese Kapitel in **S** fehlen. Im folgenden sind einige der auffälligsten Bindefehler von **S** und **M** angeführt; dabei werden nur Stellen genannt, an denen mindestens eine Handschrift aus dem Bereich {**C A**} und **Z** vorhanden ist, damit der Trennfehlercharakter der Fehler gegenüber diesen Handschriften deutlich wird.

Prol.II.5	facere debui] facere deberem
5.5	reliquas horas] horas *om.*
16.6	provisione] visione **S** *a.c.* **M** (iussione **S** *p.c.*) [visionem **H**][12]
17.8	repudiari] repudiaretur **S** *a.c.* **M**
18.16	tamen ... revelatum] attamen ... relatum **S M** *a.c.*
18.26	nudum os] nuntinum *(sic!)* **S** nuntius **M**
18.39	abstinentia] abstinentia descendunt **S** *p.c.* **M** (discedunt **S** *a.c.*)
19.6	conversationem] conversionem

hältnisse als solche sind für die editorische Aufgabe unerheblich. Damit ergibt sich, meine ich, notwendig die Forderung, grundsätzlich jeweils alles oder doch alles wesentliche Sondergut, das eine Gruppe von Codices miteinander verbindet, zusammenzustellen und auf diese Weise die ganze Textschicht, die für die gemeinsame Vorlage, den Variantenträger, charakteristisch ist, freizulegen." Dazu Anm. 2: „Aus diesem Grunde habe ich in meiner Praefatio die für die reine Stemmatik unentbehrlichen Termini „Bindefehler" und „Trennfehler" ... nicht angewendet. Das Sondergut eines Variantenträgers muß ja nicht nur aus Fehlern bestehen, wenn es auch notwendig alle Bindefehler mitumfaßt."

12 Zur Verdeutlichung werden bereits hier einzelne Lesarten der später behandelten Exzerpte angeführt.

21.23	exposuit] disposuit
24.4	dedi] de dei
27.2	commanentium] communis manentium
31.3	internicionem] internecationem
37.19	Exi ergo et sequere me. *om.* (*cum* **D**)
38.10	eum longa aegritudine] longa eum valitudine (*cum* **T**)
45.1	aniceti] canicii **S** *p.c.*
	anicii **M**
52.2	deiecit] disiecit
54.10	memoratae solae] memoratae eorum solae
55.2	divinarum studiosissimus litterarum] divinarum *om.*
66.4	communitione] communione

Aus den für **S** und **M** aufgelisteten Fehlern geht hervor, daß die beiden Handschriften auf einen gemeinsamen Hyparchetyp zurückgehen. Daß sie voneinander unabhängig sind, beweist die große Zahl der in jeder der beiden Handschriften enthaltenen Sonderfehler, die in Auswahl angeführt werden. Insbesondere schließen die zahlreichen und auffälligen Sonderfehler von **S** gegenüber **M** eine Abhängigkeit der jüngeren Handschrift **M** von **S** aus. Dazu kommen die z. T. umfangreichen ausradierten Stellen in **S**, von denen sich in **M** keine Spur findet.

Sonderfehler ***S:***

Die Sonderfehler von **S** bestehen zum Teil aus Erweiterungen gegenüber den α-Lesarten[13]:

Prol.II.4	pergens dies] annos pergens
Prol.II.16	ne dixerim] varie dixerim propter
3.4	Ob quod ille] Hoc ille audiens
4.2	et, cum neque magistris fuisset traditus litterarum *om.*
5.1	relicta civitate] relicta ea in qua degebat civitate
6.1	consulamus] consolationem inferamus
8.7	emensis] mensibus vivens
10.3	multa de ipsius viri moribus beato Isidoro referente *om.*
13.2	cui soli aptus erat] cuidam seni qui aptus videbatur
13.3	sollicitudo est] sollicitudo exhibenda est
15.2	solitaria vita] solitariam vitam cuperet
15.5	gloriam] gloriam per dei misericordiam *(a.c.)*
16.8	et fit] Apparuit quippe illi
18.3	quod os lagenae ipsius ut aliqui publicanus] Et quia me publicanum os ipsius angustum laguenae
18.7	remeare. Per novem igitur] remeare per noctem. Igitur

[13] S. die Liste der nicht getilgten längeren Zusätze und abweichenden Formulierungen größeren Umfangs in der Beschreibung der Handschrift, Kapitel E1 a) α).

18.21 seditione commoti] seditione commoti dicunt archimandrite
18.26 nudum os] nuntinum *(sic!)*
18.39 Erat autem figura corporis ipsius brevis *om.*
19.14 iacentem] iacentem virum
21.7 facturum esse se diceret] si id faceret cuperet respondisset ait illi
21.8 prout competebat] proutcumque petebat
22.1 dicam] dicam de paulo rustico
27.6 secundum quod scriptum est: Qui *om.*
28.3 Hoc autem malum inde descendit *om.*
31.2 descendant] dant
33.1 vestitam eam, ut adsolet, deferunt] vestiunt eam sorores ut adsolent et deferunt
37.10 voracitas ventris] et voracitas membris
38.13 Faciebat autem cotidie centum orationes *om.*
41.10 vitam ante conspectum ipsius] patriam
42 curationum gratiam] curationum gratiam omnium infirmitatum
46.5 fumo] fugo *(sic!)*
47.15 studii] fonte studii
49.2 iacuit] iacuit alicubi aliquando foris
54.7 in vanitate istius vitae? Timere debetis, ne antichristi tempus adveniat *om.*
70.2 a patre] conpellitur a patre

Sonderfehler **M***:*

Die Handschrift **M** enthält eine große Zahl charakteristischer Sonderfehler; die gravierendsten Abweichungen sind jedoch das Ergebnis von Korrekturen. Ein Teil der *post correctionem* gebotenen Lesarten ist der Liste der Bindefehler zwischen **M** und den von ihm abhängenden Handschriften in Kapitel E1 b) β) zu entnehmen.

Prol.II.2 amatorem] sanctae amatorem
Prol.II.4 pergens dies] annos solis semper gradiens
Prol.II.10 arcanius gubernat exilio] archano gubernat consilio
Prol.II.16 probitate munitus] improbitate motus
4.2 subtiliter] simpliciter
5.1 relicta civitate] relicta ea in qua erat civitate (ea – erat *del.*)
6.5 illud, ut prosit isdem, facit] ut illis prosit id efficit
6.7 Pro vanitate quadam eam habent] quam habent
8.3 instinctu et] verborum eius
10.10 imitandis] ita dandis
11.2 ego illum] ut vultis
17.1 Me itaque] Pauca tamen me
18.2 sensus suos] mentem suam
18.26 nudum os] nuntius

18.33	Cosmetor (comestor α) cognomen] comes torgog nomen *(sic!)*
21.6	Eulogius] velocius
21.11	Quid de ipso igitur a me fiat, ignoro. *om.*
22.2	invenisset subitoque *om.*
24.4	suppliciis] iudicio
28.3	monachicam] tam abstinentem
32.14	amicitiarum iure] amicitiarum more
32.17	coquebant] quosque parabant
32.18	capiebant cibum] sumebant cibum *(ut supra 32.18)*
33.1	ripam fluvii] ripam fluminis
33.5	quia tali calumniae credidissent *om.*
34.2	tonsae cucullis] non se cucullis
34.8	enim ista, quam cernis *om.*
40.1	diacono Edessenae ecclesiae *om.*
43.1	austeritatem] ab ingenti austeritatem *a.c.*
45.1	nobilitate] libertate
46.5	ignota] incognita
47.22	idcirco huiusmodi temptationem ad te venire permisi *om.*
48.4	infodit solo] infodit loco
59.4	quoque et constantissimum *om.*
65.1	inveni huiusmodi] alius inveni
65.5	interire] pro ipso interire
71.1	in hodiernum diem] ad hunc diem

*Der Zweig {**C A**} und das Exzerpt **Z***

*Bezeugung **C**, **A** und **Z**: Cap. 19*

Signifikante Bindefehler sind in diesem Kapitel für den Bereich der drei Handschriften nicht nachweisbar. Als einzige Bindefehler zwischen **C**, **A** und **Z** sind hier zu erwähnen: *Illud* statt des in **S M** stehenden *Aliud* in 19.12 und ein gegenüber **S** und **M** zusätzlich vorhandenes *et* vor *quod portabat* in 19.14[14]. In 19.3 hat **Z** mit **C** *p.c.* zusammen *italicis* für *italicos*, und in 19.4 (*daemonem*) ist aufgrund der Bezeugung durch das Exzerpt **W** zu vermuten, daß auch in dem an dieser Stelle ausfallenden **C** wie in **Z** *hominem* gestanden hat[15]. Der Grund für dieses spärliche Ergebnis ist die eng begrenzte Textmenge, die für diese Konstellation zur Verfügung steht[16]. Auch für von den drei Zeugen gemeinsam bewahrte richtige Lesarten lassen sich kaum Beispiele nennen, zumal **C** wegen seines defekten Zustandes wiederholt ausfällt:

---

[14] Zur zweiten Stelle vgl. Kapitel C4.

[15] Zum Verhältnis zwischen **C** und **W** s. die Behandlung der kürzeren Exzerpte weiter unten in diesem Kapitel.

[16] Der Anteil des Cap. 19 am Gesamttext der HL beträgt ca. 2,5%!

19.1 dominus eius **C A Z**] eius *om.* **SM**
19.2 Usquequo ... potuisset, ... latuit **C** (Usquequo *def., sed hab.* **W**) **A Z**] Quo ... potuit ... latere **S M** *p.c.* (Quo *in ras.*, lateret *a.c.*)
19.6 conversationem **A Z** (**C** *def., sed hab.* **W**)] conversionem **SM**

Sonderfehler der einzelnen Handschriften können dagegen angeführt werden.

Sonderfehler **C**:

19.5 ad fratres] ad effectum
19.10 dicitque] dixitque
19.14 Isidoro] isidorus
19.14 sui ecclesiam protinus exhiberi, ubi per totum *om.*

Sonderfehler **A**:

19.2 Pastorem] pastorum
19.2 mille passus teneret] *om.* (*add.* esset)
19.5 simul omnes] omnes simul
19.7 urguere coeperunt] dicti sunt arguere (dicti sunt *add.*) (**C** *def.*!)
19.16 somnia tua] omnia tua
19.16 Scias] sciens *a.c.*

Sonderfehler **Z**:

19.1 alicuius curialis] cuiusdam curialis (**C** *def.*!)
19.1 Necesse est autem] Necesse est enim
19.1 paenitentiae eius] patientiae ipsius
19.1 Referebant] Referebat
19.1 magister etiam] etiam et magister
19.3 italicos ... solus] italicis ... solidis
19.4 se contulit] se nomine
19.5 cellam] cellulam
19.5 nocere iam possum] nocere iam possunt
19.7 urguere coeperunt] arguere coeperunt (**C** *def.*!)
19.8 daemon ac victus] ac victus daemon
19.11 huius hortatus consilium suscepit] huius consilio adortatus
19.11 cellam] cellulam
19.14 implendum] implendo

Bezeugung **C** *und* **A**: *Capp. (18), 20, 21*

Bindefehler **C A**:

Die Textgrundlage, auf der ein Vergleich zwischen den Handschriften **C** und **A** beruhen kann, ist ebenfalls sehr schmal und bietet wenig Material für Bindefehler.

18.31 possent] possint **C A** *a.c.*
18.37 foris *om.*
20.4 septingentas] septuaginta

gemeinsam bewahrte richtige Lesarten:

18.39 abstinentia **C A**] abstinentia descendunt **S** *p.c.* (discedunt *a.c.*) **M**
21.19 factum esse **A** (esse *def.* **C**)] esse *om.* **S M** *a.c. (hab. p.c.)*
21.19 eliget **C A**] elegit **S** *a.c.* **M** *a.c.* (eliget *p.c.*)
21.20 in iniuriam **C A**] iniuriam **SM**
21.23 exposuit **A** (**C** *def.*!)] disposuit **SM**

Sonderfehler **C**:

18.30 Adductus] Quidam sanctus fuit in heremo apud nos faciens virtutes multas. Adductus
18.30 vocis] vociferans *corr. ex* voces
18.36 Veni, pessime] Bene piissime
18.38 sancta Melanius] sanctus melanius
20.1 Ferme] *om.* (*add.* scitis)
21.4 quia operari] quando operari
21.10 mores] clamores *a.c.*
21.16 interrogasset] interrogavit
21.17 illum nomine] illum cum nomine

Sonderfehler **A**:

18.30 nec carnes eum edere] eum nec carnes comedere (**C** *def.*!)
18.31 aegri] egrique
18.32 cellulae suae] cellae suae
18.32 et trahite] extrahite
18.32 tamdiu iacere] diu iacere
18.34 fratribus dabam] fratribus dabant
18.36 litigabat] se mitigabat (se *add.*)
18.39 Dicebat etiam, quod, ex quo lavacri gratiam spiritalem accepit, numquam expuisset in terram *om.* (gratiam – terram *def.* **C**!)
21.1-2 Chronius – profuturum *om.*
21.5 ferre] facere
21.8 tantum] hoc
21.9 atque opprobriis *om.* (**C** *def.*!)
21.10 Redde me ipsi loco] loco *om.*
21.11 tanta iterum dierum] iterum *om.* (**C** *def.*!)
21.12 Ad quem illi] Atque illi
21.25 in lacum *om.*
21.25 iustorum] sanctorum (**C** *def.*!)

Bezeugung **C** *und* **Z**: *Capp. 23, 31, 34, 37, 38, 44, 46, 54, 55, 61*

Bindefehler **C Z**:

Die Ausgangslage für eine Zusammenstellung von **C** und **Z** gemeinsamen Lesarten ist günstiger. Tatsächlich findet sich auch eine Reihe von signifikanten Übereinstimmungen zwischen den beiden Handschriften:

23.5	nimis sana] nimis *om.*
23.7	ducente venerunt] ducentes venerunt
23.7	lambentes] lambebant
23.8	mihi multo vehementius] multo mihi vehementius
23.9	perrexi] perveni
31.2	inrigationum] inrigationem **C** *a.c.* **Z**
31.2	infirmioris vici homines] infirmiores vici homines
34.3	inter deserta] in deserta
37.1	Sindonius] sidonius
37.7	necessitate] nece
37.17	senem quandam] senem quendam **C** *a.c.* **Z** (*cum* **D**)
54.7	Prohibebant enim illi] Prohibebant enim alii
54.7	quadringentos numero annos] quadringentos annos numero (numero *del.* **C**)
55.3	filium verum] filium virum **C** *a.c.* **Z**
55.4	omnes antiquorum] omnesque antiquorum
61.3	utrique] uterque **C** *a.c.* **Z**
61.7	quicumque manumitti] quemcumque manumitti **C Z** *a.c.*
61.8	idque] id quod **C Z** *a.c.*
61.8	observans] observabat **C** *a.c.* **Z**
61.8	diurnas] diurnis **C** *a.c.* **Z**
61.11	officiosissimo] officiosissime

gemeinsam bewahrte richtige Lesarten:

31.3	internicionem **C Z**] internecationem **SM**
34.3	qui dicitur loco **C Z**] qui dicitur locus **S** *a.c.* **M** *a.c.* (loco *p.c.*)
37.3	et quos signatos **C Z**] et quod signatos **S M** *a.c.* (quos *p.c.*) **D**
37.4	ipsis lavaret **C Z**] ipsius lavaret **S M** *a.c.* (ipsis *p.c.*) ipsorum lavaret **D**
37.15	At ille **C Z** (*cum* **D**)] Ait ille **SM**
37.16	Domnioni **C** *a.c.* (domino *p.c.*) **Z**] dominioni **S M** *a.c.* (domnioni *p.c.*) **D**
37.19	Exi ergo et sequere me. **C Z**] *om.* **S M D**
38.9	Constantinopoli **C Z**] constantinopolim **SM T**
38.10	eum longa aegritudine **C Z**] longa eum valitudine **SM T**
46.6	ideo **C Z**] adeo **S** *om.* **M**

54.10 memoratae solae **C Z**] memoratae eorum solae **SM**
55.1 ex praefecto **C Z**] ex praefectis **SM**
55.2 divinarum studiosissimus litterarum **C Z**] divinarum *om.* **SM**
55.3 animae **Z** (**C** *def.*!)] animi **SM**

Sonderfehler **C**:

23.1 Pachon] Pachomius *corr. ex* Pachox
23.8 memineram] minervam
34.5 desideravit] desiderabat
34.7 panno frontem ipsius involutam, proiecit se ad pedes ipsius dicens] frontem – pedes *om.*
34.8 dignus ipsa] dignus sicut ipsa (dignus *def.*)
37.5 opus in vobis suum deus, inquit, implevit] opus vobis non sum deus inquit inplevit desiderium meum
37.9 trium feneratorum manus] vim trium faeneratorum (vim *add.*)
37.9 quis esset, qui ei molestus esset] esset – molestus *om.*
37.11 neque tamen umquam postea ad ipsam reversus est. Cognito autem eo philosophi illi omnique rei veritate *om.*
38.11 curationum genus] curatio unguentis
38.12 ut vivendi tibi tribuat commeatum. Cumque *om. a.c. (add.)*
38.14 aemulorumque] ac malorum
38.16 in pecoribus videmus] in corporibus vidimus
44.3 corporeae voluptatis inpuritate certaret *om.*
46.9 proposito singulari] proposito saeculari (*corr. ex* saecularis)
55.4 trecenties centena] tricies centena
61.8 quinto quoque] quando quoque

Sonderfehler **Z**:

23.2 vi ipsius morbi] III ipsius morbi, *superscr. et del.* ter
23.4 studium ac desiderium] desiderium et studium
23.8 vehementius] violentius
31.3 presbyteros] possessores (**C** *def.*!)
34.8 Vos, inquit, estis] Vos vero estis
37.1 Alius quidam Serapion] Serapion quidam
37.2 divinorum meditatione] divina meditatione
37.7 edendo venisset] edendo invenisset
37.19 Tunc ille respondit] Tunc ille ait (**C** *def.*!)
38.3 coniux] uxor (**C** *def.*!)
38.6 mulieris] illius
38.9 rescellas *et infra* rescellis] reiculas *et* reiculis
38.9 metuerat] viderat
38.11 ars exquisita medicorum] artifex quisita medicaminum (*corr. ex* medicos)

38.13 unumque sextarium absumens] unum sextarii sumens
38.13 Subtiliter ... scribebat manum] Subtilem ... scribebat manum
38.17 tres simul] tres similiter
38.18 unde deerant] unde perierant
44.1 De benedicto Innocentio] Innocencius
44.6 propter tam] protervam
44.6 martyrium] monasterium
44.6 et in quo reliquias sancti Iohannis Baptistae conlocaverat *om.*
46.3-4 Serapionemque maiorem – praefectus Augustalis *om.*
46.4 presbyterosque] presbyteros quoque quos
46.4 eis mysterium] cunctis mysterium
46.5 terrore] horrore
46.5 ignota autem ipsi erat *om.*
46.5 in carcerem tradi] in carcerem trudi
46.6 tunc ei per internuntios quosdam sancta illa mandavit] per internuntios quosdam sancta illa tunc ei mandavit
46.8 annorum tempus] annos
46.8 virgines] virgines sorores
54.7 a domibus] ab hominibus
54.8 Ibi omnibus suis] Ibi ergo suis
55.1 ex Aelia] ad illa loca (**C** *def.*!)
55.4 interpretum] interpretatos
55.4 trecenties centena] trecentos centena
61.1 Et quoniam in superioribus *om.*
61.2 vi maxima] VI maxima, *superscr. et del.* sexies

Bezeugung **A** *und* **Z**: *Capp. 3, 5, 6*

Bindefehler **A Z**:

Ähnlich wie für **C** und **A** steht auch für **A** und **Z** nur ein kurzes gemeinsam tradiertes Textstück zur Verfügung: Bindefehler von **A** und **Z** sind hier auch nur in geringer Zahl und von schwacher Signifikanz vorhanden:

3.2 traderet eam illi] eam *om.* **A Z** *a.c.*
3.2 petiit] petit **A** *a.c.* **Z**
6.6 omnem penitus animam] omnem *om.*
6.7 vanitate quadam eam] vanitate quandam eam **A** *a.c.* **Z** *a.c.*
6.10 domum meam] ad domum meam
6.11 debilibusque] debilibus
6.15 Si placent] Si placet **A** *a.c.* **Z** (*cum* **Tb**)

gemeinsam bewahrte richtige Lesarten:

5.2 in sepulchro **A Z**] sepulchro **SM**
5.5 reliquas horas **A Z**] horas *om.* **SM**

6.7 quadam eam habent **A Z**] quadam habent animam **S**
quam habent **M**
quadam habent **H Ta Tb**
6.7 putantes illam] putantes eam **SM H Ta Tb**
6.7 dissipari **A Z**] dissipare *fort.* **S** *a.c.*, **M** *a.c.* (dissipari *p.c.*) **H Ta Tb**
6.15 partes et ostendit **A Z**] et *om.* **SM H Ta Tb**

Sonderfehler **A**:

3.4 pix primum] primum pix
6.14 ad presbyteri domum] ad *om.*

Sonderfehler **Z**:

3.4 si apud te] si sic apud te
5.1 relicta civitate] relicta quadam civitate
5.4 Quae mihi per ipsum foramen hoc dixit *om.*
5.5 pati] *om.* (*add.* ferre)
5.5 Ceteras vero horas] cetero vero tempore
6.6 forsitan] forte
incurrit] incidit
6.9 furatus sit] furati sint

Bezeugung **C**: *Capp. 24-30, 32, 33, 35, 36, 39-43, 45, 47, 53, 56-60, 62-67, (68), (69), 70, 71*

in **C** *enthaltene Fehler:*

In dieser und der folgenden Rubrik, die eine Auswahl aus den in **C** und **A** vorhandenen Fehlern bieten, können die echten „Sonderfehler" der einzelnen Handschrift nicht von den „Gruppenfehlern" des Zweiges {**C A**} unterschieden werden, weil die jeweils andere Handschrift fehlt.

24.3 phagedaenam] faganam
24.3 de palmulis funes ac nobiscum sermocinantem *om.*
24.4 dedi] puniri dei
26.6 mima] Femina *corr. ex* minima
26.6 vulnus] munus
32.19 clarebat, alter pellium] clarebat, alter hortum colebat, alter pellium
35.21 solitudinum vitam] sollicitudinem vitae
39.4 ingrederetur ipsius domum, persuadere non posset *om.*
39.7 venae indicia] nulla indicia
39.8 defectionem vestrorum sensuum vidi *om.*
45.1 aniceti] esse nati (esse *in ras.*)
45.4 semper et varius cum spiritibus inpuris] pugnae certamen (*corr.*

ex pugna certaminis) cum spiritibus inpuris fuit
45.6 sicuti persuadere] sicut ipse suadere
45.7 pedes inde] pergens inde
47.13 ut faciles] vi faciles
47.18 spicis] speciebus *corr. ex* species
57.4 posca] postea
58.8 quinquaginta] *om.* (*add.* plures)
59.1 iam in monasterio suo annos] annos iam in monasterio suo
60.5 calorem] dolorem
60.5 ipsa se ita] ita ipsa se et ita
62.2 praefectorum in Italiae partibus fuit *om.*
65.4 accipitres verum] accepit et alii res veras istas *corr. ex* accepit res verum
65.5 moribus] mentibus
66.1 Intra Ancyram Galatiae civitatem *om.*
70.2 arciri] arcessiri
70.4 deposuit episcopus] deposuit. Adiit sacerdotem et cum rogaret hoc dicens episcopus *a.c.*
70.7 expedire se partus ipsius posset tantumque *om.*
71.10 labores] dolores
71.10 rerum bonarum] operum bonarum

Bezeugung **A**: *Prol.II, Capp. 1, 2, 4, 7-9, (10), 14-17, (18), 22*

in **A** *enthaltene Fehler:*

Die in **A** auftretenden Fehler bestehen zu einem nicht geringen Teil aus Omissionen.

Prol.II.2-5 perenne medicamentum – facere debui *om.*
Prol.II.6-7 Nam hi, qui scripserunt – sedare non possumus. *om.*
Prol.II.8-9 indifferenter sub specie – sacramenti vinculis liges *om.*
Prol.II.10 Deus enim – illa, quae prosunt *om.*
Prol.II.11 cum reliquo discipulorum choro] cum reliquis discipulorum
Prol.II.12-16 salvator ergo – te fecisse cognosces. *om.*
Prol.II.17 splendentis fenestrae sectare conspectus] splendentes fenestras conspectis
1.2 lauti corpusculi] lati corpusculi
1.4 lacrimasse] lacrimatum esse
2.3 Edebat vero – quievisse, sed *om.*
2.4 dum aut opere – placere festinat. *om.*
4.2 habens insitum bonum ac semper incolumem naturalem magistrum, conscientiam suam *om.*
7.4 relationibus] revelationibus

7.8 placuntarii] plagae contrarii
7.10 Arsisius] artius
16.6 provisione dei] visitatione dei
17.10 innotesceret cunctis] innotesceret cunctis adstantibus
18.22 Ergo gratias tibi, quia colafos infantibus nostris dedisti, ne magnum aliquid in conversatione vitae suae facere se putarent.] Ergo in conversatione (*corr. ex* conversationem) vitae tuae (*corr. ex* suae) debemus facere gratias tibi quia colafos infantibus nostris dedisti ne magnum aliquid se putarent. (debemus *add.*)
18.23-25 Quodam rursus tempore – arrogantiae adscriberetur. *om.*
22.13 ante illum] ante cibum
22.22 tibi erit] ipse
22.23 spiritum] daemonem

Für die Hierarchie der fünf α-Handschriften bleibt festzuhalten: Jede Handschrift weist Sonderfehler gegenüber den anderen auf; es ist also keine Handschrift von einer anderen abhängig, was auch schon durch den Umfang und die Anordnung der Lücken – v. a. in den Handschriften französischer Herkunft – ausgeschlossen wird.

Schwieriger als die Feststellung der Unabhängigkeit der Textzeugen voneinander ist die exakte Bestimmung ihrer Position. Der Hyparchetyp der beiden „italienischen“ Handschriften **S** und **M** läßt sich gut belegen. Geht man aber daran, eine durch Variantenkonstellationen abgesicherte Einordnung der verbleibenden drei Handschriften vorzunehmen, so wird man mit deutlichen Problemen und Widersprüchen konfrontiert: Das Haupthindernis ist, wie schon erwähnt, die geringe Textmenge, in der sich die drei Handschriften „überschneiden“: **C** setzt erst wenige Kapitel vor dem Ende von **A** ein, und das Exzerpt **Z** überliefert nur ein Kapitel mit **C** und **A** gemeinsam. Dazu kommt die nicht eindeutige Verteilung der Fehler bzw. der in den Text übernommenen richtigen Lesarten: Das Vorhandensein von Bindefehlern zwischen den drei Handschriften deutet auf einen eigenen Zweig {**C A Z**} hin[17]. **Z** scheint allerdings in der Hierarchie höher anzusetzen zu sein als **C** und **A**[18], wie eine Reihe von korrekten Lesarten zeigt, die dieses Exzerpt – z. T. unterstützt durch β – als einzige α-Handschrift bewahrt hat:

---

[17] Eine Verwandtschaft zwischen **C** und **Z** ist auch für die Historia monachorum nachgewiesen worden: Vgl. die Darstellung der Familie α (mit Stemma) in Ed. HM, S. 146-51. Diese Parallele kann durchaus zur Unterstützung des Befundes herangezogen werden, weil eine Handschriftenverwandtschaft oft über mehrere Werke hinweg bestehen bleibt, wie es sich auch bei den β-Handschriften **V B b G** (= Familie β für die HM) gezeigt hat; s. Kapitel E2 b).

[18] Wie oben (S. 374 f.) dargestellt, kann der diesen beiden Handschriften gemeinsame Hyparchetyp durch Lesarten nur unzureichend belegt werden.

Z allein:

6.12 *et misericordia in eo esset et cultus dei*:
Die übrigen α-Handschriften, d. h. **A SM H Ta Tb**, überliefern für *cultus cultor*.

23.11 *certaminis angore*:
C SM haben *certaminis angore sollicitudinis*, die β-Handschriften *certaminis angore vel sollicitudine*: vermutlich handelt es sich hier um eine Glosse, die in **Z** noch nicht eingedrungen ist[19].

Z mit einem Teil von β:

6.1 *tacitus praeteribo*:
In allen anderen Handschriften außer den β-Handschriften **N** und **F** – für α bedeutet das **A SM** – findet sich u/o-Verschreibung zu *tacitos*.

37.5 *Ad quos ille respondit*:
C SM D bieten mit den β-Handschriften **b**, **N** und **F** das einfachere *Ad quod*.

44.8 *mulieri restitutum*:
Nach *restitutum* wiederholen **C**, **S** *p.c.* und **M** – wieder zusammen mit **N** und **F** – ein *est*[20].

Z mit β:

37.9 *pollicentur*:
In falscher Angleichung an das vorausgehende *ostenderet* schreiben **C SM D** *pollicerentur*.

38.10 *per sex mensuum spatia*:
Das in **C**, **S** und **M** überlieferte *spatio* korrigieren **C** und **M** zu *spatium*, das auch **T** bietet. Für den Plural *spatia* gibt es jedoch Parallelen im Text[21].

Dazu ist allein in **Z** eine richtige Namensform erhalten geblieben: Es handelt sich um die Formulierung *Publicolae quoque filium* in Cap. 54.8 (Gr: Πουπλικουλᾶ bzw. Πουπλικούλα), die in **S** zu *Publicum laetoque filium* und in **M** zu *propriumque leto//// filium* verschrieben worden ist. Diese Stelle ist jedoch nur mit Einschränkung heranzuziehen, weil es die in **C** noch lesbaren Reste *publi///////ique filium* als möglich erscheinen lassen, daß auch dort ursprünglich die richtige Lesart gestanden hat. In β ist der Eigenname weggelassen; **Z** kann hier also nicht aus β beeinflußt sein, sondern muß eine alte α-Vorlage gehabt haben[22].

---

19 S. Kapitel C4.

20 Die Entscheidung gegen das zweite *est* fiel aufgrund von Cursusrücksichten, die im Text der HL eine Rolle spielen (s. Kapitel B1a): Bei der bevorzugten Lesart liegt ein Cursus velox vor.

21 Vgl. den kritischen Apparat zur Stelle.

22 S. Kapitel C4.

Die Beziehungen zwischen den fünf α-Handschriften können also mit den verbleibenden Unsicherheiten durch folgende Graphik veranschaulicht werden:

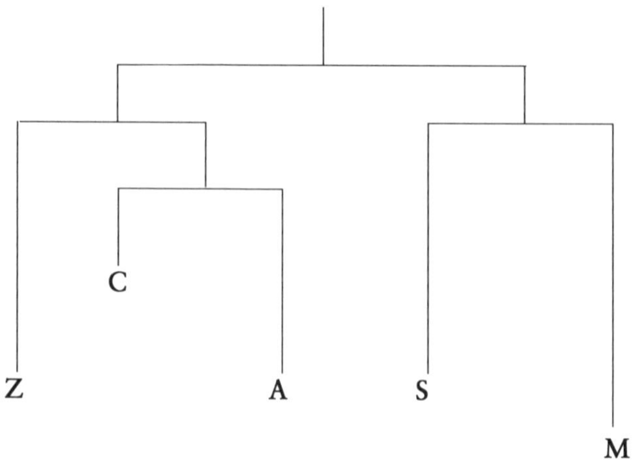

Für die eindeutige Begründung eines Stemmas kommt erschwerend hinzu, daß auch im Bereich der α-Handschriften (wie bei der Version I) mit Kontamination gerechnet werden muß. So treten in der Verteilung der Varianten alle denkbaren Kombinationen sowohl zwischen den „französischen" und „italienischen" Handschriften als auch zwischen α- und β-Zeugen auf[23]. Zur Veranschaulichung werden im folgenden einige der Querverbindungen zwischen {**C A**} und **Z** einerseits und {**S M**} andererseits aufgelistet:

{**C A**} + **Z** und {**S M**}:
19.1 memorabatur] memorabantur **A S**
memorabant **M**
19.6 Moysen] moyseum **Z S**
19.6 qua ... dilatione] quare ... dilatione **Z S**
19.9 quiescebat, ne sic quidem *om.* **Z S**

{**C A**} und {**S M**}:
18.30 benedicta ... aqua] benedictam ... aquam **A** *a.c.* **S** *a.c.* **M** *a.c.*
20.1 vastissimas] vastissima **C** *a.c.* **S**
21.2 aliquando post decem *om.* **C S**
21.7 esse se diceret] se *om.* **C S**
21.14 clamide] clamidem **A** *a.c.* **SM**
21.20 rursus] rursum **C M**

---

[23] Besonders auffällig ist in dieser Hinsicht die Übereinstimmung von **C** mit β (gegen **SM**) über eine größere Strecke in Cap. 39.7.

C + **Z** und {**S M**}:

23.3	Pacho] pachomio **C S**
34.7	benedic, inquit] inquit *om.* **Z S**
37.1	recolebat] colebat **Z M** *a.c.*
38.14/15	subiugari. Fortiter huic] subiugari fortiter. Huic **C M** (*cum* **T**)
44.1	cognosces] cognoscens **Z S**
44.2	saecularibus rebus] rebus *om.* **Z S** *a.c.*
46.8	in quo] in qua **C** *a.c.* **S**
46.11	separarant] separabant **C M**
54.6	nepte sua melania] neptem suam melaniam **Z M** *a.c.*

A + **Z** und {**S M**}:

5.2	inlaesum] inlisum **Z S**
5.4	viderer] videar **A M** *a.c.*
6.5	quibusdam] quibusquam **A Z S**
6.11	igitur ille] ille igitur **A M** (*cum* **H Ta Tb**)

Will man unter diesen Umständen überhaupt eine graphische Darstellung einsetzen, so muß man einige Einschränkungen berücksichtigen:

Das Stemma kann bei hagiographischen Texten wie der Historia Lausiaca nicht dazu dienen, sämtliche auftretende Fehlerkombinationen zu erklären und den Weg der Überlieferung widerspruchsfrei aufzuzeigen; es kann lediglich die feststellbaren Haupttendenzen veranschaulichen. Zudem ist zu bedenken, daß das entstandene Bild vermutlich grundlegend revidiert werden müßte, wenn einige der zahlreichen nicht mehr erhaltenen Zeugen verfügbar wären[24]. Das Stemma hat demnach in der hagiographischen Literatur einen sehr provisorischen Charakter.

Die aufgrund ausgefallener Zwischenglieder und ausgeprägter Kontamination nicht mehr nachvollziehbare Tradierung des Textes hat auch Auswirkungen auf das Verfahren der Textkonstitution: Da an jeder Position in der Hierarche der Handschriften eine **ω**-Lesart begegnen kann, war eine genaue Abwägung bei jedem einzelnen textkritischen Problem notwendig. Dabei kamen verschiedene Kriterien zur Anwendung, u. a. die Sprachrichtigkeit, der in der Zeit und der Literaturgattung übliche Sprachgebrauch, die sonstige Verwendung eines Wortes oder einer Formulierung innerhalb der HL und nicht zuletzt die Überlieferung der betreffenden Stellen im Griechischen, Syrischen und den anderen lateinischen Versionen. Die wichtigsten der zweifelhaften Stellen werden im Einzelstellenkommentar in Kapitel C4 diskutiert. Dieser soll dem Benutzer der Ausgabe die jeweiligen Entscheidungen nachvollziehbar machen und gleichzeitig einen Eindruck von den mit der Textherstellung verbundenen Schwierig-

---

24 Vgl. Lendle, S. 78, Anm. 1: „Gerade im hagiographischen und homiletischen Bereich muß mit einem sehr großen Schwund an Handschriften gerechnet werden."

keiten vermitteln, denn obwohl sich eine Bevorzugung des Zweiges {**C A**} und des Exzerpts **Z** gegenüber **S** und **M** abgezeichnet hat, kann die graphische Anordnung der Handschriften dennoch nicht als durchgehend verbindliches und allein ausreichendes Hilfsmittel für die Benutzung der Ausgabe herangezogen werden.

*2. Die Exzerpte einzelner Kapitel (**UWP**)*

Neben den oben beschriebenen fünf Handschriften müssen drei Exzerpte berücksichtigt werden: **U**, **W** und **P**. Ihre Einordnung in die Hierarchie der α-Handschriften ist schwierig und führt zu einem äußerst unsicheren Ergebnis, weil die von diesen Exzerpten gebotene Textmenge so gering ist, daß sich kaum signifikante Bindefehler anführen lassen; die meisten Varianten sind Sonderfehler der jeweiligen Handschrift. Dazu kommt, daß oft keine direkte Vergleichsmöglichkeit besteht, weil nicht dieselben Einzelkapitel überliefert werden und weil die Handschrift **C** wegen ihrer gravierenden Beschädigungen an vielen Stellen als Textzeuge ausfällt[1].

Die einzige Aussage, die auf dieser Grundlage getroffen werden kann, ist die, daß die drei Exzerpte eher in den Zweig {**C A**} und **Z** als in den Zweig {**S M**} einzuordnen sind und innerhalb dieses Zweiges z. T. der Handschrift **C** nahestehen.

U (s. VIII) enthält das Kapitel 32, **W** (s. XII/XIII) die Kapitel 19 und 32; beide Exzerpte enden vor dem Schluß des Kapitels 32[2]. In **P** (s. IX) ist wie in einer Reihe weiterer Exzerpte das Kapitel 34 überliefert[3], im Unterschied zu diesen jedoch in einer α-nahen Form.

Da **U** und **W** ein Kapitel gemeinsam enthalten und auch in einigen Lesarten übereinstimmen, sollen diese beiden Handschriften zusammen betrachtet werden.

*Die Exzerpte **U** und **W**:*

Die folgende Liste gibt die wichtigsten Sonderfehler von **U** an. Dabei sind Varianten, die auf die Unsicherheit in der Schreibung von e/i und o/u zurückzuführen sind (wie z. B. 32.1 *tutus* statt *totus*) nicht berücksichtigt. In einigen Fällen ergeben sich unlateinische Wortgebilde oder semantisch unpassende Formen, was auf Nichtverstehen der Vorlage schließen läßt.

32.2 monachos] fratres monachus
32.3 opus] honos
32.4 quiescant] requiescant
32.4 nec tunc quoque, cum voluerint] cum voluerint quoque

---

[1] S. die Beschreibung der Handschrift in Kapitel E1 a) α).
[2] S. Kapitel E1 a) α).
[3] S. Kapitel D2 a).

32.4 pellemque] pellem quoque
32.4 infantibus ordinavit] infantis orderabis *(sic!)*
32.4 fecit] facias
32.5 tanta multitudine singulorum requireret] ipsum multitudinem requirerit singulorum
32.5 Quemadmodum] quomodo
32.5 qualis est] qualem
32.6 iotae] zethe
32.6 X litterae *om.*
32.6 inpresserat notas] inpressis adnotas et *(sic!)*
32.8 opus duriusque] obduriusque
32.10 nocturnis quoque] noctis quoque *corr. ex* noctis huius
32.11 consummatioribusque] sublimiorebusque
32.11 aliena] aliorum
32.11 visioni] iussionem
32.12 invenire] incipire
32.12 ad fiduciam valeant divinae notitiae] valiant ad fiduciam divini noticiam
32.13 maximum habetur et primum] primum et maximum habitur

Die Sonderfehler von **W** sind teilweise als interpretierende bewußte Änderungen, meist in Form von Zusätzen, teilweise als Verschreibungen erkennbar. Häufig tritt Vertauschung zweier Wörter auf; Fehler dieser Art sind in der folgenden Liste nicht erfaßt:

19.1 quidam *et* genere *om.*
19.2 Pastorem quendam] Pastorem scilicet quendam
19.2 Nilum *om.*
19.2 transmisit] transivit
19.2 quocumque modo] Ibi quocumque modo
19.3 venditis *om.*
19.5 inquirebant] eum inquirebant (*corr. ex* requirebant)
19.5 veluti saccum aliquem palearum *om.*
19.5 iubetis] iubetis fieri
19.6 Moysen] virum esse
19.6 Itaque ab ipsis quoque benedictis rebus] Conpuncti itaque
19.8 canis *om.*
19.9 his modis consumpsisset universum diem] omnibus modis consumpsisset diem totum (*p.c. fort.* totum diem)
19.10 a quibus] atque a
19.10 paulisper] paululum
19.11 hortatus consilium suscepit] exhortacionis consilium suscipiens
19.11 statuitque] stetitque
19.11 dare] dare volens
19.13 Captatur igitur eum daemon] Captatur autem daemonem

19.14 ille praedictum ad monasterii sui ecclesiam protinus exhiberi] eum ad monasterium deferri
19.17 hoc dixit] respondit
32.1 dei totus] totus deo deditus
32.3 scriptum] ita scriptum
32.3 edentibus] plus edentibus
32.3 vere monachi] abstinenciores monachi
32.5 rogaret] instrui rogaret
(interrogaret **S β**)
32.5 et in tanta] qualiter in tanta
32.5 dicebat] dicebat angelus
32.5 secundo illi, qui erat in suo ordine prior: Quemadmodum, inquit, se habet gamma vel qualis est zeta? *om.*
32.6 et certioribus] ac tardioribus
32.6 iotae] note
32.6 superposita] superimposita
32.7 aliam] talem
32.8 loca monasterii sui secretiora recipiebat] loco in secreciora monasterii sui recipiant
32.8 prius *om.*
32.8 faciebat] faciant
32.11 sensibus] mentibus
32.11 semetipsos] se
32.12 prosint] invenire potuerunt

An Bindefehlern, die über orthographische Übereinstimmungen und gemeinsame Auslassungen von *hoc* o. ä. hinausgehen, lassen sich nur wenige Beispiele anführen:

Bindefehler **UW**:

32.1 Thebaide] thebaida **UW**
32.3 ipsi aereas] ereas ipse **U**
ereas ipsi **W**
32.9 liceat] licet **UW**

Bindefehler **CW**:

19.2 re] regione **C** *p.c.* **W** *p.c.*
19.12 viventium] *del.* **C**
om. **W**
19.14 quidam *om.* **CW**
32.1 et ut] *del.* **C**
om. **W**
32.4 velatas] velatis **C**
velati **W**

32.4 suum cingulum] unum cingulum **CW**
32.6 X litterae] ex litterae **C**
ex litteris **W**
(fi litterae *corr. ex* ex litterae **S**)
32.9 alteram *om.* **CW**

Bindefehler mit anderen Handschriften:

19.3 solus] solidos **W**
solidis **Z**
19.4 daemonem] hominem **W Z** (**C** *def.*)
19.10 voluptatis expertae] voluptatibus expertis **W A** *p.c.*
19.12 Aliud ... genus vitae] Illud ... genus vitae **W C A Z**

Die Fehler, die **W** mit **C** *p.c.* gemeinsam hat, legen die Vermutung nahe, daß **W** von **C** *post corr.* abhängt. Die Annahme eines solchen Verhältnisses zwischen **C** und **W** kann zwar nicht endgültig ausgeschlossen werden, wird aber durch die folgende Stelle erschwert, die gleichzeitig die signifikanteste für eine Verwandtschaft zwischen **C** und **W** ist:

In Cap. 19.5 dringen vier Räuber in die Zelle des Moyses ein, die dieser wie einen Strohsack zusammenbindet und zur Kirche der Bruderschaft trägt:

Quos ille ... ad ecclesiam fratrum, ubi simul omnes morabantur, exhibuit
Gr: ... εἰς τὴν ἐκκλησίαν τῶν ἀδελφῶν ...
Syr: „... à l'église chez les frères ..."
Lat. II: ... *ad ecclesiam fratrum ...*

Für *ad ecclesiam fratrum*, das weder in **α** noch in **β** überliefert ist, bietet die Hauptmasse der Handschriften *ad fratres*. Von dieser Lesart weichen nur **C** und **W** ab: **C** hat *ad effectum*, **W** *ad ecclesiam*. Erst auf der Grundlage von **W** wird die sinnlose Variante von **C** verständlich. Es handelt sich um eine Verlesung von *ad ecclesiam*, wahrscheinlicher sogar – wie durch Lat. II bestätigt wird – von einem abgekürzten ad *ecclesiam fratrum (ad ecclm frm)*, das **C** und **W** in ihrer Vorlage vorgefunden haben. Wollte man **W** als abhängig von **C** ansehen, so müßte man annehmen, daß der Schreiber von **W** aus *ad effectum* richtig *ad ecclesiam* koniziert hat (sofern man keine Korrektur durch Kontamination ansetzt).

Die Handschrift **W** hat an zwei weiteren Stellen des Kapitels 19 als einzige die richtige Lesart bewahrt: 1. in 19.2 *pervenire* als Übersetzung des griechischen διακολυμβᾶν. Die **α**-Handschriften **C A Z** und **M** überliefern *venire*; Reste der ursprünglichen Lesart finden sich noch in **S** (*perveniente*) und **β** (*pervenit*). 2. in 19.17 *ut minus quam nos a muscis ille a daemonibus terreretur* – ohne das in die anderen **α**-Handschriften eingedrungene zusätzliche *quam* vor *ille*[4].

[4] S. die Besprechung der Stelle in Kapitel C4.

Die Handschrift **U** läßt sich nur indirekt, durch ihre Übereinstimmungen mit **W**, mit **C** in Verbindung bringen. Da sie noch aus vorkarolingischer Zeit stammt, kann sie weder von **C** noch von **W** abgeschrieben sein. Andererseits finden sich ihre zahlreichen Sonderfehler in keiner der beiden anderen Handschriften wieder, so daß sie auch nicht als deren Vorlage gedient haben kann.

Unter Vorbehalten läßt sich also für die drei Handschriften die folgende Graphik erstellen:

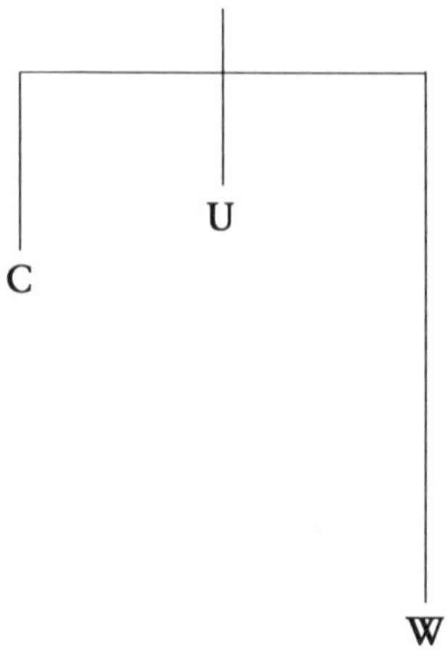

*Das Exzerpt **P**:*

Die Schwierigkeit der Einordnung besteht auch bei diesem Exzerpt, sogar in noch höherem Maße als bei den beiden vorhergehenden: Die Handschrift bietet entweder den in allen Handschriften bezeugten α-Text oder weist Sonderfehler auf, die sie mit keiner anderen Handschrift teilt. Im folgenden wird eine Liste der wenig signifikanten Sonderfehler gegeben. Einige dieser Lesarten stimmen mit der Apophthegmenfassung des Kapitels überein; im ganzen überwiegt aber die Nähe zur α-Textform.

34.1 Fuit alia in hoc monasterio virgo] Fuit in quodam monasterio quaedam virgo
34.1 ac daemonem se habere finxit] se finxit
34.1 adeo] ideo
34.1 horrori] errori *corr. ex* exosa
34.3 semperque] semper qui
34.3 adstitit] adfuit
34.3 esse te] te esse
34.4 igitur] inquit **P**
ras. **C**
om. **Z**
itaque *in ras.* **S**
ille *in ras.* **M**

34.4 mox illi] mox illae
34.5 Sic enim eas, quae daemone vexantur, appellant. *om.*
34.5 me ipsam] semetipsam
34.8 obstipuerunt] stupuerunt *a.c.*
34.8 vocant illi] vocant illae
34.8 deprecor deum] deprecor te
34.9 Alia enim] Alia autem
34.9 diversas] diversa
34.10 in quem] aut quem

Bindefehler mit anderen Handschriften:

34.1 et a coquina] ut a coquina **P C** *p.c.* **Z M** *p.c.*
34.3 inter deserta] in deserto **P**
in deserta **C Z**
34.6 dicunt ei] ei *om.* **P M**
34.9 catini] catinis **P C**

Das hier vorliegende spärliche Material reicht nicht dazu aus, ein Stemma zu begründen. Man kann innerhalb von α bestenfalls eine leichte Nähe zum Zweig {**C A**} und **Z**, speziell zu Handschrift **C**, feststellen.

Die Beziehungen zwischen den in diesem Kapitel besprochenen α-Handschriften lassen sich insgesamt folgendermaßen graphisch darstellen:

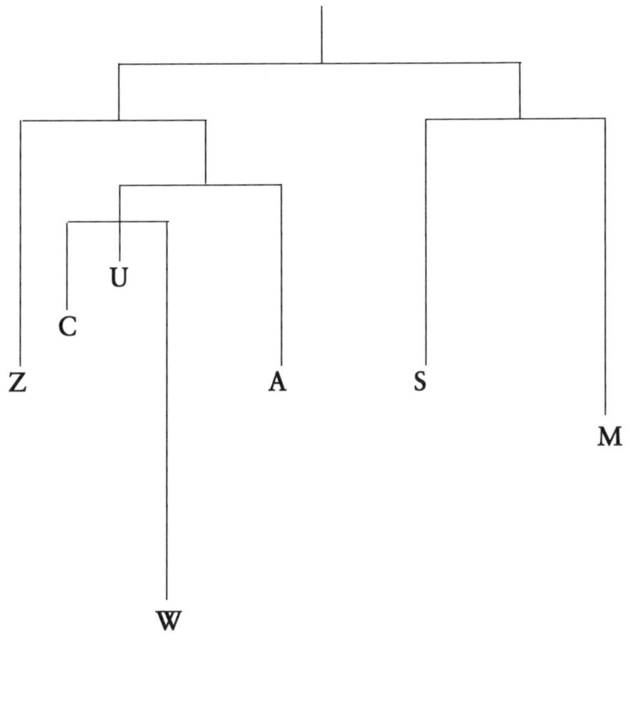

*3. Die Exzerptgruppe aus Monte Cassino (**DHT**)*

Von der Überlieferungsgemeinschaft her[1] ist anzunehmen, daß alle drei Exzerpte auf eine gemeinsame Quelle zurückgehen, wobei **T** und **D** mit großer Wahrscheinlichkeit von derselben Vorlage stammen.

Damit die Lesarten der drei Handschriften angemessen bewertet werden können, ist zunächst – wie für die Handschriften **C**, **A** und **Z**[2] – eine Übersicht über die tradierten Kapitel der HL-Version Ia notwendig:

H:	6,	14,	15, 16, 18.5,		70, 71;	34 (AP)
T:	6 (bis),	14 (bis),	18.5,	38;		34 (AP)
D:	6 (bis),	14 (bis),	18.5,	29, 37, 38;		34 (AP)

Für die einzelnen Kapitel stehen also folgende Handschriften zur Verfügung[3]:

Cap. 6:	**H, Ta/Tb, Da/Db**
Cap. 14:	**H, Ta/Tb, Da/Db**
Cap. 15:	**H**
Cap. 16:	**H**
Cap. 18.5:	**H T D**
Cap. 29:	**D**
Cap. 37:	**D**
Cap. 38:	**T D**
Cap. 70:	**H**
Cap. 71:	**H**
Cap. 34 (AP):	**H T D**

Damit ergeben sich für die Bezeugung der Kapitel vier Gruppen:

H,	**T(a/b),**	**D(a/b)**	:	Capp. 6, 14, 18.5; 34 (AP)
	T	**D**	:	Cap. 38
H			:	Capp. 15, 16, 70, 71
		D	:	Capp. 29, 37

Die Beziehungen innerhalb der Exzerptgruppe:

*Bezeugung **H, T(a/b), D(a/b)**: Capp. 6, 14, 18.5*[4]

Bindefehler zwischen den drei Handschriften **H, T** und **D** belegen deren Zusammengehörigkeit als eigene Gruppe:

---

[1] S. o. in Kapitel E1 a) α).

[2] S. o. unter 1.

[3] Die beiden doppelt überlieferten Kapitel 6 und 14 werden wie in verschiedenen Handschriften stehende Texte behandelt; die Siglen **T** und **D** werden zur Unterscheidung zwischen dem ersten und zweiten Vorkommen der Kapitel in die Siglen **Ta** und **Tb** bzw. **Da** und **Db** aufgespalten.

[4] Cap. 34 wird als zur Apophthegmenfassung gehörig in Kapitel D2 a) untersucht.

Bindefehler ***H, Ta/Tb, Da/Db***[5]:

6.2 variis opibus satis dives *transp. p.* solens
6.2 numquam a se] a *om.*
6.2 abiecerat] obiecerat
6.6 et despicit *om.*
6.6 fingens] figens
6.9 ipsorum pretium] eorum pretium
6.11 ipse *om.*
6.12 curricula] circula **H, Tb, Db**
circulum **Ta, Da**
6.13 quingentos] ducentos (docentos **Da**)
6.15 viros] viri
6.17 presbytero] presbyteri
14.1 Alii etiam duo fratres fuerunt] Fuerunt etiam duo fratres
14.1 Paisius] paisus
14.2 Isti igitur] Isti *om.*
14.2 magis igitur solitudines vitamque] igitur magis solitudinis viam vitamque
14.2 rerum malarum] malarum *om.*
14.2 cum utrisque] dum utrisque
14.2 in ipsa electione] in ipsis electione
14.3 et quaternas] ac quaternas
14.4 orta] orta est
14.6 labores] laboris
14.6 et requiem] et *om.*

Bindefehler ***H T D:***

18.5 Hic quodam die, dum] Beatus itaque macarius qui alexandriae presbyter fuit dum quadam die
18.5 ipse esset] ipse est

Innerhalb dieser Gruppe existieren sowohl Bindefehler von **T** und **D** gegen **H** als auch Sonderfehler von **H** gegen die anderen beiden Handschriften. Hierbei handelt es sich meist um durch Unsicherheiten beim Akkusativ-m, Schwankungen bei anlautendem h und v/b-Wechsel hervorgerufene Verschreibungen.

Bindefehler ***Ta/Tb, Da/Db:***

6.6 suam vanitati] sua vanitati
6.17 puella vero ipsa] puellam vero ipsam

---

[5] Eine weitere Gemeinsamkeit der Gruppe ist die korrekte Schreibung des Namens *Macarius* in Cap. 6.8 (s. Kapitel E4).

14.5 salvatorem] salvatoris
14.6 aliquod] aliquid (**Da** *a.c.*)

Sonderfehler ***H:***

6.8 facere] faceret
6.17 puella vero ipsa] puella vero ipsam
14.3 vacabat] vabat *a.c.*
14.3 substantiam modis] substantia modis
14.4 ab eo] habeo
14.6 Idem *om.*

Im Hinblick auf die in **T** und **D** doppelt überlieferten Kapitel 6 und 14 läßt sich jeweils eine Verwandtschaft zwischen den an erster (**Ta** und **Da**) und den an zweiter Position (**Tb** und **Db**) stehenden Texten feststellen. Dabei weisen die Kapitel bei ihrem zweiten Vorkommen deutlich mehr Abweichungen auf als bei ihrem ersten Auftreten. Besonders die Bindefehler von **Tb** und **Db** bestehen zu einem großen Teil aus Verschreibungen; durch ausgefallene Silben im Wortinnern und fehlende Endungen kommt es oft zu Wortverkürzungen.

Bindefehler ***Ta, Da:***

6.3 qua sola] quas sola
6.4 in patres *om.*
6.5 ab hereditate] ad hereditatem
6.6 Qui autem omnem penitus] qui autem omne penitus
6.9 poteris] poteritis
6.9 unum ex ipsis quingentis *om.*
6.12 curricula] circulum
6.15 Ducit] Ducitur
6.15 in inferioribus] in inferibus
14.5 praebendo] praevendo
14.6 communione] communionem

Bindefehler ***Tb, Db:***

6.3 adoptaverat] adoptavit
6.4 pars eius, quem] pars eius quadam
6.4 Ipse enim] enim *om.*
6.5 necessitudinem] necessitate
6.6 Qui autem omnem penitus] qui autem penitus omnem **Tb**
quia penitus omnem **Db**
6.6 vanitati cuidam] vanitati cui
6.8 utcumque] quomodocumque
6.8 probandis videbatur] probandis videbandis videbatur (**Db** *a.c.*)

6.10 acciperet] accipiat
6.11 eum videre] videre eum
6.13 ex eo illud pro pretio] ex eo pro eo pretio
6.13 referes] refes
6.15 Unde (inde **β**)] deinde
6.16 domum] domum presbyteri
14.1 in mobilibus] in molibus
14.2 communique] communi
14.2 Mercationem] aut mercationem
14.2 pater noster] noster *om.*
14.2 placuisset] placuissent
14.4 contentione] contentio
14.4 vixit] imitatus
14.5 perpetua] perpetuam
14.5 aggeribus] aggeri
14.5 colligeret] colligrent **Tb**
colligerent **Db**
14.5 ita] Itaque
14.5 Pambo *om.*
14.6 utrisque] utrosque
14.6 bonitati] bonitatis (**Tb** *a.c.*)
14.7 rogarent] rogaret (**Tb** *a.c.*)

Die in **H** enthaltenen Fehler stimmen an einigen Stellen mit denen von **Ta** und **Da** bzw. **Tb** und **Db** überein:

Bindefehler ***H, Ta, Da:***

6.8 erga eam] erga eum
14.4 verum] verbum

Bindefehler ***H, Tb, Db:***

6.8 peritus fuisse] peritus fuisset
6.12 curricula] circula
6.13 iubes] iuves

Bezeugung ***T D:*** *Cap. 38*

Unter den zwischen **T** und **D** bestehenden zahlreichen Bindefehlern finden sich neben orthographischen Abweichungen auch Wortvarianten:

Bindefehler ***T D*** *(Auswahl):*

38.1 non est iustum tacere – a principio vitae eius *om.*
38.1 exponens] exponere
38.2 Ibora] dibora

38.2	gerentis] agentis
38.2	Nazianzenae] nanzianzene
38.3	desiderii *om.*
38.4	tum autem] cum autem
38.4	tantos] tantus
38.5	suscepta a] suscepta facta
38.6	omnia maritus mulieris] maritus mulieris omnia
38.7	timet] timeret
38.7	videbat] ducebat
38.8	ex hac civitate] ex hac urbe
38.9	quod iusiurandum] quos iusiurandum
38.9	profuisset] profuisse
38.9	metuerat] metuebat
38.9	Consurgens ergo de] Consurgens vero a
38.9	cogitabat] cogitans
38.10	illa femina *om.*
38.10	exceptus] susceptus
38.10	obdurat] obdurabat
38.10	inlicitamenta] illicita merita
38.10	ex quo] en quo
38.10	proprii mali fomenta] propria fomenta
38.12	profectione] professione
38.12/13	anno – quattuordecim *om. (per haplographiam)*
38.13	Cellas] secellas **T** secellam **D**
38.13	Oxyrincham] ochirincam
38.14	Antirriticon] antiereticon **T** antihereticon **D**
38.15	gelu] ielo
38.17	cupientes] ceperunt
38.17	tertius] tertium
38.18	perissent] perisset
38.21	uvas] ubas
38.21	ptisanam] tipsanam
38.21	communicaret] communicabat
38.22	iuges] iuge
38.23	mors quondam] mortem

Die in **H** und **D** in großer Zahl anzutreffenden Sonderfehler sind meist Verschreibungen der schon beschriebenen Art; daneben fällt ein umfangreicher Anteil an Omissionen auf:

Bezeugung **H**: *Capp. 15, 16, 70, 71*

Sonderfehler **H** *(Auswahl):*

15.1	quidam, qui] qui *om.*
15.4	meruisset] meruisse
15.4	caelestia ac *om.*
15.4	montis *om.*
15.5	voluntati] voluntati fuit
16.1	ipsius viri] viri *om.*
16.1	requisivi] exquisivi
16.2	Tunc autem – conferebant *om.*
16.4	videbatur *transp. a.* deformiter
16.5	conplevit *om.*
16.5	inpugnando *om.*
16.5	quocumque modo] modo *om.*
16.5	cogeretur] cogebatur
16.6	sanctorum *om.*
16.6	dicunt ad eum] dicunt ei
16.7	saeculo] mundo
16.8	ruisse] ruisset
16.9	quibus a quodam] quia quodam
16.11	parvulus] puerulus parvulus *(per dittographiam)*
16.11	discursibus ac strepitu] ac strepitu discursibus
70.3	quasi qui] qui *om.*
70.4	aliquod] aliquando
70.5	rogaret] rogasset
70.5	cognosco] agnosco
70.7	implesset] conplesset
70.11	cum lector *om.*
71.1	Pauca – loquar] Frater quidam erat
71.3	ut quadam die *om.*
71.3	diabolus *om.*
71.6	vastissimis] vastissimo

Bezeugung **D**: *Capp. 29, 37*

Sonderfehler **D** *(Auswahl):*

29.3	collectae *om.*
29.3	invicem *om.*
29.3	numero *om.*
29.4	subito *om.*
29.5	ne aut sibi aut illis noceret *om.*
29.6	correpta] correcta

29.6 onus] unus
29.7 monasterium] monasteriorum
29.7 quantum] quam
29.8 Vixit] Vix
29.8 adseverans] asserebat
37.2 quiete *om.*
37.2 semper *om.*
37.3 distraxerit] distraheret
37.3 mimis in tali] ministravit in tali
37.4 mimae maritus] minimae maritus
37.4 stimulante] stimulando
37.4 Dicebatur] Dicebant
37.4 recessit] recessisset
37.4 ad castam pariter ac] pariter ad castam ac
37.4 venerabantur] venerantur
37.5 utriusque] usque
37.7 ieiunio] ieiuno
37.8 cernimus *om.*
37.8 diceret] dicere
37.10 desiderium voluptatum] ac voluptatum
37.10 molestae] molestiae
37.10 solitum *om.*
37.12 circa *om.*
37.14 quingentis] quam quingentis
37.14 comedis] comedisti
37.15 obiurgabant] obiurgarent
37.15 Quemadmodum ascendisti sine sumptibus navem? *om.*
37.15 non libenter tamen eo tempore illuc redirent *om.*
37.17 diceretur] videretur
37.19/20 processit. Posteaquam autem processit e cella sua] e cella sua *transp. p.* processit *prim.*, autem *om.*

Das Verhältnis zwischen **T** *und* **D**:

Die beiden von derselben Quelle stammenden Handschriften **T** und **D** scheinen unabhängig voneinander auf ihre Vorlage zurückzugehen, da sie beide Sonderfehler gegenüber der jeweils anderen Handschrift aufweisen:

Sonderfehler ***Da***:

6.13 quingentos] docentos **Da**
ducentos **H, Ta/Tb, Db**
6.13 ex eo illud pro pretio] ex eo illud pretium
6.16 plurimum] primum

6.17 nupta] nuptas **Da**
[nuptam **H, Ta/Tb**]
14.2 paternam hereditatem] paternas hereditates
14.4 pergunt] venerunt
14.6 satisfacturum] satisfacturus

Sonderfehler ***Db:***

6.4 curam *om.*
6.6 contemnatus salutem
6.6 videantur] videatur
6.6 Qui autem] quia
6.8 inminutione] imminutio
6.8 facere *om.*
6.9 summam] summa
6.11 vendit] vendidit
6.13 illud aurum] illum aurum
6.15 placent tibi] tibi placet
6.17 defuncta est] defuncta sunt
14.3 quidem aliis] quidem et aliis
14.6 dignus *om.*
14.6 profecto non esset *om.*

Bindefehler ***Da, Db:***

6.12 centesimi] centesimum

Sonderfehler ***D:***

38.1 constitutus] constituit
38.1 multos] multo
38.2 ecclesiae Caesariensis] ecclesiae *om.*
38.3 cuiusdam inlustris] cuiusdam *om.*
38.6 variis] varios
38.7 tremefecerat] fecerat
38.7 adierit] audierit
38.8 si iuraveris] si tu iuraveris
38.9 iuraverim] iuraveris
38.10 daemon *om.*
38.10 sensus] sensum
38.11 voluntate ac *om.*
38.13 nominant] nominam
38.13 emenda] emendatia
38.14 Intra] Ita
38.14 divinam] divina
38.14 Antirriticon] antihereticon

38.16 ob quod] ob quam
38.21 infirmitatem] infirmitate
38.22 sudores] sudoris
38.23 atque hoc ei] hoc *om.*

Sonderfehler ***Ta:***

6.13 ex eo illud pro pretio] ex eo illud aurum dedisti ex eo illud pro pretio *a.c.*
[ex eo illud pretium **Ta** *p.c.*, **Da**]
14.5 Pambo] pombo

Sonderfehler ***Tb:***

14.1 vocabantur] vocabatur *a.c.*
14.2 consumant] consumat *a.c.*
14.2 ut et paternam] et *om. a.c. (add.)*
14.5 publicis] pluplicis
[puplicis **Db**]
14.5 colligeret] colligrent
[colligerent **Db**]

Sonderfehler ***T:***

38.2 vocant] vocat *a.c.*
38.2 ecclesiae Caesariensis] cesariensis aecclesie
[ecclesiae *om.* **D**]
38.3 vanitatem] vanitate
[vanitatuum **D** *p.c.*]
38.3 urbe] urbem
38.5 voluntate] volunta *a.c.*
38.8 Constantinopolitana] constantinolitana *a.c.*
38.10 Romana] romona *a.c.*
38.13 Cellas] secellas
[secellam **D**]
38.13 emenda] ementia *p.c.* (*cum* **S**)
[emendatia **D**]
38.13 sufficere] susufficere
38.14 Antirriticon] antiereticon
[antihereticon **D**]
38.17 tractare] tratare *a.c.*
38.18 Christi] christo
38.18 deerant] deerat *a.c.* (*cum* **C**)
38.21 stomachi] stomahi *corr. ex* stomhi

Betrachtet man allerdings die Art dieser Sonderfehler genauer, so fällt auf, daß **T** nicht nur eine geringere Anzahl, sondern auch weniger signifikante Fehler enthält als **D**; zudem sind viele von ihnen nur in **T** (bzw. **Ta/Tb**) *ante correctionem* vorhanden, also schon in **T** selbst korrigiert worden. Die übrigen sind entweder so geringfügige Verschreibungen, daß sie von einem Abschreiber ohne große Mühe berichtigt werden konnten, oder sie haben eine noch weitere Entfernung der Abschrift vom ursprünglichen Text zur Folge, führen also nicht auf den korrekten Wortlaut zurück und sind deshalb auch nicht als eigentliche Trennfehler zu bezeichnen.

Das Fehlen von signifikanten Trennfehlern in **T** gegenüber **D** legt damit – neben der fast identischen Überlieferungsgemeinschaft – die Annahme sehr nahe, daß es sich bei **D** um eine von **T** abhängige Handschrift handelt[6].

Der deutlichste Beweis für eine – vielleicht sogar direkte – Abhängigkeit der Handschrift **D** von **T** ist eine Stelle in Cap. 14.6:

In **Tb** wurde die Form *comparem* vom Schreiber selbst zu dem an dieser Stelle geforderten *compararem* korrigiert, und zwar in der Weise, daß die korrekte Endung ohne Rasur in das schon dastehende Wort hineingeschrieben wurde: Das e wurde durch einen weiteren Bogen zum cc-a ergänzt, an das dann die Silbe *-rem* angehängt wurde; das nun überzählige m von *comparem* wurde nicht getilgt:

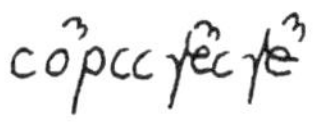

Diese Verfahrensweise führte zu einem Mißverständnis in **Db**: Nachdem der Schreiber (von **D** selbst oder einer Zwischenstufe) das Wort bis *comparem* abgeschrieben hatte, sah er in dem angefügten *-rem* ein eigenes Wort, wobei er den zweiten Bogen des cc-a ignorierte; er schrieb also *comparem rem*:

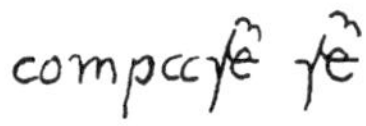

Die Annahme einer Abhängigkeit von **D** wird dadurch unterstützt, daß **D** mit den Korrekturen von **T** auch Fehler übernommen hat; besonders auffällig ist die zweite Stelle (*forum* statt *fores*):

*Bindefehler **Ta** p.c., **Da**:*

6.13 ex eo illud pro pretio] ex eo illud pretium

*Bindefehler **T** p.c., **D**:*

38.6 ante fores] ante forum (fo **T***a.c.*)

Neben den zahlreichen unkorrigierten Bindefehlern zwischen **T** und **D**[7] gibt es solche, die nachträglich (z. T. mit neuem Ergebnis) verbessert wurden – entweder in **T**:

---

6 Für die in **D** zusätzlich zu **T** überlieferten Kapitel 29 und 37 muß eine weitere Vorlage benutzt worden sein.

7 S. die Listen weiter oben.

Bindefehler **Tb** *a.c.*, **Db**:

14.7 rogarent] rogaret
[rogarent **Tb** *p.c.*]

oder in **D**:

Bindefehler **Tb**, **Db** *a.c.*:

6.8 probandis videbatur] probandis videbandis videbatur
[probandis videbatur **Db** *p.c.*]

Bindefehler **T**, **D** *a.c.*:

38.1 defecerit] deferit
[dederit **D** *p.c.*]

oder unabhängig voneinander in beiden Handschriften:

Bindefehler **Tb** *a.c.*, **Db** *a.c.*:

14.6 cum labore] cum laborem

Trotz seiner Abhängigkeit von **T** ist **D** kein reiner Codex descriptus: Für die Kapitel 29 und 37, die von **T** nicht überliefert werden, rückt es zum Variantenträger auf und ist deshalb auch im textkritischen Apparat verzeichnet worden.

Die Beziehungen zwischen den drei Exzerpthandschriften können in folgenden Graphiken zusammengefaßt werden:

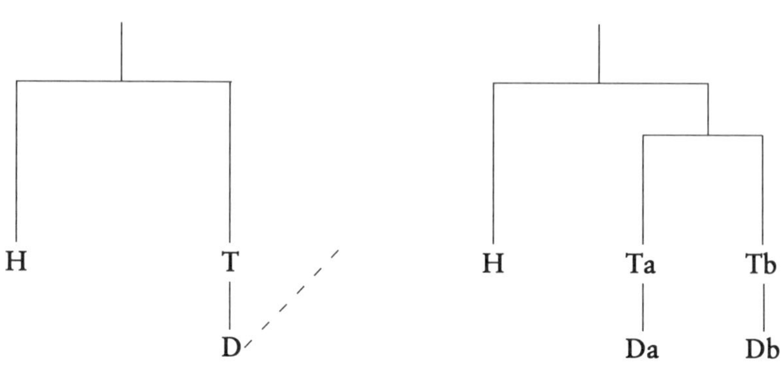

Die Beziehungen zu Handschriften außerhalb der Exzerptgruppe:

Beziehungen zu anderen α-Handschriften

Die drei Exzerpthandschriften **H, T** und das von diesem abhängige **D** repräsentieren den Text der Version Ia. In ihnen begegnen die allen α-Handschriften gemeinsamen Fehler, im Gegensatz zu den Textzeugen der Zweige {**C A**} + **Z** und {**S M**} sogar in allen Fällen unkorrigiert, so *morbitate* statt *morbositate* in Cap. 6.15, *gratias iactitavit* statt *gratias actitavit* in 6.17, *precem funderet* statt *precem fudit* (29.4), *extorqueretur* statt *extorquetur* (37.7), die Auslassung von *ad quandam basilicam venit* (37.20) und *montis argeici* statt *montis Argaei* (38.2).

Obwohl die drei Exzerpte aufgrund ihrer verwandten Überlieferungsgemeinschaft und einer großen Anzahl von Bindefehlern eine eigene Gruppe bilden, stehen sie auch zu anderen α-Handschriften in Beziehung; besonders zahlreich und signifikant sind ihre mit dem Zweig {**S M**} gemeinsamen Lesarten:

*Verbindungen zum Zweig {**S M**}*

*Bindefehler mit **SM**:*

6.7 dissipari] dissipare **H, Ta/Tb, Da/Db** + **S** *a.c.* **M** *a.c.*
14.4 perfectum] perfectos **Ta, Da** + **S** *p.c.* **M**

38.8 huius periculi] huiusce periculi **T D** + **SM**
38.10 eum longa aegritudine] longa eum valitudine **T D** + **SM**

16.2 cellam ipsius] cellulam ipsius **H** + **SM**
16.6 provisione] visionem **H**
visione **S** *a.c.* **M**

37.16 Domnioni] dominioni **D** + **S M** *a.c.*
37.19 Exi ergo et sequere me. *om.* **D** + **SM**

*Bindefehler mit **S**:*

6.11 debilibusque *om.* **H, Ta/Tb, Da/Db** + **S**
6.16 possent] possunt **H, Ta/Tb, Da/Db** + **S**
14.2 Mercationem] aut mercationem **Tb, Db**
an mercationem **S**
14.2 in ipsa electione] in ipsis electione **H, Ta/Tb, Da/Db**
in ipsius electione **S**
14.3 omnes advenas, omnes senes, omnes pauperes *om.* **H, Ta/Tb, Da/Db** + **S** *(per haplographiam)*
14.5 et non solum] ut non solum **H, Ta/Tb, Da/Db** + **S**

38.8 videris] tu videris **T D** + **S**
38.13 ei ... sufficere] ei *om.* **T D** + **S**
38.13 emenda] ementia **T** *p.c.* + **S**

15.3 gratias actitaret] gratia satiaret **H** + **S**
16.3 cella sua] cellule suae **H**
cellula sua **S**

37.11 ad ipsam] ad ipsum **D** + **S**

37.11 perspecta] respecta **D**
praespecta **S**
37.21 quadam ... arce] quodam ... arce **D** + **S**

Bindefehler mit **M**:

38.2 probavit] probabit **D** + **M** *a.c.*
38.12 precabor ad deum] ad *om.* **T D**; *del.* **M**

16.6 adventu] adventum **H** + **M** *a.c.*
16.6 deducis] deduces **H** + **M** *a.c.*
16.11 onagros] agros **H**
nagros **M** *a.c.*

37.5 anima salvata est] animae salvatae sunt **D** + **M**

Daneben sind auch Gemeinsamkeiten mit Handschriften aus dem Zweig {**C A**} + **Z** feststellbar, die gegenüber den mit **S** und **M** bestehenden jedoch eher zufälligen Charakter haben und größtenteils von geringfügigen Verschreibungen gebildet werden:

*Verbindungen zum Zweig {***C A***}* + **Z**

Bindefehler mit **C**:

38.18 deerant] deerat **T** *a.c.* + **C**

70.7 miserae] misera **H** + **C**
71.4 et adoro] et *om.* **H** + **C**

37.5 in vobis suum] in vobis sum **D**
vobis non sum **C**
37.10 voracitas ventris – pecuniae ac voluptatum *om.* **D** + **C** *(per haplographiam)*
37.19 Ait ille: Tu ...] At ille: Tu ... **D** + **C**

Bindefehler mit **Z**:

37.15 mercedes] mercedem **D** + **Z**
37.20 te mortuam scio] te mortuam sciam **D** + **Z**

Bindefehler mit **C** + **Z**:

37.17 senem quandam] senem quendam **D** + **C** *a.c.* **Z**

Die drei Handschriften sind also mit einiger Wahrscheinlichkeit in den italienischen Zweig der α-Graphik einzuordnen, da mit einem gemeinsamen Hyparchetyp von **SM** einerseits und **HTD** andererseits gerechnet werden muß:

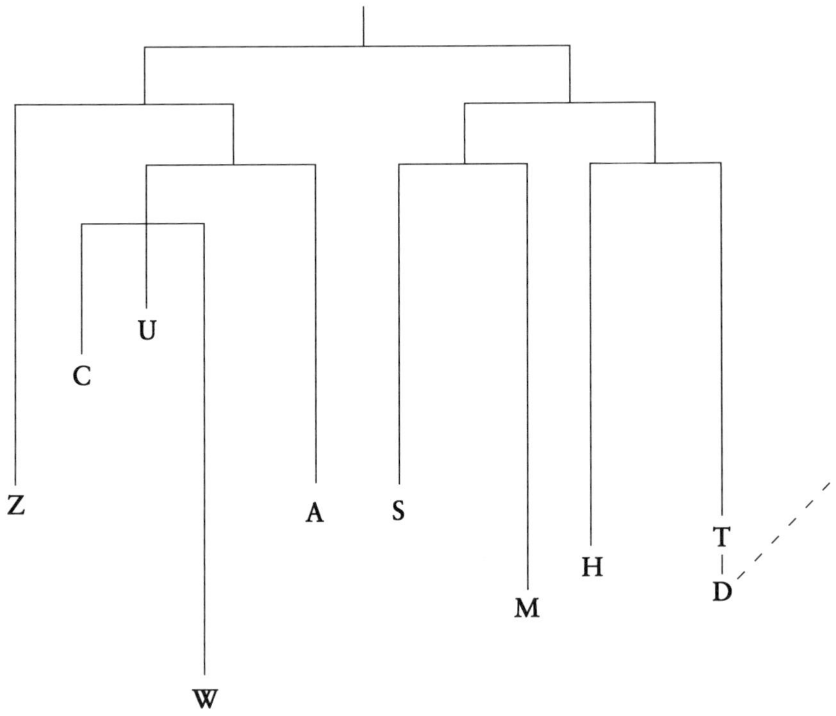

Beziehungen zu **β**

Wie die übrigen α-Handschriften teilen auch die Exzerpte **H**, **T** und **D** einige Lesarten mit β und in dieser Handschriftengruppe besonders mit **N** und **F**:

Bindefehler mit **β** *allgemein:*

6.14	Ubi primum igitur] ubi statim **Tb, Db** + β
14.5	vendiderit] vendidit **Tb, Db** + β
38.7	adteneris] teneris **T D** + β
38.17	tertius] tertium **T D** + β
37.18	mortuam] mortua huic saeculo **D** mortuam saeculo β

Bindefehler mit **NF**:

14.4	se dicerent] se *om.* **Ta, Da** + **NF**
38.1	congruo] congrue **D** congruae **NF**

15.4 Sina] synai **H**
sinay **N**
synay **F**
70.10 precabatur] deprecabatur **H**
deprecans **NF**
71.4 in inmensum] in *om.* **H** + **NF**

37.1 notum omnibus] omnibus notum **D** + **NF**
37.10 tertiam] ţertia **D** + **NF**

b) Die Codices descripti

Die von **Z** abhängigen Handschriften

Q Paris, Bibl. Nat. lat. N.A. 1491, s. XI, pp. 354^{a}-390^{a} (Exzerpt)
R Paris, Bibl. Nat. lat. N.A. 1492, s. XV, foll. 40^{r}-54^{v} (Exzerpt)

Die von **M** abhängigen Handschriften

J Monte Cassino, Bibl. dell'Abbazia 50 MM, s. XI, pp. 291^{a}-441^{b}
K Napoli, Bibl. Naz. Cod. VIII B. 10, s. XIV, foll. 367vb-416vb
L Napoli, Bibl. Naz. Cod. VIII B. 27, s. XV, foll. 196va-226ra

dazu:
O Benevento, Bibl. Capit. della Catt. Cod. III (IV), s. XI/XII, foll. 140va-143va (Exzerpt)

α) Beschreibung

1. Die von **Z** *abhängigen Handschriften (**QR**)*

Q Paris, Bibl. Nat. lat. N.A. 1491, olim (saec. XII) Cluny 58, postea Cluniacensis 109
s. XI; membr.; foll. 405 (Paginierung); 310 x 237/234; coll. 2; lin. 31; litt. 23/25; Schriftraum ca. 218 x 157

Allgemein:

Die Handschrift, die am Anfang mutil ist (es fehlen 25 foll.), wurde in der 2. Hälfte des 11. Jahrhunderts möglicherweise in Burgund geschrieben. Sie enthält die Dialoge Gregors des Großen und eine Reihe von Einzelviten, zum größten Teil von Frauen[1]. Auf pp. 264-390 befindet sich die *Vita sive conversatio sanctorum patrum anachoritarum*; hinter diesem Titel verbergen sich die Historia monachorum und ein Exzerpt der Historia Lausiaca.

---

[1] Zu nennen sind hier die Namen Maria Aegyptiaca, Euphrasia, Maria neptis Abrahae und Tais.

Literatur:
- Batlle, S. 28/9
- Boll. Paris, Tomus III, S. 459/460
- Delisle, Inventaire Cluni, S. 200-204

HL:

Das Exzerpt aus der HL stimmt in Auswahl und Reihenfolge der Kapitel mit der Handschrift **Z** überein[2]; wie in den sonstigen Viten dieser Handschrift stehen also auch in dem HL-Exzerpt Beschreibungen heiliger Frauen im Vordergrund. Der von mindestens zwei Händen korrigierte Text schließt sich ohne Angabe von Titel und Autor auf p. 354[a] mit *Explicit de paulo; Incipit de serapione* direkt an das vorhergehende Kapitel an. Auf p. 390[a] endet mit der HL auch der *Liber de vita et conversatione seu miraculis sanctorum patrum anachoritarum*; danach beginnen die *Adhortationes vel exempla beatorum patrum*.

R Paris, Bibl. Nat. lat. N.A. 1492, olim (saec. XV) Cluniacensis 41 s. XV; membr.; foll. 157; 285/282 x 210; lin. plen.; lin. 34; litt. ca. 45; Schriftraum 210 x 133

Allgemein:

Diese Anfang des 15. Jahrhunderts vermutlich in Frankreich (Cluny?) geschriebene Handschrift enthält ähnlich wie die vorhergehende ebenfalls den *Liber qui dicitur vita patrum* und *Adhortaciones sanctorum patrum*, dazu den *Sermo de penitencia* des Johannes Chrysostomos sowie den lateinischen Text der Apokalypse. An erster Stelle dieses Codex steht die Historia monachorum, an die sich das Exzerpt der HL unmittelbar anschließt.

Literatur:
- Batlle, S. 65/6
- Boll. Paris, Tomus III, S. 460
- Delisle, Inventaire Cluni, S. 205/206

HL:

Die Handschrift bietet in einem unkorrigierten Text dieselbe Exzerptfassung wie **Z** und **Q**; auch hier setzt der Text auf fol. 40[r] mit *Incipit de serapione* abrupt nach der HM ein und endet auf fol. 54[v] ohne Explicit. Es folgt der oben erwähnte Sermo des Johannes Chrysostomos.

---

2 S. Kapitel E1 a) α).

2. *Die von **M** abhängigen Handschriften (**JKLO**)*

J Monte Cassino, Bibl. dell'Abbazia 50 MM (ext. 50 et 106)
s. XI (ex.); membr.; pag. 446; 350 x 240; coll. 2; lin. 30; litt. 18/24; Schriftraum 260 x 175

Allgemein:

Auf eine Sammlung von Apophthegmata patrum (in der lateinischen Übersetzung des Paschasius Dumiensis) und die darin eingefügte Vita Marinae folgt der Text der HL. Danach beschließt den in beneventanischer Schrift geschriebenen Codex die *Epistola Sancti Athanasii episcopi de instituto et observatione monachorum.*

Literatur:
- Bibl. Casin., Tom. II, Monte Cassino 1875, S. 36-42
- Caravita, Vol. I, S. 284
- Inguanez, Vol. I, Pars 1, Monte Cassino 1915, S. 64/5
- Lowe, Beneventan Script II, S. 62
- Reifferscheid II, S. 435/6

HL:

Auf pag. 291[a] setzt die HL mit den Capitula, die bis auf eine geringfügige Verschiebung[1] denen von **M** entsprechen, ein: *Incipiunt capitula Libri Palladii* (+ *episcopi*: add. m.a.) *Qui appellatur PARADYSUS*. Pag. 292[b] wird mit den Worten *Expliciunt capitula. Incipit prologus Palladii episcopi in eodem Libro* zum auf pag. 293[a] beginnenden zweiten Prolog *Multi quidem multos* ... übergeleitet. Der HL-Text, der *in marg.* Eintragungen der Mönchsnamen von späterer Hand, jedoch selten Korrekturen aufweist, ist durch Kapitelzahlen ohne Lemmata gegliedert; die Zählung ist weitgehend die von **M**. Auf pag. 441[b] endet der Text ohne Explicit; es schließt sich das Incipit der oben genannten Epistola Athanasii an.

K Napoli, Bibl. Naz. Cod. VIII B. 10
s. XIV; membr.; foll. 502; 311 x 256; coll. 2; lin. 36; litt. 23/25

Allgemein:

In dieser Handschrift, die im 14. Jahrhundert vielleicht in Italien geschrieben wurde, ist neben der HL, der HM und den Apophthegmata patrum eine große Zahl von Viten vereinigt[2].

---

1 S. u. S. 417 f.

2 Der Codex wird durch die übliche Abfolge der drei Viten des Paulus, Antonius und Hilarion eröffnet; vgl. dazu die Beschreibung der β-Handschriften **b**, **G**, **N** und **F** in Kapitel E2 a) und speziell die Anm. 19.

Literatur:
- Batlle, S. 54
- Boll. Neapol., S. 173-177

HL:

Die Handschrift enthält foll. 367vb-416vb den vollständigen Text der HL ohne Korrekturen. Zusätzlich finden sich auf foll. 167^{r}-171^{r} die Kapitel X (Macarius Alexandrinus, ohne den Anfang), XIV (Moyses Aethiops) und XVI (Eulogius) aus HL Version II.

Die HL beginnt nach einigen Exempla unter dem Titel *Liber palladii qui appellatur paradisus* mit den Capitula (foll. 367vb-368vb), die mit denen von **J** übereinstimmen. Darauf folgt der Text selbst, beginnend mit dem Prolog II. Die einzelnen Kapitel sind meist wie in **M** und **J** numeriert; sie haben ebenfalls keine eigenen Lemmata.

Zwischen dem Schluß der HL und dem eigentlichen Explicit (*Explicit liber palladii episcopi qui appellatur paradisus*) ist ein vierzeiliges, in Vagantenstrophe verfaßtes Gedicht folgenden Wortlauts eingeschoben:

Te rogo quam plurimum, bone pater care,
Crimen avaritie studeas laxare
Semitamque domini semper imitare,
Celorum ut agmine valeas ovare.

L Napoli, Bibl. Naz. Cod. VIII B. 27
s. XV; membr.; foll. 262; 265 x 236; coll. 2; lin. 47; litt. 32/35

Allgemein:

Die vorliegende Handschrift ist im 15. Jahrhundert vermutlich ebenfalls in Italien geschrieben worden. Ihre ersten und letzten Blätter sind verlorengegangen, außerdem ist der untere Rand oft bis in den Schriftraum hinein abgeschnitten.

Was ihren Inhalt betrifft, so ist sie fast identisch mit der Handschrift **K**; auch die Reihenfolge der einzelnen Werke stimmt mit dieser vollständig überein.

Literatur:
- Batlle, S. 65
- Boll. Neapol., S. 181-184

HL:

Wie in Cod. VIII B. 10 sind auch hier die drei Kapitel aus HL II in der Reihenfolge X, XIV, XVI vorhanden (foll. 79^{v}-82^{r}). Auch hier folgen auf Exempla zunächst die Capitula in der Form derjenigen von **K** (196va-197ra), danach der Text der HL, die denselben Titel trägt wie in **K**. Die Kapitel des kaum korrigierten Textes sind auch hier durchgezählt. *In marg.* hat eine jüngere Hand Überschriften zu den Kapiteln und zu einzelnen Episoden hinzugefügt. Am Textende auf fol. 226ra, hier auf das Explicit folgend, steht dasselbe aus Handschrift **K** zitierte Schlußgedicht.

Zwischen fol. 214^{v} und 215^{r} scheint Blattverlust eingetreten zu sein: fol. 214vb endet mit ... *impletum esse cognovi* (Cap. 35.16), fol. 215ra setzt mit *secretum meum atque quod hacthenus celaveram* ... (Cap. 37.5) ein. Es kann sich nicht um eine absichtliche Omission handeln.

Zusätzlich zu diesen vollständigen Codices descripti von **M** muß noch ein Exzerpt (**O**) miteinbezogen werden:

O Benevento, Bibl. Capit. della Catt. Cod. III (IV); olim Vitae Sanctorum VIII
s. XI/XII; membr.; foll. 191 (1-190 + 98 bis); 373 x 255; coll. 2; lin. 29; litt. 19/23; Schriftraum 295/300 x 180/187

Die in beneventanischer Minuskel geschriebene Handschrift enthält neben größeren Viten[3] und einzelnen Kapiteln aus der HM auch das Kapitel 21 (über Eulogius) aus der HL (foll. 140va-143va). Der Text steht ohne Titel und Autor zwischen der Vita Abrahae und dem Kapitel VIII der HM (*De Ammone*); ein besonderes Incipit oder Explicit ist ebenfalls nicht vorhanden.

Literatur:
- AB 51 (1933) 353-355
- Gamber, K., Codices liturgici latini antiquiores, Pars I, Freiburg (Schweiz) ²1968, S. 249/50, Nr. 467
- Grégoire, Repertorium, S. 478
- Lowe, Beneventan Script II, S. 18
- Mallet, J./Thibaut, A., Les manuscrits en écriture Bénéventaine de la Bibliothèque Capitulaire de Bénévent, Tom. I: man. 1-18, Paris 1984, S. 130-134

β) Darstellung der Beziehungen

1. Die von **Z** *abhängigen Handschriften (***QR***)*

Die Handschriften **Z**, **Q** und **R** sind neben ihrer identischen Kapitelauswahl durch eine große Zahl von Bindefehlern als Gruppe erkennbar. **Z** ist in bereits korrigiertem Zustand abgeschrieben worden; viele Korrekturen finden sich jedoch in **Q** und **R** nicht wieder. Möglicherweise ist ein Teil von ihnen erst nach der Anfertigung der ersten Abschrift eingetragen worden. Die Handschrift **Q** weist ebenfalls Korrekturen auf, und zwar von

[3] Darunter sind die Vita Antonii und die Vitae Hilarionis und Malchi des Hieronymus.

mindestens zwei Händen. Offenbar haben die Korrektoren nicht in allen Fällen eine α-Vorlage benutzt, sondern zuweilen nach eigenem Ermessen verbessert. **R** bietet einen unkorrigierten Text.

In der folgenden Auswahl aus den Bindefehlern sind besonders diejenigen Lesarten berücksichtigt, die in **Z** korrigiert wurden. Zur Ergänzung unkorrigierter Varianten sind die in den verschiedenen Gruppen des Kapitels E1 a) β) aufgelisteten Sonderfehler von **Z** hinzuzuziehen.

5.5 pati] *om.* **Z** *a.c.* (*add.* ferre) **QR**
19.3 italicos ... solus] italicis ... solidis **Z Q** *a.c.* (italicos ... solidos *p.c.*) **R**
19.4 se contulit] se nomine **Z Q** *a.c.* (contulit *p.c.*) **R**
19.13 Captatur] Coepit **Z** *p.c.* **QR**
19.16 tantam temptationem] tantum temptatorem (temptatorem **Z** *p.c.*)
23.2 vi ipsius morbi] III i. m. **Z**, *superscr. et del.* ter
ter i. m. **Q** *a.c.*, telo i. m. *p.c.*
ter **R**
31.3 presbyteros] possessores **Z Q**
pocessores **R**
31.5 in quo illis occurrerit] in quo illi sunt occurrat **Z** *p.c.* (*fort.* occurrit *a.c.*) **QR**
34.8 Vos, inquit, estis] Vos vero estis **Z Q** *a.c.* (vere *p.c.*) **R**
37.4 prior mimae] priori mimae **Z Q** *a.c.* (prioris *p.c.*) **R**
44.1 cognosces] cognoscens **Z**, *fort.* **Q** *a.c.* (cognovimus *p.c.*) **R**
44.6 propter tam] protervam **Z**
protervum **QR**
61.2 vi maxima] VI maxima **Z**, *superscr. et del.* sexies
sexies maxima **QR**

In **R** finden sich darüberhinaus zahlreiche Sonderfehler gegenüber **Z** und **Q**, die z. T. durch reine Verschreibung zustandegekommen sind und daher oft sinnlose Varianten ergeben. Durch Haplographie treten auch längere Omissionen auf:

3.2 persecutoris] imperato|toris *(Zeilenwechsel)*
3.4 ipsius colla] ipsam quoque
5.2 clausumque patefecimus] patefecimus quod clausum erat
5.4 in sepulchro, dum vivo] vivam in sepulcro
6.4 deberi videtur] videri debebatur
6.4 fratres] filios
6.5 iniustos] iniustos ignaros
19.2 ovium cubile] ovium cubiculum
19.10 expertae] ex parte
19.11 genua] ianua
19.12 aqua nullo sentiente] sepe

23.3 consenuerunt] consenuerant **Z Q**
consueverant **R**
23.4 desidia] desideria
23.5 pugna] pena
23.5 temptatione] cogitatione
34.1 mundum] mundo **Z Q**
saeculo **R**
34.5 deesse] decem
34.7 frontem ipsius involutam] caput ipsius involutum
37.3 et quos signatos – qui eum emerant mimis *om.*
37.6 rogarent] orarent
37.7 quo vesceretur, accepit. Nam neque pecuniam habebat *om.*
37.8 primates eiusdem oppidi] primates eiusdem civitatis
37.10 desiderium voluptatum] amor et desiderium voluptatum
38.1 salvatoris nostri] christi
38.5 a voluntate rabiei ipsius separari eo, quod multis inretitus iam esset ac *om.*
38.16 pecoribus] peccoribus **Z**
pectoribus **R**
46.1 honorabilis] venerabilis
46.4 inter quos ... presbyterosque, circa Palaestinam] inter quos ... presbyteros quoque quos circa palestinam **Z Q**
inter quos circa palestinam **R**
46.7 verbis] armis
46.11 rursus] se
54.5 spiritaliter] fideliter
54.7 parentum] parentum vestrorum
54.9 maxima] subito
55.4 magnumque amorem habuit litterarum] magnamque habuit memoriam litterarum
61.3 inmatura morte] inmatura etate

Sonderfehler von **Q** gegen **Z** und **R** sind in weit geringerer Anzahl zu vermerken; darunter befindet sich allerdings ein sehr signifikanter (6.15). Die Mehrzahl der Sonderlesarten ist, wie oben angedeutet, das Ergebnis von Korrekturen:

6.15 varia morbositate (morbitate α) laceratis dicens ad eam: Isti, inquit, sunt iacinthi.] variantibus *corr. ex* variatibus
6.15 ipsa considera] ipsa *om.*
23.8 totum] tantum *corr. ex* totum **Z**
tantum **R**
tactu *corr. ex* tactum **Q**

23.11 meus, ut aiebat, inimicus] ut agebat meus inimicus **Z R**
ut aiebat meus inimicus **Q**
34.7 ac dixit] et dixit
37.9 si ostenderet] sibi ostenderet **Q** *a.c.*
si sibi ostenderet **Q** *p.c.*
37.17 senem quandam quae] senem quendam quae **Z R**
senem quendam qui **Q** (*cum* **D**)
37.19 Ait ille: Si igitur] At ille: Si igitur (At ille *cum* **D**)
38.9 profuisset et quod] et *om.*
38.12 fuisset ille (illi **R**) pollicitus] ille *om.* **Q**

Zu den Korrekturen von Q:

Die häufigste Konstellation ist, wie auch aus der obigen Aufstellung der Bindefehler hervorgeht, folgende: **Z**, **Q** *a.c.* und **R** stimmen in einer Variante überein; **Q** *p.c.* bietet entweder eine andere α-Lesart oder – in nicht wenigen Fällen – eine eigene Formulierung des Korrektors. An manchen Stellen wurde **Q** mit demselben Ergebnis korrigiert wie **Z**:

6.13 referes] refer *corr. ex* refers **Z Q**
refers **R**
23.10 Pachon] pachon *corr. ex* pachomi **Z Q**
pachomi **R**

An anderen Stellen haben die Korrektoren von **Z** und **Q** unterschiedliche Lösungen gefunden:

38.1 De Evagrio diacono, qui ubique memoratur, viro]
De evagrio diacono qui ubique memoratur virum **Z** *a.c.* **Q** *a.c.* **R**
De evagrio diacono qui ubique memoratur vir **Z** *p.c.*
De evagrio diacono qui ubique memoratur viro **Q** *p.c.*

Ein Teil der Korrekturen besteht in der Beseitigung kleiner Fehler, die **Q** aus **Z** übernommen hat; **R** kann in solchen Fällen die fehlerhafte Variante aus **Z** oder bereits *a.c.* die korrekte Lesart aufweisen:

6.11 Acceptos ... quingentos solidos]
Acceptis ... quingentos solidos **Z Q** *a.c.*
Acceptos ... quingentos solidos **Q** *p.c.* **R**
34.3 ad ... monasterium] ad ... monasterio **Z Q** *a.c.*
ad ... monasterium **Q** *p.c.* **R**

37.5 ad miserationem] ad miserationum **Z Q** *a.c.* **R**
ad miserationem **Q** *p.c.*

44.6 eum ... purgatum daemone]
eum ... purgato daemone **Z Q** *a.c.* **R**
eum ... purgatum daemone **Q** *p.c.*

46.9 vir ... in proposito singulari satis fortium morum]
vir ... in preposito singularis satis fortium morum **Z Q** *a.c.* **R**
vir ... in proposito singulari satis fortium morum **Q** *p.c.*
54.4 ad ... matrimonium] ad ... matrimonio **Z Q** *a.c.* **R**
ad ... matrimonium **Q** *p.c.*

In einem Fall hat der Schreiber von **R** während des Kopiervogangs selbst in eine andere Richtung korrigiert als der Korrektor von **Q**:

38.16 sine tecto fuit] sine tectu fuit **Z Q** *a.c.*
sine tecto fuit **Q** *p.c.*
sine tactu fuit **R**

Diejenigen Korrekturen, die zu Sonderlesarten von **Q** führen, sind meistens mit der Absicht durchgeführt, zusätzliche Informationen zu bieten oder den Text logischer zu gestalten. Hier einige besonders auffällige Beispiele:

19.6 ab ipsis quoque benedictis rebus] licet ab ipsis quoque benedictis abhorrerent rebus
34.1 Fuit alia in hoc monasterio virgo] Fuit in tabennensiotarum monasterio virgo quaedam
34.4 et vita gloriosum virum et iam] et vita gloriosum verum et iam **Z Q** *a.c.* **R**
non solum vita gloriosum verum etiam **Q** *p.c.*
34.7 Benedic me] Benedic me nonna
37.3 conlusorem] conductorem
46.2 cum certis pueris] incertis pueris **Z Q** *a.c.* **R** (*et cett.* α)
exceptis pueris **Q** *p.c.*
46.4 damnasset] imperator damnasset
61.11 Ne nobis quidem] Nec non et nobis quidem

Als Bindefehler von **Q** und **R** gegen **Z** lassen sich nur zwei Beispiele anführen, auch hier jedoch ein signifikantes:

23.2 Dum interea] Aiebat enim: Dum interea **Q** *a.c.* **R** (Aiebat enim *eras.* **Q**)
44.6 propter tam] protervam **Z**
protervum **QR**

Dazu kommen zwei Stellen, an denen **Q** und **R** übereinstimmend gegen **Z** die richtige Lesart bieten. Diese Stellen kann man jedoch kaum als Bindefehler anführen, weil der Fehler in **Z** so minimal ist, daß **Q** und **R** ihn leicht unabhängig voneinander berichtigen konnten:

6.7 quis stabit] quistabit **Z**
quis stabit **QR**

38.2 Constantinopolim] constinopolim **Z**
constantinopolim **QR**

An zwei weiteren Stellen haben **Q** und **R** den ursprünglichen Text, **Z** jedoch eine ebenfalls mögliche Lesart. Diese Fälle sind schon aussagekräftiger als die oben genannten, weil weder für **Q** noch für **R** eine Notwendigkeit der Korrektur bestand:

38.23 ei, qui nuntiaverat] ei qui nuntiaverit **Z**
ei qui nuntiaverat **QR**
61.6 Antiochenae civitati atque illis, quae]
anthiochenae civitati atque illis qui **Z**
anthiochenae civitati atque illis quae **QR**

Dieser Befund legt folgende Interpretation nahe:

Daß es sich bei der Handschrift **R** um eine abhängige Handschrift handelt, wird nicht nur aufgrund der jungen Datierung, sondern auch durch die große Zahl von Sonderfehlern schnell deutlich.

Schwieriger ist es zu entscheiden, welche Position **Q** in der Hierarchie einnimmt: Gegen eine Abfolge **Z** – **Q** – **R** sprechen die oben aufgeführten Sonderfehler in **Q**, vor allem der signifikante error separativus in Cap. 6.15. Dazu kommt die Tatsache, daß **R** keine der zahlreichen Korrekturen der Handschrift **Q**, die von mindestens zwei Händen deutlich vor dem 15. Jahrhundert eingefügt worden sind, übernimmt. Einige unauffällig vorgenommene und kaum als solche erkennbare Korrekturen müßten sich jedoch in **R** wiederfinden, so z. B.:

6.8 solutione venae] solutione bene **Z Q** *a.c.* (venae *p.c.*) **R**
19.13 Dum aquam] et dum aquam (et *add.*) **Q**
19.14 animam ... revocaret] anima ... revocaretur **Q** *p.c.*
34.8 Vos, inquit, estis] Vos vero estis **Z Q** *a.c.* **R**
Vos vere estis **Q** *p.c.*
37.1 solo sindone] sola Sindone **Q** *p.c.*

Aber auch die Annahme, daß es sich bei **Q** und **R** um zwei voneinander unabhängige Codices descripti von **Z** handelt, stößt wegen des signifikanten Bindefehlers in Cap. 23.2 auf Schwierigkeiten: Es ist zwar denkbar, daß zwei Abschreiber die Erzählung am Beginn des Kapitels 23 nicht als Äußerung des Palladius erkennen und sie durch eine Redeeinleitung dem Pachon zuschreiben, daß sie aber unabhängig voneinander zur selben Formulierung gelangen, ist nur schwer vorstellbar.

Dieser Widerspruch kann m. E. nur durch die Postulierung einer nicht erhaltenen Zwischenstufe beseitigt werden: **Q** und **R** gehen auf einen gemeinsamen Hyparchetyp zurück, der seinerseits von **Z** abhängt. Der Einschub des oben erwähnten *Aiebat enim* hat auf dieser Stufe stattgefunden. Die geringe Zahl der Fehler sowohl in **Q** als auch besonders in dem Hyparchetyp von **Q** und **R** erweist diese beiden Handschriften als sehr sorgfältige Abschriften. Die Abschrift von **Z** muß auch orthographische Eigenheiten ihrer Vorlage sehr getreu übernommen haben, weil manche Varianten in **Q** und v. a. in **R** nur aufgrund der Lesart von **Z** zu verstehen sind, so z. B. die beiden Fehler in 38.16: Das in **Z** stehende *tectu* wurde von **Q** zunächst übernommen und später in *tecto* korrigiert, während **R** *tactu* „abschrieb", und die Variante *pectoribus* in **R** ist leichter durch das in **Z** erscheinende *peccoribus* zu erklären als durch die normalisierte Schreibung *pecoribus*, wie sie **Q** bietet.

Das Verhältnis der drei Handschriften zueinander wird durch einen Fehler besonders augenfällig illustriert:

In Cap. 23.2 (*vi ipsius morbi perculsus*) hat der Korrektor von **Z** die drei Hasten des Wortes *vi* als Zahlwort mißdeutet und *ter* darübergeschrieben. Diese Interpretation, die in **Z** wieder durchgestrichen wurde, ist über die angenommene Zwischenstufe von **Q** und **R** übernommen worden, wobei in **Q** wiederum ein Korrektor ohne Benutzung einer Vorlage *ter* in *telo* korrigiert und so die Syntax geheilt hat.

Ein ähnlicher Fall begegnet in Cap. 61.2 (*vi maxima nubere coegerunt*): Hier ist *vi* ebenfalls als Zahl aufgefaßt, dieses Mal jedoch mit *sexies* wiedergegeben worden. Auch diese Deutung wurde zwar nachträglich in **Z** wieder getilgt, ist aber auf demselben Wege wie *ter* in die Handschriften **Q** und **R** eingegangen.

Das Verhältnis zwischen **Z**, **Q** und **R** kann also wahrscheinlich in folgender Graphik dargestellt werden:

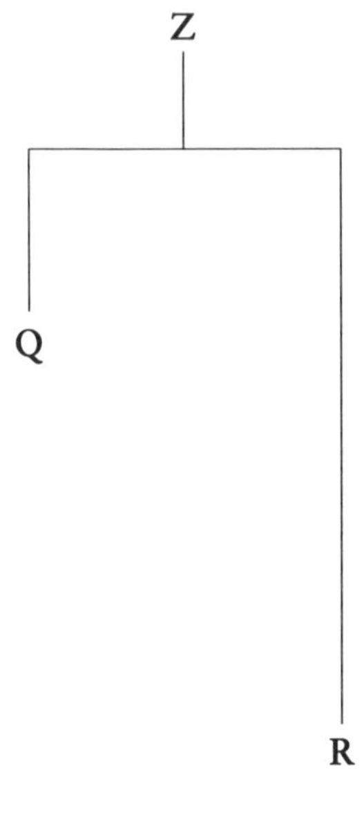

*2. Die von **M** abhängigen Handschriften (JKLO)*

J, **K** und **L** bilden mit der Handschrift **M** eine deutlich erkennbare Gruppe. Sie übernehmen fast alle ihrer Korrekturen, lassen expungierte Stellen aus etc.; dazu weisen sie die für α charakteristischen Lücken in den Kapiteln 11-13 und 68-69 auf[1]. Im folgenden wird eine Anzahl derjenigen Bindefehler angeführt, die auf Korrekturen in **M** beruhen; weitere in den abhängigen Handschriften wiederkehrende Lesarten sind als Sonderfehler von **M** in Kapitel E1 a) β) zusammengestellt.

Prol. II.9	tamen] expedit **M** *p.c.* **JKL**
Prol. II.12	haurire] potare **M** *p.c.* **JKL**
Prol. II.16	curae sit varie] cura est arte varia **M** *p.c.* **J** cura est arte vana **KL**
1.2	umbram ipsius quoque] nomen ipsius audire **M** *p.c.* **JKL**
1.3	sectae] doctrine **M** *p.c.* **JKL**
2.1	mensum] emensum **M** *p.c.* **JK** emersum **L**
3.2	atque temporibus] eorumque numinibus **M** *p.c.* **JKL**
4.4	profundae noctis] primae noctis **M** *p.c.* **JKL**
6.2	non ecclesiae] non pupillo non viduae **M** *p.c.* **JKL**
7.10	Nitriotem] in nitria eodem **M** *p.c.* **JKL**
10.2	palmisque] variisque **M** *p.c.* **JKL**
10.5	sursus] vultum **M** *p.c.* **JKL**
10.8	Post quae] Post quam conversationem **M** (conversationem *add.*) **JKL**
11.2	lectioni et scripturis vacabat] erat divinae scripturae peritus **M** *p.c.* **JKL**
13.2	in senecta] discipulum suum **M** *p.c.* **JKL**
17.6	servari] cibi abstinentiam servari **M** *p.c.* **JKL**
17.19	Macharium] macharium egyptium **M** *p.c.* macharium episcopum **JKL**
18.17	non pateris] ferre non poteris **M** *p.c.* **JKL**
19.2	in re quadam] in rure quodam **M** *p.c.* **JKL**
22.4	operi cultoris] agriculturae **M** *p.c.* **JKL**
25.2	Rursus ex ipsa inflatione refectus est factus] Unde tantam inflationem mente concepit **M** *p.c.* **JKL**
26.4	epistolam] epistolam apostoli **M** *p.c.* **JKL**
35.6	membrum] locum **M** *p.c.* **JKL**
35.22	temptationem] tribulationem **M** *p.c.* **JK** (**L** *def.*)
37.10	voracitatem] voracitatem ventris **M** *p.c.* **JKL**

[1] S. die Beschreibung der α-Handschriften in Kapitel E1 a) α).

38.10 doloribus] caloribus **M** *p.c.* (ardoribus *a.c.*) **JKL**
44.6 Victus ergo ... lacrimis] Intuitus autem ... eius lacrimas **M** *p.c.* (Tuitus *a.c.*) **JKL**
46.10 contemplatione fecerunt] continua actione **M** *p.c.* **JKL**
47.12 cum maerore] tumore *corr. ex* cum more **M**
tumore **JK**
timore **L**
47.15 ipsorum bonorum] datori ipsorum bonorum **M** *p.c.* **JKL**
54.8 Publicolae quoque] propriumque *(del.)* leto//// **M**
propriumque leto **J**
propriumque loco **KL**
55.1 ex Aelia] exilio **M** *p.c.* (ex ilia *a.c.*) **JKL**
56.3 degentes] parentes **M** *p.c.* (degenus *a.c.*) **JKL**
60.4 exul extat] me sepeliet **M** *p.c.* **JKL**
63.6 tuto] toto corde **M** (corde *add.*) **JKL**
65.5 interire] pro ipso interire **MJ**
pro ipsa interire **KL**

An dieser Stelle bietet sich ein Hinweis auf die Capitula an, deren durcheinandergeratene Zählung in **M** korrigiert und in dieser Fassung von **J**, **K** und **L** übernommen worden ist.

Die Capitula von Cap. 6 bis Cap. 22 in ***M:***

II De virgine quadam alexandrina
[III De monte cui nitrias nomen est et sanctis in eo viris *(add. m. a.)*]
III De duobus fratribus id est esaya (*corr. ex* esayas) et paysio (*corr. ex* paisias)
IIII De machario iuvene annorum decem et octo
V De nathanahel antiquo
VI De (+ *lac. ca. 4 litt.*) machario quodam (quodam *in ras. ca. 8 litt.*) genere aegyptio (+ *ca. 20 litt. eras.*)
VII De alio (alio *add. m. a.*) machario presbytero alexandrino qui in monasterio cui nomen cellae erat habitabat
VIII De moyse quodam (*corr. ex* quendam) ethiope genere servo alicuius curialis
X *corr. ex* VIIII De paulo monacho qui in monte cui nomen est ferme una cum quingentis monachis
IX *(del.)* habitabat. In partes aegypti
XI De chronio presbytero referente de sancto antonio
XI *(del.)* et *(add. m. a.)* pluribus ad sanctum antonium convenientibus. Inter quos et eulogius cum elefantioso advenerat
XII De paulo rustico simplice

*Die Capitula von Cap. 6 bis Cap. 22 in **JKL**:*

II	De virgine quadam alexandrina
III	De monte cui nitrias nomen est et sanctis in eo viris
IIII	De duobus fratribus id est esaya et paysio
V	De machario iuvene annorum decem et octo
VI	De nathanahel antiquo
VII	De machario quodam genere aegyptio
VIII	De alio machario presbytero alexandrino qui in monasterio cui nomen cellae erat habitabat
VIIII	De moyse quodam ethiope genere servo alicuius curialis
X	De paulo monacho qui in monte cui nomen est ferme una cum quingentis monachis habitabat. In partes aegypti
XI	De chronio presbytero referente de sancto antonio et pluribus ad sanctum antonium convenientibus. Inter quos et eulogius cum elefantioso advenerat
XII	De paulo rustico simplice

Obwohl **M** an vielen Stellen dieses Abschnitts korrigiert wurde und seine Zählung sowohl vor als auch nach der Korrektur nicht immer nachvollziehbar ist, stimmt die Gesamtzahl der Kapitel, nämlich LXI, in **M** und den von ihm abhängenden Handschriften überein: Das Kapitel III über die Mönche von Nitria war in **M** ursprünglich ausgelassen und ist von anderer Hand nachgetragen. Daher erscheint die Kapitelzahl III doppelt, und die Numerierung von III bis VIII ist gegenüber der der korrekt weiterzählenden Codices descripti (IIII bis VIIII) um eins verschoben. Der Ausgleich wird aber durch die etwas unmotivierte Änderung von VIIII in X vor dem Kapitel über Paulus von Ferme erzielt, so daß von da an die Zählung der Codices descripti bis zum Schluß der Liste wieder mit der von **M** übereinstimmt.

Auch zwischen den drei Codices descripti **J**, **K** und **L** sind Bindefehler gegenüber der Vorlage **M** nachweisbar – allerdings in weit geringerer Anzahl und von weniger signifikanter Art als in der vorausgegangenen Gruppe: Es liegen hier eher Verschreibungen als echte Varianten vor.

Prol.II.8	quo nomine] qui nomine
2.2	respondit hoc dicens] hoc *om.*
16.3	titubaverit] titillaverit
17.5	unus alicuius] unius alicuius
17.19	Macharium] macharium egyptium **M** *p.c.* macharium episcopum **JKL**
19.2	super alveum suum] suum *om.*
22.19	Relictoque eo] Relicto eo
23.5	gerens curam] degens curam *(per dittographiam)*
26.4	legit] elegit
27.5	eiusmodi] huiusmodi

31.2	partiuntur] patiuntur (*cum* **S**)
33.1	habitant] habitabant
38.12	discedit] discessit (*cum* **Z** *et* **T**)
46.2	ac secundo *om.*

Eine weitere, wieder deutlich umfangreichere, Gruppe enthält Bindefehler von **K** und **L** gegen **M** und **J**. Hierbei handelt es sich neben orthographischen Varianten größtenteils um Flüchtigkeitsfehler, nicht selten in der Weise, daß ein Wort nach einigen Sätzen in einem ähnlichen Kontext irrtümlich wieder aufgenommen wird. Es folgt eine Auswahl aus diesen Fehlern:

Prol. II.16	curae sit varie] cura est arte varia **M** *p.c.* **J** cura est arte vana **KL**
1.2	lauti corpusculi] laudi corpusculi
3.4	horae] quoque
18.5	se voluit] se soluit
18.29	crimen] finem
19.3	solus exhausit] solis exhausit
21.10	violentus] molestus
21.14	pellibus] pedibus
21.19	destitutum] institutum
22.18	viso eo sanctus] viso eo sancto
23.2	coitus] ceptus (caetus **M J**)
23.4	nemini dubium est] memini dubium est
23.11	reliquos aevi dies] reliquos eius dies
25.1	Corinthius mente] corinthius nomine
29.4	aut occide me] ait occide me
32.3	Permittes] permicte
32.4	cincti] cuncti
35.9	sermone contempto] sermone se contulit *(ut supra 35.9!)*
35.10	remorari] removeri
37.17	ministerio] monasterio
37.20	te mortuam scio] te mortuam facio
38.3	laqueis desiderii mulieris] laqueis desiderii multis
41.1	Necessarium autem valde et hoc puto] Necessarium est valde
41.5	monasterio] monte
45.3	non panem ... edere voluit] ut panem ... edere noluit
45.4	formidine sepulturae] fortitudine sepulture
54.7	a domibus ceterorum] a demonibus ceterorum
54.8	Publicolae quoque] propriumque (*del.*) leto//// **M** propriumque leto **J** propriumque loco **KL**
57.1	castitatis] maiestatis
58.4	iussit] viriliter
61.1	transiri] transituri

62.2 hoc idem ... fecit] hoc idem ... fuit
65.2 temporibus] turpibus
65.5 interire] pro ipso interire **MJ**
pro ipsa interire **KL**
66.2 frumenta condentes] strumenta condentes
70.7 proprios ... dies] primos ... dies

Von derselben Art wie die Bindefehler von **K** und **L** sind die Sonderfehler, die sich zusätzlich in **L** finden:

2.1 ac laboriosissimam *om.*
2.1 mensum] emensum **M** *p.c.* **JK**
emersum **L**
10.7 feminae ipsi] feminae episcopi
10.9 confirmantes] conferentes
14.2 marini] maximi
18.28 demum] de nostra
21.7 sustento] subsisto
21.10 in ferinos] infirmos
24.3 cogitationibus occupata] occupationibus occupata
32.8 ut cum ipsis maneret *om.*
32.10 numero per totum diem facerent et rursum *om. (per haplographiam)*
32.15 carceribusque] ceterisque
35.10 Patere paulisper] Pater paulisper expecta
50.2 regionibus] religionibus
51.2 panes] naves
61.6 per semetipsam] per senes ipsam
68.1 militiam] milia
70.9 atque mugitus *om.*

Einige wenige Sonderfehler sind darüberhinaus auch in **M**, **J** und **K** anzutreffen:

in M:
10.11 Pior] prior **M** (*et cett.* α)
pior **JKL**
20.5 annum agens] agens annum **M**
annum agens **JKL**
30 monasterii parte] parte monasterii **M**
monasterii parte **JKL**

in J:
Prol. II.1 munierunt] minuerunt **J**
munierunt **KL**
4.2 incolumem] incolumen **J**
incolumem **KL**

10.6 Sic autem] Si autem **J**
Sic autem **KL**
15.4 donum dei] domum dei **J**
donum dei **KL**
47.18 se emendare] se emendari **MJ**
se emendare **KL**

in K:
10.10 ipsius diei] ipsius dei **K**
ipsius diei **L**
22.1 Referebant autem nobis] Referebant nobis **K**
Referebant autem nobis **L**
22.14 vix tandem] vis tandem **K**
vix tandem **L**
25.5 lampadas] lampades **K**
lampadas **L**
25.9 scimus] simus **K**
scimus **L**
28.1 eius cibi] enim cibi **K**
ei cibi **L**
31.5 se facturam] facturam se **K** (*cum* **Z**)
se facturam **L**

Aus der großen Anzahl der Sonderfehler von **L** kann man schließen, daß es am Ende der Überlieferungsreihe steht, also von **K** abhängig ist.

Für die Position von **J** sind zwei Möglichkeiten denkbar: Die Bindefehler von **JKL** könnten auf eine verlorengegangene Abschrift von **M** zurückgehen, von der **J** und **K** unabhängig voneinander kopiert worden sind; damit wäre die Existenz der Sonderfehler von **J** erklärt. Auf der anderen Seite handelt es sich bei diesen Sonderfehlern um so geringfügige Verschreibungen, daß sie ohne Schwierigkeit während des Kopiervorgangs richtiggestellt werden konnten; **J** kann damit also auch als Bindeglied zwischen **M** und **K** betrachtet werden. Ähnliches läßt sich auch von den Sonderfehlern von **M** und **K** sagen: Auch diese konnten zum größten Teil vom Abschreiber selbst zurückkorrigiert[2] werden. Einige Varianten, so besonders die Wortumstellungen, waren jedoch nicht aus sich heraus als „Fehler" erkennbar: In diesen Fällen ist eine Korrektur nicht ohne Zuhilfenahme eines Vergleichsexemplares denkbar. Dennoch sind auch die in **M** und **K** nachweisbaren Sonderfehler so wenig signifikant, daß sie nicht als echte Trennfehler fungieren können. Damit erweist sich eine direkte Abhängigkeitskette von **M** über **J** zu **K** und das von ihm abhängige **L** als die wahrscheinlichste Möglichkeit.

---

[2] In **L** wird Cap. 28.1 mit *ei* allerdings nicht die ursprüngliche Lesart *eius* wiederhergestellt.

Diese Abfolge läßt sich an folgenden zwei Fehlern gut demonstrieren: In Cap. 28.3 (*propter infirmam atque instabilem animi voluntatem*) schreibt **J** irrtümlich *instabili*; in **K** und **L** ist dafür ein auf *animi* bezogenes *instabilis* zu lesen: Hier hat also der Abschreiber ohne Konsultation einer α-Vorlage eine Korrektur nach seinen Vorstellungen durchgeführt.

Ähnlich ist auch in **L** ein Fehler von **K** „berichtigt" worden: In Cap. 3.4 (*ad ipsius colla pervenit*) hat **K** *colla* mit nur einem l abgeschrieben. Der Schreiber von **L** vermutete in dem so entstandenen *cola* einen Vertauschungsfehler und „korrigierte" zu *loca*.

Da Sonderfehler von **M** gegenüber **J**, **K** und **L** fehlen, läßt sich für die vier Handschriften die folgende graphische Darstellung ausreichend begründen:

In Cap. 21 liegt zusätzlich zu **J**, **K** und **L** das Exzerpt **O** als Descriptus von **M** vor. Daß es zu dieser Handschriftengruppe gehört, beweisen Bindefehler zwischen allen fünf Handschriften:

21.3	monachus] venerat monachus **M** *p.c.* **JKL O**
21.6	Eulogius] velocius
21.8	curabatur] procurabantur **M** *p.c.* **JKL** curabantur **O**
21.11	Quid de ipso igitur a me fiat, ignoro. *om.*
21.19	eum, quem] eum qui eum **M** *p.c.* **KL O** (**J** *def.*)
21.19	deus] illum deus **M** *p.c.* **KL O** (**J** *def.*)

An den Stellen, an denen **K** und **L** Bindefehler aufweisen, bietet **O** zusammen mit **M** und **J** den korrekten Text:

21.2	idem monasterium **M J O**] id monasterium **KL**
21.5	asceterio **M J O**] asciterio **KL**

21.5 valetudine illa **M J O**] valitudine illius **KL**
21.8 tantum **M J O**] *om.* **KL**
21.10 violentus **M J O**] molestus **KL**
21.12 quod ille **M J O**] ille *om.* **KL**
21.14 pellibus **M J O**] pedibus **KL**
21.19 destitutum **M J O**] institutum **KL**
21.22 venissent **M J O**] transissent **KL**
21.23 cum sacramento **M J O**] *om.* **KL**

In **O** finden sich nicht alle Korrekturen von **M** wieder: Mehrmals enthält das Exzerpt gegen **M** *p.c.* **JKL** die Lesart von **M** *ante correctionem*:

21.19 Cui hoc tunc] hoc tunc *del.* **M**
hab. **O**
om. **KL** (**J** *def.*)
21.19 Meliorem] meliorem **M** *a.c.* **O**
sed meliorem **M** *p.c.* **KL** (**J** *def.*)
21.20 ausus es] es *add.* **M**
om. **O**
hab. **KL** (**J** *def.*)
21.23 celebra[tu]ri] celebratur *del.* **M**
hab. **O**
om. **JKL**
21.24 deprecatus fuisset] deprecatus fuisset **M** *a.c.* **O**
deprecatus fuisset deum **M** *p.c.* **JKL**
21.25 illae quidem] illa equidem **M** *a.c.* **O**
illae quidem **M** *p.c.* **JKL**
21.25 habitationem] habitationem **M** *a.c.* **O**
habitatione **M** *p.c.* **JKL**

Oft hat das Exzerpt **O** von der Gruppe **M JKL** abweichende Lesarten; diese sind teilweise Sonderfehler von **O** und stammen teilweise aus der übrigen α-Tradition oder aus β:

21.1 quodammodo] quodammodum **O** (*cum* **S**)
21.5 malorum] erat malorum *(sic!)* **O**
21.7 potuero **O** *cett.*] potero **M JKL**
21.8 curabatur] procurabantur **M** *p.c.* **JKL**
curabantur **O**
21.9 Fugitive, inquit] inquit *om.* **O** (*cum* β)
21.10 videre] volo videre **O**
21.14 vocare] evocare **O**
21.14 interrogare] interrogaret **O**
21.14 Venerunt aliqui, inquit, huc fratres? **MJ** *et cett.* α]
Venerunt inquit aliqui hic fratres **KL**
Venerunt aliqui huc fratres **O** (*cum* β)

21.16 vidisse] vidissent **O**
21.16 totam cum ipsis noctem] totam noctem cum ipsis **O**
21.17 evocasse] evocasse subito vocavit eulogium **O**
21.17 vocavit] vocavit. Eulogi. Eulogi **O**
21.18 ut, quid] quid **O**
(et quid **L**)
21.20 horride] horride horride **O**
21.20 qui ministrat] qui michi ministrat **O**
21.21 conversisque] conversique **O**
21.21 rursus] rursum **O**
21.25 supra manus ipsius caputque volabant, conservabantur; quaecumque *om.* **O** *(per haplographiam)*

Da das Exzerpt **O** dort, wo **J**, **K** und **L** die korrigierte **M**-Lesart haben, in einigen Fällen den Text von **M** vor der Korrektur bietet, muß es – oder eine Handschrift, auf die es zurückgeht – direkt aus **M** abgeschrieben sein. Die Möglichkeit, daß zum Zeitpunkt der Anfertigung des Exzerpts noch nicht alle Korrekturen in **M** eingetragen waren, scheidet aus, weil **J** als ältere Handschrift diese auf Korrektur beruhenden Varianten aufweist. Der Schreiber von **O** (oder seiner Vorlage) muß demnach bei der Übernahme der Korrekturen seiner Vorlage sehr selektiv vorgegangen sein, was auch die deutlichen Übereinstimmungen mit anderen α- und β-Handschriften vermuten lassen.

In Cap. 21.23 enthält **O** sogar die Lesarten **M** *p.c.* und **M** *a.c.* hintereinander: In **M** stand zunächst – wie in allen α-Handschriften *a.c.* – *illi quidem Graeco, illi quidem Aegyptio ore respondens*. Dann wurde das zweite *quidem* zu *autem* korrigiert, was von **J**, **K** und **L** aufgenommen wurde. In **O** dagegen finden sich mit *autem quidem* beide Varianten: Hier hat der Schreiber – entweder von **O** selbst oder einer ihm vorausgegangenen Handschrift – das *supra lineam* eingetragene *autem* für eine Einfügung vor *quidem* gehalten.

In **O** ist also eine Abschrift zu sehen, die – mit oder ohne Zwischenstufe – aus **M** stammt und zusätzlich auf andere Quellen zurückgeht; sie ist folgendermaßen in die Graphik einzufügen:

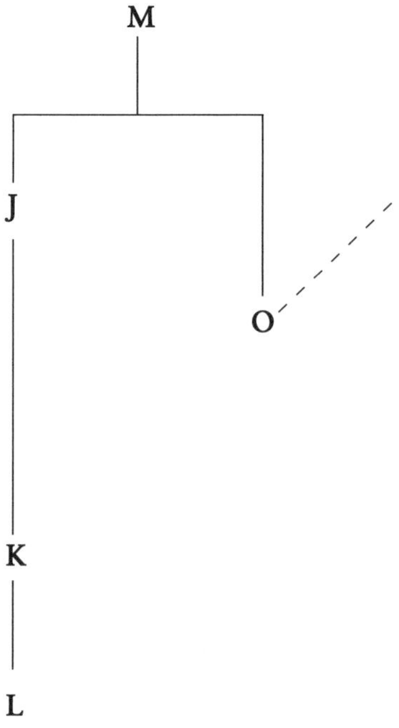

E2 DIE HANDSCHRIFTENGRUPPE β

Die in einer großen Zahl von Handschriften überlieferte erweiterte Fassung der lateinischen HL wird durch eine Gruppe von sieben Handschriften im kritischen Apparat und – wo notwendig – auch im Text selbst dokumentiert. Diese Gruppe, die eine sehr frühe Stufe des Langversionstextes darstellt, erweist sich schon durch äußere Merkmale als zusammengehörig: Sie enthält ein Corpus[1], in seiner vollständigen Form bestehend aus der Vita Severini des Eugippius einschließlich der Briefe des Eugippius und Paschasius, sodann der HL, die eine Liste von Capitula, zwei Prologe, den vollständigen Text und ein hexametrisches Gedicht über Heraclides umfaßt[2], und schließlich der HM, die ebenfalls mit Capitula versehen ist[3].

Die Gruppe besteht aus folgenden Handschriften:

V Paris, Bibl. Nat. lat. 9729, s. IX, foll. 2^{v}-66^{v}
B Torino, Bibl. Naz. Univ. Cod. Bobb. F. IV. 25, s. X, foll. 24va-99rb
b Milano, Bibl. Ambros. D 525 Inf., s. XI, foll. 30vb-57vb
G Roma, Bibl. Vallicelliana Tom. XII, s. XI, foll. 108^{v}-212^{v}
E Einsiedeln, Stiftsbibl. 258 (4. Nr. 85), s. X/XI, pp. 2-251
N Novara, Bibl. Capit. del Duomo LXI, s. X (?), foll. 194^{r}-252^{r}
F Milano, Bibl. Ambros. I 61 Inf., s. XI, foll. 206^{r}-268^{r}

Von der Vollständigkeit des Corpus ist die Handschrift **E** am weitesten entfernt: Sie enthält außer der HL keine weiteren Werke. Hier stellt das Vorhandensein des Gedichts und der Capitula die einzige Verbindung zu den übrigen Handschriften der Gruppe dar.

Teile des ursprünglichen Corpus – in einem Fall dieses auch vollständig[4] – tauchen in der späteren Überlieferung der Textversion I wieder auf: Während jedoch eine Überlieferungsgemeinschaft mit der HM recht häufig anzutreffen ist und auch die Epistola Paschasii sowie die Capitula mehrfach mit dem Text der HL verbunden werden – die einzelnen Teile können allein oder in verschiedenen Kombinationen auftreten –, erscheint das Gedicht auf Heraclides in nur wenigen weiteren Handschriften, so in **Milano, Bibl. Ambr. S 24 Sup** (s. XII), wo es vor den Capitula steht. Dieser in Engelberg geschriebene Codex könnte mit **E** verwandt sein, da er wie

---

[1] Dieses Corpus, das sich durch die Verbindung von HL und HM an der griechischen Tradition orientiert, könnte schon im 6./7. Jahrhundert in Bobbio oder Neapel im Zusammenhang mit der Severinus-Verehrung entstanden sein: S. Schulz-Flügel, Entstehung der Corpora, S. 297.

[2] Zur Gestalt der Capitula und des Gedichts über Heraclides sowie zum Brief des Paschasius an Eugippius s. Kapitel D3.

[3] Die Handschriften **B**, **V**, **G** und **b** bilden die Familie β des HM-Textes. – Vgl. Ed. HM, S. 117-121.

[4] S. u. S. 426.

die Handschrift aus Einsiedeln nur die HL tradiert, der das Gedicht und die Capitula vorausgehen[5]. Ferner ist das Gedicht in **Padova, Bibl. Anton. Scaff. V, Ms 84** (s. XIII/XIV) gemeinsam mit den Capitula und der HM[6] und in **Vaticano Urb. lat. 396** (s. XV) zusammen mit der HM[7] vorhanden.

Ein besonderer Fall liegt bei **Poitiers, Bibl. Mun. 249 (62)** (s. XV) vor, da hier das Gedicht in Zusammenhang mit der gesamten Vita Severini, den Capitula und der HM das vollständige Corpus bildet[8]. In ihren Lesarten zeigt diese Handschrift eine enge Verbindung zu **b**[9]; auch der Inhalt beider Codices ist bis auf den Schluß identisch[10].

a) Beschreibung

V Paris, Bibl. Nat. lat. 9729[11] (olim St. Martini Turonensis 90, deinde Suppl. lat. 548)
s. IX; membr.; foll. 159; 315/313 x 220/215; lin. plen. (foll. 1-81^{v}) et coll. 2 (foll. 82-159^{v}); lin. 30/31; litt. 45/65 et 20/26; Schriftraum 211/215 x 143/155

Allgemein:

Bei diesem Codex handelt es sich um ein Konvolut aus zwei Teilen, deren erster am Ende mutil ist. In beiden Teilen hat häufig Schreiberwechsel stattgefunden, auch innerhalb eines Kapitels. Schriftgröße und -duktus schwanken daher beträchtlich. Die Handschrift ist in Tours in der am Ende des 9. Jahrhunderts dort üblichen Kursive geschrieben worden[12] und war Eigentum des Klosters St. Martin von Tours. Auf fol. 2^{r} ist im 12. Jahrhundert eingetragen worden: *iste liber est de armario beati martini turonensis.* Gelegentlich sind halbunziale Buchstaben in die Schrift eingestreut[13]. Abkürzungen sind nur in geringem Maße und nicht über den in Tours zu dieser Zeit üblichen Gebrauch hinaus verwendet worden. Orthographisch fällt häufige Vertauschung von c und t vor i auf.

---

5 S. dazu die Anmerkung in der Handschriftenliste D1 c).

6 Reihenfolge: HL (Capitula – Text – Gedicht) – HM (mit Capitula).

7 Reihenfolge: HM (mit Capitula) – HL (Text – Gedicht).

8 Reihenfolge: Vita Severini (mit beiden Briefen) – HL (Capitula – Text – Gedicht) – HM (mit Capitula).

9 Einige Varianten werden nur von ihr und **b** geboten. – Zu Einzelheiten s. Kapitel D1 d).

10 Die Überlieferungsgemeinschaft der beiden Handschriften ist bis zur Vita Malchi (s. u. S. 429 f.) dieselbe. Darauf folgt in Poitiers 249 der „Tractatus de vita et actibus beati Augustini, primi episcopi gentis Anglorum, missi a sancto Gregorio". – S. Cat. gén. dép. XXV, Paris 1894, S. 73/4.

11 Vgl. die Handschriftenbeschreibung in Ed. HM, S. 118/9.

12 S. Rand, E. K., How many leaves at a time?, S. 74, Nr. 53: „A clear, rather small hand with cursive traits, suggesting the end of the century."

13 S. Rand, E. K., A survey of the manuscripts of Tours, S. 178: „Script: Revived Cursive, with an occasional sprinkling of semiuncials in the minuscule. About a dozen hands."

Den ersten Teil des Codex füllen folgende Schriften:

ff.	2	Epistola Paschasii ad Eugippium
	2^v-66^v	HL (= Capitula, Prol. I+II, Text, Gedicht)
	66^v-81^v	HM (ohne Schluß)

Literatur:

- Batlle, S. 24/5
- Boll. Paris, Tom. II, Bruxelles 1890, S. 565
- Delisle, Inventaire nos. 8823-11503, S. 45
- Freire, Apophthegmata II, S. 120/1
- Rand, E. K., How many leaves at a time?, in: Palaeographia Latina, Part V., ed. W. M. Lindsay (= St. Andrews University Publications, XXIII), London 1927, S. 74, Nr. 53
- Ders., A survey of the manuscripts of Tours, Studies in the Script of Tours I, Vol. II (The Mediaeval Academy of America, Publication No. 3), Cambridge (Mass.) 1929, S. 178, Nr. 157

HL:

Der Codex beginnt auf fol. 2^r mit der Epistola Paschasii, darauf folgen foll. 2^v-3^r die Capitula der HL. Auf foll. 3^r und 3^v schließen sich die beiden Prologe (*In hoc libro* ... und *Multi quidem multos* ...) an. Der Text beginnt auf fol. 6^r ohne Incipit. Ebenso fehlt eine Autorenangabe. Cap. 1 ist mit CAPUT I, Cap. 6 mit CAPUT II überschrieben[14]. Die weiteren Kapitel und Episoden sind nur noch mit römischen Zahlen versehen; Lemmata gibt es nicht. Korrekturen des Textes sind selten. Der Hieronymus gegenüber feindlich eingestellte Absatz am Ende des Kapitels 36 fehlt zum größten Teil (§§ 6-8: *Hieronimus – alium nomine Petrum*)[15].

Auf fol. 66^v wird mit *Explicat liber qui appellatur paradisus. Versus suprascripti libri qui appellatur paradisus* zum Gedicht über Heraclides übergeleitet, dessen Verse fortlaufend geschrieben sind. Auf derselben Seite beginnt mit den Worten *Benedictus deus qui vult omnes homines salvos fieri* ... übergangslos die HM.

B Torino, Bibl. Naz. Univ. Cod. Bobb. F. IV. 25[16] (olim Liber sancti Columbani de Bobio 148)[17]
s. X; membr.; foll. 146; 260/255 x 230/225; coll. 2; lin. 27; litt. ca. 30; Schriftraum 190 x 170

---

[14] Diese Kapiteleinteilung, in der die Kapitel 1-5 zu einer Einheit zusammengefaßt werden, hat H. Rosweyde in seiner Edition übernommen.

[15] Auch hierin folgt Rosweyde der Handschrift **V**.

[16] Vgl. die Beschreibung in Ed. HM, S. 117/8.

[17] Auch in der Überlieferung der Werke des Sulpicius Severus sind Verbindungen zwischen Tours und Bobbio nachgewiesen worden. S. dazu B. M. Peebles, De Sulpici Severi operum Martinianorum textus priscis fontibus, in: Harvard Studies in Classical Philology 51 (1940), v. a. S. 324.

Allgemein:

Diese Handschrift ist ebenfalls am Ende mutil; auch hier waren mehrere Hände beteiligt. Sie befand sich früher in Bobbio und ist vermutlich auch dort im 10. Jahrhundert geschrieben worden. Auf fol. 4^{v} steht folgender Besitzvermerk: *Iste liber est monachorum congregationis Sancte Justine de observantia ordinis Sancti Benedicti residentium in monasterio Sancti Columbani de bobio Scriptus sub numero 17.*

Die Schrift ist eine karolingische Minuskel, in der sich kaum Abkürzungen finden. Auch die sehr korrekte Orthographie weist keine Besonderheiten auf.

Die Handschrift enthält dasselbe Corpus wie **V**, jedoch in vollständiger Gestalt:

ff.	$1\text{-}2^{v}$	Epistola Eugippii ad Paschasium
	$2^{v}\text{-}23^{v}$	Vita Severini
	$23^{v}\text{-}24^{v}$	Epistola Paschasii ad Eugippium
	$24^{v}\text{-}99$	HL (= Capitula, Prol. I+II, Text, Gedicht)
	$99\text{-}146^{v}$	HM (ohne Schluß)

Literatur:

- AB 28 (1909) 436
- Mazzatinti, Vol. XXVIII, Firenze 1922, S. 93/4
- Ottino, G., I codici Bobbiesi nella biblioteca nazionale di Torino, Torino-Palermo 1890, S. 35/6
- Reifferscheid II, S. 137-139

HL:

Im Anschluß an die Antwort des Paschasius an Eugippius (*Rescriptum sancti pascasii diaconi*, foll. $23^{vb}\text{-}24^{va}$) beginnt die Aufzählung der Capitula der HL: *Incipiunt capitula libri qui appellatur paradisus.* Sie endet fol. 25rb; es folgt der erste Prolog, der hier als *Praefatio vitae sanctorum patrum* bezeichnet wird. Die Überleitung zum zweiten Prolog foll. $26^{ra/b}$ ist etwas ausführlicher; hier werden sowohl Autor als auch Adressat genannt: *Explicat praefatio de vita sanctorum patrum ad lausum praepositum palatii ab heraclide directa. Incipit ad eundem lausum liber qui appellatur paradisus.* 29va setzt mit CAPUT I ohne besondere Hervorhebung der Text ein. Wie in **V** ist auch hier das 6. Kapitel mit II überschrieben. Der wenig korrigierte Text ist gleichfalls nur durch römische Zahlen gegliedert. Selten hat eine andere Hand kurze Kapitelüberschriften *in marg.* hinzugefügt. Cap. 36 Ende ist der größte Teil des hieronymusfeindlichen Absatzes ausradiert (§§ 6-8: *Hieronimus – Italum civem*). Desgleichen ist ein ebenfalls Kritik an Hieronymus enthaltender Teil des Kapitels 41 über heilige Frauen, und zwar die Paragraphen 2 und 3 über Paula und Eustochium, unleserlich gemacht worden. Am Rand findet sich dazu ein Kommentar von jüngerer Hand, der folgenden Wortlaut hat: *Nota auctorem huius libri de batissimis hieronymo paula et eustochio feda quaedam et omnino falsa et sensisse et scripsisse sicut hic et etiam supra in capitulo XXVI contra opinionem sanctorum augustini cyrilli etc. et totius sanctae matris ecclesiae quae illorum vitam virtutibus et miraculis insignem approbat et celebrat* (77rb).

foll. 98vb folgt wie in **V** das Heraclides-Gedicht: *Explicat liber qui appellatur paradisus. Versus suprascripti libri qui appellatur paradisus.* An dieses schließt sich auch in dieser Handschrift ohne Incipit die HM an (fol. 99rb).

b Milano, Bibl. Ambros. D 525 Inf.[18] (olim O)
s. XI; membr.; foll. 159; 394 x 299; coll. 2; lin. 46; litt. ca. 45; Schriftraum 335 x 225

Allgemein:

Die Handschrift ist in karolingischer Minuskel geschrieben und stammt aus Italien. Sie enthält das o. g. Corpus ebenfalls in vollständiger Form, und zwar im Anschluß an die drei Viten des Paulus, Antonius und Hilarion[19]:

ff.	1^{v}-3^{v}(?)[20]	Vita Pauli (davor Capitula und Versus)
	3^{v}-17^{v}(?)	Vita Antonii (davor Capitula, danach Versus in laude ipsius)
	17^{v}(?)-22	Vita Hilarionis (davor Capitula)
	22-30^{v}	Epistola Eugippii ad Paschasium Vita Severini Epistola Paschasii ad Eugippium
	30^{v}-57^{v}	HL (= Capitula, Prol. I+II, Text, Gedicht)
	57^{v}-75	HM
	76-118(?)	Apophthegmata patrum (= BHL 6527)
	118-119(?)	Paenitentia Taysis
	119-124(?)	Vita Euphrasiae
	124-128(?)	Paenitentia Mariae Aegyptiacae
	128-129(?)	Vita Marinae
	129-131(?)	Vita Euphrosinae

---

[18] Eine Beschreibung dieser Handschrift findet sich in Ed. HM auf den Seiten 120/1.

[19] Diese Reihenfolge der Viten, die auch in **G**, **N** und **F** wiederkehrt, stimmt mit den im Decretum Gelasianum gemachten Angaben überein (Cap. IV 4): *item vitas patrum Pauli Antonii Hilarionis et omnium heremitarum, quas tamen vir beatissimus descripsit Hieronimus, cum honore suscipimus.*

[20] Die im Katalog angegebene Foliozählung habe ich mit Fragezeichen versehen: Durch Vergleich mit den mir als Mikrofilm vorliegenden Teilen der Handschrift hat sich ergeben, daß die Zählung im Katalog um jeweils 1 verschoben ist. So ist z. B. die HL fälschlicherweise mit fol. 31^{v}-58^{v} angegeben.

131-133(?) Conversio Pelagiae
133-137(?) Vita Abrahae
137-138^{v}(?) Vita Malchi
138^{v}-158(?) Beda, Excerpta ex Historia Ecclesiastica
158-158^{v}(?) Visio Sergii, Theophili et Hygini

Literatur:

- Catalogus codicum hagiographicorum latinorum bibliothecae Ambrosianae Mediolanensis, in: AB 11 (1892) 290-292 und 292-301 (Appendix)

HL:

Fol. 30vb endet die *Epistola pascasii diaconi ad eugipium presbyterum directa*, und es beginnen die *Capitula libri qui apellatur paradisus*. Von der *Prefatio vitae sanctorum patrum* (31^{ra-b}) wird mit derselben Formulierung wie in Handschrift **B** in den zweiten Prolog übergeleitet: *Explicit prefatio de vita sanctorum patrum ad lausum praepositum palatii ab heraclide directa. Incipit ad eundem lausum liber qui apellatur paradisus.* Der Prolog trägt die Kapitelzahl I, das 1. Kapitel ist mit II und das 6. mit III numeriert. Diese Zählung wird im Text fortgesetzt. Lemmata sind nicht vorhanden; allerdings finden sich *in marg.* teilweise in dichter Folge ausführliche Zwischenüberschriften von anderer Hand, oft des Typs *De NN*, die meist eine Zusammenfassung des Inhalts des betreffenden Abschnitts bieten. Sie sind in Majuskeln geschrieben und in Dreiecks-, Rauten-, Quadrat-, Kreis- oder Kreuzform umrahmt. Der Text ist korrigiert. Er endet auf fol. 57va ebenso wie in **V** und **B** mit: *Explicit liber qui apellatur paradisus. Versus suprascripti libri qui apellatur paradisus.* Auch hier schließt sich an das Gedicht 57vb die HM an, die in diesem Fall dem Hieronymus zugeschrieben ist: *Incipit prologus sancti yeronimi presbyteri.*

G Roma, Bibl. Vallicelliana Tom. XII[21] (olim XI)
s. XI; membr.; foll. 345; 289/288 x 172/165; lin. plen.; lin. 25; litt. 30/40; Schriftraum 202 x 105

Allgemein:

Ein Eintrag aus dem 16. Jahrhundert auf fol. 1 (*Abbatis Crescentii donum*) gibt an, daß dieser Codex ehemals der Abtei S. Euticius von Nursia gehörte.

Er ist in einer Minuskelschrift geschrieben, deren z. T. recht große Initialen oft mit Ranken und anderen Motiven verziert sind.

Der Inhalt entspricht – bis auf die Änderung der Reihenfolge einiger Werke – fast genau dem der Handschrift **b**; auch die Abfolge der drei am Anfang

[21] Diese Handschrift ist in Ed. HM auf den Seiten 119/20 beschrieben.

stehenden Viten, der Vita Severini, der HL und HM stimmt mit **b** überein:

ff. 1v-8v	Vita Pauli (davor Capitula und Versus)
8v-52	Vita Antonii (davor Capitula)
52-54v	Versus in laude ipsius
54v-74v	Vita Hilarionis (davor Capitula)
74v-108v	Epistola Eugippii ad Paschasium Vita Severini Epistola Paschasii ad Eugippium
108v-212v	HL (= Capitula, Prol. I+II, Text, Gedicht)
212v-274	HM
274-280	Vita Malchi
280-282	Paenitentia Taysi
282v-297v	Vita Mariae Aegyptiacae
297v-305	Vita Pelagiae
305-321v	Vita Abrahae
321v-343	Vita Paulae

Literatur:

- Boll. Roma, S. 346/7
- Indici e cataloghi, Catalogo dei manoscritti della Biblioteca Vallicelliana, NS VII, Vol. I, Roma 1961, S. 187-190
- Pinto, E., La Biblioteca Vallicelliana in Roma, Miscellanea della R. Società Romana di Storia Patria, Roma 1932, S. 40/1

HL:

Wie in **b** wird die HL eingeleitet mit: *Explicit epistola paschasii diaconi ad eugipium directa. Incipiunt capituli libri qui appellatur paradisus* (108v). Die Kapitelübersicht endet fol. 109r (*Expliciunt capitula. Incipit prephatio*). Der zweite Prolog hat kein eigenes Incipit, desgleichen der Text selbst. Cap. 1 trägt die römische Ziffer I, Cap. 6 ist mit II numeriert. Korrekturen sind vorhanden. Zusätzlich zu der Kapitelzählung gibt es wie in Handschrift **b** *in marg.* rechteckig umrahmte gliedernde Überschriften, jedoch weniger zahlreich und detailliert; sie konzentrieren sich vorwiegend am Anfang. Der Text endet auf fol. 211v: *Explicit liber qui appellatur paradisus.* Auf der folgenden Seite beginnen die *Versus suprascripti libri qui appellatur paradisus*, gefolgt fol. 212v von der HM, die mit einer einschränkenden Autorenangabe versehen ist: *Incipit prologus sanctorum patrum ut multi putant editus a sancto hieronimo presbytero.*

E Einsiedeln, Stiftsbibl. 258 (4. Nr. 85)
s. X/XI; membr.; pag. 252; 245 x 175; lin. plen.; lin. 25; litt. 32/34

Allgemein:

Die Schrift dieses Codex ist eine von verschiedenen Händen geschriebene karolingische Minuskel, in der auch unziale Buchstaben (d, n) auftreten.

Die gesamte Handschrift wird durch die HL ausgefüllt, wobei das Gedicht über Heraclides in diesem Fall am Anfang steht:

pp.	2-3	Versus
	4-6	Capitula
	7-10	Prol. I
	10-21	Prol. II
	22-251	Textus

Literatur:
- Meier, P. G. (O.S.B.), Catalogus codicum manuscriptorum qui in bibliotheca monasterii Einsidlensis servantur, Einsiedeln 1899, S. 232

HL:

Dieser Codex unterscheidet sich von den übrigen β-Handschriften dadurch, daß er außer der HL keine weiteren Schriften enthält und daß diese mit dem Gedicht über Heraclides einsetzt: *Incipiunt versus in libro qui appellatur paradisus* (pag. 2). Auf den Seiten 4-6 stehen die *Capitula libri qui appellatur paradisus*, und pag. 7 folgt das Incipit der *Prefatio vitae sanctorum patrum*, an die sich pag. 10 der Prolog *Multi quidem* ... anschließt: *Explicit praefatio de vita sanctorum patrum ad lausum praepositum palatii ab heraclide directa. Incipit ad eundem lausum liber qui appellatur paradisus.* Der auf pag. 22 beginnende Text ist vom Schreiber selbst oder zumindest in einer sehr ähnlichen Schrift korrigiert. Er ist wie in den bisher beschriebenen Handschriften nur durch römische Kapitelzahlen gegliedert. Ab und zu sind *in marg.* Hände gezeichnet, die auf den Beginn von Episoden oder auf inhaltlich wichtige Stellen hinweisen. Der Textschluß auf pag. 251 fällt mit dem Ende des Codex zusammen: *Explicit liber qui appellatur paradisus.*

N Novara, Bibl. Capit. del Duomo LXI[22] (olim 55)
s. X (?)[23]; membr.; foll. 252; 310 x 225/220; lin. plen.; lin. 30; litt. ca. 65; Schriftraum 275/250 x 180/155

Allgemein:

Diese Handschrift, die vermutlich aus Oberitalien stammt, wird nicht eindeutig datiert; die Angaben reichen vom 9. bis zum 12. Jahrhundert. Sie ist in gotisch beeinflußter karolingischer Minuskel mit kleinen Buchstaben geschrieben; beteiligt waren mehrere Hände. Abkürzungen und Orthographie liegen im Rahmen des Üblichen. An den Rändern ist von anderer

---

22 Vgl. zu dieser Handschrift Ed. HM, S. 121/2.

23 Die Handschrift wird in der Literatur unterschiedlich datiert: von Mazzatinti VI, S. 73 auf das 9./10. Jh., in AB 43, S. 351 auf das 10. Jh., von Batlle, S. 23 auf das 10./11. Jh. und von Ferrari, S. 185 sogar erst auf das 12. Jh.

Hand eine Gliederung im Form von zusätzlichen Überschriften zu Kapiteln und Episoden vorgenommen worden.

Der Codex enthält z. T. dieselben Werke wie die Handschriften **b** und **G**; allerdings folgt die HL nicht unmittelbar auf die Vita Severini, sondern steht am Schluß des Codex. Außerdem fehlt die Epistola Paschasii ad Eugippium:

ff.	1-5	Vita Pauli (davor Capitula und Versus)
	5-29	Vita Antonii (davor Capitula)
	29-30^{v}	Versus in laude ipsius
	30^{v}-41	Vita Hilarionis (davor Capitula)
	41-47^{v} [24]	Epistola Eugippii ad Paschasium, Vita Severini
	47^{v}-90^{v}	HM
	90^{v}-94^{v}	Vita Malchi
	94^{v}-95^{v}	Vita Frontonii
	95^{v}-97	„Ut homo semper timeat deum ..."
	97-98^{v}	Vita Marinae
	98^{v}	Apophthegmata (aus BHL 6531)
	98^{v}-99^{v}	Vita Taysis
	99^{v}-157	Apophthegmata (BHL 6527)
	157-173^{v}	Apophthegmata (BHL 6529, 6530)
	173^{v}-175^{v}	Apophthegmata (aus BHL 6525 und 6531)
	175^{v}-180	Vita Eufrosinae
	180-184^{v}	Vita Symeonis
	184^{v}-185^{v}	Apophthegmata (aus BHL 6525)
	185^{v}-186	Exzerpt aus HM, Cap. 1
	186^{v}-187^{v}	Gregor von Tours, In glor. mart. 105 und 87
	187^{v}-188	Mir. BVM 1326, 911
	188^{v}	De Vitaliana
	188^{v}-189	BHL 5759
	189-194	Visio Wettini
	194-252	HL (= Capitula, Prol. I+II, Text, Gedicht)

Literatur:
- AB 43 (1925) 351-353
- Batlle, S. 23/4
- Mazzatinti, Vol. VI, Firenze 1896, S. 73
- Ferrari, G. de, I più antichi codici della Biblioteca Capitolare di Santa Maria di Novara, Bollettino storico per la Provincia di Novara, Rivista della Società storica Novarese, Novara 1956, S. 185/6

---

[24] In AB 43, loc. cit. ist 57^{v} angegeben. Die Foliozahlen sind hier nicht immer zuverlässig zitiert; besonders die Zahlen 4 und 5 sind mehrfach verlesen.

HL:

Auf fol. 194r schließen die *Capitula libri paradisi* direkt an die Vita Severini an, da der Paschasiusbrief fehlt. Es folgt 194v die *Prefatio de vita sanctorum patrum ad lausum praepositum palatii ab eraclide directa*. Der zweite Prolog wird nicht neu eingeleitet. Das nächste Incipit steht vor dem 1. Kapitel des Textes: *Incipit ad eundem lausum liber qui appellatur paradisus*. Das 6. Kapitel ist wieder mit II numeriert. Ansonsten herrschen in dieser Handschrift Lemmata des Typs *De beato NN* oder *De sancto NN* vor, an die in den meisten Fällen noch *Caput* + römische Zahl oder die reine Kapitelnummer angehängt ist. Dazu finden sich noch *in marg.* meist von Rauten oder Rechtecken umschlossene Bemerkungen, die entweder dieselbe Kapitelüberschrift noch einmal oder besondere Hervorhebungen einzelner Textstellen enthalten (häufig durch kurze Bewertungen wie *pulchre* o. ä.); auch Hände erscheinen in dieser unterstreichenden Funktion. Der Text ist an vielen Stellen korrigiert.

Foll. 251v-252r bilden die Verse auf Heraclides (*Item versus*) den Abschluß der HL. Am Schluß der Handschrift ist noch in blasserer Tinte der Hymnus *Salve sancta parens* aus dem Carmen Paschale des Sedulius zu lesen.

F Milano, Bibl. Ambros. I 61 Inf. (olim monasterii SS. Petri et Pauli de Glassiate, sito Mediolani, signatum numero 202)
s. XI; membr.; foll. 268; 262 x 198; lin. plen.; lin. 33; litt. 50/52

Allgemein:

An der Fertigstellung dieser Handschrift des 11. Jahrhunderts waren mehrere Schreiber beteiligt, was auch durch die Erwähnung von *scriptores* am Ende des Codex bezeugt wird. Das Pergament ist sehr schadhaft; große Löcher sind nicht selten.

Über die Herkunft der Handschrift gibt ein Vermerk aus dem 15. Jahrhundert auf fol. 7v (und in fast denselben Worten noch einmal auf fol. 34r) Auskunft: *Iste liber est monachorum congregationis Unitatis sanctae Iustinae ordinis sancti Benedicti commorantium in monasterio Sanctorum Petri et Pauli de Glassiate, sito in suburbio Portae Tonsae Mediolani, signatum tali numero 202*. Am Anfang des Codex sind fünf Papierblätter eingefügt worden, die ein Inhaltsverzeichnis und das Testimonium *Olgiatus vidit anno 1603* enthalten.

In dieser Handschrift findet sich die bekannte Überlieferungsgemeinschaft. Auch hier steht die HL wie in **N** am Ende; die Epistola Paschasii fehlt ebenfalls:

ff.	1-5v	Vita Pauli (mit Capitula und Versus)
	5v-34	Vita Antonii (davor Capitula, danach Versus in laude ipsius)

34-45	Vita Hilarionis (davor Capitula)
45-60	Epistola Eugippii ad Paschasium Vita Severini
61-94^{v}	HM
94^{v}-98	Vita Malchi
98-100^{v}	Vita Frontonii
100^{v}-102^{r}	Vita Marinae
...	...
187-191	Vita Euphrosinae
191-195^{v}	Vita Symeonis
...	...
203^{v}-205	Vita Brendani
205-206	Visio Pauli
206-268	HL (= Capitula, Prol. I+II, Text, Gedicht)

Literatur: AB 11 (1892) 346-348

HL:

Wie in **N** geht den *Capitula libri paradisi* (fol. 206^{r}) auch in **F** die Vita Severini direkt voraus. Die Capitula sind hier nicht in Form einer Liste, sondern fortlaufend geschrieben. Auf der folgenden Seite wird in sehr unregelmäßiger Schrift der erste Prolog eingeleitet: *Incipit prefacio vitae sanctorum patrum ad lausum prepositum palacii ab eraclide directa.* Die Überleitung zum zweiten Prolog ist kurz: *Explicit praefacio. Incipit prologus.* Davor steht durchgestrichen: *Item alia praefacio.* Fol. 109^{v} beginnt der Text, der in reichlichem Maße wahrscheinlich vom Schreiber selbst (meist *in marg.*) und von mindestens einer weiteren Hand korrigiert ist: *Explicit prologus. Incipit liber paradisi. Caput I. De sancto ysydoro presbytero.* Dieser Lemmatyp mit entweder vorangestellter oder – im weiteren Verlauf des Textes – fehlender Kapitelzählung durchzieht die ganze HL. Im hinteren Teil des Textes, der vorwiegend aus kürzeren Kapiteln besteht, sind die Überschriften z. T. mit einer deutlich dünneren Feder eingefügt. Zusätzlich gibt es auch in dieser Handschrift *in marg.* unregelmäßig umrahmte Kapitel- und Episodenüberschriften. Mehrfach ist über große Partien hinweg die Schrift verwischt oder verblaßt; es handelt sich aber offenbar um mechanische Beschädigungen.

Auf fol. 268^{r} beschließt den Codex das Heraclides-Gedicht, überschrieben mit: *Explicit liber vitae sanctorum patrum deo gratias amen.*

b) Darstellung der Beziehungen

Als Hilfe für die Gruppierung der sieben vollständigen Texthandschriften der Familie β (**V B b G E N F**) lassen sich nicht – wie für α – signifikante Lücken heranziehen; dafür können jedoch aus der Überlieferungsgemeinschaft, der Corpusform der HL und den Lemmata einige Erkenntnisse gewonnen werden[1]. Abgesehen von **F** (*Liber paradisi*) trägt der Text in allen Handschriften den Titel *Liber qui appellatur paradisus.*

Als Überlieferungsgemeinschaft kann man im engeren Sinn die Verbindung der HL mit der Vita Severini und der HM, im weiteren die Kombination mit anderen hagiographischen Texten bezeichnen. Die HM ist in allen Handschriften außer **E** vorhanden. Der unmittelbare Anschluß der HL an die Vita Severini, die aus der Epistola Eugippii, der Vita selbst und der Epistola Paschasii besteht, läßt sich in vollständiger Form in den Handschriften **B**, **b** und **G** nachweisen; **V** setzt erst mit der Epistola Paschasii ein. Auch **N** und **F** weichen von der „Normalform" ab und erweisen sich dadurch als zusammengehörig: In ihnen folgt auf die Vita die HM, die Epistola Paschasii fehlt, und die HL steht jeweils am Schluß des Codex.

Was die Zusammenstellung der Vita Severini und der HL mit anderen Werken betrifft, so bilden die Handschriften **b G N F** eine Gruppe (mit **N** und **F** wegen der abweichenden Reihenfolge als Untergruppe). Konstant ist in diesen vier Handschriften die Abfolge der drei Viten des Paulus, Antonius und Hilarion am Beginn des Codex vor der Epistola Eugippii ad Paschasium.

Die besondere Gestalt der HL, die eine Liste von Capitula, zwei Prologe, den Text und ein Gedicht auf Heraclides umfaßt[2], ist allen sieben Handschriften gemeinsam mit der einzigen Abweichung, daß in **E** die Versus den Capitula vorangestellt sind.

Eine häufige Bezeichnung des ersten Prologs lautet: *praefatio de vita sanctorum patrum ad lausum praepositum palatii ab heraclide directa*; sie findet sich in **B b E N F**. Die darauffolgende Ankündigung der HL als *ad eundem lausum liber qui appellatur paradisus* ist in **B b E N** anzutreffen.

In bezug auf die Lemmata lassen sich ebenfalls Übereinstimmungen beobachten, die jedoch nicht für den gesamten Text gelten, da eine bestimmte Lemmaform nicht in allen Kapiteln konsequent beibehalten ist: Im ersten Teil des Textes lauten die *in marg.* eingetragenen Titel (*De NN* + Information zum Inhalt) von **b** und **G** mehrfach identisch; danach nimmt diese Form der Textgliederung in **G** ab. Mit größerer Regelmäßigkeit läßt sich identischer Wortlaut in den Lemmata von **N** und **F** feststellen. Dabei ist an die Überschrift *De NN* in **N** oft noch eine römische Kapitelzahl angefügt, während in **F** nicht selten eine aus *Caput* und römischer Zahl bestehende Numerierung dem Lemmatext vorausgeht. Die Formulierungen stimmen darüberhinaus meist mit denjenigen der Capitula von **β** überein[3], so z. B. die auffällige Überschrift zu Cap. 71: *De quodam fratre cum quo se scriptor huius operis dicit.*

---

1 Zu Einzelheiten s. die Beschreibung der **β**-Handschriften in Kapitel E2 a).

2 S. dazu Kapitel D3.

3 S. Kapitel D3 b).

Zusätzlich zu den Hauptlemmata finden sich in β – mehr als in α – Zwischenüberschriften innerhalb der Kapitel, meist *in marg.* Auch hier treten Übereinstimmungen zwischen **b** und **G** sowie – in geringerem Maße – zwischen **N** und **F** hervor; den größten Anteil an diesen Lemmata hat jedoch die Handschrift **b**.

Es folgt ein Überblick über die zusätzlichen Titel in β[4]. Stehen diese nicht *in marg.*, so ist dies im Einzelfall vermerkt:

4.4	Revelatio de morte iuliani principis **bG NF**
6.8	De beatissimo machario presbytero **bG**
7.4	De beato arsisio aliisque quam (?) plurimis (?) **G**
7.5	De eclesia in eodem monte sita et (et *om.* **G**) tribus arboribus (arboribus dactilorum **G**) **bG**
7.10	De sancto amon (ammon **G**) cuius animam defuncti beatus antonis vidit ab angelis ferri **bG**
7.10	De sancto amone **N**
7.10	De sancto pachomio prophetia claro **b**
11.5	De virtute amonii beatissimi **bG**
16.6	Ubi eum malignus spiritus aggreditur decipere iterum **bG**
16.8	Ubi demon sub specie pueri eum decipere cupit **bG**
17.4	Ubi beatus macharius iohannem discipulum suum de avaritia increpat **bG**
17.7	De assidua virtute eius **bG**
17.8	De eo qui per maleficia uxorem suam equam esse credidit et orationibus eius curata est **G**
17.13	Ubi subterraneum specu ipse suo labore fecit in quo confugebat frequentantium vitans molestias **b**
17.15	De iuvene quodam ... quem ... et oratione curavit *(partim legi potest)* **b**
18.2	Qualis fuerit sancti abstinentia ipsius **b**
18.2	Qualis sancti abstinentia ipsius **NF** *(non in marg.)*
18.4	Qualiter somnium vincere statuit **b NF** (**NF**: somnum, *non in marg.*)
18.5	*Quia vulnerantem se culicem peremit nudum sex mensibus corpus eiusdem* (*eisdem* **N**) culicibus vulnerandum perhibuit **b NF** (**NF**: praebuit, *non in marg.*)
18.6	De sepulchro magorum pharaonis **b**
18.9	De sepulchro magorum pharaonis **N**
18.11	Ubi puella ampullam aque ferens apparuit **b**
18.11	De puella ampullam ferente **N**
18.13	Mordentem se aspidem correptam manu scidit mediam **b**

[4] Ausgenommen sind die ebenfalls oft *in marg.* stehenden Überschriften am Anfang der Kapitel.

18.13 Ubi aspis eum percussit **N**
18.15 De virgine paralitica prece illius curata **b**
18.15 Ubi paraliticam curavit **N**
18.16 Ubi ad pachomium pervenit **N**
18.26 De quodam presbytero capite exeso pene atque consumpto **b**
18.26 De presbytero fornicatione ab eo curato **N**
18.30 De quodam puero sevissimo demone laborante sed inpositis manibus mire curato **b**
18.30 De puero demoniaco **N**
18.31 De temptatione que sub praetextu cuiusdam pietatis a diabolo fieri solet **b**
18.34 De quodam beato marco qui ab angelo sacramenta accipiebat **b**
18.34 De marco monachorum qui angelis sancta dabant **N**
18.34 De virtute beati marci monachi **b**
18.37 De bestia que beato marco cecum catulum suum portavit **b**
18.37 Ubi catulum beluae caecum marcus illuminavit **N**
18.39 De figura corporis beati macharii **b**
19.2 Quid pastori fecit qui illi impedimento fuit **b**
19.5 De quattuor latronibus quos in cella sua tam monachus ligavit ipse **b**
19.5 De moyse et quattuor latronibus **N**
19.7 Qualiter eum demones temptare (?) ac o (?) ressist... (?) primo **b**
19.13 Ubi demon moysen percussit **N**
20.2 De quodam paulo **N**
20.4 Relatio de beatissimo machario **b**
20.4 De virgine quadam **N**
21.1 Relatio de beato antonio **b**
21.9 Ubi demon insidiari vult calcaneo (?) illius **N**
21.24 De visione quadam quae sancto apparuit antonio **b**
22.18 Ubi iam solus quia perfectus erat mansit **N**
22.18 De eo qui scelestissimo demone detinebatur quem sanctus expulit paulus **b**
22.24 Ubi demon fugatur **N**
23.5 Beatus pachomius de sua refert temptatione qua per duodecim annos post quinquagesimum nocte dieque laboravit **b**
23.8 De secunda temptatione eius **b**
24.3 De virtute animi beati stefani monachi **b**
25.1 De corinthiorum moribus tumidis ac mente **b**
25.2 De lampade ministerio demonum accensa **b**
32.14 De quodam viro dei apthonius nomine **b**
34.3 Revelatio quae sancto apparuit piterio **b**
34.3 De beato picterio **N**

35.5 Narratio itineris quo perrexit ////////////tor ////// videre beatissimum iohannem **b**
35.9 De praeside ... *(quae sequuntur legi non possunt)* **b**
35.21 De virtute beati iohannis **b**
35.22 De pemenia ancilla christi quae voluit videre eum **b**
36.2 Refert qualiter a domino visitatus est dum penuriam pateretur *(partim del.)* **b**
36.4 De muliere spiritu inmundo liberatam circa bethleem *(partim del.)* **b**
36.6 De beato hieronimo. XXVI **N** *(non in marg.)*
36.6 De beato hieronimo presbytero **F** (beato *exp.*, presbytero *add., non in marg.)*
36.6 botrum carpe spinam cave **B b** (*partim del.* **b**)
37.3 De eo quo ... serapion ... vendi se ... mimis ... solv... ...tio ut ... salva... posset *(vix legi potest)* **b**
37.7 Narrat quid famulus christi serapion fecerit dum famem pateretur athenis triduo **b**
37.12 Iterum se vendidit sanctus iste ob cuiusdam viri salutem qui manicheus erat cum tota domo sua *(partim del.)* **b**
37.13 Quid ingressus navim egerit fortissimus serapion volens romam iter facere **b**
37.16 De quodam mirabili viro nomine domnione quem repperit sanctus serapion romae veniens factusque est ei notus **b**
37.17 De quadam virgine dei quae se ab aspectu hominum multis annis clauserat cum qua hisdem sanctus vir miro modo philosofatus est *(partim del.)* **b**
38.3 De prima sancti evagrii temptatione qua pro muliere cuiusdam perpessus est *(partim del.)* **b**
38.5 De visione angelorum que apparuit post orationem **b**
38.5 Visio angelorum ei ostenta **N**
38.9 Ubi hyerosolimam iierat **N**
38.10 De secunda ipsius temptatione *(bis)* **b**
38.15 De virtute animi sancti euvagri **b**
38.16 De spiritu blasfemiae qui illum urguebat modumque curationis **b**
38.17 Qualiter tribus demonibus de fide cum eo contendentibus restiterit **b**
38.23 Quid nuntiata morte patris responderit **b**
39.2 De sorore sancti pior quae eum in senectute desideravit **b**
39.5 De puteo quem fecit in quo amarissimam invenit aquam **b**
39.8 Oratione sua sanctus pior oratque in puteo et consolatus est fratres **b**
41.2 De paula **b**
41.3 De eustochio filia sanctae paulae **b**

41.4 De veneria comitis vallavici relicta **b**
41.5 De theodora tribuni cuiusdam coniuge **b**
41.5 De adolia sorore eius **b**
41.6 De bassianilla candidiani relicta magistri militum **b**
41.7 De sancta virgine phocine filia theoctisti presbyteri **b**
41.8 De sabiniana amita beata iohannis episcopi diaconissa **b**
41.9 De asella christi virgine **b**
41.10 De avita et aproniano et filia eorum eunomia deo digna **b**
44.3 Qualiter sanctus innocentius filio suo paulo nomine ob corruptam presbyteri filiam maledixit **b**
44.4 De virtute misericordiae eius **b**
44.5 De iuvene quodam quem spiritus inmundus dilanibat hunc sanctus vir ylexus (?) matri suae nimis (?) incolumem reddidit **b**
44.7 De anicula quae ovem quam perdidit per sanctum virum invenit **b**
45.2 Qualiter ipse sanctus iuliano infelici responderit et cum illum decalvari ac verberari iussisset gratias eidem egerit **b**
45.3 De temptatione quam primum perpessus est **b F**
45.4 Ut metum mortis repelleret sex annis in sepulcris habitavit **b**
46.3 Describit primates heremi **F**
46.3 Describit primates heremitarum pambo et arsisium serapionem atque paphnutium isidorum episcopum ac dioscorum adelphium atque ammonium **b**
46.3 Qualiter sancta melania missis centum duodecim (XIIcim **F**) in exilium patribus a quodam praefecto alaexandriae eos secuta ex propriis sumptibus ministraverit **b F** (a – alaexandriae *om.* **F**)
46.4 Prohibentibus eam quibusdam sumpta veste puerili omnia illis necessaria deferebat **b**
46.5 Item consulari provintie teneri atque in carcerem tradi iubenti quam constanter viriliterque responderit **b**
46.8 De monasterio quod yerosolimis fecit **b**
46.9 De rufino nobili viro aquilegensis opidi **b**
47.4 Interrogant (Interrogat **F**) de diversis quae indifferenter accidunt casibus **b F**
47.5 De cheremon (cheremone **F**) repentina morte translato **b F**
47.6 De quodam qui terra obrutus interiit **b**
47.6 De alio qui siti periit **b**
47.7 De stephano qui relicto habitaculo ad secularem vitam decidit **b**
47.7 De aliis quibusdam **b**
47.9 De lapsis sponte redisserunt **b**
47.9 Sanctorum responsum **N**

47.15 Quibus ex rebus a demone quis vincitur **N**
47.22 Quibus modis deseri dicat deus homines **b**
47.22 Quibus modis suos deus deserit **N**
48.3 Quod idem sanctus a scorpione vulneratus immobilis praestitit **b**
48.3 De scorpione calcato **N**
48.4 De particula sarmenti quam ipse infodit **b**
48.5 De aenesio quodam magno **b**
49.2 De sancto sisinnio **N**
51.2 De tribus panibus **N**
57.5 De gelasia casta muliere **b** *(bis)*
58.2 De salomone quodam castissimo atque mitissimo **b**
58.3 De dorotheo episcopo. XLVIII **N** *(non in marg.)*
58.4 De quodam viro nomine diocles et De quodam viro diocles nomine **b**
58.8 De capitone quodam qui prior latro fuerat. XVIIII **N** *(non in marg.)*
58.8 De quodam capitone qui prius latro fuit **F** *(non in marg.)*
58.9 De quodam qui vanae gloriae stimulis deceptus est **b**
59.1 De ancilla christi amata nomine sene mirabilis sanctitatis et castitatis **b**
59.1 De sancta amata **N**
59.3 De sancta quedam nomine taor **b**
59.3 De sancta taor **N**
60.1 De alia quadam cui sanctus martyr coluthus ante ex<itum> apparuit **b**
61.9 De albina matre eius **b**
61.10 De piniani coniugis illius praeclarissimis moribus **b**
62 De alio machario et constantio qui in italiae partibus fuerunt viri valde nobiles **b**
67.2 De beata magna **N**
71.1 Huc de semetipso (*corr. ex* semetipsum) scriptor huius libri sub alterius persona narrat. **b**
71.1 Haec de semetipso scriptor huius libri sub alterius persona narrat. **NF** *(non in marg.)*

Im folgenden werden die wichtigsten für β nachweisbaren Handschriftenkonstellationen dargestellt. Da über die angeführten Kombinationen hinaus vereinzelt weitere auftreten, kann hier nur ein schwerpunktmäßiger Eindruck vermittelt werden. Es empfiehlt sich, hier nur von Binde- und Sonderlesarten, nicht von Fehlern, zu sprechen[5], um eine Wertung

[5] Anders wurde in Kapitel E1 bei der Einordnung der α-Zeugen und der von ihnen abhängigen Handschriften verfahren.

auszuschließen[6], denn bei vielen Alternativen, insbesondere bei Wortstellungsvarianten, die keine Bevorzugung einer Lesart zulassen, ist eine Betrachtung von zwei Seiten möglich. In diesem Sinne kann man z. B. die Gruppe der **V**, **B**, **b**, **G** und **E** gemeinsamen Lesarten zusammen mit den Bindelesarten von **N** und **F** zu einer Einheit zusammenfassen. Zudem ist β nicht selten in mehr als zwei etwa gleichwertige Lesarten gespalten, so daß man nicht von einem mehrheitlich überlieferten β-Text und davon abweichenden „Fehlern“ sprechen kann: der zugrundegelegte Text ist austauschbar. Daraus ergibt sich, daß solche Stellen in mehreren Bindelesarten-Gruppen wiederkehren; vor der Klammer werden in diesen Fällen die alternativen Lesarten der übrigen β-Handschriften angeführt. An dieser Position steht generell der von β tradierte Wortlaut; dieser ist nur dann, wenn er mit α übereinstimmt, im Text der Edition auffindbar, ansonsten ist der kritische Apparat zu konsultieren.

Die Verteilung der Varianten ergibt folgendes Bild[7]:

Eine Einheit bilden die vier Handschriften **V**, **B**, **b** und **G**, die sich wiederum in die beiden Untergruppen **VB** und **bG** gliedern[8]. Die Zahl der für diese vier Handschriften angegebenen Bindelesarten ist deshalb nur gering, weil diese Vierergruppe zusammen mit der Handschrift **E** in den meisten Fällen den besten β-Text bietet; weitere Lesarten sind also implizit der umfangreichen Zusammenstellung der **NF**-Abweichungen zu entnehmen.

Bindelesarten ***V B b G:***

Prol.I.5	speluncas] speluncam
Prol.I.5	cenodoxia] cenodoxiae
3.2	irae insania] irae *om.* (*add.* **b**)
40.4	edissae dicens] haedis dicens *vel* edis dicens[9]

Bindelesarten ***VB:***

6.8	detractione] detractatione
7.6	biennio enim *vel* biennio etiam] biennio eum
8.7	interiora] in interiora

---

[6] Die Gruppe der β-Handschriften dient lediglich dazu, die Langfassung des Textes im Apparat zu repräsentieren; eine kritische Edition dieser Fassung und die dazu notwendige stemmatische Einordnung ihrer Zeugen sind in diesem Rahmen nicht angestrebt.

[7] Berücksichtigt werden nur Varianten innerhalb der Familie β, nicht Verbindungen zu anderen Handschriften der Version I oder zu Vertretern der Fassung Ia.

[8] Diese Beobachtung findet eine Bestätigung in der Überlieferung der HM: Die vier Handschriften bilden dort die Familie β (s. Ed. HM, S. 152-58, mit Stemma).

[9] α bietet hier *haec eis dicens*; *haedis* bzw. *edis* ist wohl als Verschreibung des α-Wortlauts aufzufassen.

16.2 conferebant] non conferebant
18.5 manu eum sua *vel* manu sua eum] eum *om.*
18.5 patefactum] patefactus
18.6 humore idem locus esse videretur *vel* idem locus esse humore videretur] videretur humore idem locus esse
19.6 tamque] tamquam
22.25 omnibus] hominibus
32.16 aegrotorum] in egrotorum
35.4 ad montem eius] ad mortem eius
38.7 adierit adversum me *vel om.*] me incusaverit
38.17 tractare cum eo] cum eo tractare
39.7 humoris putabatur] humoris putabatur apparerent
57.3 noctibus totis] totis *om.*
58.5 et ipse igitur] igitur *om.*
63.5 ac mirantibus] et admirantibus

Bindelesarten ***bG:***

Prol.I.4 pertractarem] pertractantem **b** *a.c.* **G**
pertractarentem **b** *p.c.*
32.6 ordini tales] ordinales
38.10 Quo cum esset] Quod cum esset
38.11 neque ullum] neque illum
39.3 significavit] signavit
44.4 norat] noverat
45.4 formidine] fornicatione
47.24 dixit ihesus] dixit deus
48.7 conspexerit] conspexit
54.9 solitudo] sollicitudo
55.2 proprios] proprio
71.3 pacisci] pacis (**b** *a.c.*)

Die größte Anzahl von gemeinsamen Lesarten bieten die beiden Handschriften **N** unf **F**, die damit einen eigenen Zweig der Gruppe bilden. Viele dieser Varianten, aus denen eine Auswahl gegeben wird, sind jedoch eindeutige Verschreibungen und tragen zu einer Rekonstruktion des β-Textes nichts bei.

Bindelesarten ***NF:***

1.1 admirabilem] amabilem
2.3 extendisse] exuisse
7.9 quamdiu] dum diu
8.3 in ictu] convinctum **N**
coniunctum **F**
16.10 satis] salutis

17.15 comesta] conexa
17.19 corpore] carne
18.4 nisi velocius – intellegebat *om.*
18.11 deesse] edisse (**N** *a.c.*)
18.16 Tabennensiotas habere, veste mutata ad similitudinem *om.*
18.19 vario more] vasto more
21.21 neuter] ne alter
22.3 ascendit] et post haec ille ascendit
22.17 experiri] expellere
23.2 vis ipsius compellebat] cogebat
29.2 quae vagari et errare consueverant *om.*
29.3 repararet] reformaret
32.4 quas levitonas] quas graeci levitonas
32.19 agresti culturae] agrestibus culturae
37.3 neque umquam scripturas sanctas legere cessabat *om.*
37.8 oppidi] civitatis
38.5 praedicta] precanti
39.5 pertinaci voluntate] pertinaciter
39.5 solacium] subsidium
40.4 saeviret] eveniret
41.5 esycha] ex sicha **N**
ex sichia **F**
47.2 serviens dei] serviendo **N**
serviendi **F**
47.18 spicis] spetiebus **N**
speties **F**
48.2 Tantum autem – vinceret cunctos *om.*
56.1 verbi] ubi verbi
58.3 bonitatis] bonitatis suae **N F** *a.c.*
bonitatis vir **F** *p.c.*
61.11 largissimisque] lacrimisque
62.1 partim, dum in saeculo esset, ipse dispersit *om.*
65.3 machinamentis] machinatione mentis **N**
machinatio mentis **F**
67.4 servulos] servire illos
68.4 Est autem illic, quod esse in maioribus semper civitatibus solet *om.*
69.2 delinquentium] morientium
70.6 et omne opus hominum coram te est *om.*
70.7 aut manducaret aut biberet *om.*
71.6 vinum ac panes] vinum aquam panes
71.10 labores et admirandam] labores et misericordes mirandam
71.11 piae sedis] quiescentis (**F** *a.c.*)

Die Position der Handschrift **E** innerhalb der Gruppe ist nicht leicht zu bestimmen. Sie weist in großer Zahl Bindelesarten mit dem Zweig **VB bG** auf – auch die vor der Klammer stehenden Lesarten in der Liste der **NF**-Varianten sind dazuzurechnen – und zeigt in weit geringerem Maße auch Verbindungen zu **N** und **F**. Sehr umfangreich ist die Menge ihrer Sonderlesarten[10].

Bindelesarten **E VB bG:**

Prol.II.10	gubernat] commendat
Prol.II.11	et peccatoribus *om.*
3.2	contempta rideret] contemptor rideret **V**
	contempto rideret *cett.*
4.4	ac persecutoris *om.*

Bindelesarten **E VB:**

7.9	consensus] consessus (concesso **E** *p.c.*)
10.8	cultum *vel* cultum religionis] servitutis cultum (+ **b** *p.c.*)
22.24	magnis viris] a magnis viris (+ **b** *p.c.*)
28.3	et occultos] et *om.*
34.3	invenies] venies (**E** *a.c.*)
35.8	unum esse] unum te esse (+ **b** *p.c.*)
41.5	propriae] propriae famam (+ **b** *p.c.*)

Bindelesarten **E bG:**

7.6	biennio eum *vel* biennio etiam] biennio enim
18.5	manu sua *vel* manu sua eum] manu eum sua
18.6	videretur humore idem locus esse *vel* idem locus esse humore videretur] humore idem locus esse videretur
21.22	quadraginta] XL

Bindelesarten **E NF:**

40.4	haedis dicens *vel* edis dicens] edissae dicens
43.3	nivibus] nubibus
61.8	onere] honore

Jede der sieben Handschriften hat gegenüber den jeweils anderen Sonderlesarten; Abhängigkeiten innerhalb der Gruppe sind damit auszuschließen. Die hier gegebenen Aufstellungen entsprechen dem tatsächlichen zahlenmäßigen Verhältnis der Varianten zwischen den einzelnen Handschriften. Erfaßt sind hier z. T. auch Lesarten, die nicht in den kritischen Apparat aufgenommen worden sind, weil es sich um reine Verschreibungen oder nur orthographische Varianten handelt.

---

10 S. u. S. 448 f.

Die geringste Anzahl von Sonderlesarten bietet die Handschrift **B**, die sich damit als eine sehr sorgfältige Abschrift des **β**-Textes erweist[11].

Sonderlesarten ***V:***

Prol.I.4	legentium] gentium
Prol.I.5	ornamento] ornamenta
Prol.I.5	ac laboribus *om.*
1.5	supremis] supinis
2.1	contundenda] contendenda
3.3	sit alter] scit alter
17.1	ac beatis – infidelibus *om.*
18.14	Alia cella – valeret *om.*
25.6	procidit] protinus
26.5	invitus] intus
34.1	admodum] ad domum
35.4	referente] ferente
36.6-8	Hieronimus – Petrum *om.*
37.8	vim se maximam] vim se proximam
37.15	O ira] Ora
41.7	honesta habetur] habetur *om.*
48.1	presbyteratum] presbyteratus ordinem (ordinem *add.*)
69.3	propitiam] prospiciam
71.11	donabo] dabo

Sonderlesarten ***B:***

6.13	iubes] iubet
6.16	placere non possent] non *om.*
7.10	vidit antonius] vidit ipse antonius
29.6-7	vade ad monasterium tuum. Qui post quinque reversus dies ingressusque lugentum monasterium] tuum – monasterium *add. (om. per haplographiam)*
39.2	cum alio] cui alio
45.8	dicebat non se meminisse *om. a.c. (add.)*

Sonderlesarten ***b:***

1.4	cur fleret] cum fleret
3.3	vade] vale
4.2	ornabat] orabat
8.3	alia] quia
10.5	Cum autem memorata] cuius autem memorata

---

[11] Diese Beobachtung hat auch E. Schulz-Flügel für den Text der Historia monachorum gemacht (s. Ed. HM, S. 152).

10.9	ammonius] ammonitus
10.10	cautasque] causasque
11.9	ammonio] antonio
18.4	sub tectum] subiectum
18.23	ut vellem] ut vel
21.24	taetri coloris] terricolis
22.17	divina] doctrina
23.5	per quadraginta annos in ista cellula degens *om. a.c. (add.)*
26.3	subtilis] sublimis
26.6	vulnus] vultus
31.6	horam dei – patefactum est *om. a.c. (add.)*
36.1	per annum integrum vixi eo *om. a.c. (add.)*
37.14	cibum caperet, epulantes ipsi iam quinto die *om. a.c. (add.)*
39.10	illis locutus est] locutus est illis
44.4	delirare] dilatare
58.9	propter ipsam senectam et propter plurimum] ipsam – propter *om. (per haplographiam)*
59.3	opus iugiter suum faciens *om.*
70.6	derelicta ea in monasterio memorato] in monasterio derelicta ea memorato
70.11-12	mulier enixa est – calumnia proderetur *om. a.c. (add.)*

Sonderlesarten **G***:*

Die Sonderlesarten von **G** beruhen z. T. auf der irrtümlichen Wiederaufnahme vorausgegangener Wörter.

Prol.I.3	litteratae] litterae
Prol.I.4	dispensationi] dispositioni
Prol.I.5	christi] christo
Prol.II.16	cutem corporis] cutem temporis
2.1	contundenda] contuenda
3.4	aeneum] eum
4.1	decem annos] tredecim annos
6.12	erubescebat eum] erubescebat autem eum
16.4	ex priore cella] ex propriorem cella
18.19	gustantes] gestantes
19.17	ulterius – meruit *om.*
20.5	a conscientia] a scientia
21.2	virum sepelierunt] locum sepelierunt
22.24	Vim patior] iam patior
27.3	decembri] decem libri
29.8	intellego] interrogo
32.4	velatas palliis] velata facie palliis
32.6	viri qualem] viri quales

32.12 impleto ministerio] impleto *om.*
32.17 opere omni suo] opere enim suo
33.1 pellium] pallium
33.4 malitiae] militiae
35.14 alios septem] alios semper
36.7 paula] puella
37.4 Veni, frater, iam te libertate donemus] Veni iam (*corr. ex* Veram) te libertatem donemus
37.11 mox ab eadem profectus est civitate *om.*
37.21 verum esse] venturum esse
39.7 ducentos paene] ducentos fere
41.8 quae cum] qui
43.4 solitum tempus] solum tempus
47.2 fungens] fugiens
47.12 parca] pauca
57.4 vivebat] videbatur
65.4 si venientes] sive mentes
67.4 nocturnis] noctu
70.1 in virginitatis esse proposito videretur] videretur in virginitatis esse proposito

Sonderlesarten **E**:

Einen großen Anteil an den Sonderlesarten von **E** haben Umstellungen (meist Vertauschungen zweier Wörter) und Wortvarianten.

Prol.I.2 insuperabili] in superiore
Prol.I.3 Ego igitur] Ego autem
Prol.I.3 spiritalis scientiae] scientiae spiritalis
Prol.I.4 certaminis stadium] stadium certaminis
Prol.I.5 gratia] coram
Prol.II.2 dicunt] vocant
1.2 atque humanitatis] ac benignitatis
1.4 tribuit] tradidit
6.1 consulamus] persolvamus
6.8 peritus] esse peritissimus
8.8 altera ... parte] alteram ... ripam
10.6 consuendo] texendo
14.4 fuisse perfectus] esse perfectus
18.3 proferre] accipere *a.c.*
18.7 signa] vestigia
18.17 maledicere eis incipies, quos non potueris imitando sectari] quos non potueris imitando sectari, maledicere eis incipies
18.28 evadere] accedere *a.c.*
19.6 sua delicta] peccata sua

19.11	universam noctem] universam cellam *a.c.*
21.10	suspendisset forte laqueo se] laqueo se forte suspendisset
21.11	vicinos itaque monachos] monachos itaque vicinos
22.19	benedictus] sanctus
22.22	Egredieris ab isto] Aut egrederis ab isto homine
22.25	est nominatus] est appellatus
25.5	coepit esse iam daemon] iam daemon coepit esse
27.6	arbor foliorum exuberans] arbor foliorum multitudine exuberans
42	diceretur] videretur
43.1	austeritatem eius] austeritatem vitae eius
45.5	episcopus habuit] episcopus secum habuit
47.19	qui tamen – quos reliquit *om.*
59.1	omnes] comes
61.7	maluerunt] voluerunt
71.4	adorabo] adoro

Eine zentrale Position innerhalb der Gruppe nimmt **E** an der folgenden Stelle ein:

28.3	utramque vitam **et eorum qui** per neglectum post labores immodicos et temporum spatia de summo fastigio ceciderunt] utramque vitam **et eorum scilicet qui** perfecte sunt conversati **et eorum qui** per neglectum post labores immodicos et temporum spatia de summo fastigio ceciderunt

E bewahrt als einzige β-Handschrift beide Teile der Alternative, deren erster Teil in den übrigen Zeugen durch Haplographie ausgefallen ist. Der in **E** erhaltene Text stimmt mit der entsprechenden Stelle in Gr B überein:

καὶ τῶν ἐξ ἀρετῆς κατωρθωκότων τὸν βίον, καὶ τῶν ἀπὸ ῥᾳθυμίας ἐξ ἄκρας πολιτείας μετὰ πόνους πολλοὺς χειρωθέντων ὑπὸ τοῦ διαβόλου ταῖς παντοίαις τούτου σαγήνεσι

Sonderlesarten **N**:

Prol.I.3	transactio] actio
Prol.I.5	matrem superbiae] materiam superbiae
Prol.II.2	gesta cognoscere] cognoscere actus
5.5	pati] si
12.7	tanti tumoris corpus] corpus tanti tumoris
18.30	praecepitque – sanitati *om. a.c. (add.)*
21.10	eum ferocior] cum ferocitate
21.25	animas quas volantes vides scias *om.*
22.2	tramitem] terminum
22.14	duodecim] XL
22.19	ad propria revertatur] ad propria revertatur loca

24.3 ammonius] antonius
24.3 appellant] vocant
24.3 curaretur] vocaretur
25.9 non ex eo – se iacet *om. a.c. (add.)*
26.2 roborandum] laborandum
29.5 ut ipse referebat *om.*
34.8 cum sit melior] cum sit fatua melior
35.22 Ad hunc – poemenia venerat *om. a.c. (add.)*
36.5 satisfieret *vel* satisfaceret] fidem facerent *corr. ex* satisfacerent
36.8 petrum] petere
38.11 neque ullum] neque ullum remedium
45.3 suscepisti me nec delectasti inimicos meos] me – delectasti *om.*
46.5-6 quodam atque terrore – internuntios *om. a.c. (add.)*
61.3 odium nuptiarum] nuptiarum contemptum
62.1 moriens] moriens erogavit (*corr. ex* rogavit)

Sonderlesarten ***F*****:**

Prol.I.5 suppeditat] suppetit
1.5 sororibus ipsius] sororibus suis
12.3 tumore corporis] tumoris carnis corporis (carnis *del.*)
13.2 singula] universa
14.3 artem sibi repperit quandam *om.*
14.5 salvaret] sanaret
21.22 quadraginta] triginta *a.c.*
22.4 ait ille] At ille respondit *a.c.*
33.3 fervore] furore *a.c.*
34.5 Quibus respondit] Quibus ille respondit
35.12 aliquod patribusque] patribusque aliquod
37.20 Exue te] Et ille ait: Exue te
39.5 patientiam] per patientiam
46.5 iussit eam, ignota autem ipsi erat, corripi] ignota autem ipsi erat iussit eam corripi
48.7 solem neque] solem neque lunam *a.c.*
55.3 ausus es] usus es
57.3 noctibus totis] totis noctibus
59.2 peccati] peccati et corruptione *p.c.*
70.12 quemadmodum insistere *om.*

E3 DIE DRUCKE

a) Die Drucke der Version II[1]

Von den fünf vor der Edition Rosweydes[2] veröffentlichten Vitae-Patrum-Drucken, die die HM enthalten[3], bieten nur zwei auch die HL, und zwar in der Textfassung II (= BHL 6534).

1. „Sine loco et anno" (Köln? C. de Homborch? 1462?)[4]

Die Ausgabe besteht aus 5 Büchern Vitae Patrum; sie wird eingeleitet mit: *Incipit praefatio beati Hieronymi presbyteri in primum librum de vita sanctorum patrum.* Die einzelnen Teile sind die HM, die Rufin zugeschriebenen Verba seniorum[5], die HL, die AP-Sammlung des Pelagius und Johannes (PJ)[6] sowie die Vita Marinae und weitere Apophthegmen[7].

Die eigentlich die HL eröffnende Epistola Palladii (Inc.: *Beatifico siquidem et ammiror laudabile propositum tuum ...*) ist an das Ende des ersten Buches[8] auf fol. 30^{ra-b} vorgezogen; daran schließen sich die „kapitula" des zweiten Buches an. Fol. 32ra wird zum zweiten Buch übergeleitet: *Expliciunt capitula secundi libri. Incipit liber secundus.* Es folgt die AP-Sammlung BHL 6525. Auf foll. 57ra-76ra schließlich steht die HL, die auch die Apophthegmen des Kapitels XX umfaßt[9]. Sie beginnt mit: *Incipit prologus palladii episcopi in librum tertium de vitis patrum. Multa quidem et varia diversis temporibus ...* Nach den HL-Capitula setzt fol. 57vb mit *Cum primum ...* der Text des 1. Kapitels ein. Fol. 76ra endet mit der HL das dritte Buch dieser Vitae-Patrum-Ausgabe und beginnt das von der AP-Sammlung nach PJ ausgefüllte vierte Buch: *Explicit liber tertius de vitis patrum. Incipit argumentum in librum quartum cuius principium pelagius sancte romane ecclesie dyaconus, extrema vero Iohannes subdiaconus de greco transtulerunt in latinum.*

Stichproben haben eine weitgehende Übereinstimmung des Textes mit dem Rosweydes ergeben. In Kapitel VIII (über Nathanael) steht statt *dei promissione*, wie es **Ro** bietet, ein sinvolleres *dei provisione*[10].

---

1 Die Version II ist beschrieben in Kapitel B4.

2 Zur Vitae-Patrum-Ausgabe von H. Rosweyde, in die beide Fassungen der HL (I und II) aufgenommen sind, s. S. 456 mit Anm. 31.

3 Diese sind beschrieben in Ed. HM, S. 230-232.

4 Genauere Angaben sind nicht vorhanden. Der Druck ist im alten alphabetischen Katalog der Niedersächsischen Staats- und Universitätsbibliothek Göttingen unter der Signatur 4° Patr. coll. 206/52 (Incunab.) aufgeführt als: „Libri V de vitis sanctorum patrum, s. l. et a. (ca. 1462?) [Coln, Homborch.]".

5 BHL 6525 (Inc.: *Vere mundum quis dubitet ...*).

6 BHL 6527-30.

7 Vgl. a. die Beschreibung der Handschrift bei Rosweyde, Prolegomenon XVIII (PL 73, 64-66).

8 Die HM findet sich auf foll. 2^{r}-29^{v}.

9 Fol. 73vb: *Solebat beatus abbas pastor exponere ...* (s. Kapitel B4).

2. Köln, Iaspar Gennepaeus, 1548 (= verbesserter[11] Neudruck der Edition von 1547)

Die 5 Bücher dieser Vitae-Patrum-Edition[12] sind nach chronologischen Gesichtspunkten und teilweise nach dem Geschlecht der Heiligen getrennt angeordnet. Dabei wird das Auseinanderreißen zusammengehöriger Texte in Kauf genommen, wovon besonders das erste Buch betroffen ist: So befindet sich die HM auf foll. 70^r-71^v und 93^v-110^v. Die HL dagegen ist als Einheit erhalten geblieben. Als Autoren werden außer Hieronymus auch andere genannt, darunter Heraclides[13].

Der Aufbau der Sammlung ist folgender:

1. Buch, 1. Teil:
  - Prolog der HM
  - Viten von männlichen Heiligen (angefangen von der Vita Pauli primi eremitae)
  - De Ioanne Aegyptiaco *eqs.* (= HM, ohne Prolog)

1. Buch, 2. Teil: Viten von Frauen (beginnend mit der Vita Paulae, auch die Vita Marinae ist enthalten)

1. Buch, 3. Teil: De vita et doctrinis sanctorum patrum Aegyptiorum et eorum qui apud Palestinam et Mesopotamiam vixerunt (mit HM-Kapiteln)

2. Buch: Apophthegmata (= BHL 6525)[14]

3. Buch: HL

4. Buch: De vita, verbis et exemplis sanctorum patrum (= BHL 6526)[15]

5. Buch:
  - De conversatione patrum (= BHL 6527)[16]
  - Exhortationes patrum (= BHL 6531)[17]
  - Vita Barlaam et Iosaphat

---

10 Vgl. die Behandlung dieser in Ia uneinheitlich überlieferten Stelle in Kapitel C4.

11 Im Vorwort schreibt der Herausgeber: „Vitas Patrum modo a plus mille erroribus qui passim intercurrebant, ad vetustissima pariter ac diversa exemplaria repurgavimus."

12 Der Titel des Druckes lautet: „Vitae Sanctorum patrum veteris Catholicae atque Apostolicae Ecclesiae, dicta gestaque insignia & admiranda excellentium aliquot Dei amicorum utriusque sexus complectentes, Authore D. Hieronymo partim, partimque aliis atque aliis, quos versa pagella nosse poteris, Libri V. ...". Die Ausgabe von 1547 stand unter dem Titel: „Prototypon veteris Ecclesiae, continens Vitas, gesta, dictaque sanctorum Dei amicorum utriusque sexus, auctore seu rhapsodo sancto Hieronymo partim, partim aliis atque aliis, Coloniae per Gasparem Gennepaeum."

13 Auch diese Ausgabe ist in den Prolegomena Rosweydes (Prolegomenon XX, PL 73, 69-71) beschrieben.

14 S. o. S. 454, Anm. 5.

15 BHL 6526 = Narrationes excerptae ex scriptis Sulpitii Severi et Cassiani.

16 BHL 6527 = Verba Seniorum, interprete Pelagio diacono Romano (dies ist der erste Teil der Sammlung PJ).

17 BHL 6531 = Verba Seniorum, interprete Paschasio diacono Romano.

Die im 3. Buch stehende HL wird eingeleitet mit: *Libri secundi finis. Palladii episcopi in librum tertium de vita sanctorum patrum. Prologus. Multa quidem et varia diversis temporibus ...* Das Buch selbst ist überschrieben mit dem Titel: *Vitae sanctorum patrum liber tertius, quo non tantum sanctorum patrum, sed illustrium quoque foeminarum vita, mores, virtutes, miracula, et martyria pertractantur.* Schließlich wird mit dem Incipit: *Sanctorum Isidori et Dorothei conversatio, et paßio cuiusdam virginis. I.* der Text der HL eröffnet, an dessen Schluß auch hier das Apophthegmenkapitel XX (*De S. Pastore abbate*) anzutreffen ist.

In Kapitel VIII bietet der Text *promissione* wie die Edition Rosweydes.

b) Die Drucke der Version I

Für die Version I der lateinischen HL sind vor der Ausgabe Rosweydes zwei aus dem 16. Jahrhundert stammende Drucke bekannt:

1. Iacobus Faber Stapulensis (= Le Fèvre d'Estaples), Paris 1503/4[18]

Am Beginn dieser Ausgabe stehen zwei Seiten „Ad lectores", in denen der Editor u. a. Betrachtungen über die Identität des Autors anstellt; er zieht seine Informationen jedoch nur aus der HL selbst. Auf fol. 1^{v} ist der 1. Prolog (*In hoc libro ...*) abgedruckt; fol. 2^{r} setzt der eigentliche Text mit Cap. 1 ein. Auf den mit der Version Ia übereinstimmenden Schluß des Textes (35^{r}: *... si pronus me volueris adorare*) folgt foll. 35^{r}-36^{v} als *Caput ultimum* die *Peroratio libri ad Lausum*, d. h. der nachgestellte 2. Prolog *Multi quidem multos ...*[19].

Als weitere Schriften enthält der Druck:

37^{r}:	Rufinus Gaudentio episcopo s. d. ...
37^{v} sqq.:	Epistola Clementis ad Iacobum episcopum Hierosolymitanum
40^{v} sqq.:	Recognitionum Petri Apostoli que et itinerarium Clementis liber primus, secundus, tertius, ... decimus
112^{v} sqq.:	weitere Briefe (Ende des Codex: 119^{r})

Die Ausgabe repräsentiert – abgesehen von einigen Lücken[20] – mit leichten Abweichungen den auch von Rosweyde edierten Text. Probekollationen aus den Kapiteln 21 (Eulogius) und 34 („virgo stulta") haben folgendes Bild ergeben:

---

18 Die Ausgabe trägt unter dem Vorwort (Titelblatt verso) die Jahreszahl M.D.III., am Schluß des Bandes (119^{r}) jedoch M.D.IIII.

19 Das darauffolgende Explicit lautet: „Libri Heraclidis eremite Bythinie episcopi de sanctis Egypti et variorum locorum patribus / qui Paradysus (hoc est ortus) appelatur: Parisiis Ex officina Bellovisiana / ad laudem domini nostri Iesu Christi salvatoris omnium / & anno eiusdem M diii.xxiii Februarii Finis." (Die Abkürzungen sind von mir aufgelöst.)

20 Diese sind zusammengestellt in Butler I, S. 59.

- aus Cap. 21 (PL 74, 281 A-D; Druck: 12^{v}-13^{r}):
  Text wie Ed. Rosweyde[21]; Abweichung:
  non tolero (281 C)] non tulero

- Cap. 34 (PL 74, 299 B - 301 A; Druck: 19^{v}-20^{r}):
  Text wie Ed. Rosweyde[22]; Abweichungen:
  putat esse sapientem (299 C)] putat se esse sapientem
  hoc divina iam revelatione (300 B)] hoc ipsum divina iam revelatione
  benedic me, Amma (300 C)] benedic me ama
  est Amma (300 C)] est amas
  sinapi (300 D)] sinape

2. Aloysius Lipomanus (= Luigi Lippomano), De vitis sanctorum, Tomus III, Venezia 1554

Der Inhalt dieser Edition[23] sind im wesentlichen Viten: Vita Iosephi patriarchae, Vita Moysis, kürzere Papstviten, Vita B. Athanasii episcopi, Märtyrerviten, Vita S. Martini, Vita D. Gregorii archiepiscopi Turonensis.

Die HL findet sich in der Pars secunda dieses Tomus tertius, foll. 144^{v}-195^{v}. Ihr geht eine ausführliche Vorrede des Herausgebers voraus (foll. 143^{v}-144^{v})[24]. An diese schließt sich bis fol. 145^{r} die Epistola Palladii

---

21 Der Druck bietet sogar für die vom Sinn geforderten Lesarten *panis devoratores* (281 C) und *ferinos ... mores* (281 D) die auch bei Rosweyde im Text stehenden Varianten bzw. Schreibweisen *panis devorator es* und *ferinos ... clamores*.

22 Im Druck ist auch das für die Version I kennzeichnende *conscissum pannum* (300 A) belegt.

23 Der Druck ist überschrieben mit: „Vitarum sanctorum priscorum patrum per gravissimos auctores conscriptarum et per R. P. D. Aloysium Lipomanum Episcopum Veronensem in unum volumen collectarum cum solitis scholiis adversus praesentium haereticorum insanias Tomus Tertius. Venetiis in Vico Sanctae Mariae Formosae, Ad signum Spei. M. D. LIIII."

24 In ihr beschreibt Lipomanus, wie ihm aus Rom ein Exemplar des Paradisus Heraclidis zugeschickt wurde und er im Zweifel war, ob dieses Buch mit dem des Palladius identisch sei. Er bat daraufhin seinen gerade in Venedig weilenden Freund Franciscus Torres, sich in die Bibliothek des Kardinals Bessarion zu begeben und die beiden Bücher zu vergleichen. Dieser fand Abweichungen nur im Titel und in dem im Text des Palladius zusätzlich vorhandenen Widmungsbrief an Lausus, den er aus dem Griechischen übersetzte und den Lipomanus seiner Ausgabe hinzufügte (vgl. die Anmerkung Rosweydes, PL 74, 249/250). – Im weiteren Verlauf der Vorrede geht Lipomanus ausführlich auf die gegen Palladius und einige der von ihm beschriebenen Mönche erhobenen Vorwürfe der Häresie ein (vgl. Kapitel A1) und verwahrt sich gegen den Verdacht, er wolle ... *nunc haereticos homines in Ecclesiam introducere*. Dem skeptischen Leser gibt er vielmehr den Rat, die umstrittenen Personen außer acht zu lassen und sich an dem ohne Zweifel vorhandenen großen Nutzen des Buches zu erfreuen.

episcopi Cappadociae ad Lausum praepositum an (*Laudo magnopere consilium tuum – donet tibi deus cognitionem Christi*)[25]. Nach dem 1. Prolog (*In hoc libro ...*) auf fol. 145^{r-v} folgt foll. 145^{v}-195^{v} direkt der Text der HL ab Cap. 1; der Prolog II fehlt.

An Cap. 40 (Ephraem) ist auf foll. 176^{r}-182^{r} ein nicht zur HL gehörender, aber durch den Namen Ephraems ausgelöster Einschub angehängt worden, der überschrieben ist als *Testamentum sancti et divino afflati spiritu Patris nostri Ephraem Syri, Iulio Clemente canonico saeculari congregationis sancti Georgii in Alga interprete.* Am Rand findet sich dazu die Bemerkung: *Habetur in libris eius Graece conscriptis, nunc primum latinis cognitum.* Danach (fol. 182^{r}) wird die HL mit dem Catalogus sanctarum foeminarum (= Cap. 41) fortgesetzt und endet fol. 195^{v} mit dem für Version I üblichen und auch von Rosweyde übernommenen Schluß (... *gratia ipsius Salvatoris nostri Iesu Christi*).

Lipomanus hat in seiner Ausgabe die bei Faber Stapulensis anzutreffenden Lücken anhand einer griechischen Handschrift[26] aufgefüllt. Auch für seinen Text wurden Probekollationen durchgeführt, die z. T. dieselben Unterschiede zu **Ro** ergaben, die auch in dem Pariser Druck in Erscheinung traten:

– aus Cap. 21 (PL 74, 281 A-D; Druck: 160^{r}):
  Text wie Rosweyde[27]; Abweichungen:
    Vae, inquit, misero mihi (281 C)] Ut inquit, misero mihi
    concutiensque semetipsum (281 C)] concutiensque temetipsum

– Cap. 34 (PL 74, 299 B - 301 A; Druck: 168^{v}-169^{r}):
  Text wie Rosweyde[28]; Abweichungen:
    putat esse sapientem (299 C)] putat se esse sapientem
    hoc divina iam revelatione (300 B)] hoc ipsum divina iam revelatione
    est Amma (300 C)] est amas
    alia, Ego habitum eius – iniurias affligebam (300 C/D)] *om.*[29]
    sinapi (300 D)] sinape

---

[25] Sie ist in der von Lipomanus edierten Form in der Ausgabe Rosweydes (PL 74, 249-252) abgedruckt.

[26] Venezia, Bibl. Naz. Marc., Cod. Bessarion 338 (s. X). – S. Butler I, S. 59.

[27] Einschließlich des oben schon erwähnten *devorator es* und *clamores*.

[28] Auch *conscissum pannum* als Merkmal der Version I ist vorhanden.

[29] Die „Auslassung" teilt die Edition mit Version Ia; dort setzt die „Lücke" (wie in Gr G) allerdings schon vorher ein. Dieser Übereinstimmung ist jedoch keine große Bedeutung beizumessen, weil es wegen der zahlreichen jeweils mit *alia* beginnenden Sätze leicht zu Homoioteleuton-Fehlern kommen konnte.

Die Edition der HL von H. Rosweyde

Der in die Patrologia Latina aufgenommene[30] Vitae-Patrum-Text entspricht der zweiten, überarbeiteten Edition Heribert Rosweydes, die 1628 in Antwerpen erschien, nachdem die erste Edition[31] 1617 in Leiden nachgedruckt worden war. Rosweyde stützte sich neben einigen Handschriften in erster Linie auf die beiden vorangegangenen Drucke, wie seine Hinweise auf die „Editio Fabri“ bzw. „Editio Lipomani“ deutlich machen.

In den Prolegomena XXIV und XXV[32] nennt er die von ihm benutzten Handschriften[33]. Unter diesen überliefern folgende die HL:

Ms. Amandinus e celeberrimo sancti Amandi coenobio, a vetusta manu, qui Heraclidis Paradisum continebat, sed mutilum.

Der Codex Amandinus ist die aus dem Kloster Saint-Amand stammende Handschrift **A** = Valenciennes, Bibl. Mun. 521 (475) aus dem 10. Jahrhundert. Der von ihr tradierte HL-Text gehört der Version Ia an und bricht nach Cap. 22 ab.

Ms. Moretianus, in-folio, pergameno, non valde quidem vetustus, sed plurima continens, quem mihi D. Moreti filii suppeditarunt.

Hinter diesem Codex verbirgt sich die Handschrift Bruxelles, Bibl. Roy. 7462-81 (s. XII/XIII), die auch den Text der HM enthält[34]. Zur Identifizierung trägt hier besonders das bei Rosweyde abgedruckte auffällige Incipit der Epistola Paschasii (fol. 96va) bei, in dem die Autorenzuweisung nicht entschieden wird: *Incipit epistola paschasii sive palladii dyaconi ad eugypium presbiterum in libro qui vocatur paradysus de miraculis sanctorum patrum et vita eorum.* Dieselbe unentschiedene Formulierung wird im Incipit des ersten Prologs (fol. 96vb) wiederaufgenommen: *Explicit epistola. Incipit prologus primus paschasii sive palladii diaconi ad lausum episcopum*[35].

---

30 Bei der Aufnahme in die PL sind einige Druckfehler in den Text geraten (vgl. die entsprechenden Hinweise im textkritischen Apparat).

31 Vitae Patrum. De vita et verbis seniorum libri X historiam eremiticam complectentes, Antverpiae 1615. Die Version I der HL steht auf den Seiten 933-977, die Version II auf den Seiten 978-995.

32 PL 73, 79-86.

33 Einige Anzeichen sprechen dafür, daß ihm auch die **β**-Handschrift **V** (= Paris, Bibl. Nat. lat. 9729, s. IX) vorgelegen hat: s. Kapitel E2 a).

34 Vgl. Ed. HM, S. 233.

35 Vgl. Kapitel C1. – Auf die Benutzung dieser Handschrift durch Rosweyde wird auch in den Katalogen hingewiesen: Boll. Bruxelles, Pars I 2, S. 31/2, bes. S. 31; Gheyn, Tome V, S. 141-144, bes. S. 143. An der zuletzt genannten Stelle heißt es: „Au verso du troisième feuillet de garde, on lit: *Hunc ms. codicem permutatione comparavimus anno MDCXXXVII a clarissimo viro D. Balthasare Moreto atque is est, quo in vitis PP. edendis usus est R. P. Heribertus Rosweydus quem passim codicem Moretianum citat.*“

Daneben nennt Rosweyde zwei weitere Handschriften:
1. eine von zwei Mss. Insulenses:
Mss. Insulenses duo membranacei clarissimi viri, mihique amicissimi, Tussani Desbarbieux, in-folio, non valde vetusti.

2. eine Handschrift, die Rosweyde im Anschluß an den Moretianus erwähnt:
Similem Codicem ms. cum his titulis et praefationibus invenit Vezelii in Heduis, apud nobilissimum eius loci abbatem Erardum Rupefortium, amicissimus mihi Lucas Holstenius, uti per litteras me monuit, si forte usui esset ad secundam hanc Moretianam editionem adornandam. Parem quoque Codicem eodem ordine digestum submisit clarissimus D. Tussanus Desbarbieux.

Die erste der beiden ist identifiziert worden als eine der „Collection Desbarbieux" von Lille angehörende, jedoch verlorengegangene Handschrift[36].

Hinweise auf die zweite enthalten Katalogeinträge zu den Codices Vaticani lat. 9026 (s. XVIII) und lat. 9137 (s. XVII)[37]. Zu Codex 9026 heißt es: „2. In foliis 195-196 exscripta sunt ex autogr(apho) **Holst(enii)** in B(ibliotheca) B(arberiniana) quaedam de Paradiso Heraclidis *BHL.* 6532, et quidem epistula Paschasii *BHL.* 6533 integra ex codice **‚Vizeliensi'**[38]". Über Codex 9137 wird gesagt: „Insunt **Lucae Holstenii** schedae, scripta, apographa. 1. (Fol. 40-43) Epistola Pascasii diaconi ad Eugipium presbyterum in libro qui vocatur Paradisus = *BHL.* 6533. Ex ms. **Vizeliensi.**" Beide Handschriften[39] enthalten nur den der HL oft vorausgehenden Brief des Paschasius an Eugippius[40], nicht jedoch diese selbst. Hinter „quaedam de Paradiso Heraclidis *BHL.* 6532" verbergen sich in beiden Codices[41] der auf die Bemerkung: „In appendice ad Vitas SS. Patrum Herib. Rosweidi[42] habetur Heraclidis Paradisus incerto interprete. In MSS. **Vizeliensi** tribuitur Pascasio Diacono." folgende Paschasiusbrief sowie das

---

[36] Sie wird erwähnt in den Ergebnissen eines textgeschichtlichen Seminars der École normale supérieure in Paris: F. Dolbeau u. a., Les Vies latines de sainte Pélagie, Inventaire des textes publiés et inédits, in: RA 12 (1977), S. 279-305, bes. S. 286 u. 302 (dort unter „P 16").

[37] Boll. Vat., S. 234/5.

[38] Der von Rosweyde mit „Vezelii in Heduis" bezeichnete Ort des Handschriftenfundes wird im Orbis Latinus unter dem Eintrag „Vezeliacum" (mit den weiteren Formen „Verseliacum, Viseliacum, Vizeliacum, Virzeliacum, Videliacus, Veselium, Vezelium") als „Vézelay (Yonne), Frankr." ausgewiesen.

[39] Sie sind in Kapitel D1 f) in der Liste der „sonstigen Handschriften" aufgeführt.

[40] S. Kapitel D3 a).

[41] Cod. 9026: foll. 195^r-196^v; Cod. 9137: pp. 40-44.

[42] In Cod. 9026 ist *Rosweidi* aus *Roswedi* korrigiert, Cod. 9137 hat *Roswedi*.

Incipit und Explicit der beiden Prologe und des Textes der HL. Dazu sind einige vom Text Rosweydes abweichende Lesarten der Handschrift notiert[43]. Am Schluß steht ein Auszug aus Cap. 41 (über heilige Frauen).

Die meisten von β abweichenden **Ro**-Lesarten sind keine Konjekturen Rosweydes, sondern finden sich in mitunter einer größeren Anzahl von Handschriften der Version I wieder. In den drei „Probekapiteln" 17, 18 und 34[44] sind ca. 70 Varianten nur mit der Sigle **Ro** im Apparat eingetragen. Davon sind nur drei in keiner der hier kollationierten Handschriften nachweisbar. An einer Stelle[45] liegt möglicherweise ein Irrtum Rosweydes vor: In seinem Text *et, quemadmodum ipse referebat, ipse velocius ad tectum rediisset* ... könnte die Ersetzung von *nisi* durch *ipse* vor *velocius* durch das vorangehende *ipse* vor *referebat* ausgelöst worden sein.

In allen anderen Fällen jedoch werden Rosweydes Lesarten handschriftlich gestützt. An erster Stelle steht dabei die sehr junge Handschrift Bruxelles, Bibl. Roy. 10801-06 (a. 1533-35), die in mehr als der Hälfte der Fälle die **Ro**-Lesart bietet – an mehreren Stellen zusammen mit nur einer oder wenigen anderen Handschriften[46], an einigen sogar allein[47]. Es ist gut denkbar, daß diese im Benediktinerkloster S. Laurentii in Lüttich angefertigte[48] und jetzt in Brüssel liegende Handschrift mit dem von Rosweyde im Anschluß an den Codex „Moretianus" erwähnten „similis Codex", den Lucas Holstenius „Vezelii in Heduis"[49] fand, identisch ist. – Der Anzahl der mit **Ro** übereinstimmenden Lesarten nach folgen auf den Codex Bruxellensis 10801-06 die Handschrift Paris, Bibl. Mazarine, Hist. eccl. 1712 (s. XII) und der „Moretianus".

---

[43] So enthalten beide die sich auf den Beginn des 2. Prologs beziehende Anmerkung *pro rerum aerum ut in margine* (vgl. Kapitel C4).

[44] S. Kapitel D1 a).

[45] Cap. 18.4: *et, quemadmodum ipse referebat, nisi velocius ad tectum redisset ...*

[46] Cap. 17.9: duxitque (ducitque β) eos domum; 17.16: multa est distantia (est *om.* β); 18.9 volantes (volitantes β); 18.26: reperi (repperissem β); 18.27: contigerit divina (divina contigerit β); 18.31: demonstrantes quandam veluti operis boni speciem (monstrantes ... velut ... β); 18.36: tibi debeo aliquid (aliquid debeo tibi β); 34.1: eratque (et erat β); 34.5: quoque ipsam (ipsam quoque β); 34.9: una cum rememorata (memorata β) sanctissima virgine.

[47] Cap. 17.4: o ioannes frater (frater iohannes β); 17.10: Ad quos ait ille (at ille ait β); 34.3: grande, inquit, aliquid (inquit, grande aliquid β).

[48] S. Gheyn, Tome II, S. 201: „Au premier feuillet de garde ... est la note: *Liber monasterii divi Laurentii prope Leodium compactus anno 1535* et f. 2: *Liber monasterii sancti Laurentii martyris, ordinis sancti Benedicti confessoris prope Leodium.*"

[49] S. o. S. 457.

E4 ZIEL UND GESTALT DER TEXTREKONSTRUKTION

Ziel der Edition ist die Wiederherstellung der kürzeren Textfassung (Ia), obwohl die erweiterte Fassung (I) erheblich stärker verbreitet war und eine weitaus größere Nachwirkung hatte als die Kurzfassung. Da die Langfassung aber eindeutig aus der Kurzfassung hervorgegangen und damit sekundär ist und sich der Konsens der Handschriften von β nur selten grundlegend von der Textversion Rosweydes unterscheidet, erschien es einerseits berechtigter und andererseits auch lohnender, die ursprüngliche Fassung, die bisher noch nicht in gedruckter Form zugänglich war, zu edieren.

Der Versuch, dieses Ziel zu erreichen, indem ausschließlich der Konsens der erhaltenen α-Handschriften zugrundegelegt wurde, hat sich schon bald als nicht durchführbar erwiesen: Der Erhaltungszustand dieser Handschriften ist zu lückenhaft und die überlieferte Textgestalt zu korrupt, als daß diese als Grundlage der Edition ausgereicht hätten. Die Benutzbarkeit der Ausgabe hätte erheblich dadurch gelitten, daß eine solche „diplomatische" Präsentation des Textes zahlreiche syntaktisch und semantisch problematische Formulierungen enthalten hätte, die nur mit viel Phantasie und Toleranz noch nachvollziehbar gewesen wären. Dazu hätte man an nicht wenigen Stellen inhaltliche Abweichungen vom griechischen Text in Kauf nehmen müssen, die offensichtlich nur durch Verlesungen zustande gekommen waren, was besonders an den Stellen evident wird, an denen β den Überlieferungszustand vor Einsetzen der Textverderbnis bewahrt hat.

Als Konsequenz aus diesen Überlegungen wurde die erweiterte Fassung zur Rekonstruktion von Ia mit herangezogen, da die Langform-Handschriften in den unbearbeiteten Textpartien auch als Zeugen für die Kurzversion gelten können[1]. Dabei diente jedoch immer noch der von α gebotene Text als Basis, und es wurde immer dann einer α-Lesart der Vorzug gegeben, wenn nicht klar ersichtlich war, daß die entspechende β-Variante ein früheres Überlieferungsstadium von Ia repräsentierte. Erwies sich jedoch eine α-Lesart eindeutig als Verschreibung der von β überlieferten Textform, so wurde in diesem Fall β als Zeuge für Ia bevorzugt und seine Lesart in den

---

[1] Ein Beispiel für eine Textkonstitution aufgrund zweier Fassungen – hier allerdings gleichberechtigten Doppelfassungen – ist Tertullians Apologeticum: Vgl. W. Bühler, Gibt es einen gemeinsamen Archetypus der beiden Überlieferungsstränge von Tertullians Apologeticum?, in: Philologus 109 (1965) 121-133, bes. S. 132 f.: „Es kommt ja keineswegs selten vor, daß man den richtigen Text nur durch den Vergleich beider Fassungen erhält. Auch stellt sich allenthalben die Frage, was denn eigentlich Sinnvariante und was Korruptel ist: die Grenzen zwischen beiden sind derart fließend, daß man sich immer wieder wundert. Kurz: statt einer relativ mechanischen Scheidung der beiden Fassungen nach äußeren Kriterien muß stets von neuem die philologische κρίσις eingesetzt werden."

Text aufgenommen[2]. Daß die Abwägung der α- und β-Varianten gegeneinander und die Entscheidung darüber, ob in β ursprünglicher Text oder nachträgliche Glättung vorliegt, in vielen weniger eindeutigen Fällen eine Ermessensfrage war und eine konsequente Behandlung dieses Problems nicht erreicht werden konnte, braucht nicht besonders hervorgehoben zu werden[3].

Als Ziel der Textrekonstruktion läßt sich also das Bestreben bezeichnen, die Textgestalt der Version Ia vor ihrer Erweiterung zur Version I oder – stemmatisch gesehen – vor der Abspaltung von β annähernd wiederherzustellen[4].

Zur Darbietung des Textes:

Die Kapiteleinteilung orientiert sich an derjenigen der griechischen Editionen, nicht an der der Migne-Ausgabe; letztere ist jeweils in Klammern im Anschluß an den Titel angegeben. Die Überschriften sind von mir in der Form *De NN* eingesetzt worden, da die Handschriften in ihren Lemmata zu stark variieren. Auf diese Weise sollte größtmögliche Einheitlichkeit erreicht und sozusagen der „kleinste gemeinsame Nenner" gefunden werden. Die genaue Form der Lemmata kann dem Anfang des textkritischen Apparates zum jeweiligen Kapitel entnommen werden. Dasselbe gilt für die Kapitelgrenzen, die ebenfalls nicht einhellig überliefert sind. Oft setzt

---

[2] Wie schwierig es war, immer zu entscheiden, ob eine β-Formulierung eine ursprüngliche α-Lesart oder eine glättende Bearbeitung bzw. Neuübersetzung aus dem Griechischen darstellt, zeigt die Liste der „β-Zusätze" in Kapitel B3 b). In vielen Fällen konnte keine endgültige Aussage getroffen werden.

[3] Bei der Heranziehung verschiedener Rezensionen zur Rekonstruktion eines Textes läuft man immer Gefahr, einen Mischtext herzustellen, der in dieser Form niemals existiert hat. Dieses Risiko läßt sich angesichts der teilweise undurchsichtigen Überlieferungslage hagiographischer Gebrauchsliteratur nie ganz ausschließen. – Den Vorwurf der Vermischung von Versionen hat beispielsweise R. Draguet Butlers Edition der griechischen HL gemacht; s. Kapitel B3 a).

[4] Dennoch kann der mit diesem Verfahren rekonstruierte Text keineswegs den Anspruch erheben, der Archetyp der lateinischen Übersetzung der Historia Lausiaca zu sein. Eduard Schwartz' Bemerkungen im Schlußwort seiner Edition des Kyrillos von Skythopolis haben weiterhin Gültigkeit (S. 339/40): „Keine noch vorhandene oder aus Gruppen zu erschließende Handschrift ist frei von Schreibfehlern, Auslassungen und, was das wichtigste ist, von willkürlichen Änderungen. ... Der moderne Herausgeber ... darf seine Leser darüber nicht im Unklaren lassen, daß der von ihm hergestellte Text vielfach unsicher ist, auch unsicher bleibt, wenn zu seinen Handschriften noch andere hinzukommen, die, wenn auch in manchem besser, doch ihrer Entstehung nach nicht wesentlich von jenen verschieden sind. In all den Fällen nämlich – und deren gibt es viele –, in denen die Varianten nach Sinn und Sprachgebrauch gleichwertig sind, wird die Auswahl mehr oder weniger willkürlich und subjektiv bleiben, da keine Handschrift oder Handschriftengruppe eine solche Autorität hat, daß ihre Lesarten von vornherein den Vorzug haben."

ein Kapitel mit der ersten Erwähnung des Namens des beschriebenen Mönches ein, unabhängig davon, an welcher Position im Satz dieser erscheint[5]. In anderen Fällen steht ein Überleitungssatz, der ein neues Thema vorbereitet, noch am Schluß des vorhergehenden Kapitels[6]. Hier wurde, wenn nötig, auch gegen die Handschriften entschieden; im kritischen Apparat ist jedoch der genaue Kapiteleinsatz für jeden Textzeugen vermerkt.

Die Paragrapheneinteilung ist nach Sinnabschnitten neu vorgenommen worden. Zum leichteren Vergleich mit dem griechischen Text ist die Paragraphenzählung der Ausgabe von Bartelink in Klammern links neben dem Text hinzugefügt. Fällt der Beginn eines Paragraphen der griechischen Edition nicht mit dem des lateinischen Textes zusammen, so steht an der entsprechenden Stelle im Text ein hochgestelltes Paragraphenzeichen (§). In einer weiteren Spalte rechts neben dem Text sind die jeweiligen Migne-Spalten angegeben. Deren exakter Beginn ist im Text durch einen kleinen Winkel (⌜) markiert.

Während die große Masse der Varianten von β dem kritischen Apparat entnommen werden kann, sind einige größere Abschnitte aus β in den Textbereich erhoben worden. Sie heben sich vom α-Text durch eine kleinere Drucktype und Einschluß in spitze Klammern (<>) ab. Auf diese Weise behandelt wurden diejenigen Textabschnitte, die von α nicht überliefert werden, d. h. der erste Prolog und die beiden α-Lücken, die von Cap. 11.6 bis 13.1 und von Cap. 68.4 bis 69.3 reichen.

Die Orthographie[7] folgt im wesentlichen der der α-Handschriften, was dazu führte, daß nichtassimilierte gegenüber assimilierten Formen überwiegen. Dabei wurde jedoch in Richtung der häufiger bezeugten Schreibung vereinheitlicht[8]. Die Perfektformen von *referre*, die in den Hand-

---

5 So beginnt Cap. 2 nach den Handschriften erst in Z. 9 mit den Worten: *Dorotheo cuidam Thebano monacho ...*

6 Ein solcher Fall liegt am Beginn von Cap. 6 vor: In den Handschriften beschließt der Einleitungssatz zum negativen Beispiel der reichen alexandrinischen Jungfrau das 5. Kapitel.

7 Eine detaillierte Zusammenstellung orthographischer Besonderheiten in handschriftlicher Überlieferung enthält die Praefatio zur Edition der „Tractatus Origenis" in der Ausgabe: Gregorii Iliberritani episcopi quae supersunt, ed. V. Bulhart, CC 69, Turnhout 1967. Probleme der Orthographie und Interpunktion werden ausführlich diskutiert in: Grafia e interpunzione del latino nel medioevo, Seminario internazionale Roma, 27-29 settembre 1984, a cura di A. Maierù, Lessico intellettuale Europeo XLI, Roma 1987.

8 Vgl. die Untersuchung von O. Prinz, Zur Präfixassimilation im antiken und im frühmittelalterlichen Latein, in: Archivum Latinitatis medii aevi 21 (1951) 88-115 und 23 (1953) 35-60 (Fortsetzung und Schluß). Die auf S. 107 formulierten Hauptergebnisse treffen auch auf die HL zu: „1) Die Nichtassimilation ist im ganzen Altertum bis ins frühe Mittelalter hinein verbreiteter gewesen als es den landläufigen heutigen Anschauungen entspricht. ... 2) Das Verhältnis zwischen Assimilation und Nichtassimilation erscheint als ziemlich verwickelt. Nicht nur zeigen die einzelnen Konso-

schriften fast immer als *retuli*, *retulit* etc. erscheinen, sind regelmäßig mit Doppel-t geschrieben. Weitere Vereinheitlichungen sind im Bereich der Vokale vorgenommen worden: Diphthonge wurden in jedem Fall ausgeschrieben (*Aegyptus*, *Palaestina*, *Iudaei*, *Manichaeus*, *haereticus*), y in vielen Fällen bewahrt, auch wenn i-Schreibung z. T. überliefert ist (so steht im Text durchgehend *Aegyptus*, *Libya*, *presbyter*, *mysterium*). Wenn allerdings durch unterschiedliche Schreibung verschiedene Formen von Endungen verkörpert wurden, wurde auf eine Vereinheitlichung verzichtet: So sind die Genitivformen *mensum* und *mensuum*[9] nebeneinander stehengeblieben, ebenso die Akkusative *diaconos* und *diacones*[10]. Nicht geändert wurde auch bei der handschriftlich überwiegenden Schreibung von f statt von ph, obwohl die ph-Schreibung die üblichere wäre (*Pafnutius*, *Stefanus*, *Porfyritis*, *fantasma*).

Einen besonders problematischen Komplex bilden die Eigennamen. Hier eine halbwegs konsequente Handhabung durchzuführen, war kaum möglich. Tendenziell läßt sich aussagen, daß im Falle von bekannteren Namen, insbesondere geographischen Angaben, zur Erleichterung des Verständnisses die üblichere und dem Leser geläufigere Schreibweise gewählt, bei ausgefalleneren Namen, speziell von außerhalb der HL kaum begegnenden Personen, eher den Handschriften gefolgt wurde. Auch hier ist jedoch nicht in allen Fällen Vereinheitlichung angestrebt worden, namentlich dann, wenn die Unterschiede über orthographische Abweichungen hinausgingen: Neben *Abraham* steht gleichberechtigt *Habramius*, neben *Salomon Solomon* und neben *Spania Hispania*. Die nur einmal (61.7) erwähnte spanische Stadt *Tarraco* ist in der mehrheitlich bezeugten Schreibung *Taracho* stehengeblieben.

Ein häufig begegnendes Phänomen ist die inkonsequente Überlieferung von h im Anlaut von Wörtern und Silben; hier war die Mehrheit der Handschriften ausschlaggebend: Überliefert ist überwiegend *Hiericho*, *Hierosolima*, *Israhel* einerseits und *Esychas*, *Ierax*, *Iob* andererseits. Ferner gibt es Schwankungen bei der Aspiration von t und c; auch hier diente die Handschriftenmehrheit als Kriterium. Bei den ausgewogen überlieferten Schreibungen *Marcus* und *Marchus* erhielt die übliche Form *Marcus* den Vorrang.

---

nantengruppen, miteinander verglichen, große Verschiedenheit in ihrer Zugänglichkeit gegenüber der Assimilation, sondern sogar innerhalb von ihnen treten häufig unter gleichen oder ähnlichen phonetischen Voraussetzungen Assimilation und Nichtassimilation gleichzeitig auf, meist jedoch so, daß nicht ein willkürliches Durcheinander herrscht, sondern daß eine Beschränkung der einen oder der anderen Möglichkeit auf gewisse Worte festzustellen ist. Diese Eigentümlichkeit zeichnet sich bereits in Altlatein ab und ist ohne grundlegende Änderung das ganze Altertum hindurch bewahrt geblieben."

9 Vgl. Rönsch, S. 265.

10 Vgl. Rönsch, S. 262; Mohrmann, S. 102 f.; Svennung, S. 149 ff.

Zwei Eigennamen sind in diesem Zusammenhang besonders hervorzuheben: zum einen das völlig uneinheitlich überlieferte *Scithis*, zum andern die fast ausnahmslos tradierte Schreibweise *Macharius*. Zu *Scithis* gibt es alle nur denkbaren und durch Wechsel von i und y, c und ch sowie th und t erreichbaren Kombinationen. Dazu kommen verschiedene Endungen: -is, -i (bzw. -y) oder -ia, sogar *Scithin* als Nominativ ist bezeugt[11]. Hier schien es auch wieder ratsam, dem Querschnitt der α-Handschriften zu folgen. Dadurch ergab sich als vorherrschende Schreibung die hier zitierte. Bestehen blieben allerdings die Unterschiede in der Deklination (-is und -ia) und die „Doppelbelegung" der Form *Scithin* als Nominativ und Akkusativ.

Bei der Schreibung des Namens *Macarius* mit ch liegt wahrscheinlich Hyperurbanismus bzw. falsche Graezisierung vor[12]. Aufgrund der erdrükkenden Überlieferungslage[13] habe ich mich jedoch für Beibehaltung dieser Schreibweise entschieden[14].

Exkurs: Zum Namen der Melania

Eine Besonderheit der α-Handschriften bleibt noch zu erwähnen: die Aufspaltung der Überlieferung in die Namensformen *Melania* und *Melanius*, wobei *Melanius* meist als Femininum, in seltenen Fällen auch als Maskulinum behandelt wird; β bietet neben *Melania* auch die Variante *Melanium*. Auch im Griechischen ist die Überlieferung nicht einheitlich: Es erscheinen Μελανία, Μελανίη, Μελάνη und Μελάνιον[1], eine Form Μελάνιος ist dagegen nicht belegt[2].

Die Frage, wie es zu dem als Femininum verwendeten Nominativ *Melanius* gekommen ist, ist nicht eindeutig beantwortet. Turner gibt keine Erklärung für diese Form, kommt aber aufgrund ihrer Bezeugung auch bei

---

[11] Vgl. dazu H.-Sz., S. 29.

[12] So interpretierte den Befund auch Frau Dr. A. Jördens (Institut für Papyrusforschung der Universität Marburg) in einem Brief vom 04.11.1993.

[13] Ohne -h- schreiben den Namen nur die Handschriften der Exzerptgruppe aus Montecassino; s. Kapitel E1 a) β).

[14] Anders ist E. Schulz-Flügel in der Edition der HM verfahren: Hier ist in Anlehnung an die griechische Form Μακάριος die korrekte Schreibung *Macarius* gewählt. – Den Namen „Macharius" erwähnt neben weiteren Beispielen P. Stotz in: Handbuch zur lateinischen Sprache des Mittelalters, Dritter Band: Lautlehre, München 1996, §131.2. („ch für c").

[1] Frauennamen im Neutrum sind häufiger belegt; sie erscheinen zunächst als Hetärennamen (Beispiele bei Schwyzer/Debrunner, Bd. 2, S. 37/8 unter „Genuswechsel"). – In der Kirchengeschichte des Eusebius/Rufinus (hist. eccl. 6,41,18) ist von einer Ἀμμωνάριον … ἁγία παρθένος die Rede. Dieser Name wird von Rufin ganz üblich im Femininum wiedergegeben: *Ammonaria sancta virgo* (Varianten sind nicht vorhanden).

[2] S. zu dem Thema auch Butler II, S. 222/3, Note 85.

anderen Autoren zu dem Schluß, daß sie als Bezeichnung für die ältere Melania üblich gewesen sein muß und deshalb nicht zu verwerfen ist[3]. Eduard Schwartz zeigt zwar eine Entwicklung des griechischen Namens auf, die Entstehung des maskulinen Nominativs im Lateinischen aber bleibt auch ihm unklar[4]. Einen möglichen Ansatz bietet Hans Lietzmann, indem er den Namen in die Reihe der *signa*, der für Gruppen- oder Vereinsmitglieder verwendeten Beinamen stellt, die für beide Geschlechter nur eine Form haben[5]. Er beruft sich u. a. auf Ernst Diehl[6], der Melanius neben Aemilia Hilarius, der Stiefmutter des Ausonius, im Zusammenhang der *signa* anführt[7].

An folgenden Stellen kommt der Name Melania in der HL vor:

a) für die ältere Melania:

Cap. 5.3	melanius	**A** *a.c.* **S** *p.c.* **M**
	melania	**A** *p.c.* **Z** *fort.* **S** *a.c.* **β Ro**
Cap. 9	melanius	**A** *a.c.* **S**
	melaniae	**A** *p.c.*
	melania	**M β** *part.* **Ro**
	melanium	**β** *part.*
Cap. 10.3	melanius	**A** *a.c.* **S M** *a.c.*
	melania	**A** *p.c.* **M** *p.c.* **β** *part.* **Ro**
	melanium	**β** *part.*

---

3 The Lausiac History of Palladius, S. 352: „... it is clear that Paulinus knew her as ‚Melanius'. The MSS of Jerome ... vary between masculine, feminine, and neuter, but in the *Chronicle* ‚Melanius' is certainly the reading of all the older MSS, including the Bodleian codex of the fifth century. For Augustine we have as yet no critical *apparatus*: but the evidence of the other two Latin fathers amply guarantees the correctness of ‚Melanius', and this is also the form adopted in the Sessorian MS of the Latin version of Palladius. ... Why her contemporaries called her Melanius I am unable to say: and it would perhaps be pedantic at this time of day to alter the traditional form in speaking of her."

4 Palladiana, S. 165, Anm. 7: „Aus dem regulären Μελάνιον entsteht Μελάνιν, das auch Μελάνην geschrieben werden kann; daraus entwickelt sich der inkorrekte Nominativ Μελάνη. Μελανία ist künstlich gemacht. Den lateinischen, sicher überlieferten Nominativ *Melanius* kann ich nicht erklären."

5 Geschichte der Alten Kirche 4: Die Zeit der Kirchenväter, Berlin [2]1953, S. 155, Anm. 6 (zu Melanius): „So heißt sie: die maskuline Form ist bei ‚Signa' auch für Frauen gebräuchlich; ... Die Namen Melania oder Melanium sind Anpassungen an das Übliche."

6 Das Signum, in: RhM N. F. 62 (1907) 390-420.

7 S. 415, Anm. 1. – Diehl führt die „Eingeschlechtigkeit" der *signa* auf ihre „ursprünglich plurale Natur" zurück (S. 415).

Cap. 18.38	melanius	**C A** *a.c.* **S**
	melaniae	**A** *p.c.* **M** *p.c.*
	melania	**M** *a.c.* **β Ro**
Cap. 38.10	melania *(abl.)*	*omnes* **Ro**
Cap. 38.11	melania *(nom.)*	*omnes* (*praeter* **NF**) **Ro**
	melanium **NF**	
Cap. 38.12	melaniae	*omnes* **Ro**
Cap. 46.1	melanius	**C** *a.c.* **S M** *a.c.*
	melania	**C** *p.c.* **Z M** *p.c.* **β Ro**
Cap. 54.1	melania *(abl.)*	*omnes* **Ro**
Cap. 54.10	melaniae	*omnes* **Ro**
Cap. 58.4	melaniae	*omnes* **Ro**

b) für die jüngere Melania:

Cap. 54.5	melaniam	*omnes* **Ro**
Cap. 54.6	melania *(abl.) vel* melaniam	*omnes* **Ro**
Cap. 58.4	melanius	**M** *a.c.*
	melania	**C M** *p.c.* **β Ro**
Cap. 61.1	melania *(abl.)*	*omnes* **Ro**

Der vorangehenden Auflistung lassen sich folgende Beobachtungen entnehmen:

1. Die maskuline Namensform wird nur für die ältere, nicht für die jüngere Melania verwendet. Diese Tendenz wird durch die Überlieferung außerhalb der HL bestätigt[8]. Die in Cap. 58.4 von **M** vor der Korrektur gebotene Form *melanius* für die jüngere Melania beruht auf einem Irrtum und ist zu vernachlässigen. Man kann damit das Genus des Namens direkt als Unterscheidungsmerkmal zwischen der älteren und der jüngeren Melania ansehen.

2. Die maskuline Endung des Namens begegnet nur im Nominativ; die obliquen Kasus – vorhanden sind der Genitiv und Ablativ – werden stets feminin gebildet. Diese Beobachtung gilt nur für die HL; in anderen Wer-

[8] Weitere die ältere Melania betreffende Stellen werden weiter unten angeführt. Zur jüngeren Melania vgl. z. B. Hier. epist. 143,2,3 und Aug. epist. 124 (Briefkopf); 126,4 (p. 10,25); 126,5 (p. 11,18); pecc. orig. 1,1, wo weder *melanius* noch *melanium* als Lesart bezeugt ist; zum im Titel von Aug. retract. 2,76 stehenden *Melaniam* gibt es die Variante *melanium.*

ken sind auch die Formen *Melani(i)* und *Melanio* bezeugt[9]. Daß neben *Melanius* auch *Melania* für den Nominativ verwendet wird, zeigt Cap. 38.11, wo von der älteren Melania die Rede ist.

3. Die Korrekturrichtung führt fast ausschließlich von *Melanius* weg zu *Melania*, in seltenen Fällen auch zu *Melaniae*, einer vermutlich dem griechischen Μελανίη nachgebildeten Form. Diese Tendenz erklärt sich durch das Bestreben, das Ungewöhnliche durch das Übliche zu ersetzen. In einem einzigen Fall ist die Endung *-ius* das Ergebnis einer Korrektur: in Cap. 5.3 in der Handschrift **S**. Da **S** jedoch anhand einer alten α-Vorlage korrigiert worden ist[10], stammt auch diese Lesart aus einer frühen Schicht des α-Textes.

Was die zugehörigen Adjektive und Relativpronomina betrifft, so herrscht meistens Einigkeit darüber, daß es sich auch bei *Melanius* um eine Frau handelt. An wenigen Stellen ist die Überlieferung gespalten: In Cap. 5.3 bieten **A** *a.c.*, **S** *a.c.* und **M** *beatissimus* statt *beatissima* als Attribut zu *melanius*, und **M** setzt sogar mit *de quo* ... fort. In Cap. 18.38 überliefert **C** *sanctus melanius*, während die übrigen Handschriften *sancta melanius* bzw. *melania* haben. **A** und **M** korrigieren zusammen mit dem im Nominativ stehenden Namen sinnloserweise auch das Attribut in eine auf *-ae* endende Form *sanctae*.

Aufgrund des dargestellten Befundes sind für die Behandlung des Namens Melania in der HL folgende Entscheidungen getroffen worden:

1. Sofern in der Überlieferung der α-Handfschriften für die ältere Melania der Nominativ *Melanius* überwiegend oder zumindest gleichwertig mit der femininen Form bezeugt war, wurde dieser in den Text genommen.

2. Die Inkonsequenz, daß in Cap. 38.11 *Melania* als Nominativ für die ältere Melania verwendet wird, wurde wegen der einhelligen Überlieferung bestehen gelassen.

3. Dagegen wurde in Cap. 58.4 die von **M** *a.c.* für die jüngere Melania gebotene Form auf *-ius* nicht übernommen, weil die maskuline Endung sonst – auch außerhalb der HL – nur bei der älteren Melania begegnet.

4. In den in der HL auftretenden obliquen Kasus Gen. und Abl. wurden die in diesem Text ausschließlich bezeugten femininen Formen *Melaniae* und *Melania* geschrieben.

5. Die auf den Nominativ *Melanius* bezogenen Adjektive und Relativpronomina wurden im Femininum gelassen. Dabei ist in einem Fall[11] gegen die mehrheitliche Überlieferung ein feminines adjektivisches Attribut

---

[9] S. die Zusammenstellung weiter unten (S. 467 f).

[10] S. Kapitel E1 a) α).

[11] Cap. 5.3: *beatissimus* statt *beatissima* (s. weiter oben auf dieser Seite).

in den Text gesetzt worden, bei den Relativpronomina war keine Korrektur nötig.

Es folgt nun ein Überblick über die Überlieferungssituation des Namens der älteren Melania in anderen Werken:

a) Hieronymus, Chronik des Eusebius:

Hier. chron. ad 374 p. Chr.

Melanium, nobilissima mulierum Romanorum et Marcellini quondam consulis filia, unico praetore tunc urbano filio derelicto Hierosolymam navigavit.

Melanium ist eine Konjektur des Editors Helm, die handschriftliche Situation ist folgende:

melanius O A B M (a über u)
melania *corr. ex* melanius N
melanias P

b) Hieronymus, Epistulae:

epist. 3,3,2	Melaniae (Gen.)]	melanii B e f
epist. 4,2,1	Melania (Abl.)]	melanio B
epist. 39,5,4	Melanium (Nom.)]	Melanium *Hilberg*
		melanius G K Ψ
		melania (nia *s. l.* B) *cet.*
epist. 45,4,1	Melanium (Nom.)]	melanium ς
		melanias K *a.c.*
		melania (*alt.* a *in ras. 2 litt.*) Σ
		melanius *cet.*
epist. 45,5,1	Melaniumque (Akk.)]	melaniamque Σ

c) Augustinus, Epistulae[12]*:*

epist. 94,2 (p. 499,2)	Melanium (Akk.)]	Melaniam *edd.*
epist. 94,3 (p. 500,17)	Melanio (Abl.)]	melanium m
		(*Migne* Melania)

Im Personenindex[13] unterscheidet der Herausgeber Goldbacher zwischen *Melania (minor)* und *Melanium (Melania maior)*, wobei allerdings durch den ersten Eintrag *Melanium (Melaniam maiorem) ... flevisse ...* der Name im Akkusativ erscheint, dem ebensogut ein Nominativ *Melanius* zugrundeliegen könnte.

---

[12] Der Verfasser des im folgenden zitierten Briefes Nr. 94 ist Paulinus von Nola. Der Brief ist jedoch auch in der Ausgabe der Augustinbriefe von A. Goldbacher ediert; er ist identisch mit Paul. Nol. epist. 45 (s. u. S. 468).

[13] Index V. (CSEL 58).

d) Paulinus von Nola, Epistulae:

epist. 28,5	Melani]	melanii M
		melanie *corr. ex* melanii L
		melaniae F
epist. 29,5	Melani]	melaniae L M O
		melanie P U
epist. 31,1	Melanius]	melanias F U
		melania O M v
		(M *s. l. m. 2* vel melanius)
epist. 32,11	Melani]	melanii M
epist. 45,2	Melanium (Akk.)]	Melaniam *Rosw.*
epist. 45,3	Melanio (Abl.)]	keine Varianten

Der Eintrag im Index nominum et rerum in der Ausgabe des Paulinus von Nola von W. Hartel[14] lautet: *Melanius sancta Paulino cognata.* Wie auch den oben angeführten Stellen zu entnehmen ist, hat Hartel durchgehend die maskuline Form des Namens in den Text genommen.

e) Paulinus von Nola, Carmina:

carm. XXI 72; 285; 294; 840 Melani (ohne Varianten)

Eine Stelle in dem Donatkommentar des Sergius (oder Servius) ist besonders auffällig, weil in dem Kapitel über Vokativendungen als einziges Beispiel für einen auf *-ius* endenden femininen Eigennamen ausgerechnet *Melanius* angeführt wird. Dieser Gebrauch des Namens muß also den Lesern des Kommentars geläufig gewesen sein:

Sergius explan. in Don. gramm. IV 497,4

vocativus vero secundae declinationis aut i terminatur aut e: tunc i, cum nominativus singularis in nominibus propriis generis masculini i habet ante us, ut Mercurius Mercuri, Terentius Terenti; aliter vero, id est sive i non habeat, ut doctus, sive habeat i, sed proprium non fuerit, ut pius, *sive femininum fuerit, ut Melanius*, vocativum in e mittent, ut o docte, o pie, o Melanie; ...

Ein weiterer Frauenname, der in der HL in einer maskulinen Nominativform begegnet, ist der Name der Eustochium, der Tochter der Paula; er kommt nur einmal vor, in Cap. 41.3. Die handschriftliche Überlieferung ist auch hier gespalten:

eustochius	**S** *a.c.* **M** *a.c.* (**C** *def.*)
eustochia	**S** *p.c.*
eustochium	**M** *p.c.* **β** **Ro**

[14] CSEL 30, S. 405.

Im Griechischen erscheinen die beiden Formen Εὐστόχιον (in der G-Fassung) und Εὐστοχία (im B-Text); ein Maskulinum ist auch in diesem Fall – wie bei Melania – nicht belegt.

In der Überlieferung außerhalb der HL stellt sich die Lage anders dar als im Fall der älteren Melania:

Das Auftreten des Namens konzentriert sich weitgehend auf die Werke des Hieronymus und dort hauptsächlich auf die Commentarii und – an zweiter Stelle – die Epistulae. Stellvertretend für das gesamte Werk seien die Briefe herausgegriffen, an denen sich folgende Beobachtungen gewinnen ließen:

1. Die Bezeugung innerhalb der Epistulae teilt sich auf in die Formen des Neutrums und des Femininums, wobei das Neutrum überwiegt.

2. Auch an den einzelnen Stellen schwanken die Lesarten – neben zahlreichen orthographischen Varianten – zwischen diesen beiden Genera.

3. Die Anzeichen für eine maskuline Namensform sind sehr spärlich. Abgesehen von den obliquen Kasus, die sowohl auf ein Maskulinum als auch auf ein Neutrum hindeuten können, gibt es nur wenige eindeutige Lesarten: Von insgesamt 34 Erwähnungen des Namens in den Hieronymusbriefen ist an zwei Stellen der Vokativ *eustochi* handschriftlich bezeugt[15]; der Nominativ *eustochius* ist sogar nur an einer Stelle in den Handschriften zu finden[16].

Ein maskuliner Nominativ *Eustochius* scheint also weniger gebräuchlich gewesen zu sein als der Nominativ *Melanius*. Der in der HL vorliegende *Eustochius*-Beleg kann sich damit weder auf weitere Parallelstellen im selben Text noch auf eine nennenswerte Tradition in anderen Werken stützen – er ist als nahezu singuläre Erscheinung zu werten.

E5 ANMERKUNGEN ZU DEN APPARATEN

a) *Similienapparat*

Im Similienapparat sind Parallelstellen aus griechischer und lateinischer Literatur zusammengestellt. Dabei wurde aufgrund der unsicheren Datierung vieler Texte keine Unterscheidung zwischen Quellen und Testimonien vorgenommen. Soweit möglich, wurden die Stellen in chronologischer Reihenfolge präsentiert. Aufgenommen wurden sowohl konkrete Parallelen zu einzelnen Kapiteln und Episoden der HL[1] – sofern diese über die

---

[15] Beide Stellen finden sich im selben Brief: epist. 22,2,1 und 22,26,1.

[16] Epist. 66,2,1: Eustochium] eustochius D Ψ; eusthocius K.

[1] Hierzu zählen v. a. die teilweise wörtlich mit der HL übereinstimmenden Parallelberichte in den Kirchengeschichten.

bloße Erwähnung eines Namens hinausgehen – als auch in anderem Kontext stehende vergleichbare Motive[2]; Standardmotive und -topoi hagiographischer Texte blieben jedoch wegen der überaus großen Zahl der Belegstellen weitgehend ausgespart.

Verzichtet wurde auch darauf, mit HL-Stellen wörtlich übereinstimmende Formulierungen aus anderen Werken anzuführen, da Parallelen dieser Art v. a. den griechischen Text betreffen. Eine umfangreiche Zusammenstellung der in großer Zahl vorhandenen Wendungen und Begriffe, die der griechische Text der HL mit den Schriften des Evagrius gemeinsam hat, findet sich in dem zweiteiligen Aufsatz „L',Histoire Lausiaque', une œuvre écrite dans l'esprit d'Évagre"[3] von R. Draguet[4].

Bei der Auswertung der umfangreichen frühchristlichen Literatur war eine Begrenzung unumgänglich. Diese wurde in verschiedener Hinsicht vorgenommen:

– *sprachlich:*

Angesichts der Tatsache, daß es sich bei der lateinischen HL um eine relativ wortgetreue Übersetzung aus dem Griechischen handelt[5], mußte die Suche nach Similien stärker auf inhaltliche Übereinstimmungen mit griechischen oder lateinischen Texten als auf sprachliche Anklänge in der lateinischen Literatur ausgerichtet sein. Daher wurden griechische, originär lateinische und aus dem Griechischen ins Lateinische übersetzte Werke gleichermaßen berücksichtigt. Zudem konnte der Similienapparat der griechischen Ausgabe der HL[6] für den Nachweis von Similien mit herangezogen werden.

– *zeitlich:*

Bei der Suche nach Similien erschien es sinnvoll, sich auf etwa zeitgleiche Literatur zu beziehen. Da die Anfertigung der lateinischen Übersetzung der HL vermutlich noch im 5. Jahrhundert anzusetzen ist, bot sich eine Beschränkung auf das 4./5. Jh. an, einen literarisch relativ geschlos-

---

2 Bei der Anführung der Stellen wurde zwischen diesen beiden möglichen Arten von Parallelen nicht unterschieden: Eine Angabe beispielsweise zu der keuschen Ehe des Amon (Cap. 8) kann sich also ebenso auf eine Parallelstelle zur Ehe Amons wie auf eine Similie zum Thema der jungfräulichen Ehe überhaupt beziehen.

3 Teil 1: RHE 41 (1946) 321-364; Teil 2: RHE 42 (1947) 5-49.

4 Ebenfalls von Draguet stammt eine Auflistung der weniger zahlreichen Übereinstimmungen zwischen der HL und Kyrillos von Skythopolis auf den Seiten 216/7 seines Aufsatzes: „Réminiscences de Pallade chez Cyrille de Scythopolis" in RAM 25 (1949) 213-218. Die über sprachliche Anklänge hinausgehenden inhaltlichen Parallelstellen sind in den Similienapparat aufgenommen worden.

5 Im Gegensatz etwa zum freieren Umgang Rufins mit seiner Vorlage bei der „Übersetzung" der HM.

6 Ed. Butler.

senen Zeitraum. Texte aus späterer Zeit wurden nur vereinzelt miteinbezogen[7].

– *literarisch:*

Im Vordergrund der Auswertung standen mit der HL literarisch verwandte Genera. Darin sind folgende Gruppen von Werken eingeschlossen:

- andere Vitensammlungen (HM; Theodoret, „Historia religiosa")
- einzeln tradierte Viten (Vitae Antonii[8]; Pachomii; Pauli, Hilarionis, Malchi; Melaniae u. a.)
- Apophthegmensammlungen[9]
- Kirchengeschichten (Theodoret, Socrates, Sozomenos, Eusebios/Rufin)
- die apokryphen Apostelakten
- Regulae (Benedicti, Magistri, Patrum)
- einzelne stark rezipierte Autoren (z. B. Cassian)

Dazu kommt die vereinzelte Erwähnung klassischer Autoren und der Nachweis epochenübergreifender Sprichwörter, ohne daß jedoch der Weg ihrer Rezeption dokumentiert wird.

Schließlich dienen Querverweise innerhalb der HL dazu, auf parallele Episoden oder Doubletten hinzuweisen.

b) Textkritischer Apparat

Der textkritische Apparat ist folgendermaßen aufgebaut:

Er beginnt mit einer Bezeugungsleiste: In der ersten Zeile sind die in der lateinischen Überlieferung vorhandenen Textzeugen angegeben; die Handschriften für α und β werden aufgezählt, gegebenenfalls mit Angabe von Lücken, Textverlusten o. ä. Außerdem wird mitgeteilt, ob das betreffende Kapitel in der zweiten lateinischen Übersetzung, Lat. II (= BHL 6534) vorliegt, und ggf. die Kapitelzahl der Edition Rosweydes genannt. In der zweiten Zeile folgen die Siglen der zur Verfügung stehenden griechischen Handschriften und syrischen Rezensionen. Am Schluß ist der Herausgeber des bei Migne abgedruckten Textes, Rosweyde, mit dem Kürzel **Ro** vermerkt.

Den ersten Abschnitt des eigentlichen Apparates bilden die verschiedenen Formen der Kapitelzahlen und Lemmata der Handschriften. Die durch-

---

[7] Der jüngste berücksichtigte Autor ist der Kirchenhistoriker Nikephoros Kallistos Xanthopulos aus dem 13./14. Jh. In seinem Werk zeigt sich das Weiterwirken der frühchristlichen Kirchengeschichten des Eusebios, Sozomenos und anderer von ihm benutzter Quellen.

[8] Die Vita Antonii hatte Vorbildcharakter für die nachfolgende asketische Literatur; aus ihr wurden viele Topoi entnommen.

[9] Hierbei wurden, soweit sie sich durch Tabellen ermitteln ließen, auch die Parallelüberlieferungen einzelner Apophthegmata in anderen Sammlungen mit angegeben.

gehende Kleinschreibung gibt nicht die Schreibung der Handschriften wieder, sondern ist nivelliert.

Es folgt der eigentliche textkritische Apparat. Er ist überwiegend negativ, nur in besonderen Fällen positiv. Die Varianten werden nicht nach zunehmender Entfernung von der Lesart des Textes, sondern nach Zusammengehörigkeit der Handschriften angeführt. Erwähnung finden auch Sonderlesarten einzelner Handschriften; diese werden im Fall von **β** oft in Klammern in eine allgemeine **β**-Lesart eingefügt, da man für sie eigentlich einen „Apparat zum Apparat" bräuchte[10]. Sinnlose Varianten oder unlateinische Wortgebilde haben dagegen keine Aufnahme gefunden, es sei denn, sie sind geeignet, Abhängigkeitsverhältnisse zu illustrieren. Orthographica blieben weitgehend unberücksichtigt; nur wenn sich durch sie neue lateinische Formen ergaben, wurden sie erwähnt. Dies gilt auch für Eigennamen, für die im allgemeinen eine besondere Vielfalt an Schreibungen existiert: Auch hier waren weiterreichende Veränderungen wie z. B. Deklinationswechsel (etwa *Moseus* statt *Moyses*) für eine Aufnahme Voraussetzung. Hin und wieder erscheinen im Apparat besonders auffällige Beispiele abweichender Interpunktion, wenn diese sinnverändernd gewirkt haben. Randnotizen in Codices werden nur dann zitiert, wenn sie den Charakter von Zwischenüberschriften haben, wie es bei einigen **β**-Handschriften der Fall ist; kurze bewertende Kommentare wie *pulchre* o. ä. bleiben dagegen unerwähnt.

Zur Untermauerung einer textkritischen Entscheidung ist nicht selten der griechische (Gr) oder syrische (Syr) Wortlaut hinzugefügt, der griechische normalerweise als Zitat – wobei Unterschiede in den beiden Ausgaben mit Bu (für Butler) und Ba (für Bartelink) notiert werden –, der syrische im Anschluß daran entweder in der französischen Übersetzung oder mit *idem* bzw. *sim.* Syr, je nach seiner Nähe zur griechischen Formulierung. Falls ein Hinweis auf die zweite lateinische Fassung hilfreich ist, wird dieser mit Lat. II nach der handschriftlichen Überlieferung gegeben; Abweichungen des Migne-Textes werden in Klammern hinzugefügt und auch in dieser Fassung mit der Sigle **Ro** bezeichnet. Dazu treten bei grammatisch oder lexikalisch ungewöhnlichen Lesarten mehrfach Verweise auf Grammatiken oder Lexika, insbesondere auf den Thesaurus Linguae Latinae.

Einige Sonderzeichen des Apparates müssen erklärt werden:

- Mit einem Plus-Zeichen (+) werden die Textteile angeschlossen, die von **β** zusätzlich zu **α** geboten werden. Diese Notierungsweise hat nur schematischen Charakter; sie gibt keinerlei Auskunft über die Position, die

---

[10] Der im Apparat dargebotene **β**-Text ist also nicht als kritische Ausgabe zu verstehen. Seine Grundlage bildet der Konsens der sieben Handschriften; die Einzellesarten werden nicht gewertet.

dem betreffenden **β**-Zusatz innerhalb der Überlieferung zukommt[11]. Der Apparat ist so angelegt, daß aus ihm der Wortlaut der Langfassung I rekonstruiert werden kann.

- Eine zwischen zwei Asterisken (*) stehende fettgedruckte Zahl am Ende eines **β**-Zusatzes weist auf den entsprechenden Platz dieser Lesart in der Liste in Kapitel B3 b), aus der weitergehende Angaben zur Überlieferungssituation entnommen werden können.
- Bei textkritisch komplizierten oder aus anderen Gründen erklärungsbedürftigen Stellen verweist die Angabe *cf. Praef. C4*[12] auf weitere Erläuterungen in dem genannten Einleitungskapitel.
- Ergänzte Buchstaben oder Wörter werden in spitze (<...>), athetierte in eckige Klammern ([...]) gestellt.
- Mit zwei Schrägstrichen (//) wird jeweils ein unleserlicher Buchstabe bezeichnet.
- Die Abkürzung *def.* (= *deficit*) ist ausschließlich für mechanische Zerstörung von Textteilen reserviert. Sie gibt durch den gesamten Text hindurch die durch Feuer verursachten Ausfälle in **C** an und wird gegen Ende der HL auch für eine kurze Passage in **S** verwendet.
- *om.* steht für Auslassungen innerhalb der lateinischen Überlieferung. Nicht vorhandene griechische oder syrische Entsprechungen zum lateinischen Wortlaut dagegen werden durch *deest* Gr (bzw. Syr[13]) angezeigt.
- *add.* bedeutet immer, daß das betreffende Wort oder Textstück nachträglich *supra lineam* oder *in margine* hinzugefügt worden ist; soll eine gegenüber der ω-Lesart erweiterte Variante bezeichnet werden, so wird der Wortlaut vollständig angeführt.
- *prim./sec./tert.* dient der Unterscheidung mehrerer gleichlautender Varianten innerhalb einer Zeile.
- *a.c./p.c.*: Die Angabe *ante correctionem* bzw. *post correctionem* bezieht sich immer nur auf die unmittelbar vorausgehende Handschriftensigle[14]: **S M** *a.c.* bedeutet also, daß sich eine bestimmte Lesart in **S** (ohne Korrektur) und in **M** vor der Korrektur findet. Soll ausgesagt werden, daß

---

[11] Zu einer genaueren Gruppierung und Bewertung der „Zusätze“ s. die Liste in Kapitel B3 b).

[12] Gelegentlich wird auch auf andere Kapitel der Einleitung verwiesen, wenn die Stelle nicht in C4 besprochen ist.

[13] Gegen eine Verwendung von *omisit* in bezug auf den syrischen Text sprach der Umstand, daß ich auf die französische Übersetzung angewiesen war und daher nicht sicher beurteilen konnte, ob ein bestimmtes Wort im Syrischen tatsächlich ausgelassen wurde.

[14] Dasselbe gilt für in Klammern stehende erläuternde Zusätze. Ebenso ist mit der voranstehenden Einschränkung *fort.* (= *fortasse*) immer nur die direkt folgende Handschriftensigle zu verbinden.

sie sowohl in **S** als auch in **M** vor der Korrektur steht, so gilt die Notierungsweise **S** *a.c.* **M** *a.c.* – Auf eine Anführung verschiedener Hände bei den Korrekturen wurde verzichtet, weil eine Unterscheidung nicht immer möglich war und die Unterlassung einer Differenzierung in einzelnen Fällen zu falschen Schlüssen „e silentio" führen könnte[15].

---

[15] Dieselben Bedenken äußert R. Gryson in seiner Einleitung zu Commentaires de Jérôme sur le prophète Isaïe, Livres I-IV auf S. 126/7: „Nous avons été souvent surpris de l'assurance avec laquelle les éditeurs distinguent les campagnes de correction successives qu'ils croient reconnaître dans leurs manuscrits. En dehors du cas évident où, dans un manuscrit daté de façon sûre, ces corrections sont le fait d'une main nettement postérieure, il convient d'être très prudent en la matière. Un copiste qui se relit et qui se corrige après coup, contraint de s'accommoder de l'espace réduit qui reste disponible en marge ou entre les lignes, peut utiliser un autre style d'écriture et un autre ductus que dans la calligraphie du premier jet. Il n'utilise pas non plus nécessairement la même encre."

HISTORIA LAUSIACA

DIE KAPITEL DER HISTORIA LAUSIACA

36. De Posidonio
37. De Serapione
38. De Evagrio
39. De Pior et Moyse Libyco
40. De Effrem
41. De feminis sanctis
42. De Iuliano
43. De Adolio
44. De Innocentio
45. De Filoromo
46. De Melania seniore I
47. De Chronio et Pafnutio
48. De Elpidio
49. De Sisinnio
50. De Gaddano
51. De Helia
52. De Saba
53. De Habramio
54. De Melania seniore II
55. De Melania seniore III
56. De Olympiade
57. De Candida et Gelasia
58. De monachis in Antinoo civitate habitantibus
59. De Amata et Taor
60. De virgine et martyre Collotho
61. De Melania iuniore
62. De Pammachio
63. De virgine et Athanasio
64. De Iuliana
65. De virgine et iuvene agente in rebus
66. De quodam ex comite
67. De Magna
68. De misericordi monacho
69. De virgine lapsa
70. De lectore Eustathio
71. De quodam fratre + Epilogus

SYNOPSE DER HANDSCHRIFTEN DER TEXTREKONSTRUKTION UND DER VERSION II

Kapitel:	C	A	Z	S	M	β	Lat. II
Prolog I	–	–	–	–	–	x	–
Prolog II	–	x	–	x	x	x	x
1. Isidor	–	x	–	x	x	x	x
2. Dorotheus	–	x	–	x	x	x	x
3. Potamiaena	–	x	x	x	x	x	x
4. Didymus	–	x	–	x	x	x	x
5. Alexandra	–	x	x	x	x	x	–
6. Virgo dives	–	x	x	x	x	x	x
7. Nitria	–	x	–	x	x	x	–
8. Amon	–	x	–	x	x	x	–
9. Or	–	x	–	x	x	x	x
10. Pambo	–	(x)	–	x	x	x	x
11. Ammonius	–	–	–	(x)	(x)	x	x
12. Beniamin	–	–	–	–	–	x	x
13. Apollonius	–	–	–	(x)	(x)	x	x
14. Esaias et Paisius	–	x	–	x	x	x	–
15. Macharius homicida	–	x	–	x	x	x	–
16. Nathanahel	–	x	–	x	x	x	x
17. Macharius Aegyptius	–	x	–	x	x	x	x
18. Macharius Alexandrinus	(x)	x	–	x	x	x	x
19. Moyses Aethiops	x	x	x	x	x	x	x
20. Paulus	x	x	–	x	x	x	–
21. Chronius et Eulogius	x	x	–	x	x	x	x
22. Paulus Simplex	–	x	–	x	x	x	–
23. Pachon	x	–	x	x	x	x	x
24. Stefanus	x	–	–	x	x	x	x
25. Valens	x	–	–	x	x	x	–
26. Heron	x	–	–	x	x	x	–
27. Ptolomaeus	x	–	–	x	x	x	–
28. Virgo Hierosolimitana	x	–	–	x	x	x	–
29. Helias	x	–	–	x	x	x	–
30. Dorotheus	x	–	–	x	x	x	–
31. Piamon	x	–	x	x	x	x	–
32. Pachomius	x	–	–	x	x	x	–
33. Tabennensiotae feminae	x	–	–	x	x	x	–
34. Virgo stulta	x	–	x	x	x	x	–

Kapitel:	C	A	Z	S	M	β	Lat. II
35. Iohannes Lycopolitanus	x	–	–	x	x	x	–
36. Posidonius	x	–	–	x	x	x	–
37. Serapion	x	–	x	x	x	x	–
38. Evagrius	x	–	x	x	x	x	x
39. Pior et Moyses Libycus	x	–	–	x	x	x	–
40. Effrem	x	–	–	x	x	x	–
41. Feminae sanctae	x	–	–	x	x	x	–
42. Iulianus	x	–	–	x	x	x	–
43. Adolius	x	–	–	x	x	x	–
44. Innocentius	x	–	x	x	x	x	x
45. Filoromus	x	–	–	x	x	x	–
46. Melania senior I	x	–	x	x	x	x	–
47. Chronius et Pafnutius	x	–	–	x	x	x	–
48. Elpidius	x	–	–	x	x	x	–
49. Sisinnius	x	–	–	x	x	x	–
50. Gaddanus	x	–	–	x	x	x	–
51. Helias	x	–	–	x	x	x	–
52. Sabas	x	–	–	x	x	x	–
53. Habramius	x	–	–	x	x	x	–
54. Melania senior II	x	–	x	x	x	x	–
55. Melania senior III	x	–	x	x	x	x	–
56. Olympias	x	–	–	x	x	x	–
57. Candida et Gelasia	x	–	–	–	x	x	–
58. Antinoum civitas	x	–	–	–	x	x	–
59. Amata et Taor	x	–	–	–	x	x	–
60. Virgo et martyr Collothus	x	–	–	–	x	x	–
61. Melania iunior	x	–	x	–	x	x	–
62. Pammachius	x	–	–	–	x	x	–
63. Virgo et Athanasius	x	–	–	–	x	x	–
64. Iuliana	x	–	–	–	x	x	–
65. Virgo et iuvenis agens in rebus	x	–	–	(x)	x	x	–
66. Quidam ex comite	x	–	–	x	x	x	–
67. Magna	x	–	–	x	x	x	–
68. Misericors monachus	(x)	–	–	(x)	(x)	x	–
69. Virgo lapsa	(x)	–	–	(x)	(x)	x	–
70. Lector Eustathius	x	–	–	x	x	x	x
71. Quidam frater + Epilogus	x	–	–	x	x	x	–

Die fünf eine größere Textmenge tradierenden α-Handschriften werden ergänzt durch die Exzerpte **U** (für Cap. 19), **W** (für Capp. 19 und 32) und **P** (für Cap. 34) sowie **H** (für Capp. 6, 14, 15, 16, 18.5, 70, 71), **T** (für Capp 6, 14, 18.5, 38) und **D** (für Capp. 29 und 37).

CONSPECTUS SIGLORUM

Recensio Ia

Consensus mss. α:

C Chartres, Bibl. Mun. 5 (16), s. VIII, foll. 108va-146vb 344
A Valenciennes, Bibl. Mun. 521 (475), s. X, foll. 1^{r}-26^{r} 346
Z Marseille, Bibl. Mun. 1233, s. X, foll. 49^{r}-66^{v} (excerpta) . . . 348
S Roma, Bibl. Naz. Centr. Cod. Sess. 41, s. X, foll. 90va-183vb 350
M Monte Cassino, Bibl. dell'Abbazia 348 LL, s. XI, pp. 1-130 . . 353

Excerpta, quae accedunt:

U Bern, Burgerbibl. 611, s. VIII, foll. 40^{v}-41^{v} 356
W Wolfenbüttel, Herzog Aug. Bibl. 59.6. Aug. fol., s. XII/XIII, foll. 77va-79va 358
P Paris, Bibl. Nat. lat. 2994^{A}, s. IX, foll. 42^{r}-45^{r} 359
D Monte Cassino, Bibl. dell'Abbazia 143 KK, s. XI, pp. 204^{b}-205^{a}; 217^{b}-218^{b}; 275^{b}-279^{a}; 400^{a}-405^{a}; 428^{a}-431^{b}; 434^{a}-437^{a} 361
H Monte Cassino, Bibl. dell'Abbazia 400 I, s. XI, pp. 131-133; 277-290 363
T Monte Cassino, Bibl. dell'Abbazia 463 I, s. XI, pp. 298; 316-318; 393-398; 574-578; 581-585 364

Codices descripti:

Q Paris, Bibl. Nat. lat. N.A. 1491, s. XI, pp. 354^{a}-390^{a} (excerpta) 405
R Paris, Bibl. Nat. lat. N.A. 1492, s. XV, foll. 40^{r}-54^{v} (excerpta) 406
J Monte Cassino, Bibl. dell'Abbazia 50 MM, s. XI, pp. 291^{a}-441^{b} 407
K Napoli, Bibl. Naz. Cod. VIII B. 10, s. XIV, foll. 367vb-416vb 407
L Napoli, Bibl. Naz. Cod. VIII B. 27, s. XV, foll. 196va-226ra . 408
O Benevento, Bibl. Capit. della Catt. Cod. III (IV), s. XI/XII, foll. 140va-143va (excerptum) 409

Recensio I

Consensus mss. β:

V Paris, Bibl. Nat. lat. 9729, s. IX, foll. 2^{r}-66^{v} 426
B Torino, Bibl. Naz. Univ. Cod. Bobb. F. IV. 25, s. X, foll. 24va-98vb 427

Sigla recensionum editionumque Latinarum

Ia Recensio brevior versionis primae
I Recensio longior versionis primae (= BHL 6532)
II Versio altera (= BHL 6534)
Ro Recensio I ab Heriberto Rosweyde edita, PL 74, 243-342
Lat. II Versio altera secundum editionem Heriberti Rosweyde, PL 74, 343-382 (manuscriptis adhibitis)

Sigla recensionum editionumque Graecarum et Syriacarum

Gr Textus graecus
Bu Ed. Butler[1]
Ba Ed. Bartelink
Gr G Recensio brevior textus graeci
Gr B Recensio longior textus graeci
Syr Textus syrus (editio: Draguet, Formes syriaques)[2]. Litterae R vel Rm cum numero varias recensiones textus significant.

Sigla manuscriptorum Graecorum[3]

A Partes recensionis longioris textum purum praebentes, plerumque Cod. Paris, B. N. Coisl. 295 (s. XIV)
C Cod. Paris, B. N. Coisl. 282, s. XI
P Cod. Paris, B. N. graec. 1628, s. XIV
T Cod. Torino, Bibl. Naz. Univ. graec. C. IV. 8 (al. 141), s. XVI
V Cod. Venezia, Bibl. Naz. Marciana Bess. 346, s. XI
W Cod. Oxford, Christ Church Wake graec. 67, s. X

---

1 Da die zweisprachige (griechisch-italienische) Ausgabe von G. J. M. Bartelink einen nahezu identischen Text und einen recht knappen textkritischen Apparat bietet, beziehe ich mich weiterhin auf die Ausgabe von Butler.
2 Den syrischen Text habe ich nur in der französischen Übersetzung benutzt.
3 Vgl. Edd. Butler II, S. 2 und Bartelink, S. 2.

Prologus I

I.1 ⟨⌜In hoc libro, quem de vita sanctorum patrum scripturi sumus, descripta 243/244 est nobilis continentia mirabilisque conversationis transactio coenobitarum pariter atque anachoritarum, qui in heremo ad aemulationem ⌜imitationemque 245/246 caelestium vivere cupientes superni regni iter aggressi sunt, feminarum quoque provectarum atque honestarum ac spiritalium matrum commemoratio, quae virili perfectoque sensu ad exemplum amoremque divinum eorum, qui desiderant continentiae ac pudicitiae redimiri coronis, cum insigni abstinentia finiere certamina.

I.2 Idcirco praecipiente nobis viro moribus suavissimo sensuque doctissimo, animo quoque pacifico et corde piissimo, mente etiam amatore dei atque in necessitatibus indigentium socio et celsitudine dignitatum pro bonitate conscientiae plurimis eloquentibus praeferendo atque in omnibus virtute divini spiritus praemunito, quin immo – quia oportet veraciter dicere – ad speculationem potiorum sedulitatis exemplo segnes animos incitante abstinentiam sanctorum spiritaliumque patrum, qui in dei placito victitantes insuperabili certamine carnis crucifixere mollitiem, quorum ipse quoque bene transactas virtutes praedicare non desinit, studemus describere.

I.3 Est autem huius desiderii spiritalis exactor virorum optimus Lausus, qui post dei tutelam custos piissimi probatur ordinatus imperii. Ego igitur et lingua inperitus et spiritalis scientiae tenuiter degustator nec non etiam patrum spiritali catalogo nimis indignus magnitudinem praecepti ultra mensuram meam per-

---

ad totum prologum cf. Cassian. inst. 5,19,1 *et saepius*; Theodoret. hist. rel. prol.; 30,5-8 6-8 *et* 35 *cf.* HL Cap. 41, §1; Gr. Nyss. v. Macr. (p. 371,6-9; 380,17 – 381,14); Paul. Nol. epist. 29,6; 45,2; Theodoret. hist. rel. 29,1; Vita Melan. 12; 39; Vita Melan. (lat.) prol. 2; AP alph. Sara 4 = PJ 10,73 (= AP Bu 2,525); Vita Eugen. 9 (611 A); 15 (614 D); Nicephor. Callist. hist. eccl. 7,12 (1229 A) 6-8 *cf.* Cassian. inst. 12,32,1 *ad* §3 *cf.* HM prol. 2; Sulp. Sev. Mart. praef. 1.3-5; Constantius vita Germ. praef.; Common. patr. prol.; Greg. Tur. Mart. 1 prol. *et saepius (cf. Curtius, p. 93-95: „Affektierte Bescheidenheit")*

---

om. α	β = **VB bG E NF**	*om.* Lat. II
Gr: PA	Syr: R4	**Ro**

Praefatio vitae sanctorum patrum **B b** Incipit prephatio **G** Incipit prefatio vitae sanctorum patrum **E** Prefatio de vita sanctorum patrum ad lausum praepositum palatii ab eraclide directa **N** Incipit prefacio vitae sanctorum patrum ad lausum prepositum palacii ab eraclide directa **F** Inc. *om.* **V**

2 actio **N** 7 finire **NF** 13 quia] quod **V Ro** 14 potiorem **Ro** ‖ abstinentia **G** 15 insuperabili] in superiore **E** ‖ certamini **V** 16 fixere **B** *a.c.* 19 igitur] autem **E** 20 scientiae spiritalis **E** 21 meam esse **Ro**

spiciens reluctari temptabam huiusmodi iussioni, quae et sapientiae litteratae et divinae doctrinae indiget intellectu.

I.4 Sed cum rursus vererer primum quidem nobile studium iniungentis, deinde utilitatem legentium pertractarem, postremo metuens inoboedientiae grave periculum, tanti praecepti cumulum supernae dispensationi conmisi attentiusque sanctorum patrum intercussione meas vires communiens ad certaminis stadium sum progressus virorumque fortium nec non etiam feminarum, quos aut ipse vultu proprio videre promerui aut a sanctis patribus, qui eorum novere virtutes, me audisse commemini, gloriosa signa scripturus atque certamina.

I.5 Nam et plurimas civitates ac villas omniumque paene speluncas et tecta heremi, in qua monachi habitant, diligenti cura dei pietate pedestri labore circumiens et virorum, quos oculis meis inspexi, et mulierum propter spem, quae nobis in Christo reposita est, sexum femineum animi virtute vincentium, in quantum meae suppeditat parvitati, nomina pariter et genus et patriam locumque habitationis praesenti libello conplexus tibi amatori Christi famuloque dei atque inclito pii imperii ornamento, Lause, transmisi simul commemorans utriusque sexus in quibusdam ad summum quidem peracta certamina, sed propter matrem superbiae (quae vocatur cenodoxia) ad extremum baratrum infernique profundum miserabiliter deductorum adquisitas ex longis temporibus ac laboribus abstinentiae palmas repentino elationis ac tumoris momento praemarcidas, gratia vero salvatoris nostri provisioneque sanctorum patrum ac miseratione spiritalium viscerum et orationibus venerabilium seniorum *de laqueis diaboli ereptos* ad recuperationem vitae nobilioris reversos.⟩

44/45 *cf.* Ps. 123,7; 1. Tm. 3,7; 2. Tm. 2,26 (*cf.* HL Cap. 28, *app. crit. ad lin.* 13)

22 litterae **G** 25 legentium] gentium **V** || pertractantem **b** *a.c.* (pertractarentem *p.c.*) **G** 26 supernae *om.* **V** || dispositioni **G** 28 stadium certaminis **E** || virorum quoque **NF** virorum **Ro** 29 a *add.* **G** 32 et *add.* **V** || omnesque **Ro** || speluncam **VB bG** 34 circuiens **β** *praeter* **NF** 36 suppetit **F** 37 christo **G** 38 ornamenta **V** 39 quidem *add.* **E** || materiam **N** 40 cenodoxie **VB bG** 41 ac laboribus *om.* **V** 43 gratia] coram **E** 45 reversos. Vale. **Ro**

Explicit praefatio de vita sanctorum patrum ad lausum praepositum palatii ab heraclide directa **B bG E** (Explicat **B**) Item alia praefacio *(del.)* Explicit praefacio **F** Expl. *om.* **V N**

Prologus II

II.1 Multi quidem multos variosque libros diversis temporibus huic (§1)
saeculo reliquerunt, quorum alii superna inspiratione et gratia divinitus data aedificaverunt ac munierunt eos, qui fideli proposito instituta atque *vestigia salvatoris sequuntur*; alii vero solis *hominibus placere cupientes* corrupto atque vitiato mentis ingenio veluti quadam rerum confusione vesani solati sunt eos, qui cupiditate gloriae laborabant. Nonnulli autem furore nescio quo et instinctu daemonis, qui bonis rebus inimicus est, rabida elatione caecati in perniciem levitatis humanae et in divinae atque catholicae ecclesiae maculam stolidorum animos occupavere mortalium ad evertendam morum laudabilium disciplinam.

II.2 Mihi quoque homini humilissimo placuit, dum magnitudinis tuae, (§2)
quem scio amatorem esse doctrinae, erubesco non oboedire praeceptis, quibus ad meliora animi provocentur, tricesimum quidem ac tertium agenti annum quasi in numero fratrum vitaque monachorum, vicesimum autem episcopatus, quinquagesimum vero et sextum aetatis universae, desideranti tibi patrum nostrorum gesta cognoscere, non virorum tantum, sed etiam feminarum, quosque ipse viderim quosque aliis referentibus

---

1/2 *cf.* Lc. 1,1 4 *cf.* Jb. 23,11 *et* 1. Pt. 2,21 *cf.* Gal. 1,10 *et* 1. Th. 2,4 (*cf.* HL Prol. II, §9; Cap. 37, §20 *et app. crit. ad lin.* 146; Cap. 71, *app. crit. ad lin.* 5)

---

ad totum prologum cf. Theodoret. hist. rel. 30,5-8 1/2 *cf.* Vita Melan. (lat.) prol. 2; AP alph. praef. (73 A); Greg. Tur. Mart. 1,1 7 *cf.* Act. Petr. et Andr. 8; Vita Anton. 5 (gr *et* lat: §1) *et saepius*; Vita Melan. 59 11/12 *et* 16 *et* 21/22 *cf.* Paul. Med. vita Ambr. 1 12 *cf.* Vita Anton. prol. (gr *et* lat: §2) 16-18 *cf.* Paul. Med. vita Ambr. 1

α = **A SM** β = **VB bG E NF** [*hab.* Lat. II]
Gr: PTW Syr: R1, R2, R3, R4 **Ro**

Incipit liber qui apellatur paradisus de conversatione (*corr. ex* conversione) sanctorum patrum. Paradysus *(m. a.)* **A** Incipit liber qui appellatur paradysus palladii monachi qui fuit discipulus evagrii. Incipit prologus in quo tractat de etatis suae annis (*corr. ex* annos) et vitanda hereticorum dogmate (*corr. ex* dogma) et de distinctione carnium esus vel vini potus **S** Incipit prologus palladii episcopi. In eodem libro **M** Incipit ad eundem lausum liber qui appellatur paradisus **B bG E** (Paradisus. I **b**) Incipit prologus **F** Inc. *om.* **V N**

2 quorum *om.* **M** || divinitatis **E** *a.c.* 4 vestigia *add.* **E** || vero *om.* **SM** 5/6 veluti – vesani] Gr: ὑλομανησάντων Syr: „en démence à la suite des concupiscences corporelles" 5 rerum *scripsi cum* **Ro** *(cf. Praef. C4)* aerum *codd.* (aeris **M** *p.c.*) 6 eos *om.* **NF** || qui *del.* **F** || laborant **Ro** || autem *om.* **NF** 7 quo nescio **E** || rebus bonis **β Ro** 8 rapida **A S** || in *om.* **A** 11 unde mihi quoque *in ras.* **M** || humillimo **A β Ro** 12 sanctae amatorem **M** || erubui **Ro** 13 provocantur **β Ro** || ac] et **NF** 14 vicesimum **β** (XXmum **G**, vicesimo **N**) **Ro** *(cf. Praef. C4)* quadragesimum **α** Gr: εἰκοστόν (*idem* Syr) 15 vero *om.* **NF** || sextum] tertium **β Ro** Gr: ἕκτον G (*idem* Syr)/τρία B || universa **A** 16 tibi *om.* **β** tibi desideranti **Ro** || patrum – cognoscere] patrum nostrorum cognoscere actus **N** vitas patrum nostrorum cognoscere (vitas *add.*) **F** 17 etiam *om.* **V** || quosque] quos **β Ro**

noverim, cum quibus etiam deserta Aegypti peragrarim, Libyae, Thebaidis, Syenae, in quibus et hi, quos Tabennensiotas dicunt, morantur, circa fines quoque Mesopotamiae, Syriae, Palaestinae et sub occidentalibus plagis, Roma atque Campania, et in ceteris circa ipsa loca, desideranti igitur tibi – ut superius conreprehendi – libet enarrare a principio omnium vitas
(§3) ex supradictis partibus hoc libello, §ut honestum et animae profuturum commonitorium gerens perenne medicamentum oblivionis omnem quidem inrationabilis desiderii respuas somnum, omnem etiam duplicis dolum mentis ab humanis rebus excludas cum universa pigredine morum bonorum et deformi animae defectione et ut iracundiae quoque motum, conturbationem atque tristitiam et inrationabilem metum per ista declinans, etiam advocationem saeculi vanam, amore perpetuo circa propositum piae religionis effulgeas, dux beatae vitae tibi et qui tecum sunt et qui sub te agunt et piissimorum futurus imperatorum – talibus enim factis semper ac meritis Christi amore flagrantes deo properant copulari –;

247/248 II.3 per singulos tamen dies et reditum animae, qui ⌐procul dubio
(§4) debetur, expectans secundum quod scriptum est: §*Bonum mihi est cum Christo esse.* Et iterum: *Praepara ad profectionem opera tua et esto ad agrum paratus. Nam qui memor semper est mortis*, quae omnimodis sine cunctatione et cum necessitate ventura est, *numquam gravia ac magna*

35/36 *et app. crit.* Phil. 1,23 36/37 *cf.* Prv. 24,27 37 *et* 38/39 *et app. crit. ad lin.* 39 Sir. 7,40 (*ad* Nam – mortis *cf.* Sir. 28,6 *et* 38,21)

---

18 cum – deserta] dum cum quibusdam deserta *in ras.* **M** || aegiptiorum **NF** || peragrarim **S** peragrarem **M** peragraverim **A β Ro** || *a.* Libyae *add.* et **M** || et thebaidis **A** 19 *a.* Syenae *add.* et **M** || syriae **G** || hi] in **M** ii **Ro** || dicunt] vocant **E** 21 romae atque campaniae **A Ro** || in *om.* **β** || loca ipsa **NF** || desideranti] describere et **Ro** || igitur *om.* **β Ro** 22 tibi] *add. in marg.* **F** *om.* **Ro** || comprehendi **M β Ro** || libet *om.* **β Ro** || vitam **M** 23 partibus] regionibus **Ro** 24 communitorium **A** *a.c.* **S** *a.c.* commemoratorium **Ro** Gr: ὑπομνηστικόν (*idem* Syr) || geram **A** || id est perenne **β Ro** 24-61 perenne – debui *om.* **A** 24 medicamentum veritatis **β Ro** || *a.* oblivionis *ca. 3 litt. eras.* **M** || omnem quidem oblivionis **β** (omne **B** *p.c.*) **Ro** 25 ex inrationabili desiderio **β Ro** || somnium **F** *a.c.* || omnemque **β** (omneque **B** *p.c.*) **Ro** 26 ab humanis *om.* **S** || ab – rebus] a fide rerum necessariarum **β Ro** (necessarium **Ro**) || pigritudine **Ro** || morum] horum **M** 29 etiam] et **Ro** || avocationem **β** (*praeter* **G**) **Ro** 30 praepositum **F** || effulgeas **β** (effugias **E** *a.c.*) **Ro** *(cf. Praef. C4)* effugias **α** Gr: προκόπτοις (Bu)/προκόπτῃς (Ba) || viae **NF** 31 agunt] degunt **S** *p.c.* 34 tamen *om.* **M** || et] ad paradysi patriam *m. rec.* **M** *add.* **B** || redditum **Ro** 35 expectantes *corr. ex* expecta// **M** exspecta **Ro** || et secundum **β** || scriptum est dicens **β** 35/36 Bonum – esse] coartor (coarctor **Ro**) ex duobus desiderium (desideriis **F**) habens dissolvi et esse cum christo (cum christo esse **NF**) multo melius **β** (e duobus *corr. ex* vos e duobus **G**) **Ro** 35 *p.* est *sec. ca. 2 litt. eras.* **M** 36 Praepara] propera **M** || perfectionem **M β** (*praeter* **bG**) **Ro** 36/37 in agro **β Ro** 37 paratus] operator **β Ro** 38 cum necessitate] necessario **β Ro**

peccabit; nec, quae commendata sensibus fuerint salubri expositione, contemnens nec abhorrens elocutionum humilitatem rusticitatemque verborum. Non enim hoc opus divinae scimus esse doctrinae, ut quis facunde loquatur, sed ut omnium sensus intellectu veritatis instituat secundum quod dictum est: *Aperi os tuum verbo dei.* Et iterum: *Ne amiseris relationem senum, nam et ipsi a patribus aliquando didicerunt.*

II.4 Ego itaque, homo dei stupende amore discendi, qui opto vel ex *(§5)* parte, quod divinitus iubetur, imitari, plurimos sanctos viros vidisse me memini nec tamen id veluti in transitu et perfunctorie faciens, sed et per triginta et per alios totidem pergens dies pedibus – quod ante deum dicam – iter omne confeci, universum paene Romanum solum ambulando cognoscens, itineris molestias libenter amplectens, ut hominis sancti et amatoris dei conspectibus fruerer et ut id ipse aliquid adquirerem, quod procul dubio non haberem.

II.5 Nam si ille, qui absque aliqua conparatione melior me est quique *(§6)* longe praecedit ac vincit rerum peritia et tuta conscientiae fide, Paulus, de Tarso usque ad patriam Iudaeorum ambulando perrexit, ut Petrum et Iacobum et Iohannem videret, et hoc ipse quasi cum quadam iactantia refert proprios divulgans labores, dum illos, qui otio atque segnitia torpescere videntur, accendit – dixit enim: „*Ascendi Hierosolimam videre*

---

43 *cf.* Prv. 31,8 *et* 9 43/44 Sir. 8,11 58/59 Gal. 1,18

40-42 *cf.* HM prol. 2; Sulp. Sev. Mart. praef. 1.3-5; Paul. Med. vita Ambr. 1; Constantius vita Germ. praef.; Common. patr. prol.; Greg. Tur. Mart. 1 prol. *et saepius (cf. Curtius, p. 93-95: „Affektierte Bescheidenheit")* *ad* §5 *cf.* Common. patr. 1,12

---

39 peccabit + iuxta quod scriptum est: In omnibus verbis (viis **NF**, operibus **Ro**) tuis memento (memorare **Ro**) novissima tua et in perpetuum non peccabis. Supra cetera vero omnia **β Ro** || nec quae] neque quae **VB b** *a.c.* **G E Ro** nec que **b** *p.c.* nequae **N** || sensibus tuis **β Ro** || salubri] salutari **E** || expositione] relatione **β Ro** 40 contempnes **M** *a.c.* contempnas **β Ro** || nec abhorrens *in ras.* **S** || abhorrens] respuas **β Ro** 41 opus hoc **E** || scimus – doctrinae] doctrinae est **β Ro** || ut si quis **N** 42 uti **NF** || hominum **M** *p.c.* || intellectui **V** 44 amiseris] perdideris **β Ro** || relationem] narrationem **β Ro** || suis patribus **β** (patribus *add. in marg.* **F**) **Ro** || aliquando *om.* **β Ro** 45 et stupende **β** (stupendo **F** *p.c.*) **Ro** 46 me *om.* **M** 47 id *om.* **G** || velut **M** || per transitum **β Ro** || *p.* perfunctorie *ca. 9 litt. eras.* **b** || sed *om.* **M** || et *sec.*] *in ras.* **S** *om.* **β** (*praeter* **NF**) **Ro** 48 XXXta **G** || alias **N** || totidem – dies **β Ro** *(idem* Gr *et* Syr; *cf. Praef. C4)* totidem annos pergens **S** totidem annos solis semper gradiens **M** 50 et itineris **Ro** || *p.* libenter *ca. 8 litt. eras.* **V** 51 et – adquirerem *om.* **β Ro** || id *del.* **M** || aliqua **M** 52 aliter non **β Ro** 53 melior me **β Ro** (*idem* Gr *et* Syr) me *om.* **α** 54 praecedit **β Ro** (*cf.* Cap. 14, §5: ... et non magis ille praecedat, qui ...) procedit **α** Gr: ὑπερβὰς || vincit totum mundum **β** (vicit **V** *a.c.*) **Ro** || et *om.* **α** || conscientia fidens **M** || *a.* Paulus *ca. 4 litt. eras.* **S** || paulus apostolus **β Ro** 55 iudaeorum patriam **E** 57 referens **β Ro** || divulgat **β Ro** 58 accendat **NF**

Petrum.“ –, adeo autem non illi sufficiebat sola fama virtutis, ut etiam vultum quoque ac figuram ipsius viri cuperet intueri, quanto igitur magis hoc ego *decem milium debitor talentorum* facere debui, non ut illis prodessem aliquid, sed ut mihi per omnia providerem.

(§7) II.6 Nam hi, qui scripserunt vitas patrum ante nostrorum, sancti Abrahae et qui ipsum sequuntur, Moysei, Heliae, Iohannis atque reliquorum, non ut ipsis adiecturi gloriae aliquid rettulerunt, sed ut aliis legentibus profuturi.

II.7 Quapropter haec sciens, fidelissime multumque venerabilis serve Christi, Lause, per te ipsum suadendo melius tibi consule et nostram loquacitatem ad custodiendum in te propositum piae voluntatis amplectere. Quae quidem variis visibilium invisibiliumque vitiorum veluti fluctibus verberatur, quam nisi frequenti oratione et diligenti animae ad deum vacatione sedare non possumus.

(§8) II.8 Multi enim fratrum et laboribus propriis et bonis circa pauperes factis exuberantes, alii casta viduitate gaudentes, alii virginitate sublimes, divinarum etiam lectionibus et conscriptionibus litterarum habentes fiduciam a recti propositi itinere deviaverunt indifferenter sub specie alicuius religionis curiositatis cuiusdam amore languentes, ex qua multiplex animi sollicitudo generatur postque alienorum negotiorum cura

---

61 *cf.* Mt. 18,24 77 *cf.* 1. Tm. 6,4

---

ad §6 *cf.* AP alph. praef. (73 A); AP (BHL 6525) prol.; Common. patr. prol. 67/68 *et* 82 *cf.* Vita Barl. et Iosaph. 39 (1224 D)

---

59 adeo – illi] non enim illi **β** (illis **N F** *a.c.*, si enim illi non **E**) **Ro** || virtutis *om.* **NF** || nisi ut etiam **β** nisi etiam **Ro** 60 igitur *om.* **β Ro** 61 hoc *om.* **F** || deberem **SM** || illis *corr. fort. ex* iis **M** illis sanctis **β Ro** 62 mihi peccatori **β Ro** || provideam **A** 63-72 Nam – possumus *om.* **A** 63 et hi **β** (et illi **b**) et ii **Ro** || ante nostrorum] *add. in marg.* **M** *deest* Gr, Syr 64 videlicet abraae **M** *p.c.* abrahae isaac iacob **β** (et iacob **N**) **Ro** || ipsos **E** ipsis **NF** || mosei **M** *a.c.* moysi **A β Ro** 65 adiectores **NF** || aliquid gloriae **E** || aliis *om.* **β Ro** || legentibus **β Ro** *(cf. Praef. C4)* se neglegentibus **A S** et neglegentibus (et *del.*) **M** Gr: τοὺς ἐντυγχάνοντας (*idem* Syr) 67 haec] hoc **M** || sciens *om.* **NF** || *p.* sciens *ca. 4 litt. eras.* **S** 67/68 fidelissime – Lause **β Ro** *(cf. Praef. C4)* quod fidelissimus (*corr. ex* fidelissime) multumque venerabilis sermo (*corr. ex* ser////) est christi laus et **S** quod fidelissime multumque venerabilis serve christi laus et (quod *et* laus et *exp.*) **M** Gr: πιστότατε (+ καὶ σεμνότατε T) δοῦλε Χριστοῦ Λαῦσε (*idem* Syr) 68 temetipsum **β Ro** || melius **β Ro** melior **α** || consule et **S** consuleret **M** (per – consuleret *exp.*) consulens etiam **β Ro** 69 in te] iter **S** *p.c.* 71 quam] quaeque **S** que *corr. ex* quem **M** 72 vocatione **V G** 73 et *prim. om.* **A** || propriis] abstinentiae **β Ro** || *p.* pauperes *ca. 6 litt. eras.* **M** 75 *a.* divinarum *add.* in **A** || scriptionibus **VB** 75/76 habentes fiduciam] plurimum gloriantes **β Ro** 76 a recti] arrecti **V B** *a.c.* deviarunt **β Ro** 76-86 indifferenter – liges *om.* **A** 76 indifferenter – specie] Gr: ἀδιακρίτῳ προσχήματι (P) / ἀδιακρίτως προσχήματι (T) Syr: „dans un esprit qui n’avait pas de discernement“ || indifferenter *scripsi cum* **β Ro** *(cf.* Cap. 59, §1 *et ThLL VII 1, 1166, 67/8: „ex coni. pro indiffidenter: Cod. Theod. 8,15,6,1.“)* indiffidenter **α** || quasi sub **β Ro** 77 alicuius] cuiusdam **β Ro** || cuiusdam *om.* **β Ro** 78 post quem **S** || aliorum **Ro**

succedit, cum quibus calumniosi etiam nomen incurritur, quo nomine a bonorum actuum administratione prohibentur, qua quidem hi, qui solis suae propriae tantum animae negotiis vacant, fruuntur ut matre.

II.9 Insiste igitur viriliter, quaeso, non augens opes, quas tamen magis *(§9)* semper inminuis sufficienter dividens eas omnibus, quos egere cognoscis, quae proficiunt tibi ad ministeria et fomenta virtutum; neve te impetus quidam inrationabili anticipatione praeveniat, ut, dum *hominibus placere festinas,* honesti propositi voluntatem sacramenti vinculis liges, quod perpessos novimus plures, qui vanae gloriae contentione in cibis vel potibus abstinendis in servitutem quodammodo redegerunt iurisiurandi necessitate liberam illam, quam in ipsis deus fecerat, voluntatem quique sacramentis propriis obligati, dum hinc promissa implere non possunt et inde deformiter amore vivendi ac voluptate retinentur, ex necessitate, cui sua subiacent culpa, periurii crimen incurrunt.

II.10 Si igitur sola ratione his rebus abstineas et sola iterum ratione easdem, cum velis, sumas, numquam profecto peccabis. §Deus enim, *hoc* *(§10)* *est verbum*, ea, quae in nostro corde moventur, arcanius gubernat, exilio quidem damnans illa, quae laedunt, amplectens vero atque suscipiens illa, quae prosunt: *Iusto enim posita lex non est.* Rectius autem est vinum cum ratione potare quam cum arrogantia et fastu aquam. Et, si videtur, adverte eos quidem, qui rationabiliter vinum bibunt, esse sanctos viros, qui autem sine ratione aquam, vitiosos esse homines ac profanos neque ob hoc umquam ipsam speciem, quam deus fecit, aut vituperandam aut

---

85/86 *cf. ad lin.* 4 87 *cf.* Gal. 5,26 *et* Phil. 2,3 94/95 *cf.* Jo. 1,1 97 1. Tm. 1,9 (*cf.* HL Cap. 32, §11)

---

ad §10 *et* 124-126 *cf.* Bened. reg. 40,6

---

79 cum quibus] unde **β Ro** 80/81 qua – matre] Gr: τὴν μητέρα τῆς ἰδιοπραγμοσύνης 80 nec hi qui **β** nec qui **Ro** 81 suae *scripsi cum* **M** *p.c. (cf. Praef. C4)* nec **S** *om.* **β Ro** || proprie **Ro** || ut matre *om.* **N** 82 tamen] expedit *in ras.* **M** 83 imminui **M** || sed sufficienter **S** *p.c.* **M** *p.c.* || cognosces **M** 84 proficient **M** *p.c.* || ne vel te **V** *p.c.* 86 festines **V** || quod] quos **M** *a.c.* **β** (quod **E**, *om.* **N**) 87 perpessos *om.* **N** || vane gloria **V** 88 servitutem se **M** *a.c.* 89 in *add.* **B** 90 hinc] hic **A S** *a.c.* **M** *a.c.* *om.* **β Ro** || et *om.* **N** 91 inde *om.* **β Ro** || ac] a **S** *a.c.* || voluptate **β Ro** voluntate **α** Gr: ἡδονῇ Syr: „pour quelque plaisir du désir“ 92 subiacent **β Ro** subiacet **α** 93 igitur *add. in marg.* **E** 94-97 Deus – prosunt *om.* **A** 94/95 hoc est verbum] *exp.* **M** qui ratio est **β Ro** 95 in – moventur] moventur in nobis **β Ro** || arcanius – exilio] archano gubernat consilio **M** archanis commendat (gubernat **NF**) auxiliis **β Ro** 96 illa *prim. transp. a.* quidem **β Ro** 97 nam iusto, inquit **β Ro** || non *add.* **M** || est *prim. in ras.* **S** || non est lex posita **NF** || melius **β** || est autem **N Ro** 98 potatum **β** || quam] quantum **V** || arrogantia – fastu] arrogantiae pastu **NF** || aqua **V E N** *p.c.* **F** || si] enim **A** 99 adverti **A** advertere **G** || eorum **S M** *a.c.* hos **G** || biberunt **β Ro** || *p.* esse *ca. 4 litt. eras.* **A** 101 fecit deus **E**

laudandam putes, sed illos aut beatos secundum propositum suum arbitreris aut miseros, qui bene vel male ipsis rebus utantur.

II.11 Bibit aliquando Ioseph apud Aegyptios vinum nec tamen sapien-
(§11) tiam suam laesit, eo quod propositum mentis suae ante munivit; §Pythagoras autem et Diogenes et Plato, inter quos Manichaei quoque omnisque eorum, qui sibi sapientes videbantur, caterva in tantam vanae gloriae cupiditate progressi inciderunt damnationem, ut ignorarent deum et idola, quae ipsi fecerant, adorarent. Usus est et apostolus Petrus vino cum reliquo discipulorum choro, unde et ipse salvator eorundem magister a Iudaeis videtur esse reprehensus dicentibus: „*Cur discipuli tui non ieiunant ut Iohannes?*“ Qui rursum insultantes ipsis discipulis dicebant: „*Magister vester cum publicanis et peccatoribus epulatur ac potat.*“ Quod autem numquam propter panem et aquam solam reprehensi fuissent, nisi propter vinum vel carnes, potest esse manifestum.

(§12) II.12 His, qui inrationabiliter eos quidem, qui bibunt vina, despiciunt, eos autem, qui aquam solent haurire, mirantur, salvator ergo dicebat: „*Venit Iohannes in via iustitiae neque edens neque bibens*“ – carnem sine dubio dixit et vinum, nam sine aliis speciebus profecto nec viveret – „*et dicunt: ‚Daemonem habet.‘ Venit filius hominis manducans et bibens, et*
249/250 *dicunt: ‚Edit et bibit vinum amicus ⌜publicanorum.‘*“, eo quod cum ipsis epularetur ac biberet.

II.13 Quid nos ergo faciemus? Neque illos, qui vituperant, neque eos, qui laudant, sequamur, sed aut ratione ieiunium cum Iohanne teneamus, etiamsi daemonem habere dicamur, aut cum Iesu Christo sapienter vina

---

104 *cf.* Gn. 43,34 108/109 *cf.* Dn. 14,4 111 *cf.* Mt. 9,14; Mc. 2,18; Lc. 5,33 112/113 Mt. 9,11; Mc. 2,16 (*cf.* Tb. 4,18; Lc. 5,30; 7,34; 15,2; 19,7) 118-120 Mt. 11,18 (*ad* Venit – iustitiae Mt. 21,32) 120/121 *et app. crit. ad lin.* 121 Mt. 11,19

---

103 utuntur **S** *p.c.* **β Ro** 105/106 Pythagoras – Plato *in ras.* **S** 106 et *prim. add.* **M** || quos] eos **M** *p.c.* 107 tanta **S** *a.c.* **M** *a.c.* tantum **F** *a.c.* 108 cupiditatem **β Ro** || *a.* ignorarent: ipsum quoque factorem omnium **β Ro** || ignorent **G** *a.c.* 110 reliquis **A** || choro *om.* **A** || unde] quod **S** ob quod *in ras.* **M** || *p.* unde *ca. 6 litt. eras.* **A** || eorundem *om.* **G** 112 ut iohannis *del.* **A** || ut] sicut **β** (sicuti **G**) **Ro** || rursus **β Ro** || insultantes **α** *p.c.* insultabant et **β Ro** 113 et peccatoribus *om.* **β** (*praeter* **NF**) **Ro** || manducat et bibit **β Ro** 114 fuissent] sunt **E** *a.c.* 115 vinum solum **E** || vel] et **NF** || carnem **NF** || esse] fieri **β Ro** 116 His] iis **Ro** || rationabiliter **V** || quidem *om.* **M** || despiciunt *in ras.* **M** 117 soleant **A** *a.c.* **M** || haurire] potare *in ras.* **M** 117-163 salvator – cognosces *om.* **A** 117 dicens **S** *p.c.* 119 viverent **S** *a.c.* 120 daemonium **M Ro** || habent **E** *a.c.* || filius *add. in marg.* **S** 121 Edit – vinum] ecce homo vorax et potator vini **β Ro** || amicus *om.* **M** || publicanorum et peccatorum **Ro** 122 epularetur] manducaret **β Ro** || ac] et **β** (*praeter* **NF**) **Ro** 123 nos *add.* **G** ergo nos **NF** 124 laudent **F** *a.c.* || *a.* ieiunium *ca. 3 litt. eras.* **N** || tenemus **b** *a.c.* || teneamus cum iohanne **E** 125 etiamsi – dicamur *add. in marg.* **E** || aut etiam si **S** || daemonium **M** || dicamus **V** dicatur **b** || aut *om.* **S** || sapienter **β Ro** *om.* **α** Gr: ἐν σοφίᾳ Syr: „avec science“

libemus, quando hoc requirit necessitas corporalis, etiamsi nos aliqui ob cibum carnis et vini potum ut illos Iudaei aliquando reprehendant. §Neque (§13) uti ergo istis neque ab his abstinere iuxta veritatem rei esse aliquid arbitreris, sed solam *fidem, quae dilectione et operibus extenditur,* plurimum valere cognoscas. Igitur, cuius actibus semper inhaerere cernitur fides, propter ipsam inculpabilis erit, sive manducaverit memorata seu biberit. *In omni enim re, quam non ex fide aliquis facit, peccat.*

II.14 Sed quoniam unusquisque delinquens id, quod agit, ex fide agere se dicit, etiam cum aliquid stulta persuasione et corrupta atque vitiosa conscientia facit, ita hoc salvator noster distinxit, ut diceret: „*Ex fructibus eorum agnoscetis eos.*" Nam, quod eorum, qui rationabiliter vivunt atque sapienter, secundum apostolum iste sit fructus, *hoc est caritas, laetitia, pax, patientia, mansuetudo, benivolentia, fides, abstinentia atque simplicitas*, profecto manifestum est; §Paulus enim ipse dicebat: „*Fructus autem* (§14) *est spiritus sancti* hoc et hoc."

II.15 Quod vero is, qui huiusmodi fructus habere festinat, non frequenter et intempestive neque sine consideratione aut carnem edat aut

---

129 *cf.* Gal. 5,6 132 *et app. crit.* Rm. 14,23 135/136 Mt. 7,16.20 (*cf.* 12,33 *et* Lc. 6,44) 137-139 *et* 139/140 *(cf. et app. crit.)* Gal. 5,22

137-139 *cf.* Regula mag. 4 *ad* §15 *cf.* Cassian. inst. 6,7; Common. patr. 1,15

---

126 bibemus **V** *a.c.* bibamus **Ro** 125/126 vina libemus] Gr: οἰνοποτήσωμεν (*idem* Syr) || aliqui nos (nos *in ras.*) **S** || aliquit **V** aliquis **NF** 127 illum **Ro** || *p.* illos *ca. 10 litt. eras.* **S** 128 ergo uti (ergo *add.*) **E** || *p.* veritatem *ca. 8 litt. eras.* **V** aliquid esse **β** *praeter* **NF** esse *om.* **Ro** 129 per dilectionem et opera (*corr. fort. ex* operibus) **S** per dilectionem et operibus (per *add.*) **G** 132 In – peccat] omne enim quod non est ex fide peccatum est **β** (ex *add.* **F**) **Ro** 133 unusque **V** 133/134 se agere se **V** se agere **Ro** 135 hoc *transp. p.* noster **NF** || ut] cum **b** *p.c.* 136 agnoscimus **S** *a.c.* **M** cognoscetis **V NF Ro** || vivunt] bibunt **S M** *a.c.* 137 fit **S** || caritas *om.* **NF** || laetitia] gaudium **β Ro** 138 patientia] longanimitas **β** (pacientia longanimitas **N**) **Ro** || benivolentia] bonitas **β Ro** || abstinentia] continentia **β** (atque continentia **F** *a.c.*) **Ro** 139 ipse *om.* **Ro** || autem] enim **NF** 140 spiritus est **β** (*om.* **G**) **Ro** || sancti *om.* **β Ro** 141/142 non – consideratione] Gr: ἀλόγως ἢ ἀσκόπως ἢ ἀκαίρως οὐ || non frequenter et *scripsi cum* **M** *p.c. (cf. Praef. C4)* frequenter **S M** *a.c.* non **β Ro** 142 intempestative **NF** || neque – consideratione *add. in marg.* **b**

bibat vinum et quod neque cum eo habitet, cuius conscientiam magis norit malignam, Paulus iterum ipse dicebat, quia: „*Unusquisque, qui se ad agonem parat, ab omnibus abstinet.*“, scilicet ut, cum corpore videatur incolumis, abstineat his, quae faciunt crassiores, cum autem infirmitate aliqua aut dolore vexetur aut tristitia vel quibusdam temptationibus mordeatur, utatur quidem cibis aut potibus [a]ut medicamentis, quae possint curare sollicitos, abigat autem a se ea, quibus anima vulneratur, hoc est iracundiam, invidiam, amorem gloriae vanae et rectae voluntatis defectionem, insusurrationes quoque et inrationabiles suspiciones, agens domino gratias sempiternas.

(§15) II.16 Sufficienti igitur super hoc disputatione decursa rursus adiungo docilitati tuae monitionem, ut omnino virtute mentis effugias conspectum eorum atque conloquium, quibus contrarium est bonae vitae propositum, quia penitus prodesse nihil possint, et quibus curae sit varie cutem corporis

---

144/145 1. Cor. 9,25   148 *cf.* 1. Tm. 5,23   150/151 *cf.* Gal. 5,19-21 (*et* Rm. 1,29-31)

149-151 *cf.* AP alph. Poemen 68 = AP syst. 1,21   150/151 *cf.* Evagr. Pont. pract. 6-14 = vit. cog.; Nil. vit.; spir. mal.; mal. cog.; vit. cog.[1]; Ps.-Ath. ep. Cast. 2; Isaias or. 22,4 (1167 C); 28,1 (1197 C/D: De malitiae ramis) = Isaias syr. Logos 22,1-2 = Isaias copt. Cod. B, Fragm. 2 (Guillaumont, p. 80-82); Hier. reg. Pachom. 160 = praecepta atque iudicia praef. (p. 63); Cassian. inst. 5,1; conl. 5,2; Eugipp. reg. 17; Regula mag. 5; Vita Barl. et Iosaph. 11 (949 B); Eutr. Val. epist. 1 (De octo vitiis)   *ad* §16 *cf.* HM 1,3,14-16; Evagr. Pont. rer. mon. 7; Paul. Med. vita Ambr. 55   156/157 *cf.* HM 7,15,11   157/158 (perversae sectae homines) = HL Cap. 46, 52   157-160 *cf.* Cassian. conl. 2,13; PJ 5,3-4

[1] In der handschriftlichen Überlieferung dieser Werke ist die Verfasserschaft oft unklar: Es gibt sowohl die Zuschreibung an Evagrius als auch an Nilus. Zur Verwirrung hat sicherlich die Tatsache beigetragen, daß die Schriften des Evagrius schon früh als häretisch galten. – Vgl. zu diesem Problem den Artikel „Évagre le Pontique“ von A. et C. Guillaumont, in: Dict. Spirit. IV 2, v. a. Sp. 1736/7.

---

143 vinum bibat **β** (*praeter* **NF**) **Ro**   143/144 cuius – malignam] Gr: τινὶ κακῷ συνειδότι (*idem* Syr)   143 conscientia **S** || magis *add. in marg.* **E**   144 malignam *om.* **α** *(cf. Praef. C4)* || iterum] *add.* **M** *om.* **NF** || ipse *om.* **E**   145 se abstinet **M NF Ro** || et ut **NF** (et *add.* **F**) || cum *om.* **V NF Ro** || videtur **β** *praeter* **N F** *p.c.*   146 abstineat se ab **β Ro** || iis **Ro** qui **E F** crassationes **NF**   147 vexatur **β Ro**   148 mordetur **β Ro** || quidem] quibusdam **E** || [a]ut] aut **α**, *correxi* tamquam **β Ro** Gr: ὡς (*idem* Syr)   149 sauciatos **S** *p.c.*   150 invidiam] iniuriam **V** || vanae gloriae **E NF Ro**   151 susurrationes **Ro**   152 deo **NF**   153 suffitienter **NF** || rursus] reversus **N**   154 omni **Ro** || diffugias **β Ro**   155 quibus] quorum **M β Ro**   156 quia] qui **β Ro** || nihil] non **β Ro** || possunt **M** *p.c.* **β Ro** || cura **M β Ro** || sit] est **M** *(in ras.)* **β Ro** || arte varia (arte *add.*) **M** varia **β Ro** || corporis] temporis **G**

expolire, etiamsi rectae cultores fidei memorantur, ne dixerim perversae sectae homines, qui animas sub specie sanctitatis evertunt, etiamsi canorum colore et ostentatione rugarum numerum quodammodo trahere sibi videantur annorum, quia, etsi nulla eorum laesione maculeris morum probitate munitus, vel leviter certe aut resolveris ut securior aut erigeris ut melior et vituperabis tales atque ridebis, quod non sine noxa tui te fecisse cognosces.

II.17 Sanctorum autem virorum ac feminarum veluti lumen splendentis fenestrae sectare conspectus, ut per illorum veneranda conloquia tanquam minutis codicem litteris scriptum possis diligenter inspicere ac tui quoque cordis arcana ex ipsa conparatione cognoscere et sive diligentiam seu neglegentiam tuam curiosius adprobare.

II.18 Nam et ipse hominum religiosorum color, quo praedicabiles *(§16)* mores ut flore velantur, et amictus vestis et inconfusa mens animi absque ullo supercilio sermonis inflati et verecunda ipsarum quoque reverentia syllabarum et grata digestio sensuum atque verborum sufficienter animare te poterunt, etiamsi anxietatis alicuius taedio fatigeris. *Amictus enim viri et motus pedum et dentium risus ea, quae in ipso videntur esse, significat,* sicut sanctarum scripturarum proverbialis sermo testatur.

II.19 Incipiens igitur promissae narrationis exordium nullos tibi neque in civitatibus neque in vicis neque in solitudinibus esse incognitos expositione mea patiar. Nec enim locus quaeritur solus, in quibus tales habitaverint viri, sed vitae propositum et praedicabiles mores.

173/174 Sir. 19,27

173/174 *cf.* Regula mag. 8,17-23   178/179 *cf.* Cyr. S. v. Euthym. 19 (p. 30,26 sq.)

---

157 expoliare **α** *a.c.* **F**   expolite **G**   157/158 ne – homines] Gr: μή τί γε αἱρετικῶν   Syr: „combien plus s'ils sont hérétiques"   157 ne dixerim **M**   varie dixerim propter **S**   sed vita ut ita dixerim **β Ro**   158 evertuntur **b**   159 canitie et **β Ro** ‖ et] *om.* **G**   *add.* **E**   160 sibi *om.* **β Ro**   161 improbitate **M** ‖ munitus **β Ro**   monitus **S**   motus **M** ‖ vel leviter *in ras.* **M** ‖ revolveris **S**   162 non *om.* **b** ‖ tui te] te tui **b**   vitae **NF**   163 cognoscis **V**   164 lumen veluti **A** *p.c.*   lumen *add.* **F**   164/165 splendentis – conspectus] splendentes fenestras conspectis **A**   165 per *del.* **A** ‖ quia tamquam **NF**   166 ac tui] actus **VB Ro**   167 et cordis **Ro** ‖ archanum **M**   167/168 sive neglegentiam seu diligentiam **N**   167 seu] sive **F**   168 tuam *om.* **N**   170 ut] in **G** ‖ velentur **V** *a.c.* ‖ anima **A**   170/171 absque ullo *add. in marg.* **E**   171 verecundia **β**   173 poterant **E** ‖ amicus **b** *a.c.* **G** *a.c.*   174 in ipso] ipse **A** ‖ videtur **A** *p.c.* ‖ significant **F** *p.c.* **Ro**   175 sicut in **A M** *a.c.*   sicuti in **S**   176 enim igitur **M** *a.c.* ‖ enarrationis **A** *a.c.*   177 (civitati)bus neque *in ras.* **S**   178 expositione] relatione **β Ro** ‖ patior **V** *a.c.*   sum passus **Ro** ‖ neque **E Ro** ‖ in quo **M Ro**   179 rectae etiam vitae **β Ro** ‖ prepositum **S**

1. De Isidoro (Ro.: Caput I.)

251 A (§1) 1.1 ⌜Cum primum Alexandrinam attigi civitatem in secundo senioris imperatoris Theodosii consulatu, qui propter eam, qua in Christo credidit, fidem cum angelis nunc moratur, admirabilem virum et ornatum per omnia moribus ac peritum Isidorum presbyterum in memorata civitate cognovi, qui in Alexandrina ecclesia erat susceptor atque provisor pauperum fratrum, quem in principio iuventutis suae egregias per solitudinem palmas promeruisse memorabant, cuius et cellulam vidi in
251 B montem, cui Nitrias nomen est, senem septuagesimo ⌜aetatis suae anno, qui aliis quindecim vivendo conpletis obiit in pace.

(§2) 1.2 Ille igitur usque ad ultimum finem non linteo usus est nisi eo, quod velaret caput, non balneas attigit, non ex carnibus cibum sumpsit. Qui quidem tam lauti corpusculi fuit per gratiam spiritalis alimoniae, ut omnes, qui vitam ipsius nesciebant, epulationibus illud ac voluptatibus inputarent. In quo viro si virtutem ipsius animae exponere singillatim velim, *tempus me profecto deficiet*. Qui tantae bonitatis atque humanitatis erat tamque pacificus, ut etiam ipsi, qui pertinacissimi eiusdem videbantur inimici, erubescerent umbram ipsius quoque propter tam venerabilem vitam.

---

15 Hbr. 11,32

---

ad §1 *cf.* Soz. hist. eccl. 8,2,16   10/11 *cf.* Hier. epist. 108,15,2-3; Vita Euphras. 6   12-14 *cf.* Vita Abr. 18 (292 B)

α = **A SM**	β = **VB bG E NF**	*hab.* Lat. II (Caput I.)
Gr: PTW	Syr: R1, R2, R3, Rm 2+4	**Ro**

De isidoro presbytero alexandrino **S**   De esidoro presbytero. I **M**   Caput I **VB**   II **b**   Incipit ad eundem lausum liber qui appellatur paradisus (*in marg.* De presbytero isidoro) **N**   Incipit liber paradisi. Caput I. De sancto ysydoro presbytero **F**   Inc. *om.* **A G E**

1 alexandriam **S VB bG**   2 imperatoris *om.* **A G** ‖ propterea **G** *p.c.* ‖ qua] quam **β** ‖ christum **M** *p.c.* **Ro**   3 amabilem **NF** ‖ virum *add.* **F**   7 palmas abstinentiae **β Ro** ‖ narrabant **E** *a.c.* ‖ cellam **M**   8 monte **α** *p.c.* **β Ro** ‖ et nitrias **NF** ‖ senem *om.* **M**   9 XVcim **G**   10 eo *om.* **NF** ‖ quod] quo **S** *p.c.* **M** *p.c.* **G F** *p.c.* **Ro**   11 velabat **S** *p.c.* ‖ balnea **Ro** ‖ sumpsit + non mensae usque ad satietatem interfuit **β Ro**   12 lati **A** ‖ fuit] *transp. p.* alimoniae **S**   *add.* **E** ‖ ut *add.* **S**   13 omnis **S M** *a.c.* ‖ ac] a **V**   14 In] de **β Ro** ‖ vero **E** *a.c.* ‖ virtutes **Ro** ‖ singulatim **Ro**   15 deficiat **M** *a.c.* **V** ‖ quia **M** *p.c.* ‖ atque humanitatis] ac benignitatis **E**   16 tamque] tam **A**   tantumque **M** *p.c.* ‖ pertinacissimi erant **E**   17 inimicis **A** *a.c.* ‖ umbram – quoque] nomen quoque ipsius audire *in ras.* **M** ‖ quoque ipsius **β Ro** ‖ propterea **G** *a.c.*

2.3 Edebat vero unciam panis unumque fasciculum holusculi vilis
bibens aquae modicam quantitatem. Numquam tamen eum deo teste
extendisse proprios pedes vidi, numquam in matta, numquam in lectulo
quievisse, sed per universam noctem sedens intexebat funem quendam ex
arbore dactulorum, quo vesci solebat. §Putans autem ego, quod ante me *(§3)*
solum haec faceret, quae videbam, scrupulosius etiam ab aliis eius
discipulis, qui separatim manebant, quaerendo cognovi, quia sic a prima
aetate vivebat.

2.4 Numquam autem ex voluntate nisi ex maxima necessitate dormivit,
dum aut opere fatigatur aut utitur cibo, si forte usque adeo eum somnus
⌜oppressit, ut paululum ei oculi clauderentur et ut frequenter edendo 253 B
nimia vi somni capite nutaret panisque ipsis ex labiis oris excideret. Qui
aliquando, cum a me quodammodo cogeretur, ut vel momento temporis
supra mattam iaceret, contristatus ista dicebat: „Si angelis persuadere
poteris, ut quiescant, persuadebis et ei, qui deo placere festinat.“

2.5 Ad puteum me suum circa nonam horam diei aliquando transmisit, *(§4)*
ut implerem cadum nonae, ut solebat, horae usibus profuturum. Accidit
forte, ut, cum venissem et aspidem in imo putei perhorruissem, vas
vacuum reportarem et causam timoris exponerem dicens: „Abba, mortui
sumus; aspidem enim in puteo, quo me miseras, vidi.“

2.6 Subridens autem ille tantummodo diu me intentus aspexit, caput
quoque concutiens dixit: „Si ⌜placuerit“, inquit, „diabolo per omnes se 253 C
puteos vel serpentem vel testudinem facere et in aquas fontium desilire,
poteris tu esse sine potu?“ Moxque egressus per semetipsum ieiunus
aquam traxit de puteo ac prior ipse degustans ait: „Ubi crux adest, ibi
malignitas alterius nihil valet.“

---

ad §§ 5-6 *cf.* Vitae patr. Iurens. 57-58

19-22 Edebat – sed *om.* **A** 19 holeris vilissimi **β Ro** 20 bibensque **β** ‖ aquam **N F** *a.c.* 21 exuisse **NF** ‖ *p.* numquam *prim.*] tamen *del.* **V** *lac. ca. 7 litt.* **F** 22 *p.* sedens *lac. ca. 7 litt.* **F** 23 qua **A** *p.c.* quibus *corr. ex* qui **M** cuius pretio **β** (pretio *transp. p.* vesci **NF**) **Ro** ‖ ego *del.* **A** 24 hoc **NF** ‖ etiam] autem **E** 25 a *add.* **E** 27 autem – voluntate] tamen sponte **β Ro** 28-33 dum – festinat *om.* **A** 28 dum *om.* **β Ro** ‖ opere *add.* **S** ‖ fatigaretur **S** fatigatus **β Ro** ‖ cibo utitur **β** (*praeter* **NF**) **Ro** cibum sumeret *(?) corr. ex* cibum utitur **F** ‖ usque *om.* **NF** ‖ eum *om.* **N** 29 eius **F** *p.c.* ‖ et ut *om.* **β Ro** ‖ frequenter enim **β Ro** 30 somnii **F** ‖ nutabat **β Ro** ‖ panis **E** *a.c.* ‖ ipse ex **S** ex ipsius **F** *a.c.* ex ipsis **Ro** ‖ ore **E** *a.c.* ‖ cadebat **β Ro** 31 ut] *om.* **N** *add.* **F** 32 ista] ita **M** *p.c.* 33 potueris **β Ro** ‖ et *om.* **N** 34 *a.* Ad: Hic una dierum **β Ro** ‖ me *transp. p.* nonam **E** ‖ suum me **Ro** ‖ horam nonam **M E** ‖ diei aliquando *om.* **β Ro** 35 nonae – profuturum] tempore refectionis instante **β Ro** 36 forte] autem **β Ro** ‖ aspidem casu **β Ro** 37 causamque **β Ro** 38 quo] ad quem **M** *p.c.* cum **V** 39 autem *om.* **E Ro** ‖ diu *om.* **NF** ‖ intuens **β Ro** 39/40 caput quoque] caputque **A β Ro** 41 serpentes **A** *a.c.* ‖ facere + reliquumque genus venenosarum bestiarum **β** (reliquum **b E** *a.c.*) **Ro** 42 poterisne **β Ro** 43 ac] a quo **N F** ‖ ipse prior ipse **N F** *a.c.* ‖ signatam degustans **β Ro** 44 malignitas – valet] nihil satanae valet malignitas **β** (sathanae nichil **NF**) **Ro** ‖ ulterius **M**

3. De Potamiaena

(§1) 3.1 Sanctus ille Isidorus, qui benedictum quondam vidit Antonium, dignam rem memoria litterarum rettulit mihi, quam ab ipso se dicebat audisse.

3.2 Potamiaena quaedam nomine puella admodum pulchra ancilla cuiusdam erat tempore Maximiani persecutoris, quam multis frequenter
(§2) ac variis promissionibus dominus suus temptans stuprare non potuit, §ita
253 D ut ad postremum amoris atque irae insania praeceps ⌜traderet eam illi, qui tunc Alexandriae praefecturam gerebat, scilicet ut christianam ac maledicentem velut in persecutione imperatoribus atque temporibus, pecuniam ei sub hac pactione promittens, ut, si eius adquiesceret voluntati, sine ullo eam supplicio reservaret ac redderet; sin vero contradicendi proposito permaneret, petiit, ut in tormentis deficeret, ne, si vixisset, libidinem domini sui contemnendo rideret.

(§3) 3.3 Quae cum exhibita ante tribunal fuisset cumque iudex variis cruciatibus atque tormentis expugnare devotam cuperet voluntatem et cum inter diversa supplicia vas quoque aeris inmensum ac ferventi pice
254 A plenum acerrima flamma succenderet, duplicem ei praefectus ⌜posuit condicionem: „Aut vade“, inquit, „et domini tui obtempera voluntati aut scias te in ferventem hanc picem esse mittendam.“ Cui puella hoc respondit: „Numquam“, ait, „sit alter cognitor talis, qui addici iubeat libidini castitatem.“

---

ad totum capitulum cf. Eus./Rufin. hist. eccl. 6,5; Mart. Potam. et Basil. 1-4; Nicephor. Callist. hist. eccl. 5,7

α = **A Z** *(ex lin. 4)* **SM** β = **VB bG E NF** *hab.* Lat. II (Caput I.)
Gr: PTW Syr: R1, R2, R3, Rm 2+4 **Ro**

1 *in marg.* III. **E** 1 benedictus **b** *a.c.*

4 *initium capituli* **Z S b NF**: II De potamiena puella alexandrina **S** *in marg.* De potamiena sancta virgine et martyre **b** *in marg.* De bona puella **N** De sancta potamiena martire **F** Inc. *om.* **A Z M VB G**

---

7 amore **Ro** || irae] *om.* **VB G Ro** *add.* **b** || eam] *om.* **A** *add.* **Z** 9 velut in persecutionem *del.* **M** de persecutionis saevitia **β Ro** || atque temporibus] eorumque numinibus **M** *p.c.* *exp.* **N** *om.* **Ro** 10 eis **N** *a.c.* **F** 11 si **G Ro** 11/12 contradicendi – permaneret] Gr: ἐπιμείνῃ τῇ αὐστηρίᾳ Lat. II: permanens in duritia (+ tua **Ro**) 11 in contradicendi **α** *p.c.* **F** *p.c.* (in *in ras.* **S**, *add. cett.*) **Ro** 12 petit **A** *a.c.* **Z** || in *om.* **Ro** 12/13 libidinem – rideret *in ras.* **M** 12 libidine **E NF** libidinis **Ro** 13 contemptor **V** contempto **B bG E** contempta **NF** contemptrix **Ro** || rideret] videret **V** videretur **Ro** 14 cumque] eiusque **β Ro** || variis *om.* **F** 15 devotam *add. in marg.* **F** || *p.* devotam *add.* eius **Z** || cuperet *transp. a.* expugnare **Ro** 16 cum *om.* **β Ro** || inter *add.* **M** || aeris] aeneum **NF** 17 plenum] repletum **β Ro** || eius **V** || praefectus immitis **β Ro** 18 vale **b** 19 hanc ollam pice **N F** *a.c.* (picis **F** *p.c.*) || hoc] *del.* **M** *om.* **β Ro** 20 respondens **M** *p.c.* respondit dicens **β Ro** || ait *om.* **β Ro** || cognitor] monitor **Ro** 21 pro *(add.)* libidine **M**

3.4 Ob quod ille nimio furore perculsus praecepit spoliatam eam in vas, quod ferveret, mitti. Haec autem vox illius fuit: „Per caput“, inquit, „imperatoris tui, quod tu vereris, obtestor, ut, si apud te statutum est his me tormentis necare, non simul totam, sed paulatim me in ferventem mitti picem iubeas, ut possis videre, quantam mihi dederit ignotus tibi patientiam Christus.“ Quaeque per unius horae spatium paulatim in aeneum candens demissa defecit, ubi pix primum bulliens ad ipsius colla pervenit. *(§4)*

4. De Didymo

4.1 ⌜Plures quidem viri digni habitaculo beatorum, feminae quoque, obierunt in Alexandrinae ecclesia civitatis, in quibus Didymus etiam, oculorum quidem lumine destitutus, divinarum tamen scripturarum peritia pollens. Quem ego intra decem annos diversis vicibus quater vidisse me memini, quique post octoginta et quinque annos vitae terminum fecit. *(§1)* 254 B

---

22 Ob – ille] Hoc ille audiens **S** || nimium **V** 23 fervebat **S** *p.c.* **β Ro** || inmitti **β Ro** || inquit *add.* **F** 24 tui *om.* **N** || si sic **Z** || statum **V E** *a.c.* 25 simul *corr. in marg. ex* solum **E** 26 iubeas picem **Z β Ro** || dederit **β Ro** *(cf. Praef. C4)* || dedit **α** Lat. II: donavit 27 quae **A** *p.c.* 28 aenum **Z** *p.c.* eum **G** ahenum **Ro** || *p.* aeneum *add.* vas **A M** || demissa **M V** *a.c.* **Ro** dimissa *cett.* || primum pix **A** || ebulliens **Ro**

Explicit **Z**

De Didymo *ad* §§ 1-2 *cf.* Hier. epist. 68,2; vir. ill. 109; Rufin. hist. eccl. 11,7; Theodoret. hist. eccl. 4,29,3-4; Socr. hist. eccl. 4,25; Soz. hist. eccl. 3,15,1-5; AP (BHL 6525) 218; Nicephor. Callist. hist. eccl. 9,17 (288 B – 289 A)

α = **A SM** β = **VB bG E NF** *hab.* Lat. II (Caput III.)
Gr: PTW Syr: R1, R2, Rm 2+4 **Ro**

IIII De didimo caeco alexandrino et de morte iuliani **S**

1 quidem] autem **β Ro** 2 obierunt] fuerunt **M** *p.c.* abierunt **NF** obierunt tunc *cett.* **β Ro** 2 in – civitatis] Gr: ἐν τῇ Ἀλεξανδρέων ἐκκλησίᾳ Syr *(in fine cap. 3)*: „dans la ville d'Alexandrie de-parmi l'Église“ (R1) *vel* „dans l'Église d'Alexandrie“ (R4) || alexandriae **b** || ecclesia **M** *p.c.* ecclesiae *cett.* **Ro** || civitatis **M** *p.c.* civitate **A S** *p.c.* **B bG E Ro** civitatem **S** *a.c.* **M** *a.c.* **V NF**

initium capituli p. civitatis **B b NF**: *in marg.* De sancto didimo **B** *in marg.* De didimo beato viro **b** *in marg.* De beato didimo **F** Inc. *om.* **A M V E N**

inter quos **M** *p.c.* || etiam fuit **M** || etiam] erat **Ro** 3 tamen] autem *in ras.* **M** 4 tredecim **G** 4/5 diversis – memini] Gr: συντυχίας ἔσχηκα τέσσαρας Syr (R1): „je me tins aussi quatre fois“ 4 diversis *in ras.* **M** || vicibus] temporibus **β Ro** || quater **β Ro** *(cf. Praef. C4)* tertio **α** || me] *add.* **A M** (*p.* vicibus **M**) *add. in marg.* **E** *om.* **S G** 5 quique] quippe **Ro** || et V *add.* **N** et V quinque **F**

4.2 Hic igitur, quem loquor, captus est oculis, ut ipse rettulit mihi,
cum quartum ageret aetatis suae annum, et, cum neque magistris fuisset
(§2) traditus litterarum neque prima umquam elementa didicisset §habens
insitum bonum ac semper incolumem naturalem magistrum, conscientiam
suam, tanta eum gratia scientiae spiritalis ornabat, ut in eo historia, quod
254 C scripsit, impleretur: *Dominus caecos sapientes* ⌜*facit.* Testamentum quidem
vetus ac novum ad verbum interpretatus est; sectas autem omnes tam
subtiliter firmiterque exposita super ipsas ratione curavit, ut omnium
scientiam veterum peritiamque transiret.

(§3) 4.3 Qui, cum me cogeret quondam, ut orationem in cella ipsius
facerem, nec tamen eius adquiescerem iussioni, hoc referendo dicebat:
„Ad istud“, inquit, „hospitium ter benedictus Antonius, dum me visitare
dignatur, ingressus est et rogatus a me, ut in hoc loco flecteret genua et
precem funderet, statim fecit ac secundo noluit se rogari ipsis me rebus
docens sanctorum voluntatibus oboedire. Quamobrem, si vestigia ipsius
sectaris ac vitam quemadmodum monachus et spiritali mente peregrinus,
nolo contendas.“

254 D (§4) 4.4 ⌜Hoc quoque olim rettulit mihi: „Cum“, inquit, „grandi quondam
sollicitudine ac tristitia fatigarer propter Iuliani imperatoris ac persecutoris
infelicissimam vitam, ita ut quadam die usque ad vespertinas profundae
noctis horas non attingerem panem anxietate confectus, forte“, inquit,

---

11 Ps. 145,8

---

ad §4 *cf.* Ammon. Aeg. ep. 33; Soz. hist. eccl. 6,2,6-8; Nicephor. Callist. hist. eccl. 10,25 (552 A/B)

---

6 *initium capituli* **G**: *in marg.* De didimo ‖ Hic] Is **A** ‖ captus] cecatus **F** *p.c.* ‖ oculos **A** *a.c.* 7/8 et – litterarum *om.* **S** 7 et] *in ras.* **M** qui **A β Ro** ‖ cum] *add.* **A** *in ras.* **M** *om.* **β Ro** ‖ fuisset *om.* **β Ro** 8 Cum neque **S** ‖ didicisset] cognoscens **β Ro** 8-10 habens – suam *(cf. Praef. C4)*] *om.* **A** Gr: εἶχε γὰρ τὸν κατὰ φύσιν διδάσκαλον ἐρρωμένον, τὸ ἴδιον συνειδός. Lat. II: Habuit autem naturalem magistrum robustissimum propriam conscientiam. 8 habebat **β Ro** 9 bonumque **S β** ‖ ac] *in ras.* **M** *om.* **S β Ro** ‖ incolume **S** *p.c.* **β** (*praeter* **NF**) **Ro** 10 tanta eum *in ras.* **M** quem tanta *cett.* (quem *del.* **A**) **Ro** 10/11 in eo – impleretur *(cf. Praef. C4)*] in ea historia quam scripsit impleret **M** in eo evidentissime quod scriptum est impleretur **β Ro** (est *om.*, adimpleretur **Ro**) 10 historiā] Gr: καθ' ἱστορίαν 10/11 quod scripsit] Gr: τὸ γεγραμμένον 11 domine **N** *a.c.* ‖ sapientes caecos **M** 12 sectas – omnes] tectas autem omnes scripturas (scripturas *add.*) **A** 13 subtiliter] simpliciter **M** ‖ expositas **A** ‖ ipsa **A M** ‖ ratione] reddere **A** *p.c.* ‖ curavit] disseruit **β Ro** 15 cellula **A** 16 hoc – dicebat *del.* **M** 17 inquit] quippe **V** *a.c.* 18 dignaretur **A** *p.c.* ‖ *p.* dignatur *del.* et **M** ‖ in *om.* **β** *praeter* **NF** 19 in ipsis **E** 20 ipsius *add.* **E** ipsius inquit **β Ro** 21 spiritali mente] pro adquirendis virtutibus **β Ro** 22 contemnas **S** 23 *in marg.* Revelatio de morte iuliani principis **bG NF** ‖ olim] idem **β** (*om.* **N**) ille **Ro** ‖ Cum *add.* **N** ‖ quondam] quadam **β Ro** 24 fatigaret **S** ‖ *inter* fatigarer *et* propter *lac.1 lin.* **A** ‖ ac persecutoris *om.* **β** (*praeter* **NF**) **Ro** 25 profundae] primae **M** *p.c.* 26 inquit] *del.* **M** *om.* **β Ro**

„accidit, ut somno residens occuparer et in quadam transmigratione animae revelationem talem viderem: quattuor equites cum albis equis per diversa currentes clamantesque: ‚Dicite Didymo: Hodie hora septima Iulianus mortuus est. Surge igitur et cibum sume et ad Athanasii episcopi domum mitte, ut cognoscat hoc.'" Notavit etiam, sicut ipse dicebat, et
⌜mensem et septimanam et diem et horam et sic omnia, sicut audierat, 255 A
adprobavit.

5. De Alexandra

5.1 Rettulit etiam mihi et de puella quadam, cui nomen erat Alexan- (§1)
dr[i]a, quae relicta civitate condiderat se intra quoddam sepulchrum per foramen exiguum necessaria alimenta suscipiens et neque viros neque mulieres umquam videns per annos decem.

5.2 Decimo vero anno egrediens de saeculo in sepulchro se ipsam conposuit, quod illa, quae deferebat iuxta consuetudinem cibum, rettulit nobis dicens nullum se tunc accepisse responsum. Quo audito inlaesum ostium clausumque patefecimus et ingressi defunctae corpus invenimus.

28/29 *cf.* Apc. 19,14

---

28 viderim **A** *a.c.* || *p.* quattuor *in marg.* videlicet *(?)* **F** || equis albis **NF** || per *add. in marg.* **E** 29 discurrentes **β Ro** 30 ad] *om.* **G** *add.* **E** 31 ut] et **N** ut et (ut *add.*) **F** ut ipse quoque **β Ro** || agnoscat **NF** || etiam] *in ras.* **M** itaque **β Ro**

De Alexandra *ad* §1 *cf.* Vita Abr. 2 (283 C); Greg. Tur. vit. patr. 13,1; 19,1

α = **A Z SM** β = **VB bG E NF** *hab.* Lat. II (Caput III.)
Gr: PTW Syr: R1, R2, Rm 2+4 **Ro**

V De puella alexandria quae vivens sepulta est **S** *in marg.* De quadam sancta puella **B** *in marg.* De quadam puella quae se in sepulchro clauserat **b** *in marg.* De quadam puella quae se clauserat in sepulchro **G** *in marg.* De sancta femina **N** Inc. *om.* **A Z M V E F**

1 et *om.* **M** || et de] de *corr. ex* et **F** 1/2 de – Alexandr[i]a] Syr: „au sujet d'une jeune-fille alexandrine" (+ „dont le nom était Alexandra" Rm 2+4) || cui – Alexandr[i]a] Gr: ὀνόματι Ἀλεξάνδρας || Alexandr[i]a] alexandia **VB** alexandrina **F** alexandria *cett.*, *correxi cum* **Ro** 2 relicta civitate **A** relicta in quadam civitate (in *del.*) **Z** relicta ea in qua degebat civitate **S** relicta ea in qua erat civitate **M** (ea – erat *del.*) **β Ro** Gr: καταλείψασα τὴν πόλιν (*idem* Syr) Lat. II: derelicta civitate || condiderat se] consederat **β Ro** 5 egrediens – sepulchro] dormitione ultima migratura **β** (ultima *om.* **N**) **Ro** || in *om.* **SM** 6 deferebat ei **Z** (ei *add.*) **β Ro** 7 tunc *add.* **M** || ab ea accepisse **S** recepisse **E** || inlisum **Z S** inlitum (*vel* illitum) **M β Ro**

(§2) 5.3 De ipsa autem et beatissima Melanius, de qua paulo post referam, ista dicebat: „Vultum quidem ipsius puellae“, inquit, „videre non potui,
255 B stans autem ad foramen ⌜sepulchri petii ab ipsa, ut mihi diceret causam, ob quam se in illo clauserit loco.

5.4 Quae mihi per ipsum foramen hoc dixit: ‚Cuiusdam animus‘, inquit, ‚in me laesus erat quondam, et, ne viderer eum vel contristare vel prodere, malui me ipsam in sepulchro, dum vivo, recludere quam nocere *animae ad similitudinem dei factae.*‘

(§3) 5.5 Dicente me rursus: ‚Quemadmodum igitur pati potes, ut neminem videas, sed ut solitudini tali habeas tam iuge certamen?‘ hoc illa respondit: ‚A principio‘, inquit, ‚diei ad nonam usque horam orationi vaco ex lino opus per horas singulas faciens, reliquo autem temporis spatio cogitatione discurro per sanctos prophetas, apostolos atque martyres et patriarchas.
255 C Ceteras vero horas cibum ⌜panis capio, reliquas horas cum maxima quiete ago finem vitae meae cum *spe bona* patienter expectans.‘“

---

16 *cf.* Gn. 1,26; 5,1; Jac. 3,9   23 *cf.* 2. Th. 2,16

---

9 beatissimus **A** *a.c.* **S** *a.c.* **M** || Melanius **A** *a.c.* **S** *p.c.* **M**   melania *cett.* (**S** *fort.*) **Ro** || melania + mulier romana **β Ro** || de quo **M**   10 inquit] *del.* **M**   *om.* **β Ro** || videre *del.* **M**   se videre **β Ro** || potuisse **β Ro**   11 stantem **β Ro** || petisse **β**   petiisse **Ro** || ab ipsa *om.* **Ro** || ipsa] ea **F** *a.c.* || mihi] ei **β Ro**   12 clauserit loco] sepulchro concluserat **β** (concluserat sepulchro **N**) **Ro**   13 Quae – dixit *om.* **Z** || mihi *om.* **β Ro** || ipsum] memoratum **β Ro** || hoc dixit] locuta **β Ro**   14 inquit *del.* **M** || in *om.* **V** || ne *add.* **b** || videar **A M** *a.c.*   videret **V** || vel eum **F** *p.c.* || contristaret **V**   15 proderem **F**   perdere **Ro**   17 me *def.* **A** || qua dicente rursus **β** (rursum **N** *a.c.*) **Ro** || igitur *del.* **A** || pati] ferre *add.* **Z**   si **N**   *om.* **F** || potes + o ancilla christi **β Ro**   17/18 neminem videas *def.* **A**   18 prorsus videas **β** (rursus **NF**) **Ro** || ut – certamen] Gr: πυκτεύουσα τῇ ἀκηδίᾳ || ut] in **A M** *a.c. (del.)* **Ro**   et **F** *p.c.* || solitudine **A S β Ro** tali + contra acediam vel cogitationes **β Ro** || certamen – illa *def.* **A**   19 inquiens **β Ro** || ad *add.* **Z** || nonam usque ad horam *fort.* **A** (usque ad horam *def.*) **β** (*praeter* **NF**) **Ro** usque nonam horam **N**   usque ad nonam horam **F** || orationi *in ras.* **M**   20 singulas horas **N** || faciens – autem *def.* **A**   21 per – prophetas *def.* **A**   22/23 Ceteras – ago] Gr: καὶ (+ τὰς λοιπὰς ὥρας T) φαγοῦσα (+ μου T) τὸν ψωμὸν τὰς ἄλλας ὥρας περιμένω προσκαρτεροῦσα   22 Ceteras vero horas **S** *a.c. (ut videtur)* **β** *praeter* **E F** *p.c.*   *def.* **A** cetero vero tempore **Z**   sera vero hora (sera *in ras.*) **M** || panis *om.* **E** || reliquas horas] reliquas **SM** (-as *in ras.* **S**)   appropinquante vespera **β Ro** || quiete + dominum meum glorificans **β Ro**   23 ago *om.* **β Ro** || finemque **β Ro**

6. De virgine divite (Ro.: Caput II.)

6.1 Equidem ne illos quidem tacitus praeteribo, quorum vita omnis in contemptu quodam propriae salutis fuit, ut ex hoc et bene meritos praedicemus et ut legentibus consulamus. (§1)

6.2 Virgo quaedam Alexandriae fuit, quae, quantum ad speciem pertinebat, humilis videbatur, quantum autem ad propositum ipsius, *animae inflatioris erat*, variis opibus satis dives, nusquam procedere ⌜solens, non 255 D peregrino, non virgini, non ecclesiae, non pauperi vel exiguam stipem praebens, quaeque sanctorum patrum frequentibus monitis numquam a se tam inutile animae pondus abiecerat.

6.3 Habebat autem et nonnullos parentes, inter quos et filiam sororis suae adoptaverat sibi, qua sola diebus ac noctibus fruebatur amisso atque contempto amore caelesti. (§2)

6.4 Nonnumquam et hoc est pars eius, quem diabolus inmittit, erroris, ut sub specie affectus, qui deberi videtur adfinibus, ex avaritia et cupiditate

---

5/6 *cf.* 1. Cor. 4,18/19 *et* 5,2 (*cf.* HL Cap. 25, §1 *et* Cap. 47, §15)

6-8 *cf.* Hier. vita Hilar. 26

α = **A Z SM H Ta Tb** *(ex lin. 4)*   β = **VB bG E NF**   *hab.* Lat. II (Caput XIII.)

Gr: PTW   Syr: R1, R3, R4, Rm 3+4   **Ro**

1-3 Equidem – consulamus *om.* **H Ta Tb** 1 Equidem] sed **β Ro** ‖ ne] *om.* **M** nec **b** *p.c.* **E** *p.c.* ‖ tacitus **Z NF** tacitos *cett.* **Ro** 2 ex] *del.* **S** et **M** *p.c.* ‖ hoc] hos **S** *p.c.* **M** *p.c.* ‖ et] *in ras.* **S** ut **M** *p.c.* etiam **Ro** 3 ut *om.* **β Ro** ‖ consulamus] consolationem inferamus **S** cautelae studio consulamus **β** (*praeter* **E**) **Ro** cautelae studium (*corr. ex* studio) persolvamus **E**

4 *initium capituli codd.* **Ro**: VI De virgine alexandrina neptem ultra modum diligente **S** II **M B G** Capitulum II **V** III **b** De virgine solo nomine. II **N** De virgine solo nomine **F** Inc. *om.* **A Z H Ta Tb E**

quaedam + solo nomine **β Ro** ‖ alexandrinae **M** *a.c.* **E** *a.c.* ‖ specie **H** 5 *a.* ipsius *del.* suum **F** 5/6 ipsius anime. inflatioris **Z** inflatioris animae **E** 6 variis – dives *transp. p.* solens **H Ta Tb** ‖ dives + amatrix potius auri quam christi **β Ro** 7 virgini + non pupillo non viduae (non pupillo *add.*, viduae *in ras.*) **M** + non vim patienti non monacho **β Ro** ‖ non ecclesiae *om.* **M** ‖ exigua **Ta** 8 praebebat **F** ‖ quaeque] haec **β Ro** ‖ a *om.* **H Ta Tb** 9 obiecerat **H Ta Tb** 10 quas **A** *a.c.* ‖ et *om.* **β Ro** 11 adoptavit **Tb** ‖ quas **Ta** ‖ amisso] *add. m. rec.* **M** omisso **Ro** ‖ atque *m. rec. in ras.* **M** 12 caelestium **β Ro** 13 Nonnumquam – erroris] Gr: εἶδος γὰρ καὶ τοῦτό ἐστι πλάνης τοῦ διαβόλου (*idem* Syr) Lat. II: Species enim et in hoc erroris (errore **Ro**) diaboli est ‖ et – pars] et haec pars **A** et hoc pars **Z H Ta Tb** est hoc pars **M** enim et hoc species **β** (*praeter* **E** *p.c.* **F**) enim et haec species **E** *p.c.* (enim *add. in marg.*) **F Ro** ‖ eius *om.* **β Ro** ‖ quam **Z H Ta Tb S** *p.c.* **M** *p.c.* **β Ro** 14 est ut **A** *(del.)* **β Ro** ‖ affectus colore **β Ro** ‖ affinibus *in ras.* + *ca.10 litt. eras.* **S** 14/15 ex – nutriatur] Gr: εἰς πλεονεξίαν ὠδίνειν Lat. II: in avaritia laborare 14 ex] *del.* **M** *om.* **β Ro** ‖ avariciae cupiditate **Z** avaritia et cupiditas (cupiditas *corr. fort. ex* cupiditate) **M** avaritia cupiditasque **β** (cupiditatesque **F**) **Ro**

nutriatur. Quod autem nullam daemon propinquitatis et generis curam
256 A gerat, dudum profecto monstratum est: Ipse enim est, qui homines ⌜in matres, in fratres, in patres cogit fieri parricidas.

(§3) 6.5 Qui, etiamsi praetendere quibusdam aliquando videatur necessitudinem parentelae, non adeo illud, ut prosit isdem, facit, sed ut animis eorum iniustitiae crimen accumulet, divinae non ignarus sententiae, quae iniustos ab hereditate regni caelestis excludit.

6.6 Potest sane quis ita, ut deus praecepit, sapere, ut nec propriae animae contemnat salutem et parentibus suis, si forsitan egere videantur, vitae alimoniam largiatur. Qui autem omnem penitus animam suam conculcat et despicit sola propinquitatis sollicitudine, in peccatum divinae legis incurrit animam, ut dixi, suam vanitati cuidam parem fingens.

(§4) 6.7 Venerabilis autem ille conscriptor psalmorum canit de his, qui
256 B animae suae curam cum metu maximo gerunt: ⌜„*Quis*“, inquit, „*ascendet in montem domini?*“ Hoc est dicere: „Satis raro.“ – „*Aut quis stabit in loco sancto ipsius? – Innocens manibus et mundo corde, qui non habuit pro vanitate animam suam.*“ Pro vanitate quadam eam habent putantes illam una cum corpore dissipari atque dissolvi.

20/21 *cf.* 1. Cor. 6,9 (*cf.* 1. Cor. 15,50; Jo. 3,3.5; Mt. 5,20; 18,3; Ps. 68,28) 28-31 Ps. 23,3/4

---

15 nutritur **A** *p.c.* **S** *a.c.* nutriantur **F** || propinquitatis] cupiditatis **Ro** 16 dudum] hinc **β Ro** || enim *om.* **Tb** || ominem **Ta** *a.c.* hominem **Tb** *a.c.* 17 in patres *om.* **Ta** || in patres in fratres **N** in patres et in fratres **F** 18 quibusquam **A Z S** 18/19 necessitate **Tb** 19 ideo **VB Ro** || illud – facit] ut illis prosit id efficit **M** || prosit *def.* **A** || hisdem **A B bG** is **E** *a.c.* iisdem **Ro** || animabus **M β Ro** 21 ad hereditatem **Ta** || regni caelestis *def.* **A** 22 Potes **A** *p.c.* || *p.* sane *3 litt. eras.* **M** || qui **S** *a.c.* || ita – ut *sec.*] spiritali (spirituali **Ro**) scientia divinoque amore commotus **β Ro** || ut *prim. del.* **Z** || nec propriae *def.* **A** || nec] et **H Ta Tb** 23 salutem contemnere **β Ro** || suis parentibus **β Ro** || forsitan] forte **Z** || egere videantur *def.* **A** 24 alimonia **Z H Ta Tb** || pie largiri **β** (piae **NF**) **Ro** || Qui – omnem] sed si **Ro** || omnem] *om.* **A Z β** omne **Ta** || penitus omnem **Tb** 24/25 animam – et *def.* **A** 25 et despicit *om.* **H Ta Tb** 25/26 sollicitudine – legis *def.* **A** 25 sollicitudinem **S** sollicitudine occupatus **β Ro** || in peccatum] *def.* **A** poenam **β** sententiam **Ro** 26 incidit **Z** || dixit **H** *a.c.* || sua **Ta Tb** || vanitati – fingens] deputans vanitati **β Ro** || cuidam – fingens *def.* **A** || cui **Tb** || figens **H Ta Tb** 27 Venerabilis] sacer **β Ro** || conscriptor ille **β Ro** || his] iis **M** *p.c.* **Ro** 28 cum *om.* **Ro** || gerunt dicens **β** (dicentes **N**) **Ro** || inquit *om.* **β Ro** || ascendet **A** *p.c.* **S** *p.c.* **Ro** ascendit *cett.* Gr: ἀναβήσεται (*idem* Syr) 29 rari **A** *p.c.* rarus **S** || qui **Z** 30 ipsius] eius **Ta Tb β Ro** 30/31 habuit – vanitate *prim.*] accepit in vano **Ta β** (vanum **F**) **Ro** 31 Pro – putantes] Illi namque in vano (vanum **NF**) animam suam accipiunt qui putant **β Ro** || Pro vanitate *om.* **M** || quandam **A** *a.c.* **Z** *a.c.* || quadam – habent] quadam habent animam **S** quam habent **M** quadam habent **H Ta Tb** 32 illam] eam **SM H Ta Tb β Ro** || unam **Tb** || cum *om.* **V** || dissipare *fort.* **S** *a.c.* **M** *a.c.* **H Ta Tb** disparari **N** || dissolvi + virtutum scilicet spiritalium (spiritualium **F Ro**) contemptores **β Ro** (*2*)

6.8 Istam ipsam virginem volens sanctus ille Macharius presbyter (§5)
solutione venae et inminutione sanguinis (ut dici in proverbiis solet)
facere a cupiditatis onere utcumque leviorem tali erga eam usus ingenio
est. Praeerat autem, ut prius dixi, in cellulis fratrum pauperum atque
debilium idemque in primis iuventutis suae annis in lapidibus et margaritis
probandis videbatur peritus fuisse.

6.9 Accessit ⌜igitur ad eam dicens: „Lapides ad me necessarii atque 256 C
pretiosi, smaragdi et iacinthi, subito venerunt, et, sive quis invenerit eos
sive furatus sit, scire non possum. Statuere autem ipsorum pretium nequeo,
quia cuiuslibet summam quantitatis excedunt; omnes autem simul
quingentis solidis distrahuntur. §Si ergo eos tibi placuerit conparare, (§6)
poteris unum ex ipsis quingentis vendere solidis et reliquos neptis tuae
monilibus deputare.“

6.10 Suspensa igitur ad talem virgo sermonem fallitur dolo et conplexa pedes ipsius orat et petit, ne quis memoratos lapides alter acciperet. Cui ille, dum avida hortatur, haec dixit: „Veni“, inquit, „domum meam, ut haec, quae diximus, videas.“

6.11 Ad quod illa non adquiescens, sed magis ⌜quingentos solidos in 256 D
sinum ipsius fundens ait: „Quemadmodum vis, ipse lapides eos tolle; ego
nolo eum videre, qui vendit.“ §Acceptos igitur ille quingentos solidos (§7)
pauperibus debilibusque mox dividit.

---

ad §§ 8-17 *cf.* Act. Thom. 17-27; Vita Barl. et Iosaph. 6-8 (896 D – 917 B, *praesertim* 904 C)

---

33 *in marg.* De beatissimo machario presbytero **bG** || nomine virginem **β** (virgine **b**) solo nomine virginem **Ro** || sanctus *om.* **Z** ille sanctus **M** *a.c.* || Macharius] Isidorus **Ro** 34 solutione – sanguinis] Gr: τὸ δὴ λεγόμενον φλεβοτομῆσαι Lat. II: ut ita dicam, ... flebotomare (**Ro**: flexam domare *sic!*) || solutione – inminutione] detractione **β** (detractatione **VB**) **Ro** || solutione – et] solutione bene **A** *a.c.* **Z** solutam bona **A** *p.c.* solutione bene et **S H Ta** || imminutionem **H** || in *add.* **Tb** 35 faceret **H** || a *om.* **b** || cupiditate **Tb** *a.c.* || onere – leviorem] amore qui cuique levis est **A** *p.c.* || onere] honore **E** || quodcumque **Z S** *a.c.* **H Ta** quocumque **S** *p.c.* quomodocumque **Tb** || eum **H Ta** || 35/36 est ingenio **Tb E** 36 autem *del.* **M** || in *om.* **S** *p.c.* **β Ro** || cellis **NF** 38 fuisse] fuisset **H Tb** *om.* **β Ro** || esse peritissimus **E** 39/40 necessarii atque pretiosi *(cf. Praef. C4)*] Gr: ἀναγκαῖοι 41 furati sint **Z** || eorum **H Ta Tb** || praetium ipsorum **M** *a.c.* 42 autem] enim **β Ro** 44 poteritis **Ta** || unum – quingentis *om.* **Ta** || solidis vendere **Tb** 46 ad – dolo] omnimodis illa quae dicebatur (dicitur **NF**) virgo in affectu puellae decipitur huius (huiusmodi **F** *p.c.* **Ro**) ornatu **β Ro** et *in ras.* **M** || *p.* conplexa] *ras. ca. 6 litt.* **A** igitur **Z M** (*exp.* **M**) **H Ta Tb** cito **S** 47 pedes illius **β** illius pedes **Ro** || petiit **N** || memorato **Ta** || accipiat **A** *p.c.* **Tb** 48 ille sanctus **β Ro** || avide *fort.* **S** *a.c.* **β Ro** || hortatur] se oraret *in ras.* **M** || inquit *om.* **β Ro** || ad domum **A Z** in domum **Ro** 49 quae *add.* **A** 50 quingentis **Z** *a.c.* 51 illius **VB Ro** || ipse *om.* **H Ta Tb** || lapides illos **S** eosdem lapides **β** (eos lapides **G**) **Ro** || ego enim **M** (enim *del.*) **β Ro** 52 videre eum **Tb** || eum *add.* **B** || vendet **A** *a.c.* || ille igitur **A M H Ta Tb β Ro** 53 debilibusque] debilibus **A Z** *om.* **S H Ta Tb**

6.12 Post aliquantum vero temporis spatium, quia magna opinio ipsius viri apud omnes Alexandriae erat – quippe qui et misericordia in eo esset et cultus dei et qui iam usque ad centesimi quoque anni curricula venisset, quod ego quoque, qui cum illo diu fueram, satis noram – erubescebat eum virgo memorata super ipsis solidis admonere.

6.13 Ad postremum, cum forte ipsum in ecclesia repperisset, adloquitur:
257 A „Quid“, inquit, „iubes, precor, de ⌜lapidibus illis, pro quibus quingentos
(§8) solidos dedimus?“ §Cui ille respondit: „Ex quo mihi“, inquit, „illud aurum dedisti, ex eo illud pro pretio ipsorum lapidum dedi, et, si venire desideras ac videre eosdem in hospitio meo – illic enim iacent –, veni ac vide, si tibi possunt placere; minusne, aurum referes, quod dedisti.“

6.14 Quo illa libenter audito ad presbyteri domum pergit, in cuius superioribus feminae debiles habebantur, in inferioribus autem viri. Ubi primum igitur cum ea intra primi hospitii limen stetit, dicit eidem: „Quid vis primum videre, iacinthos an smaragdos?“ Ait illa: „Quod iusseris.“

(§9) 6.15 Ducit igitur eam ad superiores domus partes et ostendit conscissis feminas membris et vultibus totis varia morbositate laceratis dicens ad
257 B eam: „Isti“, inquit, „sunt iacinthi.“ Unde descendens ⌜ostendit ei similes in inferioribus viros: „Isti“, inquit, „sunt smaragdi. Si placent tibi, ipsa considera, minusne, aurum recipe, quod dedisti.“

54/55 ipsius viri opinio **Z** 55 viri *om.* **β Ro** ‖ homines *corr. ex* omnes **M** ‖ alexandria **NF** ‖ qui **Z M Ro** (**A** *legi non potest*) quia (-a *in ras.*) **S** cum **β** (*transp. p.* et **G**) ‖ misericordia – eo] misericors **M** *(in ras.)* **β Ro** ‖ esset omnibus *in ras.* **M** 56 cultus dei **Z** *(cf. Praef. C4)* cultor dei *cett.* **α** in cultura dei (dei *om.* **NF**) praeclarus et senior **β Ro** ‖ et *sec. om.* **β Ro** ‖ qui iam] quia **G** *a.c.* ‖ circula **H Tb** circulum **Ta** ‖ pervenisset **M** *p.c.* **β Ro** 57 quoque] etiam **β Ro** ‖ agnoveram **β** (cognoveram **NF**) **Ro** ‖ eum *del.* **E** autem eum **G** 58 memorata *add. in marg.* **E** ‖ eum admonere **E** 59 forte ipsum] illum forte **β Ro** 60 iubet **B** ‖ ducentos **H Ta Tb** 61 inquit *in ras.* **M** inquit michi **N Ro** ‖ illud] *add.* **M** *om.* **β Ro** 62 illud *om.* **Tb** ‖ pro eo pretio **Tb** ‖ ipsorum *add.* **F** 63 ac *sec.*] et **H Ta Tb NF Ro** 64 possint tibi **M** possunt tibi **β** (*praeter* **NF**) **Ro** ‖ minusne] si minus (si *add.*, minusque *a.c.*) **M** minusve **E** sin minus **Ro** Gr: ἐπεί ‖ refer *corr. ex* refers **Z** referas **S** *p.c.* **NF** 65 quod **A** *a.c.* **H Ta Tb b N** *a.c.* **F** *a.c.* ‖ ad *om.* **A** ‖ *p.* cuius *add. in marg.* domus **M** 66/67 Ubi – igitur] ubi statim **Tb β** ubi autem **Ro** 67 intra *add.* **E** ‖ primi – stetit] primas fores ingressus **β Ro** 68 vis *add.* **G** ‖ an] ac **b** ‖ Ait] at **Tb β Ro** ‖ quid **Z** 69 Ducens **M** *p.c.* Ducitur **Ta** ‖ itaque **β Ro** ‖ et *om.* **SM H Ta Tb** ‖ ostenditque **β** ostenditque ei **Ro** ‖ conscissas **F** 70 feminis **G** *a.c.* ‖ totisque **F** *p.c.* ‖ morbositate **β Ro** morbitate *(sic!)* **α** 71 inquit *om.* **β Ro** ‖ Unde] deinde **Tb** inde **β Ro** 72 viri **H Ta Tb** ‖ viros + et ait **β Ro** (*3*) ‖ inquit *om.* **β Ro** ‖ placet **A** *a.c.* **Z Tb** ‖ ipsos **Ro** 73 minusne] Si minus **M** *p.c.* sin minus **Ro** ‖ recipias **S** recipe **β** (recipis **NF**) **Ro**

6.16 Itaque egressa est domum nimio rubore confusa et plurimum tristis, eo quod videret se illa voluisse facere, quae deo placere non possent, moxque aegritudinem incurrit, ut rediit.

6.17 Paulo post autem maximas presbytero gratias actitavit, puella vero ipsa, cuius nimiam curam gerebat, nupta quidem, sed sine filiorum eductione defuncta est.

7. De monachis in monte Nitriae commorantibus

7.1 Cum igitur per triennium in monasteriis, quae circa Alexandriam *(§1)* sita sunt, commoratus fuissem et cum illic viros ⌜usque ad duo milia 257 C hominum sanctissimosque vidissem, inde descendens ad montem, cui Nitrias nomen est, veni.

7.2 In medio autem istius montis et Alexandrinae civitatis interiacet lacus, qui Mariae vocabulo nominatur, per septuaginta milium spatia diffusus. Quem cum uno ac medio transfretassem die, ad meridianam partem montis accessi. §Cui monti penitus deserta adiacent loca, quae *(§2)* Aethiopiam usque tenduntur et usque ad Mazicum ac Mauritanum solum.

---

74 domo **S** *p.c.* 75 eo quod] *om.* **β** quia **Ro** || non *om.* **B** 76 possint **Z** possunt **S H Ta Tb** || *p.* moxque *2 litt. eras.* **M** || egritudine **H Ta Tb** || incurrit apud se incurrit **b** incurrit apud se **G** apud se incurrit **E NF** || ut *add.* **Z** || redit **M** *a.c.* rediit + non enim hoc secundum dei fecerat voluntatem, sed ingeniosa viri sanctissimi necessitate compulsa **β** (sanctissimi viri **F**) **Ro** 77 presbyteri **H Ta Tb** || actitavit **A** *p.c.* **M** *p.c.* (*cf.* Capp. 15, §3 *et* 47, §22) iactitavit *cett.* **α** egit **β Ro** Lat. II 77/78 puella – ipsa] propter quod puella **β Ro** 77 puellam **Ta Tb** 78 ipsam **H Ta Tb** || nuptam **M** *a.c.* **H Ta Tb** 79 eductione *(cf. ThLL V 2, s. v. educo, 119, 80 sqq.: „de educatione", et s. v. eductor, 123, 82 sqq.: „i. q. is qui educat, nutrit")*] educatione **S** *p.c.* **M** *p.c.* **β Ro**

Explicit **Z**

De monachis in monte Nitriae commorantibus *ad* §1 *cf.* Soz. hist. eccl. 6,29,3

α = **A SM** **β** = **VB bG E NF** *om.* Lat. II
Gr: PTW Syr: R1, R4 **Ro**

De monasteriis circa alexandriam constitutis **S** Inc. *om. cett.* (*praeter* **bG**)

1 igitur *del.* **M** 2 cum *om.* **M β Ro** || viros + abstinentiae virtutibus adornatos **β Ro** (***64***) 3 descendens ad montem: *cf. Praef. C4* 4 Nitrias] *transp. p.* est **N** nitriae **β** (*praeter* **NF**) **Ro**

5 *initium capituli a.* In medio: *in marg.* De monte nitriae et his qui ibi morantur sanctissimis patribus **bG** (morabantur **G**)

et *om.* **α** || alexandriae **M** *a.c.* **N** *a.c.* 6 LXXta **G** 7 medianam **A** *a.c.* **S M** *a.c.* 8 partem *transp. p.* accessi **E** || praefati montis **β Ro** 9 tendunt **F** || ac] ad **A** *a.c.* **S M** *a.c.* **β Ro**

7.3 In quo monte degebant quinque milia, ut arbitror, viri, qui diversum propositi sui institutum tenentes, prout vellent possentque, vivebant ita, ut alio quidem liceret solum manere, si cuperet, alius cum uno tantum 257 D fratre, si vellet, alius cum multitudine, si hoc desiderasset, ⌜habitaret. Quo in monte tam memoratis quam illis, qui ad ultimas se solitudines contulerunt, sescentis viris septem pistrinis alimenta praebentur.

(§3) 7.4 Huius igitur montis per totum annum usus hospitio plurimumque a beatis illius patribus instructus et doctus, ab Arsisio maiore et Putubasto et Asione, Serapione Chronioque multisque eorum relationibus super his, qui ante ipsos fuerant, incitatus usque ad alia solitudinis loca interioris accessi.

7.5 In ipso Nitriae monte unam ecclesiam maximam vidi, in qua sunt tres arbores dactulorum, ex quibus singulis singula flagra dependent. Quorum uno hi, qui peccant, monachi verberantur et alio latrones, si 258 A inciderint forte, caeduntur, tertio delicta eorum, ⌜qui undecumque advenerint, corriguntur, atque ita omnes, quicumque convicti in peccato vapulare meruissent, amplectentes memoratas arbores et certas tergo accipientes plagas dimittebantur.

(§4) 7.6 Est etiam circa ipsam ecclesiam cella suscipiens peregrinos ac pauperes fratres, in qua, cum receperint advenam quendam, per totum illic eum tempus alunt, donec ipse propria voluntate discedat, biennio etiam ac triennio si voluerit quis illic manere, non prohibentes.

7.7 Unius autem septimanae, ex quo venisset, ei otium dabant, reliquos vero dies quodcumque opus ipsum facere cogebant deputabantque aut

---

ad §3 *cf.* HM 21,1,2; Soz. hist. eccl. 6,31,1; Nicephor. Callist. hist. eccl. 11,38 (708 A) *ad* §4 *cf.* Soz. hist. eccl. 3,14,4; 6,30,1; Nicephor. Callist. hist. eccl. 9,14 (271D – 272 A); 11,37 (704 D) *ad* §6 *cf.* Bened. reg. 61,1-3 *ad* §7 *cf.* Regula mag. 78

---

10 milia *transp. p.* arbitror **E** || virorum **Ro** 12 alii **A** *p.c.* **β** (aliis **F**) **Ro** || solum] soli **A** *a.c.* **S β** *om.* **Ro** || cuperent **NF** 12/13 alius – vellet *om.* **V** 13 habitare **V** 14 ultima se solitudinis **S** || sollicitudines **A** *a.c.* 15 contulerant **A** *p.c.* contulere **V** *p.c.* **Ro** || VIItem **G** || pristinis **A V bG** 16 *in marg.* De beato arsisio aliisque quam *(?)* plurimis *(?)* **G** || hospitio sum **S** 17 illius] illis **M** *p.c.* *om.* **β Ro** 18 et *om.* **Ro** || agione **β Ro** || et chronio **β Ro** || eorum] *om.* **M** seniorum spiritalium **β Ro** || revelationibus **A** || his] iis **M** *p.c.* **Ro** 19 interioris loca **E** interioris *om.* **F** 21 *in marg.* De eclesia in eodem monte sita et (et *om.* **G**) tribus arboribus (+ dactilorum **G**) **bG** || ipso autem **β Ro** 22 dactilorum **A** *p.c.* **b NF** dactylorum **S** *p.c.* **VB G E Ro** 23/24 uno ... et alio ..., tertio ...: *cf.* Cap. 29, §6 (unus ... et alter ..., tertius autem ...) 23 hi] ii **Ro** || et **M** *a.c.* *(del.)* ex **A S** *om.* **β Ro** 24 forte inciderint **E** || delictum **A** *a.c.* 25 advenerint – quicumque *om.* **β Ro** || convincti **NF** || in *add.* **E** || peccatum **NF** 26 vapulari **V Ro** || memoratas amplectentes **Ro** 29 *supra* in qua *add.* degentes **A** || recipiunt **A** *p.c.* acceperint **β Ro** || quemquam **S** *p.c.* **M** *p.c.* quemlibet **β Ro** || totum] tantum **Ro** 30 eum illic **M** eum *om.* **VB Ro** 31 etiam] eum **VB** enim **bG E** *om.* **Ro** || prohibetur **E** 32 venissent **B** *a.c.* 32/33 Post hoc vero reliquis diebus (vero – diebus *in ras.*) **S** 33 quocumque **S** *a.c.* **VB** || ipsum] eundem **β Ro** || cogebat **S** *a.c.* || deputabant **NF** 33/34 eum aut pistrinis **β** (pristinis **V** *a.c.*) **Ro**

pistrinis eum aut hortulis aut coquinis. Si autem honestior aliquis minusque aptus huiusmodi operibus videretur, legendum ei codicem dabant omnesque usque in horam sextam a conspectu ipsius et fabulatione prohibebant.

7.8 ⸢In hoc monte et placuntarii habentur et medici. Utuntur quoque 258 B
vino, nam illic et vina venduntur. §Omnes autem isti et manibus conficiunt (§5)
linteamen, ex cuius operis emolumento nulli eorum quicquam deficit ad vitam. Est autem maximae voluptatis circa vespertinas horas ex unaquaque mansione monachorum varias audire voces psalmos canentium. Quo tempore quisquis adsistat et diligenter advertat, putabit se subito sublatum et in paradiso constitutum.

7.9 Ad ipsam vero ecclesiam solo sabbati et dominico die convenire consueverant. Sunt autem in ipsa octo presbyteri, inter quos, quamdiu primus presbyter vivit, nullus praeter ipsum alter aut sacra offert deo aut
tractat aut iudicat, sed silent semper solo consensus honore ⸢contenti. 258 C

7.10 Ille autem Arsisius et alii multi cum ipso senes, quos et ipse tunc (§6)
vidi, eiusdem temporis, cuius et beatus Antonius, erant. Qui nobis et sanctum Amon Nitriotem se nosse dicebat, illum, cuius animam, dum ab

---

40-43 *cf.* HM 21,1,6 44/45 *cf.* HM 22,2,3 (de Cellia) 50/51 *cf.* HL Cap. 8, 53/54; Vita Anton. 60 (gr *et* lat: §§ 2 *et* 10-11); HM 10,8,14; 16,2,14; 3,9; 30,1,1; Hier. vita Pauli 14; Vita Pachom. prim. 93 (= Act. SS. §59); Paralipom. 13; Vita Pachom. alt. 61 (lat. 38); 64 (lat. 40); tert. 100; quart. 64; Soz. hist. eccl. 1,14,7; AP alph. Iohannes Colob. 40 (220 A); AP Nau 367 = PJ 18,32 (994 C) = AP Bu 2,9; AP alph. Sisoes 14 = PJ 20,6 = AP (BHL 6525) 162 (793 D) = AP Bu 2,109 = Paschas. verba patr. 52,4

---

35 operis **M** 36 usque *add.* **M B** ‖ a *om.* **S** ‖ fabulatione *(cf. ThLL VI 1, 34, 47 sqq.: „i. q. colloquium")*] confabulatione **β Ro** ‖ prohibebantur **M** 37 placuntarii **β** plagae contrarii **A** placontarii **S** placontrarii **M** placentarii **Ro** 38 et *prim.*] etiam **β Ro** ‖ *fort.* vendunt **G** ‖ et *sec.*] ex *del.* **M** *om.* **β Ro** 39 quidquam **Ro** 40 vitam] victum **M** *p.c.* ‖ voluntatis **A** 41 psalmos christo **β Ro** 42 si quis **β Ro** ‖ putabat **A** *a.c.* putavit **S** *a.c.* 43 in *om.* **VB bG** 44 soli abbates *corr. ex* sola sabbate **A** ‖ sabbato **E** *p.c.* **Ro** 45 consueverunt **S Ro** ‖ quamdiu] dum diu **NF** 47 *a.* consensus *add.* ei **M** ‖ consessus **A** *p.c.* **β** (concesso **E** *p.c.*, sensus **NF**) **Ro** ‖ contenti] conserti *corr. ex* consenti **M** 48 autem] vero **β Ro** ‖ artius **A** arsenius **S** *p.c.* arsius **M** *a.c.* maior arsisius **β Ro** ‖ senes (sene **NF**) sanctissimi **β Ro** ‖ et *sec. del.* **M** ‖ tunc *add.* **E** 49 cuius] quo **S** ‖ erat **S B** *p.c.* **G E N F** *a.c.* ‖ et *sec.*] etiam **Ro** 50 *in marg.* De sancto amon (ammon **G**) cuius animam defuncti beatus antonius vidit ab angelis ferri **bG** *in marg.* De sancto amone **N** ‖ ammon **A M** *p.c.* **β** *praeter* **N** ammonem **Ro** ‖ nitriodem **A** *a.c.* **S β** (nitrioten **E**) in nitria eodem (in *add.*) **M** ‖ se *in ras.* **M** ‖ dicebant **A** *p.c.* Gr: διηγοῦντο (PA)/διηγεῖτο (TB) Syr: „lui ... raconta" (R1)/„lui-même m'a dit" (R4) ‖ dum] cum *add.* **N**

angelis ferretur ad caelum, vidit Antonius. Hic ergo referebat, quod et Pachomium Tabennensiotem aliquando vidisset, virum prophetica gratia clarum et in monasterio proprio tria milia monachorum regentem, de quo post paululum loquar.

8. De Amon

(§1) 8.1 Ipsum autem in hunc morem vixisse dicebat: „Cum esset", inquit, „puer a parentibus derelictus et ad viginti duorum eductus numerum pervenisset annorum, invitus ab avunculo suo proprio matrimonii vinculis 258 D inligatus est. Qui, cum resistere ⸢non posset ei, quae a parente ingerebatur, necessitati, et in nuptiis iussus est coronari et in thalamo sedere conpulsus est et omnia patienter sufferre sollemnia nuptiarum coactus est.

8.2 Posteaquam autem universi a thalamo recesserunt novis nuptis in lectulo conlocatis, sanctus Amon surgit e lectulo, ostium claudit ac vocat

---

51 effertur *corr. ex* refertur **A** referretur **M** *a.c.* **VB G E N** *p.c.* referetur **b N** *a.c.* **F** || ipse antonius **S B** sanctus antonius **M** || Antonius – ergo *def.* **V** || ergo] etiam **M** || *in marg.* De sancto pachomio prophetia claro **b** 52 tabennensioten **E** || aliquando *def.* **V** 53 clarum – milia *def.* **V** || proprio *om.* **Ro** || quo] cuius virtutibus **β Ro**

De Amon *ad totum capitulum cf.* HM 30,1,1-4; Hier. vita Malchi 6; Cassian. conl. 14,7,4; AP alph. Eucharistus (169 B) = PJ 20,3 (1006 C) = AP Bu 2,1; Socr. hist. eccl. 4,23,1-16; Soz. hist. eccl. 1,14,1-8; Vita Abr. 1; Vita Euphras. 3 (625 C); Jo. Mosch. prat. 108 (2969 C); Nicephor. Callist. hist. eccl. 8,41 (157 C – 160 D) *ad* §§ 1-3 *cf.* HL Cap. 61, §§ 2-4 3/4 *cf.* HL Cap. 61, 8/9; Hier. vita Malchi 3 (56 B); Cassian. conl. 21,1,1; Greg. Tur. vit. patr. 1,1; 20,1 *ad* §§ 2-3 *cf.* Act. Thom. 11-15; Cassian. conl. 21,8,2

α = A SM **β = VB bG E NF** *om.* Lat. II
Gr: PTW Syr: R1, R2, R4, Rm 2+4 **Ro**

in marg. Vita illius **N**

1 *p.* autem *add. m. rec.* Amon (Ammon *p.c.*) **M** autem Ammonem **Ro** || hoc more **S** *p.c.* || dicebant **A** *p.c.*

initium capituli p. dicebat **S b F**: VIII De sancto ammone qui nolens sponsam accepit **S** *in marg.* De virtute beati amon **b** Inc. *om.* **A M VB G E F**

1/2 puer inquiunt **A** *p.c.* (inquit *a.c.*) 2 XXti **G** || duorum eductus **A** educatus (*corr. ex* eductus) duo **S** *a.c.* atque duorum **M** duorum **b** *p.c.* **E** *a.c.* **Ro** duo *cett.* **β** (IIo **G**) 2/3 pervenisset numerum **β Ro** 3 annorum *om.* **NF** || proprio *om.* **A Ro** || matrimonio **G** *a.c.* **NF** 4 Qui] Cui **Ro** || possit **A** *a.c.* 5/6 iussus est ... conpulsus est ... coactus est] Gr: ἔδοξε (*idem* Syr) 5 iussus] visus **A** *a.c.* *fort.* **S** *a.c.* *fort.* **M** *a.c.* **β** ut usus **M** *p.c.* || et *sec.*] etiam **M** 6 ferre **E** || sollemnia nuptiarum *transp. p.* coactus est **E** 7 postquam autem **A** *p.c.* **S** *p.c.* **V** *p.c.* **Ro** postea autem quam **M** (autem *m. a. et del.*) **G F** || nuptiis **NF** 7/8 in lectulo *add.* **F** 8 ac vocat] vocatque **β Ro**

residens benedictam illam et vere unanimem coniugem suam dicens:
§,Veni', inquit, ,domina, ut tibi causam ipsam huius coniunctionis *(§2)*
exponam. Nuptiae nostrae hucusque sunt tantum nihilque in se amplius
habent. Bene ergo faciemus, si de reliquo unusquisque separatim quiescat,
ut et Christo placere possimus, si intacta virginitate vivamus.'

8.3 Prolatum autem de sinu parvum libellum nescienti ⌜scripturas 259 A
sanctas puellae ex persona apostoli ac salvatoris legebat, cui lectioni alia
secundum sensum suum longe plura coniungens exponebat eidem castitatis
virginitatisque rationem, ut illa post satisfactionem instinctu et gratia
divinitatis impleta diceret: §'Mihi quoque persuasum scias, domine. Quid *(§3)*
ergo iubere amplius velis, quaero.' Cui ille inquit: ,Hoc iubeo, ut
unusquisque nostrum separatim ab hodie maneat.'

8.4 Ad quod cum illa non adquiesceret dicens: ,In eadem quidem cella,
sed in lectulis separatis manere debemus.' cumque hoc utrisque placuisset,
decem et octo annos vixerunt ita, ut illa quidem totis diebus esset in cella,
ille autem ut insisteret operi in hortulo, quem colebat, et balsamum ea,
qua peritus ⌜erat, arte conficeret. Quod tamen balsamum multo labore ad 259 B
imaginem vinearum et plantatur et colitur et putatur. Vespertinis autem
horis regressus domum orationibus factis et cum eadem cibo sumpto ac
rursus nocturnis precibus ex more celebratis ad opus solitum mane
pergebat.

8.5 Interea, dum eorum esset haec vita exclusa ab utroque penitus *(§4)*
omni corporalis inlecebra passionis, oratione sancti id, quod aliquando
cupiebant, obtinere coeperunt. Ait enim eidem ad postremum puella:

11-13 *cf.* HM 16,2,5

---

11 nostrae *om.* **N** || sint **E** *p.c.* 12 habeant **E** || quisque nostrum **Ro** || separati **NF** || *p.* quiescat *ca. 3 litt. eras.* **M** 13 et] *del.* **A** *fort.* **S** *om.* **M Ro** || et Christo] Gr: καὶ τῷ θεῷ (G)/Χριστῷ (B) Syr: „au Christ" || si – vivamus] Gr: φυλάξαντες ἄθικτον τὴν παρθενίαν || intacta **M** *p.c.* **β** (in tanta **NF**) **Ro** intacti **A S M** *a.c.* 14 Prolatum ... parvum libellum *(cf. Praef. C4)*] Prolato ... parvo libello **S** *p.c.* Gr: ἐξενεγκὼν ... βιβλιδάριον 15 sancta *add.* **b** || alia] quia **b** 17 rationem] conversationem **β Ro** || ita ut **S** || instinctu *scripsi (cf. Praef. C4)* in ictu **A S β** (*praeter* **NF**) **Ro** verborum eius + *2 litt. eras.* **M** convinctum **N** coniunctum **F** || et] *del.* **A** *om.* **M β Ro** 18 divinitati **NF** || *p.* persuasum *add.* hoc **M** || domine + castam vitam libenter amplecti **β Ro** 19 amplius *om.* **E** || quaero] expecto **β Ro** || Cui] tunc *corr. ex* cum **A** || iubeo et rogo **β Ro** 20 ab *om.* **A** || hoc die **M** *p.c.* **Ro** 21 cum *om.* **β Ro** || adquievit **β Ro** || eadem] ea **NF** || quidem *add.* **M** 23 annis **V** *p.c.* 24 ille] **M** *p.c.* || ut] *del.* **A** aut **M** *om.* **β Ro** 24 et] aut **M** 24/25 ea – balsamum *add. in marg.* **b** 25 tamen] quidem *supra ras.* **M** 26 putatur] potatur **A S** Gr: κλαδευομένη (*idem* Syr) || 26/27 autem – regressus *def.* **V** 27/28 cibo – rursus *def.* **V** 28 primo mane **β Ro** 30 excluso *fort.* **S** *a.c.* **V** *a.c.* **B bG E** *a.c.* || ab utroque *om.* **NF** 31 omnis **S** omne **E** || corporali **A** *a.c.* **M** *a.c.* corporalium **A** *p.c.* || illecebrarum **A** *p.c.* inlecebrae **V** *p.c.* illecebras **G NF** || passione **A** *p.c.* **V** *p.c.* || sancta **E** 32 cupiebat **E** *a.c.* || eadem **S** ei **M** *p.c.* || puella] beata illa **β Ro**

'Domine', inquit, 'mi, habeo, quod dicam; in quo si me audieris, probabitur mihi, quod me secundum deum diligas.'

8.6 Hortatur ille, ut, quod ei placeret, diceret. At illa: 'Iustum mihi hoc', inquit, 'videtur, cum ipse sis sexus virilis et iustitiae totus inservias 259 C ⌜cumque ego quoque propositum tuae subsequar viae, ut diversis mansionibus separemur. Inconveniens enim atque incongruum puto in occulto te tantam habere virtutem nec ulli esse cognitum, quod in hac castitate atque pudicitia simul vivimus et manemus.'

(§5) 8.7 Cui ille primum gratias deo agens ista respondit: 'Habe igitur hanc ipsam cellam, ego autem aliam mihi facere temptabo.' Et mox ad interiora loca Nitriae montis egressus – necdum autem tunc monasteria illic erant – fecit sibi duarum volumina cellularum atque ita inter solitudines viginti 259 D aliis annis ac duobus ⌜emensis defunctus est, immo magis somno quievit. Per singulos tamen annos secundo semper videbat beatam illam coniugem suam.

(§6) 8.8 De hoc illud miraculum sanctus Athanasius episcopus aliquando referebat in eo opere, quo descripsit Antonii vitam, quod, cum una cum Theodoro discipulo suo Lycum nomine fluvium transfretaret erubescens

---

33-35 *cf.* Vita Euphras. 2 (625 A/B) ad §8 *cf.* Vita Anton. 60 (gr *et* lat: §§ 5-6); HM 30,3,7; *ad lin.* 50/51 *cf. et* Vita Anton. 47 (gr *et* lat: §3) 50/51 *cf.* Hier. epist. 107,11,2; AP N 592/34

---

33 domine *in ras.* **S** ‖ mi] mihi **A** *a.c.* **S** *a.c.* **V** *a.c.* **B b** *a.c.* **G NF** ‖ habeo – dicam] habeo quoddam dicere tibi *in ras.* **M** 34 me *transp. p.* deum **NF** ‖ diligis **Ro** 35 ediceret **β** (et diceret **NF**) **Ro** ‖ At] ait **B** *p.c.* **bG E** *a.c.* 36 cum – sis] ut *(add.)* cum tu sis (tu sis *in ras.*) **M** ‖ viri **NF** ‖ insertias *corr. ex* inserviens **E** 37 ego *corr. ex* ergo **N** ‖ propositum – viae **A** *p.c.* propositum subsequar viae **A** *a.c.* **S** *a.c.* propositi subsequar via **S** *p.c.* idem *(add.)* propositum subsequar **M** propositi tui aemuler viam **β Ro** Gr: ἐζηλωκυῖαν τὴν αὐτήν σοι ὁδόν 37/38 ut diversis – separemur] Gr: κατ' ἰδίαν μένειν (*sim.* Syr) 37 ut diversis *om.* **M** 37/38 diversis ad multorum aedificationem mansionibus **β Ro** 38 in occulto *m. a.* **M** 38/39 propter me tantam in occulto te habere (habere te **E**) virtutem **β** (in occulto tantam te **NF**) **Ro** 40 pudicitia + domini amore **β Ro** 41 primum *om.* **β Ro** ‖ deo *om.* **A β Ro** ‖ agens + deumque glorificans **β Ro** ‖ ita **G Ro** ‖ respondit + bene tibi placuit mi domina soror **β** (domina mi **E**, mi *om.* **NF**) **Ro** 42 Et] egressusque ab ea **β Ro** ‖ ad *om.* **β** (in **VB**) 43 loca *om.* **NF** ‖ egressus montis **A** montis *om.* **β Ro** ‖ egressus] penetravit **β Ro** ‖ autem] enim **β Ro** ‖ monasteriorum **β Ro** ‖ illic *om.* **NF** ‖ erant] fuerat multitudo **β Ro** 44 facit **A** fecitque **β Ro** ‖ in solitudine **β Ro** 44/45 viginti – emensis (emensis *scripsi; cf. Praef. C4*)] viginti aliis (*corr. ex* alias) annis conversatus ac duobus mensibus (conversatus *add.*) **A** viginti aliis annis ac duobus mensibus vivens **S** exactis *(add.)* viginti aliis annis ac duobus mensibus **M** viginti (XXti **G**) aliis annis ac duobus transactis **β** (aliis *om.* **NF**) **Ro** Gr: βιώσας ἄλλα εἴκοσι δύο ἔτη ἐν τῇ ἐρήμῳ (*idem* Syr) 45 imo **Ro** ‖ quievit + cum sexaginta duos (LXta IIos **G**) annos aetatis suae finisset **β Ro** (aetatis suae annos **VB Ro**) 48 athanasius alexandrinus **β Ro** ‖ aliquando *om.* **β Ro** 49 retulit **β Ro** ‖ descripsit antonii *in ras.* **M** ‖ vitam *transp. a.* descripsit **β Ro** ‖ cum *prim. om.* **β** ‖ aliquando una **β Ro** 50 cupiens transfretare **β Ro** ‖ et erubescens **β** erubesceret **Ro**

sibi vestimentum detrahere, ne nudum umquam suum corpus aspiceret, subito sine navi in altera fluminis parte angelo vehente translatus est.

8.9 Iste igitur Amon ita vixit atque ita obiit, ut illius animam sanctus videret Antonius tunc, cum ab angelis ferebatur ad caelum. Memoratum vero ⌜fluvium navi ego cum metu transii. Est enim illi derivatio quaedam 260 A magni illius fluminis Nili.

9. De Or

9.1 In hoc etiam, qui Nitrias dicitur, monte monachus erat quidam, cui Or fuit nomen, cuius virtutem multorum quidem fratrum testimonia praedicabant, specialiter tamen ancilla dei Melanius, quae ante me ad loca ipsius montis accessit; nam ego superstitem supradictum virum videre non potui.

9.2 Et hoc in vitae ipsius expositione dicebant, quod nec mentitus umquam fuerit nec iuraverit nec maledixerit cuiquam nec sine necessitate aliqua sit locutus.

53/54 *cf.* HL Cap. 7, 70/71; Vita Anton. 60 (gr *et* lat: §§ 2 *et* 10-11); HM 10,8,14; 16,2,14; 3,9; 30,1,1; Hier. vita Pauli 14; Vita Pachom. prim. 93 (= Act. SS. §59); Paralipom. 13; Vita Pachom. alt. 61 (lat. 38); 64 (lat. 40); tert. 100; quart. 64; Soz. hist. eccl. 1,14,7; AP alph. Iohannes Colob. 40 (220 A); Nau 367 = PJ 18,32 (994 C) = AP Bu 2,9; AP alph. Sisoes 14 = PJ 20,6 = AP (BHL 6525) 162 (793 D) = AP Bu 2,109 = Paschas. verba patr. 52,4

---

51 distrahere **A** ‖ *p.* nudum *add. in marg.* aliquis **M** ‖ suum aliquis **S** *(cf. Praef. C4)* 52 alteram **E Ro** ‖ ripam **E** partem **Ro** ‖ est] sit **E** *p.c.* 53 ita *sec. om.* **Ro** ‖ ipsius **β Ro** 54 Antonius *om.* **b** antonius videret **E** ‖ tunc *om.* **M β Ro** ‖ ferretur **β Ro** ‖ ad] in **S** 55 transivi **β Ro** ‖ illi *(adv.; cf. Praef. C4)*] *add.* **B** *om.* **NF** illic **Ro**

De Or *ad* §2 *cf.* HM 4,1 (de Beno); 10,8,10; AP alph. Or 2 = PJ 20,7 = AP Bu 1,351 = AP Chaîne 264; Soz. hist. eccl. 6,28,3 (de Beno); Vita Posthum. 1; Jo. Mosch. prat. 172 (3041 B); 191

α = A SM **β = VB bG E NF** *hab.* Lat. II (Caput V.)
Gr: PTW Syr: R1, R3, R5 **Ro**

in marg. De sancto or (hor **G**) mirabili viro **bG** *in marg.* De or beato **N** *in marg.* De beato or **F** Inc. *om.* **A SM VB E**

1 monte *transp. a.* qui **E** ‖ quidem **N** *a.c.* 2 hor **G** ‖ quidem *om.* **NF** 3 tam **N** ‖ Melanius **A** *a.c.* **S** melaniae **A** *p.c.* melania **M V B** *p.c.* **E** *p.c.* **F Ro** melanium **B** *a.c.* **b** *fort.* **E** *a.c.* **N** menalium **G** 4 accesserat **β Ro** 6 Et – dicebant] haec (*fort.* hoc **F** *a.c.*) ergo de conversationis eius virtutibus referebant (referebat **G** *a.c.* **Ro**) **β Ro** ‖ dicebat **A M** Gr: ἔλεγον (PT) *vel* ἔλεγεν (Gr B) Syr: „racontaient“ *vel* „disaient“ Lat. II: dicebant 7 maledixit **NF**

10. De Pambo

(§1) 10.1 Huius montis habitator et beatus Pambo fuit, quem et Dioscorus episcopus et Ammonius et Eusebius et Euthymius et Origenes et Dracontius 260 B ⌜viri admirabiles et nepos habuerunt magistrum.

10.2 Qui Pambo, cum multis virtutum praerogativis palmisque praecelleret, inter ipsas etiam hoc habuisse memoratur, quod nemo ita auri et argenti contemptor fuit.

(§2) 10.3 Referebat ergo mihi venerabilis ipsa Melanius, quia, cum profecta a Roma Alexandriam primum fuisset ingressa cumque multa de ipsius viri moribus beato Isidoro referente cognovisset et ducta ad eum in solitudines, ubi degebat, fuisset, obtulisset illi trecentas argenti libras ac deprecata fuisset, ut aliquid ex eius rebus acciperet.

10.4 Qui, cum sederet vimen intexens, sola eam voce benedixit hoc 260 C (§3) dicens: „*Det tibi mercedem deus.*" §Et ⌜Origeni oeconomo dixit: „Suscipe

---

13 *cf.* Gn. 30,18 *et* Sir. 51,38

---

ad §1 *cf.* HM 23,3,4; Soz. hist. eccl. 6,30,2 *ad* §§ 3-5 *cf.* HL Cap. 58, §4; Vita Melan. 38

α = **A** *(usque ad lin. 15)* **SM** β = **VB bG E NF** *hab.* Lat. II (Caput V.)
Gr: PTW Syr: R1, R3, R4 **Ro**

VIIII De beato pambo nitriae montis habitatore **S** *in marg.* De sancto pambo **bG** De beato pambo **NF** (**N** *in marg.*) Inc. *om.* **A M V E**

1 *p.* Huius *ca. 13 litt. eras.* **S** ‖ et] etiam **S** 2 et euthimius et eusebius **E** ‖ Euthymius (*vel* euthimius) **β Ro** (= Gr) ertyminus **A** ertymius **SM** 2/3 Origenes – nepos] Gr: Ὠριγένους τοῦ ἀδελφιδοῦ Δρακοντίου ἀνδρὸς θαυμαστοῦ (*idem* Syr) 3 nepotes **A** *p.c.* 4 *in marg.* De beato pambo **B** ‖ et cum **Ro** ‖ multis ac variis **β Ro** ‖ palmisque] variisque **M** *p.c.* 5 habuisse praecipuum **β Ro** ‖ memoratum **N** *a.c.* ‖ nemo ita] intantum **β Ro** 6 argentique **β Ro** ‖ contemptor *add.* **S** ‖ fuit **A β Ro** ‖ fuit + ut praeceptum domini videretur implesse **β Ro** (*4*) 7 Referebat *in ras.* **M** ‖ Melanius **A** *a.c.* **S M** *a.c.* melania **A** *p.c.* **M** *p.c.* **V B** *p.c.* **E F** *p.c.* **Ro** melanium **B** *a.c.* **bG N F** *a.c.* ‖ cum *om.* **Ro** 8 a] de urbe **β Ro** 8/9 multa – referente *om.* **S** 9 moribus] virtutibus **β Ro** ‖ beato **M** *p.c.* *om. cett.* Gr: Ἰσιδώρου ... τοῦ μακαρίου (*idem* Syr) ‖ Isidoro + presbytero et xenodocho **β** (xenodochio **V B** *p.c.*) **Ro** (*30*) ‖ ducta] eodem duce **β Ro** 9/10 solitudines – fuisset] solitudinem pervenisset **β Ro** 10 optulissetque **A** *p.c.* **S** *p.c.* obtulisse **β Ro** ‖ se illi **β** (sese **G**, se *om.* **NF**) **Ro** ‖ libras argenti **NF** 10/11 precatam fuisse **β** (fuisset **G**) **Ro** 11 rebus eius **NF** 12 Qui *del.* **A S** ‖ sederet inquit **β Ro** ‖ et vimen intexeret **β** (vimina **G**, texeret **B** *a.c.*) **Ro** ‖ solam **A** *a.c.* **S** *a.c.* ‖ eam] me **β Ro** 12/13 hoc dicens] et ait **β Ro** 13 deus mercedem **E** ‖ Et – dixit] deinde dicit oeconomo suo **β** (dixit **F**) **Ro** ‖ origenio economo **A** 13/14 suscipe caute et **β** (et caute **F** *p.c.*) **Ro**

et divide per omnes, qui sunt tam in Libya quam in insulis, fratres; haec
enim monasteria plus videntur egere quam cetera." praecipiens ei, ne quid
eis, qui in Aegypto degunt, daret propterea, quod regiones illas abundare
magis victibus sciret.

10.5 Cum autem memorata femina staret et honorem pro munere dato
expectaret ac laudem nihilque ab eo audiret, ulterius ait ipsi: „Scito",
inquit, „domine, trecentas esse in hoc argentario libras." §Qui iterum ne (§4)
sursus quidem aspiciens illi ista respondit: „Cui exhibuisti haec", inquit,
„o filia, scit sibi non opus esse mensuris. Nam *qui montes lance perpendit*,
multo amplius novit, quantum sit huius pondus argenti. Si quidem mihi",
inquit, „istud offerres, competenter ⌜hoc diceres; cum autem non mihi, 260 D
sed deo ei, quem non sprevisse duos illos nummos novimus, tace."

10.6 Sic autem dominum ordinasse dicebat, §ut post paululum tempus, (§5)
posteaquam ad ipsum venerat montem, dei servus ille quiesceret, qui non
aegritudine, non febri aliqua fatigatus est, sed sportellam consuendo
defecit septuagesimo aetatis suae anno.

10.7 Ante tamen ipsam, quam de saeculo exiret, vocavit et postremum
in consummatione sui operis confidens ait feminae ipsi: ⌜„Accipe hanc 261 A

---

22 *cf.* Is. 40,12 *et* 2. Mcc. 9,8   25 *cf.* Mc. 12,42 *et* Lc. 21,2   *app. crit. ad lin.* 30 Ps. 30,6; Lc. 23,46 (*cf.* HL Cap. 60, *app. crit. ad lin.* 22)

---

14 in *sec. om.* **NF**   15 praecipiens *usque ad finem capituli 13 om.* **A** || hoc quoque ei praecipiens **β Ro** || quid + ex ea pecunia **β Ro**   16 iis **M** *p.c.* **Ro**   his **M** *a.c.* **β** || propter **β**   16/17 abundare – sciret] alimentis sciret amplius abundare **β Ro**   18 femina + sicut retulit mihi **β Ro** (***65***) || honorem] benedictionem **β Ro**   19 ac] aut **β Ro** || ipsi] *in ras.* **M**   ad illum **β Ro**   20 inquit *om.* **β Ro** || domina *in ras.* **S** || hac **N** *a.c.* || argento **M N** *p.c.*   argentaria **β** (argentarias **G**, argenteo **N** *a.c.*) **Ro** || iterum] illius **M**   20/21 ne – aspiciens] Gr: μηδὲ ὅλως (ὅλως *om.* T) ἀνανεύσας (*sim.* Syr)   20 nec **E** *p.c.* **Ro**   21 sursus *scripsi*   rursus **S**   vultum *in ras.* **M**   sursum **β** (rursum **VB E** *a.c.*) **Ro** || prorsus aspiciens **β Ro** || illi] *om.* **M Ro**   illam **β** || et ista **M** *a.c.*   ita **M** *p.c.* **β Ro** || Cui exhibuisti **β Ro**   Qui huc exhibuit **α**   Gr: ᾧ ἤνεγκας (*idem* Syr)   Lat. II: Cui obtulisti || inquit] *del.* **M**   *om.* **β Ro**   22 scit – mensuris] non opus habet a te mensuram cognoscere **β Ro** || pensavit **β Ro**   23 et si **β Ro**   24 inquit] *del.* **M**   *om.* **β Ro**   25 illi deo **β Ro** || sprevisse + immo amplius honorasse **β Ro** (imo **Ro**) || *a.* nummos *add.* viduae **M** || agnovimus **β Ro** || tace quiesce **β Ro**   26 paulum **b**   27 servus dei **E** || illo **V** || requiesceret **M β Ro**   Gr: κοιμᾶται *vel* ἐκοιμήθη *vel* κεκοίμηται   Lat. II: defunctus est   28 febre **E F** || consuendo] texendo **E**   29 defecit – anno] septuagesimo aetatis suae anno **β Ro** (septuagesimae **Ro**) + quievit in pace **Ro** || deficit **M**   30 tamen ipsam] horam **β**   horam vero **Ro** || *p.* ipsam *ca. 20 litt. eras.* **S** || qua **β Ro** || hoc saeculo **N** || exiens + spiritum suum domino commendaret **β Ro** (Deo **Ro**) || vocavit me **β Ro** || postremo **S** *p.c.*   in postrema **β** (in postremo **G** *a.c.*) **Ro**   31 in *om.* **β Ro** || consummationis **NF** || sui] ut **NF** || confidenter **β** (confitenter **N F** *a.c.*) **Ro** || *p.* confidens *ca. 6 litt. eras.* **S** || feminae ipsi *om.* **β Ro**

sportellam de manibus meis, quia non habeo aliud, quod relinquam tibi, et memento“, inquit, „mei.“ Cuius corpore involuto linteo et sepulturae tradito supradicta femina ex desertis locis abiit usque ad finem proprium hereditatem sancti illius habens secum.

(§6) 10.8 Hic ipse Pambo in fine vitae suae et ipsa hora, qua erat exiturus e saeculo, adsistentibus ei Origene presbytero et oeconomo et Ammonio, sanctitate famosis viris, et ceteris fratribus hoc dixisse memoratur: „Ex quo veni“, inquit, „in istum solitudinis locum et habitavi in cellula, quam meis manibus extruxi, *panem gratis me manducasse non memini* nec verbum usque in praesentem horam locutus sum, ex quo paenitentiam gerere deberem. Post quae ita ad dominum deum pergo, tamquam necdum 261 B divinae ⌜cultum religionis attigerim.“

(§7) 10.9 Adserebant autem nobis referentes et testimoniis confirmantes suis Origenes et Ammonius, quia numquam, cum aliquid interrogatus fuisset vel de spiritalibus vel de saecularibus scriptis, cito responsum sciscitantibus dedit, sed semper necdum se, quod responderet, invenisse dicebat. Saepe autem et, cum trium mensum spatia fluxissent, nec sic quidem responsum quaerentibus dabat nec tunc quoque ad notitiam veritatis pervenisse se dicens.

10.10 Tam diligentes autem sententias eius atque tam cautas omnes, quantum ad deum pertinet, norant, tamquam essent ipsius dei. Hanc

---

40+58 *cf.* 2. Th. 3,8 (cf. HL Cap. 45, §6)

---

ad §8 *cf.* AP alph. Pambo 8 = AP syst. 1,25 / PJ 1,16 = AP (BHL 6525) 160 = Paschas. verba patr. 52,2 40-42 *cf.* AP alph. Pambo 5; Vita Posthum. 1 42/43 *cf.* Vita Anton. 7 (gr *et* lat: §11); 91 (gr *et* lat: §2) *ad* §9 *cf.* AP alph. Pambo 9

---

33 et – mei (= Syr R1)] ut memor sis mei **β Ro** Lat. II Gr: ἵνα μέμνησαί μου (*idem* Syr R3) ‖ in linteo **β Ro** 34 supradicta femina *om.* **β Ro** ‖ abscessi **β Ro** ‖ propriam **N** *p.c.* **F** 35 mecum **β Ro** 36 Hic et ipse **N** ‖ finem **NF** ‖ et ipsa] ipsaque **β Ro** ‖ exiturus erat **Ro** 37 Origene] paulo **β Ro** 38 famatis **Ro** 39 inquit *om.* **β Ro** 40 gratis + ab aliquo **β Ro** 41 ex] de **β Ro** 42 gerere] agere **VB G Ro** agerere **F** *p.c.* ‖ debuissem **β Ro** ‖ Post – ita] ita tamen **β Ro** Gr: καὶ οὕτως (*idem* Syr) ‖ Post quae *scripsi (cf. Praef. C4)* Postquam **S M** *a.c.* Post quam conversationem **M** *p.c.* (conversationem *add. in marg.*) ‖ dominum *del.* **M** ‖ deum] meum **Ro** Gr: τὸν θεόν (*idem* Syr) 43 divinum **G** *p.c.* ‖ religionis *om.* **G** religionis cultum **N** servitutis cultum *cett.* **β** (*praeter* **F**, servitutis *add. in marg.* **b**) **Ro** 45 Origenes] paulus **β Ro** ‖ Ammonius (ammonitus **b**) + servi christi **β Ro** (***31***) ‖ cum *om.* **S NF** 46 fuisset *del.* **S NF** 47 dederit (*fort. corr. ex* dedit) **S** ‖ semper *add. in marg.* **E** ‖ responsum daret **N** *a.c.* 48 trium *om.* **β Ro** ‖ mensium **S** *p.c.* **M** *p.c.* **E** *p.c.* **Ro** mensuum **VB bG E** *a.c.* **N** *p.c.* **F** ‖ ne **β** *praeter* **NF** 49/50 nec – dicens] adhuc se non asserens pervenisse ad notitiam veritatis **β Ro** 49 ne **S** ‖ quoque *add.* **M** 50 se *add.* **M** 51/52 sententias – dei] cautasque (causasque **b**) secundum deum sententias proferebat, ut eas omnes tamquam ab ipso deo prolatas susciperent **β** (ab *add.* **b**, *om.* **G**; susciperet **V** *p.c.*) **Ro**

autem in imitandis cum veritate sermonibus neque Antonium neque alium quemquam perhibent habuisse virtutem.

10.11 Factum etiam tale Pambo ipsius ⌜fertur, quod, cum Pior monachus venisset ad ipsum proprium panem ferens et ob hoc ab eo reprehensus fuisset, interrogatus, ut diceret, cur hoc fecisset, respondit dicens: „Ne hospes ab hospite gravaretur." Quem ille tacendo tantum reprehendit. Post autem aliquantulum tempus ad eum rursus ille accedens perfusum aqua panem, ut ab his edebatur, exhibuit et: „Aquam addidi", inquit, „ne tibi onerosus existerem." *(§8)* 261 C

11. De Ammonio

11.1 Ammonius iste discipulus ipsius aliique tres fratres et sorores duae summo dei cultu et amore flagrantes, cum ad deserta pervenissent loca, separatas sibimet mansiones utrique fecerunt, ita ut grandi a semetipsis spatio ⌜separarentur. *(§1)* 261 D

11.2 Quem Ammonium, quia supra modum lectioni et scripturis vacabat, civitas quaedam episcopum sibi fieri desideravit. Cuius cives

---

53 autem] enim **β** (ipsam enim **N** *a.c.*) **Ro** 53/54 in – quemquam] Antonium quoque illum magnum in suis sermonibus **β Ro** 53 imitandis] ita dandis **M** 55 *in marg.* Aliud factum eiusdem **N** || etiam] *in ras.* **M** quoque **S** autem **NF** || tale **M** *p.c.* talem **S M** *a.c.* huiusmodi **β Ro** || pambonis **M** || ipsius pambo + inter alia **β Ro** || Pior **β Ro** (*idem* Gr *et* Syr) prior **α** 56 ipsum] eum **β Ro** || deferens **F** || ob] *om.* **N** *add.* **F** || eo] illo **β Ro** 58 *p.* ille *ca. 14 litt. eras* **S** || tantum tacendo **β Ro** 59 reprehendit + ne hoc facere debuisset **S** reprehensum dimisit continuo **β Ro** || aliquantulum autem **M** *p.c.* aliquantum vero **β Ro** || temporis **Ro** || eum rursus] pior pambo memoratus **β Ro** || ille *om.* **M** 60 utque **S** || exhibuit dicens ei **S** || exhibuit + qui interrogatus cur hoc fecisset respondit **β** (respondit dicens **N**) **Ro** (***24***) 60/61 et – inquit] idcirco aquam addidi **β Ro**

De Ammonio *ad* §§ 2-4 *cf.* Socr. hist. eccl. 4,23,72-76; Soz. hist. eccl. 6,30,3-5; Nicephor. Callist. hist. eccl. 11,37 (705 C/D)

α = **SM** *(usque ad lin. 28)* **β** = **VB bG E NF** *om.* Lat. II
Gr: PTW Syr: R1, R4 **Ro**

X De amonio (*corr. ex* ammonius) qui episcopatu<m> rennuens *(?)* aurem sibi amputasse dinoscitur **S** *in marg.* De sancto amone **B** *in marg.* De ammonio discipulo pambo viro doctissimo **bG** *in marg.* Item de ammonio eius discipulo **N** Inc. *om.* **M V E F**

1 Praefatus autem ammonius **β Ro** || iste] itaque **S** *om.* **β Ro** || ipsius pambo **S** 3 sibi **E** || utrique] *corr. ex* utrisque **S** *om.* **β Ro** 4 spatiis **NF** || separarentur spacio **E** || separentur **S** *a.c.* **B** *a.c.* **G** 5 Quem] hunc ergo **β Ro** 5/6 lectioni – vacabat **S** (scripturis *p.c.*) erat divinae scripturae peritus (divinae – peritus *in ras.*) **M** lectioni scripturarum vacabat **β Ro** Gr: φιλόλογος ἦν Syr R4: „aimait très fort le commerce de la parole" 6 quaedam civitas **N** || fieri sibi **E** || desideravit] postulavit **β Ro**

(§2) cum hoc a benedicto Timotheo quondam petissent §et ille dixisset: „Ite, ad me eum“, inquit, „vos adducite, et faciam ego illum episcopum vobis.“ cumque ad eum cum magna multitudine, quo facilius abstraheretur, intrassent captumque se ille vidisset, rogare coepit eos et per sacramenta firmare adquiescere se omnino non posse, ut vel exiret de solitudine, quam tenebat, cumque videret non concedi sibi, ut faceret, quod petebat, ferro aurem sinistram radicitus cunctis videntibus secuit hoc dicens: „Vel 262 A nunc probabitur vobis fieri non posse, ⌜quod cupitis, iubente lege divina (§3) nullum aure praecisa oportere fieri sacerdotem.“ §Et ita demum relicto eo ad propria reverterunt.

11.3 Cum vero remeassent et episcopo ista dixissent, ille respondit: „A Iudaeis“, inquit, „lex ista servatur; ego autem, si dederitis mihi aliquem et naribus quidem truncum, sed moribus probum, non dubitabo eum episcopum facere.“

11.4 Hoc audito iterum pergunt ad ipsum instantissime eum rursus rogantes. Quibus iuratus ille ista respondit: „Si“, inquit, „me cogere volueritis ulterius, linguam quoque meam, quia propter ipsam mihi molesti estis, abscidam.“ Tum demum sic eum, cum nihil proficerent, reliquerunt.

262 B (§4) 11.5 Cuius Ammonii fertur tale miraculum: Cum quaedam ⌜delectatio corporalis sine ulla corpusculum eius intermissione vexaret, candenti ferro propria membra laniabat, ut ex omni parte plenus esset semper ulceribus.

11.6 ⟨Esca vero eius fuit huiusmodi: A iuventute sua usque ad obitum crudis est usus cibis, interdum etiam nihil praeter panem. Vetus autem novumque

---

14/15 *cf.* Lv. 21,17-23

---

7 a *add.* **b** || quodam **VB E** *p.c.* **Ro** || et – dixisset] ille respondens *in ras.* **M** 7/8 Ite – adducite *(p.* Ite *1-2 litt. eras.)* **S** ad me eum inquit adducite *in ras.* **M** adducite eum ad me **β Ro** 8 ego – vobis **S** ut vultis episcopum vobis **M** ut vultis **β Ro** 9 cumque – multitudine] cum magna multitudine ad eum **β Ro** || abstraherent **NF** 10 ingressi sunt **β Ro** || vidisset] perspiciens **β Ro** || et *om.* **F** 11/12 solitudinibus quas **S** 12 non *add.* **F** || facerent **N** *p.c.* 13 radicitus *add. in marg.* **F** || hoc] sibi *in ras.* + *2 litt. eras.* **M** haec **Ro** 14 fieri] impleri **β** (implere **G**) **Ro** 16 reverterunt] reversi sunt **M** *p.c.* 17 *fort.* remearent **V** *a.c.* || respondens **M** *p.c.* 18 inquit *om.* **β Ro** 19 et] etiam **β Ro** || quidem *om.* **β Ro** || *p.* probum *ca. 2 litt. eras.* **M** || eum dubitabo **β** (dubito **NF**) **Ro** 21/22 iterum – rogantes] Gr: ἀπελθόντες οὖν πάλιν παρεκάλουν αὐτόν 21 iterum *om.* **β Ro** || rursus *del.* **M** 22 rogantes + quo non adquiescente vim quoque inferre temptabant **β Ro** (tentabant **Ro**) || iurans **E** || ista *om.* **Ro** || inquit *om.* **β Ro** 23 volueris **b N** || linguam quoque] etiam linguam **β Ro** 24 abscindam **Ro** || tunc **β Ro** || cum + super hoc **β Ro** 25 De virtute amonii (ammonii **G**) beatissimi **bG** || Huius **M** *p.c.* 26 carnalis **β Ro** || intermissione *transp. a.* corpusculum **NF**

29 Esca *usque ad Cap. 13, lin.* 6 exhibebat *om.* **α**

29 eius] enim **N** 30 interdum – panem] Gr: οὐδὲν ... ποτε ἐκτὸς ἄρτου (*idem* Syr) || usus est **NF** || nihil praeter **E** nihil *om. cett.* **Ro**

testamentum memoriter retinens etiam libros eloquentissimorum virorum Didymi, Pierii atque Stefani usque ad sescenta milia versuum legendo transivit; haec autem de eo testificantur etiam patres sanctissimi in heremo commanentes.

11.7 Huius etiam prophetica virtus multis innotuit. Inter fratres vero, qui *(§5)* secreta heremi diligebant, nullus illo in officio consolationis superior. De hoc sententiam beatus Evagrius spiritalis et ⌜virtute discretionis praecipuus proferebat 262 C dicens nullum se vidisse hominum, qui sic superaverit corporeas passiones.

11.8 Hic idem sanctissimus, cum a Rufino, temporis illius praefecto praetorii, multiplici supplicatione rogatus fuisset, ut magno illo Ammonio Constantinopolim ob necessarias heremi actiones adveniente ipse quoque dignaretur venire vehementer deprecantibus sanctis diversarum provinciarum episcopis aliisque quam pluribus heremitis, qui ad dedicationem basilicae, quam ipse condiderat, convenerunt, memoratum Rufinum propriis manibus suscepit sacro fonte mundatum.

11.9 Quem suae conversationis merito plurimum veneratus est sancto Ammonio cupiens in ⌜omnibus oboedire, qui paulo post dormivit sepultusque est 262 D in basilica, quae appellatur Rufiniana, in cuius sepulchro curari feruntur cuncti diversis febribus laborantes.

12. De Beniamin

12.1 In hoc, quem praediximus, monte Nitriae quidam vir fuit mirabilis *(§1)* nomine Beniamin per octoginta annos in abstinentiae virtutibus summam donorum spiritalium gratiam consecutus. Qui sive manus cuiquam inposuisset sive olei benedictionem dedisset, ab omni languoris molestia solvebatur.

---

ad §7 *cf.* HM 23,3,2-3 *ad* §9 *cf.* Soz. hist. eccl. 8,17,6

---

32 sexcenta **V** *p.c.* **G NF Ro** 33 de eo] deo **N** || etiam *om.* **N** 35 illo *om.* **NF** 36 vir spiritalis **NF** spiritalis vir **Ro** 37 hominem **E Ro** || superaverat **V** *a.c.* 41 id precantibus **Ro** || provinciarum *add.* **N** 43 convenerant **Ro** 46 antonio **b** || est *om.* **N** 47 rufinia **V** *a.c.* **N** *p.c.* (rufina *a.c.*) **F** || cunctis **F**

De Beniamin *ad totum capitulum cf.* Soz. hist. eccl. 6,29,9-10; Nicephor. Callist. hist. eccl. 11,35 (697 B/C)

α *om.* β = **VB bG E NF** *hab.* Lat. II (Caput VI.)
Gr: PTW Syr: R1, R3 **Ro**

in marg. De beato viro beniamin **bG** De beato beniamin **N** De sancto beniamin (*in marg.* caput) **F** Inc. *om.* **VB E**

1 In monte Nitriae, de quo supra diximus **Ro** || loco monte **N** 2 per] in **N**

12.2 Hic ergo, qui talibus divinae gratiae muneribus praeminebat, ante octo menses suae dormitionis aquoso languore pervasus in tantum miseran-
263 A da pinguedine ⌜suae carnis intumuit, ut nostris temporibus secundus Iob putaretur.

12.3 Adsumens itaque nos Dioscorus episcopus, qui tunc presbyter Nitriae
(§2) fuit, meque et beatum Evagrium hoc modo est adlocutus: §„Venite et videte novum Iob in tanto tumore corporis atque insanabili passione singularem patientiam possidentem.“ Euntes igitur vidimus hominem tanto corporis tumore distentum, ut minorem manus eius digitum utrarumque manuum nostrarum coniuncti digiti minime conplecti valerent.

12.4 Cumque non possemus dura passionis eius diu respicere, oculos nostros ab eo defleximus. Tunc ille beatus Beniamin ait nobis: „Orate, filii, ut *homo meus interior* isto languore sit liber; hoc namque corpus nec sua me sanitate
263 B sublimem ⌜reddidit nec dolore deiectum.“

(§3) 12.5 Per octo itaque menses illos facta est ei sella latissima, in qua incessanter sederet iam non valens in lectulo requiescere propter reliquas corporis necessitates. Qui tamen in huiusmodi sui corporis passione constitutus alios dei gratia sanare consueverat quolibet languore vexatos.

12.6 Necessarium igitur existimavi referre huius sanctissimi passionem, ut non ammiremur, quotiens viris iustissimis quaedam corporali necessitate contingunt.

12.7 Defuncto autem viro fortissimo postes ianuarum – nec enim aliter tanti tumoris corpus eici potuisset – sublati sunt.

13. De Apollonio (Ro.: Caput III.)

263 C *(§1)* 13.1 ⌜Apollonius quidam nomine, unus ex negotiatoribus, renuntians saeculo montemque Nitriae habitans, cum iam neque artem discere praevaleret senio

---

6-8 *et* 10-12 *cf.* Jb. 2,7 16/17 *cf.* Rm. 7,22

---

6 dormitionis suae **E Ro** 9 nos *add.* **B** 9/10 fuit nitriae **NF** 10 me **Ro** 11 tumoris carnis corporis (carnis *del.*) **F** 15 possimus **B** *a.c.* 16 beatus *om.* **G** 17 corpus *om.* **N** 20 lecto **N** 21 in *om.* **NF** 22 consueverat sanare **E** 24 quoties **Ro** ‖ corporales necessitates **Ro** 27 corpus *transp. a.* tanti **N**

De Apollonio

α = **SM** *(ex lin. 7)* β = **VB bG E NF** *hab.* Lat. II (Caput VII.)
Gr: PTW Syr: R1, R3, R4 **Ro**

III **VB G** IIII **b** De sancto apollonio. Caput III **N** Caput III. De sancto apollonio **F** Inc. *om.* **E** praepeditus aetatis neque abstinentiam spiritali scriptura mandatam, huiusmodi continentiam sibi instituisse cognoscitur: Ex propriis pecuniis atque laboribus omnem remediorum speciem atque cellaria in Alexandrina conparans civitate cunctis fratribus languentibus exhibebat.⟩

13.2 Videres autem eum a principio diei nonam usque horam universa *(§2)* asceteria peragrantem et per singula aegrotos ostia requirentem portantemque secum uvam passam, mala granata, ova, siligineos, quae maxime necessaria ⌜videntur infirmis. Ad talem se vitam, cui soli aptus erat, 263 D instituerat in senecta.

13.3 Qui tamen, cum ante obitum suum aliquem forte vidisset, ei similem [non] putabat; cui omnem ministerii sui supellectilem tradidit deprecatusque est eum, ut huiusmodi curam fratribus exhiberet. Cum enim quinque milia monachorum in supradicto monte consistant, necessaria vel maxime talis sollicitudo est, eo quod in desertis illis vivitur locis.

---

app. crit. ad lin. 16 *cf.* Mt. 5,3

---

ad §§ 2-3 *cf.* Soz. hist. eccl. 6,29,14; Nicephor. Callist. hist. eccl. 11,35 (700 A/B)

---

3 mandatam exercere **Ro** 5 alexandria **VB F Ro** 6 necessaria exhibebat **Ro**

7 *a.* Videres *redit* **α**

a. nonam *add.* ad **M** ‖ usque ad **G** 8 asceteria] tam virorum (vivorum **Ro**: *error typographicus*; Ed. 1615: virorum) quam feminarum monasteria **β Ro** ‖ et – visitantem *add. in marg. sup.* **E** ‖ singula] universa **F** ‖ aegrotorum **S** ‖ requirentem] visitantem **β Ro** 8/9 portatamque **V** 9 malogranata **G** *p.c.* **Ro** ‖ siligines **β Ro** Gr: σιλίγνια Lat. II: et similia ‖ *p.* siligineos *add. in marg.* panes **M** ‖ et quae **M** 10/11 Ad – senecta *(cf. Praef. C4)*] Ad talem se vitam cuidam seni qui aptus videbatur instituerat in senecta **S** Ad talem (+ *ca. 4 litt. eras.*: *fort. del.* sese) vitam cui solus (*corr. ex* soli) aptus erat instituerat discipulum suum (discipulum suum *in ras.*) **M** Ad talem sese (sese *om.* **Ro**) vitam cui soli (solum **Ro**) aptus erat hic (suam hic **Ro**) famulus christi instituerat in senecta (instituerat senectam **Ro**) **β Ro** Gr: ταύτην αὐτῷ λυσιτελοῦσαν εὑρὼν πολιτείαν εἰς τὸ γῆρας (T) *vel* ... τὴν μέθοδον εὑρὼν εἶχεν ἕως γήρους (P) (*sim.* Syr) Lat. II: Hanc exercuit conversationem in senectute sua (*codd. partim*: Hanc eum exercentem conversationem ...) 12/13 Qui – tradidit] Gr: ὃς τελευτῶν ὁμοίῳ ἑαυτοῦ καταλιμπάνει τὰ γρυτάρια (*idem* Syr) Lat. II: Qui moriens similem sibi dereliquit grutarium (apothecarium **Ro**) ‖ Qui – putabat **S** (non *delevi*) qui tamen ante obitum suum aliquem sibi vidisse similem non putabat (*a.* sibi *del.* sui, sibi vidisse *in ras.*) **M** qui tamen ante obitum suum cum aliquem sui similem repperisset **β** (ante *add.* **b**, similem sui **F**) **Ro** 13 cui] ei **β Ro** ‖ sui] huius **β Ro** 14 comprecatusque **Ro** 15/16 necessario **S** 16 exhibenda est **S** ‖ est + et consolatio **β Ro** ‖ eo quod] sine qua **β Ro** ‖ viginti in **M** ‖ non vivitur **β Ro** ‖ locis + pauperes quidem spiritu rebusque simul domino soli placere cupientes **S**

14. De Esaia et Paisio

(§1) 14.1 Alii etiam duo fratres fuerunt, qui Esaias et Paisius vocabantur, quorum pater emendis vel mutandis mercibus studens usque ad Spaniam
264 A semper negotiando pergebat. Quo ⌜mortuo diviserunt inter se substantiam eius, quae in mobilibus tantum erat: in auro quidem quinque milia solidos, in mancipiis vero vel vestibus, quicquid invenire potuerunt.

14.2 Isti igitur uno animo communique consilio inter se tractare coeperunt dicentes invicem sibi: „Quam, frater, eligimus viam vitae? Mercationem, in qua pater noster vixit, arripimus, ut et ipsi labores aliis
(§2) relinquamus, §ut et nos euntes in pericula praecipites vel marini, ut adsolet, fluctus vel latronum tela consumant? Sequamur magis igitur solitudines vitamque monachorum, ut et paternam hereditatem lucremur et animas nostras nulla rerum malarum contagione perdamus.“ Quod propositum cum utrisque placuisset, in ipsa electione solitariae vitae diversum singuli tenuerunt iter.

264 B 14.3 ⌜Divisis igitur, quas pater reliquerat, rebus unum quidem habuerunt uterque propositum, ut placerent deo, sed non in una institutione vivendi ambo placuerunt: §Alter enim ex ipsis omnibus suis rebus per

---

ad §2 *cf.* Serap. ep. mon. 7/8 (933 B) 7-12 *cf.* Hor. carm. 1,1; Verg. georg. 2,458-474 *et al.*

α = **A SM H Ta Tb**	β = **VB bG E NF**	*om.* Lat. II
Gr: PTW	Syr: R1, R3	**Ro**

XI De esaia et paisio fratribus quos pambo in paradiso vidit **S** III **M** *in marg.* De duobus fratribus cuiusdam negotiatoris filii **bG** Inc. *om.* **A H Ta Tb VB E F**

1-3 Alii – diviserunt] Syr R3 *idem ac* α: „D'autres encore, deux frères, ..., ceux-là, quand fu mort leur père, partagèrent ...“ 1 Alii – fuerunt] Fuerunt etiam duo fratres **H Ta Tb** ‖ quidam fratres **β Ro** ‖ fratres fuerunt **β Ro** *(cf. Praef. C4)* fuerunt *om.* **A SM** (erant *add.* **A**) Gr: ἀδελφοὶ ὑπῆρχον (*idem* Syr R1) ‖ paisus **H Ta Tb** ‖ vocabatur **H Tb** *a.c.* 2 mercimoniis **F** *a.c.* ‖ hispaniam *fort.* **A** *p.c.* **S M** *p.c.* **H Ta Tb β Ro** 3 Quo] eo **M** *p.c.* 4 in mobilibus] Gr: ἐν ἀκινήτοις PT, *sed* ἐν κινητοῖς Gr B ‖ aurum **NF** 5 quidquid **A** *a.c.* **S** *a.c.* **Ro** 6 *in marg.* De duobus fratribus **N** ‖ Isti] Ipsi **M** *om.* **H Ta Tb** ‖ communi **Tb** 7 sibi invicem **E** ‖ quem **A** *a.c.* **S** *a.c. fort.* **M** *a.c.* ‖ elegimus **A** *a.c.* **N** eligemus **A** *p.c.* **S** *a.c.* **M** *p.c.* Gr: ἔλθωμεν (*sim.* Syr) 8 an mercationem **S** aut mercationem **Tb** si mercationem **β Ro** *(cf. Praef. C4)* ‖ noster *om.* **Tb** ‖ arripiemus **A** *p.c.* **S** *p.c.* **M** *p.c.* ‖ ut et] etiam **β Ro** ‖ labores nostros **A** (nostros *add.*) **β Ro** 9 relinquemus **β Ro** ‖ ut *del.* **SM** ‖ ut et nos] nosque **β Ro** ‖ fortasse euntes **β Ro** 10 adsolent **β** ‖ consummant **H** consumat **Tb** *a.c.* consument **β Ro** ‖ igitur magis **H Ta Tb** ‖ magis *transp. p.* solitudines **β Ro** ‖ igitur frater **β** (fratres **G**) **Ro** 11 solitudinis viam **H Ta Tb** solitudinem **β Ro** ‖ ut *om.* **A** ‖ et *add.* **Tb** 12 malarum] malorum **A** *a.c.* **S M** *a.c.* *om.* **H Ta Tb** 13 ipsa] ipsius **S** ipsis **H Ta Tb** *om.* **β Ro** 15 Diversis **G** ‖ pariter reliquerant **Ro** 17 vivendo **Ro** ‖ ex *del.* **M** omnia monasteria, ecclesias carceresque divisis artem sibi repperit quandam, ex qua cotidiani cibum panis adquirens ei, quam elegerat, vitae et orationi vacabat; alter autem nulli ex substantia propria quicquam dedit, sed monasterium sibi fecit, ubi paucis secum fratribus conlocatis omnes advenas, omnes senes, omnes pauperes, omnes suscipiebat infirmos et per dominici ac sabbati dies ternas et quaternas mensas omnibus exhibebat hisque universam suam substantiam modis, quoad vixit, expendit. §⌜Quo utroque defuncto beati ambo diversis opinionibus *(§4)* 264 C probabilis vitae consummatione celebrantur, et iste quidem aliis semper, ille vero aliis semper placebat.

14.4 Ex quorum laudibus orta inter fratres contentione ad sanctum Pambo, ut ab eo verum cognoscerent, pergunt. Quem cum iudicem elegisse se dicerent peterentque, ut, quis e duobus fuisset melior, edoceret, utrumque ille perfectum esse respondit. „Nam alter quidem ex ipsis Abrahae, alter Heliae moribus vixit."

14.5 Cumque non sedato inter se certamine dicerent deprecantes: *(§5)* „Quemadmodum pares possunt videri, et non magis ille praecedat, qui evangelica praecepta conplerit, *qui cuncta vendiderit pauperibusque donarit* ⌜*quique* per omnes horas, omnes dies omnesque noctes *dominicam* 264 D *crucem portans perpetua salvatorem oratione comitetur*?" cumque alii diversa ex parte contenderent dicerentque, quia: „Iste, quem nos amplius

---

31/32 *cf.* Gn. 18,1-8 32 *cf.* 3. Rg. 17,3-6 *et* 19,3-9 35/36 *cf.* Mt. 19,21; Mc. 10,21; Lc. 18,22 36/37 *cf.* Mt. 10,38; 16,24; Mc. 8,34; Lc. 9,23; 14,27

---

18 et ecclesias et carceres **β Ro** 18/19 artem – quandam *om.* **F** 19 vitae ieiuniis **Tb** 20 quidquam **Ro** 22 omnes *prim.* – pauperes *om.* **S H Ta Tb** *(per haplographiam)* 23 ac] aut **VB bG** || diem **β Ro** || omnibus] indigentibus **β Ro** 24 substantia **H** 25 Qui utrique defuncti **NF** || ambo] pambo **S** || divisis **M** *a.c.* 26 probabiles **S** *p.c.* et probabilis **H Ta Tb N** || celebratur **Tb** *a.c.* || semper] semel **S** *om.* **β Ro** 28 Ex *corr. ex* E **Ta** || orta est **H Ta Tb** || contentio **H** *p.c.* **Ta** *p.c.* || contentione + quod uterque videretur fuisse perfectus **β** (esse **E**) **Ro** 29 Pambonem **A** || ut ab eo *add.* **B** || verbum **H Ta** 30 se *om.* **Ta NF** || e duobus] *ca. 5 litt. eras.* + orum **H** || fecisset melius **β Ro** 31 Utrosque **M** || ille + apud deum **β Ro** || perfectos **S** *p.c.* **M Ta** 32 Heliae] alie **H** || vixit] imitatus **Tb** 33 sedata **A** *p.c.* || intra **VB bG Ro** || contentione *corr. ex* tanto certamine (tanto *add.*) **A** 34 possunt pares **E** || possent **A** *p.c.* || praecedat ille **Ro** || praecedet **A** *a.c.* **NF** praecederet **A** *p.c.* praecedebat **V** 35 conpleret **A** *a.c.* **M** *a.c.* conpleverit **A** *p.c.* **S** *p.c.* conplesset **M** *p.c.* compleret **H Ta Tb** complevit **β Ro** || vendidit **Tb β Ro** || pauperibus **β** (et pauperibus **E**) **Ro** 36 donaret **A** *a.c.* donaverit **A** *p.c.* **S** *p.c.* **H Ta Tb** donavit **β Ro** || omnesque noctes] noctesque **E** 37 perpetuam **Tb** || salvatoris **Ta Tb** || comitatus sit **A M** (sit *in ras.* **M**) **β Ro** 38 contenderent dicerentque] contenderentque **N**

praedicamus, tantum circa egentes suum ostendit affectum, ut aggeribus
publicis adsideret, tribulantes omnes undecumque colligeret et non solum
suae tantummodo consuleret animae, sed multas atque multorum curando
(§6) infirmitates ac necessaria praebendo servaret.“, §ita beatus Pambo ad
utrosque respondit:

14.6 „Idem iterum vobis loquor: Pares ambo sunt et utrisque me
satisfacturum puto. Hic enim, si tam perfectus monachus non fuisset,
265 A dignus ⌜profecto non esset, ut eum bonitati illius conpararem; ille vero
reficiens egenos atque peregrinos aliquod ex ipsa communione solacium
sentiebat. Nam etsi labores ipsius esse magni oneris videbantur, attamen
habebat et requiem aliquam cum labore. Expectate autem“, ait, „ut super
hoc aliquid et deo revelante cognoscam, quod, cum veneritis ad me,
deinceps audietis.“

14.7 Post paucos autem dies, cum eum rursus rogarent, ista respondit: „Ante deum vobis“, inquit, „loquor: Utrumque in paradiso simul stare conspexi.“

15. De Machario homicida (Ro.: Caput IV.)

(§1) 15.1 Iuvenis quidam, qui Macharius dicebatur, annorum decem et
265 B octo, dum cum aequaevis ⌜suis pecora pascens iuxta lacum, cui Mariae

39 ut et **A** || aggeri **Tb** 40 adsisteret **A** *p.c.* || omnes *om.* **Ro** || colligrent **Tb** || et] ut **S H Ta Tb** || solum *del.* **A** 41 atque *del.* **M** 42 salvaret **β** (*om.* **G**, sanaret **F**) **Ro** || Itaque **Tb** || Pambo *om.* **Tb** 44 Idem] *om.* **H** Item **E** || loquar **S** || sunt + apud deum **β** (***51***) apud Dominum **Ro** || et] *del.* **S** ut **H Ta Tb** || utrosque **Tb** 46 profecto *del.* **A** || bonitatis **H** *a.c.* || comparem **Tb** *a.c.* 47 communionem **Ta** 48 etsi] et *in ras.* **S** et *del.* **F** || laboris **H Ta Tb** || illius **E** || esse *add.* **E** || magni oneris] maiores **A** *p.c.* magni operis **S** 49 et] *om.* **H Ta Tb** *add.* **E** || laborem **Tb** *a.c.* || autem] eum **N** || ut super] insuper **N** 50 aliquid et *om.* **β Ro** || et] *del.* **A** *om.* **Tb** 52 autem] itaque **β Ro** || rogaret **Tb** *a.c.* || ista] ita **H Ta Tb** beatus ille ita **β** (ita *om.* **G E**) **Ro** || respondit dicens **β Ro** 53 inquit vobis **S** inquit *om.* **β Ro** || utrosque **β Ro**

De Machario homicida *ad* §§ 1-3 *cf.* Soz. hist. eccl. 6,29,12-13; Nicephor. Callist. hist. eccl. 11,35 (697 D – 700 A)

α = **A SM H** β = **VB bG E NF** *om.* Lat. II
Gr: PTW Syr: R1, R2, Rm 2+4 **Ro**

XII De machario qui homicidium fecit invitus **S** IIII **M VB G E** V **b** De iuvene quodam machario. IIII **N** Caput IIII. De iuvene quodam machario **F** Inc. *om.* **A H**

1 quidam] *om.* **b** quidem **N** *a.c.* || qui *om.* **H** 2 cum *om.* **V** || locum **F** *a.c.* || Mariae *transp. p.* est **E**

nomen est, ludit, homicidium fecit invitus nullique nihil dicens ad deserta perrexit in tanto humano atque divino territus metu, ut amens factus per triennium videretur, dum sine tecto in solitudine maneret. Est enim terra ipsa semper sine pluviis.

15.2 Norunt hoc, quod loquor, cuncti, qui et scripturarum lectione et
experientia rerum periti sunt, §quod iste ipse, quem dico, in deserto sibi (§2)
cellulam fecit, in qua viginti et quinque alios annos aetatis suae vivens talem divinam gratiam meruit, ut exultans solitaria vita contemneret daemones atque despiceret.

15.3 Hic mihi, apud quem multum temporis feci, interroganti, quas
animus ipsius de facto homicidii cogitationes ⌜haberet, usque adeo se 265 C
tristem non esse dicebat, ut ex homicidio, quod ignarus admiserat, gratias actitaret. Inde enim occasionem quandam salutis acceperat.

15.4 Dicebat autem scripturarum testimonia ferens, quod numquam (§3)
Moyses divinitatis meruisset intuitum neque tantum adsecutus donum dei fuisset, ut mysteria caelestia ac sancta conscriberet, nisi Pharao regis metu propter homicidium, quod in Aegypto invitus admiserat, ad Sina montis deserta fugisset.

15.5 Haec autem ego dico, non ut ad homicidium quemquam videar incitare, sed ut ostendam magis, quod ex malis rebus interdum, si in eas incidamus inviti, ad virtutis gloriam pervenimus; alia enim genera virtutum
necessitati adscribimus, ⌜alia voluntati. 265 D

18-20 *cf.* Ex. 2,12-15

---

3 luderet **A** *p.c.* **M** *p.c.* || ullique **M** *p.c.* Qui nulli **E** || nihil *fort.* **A** *a.c.* *fort.* **S** *a.c.* **M H** aliquid **A** *p.c.* illud **S** *p.c.* quicquam **β Ro** || nullique nihil] Gr: μηδενὶ μηδέν 4 in tanto ... territus metu] Gr: εἰς τοσοῦτον ἤλασε φόβον || in tantum **α** *p.c.* (*praeter* **H**) **β Ro** || ac **E** || 5 permaneret **β Ro** 7 cunctis **H** || et *prim.*] ex **M** 8 quod – ipse] ipse beatissimus **β Ro** || quod] quo **M** *p.c.* 9 quam **M** *a.c.* || et *om.* **β Ro** || XXti V **G** || aliis annis **A** (aliis *p.c.*) || *p.* alios *lac. ca. 4 litt.* **G** || annos *transp. p.* suae **b** *a.c.* 10/11 solitaria – despiceret **M** solitaria vita contempneret mundum demones autem despiceret **A** (mundum *add.*) solitariam vitam cuperet contemneret daemones atque despiceret **S** solitaria vita illuderet daemones atque despiceret **β** (solitariam vitam **NF**, daemones *transp. p.* despiceret **E**) **Ro** 12 quem] eum enim *in ras.* **M** 13 illius **E** || homicidio **A** *a.c.* **β** *praeter* **VB** 14 amiserat **bG NF** || deo gratias **A Ro** 14/15 gratia satiaret **S H** 15 ageret **M** || enim aiebat **β** (agebat **b**) **Ro** || quandam – acceperat] sibi salutis allatam **β** (salutis sibi **G**, oblatam *corr. ex* ablatam **N**) **Ro** 16 referens **M** *p.c.* proferens **β Ro** || numquam + magnus ille famulus dei **β Ro** 17 meruisse **H** || dei *om.* **NF** 18 caelestia ac *om.* **H** || ac *om.* **M** || Pharao *(propter explicationem* regis *hoc loco quasi nomen proprium esse mihi videtur)*] pharaonis **A** *p.c.* **S M** *p.c.* **H β Ro** (*cf.* Cap. 38, §10 *et* Cap. 18, §6: pharaone) Gr: τοῦ Φαραώ 19 invitus *om.* **M β Ro**, *deest* Gr (ἔδρασεν + ἀκουσίως P), Syr || sinae **S** synai **H** sinay **N** synay **F** || montis *om.* **H** 20 fuisset **G** *a.c.* **NF** 21 hoc **F** *p.c.* || ego autem **H** 23 inviti + occulta Dei providentia **Ro** || gloriam + per dei misericordiam **S** *a.c.* 24 voluntati fuit **H**

16. De Nathanahel (Ro.: Caput V.)

(§1) 16.1 Fuit alter quidam de antiquis viris nomine Nathanahel, quem ego superstitem quidem videre non potui: Quieverat enim ante quindecim adventus mei annos. Ab illis tamen, qui una cum ipso per multum tempus vixerant, monachis virtutem ipsius viri diligentius requisivi.

16.2 Ostenderunt autem mihi et cellam ipsius, in qua manere consueverat, in qua tamen post ipsum nullus habitavit, eo quod vicinum ipsius loci homines incolebant. Tunc autem cellulam suam ille construxerat, 266 A ⌜quando raro adhuc se aliqui ad secreta solitudinum conferebant.

16.3 Hoc ergo ab illis magnum bonum de memorato cognoscebam viro, quod tantae in cella sua patientiae fuit, ut in proposito suo numquam (§2) omnino titubaverit, §ex quo primum inrisus atque temptatus videbatur a daemone, qui omnes et inludit et fallit, ob quod ex priore anxius cella dicitur recessisse aliamque vicinam vico cuidam fabricare coepisse.

16.4 Posteaquam autem et perfecit alteram mansionem et in ea coepit habitare, post tres vel quattuor menses per noctem ad eum daemon

---

11-13 *cf.* Greg. Tur. vit. patr. 20,3

α = **A SM H** β = **VB bG E NF** *hab.* Lat. II (Caput VIII.)
Gr: PTW Syr: R1, R2, R3 **Ro**

XIII De nathanael quem diabulus expulit e cella **S** V **M VB G E** VI **b** De beato nathanahele **N** Caput V. De beato nathahele **F** Inc. *om.* **A H**

1 Fuit – quidam] Gr: Γέγονεν ἄλλος τις ... (*idem* Syr) Lat. II: Fuit alius quidam ... ‖ Fuit (*cf. Praef. C4)*] *add. p.* quidam **A** *add.* **S** *transp. p.* Nathanahel **M** *om.* **H** ‖ viris + nobilissimus agonista **β Ro** ‖ ego *om.* **NF** 2 quidem *om.* **F** ‖ potui] merui **S** ‖ XVcim **G** ‖ *p.* quindecim *ca. 3 litt. eras.* **A** 3 annos *transp. a.* adventus **Ro** ‖ illis] ipsis **H** 4 vixerunt *corr. ex* vixerint **G** ‖ viri *om.* **H** ‖ exquisivi **H** 5 cellulam **SM H** 5/6 in – consueverat *om.* **β**, *deest* Gr, Syr 6 tamen] quidem **β** ‖ post] praeter **NF** ‖ vicinum *fort.* **A** *a.c.* **S H** vicina **M** *p.c.* viciniam **A** *p.c.* **VB Ro** vicinam *cett.* **β** 7/8 Tunc – conferebant *om.* **H** 7 autem] enim **β Ro** ‖ cellam **β Ro** ‖ ille beatus **β Ro** 8 raro *om.* **β** *praeter* **NF** ‖ aliqui se **Ro** ‖ secretam solitudinem **NF** ‖ non conferebant **VB** 9 ergo] autem **β Ro** ‖ *p.* illis *ca. 3 litt. eras.* **B** ‖ continentiae bonum **β Ro** ‖ cognovi **M** *p.c.* agnoscebam **Ro** 10 cellula **S** ‖ cellule suae **H** ‖ fuerit **S** 11 primo **M** ‖ videbatur *add. in marg.* **E** videtur **N** 12 et *prim.*] *add.* **E** *om.* **F** ‖ ob quod] cuius fraude **β Ro** ‖ et ex **β** ‖ priore + acediam perpessus **β** (acidia **V** *p.c.* **b** *p.c.*) **Ro** ‖ anxius *om.* **β Ro** 13 fabricari **A** *p.c.* **M** *p.c.* 14 postquam autem **A** *p.c.* **S** *p.c.* Postea autem quam **M** *p.c.* **H** at ubi **β Ro** ‖ et alteram **NF** ‖ in *om.* **NF** ‖ eam **N** ‖ *fort.* coepisset **S** *a.c.* 15 vel] aut **M**

accessit in speciem militis imaginemque carnificis figuratus, quorum alter pannis obsitus sordere deformiter, alter maximum sonum flagris facere videbatur. Ad quem Nathanahel haec dixit: ⌜„Quisnam“, inquit, „tu es, 266 B
qui talia in hospitio meo facere conaris?“ Ille respondit: „Ego sum“, inquit, „qui te ex priori cella fugavi quique nunc veni, ut ex hac quoque mansione te pellerem.“

16.5 Quo audito ille, ubi inlusum se vidit a daemone, reversus est (§3)
statim ad habitaculum prius ac triginta et septem annos in eadem mansione conplevit, ne ipsum quidem limen egrediens contendendo cum daemone, quem superare cupiebat. Qui quidem tantis ipsum machinationibus inpugnando vexabat, ut quocumque modo cogeretur exire, quantas singillatim referre non possum.

16.6 Inter quae inmundus ille spiritus et hoc, quod dicimus, fecit captato adventu quorundam septem sanctorum ⌜episcoporum, qui ad 266 C
requirendum ipsum sive provisione dei sive daemonis temptatione venerunt. Cum enim episcopos ipsos post orationem factam egredientes ne uno quidem passu prosequeretur, §dicunt ad eum diaconi episcoporum: (§4)
„Superbam“, inquit, „rem admodum facis, quod non deducis episcopos sanctos.“

---

ad §6 *cf.* HM 15,2,4

---

16 *a.* in *1 litt. eras.* **S** || specie **α** (*praeter* **S** *p.c.*) **E** || quorum alter] qui **β Ro** 17 deformiter sordere **N** || alter] aliter **M** *om.* **β Ro** || maximum *om.* **β Ro** || somnum **S** *a.c.* sonumque **β** (somnumque **V** *a.c.* **B**) **Ro** 18 videbatur *transp. a.* deformiter **H** || beatus nathanael **β Ro** || haec *om.* **G** || inquit *del.* **M** 20 inquit *del.* **M** *om.* **β Ro** || priore **β Ro** 21 te pellerem *in ras.* **H** || pellam **A** *p.c.* **Ro** 23 ad – prius] Lat. II: in (ad **Ro**) priorem cellam || primum **M** || VII **N** || eadem *in ras. ca. 2 litt.* **M** 24 conplevit *om.* **H** || quidem *corr. ex* tamen **M** || ipsum] eum **β** (*om.* **NF**) **Ro** 25 eum tantis **E** 26 inpugnando *om.* **H** || modo *om.* **H** || modo + cellam suam **β** (cellulam **NF**) **Ro** || cogebatur **H** || quantas] quanta **A** *a.c.* **S H** tanta **A** *p.c.* quantam **bG** Gr: (τοσαῦτα ...) ὅσα Lat. II: (tanta ...) quanta 28 *in marg.* Ubi eum malignus spiritus aggreditur decipere iterum **bG** || spiritus ille **M E** *a.c.* || et *om.* **β Ro** || quod – fecit *(cf. Praef. C4)*] quoque aggreditur + ut eum a propositi sui lege deflecteret **β Ro** (***66***) 29 Capto **VB** || namque adventu **β Ro** || adventum **M** *a.c.* **H** || quorundam] quondam **A S** *a.c.* **M** *a.c.* quendam **H** || sanctorum *om.* **H** episcoporum sanctorum **b** 30 ipsum] eum **β Ro** || provisione *scripsi (cf. Praef. C4)* visitatione **A** visione **S** *a.c.* **M** iussione **S** *p.c.* visionem **H** providentia **β Ro** Gr: ἐκ ... προνοίας Syr: „par la volonté“ Lat. II: provisione *vel* providentia *(codd.)*, promissione **Ro** (= Ed. 1615) || sive] nescio sive **S** seu **β Ro** 31 enim *om.* **H β Ro** 32 ad eum] ei **H** 33 inquit] *del.* **M** *om.* **β Ro** || facis abba **β Ro** || non *add.* **V** || deduces **M** *a.c.* **H** 33/34 sanctos episcopos **β Ro**

16.7 Quibus hoc ille respondit: „Ego iam et dominis meis episcopis et universo saeculo mortuus sum. Occultum autem habeo propositum, et deus novit mei cordis arcanum ob hoc, quod sanctos non prosequor viros."

16.8 Deceptus igitur daemon ac lapsus de spe talius ingenii alia contra
266 D ipsum ante novem menses obitus eius arte machinatur ⌜et fit subito
parvulus puer veluti annorum decem agens asinum panes ferentem. Qui,
cum ad cellam ipsius multa satis nocte venisset, asinum in terra ruisse
(§5) simulavit et clamantem parvulum finxit: §„Abba", inquit, „Nathanahel,
miserere mei et manum mihi porrige."

16.9 Audita ille ista quasi pueri parvuli voce intra ostium, cuius partem recluserat, stetit dicens ei: „Quis tu es vel quid a me cupis fieri?" Respondit: „Puer sum", inquit, „illius et eidem panes porto et alia, quibus a quodam fratres pascuntur. Crastino autem inlucescente sabbati die necessaria est oblatio spiritalis. Quaeso igitur, ne despicias iacentem ac

---

35/36 *cf.* Col. 2,20 (*cf.* HL Cap. 37, §§ 13-16) 42-44 *cf.* Lc. 13,15 *et* 14,5

---

36 *cf.* HL Cap. 37, 123/124 *et* 130 *et* 145/146; Cassian. inst. 4,34; 12,32,2; AP alph. Cassianus 8 = AP Bu 1,163; AP alph. Arsenius 29 = AP syst. 6,2 / PJ 6,2 = AP Bu 2,517 = Paschas. verba patr. 14,3

---

35 responsum dedit **β Ro** || iam *om.* **β Ro** || dominos meos episcopos + veneror et omnem clerum debita honorificentia prosequor cunctorumque omnium (*del.* **E**, hominum **NF Ro**) me extremum esse non dubito, sed (sed *om.* **E**) et his **β Ro** (***52***) || et *sec. om.* **G** 36 saeculo] mundo **H** || *a.* autem *1 litt. eras.* **S** || habeo *om.* **β Ro** 37 dominus **NF** || deus novit *transp. p.* arcanum **Ro** || cordis mei **H** || arcana **A** *a.c.* et *(add.)* archanum **E** || hoc *del.* **A** || ob hoc] propter **β Ro** 38 viros *om.* **NF** 39 *in marg.* Ubi demon sub specie pueri eum decipere cupit **bG** || ac *om.* **NF** || talius **A** *a.c.* **S** talis **A** *p.c.* **M** *p.c.* **H** tali **M** *a.c.* praesentis **β Ro** || *p.* ingenii *ca. 5 litt. eras.* **S** || aliam **β Ro** 40 ipsam **V** *a.c.* **N** *a.c.* || eius *om.* **NF** || artem **β Ro** || et *om.* **Ro** || et fit] Apparuit quippe illi **S** 41 Xcem **G** || agens] minans **β Ro** || decem agens. asinum **H** || panes + in cista **β Ro** (***5***) 42 *p.* satis *ca. 14 litt. eras.* **S** || terram **S** *p.c.* **G E Ro** || ruisset **H** 43 simulans **F** *a.c.* 45 ista ille **A** || *a.* quasi *ca. 3 litt. eras.* **B** 45/46 cuius – recluserat] Gr: παρανοίξας 46 parte **M** || se recluserat **VB** (*add.* **B**) *fort.* reclusus erat **M** *a.c.* || stat **VB Ro** stans **E** || dicit **E** || es tu **Ro** || a] ad **VB G** *a.c.* 47 Respondit] *del.* **M** *om.* **β Ro** || sum *om.* **F** || illius monachi **β Ro** 47/48 et – pascuntur] quia ipse frater tuus agapen facturus est **β Ro** Gr: ἐπειδὴ ἀγάπη ἐστὶ τοῦδε τοῦ ἀδελφοῦ (*sim.* Syr) || quibus – pascuntur **M** *a.c.* *(cf. Praef. C4)* quibus fratres pascantur **M** *p.c.* *ca. 3 litt. eras.* + a quo (quodam *a.c.*) fratres pascuntur **A** quae *(p.c.)* quosdam *(p.c.)* fratres pascuntur **S** quia quodam fratres pascuntur **H** 48 sabbato **A S** *a.c.* **H NF** 49 haec oblatio **β Ro**

ferarum morsibus tradas.“ Multae autem beluae inter illa semper deserta noscuntur.

16.10 ⌜Stabat sanctus Nathanahel vehementer incertis cogitationibus 267 A
stupens sensuque turbato secum ista versabat: „Necesse est me aut misericordiam, quod est maximum in divina iussione, non facere aut a
proposito deviare.“ §Ad postremum rationabili confirmatus ingenio satis (§6)
esse melius iudicavit, si et diabolus erubesceret et tantum ei ac tot annorum meritum non periret.

16.11 Oratione igitur ad deum facta respondit ei, qui quasi parvulus loquebatur: „Audi“, inquit, „infans, credo in ipso, cui servio, quia, si necessarium habes alicuius auxilium, deus tibi ipse praestabit nec tibi aut feras aut quemquam alium nocere patietur. Si autem quaedam res ista
temptatio est, iam nunc dominus dignabitur revelare.“ ⌜Et tunc clauso 267 B
ostio se recepit. Confusus autem daemon et victus resolutus est in turbinem venti et in onagros discursibus ac strepitu lascivantes.

16.12 Haec beati Nathanahel vita fuit perpetua, hic finis, haec palma.

---

54 *cf.* Jac. 2,8-13

---

ad §12 *cf.* Vita Anton. 93 (gr *et* lat: §1)

---

50 autem] enim **M** *p.c.* **β Ro** || inter – semper] illa esse per **A** *p.c.* **Ro** || deserta *add. in marg.* **F** 52 Nathanahel + velut aeneus **β Ro** (*6*) || et vehementer **Ro** || incertus **A** 53/54 aut – aut *add. in marg.* **N** 53 aut] autem **H** 54 est *om.* **F** || in – iussione] in praeceptis divinis **β Ro** || in *om.* **H** || non] *del.* **b** nunc **G** || a *om.* **b** 55 postremum autem **Ro** || satis] salutis **NF** 56 indicavit **H** || ei *add.* **E** 57 meritum – periret *in ras.* **M** 58 qui] quia **H** || puerulus parvulus **H** 59 inquit *om.* **β Ro** || in *add.* **S** || servio + qui dominatur omni spiritui **β Ro** || quia] quod **N** 60 habes] *om.* **N** rei fuerit *add.* **F** || alicui **V** *a.c.* alicui sit **N** *p.c.* || deus tibi *om.* **β Ro** || praestavit **H** || ne **G** 60/61 aut feras] auferas **S** *a.c.* **B** *a.c.* **b** 61 quempiam **Ro** || patiatur **B** *a.c.* || res *om.* **M** 62 temptationis **N** *p.c.* **F** || dominus meus **β Ro** || dignabitur revelare] aspiciat (accipiat **V**, respiciat **NF**) + et suam faciens (faciat **G NF**) voluntatem non me ex ea laedi concedat (concedit **G** *a.c.*) ulterius **β Ro** || Et *om.* **β Ro** 63 concepit **N** *a.c.* || turbidine **N** turbine **F** 64 onagros] nagros **M** *a.c.* agros **H** sues agrestes **β Ro** || ac strepitu discursibus **H** || lascivantes *(cf. ThLL VII 2, 981, 83 sq.)*] lascivientes **A** *p.c.* **S** *p.c.* **E N Ro** 65 nathanahelis **S** *a.c.* **M** *p.c.* beati Nathanahel (*idem* Lat. II)] Gr: τοῦ μακαρίου Ναθαναήλ

17. De Machario Aegyptio (Ro.: Caput VI.)

(§1) 17.1 Illa autem, quae de praedicabilibus ac beatis referuntur viris duobus Machariis, ut innumera atque incredibilia dubito referre vel scribere, ne forte et mendacis nomen incurram. Quod autem *apud dominum pereant omnes, qui loquuntur mendacium*, sententia sancti
267 C spiritus declaravit. Me itaque, vir fidelissime, ⌜non mentiente tu crede.
17.2 Ex his duobus Machariis unus quidem genere Aegyptius, alter
(§2) vero Alexandrinus erat, qui poma vel legumina nucesque vendebat. §Prius tamen de illo Aegyptio loquar, qui vixit nonaginta omnes simul annos. Ex quibus sexaginta in desertis implevit locis, ad quae iuvenis fuerat ingressus tricesimo aetatis suae anno, tantique iudicii iam tunc et sapientiae erat, ut senis puer nomen acciperet, ob quod velocius ad maiora conscendit.

3/4 *et app. crit. ad lin.* 5 *cf.* Ps. 5,7

---

ad totum capitulum cf. HM 28 *ad* §1 *cf.* Vita Anton. prol. (gr *et* lat: §§ 3 et 5); Vita Melan. (lat.) 1,24 1-3 *cf.* HM 15,3,1 5 *cf.* Hier. epist. 127,10,4; Sulp. Sev. Mart. 1,9; 27,7; Theodoret. hist. rel. prol. 11; Vita Macar. Rom. 1 *et saepius* *ad* §2 *cf.* Soz. hist. eccl. 3,14,1-2; Nicephor. Callist. hist. eccl. 9,14 (269 C) 11 *cf.* Paul. Nol. carm. 21,211

α = **A SM** β = **VB bG E NF** *hab.* Lat. II (Caput IX.)
H *(lin. 1-5)*

Gr: PTW Syr: R3, R4, Rm 3+4 **Ro**

Inc. *om. omnes*

1 Illa autem quae Illa omnia quae **M** *a.c.* || praedicabilibus – beatis] beatis ac venerabilibus (ac venerabilibus *add.*) **M** || precabilibus **A** *a.c.* **S H V** *p.c.* **G NF** 1/2 ac – atque *om.* **V** || referuntur *transp. p.* Machariis **M** 2 duobus Machariis *om.* **A S H** || infidelibus incredibilia **β** (*praeter* **V**) **Ro** || dubito *om.* **H** 3 et] etiam **β Ro** 4 deum **H β** (*praeter* **N**) **Ro** 5 declaravit + dicens perdes eos qui loquuntur mendacium **S** *a.c.* || *p.* declaravit *desinit* **H**

initium capituli a. Me **S β**: XIIII De duobus machariis uno aegyptio et altero alexandrino **S** *p.c.* (*a.c.*: unus aegyptius alter alexandrinus) VI **VB G E** VII **b** De beato machario aegyptio. VII **N** De beato machario egyptio. VI **F**

Me itaque] Pauca tamen me **M** || fidelissime virorum lause + gratia domini **β** (virorum *et* domini *add. in marg. sup.* **b**; dei **NF**) **Ro** || crede] quoque sanctorum triumphis incredulus non existas **β Ro** || *p.* crede *ca. 4 litt. eras.* **M** 6 *initium capituli* **M** 7 vero + iunioris tempus aetatis vincens virtutibus **β Ro** || alexandrinus negotiator **β Ro** || qui – vendebat *om.* **β** || vendebant **S** *a.c.* 8 loquor **F** *a.c.* || omnes simul *del.* **F** || annis **F** *p.c.* 9 LX **G** || in desertis *om.* **NF** 10/11 tantique – ut] tantoque (tanto **b** *a.c.*) abstinentiae monachilis intra decem (X **G**) annos vixit certamine ut iam tunc discretionis sapientia praemunitus **β Ro** 11 ob hoc quod **S** eo quod **β Ro** || otius **F** || maiora] matura **β** (naturae **G** *p.c.*) **Ro** || conscendit certamina **β Ro**

Ubi enim primum esse quadragenarius coepit, et contra spiritus vanos in
curationibus ⌜hominum et in denuntiationibus futurorum divinam gratiam 267 D
meruit, ad postremum et sacerdotis, ut dignus erat, nomen accepit.

17.3 Discipulos hic secum habebat duos in desertis interioribus, quae (§3)
Scithin nominabantur, quorum unus minister ipsius erat nec ab eius latere recedebat propter eos, qui causa curationis frequentare consueverant, alter autem separatim in propria cella manebat.

17.4 Post aliquantum autem temporis, dum praevidentibus futura oculis intuetur, ait Iohanni nomine ministro suo, qui deinceps et ad presbyteratum meruit pervenire: „Audi“, inquit, „me, frater Iohannes, et suadenti mihi id, quod tibi proderit, adquiesce. Temptaris enim, et te
cupiditatis atque avaritiae spiritus ⌜temptat. §Sic enim vidi et scio, quod, (§4) 268 A
si adquieveris mihi, consummaberis in hoc, quem adeptus es, loco et gloriaberis, *nec verbera adpropinquabunt corpori tuo*; sin vero me audire nolueris, Giezi tibi finis adveniet, cuius et morbo laboras.“

17.5 Evenit igitur, ut post obitum beati viri tam salubria eius dicta contemneret post quindecim vel viginti annos, unde eum ita totum ille execrabilis morbus invasit – eo quod in pauperes fratres furti crimen admiserat –, ut non posset incolumis vel una sola pars eius corporis inveniri, ne in tali quidem spatio, quod unus alicuius digitus occuparet. Est ergo et hoc ex his, quae sanctus Macharius fore longe ante praedixerat.

---

25 *et app. crit. cf.* Ps. 90,10 26 *cf.* 4. Rg. 5,20-27

12-14 *cf.* Sulp. Sev. Mart. 16,1; Socr. hist. eccl. 4,23,30-32

---

12 et *del.* **S** || vanos] aerios **β** (*del.* **b**) **Ro** 13 in *om.* **Ro** 14 postremo etiam **β Ro** || *p.* ut *ca. 4 litt. eras.* **B** 15/16 quae – nominabantur *del.* **M** 16 vocantur **β Ro** || horum **NF** || minister] magister **G** *a.c.* 17 *a.* frequentare *add.* eum **A** 18 cellula **A** 19 *in marg.* Ubi beatus macharius iohannem discipulum suum de avaritia increpat **bG** || aliquantulum **A** 20 deinceps] postmodum **β Ro** || et] *om.* **M** etiam **β Ro** 21 presbyteratum + loco eiusdem sancti macharii **β Ro** (*7*) || inquit *del.* **M** || me inquit **NF** || o Ioannes frater **Ro** 23 temptat] vexat **β Ro** || enim] namque **β Ro** 24 consummaveris **S M** *a.c.* 24/25 in – gloriaberis *om.* **V** 25 gloriaveris **M** *a.c.* || nec – corpori] et flagellum non appropinquabit tabernaculo **β Ro** || verbera aliqua **S** || si **E** || audire me **F** 27 Et venit **VB** 28 XVcim vel XXti **G** || annos vel viginti **b** *a.c.* || ita] *fort.* igitur **M** *a.c.* iam **F** || totum *om.* **M** 29 fratres + more iudae **β Ro** || furtim **b NF** 30 possit **A** *a.c.* **S** || *a.* vel *ca. 4 litt. eras.* **A** || sola *scripsi (cf. Praef. C4)* hora *codd.* (*del.* **M**) *om.* **Ro**, *deest* Gr, Syr 31 nec **S** *a.c.* **E** || quidem *add.* + *ras. ca. 13 litt.* **S** || *p.* unus *ca. 9 litt. eras.* **S** 32 Est – his *in ras.* + *ras. ca. 7 litt.* **S** || et hoc *add.* **E** || iis **Ro** || fore *ut videtur* **M** *a.c.* *(del.)* forte **A S** (*in ras.* **S**) *om.* **β Ro** || praedixerat + et *(add.)* evenire si ab illa cupiditate omnimodo non cessaret (*corr. ex* cessasset) **S**

268 B (§5) 17.6 ⌜De cibo autem eius ac potu referre superfluum puto, praesertim cum etiam a neglegentibus christianis videamus saepe servari, ne aut deliciosis aut saecularibus pares esse dicantur, maxime in illis locis, ubi vix necessaria ipsis alimenta sufficiunt et ubi tanta sunt omnium, quae imitari velint, exempla sanctorum.

17.7 De aliis autem meritis ipsius loquar. Sine intermissione semper in quadam esse translatione animae putabatur, immo magis plurimum vitae suae tempus cum deo agere et caelestibus tantum negotiis ac sollicitudinibus eum interesse cernebant. In quo et divina quaedam miracula fuisse memorantur.

(§6) 17.8 Nam Aegyptius quidam, cum amore vesano alienae uxoris arderet
268 C nec posset ad effectum tam scelestae cupidinis pervenire, ⌜maleficum precatus est, ut se amari ab ea faceret aut quocumque illam modo a marito proprio repudiari. Maleficus autem multis muneribus inlectus solito propriae artis ingenio fecit illam equam videri esse, non feminam.

17.9 Quam ubi talem vir ipsius domum regressus aspexit, tam monstruosa novitate turbatus, quod iacere in lectulo suo equam videret, ingemescebat ac flebat, eo quod ipsum adloquens animal nullum loquentis
(§7) poterat audire responsum. Rogat igitur presbyteros ipsius vici, §ad domum ducit et, quid illic pateretur, ostendit. Et nec tunc quidem causam mali praesentis agnoscit. Quae tamen iam per triduum nec ut equa feno nec pane ut homines utebatur utriusque escae alimoniis destituta.

---

ad §6 *cf.* HM 20,5; Vita Anton. 7 (gr *et* lat: §7); Common. patr. 1,15 *ad* §§ 8-12 *cf.* HM 28,3,1-4 43-45 *cf.* Vita Basil. 8 (302 B) 46 *cf.* Cyr. S. v. Euthym. 57 (p. 78,12 sq.)

---

33 ac] et **β Ro** || superfluo **bG N** *a.c.* **F** 34 negligentioribus **Ro** || christianis] monachis **β Ro** || saepe] ista **β Ro** || *p.* saepe *add. in marg.* cibi abstinentiam **M** 35 aut ut *(dittographiam suspicor)* **A** *a.c.* **S M** *a.c.* || esse *om.* **M** 36 ipsa **F** || tanta – omnium] sunt tantorum **β Ro** 37 velint] student **β Ro** 38 autem] igitur **β Ro** || *in marg.* De assidua virtute eius **bG** || Sine *in ras.* **M** 40 tantum] amplius quam terrenis **β Ro** 40/41 ac sollicitudinibus *om.* **β Ro** 41 eum *om.* **β Ro** || cernebant *om.* **β Ro** || et divina *in ras. + ras. ca. 8 litt.* **S** || *p.* miracula *ca. 3 litt. eras.* **S** 43 De machario egiptio ... curavit *(legi non potest, 2 1/2 lin.)* **S** *in marg.* De eo qui per maleficia uxorem suam equam esse credidit et orationibus eius curata est **G** 44 nec] non **N** || possit **A** *a.c.* || defectum **A** *a.c.* || cupiditatis **Ro** || pervenire + eo quod illa pudicitiae dedita virginitatis suae coniugem nimis (semper **NF**) amaret **β Ro** 45 ut] aut **S β** *praeter* **E F** aut ut (ut *add.*) **E** ut aut **F** (ut *add.*) **Ro** || illa **S** *a.c.* **M** || a *om.* **S** 46 repudiaretur **S** *a.c.* **M** 47 esse videri **N** esse *om.* **Ro** 48 ipsius] eius **β Ro** || ingressus **A** 49 lecto **bG** 50 eo] Et **A S** *a.c.* 51 vocat **A** *p.c.* Rogabat **Ro** 51/52 ad – ducit] ducitque eos domum **β Ro** (duxitque **Ro**) 51 *p.* domum *ca. 4 litt. eras.* **S** 52 illic] illa **NF Ro** || ne **β** (*praeter* **F**) **Ro** 52/53 mali praesentis] tantae calamitatis **β Ro** 54 escae] cibi **A** *p.c.*

17.10 Ad postremum, ut ⌜magnificaretur gloria dei et ut sancti illius 268 D
Macharii virtus innotesceret cunctis, subito in cor mariti eius ascendit, ut
cum ea ad loca deserta penetraret. Inligatam igitur eam ita, ut iumenta
vinciri solent, ad deserta deduxit, cumque iam sancti Macharii cellulae
adpropinquarent iuxtaque eam alii monachi eminus starent obiurgantes
memoratum virum, §cur cum equa ad monasterium venire voluisset, ait *(§8)*
ille: „Venit huc, ut possit misericordiam promereri." Illisque interrogantibus, quid haberet, ille respondit: „Uxor", inquit, „mea est haec, quae in equam videtur esse conversa. Habet autem hodie tertium diem, ex quo nullum penitus cibum sumit."

17.11 Quod cum supradicti fratres oranti Machario sancto, ⌜cui iam 269 A
et hoc ipsum deus notum fecerat, rettulissent et pro eadem instanter
oraret, haec fratribus dixit: „Vos", inquit, „equi estis, qui equorum
habetis oculos. §Illa autem mulier est nec transfigurata in aliam naturam *(§9)*
videtur nisi eorum oculis, qui praestigii vanitate falluntur."

17.12 Confestimque benedictam a capite ipsius nudae infundens aquam oratione conpleta subito videri eam omnibus feminam fecit et gratias agentem deo cum coniuge suo remeare praecepit haec dicens: „Numquam", inquit, „omnino a communione sancti mysterii separetur, numquam ab ecclesiae oratione discedat. Hoc enim idcirco perpessa est, quia per septimanas quinque mysteria divina non attigit."

17.13 Aliud iterum ipsius factum loquar: Per longum ⌜temporis spatium *(§10)* 269 B
cuniculum quendam sub obscuro terrae profundo a cella sua duxit per

---

67-69 *cf.* Greg. M. dial. 2,10,2 74/75 *cf.* Cyr. S. v. Euthym. 57 (p. 79,6 sqq.)

---

56 cunctis adstantibus **A Ro** 57 ad] *fort. del.* **S** *om.* **β Ro** ‖ Igitur illigatam **E** ‖ ita *om.* **G F** 58 vinciri solent] vinciret *corr. ex* vincirent **A** ‖ perduxit **E** 59 adpropinquaret **A E** *a.c.* ‖ iuxtaque – starent] iuxta quam monachi stabant **M** *a.c.* **β Ro** ‖ obiurgantes] obiurgantibus eis **A** *p.c.* obiurgare coeperunt **β Ro** 55 virum eius **β Ro** 60/61 ait ille] at ille **A** *a.c.* at ille ait **β** Ad quos ait ille **Ro** 61 Venit – promereri] Gr: Ἵνα ἐλεηθῇ *vel* ἰαθῇ (*sim.* Syr) Lat. II: Ut misericordiam consequatur. ‖ veni **A** *p.c.* **S** *p.c.* **M** *p.c.* **β** (*praeter* **B** *a.c.* **b** *fort.* **F** *a.c.*) **Ro** ‖ possim **A** *p.c.* **M** *p.c.* **G E NF Ro** ‖ misericordiam + sancti orationibus **β** (sanctis orationibus viris **NF**) **Ro** (***32***) 62 quid mali **β Ro** ‖ ille respondit *om.* **β Ro** ‖ inquit *del.* **M** ‖ est] fuit **β** ‖ quae] sed **β Ro** 63 tertiam **Ro** 64 penitus nullum **F** *a.c.* ‖ sumsit **A** *p.c.* 65 sancto machario **β** (sancto *add.* **N**) **Ro** 66 et *sec.*] ut **β** *praeter* **NF** ‖ ea **F** 67 orarent **M** *p.c.* ‖ inquit *del.* **M** 68 oculos habetis **NF** ‖ autem] enim **β Ro** ‖ oculos **b G** *a.c.* 70 a *om.* **A Ro** ‖ capiti **Ro** ‖ nudo **A** ‖ aquam *transp. a.* capite **E** 71 eam videri **E** ‖ fecit + iussitque eam refici **β Ro** (***8***) 72 cum *add.* **N** ‖ sua **S** *p.c.* **N** *a.c.* **F** ‖ hoc **β** 73 inquit] *del.* **M** *om.* **β Ro** ‖ sanctorum mysteriorum **β** (*add. in marg.* **E**) **Ro** 73/74 numquamque **β** (*praeter* **V F**) **Ro** 75 divina *om.* **NF** 76 XVI De hoc ipso machario quod mortuum suscitaverit **S** *in marg.* Ubi subterraneum specu ipse suo labore fecit in quo confugebat frequentantium vitans molestias **b** ‖ iterum] igitur **M** ‖ proloquar **β Ro**

dimidii spatium stadii usque ad soli alterius summitatem, ubi speluncam sibi proprio sudore perfecit, ut, quotiens ferre non poterat molestiam frequentantium, relicta cellula sua per occultum iter se ad speluncae latebras conferret itaque a nullo umquam, si voluisset, ⟨posset⟩ videri. Referebat ergo nobis quidam de studiosis ipsius aliquando discipulis, quod, quotiens de mansiuncula sua ire ad speluncam solebat, viginti et quattuor eundo orationes et totidem redeundo faciebat.

(§11) 17.14 De hoc ipso fama dispersit, quod et mortuum suscitasset, dum quendam haereticum vult docere, qui resurrectionem corporum negabat futuram. Quae fama in desertis illis locis ut vera permansit.

269 C 17.15 ⌜Ad hunc aliquando filium iuvenem daemone laborantem lamentans mater exhibuit, quocum duo vincti adtenebantur viri. Cuius daemonis hunc furorem esse dicebant: Posteaquam infelicem hominem trium modiorum panes edere et unius amforae vel Cilicensis lagenae aquam bibere fecisset, eruere varia universa, quae devoraverat, in aerem quendam fumumque consuerat atque ita omnia vel comesta vel potata veluti quodam ignis ardore solebat absumere.

79/80 *cf.* HM 31,17; Vita Anton. 49 (gr *et* lat: §3); Hier. vita Hilar. 3 (30 B) ad §14 *cf.* HM 28,4,1-5; Cassian. conl. 15,3; Soz. hist. eccl. 3,14,2; Nicephor. Callist. hist. eccl. 9,14 (269 B/C) *ad* §§ 15-18 *cf.* Cassian. conl. 7,27

---

78 dimidium **G** 79 ut] Et **S** ‖ molestias **M NF** molestia **VB G** 80 cella **β** (*praeter* **NF**) **Ro** ‖ *p.* speluncae *3 litt. eras.* **S** 81 itaque – videri] Gr: καὶ οὐδεὶς αὐτὸν εὕρισκε (*idem* Syr) Lat. II: et nemo eum inveniebat ‖ itaque] ita **M** *p.c.* ita ut **NF** ‖ *p.* itaque *2 litt. eras.* **S** ‖ si *scripsi* se ibi **S** se *cett.* **Ro** ‖ volebat **M** *p.c.* ‖ posset *supplevi (cf. Praef. C4)* 82 *a.* de *add.* exibat **M** 83 sua – speluncam *om.* **M** ‖ ire *in ras.* **S** ‖ *p.* speluncam *ca. 5 litt. eras.* **S** 83/84 XXt et IIIIor **G** XX et IIIIor **N** 84 eundo *om.* **β** ‖ orationes deo **β** ‖ facere **M** *p.c.* 85 dispersit] vulgavit **β Ro** ‖ suscitaret **A M** *a.c.* **NF** suscitarit *cett.* **β Ro** ‖ dum et **A M** *a.c.* 86 negat **E** 87 illis desertis **E** ‖ locis *om.* **NF** ‖ ut *del.* **A** ‖ sicut est vera **β** (verum **NF**) **Ro** 88 XVII De hoc machario quod legionem daemonum expulisset **S** *in marg.* De iuvene quodam ... quem ... et oratione curavit *(partim legi potest)* **b** ‖ Adhuc **M** *a.c.* **B** *a.c.* **bG** ‖ a daemone **M** *a.c.* *a.* daemone *3 litt. eras.* **B** ‖ daemonem habentem **E** 89 quocum – viri] Gr: σὺν (*om.* T) δυσὶ νεανίσκοις δεδεμένος (*sim.* Syr) ‖ quocum **A** *a.c.* **M** *a.c.* cum quo **A** *p.c.* **β** quem **S** quicum **M** *p.c.* eumque **Ro** ‖ duo vincti] vinctum duo **S** duo in singulis lateribus vincti **β Ro** (vinctum **Ro**) ‖ attinebant **S** *p.c.* continebantur **M** *p.c.* tenebant **Ro** ‖ Cuius *del.* **M** 90 hunc furorem] hanc operam **β Ro** 91 ederet **NF** ‖ vel – aquam] lagenam [Ms., vel cilicensis lagenae aquam] **Ro** ‖ vel cilicensis *om.* **β** ‖ lagenam aquae **β** 92 biberet **S** *a.c.* ‖ fecisset] coegisset **β Ro** ‖ egerere *in ras.* **M** ructando **β Ro** ‖ varia] universa *del.* **M** *om.* **β Ro** 93 fumumque convertere **β Ro** ‖ consurgere **A** *p.c.* consueverat **β Ro** ‖ comesa **β** (conexa **NF**) ‖ veluti] quasi **β Ro** 94 adsumere **NF**

17.16 (Est autem et legio daemonum, quae flammea nominatur. Sicut (§12) enim inter homines, ita et inter illos multa distantia – non naturalis substantiae, sed diversae ac dissonae voluntatis.)

17.17 Iste igitur iuvenis, cum ei iam ⌜tam inormes cibos mater propria 269 D parare non posset, edebat frequenter egestionem sui corporis ac bibebat. Ob quod flens mater infelix sanctum illum, ut miserabilem iuvenem curaret, orabat. A quo continuo precibus ad deum fusis post unum vel alterum diem coepit tanti mali medicina procedere.

17.18 Ait autem ipsius matri: §„Quantum“, inquit, „vis, ut comedat (§13) filius tuus?“ Illa respondit: „Decem“, inquit, „panes.“ Quam ex hoc ille reprehendens ait: „Septem“, inquit, „diebus hoc multum est.“ Et oratione pro ipso cum ieiunio facta tres eum libras panis iussit accipere, ita tamen, ut et aliquando opus faceret. Quem hoc modo ⌜curatum et ad pristinam 270 A sanitatem reductum propriae reddidit matri.

17.19 Hoc quoque miraculum per sanctum Macharium deus fecit, quem virum ego in corpore videre non potui: Ante annum enim, quam ad illas solitudines venirem, quievit.

---

ad §16 *cf.* Cassian. conl. 7,32 109 *cf.* HM 8,8; 15,2,11; 30,3,7; Vita Anton. 48 (gr *et* lat: §3); 65 (gr *et* lat: §1); Sulp. Sev. dial. 1,2,2 *et saepius*

---

96 multa est **Ro** 98 iam *om.* **Ro** 99 possit **A** *a.c.* **N** 100 quod] quam **NF** || mater adduxit **F** *a.c.* || infelix + de intolerabili calamitate filii sui **β Ro** 101 A] *add.* **A S** *om.* **M** || qua **A** *p.c.* Qui **M** || A quo] cumque **β Ro** || continuas apud eum **β Ro** || preces plurimasque **β** (plurimas **F**) **Ro** || ad deum] ad eum **A** *om.* **β Ro** || fudisset + orante super illum deumque precante viro sanctissimo **β Ro** (***67***) || *p.* unum *add.* autem **M** 103 Ait – matri *add.* **b** || *p.* Ait *ca. 4 litt. eras.* **V** || autem] *del.* **M** *om.* **β Ro** || matri ipsius **β Ro** || inquit] *del.* **M** *om.* **β Ro** 104 at illa **β Ro** || respondit *om.* **β Ro** || inquit *del.* **M** || sanctus ille **β Ro** 105 ait *om.* **β Ro** || reprehendens + quid inquit locuta es **β Ro** || inquit] *del.* **M** itaque **β Ro** || hoc – est *om.* **β Ro** 105/106 Et – facta] ieiunans et orans pro eo **β Ro** 106 iussit *om.* **V** 107 et *prim.*] *add.* **F** *om.* **Ro** || aliquando] aliquod **M** *p.c.* *om.* **β Ro** || propriis faceret manibus **β** (manibus faceret **N**) **Ro** || modo + per gratiam dei **β** (dei *om.* **F**) **Ro** 108 perductum **NF** 109 quoque] tale **M** *p.c.* || Macharium] famulum suum **β** (+ macharium **NF**) **Ro** || *p.* Macharium *add. in marg.* egyptium **M** 110 corpore] carne **NF** || enim *add.* **M** etenim **N F** *p.c.* 111 venirem] introirem + ille tantus (tantum **N** *a.c.* **F**) decertator **β Ro** || quievit + in domino **β Ro**

18. De Machario Alexandrino

(§1) 18.1 Illum autem alterum Macharium, qui Alexandriae presbyter fuit, vidi in his locis, quae Cellae nominantur. In quibus Cellis ego per annos novem mansi, ex quibus triennii tempore cum eo vixi; et alia miracula sub oculis meis fecit, alia ex ore ipsius didici, cetera vero aliorum relatione cognovi.

18.2 Habebat autem hoc in proposito vitae suae, ut, si quid magnum
270 B a quibuscumque sanctis fieri didicisset, hoc faceret. Cognito igitur ⌜a quibusdam, quod Tabennensiotae nihil cocti cibi per quadragesimam totam edere dicerentur, statuit intra sensus suos, ut per septem annos nihil, quod coctum fuisset igne, gustaret, sed crudo tantum holere contentus esset, ita ut, si forte umquam leguminis aliquid repperisset,
(§2) neque inde gustaret, §quia, cum amplius, quam volebat, hoc imitatione fecisset, de reliquo id, tamquam nihil esset grave, contempsit.

18.3 De alio iterum, qui unam tantum panis libram comederet, audivit et confractum atque in partes redactum modicas buccellatum in lagenas misit et statuit tantum ex eo edere, quantum posset inde manus ipsius una proferre. Et ita mihi laetus ipse postea referebat hoc dicens: „Plures

---

ad totum capitulum cf. HM 29 *ad* §1 *cf.* Cassian. conl. 14,3,2 1 *cf.* Soz. hist. eccl. 3,14,3 3-5 *cf.* Theodoret. hist. rel. prol. 11 6/7 *cf.* Vita Anton. 3 (gr *et* lat: §4) 6/7 *et* 156-159 *cf.* Soz. hist. eccl. 3,14,3

α = **C** *(ex lin. 203)*
A *(praeter lin. 25-43)* **SM**
HT *(lin. 33-43)*
β = **VB bG E NF**
hab. Lat. II (Caput IX.)
Gr: PTW Syr: R1, R3, R3a, R5a.b **Ro**

XXVII **A** XVIII De machario presbytero alexandrino qui in locis cellae habitabat (machario – alexandrino *p.c.*) **S** VII **M G E** VI **VB** V **b** De beato machario alexandrino. VII **N** De beato machario alexandrino **F**

1 alterum *om.* β (*praeter* **NF**) **Ro** || alexandrinae **F** *a.c.* 2 *a.* vidi *add.* et **F** || his] illis **S** || celliae **S** 3 VIIIIvem **G** || ex] in β (*praeter* **NF**, et in **G**) **Ro** || tempus **Ro** || alia] illa **Ro** || quidem miracula β **Ro** 4 vero ex ore β **Ro** || vero] autem β **Ro** 6 *p.* Habebat *lac. ca. 4 litt.* **G** || autem] itaque β (ita **NF**) **Ro** || quid] quod **NF** 7 a *om.* **NF** || sanctis + in abstinentia β **Ro** || faceret] ferventer (frequenter **V**) impleret β **Ro** || *in marg.* Qualis fuerit sancti abstinentia ipsius **b** 8 quod *add.* **A** 9 ederent *corr. ex* edere dicerentur **M** || dicerentur. Qualis sancti abstinentia ipsius. Statuit **NF** || sensus suos] mentem suam **M** semetipsum β **Ro** 10 holere] oleo **NF** 11 leguminum **G** *a.c.* 12 neque] nichil **NF** || quia] hoc ergo β (*om.* **NF**) **Ro** || cum *add.* **V** || *p.* cum *ca. 20 litt. (= 1 lin.) eras.* **S** || amplius *in ras. ca. 4 litt.* **S** || valebat **A** *p.c.* || *p.* volebat *ca. 3 litt. eras.* **S** || hoc imitatione] imitando β **Ro** 13 id *om.* β **Ro** || *p.* grave *ca. 3 litt. eras.* **S** || contempsit] existimabat *in ras. + ca. 40 litt. (= 2 lin.) eras.* **S** 14 qui] quia **S** *p.c.* **M** *p.c.* Lat. II Gr: ὅτι (*idem* Syr) || unam *om.* **G** || libram panis **F** || audivit + hic eximius (eximius hic **E**) monachorum cupiensque eum imitari β **Ro** 15 et *om.* β **Ro** || redactum in partes **F** *a.c.* || lagenam **A** 16 tantum *om.* **G** || possit **S** || inde *om.* **Ro** 17 proferre] accipere **E** *a.c.* || postea *add.* **V**

quidem particulas buccellati ⌜intra lagenam conreprehendebam, totum 270 C tamen, quicquid intrinsecus tenere potuissem, foras proferre non poteram propter angustias oris exigui, quod os lagenae ipsius ut aliqui publicanus non sinebat me tantum tollere, quantum quivissem tenere.“ Per triennium ergo sub hac observatione vixit quattuor aut quinque tantum uncias panis adsumens et tantundem bibens aquae cum uno sextario olei, quod per totum illi annum sufficiebat.

18.4 Aliam rursus propositi ipsius agnosce virtutem: Somnum vincere *(§3)* statuit hoc dicens, quod per viginti dies ne semel quidem sub tectum aliquod fuisset ingressus, ut sic vinceret somnum, diurni quidem aestus ardoribus flagrans, nocturno autem frigore tremens ⌜et, quemadmodum 270 D ipse referebat, nisi velocius ad tectum redisset somnumque cepisset, usque adeo sibi aruisse iam cerebrum intellegebat, ut sine sensu propemodum esse aliquo putaretur: „Vici ergo, quantum ad me pertinet; naturae vero, quae exigebat usum debitum, cessi.“

18.5 Hic quodam die, dum in cellula sua matutinus sederet, culicem *(§4)* sensit, a quo ita in pede vulneratur, ut dolorem ei inferret. Quem occidit,

---

ad §5 *cf.* AP alph. Macarius Aeg. 21

---

18 bucillatim **NF** 20/21 quod – tenere] Publicanus etenim (enim **E Ro**) meus ut omnino non ederem non sinebat. **β Ro** Gr: τὸ γὰρ παντελῶς μὴ ἐσθίειν ὁ τελώνης μοι οὐ συνεχώρει (Bu) 20 quod – ipsius] Et quia me publicanum os ipsius angustum laguenae **S** 20/21 ut – sinebat] Gr: ὡς τελώνης γάρ μοι οὐ συνεχώρει (Ba, *sim.* Syr) 20 ut – publicanus] *om.* **S** *del.* **M** ‖ aliquis **A** *p.c.* 21 me *om.* **S** ‖ quivissem **M** *p.c.* vidisset **A** vidissem **S** quivisset **M** *a.c.* ‖ tenere manu **S** 22 autem aut *fort.* **A** *a.c.* **S** 23 absumens **β** *praeter* **G NF** ‖ aquae bibens **E** ‖ cum uno] unumque expendens **β Ro** ‖ sextarium **β Ro** 24 illi *om.* **NF** ‖ *p.* annum *lac. ca. 3 litt.* **G** 25 *in marg.* Qualiter somnum vincere statuit **NF** 25-43 Aliam *usque ad* patefactum est *om.* **A** 25 illius **NF** ‖ virtutem + Hic virorum fortissimus **β Ro** ‖ aliquando vincere **Ro** 26 hoc dicens] et hoc ipse dicebat **β Ro** ‖ XXti **G** ‖ nec **V Ro** 27 ut] et **NF** 29/30 nisi – intellegebat *om.* **NF** 29 nisi] ipse **Ro** ‖ rediisset **NF Ro** 30 iam *add.* **E** 31 esse aliquo *om.* **β Ro** ‖ putarem **NF** 31/32 Vici – cessi] Gr: καὶ τὸ μὲν ὅσον ἐπ᾽ ἐμοὶ ἐνίκησα· τὸ δὲ ὅσον ἐπὶ τῇ φύσει τὴν χρείαν ἐχούσῃ τοῦ ὕπνου παρεχώρησα. (*sim.* Syr) Lat. II: Quanto ergo me, inquit, vici, tanto ad naturae necessarium requirentis somnum cessi. 31 Vici – naturae (naturae *sumpsi ex* **β**; *cf. Praef.* C4)] Vici ergo quantum ad me pertinet naturam **S** Postquam *(in ras.)* ergo aiebat quantum ad me adtinet naturam vici (aiebat *add.*) **M** Vici ergo inquit quantum ad me pertinet (pertinebat **NF**) somnum, naturae **β Ro** ‖ vero *om.* **α** 32 quae] cum *add. in marg.* **M** quem **NF Ro** ‖ cessit **M** *a.c.* 33 *a.* Hic: Quia vulnerantem se culicem peremit nudum sex mensibus corpus eiusdem (eisdem **N**) culicibus vulnerandum praebuit (perhibuit **b**) **b** *(in marg.)* **NF** ‖ Hic – dum] Beatus itaque macarius qui alexandriae presbyter fuit dum quadam die **HT** ‖ *p.* Hic *add.* ipse **M** ‖ quadam **S** ‖ dum *transp. a.* quodam **NF** ‖ in *add.* **S** ‖ cella **β** (*praeter* **NF**) **Ro** 34 ita *om.* **β Ro** ‖ vulneratus **M** *p.c.* ‖ vulneratus in pede **β Ro** ‖ ut – inferret] dolensque **β** (dolens **NF**) **Ro** ‖ ei inferret **S H** inferret **T** sentiret *in ras.* **M** ‖ Quem occidit **S HT** eum occidit **M** manu sua peremit **VB** manu eum sua peremit **bG E** manu sua eum peremit **NF** eum manu sua peremit **Ro**

qui et moriens plurimum cruoris effudit. Reprehendens igitur factum suum in eo, quod iniuriam propriam vindicasset, ita condemnare se voluit, ut in pratis eorum locorum, quibus Scithiae nomen est, quae in 271 A solitudinibus extremis iacent, nudus per sex menses sederet, ubi ⌜culices scrabronibus similes aprorum quoque perforant cutem. Sic ergo illic exulceratus est totus quibusdam tuberibus per omnia ipsius membra turgentibus, ut unus crederetur ex illis esse, qui elefantiosi vocantur. Post sex autem menses regressus ad cellulam suam sola, quod ipse esset Macharius, ipsius voce patefactum est.

(§5) 18.6 Hic ipse desideravit aliquando – sicut solebat referre –, ut hortum, in quo essent *Iamnes et Mambres* sepulti, videret, quod ab his, qui sub Pharaone plurimum poterant, factum memorabatur. Qui longo in tempore et in grandi potentia quadratis lapidibus supradictum extruxerant opus, in quo superposuerant memoriam praedictorum, ubi et aurum reconderant et arbusculis quibusdam repleverant, eo quod non sine aliquo idem locus esset humore; puteum quoque fecerant.

271 B *(§6)* 18.7 ⌜Ignorans itaque, quaenam ad memoratum locum deduceret via, aestimatione quadam animi solas caeli stellas – quod in mari a nautis

---

45 *cf.* 2. Tm. 3,8 *et* Ex. 7,11.22

---

ad §§ 6-10 *cf.* HM 29,1,2-5   44/45 *cf.* AP N 488   51-53 *cf.* HM 29,2,1

---

35 plurimum] multum **E** *a.c.*   37 quibus] cui **NF** ‖ quae] qui **Ro**   38 extremis solitudinibus **E**   39 crabronibus **Ro** ‖ Sic *om.* **Ro**   40 est *om.* **NF** ‖ totus exulceratus est **E** ‖ ipsius] eius **β Ro** ‖ membra ipsius **M**   41 esse vocantur **E** *a.c.*   42 cellam **H β** (*praeter* **NF**) **Ro**   42/43 est macarius **HT**   43 ipsius] eius **β Ro** ‖ patefactus **VB** ‖ est *om.* **F** ‖ *p.* est *ca. 240 litt. (= 12 lin.) eras.* **S** ‖ *p.* est *desinunt* **HT**   44 De hoc machario et iamne et mambre sepulchro **S**   *in marg.* De sepulchro magorum pharaonis **b** ‖ Hic *del.* **M** ‖ ipse] Item **M**   idem **β Ro** ‖ *p.* desideravit *ca. 12 litt. eras.* **M** ‖ solebant **Ro** ‖ ut *om.* **β Ro**   45 malefici sepulti **β Ro** ‖ videre **β Ro** ‖ quod – his *om.* **β Ro** ‖ quod] qui **A** *p.c.* ‖ qui] quos **β**   46 poterant – memorabatur] potuisse memoratur **β Ro** (memorantur **Ro**) ‖ factus **A** *p.c.* ‖ in *om.* **NF**   47 in *om.* **β Ro** ‖ potentia + suae artis **β Ro**   47/48 opus extruxerant **β Ro**   48 superposita fuerat memoria **β Ro**   49 reconderant **A M** *a.c.*   recondiderunt **S**   recondiderant **M** *p.c.* ‖ arbusculis – repleverant] Lat. II: plantaverunt etiam arbores ‖ arbusculis] vasculis **A** *p.c.* ‖ arbusculis quibusdam] variis arbusculis **β Ro** ‖ *a.* repleverant: locum **β Ro** ‖ repleverant **β Ro** repleverunt **α** (+ *ca. 5 litt. eras.* **S**) ‖ non *om.* **Ro**   50 idem – humore] videretur humore idem locus esse **VB Ro**   humore idem locus esse videretur **bG E** ‖ esset tumore **M**   esse humore videretur **NF** ‖ puteum – fecerant *transp. a.* eo (49) **β Ro** ‖ illic fecerant **S**   ibi *(add.)* fecerant **M** ‖ fecerant + Haec autem omnia idcirco fecisse dicuntur quod se post obitum in eodem loco tamquam in paradiso crederent esse mansuros. **β Ro**   51 Ignorabat **NF** ‖ igitur **E** ‖ itaque + famulus christi macharius **β Ro** (***68***) ‖ locum *om.* **F** ‖ duceret **M** *p.c.* **NF**   52 a] *del.* **A**   *om.* **VB Ro**

solet fieri –, dum per deserta ambulat, sequebatur. Fascem vero calamorum portaverat secum, ut per millenos passus singulos figeret, quo facilius posset agnoscens sua signa remeare. Per novem igitur dies itinere confecto praefatis adpropinquavit locis.

18.8 Cui daemon, qui semper adversum Christi athletas dimicare consuevit, collectos omnes ex propriis locis calamos a mille passibus ad ipsam memoriam quiescenti ⌜subito ad caput posuit. §Cumque sanctus Macharius surrexisset a somno, agnovit eos, quos alibi reliquerat, calamos. Credo autem, quod et hoc permittente deo ad examinationem memorati viri factum sit, ne spem aliquam haberet in calamis, sed magis in illa *nubis columna,* quae per quadraginta annos iter populo Israhel inter deserta monstravit. *(§7)* 271 C

18.9 Dicebat autem de supradicto horto septuaginta daemones ad adventum ipsius prosilisse clamantes et circa oculos eius ac vultum corvorum more volitantes dicentesque: „Quid vis, Machari? Quid vis, monache? Quid ad loca nostra venisti, in quibus manere non poteris?"

63/64 *cf.* Ex. 13,21/22; 40,36; Nm. 8,15/16; 10,34; Is. 4,5; 1. Cor. 10,1

57/58 *cf.* Vitae patr. Iurens. 27 57 (Christi athletas) *cf.* Cassian. inst. 5,19,1 *et saepius* *ad* §9 *cf.* Vita Anton. 13 (gr *et* lat: §2) 68 *cf.* AP alph. Elias 7 (184 D)

---

53 ambulasset **NF** 55 possit **A** *a.c.* **N** || sua] viae **N** via **F** || signa] vestigia **E** || remeare – igitur] remeare per noctem. Igitur **S** || diei **S** *p.c.* 57 ferocissimus daemon **β Ro** || adversus **M** 58/59 ad – memoriam] saepedictae memoriae **β** praedictae memoriae **Ro** 59 quiescentis **b** 60 surrexisset *transp. a.* sanctus **E** || a] *add.* **M** e **S β** (*add.* **b**, ex **NF**) || somnio **V** *a.c.* **B** 62 *p.* viri *ca. 5 litt. eras.* **M** || factum sit] contigerit **β Ro** || in calamis poneret **NF** 62/63 illa – quae] illo qui per nubis columnam aeque **S** *p.c.* dei gratia qui in columna nubis **β Ro** 63 XLa **G** || annos *in ras. ca. 3 litt.* **SM** || inter] in **β** (*praeter* **E N**) **Ro** 64 deserto **V** *a.c.* **Ro** 65 de] in *in ras.* **M** || LXXta **G** 66 prosiliisse **A** *p.c.* prosiluisse **M** *p.c.* **β Ro** || et] ac **NF** || vultu **S** 67 more corvorum **E** || volantes **Ro** || Quid vis *sec.*] quivis **S** 68 temptator monache **β Ro** || poteris + Numquid et nos aliquos monachorum temptavimus? Habes heremum propriam cum tuis (tui **B F Ro**) similibus, unde nostros quoque propinquos expellere festinas, nihil nobis tecum commune est. Quid (cur **NF**) nostras regiones ingrederis? Si habitator es heremi, tua tibi solitudo sufficiat; nobis hunc locum sui tradiderunt incolere (incolae **bG**) conditores. Quid (quidnam **NF**) hanc possessionem quaeris inrumpere (inrumpere quaeris **N**), in quam nullus umquam hominum, postquam (post **bG NF**) nobis a (ac **N** *p.c.*) fratribus (+ nostris **Ro**) nostra hic manu sepultis est traditus (traditus est **E**, est tradita **Ro**) vivens ingressus est? Cumque adhuc daemones plurima replicarent atque lugerent **β Ro**

271 D ⌜Quibus ille respondit: „Ingrediar tantum“, dixit, „et videam continuoque discedam.“

272 A (§8) 18.10 Ingressum se igitur atque illic suspensum ⌜aeneum cadum invenisse dicebat circa puteum catena ferrea longa iam temporis vetustate consumpta, mala etiam granata intrinsecus vacua ac nimio solis ardore siccata. Sic igitur inde discedens per viginti alios revertitur dies.

18.11 Cui cum aqua, quam portabat, cum panibus deesse coepisset et cum grandi molestia laboraret ac iam paene deficeret, apparuit ei quaedam, ut ipse referebat, puella puro linteo tecta ampullam tenens, ex
(§9) qua aquam destillare cernebat. §Quam puellam uno a se stadio separatam per triduum ambulans supradictum vas ostendentem videbat ita, ut putaret quidem adsequi eam posse nec tamen faceret, quod denique curvatura in caelo fieri ac videri ambulantibus solet. Igitur spe bibendi augebatur patientia et virtus dabatur.

272 B 18.12 Post quam igitur multitudo ⌜bubalorum grandis apparuit – sunt autem illic plurimi huiusmodi greges –, inter quos una de bubalis cum pullo suo adstitit subito, ut et ipse dicebat, cum lac de ipsius ubere flueret

---

77 *cf.* Gn. 24,15

---

69 *in marg.* De sepulchro magorum pharaonis **N** || Quibus] beatissimus **β Ro** || respondens **M** *p.c.* || dixit *om.* **β Ro** || et] ut **Ro** 70 discedam + Et daemones: Hoc, inquiunt, nobis per tuam conscientiam sponde fideliter. Christi vero servus ait simpliciter: Hoc faciam. (... ait. Simpliciter hoc faciam. **NF**) Continuoque daemones ab eius oculis recesserunt (discesserunt **E**). **β Ro** 71 atque] aquae *in ras.* **M** 72 repperisse **β Ro** || cum catena **Ro** || *fort.* temporum **M** *a.c.* 73 consumptum **β** (conpulsum **b**) **Ro** 74 itaque **β Ro** || per] post *in ras.* **M** || XXti **G F** XX **N** || alios] totos + ad cellulam (cellam **NF**) suam **β Ro** || dies *transp. a.* totos **NF** 75 *in marg.* Ubi puella ampullam aque ferens apparuit **b** || cum *prim.*] dum **β** || aquam **α** *a.c.* || portaverat **S β Ro** Gr: ἐβάσταζε Lat. II: portabat || deesse] edisse **N** *a.c.* **F** deficere **N** *p.c.* 76 cum *om.* **β Ro** || molestia penuriae **β Ro** || *p.* laboraret *ca. 5 litt. eras.* **S** || iam *om.* **Ro** || deficeret] differret **N** *a.c.* **F** 77 *in marg.* De puella ampullam ferente **N** || puro – ampullam *add. in marg. sup.* **b** || tectam **M** cooperta **β Ro** || ferens ampullam **β Ro** 77/78 ex – cernebat] aquae stillantis **β Ro** 78 Quam puellam *om.* **β Ro** || a *add.* **V** || separata **β Ro** 79 Quam per **β Ro** || *p.* vas *ca. 10 litt. eras.* **S** || sibi ostendentem **β Ro** || videbat + et velut stantem vicinius ac se invitantem **β Ro** || ita] *om.* **N** *fort. del.* **F** || *p.* ut *add.* se **A** 80 faceret] valeret **β Ro** 80-83 quod – igitur *in ras. ca. 275 litt. (= 13¾ lin.)* **S** 80/81 quod – solet *om.* **β Ro** 80 denique] in *in ras. ca. 5 litt.* **M** || curvatum **A** 80/83 in caelo] caeli **M** 81 ac] *fort.* et **M** *a.c.* || bibendi] vivendi **A** 81/82 augebatur – dabatur] laborem se trium dierum patienter (pariter **E**) sustinuisse (se sustinuisse **N** *a.c.* **F**) dicebat **β Ro** 83 Post – igitur *om.* **β Ro** || multitudo autem **β** (*praeter* **NF**) **Ro** || grandis inquit **β** *praeter* **V** 84 autem] enim **β** || gregis **A** || *in marg.* Ubi bubalam suxit **N** || quos] eos **M** *p.c.* 85 ut – cum] Itaque cum *in ras. ca. 20 litt.* **M** || et ut **E** et *om.* **NF** || referebat **β Ro** || cum] cui **β Ro** || de ipsius] ex **β** (*add.* **E**) **Ro** || fluebat **β Ro**

in terram. „Subieci me“, inquit, „et labia ferinis uberibus in os meum expressurus adposui, quousque ad satietatem potu refectus sum.“ Idque sibi suffecisse dicebat, dum usque ad cellulam perveniret. Quo ipsa etiam bestia ipsum secuta est ubera eidem sua praebens nec proprium fetum sancti illius contemplatione suscipiens.

18.13 Quodam igitur tempore, dum facit puteum inter virgulta vel *(§10)* frutices, aspidis dente percussus est, cuius morsum necesse est continuo mors sequatur. Correptam igitur eam et utraque manu ab ore distentam scidit mediam dicens ⌜ei: „Cum te non miserit deus, cur ausa es huc 272 C venire?“

18.14 Habebat autem diversas in desertis locis cellas, unam in interiori solitudine, cui nomen est Scithia, aliam in Libya, aliam in Cellis, aliam in monte Nitriae, ex quibus una sine fenestris erat, ubi per totam quadragesimam sedere in tenebris dicebatur. Alia cella angustior erat, in qua pedes suos extendere non valeret, alia latior, ad quam ad se venientes suscipiebat.

18.15 Tantas autem hic hominum daemoniis laborantum curabat *(§11)* catervas, ut numerus esse non posset. Nobis etiam illic degentibus de Thessalonica illuc nobilis virgo ⌜perducta est, quae iam per multos 272 D

---

ad §13 *cf.* Vita Anton. 50 (gr *et* lat: §9); Ammon. Aeg. ep. 27; AP alph. Paulus (380 D) = PJ 19,11 = AP Bu 1,617; Vitae patr. Iurens. 57-58; Jo. Mosch. prat. 124 *ad* §14 *cf.* HL Cap. 35, §2; Kopt. Leg. Johannes v. Lykopolis (Till I, p. 148/9)

---

86 terra **NF** || me ergo **β Ro** || uberis **S M** *a.c.* 87 *a.* expressurus *add.* ea **M** || potu *om.* **A β Ro** || sum] *in ras.* **M** est **A** 88 sufficere **E** || usque dum **A** *p.c.* **β Ro** || cellulam suam **S** cellam **Ro** || etiam *add. in marg.* **G** || Quem ipsa enim **Ro** 89 ipsum – est] subsecuta **β Ro** || praebens *in ras.* **M** praebebat **β Ro** || neque **β Ro** 91 XX Quod hic ipse ab aspide sit percussus **S** *in marg.* Mordentem se aspidem correptam manu scidit mediam **b** || Quodam igitur] Alio rursus **β Ro** || dum + ad requiem monachorum **β Ro** || puteum facit **β** (fecit **E**) **Ro** 92 *in marg.* Ubi aspis eum percussit **N** || morsu **VB** || ut continuo **S** 93 sequeretur **A M** || eam *del.* **B** 94 deus (dominus **NF**) meus **β Ro** 96 autem *add. in marg.* **E** || cellulas + in quibus virtutum operabatur insignia **β Ro** || interiore **β Ro** 97 aliam *prim.* – Cellis] aliam in Libya, ubi Cellae vocantur [Ms., aliam in Libya, aliam in Cellis] **Ro** || aliam in Cellis] ubi cellae vocantur **β** (vocabantur **N F** *p.c.*) 98 ex – erat] Gr: ὧν ἔνιαί εἰσιν ἀθυρίδωτοι (*idem* Syr) Lat. II: et quaedam absque fenestris sunt || una] quaedam **β Ro** || sine] absque *add.* **A** || erant **β** (*praeter* **G E** *p.c.*) **Ro** 99 tenebris + hic beatissimus **β Ro** 99/100 Alia – valeret *om.* **V** || in – latior *supplevi ex* **β Ro** *(idem* Gr *et* Syr; *cf. Praef. C4)* *om.* **α** 100 ad quam] in qua **M E** || qua ad se *in ras.* **M** || venientes ad se **β Ro** 101 suscipere consueverat **β** (consuerat **VB**) **Ro** 102 demone **G** *a.c.* || laborantium **V E NF Ro** 103 possit **S** *a.c.* || *in marg.* De virgine paralitica praece illius curata **b** || illuc] ad eum **β Ro** 104 nobilis virgo *scripsi* **β** *secuta* nobis virgo **α** (nobis *del.* **A M**) nobilis ac dives virgo **β Ro** Gr: παρθένος ... εὐγενής Syr: „une vierge“ Lat. II: virgo quaedam 104/105 quae – erat *add. in marg. inf.* **S**

paralytica annos erat. Quam per viginti dies propriis manibus oleo sancto perunguens ac domino precem fundens incolumem suae reddidit civitati. Quae postea plurima ad solitudines, cum fuisset regressa, transmisit.

(§12) 18.16 Hic ipse, cum audisset grandem vitae conversationem Tabennensiotas habere, veste mutata ad similitudinem alicuius operarii, sumpto habitu saeculari, intra quindecim dies per deserta iter faciens Thebaidem usque pervenit. Cumque venisset ad asceterium memoratorum, omnium
273 A primum, ⌜quem archimandritam nominant, requisivit, Pachomium quendam nomine, probabilem per omnia virum et habentem gratiam scientiae futurorum, cui tamen de Machario nihil fuerat revelatum.

18.17 Ad quem cum venisset, haec dixit: „Quaeso“, inquit, „ut me in
(§13) mansione tua suscipi facias; monachus enim esse desidero.“ §Ait ad ipsum Pachomius: „Senilibus annis gravaris et monachus esse iam non potes neque inter ceteros fratres vivere vales, eo quod consuetudinem eorum laboremque non pateris, cumque laeso animo egressus ab his fueris, maledicere incipies eis, quos non potueris imitando sectari.“ Noluit itaque nec primo eum nec secundo die nec per totam suscipere septimanam.

273 B 18.18 Dumque iugiter persisteret ⌜in rogando ieiunus, ad postremum dicit ipsi: „Suscipe me“, inquit, „abba, et si me in ieiunio vel in opere

---

ad §§ 16-22 *cf.* HL Cap. 22; AP alph. Macarius Aeg. 4 = AP syst. 7,14 / PJ 7,9 = AP Bu 2,221 = AP Chaîne 38 *(cf. Reitzenstein, HM und HL, p. 14, n. 1)*; Vita Pachom. prim. 6-7 (= Act. SS. §4); alt. 8-9 (lat. 6-7); quart. 8-10; Cassian. inst. 4,30,2-6; conl. 20,1; Regula mag. 87-90; 92,57; Vita Sim. 2; Jo. Mosch. prat. 143 (3004 D – 3005 B) *ad* §§ 16-18 *cf.* HM 11,9,18; Hier. vita Pauli 9; reg. Pachom. 49 = praecepta 49 (p. 25/6); Cassian. inst. 4,3,1; Sulp. Sev. dial. 1,18,1-3; Bened. reg. 58,1-4

---

105 paralytica – erat] annos paralysi (paralisin **V N** *a.c.* **F**) laborabat **β Ro** ‖ *in marg.* Ubi paraliticam curavit **N** ‖ laborabat + Quae cum ei fuisset oblata atque ante cellam beati viri proiecta, motus in ea (eam **Ro**) misericordia **β Ro** ‖ Quam *om.* **β Ro** ‖ XXti **G N** 106 pro ea preces **β Ro** ‖ effundens **β** 107 *p.* postea *add.* ei **A** ‖ ad *add.* **M** ‖ solitudinem **A** *p.c.* ‖ ad solitudines *transp. p.* regressa **E** ‖ propriis pedibus regressa **β Ro** 108 ipse] idem **Ro** ‖ grandis **A S** 108/109 Tabennensiotas – similitudinem *om.* **NF** 110 XVcim **G** 111 *in marg.* Ubi ad pachomium pervenit **N** ‖ venisset] pervenisset **Ro** ‖ monasterium **S β Ro** ‖ omnium] hominum **Ro** 112 primum quidem **Ro** ‖ quem *add. in marg.* **M** ‖ vocitant **β Ro** 113 et *om.* **Ro** 113/114 gratiam – futurorum] spiritalem gratiam prophetiae **β Ro** 114 attamen **S M** *a.c.* ‖ relatum **S M** *a.c.* 115 inquit *om.* **β Ro** 116 monasterio tuo **β** (me *transp. p.* tuo **NF**) **Ro** ‖ me – desidero *add.* **N** ‖ suscipi me facias **V** suscipias **Ro** ‖ Ait] At **B** *a.c.* ‖ ad ipsum] illi magnus ille **β Ro** 117 iam gravaris **N** ‖ iam esse **E** 118 fratres + qui hoc ab adolescentia didicerunt **β Ro** (***69***) 119 ferre non poteris **M** *p.c.* ‖ egressus *om.* **F** 120 eis incipies **β** (maledicere – incipies *transp. p.* sectari **E**) **Ro** ‖ poteris **M** *a.c.* **bG** 122 in rogando] interrogando **G** 123 dixit **M** *a.c.* ‖ dicit ipsi *om.* **β Ro**

inferiorem ipsis deprehenderis, statim pelle vel proice." Quo audito ille persuasit fratribus, ut in monasterio reciperetur. Est autem illic unius numerus mansionis habens etiam in praesentem diem usque ad mille quadringentos viros.

18.19 Cum igitur fuisset ingressus et post breve tempus supervenissent *(§14)* quadragesimae dies videretque diversos vario more viventes, alium vespertinis horis solventem ieiunium, alium vero post biduum, alios etiam post dies quinque gustantes, stantes quoque alios noctibus totis, sedentes diebus, udatos ille de arboribus dactulorum cortices tenens sic cum omni multitudine in uno angulo stabat usque ad ⌜quadragesimae finem et 273 C principium paschae non panem, non aquam gustans, non flectens genua, non in terra iacens, sed tantum modica culiculorum folia dominico die sumens, ut manducare aliis videretur.

18.20 Si quando autem ad corporalem necessitatem fuisset egressus, *(§15)* confestim remeabat ac stabat non os aperiens, non alicui quicquam loquens, sed cum summa taciturnitate consistens, in corde suo tantum iugiter orans et id solum operis, quod in manibus tenebat, efficiens.

18.21 Quem cum esse tam durae atque inimitabilis vitae omnes considerassent, quasi quadam adversum principem suum seditione commoti „Unde", inquiunt, „nobis istum dedisti, qui ita vivit, quasi in carne

---

ad §§ 19-21 *cf.* Cassian. inst. 4,24,1; 12,32,2; AP alph. Macarius Aeg. 33 = PJ 20,2 = AP (BHL 6525) 195 = AP Chaîne 239 = Paschas. verba patr. 93,11; Common. patr. 4,18 143-145 *cf.* Vita Abr. 3 (326 D)

---

124 statim + de tuo monasterio **β** (de monasterio tuo **E**) **Ro** (*53*) || vel proice *om.* **Ro** || ille *om.* **NF** 125 unus **A** 126 praesenti die **S** *p.c.* || diem *om.* **G** || usque *transp. a.* in **β Ro** || mille *om.* **A** 127 quadraginta **NF** 128 ingressus + in eam sanctus macharius **β Ro** || seni pervenissent **A** *a.c.* 129 varios **b** *a.c.* vasto **NF** 130 *p.* vespertinis: alium vero post biduum **M** *a.c.* || alios] alium **V** *a.c.* || *p.* etiam *add. in marg.* cibum **M** 131 stantes – alios] alium stantem **β Ro** || totis noctibus **β Ro** 131/132 sedentes diebus] et per diem sedentem laborantemque **β Ro** 132 udatos *scripsi (cf.* Gr: βρέξας οὖν θαλλοὺς ..., *idem* Syr; *cf. Praef. C4)* ut ad os **A M** *om.* **S β Ro** || *p.* ille *ca. 3 litt. eras.* **S** || cortices *add. in marg.* **E** || tenens + quoddam exinde opus faciens **S** + infusos ac copiosos **β Ro** 132/133 sic – multitudine *om.* **β Ro** 134-136 non *prim.* – videretur] dominico die modicum sumens panem cum flora culiculorum; bibens aquae modica (modica *add.*) quantitate ne ieiunium facere videretur; non genua flectens nec in terra iacens **S** 135 modicos **A** *p.c.* || culiculorum *(cf. ThLL III 651, 38-40)*] culicorum **A** cauliculorum **M** *p.c.* **β Ro** || folia **M** *p.c.* **β Ro** flora *(cf. ThLL VI 1, 927, 65 sqq.: „legitur genus neutr.")* **A** *a.c.* **S M** *a.c.* flores **A** *p.c.* folia cruda **β Ro** || dominicorum **M** 139 summa] sua **N** || et in **β Ro** 139/140 iugiter tantum **M** *a.c.* 140 et] atque **β Ro** || operis *om.* **M** 141 cum *add.* **M** || se esse **N** || imitabilis **E NF** 142/143 commoti + dicunt archimandrite **S** 143 dedisti] adduxisti **β Ro**

non sit humana, ad condemnationem omnium nostrum? Audi igitur, 273 D aufer a nobis eum aut scito omnes nos ex hoc ⌜monasterio recessuros.“ Ille autem tali conversatione atque virtute eius audita deprecatus est deum, ut, quis ipse esset, eidem revelaret.

(§16) 18.22 Quo statim facto correpta eum manu ad oratorium suum duxit, ubi erat altare divinum, dicitque ipsi: „Dic mihi, optime senex, tu ille Macharius eras et mihi te celare temptabas. Nam et per multos annos te videre cupiebam. Ergo gratias tibi, quia colafos infantibus nostris dedisti, ne magnum aliquid in conversatione vitae suae facere se putarent. Revertere nunc ad loca, unde adveneras, tua – sufficienter enim nos omnes aedificasti – et ora pro nobis.“ Qui tunc his verbis rogatus inde discessit.

274 A *(§17)* 18.23 ⌜Quodam rursus tempore hoc rettulit nobis: „Quodcumque“, inquit, „genus vitae et quoscumque mores novos desideravi, imitatus sum atque perfeci. Interim“, inquit, „aliquando animum meum quaedam novae cogitationis cupiditas occupavit, ut vellem quinque solis diebus sensum cordis mei inseparabilem a deo facere, statuensque intra mentem meam et clausis ita ostiis cellae atque vestibuli, ut nullus hominum responsum a me posset accipere, coepi instare a principio septimanae, ut iuberem sensui meo: ‚Ne velis‘“ – inquit – „‚a caelo ad terram descendere habens

---

151/152 *cf.* AP alph. Macarius urb. 2 *ad* §§ 23-25 *cf.* Evagr. Pont. cap. pract. A 71 (1244 A/B); AP J 714,17 *ad* §23 *cf.* Basil. reg. brev. 202 = Rufin. Basil. reg. 109; Evagr. Pont. rer. mon. 9; AP alph. Evagrius 1 = AP syst. 3,5 / PJ 3,3 156-159 *et* 268-272 *cf.* Soz. hist. eccl. 3,14,3 165/166 (caelestia ... habitacula) *cf.* Aug. civ. 22,4

---

145 aufer – eum] et aut tolle eum a nobis **β Ro** || hodie recessuros **β Ro** 147 dominum **Ro** || ipse *om.* **β Ro** 148 correptum **S** *p.c.* arrepta **β** arreptum **Ro** || eum *om.* **NF** || suum *om.* **NF** 149 dicitque] osculatusque eum dicit **β** (dixit **NF**) **Ro** || ipsi] illi **β Ro** || Dic mihi] Veni **β Ro** 150 eras] es **S β Ro** Gr: εἶ (*idem* Syr) || temptabas celare **A** || Nam – annos] *legi non potest* **A** ex multis annis **β Ro** || per *add.* **SM** 151 cupiebam + audiens de te magna miracula **β Ro** || Ergo in conversatione (conversationem *a.c*) vitae tuae (suae *a.c.*) debemus facere gratias tibi (debemus *add.*) **A** || Ergo *om.* **β Ro** || tibi ago **β Ro** 152 aliquod **NF** || in – facere *om.* **A** 153 nunc igitur **A β** igitur nunc **Ro** || veneras **β Ro** || tua] *del.* **V** *om.* **Ro** || enim *om.* **NF** || nos *om.* **N** 154 omnes *om.* **G** || Qui tunc *om.* **β Ro** || rogatus + ab omnibus **β Ro** 156-176 Quodam – adscriberetur *om.* **A** 156 nobis dicens **β Ro** 157 inquit] *add.* **M** *om.* **β Ro** || novos] abstinentiae spiritalis **VB Ro** abstinentiae spiritales *cett.* **β** 158 Interim inquit *scripsi cum* **β** Interim quid **S** Inter cetera (cetera *in ras.*) **M** Iterum inquit **Ro** 159 occupavit, ut] occupaverit pandam; Evenit inquit mihi ut **S** || vellem] vel **b** || V quinque **F** || solis diebus] diebus continuis **β Ro** 160 facerem **b** || *p.* statuensque *add.* id **M** 161 et *del.* **M** || cellulae **G** 162 possit **NF** || accipere posset **E** || *p.* coepi *ca. 4 litt. eras.* **S** || ut iuberem] dicens **β Ro** 163 Vide ne **β Ro** || inquit **S** *fort.* **M** *a.c.* inquiens **M** *p.c.* *om.* **β Ro** || a] e **S** *(fort. p.c.)* || habes **M** *p.c.* **β Ro**

enim illic angelos atque archangelos altissimasque virtutes ac primum omnium deum: Sperne illa, quaecumque infra caelestia videntur, habitacula.‘

18.24 ⌜Atque in hoc duobus diebus ac duabus noctibus perseverans (§18) 274 B usque adeo daemonem provocasse ac stimulasse me sensi, ut ille in flamma ignis subito conversus omnia, quae habere intra cellam videbar, incenderet ipsamque etiam mattam, super quam stare consueveram, utque totum me arsurum esse iam crederem.

18.25 Ad postremum itaque tanto timore percussus ab huiusmodi proposito tertia abscessi die, cum viderem tam iugiter individuum deo animum me habere non posse. Descendi iterum ad cogitationes saeculares, ne aliquod mihi ex perpetuo divinitatis intuitu genus arrogantiae adscriberetur.“

18.26 Ad hunc ipsum Macharium cum aliquando venissem ac repperissem (§19) ante fores cellae ipsius presbyterum ⌜quendam alicuius vici iacentem, 274 C cuius totum caput adeo exesum et consumptum erat illa valitudine, quae carcinus nominatur, ut nudum os verticis videretur, quique illuc, ut curaretur, advenerat nec tamen usque in illum diem a sancto Machario susceptus fuerat aut visus, ego ergo tunc ipsum rogans petii, ut eius misereretur et responsum ipsi daret.

18.27 Ad quod mihi ille sanctus hoc dixit: „Non est“, inquit, „dignus (§20) iste curari; hanc enim poenam ex praecepto divinitatis accepit. Si autem vis curari eum, persuadeatur prius ipsi, ut a sanctorum sacrificiorum

---

164 enim *om.* **β Ro** ‖ atque archangelos *om.* **M** ‖ virtutes + cherubim ac seraphim **β Ro** (***33***) ‖ ac primum] primumque **β Ro** 165 creatorem deum + illic conversare **β Ro** 165/166 infra – habitacula *in ras. ca. 40 litt. (= 2 lin.) + ca. 40 litt. eras.* **S** ‖ habitacula + ne carnales cogitationes incurras **β Ro** 167 *p.* Atque *ca. 4 litt. eras.* **S** ‖ duobus diebus] duabus inquit diebus **β** (duobus **B** *p.c.*, diebus *om.* **N**) inquit duobus diebus **Ro** ‖ duabus noctibus] duabus *om.* **E** 169 flammam **S** *p.c.* **b E NF Ro** ‖ cellam *om.* **Ro** ‖ videbat **VB b G** *a.c.* videbam **G** *p.c.* 170 ut **β Ro** 171 iam *transp. a.* me **β** (iam me arsurum esse iam **NF**) **Ro** 172 itaque *om.* **β Ro** 173 *a.* cum *add.* et **M** 174 ergo iterum **β Ro** 175 aliquid **NF** 175/176 adscriberetur] nasceretur **β Ro** 177 XXI Quod istius expositor libri hunc vidisset macharium **S** *in marg.* De quodam presbytero capite exeso pene atque consumpto **b** 177/178 ac repperissem] reperi **Ro** 178 alicuius – iacentem *om.* **β Ro** 179 et] atque **E** ‖ *a.* valitudine *add.* in **A** 180 ut – videretur *exp.* **M** ‖ nudum os *scripsi (cf. Praef. C4)* nuditas **A** *p.c.* nuntinum *(sic!)* **S** nuntius **M** os etiam **β Ro** Gr: αὐτὸ τὸ ὀστέον (*idem* Syr) Lat. II: ipsa ossa ‖ *in marg.* De presbytero fornicatione ab eo curato **N** ‖ ut *add.* **B** 181 in *add.* **S** ‖ ad sanctum macharium **NF** 182 aut ab eo **Ro** ‖ ergo] *del.* **A** *in ras.* **S** itaque **β Ro** ‖ petivi **β Ro** 183 et saltim (*vel* saltem) **β Ro** ‖ ipsi] illi **S** ei **β Ro** 184 sanctus ille **NF** ‖ hoc *om.* **N** ‖ inquit] *del.* **M** *om.* **β Ro** 186 persuadeatur **S** *p.c.* **M** *p.c.* persuadetur **A** *p.c.* **M** *a.c.* persuade **β Ro** ‖ prius ipsi] illi prius **β Ro**

oblatione discedat. Nam fornicatione pollutus ministeria domini violare consueverat, ob quod talius supplicii“, inquit, „atrocitate cruciatur. Sed
274 D si, ut dixi, numquam ⌜iam sacrificia divina contigerit, accipere deo iuvante poterit medicinam.“

18.28 Cum ergo illi, qui hac valitudine laborabat, ista dixissem et cum sacramento mecum depectus esset, ne ulterius ad officium sacerdotis accederet, tunc demum a sancto illo vocatus est, quique eum his adlocutus
(§21) est verbis: „Credis“, inquit, „deum esse?“ „Credo.“, respondit. §„Ne potuisti“, inquit, „virtutem divinitatis evadere?“ Respondit ille: „Non potui.“ „Si peccatum tuum“, inquit, „agnoscis et vis evadere istam, quam propter illud tibi deus intulit, poenam, emendare de reliquo.“

18.29 Quo audito ille proprium confessus est crimen et de cetero
275 A numquam peccaturum ⌜esse promisit neque functurum sacerdotis officio, sed inter laicos iam futurum. Et tum demum illi manum sanctus inposuit, atque in paucis diebus cum capillorum quoque recuperatione curatus videntibus nobis ad propria discessit.

(§22) 18.30 Adductus est quondam ad ipsum puer quidam, qui daemonis spiritu laborabat. Cumque unam super caput eius posuisset manum et ad

---

app. crit. ad lin. 194 *cf.* Jr. 16,17; Mt. 10,26; Mc. 4,22; Lc. 8,17 (*cf.* HL Cap. 70, *app. crit. ad lin.* 27)

---

187 oblatione] immolatione **β Ro** ‖ discedat + Cumque ego dicerem: Cur obsecro id fieri iubes **β Ro** ‖ Nam] Quia **β Ro** ‖ fornicatione inquit **β** fornicationis inquit immunditia **Ro** ‖ mysteria **N** misteria **F** 188 consuerat **N** ‖ talis **A** *p.c.* **M** *p.c.* **β Ro** tali **S** *a.c.* ‖ inquit] *del.* **M** *om.* **β Ro** ‖ sed *corr. ex* se **M** 189 si ut] sicut **S** *a.c.* **M** *a.c.* **β Ro** ‖ si numquam **S** *a.c.* **β Ro** ‖ numquam + velut sacerdos **β Ro** ‖ iam *om.* **β Ro** ‖ contigerit divina **Ro** 190 poterit *in ras. ca. 3 litt.* **V** 191 *a.* valitudine *add.* in **A** ‖ et] ut **A** *a.c.* **S M** *a.c.* **β Ro** 192 depactus esset **A** *p.c.* depacatus esset **M** *p.c.* pacisceretur **β Ro** ‖ ne] non se **β Ro** 193 accedere **β Ro** ‖ Tum **S** ‖ qui **β Ro** 194 est *om.* **N** ‖ esse + cui nihil occultum est **β Ro** (***54***) ‖ Respondit credo **β** Respondit ille: Credo. **Ro** ‖ Ne] Non **β** (*praeter* **bG E**) **Ro** 195 divinitatis eius **β Ro** ‖ evadere *corr. ex* accedere **E** 196 potui + domine mi. Tunc magnus ille macharius **β Ro** (***25***) ‖ peccatum – agnoscis] agnoscis inquit peccatum **β Ro** ‖ istam paenam quam **F** *a.c.* 197 intulit deus **M** deus intulerit **B** *a.c.* Dominus intulit **Ro** 199 esse *corr. ex* se **G** 200 futurum] functurum **bG** ‖ tunc **S β Ro** ‖ sanctus manum **N** 201 cum *om.* **β Ro** ‖ curavit **F** ‖ curatus + deumque glorificans sancto etiam viro (viro etiam **F**) gratias referens **β Ro** 202 propria] propinqua **b** ‖ discessit] remeavit **β Ro**

203 Incipit libellus paradisi de vita sanctorum **C** XXII De hoc machario et puero daemoniaco **S** *in marg.* De quodam puero sevissimo demone laborante sed inpositis manibus mire curato **b** *in marg.* De puero demoniaco **N** ‖ *a.* Adductus: Quidam sanctus fuit in heremo apud nos faciens virtutes multas. **C** ‖ Adductus – quondam] Post haec adducitur **β Ro** ‖ quondam] quadam (*corr. ex* quodam) die **C** ‖ ipsum] eum + in mei praesentia **β** (in *om.* **bG NF**) **Ro** ‖ daemoniis **C** *a.c.* saevissimi daemonis **β Ro**

cor ipsius aliam, tamdiu deprecatus est deum, quamdiu suspendi in aere
eum faceret. Qui puer in more utris totus inflatus, supra quam aestimare
quis possit, intumuit et subito aquam ex omni parte membrorum cum
clamore maximo vocis effudit. Itaque paulatim omni illo tumore residen-
te ad pristinam ⌜sui corporis rediit sanitatem. Quem sancto peruncum 275 B
oleo et benedicta perfusum aqua proprio reddidit patri praecepitque, ut
per quadraginta dies nec carnes eum edere nec vinum potare permitteret,
et sic ipsum plenae reddidit sanitati.

18.31 Quodam illum tempore cogitationes gloriae vanae stimulando (§23)
vexabant volentes eum de cella ipsa, ubi degebat, abstrahere et suadentes
ipsi atque monstrantes quandam operis boni speciem, ut eius causa
pergeret Romam relaturus inde aliqua, quibus possent aliqui pauperes
aegri curari. Magnam autem gratiam divinae virtutis acceperat, qua
contra inmundos spiritus utebatur.

18.32 Cum ergo illis incitamentis, quibus expulsare ⌜eum daemon 275 C
volebat, per multum tempus renuntiaret, fortiter tamen se videret urgueri,
proiecit se subito supra cellulae suae limen ita, ut extra cellulam suos
relinqueret pedes atque hoc diceret: „Ducite me“, inquit, „o daemones,

---

205-208 *cf.* Hier. vita Hilar. 22 (41 A); Sulp. Sev. dial. 2(3),6,2.4; Vitae patr. Iurens. 42 *ad* §31 *et* 233/234 *cf.* AP N 394 = AP Bu 2,62; Greg. Tur. vit. patr. 10,2 *ad* §32 *cf.* Vita Anton. 9 (gr *et* lat: §10)

---

205 alteram **M** || precatus **G** 206 morem **β Ro** || totum **S** 207 qui **C B** *a.c.* || posset **A β Ro** || intumuit *corr. ex* innuit **N** 208 vociferans *corr. ex* voces **C** || illo] alio **N** 209 rediit *def.* **C** || sanctus **N** *a.c.* sanctum **F** sanctus sancto **Ro** 209-211 peruncum – edere *def.* **C** 210 benedictam ... aquam **A** *a.c.* **S** *a.c.* **M** *a.c.* || reddit **M** *a.c.* || patri *in ras. ca. 7 litt.* **N** 210-212 praecepitque – sanitati *add. in marg.* **N** 211 eum] *transp. a.* nec *prim.* **A** *om.* **NF** || comedere **A** 212 et sic *def.* **C** || ipsum] eum **β Ro** || plenae] perfectae **β Ro** || reddit **C** *a.c.* 213 XXIII De supradicto machario **S** *in marg.* De temptatione que sub praetextu cuiusdam pietatis a diabolo fieri solet **b** || Quodam illum] Hunc eundem sanctum macharium quodam **β Ro** || gloriae *def.* **C** || vanae gloriae **β Ro** 214 vexabant *def.* **C** || eum *om.* **NF** || cella – ubi *def.* **C** || cellula **M** || ubi] in qua **NF** 214/215 et – ipsi *def.* **C** 215 ipsi] ei **β Ro** || demonstrantes **Ro** || quandam operis] *def.* **C** quandam velut operis **β Ro** (veluti **Ro**) 215/216 causa pergeret *def.* **C** 216 pergerent **V** *a.c.* **B** *a.c.* 216/217 relaturus – curari] sanaturus videlicet eos qui illic nequissimis daemoniis vexabantur **β Ro** 216 inde – quibus *def.* **C** || *p.* aliqua *ca. 3 litt. eras.* **S** || possint **C A** *a.c.* 217 egrique **A** egrotique **M** || autem] enim **M** *p.c.* || Summa enim gratia **β Ro** || virtutis + hic beatissimus **β Ro** || acceperat, qua *om.* **β Ro** 219 illis] talibus **β Ro** 220 reluctaretur **β Ro** || fortiterque **VB E** || tamen] *fort.* tantumque **C** *p.c.* *om.* **β Ro** || se] sibi **C** || urgeri **A** *p.c.* **E Ro** 221 cellae **A** 222 ac **β Ro** || hoc *om.* **β Ro** || inquit] *del.* **M** *om.* **β Ro**

si potestis, et trahite; ego autem pedibus meis non ibo, quo vultis. Si ergo hoc me modo portare volueritis, sequar." sacramentorum quoque adiectione confirmans, quod usque ad vesperam de eo non surgeret solo. „Unde si me", inquit, „non moveritis, sciatis vos ulterius a me non
(§24) audiendos." §Postea ergo, quam vidit se sine causa tamdiu iacere, surrexit.

18.33 Nocte autem, quae subsecuta est, rursus ei daemones molesti esse coeperunt. Ille vero sporta duos modios recipiente harenis repleta
275 D inpositaque humeris suis in desertis locis spatiabatur. Huic ⌜Theosebius quidam genere Antiochenus occurrit, cui et Cosmetor cognomen erat, dicitque ei: „Abba, quid tantum onus portas? In me potius, quod devehis, transfer et noli tuos humeros fatigare." Cui ille dicebat: „Vexo eum, qui me vexare contendit. Otio enim fruens iter aliquod agere me cogit." Cum autem ita onustus ambulasset diu et confecisset illo pondere corpus suum, regressus in cellam est.

(§25) 18.34 Hic ipse sanctus rettulit nobis – presbyter autem erat: „Notavi mihi", inquit, „eo tempore, quo cuncta ministeria fratribus dabam, quod
276 A Marco monacho numquam dedissem, sed semper ei ⌜sancta de altario angelus dabat, solam tamen manum dantis conspiciebam." Erat autem Marcus hic iuvenis, qui novum ac vetus testamentum memoria sine

---

ad §33 *cf.* HL Cap. 2, §2 229/230 *cf.* Vita Pachom. prim. 6 (= Act. SS. §4); alt. 9 (lat. 7); quart. 9 *ad* §34 *cf.* Soz. hist. eccl. 6,29,11; Nicephor. Callist. hist. eccl. 11,35 (697 C/D) 237-240 *cf.* HM 29,4,15

---

223 et – autem *def.* **C** ‖ et trahite] extrahite **A G** ‖ autem] enim **β Ro** 223-225 meis – vesperam *def.* **C** 223 quo] quod **S** *a.c.* **V** 224 modo me **A E** ‖ volueritis – sacramentorum] potestis en proficiscar sacramenti **β Ro** 225 consurgeret **β Ro** ‖ solo] *om.* **A** *transp. a.* non **M** loco **β Ro** ‖ *p.* solo *add.* et dixit **C** 226 Unde si me *def.* **C** ‖ ulterius *def.* **C** ‖ a me *om.* **NF** 227 audiam **N** *p.c.* ‖ Postea – iacere] Diu itaque iacens immobilis tandem profunda vespera propinquante **β Ro** ‖ ergo – se *def.* **C** ‖ diu **A** 227/228 iacere – autem *def.* **C** 228 autem nocte **A** *a.c.* (autem *del.*) *fort.* **S** *a.c.* **M** *a.c.* Sed nocte **β Ro** ‖ *p.* autem *ca. 4 litt. eras.* **S** ‖ est – daemones *def.* **C** 229 coeperunt – vero *def.* **C** ‖ recipiente harenis *def.* **C** 231 occurrens **β Ro** ‖ Cosmetor cognomen **β Ro** comestor *(sic!)* cognomen **C A S** comes torgog nomen **M** Gr: ὁ κοσμήτωρ 232 dicit **β Ro** ‖ *p.* devehis *ca. 20 litt. (= 1 lin.) eras.* **S** 233 Cui ille] Ille autem **β Ro** 233/234 eum – contendit] vexantem me **β Ro** 234 fruentem **M b** *p.c.* ‖ aliquod *om.* **NF** ‖ cogit] compellit **β Ro** 235 diutius **β Ro** ‖ suum corpusculum **β Ro** 237 *in marg.* De quodam beato marco qui ab angelo sacramenta accipiebat **b** ‖ *p.* nobis *add.* aliud mirabile **C** ‖ nobis hoc **S** ‖ aliud miraculum retulit nobis **β Ro** ‖ autem erat *def.* **C** ‖ erat *in ras.* **S** ‖ erat namque presbyter **β Ro** ‖ Notavi] *def.* **C** notavit **NF** 238 michi *add.* **M** ‖ inquiens **M β Ro** ‖ tempore – ministeria *def.* **C** ‖ dabant **A** 238-240 quod – manum *def.* **C** 239 *p.* monacho *ca. 2 litt. eras.* **S** ‖ *in marg.* De marco monachorum qui angelis sancta dabant **N** ‖ sed] et **NF** ‖ altari **β Ro** 240 conspiciebam] videbam **β Ro** ‖ *in marg.* De virtute beati marci monachi **b** 241 hic – qui] iste summi ingenii qui dum iuvenis esset **β Ro** ‖ vetus *def.* **C** ‖ memoriter **β Ro** 241/242 sine haesitatione *om.* **β Ro**

haesitatione retinebat, inmensum in modum placidus et quietus et ita castus ut nullus.

18.35 Uno quodam die, dum ego aliud, quod agerem, non haberem, (§26) in ultima ipsius senectute ad eum usque perrexi et prope ostium ipsius sedens, dum quasi inperitus ac novus supra hominem esse ipsum puto, audire, quid loqueretur vel quid ageret, desideravi. Solus ergo intrinsecus erat centum circiter annos agens, qui et dentes quoque longa iam aetate perdiderat.

18.36 Contra se ipsum autem et contra daemonem litigabat dicens sibi: „Quid amplius, decrepite ⌜senex, quaeris? Ecce oleum vinumque 276 B gustasti. Quid ultra cupis in extremis aetatis tuae canis?“ huiusmodi verbis in se iniuriosus existens. Tum et daemoni ista dicebat: „Ne adhuc aliquid debeo tibi? Nihil aliud invenis; iam recede.“ Atque hoc ei quasi insultando dicebat: „Veni, pessime senex, quamdiu tecum morabor?“

18.37 Referebat autem nobis Pafnutius quidam discipulus eius, quod (§27) aliquando belua quaedam exhibuit ipsi catulum suum caecum ostiumque vestibuli eius capite percussit et ingressa ad eum sedentem foris proiecit ante pedes ipsius catulum suum. Quem ille tenens *expuens in oculos eius oravit, continuoque lucem,* ⌜*quam amiserat, vidit,* secumque tunc ipsum 276 C proprio lacte nutritum mater abduxit.

259/260 *cf.* Mc. 8,23.25 *et* Jo. 9,6.11

242/243 *cf.* HM 23,3,2-3 *ad* §36 *cf.* HM 1,6,19; Hier. vita Hilar. 5 (31 B); Isaias or. 4,4 (1114 D) *ad* §§ 37-38 *cf.* Hier. vita Hilar. 23; AP Bu 2,376.377; Kopt. Leg. Matthäus der Arme (Till II, p. 23/4); Rufin. hist. eccl. 11,4; Sulp. Sev. dial. 1,15,4-7; Jo. Mosch. prat. 107

---

242 inmensum in modum] admodum **β Ro** 242/243 ita – nullus] castitatis proposito singularis **β Ro** 243 *p.* nullus *add.* amplius eo castior esset **C** 244 Uno *del.* **C** || quadam **C** *p.c.* igitur **β Ro** || ego] ergo **VB** 245 *p.* ultima *ca. 4 litt. eras.* **S** || ipsius] eius **β Ro** || *p.* ipsius *ca. 7 litt. eras.* **S** || usque *del.* **A** || et *om.* **NF** || prope] iuxta **β Ro** 246 dum *om.* **β Ro** || inperitus – novus] tiro novusque monachus **β Ro** || homines **β Ro** || esse *om.* **M** || *a.* ipsum *in ras.* me **S** || eum esse **β Ro** || puto] existimans + sicut et erat **β Ro** 247 quid *sec. om.* **G** 247/248 Fuit autem solus intrinsecus **β Ro** 248 iam] nimium **β Ro** 250 ipsum autem] ergo ipsum **β Ro** || se *(add.)* mitigabat **A** 251 sibi] tibi **C** *p.c.* *om.* **β Ro** 252 aetatis *def.* **C** || canīs] devorator ac ventri (ventris **b** *p.c.* **E Ro**) cultor **β Ro** 253-254 verbis – invenis *def.* **C** 253 in *om.* **bG** || daemon **M** 254 tibi debeo aliquid **Ro** || tibi (**Ro**: aliquid) + quod furari praevaleas **β** (debeas **E**) **Ro** (*55*) || aliud] aliquid *a.c.* + *ca. 4 litt. eras.* **S** || recede + a me hominum inimice **β Ro** (*70*) || ei] sibi **A** *p.c.* **β Ro** 255 Veni, pessime] Bene piissime **C** 256 XXIIII Quod hic macharius inluminaverit bestiae catulum (catulos *a.c.*) **S** *in marg.* De bestia que beato marco cecum catulum suum portavit **b** *in marg.* Ubi catulum beluae caecum marcus illuminavit **N** || quidam *om.* **M** || discipulus *om.* **N** || eius] huius beati viri **β Ro** 257 ipsi] sancto marco **β** (beato **E**) **Ro** || suum *def.* **C** 257/258 vestibulumque ostii **β** (ostii *om.* **G**) **Ro** 258 sedentem foris] Gr: ἔξω αὐτοῦ καθημένου Syr: „alors que lui était assis dans la cour“ || foris *om.* **C A** || foris + in atrio **β Ro** || 259 pedes *om.* **M** || ipsum *corr. ex* ipsius **M** || et expuens **β Ro** 261 adduxit **M** *a.c.* **N**

(§28) 18.38 Sequenti autem die eadem bestia sancto Machario pellem ovis grandem exhibuit, quam mihi et sancta Melanius postea accepisse se dixit. Et quid mirum, si ille, *qui mansuescere fecit Danieli leones*, et huic beluae talem sapientiam dedit?

18.39 Dicebat etiam, quod, ex quo lavacri gratiam spiritalem accepit, numquam expuisset in terram, sexagesimum post baptismum agens
276 D (§29) annum. §Erat autem figura corporis ipsius ⌜brevis, non multum barba faciem vestiebat, sed circa labia tantum erat, et parum aliquid videbatur circa capillos eos, qui per tempora utraque descendunt. Ex nimia enim abstinentia et paene iugi inedia etiam vultus ipsius nudus praeter ceterorum hominum consuetudinem videbatur.

18.40 Ad hunc ego cum admodum tristis aliquando venissem diceremque ei: „Abba, quid iubes faciam, quoniam variae cogitationes animum meum turbant dicentes mihi: ‚Proficiscere hinc, quia nihil hic agere te cernis.‘?“, ad quod mihi ille respondit: „Dic“, inquit, „ipsis cogitationibus tuis: ‚Propter Christum parietes cellae istius servo.‘“

277 A 18.41 Haec ⌜tibi pauca de multis ex factis sancti Macharii vel dictis significavi.

---

264 *cf.* Dn. 6,22 *et* 14,42

264/265 *cf.* Act. Phil. 96-101 *ad* §39 *cf.* HM 1,2,10; Nicephor. Callist. hist. eccl. 9,14 (269 C) *ad* §41 (pauca de multis) *cf.* Verg. georg. 2,42; Aen. 3,377 *et al. (cf. Curtius, p. 168/169, n. 8)*; HM 28,4,6; 29,5,5; Vita Melan. (lat.) prol. 3; Hier. epist. 127,10,4; Cassian. inst. 4,27,1; Sulp. Sev. dial. 1,12,7; Theodoret. hist. rel. prol. 8 *et saepius*

---

262 Machario] ac beatissimo marco **β Ro** (viro **Ro**) 263 grandem *om.* **β Ro** || exhibuit + quam memoratus servus christi sancto athanasio episcopo dereliquit **β** (sancto *om.* **NF**) **Ro** || quamque **Ro** || *p.* quam *add.* ab ea **A** || mihi et *om.* **β Ro** || sanctus **C** sanctae **A** *p.c.* **M** *p.c.* || Melanius **C A** *a.c.* **S** melaniae **A** *p.c.* **M** *p.c.* melania **M** *a.c.* **β Ro** || postea + a beatissimo viro athanasio **β Ro** (*71*) || se *om.* **N** 264 danielis **b** || et huic] *def.* **C** etiam huic **β Ro** 266/267 Dicebat – terram *om.* **A** 266 Dicebat – quod *def.* **C** || Dicebatur **β Ro** || etiam] praeterea de beato marco **β Ro** 266/267 gratiam – terram *def.* **C** 266 spiritualis **M** *p.c.* || accepit] promeruit **β** (meruit **E**) **Ro** 268 annum *def.* **C** || annum + et quadragesimum ante baptismum **β Ro** || *in marg.* De figura corporis beati macharii **b** || Erat – brevis *om.* **S** || Erat] est **NF** || corpori **N** || ipsius] huius + athletae christi macharii (macharii *om.* **Ro**), oportet enim me de hoc quoque tibi significare famule dei lause eo quod parvitas mea (mea *add.* **b**, *om.* **G**, nostra **N**) conversata cum eo diutius eundem cognoverit diligenter, statura **β Ro** || multum barba *def.* **C** || multa **β Ro** 269 faciem eius **M** || vestiebat *def.* **C** || labia – et *def.* **C** || et *om.* **β Ro** || *p.* et *add. in marg.* eius **M** || parumque + circa mentum **β Ro** || *p.* aliquid *ca. 3 litt. eras.* **S** 269/270 videbatur circa *def.* **C** 269 videbatur *om.* **M** 270 circa – descendunt *om.* **β Ro** || qui – tempora *def.* **C** || Ex – enim *def.* **C** 271 abstinentia descendunt **S** *p.c.* (discedunt *a.c.*) **M** || inedia *def.* **C** || *p.* inedia *ca. 6 litt. eras.* **M** 273 ego] ergo **S B** *a.c.* 274 *p.* Abba] inquit **S** inquam *del.* **M** machari **β Ro** 275 conturbant **β Ro** || dicentesque **G NF** || hinc *om.* **M** || hic *om.* **Ro** 276 cernes **C** *a.c.* || ad – mihi *om.* **β Ro** || quod] hoc *in ras.* **M** 277 istius *corr. ex* ipsius **M** || servo] *def.* **C** custodio **β Ro** 278 tibi + amator christi (christi *om.* **Ro**) et famule dei doctissime **β Ro** 278/279 multis – significavi *def.* **C**

19. De Moyse Aethiope (Ro.: Caput VII.)

19.1 Moyses quidam Aethiops genere, colore corporis niger, servus (§1) alicuius curialis erat. Quem ob detestandos eius mores dominus eius a se abiecerat. Dicebatur enim et palam latrocinari et homicidia perpetrare. Necesse est autem, ut malignitatem quoque ipsius dicam, quo magis possim paenitentiae eius monstrare virtutem. Referebant igitur, quod magister etiam latronum quorundam fuisset, cuius et hoc inter latrocinia eius factum memorabatur:

19.2 Pastorem quendam [qui] in re quadam una cum canibus suis ⌜[morabatur] nocte ei inpedimento fuisse. §Cui tantum irascebatur, ut (§2) 277 B eum vellet occidere. Observabat ergo illum locum, in quo oves suas ille servabat, cumque eidem nuntiatum fuisset, quod trans fluvium Nilum cum grege suo esset, atque in tantum fluvius ille crevisset, ut super alveum suum mille passus teneret, gladium suum morsu tenens et veste super

---

ad totum capitulum cf. Soz. hist. eccl. 6,29,15-19; Nicephor. Callist. hist. eccl. 11,36 (700 C – 701 A)   *ad* §§ 1-4 *cf.* HM 9,2,1-6; Jo. Mosch. prat. 143 (3004 C/D)

α = **CW A Z SM**   β = **VB bG E NF**   *hab.* Lat. II (Caput XIV.)
Gr: PTW   Syr: R1, R2   **Ro**

in marg. XXVIII **A**   Incipit de moyse **Z**   XXV De moyse ethiopo //////// genere niger et latrone **S**   VIII **M B bG**   De beato moyse ethiope. VIII **N**   Caput VIII de beato moyse ethiope **F**   Inc. *om.* **CW V E**

1/2 Moyses – alicuius *def.* **C**   1 Moses **M** *a.c.*   Moyseus **Ro** ‖ quidam *om.* **W** ‖ genere *om.* **W**   genere aethiops **β Ro**   2 alicuius] cuiusdam **Z** ‖ eius *prim.*] *add.* **E**   *transp. p.* mores **NF** ‖ eius *sec.*] ipsius **W**   *om.* **SM β**   suus **Ro**   3 et enim et **N** ‖ palam *def.* **C** ‖ et homicidia *def.* **C**   4 autem, ut *def.* **C** ‖ autem] enim **Z** ‖ magnitudinem **E** *a.c.* ‖ quoque – magis *def.* **C**   5 paenitentiae eius *def.* **C** ‖ patientiae **Z**   potentiae **N** ‖ eius] ipsius **Z** ‖ virtutem *def.* **C** ‖ Referebat **Z** ‖ igitur quidam **β Ro**   6 etiam et magister **Z** ‖ etiam *om.* **β Ro** ‖ quorundam (quondam **N**) latrocinantium extitisset **β Ro** ‖ cuius *om.* **S** ‖ et] ob **W**   7 memorabantur **A S**   memorabant **M**   memoratur **F**   8 *in marg.* Quid pastori fecit qui illi impedimento fuit **b** ‖ pastorum **A** ‖ scilicet quendam **W** ‖ qui *delevi*   8/9 in re – fuisse] Gr: παρεμποδίσαντι αὐτῷ εἰς πρᾶγμά τι μετὰ τῶν κυνῶν ἐν νυκτί   8 re] regione **C** *p.c.* **W** *p.c.* **b** *p.c.* **Ro**   rure **M** *p.c.* ‖ quodam **M** *p.c.* ‖ una *om.* **W NF**   9 morabatur *ut dittographiam delevi (cf. Praef. C4)* ‖ *p.* morabatur *ca. 10 litt. eras.* **M** ‖ nocte *add.* **Z** ‖ ei + ad scelestum eunti (eius **b** *p.c.*) negotium **β Ro** ‖ impedimentum **M** *a.c.* ‖ Cui] qui **Ro** ‖ in tantum **W**   10 *p.* vellet *fort. del.* ipse **G** ‖ ergo] enim **M** ‖ illum *om.* **Z** ‖ locum *om.* **N** ‖ suas oves **Ro**   11 servabat (*fort. propter* Observabat?)] claudebat **β Ro** ‖ eidem] ibidem **W**   ei **NF**   11/12 Nilum cum *def.* **C**   11 Nilum] *om.* **W**   nili **β Ro**   12 fluvius – crevisset *def.* **C** ‖ supra **A**   13/14 suum *prim.* – Usquequo *def.* **C**   13 mille – teneret] esset *add.* **A** ‖ gladium – morsu] morsu gladium (gladium *add.*) **A** ‖ suum *sec. om.* **Z β Ro** ‖ morsu] mordicus **Ro** caput suum posita totum fluvium natando transmisit. Usquequo ad ovium cubile pervenire potuisset, quocumque modo mersus in harena pastor latuit.

19.3 Tunc ille arietes quattuor electos atque iugulatos et fune conexos
(§3) tenens ita rursus natando remeavit. §Reperto autem parvo et occulto loco, in quo nudatis pelle ovibus carnibusque, quae videbantur optimae,
277 C devoratis et reliquis venditis ⌜vinique commutatione distractis decem et octo Italicos ipsius vini solus exhausit et sic ad ea, in quibus collegas suos reliquerat, loca per milia quinquaginta revolavit.

19.4 Iste igitur talis, qualem loquor, vix aliquando conpunctus ex alicuius necessitatis periculo ad monasterium se contulit fratrum ac propriae paenitentiam vitae tam vehementer arripuit, ut etiam daemonem malorum consortem suorum, qui a prima cum eo aetate peccasset, ad cognoscendum adduceret Christum et eminus conlocaret.

19.5 Hoc quoque illius quondam factum refertur: Latrones quattuor numero, qui in cellam ipsius impetum fecerant, quis ille esset, qui ibi

---

26/27 *cf.* 1. Tm. 2,4

---

ad §4 *cf.* HM 6,6; 7,8,2-8; Cassian. conl. 3,5,2; AP alph. Paphnutius 2 = PJ 17,12 = AP Bu 1,63 = AP Chaîne 157 = Paschas. verba patr. 46,5; Paschas. verba patr. 46,6; Jo. Mosch. prat. 166 (3033 A); 189 (3068 D – 3069 A) *ad* §§ 5-6 *cf.* HM 6,4-6; 8,9-12; 9,2,2-5; Hier. vita

---

14 imposita **β Ro** || *a.* transmisit *add.* se **A** || transivit **W** 14-16 Usquequo – latuit] Gr: ἐν τῷ τοῦτον οὖν διακολυμβᾶν ἠδυνήθη ὁ ποιμὴν διαλαθεῖν αὐτόν, ἑαυτὸν καταχώσας εἰς τὴν ἄμμον. (*sim.* Syr) Lat. II: Dum ergo ille nataret, ita potuit (studuit **Ro**) pastor ille se occultare et latere. 14 Usquequo] Quo **SM** (**M** *in ras.*) quoadusque **β** (quousque **V F** *p.c.* **Ro**) 14/15 ad – cubile *in ras. + ca. 14 litt. eras.* **S** 15 pervenire **W** (*cf.* Gr: διακολυμβᾶν) venire **C A Z M** perveniente + *ca. 3 litt. eras.* **S** || potuit **SM** || pervenire potuisset] pervenit **β Ro** || quocumque] *def.* **C** vix quocumque **S** || quocumque modo] cumque eum natantem respiciens **β Ro** || in harena *def.* **C** 16 latere **S M** *p.c.* lateret **M** *a.c.* **β Ro** 17 Tunc] *def.* **C** Tum **Z** 19 in quo *del.* **A M** || videbantur esse **Ro** 20 et *prim. del.* **M** || venditis *om.* **W** || vini **CW A Z** *a.c.* **M** *a.c.* et vini **M** *p.c.* ac vini **β Ro** || Xcem **G** 21 VIIIto **G** novem **NF** || italicis **C** *p.c.* **Z** || nummis vinum *corr. ex* ipsius vini **C** || solus] solidos **W** solidis **Z** || exhausit *in ras.* **M** 23 igitur] ergo **W** 24 contulit] nomine **Z** 24/25 ac propriae] suaeque **β Ro** 25 paenitentiae **C A S** *a.c.* **M** *a.c.* **β Ro** || penitenciam proprie **W** || vitam **S** *a.c.* **M** *a.c.* **β Ro** || tam] *del.* **M** sic **β Ro** 25/26 vehementer – aetate *def.* **C** 25 *p.* arripuit *lac. ca. 5 litt.* **E** 25-27 ut – conlocaret *del.* **M** 25 daemonem *(cf. Praef. C4)*] *vix legi potest* **A** hominem **W Z** Clemonem **Ro** Gr: τὸν ... δαίμονα Syr: „le diable" 26 malorum *in ras. + ca. 20 litt. (= 1 lin.) eras.* **S** || suorum consortem **W** || *p.* suorum *lac. ca. 6 litt.* **E** || a *add.* **Z** || peccaverat **W β Ro** 27 cognoscendum – et] cognoscendum virtutem christi **β Ro** || eminus *def.* **C** 28 *in marg.* De quattuor latronibus quos in cella sua tam monachus ligavit ipse **b** *in marg.* De moyse et quattuor latronibus **N** || factum *def.* **C** || referetur **C** || refertur factum **W** 28/29 numero quatuor **W** 29 qui – ipsius *in ras. ca. 9 litt.* **S** || cellulam **Z** cella **W β** || esset ille **W**

degeret, nescientes inquirebant. §Quos ille correptos pariter ac ligatos veluti saccum aliquem palearum inpositos dorso suo ⌜ad ecclesiam fratrum, ubi simul omnes morabantur, exhibuit hoc dicens: „Quia nulli", inquit, „ulterius nocere iam possum, quid de istis iubetis?" (§4) 277 D

19.6 Tunc ergo etiam hi, quos ille detulerat, ad paenitentiam venire coeperunt, maxime cum agnovissent ipsum Moysen, qui inter omnes dudum latrones ut eorum princeps nominabatur. Itaque ab ipsis quoque benedictis rebus propter priorem eius conversationem rationem hanc tamen suis sensibus colligebant: „Quodsi iste, qui tam potens tamque invictus inter latrones erat, sic deum agnovit et timuit, qua nostram salutem dilatione remoramur?"

19.7 ⌜Hunc ipsum Moysen daemones quondam urguere coeperunt, ut (§5) 278 A
ad consuetudinem inpuritatis et fornicationis antiquae reverteretur. Qui tot ac tantis modis, ut referebat ipse, temptatus est, ut paene eum a

Hilar. 12; Sulp. Sev. Mart. 5,4-6; AP alph. Paphnutius 2 = PJ 17,12 = AP Chaîne 157 = Paschas. verba patr. 46,5; AP Nau 337 = PJ 16,13 = AP Bu 1,187 = Zos. alloquia 10 (1693 C/D); Zos. alloquia 10 (1693 D – 1696 A); Jo. Mosch. prat. 212 (3104 C – 3105 A) 39/40 *cf.* HM 7,8,4; Basil. reg. fus. prooem. 1 (892 A) *ad* §§ 7-17 *cf.* AP alph. Moses 1 = PJ 18,12 = AP (BHL 6525) 10 = AP Bu 1,562 = AP Chaîne 184 = Common. patr. 2,4; AP Nau 164 = PJ 5,13 = AP (BHL 6525) 9 = AP Bu 1,560 = Common. patr. 2,2 = Paschas. verba patr. 73,4

30 degerat **Z** || eum inquirebant **W** || inquirebant *corr. ex* requirebant **W** || ac] et **β Ro** 31 veluti – palearum *om.* **W** || ad ecclesiam fratrum *scripsi cum* Lat. II *(cf. Praef. E2 b)* ad effectum *(sic!)* **C** ad ecclesiam **W** ad fratres *cett.* **Ro** Gr: εἰς τὴν ἐκκλησίαν τῶν ἀδελφῶν Syr: „à l'église chez les frères" 32 omnes simul **A** || hoc *om.* **W** || inquit] *om.* **W Z β Ro** *del.* **M** 33 ulterius *om.* **β Ro** || possunt **Z** || istis] ipsis **Z** || iubetis fieri **W** 34 hi etiam **W** || hi] ii **M** *p.c.* **Ro** 35 coeperunt + confitentes deo sua delicta **β** (peccata sua **E**) **Ro** || agnovissent] amarent **Ro** || Moysen] de numero suo **C** *p.c.* virum esse **W** moyseum **Z S β** *partim* **Ro** 36/37 Itaque – conversationem] Glorificantesque dominum ipsi quoque conversi sunt propter huius conversionem (conversationem **Ro**) factique (facti **V**, et facti **Ro**) sunt monachi probatissimi. **β Ro** 36 Conpuncti itaque **W** 36/37 ab – rebus *om.* **W** 37 benedictis rebus *def.* **C** || rebus] illius *in ras.* **M** 37/38 eius – tam *def.* **C** 37 conversationem **W A Z** *(cf. Praef. C4)* conversionem **SM** Gr: μεταβολήν Syr: „pénitence" 37/38 rationem – colligebant] Gr: λογισάμενοι ὅτι 38 tamen] *om.* **W M** autem **β Ro** (*transp. a.* hanc **Ro**) || *a.* suis *in ras. ca. 6 litt.* in **M** || suis *om.* **Z** || colligebant dicentes **S β Ro** || Quodsi] quando si **Z** || tamquam **M** *a.c.* **VB Ro** 39 erat *transp. p.* potens (38) **Ro** || qua] quare **Z S β Ro** || nostram] nos animarum nostrarum **β Ro** 41 *in marg.* Qualiter eum demones temptare *(?)* ac ... *(?)* ressist... *(?)* primo **b** || Hunc *def.* **C** || ipsum beatum **β Ro** || Moysen] *def.* **C** moseum **A** *a.c.* **S** *a.c.* **M** *a.c.* **β** *praeter* **V E** moyseum **Z** *a.c.* **S** *p.c.* **V Ro** || *p.* Moysen: oportet enim tali eum (eum tali **Ro**) iam (*om.* **NF**) vocabulo nuncupare **β Ro** || daemones *def.* **C** || urguere coeperunt] *def.* **C** dicti sunt *(add.)* arguere **A** arguere coeperunt **Z** urgere coeperunt **W E Ro** 42 consuetudinem *def.* **C** || antiquae *def.* **C** 43 ac tantis *def.* **C** || referebant **A** *a.c.* ferebat **b** *a.c* || eum *om.* **N**

proposito vitae salutaris averterent. Venit iste tunc igitur ad sanctum illum et beatum virum Isidorum, qui in locis, quibus Scithin nomen est, erat, referens ei, quibus inpugnaretur modis.

19.8 Et ille respondit: „Nolo“, inquit, „esse te tristem. Adhuc enim principia haec tua sunt, et idcirco huiusmodi cogitationes tibi vehementer
(§6) insurgunt antiquam consuetudinem requirentes. §Nam ut macello canis, quo vesci adsuetus est, non recedit, quod rursus si clausum fuerit neque
278 B ullus in eo steterit, a quo aliquid canis speret, ⌜abscedit, ita et, tu si persteteris in proposito tuo, fatigatus daemon ac victus ulterius tibi molestus esse cessabit.“

19.9 Quibus auditis regressus ad propria instanter ac fortiter sui curam gerebat ante omnia abstinens cibum nihilque aliud accipiens nisi duodecim sicci uncias panis, maximo tamen operi incumbens et quinquaginta faciens

---

app. crit. ad lin. 52: *ad* membra – mortificans Col. 3,5 *ad* castrimargiae – incentivum *cf.* Gal. 5,19 *et* 1. Pt. 4,3

---

49 (ut macello canis) *cf.* Suid. κ 2729: κύων ἐπὶ φάτνην *(cf. Meyer, Proverbs, p. 421: „... certainly looks like a proverb“)* *app. crit. ad lin.* 52 *cf.* Eur. Ba. 773: οἴνου δὲ μηκέτ᾽ ὄντος οὐκ ἔστιν Κύπρις; Apostol. 12,42f: οἴνου δὲ μὴ παρόντος οὐκ ἔστι Κύπρις; Apostol. 12,2: νεκρὸν Ἀφροδίτη Διονύσου δίχα καὶ Δήμητρος; Apostol. 4,58: Ἀφροδίτη καὶ Διόνυσος μετ᾽ ἀλλήλων εἰσί· παρόσον ἡ μία δύναμις τὴν ἑτέραν κινεῖ; Cic. nat. deor. 2,60 (= Ter. Eun. 732); Hier. epist. 54,9 *et al.*: sine Cerere et Libero friget Venus; *cf.* Ambr. Hel. 8,26; Evagr. Pont. pract. 7 = vit. cog. 2; cap. pract. A 64 (1237 C); Nil. vit. 2 (1141 A); spir. mal. 1 (1145 A); 4 (1148 C) = vit. cog. (1440 C) *et saepius*[1]; Nil. Eulog. 19 (1117 C); Ps.-Ath. ep. Cast. 2,1 (873 B); Cassian. inst. 5,6; conl. 5,11,2; 22,3,1-2; Isaias or. 17,4 (1148 D); AP Nau 94; Eutr. Val. epist. 1 (11 A)

[1] Zum Evagrius-Nilus-Problem vgl. Dict. Spirit. IV 2, 1736/7.

---

44 iste – igitur] iste tunc **A** *p.c.* tunc **Z** *p.c.* igitur iste tunc **S** iste igitur **β** (igitur iste **N**) **Ro** 45 et] ac **W Z** ‖ *p.* beatum *2 litt. eras.* **M** ‖ Scithin *(in ras.)* **S** scitim **W** scithis **M** scythi (*vel* sciti) **β Ro** ‖ est *del.* **C** 46 erat] morabatur **β Ro** ‖ ferens **C** 47 Et] At **β Ro** ‖ inquit] *om.* **W** inquiens **β Ro** ‖ te esse **W Z** (te *add.* **Z**) te *om.* **G** 48 tua hec **W** 49 de macello **W** a macello **Z** *p.c.* **M** *p.c.* **β Ro** 50 *a.* quo *add.* in **M** 50/51 adsuetus – speret *def.* **C** 50 rursus si] si sursum aut (aut *in ras.*) **S** rursum si **W M** 50/51 clausum – abscedit *in ras. + ca. 45 litt. (= 2¼ lin.) eras.* **S** 51 canis *om.* **W** 52 perstiteris **W A M** *p.c.* **β Ro** ‖ tuo] abstinentiae tuae + membra tua quae sunt super terram mortificans castrimargiae (gastrimargiae **Ro**) excludens introitum quae fornicationis est incentivum **β Ro** ‖ ac *def.* **C** ‖ ac victus daemon **Z** ‖ victus + cui fomenta ciborum non porrigis **β Ro** ‖ ulterius *def.* **C** 53 esse *def.* **C** 54 ad propria *def.* **C** ‖ propria + servus christi moyses **β Ro** 54/55 sui – gerebat *def.* **C** 55 abstinens cibum *def.* **C** ‖ cibo **A** *p.c.* **Z S** *p.c.* **M** *p.c.* **β Ro** (a cibo **E Ro**) ‖ XIIcim **G** 56 maxime **M** 56/57 quinquaginta – diem] Gr: πεντήκοντα προσευχὰς ἐκτελῶν (+ τὴν ἡμέραν TB). κατατήξας οὖν αὐτοῦ τὸ σωμάτιον (*sim. versioni longiori* Syr) 56 quinquaginta diurnas **β Ro**

orationes. Cumque his modis consumpsisset universum diem, ne sic quidem flamma memorati desiderii quiescebat, ne sic quidem insomnia circa ipsum vana cessabant.

19.10 Rursum ad quendam sanctorum alterum pergit dicitque ei: *(§7)*
„Quid“, inquit, „faciam, ⸢quod ita mihi semper insomnis obscuratur 278 C
animus sensusque turbatur, a quibus voluptatis expertae memoria non recedit?“ Ille respondit: „Idcirco adhuc hoc pateris, quia necdum mentem tuam ab huiusmodi cogitationibus separasti. Si igitur paulisper te volueris vigiliis occupare et orationibus puris perseveranter insistere, facile poteris
ex hac molestia ⸢liberari.“ 278 D

19.11 Qui ibi etiam huius hortatus consilium suscepit et ad propriam revertitur cellam statuitque per universam noctem nec genua solo flectere
nec oculis somnum dare. §Atque ita per sex ibidem annos noctibus cunctis *(§8)*
stans in medio cellae suae patentibus semper oculis orare consueverat et tamen nec sic quidem illo, quo laborabat, malo poterat evadere.

19.12 Aliud iterum genus vitae, ut vel sic daemonem superaret, arripuit et vespertinis egrediebatur horis et monachorum senum grandi observatione viventium per totas noctes habitacula circumibat. Quorum lagenas, quas hydrias vocant, saepe tollebat impletasque aqua nullo

---

57 his omnibus **W** || consumpsisset – diem *(cf. Praef. C4)*] suum consumpsisset corpusculum **β Ro** Lat. II: tabefaciens corpus suum || diem totum (*p.c. fort.* totum diem) **W** 57/58 ne – quiescebat *om.* **β Ro** 57 nec **W S** || sic *add. in marg.* **W** 58 flamma *om.* **S** || quiescebat – quidem *om.* **Z S** || nec **C** *p.c.* **W VB NF Ro** || somnia **C** *p.c.* **W M** *p.c.* **β Ro** vel somnia **S** 59 circa ipsum *om.* **S** 60 Rursus **W Z** *a.c.* **S N** *a.c.* || igitur ad **β Ro** || alterum probatissimum **β Ro** || dixitque **C** 61 inquit] *del.* **C M** *om.* **W** || ita] ista **N** *a.c.* **F** || mihi + secundum pristinam consuetudinem **β** + pristina consuetudine **Ro** || insomnis] *om.* **W** insomniis **S** *p.c.* in somnis **F Ro** Gr: τὰ ἐνύπνια τῆς ψυχῆς 62 a quibus] atque a **W** et a **β Ro** || voluptatis **S** *(cf. Praef. C4)* voluptatibus *cett.* **α** voluptatibus carnis **β Ro** || experta **C** *p.c.* **M** *p.c.* **β Ro** expertis **W A** *p.c.* || *p.* expertae *ca. 20 litt. (= 1 lin.) eras.* **S** || memoria *add. in marg.* **W** || non *del.* **A** 63 Ille respondit *def.* **C** || adhuc inquit **SM** (inquit *in ras.* **M**) || pateris – mentem *def.* **C** || nec **β Ro** 64/65 huiusmodi – puris *def.* **C** 64 paululum **W** 65 vigiliis *om.* **NF** 67 ibi *om.* **W Z β Ro** || huius *def.* **C** || hortatus – suscepit] exhortacionis consilium suscipiens **W** consilio adortatus **Z** hortatu suscepto consilio + tamquam ab homine qui hoc (hoc *om.* **NF**) experientia didicisset **β Ro** || et *om.* **W Z β Ro** 68 cellulam **Z** || stetitque **W** || noctem *corr. ex* cellam **E** 69 oculis *def.* **C** || dare volens **W** || *a.* sex *(def.) ca. 4 litt. eras.* **C** || cunctis *om.* **NF** 70 cellulae **A Ro** 71 ne **Z G** || illum ... malum **A** *p.c.* || quo] qui **Z** *a.c.* **NF** || poterat malum **W** || potuit liberari **β Ro** 72 Aliud ... genus vitae] Gr: ἄλλην πολιτείαν (*idem* Syr) Lat. II: aliam observantiam (observantiam aliam **Ro**) || Aliud] Illud **CW A Z** || durioris vitae **β Ro** 73 et *prim.*] *om.* **W β Ro** *del.* **M** || et vespertinis] *in ras.* **S** vespertinis namque *fort.* **S** *a.c.* **Ro** vespertinisque **β** || horis egrediebatur **Ro** || cum grandi **W** || grandi] longa **β Ro** 74 viventium] *del.* **C** *om.* **W** viventum **A M** 75 tollebat + et aqua implebat **Ro** || aqua *om.* **β Ro**

sentiente referebat. Ex longinquis autem locis interdum a duobus, frequenter autem a quinque milibus aquam sibi deferebant.

(§9) 19.13 Captatur igitur eum daemon quadam nocte venientem non ferens ulterius, quod videbat: Dum aquam pronus tollit e puteo, renes
279 A ipsius desuper gravi quodam fuste percussit ac semivivum ⌜reliquit neque quid, neque a quo fuisset passus, scientem.

19.14 Post triduo vero, cum venisset illuc quidam ad vas, quod portabat, implendum memoratumque aspexisset iacentem et hoc maiori illi Isidoro Scithensi presbytero rettulisset, fecit ille praedictum ad monasterii sui ecclesiam protinus exhiberi, ubi per totum annum tali aegritudine laboravit, ut vix tandem ad pristinum robur animam ipsius corpusque revocaret.

(§10) 19.15 Tunc illi sanctus Isidorus haec dixit: „Cessa", inquit, „Moyses, in tantum daemones provocare et tam pertinaciter contra eos velle contendere. Est enim et modus certus in ipso vitae monachorum proposito, intra quem nos oporteat nostras exercere virtutes." Cui hoc ille respondit:

---

ad §§ 13-14 *cf.* Vita Anton. 8 (gr *et* lat: §3) *ad* §13 *cf.* HM 1,5,8-11; 32,7; Vita Pachom. prim. 20 (= Act. SS. §13); alt. 19 (lat. 18); quart. 22 78/79 *cf.* Paul. Nol. epist. 29,10; Vita Olymp. 9

76/77 sentiente – deferebant *def.* **C** 76 sciente **Ro** ‖ autem] enim **β** (*praeter* **N**) **Ro** 77 autem (aut **B** *p.c.*) et a **β** ‖ deferebat **F** referebant **Ro** 78 Captans **A** *p.c.* **M** *p.c.* Coepit **Z** *p.c.* Insidiatur **β Ro** ‖ igitur] autem **W** itaque **β Ro** ‖ demon eum **W** ei daemon **β Ro** ‖ venienti **β Ro** ‖ et non **W** 79 quod videbat] tanti athletae certamina **β Ro** ‖ *in marg.* Ubi demon moysen percussit **N** ‖ Dumque **β Ro** ‖ pronus] protinus **C A** *a.c.* **Z S M** *a.c.* Gr: ἐγκύψαντι αὐτῷ (*idem* Syr) Lat. II: inclinato eo ‖ e] de *fort.* **C** *a.c.* **NF** 80 quodam *om.* **W** ‖ *p.* neque *ca. 3 litt. eras.* **S** 81 scientem] *def.* **C** sentienti **β** sentientem **Ro** 82 Post – vero] Post triduum vero **C** *p.c.* **W A** *p.c.* **Z S** *p.c.* **M** *p.c.* Postero die **β Ro** 82/83 quidam – implendum] Gr: ... τις ἀντλῆσαι ὕδωρ (*idem* Syr) Lat. II: quidam haurire aquam 82 quidam *om.* **CW** ‖ ad vas *scripsi (cf. Praef. C4)* abbas **α** monachus **β Ro** 82/83 quod – implendum **M** *a.c.* et quod portabat implendum **C A** ad implendum vas quod portabat **W** et quod portabat implendo **Z** qui portabat ad implendum vas **S** qui vas portabat implendum **M** *p.c.* ad hauriendam aquam **β Ro** 83 memoratumque Moyseum **Ro** ‖ iacentem virum **S** ‖ et *add. in marg.* **S** ‖ cum maiori **S** 84 isidorus **C** ‖ fecit ille] egressus ipse cum quibusdam **β Ro** 84/85 ille – exhiberi] eum ad monasterium deferri **W** 85 sui – totum *om.* **C** ‖ ecclesiam sui **A M** *a.c.* ecclesiam *transp. a.* monasterii **M** *p.c.* ‖ fecit protinus **β Ro** ‖ totum *om.* **W** ‖ annum *add.* **V** 86 anima **W M** ‖ animam ipsius *om.* **β Ro** ‖ corpus eius **β Ro** 87 revocaretur **W M** revocare (revocari **E** *p.c.* **N Ro**) potuisset **β Ro** 88 ille **C S M** *a.c.* ‖ haec] *def.* **C** *om.* **W** hoc **bG NF** ‖ inquit] *om.* **W β Ro** *del.* **M** ‖ moyse **C VB** mosee **A** *a.c.* **S** *a.c.* **M** *a.c.* moysee **S** *p.c.* **Ro** mose **bG N** 89 in – daemones *def.* **C** ‖ in *om.* **Z** 89/90 pertinaciter – proposito *def.* **C** 91 oportet **Z bG NF Ro** ‖ virtutes *def.* **C** ‖ hoc] *om.* **W S** haec *add. in marg.* **Z**

„Tamdiu ego ab hac intentione mei animi non recedam, ⌜quamdiu somnia 279 B
ac vanas cogitationes a me videam separari.“

19.16 Ait ergo tunc illi: „In nomine Iesu Christi recesserunt iam a te somnia tua. Vade, ad sanctorum mysteriorum communionem confidenter accede. Scias autem, quod idcirco daemon ad tempus fortior esse te visus est, ne iactare te posses, quod tantam temptationem facile vicisses, ut ex hoc magis saluti tuae res ipsa prodesset.“

19.17 Ac tunc demum rursus ad propriam reversus est cellam. Postea (§11)
vero, hoc est post duos menses, a sancto Isidoro interrogatus hoc dixit: Nihil se exinde ulterius fuisse perpessum. Tantam autem hic ipse adversum
daemones ⌜gratiam dei meruit, ut minus quam nos a muscis ille a 279 C
daemonibus terreretur.

19.18 Hanc Moysei Aethiopis vitam fuisse cognovimus, qui et ipse inter magnos illos numeratus est viros. Obiit septuagesimo et quinto aetatis suae anno apud Scithim, ubi presbyter quoque factus septuaginta discipulos moriens dereliquit.

96-98 *cf.* HM 16,3,6; AP Nau 322 = PJ 15,80 = AP (BHL 6525) 128 = AP Bu 2,239 = Paschas. verba patr. 39,1; Common. patr. 2,1

---

92 ego *add.* **W** || intentione *def.* **C** || animi mei **W** 93 varias **N** || cogitationes *def.* **C** 93/94 separari – illi *def.* **C** 94 tunc illi ergo **Z** *a.c.* || tum **Ro** || recesserunt iam *def.* **C** 95 omnia tua **A** insomnia tua **S M** *a.c.* turpia somnia **β Ro** || vade et **C** *p.c.* **W A** *p.c.* Vadeque et **S** vadeque **M** ideoque **β Ro** || ad sanctorum *add. in marg.* **E** 96 accedens **M** *p.c.* || sciens **A** *a.c.* || idcirco quod **C A** *a.c.* **Z S M** *a.c.* || forcior *corr. ex* ferocior **E** || fortior *transp. p.* te **Ro** || esse *transp. p.* est **NF** || te esse **W** || 97 te iactare **E Ro** || possit **C** *a.c.* **β Ro** possis **A Z SM** || tantum **Z** || temptatorem **Z** *p.c.* || superasses **β Ro** || *a.* ut *ca. 3 litt. eras.* **S** 98 salutis **C** *a.c.* **A Z S** *p.c.* **M** *a.c.* || res ipsa *add. in marg.* **M** 99 Ac – demum] Haec audiens **β Ro** || Ac *del.* **A** || tum **A** || cellam + diligenter custodiens deinceps sub quiete mensuram **β Ro** 100 hoc *prim.*] id **S** || interrogatus + utrum illi molestus memoratus spiritus extitisset **β Ro** || hoc dixit] respondit **W** || hoc *sec. del.* **M** 101 se huiusmodi **β Ro** || exinde] ex ea hora + qua famulus dei pro ipso oravit **β Ro** || ulterius exinde **Z** 101/102 ulterius – meruit *om.* **G** 101 ipse adversum *def.* **C** || adversus **W E F** 102-104 gratiam – vitam *def.* **C** 102 promeruit **β Ro** 102/103 ut – terreretur *(cf. Praef. C4)*] Gr: ὡς τὰς μυίας ταῦτας ἡμᾶς φοβεῖσθαι μᾶλλον ἢ ἐκεῖνον τοὺς δαίμονας Lat. II: ut muscas nos magis timeamus quam ille daemones (non magis **Ro**: *error typographicus*; Ed. 1615: nos magis) 102 minus quam **W A Z M** (quam *add.* **M**) magis *in ras.* **S** amplius **β Ro** || *p.* muscis *ca. 6 litt. eras.* **S** || quam ille **A** *a.c.* **S M** *a.c.* **β Ro** cum ille **Z** 104 Moysi **W A E** Lat. II mosei **S** *a.c.* **bG N** moisei **V F** (Gr: Μωσέως) 105 magnos illos *def.* **C** || illos] illic **W** || est *def.* **C** || Obiit autem **β Ro** || et *om.* **Z** || et quinto *om.* **N** 106 scithin **Z** Scythin **Ro** || quoque *def.* **C** || LXXa **Z** LXX **G** 107 discipulos moriens *def.* **C** || reliquit **Ro**

Explicit de moyseo **Z**

20. De Paulo (Ro.: Caput VIII.)

(§1) 20.1 Mons est in Aegypto, qui ad vastissimas Scithensis regionis solitudines ducit, cui nomen est Ferme.

279 D 20.2 Huic monti paene quingenti adsident monachi, inter quos est et aliquis, qui Paulus vocatur, qui huiusmodi moribus vixit: Non ex quacumque re negotiatus ⌜est umquam, non aliquod opus fecit, non ab ullo aliquid praeter id, quod vesceretur, accepit.

20.3 Nihil autem faciebat aliud, nisi quod semper orabat: Statutas sane atque manifestas, hoc est trecentas numero, orationes habebat ita, ut totidem collectos intra sinum suum gestaret lapillos, ex quibus singulos, ubi fecisset singulas orationes, de sinu proprio iactare consueverat.

(§2) 20.4 Hic ipse, cum ad sanctum Macharium illum, cui erat cognomen Urbani, videndi ipsius causa aliquando venisset, dicit ad eum: „Abba“, inquit, „Machari, satis tristis sum.“ Quem cum referre ille tristitiae suae cogeret causam, ita respondit: „In vico“, inquit, „aliquo virgo quaedam 280 A esse perhibetur triginta annos in monasterio ⌜habens, quam per omnes alios praeter solos dominici et sabbati dies ieiunare cognovi atque ita septimanas iugiter totas post quinque semper dies gustando transigere, cotidie autem facere septingentas numero orationes.“ Quo cognito se desperasse dicebat, eo quod ipse plus quam trecentas orare non posset.

---

ad §§ 1-3 *cf.* Soz. hist. eccl. 6,29,20-21; Nicephor. Callist. hist. eccl. 11,36 (701 A/B)   11/12 *cf.* Soz. hist. eccl. 3,14,1

α = **C A SM**	β = **VB bG E NF**	*om.* Lat. II
Gr: PTW	Syr: R1, R2, R5	**Ro**

XXX **A**   XXVI De pauli monachi virtutibus **S**   VIIII **M** β *praeter* **NF**   *in marg.* De quodam paulo egregio monacho **b**   De monte in aegypto posito cui nomen est ferme. VIIII **N**   De monte qui est in egipto cui nomen est ferme **F**   Inc. *om.* **C**

1 vastissima **C** *a.c.* **S**   vastissimam β **Ro**   2 solitudinem β **Ro** ‖ ducit] tenditur β **Ro** ‖ Ferme] scitis *add. in marg.* **C**   3 *in marg.* De quodam paulo **N** ‖ In hoc monte β **Ro** ‖ resident abstinentissimi monachi β **Ro**   3/4 inter – aliquis] in quibus est quidam β **Ro**   3 et *del.* **M**   4 vocatur + egregius monachus β **Ro**   5 usquam **G**   6 quod] quo **C** *p.c.* **A** *p.c.* **M** *p.c.* β (*praeter* **VB**) **Ro**   7 aliud] *transp. a.* autem **V**   *transp. p.* autem **Ro** ‖ semper] incessanter β **Ro**   8 trecentas *def.* **C** ‖ rationes **S** *a.c.* ‖ habebat ita *def.* **C**   9/10 collectos – singulas *def.* **C**   9 *p.* sinum *ca. 6 litt. eras.* **V** ‖ suum sinum **Ro**   9/10 singulos – singulas] per *(add.)* singulas **S**   10 orationes singulas **E**   11 *in marg.* Relatio de beatissimo machario **b** ‖ Hic *corr. ex* Hinc **S** ‖ cognomen (*corr. ex* nomen) erat **E**   12 urbanus **A** *p.c.* **M** *p.c.* ‖ vivendi **Ro** ‖ causa ipsius **N** ‖ aliquando *def.* **C** ‖ dixit **Ro**   13 inquit] *del.* **M**   *om.* β **Ro** ‖ satis] valde β **Ro** ‖ *in marg.* De virgine quadam **N**   14 causam cogeret **Ro** ‖ inquit *om.* β **Ro**   15 XXXta **G**   15/16 per – dies *om.* β (*add. in marg. sup.* **b**) **Ro**   16 atque itaque **VB**   18 autem *om.* **Ro** ‖ septuaginta **C A**   19 ipse + cum esset et vir et sani corporis β **Ro** (cum ipse **Ro**, et *prim. om.* **F Ro**, et *sec. om.* **E**) ‖ possit **S** *a.c.*

20.5 Sic ei sanctus Macharius ad ista respondit: „Ego“, inquit, (§3) „sexagesimum annum agens centenas orationes per dies singulos facio et tantum operis exerceo, quantum sufficere mihi possit ad vitam. Certum mihi etiam tempus excipio, quo salutationem atque sermonem fratribus reddo, nec me super hoc ut neglegentem incusant atque reprehendunt cogitationes meae. Si autem tu, qui trecentas orationes facis, insuper a conscientia tua te redargui dicis, videris mihi esse manifestus, quod aut has sine aliqua reprehensione ⌜non facias aut quod plures nolis facere, 280 B cum possis.“

21. De Chronio et Eulogio (Ro.: Caput IX.)

21.1 Chronius mihi Nitriae presbyter aliquando referebat: „Cum (§1) essem“, inquit, „adhuc iuvenis et fatigata quodammodo mente languerem, de archimandritae mei monasterio fugi et usque ad Antonii montem errando perveni. Sedebat autem ille in ultimo solitudinis inter loca, quae Babylonis et Herculis habent nomen, unde itur ad Rubrum mare, prope triginta milibus a fluvio separata.

21.2 Cum ergo venissem ad monasterium eius, quod propinquum flumini erat, ubi discipuli ipsius in eo, qui Pispir appellatur, loco Macharius et Amathus sedebant, quique supradictum sanctum virum

---

20 Sic ei] *def.* **C** Sic autem ei **M** *p.c.* Cui **β Ro** 20-22 ad – tantum *def.* **C** 20 respondit dicens **β Ro** || inquit *om.* **β Ro** 21 agens annum **M** 22 michi sufficere **NF** 23 salutationem *def.* **C** || sermonem] salvationem **N F** *p.c.* (salutationem *a.c.*) 24 super *add. in marg.* **b** || super hoc *transp. p.* neglegentem **E** 25 insuper *del.* **M** 25/26 a conscientia] a scientia **G** 26 te *om.* **VB G** || dices **NF** || videris – manifestus] manifestum est **β Ro** || esse *om.* **S** 27 has *del.* **C** || noles **C** *a.c.*

De Chronio et Eulogio *ad totum capitulum cf.* Regula mag. 70; Bened. reg. 36 8-10 *cf.* Vita Anton. 91 (gr *et* lat: §§ 1-2 *et* 7); 92 (gr *et* lat: §§ 1-2); Hier. vita Pauli 1

α = **C A** *(ex lin. 15)* **SM** β = **VB bG E NF** *hab.* Lat. II (Caput XVI.)
Gr: PTW Syr: R1, R3 **Ro**

XXVII De chronio nitriae presbytero **S** X **M VB bG E** De beato chronio nitriae presbytero. X **N** De sancto chronio qui fuit nitrie presbyter *(del.)* **F** Inc. *om.* **C A**

1-14 Chronius – profuturum *om.* **A** 1 *p.* mihi *add.* haec **C** 2 inquiens **β Ro** || fatigata] fatigatus + spiritu acediae **β Ro** || mentem **S** *a.c.* **M** *a.c.* 3 Antonii montem *def.* **C** 4 *in marg.* Relatio de beato antonio **b** 4/5 Sedebat – itur *def.* **C** 4 quae *om.* **M** 5 et] quae *in ras.* **M** || habet **S M** *a.c.* **F** || a rubro mari **C** *p.c.* ad mare rubrum **NF** 6 XXXta **G** || *a.* a fluvio *add.* et **C** || separata a fluvio **E** 7 propinquo **bG N** *a.c.* **F** 8 discipuli *def.* **C** || illius **NF** || *p.* qui (*p.c.* quae) *2 litt. eras.* **C** || Pispir – loco *def.* **C** 9 et *add.* **C** || Amathus sedebant *def.* **C** || amatas **V** *p.c.* **B bG** Gr: Ἀμάτας *vel* Ἀμμάτος *vel* Ἀμάτος Lat. II: amatus *vel* amathas || sanctum *om.* **β Ro** || virum] locum **G**

280 C sepelire meruerunt, ⌜per quinque ibidem expectavi dies, ut Antonium
(§2) sanctum viderem. §Dicebatur autem ad monasterium ipsum venire saepe, aliquando post decem, aliquando etiam post viginti, interdum post quinque dies, prout illuc eum exhibuisset deus multis, qui confluebant ad idem monasterium, profuturum.

21.3 Plures tunc igitur diversis laborantes necessitatibus convenerant fratres, inter quos et Eulogius quidam monachus Alexandrinus cum alio, qui elefantiaco morbo cruciabatur, quos illuc propter eiusmodi causam venisse memorabant:

(§3) 21.4 Hic Eulogius scolasticus erat saecularibus litteris eruditus, qui inmortalitatis amore captus huic mundo renuntiaverat divisisque rebus
280 D suis omnibus ⌜atque dispersis parum aliquid pecuniarum reliquerat sibi, quibus, quia operari per se non poterat, uteretur.

21.5 Cum igitur eum quaedam animi defectio fatigaret et neque cum multis in asceterio degere neque solitariam vitam posset ferre patienter, repperit quendam publice in platea iacentem ita valitudine illa, quam superius dixi, repletum, ut sine manibus et sine pedibus videretur. Cui lingua tantummodo inmunis a tantis cruciatibus erat, qua magis posset ab intuentibus malorum suorum remedium promereri.

(§4) 21.6 Cumque eum adsistens vidisset Eulogius, oratione ad deum facta et quadam cum domino pactione celebrata his locutus est verbis: ‚Domine', inquit, ‚deus, in tuo nomine suscipio istum tam crudeli valitudine

---

10 sepelierunt **β Ro** || **V G** 11 saepissime **β Ro** 12/13 aliquando *prim.* – dies *(cf. Praef. C4)*] Gr: ποτὲ μὲν διὰ δέκα, ποτὲ δὲ διὰ εἴκοσι, ποτὲ δὲ διὰ πέντε ἡμερῶν Syr: „parfois à dix et parfois à vingt jours" (R1); „une fois en cinq ou dix ou vingt jours" (R3) 12 aliquando post decem **β Ro** post decem aliquando **M** *om.* **C S** || XXti **G** || interdum post quinque **β Ro** *om.* **α** 13 qui illic **NF** || idem *om.* **C** 14 profuturus **NF**

15 *initium novi capituli omnes: in marg.* XXX **A** XXVIII De eulogio alexandrino monacho **S** XI **M** *a.c.* **B bG E** *in marg.* De eulogio **b** De beato eulogio. Caput XII **N** De sancto eulogio **F** Inc. *om.* **C V**

igitur tunc **V Ro** || convenerunt **β Ro** 16 *a.* monachus *add.* venerat **M** || Alexandrinus erat **Ro** 17 qui elefantiaco *def.* **C** || elephantioso *fort.* **M** *a.c.* **Ro** 17-19 cruciabatur – saecularibus *def.* **C** 17 cruciatur **V** *a.c.* || huiusmodi **β Ro** 19 Hic *corr. ex* Hinc **S** 20 amore] desiderio **β Ro** || huic *def.* **C** || divisisque rebus *def.* **C** 20/21 distractisque rebus omnibus **Ro** 22 quibus *om.* **S** || quia] quando **C** qui **A** || *p.* operari *ca. 4 litt. eras.* **A** || per – poterat *def.* **C** || *p.* poterat *3 litt. eras.* **M** || ut uteretur **S** 23 eum – animi *def.* **C** || eum *om.* **NF** || et – cum *def.* **C** || nec **β Ro** 24 monasterio **β Ro** || ferre] facere **A** 25 ita ut *fort.* **C** *a.c.* **A** *fort.* **S** *a.c.* **M** *a.c.* ita in **C** *p.c.* || valitudinem illam **A** *a.c.* 26 sine *om.* **β Ro** 27 possit **A** *a.c.* 28 malum suum **A** *p.c.* 29 Cum **C** || Eulogius] velocius **M** || facta ad deum **β** (facta *om.* **NF**, dominum **b** *a.c.*) **Ro** 30 passione **A** || alloquutus *corr. ex* loquutus **C** allocutus **β Ro** 31 deus *om.* **F** || suscipio – tam *def.* **C** || crudeli] immani **β Ro** || *a.* valitudine *add.* in **A**

⌜praepeditum et repauso eum usque in diem mortis, ut propter istum 281 A
possim et ipse salvari. Adsis ergo atque patientiam tali ministerio largiaris.‘
21.7 Moxque ad iacentem illum ait: ‚Vis‘, inquit, ‚frater, suscipio te in domo mea et, quacumque potuero ratione, sustento?‘ Cumque ille hoc libenter facturum esse se diceret, ‚Vadam ergo‘, inquit, ‚et asinum, quo veharis, adducam.‘ Quodque mox fecit et memoratum ad hospitium suum sine ulla dilatione transvexit.
21.8 Per quindecim igitur annos iugi curatione et perpetua ei sollicitu- *(§5)*
dine serviebat, per quod omne tempus et ille, cui tantum deferebatur officium, cum gratiarum actione et patientia grandi cuncta tolerabat
⌜manibusque ipsius Eulogii medicamentis, cibis, balneis, prout competebat 281 B
valitudini, curabatur.
21.9 Post quindecim vero annos instinctu daemonis supradictus aegrotus immemor tot laborum Eulogii tantorumque meritorum coepit ab eo velle discedere multisque eum iniuriis atque opprobriis increpare dicens: ‚Fugitive‘, inquit, ‚qui proprium dominum devorasti furatusque es alienam substantiam, in me occasionem salutis repperisse te credis? Proice
me‘, inquit, ‚in publicum; ⌜volo carne saturari.‘ 281 C

36-40 *cf.* Lc. 10,34

32/33 praepeditum – patientiam *def.* **C** 32 istum] ipsum **A** 33 et *add.* **F** || ergo mihi *fort.* **S** *a.c.* ergo + mihi iesu christe **β** (***34***) + michi, Christe **Ro** || *a.* tali *add.* in **E** || misterio **B** *a.c.* 34 inquit] *def.* **C** *del.* **E** || ut suscipiam **S** *a.c.* 35 domum meam **S M** *p.c.* Lat. II || mea *def.* **C** || potero **M** || hoc ille **Ro** 36 facturum esse] si id faceret cuperet **S** amplecti si dignaretur **β** (si *om.* **F**) **Ro** || se *om.* **C S** || diceret] respondisset ait illi **S** || Vadam *def.* **C** || ergo] ego **C** *om.* **F** 37 veharis] *def.* **C** veheris **F** *a.c.* || adducam + Cui vehementer exultans consensit egrotus **β Ro** (***72***) || mox *del.* **C** || fecit eulogius **β Ro** || suum *om.* **N** 38 ulla *def.* **C** || transvehit *fort.* **C** *a.c.* **A** *a.c.* **S M** *a.c.* 39 *a.* Per *ca. 5 litt. eras.* **S** || XVcim **G** || et *def.* **C** 40 tantum] hoc **A** || deferebat **G** 41 obsequium **β Ro** || *supra* actione et *add.* ille qui deferebat eum **A** 42 manibusque – Eulogii] Et eulogii manibus **β Ro** || eulogius **M** || medicamenta cibi balneae **M** *p.c.* et medicamentis cibisque et balneis **β Ro** || proutcumque petebat **S** 43 in *(add.)* valitudine **A** || procurabantur **M** *p.c.* 44 *in marg.* Ubi demon insidiari vult calcaneo *(?)* illius **N** || XVcim **G** || annos vero **V** 45/46 tot – opprobriis *def.* **C** 46 atque opprobriis *om.* **A** 47 Fugitive – devorasti] Gr: φυγοκύρι (PTW) *vel* φαγοκύρι (B) Lat. II: fugitive forsitan domini tui || inquit *om.* **β Ro** || propriam domum **C** *p.c.* **A** *p.c.* (domum *om.*) **VB E Ro** || es *add.* **E** 48 salutis tuae **β Ro** || credis + Eulogius autem rogabat eum (+ dicens **NF**) et satisfaciens animo eius dicebat: Noli, mi (mihi **V**) domine, noli talia loqui, sed dic potius quid te contristaverim et emendo. Elephantiosus autem cum furore dicebat: Vade, nolo istas adulationes tuas. **β Ro** 49 me *om.* **NF** || inquit *del.* **E** || publicum + refrigeratione tua non egeo. Eulogius autem, Obsecro te, inquit, placare aut quid (qui **b**) te contristaverim, venerande senex, edicito. Elephantiosus autem asperior in furore dicebat ad eum: Iam non fero fraudulentas irrisiones tuas, adulationes et subsannationes tuas non tolero nec mihi haec arida parcaque vita iocunda est **β Ro** || carnibus **β Ro**

(§6) 21.10 Cumque exhibitae ei carnes fuissent, §coepit iterum proclamare: ‚Non potes‘, inquit, ‚meae satisfacere voluntati: Populum videre, ad
281 D publicum ire desidero. ⸢Quid mihi violentus existis? Redde me ipsi loco, unde me ad te sustulisti.‘ Tanta ergo erat eius insania, adeoque sensus ipsius in ferinos mores converterat daemon, ut et suspendisset forte laqueo se, si manus, per quas hoc facere posset, habuisset.

21.11 Ad vicinos itaque monachos pergit Eulogius dicens ipsis: ‚Quid‘, inquit, ‚faciam, quod elefantiosus iste penitus me desperare iam fecit? Proiciamne eum? – Sed aliter deo dexteras dedi et satis vereor. Non proiciam eum? – Sed tot ac tanta iterum dierum ac noctium mala ferre non possum. Quid de ipso igitur a me fiat, ignoro.‘

282 A (§7) 21.12 Ad quem illi his verbis loquuntur: ‚Dum ⸢adhuc‘, inquiunt, ‚vivit et superest magnus ille – sic enim vocabatur Antonius –, ascende ad eum aegrumque navi inpositum usque in monasterium ipsius defer expectans ibi, donec speluncam suam egressus adveniat. Quem cum videris, referes ei ista, quae pateris, atque ab eo consilium postulabis. Quicquid autem tibi super hoc dixerit, facies et eius monitionibus adquiesces sciens a deo iuberi tibi, quod ille praeceperit.‘

---

ad §§ 11 *et* 18 *cf.* AP Bu 2,55

---

50 Cumque *def.* **C** ‖ ei + a viro patientissimo eulogio **β Ro** 51 potes *def.* **C** ‖ voluntati + nec tecum solitarius habitare praevaleo. **β Ro** 52 ire *def.* **C** ‖ desidero + Dicit ei eulogius: Ego tibi adduco multitudinem fratrum. Rursus (rursum **NF**) eum (*del.* **E**, cum **N**, *om.* **Ro**) ferocior (ferocitate **N**) ac paene blasphemus egrotus: Ve, inquit, misero mihi, tuam faciem nolo videre et adducis mihi similes tui (tuos **E**) solius panis devoratores (devorator es **Ro**). Concutiensque (-que *add.* **B**) semetipsum inquieta voce clamabat (proclamabat **Ro**) dicens: Nolo, nolo (nolo *sec. add. in marg.* **b**, *om.* **E**); ad publicum ire desidero. **β Ro** ‖ Quid – loco] In eum locum me proice **β Ro** ‖ Quid – existis] O violentia **β Ro** ‖ loco *om.* **A** 53 ad te] *def.* **C** *om.* **β Ro** ‖ erat ergo **C** 54 mores] clamores **C** *a.c.* **Ro** ‖ et *om.* **C** ‖ forte *def.* **C** 54/55 laqueo se forte suspendisset **E** 55 facere *def.* **C** ‖ possit **A** *a.c.* 56 monachos itaque vicinos **E** ‖ ipsis] eis **β Ro** 57 inquit] *del. et rest.* **M** *om.* **β Ro** ‖ iste *def.* **C** ‖ me penitus **Ro** ‖ fecit + Dicunt ei: Quam ob causam? Respondit eis: Quia dura sunt quae mihi conatur imponere (impendere **V Ro**) et quid agam ignoro. **β Ro** 58 Proiciamne] *def.* **C** Proiciam **β** (**V** *p.c.*) **Ro** 58-60 dexteras – possum *def.* **C** 58 dexteram **M** *p.c.* ‖ Non] ne *(add.)* si non **S** 59 Sed *om.* **S** ‖ iterum] *om.* **A** *transp. a.* tot **Ro** ‖ mala *transp. a.* iterum **Ro** 60 possim **S** ‖ Quid – ignoro *om.* **M** 61 Ad quem] Atque **A** ‖ his *def.* **C** ‖ inquiunt *om.* **β Ro** 62 *p.* vocabatur *ca. 12 litt. eras.* **S** ‖ Sic enim vocabatur antonius. **M** ‖ ascende igitur **NF** ‖ eum *def.* **C** 63 *p.* aegrumque 2 *litt. del.* **A** ‖ usque] *del.* **A** *om.* **β Ro** ‖ in *def.* **C** 63/64 expectans – donec *def.* **C** 64 spelunca sua **b** *p.c.* **Ro** ‖ suam *om.* **NF** ‖ refer **G** *p.c.* 65 *p.* ista *ca. 5 litt. eras.* **S** 66 facias **NF** ‖ ammonitionibus **NF** ‖ adquiescens **C** *a.c.* **S** *a.c.* **G** adquiesce **M** *p.c.* ‖ scies **S M** *a.c.* **G** *p.c.* **NF** 67 quod] quidquid **Ro** ‖ praecepit **V**

21.13 Mox igitur sermonibus fratrum libenter instructus supradictum pastorali naviculae inpositum sustulit de civitate per noctem et ad discipulorum sancti Antonii habitaculum duxit."

21.14 Evenit autem, ut altero die vespertinis horis superveniret illuc (§8)
sanctus Antonius referente Chronio, quod clamide ex pellibus facta indutus
advenerit. Solebat ⌜autem veniens ad monasterium fratrum vocare ex ipsis 282 B
Macharium eumque his verbis interrogare: „Venerunt aliqui", inquit, „huc fratres?" Et ille venisse dicebat. „De Aegypto", inquit, „sunt an de Hierosolima?"

21.15 Hoc autem signum ab his iusserat dari, ut, quotiens aliqui non satis digni conloquio ipsius advenirent, venisse Aegyptii dicerentur, quotiens autem sancti quidam et spiritales viderentur viri venisse, aliquos de Hierosolima nuntiarent.

21.16 Tunc ergo veniens, cum iuxta consuetudinem suam interrogasset, (§9)
utrum Hierosolimitae illic fratres an Aegyptii essent, respondit Macharius dicens ex utroque illic quosdam genere vidisse. Cum autem ⟨didicisset Aegyptios venisse⟩, dixi[sse]t illi sanctus Antonius: „Fac illis lenticulam, et sumant cibum.", ⟨et⟩ una cum eis oratione conpleta iubebantur
⌜abscedere. At cum Hierosolimitas venisse didicisset, per totam cum ipsis 282 C
noctem sedens ea illis, quae saluti eorum proficerent, loquebatur.

21.17 Memorata igitur eum nocte sedisse referebat et unumquemque (§10)
ad se de his, qui convenerant, evocasse. Cumque a nullo, quis illic Eulogius vocaretur, audisset, ipse in tenebris propria voce suo illum nomine ter vocavit. Cui cum supradictus scolasticus non responderet putans, quod alter aliquis Eulogius vocaretur, „Te voco", inquit, „Eulogi,

---

68 *a.* instructus *2 litt. eras.* **S** || supradictum egrum + blandis precibus superans **β Ro** 69 pastorali] litorali **β Ro** Gr: βουκολικόν || imposuit sustulitque **β Ro** || per noctem] noctu **S** 71 vespertinis sanctis horis **M** *a.c.* horis vespertinis **Ro** || illic **M** *a.c.* **NF** 72 Antonius *def.* **C** || referente mihi **β Ro** 72/73 quod – ipsis *def.* **C** 72 clamidem **A** *a.c.* **SM** || factam **M** *p.c.* || indutus *corr. ex* indutis **A** 74 eumque – verbis *def.* **C** || his *add.* **B** || aliqui *def.* **C** || inquit *om.* **β Ro** 75 Et ille *def.* **C** || dicebat *def.* **C** || de *def.* **C** 77 ab – iusserat *def.* **C** 77/78 non – digni *def.* **C** 78 advenirent, venisse *def.* **C** 79 Quoties **Ro** || aliquos *om.* **β Ro** 80 nuntiarentur **Ro** 81 cum] *om.* **C** *add.* **A** *in ras.* **S** *add. a.* veniens **M** *transp. p.* suam **β Ro** || interrogavit **C** 82 (Hierosolimi)te – Mac(harius) *add. interlin.* **C** 83 *a.* ex *add.* se **A M** || se vidisse **β** (*praeter* **NF**) **Ro** 83/84 didicisset Aegyptios venisse *supplevi ex* **Ro** *(cf. Praef. C4)* *om. codd.* 84 dixi[sse]t] dixisset *codd., correxi* dixissetque **Ro** || illi] illic **V** || sanctus *om.* **NF** 85 et *prim.*] ut **M** *p.c.* || sumam cibum una cum eis; oratione completa **Ro** || et *sec. supplevi* || cum] *def.* **C** *om.* **b** 87 ea *om.* **C** 88 Memorata *def.* **C** || eum nocte *in ras.* **S** || referebat – unumquemque *def.* **C** 89 his] iis **M** *p.c.* **Ro** 89/90 qui – illum *def.* **C** 89 cumque *corr. ex* cum **F** 90 suo **A** *p.c.* **S** *p.c.* **VB Ro** *(cf. Praef. C4)* sua *cett.* 91 cum nomine **C** || cum *om.* **V** 92 vocaretur + dicit ei rursus **β Ro** (***9***) || voco] volo **NF** || inquit *om.* **β Ro** || *p.* inquit *ca. 3 litt. eras.* **S**

qui ab Alexandrina civitate venisti." Dicit Eulogius: „Quid, quaeso", inquit, „iubes? Nam qui tibi nomen meum revelare dignatus est, ipse iam
(§11) et adventus mei causam procul dubio revelavit." §Tum illi: „Quid",
282 D inquit, „veneris, ⌜scio, sed ante omnes hos fratres, ut omnes audiant, refer."

21.18 Tunc ille: „Istum", inquit, „elefantiosum in platea publica repperi et promisi deo, ut deservirem aegritudini eius, quo possim et ego per illum et per me ille salvari. Quia igitur post plurimos annos variis me procellis ac tempestatibus vexat, ob quod et ego ipsum a me proicere cogitavi, propterea ad sanctitatem tuam veni, ut, quid ex hoc faciam, digneris me tuis edocere consiliis et orationibus adiuvare. Pessimis enim
283 A motibus totus ⌜fatigor et crucior."

(§12) 21.19 Cui hoc tunc Antonius severa atque iracunda voce respondit: „Tu eum a te proicis?", inquit, „Sed ille non proicit eum, quem a se factum esse cognoscit. Proicis tu eum? Meliorem te inveniet et eliget deus, qui colligat destitutum."

21.20 Cumque perterritus ad haec Eulogius verba tacuisset, relicto rursus sanctus Antonius Eulogio coepit aegrotum propriis sermonibus
(§13) verberare et haec ad eum cum clamore maximo loqui: §„Elefantiose, caeno ac luto horride nec terra digne nec caelo, non desinis in iniuriam dei vociferari? Nescis, quia, qui ministrat tibi, Christus est? Quemadmodum ausus es contra Christum talia loqui? Nam propter Christum se iste servitio tali et obsequiis subiugavit."

107/108 *cf.* Mt. 25,35 sqq.; Mi. 4,6

94-96 Hier. vita Pauli 9 (25 B)

---

93 qui ab] *def.* **C** qui de **Ro** ‖ alexandria **G** ‖ Dicit ei **B NF** 94 inquit] *del. et rest.* **M** *om.* **β Ro** ‖ iubes + Et antonius: Quid, inquit, huc venisti? Respondit eulogius dicens **β Ro** (*56*) ‖ Nam *om.* **β Ro** 95 et *om.* **A** ‖ revelavit] *in ras.* **M** revelabit **C** ‖ ille **C A M** *p.c.* **β Ro** ‖ Quid] cur **C** *p.c.* ut quid **A** ob *(add.)* quid **M** 96 omnes hos *om.* **S** ‖ omnes *sec. om.* **F** 98 Tunc ille] Iussus igitur a magno antonio servus christi eulogius retulit ante omnes **β Ro** ‖ istum *corr. ex* ipsum **M** ‖ inquit *om.* **β Ro** 99 repperi + proiectum cuius curam nullus hominum gerebat **β Ro** (*73*) ‖ servirem **Ro** ‖ possem **β** (*praeter* **NF**) **Ro** 100 salvari + Ex quo autem pariter sumus, quintus et decimus annus est, sicut et vestrae sanctitati credo omnia revelata. **β Ro** ‖ annos + cum a me nihil mali pertulerit **β Ro** 102 tuam] vestram **NF** ‖ veni] *def.* **C** *add.* **B** 103-105 digneris – hoc *def.* **C** 103 me *om.* **A** 105 hoc tunc *del.* **M** ‖ antonius tunc **NF** ‖ respondet **A** *a.c.* 106 eum *prim.*] illum **β Ro** ‖ a te proicis] *def.* **C** proicis a te **M** *a.c.* ‖ proicis eulogi **β Ro** ‖ inquit *om.* **β Ro** ‖ ille *def.* **C** ‖ proicit *def.* **C** ‖ quem] qui **A** *p.c.* **E NF Ro** qui eum **M** *p.c.* ‖ a] ad **V** 107 esse] *def.* **C** *om.* **S** *add.* **M** ‖ tu *om.* **β** (tu proicis **NF**) **Ro** ‖ eum *om.* **A** ‖ *a.* Meliorem *add.* sed **M** ‖ melior eum *corr. ex* melior **S** ‖ elegit **S** *a.c.* **M** *a.c.* ‖ *a.* deus *add.* illum **M** 107/108 deus, qui *def.* **C** 108 colligit **M** 110 rursus] rursum **C M** igitur *(add.)* rursus **V** *transp. p.* Eulogio **Ro** 111 ad eum *transp. p.* maximo **M** 112 nec celo digne *corr. ex* digne nec caelo **M** ‖ in *om.* **SM G** 113 dei **β Ro** deo **α** 114 es *add.* **M** ‖ loqui talia **C** 115 his subiugavit **NF**

21.21 Quem et ipsum mordaci sermone laceratum reliquit conversisque
verbis ad fratres alios et ad ⌜unumquemque ita, ut ratio singulorum 283 B
exigebat, locutus rursus ad Eulogium et aegrotum redit dicitque ipsis:
§„Ne quis vestrum quoquam se vertat, neuter ab altero separetur, sed ad *(§14)*
cellam vestram, in qua per tantum tempus vixistis, redite. Iam nunc enim
ad vos dominus deus mittet. Nam temptatio ista idcirco accidit vobis,
quia ad finem vitae ambo venistis et iam uterque vestrum merebitur
coronari. Nihil ergo aliter feceritis, ne forte vos angelus veniens in eo, in
quo dixi, loco invenire non possit."

21.22 Qui cum ad cellam suam velociter redeundo venissent, intra
quadraginta dies Eulogius prior obiit, et post aliud triduum supradictus
defecit aegrotus.

21.23 ⌜Chronius autem, cum plurimum temporis in Thebaicis fecisset *(§15)* 283 C
locis, ad monasteria Alexandrina descendit, evenitque, ut ad illum
occurreret diem, qui unius quidem quadragesimus, alterius autem tertius
celebra[tu]ri tunc a fratribus dicebatur. Cum igitur hoc Chronius didicisset,
obstipuit sumptoque evangelio sancto et in mediis fratribus posito cum
sacramento ipsis per ordinem cuncta exposuit haec dicens: „Horum",
inquit, „omnium, quae commemoravi, interpres fui ipse sermonum, eo
quod Graece loqui sanctus Antonius nesciebat; ego autem utramque
noveram linguam atque inter ipsos loquebar illi quidem Graeco, illi
quidem Aegyptio ore respondens.

---

119 *cf.* HM 7,16,1

---

117 et ad] *def.* **C** *om.* **β Ro** || singulorum *def.* **C** 118 exhibebat **Ro** 118/119 rursus – separetur *def.* **C** 118 ipsis] eis **β Ro** 119 Ne – vertat *(cf. Praef. C4)*] Gr: Μὴ περιστραφῆτε μηδαμοῦ (*sim.* Syr) || vestrum **β Ro** verbum **α** || vestrum + o filii **β Ro** || quodquam **A** *p.c.* **M** || se vertat **β Ro** dicat **α** || neuterque **G** ne alter **NF** 120 tempus *def.* **C** || vixisti **C** *a.c.* || redite *def.* **C** || redite + cum pace omnem tristitiam deponentes **β Ro** (ponentes **Ro**) 121 ad vos *def.* **C** || deus] meus **Ro** || mittet] *def.* **C** mittit **A** *a.c.* dimittet **G** || idcirco *def.* **C** 122 ambo *def.* **C** || vestrum merebitur *def.* **C** 123 feceritis – forte *def.* **C** || vos *om.* **NF** 124 dixi *def.* **C** || posset **C** *a.c.* || possit + vestrisque coronis fraudemini **β Ro** 125 redeundo + redintegrata pace **β Ro** || intra *def.* **C** 126 XL **bG E** triginta **F** *a.c.* || suprascriptus **M** 127 aegrotus + animo vehementer incolomis **β Ro** (incolumi **Ro**) 128 thebaidis **C** *p.c.* **NF** 129-131 evenitque – dicebatur] Gr: καὶ συνέβη ... ἐπιτελεῖσθαι ... παρὰ τῆς ἀδελφότητος Lat. II: et invenit quosdam fratres ... celebrare ... 129 venitque **C** *p.c.* 130 unius *corr. ex* uni **S** 131 celebra[tu]ri] celebraturi **C** *fort.* **A** *a.c.*, *correxi (cf. Praef. C4)* celebrandus **A** *p.c.* celebratur **S** *a.c.* **M** *(del.)* **V** celebrabatur **S** *p.c.* celebratus *cett.* **β Ro** || *a.* a fratribus *add.* ut **S** 132 obstupuit **A** *p.c.* **M** *p.c.* **V b** *p.c.* **E Ro** || evangelio *def.* **C** || et] atque **β Ro** 132-134 in – interpres *def.* **C** 132 medio fratrum **β Ro** || cum *om.* **S** 133 *p.* ordinem *ca. 3 litt. eras.* **M** || disposuit **SM** || haec] *del.* **M** *om.* **β Ro** 134 inquit] *del. et rest.* **M** *om.* **β Ro** || quae] quos **Ro** 135 loqui *om.* **S** || utramque *def.* **C** 136 illi – Graeco *om.* **S** || illi *prim.*] illis **VB b E Ro** || illi *sec.*] isti **VB b E Ro** 137 quidem] *def.* **C** vero **A** *p.c.* autem **M** *p.c.* **β Ro** || ore egiptio **G** || respondens *def.* **C**

(§16) 21.24 Hoc quoque Chronius ipse nobis referebat, quod ei sanctus 283 D Antonius in illa ipsa nocte⌜dixisset, quia per universum annum deprecatus fuisset, ut ostenderentur eidem per revelationem loca peccatorum atque iustorum: „Et se vidisse dicebat procerum quendam usque ad nubes gigantem, taetri coloris, extensas habentem ad caelum manus atque infra pedes ipsius lacum ad speciem maris fusum, ubi tamquam aves“, inquit, „animas volantes vidit Antonius.

(§17) 21.25 Et illae quidem, quaecumque supra manus ipsius caputque volabant, conservabantur; quaecumque autem manibus ipsius percussae fuissent, mergebantur in lacum. Vocem autem tunc sibi talem venisse referebat: ‚Has omnes animas, quas volantes vides, scias animas esse 284 A iustorum, quae in paradisi habitationem requiescunt; illae autem ⌜animae aliae ad inferna mittuntur, quod patiuntur, quicumque carnali oboedierint voluntati et quicumque iracundiam retinentes reddere malis paria temptaverint.‘“

22. De Paulo Simplice (Ro.: Caput X.)

(§1) 22.1 Referebant autem nobis tam Chronius quam sanctus Ierax atque alii plures ista, quae dicam:

---

ad §§ 24-25 *cf.* Vita Anton. 66 (gr *et* lat: §§ 3-4); HM 10,8,13

---

138 ipse – referebat *def.* **C** 139 nocte + qua beatum dimisit eulogium **β Ro** || universum] *def.* **C** totum **β Ro** || deum deprecatus **Ro** 140 *p.* fuisset *add. in marg.* deum **M** 141 *in marg.* De visione quadam quae sancto apparuit antonio **b** || procerum *def.* **C** 142 extentas **Ro** || habentem manus ad caelum **NF** manus ad coelum habentem **Ro** || infra *add. in marg.* **E** 143 ad maris spetiem **N** speciem ad maris **F** || inquit] *del. et rest.* **M** inquietas **E** 145 illa equidem **M** *a.c.* 146 conservantur **M** *a.c.* || sub manibus **NF** || repercussae **β Ro** 147 in lacum *om.* **A** || sibi – venisse *def.* **C** || talem sibi **E** 148 referebant **A** *a.c.* || *p.* referebat *ca. 5 litt. eras.* **S** || Has] Illas **Ro** 148-150 animas – patiuntur *def.* **C** 148 animas *prim.* – scias *om.* **N** 149 iustorum] sanctorum **A** || in – requiescunt] Gr: εἰς τὸν παράδεισον σώζονται (*sim.* Syr) Lat. II: in paradiso dei salvantur || habitatione **A** *p.c.* **S** *p.c.* **M** *p.c.* **β Ro** 149/150 aliae animae + *ca. 4 litt. eras.* **A** 150 aliae] *del.* **V** *om.* **Ro** || utique patientur **M** *p.c.* 151/152 temptaverunt **β**

De Paulo Simplice *ad totum capitulum cf.* HL Cap. 18, §§ 16-22; HM 31; AP alph. Macarius Aeg. 4 = AP syst. 7,14 / PJ 7,9 = AP Bu 2,221 = AP Chaîne 38 *(cf. Reitzenstein, HM und HL, p. 14, n. 1)*; Vita Pachom. prim. 6-7 (= Act. SS. §4); Vita Pachom. alt. 8-9 (lat. 6-7); Vita Pachom.

α = **A SM** (**C** *om.*) β = **VB bG E NF** *om.* Lat. II
Gr: PTO Syr: R1, R3, R3r **Ro**

1 Referabat **V** *a.c.* || Hierax **Ro** 2 plures *om.* **NF** || plures + vicini fratrum **β Ro** || dicam + de paulo rustico **S**

22.2 „Paulus“, aiebant, „nomine rusticus quidam et agriculturae
vacans, ultra omnes optimus ac satis simplex, pulcherrimae quidem vultu,
sed moribus malae coniunctus uxori, cum eam per plurimum tempus
occulta fraude peccantem quadam die ex agro revertens turpiter invenisset
subitoque cum alio iacentem viro deprehendisset, ex quo tamen divina
ordinatio memoratum Paulum ad meliorem vitae ⌜tramitem provocabat, 284 B
verecunde aliquantulum risit tali loquens ad utrosque sermone:

22.3 ‚Bene‘, inquit, ‚bene; unde certum sciatis ad me hoc nihil penitus
pertinere. Et per Iesum, qui haec respicit, iuro, quod ego hanc ulterius
non habebo. Vade igitur, erit tua cum filiis suis; ego‘, inquit, ‚ibo et de
reliquo me monachum esse profiteor.‘ §Et post haec nulli quicquam *(§2)*
amplius dicens ascendit octo proximas mansiones et ad sanctum Antonium
pergit.

22.4 Qui, cum fores eius ab eo percuterentur, egressus est, et, quid
cuperet, sciscitanti ait ille: ‚Monachus‘, inquit, ‚fieri volo.‘ Respondit
Antonius dicens: ‚Cum sis admodum senex sexaginta homo annos agens,
monachus hic esse non potes, sed magis vade ad vicum tuum et operi
cultoris incumbe, ut et vivere et gratias agere deo ⌜possis. Inparem enim 284 C

---

quart. 8-10; Cassian. inst. 4,30,2-6; conl. 20,1; Soz. hist. eccl. 1,13,13-14; Regula mag. 87-90; 92,57; Vita Sim. 2; Jo. Mosch. prat. 143 (3004 D – 3005 A); Nicephor. Callist. hist. eccl. 8,40 (157 A)   4 *cf.* Greg. M. dial. 3,35,1   *ad* §§ 4-8 *cf.* HM 11,9,18; Hier. vita Pauli 9; reg. Pachom. 49 = praecepta 49 (p. 25/6); Cassian. inst. 4,3,1; Sulp. Sev. dial. 1,18,1-3; Bened. reg. 58,1-4

---

3 *initium capituli omnes* (*a.* Referebant autem, *lin.* 1: **M** *p.c.*): De paulo rustico (*in marg.* XXXI) **A**   De paulo rustico qui simplex vocatur **S**   XII **M bG E**   XI **V**   De paulo simplice **NF**   Inc. *om.* **B**

aiebant] aiebat **S**   *om.* **β Ro**   4 optimos **V B** *a.c.* **G E** *a.c.* || Pulcherrimo **NF**   5 moribus *om.* **NF** || temporis **Ro**   6 *p.* peccantem] *ca. 7 litt. eras.* **S**   *lac. ca. 2 litt.* **M** || *p.* quadam *ca. 4 litt. eras.* **S** || *p.* agro *ca. 5 litt. eras.* **S** || *p.* revertens *ca. 2 litt. eras.* **M** || *p.* turpiter *ca. 12 litt. eras.* **M** || invenit **A** *a.c.*   6/7 invenisset subitoque *om.* **M**   7 subitoque *in ras.* **S**   subitumque **V** *p.c.* || *p.* viro *ca. 4 litt. eras.* **S** || *p.* deprehendisset *ca. 3 litt. eras.* **S** || ex quo] quod + *ca. 4 litt. eras.* **S**   unde **β Ro**   8 *p.* ordinatio *ca. 13 litt. eras.* **S** || meliorem] melioris **S**   memorandum *corr. ex* memoratum **M** || tramitem] terminum **N**   10 penitus *om.* **M**   11 iesum christum **M**   12 habeo **M** *p.c.* || *a.* erit *add.* et **M** || suis] tuis **b** *a.c.* **G** || *p.* ego *add.* autem **M**   ego enim **β Ro**   13 esse *om.* **β Ro** || profitear **M** *p.c.* || profiteor + Magis enim ut arbitror cum scorpionibus habitare possum et volo quam cum adulteris. Et haec dicens recedens iterata voce clamabat. **S** || Et] nec **N**   et nec **F** || nulli] illi **NF**   14 amplius *om.* **β Ro** || dicens + et post haec ille **NF** || proximas] proprias **S**   17 ait ille] At ille respondit **F** *a.c.*   ait illi **Ro** || inquit] *del. et rest.* **M**   *om.* **β Ro**   18 homo *om.* **Ro**   19 esse] fieri **β Ro** || poteris *corr. ex* potens **M** || et *add.* **S**   19/20 operi cultoris] operi ac culturis **S** *p.c.*   agriculturae **M** *p.c.*   20 ut et] ut *corr. fort. ex* et ut **A**   et **E** *a.c.* || vivere + operariorum vitam **β Ro** (vita **E NF Ro**) (*10*) || et *sec. in ras.* **S** || enim *add.* **M**   enim esse **A** miseriis ac labori solitudinum scias.‘ Rursum ad haec senex ille respondit hoc dicens: ‚Quicquid me docueris‘, inquit, ‚id faciam.‘

(§3) 22.5 Ait rursus Antonius: ‚Dixi, inquam, tibi, quia senex multum es nec vales implere, quod quaeris. Discede et, si monachus esse desideras, ad leviora monasteria magis perge ad eos fratres, qui possint infirmitatem corporis tui tolerare patienter. Ego autem solus hic sedeo post quinque dies et hoc summa cum inedia cibum sumens.‘

22.6 His ergo et talibus verbis excludere Paulum volebat. Cui cum ille non adquiesceret, intra ostium cellulae se reclusit Antonius et propter ipsum per triduum iuge non inde progressus est, etiam cum necessitas
284 D eum corporalis urgueret. Neque tamen ille de foribus tamdiu ⌜exclusus abscedebat.

(§4) 22.7 Quarto igitur die sanctus Antonius, cum necessitate naturae conpelleretur, egressus est iterum dicens ei: ‚Vade‘, inquit, ‚hinc, senex; quid molestus es mihi? Habitare non potes mecum.‘ Ad quem Paulus hoc dixit: ‚Aliud non potest fieri, nisi ut hic vivam‘, inquit, ‚et moriar.‘

22.8 Circuminspiciens igitur huc atque illuc sanctus Antonius vidensque, quod nihil secum ad vitae alimenta portaret, non panem, non aquam, et quod quarto iam die continuo ieiunio permaneret, timensque, ne nimia defectione moreretur et aliquam ipsi ex hoc relinqueret maculam, tandem suscepit eum.

22.9 Tali autem conversatione vitae per omnes degere dies coepit
285 A Antonius, qualem ⌜se non sciebat expertum, nec cum adhuc iuvenis
(§5) videretur. §Udatas igitur palmas aqua vel cortices dactulorum obtulit ei, ut intexeret funes, sicuti et ipse faciebat.

---

ad §§ 9-18 *cf.* Common. patr. 4,18 *ad* §§ 9-17 *cf.* Cassian. inst. 4,24,1; 12,32,2; AP alph. Macarius Aeg. 33 = PJ 20,2 = AP (BHL 6525) 195 = AP Chaîne 239 = Paschas. verba patr. 93,11 44-47 *cf.* Hier. reg. Pachom. 177 = praecepta ac leges 1 (p. 71)

---

21 Rursum] prorsus **A** || ad *add. in marg.* **b** || respondens **M** 22 hoc] haec **A** || hoc dicens *del.* **M** || inquit docueris **M** *p.c.* inquit *om.* **β Ro** 23 Ait] Et **β Ro** || rursum **Ro** || inquam] inquit *del.* **M** || multum senex es **Ro** 24 nec] ne **VB** || *p.* Discede *add.* ergo **M** 25 possunt **M Ro** 26 tui corporis **NF Ro** || autem] enim **β Ro** || hic solus **Ro** 27 summa cum inopia **β** cum summa inopia **Ro** 28 concludere **A** || Cui] Qui **VB** 29 reclausit **S** recludit **V Ro** || et] *add. a.* per **M** ibi **V** 30 non] nec **β Ro** 31 eum *om.* **V Ro** || corporis **A** *a.c.* || urgeret **A** *p.c.* **M** *p.c.* **V E Ro** || Nec **NF** || de] a **M** 32 abscedebat **M** abscederet **A S** abscessit **β Ro** 34 inquit] *del. et rest.* **M** *om.* **NF** 36 et] aut **S** ut **E** *a.c.* 37 Circuminspiciens *(cf. ThLL III 1152, 64 sqq.: „Itala et Vulg.“)*] Circumspiciens **A M** *p.c.* **β Ro** || igitur] autem *add. m. rec.* **M** 39 aquam + non aliud quicquam **β Ro** || iam] tamen **β Ro** || in continuo **M** *p.c.* **Ro** || ieiunus **S** 40 ne *add.* **A** || ne + ignarus longi ieiunii **β Ro** || ipsi] sibi **Ro** 42 dum degeret **S** 43 qualem antonius **A** || non] numquam **A** 44 Udatas – vel] Infusos itaque **β Ro** || Udatas] datas **A** || ei dicens **β Ro** 45 ut – faciebat] Accipe et intexe funes sicut meipsum facere vides. **β Ro**

22.10 Quod cum arripuisset senex et quindecim numero, quas orgyas vocant, nonam usque horam cum maximo labore fecisset, ait ipsi: ‚Male‘, inquit, ‚intexuisti. Solve, quod factum est, et rursus intexe.‘ et hoc seni homini atque ieiuno tam grave pondus inponens, ut, cum ille tanto labori inparem se videret, a sancto tandem Antonio necessitate tali conpulsus abscederet.

22.11 Qui e contrario fortior ad opus surgens et retexuit funes eosdem et rursus intexuit, maxime cum difficilior iterati operis esset labor, eo quod tortum semel restem retorquere prius ⌜et revocare ad formam priorem 285 B
et sic iterum intexere aliter cogeretur.

22.12 Videns igitur Antonius, quod eius ista praecepta et libenter et patienter audivit neque aegre iteratum suscepit laborem, stimulata mens eius est, §et occidente iam sole sic affatur senem: ‚Vis‘, inquit, ‚edimus (§6)
partem panis?‘ Paulus ait: ‚Ut placet tibi, abba.‘ Talis autem rursus et ista responsio mollivit Antonium, quod ad nomen cibi non protinus accucurrit, sed quod omnia in ipsius, qui iubebat, posuit potestate.

22.13 ‚Pone ergo mensam‘, inquit Antonius, ‚et panes affer.‘ Posuitque eidem sanctus Antonius eos, quos Aegyptii paximates vocant, habentes ⌜senas uncias tantum et suam quidem partem perfudit aqua – sicci enim 285 C
ipsi paximates erant – ; ante illum tres posuit portiones. Et psalmum sanctus Antonius, quem consueverat, dicens orationes duodecim fecit, ut et sic Paulum probaret. §Qui rursus cum eo patienter ac libenter oravit. (§7)

---

ad §12 *cf.* Cassian. inst. 4,7 *ad* §§ 12-15 *cf.* Hier. vita Pauli 11 66 *et* 70 *et* 79/80 (orationes duodecim) *cf.* Cassian. inst. 2,6

---

46 Quod] Quos **N** || XVcim **G** || orgyas **VB b Ro** *(cf. Praef. C4)* cortigias **A S** *a.c.* cortygias **S** *p.c.* corticias **M** orgias **G E NF** Gr: ὀργυίας 47 ipsi] illi **β Ro** 48 inquit] *del. et rest.* **M** *del.* **E** || *a.* hoc *add.* ad **M** 49 humili *corr. ex* homini **S** || atque] et + per quattuor dies **β Ro** || imponebat **M** *p.c.* || illo **M** *a.c.* || labori (*cf.* §4)] labore **A S** *a.c.* **M** *a.c.* 50 tandem] nequaquam **S** || tali *add.* **E** 51 abscederet + vitamque desereret monachorum **β Ro** 52 Quin *corr. ex* Qui **S** || econtra **β Ro** || et retexuit] redetexuit **β** (retexuit **N** *p.c.*) detexuit **Ro** 53 et – intexuit *om.* **N** 54 restem *om.* **A** 56 iste **N** || libenter senex **β Ro** 57 audisset **β Ro** || suscepisset **β Ro** || laborem + aut (ut **E**) in aliquo saltim (saltem **Ro**) ad momentum tristem vultum suum (secum **Ro**) murmurando monstrasset **β Ro** (***74***) || stimulata] compuncta **β Ro** 58 iam *om.* **A** || senem + Dic senex **β Ro** || inquit *om.* **β Ro** || edamus **S** 59 placeat **E** || et *om.* **A** 60 mollivit] flexit **β Ro** || accurrit **V E Ro** accucurrerit **F** 61 quod *del.* **M** || potestatem **A V F** 62 afferes **S** *p.c.* || affer + Quod cum oboedienter fecisset **β Ro** (***35***) || posuit **β Ro** 63 paxemates **S M** *a.c.* **β** *praeter* **E** (paxemantes **N**) paxamates **M** *p.c.* 64 tantum *om.* **β Ro** 65 paximates ipsi **E** || paxemates **S β** *praeter* **E** paxamates **M** *p.c.* || illum] cibum **A** || *p.* illum *add.* vero **M** illum autem **β** (autem *add. in marg.* **E**) **Ro** 66 duodecim] quadraginta **β** (XLta **G**) **Ro**

Magis enim, ut arbitror, *cum scorpionibus* quam cum adulteris *vivere* se posse credebat.

22.14 Post duodecim vero orationes profunda vix tandem ad manducandum nocte sederunt. Absumpto igitur uno paximate sanctus Antonius non contigit alium. Senex vero tardius comedens, cum adhuc haberet ex uno paximate aliquantulam partem, expectatus ab Antonio est, dum totum, quod edebat, absumeret. Cui rursus hoc dixit Antonius: ‚Manduca',
285 D inquit, ‚senex, et alterum paximatem.' Respondit hoc Paulus: ⌜‚Manducabo et alterum, si idem facere te videro; ego autem te non edente non edam.'

22.15 Ad hoc dicit Antonius: ‚Mihi hoc', inquit, ‚satis est; monachus
(§8) enim sum.' §Respondit hoc Paulus: ‚Mihi quoque sufficit, nam et ego monachus esse desidero.' Post quae surrexit Antonius et dictis duodecim psalmis totidemque orationibus factis paulisper in principio noctis quievit. Rursusque consurgens a medio noctis in lucem psallendo et orando vigilavit.

22.16 Videns ergo sanctus Antonius tam paratum ad omnia senem ait ipsi: ‚Si huiusmodi cotidie agere vitam potes, mecum manebis.' Cui Paulus hoc dixit: ‚Si forte aliquid amplius iubeas, fortassis ignoro. Nam
286 A ista, quae vidi, facile me impleturum ⌜esse confido.' Sequenti igitur die dixit ei: ‚Ecce iam factus es monachus.'

(§9) 22.17 Tum igitur sanctus Antonius, posteaquam in omnibus sibi credidit satisfactum, post certos menses, quia perfectam in eo iam esse animam conprobasset eo, quod habitaret in eo vera et tota simplicitas gratia ipsum iuvante divina, unam eidem cellulam facit a tertio lapide vel quarto dicitque ei: ‚Ecce, quia iam monachus effectus es, solus mane, ut possis etiam daemones experiri.'

68/69 (*et app. crit. ad lin.* 13) *cf.* Ez. 2,6

79/80 (duodecim psalmis) *cf.* Cassian. inst. 2,4.5,5

68/69 Magis – credebat *om.* **S** (*cf. app. crit. ad lin.* 13) 68 Magis] Eligebat **β Ro** || scorpionibus se **β** (scorpionibus esse **NF**) scorpionibus esse potius **Ro** || cum *om.* **A** || adultera **β Ro** 68/69 vivere – credebat] victitare **β Ro** 70 XIIcim **G** XL **N** || vero duodecim **Ro** 71 Adsumpto **A b** Assumpto **M** *a.c.* **G NF** Sumpto **Ro** 74 edebat] habebat **M** *p.c.* || adsumeret **A** assumeret **M NF** 75 inquit] *del. et rest.* **M** *om.* **NF** || hoc] *del.* **M** ad hoc **bG NF Ro** 76 hoc alterum **VB** hunc alterum **Ro** || te facere **M NF** || videbo **A** *a.c.* **M** *a.c.* **β** || ego autem *om.* **β Ro** || haec *corr. ex* hoc *prim.* **M** 77 dicit] *del.* **M** dixit **b Ro** || hoc *sec.*] quidem **M** || inquit *add.* **M** 78 hoc] *del.* **M** ad hoc **β Ro** || *a.* Mihi *add.* et **M** 81 usque in **β Ro** 82 vigilavit + Similiter autem et Paulus fecit. **Ro** 83 Vidensque **NF** 84 ipsi] illi + Ecce frater **β Ro** 85 iubeas *add.* **S** || fortassis *om.* **Ro** 86 vidi *add.* **B** 86/87 die – ei *in ras.* **S** 87 ecce + in nomine domini **β Ro** 88 Tunc **E** || sibi ab eo **β Ro** 89 perfectum **A** || in eo *om.* **β Ro** || animum esse **A** 90 vere **S M** *a.c.* || ipsum] *fort.* illum **M** *a.c.* eum **β Ro** 91 divina] doctrina **G** || eidem] ei **Ro** || fecit **S Ro** || a *add.* **S** || lapide *transp. p.* quarto **Ro** 92 dixitque **Ro** || quia *add.* **B** || iam quia **F** *a.c.* 93 demones *add. in marg.* **b** || expellere **NF**

22.18 Intra unum igitur annum illic commanens Paulus divinam gratiam meruit contra aegritudines hominum et contra daemonum potestatem. Nam cum ad sanctum Antonium quidam fuisset exhibitus, quem scelestus ultra omnes alios daemon urguebat tenens inter ceteros inpuros spiritus ⌜principatum, qui et contra ipsum sacrilega caelum verba 286 B iaciebat, §viso eo sanctus Antonius hoc his, qui illum perduxerant, dicit: (§10) ‚Non est istud opus', inquit, ‚meum: Necdum enim divinam gratiam contra principes diabolicae legionis accepi. Hoc est autem, quod quaeritur, Pauli.'

22.19 Ipse tunc benedictus Antonius ad memoratum Paulum cum eis, qui advenerant, pergit dicitque ei: ‚Abba Paule, pelle', inquit, ‚hunc daemonem ab hominis istius anima, ut incolumis ad propria revertatur.' Respondit hoc Paulus: ‚Tu autem quid?' Dicit Antonius: ‚Non vacat', inquit, ‚mihi; aliud enim opus habeo.' Relictoque eo sanctus Antonius rursus ad propriam revertitur cellam.

22.20 Tunc igitur adsurgens senex et orationem intentissime faciens (§11) haec ad eum dixit, qui daemone laborabat: ⌜‚Abbas', inquit, ‚Antonius 286 C dixit, ut de homine isto recedas.' Daemon autem in iniuriam divinitatis proclamando multa dicebat: ‚Non exeo, detestabilis senex.'

22.21 Arrepta autem pelle, quae humeros eius tegebat, ex eadem dorsum ipsius verberabat inridendo verba ipsius repetens: ‚Exi', inquit, ‚quia abbas hoc Antonius dixit.' Iniuriosa autem et in sanctum Antonium daemon protulit verba et vehementiores ipsi Paulo iniurias inrogavit.

100-102 *cf.* HM 28,2,6; Greg. M. dial. 2,32,2 *ad* §§ 20-24 *cf.* Vita Euphras. 29 (637 C – 638 A)

---

94 *in marg.* Ubi iam solus quia perfectus erat mansit **N** ‖ manens **V** *p.c.* 96 *in marg.* De eo qui scelestissimo demone detinebatur quem sanctus expulit paulus **b** ‖ Nam] Una igitur dierum **β Ro** 97 ultra – alios] dirissime **β Ro** ‖ urgebat **E Ro** ‖ *p.* urguebat *ca. 3 litt. eras.* **S** 98 sacrilega caelum *in ras.* **S** ‖ caelum *del.* **B** in caelum **NF** 99 his] iis **M** *p.c.* **Ro** ‖ illum] eum **β Ro** ‖ dixit **β Ro** 100 inquit] *del. et rest.* **M** *om.* **β Ro** 101 principem *fort.* **A** *a.c.* **Ro** ‖ autem *om.* **β Ro** 102 simplicis pauli **β Ro** 103 Tunc ipse **Ro** ‖ benedictus] sanctus **E** 104 inquit] *del. et rest.* **M** *om.* **β Ro** ‖ hunc] nunc **V** 105 revertatur loca **N** ‖ revertatur + et dominum benedicat **β Ro** 106 ad hoc **β Ro** ‖ autem] enim **β** (*praeter* **E**) **Ro** 107 inquit] *del. et rest.* **M** *om.* **β Ro** ‖ mihi *transp. a.* Non **β Ro** ‖ enim *om.* **β Ro** ‖ habeo] exerceo **β Ro** 108 cellam revertitur **NF** 109 rationem **A** 110 dixit] locutus est **β Ro** ‖ laboravit **E** ‖ inquit] *del. et rest.* **M** *om.* **β Ro** 111 recedas + et glorificet dominum **β Ro** ‖ in] *om.* **A S VB G N** *add.* **M** 113 Abrepta **A** ‖ autem] ergo **β Ro** ‖ qua **b E NF Ro** ‖ eius] suos **β Ro** ‖ tergebat **E** 113/114 ex – ipsius *om.* **β Ro** 114 verberabat *add. in marg.* **b** verberabat eum **β** (verberat **N**) **Ro** ‖ inquit *om.* **β Ro** 115 hoc abba **A** hoc abbas **β** (abbas *add. in marg.* **E**) **Ro** ‖ dixit antonius **M** ‖ in] ad **M** 116 pertulit **N** ‖ vehementioresque **β Ro** ‖ ipsi *om.* **β Ro** ‖ iniurias] contumelias **β Ro** ‖ inrogabat + hoc clamitans (clamans **N**): Detestandi (detestande **NF**) senes (senex **V b NF**) quos (quod **Ro**) oblivio nostra (nostra *om.* **N**) praeteriit, insatiabilis qui propriis (proprii **N** *a.c.* **F**) contenti non estis, quid nobis vobiscum (nobiscum vobis **Ro**) commune est? Quid in nos (nobis **b** *p.c.* **N**) exercetis vestram tyrannidem? **β Ro**

22.22 Ad postremum sic ad eum locutus est: ‚Egredieris ab isto', inquit, ‚aut vado, et hoc a me audiet Christus. Per Iesum', inquit, ‚si exire 286 D nolueris, iam nunc eam et hoc Christo loquar, et vae tunc ⸢tibi erit.' (§12) §Iterum daemon contra divinitatem vociferari coepit et dicere: ‚Non egredior.'

22.23 Iratus itaque tunc Paulus contra daemonem reluctantem egreditur cellam suam in ipsis mediis flammis diei. – Tales autem sunt aestus Aegyptiorum, ut Babyloniae fornacis ardoribus praeesse credantur. – In ipso autem scopulo montis stetit et his in oratione sua locutus est verbis: ‚Tu vides', inquit, ‚Iesu Christe, qui sub Pontio Pilato crucifixus es, quod non ante ego ex hac rupe descendam, non cibum sumam ante, non potum, sic profecto moriturus, quam ex hoc homine inmundum spiritum pellas.'

287 A (§13) 22.24 Quo ista dicente, antequam ipsa haec verba ⸢sui oris impleret, maxima daemon voce proclamans ista dicebat: ‚Vim patior. Simplicitas me Pauli urguet atque persequitur, et, quo eam, nescio.' Moxque inmundus spiritus egressus ex homine atque in inmanem draconem cubitorum septuaginta conversus in Rubrum mare protinus devolutus est, ut impleretur sermo scripturarum divinarum: *Demonstratam omnibus fidem iustus refert.*

---

122 *et* 131/132 *cf.* Mt. 17,17; Mc. 1,25/26.43; 9,24/25; Lc. 4,35   124 *cf.* Dn. 3,19-22   *app. crit. ad lin.* 130 *cf.* Act. 5,38   134/135 *cf.* Prv. 12,17   *app. crit. ad lin.* 135 Is. 66,2 (*ad* Supra – meus *cf.* Nm. 11,25/26 *et* 4. Rg. 2,15)

---

ad §24 *cf.* HM 1,5,11; Kopt. Leg. Georg (Till II, p. 102)

---

117 *p.* postremum *add.* vero **M** || *a.* locutus *add.* paulus **M** || est paulus **β Ro** || Aut egrederis **E** || isto homine **E**   118 inquit *om.* **β Ro** || vadam **M** *p.c.* || audiet a me **E** || *a.* Per *add.* et **M** || inquit iuro **A**   119 eam] ibo **Ro** || tunc *om.* **β Ro** || tibi erit] ipse **A**   120 Iterum autem **β Ro** || vociferare **M VB bG**   123 in *om.* **NF** || dei **N** || sunt autem **NF**   124 egypti **M** *p.c.* || ardoribus *om.* **N**   125 autem] igitur **β Ro** || montis + velut columna caelestis **β Ro** || stetit + paulus immobilis **β Ro** || est *add.* **M** || verbis *om.* **N**   126 inquit *om.* **β Ro**   127 ego ante **A** || non *sec.*] nec **S** || ante sumam **Ro** || non *tert.*] nec **S**   *om.* **G**   128 spiritum] *add.* **M**   daemonem **A** || pellas + liberumque eum a tali morte digneris efficere **β Ro** (***26***)   129 *in marg.* Ubi demon fugatur **N** || implesset **β** complesset **Ro**   130 voce demon **NF** || dicebat + Vade vade (Vado vado **F**) exeo **β Ro** (***75a***) || Vim] iam **G** || patior + ecce discedo ab homine nec accedo ulterius **β Ro** (***75b***)   131 pauli me **M** || urget **E Ro** || atque] ac **β Ro** || prosequitur **Ro**   132 egressus – homine] ex homine exiens (exiens *in ras.*) **M** || atque *om.* **M**   133 in *om.* **N**   134 sermo – divinarum] quod dictum est per spiritum sanctum **β Ro** || divinarum *om.* **M** || de monstrata **S V** || omnibus *om.* **β Ro** || fide **S** *p.c.* **V** || quam iustus **S**   135 refert + Et rursus in alio loco (loco *add.* **V**, *om.* **B bG**): Supra quem requiescit spiritus meus nisi super (supra **B bG**) humilem et quietum (mansuetum **NF**) et trementem verba mea? Solent enim miserrimi ac vilissimi daemonum a (a *add.* **b**, *om.* **G NF**) magnis viris solo fidei robore, magni autem daemones a simplicibus vel humilibus fugari. **β Ro**

22.25 ⸢Hoc est ergo miraculum Pauli, qui ab omnibus Simplex nomen accepit.“ 287 B

23. De Pachon (Ro.: Caput XI.)

23.1 Pachon quidam nomine septuagesimum aetatis suae annum agens in ea, quae Scithin dicitur, regione degebat. *(§1)*

23.2 Dum interea grandis cupiditas feminei coitus me coepit urguere, quod ego graviter ac moleste ferebam adversus sordidas cogitationes et contra insomnia nocturna confligens, ut paene ab his, ubi eram, solitudinibus vi ipsius morbi perculsus exirem, vicinis quidem meis nihil de pestilentiae talius ardore dicebam nec Evagrio quidem magistro meo tale aliquid confitebar.

23.3 Occulte tamen ad interiora ⸢ac vastiora deserta perrexi, ubi per quindecim dies in eo, qui Scithin dicitur, loco venerabiles multos, qui ibidem consenuerunt, patres vidi, §inter quos et cum supradicto Pacho 287 C *(§2)*

136 Hoc – miraculum] Haec sunt miracula simplicis atque humillimi **β Ro** (humilis **Ro**) || Pauli + aliaque complura his et (ac **V**) maiora **β Ro** || hominibus **VB Ro** 136/137 nomen accepit] est nominatus **β** (appellatus **E**) **Ro**

137 *p.* accepit *desinit* **A** *usque ad finem textus* (Expl. *om.*)

De Pachon
α = C Z SM **β = VB bG E NF** *hab.* Lat. II (Caput II.)
Gr: PTVC Syr: R1, R3, R4, R3b **Ro**

Incipit de pachon **Z** XXX De pachon quodam nomine magnae virtutis viro **S** XIII **M B bG E** De beato pachomio. Caput XIII **NF** Inc. *om.* **C V**

1 Pachox **C** *a.c.* Pachomius **C** *p.c.* **β Ro** || nomine *om.* **M** 2 scithis **M** 3 Dum] cum **M** Contigit itaque dum **β Ro** || feminei caetus **M** feminae coitus **G** actus venerei **Ro** || me] *add.* **b** *om.* **G** || caepisset **β Ro** || urgueri **S b** *a.c.* urgere **M** *p.c.* **E Ro** 4 quod – graviter] graviterque **β Ro** || quod] quam *corr. ex* quem **Z** || tam graviter **S** || ferebam] plus ferrem **β Ro** || cogitationes sordidas **E** 5 somnia **Z** *p.c.* **M** *p.c.* **NF** || ut paene] quod me **β** (quae me **G** *p.c.*) **Ro** iis **M** *p.c.* 6 vi – exirem] vis ipsius compellebat exire **β** (vis *om.* **G NF**; ipsius *om.* **NF**; compellebant **G**, cogebat **NF**) **Ro** || vi – morbi] ab ipso morbo **C** *p.c.* || vi] *supra* III *m. a.* ter **Z** 7 hac pestilentia **S** *a.c.* || talis **Z** *p.c.* **S** *p.c.* **M** *p.c.* **β Ro** || pestilentia et tali **β Ro** || ardore *in ras.* **M** || ne **S M** *p.c.* **VB E** 9 ac *def.* **C** || deserti **V Ro** 9-11 ubi – quos *def.* **C** 10 XVcim **G** || que *corr. ex* qui **V** || scithis *corr. ex* scithim **M** 11 ibi **Z** || consenuerant **Z V b Ro** || pachomio **C S β Ro** pachone *corr. ex* pacho **M**

potui habere conloquium. Et quia repperi eum inter ceteros monachos prope palmam tenere, confidenter ad eum detuli animi mei anxietatem.

23.4 Qui ita locutus est mihi: „Non sit tibi“, inquit, „nova res ista, quam pateris. Nam, quod non ex neglegentia mentis atque desidia in id, quod turbaris, incurreris, sufficienter tibi testimonium praebent et locorum natura et inopia omnium rerum et ipsarum, quod nemini dubium est, absentia feminarum; sed magis temptatione ista laboras propter studium ac desiderium castitatis.

287 D 23.5 Triplex enim ex fornicationis nomine nascitur pugna: ⌜Aliquando caro nostra, si in nobis fuerit nimis sana, lascivit; saepe autem ex cogitationibus vanis morbus iste procedit; interdum contra nos daemon, dum nobis invidet, facit. Ego enim frequenter ista pertractans ita semper
(§3) inveni. §Nam et ego ipse, ut vides, admodum senex per quadraginta annos in ista cellula degens maximamque salutis propriae gerens curam etiam usque ad praesens tempus huiusmodi temptatione sollicitor.“

23.6 Cum sacramento enim istud sanctus ipse dicebat: „Per duodecim annos post quinquagesimum non nocte, non die umquam hic a me morbus abscessit usque adeo, ut privatum me iam dei auxilio suspicarer,
288 A ob quod merito me putarem ⌜daemonis virtute superari. Malui tamen eo tempore inrationabili quadam morte deficere quam tali corporis morbo cum tam obscena deformitate subcumbere.

23.7 Moxque progressus ac peragrans solitudines totas speluncam ferae alicuius inveni, in qua me proieci per diem nudum, ut, quod sine

---

ad §§ 4-11 *cf.* Soz. hist. eccl. 6,29,22; Nicephor. Callist. hist. eccl. 11,36 (701 B) 20-23 *cf.* HM 20,1; Nil. Eulog. 19 (1117 B); Ps.-Ath. ep. Cast. 2,2 (876 A); Cassian. inst. 5,23,1; 6,1; 7,14,1; conl. 22,3; Eutr. Val. epist. 1 (11 D) ad §7 *cf.* Hier. vita Malchi 9 (61 B – 62 A); Kopt. Leg. Nahrow (Till I, p. 9); Sulp. Sev. dial. 1,14; Jo. Mosch. prat. 101

---

12 potui] merui **M** *p.c.* 13 vidi prope **V** ‖ palmam] palam **V N** *a.c.* ‖ tenere palmam **E** ‖ et confidenter **VB** fidenter **Ro** ‖ detuli spiritalem **E** *a.c.* 14 Quia **Ro** ‖ locutus michi est *corr. ex* michi locutus est **F** ‖ inquit *om.* **M** 15 quam] quae **NF** ‖ non *om.* **Z** 16 quod] quo **S** *p.c.* **M** *p.c.* **E N Ro** ‖ praebet **Ro** 18/19 desiderium et studium **Z** 20 nomine] incursu **β Ro** ‖ pugna mali **S** ‖ quandoque **S** et aliquando quidem **β Ro** 20/21 -que caro nostra *in ras.* **S** 21 si – sana] Gr: ἡμῖν ἐπιτίθεται εὐρωστοῦσα ‖ in nobis si **SM** ‖ nimis *om.* **C Z** ‖ saepe autem *def.* **C** 22 iste procedit *def.* **C** 22-24 nos – Nam *def.* **C** 22 daemon *transp. a.* contra **Ro** 23 facit] praeliatur **β Ro** ‖ *in marg.* Beatus pachomius de sua refert temptatione qua per duodecim annos post quinquagesimum nocte dieque laboravit **b** ‖ ista] Ita **S** *p.c.* ‖ ita] ista **M** 24 et] ut **b** *p.c.* **Ro** ‖ ego *om.* **β Ro** ‖ ut *om.* **β** (*praeter* **N**) **Ro** ‖ senex per *def.* **C** 24/25 per – degens *add. in marg. sup.* **b** 24 XL **G** 25 cella **E F** *a.c.* ‖ degens *def.* **C** ‖ curam gerens **E** 26 ad *def.* **C** 27 Cum sacramento *def.* **C** ‖ enim] autem **β Ro** ‖ istud *om.* **Z** ‖ dicebat – duodecim *def.* **C** ‖ XIIcim **G** 28 *p.* quinquagesimum *ca. 16 litt. eras.* **S** 29 adeo] ad hoc **M** *p.c.* ‖ suspicarer *def.* **C** 30 meritum **Z** *p.c.* 31 quodam **C Z** *p.c.* **M** *a.c.* ‖ corpori **S** 33/34 ad speluncam ... veni **C** 34 quam **b N** *p.c.* **Ro**

dubio fore crederem, ab egredientibus ex ea bestiis devorarer. §Cum (§4)
autem ad vespertinas usque horas sic iacendo venissem – iuxta id, quod
scriptum est: *Posuisti tenebras, et facta est nox; in ipsa discurrent omnes
silvarum ferae.* –, exeuntes bestiae, *femina cum masculo*, nidore ad me
ducente venerunt a capite usque ad ipsos pedes lingua me blandiente
⌜lambentes et, dum me ab illis arbitror devorandum, sic me intactum 288 B
atque incolumem reliquerunt, iacensque illic per totam noctem nihil
omnino perpessus sum. Cogitans igitur et credens, quod mihi sic pe-
percisset deus, mox revertor ad cellam.

23.8 Paucis autem diebus daemon quievit et rursus iterum mihi multo
vehementius, quam solebat, incubuit, ut paene me cogeret ore ac sermone
peccare. §Transfiguratus est enim in quandam ex Aethiopia puellam, (§5)
quam ego memineram me in iuvenili aetate vidisse messium tempore
calamos colligentem. Quae, cum subito supra genua mea sedere coepisset,
usque adeo me per omnia membra commovit, ut coisse me paene cum ea
crederem. Iratus igitur ac saeviens ⌜percussi eam dextera mea, ac statim, 288 C
dum videtur, evanuit. Ex quo per biennium totum foetorem eius, qua
percusseram, manus ferre non poteram.

---

app. crit. ad lin. 37 Ps. 103,19 37/38 Ps. 103,20 *app. crit. ad lin.* 38 Ps. 103,21 38 *cf.* Gn. 7,9.16

38-43 *cf.* Act. Paul. et Thecl. 28; 33-35 38-42 *cf.* Hier. vita Pauli 16; Vita Mar. Aeg. 39 (3724 D) 50-52 *cf.* Vitae patr. Iurens. 56

---

35 crederem, ab *def.* **C** ‖ credebam **β Ro** ‖ ab *om.* **Z** 35-37 ex – tenebras *def.* **C** 36 ad *transp. p.* usque **Z Ro** ‖ pervenissem **β** (pervenisset **V**) **Ro** 37 est *prim.* + Sol cognovit occasum suum **β Ro** ‖ posui **F** ‖ *p.* nox *ca. 4/5 litt. del.* **C** ‖ discurrent] pertransibunt **β Ro** 38 bestiae silvarum (silvae **Ro**) + Catuli leonum rugientes ut rapiant et quaerant a deo escam sibi **β Ro** ‖ cum *def.* **C** ‖ masculis **C** *p.c.* ‖ nidore] *def.* **C** odore **β Ro** ‖ *p.* nidore *add.* ipso **Z** 39 ducentes **C Z** ‖ *a.* a *add.* et **C** ‖ usque *def.* **C** ‖ ipsos *om.* **S NF** ‖ pedes *def.* **C** ‖ blandientes **Z** *p.c.* 40 lambebant **C Z** ‖ me *prim. om.* **NF** ‖ devorandum *def.* **C** 41 atque incolumem *def.* **C** ‖ iacensque *def.* **C** ‖ *p.* illic *ca. 8 litt. eras.* **Z** 42 perpessum cogitans. Igitur **C** ‖ *a.* Cogitans *add.* et **M** ‖ igitur *om.* **M** ‖ et *del.* **C** ‖ sic] *om.* **S** prorsus **β Ro** 42/43 pepercisset deus] Dominus pepercisset **Ro** 43 reversus sum **C** *p.c.* 44 rursus *del.* **M** ‖ iterum *om.* **Z** ‖ multo mihi **C Z** multo *om.* **V** 45 violentius **Z** vehementior **M** *p.c.* 45/46 ore – peccare] Gr: βλασφημῆσαι (*idem* Syr) 45 ore *om.* **N** ‖ ac sermone] blasphemando **β** blasphemo **Ro** 46 *in marg.* De secunda temptatione eius **b** ‖ enim *add.* **E** ‖ in quandam *om.* **S** ‖ ex Aethiopia] aithiopissam **β Ro** ‖ puella **S** *p.c.* 47 memineram] minervam *corr. ex* menervam **C** ‖ iuvenali **C** *a.c.* ‖ me memini estivo *corr. ex* messium **C** 48 calamos *om.* **N** ‖ collegentem **C** *a.c.* **M** *a.c.* ‖ sedere *transp. a.* supra **Ro** 49 me – omnia] omnia mea **Ro** 49/50 coisse – crederem] cum ea me pene scelus commisisse putarem **Ro** 50 putarem **β** ‖ Iratus] *corr. ex* Ira **G** *add. in marg.* **F** ‖ eam dextera *def.* **C** ‖ ac *om.* **Z β Ro** ‖ statimque **β Ro** 51 videtur, evanuit *def.* **C** ‖ videretur **S F** ut visum est **Ro** ‖ Ex *def.* **C** ‖ Ex quo] Et si mihi dicenti credis **β Ro** ‖ totum – qua *def.* **C** ‖ totum] tantum **Z** *p.c.* **F** *p.c.* ‖ *p.* qua *add.* eam **M** qua illam **β Ro** 52-54 manus – atque *def.* **C** 52 manu **Z** *p.c.* **M** *p.c.*

23.9 Maxima igitur animi anxietate ac desperatione perterritus ad intima atque vastissima errabundus deserta perrexi. Ubi cum aspidem modicam repperissem, manu tentam genitalibus membris iratus adposui, ut mortem mihi vel morsus eius inferret, caput etiam serpentis perfricando conterens in verendis, quasi ex his mihi temptationis ipsius causa procederet.

(§6) 23.10 Et ne sic quidem me anguis momordit, §et hoc tunc, cum mihi talis in sensus vox descendisset, audivi: ‚Vade‘, inquit, ‚Pachon, insiste 288 D agoni tuo. Ob hoc enim permisi ⌜te daemonis virtute superari, ne inciperes quasi fortior superbire, sed ut agnoscens infirmitatem tuam non ex conversatione vitae tuae aliquam fiduciam gereres, sed ut ad auxilia semper divina confugeres.‘“

23.11 Qui, posteaquam ita ei satisfactum est, ad propria secreta remeavit de cetero cum fiducia sedens neque ullo certaminis angore iam laborans, sed reliquos aevi dies pacatis sensibus vivens. „Ille autem meus“, ut aiebat, „inimicus, cum se ita a me contemni videret neque ultra molestus mihi esse posset, abscessit.“

---

54 perveni **C Z** 55 admovi **Ro** 56 eius *transp. a.* mihi **C** || confricando **NF** 57 in *def.* **C** || mihi *om.* **Z** || ipsius *om.* **Z Ro** 59 nec **SM β** || siquidem **NF** || momordit + divina sicut (sicut divina **NF**) credo gratia providente **β Ro** (me gratia **Ro**) || cum *add.* **M** 60 in *def.* **C** || sensu **C** || *p.* vox *del.* diem **S** || descendisse + *ca. 5 litt. eras.* **S** || Vade *def.* **C** || inquit *del. et rest.* **M** || Pachon **Z** *p.c.* pachomi *cett.* **Ro** 61 tuo *def.* **C** || Ob] Ad **G** || hoc] quod **N** 62 ut *del.* **M** || tuam *om.* **C** || non] nec **β Ro** 63 gerere **C** gerens **β Ro** || sed ut *om.* **β Ro** || ut *del.* **M** 64 semper *def.* **C** || divina semper **S NF** 65 Qui – ei] Postquam igitur mihi **β Ro** || postquam **Z** || *p.* posteaquam *ca. 5 litt. eras.* **S** || ei ita **Z** ei *om.* **S** || est *add. a.* ei **C** 66 remeavi **S β Ro** || *p.* remeavi *ca. 3 litt. eras.* **S** || *p.* angore] sollicitudinis **C SM** vel sollicitudine **β Ro** *(glossema esse suspicor; cf. Praef. C4)* 67 sed – dies] de reliquo se videns **Z** || aevi *in ras. + ca. 4 litt. eras.* **S** || pacatis *corr. ex* pacis **b** || vivens] *in ras.* **S** vivere **Z** agens *in ras.* **M** || Ille *in ras.* **S** || Cum autem ille (Cum *in ras.*, autem *add.*) **M** || *p.* autem *3 litt. eras.* **S** 68 meus *add.* **M** || agebat **C** || ut agebat meus **Z** || ut aiebat *om.* **β Ro** || cum] *def.* **C** *del.* **M** || a] *om.* **VB F** *add.* **bG N** || contemptum esse **Ro** || videret contempni **E** 68/69 videret – abscessit *def.* **C** 68 *a.* neque *add.* ut **Z** 69 possit **Z S** *a.c.* **M** *a.c.* || confusus abscessit + His (Is **V**) itaque verbis contra insidiantium daemonum pugnas sanctus pachomius me confirmans fortioremque faciens ad certamen adversum (adversus **b** *a.c.*) spiritum fornicationis divina gratia tolerandum sufficienter me exhortatum remisit ad cellam. **β Ro**

Explicit de pachon **Z**

24. De Stefano (Ro.: Caput XII.)

24.1 ⌜Stefanus quidam oriundus ex Libya in parte eorum locorum, *(§1)* 289 A quibus Marmaricae et Mareotidis nomen est, per sexaginta annos sedens usque adeo perfectus factus est monachus tantumque habuit in discernenda rerum ambiguitate iudicium, ut eiusmodi divinam gratiam mereretur, hoc est, ut, quicumque ad ipsum ex quacumque re tristis aliquando venisset, post visionem eius atque sermonem laetus abscederet.

24.2 Notus autem hic et sancto ⌜Antonio fuit; pervenit etiam usque ad 289 B nostri temporis dies. Quem ego quidem videre non potui, eo quod separabant nos longa intervalla terrarum.

24.3 Sanctus autem Ammonius et Evagrius et qui cum ipsis erant mihi *(§2)* aliquando referebant dicentes, quod repperissent eum quondam tali aegritudine laborantem, ut in ipsis naturae verendis quodam ulcere (quod quidam phagedaenam appellant) cruciaretur: „Quem, dum a quodam medico curaretur, invenimus opus quidem manibus facientem suis et torquentem de palmulis funes ac nobiscum sermocinantem, ceteras vero corporis partes medico ferroque praebentem. Qui adeo alienus erat a sensu doloris, ut alterius crederet membra concidi. ⌜Abscisis itaque verendis 289 C partibus cunctis nihil penitus sentiebat: In tantum separata mens ipsius erat a rebus humanis et caelestibus solis cogitationibus occupata.

24.4 Nobis autem tam tristitia repletis quam ipsius horrore confusis *(§3)* cogitantibusque, quod talis illius viri vita talem incidisset in morbum, ut

---

ad totum capitulum cf. Soz. hist. eccl. 6,29,23-24; Nicephor. Callist. hist. eccl. 11,36 (701 B-D)

α = **C SM** β = **VB bG E NF** *hab.* Lat. II (Caput XVII.)
Gr: PTVC Syr: R1, R2, R4, Rm 2+4 **Ro**

XXXIII De stephano monacho ex libya genus ducente **S** XIIII *corr. ex* XIII **M** XIIII **B bG E** De beato stephano. Caput XXIIII **N** De beato stephano **F** Inc.] *def.* **C** *om.* **V**

1 Stefanus – eorum *def.* **C** || eorum *om.* **M** 2 mareotides **C** mariotides **SM** || septuaginta **M** LXta **G** 5 ut *om.* **NF** || ad ipsum *add. in marg.* **b** 6 visitationem **C** iussionem **F** || eius *def.* **C** 7 sancto viro **β Ro** || autem etiam **Ro** 8 quidem *om.* **E** || videre *def.* **C** 9 nos *def.* **C** 10 *in marg.* De virtute animi beati stefani monachi **b** || autem] *def.* **C** *add.* **N** || Ammonius] antonius **N** || cum *def.* **C** 11 quondam] *om.* **M** quodam tempore **Ro** 11/12 talia egritudine **C** 12 verecundis **β** *praeter* **V** *p.c.* **G** 13 faganam **C** fagadenam **SM** phagadenam **β** phagedaenam **Ro** Gr: φαγέδαιναν || vocant **N** || Qui **C β Ro** 14 curaretur] vocaretur **N** || invenimus inquiunt **Ro** || eum opus **β Ro** || facientem manibus **NF** 15 torquentibus **C** || de – sermocinantem *om.* **C** || palmis **V Ro** 16 adeo + per gratiam patientiae **β Ro** 16/17 a sensu *def.* **C** 17 doloris] corporis **β Ro** || membra concidi *def.* **C** 17/18 itaque – tantum *def.* **C** 18 cunctis partibus **b** *a.c.* 20 Nobis *def.* **C** || tam *def.* **C** || ipsius languoris **β Ro** 21 cogitantibusque *(cf. Praef. C4)*] cogitationibusque **S** *a.c.* **M** *a.c.* **b** *a.c.* **NF** cogitationibus **S** *p.c.* **M** *p.c.* 20/21 confusis cogitantibusque] Gr: σιαινομένων (λογιζομένων T) 21 *a.* quod *ca. 8 litt. eras.* + et *in ras.* **S** || talis] huiusmodi **β Ro** || illius – vita *def.* **C** || vita viri **NF** 21/22 in – eum *def.* **C**

sic eum necesse esset secari, hoc ille dicebat: ‚Filii', inquit, ‚videte, ne animi vestri ex valitudinis istius contemplatione laedantur. Nihil enim eorum, quae fecit deus, ex aliqua malignitate descendunt, sed omnia ad bonum finem et votivum exitum expectant. Fortassis autem et ipsa pars corporis talibus dedi suppliciis merebatur, meliusque ipsi erat hic recipere
289 D vicem quam ad aeterna tormenta post hoc ⌜saeculum reservari.' Hac itaque suorum contemplatione sermonum aedificatos nos confirmatosque dimisit."

24.5 Idcirco vero haec ego rettuli, ne novum forte sit nobis, si aut vidimus sanctorum aliquos huiuscemodi aegritudine laborantes aut deinceps viderimus.

25. De Valente (Ro.: Caput XIII.)

(§1) 25.1 Valens nomine iterum quidam fuit Palaestinus quidem genere, sed Corinthius mente. In Corinthiorum enim sensibus semper tumor quidam

---

22 hoc – dicebat *def.* **C** || ille + beatus dei servus stephanus sentiens sic **β Ro** || inquit] *del. et rest.* **M** *om.* **β Ro** 22/23 videte – ex *def.* **C** 23 istius] huius **Ro** || contemplatione *def.* **C** 24 eorum *def.* **C** || facit **β** (*praeter* **G**) **Ro** || descendit **C b** *p.c.* **N Ro** || ad *del.* **M** 25 exitium **b** *a.c.* || expectant **M** *p.c.* **NF** expectans **C S** *a.c.* **M** *a.c.* spectant **S** *p.c.* **β** (*praeter* **NF**) **Ro** 26 corporis mei *add. in marg.* **M** || talia *corr. ex* talis **M** spiritalibus **β** || dedi **β** (dedita **V**) **Ro** *(cf. Praef. C4)* puniri dei **C** de dei **SM** || suppliciis] iudicio **M** || ipsi] *in ras.* **S** illi **β Ro** 26/27 vicem recipere **NF** 27 Haec **β** (hic **b** *p.c.*, hac **NF**) **Ro** 28 contemplatio **VB Ro** || sermonum *om.* **NF** || sermonum + ad patientiae studium nos **β Ro** || aedificatus **C** *a.c.* aedificans **F** || nos *om.* **β Ro** || confirmatusque **C** *a.c.* 30 vero *om.* **NF** || ego *om.* **β Ro** || novum] quisquam **β Ro** || forte] *add.* **B** *transp. p.* si **NF** || forte quisquam **E** || sit nobis] sit vobis **C** miretur **β Ro** || aut] *del.* **V** *om.* **Ro** 31 vidimus] *fort.* viderimus **S** *a.c.* videmus **β Ro** || aliquem **β Ro** || huiusmodi **Ro** || laborantem **β** (laborare **NF**) **Ro**

De Valente

α = **C SM**	β = **VB bG E NF**	*om.* Lat. II
Gr: PTAVC	Syr: R1, R3	**Ro**

XXXII De monacho nomine valens quem diabolus decepit **S** XIIIII **M** XV **β** *praeter* **NF** De valente. Caput XV **N** De valente **F** Inc. *om.* **C**

1 *in marg.* De corinthiorum moribus tumidis ac mente **b** || fuit quidam **Ro** || quidem] *om.* **G** quidam **N** 2 corinthus mente **M** *a.c.* mente corinthus (Corinthius **Ro**) + id est (ideo **Ro**) sensu inflatus **β Ro** (*27*) || sensibus] animis **β Ro** || semper – quidam *def.* **C**

et *inflatio mentis* apparet. ⌜Qui ad tantum superbiae cacumen ascendit, ut 290 A
diabolicis inrisionibus ac fallaciis vinceretur. Nam paulatim eum in docendo deceptum ad hoc daemon adduxerat, ut ita in se nescio quid esse magnum putaret, tamquam cotidie angelorum visione frueretur.

25.2 Referebant igitur, quod uno quodam die, dum in tenebris opus *(§2)*
faceret, acus illi, qua sportellam consuebat, excidisset e manibus neque posset eam, quia in obscuro non cerneret, invenire. Cui lampadem daemon accendit, et sic ⌜acum, quam quaerebat, invenit. Rursus ex ipsa inflatione 290 B
refectus est factus et in tantum superbia vani tumoris elatus est, ut sanctorum quoque mysteriorum contemneret communionem.

25.3 Evenit autem, ut quidam illuc peregrini venissent et varia leguminum genera, nucum atque pomorum ad ecclesiam fratribus exhiberent. §Quos cum suscepisset sanctus Macharius presbyter noster misissetque *(§3)*
singulis tantum, quantum manus capere possit unius, inter quos etiam Valenti partem cum ceteris destinasset, Valens eum, qui transmissa detulerat, iniuriis plagisque confecit hoc ei dicens: „Vade", inquit, „et dic Machario, quod non sum illo deterior, ut benedictiones ad me ille transmittat."

25.4 Cumque hunc eius errorem Macharius sanctus audisset atque ad eum alio ⌜die solacii causa consiliique venisset diceretque ei: „Inductus es, 290C

---

3 *et app. crit. ad lin.* 2 *cf.* 1. Cor. 4,18/19 *et* 5,2 (*cf.* HL Cap. 6, §1 *et* Cap. 47, §15) *app. crit. ad lin.* 3 1. Cor. 5,2

---

3 mentis apparet *def.* **C** || apparet + sicut ad eos scribens beatus (beatus *om.* **N**, *add. p.* apostolus **F**) apostolus paulus (paulus *om.* **N**) *(290 A)* de hoc exprobrat vitio dicens: Et vos inflati estis. Hic ipse valens postquam pervenit (venit **b**) ad heremum in qua (quo **VB b** *p.c.* **G E**) per plurimos annos vixit nobiscum difficilisque vitae assecutus est studium **β Ro** (*76*) || Qui *om.* **β Ro** 3/4 ad – in *def.* **C** 3 ad] in **M** 5 docendi elatione **β Ro** || hoc *add.* **S** || ut *def.* **C** || in *om.* **β Ro** || esset **NF** || *p.* esse *ca. 2 litt. eras.* **S** 6 *p.* magnum *ca. 8 litt. eras.* **S** || *p.* putaret *ca. 9 litt. eras.* **S** || visione ministerioque **β Ro** 7 *in marg.* De lampade ministerio demonum accensa **b** || Referebant **C** *p.c.* **β Ro** Referebat *cett.* Gr: διηγοῦντο *vel* διηγήσατο (P) Syr: „ils racontaient" (R1) *vel* „ils rapportaient" (R2) || igitur + eius notissimi **β** (eius *om.* **G**) **Ro** || opus *def.* **C** 8 fecerit **C** *a.c.* || e *corr. ex* de **M** 8/9 neque – eam] et cum eam non posset **β** (e – posset *add.* **N**) **Ro** 9 possit **C** *a.c.* **S** *a.c.* || *p.* cerneret *ca. 6 litt. eras.* **S** 9/10 Cui – et] lampade ministerio daemonis ei accensa **β Ro** 9 Cui *def.* **C** || lampadam **S** 10 quaerebat] perdiderat **β Ro** || invenisset **β Ro** 10/11 Rursus – et] Unde tantam inflationem mente concepit *in ras.* **M** 11 est – et *om.* **β Ro** || tanta **M** *a.c.* || superbia vani *def.* **C** || superbiae **Ro** || vani *om.* **V Ro** || *a.* tumoris *2 litt. eras.* **S** || tumorem **Ro** || ut *in ras.* **SM** 12 sacrorum **β Ro** || misteriorum christi **β Ro** || communionem contempneret **β** 13 venirent variaque **β Ro** 13/14 legumina **M** *a.c.* 15 Quos] quae **Ro** || sanctus] beatus **NF** || misit *corr. ex* misitque **C** 16 tantum *om.* **Ro** || quantum *add.* **b** || manus *add. in marg.* **E** || posset **C** *p.c.* **β Ro** 17 cum valenti **C** *p.c.* **β Ro** 18 conficit **C** *a.c.* || inquit] *del. et rest.* **M** *om.* **β Ro** 19 illo *om.* **V Ro** 19/20 transmittat *def.* **C** 21 eius *om.* **S** || errorem – audisset *def.* **C** || sanctus macharius **NF** 22/23 eum – potuit *def.* **C** 22 seductus **G Ro**

Valens, quiesce de cetero.“, hoc ei persuadere non potuit et, cum penitus ab eo non audiretur, abscessit.

(§4) 25.5 Certus igitur coepit esse iam daemon, quod ita, ut ipse voluisset, fallaciis ipsius ac dolis crederet Valens, moxque de eius perditione securus ista machinatur: In effigiem salvatoris transfiguratus nocte ad eum venit cum choro quodam mille, ut finxerat, angelorum lampadas accensas tenentium et cum flammea rota, in qua salvatorem sedere simulaverat, praecedente uno ex ipsis eique ista dicente: „Placuit“, inquit, „Christo conversatio tua ac fiducia probabilis vitae, et venit ad te desiderans te
290 D videre. Egredere igitur e ⌜cella tua nihilque aliud facias, nisi ut venientem eminus cernens inclinus adorare festines sic deinceps ad proprium habitaculum reversus.“

(§5) 25.6 Egressus igitur e cella sua credensque se cernere divina ministerii officia cunctaque lampadum fulgore rutilantia et ipsum antichristum non ultra unius spatium stadii constitutum procidit pronus in terram et eum, quem dominum crederet, adoravit.

25.7 In tantum ergo laesa mens eius erat, ut, cum sequenti die ecclesiam fuisset ingressus, collectis in unum fratribus diceret: „Ego iam“, inquit, „communione non egeo; Christum enim ipsum vidi hodie.“

25.8 Tunc demum venerabiles patres ferreis eum vinculis inligatum
291 A ⌜per universum annum propriis orationibus curaverunt. Haec autem fuit forma medicinae: Saecularis eum vitae conversationi dederunt, ut ex eo,

---

29 *cf.* Dn. 7,9

---

ad §5 *cf.* HM 2,12; Vita Pachom. prim. 87 (= Act. SS. §55); alt. 80 (lat. 48); tert. 137; Sulp. Sev. Mart. 24,5-6; AP Nau 310 = PJ 15,68 = AP Bu 2,28; AP Nau 312 = PJ 15,70 = AP Bu 2,36; AP Nau 313 = PJ 15,71 = AP Bu 2,454 = AP Chaîne 146; AP N 421 (= Nau 393); Vita Sim. 6   27 *cf.* Greg. Tur. vit. patr. 10,2   42/43 *cf.* Vitae patr. Iurens. 33

---

23 frater valens **β Ro** || quiescere **S** *a.c.* **M** *a.c.* quies **E** *p.c.* || cetero] reliquo **M** || cetero + ac dominum deprecare **β Ro** || suadere **M** 24 audiretur + tristis de eius ruina factus **β Ro** 25 iam *def.* **C** || iam daemon coepit esse **E** || voluit **β Ro** 26 ipsius] eius **β Ro** || cederet **β Ro** || securus *def.* **C** 27 effigiem *def.* **C** || nocte *def.* **C** 28 quodam *def.* **C** || fixerat **M** *a.c.* || lampades **E Ro** 29 flamminea **C** *p.c.* || sedere *def.* **C** 30 procedente **NF** || uno] eo **b** || ipsis] *def.* **C** eis **NF** || inquit] *def.* **C** *del. et rest.* **M** *om.* **β Ro** 31 probabilis *def.* **C** 32 cella *def.* **C** 33 inclinus] *def.* **C** inclinans te **β Ro** 35 Reversus **C** || e] *om.* **C** de **F** || cellula **S** || misterii **bG N** misteria **F** 36 *p.* cunctaque *add.* loca **C** || lampadis *corr. ex* lampadas **C** || illius (*corr. fort. ex* illo) fulgore **C** || ante se christum (se *add.*) **M** 37 *p.* ultra *ca. 3 litt. eras.* **S** || procidit] procedit **C** *a.c.* **S** *a.c.* protinus **V** || pronus] protinus **b** || terra **C B** || et *om.* **SM** 38 quem] que **C** *a.c.* **M** || deum **C Ro** || crederet] *def.* **C** credens **M** *p.c.* || oravit **NF** 39 ergo] igitur **Ro** 39/40 laesa – inquit *def.* **C** 39 cum *om.* **NF** 40 inquit] *del. et rest.* **M** *om.* **β Ro** 41 communionem **C G** *a.c.* **F** communicatione **M** *a.c.* || enim] etiam **E** || hodie vidi **M** *p.c.* 42 Tum **SM** || fratres **M** 44 eum – eo *om.* **C** || vitae *om.* **F** || conversationis **SM**

quod nihil haberet commune cum sanctis, inflatio animi ipsius tumorque cessaret – ut solet dici: contrarias res contrariis debere curari medicinis.

25.9 Valde autem et hoc necessarium credo legentibusque arbitror (§6) profuturum, quod talium quoque vitas hominum paginis libelli huius inserimus, sicut et inter sanctas paradisi arbores *lignorum illud, per quod bonum malumque cognoscitur*, insitum scimus, ut, si quando in vita aliquid sua grande quis fecerit, non ex eo tamquam propriae virtutis ostentatione se iactet. Frequenter enim et ipsa magnarum palma virtutum causa nobis cuiusdam et ⌜occasio fit ruinae, nisi ad gloriam recti propositi 291 B itinere venire properemus. Scriptum est enim: *Vidi iustum in sua perire iustitia; et hoc enim vanitas est.*

26. De Heron (Ro.: Caput XIV.)

26.1 Heron quidam nomine fuit vicinitate proximus mihi, Alexandrinus (§1) genere, urbanus et iuvenis, mentis argutae et probabilis vitae. Qui et ipse post multos labores animae quodam tumore sic corruit, ut supra sanctos

---

49/50 *cf.* Gn. 2,9 54/55 Ecl. 7,16 55 Ecl. 2,26 *parr.*

---

46 Hippocr. flat. 1,1: ἑνὶ δὲ συντόμῳ λόγῳ τὰ ἐναντία τῶν ἐναντίων ἐστὶν ἰήματα; aph. 2,22: ἀπὸ πλησμονῆς ὁκόσα ἂν νοσήματα γένηται, κένωσις ἰῆται, καὶ ὁκόσα ἀπὸ κενώσιος, πλησμονή, καὶ τῶν ἄλλων ἡ ὑπεναντίωσις; Hier. epist. 121 praef. 5: iuxta Hippocraten contraria contrariorum remedia; Cassian. inst. 12,8,1: medicus deus ... contrariis sanare contraria procuravit; Greg. M. in evang. 32,1 (1232 D): coelestis medicus singulis quibusque vitiis obviantia adhibet medicamenta. ... Dominus noster contraria opposuit praedicamenta peccatis.[1]
52-54 *cf.* Vitae patr. Iurens. 77

[1] Cf. Butler II, p. 201, n. 42.

---

45 *a.* quod *add.* nam eo **C** 46 cessavit **C** *p.c.* || dici solet **F** *a.c.* || curare **bG NF** || remediis **β Ro** 47 et hoc *def.* **C** 48 libelli *def.* **C** 49 inseruimus **Ro** || et *om.* **C** || sanctas *om.* **C** || lignum **C** *p.c.* **β** (lignum quoque **E**) **Ro** 50 bonum *def.* **C** || inscitum **S** *a.c.* **M** *a.c.* **bG N** || scimus *def.* **C** 51 quid *corr. ex* aliquid **E** || grande sua **E** 51/52 non – iactet *add. interlin.* **N** 51 tamquam *def.* **C** 53 causa *def.* **C** || nisi *om.* **N** || propositi recto **β Ro** 54 est *def.* **C** 55 et *def.* **C** || enim] utique **β Ro**

De Heron
α = C SM **β = VB bG E NF** *om.* Lat. II
Gr: PTWAVC Syr: R1, R3 **Ro**

XXXIII De cheron quodam nomine quod alio modo et ipse deceptus sit (quod – sit *add. m. a.*) **S** XVI **M β** *praeter* **NF** De hyrone. XVI **N** De hyrone **F** Inc. *om.* **C**

1 Heron (*cf.* Cap. 47, §7)] *def.* **C** Cheron **SM** Hyron **NF** 1/2 vicinitate – vitae *def.* **C** 2 Qui *om.* **β Ro** 3 labores + nimiosque sudores vitamque summum plenam virtutibus **β Ro** || quodam] in quendam *corr. ex* quendam **C** nescio quo **Ro** || tumorem **C** || corruit] incurrit *corr. ex* currit **C** || supra *def.* **C** || sanctos] suos **V** *p.c.*

ac venerabiles patres esse se crederet tamque iniuriosa contra sanctum Evagrium verba iactaret, ut diceret ei: „Maximo errore falluntur, qui 291 C ⌜doctrinae tuae credunt: *Non enim oportet aliis praeter Christum uti magistris.*“

26.2 Abutebatur autem et testimonio sancto ad propositum stultitiae propriae roborandum dicebatque, quod salvator ipse dixisset: „*Nullum in* (§2) *terris vocetis magistrum.*“ §Qui et ipse in tantam cordis obtusione incidit caecitatem, ut ipsum quoque postea esset necesse catenis ferroque vinciri, eo quod iam nec ad sancta mysteria vellet accedere.

26.3 Ita autem, ut se rei veritas habet, in inmensum subtilis modum vita ipsius erat, quemadmodum multi, qui cum ipso vixerunt, referebant, ut post tres menses cibum frequenter acciperet, sola sanctorum mysteriorum communione contentus herbisque silvestribus, si quas invenire potuisset.

291 D 26.4 ⌜Ego quoque eum videor expertus tum, cum una cum beato (§3) Albano pergerem Scithin. §Distabat autem ipsa Scithis a nobis quadragesimo lapide. In quibus bis manducavimus et ter aquam bibimus; ille vero nihil cibi sumens, sed pede iter faciens quindecim primum reddidit psalmos. Tunc et illum, qui est maximus, dixit. Post illam, quae est ad Hebraeos, epistolam et Esaiam et partem Hieremiae et Lucam evangelistam et Salomonis proverbia ita memoriter ambulans legit, ut adsequi non possemus eum tanta etiam velocitate properantem.

6/7 *et* 9/10 *cf.* Mt. 23,10 *et* Jo. 13,13

10-12 *cf.* Vitae patr. Iurens. 33

---

4 se esse **N** ‖ tamquam **VB** ‖ iniuriose **C** 4/5 evagrium sanctum **E** 5 ei *om.* **M** 6 enim *add.* **F** ‖ aliis] *om.* **V** alios **B** *a.c.* **bG E** alio **B** *p.c.* **Ro** ‖ christo **S** 7 magistros **V B** *a.c.* **bG E** magistro **B** *p.c.* **Ro** 8 et *om.* **E** 9 propriae] suae **E** ‖ laborandum **N** 10 vocetis *def.* **C** ‖ obtunsi **VB** obtusi *cett.* **β** (obtusi cordis **E**) **Ro** ‖ incedit **C** *a.c.* **S** *a.c.* 11 ipsum] eum **β Ro** 13 Ita – ut] Ut autem **β Ro** ‖ in] *om.* **C b Ro** *add.* **M** ‖ immensae **b Ro** 13/14 subtilis – quemadmodum] virtutis ac vitae fuit atque subtilis (sublimis **b**) ita ut **β Ro** 13 modum suptilis **M** *p.c.* 14 referrent **β** (referunt **N**) **Ro** 15-17 ut – potuisset *in ras.* **S** 15 ut *om.* **β Ro** ‖ eum cibum **β Ro** ‖ non *corr. ex* frequenter **C** ‖ accipere **β Ro** 16 contentum **β Ro** ‖ quas] qua **C** eas **M** *p.c.* ‖ inveniri **NF** 17 *p.* potuisset *add.* vescebatur **C** 18 vidi **C** *p.c.* ‖ *p.* videor *ca. 3 litt. eras.* **S** ‖ experte **C** *p.c.* ‖ tum, cum] dum *corr. fort. ex* cum **M** eo tempore quo **β** (quod **NF**) **Ro** ‖ una] *in ras.* **S** simul **β Ro** ‖ beato *def.* **C** 19 autem ipsa *def.* **C** 19-22 quadragesimo – psalmos *def.* **C** 19/20 quadragesimo *in ras.* **M** 20 In – bis] in quo itinere bis *in ras.* **M** ‖ *a.* manducavimus *add.* nos **M** 21 XVcim **G** 22 et illum *def.* **C** ‖ dixit. Post *def.* **C** ‖ postmodum **M** *p.c.* **β Ro** ‖ illam] autem **M** *p.c.* ‖ est *in ras.* **M** 23 epistolam apostoli et (apostoli *in ras.*, et *add. in marg.*) **M** ‖ Esaiam **β** esaiae **α** Isaiam **Ro** Gr: Ἠσαΐαν ‖ et *sec.*] *del.* **M** *om.* **β Ro** ‖ partemque **β Ro** ‖ et hieremie **M** ‖ luce *corr. ex* lucan **S** 23/24 evangeliste **S** *p.c.* 24 et *om.* **Ro** ‖ solomonis **S** *a.c.* ‖ ut + eum gradientem **β Ro** ‖ obsequi **N** 25 possimus **C** *a.c.* **S** *a.c.* ‖ eum – etiam] a nimia **β** (a *del.* **E N**) nimia **Ro** ‖ tantam ... velocitatem **C** *a.c.* ‖ etiam *del.* **M**

26.5 Hic igitur ad postremum quasi quodam exagitatus incendio in (§4)
cellam quidem suam non rediit, ⌜profectus autem Alexandriae civitatem 292 A
veluti ordinatione divina clavo clavum, ut memoratur, excussit. Incidit enim propria voluntate in eos, cum quibus istius mundi more vivebat, unde tamen postea remedium propriae salutis invenit. Inter enim erat et circi spectaculis et theatri et in tabernis diebus ac noctibus morabatur.

26.6 Cumque in his voracitati atque ebrietati se penitus dedisset, in
feminei desiderii incidit caenum §et, dum peccare meditatur, cum mima (§5)
quadam coepit loqui proprium ei vulnus insinuans. ⟨...⟩ pustella quaedam, quam carbunculum vocant, nata est ei in ipsis verendis ac tanta per sex menses aegritudine laboravit, ut naturalia ipsius putrefacta radicitus caderent.

26.7 Postea vero, cum sanitatem excepta illa parte ⌜membrorum, quam 292 B
perdiderat, recepisset, ad divinam sapientiam rediit sanctis patribus cuncta confessus, paenitentiam tamen factis implere non potuit, quia post paucos dies debito fine requievit.

---

28 Arist. Pol. 1314 a 4: ἥλῳ γὰρ ὁ ἧλος, ὥσπερ ἡ παροιμία; Diogenian. 5,16: ἥλῳ τὸν ἧλον, καί, πάτταλον ἐξέκρουσας παττάλῳ; Greg. Cypr. (Cod. Mosq.) 3,60: ἧλος τὸν ἧλον, πάτταλος τὸν πάτταλον ἐξέκρουεν; Apostol. 14,1: πάτταλος παττάλῳ προσκρούεται; Poll. Onomast. 9,120: ὅθεν καὶ ἡ παροιμία ἥλῳ τὸν ἧλον, παττάλῳ τὸν πάτταλον (*cf. Strömberg, p. 23:* Aristaenetus: σίδηρος σιδήρῳ ἐλαύνεται); Cic. Tusc. 4,75: tamquam clavo clavum eiciendum putant; Evagr. Pont. pract. 58 = cap. pract. B 58 (1248 C): τὸ δὴ λεγόμενον ἥλῳ τὸν ἧλον ἐκκρούειν; Hier. epist. 125,14: solent ... quasi clavum clavo expellere *et al.*

---

26 postremum + maligni daemonis fraude **β Ro**   27 cella **C** *p.c.* **S** *p.c.* || quidem *del.* **C** || suam non rediit *supplevi ex* **β Ro** *(cf. Praef. C4)*   *om.* **α**   Gr: αὐτοῦ καθεσθῆναι οὐκ ἠδυνήθη (*idem* Syr) || autem *del.* **M**   28 et *(add.)* velut **C** || ordinationem divinam **C** *a.c.* || clavo – memoratur *in ras.* **S** || clavum clavo **β Ro** || ut – excussit *def.* **C** || ut *corr. ex* et **M** || memoratur] dici solet **β Ro** || Incedit **C S** *a.c.* **M** *a.c.*   29 propriam voluntatem **α** *a.c.* || mundi] modi **N Ro**   30 tamen invitus **β** (intus **V**) **Ro** || propriae *om.* **Ro** || Intererat enim **C** *p.c.* **M E F Ro** || enim *add.* **M**   30/31 et circi *om.* **E**   31 circum **V F** *a.c.* || spectaculi **NF** || et *prim. om.* **E** || et theatri *del.* **M** || theatris **S**   32 *p.* voracitati *lac. ca. 5 litt.* **F**   33 femineum desiderium *corr. ex* femineo desiderio **C**   feminei quoque desiderii **β Ro** || incedit **S** *a.c.* || caenum *del.* **C** || dum] cum **NF** || *a.* cum *add.* ac **C** || mima] Femina *corr. fort. ex* minima **C**   ima *corr. ex* anima **E**   34 vulnus] munus **C**   vultus **b**   Gr: ἕλκος   Syr: „passion" || *a.* pustella *lac. indicavi (cf. Praef. C4)*; *cf.* Gr: τούτων οὕτως διαπραττομένων   Syr: „en faisant ces choses" (R1)/„Les choses se faisant donc ainsi" (R3) || *a.* pustella *ca. 9 litt. eras.* **S** || pustula **C** *p.c.*   Postula **Ro** || enim quaedam **M** *p.c.* **β Ro**   35 carbunculus **V** || tanta *corr. ex* tam **M**   36 laborabat **β Ro** || ut – ipsius *def.* **C**   36-38 radicitus – Postea *def.* **C**   38/39 sanitatem – cuncta *def.* **C**   38 sanitate **S** || illam partem **S** *p.c.*   39 patribus + quae ei acciderant **β Ro** (***11***)   40 facti **M** *p.c.*   41 dies *add.* **S** || quievit **Ro**

27. De Ptolomaeo (Ro.: Caput XV.)

(§1) 27.1 Alius iterum Ptolomaeus nomine eo more vivebat, ut difficile possit referri, quia inenarrabilis videtur.

27.2 Habitabat autem ultra illa, quae Scithin saepe diximus, loca in ea parte, quam Climeam vocant, in quo tamen loco nullus valebat habitare, eo quod ab octavo decimo lapide puteus erat fratrum alibi commanentium.

27.3 Tum ille igitur Cilicenses illuc plures lagenas pertulit secum, quas
292 C Decembri et Ianuario mense spongia ⌜ex petris colligens rorem – multum enim tunc in ipsis regionibus cadit roris – implebat, idque ei per quindecim illo habitanti annos sufficiebat ad potum.

(§2) 27.4 Qui penitus separatus a doctrina atque conloquio sanctorum virorum, quorum sermo prodesse plurimum poterat, et a frequenti mysteriorum communione quasi alienus effectus in tantum a recto itinere deviavit, ut diceret nullam esse providentiam rerum, sed omnia suis quodammodo motibus ferri.

---

ad §2 *cf.* HM 29,2,3

α = **C SM** β = **VB bG E NF** *om.* Lat. II
Gr: PTAVC Syr: R1, R3 **Ro**

XXXIIII De ptholomeo quodam (*corr. ex* ptholomeum quoddam) qui et ipse similiter cecidit **S** XVII **M β** *praeter* **NF** De ptholomeo. XVII **N** De ptolemeo. Caput XVII **F** Inc. *om.* **C**

1 igitur iterum **NF** ‖ ptholomeus **NF** 2 *a.* inenarrabilis *add.* pene **M** ‖ videbatur **C** 3 Habitavit **β Ro** ‖ autem + inter initia **β Ro** ‖ illa *om.* **V** ‖ diximus *def.* **C** 4 quam – vocant] Gr: τὴν λεγομένην Κλίμακα ‖ clima **β Ro** ‖ vocant *def.* **C** ‖ tamen *del.* **M** ‖ nullus monachorum **β Ro** ‖ valebat *def.* **C** 5 ab *om.* **β Ro** ‖ erat – commanentium] aquae remotus esse videretur **β Ro** ‖ commanentium **C** (*cf. e. g.* Cap. 11, §6: ... patres sanctissimi in heremo commanentes)] communis manentium **SM** 6 Tum] Dum **S** ‖ igitur] autem **E** ‖ *a.* quas *add.* in **E** 7 et *def.* **C** 8 in *add.* **V** ‖ implebat *in ras. + ca. 12 litt. eras.* **S** ‖ Ideoque **NF** ‖ XVcim **G** 9 illo *(adv.)* **M** *a.c.* in illo loco **M** *p.c.* illic **F** *p.c.* **Ro** illos *cett.* (*del.* **C**) Gr: ἐκεῖ 10 doctrina spiritali **β Ro** (spirituali **Ro**) ‖ atque conloquio] colloquioque **β Ro** 11 quorum ei sermo **β Ro** ‖ ei plurimum **C** plurimum *om.* **S β Ro** ‖ a *add.* **M** 12 mysteriorum Christi **Ro** ‖ subito quasi **β Ro** ‖ affectus **N** 13 ut *def.* **C** ‖ nullam] In nullo + *ca. 2 litt. eras.* **S** 13-15 providentiam – eiusmodi *def.* **C** 14 ferri + Persuasit igitur ei (ei igitur **E**) vitae hostis humanae in eius animam prorsus ingrediens (ingrediens prorsus **N**) atque dicens: His ita se habentibus quid frustra consumeris (coneris **b**) ptholomee aut qua mercedis retributione laboras (labores **b**), cum nulla sit remuneratio (renumeratio *corr. ex* retributio **E**) meritorum? Quod si esset etiam (iam **N**) retributor (retributio **Ro**), quae merces pro tantis laboribus tibi sufficiet (sufficeret **Ro**). Quale vero iudicium scripturae minantur, ubi sine (sine *om.* **V**) providentia cuncta labuntur? His diabolicis cogitationibus miserrimus ptholomeus infractus fertur insaniens et a naturali discedens prudentia (providentia **bG**) **β Ro** (***36***)

27.5 ⸢Qui etiam usque ad praesens tempus in Aegypto cum eiusmodi 292 D
errore versatur voracitati tantum ebrietatique sic deditus, ut nullum prorsus cum aliquo soleat habere sermonem.

27.6 In hanc autem Ptolomaeus est dilapsus insaniam ex inrationabili quadam praesumptione secundum quod scriptum est: *Qui non habent gubernationem, cadunt sicut folia.*

28. De virgine Hierosolimitana (Ro.: Caput XVI.)

28.1 Noveram virginem quandam in Hierosolima cilicio vestitam ac semper inclusam nihilque eius cibi, qui voluptatem aliquam ⸢posset 293 B
exhibere, gustantem.

28.2 Quam ad postremum tam inmensae superbiae morbus invasit, ut talem ruinam, qualem dicimus, sustineret. Aperuit enim subito fenestram

---

19/20 *cf.* Prv. 11,14

---

ad §6 *cf.* HM 1,4,2.6,5

---

15 Qui *om.* **β Ro** || egyptum **S** *a.c.* **M** *a.c.* 16 versari **β Ro** || sic *om.* **Ro** || nullus **V** 17 cum *def.* **C** || bonum soleat **Ro** || sermonem + sed velut aeneus revertens de publico miserandum lacrimisque plenum spectaculum oculis christianorum expositus (expositus christianorum **E**), irrisio vero atque (atque *om.* **NF**) deceptio (deceptioque **F** *p.c.*) cunctis qui gratiam nostrae conversationis ignorant. **β Ro** 18 ex *in ras. ca. 6 litt.* **M** || ex inrationabili] exinde rationabili **C** *a.c.* **S M** *a.c.* ex irrationali **Ro** 18-20 inde rationabili – folia *in ras. + ca. 85 litt. (= 4¼ lin.) eras.* **S** 19 quadam praesumptione] qua dum praesumpti **S** || praesumptione + dum putat illusus ab (ab *add. in marg.* **N**) auctore facinorum, quod omnes sanctos patres scientiae virtute praecellat, per quam suus hostis effectus hanc foveam perditionis incurrit numquam cum talibus viris qui gubernaculis sapientiae spiritalis (spiritualis **Ro**) usi sunt loqui dignatus. Unde neglectus ac neglegens ad mortis profunda dilapsus est, sicut arbor foliorum (+ multitudine **E**) exuberans repente unius momenti tempore nuda (nudari **G**) aridaque monstratur **β Ro** || secundum – Qui *om.* **S** || secundum quod *corr. in marg. ex* sicut **F** 20 gubernacula **Ro**

De virgine Hierosolimitana *app. crit. ad lin.* 4 *cf.* Ecl. 4,1

α = C SM	**β = VB bG E NF**	*om.* Lat. II
Gr: PTAVC	Syr: R1, R3	**Ro**

XXXV De virgine hierosolymitana quae lapsu corruit **S** XVIII **M β** *praeter* **NF** De virgine quadam. XVIII **N** De quadam virgine **F** Inc. *om.* **C**

1 in] de **β Ro** || ac] et + per sex annos **β Ro** (*12*) 2 nihilque *def.* **C** || eius] ei **NF** || cibi *om.* **V Ro** || quo **C** quod **Ro** || possit **S** 4 postremum + divino auxilio (auxilio *om.* **N**) destitutam **β Ro** || superbiae *def.* **C** 5 dicemus **C** *p.c.*

cellae suae suscepitque eum, qui consueverat ei vitae necessaria ministrare, cum ipsoque concubuit.

28.3 Hoc autem malum inde descendit, quod non secundum caeleste propositum nec propter dilectionem dei ad monachicam venerat vitam, sed humanae vanitatis inlecebras, quae ex inanis gloriae cupiditate generantur, et propter infirmam atque instabilem animi voluntatem. Dum enim cogitationes suas omnes alienae vitae maledicis reprehensionibus
293 C occupabat, nullum omnino custodem propriae reliquerat ⌜castitati.

29. De Helia (Ro.: Caput XVII.)

293 D *(§1)* 29.1 ⌜Helias quidam nomine monachus magnam habuit devotarum deo virginum curam. Sunt autem tales quorundam animae, quarum propositum ultimi finis testimonio conprobatur. Qui amore virtutis

---

app. crit. ad lin. 13: *ad* insidias inimici *cf.* Eph. 6,11   *ad* occultos – evadere *cf.* 1. Tm. 3,7; (6,9); 2. Tm. 2,26 (*cf.* HL Prol. I, §5)

---

6 cellulae **β Ro**   7 *a.* cum *add.* atque **M** || ipso **M** *p.c.* (ipsa *a.c.*)   eo **Ro** || *p.* ipsoque *ca. 3 litt. eras.* **C** || concumbens **β Ro**   8 Hoc – descendit *om.* **S** || autem *add.* **M** || *a.* quod *2 litt. eras.* **S** || caeleste] spiritale **β**   spirituale **Ro**   9 monachicam] tam abstinentem **M**   monacham **VB b** *a.c.* **G**   10 *a.* humanae] *add.* propter **C**   *add.* secundum **M**   10 inlecebram **C** *a.c.* **S** *a.c.*   illecebra **β Ro** || ex inanis *def.* **C**   11 generantur] *def.* **C**   generatur **β Ro** || propter] per **β Ro**   11/12 instabilem – reprehensionibus *def.* **C**   11 voluptatem **E**   12 maledictis **SM**   13 occuparet + discedente ab ea angelo sanctitatis **β Ro** || castitati] *def.* **C**   castitatis (castitati **E**) + Idcirco autem religiosissime (religiosis **b** *a.c.* **G** *a.c.*, religiosissimorum **G** *p.c.*) hominum utramque vitam (utramque vitam religiosissimorum hominum **Ro**) (+ et eorum scilicet qui perfecte sunt conversati **E**) et eorum qui per neglectum post labores immodicos et temporum spatia de summo fastigio ceciderunt describimus, ut unusquisque ex sua conversatione insidias inimici considerans et (et *om.* **VB E Ro**) occultos eius laqueos possit evadere. Sed cum sint magnorum virorum feminarumque quam plurimi qui (qui *add.* **b**) abrenuntiationibus suae principia virtute peregerint (peregerunt **Ro**), deinde ab hoste cunctorum hominum sunt (sunt *om.* **N**) elisi. Ideo (id **NF**) ex (e **F** *a.c.*) pluribus quorum etiam vitae socius extiti paucos enumero, quia neque illos ad fortia iam revocare ulterius nec mihi prodesse praevaleo magnos christi athletas laudans nec imitans. **β Ro** (*37*)

De Helia
α = C SM D   **β = VB bG E NF**   *om.* Lat. II
Gr: PTW   Syr: R1, R3   **Ro**

XXXVI Quod helias monachus monasterio feminarum fecerit **S**   XVIIII **M β** *praeter* **NF**   De helia qui curam feminarum suscepit. XVIIII **N**   De helia qui (*corr. ex* quidam) curam feminarum suscepit **F**   Inc. *om.* **C D**

1 Elias **Ro** || quidem **S** *a.c.* || nomine monachus (monachus nomine **b**) optimus **β Ro** || magna **b** *p.c.* || habuit + considerationem (consideratione **b NF Ro**) sexus infirmi **β Ro**   2/3 Sunt – conprobatur *del.* **M**   2 tales autem **D** || autem] enim **β Ro**   2/3 quarum propositum *def.* **C**   2 quorum **b**   3 ultime **D**   3 conprobatur] *def.* **C**   conprobetur **S** *a.c.* || Quia more **N**

accensus et feminei sexus miseratione in ea, quae Atrivis dicitur, civitate ex pecuniis, quae ipsi suppeditabant, monasterium inmane construxit.

29.2 Ad quem locum plurimas, quae vagari et errare consueverant, feminas congregavit omniumque, prout necessitas postulasset, curam gerebat. Quibus cuncta praestiterat, quae ad vitae solacium pertinebant,
⌜hortulos quoque et instrumenta diversa supellectilis necessariae et reliqua, 294 A
quae humani usus ratio deposcit.

29.3 Istae igitur ex dissimilis vitae genere intra unius habitaculi claustra
collectae frequentibus se invicem iurgiis inquietabant, §et, quia interdum *(§2)*
necessitas exigebat, ut inter eas simultatium talium causas ipse cognosceret pacemque repararet – collegerat enim illuc usque ad trecentas numero feminas –, nec sine mediatore ipso conversatio earum poterat ordinari.

29.4 Quod cum iam per biennium faceret et adhuc paene ipse iuvenis videretur – triginta enim vel quadraginta annos agebat –, temptatus est subito corporali desiderio voluptatis. Relicto itaque monasterio dum per
solitudines totas biduo iugi ieiunus erraret, huiusmodi ⌜precem fudit ad 294 B
dominum: „Domine“, inquit, „aut occide me, ne videam illas tristitia laborantes, aut a me temptationem huius cupiditatis exclude, ut earum curam ita, ut oportet aut convenit, geram.“

29.5 Vespertinis itaque horis subito ei in deserto somnus obrepsit, et *(§3)*
tres numero angelos ad se venisse conspexit, ut ipse referebat. Tenuerunt igitur eum ista dicentes: „Cur egressus es de monasterio feminarum?“

---

ad §§ 4-8 *cf.* Greg. M. dial. 1,4,1-2

---

4 civitate dicitur **β** (*praeter* **N**) **Ro** 5 ipsis **D** 5/6 construxit – plurimas *def.* **C** 6 quae – consueverant *om.* **NF** ‖ vagare *corr. ex* evagare **E** ‖ et *supra ras. 3 litt.* **C** 8 praestabat **M** *p.c.* ‖ pertinebat **C** *a.c.* **M** *a.c.* 9 diversae **S β** (*praeter* **G**) **Ro** ‖ necessaria **S β Ro** 10 humani usus *corr. ex* humanius **M** 11 igitur *om.* **β Ro** 12 collectae *om.* **D** ‖ se] eum *corr. ex* ei **C** *add.* **E** ‖ invicem *om.* **D** ‖ et, quia] et **S** *p.c.* **M** *p.c.* unde **β Ro** Gr: ἐπεὶ οὖν 13 exigebant **D** ‖ simultantium **C** *a.c.* **D** simultationis **M** *p.c.* simultatum **β Ro** ‖ talium *om.* **M** 14 reformaret **NF** ‖ collegerat enim *def.* **C** ‖ illuc usque *supra ras.* **V** ‖ usque ad] prope *in ras.* **M** 14-16 trecentas – adhuc *def.* **C** 14/15 trecentas – feminas: *cf. e. g.* Cap. 47, §1 (usque ad ducentos numero viros); Cap. 54, §7 (ante quadringentos numero annos) 14 trecentas **M** *p.c.* trecentarum *cett.* (trecentorum **D** *a.c.*) **Ro** ‖ numero **S** *a.c.* **M** *om.* **D** numerum *cett.* **Ro** 15 feminas **M** *p.c.* feminarum *cett.* **Ro** ‖ meditare **D** *a.c.* ‖ ipso mediatore **M** *a.c.* ‖ ipso] ipsa **F** ‖ eorum **N** 16 pene *add.* **M** 17 videretur] *def.* **C** videtur **N** *a.c.* ‖ XXX **G** ‖ enim – quadraginta *def.* **C** ‖ XL **G E** ‖ habebat **β Ro** ‖ temptatus est *def.* **C** 18 *a.* subito *ca. 5 litt. eras.* **C** ‖ subito *om.* **D** ‖ corporali desiderio *def.* **C** ‖ corporalis **M** ‖ itaque *def.* **C** 19 iugi ieiunus] vagabundus **C** *p.c.* ‖ precem *def.* **C** ‖ fudit] funderet **C** *a.c.* **S M** *a.c.* **D** 20 inquit *def.* **C** ‖ tristitias **C** *a.c.* **V** tristitiam **D** *a.c.* 22 et *corr. ex* aut **M** 23 Vespertinis itaque] Vespertinisque **NF** ‖ horis *om.* **G** ‖ eum **D N Ro** ‖ desiderio **Ro** ‖ obpressit **C D V NF Ro** 24 numeros angelorum **G** *a.c.* ‖ ut – referebat *om.* **N** 25 igitur *del.* **C** ‖ eum *def.* **C** ‖ ista *om.* **β Ro**

Quibus cum ille transmigrationis suae causam referret et timuisse se diceret, ne aut sibi aut illis noceret, hoc illi ad ista respondent: „Si igitur“, inquiunt, „huiusmodi metu per nos fueris liberatus, vadis et rursus ipsarum suscipis curam?“ Ad quod cum libenter ille adquievisset, iusiurandum ab (§4) eo huiusmodi, sicut ipse referebat, exigere coeperunt: §„Iura“, inquiunt, 294 C ⌈„his verbis: ‚Per eum, qui habet curam mei, illarum curam habiturum esse me iuro.‘“

29.6 Cum ergo in haec illis verba iurasset, tunc unus ex ipsis manus illius tenuit et alter pedes, tertius autem correpta lamina testiculos eius abscidit – non quod vere hoc faceret, sed quod facere videretur. Nam in quodam stupore animi eo tempore se esse credebat atque hac sentiebat se ratione curatum. Tunc igitur angeli interrogant eum, an aliquid sibi factum suum profuisse sensisset. Ille respondit: „Vehementer“, inquit, „intellego onus quoddam mihi esse sublatum et satis credo omni, quam (§5) formidabam, me molestia liberatum.“ §Dicunt ei: „Ergo nunc vade.“

294 D 29.7 Qui post quinque reversus dies ingressusque lugentum ⌈monasterium feminarum in eodem exinde loco mansit in cella ex obliquo habitaculi illius posita, in qua cum magis ipsis proximus videretur, frequentibus eas, quantum in ipso erat, emendationibus corrigebat.

29.8 Vixit autem quadraginta alios annos sanctis patribus adseverans, quod numquam ultra in cor ipsius cogitatio talis ascenderit. Hanc ergo beatus ille dei gratiam meruit, ut sic propria cura muliebre monasterium gubernaret.

---

ad §6 *cf.* AP N 512 46 *cf.* Greg. M. dial. 2,2,3

---

26 se *om.* **VB bG** 27 ne – noceret *om.* **D** 28 inquiunt *om.* **β Ro** || ab huiusmodi **Ro** || metu] *om.* **V** tentatione **Ro** || vades **C** *p.c.* || et *add.* **b** 29 suscipies **C** *p.c.* || quod *corr. ex* quos **G** 30/31 inquiunt, „his *def.* **C** 30 inquiens **VB b** *a.c.* **G** inquit **NF** inquientes **E Ro** 31 habet *transp. p.* mei **E** || curam – illarum *def.* **C** || mei curam **NF** 31-34 habiturum – pedes *def.* **C** 32 me esse **D** esse *add.* **E** 33 illis *add.* **M** || ipsis *corr. ex* illis **b** 34 autem] *add.* **B** *om.* **E NF** || correcta (*vel* corretta) **D** arrepta **NF Ro** || lamina] novacula **β Ro** 34/35 testiculos – abscidit] illum emasculare visus est **Ro** 34 eius *om.* **NF** 35 pro vero **β Ro** || videtur **N** *a.c.* || in *om.* **VB** 36 stupore animi *corr. fort. ex* parvanimo **C** || haec **D** 37 rationem **D** || igitur *def.* **C** || eum *del.* **C** 38 inquit] *del.* **M** inquiens **β Ro** 39 interrogo **G** || unus **D** || quodam **C** *a.c.* **S** || satis *def.* **C** || omni] animae **C** *p.c.* omnino **NF** 40 me] *def.* **C** *add.* **B** || a molestia **N** ea molestia **F** || vade + ad monasterium tuum **β Ro** (***38***) 40-42 tuum – monasterium *add. in marg. sup.* **B** 41 reversus] regressus est **S** || lugens **C** *p.c.* lugentium **D β** (*praeter* **B bG**) **Ro** 41/42 monasteriorum **D** 42 loco *def.* **C** || obliquo *add. in marg.* **M** 43 posito **C** *a.c.* || quo **C** || videtur **N** *a.c.* || a frequentibus **b** *a.c.* **F** 44 quantum – erat] quas susceperat (susceperat *in ras.*) **M** || quantum] quam **D** 45 Vix **D** || alios quadraginta **β** (XL **G E NF**) || asserebat **D** 46 ascenderet **D** 47 ille helias **β** ille Elias **Ro**

30. De Dorotheo

Huic succedit vir probatissimus, qui in moribus laudabilis vitae operibusque consenuit. Non quidem in monasterio ipso ita conversari ut prior potuit, in superiori tamen se condidit cella, ubi unam fecit fenestram, ex qua contemplari feminas in monasterio ⌜suo posset, quam fenestram 295 A et claudere et aperire consueverat. Cui et iugiter adsedebat ad unanimitatem ac pacem sorores docens. Itaque in superiori illa monasterii parte consenuit, cum neque mulieres ad ipsum ascendere neque ipse descendere ad eas posset, quia nec scalae illic umquam positae erant, per quas huiusmodi cuiquam pateret accessus.

31. De Piamon (Ro.: Caput XVIII.)

31.1 Piamon nomine virgo quaedam fuit, quae omnes aetatis suae (*§1*) annos cum matre sua vixit iugiter faciens opus lini et post alterum semper diem circa vesperam cibum sumens.

31.2 Haec ⌜a deo meruit accipere scientiam futurorum. Nam cum apud 295 B Aegyptum quondam in ascensum fluminis Nili contra vici unius excidium vicus alter veniret – cum grandi enim certamine partiuntur inrigationum vices usque adeo, ut et ad vulnera mortesque descendant –, cum igitur

---

α = **C SM** β = **VB bG E NF** *om.* Lat. II
Gr: PTWA Syr: R3 **Ro**

in marg. De dorotheo laudabili viro qui beato heliae successit **b** Inc. *om. cett.*

1 successit **N F** *a.c.* || vir *om.* **G** || beatissimus **V Ro** 1-3 laudabilis – superiori *def.* **C** 1 laudabilis] probabilis **b** 2 operibusque *om.* **V Ro** || quidem] tamen *in ras.* **M** || ita praevalens **β Ro** || conversari *in ras.* **M** 3 potuit *om.* **β Ro** || In *in ras.* **S** || superiore **β Ro** || tamen] autem *in ras.* **M** || cella se condidit **NF** 4 possit **S** *a.c.* 5 cui *add.* **M** || adsidebant **C** *p.c.* adsidebat (*vel* assidebat) **S** *p.c.* **M** *p.c.* **β Ro** 6 ac pacem] pacemque **β Ro** || docens] erudiens **β Ro** || superiore **β Ro** || parte monasterii **M** 7 ipsum *def.* **C** || ascenderent *corr. ex* ascenderint **C** 8 posset] possit **C** *a.c.* *transp. a.* ad **Ro** || illic umquam ibi **C** *a.c.* || per *add.* **C** 9 ascensus *corr. ex* accensus **C** || accessus + Haec est beati dorothei in abstinentia virtute perfectio et finis huiusmodi. **β Ro**

De Piamon
α = **C Z SM** β = **VB bG E NF** *om.* Lat. II
Gr: PTWAVC Syr: R3 **Ro**

XXXVII De piamo virgine qui oratione hostes fixit **S** XX **M β** *praeter* **NF** De piamon virgine. XX **N** De piamon virgine **F** Inc. *om.* **C Z**

1 Piamo *fort.* **C** *a.c.* **S M** *a.c.* Gr: Πιαμοῦν || *a.* omnes *add.* per **C** || omnis **S** || suae *def.* **C** 2 ligni **C** *a.c.* || post *def.* **C** 5 ascensu **M** *p.c.* **β Ro** 6 patiuntur **S** || inrigationem **C** *a.c.* **Z** irrigationis **V** *p.c.* **Ro** 7 ut et] ut *corr. ex* et **M** || descendant] dant **S**

fortior populus ad infirmioris vici homines, in quo erat ista, venisset numero suae multitudinis fidens et tam militaribus quam rusticis instructus
(§2) armis ad eversionem supradictae possessionis accedens, §adstitit ei angelus adventum inimicorum nuntians, quem nullus illic poterat suspicari.

31.3 Tum virgo memorata vici presbyteros convocavit haec dicens: „Exite“, inquit, „et occurrite his, qui de vico illo ad internicionem vestri venire festinant, ac, ne una et ipsi cum cellulis vestris caede pereatis,
295 C deprecamini ⌜eos, ut ab apparatu certaminis huius recedant.“

31.4 Cumque presbyteri admodum ad haec dicta timuissent, proni ad pedes ipsius cadunt rogantes eam atque dicentes, quia: „Nos non audemus ipsis occurrere; scimus enim et ebrietates eorum et audaciam non
(§3) ferendam. §Sed adde hoc quoque“, inquiunt, „misericordiae tuae supra omnem hunc, qui tremit, vicum et super istam domunculam tuam et magis ipsa progredere atque occurre venientibus.“

31.5 At illa hoc quidem se facturam negavit. Ascendit protinus tamen propriae domus tectum et tota illic nocte in continua oratione permansit neque genua quidem flectens atque has domino preces fundens: „Domine“, inquit, „deus, *qui omnem iudicas terram*, cui nihil umquam iniustum
295 D placet, ⌜*ascendat ad te oratio mea*, et adveniat virtus tua, quae in excidium nostrum ruentes in eo ipso, in quo illis occurrerit, loco veluti clavorum adfixione contineat.“

---

25 Gn. 18,25 26 *cf.* Ps. 87,3.14 *et* Jon. 2,8; *cf.* Lc. 6,19

---

ad §§ 5-6 *cf.* HM 6,4; 7,7,2-7; Sulp. Sev. Mart. 12,3-5 24-28 *cf.* HL Cap. 69, §2 *et* Cap. 70, *app. crit. ad lin.* 27

---

8 populus *def.* **C** || infirmiores **C Z** inferioris **β Ro** || homines – quo *def.* **C** || venissent **Z** 9 numero – rusticis *def.* **C** || numeroque **VB E Ro** 10 armis – eversionem *def.* **C** || accedens – ei *def.* **C** || accederet **β Ro** 11 nuntians *def.* **C** || *p.* nullus *ca. 18 litt. eras.* **E** || suspicari *def.* **C** 12 Tunc **Ro** || presbyteros] *def.* **C** possessores **Z** presbyteros sanctos **M** || vocavit **M** || hoc **Ro** 13 inquit] *in ras.* **M** *om.* **β Ro** || iis **M** *p.c.* **Ro** || vico *def.* **C** || internecionem **C** *p.c.* **Ro** internitionem **Z β** internecationem **SM** || vestram **Ro** 14 ac] hic **C** *p.c.* || cellis **Z** || caede *def.* **C** 15 eos *om.* **NF** || ut *corr. ex* et **B** || ab *om.* **V E** || ab apparatu] ap aparatu *corr. ex* abparatu **C** 16 dicta *def.* **C** 17 ipsius pedes **Z** ipsius *om.* **Ro** || ceciderunt **C** || dicentes: Quia nos *codd.* **Ro** || Nos *om.* **N** 18 ipsis] ipsa **Z** *p.c.* ipsi **M** eis **β Ro** || occurre **C** *a.c.* **Z** *p.c.* || et enim **NF** || et *prim. et sec. del.* **C** 19 quoque *om.* **Z** || *a.* supra *2 litt. eras.* **S** 20 hunc omnem **Z** || istam quoque **β** (*praeter* **NF**) **Ro** || tuam] suam **Z** *a.c.* **E** *a.c.* *in ras.* **V** 21 occurrere **C** *a.c.* || venientibus + locumque istum redde pacatum **β Ro** 22 facturam se **Z** || tamen protinus **M** *p.c.* **Ro** 23 propriae – tectum] superiora propriae domus **β** superiora domus propriae **Ro** || illa **M** 24 neque] ne **β** (nec **b** *p.c.*) **Ro** || atque] sed **M** *p.c.* || deo **NF** || effundens **M** *p.c.* effudit **VB N Ro** effundit **bG E F** *a.c.* fudit **F** *p.c.* 25 iudicas terram *def.* **C** 25-27 iniustum – veluti *def.* **C** 25/26 placet iniustum **β Ro** 26 qua **G** || in *add.* **Z** 27 inruentes **Z** *p.c.* || illis] illi sunt **Z** || occurrat *corr. fort. ex* occurrit **Z** || et *(add.)* velut **Z** 28 affixione confixos **Ro** || contineat] detineat *add.* **N** *om.* **F**

31.6 Hoc ergo sermone et hac oratione conpleta hostes eorum in tertio iam vici lapide constituti circa primam horam diei ita in memorato haeserunt loco, ut prorsus moveri inde non possent. Hoc autem et ipsis revelatione patefactum est, quod molitiones eorum orationes memoratae virginis inpedissent. Mox itaque quibusdam de suis ad vicum ipsius missis postulant pacem ista mandantes: „Gratias deo agite, qui nos orationibus Piamon ab excidio vestrae possessionis avertit.“ (§4)

32. De Pachomio (Ro.: Caput XIX.)

32.1 ⌜Tabennensis nomine in Thebaide provincia dicitur locus, in quo Pachomius quidam fuit, vir iustus et dei totus in tantum, ut per divinam gratiam nosset futura et ut angelicam etiam visionem frueretur. Hic ad perfectum misericors et humanus fuit et inaestimabili fratres amore dilexit. (§1) 296 A

32.2 Ad quem in spelunca sedentem angelus venit dicens ei: „Per omnia“, inquit, „quae ad propositum tuum pertinent, scias te esse

---

29 Hoc – et *om.* **NF** || hac *def.* **C** || hac oratione] Qua oratione *add.* **N** *om.* **F** || hostis **C** *a.c.* **Z** 30 constitutus **Z** 30-32 horam – est *add. in marg. sup.* **b** 31 non *def.* **C** || possint **Z** || ipsis *def.* **C** 32 quod *def.* **C** || molitionem **M** *p.c.* || oratione **b** *a.c.* (oratio *p.c.*) **G** 33 virgines **C** *a.c.* **E** *a.c.* || impedisset **b** *a.c.* **G F** *a.c.* 34 postulabant **F** *a.c.* || paces *fort.* **S** *a.c.* || deo] ei *add.* **M** || agite *def.* **C** || vos **Ro** 35 piamoni *fort.* **C** *a.c.* **V** *a.c.* piamonis **M** *p.c.* **Ro** (Piamonis virginis **Ro**) || advertit **C** *a.c.* || *p.* avertit *ca. 5 litt. eras.* **V**

Explicit de piamon **Z**

De Pachomio *ad totum capitulum cf.* Cassian. inst. 4,1 sqq.; Gennad. vir. ill. 7; Soz. hist. eccl. 3,14,9-17 *ad* §1 *cf.* Soz. hist. eccl. 3,14,4 *ad* §§ 2-13 *cf.* Vita Pachom. prim. 12 (= Act. SS. §7); 23-25 (= Act. SS. §§ 15-17); alt. 12; 21-22 (lat. 21-24); tert. 29-32; quart. 1-2; 15; 25-27; Nicephor. Callist. hist. eccl. 9,14 (272 C – 273 D)

α = **C(UW) SM** (**UW** *usque ad lin.* 69) β = **VB bG E NF** *om.* Lat. II

Gr: PTO Syr: R3c **Ro**

De libro qui apellatur paradisus. Quomodo beatus pagomeus angelo dictanti regulam suis monacis invexit. **U** XXXVIII (*corr. ex* XXXVII) de pachomio qui angelo sibi narrante regulam exposuit monachorum **S** XXII **M** *a.c.* XXI **M** *p.c.* **B bG E** (*m. rec. in marg.* Regula sancti pachomii **E**) De beato pachomio tabenensiota. XXI **N** De beato pachomio tabenensiota **F** Inc. *om.* **CW V**

1 tebaida **U** thebaida **W** 2 pagomeus **U** || et – totus] *del.* **V** *om.* **Ro** || totus deo deditus **W** 3 futuram **U** || et ut] *del.* **C** *om.* **W** ut **U bG NF** et **VB E Ro** || angelica **C** *p.c.* **W S** *p.c.* **M** *p.c.* β (angelorum **N**) **Ro** || visionem] *def.* **C** visione **W S M** *p.c.* β **Ro** || frueretur visione **W** 4 et misericors **NF** 5 speluncam **U M** *a.c.* **G** || angelus domini β **Ro** 6 inquit *om.* β **Ro**

perfectum, unde iam in spelunca superflue sedes. Veni igitur et relicto hoc loco collige omnes monachos iuniores et cum ipsis habita et eos iuxta hanc regulam vitae, quam a me discis, institue."

296 B 32.3 Tabulas autem ipsi aereas dedit, in quibus scriptum ⌜erat:
(§2) §„Permittes unicuique, ut tantum, quantum possit, et cibi sumat et potus, et iuxta manducantum bibentumque virtutes paribus quoque eos operibus subiugabis et neque quemquam ieiunare neque manducare prohibebis. Ita tamen fortioribus et edentibus semper opus gravius iniungas, infirmiores autem et vere monachi ad operandum levius urgueantur. Diversas etiam vestibulo domus cellulas facies et ternos per singulas manere praecipies. In uno tamen loco cibus omnium fiat.

(§3) 32.4 Somnum vero capiant non iacentes, sed supra instructas et paululum reclines cathedras et velatas palliis suis sedentes quiescant. Utantur autem noctibus lineis vestibus, quas levitonas vocant, cincti, et singuli quique eorum pellibus caprinis bene confectis tegantur. Quas
296 C pelles nec ⌜tunc quoque, cum voluerint cibum capere, deponant. Quando autem ad communionem sabbati vel dominici diei ingrediuntur, unusquisque suum cingulum solvat pellemque deponat et cum cucullo tantum

---

10 *cf.* Ex. 24,12 *et* 31,18

---

ad §3 *cf.* Bened. reg. 39,6 *ad* §§ 4 *et* 9 *cf.* HM 3,1 18/19 *cf.* HM 27,8,2

---

7 speluncam **C** *a.c.* **U S** *a.c.* **M** *a.c.* || superfluo **β** (*om.* **NF**) **Ro** || sedes – igitur *def.* **C** 8 loco – omnes *def.* **C** || fratres monachus **U** 8-10 iuniores – aereas *def.* **C** 9 hanc *om.* **β Ro** || quam – discis] Gr: ὃν δίδωμί σοι Syr: „que je te dis" || disces **W S** *p.c.* **β Ro** 10 ipsi] illi **β Ro** || ereas ipsi **UW** || aeneas **Ro** || ita scriptum **W** 11 Permittas **E** permittens **N** permittensque **F** || poscit **V N Ro** || et *prim. om.* **CW** || cibum **C** *p.c.* **U S** *a.c.* || potus] potum **C** *p.c. fort.* **U** *(legi non potest)* 12 et *om.* **W** || manducantium **C** *p.c.* **W β Ro** || bibentiumque **C** *p.c.* **W** et bibentium **β Ro** || virtutes] vires **β Ro** || eos *om.* **NF** || operibus eos **W Ro** 14 tamen ut **W S** *p.c.* **M** *p.c.* **β Ro** || plus edentibus **W** magis edentibus **Ro** || semper *corr. in marg. ex* super **E** || opus] honos **U** || infirmioribus **V** infirmi **Ro** 15 autem *om.* **S** || veri **U** abstinenciores **W** || monachis **V** || urgeantur **C** *p.c.* **W M b Ro** || diversa **C** || etiam] autem **Ro** 16 vestibula **C** *p.c.* in vestibulo **W M** *p.c.* intra atrium **β Ro** || cellulasque **C** *p.c.* cellulas *om.* **U** || facias **C** || et *add.* **b** || singulos **NF** || praecipias **U b** *a.c.* **G** 18 somnium **U** || vero] *fort.* quidam **U** || capiunt **E** || supra et **U** super **W Ro** || et *om.* **U** 19 paulum **S** *p.c.* **b** *a.c.* || reclinatas **C** *p.c.* || velatis **C** velati **W** velata facie **G** || sedentes *om.* **M** || requiescant **U** 20 quas graeci **NF** || cuncti **b N** *a.c.* 21 singulis **NF** || quique] quidem **M** || factis **C** 22 nec tunc *om.* **U** || quoque *transp. p.* voluerint **U** || capere + vel somnum **β Ro** (***39***) 23 die **C** *a.c.* **U S** *p.c.* 24 suum] unum **C W** || solvat *corr. ex* cingat **W** || pellem quoque **U** 24-26 cum – quibus *def.* **C**

ingrediatur.“ Cucullos autem ipsos sine villo parvulos fieri ut infantibus ordinavit, in quibus et quaedam signa de purpura fecit intexi.

32.5 Iussit autem viginti et quattuor esse ordines fratrum et unicuique (§4) ordini superposuit litteram Graecam ab alfa et beta, gamma, delta et ceteris. Dum igitur rogaret sanctus Pachomius et in tanta multitudine singulorum requireret vitam, dicebat secundo illi, qui erat in suo ordine prior: „Quemadmodum“, inquit, „se habet gamma, vel qualis est ⌜zeta?“ 296 D

32.6 Et uniuscuiusque ordinis vitam ex propriae signo litterae requirebat simplicioribus quidem et certioribus monachis iotae litterae nomen, durioribus autem ac difficilioribus X litterae nomen inponens. §Itaque (§5) unicuique ordini tales vocabulorum inpresserat notas, ut mores per eas significarentur animorum. Soli tamen spiritales noverant viri, qualem superposita elementa vitam sui ordinis indicarent.

---

ad §§ 5-6 *cf.* Hier. reg. Pachom. praef. 9 (p. 9); epist. Pachom. 1 (p. 77/8); 2 (p. 78/9); 3 (p. 79-81); 4 (p. 86/7); 6 (p. 92-95); 9 (p. 97/8); 11 (p. 100/1); Orsies. doctr. 7 (p. 112) *(cf. F. Dornseiff, Das Alphabet in Mystik und Magie, p. 25: „Das ist Lautphysiognomik, etwa wie sie Platon Kratylos p. 426 treibt“)*

---

25 ipsius **U** || fieri parvulos **W** || ut *om.* **W** 25/26 infantis orderabis **U** 26 quibus] his **W** || facias **U** 27 autem *om.* **Ro** || XX **U G N** XXti **F** || et *prim.*] *om.* **U Ro** *add.* **E** || IIII **U** || IIIIor **G N** || ordinis esse **U** || fratrum + iuxta viginti quattuor (XXIIIIor **G**, viginti et quattuor **F**) numerum litterarum **β Ro** 28 ab – delta] ab Α. et Β. Γ. Δ. *et superscr.* alfa, beta, gamma, delta **G** Α. ab alfa. Β. et beta. Γ. gamma. Δ. delta. **NF** || ab *om.* **UW** || et *prim. om.* **W** || et deltha **U** 29 ceteras **W** || ceteris + usque ω **β** (***57***) + usque Omega **Ro** || instrui rogaret **W** interrogaret **S β Ro** || pagomius **U** || et] ut **C** *p.c.* qualiter **W** 29/30 tanta – requireret] ipsum multitudinem requirerit singulorum **U** 30 dicebat angelus **W** 30/31 secundo – zeta *om.* **W** 30 secundum illum **C** *p.c.* 31 quomodo **U** || inquit *om.* **β Ro** || gamma] alfa **β** (*supra* alfa *add.* a **G**, A. alfa **NF**) **Ro** || qualis est] qualem **U** quomodo habet **β Ro** || ζeta **SM bG E** (*supra* ζeta *add.* ζ **bG**) z. zeta **NF** Beta **Ro** || zeta + et iterum: Saluta ro **β** (salutem pro **V**, *supra* ρ *add.* ro **B**, ro ρ **b**, *supra* ro *add.* ρ **G E**, P. Ro **NF**) (***13***) + et iterum: Saluta Zetha vel Lapda **Ro** 32 Et *om.* **W β Ro** || unumquemque **β** unumquemque autem **Ro** || ordinis vitam *om.* **β Ro** || proprium signum **U** proprio signo et vocabulo **β Ro** 32/33 requirendam **W** 33 Et simplicioribus **W β Ro** || quidem – certioribus *om.* **S** || et certioribus] ac tardioribus **W** perfectisque **β Ro** || monachis + inquit angelus **β Ro** || iotae] zethe **U** *supra* iote *add.* ι **E** I. iote **NF** || nomen est **E** 34 autem *om.* **W** || ac] et **U** || X **M** ex **CW** *om.* **U** fi *corr. ex* ex **S** ξ. chi **β** Xi **Ro** || litterae] *om.* **U** litteris **W** || inpone **U** impones **β Ro** || Ita **W** 35 ordini tales] ordinales **bG** || inpresserat – ut] inpressis adnotas et **U** inprimes notas ut **β Ro** 35-37 ut – indicarent *in ras. ca. 70 litt. (= 3½ lin.)* **S** 36 significentur **β Ro** || animarum **N** || noverint **B bG E** noverunt **NF** (viri noverunt **N**) || quales **G** 37 superimposita **W** superposita **Ro** || indicare videantur **β Ro** || *p.* indicarent *ca. 70 litt. (= 3½ lin.) eras.* **S**

32.7 Scriptum autem hoc in tabulis ipsis erat: „Si quis“, inquit, „de alio monasterio peregrinus advenerit aliam regulam sequens, nec manducet
297 A cum illis iste nec potet neque in mansionem eorum introducatur, ⸢nisi forte in itinere hisdem fuerit adiunctus.“

32.8 Quicumque vero idcirco ad eos fuisset ingressus, ut cum ipsis maneret, non illum, nisi triennii tempus impleret, in loca monasterii sui secretiora recipiebat. Sed cum prius per triennium totum laboriosius opus duriusque fecisset, tunc receptum intrinsecus eum iam esse faciebat.

(§6) 32.9 „Edentes cucullis capita sua velent, ne alter manducantem alterum fratrem aspiciat. Nec loqui quicquam, dum edit, liceat nec aspicere ad ullam alteram partem nisi ad solum catinum et ad solam, cui superponitur, mensam.“

32.10 Hoc etiam ordinavit et iussit, ut orationes duodecim numero per totum diem facerent et rursum duodecim alias, quando ad vespertinum
297 B lumen venirent. In nocturnis quoque vigiliis ⸢totidem preces funderent, tres autem solas ad horam nonam diei. Quando vero universa multitudo gustabat, ante singulas orationes singulos prius dici ordinaverat psalmos.

(§7) 32.11 Tunc sanctus Pachomius quasi contradicere angelo voluit hoc dicens: „Paucae“, inquit, „sunt istae orationes.“ Cui respondit hoc angelus:

39/40 *cf.* Regula patr. I 2,41   *ad* §9 *cf.* Cassian. inst. 4,17   *ad* §10 (orationes duodecim) *cf.* Cassian. inst. 2,6

---

38 et hoc **S** ‖ inquit *om.* **W**   39 aliam – sequens] Gr: ἄλλον ἔχοντες τύπον (*sim.* Syr) ‖ aliam] talem **W** ‖ regulam sequens *scripsi cum* **β Ro** *(cf. Praef. C4)*   illis relinquens consuetudinem vitae (consuitudinis vitam **U**) ‖ nec] ut nec **W**   40 iste *om.* **NF** ‖ potet neque *def.* **C** ‖ mansione **M NF** ‖ eorum *om.* **U**   40/41 nisi forte *def.* **C**   41 isdem **C** *a.c.* **S** *p.c.* **V** *p.c.* **NF**   eisdem **C** *p.c.* **Ro**   iisdem **M** *p.c.*   41-43 fuerit – impleret *def.* **C**   41 fuerat **N**   42 ad eos idcirco **W** ‖ fuerit **W β Ro**   43 maneat **W**   permaneat **β Ro** ‖ *p.* maneret *ca. 5 litt. eras.* **S** ‖ illi **U** ‖ *p.* illum *ca. 5 litt. eras.* **S** ‖ triennium **U** ‖ temporis **U S** (ut – temporis *in ras.*) **M** *a.c.* ‖ impleret *p.c.* + *ca. 6 litt. eras.* **S**   impleverit **W β Ro** ‖ in *om.* **NF** ‖ loco **W**   43/44 secreciora monasterii sui **W**   43 sui] *in ras. ca. 5 litt.* **S**   *om.* **β Ro**   44 recipiant **W**   recipiebat *in ras.* **S**   recipies **β Ro** ‖ prius *om.* **W** ‖ totus **C M** *a.c.*   44/45 opus duriusque] obduriusque **U**   45 fecerit **W**   perfecerit **β Ro** ‖ iam eum **U** ‖ esse *def.* **C** ‖ faciebant **C** *p.c.*   faciant **W**   permittes **β Ro**   46 nec **b**   47 quicquam] cuiquam **Ro** ‖ edunt **U** ‖ liceat] *def.* **C**   licet **UW M** *a.c.* ‖ aspicere *transp. p.* alteram **NF**   48 ad *prim. def.* **C** ‖ ullam] illam **M** ‖ *p.* ullam *ca. 7 litt. eras.* **S** ‖ alteram *om.* **CW** ‖ ad *sec.*] *def.* **C**   *add.* **V**   50 XII **U**   XIIcim **G** ‖ numero duodecim **W**   51 totum diem *def.* **C** ‖ rursus **Ro** ‖ XII **U**   XIIcim **G**   52 venitur **F** *a.c.* ‖ noctis quoque *corr. ex* noctis huius **U** ‖ effunderent **β Ro**   53 vero] autem **G**   54 gustabat] gustasset **S**   conveniebat (conveniet, *in marg.* vel conveniebat **G**) ad manducandum **β Ro** ‖ ante – psalmos] unicuique ordini in singulis orationibus statuit psalmum praecinere **β Ro** ‖ prius – ordinaverat *def.* **C**   55 pagomius **U** ‖ voluit angelo **W** ‖ hoc *om.* **W**   56 inquit] *om.* **W β Ro**   *del.* **M** ‖ hoc] *om.* **CUW**   *del.* **M**

„Has“, inquit, „orationes fieri idcirco praecepi, ut et minores sine aliqua implere tristitia inpositam sibi vivendi regulam possint. Qui vero firmioribus consummatioribusque sensibus vivunt, non est illis necesse aliena lege constringi: Ipsi enim semetipsos intra cellas suas atque universam vitam suam visioni et cultui dei penitus dederunt.

32.12 His ergo“, inquit, „ista praecepi, qui per se invenire non possunt
vel implere, ⌜quae prosint, ut, cum servili quadam necessitate conpulsi 297 C
ostenderint dignam in se suo proposito disciplinam, tunc demum ad fiduciam valeant divinae notitiae pervenire.“

32.13 Plurima igitur sunt monasteria, in quibus usque ad septem milia *(§8)*
sunt virorum, quae huiusmodi instituta custodiunt. Sed maximum habetur et primum id, in quo Pachomius ipse degebat, ex quo videntur et cetera monasteria procreata, quae ad mille trecentos fratres habere noscuntur.

32.14 Est etiam inter ipsos et quidam bonae mentis Aphthonius, admodum mihi amicitiarum iure coniunctus, qui secundum in monasterio
obtinet locum. ⌜Quem de vita ipsius et conversatione securi Alexandriam 297 D
saepe transmittunt, ut illic ea quidem, quae in asceterio fecerint, vendat, ea autem, quae scit necessaria, emat semper ac referat.

58-60 *cf.* 1. Tm. 1,9 (*cf.* HL Prol. II, §10)

---

ad §§ 13 *et* 15-16 *cf.* HM 3,1; Vita Pachom. tert. 39-40; quart. 35 73/74 *cf.* Vita Pachom. prim. 28 (= Act. SS. §19)

---

57 inquit *om.* **W β Ro** || idcirco fieri **U** || praecipio **C** || sint et sine *(dittographiam suspicor)* **α** 58 omnes inplere **M** || *p.* implere *fort.* morumque **U** || tristicia implere **W** || possent **U S** *p.c.* **M** *a.c.* || Qui vero *def.* **C** 59/60 consummatioribusque – universam *def.* **C** 59 consummatioribusque] sublimiorebusque **U** || sensibus] mentibus **W** || est] *om.* **U** *add.* **F** || aliena] aliorum **U** 60 se **W** || semet **S** *p.c.* || suas *om.* **β Ro** || atque universam] universamque **β Ro** 61 visioni] iussionem **U** || cultui *def.* **C** 62 praecipe **S** *p.c.* || qui] quae **S M** *a.c.* Gr: ὅσοι (*idem* Syr) || per se] nec **β Ro** || invenire] incipire **U** || non *om.* **β Ro** || *sub* non possunt: invenire non valent **C** 63 prosint] poss... *(?)* **C** invenire potuerunt **W** || cum] dum **W** *fort.* **S** *a.c.* 64 ostendant **C** *p.c.* ostenderent **b** || suo] sue (*pro* sui) **U** sub **β Ro** || propositi **U** || tunc] tuncque **C** *p.c.* *om.* **U** tum **S M** *a.c.* 64/65 ad – notitiae] valiant ad fiduciam divini noticiam **U** 65 pervenire + His itaque dispositis impleto (impleto *om.* **G**, impletoque **Ro**) ministerio angelus discessit a sancto pachomio **β Ro** (*40*) 66 Plurima *def.* **C** 67 qui **U** || custodiunt. Sed *def.* **C** 67/68 maximum – primum] primum et maximum habitur **U** 68 et primum *def.* **C** || id] *om.* **U** *transp. a.* habetur **β Ro** || quo *prim. def.* **C** || pagomius **U** || ipse *def.* **C** || cetera *def.* **C** 69 *p.* monasteria *textus des. usque ad finem capituli* **U** || procreata] processisse **β Ro** || ad *def.* **C** || trecentos] quadringentos **β Ro** || *p.* noscuntur: *initium alterius capituli* (Sanctus symeon ...) **W** 70 *in marg.* De quodam viro dei apthonius nomine. **b** || Est – et] Inter quos etiam **β** Inter quos etiam est **Ro** || *p.* ipsos *ca.* *5 litt. eras.* **S** || bonae *def.* **C** || bonae mentis] famulus dei **β Ro** || Aphthonius *scripsi cum* Gr antonius **α** apthonius nomine **β** (antonius nomine **V** *p.c.*) Aphthonius nomine **Ro** 71 iure] more **M** || in] *def.* **C** in illo **β Ro** 72 ad alexandriam **C** 73 quae *def.* **C** || monasterio **S** *p.c.* **M** || fecerunt **C** || vendat **β** (*praeter* **VB F** *a.c.*) **Ro** vendant **α VB F** *a.c.*

(§9) 32.15 Sunt et alia monasteria quoque ducentenos fratres et trecentenos habentia et in ea, quam Panos civitate vocant, quam ego trecentos habentem viros ingressus inveni. Inter quos sarcinatores quindecim repperi, fabros ferrarios septem, carpentarios quattuor, camellarios duodecim, fullones quindecim numero, singulos in arte propria laborantes et ex his, quae cotidiano victui superesse poterant, etiam monasteriis feminarum
298 A carceribusque vicinis necessaria quaeque ⌜praebentes.

(§10) 32.16 Qui sues etiam pascebant. Quod cum ego reprehendendum putarem, hoc quoque ex traditione maiorum se suscepisse dicebant, quia idcirco esse in monasteriis oporteret sues, ne et cribratorum excrementa frugum perirent et purgatorum folia holerum et cetera, quae damnum, si proicerentur, inferrent. Occidi igitur sues ipsos iubebant et carnes ipsas quibusdam ementibus vendi, ungulas tamen ac minimas partes eorum aegrotorum ac senum epulis deputari, eo quod in regione ipsa grandis esset inopia rerum et frequentia hominum videretur. Blemmos autem vicinos suis finibus habent.

(§11) 32.17 Prima igitur luce surgentes, qui per dierum vices reliquis serviebant, alii coquebant cibos, alii mensas parabant. Quas circa tertiam
298 B diei horam ⌜ponere soliti perfecto opere omni suo superponebant hisdem panes et herbulas quasdam suo more conditas, quas lapsanas vocant,

---

77-79 *et ad* §19 *cf.* Hier. reg. Pachom. praef. 6 (p. 7/8) 80/81 *cf.* HM 18,3

---

75 XXXVIIII De monasteriis quae in ea quam panos nominant civitate consistunt **S** XXII *corr. ex* XXIII **M** || quoque monasteria **M** *p.c.* quoque *om.* **β Ro** 76 et *om.* **VB Ro** || civitatem **β** *praeter* **NF** || quam *del.* **M** || trecentos] quadringentos **β Ro** 77 habentem viros *def.* **C** || habentem *del.* **M** 77/78 inveni – camellarios *def.* **C** 78 XIIcim **N** 79 XV **N** XVcim **F** || et *om.* **S** || his] *def.* **C** iis **Ro** 81 quaeque *def.* **C** || praebentes **M** *p.c.* **Ro** praebentibus *cett.* Gr: οἰκονομοῦντες (οἰκοδομοῦνται O) Syr: „ils nourissaient“ 82 et qui **β Ro** || *supra* sues *add.* i. e. porcos **C** || Quod *def.* **C** || ergo **E** *a.c.* || reprehendendo **S** *a.c.* 83 quoque *def.* **C** || suscepisse *def.* **C** 84 idcirco *def.* **C** || esse] *transp. p.* monasteriis **β** (*om.* **N**, oportet esse **F**) **Ro** || monasterio **M** *a.c.* || oportet **β** *praeter* **VB** || cribratorum **α** *(cf. ThLL VI 1, s. v. frux, 1448, 30 sq.: „etiam gen. masc. voci tribuit: Gramm. suppl. 119, 29 hic et haec -x.“)* cribratarum **β Ro** 86 ferrent **C** 86/87 quibusdam ipsas **C** quidem ipsas **β** (quidem *add. in marg.* **F**) **Ro** 87 tamen] autem **F** *a.c.* || eorum *om.* **NF** 88 in egrotorum **VB** in aegrorum **Ro** || epulas **β Ro** || ipsa] illa **Ro** || grandis ipsa **G** *a.c.* 89 esse **Ro** || videtur **F** *a.c.* || Blemmos *(cf. ThLL II 2052, 81 sq.)*] blemos **M** flemmos **G** Blemmyos **Ro** Gr: τὸ ... ἔθνος τῶν Βλεμμύων 90 haberent **G** 91 Antelucanis igitur horis **β Ro** || qui] quia **N** || dierum vices] dies decem **C** *p.c.* || reliqui **NF** 92 coquebant] quosque parabant **M** || parabant mensas **b** *a.c.* mensas *om.* **N** 93 *p.* soliti] *2 litt. eras.* **S** *add. in marg.* erant **M** || *p.* perfecto *ca. 18 litt. eras.* **S** || omni *om.* **S** omni opere **β** (enim opere **G**) **Ro** || suos **C** *p.c.* || ponebant **M** || hisdem] *def.* **C** isdem **S** *p.c.* in iisdem **M** *p.c.* eisdem **Ro** 94 panem **NF** 94/95 et – caseum *def.* **C**

olivas quoque et bubalum caseum et pedum vel capitum summitates porcina ex carne praecisas et comminuta diversi generis holera.

32.18 Quibus in hunc ordinatis modum alii sexta diei hora ingredientes sumebant cibum, alii septima, alii octava, alii nona, alii decima, alii undecima, alii profunda iam vesci nocte consueverant, quidam autem post biduum etiam capiebant cibum. Ex propria tamen littera poterat hora uniuscuiusque cognosci.

32.19 Similiter etiam ipsis erant et opera diversa: Alii enim agresti *(§12)*
culturae inserviebant, alter hortum colebat, ille officinae fabri vacabat, ille pistoris, alter carpentarii, alter vero fullonis arte clarebat, alter pellium, alter coriorum ⌜confectione sudabat, alius codicum vel conscriptione 298 C
gaudebat, alter sportellas grandes intexere solitus erat, alter minores. Omnes tamen simul memoriter spiritales libros tenebant.

33. De monasterio Tabennensiotarum feminarum (Ro.: Caput XX.)

33.1 Est autem apud istos feminarum quadringentarum numero *(§1)*
monasterium hisdem moribus atque eadem ordinatione viventium excepto velamento pellium solo. Et mulieres quidem trans fluvium habitant, citra

---

ad §18 *cf.* Hier. reg. Pachom. praef. 5 (p. 7)

---

95 bubalum *om.* **β Ro** 95/96 et pedum – praecisas] praeter carnes **β Ro** Gr: τὰ τῶν κρεῶν ἄκρα (O; *om.* PT, *deest* Syr) 95 summitatem **C** *fort.* **S** *a.c.* **M** *a.c.* 96 et comminuta] comminuta etiam **β Ro** 97 sextam ... horam **V** || diei *def.* **C** 98 cibum *def.* **C** || alii *tert. def.* **C** || nonam **α** *a.c.* **V** 99 iam *om.* **C** || nocte vesci **M** *p.c.* **NF Ro** 100 post – etiam *def.* **C** || etiam *om.* **M** || sumebant **M** || cibum. Ex *def.* **C** || tamen *def.* **C** 102 divisa **S β** || Alius **M** *p.c.* || enim] autem **N** etiam **F** 102/103 agrestibus culturae **NF** agriculturae **Ro** 103 inserviebat **M** || fabricae **β Ro** 104 arte clarebat *del.* **M** || clarebat, alter hortum colebat, alter pellium **C** 105 vel] sive **C** 107 memoriter spiritaliter **G** || libros *add.* **b** || *p.* tenebant *ca. 80 litt. (= 4 lin.) eras.* **S**

De monasterio Tabennensiotarum feminarum *ad* §1 *cf.* Vita Pachom. alt. 28-29 (lat. 28); tert. 42-43; quart. 38

α = **C SM** **β** = **VB bG E NF** *om.* Lat. II
Gr: PTO Syr: R3c **Ro**

XL De monasterio feminarum quod (*corr. ex* qui) apud ipsos consistit **S** XXIII *corr. ex* XXIIII **M** XXII **VB bG** XII **E** De monasterio tabenensiotarum feminarum. XXII **N** XXII De monasterio tabenensiotarum feminarum **F** Inc. *om.* **C**

2 monasterium] feminarum *del.* **S** || isdem **S** iisdem **M** *p.c.* **Ro** 2/3 eadem – fluvium *def.* **C** 3 solo *add.* **N** || citra] intra **β Ro**

fluvium autem viri. Cumque defuncta una virginum fuerit, vestitam eam, ut adsolet, deferunt aliae et supra ripam fluvii ponunt sorores. Quam inde 298 D cum olearum ramusculis palmulisque ⌜navicula transfretantes viri et psalmos canentes ad suas transferunt partes et in proprio cum reliquis (§2) deputato condunt sepulchro. §Nullus tamen excepto presbytero ac diacono transit ad monasterium feminarum et hoc per dominicum diem tantum.

33.2 In hoc ipso mulierum habitaculo res accidit talis: Quidam sarcinator vestium saecularis transgressus fluvium opus ab ipsis aliquod per ignorantiam postulabat. Cumque una de feminis iuvenis processisset – tuto enim videbantur hoc facere propter solitudines ipsius ac deserta regionis –, subito eum non sua sponte conspexit deditque ei tale respon- 299 A sum: ⌜„Nos“, inquit, „ad emendandas res nostras artifices nostros habemus.“

(§3) 33.3 Alia de feminis, cum eos in hac visione, quam rettuli, notasset, post tempus aliquantulum orto inter eas iurgio ex diabolica suspicione ex proprii cordis malignitate iracundiaeque fervore memoratae virgini in conspectu aliarum sororum coepit calumniari. Cum qua nonnullae ex ipsis, non tamen cum grandi malitia, sentiebant.

33.4 Illa igitur admodum tristis effecta, cum tam manifestam calumniam ferre non posset – sciebat enim se ne intra sensus quidem suos tale aliquid cogitasse –, occulte se praecipitavit in fluvium atque hoc fine (§4) defecit. §Quod ubi illa, quae calumniata ei fuerat, audivit et malitiae propriae crimen agnovit, non ferens tanti sceleris atrocitatem et ipsa tunc laqueo innexa defecit.

299 B 33.5 Aliae autem sorores huiusmodi factum ingresso ad eas ⌜presbytero rettulerunt. Tunc ille praecepit nullius quidem nomine ex his, quae se tali

ad §§ 2-5 *cf.* Vita Pachom. tert. 44; quart. 39 *ad* §5 *cf.* Eutr. Val. epist. 2 (18 D)

4 viri. Cumque *def.* **C** || fuerit *def.* **C** || vestiunt eam sorores **S** 5 adsolent **S** || et deferunt **S** || aliae et *def.* **C** || fluminis **M** || sorores *add.* **S** 6 ramusculisque **N** *a.c.* || palmusculisque **V Ro** || transferentes **M** *p.c.* || viri *om.* **C** 8 presbytero *def.* **C** 9 feminarum *def.* **C** || hoc solum **F** 12 postulavit **V** *a.c.* 13 tuto] tot **C** || videbatur **Ro** || solitudinis **C** *a.c.* **S β** *praeter* **E** *p.c.* || ipsius locum **N** || desertae **NF** 14 regiones **C** *a.c.* || eum] enim **NF** || sua *om.* **β Ro** || sponte *in ras.* **S** 14/15 responsum tale + *ca. 7 litt. del.* **C** 15 inquit *om.* **β Ro** 18/19 ex *prim.* – fervore] Gr: ἐξ ὑπονοίας διαβολικῆς ἀπὸ πολλῆς πονηρίας καὶ ζέσεως θυμοῦ 18 ex *sec.*] et ex **C β** et **Ro** 19 propria **C** || malignitate *def.* **C** 19-21 fervore – cum *def.* **C** 19 fervore *corr. ex* furore **F** || virgini *om.* **V** 20 *a.* coepit *add.* id ipsum **M** || Cum qua **S** Cumque **M** eique **β Ro** 21 consentiebant **C** *p.c.* **β Ro** consentirent *in ras.* **M** 22 Illa *def.* **C** || igitur *del.* **M** 23 se *in ras.* **M** || ne] *om.* **C** nec **NF** || quidem sensus **M** || suos *om.* **C** 24 se *def.* **C** 25 ubi cognovit **F** *a.c.* || illa *om.* **Ro** || calumniatrix **C** || fuerat *def.* **C** 25/26 et – agnovit *om.* **Ro** || propriae malitiae **C** 26 agnovit *def.* **C** || sceleris *def.* **C** || et *def.* **C** 28 autem *def.* **C** || huiusmodi *def.* **C** || ad *def.* **C** || presbytero *def.* **C** 29 *a.* nullius *add.* In **M** || nullius *def.* **C** || his] iis **Ro**

morte necaverunt, debere oblationem deo fieri. Quaecumque autem viderentur ex illius dicti insusurratione discordes, veluti quae consciae peccatis essent, quia tali calumniae credidissent, iussit eas per septem annos sanctorum mysteriorum communione prohiberi.

34. De virgine, quae stultam esse se finxit (Ro.: Caput XXI.)

34.1 Fuit alia in hoc monasterio virgo, quae stultam esse ac daemonem *(§1)*
se habere finxit. Quae usque adeo omnibus aliis horrori erat, ut nec
⌜cibum quidem cum ea caperent. Talem ergo elegerat vitam et a coquina 299 C
numquam recedens totius illic ministerii implebat officium et erat
secundum vulgare proverbium universae spongia domus impletum a se
rebus probans, quod in sanctis libris scriptum legimus: „*Si quis*", inquit,

---

30-33 *cf.* Basil. reg. brev. 26 = Rufin. Basil. reg. 43 31/32 *cf.* AP N 592/19.40

---

30 deo oblationem **F** *a.c.* || fieri] offerri *in ras.* **S** || Quae cum **NF** || autem] *def.* **C** *om.* **NF** 31 susurratione **M** *p.c.* || concordes **M** *p.c.* 32 peccatis] *def.* **C** peccati **NF** || quia – credidissent *om.* **M** || quia] quae **NF** 33 *a.* sanctorum *add.* a **M** || ministeriorum **NF** || prohiberi] privari **β Ro**

De virgine, quae stultam esse se finxit *app. crit. ad lin.* 6 Mt. 20,26/27 *parr.* 6-8 1. Cor. 3,18

---

ad totum capitulum cf. PJ 18,19 *ad* §§ 1-2 *cf.* Cassian. inst. 4,41,3; 12,32,2; AP Nau 71; 120; Vita Marin. 4 (693 A); Vita Abr. 6 5 (universae spongia domus) *cf. Meyer, Proverbs, p. 421: „... could well have been a proverb"*

α = C P Z SM **β = VB bG E NF** *om.* Lat. II
Gr: PT Syr: R3, R3c **Ro**

De pacientia cuiusdam virginis **P** XLI De sancta illa quae stulta esse videbatur in supradicto monasterio **S** XXIIII **M** XXIII **B bG E** De quadam virgine quae latere se volens stultam se fincxit. XXII **N** De quadam virgine quae latere volens stultam se fincxit **F** Inc. *om.* **C Z V**

1 alia *om.* **P** || hoc] quodam **P** || quaedam virgo **P** || quae *def.* **C** || se esse **M** *p.c.* **β Ro** || esse + propter christum **β Ro** || ac daemonem *om.* **P** 2 se *del.* **M** || habere *om.* **P** || finxit habere + ut virtutem sui propositi (propositi sui **NF**) posset implere **β Ro** || Quae + cum se admodum (ad domum **V**) humiliaret atque deiceret **β Ro** || adeo] ideo **P** || errori *corr. ex* exosa **P** || nec] ne **VB G Ro** 3 cibos **C** *p.c.* || ergo] quoque **M** ergo gratanter **β Ro** || et (*cf.* Gr: ἀλωμένη οὖν ...; *sim.* Syr)] ut **C** *p.c.* **P Z M** *p.c.* 3/4 a – numquam *def.* **C** 4 totius – ministerii *def.* **C** || ministerii *(cf. Praef. C4)* + tamquam ancilla cunctis oboediens **β Ro** || impleret **C** *p.c.* **Z M** *p.c.* 4-6 officium – libris *def.* **C** 4 eratque **Ro** 6 in sancto evangelio **β Ro** || legimus + Si quis inter vos vult esse maior sit omnium servus et omnium minister. Et beatus apostolus **β Ro** || quis se **C** || inquit *del.* **M**

„ex vobis putat se esse sapientem in hunc mundum, sit stultus, ut sapiens fiat.“

34.2 Haec igitur *involutum pannis* habebat caput itaque omnibus
(§2) serviebat, ceterae autem virgines tonsae cucullis cooperiuntur. §Nulla
hanc potuit de quadringentis videre manducantem: Numquam per omnem
299 D ⌜aevum suum sedit ad mensam, a nulla vel modicam partem panis accepit,
sed micas tantum detergens illa mensarum et abluens ollas his solis
alimoniis contenta vivebat. Nulli umquam fecit iniuriam, nulla ipsius
murmur audivit, nulli aut parum aut satis umquam locuta est, et certe
cum ab omnibus caederetur, cum omnium viveret odio, maledicta omnium
sustineret.

(§3) 34.3 Sancto Piterio, cui hoc vocabulum erat, probatissimo viro
semperque inter deserta viventi, adstitit angelus quondam sedenti in
300 A Porfyrite qui dicitur loco affatusque est his eum ⌜verbis: „Cur“, inquit,
„grande aliquid esse te credis ut sanctus et in huiusmodi degens loco? Vis
videre te mulierem sanctiorem? Vade ad Tabennensiotarum monasterium
feminarum et unam ex ipsis illic invenies *in capite habentem coronam*

---

9 *et* 42/43 *cf.* Lc. 2,7.12 (*et* Ez. 16,4) 23 *cf.* Ps. 20,4; Apc. 2,10; 3,11; 4,4; 14,14 (*cf. et* 2. Sm. 12,30; Est. 1,11; Sap. 5,17)

13/14 *cf.* Vitae patr. Iurens. 72; Regula mag. 23,34-37; 25,1-4 14/15 (nulla ipsius murmur audivit) *cf.* Basil. reg. fus. 29; reg. brev. 39 = Rufin. Basil. reg. 71; Hier. reg. Pachom. 164 = praecepta atque iudicia 5 (p. 65/66); Orsies. doctr. 19 (p. 121); Regula patr. I 3,11-13; Regula patr. II 26; Regula Macar. 4,2; 11-12; Eugipp. reg. 1,14; Regula mag. 7,67-74; Bened. reg. 34,6; 40,9 14-17 *cf.* Sulp. Sev. Mart. 27,1-2; Eutr. Val. epist. 2 (18 C) *ad* §§ 3-4 *cf.* Hier. vita Pauli 7 23 *et* 42/43 *cf.* Val. Max. 6,2,7 (candida fascia = diadema); AP alph. Or 9

---

7 putet **E** *a.c.* ‖ se *om.* **C Ro** ‖ esse *del.* **C** ‖ in hunc mundum] in hoc mundo **C** *p.c.* **P** *p.c.* **Z S** *p.c.* **M** *p.c.* **β** (*om.* **NF**) **Ro** Gr: ἐν τῷ αἰῶνι τούτῳ (T *om.*, Syr: „dans le Seigneur“) Vulg. (1 Cor. 3,18): in hoc saeculo ‖ fiat stultus **β** (stultus fiat **NF**) **Ro** 7/8 efficiatur (sit **NF**) sapiens **β Ro** 9 igitur *add.* **F** ‖ itaque] et ita **β Ro** 10 tonsae] non se **M** ‖ cooperiunt *corr. ex* cooperuntur **M** 11 omne **α** *p.c.* (*praeter* **P**) **β** (*praeter* **V**) **Ro** 12 *a.* a nulla *ca. 20 litt. eras.* **C** 13 illa *del.* **E** ‖ his *def.* **C** 14 vivebat + numquam calciamentis est usa **β Ro** ‖ iniuriam fecit **M** *a.c.* ‖ nulla] numquam **NF** 15 aut *prim.*] autem **M Ro** 16 omnium *prim. def.* **C** ‖ cum maledicta **Ro** 18 *in marg.* Revelatio quae sancto apparuit piterio **b** *in marg.* De beato picterio **N** ‖ Sancto] *in ras.* **M** De hac sanctissima (beatissima **NF**) beato **β Ro** ‖ pieterio **C** pisterio **M** *p.c.* picterio **NF** Gr: Πιτηροῦμ (T) *vel* Πυτηρούμ (P) ‖ vocabulo **G** *a.c.* 19 semper qui **P** ‖ in deserta **C Z** in deserto **P** ‖ adstitit (ad- *add. in marg.* **S**)] adfuit **P** ‖ angelus domini **NF** 20 porphyritae **P S** *(in ras.)* **N** eoque *(add.)* porfiritae **M** ‖ Gr: ἐν τῷ Πορφυρίτῃ ‖ qui *del.* **M** ‖ locus **S** *a.c.* **M** *a.c.* **β** ‖ *p.* loco *add.* apparuit **C** ‖ eum his **M** *p.c.* **β Ro** ‖ *p.* verbis *ca. 5 litt. eras.* **S** 21 grande inquit **Ro** ‖ te esse **P** ‖ ut sanctus] in tuo proposito **β Ro** ‖ in *om.* **C** 21-23 loco – illic *def.* **C** 22 mulierem te **β Ro** ‖ *p.* sanctiorem *del.* te **M** ‖ tabennisotarum monasterio **Z** 22/23 monasterium faeminarum *add. in marg.* **b** 23 illuc **S** ‖ venies **VB E** *a.c.* ‖ *p.* capite *2 litt. eras.* **C** ‖ coronam] conscissum pannum **β Ro**

ipsamque cognosce te esse meliorem: §Dum contra tantum enim populum (§4) sola diebus ac noctibus pugnat, *cor ipsius a deo numquam recessit.* Tu autem uno in loco residens neque quoquam aliquando progrediens per omnes animo et cogitatione urbes vagaris."

34.4 Statim igitur ad supradictum monasterium venit et magistros fratrum rogavit, ut introducerent eum ad habitaculum feminarum. Quem mox illi et vita gloriosum virum et iam provectioris aetatis cum fiducia grandi introduci fecerunt.

34.5 ⌜Ingressus autem omnes sorores desideravit inspicere, inter quas (§5) 300 B solam illam, propter quam venerat, non videbat. Ait ad postremum: „Omnes mihi", inquit, „adducite; deesse enim videtur hic aliqua." Dicunt ad eum: „Unam", inquit, „stultam habemus intrinsecus in coquina." (Sic enim eas, quae daemone vexantur, appellant.) Ait ille: „Exhibete", inquit, „ad me ipsam quoque, ut eam videam."

34.6 Quo audito memoratam vocare coeperunt. Quae cum nollet audire sentiens, credo, aliquid aut fortassis hoc ipsum divina iam revelatione cognoscens, dicunt ei: „Sanctus te Piterius videre desiderat." Erat autem famae ac nominis grandis.

34.7 Cumque ad eum fuisset exhibita vidissetque ⌜*panno* frontem (§6) 300 C ipsius *involutam*, proiecit se ad pedes ipsius dicens: „Benedic me", inquit.

---

25 *cf.* Jr. 17,5

---

ad §7 *cf.* Hier. vita Pauli 11 (25 C)

---

24 cognosce te *corr. ex* cognoscite **C** te cognosce **β** (*praeter* **NF**) **Ro** || Dum] Nam **Z** nam dum **β Ro** || *p.* dum *add.* enim **M** || contra *add.* **C** || tantum – populum] tantas **β Ro** || enim *del.* **Z M** || populum *transp. p.* noctibus **M** 25 sola *in ras.* **M** || pugnans **Z** pugnat *transp. a.* sola **S** pugnet **β Ro** 26 resedens **C** *a.c.* 27 animos **S** *a.c.* || urbes *om.* **NF** || vacaris **P** vagans **N** *a.c.* 28 *a.* Statim *add. in marg.* qui **C** || igitur **β** *ca. 6 litt. eras.* **C** *om.* **Z Ro** itaque *in ras. + ca. 2 litt. eras.* **S** ille *in ras.* **M** inquit **P** 29 introducerent eum] transveheretur **β Ro** || ad] in **Z** (Gr: εἰς τὸ μοναστήριον ..., *idem* Syr) 30 illae **P** || et *prim.*] ut **Ro** || *p.* aetatis *ca. 4 litt. eras.* **B** 31 introduci] fluvium transire **β Ro** 32 autem + post orationem **β Ro** || desiderabat **C** 33 non *def.* **C** || Ait] *def.* **C** Ait ergo **β Ro** 34 Omnes *def.* **C** || inquit mihi (inquit *in ras.*) **M** inquit *om.* **β Ro** || hic *om.* **V Ro** 35 eum + Omnes hic sumus. Quibus (Quibus ille **F**) respondit: Una deest quam mihi angelus demonstravit. Dicunt ei **β Ro** 35/36 Sic – appellant *om.* **P** 36 eam **V B** *p.c.* **Ro** || a daemone **Z** || vexatur **V B** *p.c.* **Ro** || Ait] At **Z** || exhibete eam **S** || inquit] *del.* **M** *om.* **β Ro** 37 ad me] mihi **β Ro** || me ipsam] semetipsam **P** || quoque *om.* **Z** quoque ipsam **Ro** 38 memoratam *def.* **C** || cum nollet *def.* **C** 39/40 aliquid – desiderat *def.* **C** 39 ipsum] *corr. ex* ipsud **Z** *om.* **Ro** 40 ei *om.* **P M** || te pisterius **M** *p.c.* piterius te **β Ro** 41 autem] enim **β Ro** || agnominis **P** 42 fuisset] esset **S** *om.* **NF** || pannos *corr. fort. ex* pannem **C** pannis **M** || frontem *om.* **C** 43 ipsius *prim.*] illius **Ro** || involutam – ipsius *om.* **C** || ipsius *sec.*] eius **Z Ro** || inquit] *om.* **Z** *del.* **M** amma **β** (anima **G**) **Ro**

Quod rursus ad illius pedes et ipsa tunc fecit ac dixit: „Tu me benedic“, inquit, „domine.“
(§6) 34.8 Omnes igitur sorores obstipuerunt simul dicentes: „Noli, abba, talem iniuriam sustinere; fatua est enim ista, quam cernis.“ Tunc sanctus Piterius hoc ipsis omnibus ait: „Vos“, inquit, „estis fatuae; nam haec et vestra et mea est ammas (hoc enim nomine vocant illi feminas spiritales), et deprecor deum, ut dignus ipsa in die iudicii merear inveniri.“
(§7) 34.9 Quo audito omnes simul ad pedes ipsius prociderunt singulae
300 D varia peccata ei propria confitentes: ⌜Alia enim abluens sordes catini supra eam se fudisse dicebat, alia colafis eam a se verberatam saepe memorabat, alia nares ipsius senape impletas a se esse deflebat, ceterae quoque diversas referebant se ei iniurias inrogasse. Pro quibus omnibus sanctus ille fusis deo precibus egressus est.

34.10 Post paucos autem dies non ferens illa tantam sui gloriam tantoque se nolens sororum honore cumulari gravarique se credens excusationibus singulorum egressa de monasterio illo, quo ierit, in quem
301 A ⌜se merserit locum vel quo fine defecerit, ad nullius potuit notitiam pervenire.

---

ad §8 *cf.* AP N 596 (1596,3) *ad* §§ 9-10 *cf.* Cassian. inst. 4,30,6 51/52 *cf.* Vita Sim. 4 (327 D)

---

44 Quod – ac] Procidens autem et ipsa ad pedes eius **β Ro** Gr: ὁμοίως κἀκείνη ἔπεσεν εἰς τοὺς πόδας αὐτοῦ λέγουσα (*idem* Syr) 44/45 benedic inquit **C P** inquit *(del.)* benedic **M** benedic **Z S β Ro** 45 domine inquit *in ras.* **S** 46 igitur *om.* **C** || obstupuerunt **Z** *a.c.* **M** *p.c.* **N NF** stupuerunt **P** *a.c.* || simul *om.* **NF** 47 talem *om.* **Z** || enim est **Z** enim *om.* **M NF** || ista – cernis *om.* **M** || cernis *def.* **C** 48 pisterius **M** *p.c.* picterius **NF** || hoc *om.* **Z** || omnibus ipsis **Z** || Vos *def.* **C** || inquit] vero **Z** autem inquit (inquit *del.*) **M** *om.* **β Ro** || nam haec *def.* **C** || et *om.* **Ro** 49 vestra peritia **N** || mea est *def.* **C** || et mea et vestra **P** || mea + cum sit melior **β** (fatua melior **N**) **Ro** || mamma *corr. ex* mammas **M** amma **b** *p.c.* **Ro** animas **G** || hoc enim *def.* **C** || illi] *def.* **C** illae **P** || feminas spiritales] spiritales matres **β Ro** 50 precor **C Ro** || deum] te **P** dominum **NF** || dignus *def.* **C** || sicut ipsa (ipsa *def.*) **C** || in] *def.* **C** *om.* **S** 51 Quo *def.* **C** || simul ad *def.* **C** || ipsius] sancti piterii **β** (picterii **NF**) **Ro** || singulae *def.* **C** 52 ei] et **Z** *om.* **Ro** || confitentes *def.* **C** || confitentes + quibus illam sanctissimam contristarunt (contristaverunt **N**). Et alia (aliae **NF**) quidem dicebat (dicebant **NF**): Ego eam delusi, alia: Ego habitum eius deiectum (abiectum **NF**) derisi, alia: Ego eam quod esset tacita iniuriis affligebam. **β Ro** || enim] autem **P** *om.* **β Ro** || catinis **C P** 53 super **Z** || se *prim. om.* **G** || Aliam **G** || verberatam *in ras.* **V** 54 aliae **NF** || sinapi **C** *p.c.* **Z** *p.c.* **Ro** sinape **Z** *a.c.* **β** senapi **M** *p.c.* || deflebant **NF** 55 diversa **P** || ei] et **Z** || omnibus *om.* **M** 56 ille + una cum memorata (rememorata **Ro**) sanctissima virgine **β Ro** || regressus *fort.* **M** *a.c.* **Ro** || est *def.* **C** 58 se *prim. om.* **M** || honere **M** *a.c.* || se *sec. om.* **M** 59 satisfactionibus **β Ro** || singulorum *(cf. Praef. C4)*] singularum **M** *p.c.* **β** (*praeter* **NF**) **Ro** || ierit *def.* **C** || in] aut **P** || quem] *def.* **C** quo **M** *a.c.* 60 se merserit] deverterit **β** diverterit **Ro** 60/61 locum – pervenire *def.* **C** 60 finem fecerit **M** *a.c.* || potuit hactenus **β Ro**

Explicit **Z**

35. De Iohanne Lycopolitano (Ro.: Caput XXII.)

35.1 Fuit quidam Iohannes in oppido, cui Lycus vocabulo est, qui *(§1)* carpentarii quidem artem, dum adhuc esset puer, didicit, fratrem tamen tinctorem habuit, quique postmodum, cum iam viginti et quinque esset annorum, saecularibus renuntiavit et per quinque annos in diversis monasteriis degens ad postremum solus se ad Lycum contulit montem.

35.2 In cuius cacumine trium sibi voluminum cellulas fecit ingressusque illuc ita se inclusit, ut aditum quoque ipsum, per ⌜quem introisset, 301 B extruxerit. Erat igitur unum volumen ad corporales deputatum necessitates, aliud, in quo opus facere et cibum sumere consueverat, tertium, in quo orabat.

35.3 Hic igitur, cum triginta iam annos conplesset inclusus, per solam *(§2)* semper fenestram necessaria victui suo ab administrante suscipiens meruit talem gratiam dei, ut haberet scientiam futurorum. Nam et sanctae memoriae Theodosio imperatori frequenter et varia ex his, quae essent ventura, praedixit. Primum quidem de Maximo tyranno, quod et superaturus eum esset et Galliarum partibus reversurus; postea autem et de Eugenio tyranno eidem, quae subsecuta sunt, ante praedixit. ⌜De quo 301 C

---

ad totum capitulum cf. HM 1   *ad* §2 *cf.* HL Cap. 18, §14   *ad* §3 *cf.* HM 1,1,6.7,12-13; Sulp. Sev. Mart. 20,8; Cassian. inst. 4,23; conl. 24,26,17; Rufin. hist. eccl. 11,19.32; Theodoret. hist. eccl. 5,24,1-2; Soz. hist. eccl. 6,28,1; 7,22,7-8; Nicephor. Callist. hist. eccl. 11,34 (692 C)   11/12 *cf.* HM 1,1,2-3; Greg. Tur. vit. patr. 13,1; 19,11

α = C SM   **β = VB bG E NF**   *om.* Lat. II
Gr: P(W)TAVC   Syr: R3   **Ro**

XLII De iohanne incluso magnae viro virtutis futura praedicente **S**   XXV **M**   XXII **V**   XXXIIII **B**   XXIIII **bG E**   De beato iohanne qui prophetiae gratiam meruit. XXIIII **N**   De beato iohanne qui prophetiae gratiam meruit **F**   Inc. *def.* **C**

1/2 Fuit – carpentarii *def.* **C**   1 vocabulum **M** *p.c.*   2 puerulus esset **NF**   3 iam *add.* **b** || XX **G**   XXti **N** || et *def.* **C** || V **G**   Vque **N**   4 saecularibus] huic saeculo **β Ro** || per *corr. ex* qui **E** || V **G N**   5 se] *del.* **M**   sese **Ro** || ad *sec.*] in **β** (*praeter* **NF**) **Ro** || contulit *def.* **C**   6 huius **G** || sibi *def.* **C** || cellulas *def.* **C** (*fort.* cellas)   7 illuc *def.* **C** || ipsum, per *def.* **C** || introiit **β** (introivit **N**) **Ro**   8 extrueret **C** *p.c.* extruxerat **G**   obstruxerit **Ro** || Erat – unum *def.* **C** || deputatum *def.* **C**   8/9 necessitates deputatum **NF**   9 facere et] *def.* **C**   faceret et **S** *a.c.*   faceret **G** || tertium *def.* **C**   11 XXXta **G** || iam *def.* **C**   12 semper *def.* **C** || ab] *def.* **C**   *om.* **b**   13 talem *def.* **C** || conscientiam **N** || Nam *def.* **C**   14 his] iis **Ro**   15 ventura] *def.* **C**   ei ventura **S**   eventura **β Ro**   16 et *prim. def.* **C** || *a.* Galliarum *add.* ex **M** || ex partibus **β Ro** || et de *def.* **C**   17 praedixit + quod eum quidem superaturus esset, sed ipse ibidem (quidem **b** *a.c.*) vitam finiturus filiumque suum (suum *om.* **NF**) successorem imperii relicturus (relicturum **NF**) **β Ro** apud omnes grandis semper fama convaluit adserens eum magnae esse virtutis.

(§3) 35.4 Cum igitur nos, hoc est ego et benedictus Macharius et Albanius et Ammonius, circa Nitriae solitudines degeremus, cupiebamus diligenter agnoscere memorati virtutem viri. Ait ergo nobis tunc sanctus Evagrius: „Libenter“, inquit, „audirem ab eo, qui mentem atque sermonem bene novit probare, qualis sit vir iste, quem loquimur. Nam etiam si eum ipse non videam, vitam tamen eius alio referente cognoscam, necesse iam non erit, ut ad montem eius ascendam.“

35.5 Quod cum audissem ego neque quicquam tale dixissem, uno die tantum moratus alio clausi cellulam meam et me atque ipsam commendans
301 D (§4) deo ⌜Thebaidem usque perrexi §diebus decem et octo omni itinere confecto partim ambulando pedibus, partim per fluvium navigando. Agebatur autem hoc eo tempore, quo fluvius solebat ascendere, quando multi aegrotare consueverant, quod sum et ipse perpessus.

35.6 Cum illuc ergo venissem, clausum membrum illum inveni, quod ante ingressum voluminum ipsius erat; postea enim ipsum locum extruxerant fratres. Talis namque erat aedificii ipsius magnitudo, ut centum posset tantum capere viros. Clausum autem semper ipsum habentes locum solo sabbati et dominico die aperire consueverant.

35.7 Cognita ergo causa, ob quam clauderetur, quievi expectans sabbati
302 A diem. Qui cum advenisset, ingressus sum circa horam ⌜secundam, ut

---

18 semper *def.* **C** || convaluit + Propter quod (quod *add.* **N**) et theodosius imperator prophetali eum venerari honore consueverat. **β Ro** || eum] illum **β Ro** 18-20 esse – nos *def.* **C** 18 esse *add.* **b** 20 et ego **C** 20-22 et *prim.* – sanctus *def.* **C** 20 benedictus] beatus **β Ro** || Macharius] evagrius **β Ro** || benedictus Macharius *(cf. Praef. C4)*] Gr: οἱ περὶ τὸν μακάριον Εὐάγριον (*idem* Syr) 20/21 et ammonius et albinius (albinus **N Ro**) **β Ro** 21 cupiebam **b** *a.c.* 22 viri virtutem **F Ro** || *p.* ergo *2 litt. eras.* **M** 23 inquit] *del.* **M** *om.* **β Ro** || eo, qui *def.* **C** 24 vir *def.* **C** || iste vir **Ro** || Nam etiam *om.* **β Ro** || Si enim eum **Ro** 24/25 ipse – cognoscam] non prius alio referente (ferente **V**) cognovero **β Ro** 25 *a.* vitam *add.* si **M** || non] *del.* **E** *om.* **Ro** 26 ut *corr. ex* aut **M** || montem] mortem **VB** 27 quicquam] *om.* **NF** quidquam **Ro** 28 alio die **C** || cellam **NF** || atque *del.* **C** || ipsum **C** *p.c.* 29 *p.* perrexi *ca. 8 litt. eras.* **S** || *in marg.* Narratio itineris quo perrexit ////////////tor ////// videre beatissimum iohannem **b** || itinere *in ras.* **SM** || carpto **S** *p.c.* correcto **M** *a.c.* 30 partem *(bis)* **C** || fluvio **S** *a.c.* **M** *a.c.* 31 hoc *add.* **F** || quo] quod **F** 33 ergo illuc **M Ro** || membrum] membrum vel antrum (vel antrum *in marg.*) **S** locum *in ras.* **M** septum **Ro** Gr: τὸ προεισοδικόν (T)/προεισόδιον (P)/προσεισόδιον (W) || illum] illuc **S** illud **M** *a.c.* **Ro** || quod] qui **M** *p.c.* 34 voluminum] cubiculorum **β Ro** 34/35 instruxerant **C** 35 namque] autem **β Ro** || erat edificii *in ras.* **S** || fere centum **β** (**C G**) **Ro** 36 posset – capere] caperet **β Ro** || posset *scripsi* possit **α** || semper *add.* **M** 37 sola **C** 38 quievi *del.* **C** || expectavi sabbati *corr. ex* expectans abbati **C** 39 Qui cum *def.* **C** 39-41 ingressus – loqui *def.* **C**

supradictum viderem virum. Inveni igitur eum adsedentem fenestrae, ex qua ad se ingredientibus solebat loqui.

35.8 Post primam itaque salutationem hoc mihi per interpretem dixit: (§5) „Unde advenis? Nam ego de monasterio Evagrii esse te credo.“ Respondi me esse peregrinum et de Galatiae partibus venire et unum me ex Evagrii fratribus esse confessus sum.

35.9 Interea, dum loquimur, ingressus est subito provinciae ipsius praeses Alypius nomine, ad quem relicto, quem mecum habebat, sermone se contulit. Secessi igitur ab hisdem paululum et loco cedens eminus steti. Prolixas autem confabulationes eorum graviter ac moleste ferens intra me ipsum bonum illum senem reprehendebam, eo quod meo sermone contempto ⌜illum potius honorasset, §adeoque mihi hoc ingratum fuit, ut (§6) 302 B spreto eo recedere cogitarem.

35.10 Vocavit ad se tunc ille Theodorum nomine interpretem suum dicens: „Vade“, inquit, „ad fratrem illum et dic ipsi: ‚Patere paulisper; iam nunc enim dimittam praesidem et tecum loquar.‘“ Coepi igitur ex hoc ut spiritalem iam illum videre et idcirco remorari.

35.11 Egresso vero mox praeside me vocavit his me adloquens verbis: „Cur“, inquit, „animam tuam mei reprehensione laesisti? Quam in me inveneras culpam, ut ea in tuis sensibus cogitares, quae nec in me esse cognosco nec tuos scio mores decere? An ignoras illa, quae scripta sunt, *quod non incolumes ac fortes, sed quod male sani medico semper indigeant*?

61/62 Mt. 9,12; Mc. 2,17; Lc. 5,31

---

40 virum *del.* **S** || adsedentem **S** *a.c.* **M** *a.c.* adsidentem **S** *p.c.* **F** assidentem (*vel* asidentem) **M** *p.c. cett.* **β Ro** 42 dixit *def.* **C** 43 advenis] es + vel cur advenisti **β** (venisti **b** *a.c.*) **Ro** || Nam *def.* **C** || monasterio] sociis **β Ro** || esse – credo] unum te (te *add.* **b**, *om.* **G NF**) esse conicio **β Ro** || Respondi ego (ego *in ras.*) **C** 44 *a.* et *sec. add.* sed **M** || me *sec. om.* **G** 46 *in marg.* De praeside ... *(quae sequuntur legi non possunt)* **b** 47 Alypius (*vel* alipius) **β Ro** *(cf. Praef. C4)* liccis **C** lycus **SM** Gr: Ἀλύπιος Syr: „Olympios“ || *p.* relicto *ca. 5 litt. eras.* **S** || sermone quem mecum habebat **NF** || *p.* sermone *ca. 8 litt. eras.* **S** 48 his **S** iisdem **M** *p.c.* **Ro** isdem **NF** 49 fabulationes **M** eorum fabulationes **Ro** || *a.* me *2, p.* me *3 litt. eras.* **S** 51 adeoque **S** ideoque *cett.* **Ro** Gr: ἐπὶ τοῦτο (PC)/ἐπὶ τούτῳ (AV, τούτω T) Syr: „de cela“ || mihi hoc] hoc mihi **NF** cum mihi **Ro** || gratum **M** *p.c.* || fuisset **β Ro** || ut *om.* **β Ro** 52 spretus **C** *p.c.* || eo] *del.* **C** *add.* **M** illo **S** eodem **β Ro** || recedere *add.* **b** || cogitabam **β Ro** 53 *p.* Vocavit *add.* ergo **M** Vocavit itaque **β Ro** 54 inquit] *del.* **M** *om.* **β Ro** || ipsi] ei **β Ro** || Paulisper patere **C** Noli esse pusillanimis **β Ro** 55 Coepi] Cognovi **β Ro** || ex] et **G** 56 ut – videre] esse hominem spiritalem et omnia praevidere **β Ro** || illum *def.* **C** || viderem **S** *a.c.* **M** *a.c.* || et *in ras.* **M** || idcirco + magis coepi **β** (***41***) eo magis coepi **Ro** 57-59 Egresso – tuis *def.* **C** 57 mox inde **β Ro** 58 inquit *del.* **M** || mea **Ro** 59 ea *om.* **N** || me *def.* **C** || esse *om.* **β** (*praeter* **b** *p.c.* **E**) **Ro** 60 nec *def.* **C** || docere **C** || illa – sunt] illud quod scriptum est **β Ro** 61/62 sed – indigeant] sed quod male habent medico semper (sed – medi- *in ras. ca. 12 litt.*) **G** 61 quod *del.* **M** || sani] *in ras.* **S** 62 indigeat **S V** *a.c.*

302 C *(§7)* 35.12 ⌜Et tu me ergo, cum velis, et rursus ego invenire te possum, §et, si ex me forsitan nullum, ex aliis tamen fratribus aliquod patribusque poteris habere solacium. Iste vero totum ex saecularibus rebus diabolicae deditus potestati vix brevis horae spatio potuit respirare et nunc temptans ut servus dominum suum fugit veniens, ut salutare hic inveniret auxilium. Inconsulta igitur atque inportuna res fieret, si illum relinquerem et tecum morarer, qui iugiter salutis tuae commodis vacare consuesti.“ Quem ego magnopere deprecatus sum, ut pro me dignaretur orare; hoc enim mihi modo spiritalem illum virum esse persuasit.

302 D *(§8)* 35.13 Tunc ille iam laetior dextera sua in sinistram ⌜me leviter vultus mei partem percussit hoc dicens: „Multae te“, inquit, „tribulationes manent, et passus es multa, ut exires de solitudine, et interim hoc formidans aliquantulum facere distulisti. Rationabiles autem tibi et quasi iustas occasiones afferens daemon ventilare te temptabat. Admonuit enim te, et quod pater tuus te desideraret et quemadmodum frater tuus sororque de vita, quam in solitudinibus agere deberes, hortari solerent.

(§9) 35.14 Ecce ergo nunc tibi hoc ego nuntio: Utrumque salvatos esse cognosce. Renuntiaverunt enim ambo saecularibus rebus. Et pater“, inquit, „tuus aliquot alios victurus est annos. Insiste igitur ac vive in desertis, ut

---

ad §§ 13 *et* 20 *cf.* Sulp. Sev. Mart. 5,3 72 *et* 89 *et* 98 *cf.* HM 1,2,12 75-78 *cf.* Vita Anton. 5 (gr *et* lat: §1); Serap. ep. mon. 2 (928 B); Evagr. Pont. pract. 54 = cap. pract. B 54 (1245 D); Hier. epist. 108,6,2

---

63 Et] Nam **β Ro** || ergo *om.* **β Ro** || invenire *def.* **C** 64 me *def.* **C** || ex *sec. def.* **C** || patribusque aliquod **F** || patribusque *def.* **C** 65 totus **α** *p.c.* **β Ro** || rebus *def.* **C** 66 deditus *def.* **C** || brevi **M** || horae *om.* **M** 66/67 temptans ut *def.* **C** 67 sicut quidam servus **β Ro** || si dominum **C** austerum dominum **β Ro** || fugiens venit **β Ro** || salutare *def.* **C** 69 qui *def.* **C** || vacare *def.* **C** || Quem] Hunc *in ras.* **M** || ergo **V** 70 magnopere] magno **C** *a.c.* *(cf.* Cap. 37, §6 *et ThLL VIII 147, 62 sqq.)* || sum *def.* **C** || enim mihi *def.* **C** 71 modo *om.* **β Ro** || esse *def.* **C** || certissime persuasit **β Ro** || persuasi **C** *p.c.* 72 sinistra **β Ro** || leniter **Ro** 73 mei *def.* **C** || parte **β** (*praeter* **E** *a.c.*) **Ro** || te *om.* **E** || inquit *del.* **M** 74 et *prim.*] *def.* **C** *om.* **Ro** || passurus **C** *a.c.* **S** *a.c.* **M** Gr: ἐπολεμήθης (*idem* Syr) || multam **S** *a.c.* || *a.* ut *add.* temptatus es *(+ ca. 5 litt. eras.)* **M** || interim *del.* **M** 75 aliquantulum *def.* **C** || Rationabiles autem *def.* **C** || Rationabiles] Pias **β Ro** 75-77 et – frater *def.* **C** 75 iustas] rationabiles **β Ro** 76 occasiones] causas **Ro** || *a.* ventilare] *ca. 7 litt. eras.* **S** animum tuum *add.* **M** || te *prim.* **β Ro** *om.* **α** || temptat **β** tentat **Ro** 76/77 te *sec.* – desideraret] et circa patris desiderium **β Ro** 76 et] eo **S** 77 et – frater *in ras. ca. 12 litt.* **M** || et *del.* **S** || *p.* tuus *ca. 3 litt. eras.* **S** || *p.* sororque *add. in marg.* te **M** 77/78 de – solerent] converti atque in (in *add.* **B**) solitudine agere vitam suam deberent **β Ro** 78 vita *in ras.* **S** 79 ergo *om.* **Ro** || hoc *om.* **C NF** || renuntio **β Ro** || Utrosque **M β Ro** || salvatos *def.* **C** 80 enim *def.* **C** || inquit *del.* **M** 81 aliquot alios] alios septem **β** (alios semper **G**) **Ro** || est *def.* **C** || ac] et **N** || ut *add.* **C**

coepisti, locis neve parentum causa tuorum ad patriam tuam festines
redire. Scriptum est enim: *Nemo supra aratrum manum* ⌜*suam posuit et* 303 A
retro aspiciens aptus fuit regno caelorum.“

35.15 Vehementer igitur atque mordaciter ex huiusmodi verbis instructus ac doctus gratias egi deo, maxime posteaquam occasiones, quae me solitudinem relinquere conpellebant, iuxta votum meum impletas esse cognovi.

35.16 Rursumque mihi hoc cum risu placido et iocis dicit: „Vis“, *(§10)*
inquit, „episcopus fieri?“ Ego autem me iam esse respondi. Interrogat: „Ubi?“ Dixi ego: „In coquinis, mensis, tabernis officinisque figulorum. Haec enim cuncta“, inquam, „diligenter inspicio et, si fuerit acidum vinum, a prandio meo illud excludo, quod autem fuerit bonum, poto. Similiter inspicio et ollas coquorum et, si deesse sales videro aut aliquid
condimenti genus, addo meliusque conditos cibos ⌜comedo. Hic est“, 303 B
inquam, „episcopatus meus; voracitas enim mea me talem episcopum fecit.“

35.17 Ait mihi hoc ille subridens: „Remove“, inquit, „iocos. Nam *(§11)*
episcopus es futurus plurimumque tribulationum habiturus es ac laborum. Si igitur ista vis fugere, noli relinquere solitudines nostras; nullus enim te in desertis degentem locis episcopum faciet.“

35.18 Discedens autem tunc ego a memorato viro regressus sum ad deserta, in quibus esse consueveram, venerandis illis patribus haec ipsa, quae illic cognoveram, referens. Quique post duos menses ad ipsum navigando venerunt. Ego autem dictorum eius immemor fui.

83/84 Lc. 9,62

---

82 locis *transp. a.* ut **C** || ne vel **C** || patriam *def.* **C** || tuam *om.* **Ro** 83/84 redire festines **β** (festinas **V**) **Ro** 83 est *om.* **F** || super **C β** mittens super **Ro** || manum suam super aratrum **NF** 84 fuit] est **β Ro** 86 egi] agens **S** 86-88 maxime – cognovi] Gr: τὰς ἐλαυνούσας με προφάσεις (χρείας ἤτοι προφάσεις VC) ἠνυσμένας μαθών (*sim.* Syr) 86/87 occasiones – impletas *supplevi ex* **β** (solitudines **NF**) **Ro** *(cf. Praef. C4)* meos (*corr. ex* eos) iuxta votum meum impletos **C** (*p.* impletos *add.* propinquos) eum iuxta votum meum impletum **S** in eis *(in ras. ca. 9 litt.)* votum meum impletum **M** 89 dixit **Ro** 90 inquit *del.* **E** || iam me **G** || Interrogabat **Ro** 91 Dixi *def.* **C** || figulorum] singulorum **G NF** 92 inquam *om.* **S** || si] *add.* **b** quod **G** 93 hoc poto **S** bibo **β Ro** 94 et inspicio ollas **NF** || sal **C** *p.c.* || aliquid] *def.* **C** aliquod **M** *p.c.* **β** (*praeter* **V**) **Ro** 95 genus *om.* **C** || Hinc **S** *a.c.* 96 inquam *om.* **β Ro** || episcopatus *def.* **C** || enim – episcopum *def.* **C** || me *om.* **β** talem me **Ro** 98 Ait **C** Ac **S** Ad haec **M** *p.c.* Ad **V** *a.c.* **E** *a.c.* 98/99 hoc – plurimumque *def.* **C** 98 hoc *del.* **M** || ille sanctus **β** (sanctus ille **NF**) **Ro** 99 episcopus *transp. p.* futurus **b** *a.c.* || per plurimumque **NF** || tribulationem **N** 102 Descendens **S β Ro** || ergo **V** *a.c.* 103 illis *om.* **C** 104 cognoveram + de spiritali divinoque **β Ro** || referens homine **β Ro** || Qui **β Ro** || ipsum] eundem beatissimum **β Ro** 105 venerant **NF** || autem miserrimus **β Ro** || immemor fui *supplevi ex* **β Ro** *(cf. Praef. C4)* *om.* **α** (memor *add.* **M**) Gr: ἐπελαθόμην (*idem* Syr)

35.19 Post triennii tempus in valitudinem ex infirmitate stomachi ac
303 C (§12) splenis incurri. §Ex supradicto autem ⌜loco a fratribus Alexandriam usque transmissus atque illic hydropem medicans, post Alexandria quoque profectus suadentibus medicis peto Palaestinam causa commodarum, quae esse ibidem putabantur, aurarum; delicatos enim aeres magis valitudo mei corporis requirebat.

35.20 De Palaestina autem ad provinciam Bithyniam veni. In qua *nescio* quomodo – utrum studio hominum an voluntate divina: *hoc deus novit* – episcopus ultra meritum meum factus sum. In quo tempestatis
(§13) illius, quae sub sancto Iohanne commota est, interfui malis §et per undecim menses in obscurissima cellula latens coepi illius sancti dicta reminisci, cum ea illic, quae praedixerat, sustinerem.

35.21 Haec autem forte mihi tunc ille dicebat cupiens me ad sustinen-
303 D dam solitudinum ⌜vitam huiusmodi praenuntiationibus provocare: Nam quadraginta octo annos in eadem cellula sua se habitare dicebat nullius se umquam feminae vultum vidisse confirmans, ne solidi quidem nosse speciem, non se alium umquam aspexisse mandentem neque semetipsum edentem aut bibentem ab altero visum.

(§14) 35.22 Ad hunc agnoscendum et ancilla Christi Poemenia venerat. Cui ille non visae quaedam per alium secreta mandavit admonuitque eam, ne de Thebaidis regione proficiscens divertere Alexandriam vellet; nam si nollet audire, in temptationem eam quandam necesse esse incidere.

35.23 Quod cum illa seu per neglegentiam sive per oblivionem suam
304 A non ita, ut iusserat sanctus ille, fecisset, Alexandriam ⌜venit, ut cerneret sibi incognitam civitatem. Dum iter ergo confecisset, iuxta oppidum, cui

---

113/114 *cf.* 2. Cor. 12,2/3

---

106 temporis **M** *a.c.* igitur tempus **β Ro** || in *om.* **β Ro** 107 Et ex **β Ro** || autem *om.* **β Ro** || a *def.* **C** 108 *p.* transmissus *ca. 4 litt. eras.* **S** || hydropis morbum habens **C** *p.c.* hydropem meditans *cett.* 110 delicatos] tenuiores **β Ro** || aeris **Ro** || aegritudo **Ro** 112 ad provinciam *om.* **S** 114 qua **NF** 115 decem **β Ro** 116 obscurissima *def.* **C** || latens] occultatus **β Ro** 116-118 coepi – tunc *def.* **C** 116 coepi illius *om.* **G** 118 ille + magnus athleta christi **β** (christi *om.* **N**) **Ro** 118/119 ad – vitam] Gr: εἰς ὑπομονὴν τῆς ἐρήμου (εἰς ὑπομονὴν τοῦ ἀσκητηρίου VC), *sim.* Syr || ad sustinendam *def.* **C** 119 solitudinum vitam **S** *p.c.* **β Ro** (*cf.* Cap. 54, §7) sollicitudinem vitae **C** sollicitudinum vitam **S** *a.c.* **M** || *in marg.* De virtute beati iohannis **b** 120 XLta VIIIto **G** || cella **C NF** || se *om.* **N** 121 se *def.* **C** || vidisse *om.* **M** || *a.* confirmans *2 litt. eras.* **M** 121/122 ne – speciem] Gr: οὐ νομίσματος ἰδέαν (ἰδέαν *om.* TAVC), Syr *deest partim* 121 Nec **C** *p.c.* || solidi] solito **C** soli **VB b** *p.c.* **NF** soliti **G** sororis **Ro** 121/122 nosse – mandentem *om.* **β Ro** 124 *in marg.* De pemenia ancilla christi quae voluit videre eum **b** || Ad – venerat *add.* **N** || videndum **β Ro** 125 quaedam *om.* **NF** || secrete **S** || mandavit secreta **b** 126 de *add.* **N** || devertere **β** || ad alexandriam **M** *a.c.* || nam] quod **β Ro** 127 tribulationem **M** *p.c.* || esset **M β Ro** 128 Quod] Sed **β Ro** || sive] seu **G** 130 ergo iter **β Ro**

Nicius nomen est, adplicuerunt ipsius naves ad resolvendum longae navigationis laborem.

35.24 Egressi igitur pueri eius ad terram quadam protervitate ducti *(§15)* contra loci illius rusticos, quorum superbiam audaciamque nullus ferebat, iurgia excitare coeperunt. Ex quibus multitudo memorata eunucho quidem uni digitum abscidit ac rapuit et alium trucidavit, sanctum autem Dionysium, quem vulgus agreste esse episcopum nesciebat, prope mersit in fluvium, ipsam vero iniuriis magnis terroribusque confecit reliquis omnibus pueris vulneratis.

36. De Posidonio (Ro.: Caput XXIII.)

36.1 De Posidonio Thebaeo ⸢inenarrabilia quidem et multa memoran- *(§1)* 304 B tur. Tam autem mansuetum virum, tam vere monachum tamque nihil habentem in se mali nullum ego alterum vidi. Nam apud Bethleem cum eo per annum integrum vixi eo tempore, cum transiret illam regionem, quam Poemenici dicunt, sed enim et plures in eo scio me repperisse virtutes. §Inter quas hoc mihi quondam referebat dicens: *(§2)*

36.2 „Uno“, inquit, „anno cum in eo loco, qui Porfyritis vocatur, habitarem, nullum hominum, dum illic degerem, vidi, sermonem nullius audivi, non attigi panem, sed de paucis tantum dactulis vixi et holeribus, si qua invenire potuissem. Interea aliquando, cum penitus haberem nihil,

---

131 naves eius **β** (naves ei **NF**) **Ro** 133 Ingressi **VB Ro** ‖ eius *om.* **β Ro** 134 ferat **β** (fuerat **F**) fert **Ro** 135 coeperunt *def.* **C** 135/136 memorata – trucidavit *def.* **C** 136 *p.* ac *ca. 6 litt. eras.* **S** 137 agreste *om.* **β Ro** ‖ episcopum *def.* **C** ‖ mersit *def.* **C** 138 magnis *om.* **β Ro**

De Posidonio
α = **C SM** **β** = **VB bG E NF** *om.* Lat. II
Gr: P(W)TAVC Syr: R3 **Ro**

XLIII De possidonio thebeo inennarrabilia memorantur **S** XXVI **M** XXVIII **V** XXV **B bG E** De possidonio thebeo. XXV **N** De beato possidonio **F** Inc. *om.* **C**

1 Thebaeo + viro probatissimo atque patientissimo **β Ro** ‖ quidam **C** *a.c.* quaedam **C** *p.c.* **β Ro** ‖ et *def.* **C** 2 nihil *def.* **C** 3 in se *om.* **NF** ‖ malitiae **β Ro** ‖ ego *om.* **M** ‖ cum *def.* **C** 4 per – eo *add. in marg.* **b** 4/5 eo *sec.* – dicunt *del.* **M** 4 transiret – regionem] sederet in illa regione **β Ro** Gr: ἐκαθέσθη ἐπέκεινα Syr: „il habitait au-delà“ 5 poemenion **β Ro** ‖ sed – et] Et enim **C** *p.c.* Sed enim (enim *add.*) **M** et multo **β Ro** ‖ me *def.* **C** ‖ vidisse **β Ro** 7 inquit *om.* **β Ro** ‖ in *add.* **E** ‖ porfyr ... *(def.)* **C** porphyrites **β Ro** ‖ dicitur **NF** 9 tantum *om.* **S** ‖ *p.* vixi *ca. 3 litt. eras.* **S** ‖ et *in ras.* **S** ‖ holeribus] herbis agrestibus **β Ro** 10 quas **β Ro** ‖ *in marg.* Refert qualiter a domino visitatus est dum penuriam pateretur *(partim del.)* **b** ‖ nichil penitus haberem **M** *p.c.* 10/11 haberem – alimenti] alimenta quibus sustentari poteram defecissent **β Ro**

304 C quo sustentarer, alimenti, egressus sum de spelunca mea, ut usque ad ⌜eas
(§3) partes, quae ab hominibus inhabitantur, accederem, §et per totam ambulans diem vix habitaculum meum duobus milibus a me abesse cognovi.

36.3 Circuminspiciens igitur equitem quendam videre me videor habentem militis speciem et cassidem capite gestantem, cui in tiarae modum crista surgebat. Quem cum militem vere putarem, ad speluncam redire properavi. Inveni autem illic reversus continuo cistellam, quae uvas et ficus recens lectas habebat; quam statim rapui et sic speluncam meam laetus intravi. Per duos autem menses cibus ipse maximum mihi solacium fuit."

(§4) 36.4 Hoc miraculum Posidonius circa Bethleem fecisse memoratur: Quaedam mulier praegnans ab spiritu inmundo fatigabatur et tempore
304 D partus sui cum maxima difficultate pariebat; ⌜eam enim spiritus ille cruciabat. Cum igitur mulier infelix sic vexaretur a daemone, maritus eiusdem ad sanctum Posidonium decurrit orans eum, ut dignaretur venire. Ingressisque nobis ad orationem, simul cum ille stans coepisset orare, bisque in terra tantummodo genua fixit et inpurum illum spiritum mox fugavit.

(§5) 36.5 Adsurgens autem solo dicit hoc nobis: „Orate", inquit, „iam nunc enim spiritus ille expellitur, signum autem quoddam monstrabitur vobis." Et ut satisfieret nobis, post haec sancti ipsius dicta a fundamentis parietem vestibuli daemon abscedens eruit totum atque disiecit. Per totum sexennium ipsa muliercula fuerat semper ut muta, posteaquam autem a sancto

---

11 ut] *def.* **C** et **NF** 12 inhabitabantur **S** ‖ totum **C** 13 a me *om.* **Ro** 15/16 Circuminspiciens – capite *def.* **C** 15 Circumspiciens **β Ro** ‖ velut equitem **β Ro** ‖ me] mihi **M** *p.c.* ‖ videor **M** (*cf.* Capp. 1, §4; 26, §4; 37, §10) video **C S** credidi **β Ro** 16 capite suo **β Ro** 17 surgebat *def.* **C** ‖ verum **F** 17/18 ad – redire *def.* **C** 17 ad *in ras.* **M** 18 ire **b** ‖ Inveni – reversus *in ras. ca. 20 litt. + ca. 3 litt. eras.* **S** ‖ autem – reversus *def.* **C** ‖ continuo *add. in marg.* **b** ‖ cistellam] *def.* **C** cistellas **V** 19 recentes **M** recenter **Ro** ‖ lectas] *def.* **C** *del.* **M** electas **NF** ‖ meam *om.* **Ro** 20 maximum **C** *p.c.* maximo *cett.* **Ro** ‖ solacio **S M** *p.c.* **β Ro** 22 *in marg.* De muliere spiritu inmundo liberatam circa bethleem *(partim del.)* **b** ‖ Hoc *om.* **β Ro** ‖ miraculum + vero sanctissimus **β Ro** ‖ memoratur huiusmodi **β Ro** 23 ab] a **M Ro** 24 enim *om.* **C** 25 sic *def.* **C** 26 decucurrit **S** *a.c.* **β Ro** ‖ rogans **β Ro** ‖ venire + atque orare pro ea **β Ro** (*28*) 28 bis **C** *p.c.* **M β Ro** ‖ genibus fixis **β** fixis genibus **Ro** ‖ et *om.* **β Ro** ‖ impium **M** *p.c.* ‖ spiritum illum **β** 30 de solo **β Ro** ‖ dixit **C** ‖ inquit] intenti *in ras.* **M** rogo **β Ro** 31 dum spiritus **β Ro** ‖ expelletur **G** ‖ autem *om.* **β Ro** ‖ demonstrabitur **NF** ‖ vobis] nobis **E Ro** 32 satisfaceret **b E** fidem facerent *corr. ex* satisfacerent **N** sciatis faceret **F** ‖ post haec *om.* **NF** ‖ ipsius sancti **Ro** ‖ parietes **G** 33 atque *def.* **C** ‖ deiecit **C** *p.c.* **S** *p.c.* **Ro** 33/34 autem sexennium **M** *p.c.* **β** autem septennium **Ro** 34 fuerat – muta] semper muta permanserat **β Ro** ‖ Postea vero quam **M** *p.c.* **V F Ro** Posteaquam vero **β** *praeter* **V F** 34/35 a sancto illo *def.* **C**

illo, ⌜qui eam a daemone liberavit, visitata est, mox et peperit et loqui 305 A coepit.

36.6 Huius viri hanc praenuntiationem, quam prophetiam vocant, (§6) aliquando cognovi: Hieronimus nomine presbyter quidam habitat in illis locis magno ingenio Latini sermonis et eloquio vehementer ornatus. Tantam autem invidiam in se habet, ut ea virtutem facundiae talius obscuret.

36.7 Cum quo Posidonius cum diebus multis fuisset, hoc in aurem quodam tempore mihi insusurravit: „Matrona“, inquit, „haec Paula, quae curam istius habet, ante ipsum, ut credo, morietur et liberabitur eius invidia. §Propter istum autem virum nullus aliquando sanctorum in his (§7) habitabit locis, sed invidia eius etiam contra fratrem suum saeviet.“

36.8 Rem vero ipsam subsecutam eius verba cognovimus: Nam inde et Exuperantium Italum civem fugavit et quendam Aegyptium alium nomine Petrum, postea et Simeonem admirabilem virum, quem interim ego notasse ac nosse me memini.

36.9 Hic mihi Posidonius et ista referebat, quod a quadragesimo aevi sui anno usum panis in victu proprio non haberet neque usque ad medium diei spatium iracundiam adversus ullum tenuisset.

---

35 eam a *def.* **C** || liberavit *corr. ex* libe////////ravit **S** || est – loqui *def.* **C** 36 coepit] promeruit **β Ro** 37/38 Huius – cognovi] *def.* **C** *del. et rest.* **M** 37 hanc] etiam **β Ro** || pronuntiacionem **V** 38 cognovit **G E**

XXVI **C bG E** XLIIII *in ras.* **S** XXVII **M** De beato hieronimo. XXVI **N** De beato (beato *exp.*) hieronimo presbytero (presbytero *add. m. a.*) **F** *in marg.* Botrum (botram **M**) carpe spinam cave **M B b** (*partim del.* **b**) 38-49 Hieronimus – virum *exp. et rest.* **M** || Hieronimus – Petrum *om.* **V Ro** 38-48 Hieronimus – civem *eras.* **B** 38-44 Hieronimus – credo] *19 lin. eras.* **S**

38 quidam] qui **G** || habitavit **bG** habitabat **F** 39 magno – ornatus] Gr: ἀρετῇ λόγων ῥωμαϊκῶν κεκοσμένος καὶ εὐφυΐᾳ (*al.* T *et* Syr) || latinique **C** *p.c.* || et] *om.* **C S** *add. a.* Latini **M** 40 *p.* invidiam *add.* ab omnibus **C** || ea] eius **C** *p.c.* *om.* **β Ro** || virtutes **C** *p.c.* || talios **C** *p.c.* totius **M** talis **β Ro** 42 fuisset – in *def.* **C** || aure **β** *praeter* **V** 43 Paula] puella **G** 44-53 morietur *usque ad finem capituli exp.* **S** 44 moritur **C** *a.c.* **S** *a.c.* || *a.* eius *2 litt. eras.* **S** 45 virum *om.* **C** || his] illis **S** 46 habitavit **S** *a.c.* **M** *a.c.* **NF** || sevit **G** desaeviet **N** 47 Re vera **β** *praeter* **V** || ipsam **M** *p.c.* ipsius *cett.* **α** ipsa **β** *praeter* **V** || subsecutam **S** *p.c.* subsecuta *cett.* || *p.* subsecutam *ca. 4 litt. eras.* **C** 48 italicum **β** *praeter* **V** || alium *om.* **β** *praeter* **V** 49 simonem **β** *praeter* **V** Gr: Συμεῶνα 49/50 quem – memini *del.* **M** 50 me *om.* **C** 51 mihi + beatissimus atque abstinentissimus **β Ro** || et] etiam **β Ro** 52 habuisset **M** *p.c.* 53 tenuisset + Haec sunt signa atque miracula (miracula atque signa **Ro**) fortissimi (fortissima **E**) in christo possidonii quae divina gratia operatus in his (in his *om.* **NF**, in his etiam **Ro**) vitam famosam (vita famosa **NF**, vitam famatam **Ro**) finire promeruit. **β Ro**

37. De Serapione (Ro.: Caput XXIV.)

305 B *(§1)* 37.1 ⌜Alius quidam Serapion nomine fuit, qui Sindonius cognomen acceperat, quia nulla alia veste nisi solo sindone velabatur. Quem nihil umquam habuisse vel possedisse satis notum omnibus fuit. Peritissimus autem erat scientia litterarum scripturasque omnes tenaciter memoriterque recolebat.

37.2 Ex nimia autem abstinentia omnium rerum et ex iugi divinorum meditatione librorum cellulae unius quiete non poterat esse contentus, sed per diversa mens semper ipsius trahebatur. Toto igitur mundi fine discurrens ad talis gloriae virtutem ascendit. Talis enim et naturae ipsius
305 C mens erat; ⌜naturarum enim differentias, non substantiarum vocamus.

(§2) 37.3 Hoc autem de eo patres sancti aliquando referebant, quod per monachum aliquem conlusorem suum in oppido quodam viginti solidorum pretio paganis semetipsum distraxerit mimis et, quos signatos pro se acceperat solidos, apud se ipse servaverit. Tamdiu ergo cum praedictis, qui eum emerant, mimis in tali servitute permansit, quamdiu et christianos

---

1/2 *cf.* Mt. 27,59; Mc. 15,46; Lc. 23,53

---

ad §§ 1-6 *cf.* Leont. N. v. Jo. Eleem. 22

α = C Z SM D	**β = VB bG E NF**	*om.* Lat. II
Gr: P(W)TAVC	Syr: R3	**Ro**

Incipit de serapione **Z** De serapione (serapion *a.c.*) ne////ine// **S** XXVII **M bG E** XXVIIII **V** De beato serapione. XXVII **N** De beato serapione **F** Inc. *om.* **C D**

1 Alius – Serapion] Serapion quidam **Z** ‖ nomine *def.* **C** ‖ sidonius **C Z** 1/2 cognomen – velabatur *def.* **C** 2 accepit **Z** ‖ sola **M β Ro** ‖ velabatur] *in ras.* **M** utebatur **β Ro** ‖ Qui **D** 3 omnibus notum **D NF** ‖ fuit + propter quod etiam (et **Ro**) apathes id est impassibilis vocabatur quia nullum patiebatur desiderium possidendi **β Ro** 5 colebat **Z M** *a.c.* 6 Ex – autem] Qui ex nimia **β Ro** ‖ abstinentia *om.* **NF** ‖ et ex iugi (et ex *def.* **C**)] ex iugi **S M** *a.c.* **D** et iugi **M** *p.c.* et exigui **N** *a.c.* **F** et eximia **N** *p.c.* ‖ divina **Z** 7 quiete *om.* **D** 8 diversas **V** *a.c.* **Ro** ‖ semper *om.* **D** ‖ *a.* Toto *ca. 5 litt. eras.* **S** ‖ totum **C** *p.c.* Tota **Z** ‖ finem **C G** *a.c.* 9 talis *prim.*] huius **Z** ‖ Talis *sec.*] Huius **β Ro** ‖ et] *del.* **Z M** *om.* **β Ro** 9/10 naturae – mens] habitus id est voluntatis mens eius **β** (eius *om.* **G**) **Ro** 10 naturarum enim] unde et voluntatum affectionumque **β** (effectionumque **NF**) **Ro** 11 *in marg.* Nota, de possidonio qui semetipsum vendere fecit **C** *in marg.* De eo quo ... serapion ... vendi se ... mimis ... solv... ...tio ut salva... posset *(vix legi potest)* **b** ‖ per *om.* **NF** 12 XXti **G** 13 paganorum **C** ‖ ipsum *add.* **N** ‖ distraheret **D** distraxit **B** *a.c.* distraxerat **N** ‖ nimis **C** *a.c.* **D** nummis **C** *p.c.* ‖ quos] quod **S M** *a.c.* **D** 14 ipse *om.* **G** ‖ servaverit *fort.* **S** *a.c.* **M** *p.c.* **Ro** servaret **F** *a.c.* servaverat *cett.* (*certe propter* acceperat) ‖ cum *om.* **NF** 15 emerent **G** *a.c.* ‖ nummis *corr. ex* nimis **C** ministravit **D**

eos faceret et a ludis theatralibus separaret. Nullo autem alio ad victum suum excepto pane et aqua uti solebat neque umquam scripturas sanctas legere cessabat.

37.4 Interea longi temporis spatio prior mimae maritus animo stimu- (§3)
lante correptus est, tunc ipsa ipsius coniux, ad postremum etiam domus
⌜tota. Dicebatur autem, quod, antequam aliquis eius cognosceret vitam, 305 D
pedes quoque ipsis lavaret ut dominis. Posteaquam ergo spiritale lavacrum uterque suscepit, uterque a theatrali actu recessit conversique ad castam pariter ac piam vitam vehementer memoratum venerabantur virum haec dicentes ei: „Veni", inquit, „frater, ut te libertate donemus, eo quod ipse nos prior de turpi servitio liberasti."

37.5 Ad quos ille respondit: „Nunc vobis ego, quia iam opus in vobis suum deus", inquit, „implevit et utriusque vestrum anima salvata est,
secretum meum atque, quod hactenus celaveram, prodo: §Ego", inquit, (§4)
⌜„ad miserationem vestrarum adductus animarum, cum essem liber 306 A
monachus ex Aegypto genus ducens, propterea me ipsum vendere volui, ut prodessem vestrae saluti. Quia igitur ad plenum per humilitatem meam hoc fecit deus, aurum, quod pro me dedistis, accipite, ut alios quoque, quibus subveniatur, inveniam."

---

16 eos] *def.* **C** illos **Z** || theatralibus separaret *def.* **C** || Nullo] Nihil **Z** 16/17 alio – solebat *def.* **C** || vitam suam **NF** 17/18 neque – cessabat *om.* **NF** 19 longo **G** || temporis *def.* **C** || priori **Z** || mimae maritus *def.* **C** || minimae **D** 19/20 stimulando **D** 20 correptus] *def.* **C** compunctus **β Ro** || tunc ipsa] *def.* **C** tunc et ipsa **S β Ro** || ipsius] *in ras. ca. 5 litt.* **S** eius **β** (*om.* **NF**) **Ro** || etiam *om.* **NF** 21 tota *def.* **C** || Dicebant **D** || eius *om.* **F** 22 ipsis] ipsius **S M** *a.c.* ipsorum **D** || dominus **S** || Postea ergo quam **Z M** *p.c.* **D** Posteaquam vero **β** *praeter* **F** Postea vero quam **F Ro** || lavacrum *def.* **C** 23 uterque *om.* **b** || recessisset **D** || conversique sunt **β Ro** 24 pariter] *om.* **Z** *transp. a.* ad **D** || vehementer autem **Ro** || venerabantur] venerantur **D** ac dulciter diligebant **β Ro** || haec] *om.* **Z** hoc **Ro** 25 inquit] *om.* **Z β Ro** *del.* **M** inquiunt **D** || frater *om.* **G** || ut] iam **β** (Veni iam *corr. ex* Veram **G**) **Ro** || te] et **S** || libertate **β** (liberate **V** *a.c.*, libertatem **G**) **Ro** libertati **α** (liberati **C** *a.c.*) || donamus **E** *p.c.* **Ro** 25/26 nos ipse **D** 26 prior nos **C** || prior *om.* **NF** 27 Ad – respondit] Gr: λέγει αὐτοῖς (*idem* Syr) || Ad *om.* **C** || quos] quod **C S M D b NF** || magnus ille serapion **β Ro** || vobis *prim. del.* **C** || ego *corr. ex* ergo **S** || quia *om.* **β Ro** || iam + necessarius non sum **β Ro** 27/28 opus – suum] opus vobis non sum **C** in vobis opus suum **Z** opus in vobis sum **D** opus suum in vobis **NF** 28 deus – implevit] deus inquit inplevit desiderium meum **C** implevit deus **Z** deus implevit + *5 litt. eras.* **M** deus implevit **D** deus per me inplevit **V Ro** || utriusque] utrisque **C** *a.c.* **Z** *om.* **M** usque **D** || vestrae **M** || animae salvatae sunt **M D** 29 unde secretum **β Ro** || secretum *def.* **C** || meum vobis **β Ro** || hoc quod **β Ro** || *p.* celaveram *ca. 3 litt. eras.* **V** || prodo] pando **β** (pandam **NF**) **Ro** || inquit *om.* **NF** 30 miseratione **β Ro** || animarum + quas magno errore implicitas (implicatas **G**) videbam **β Ro** || esset **D** 32 prodessem – saluti] vos liberi a (a *add.* **E**) magnis peccatis esse (+ *ca. 5 litt. eras.* **V**) possetis (possitis **B** *p.c.* **F** *a.c.*) **β Ro** || prodessem *def.* **C** 32/33 Quia – accipite *def.* **C** 32 *p.* meam *ca. 3 litt. eras.* **V** 33 deus + gaudeo, idcirco **β Ro** || pro *add.* **b** 34 subveniatur] *def.* **C** subvenire possim **β Ro** || repperiam **β Ro**

37.6 Qui cum illum frequenter atque instanter rogarent vera adsertione dicentes, quod tamquam dominum ac patrem habituri essent eum, si una cum ipsis manere dignaretur ac vivere, neque tamen ullo modo persuadere hoc ei possent, tunc dicunt ad ipsum: „Dabis ipse aurum illud ergo pauperibus, quod nos veluti arras quasdam pro nostra salute nos dedisse
306 B cognovimus. ⌜Hoc tamen te magnopere deprecamur, ut vel post anni curriculum nos requiras Athenis.“

(§5) 37.7 Quo iste etiam frequenter peregrinando pervenit ac per triduum illic moratus a nullo panem, quo vesceretur, accepit. Nam neque pecuniam habebat, non pellem ille, non peram, non praeterea quid secum ferebat. Cum iam igitur usque ad quartum diem nihil penitus edendo venisset, esurire fortiter coepit. Nihil enim ieiunio peius eo, quod extorquetur invito, ex cuius necessitate procedit saepe perfidia.

37.8 Stetit ergo supra quendam colliculum civitatis, ubi primates
306 C eiusdem oppidi ⌜concilium habere consueverant, et illic manus etiam suas percutiendo clamabat vim se maximam pati his sermonibus dicens:
(§6) „Athenienses“, inquit, „viri, succurrite, subvenite §omnes simul, quoscum-

48 *et* 51 *cf.* Act. 17,22

ad §§ 8-11 *cf.* Cassian. conl. 5,21 *ad* §§ 8-10 *cf.* Act. Thom. 28-29

35 illum *def.* **C** || atque] ac **N** || vera adsertione *def.* **C** 36 dicentes] dicunt ei *corr. ex* dicent ei **E** || dominum] *def.* **C** *in ras.* **S** suarum dominum animarum **β Ro** || ac patrem] patremque **β** *praeter* **V** patrem **V Ro** || habiturum **Ro** || essent *def.* **C** 37 manere *def.* **C** || dignatur **b** *a.c.* || vivere] *def.* **C** convivere **NF** || *p.* vivere *ca. 4 litt. eras.* **S** || ullo] illo **VB** 38 hoc *om.* **NF** || possint **S** *a.c.* || ipsum] eum **C β Ro** || ergo *transp. a.* ipse **M** *p.c.* **Ro** 39 nos *sec.*] *del.* **C** *om.* **β Ro** 40 cognovimus + Et ait illis: Date hoc vos quia vestrum est, ego enim alienas pecunias non dono pauperibus. Dicunt ergo ei: Saltim (Saltem **Ro**) **β Ro** (***58***) || tamen *om.* **β Ro** || te *om.* **NF** || magnopere] magno **C** *a.c.* **M** *(cf.* Cap. 35, §12 *et ThLL VIII 147, 62 sqq.)* 41 circulum **Z D β Ro** 42 *in marg.* Narrat quid famulus christi serapion fecerit dum famem pateretur athenis triduo. **b** || Quo – etiam] Hic itaque sanctissimus (sanctissimus *om.* **G**, sanctus vir **NF**) famulus christi **β Ro** || *p.* frequenter *ca. 3 litt. eras.* **S** || peregrinando + ad elladam (ellada **bG E**) **β** (*praeter* **N**) **Ro** (***14***) 43 illic moratus] moratus athenis **β Ro** || a quo **N** || non *corr. ex* neque **M** 44 habuit **C** || ille] *in ras.* **S** *om.* **F Ro** || praeterea *om.* **β Ro** || aliquid **C** *p.c.* quod **D** quicquam (quidquam **Ro**) + aliud secum praeter sindonem qua fuerat amictus **β Ro** 45 igitur] *om.* **Z** ergo **Ro** || quartum] *def.* **C** quartam **VB Ro** || invenisset **Z** 46 fortiter] vehementer **Ro** || ieiuno **D** || *p.* peius *ca. 4 litt. eras.* **S** || eo *transp. a.* ieiunio **β Ro** || extorqueretur **C** *a.c.* **Z** *a.c.* **S** *a.c.* **M D** 47 invito – cuius *def.* **C** || necessitate] nece **C Z** 47/48 saepe – ubi *def.* **C** 48 primates] primi **E** 49 oppidi] *in ras.* **S** civitatis **NF** || consilium **Z E** || etiam manus **Z M** *a.c.* **D NF** 50 se *om.* **Z** || maximam] proximam **V** 51 inquit] *om.* **Z β Ro** *del.* **M** || subvenite *om.* **β Ro** 51+52/53 Concurrentes – simul (**β Ro**) + Cuius – commoti (**α**)] Syr: „Et à sa voix ils s'étonnèrent tous, et ils coururent tous vers lui“ 51 Concurrentes autem omnes simul **β Ro** Gr: Καὶ προσδραμόντες ἅπαντες (+ ὑφ' ἓν P)

que palliis, quoscumque cernimus birris esse vestitos.“ Cuius illi voce commoti interrogant eum, quid haberet, unde venisset vel quid se diceret pati.

37.9 Tunc ille respondit: „Ab Aegyptiorum quidem genere descendo. Ex quo tamen de patria mea, quae erat mihi vera, discessi, in trium feneratorum manus incidi. Ex quibus duos quidem quocumque modo debitum solvens potui declinare et sic ea, quae mihi ab ipsis obiciebantur, effugere; tertius autem adhuc ille me retinet.“ Cumque illi requirerent ab ipso feneratores, quibus debitorem ⌜esse se diceret, sciscitantur ab eo, qui 306 D
illi essent vel ubi degerent vel quis esset, qui ei molestus esset; quem si ostenderet, adiuvaturos se in omnibus eum pollicentur.

37.10 At ille tunc dicens: „A principio“, inquit, „iuventutis meae hi (§7)
tres mihi molesti semper fuerunt: cupiditas pecuniae, desiderium voluptatum, voracitas ventris. Ex quibus rebus duas, hoc est pecuniae ac voluptatum cupiditatem, evasisse iam videor, neque mihi ulterius sunt molestae, tertiam vero, quam dixi voracitatem, ferre non possum. Nam, cum quarto iam die ex necessitate ieiunem, urguet me illa exigens debitum solitum semper ac flagitans.“

37.11 ⌜Tunc quidam philosophorum putantes eum conposita quaedam 307 A
et ficta narrare unum solidum offerunt ei. Quo ille sumpto et cuidam, qui

---

56-69 *cf.* Mt. 18,23-35

---

ad §§ 9-10 *cf.* Pall. gent. Ind. (lat.: Ps.-Ambr. mor. Brachm.) 2,6

---

52 cernimus *om.* **D** || byrris cernimus **Z** || birris] lineis *in ras.* **M** 52/53 Cuius – commoti *om.* **β Ro**, *deest* Gr 53 dicere **D** 53/54 diceret se pati **Ro** 55 Tum **SM D β** (*praeter* **NF**) **Ro** || descendo (descendens **F** *a.c.*) + conversatione monachus **β Ro** 56/57 trium – manus] vim *(add.)* trium faeneratorum **C** 57 incurri **β** (occurri **G**) **Ro** || duobus **C** *p.c.* 58 sic *om.* **S D** || quae – obiciebantur] Gr: ὃ ἐγκαλέσουσιν || mihi] *om.* **β** *praeter* **E** (*add. in marg.* **b**) || *p.* ab *2 litt. eras.* **M** 59 ille adhuc **Z M** *p.c.* || retinet + nec habeo unde ei (eis **V F**) satisfacere possim **β Ro** 60 ipso – se] ipso quid **C** *p.c.* || ille debitorem **Z** debitores **D** || se debitorem esse **β** (esse *om.* **NF**) **Ro** || sciscitabantur **Z Ro** et sciscitarentur **S** || *a.* ab *add.* etiam **C** 61 degeret **NF** || *a.* esset *prim. add.* ipse **C** || esset *prim.*] ille **β Ro** || qui – esset *(sec.) om.* **C** || quem] quod **C** *p.c.* 62 adiuvatores **D** adiuturos **β Ro** || se *corr. ex* esse **M** 62-64 eum – semper *def.* **C** 62 pollicerentur **C SM D** 63 At] Ait **S** *p.c.* *om.* **β Ro** || tunc *om.* **M** Tunc ille **β Ro** || dicens] dicit **Z** *p.c.* *om.* **M β Ro** 64 semper molesti **β** (semper *transp. p.* fuerunt **NF**) **Ro** || fuerunt infensi *corr. ex* fuerant **C** 65/66 voracitas – voluptatum *om.* **C D** *(per haplographiam)* 65 et voracitas membris **S** et voracitas ventris **β Ro** 66 cupiditates **C** *p.c.* **M** 67 molestiae **D** || tertia **D NF** || *p.* voracitatem *add. in marg.* ventris **M** 68 quarta **D** || die iam **Ro** || ieiunii **C** *p.c.* || urget **C** *p.c.* **M** *p.c.* **D** || illa + sicut severissimus fenerator **β Ro** || exiens **Z** 69 solitum *om.* **D** || semper *om.* **C** || flagitans **β Ro** flagitat **α** 68/69 exigens ... ac flagitans] Gr: ζητοῦσα 69 flagitans + et nisi reddidero mortem (morte **G**) minatur **β Ro** (***15***) 71 et ficta *om.* **N** || facta **G** *a.c.* || ei *om.* **C** || Quo] Quem **D** Quod **NF**

panes vendebat, dato unoque tantum ab eo pane suscepto mox ab eadem profectus est civitate neque tamen umquam postea ad ipsam reversus est. (§8) §Cognito autem eo philosophi illi omnique rei veritate perspecta magnum nescio quem virum esse firmantes reddito unius pretio panis solidum ab eo, quem ille susceperat, receperunt.

37.12 Cum ergo venisset circa quaedam Lacedaemonis loca, unum illic de prioribus civitatis bonum alias virum omnesque de domo ipsius Manichaeos esse cognovit. In hanc rursus domum iuxta exemplum se 307 B prius vendidit et intra duos annos ⌜tam ipsum domus dominum ab execrabili secta quam coniugem eius abstractos ecclesiae tradidit. Quem illi iam non quasi famulum diligebant, sed quasi fratrem attendebant potius aut patrem verum benedicentes deum.

(§9) 37.13 Quodam tempore cum multis aliis et ipse ingressus est navem quasi Romam navigaturus. Nautae vero non dubitantes, quod sumptus haberet et quod quasdam secum auri species attulisset, susceperunt eum nihil ab eo penitus requirentes nec ambigentes, quod unus aliquis ex ipsis res eiusdem quoque ut ceterorum in parte navis constituisset.

37.14 Dum igitur navigarent et iam esse quingentis ab Alexandria 307 C stadiis ⌜viderentur, coeperunt omnes, qui cum ipso ingressi fuerant, circa

---

84/85 *cf.* Act. 27,1/2

---

72 unoquoque **Z** 72/73 mox – civitate *om.* **G** 73/74 neque – veritate *om.* **C** 73 umquam *om.* **Z** || ipsam] ipsum **S D G** eam **NF** 74 autem *add.* **Z** || philosopho **D** *a.c.* || praespecta **S** respecta **D** 75 nescio quem] -que illi ipsum *in ras. ca. 12 litt.* **C** || esse *om.* **C Z** 76 quem ille] qui **C** *p.c.* qui illum **E** 77 *in marg.* Iterum se vendidit sanctus iste ob cuiusdam viri salutem qui manicheus erat cum tota domo dua. *(partim del.)* **b** || venisset + beatissimus ille **β Ro** || circa *om.* **D** || quaedam *om.* **M β Ro** || unus **D** || *p.* illic *add.* invenit **C** 78 alias virum *om.* **M** || alias] in ceteris rebus **β Ro** || omnesque] sed omnes **C** *p.c.* alios vero omnes (vero *in ras.*) **M** || domu **VB** || illius **S** 79 domum *def.* **C** || hac ... domo **β** (domu **VB**) **Ro** || *a.* exemplum *ca. 3 litt. eras.* **S** 79/80 se prius] se **M** *p.c.* superius **β Ro** 80 vendidit *def.* **C** 80/81 tam – eius *def.* **C** 80 ipsius **Z** || domus dominum *in ras. ca. 6 litt.* **S** 81 eius + totamque familiam **β Ro** || *p.* tradidit *ca. 4 litt. eras.* **S** || Quem *def.* **C** 82 iam *om.* **F** || diligebant – attendebant *def.* **C** 83 patrem] patrum *corr. ex* fratrum **C** || *p.* patrem *ca. 3 litt. eras.* **S** || benedicentes *def.* **C** || dominum **NF** 84 Quodam tempore] Post paululum tempus + cum ab eis discessisset hic spiritalis adamans (adamas **E NF Ro**) serapion **β Ro** || cum multis *in ras. ca. 8 litt.* **S** || multis aliis *def.* **C** || et ipse *om.* **Z** || est] *add.* **C** *om.* **Z** || navem (navim **E NF**) + reddito pretio prius quod accepit (acceperat **Ro**) a dominis **β Ro** 85 quasi Romam *def.* **C** || *in marg.* Quid ingressus navim egerit fortissimus serapion volens romam iter facere **b** || non dubitantes] suspicantes **Ro** || quod *def.* **C** 86 et quod *def.* **C** || secum auri species *(cf. LHS 398: „Enklisenstellung der Hilfswörter")*] auri species secum **C Z** auri species **D** || susceperunt autem **D** 87 ab eo] *om.* **C** *add.* **b** || penitus *def.* **C** 88 in *def.* **C** || navis *def.* **C** 89 Cum **Z** || navigarent] *def.* **C** navigare **V** *p.c.* || iam esse] *def.* **C** iam abesse **M** *p.c.* **NF Ro** || ducentis **C** quam quingentis **D** 90 fuerant ingressi **M**

solis occasum sumere cibum, quod et nautae ipsi ante iam fecerant.
§Cumque eum primo die non viderent edentem, causam esse aliquam de (§10)
navigationis molestia crediderunt. At cum nec tertio quoque nec quarto
die cibum caperet, epulantes ipsi iam quinto die in summa illum quiete
perseverantem sic adloquuntur: „Cur“, inquiunt, „homo, solus ipse non
comedis?“ Respondit non habere se dicens.

37.15 Quo audito vicissim se nautae interrogare coeperunt, quisnam
res eius ac sumptus suscepisset in navi, §et, cum nulli ab eo datum aliquid (§11)
repperissent, obiurgabant eum ista dicentes: „Quemadmodum ascendisti
sine sumptibus navem? Unde mercedes daturus es nobis? Unde ipse
victurus es?“ At ille: ⌜„Ad me“, inquit, „nihil pertinet. Reducite me ad 307 D
illum, ubi me invenistis, locum.“ Nautae vero, etiamsi centum solidos
acciperent, non libenter tamen eo tempore illuc redirent, antequam
propositum coeptae navigationis implerent. Ita igitur mansit in navi, ut
ei usque Romam omnes alimenta praeberent.

37.16 Ubi ergo attigit Romam, coepit requirere, quisnam illic magnus (§12)
aliquis esse monachus diceretur vel quae virgo dei praedicaretur a cunctis,
cum interea Domnioni cuidam Origenis discipulo ⌜factus est notus, cuius 308 A
lectulus post ipsius mortem solebat curare languentes. Viso hoc igitur ab

---

106 *cf.* Act. 28,14.16

106/107 *et* 112/113 Hier. vita Pauli 7 (23 A)

---

91 ante *om.* **M V Ro** ante ipsi **F** 93 Et *corr. ex* At **M** || nec *prim. om.* **Z** || quoque die **Z** 94 die *om.* **Z** || cibum – die *add. in marg.* **b** || summam **D** 95 inquit + *ca. 4 litt. eras.* **C** || hic solus **Ro** || ipse *om.* **NF** 96 comedit **M** *a.c.* commedisti **D** 96/97 Respondit – interrogare *def.* **C** 96 Respondit se **F** *a.c.* || se habere **Z** 96 dicens *om.* **Z** 97 se *om.* **Z** || quinam **Z** *a.c.* 98 sumptibus *def.* **C** 99/100 Quemadmodum – navem *om.* **D** 100 navim **E Ro** || mercedes daturus *def.* **C** || mercedem **Z D G** Gr: τὸ ναῦλον || es *om.* **F** 101 victurus es *def.* **C** || Ait **SM B b** *a.c.* **Ro** || ille + virorum patientissimus **β Ro** || inquit] *del.* **M** *om.* **β** (*add. in marg.* **E**) **Ro** || pertinet *def.* **C** || Educite **β Ro** || me *sec. add.* **F** || me *(sec.)* inquit **C S M** *a.c.* **D** || me *(sec.)* + atque proicite **β Ro** (***16***) 101/102 ad illum *om.* **C** 102 me *om.* **Z** || vero *om.* **Ro** || vero + indignantes dicebant: O ira **β** (Ora **V**) **Ro** 103 acciperent] dares **β Ro** || non – redirent *om.* **D** || non] numquam hoc **β Ro** || tamen – redirent] faceremus + cum sit (sit nobis **b** *p.c.* **E**) navigii tanta prosperitas **β Ro** || eo tamen **Z** || venirent **M** || antequam] quapropter **β** (quampropter **NF**) **Ro** 104 implemus **β Ro** || nave **Z** || navi securus **β Ro** 105 nautae omnes **β** *praeter* **NF** (omnes *add.* **F**) **Ro** 106 *in marg.* De quodam mirabili viro nomine domnione quem repperit sanctus serapion romae veniens factusque est ei notus **b** || Romam + athleta christi fortissimus **β Ro** || requirere curiosius **β Ro** || magni **D** 107 aliquid esse **Z** esse aliquis **V Ro** aliquid esse *corr. ex* esse **b** || quae *add.* **G** 108 domino **C** *p.c.* dominioni **S M** *a.c.* **D** || Origenis discipulo] fortissimo atque abstinentissimo miraculisque famoso (famigerato **Ro**) **β Ro** 109 lecticulus **S** || mortem ipsius **D** || Visus **NF** || hoc *om.* **NF**

eodem et aedificatus et doctus est ad perfectum. Ille enim eruditus atque instructus scientia et bonis moribus erat.

37.17 A quo forte cum quaereret, quis alter monachus vel quaenam virgo devota in urbe memorata degere diceretur, cognovit esse illic virginem quandam, quae ab omnibus separata clausisset se intra cellulam
(§13) suam atque illic quiescens nullum hominum umquam videret. §Quaerit mox ipsius domum, quam cum invenisset, accedit ad senem quandam, quae in ministerio memoratae virginis erat, hoc ei dicens: „Vade“, inquit,
308 B „et nuntia virgini, quia necessario eam videre desidero; ⌜deus enim me ad conloquium ipsius misit.“

37.18 Cumque illic duos vel tres etiam observasset dies et tum demum ab ea susceptus fuisset, ait eidem: „Quid“, inquit, „sedes?“ Illa respondit: „Non sedeo“, inquit, „sed ambulo.“ Dixit ille: „Quo ambulas?“ Illa inquit: „Ad deum.“ Ait ille: „Vivis an mortua es?“ Illa respondit: „Credo in deo esse me mortuam; nam carne qui vivunt, ad deum ire non possunt.“

37.19 Ait ille: „Si igitur hoc ipsum persuadere vis mihi, fac ipsa, quod
(§14) facio.“ Illa respondit: „Si possibilia tantum iusseris, faciam.“ §Tunc ille

---

123-148 *cf.* Col. 2,20 (*cf.* HL Cap. 16, §4)

113-115 *cf.* Hier. epist. 24,4,1 123/124 *et* 130 *et* 145/146 *cf.* HL Cap. 16, 49; Cassian. inst. 4,34; 12,32,2; AP alph. Cassianus 8 = AP Bu 1,163; AP alph. Arsenius 29 = AP syst. 6,2 / PJ 6,2 = AP Bu 2,517 = Paschas. verba patr. 14,3 124 *cf.* Vita Barl. et Iosaph. 18 (1016 B)

---

110 et *prim. om.* **Z** ‖ Ille *def.* **C** ‖ enim vir **β Ro** 111 *a.* scientia *del.* et **B** 112 *in marg.* De quadam virgine dei quae se ab aspectu hominum multis annis clauserat cum qua hisdem sanctus vir miro modo philosofatus est *(partim del.)* **b** ‖ A *add. in marg.* **S** ‖ quo – quaereret *def.* **C** 112/113 alter – degere *def.* **C** 113 *a.* virgo *ca. 3 litt. eras.* **D** ‖ videretur **D** ‖ esse] se *add.* **D** ‖ illic esse **G N** 114 se clausisset **Z M** (se *add.* **M**) ‖ se *transp. a.* ab **β** (se ab omnibus *add. in marg.* **b**) **Ro** 115 nullum *add.* **b** 116 Ad quam cum venisset **NF** ‖ accedit] ait **M** *p.c.* ‖ senem] vetulam **β Ro** ‖ quendam **C** *a.c.* **Z D** 117 qui **C** *p.c.* **D** ‖ hoc ei *om.* **Z** ‖ inquit] *om.* **Z** *del.* **M** 118 et nuntia] etiam dic **NF** ‖ desidero + Illa vero reddidit ei responsum (ei *om.* **Ro**) dicens quod ex multis annis neminem videt (vidit **E** *p.c.*, vidisset **Ro**). Dicit ei (ei *add.* **B**): Vade nuntia me (me *om.* **NF Ro**) ei **β Ro** 119 illius **D** ‖ misit + Illa vero nec (ne **bG E**) sic quidem voluit nuntiare. **β Ro** 120 Cum itaque **β Ro** ‖ etiam tres **NF** etiam *om.* **Ro** ‖ dies observasset **Ro** 121 esset **F** ‖ *in marg.* Nota serapionis correpcionem ad virginem **C** ‖ inquit] *del.* **M** hic **β Ro** ‖ Illa vero **D** 122 inquit] *om.* **Z β Ro** *del.* **M** ‖ Dicit **β Ro** 123 inquit *om.* **β Ro** ‖ deum inquit **S** *a.c.* **M** *a.c.* **β** (dominum *praeter* **VB F** *p.c.*) **Ro** ‖ Ait] at **D** ‖ vives **C** *a.c.* **M** *a.c.* **D** 124 deum **Z** deo meo **β Ro** ‖ me esse **Z** me *om.* **NF** ‖ mortua huic saeculo **D** mortuam saeculo **β Ro** ‖ qui carne **NF** ‖ dominum **Ro** 125 At **D** ‖ igitur *transp. p.* ipsum **D** ‖ quod *def.* **C** 126/127 Si – praeter *def.* **C** 126 tantum *om.* **S** ‖ faciam] factum sit **NF**

respondit: „Possibilia cuncta sunt mortuo praeter solam inpietatem. Exi
ergo et sequere me.“ ⸢Et illa respondit: „Vicesimum et quintum annum 308 C
ago, ex quo numquam ex hoc loco egredior. Quam ob causam vis ergo
procedam?“ Ait ille: „Tu saeculo mortua es et saeculum tibi. Unum ergo
est, sive non procedas sive procedas; ergo progredere.“ Statimque tunc
illa processit.

37.20 Posteaquam autem processit e cella sua et ad quandam basilicam
venit, illic ad eam loquitur: „Si ergo vis persuadere, quod mortua sis *nec
iam hominibus placens vivas*, fac et ipsa, quod facio, et vere te mortuam
scio. §Exue te“, inquit, „vestibus tuis et omnes res, quibus uteris, ita ⸢ut *(§15)* 308 D
ego supra humerum tuum pone et sic transi per mediam civitatem et
eodem more me nudum sequere praecedentem.“ Ad hoc ei illa respondit:
„Sed multorum“, inquit, „animas, qui me tam deformiter ambulantem
viderint, laedo, et aut insanam cuncti esse me credent aut daemonem pati
dicent.“ Ait ille: „Et quid hoc ad te, si aut daemoniosa credaris aut

---

134/135 *et app. crit. ad lin.* 146 *cf.* Gal. 1,10 *et* 1. Th. 2,4 (*cf.* HL Prol. II, §§ 1.9 *et* Cap. 71, *app. crit. ad lin.* 5)

136-138 *cf.* Jo. Clim. scal. 25 (997 C) 141/142 *cf.* AP alph. Macarius Aeg. 23 = AP syst. 10,47 = Common. patr. 4,19

---

127 respondit] ait **Z** || sunt + homini huic saeculo **β** (homini *om.* **NF**) **Ro** 127/128 Exi – me] *om.* **SM D** Deinde ait: Egredere et procede. **β Ro** Gr: τότε λέγει αὐτῇ· Ἔξελθε καὶ πρόελθε. (*sim.* Syr) 128 annum *add. p.* ago **Z** 129 vis ergo] ergo **C** vis ut **Z** vis ergo hodie **β** ergo vis hodie **Ro** 130 At ille **C D** At ille ait **NF** || Tu – tibi] Va (*om.* **NF**, Vah **Ro**) nonne tu dixisti quod saeculo mortua sis? Unde manifestum est quod et saeculum tibi. Quod si verum est et mortuus nihil sentit. **β Ro** || ergo *om.* **C** 131 progredere] egredere **C** procede **NF** || Statimque tunc (tunc *del.* **C**)] Haec audiens **β Ro** || illa] virgo **β Ro** 132 processit e cella sua **D** 133 Posteaquam – processit *om.* **Z NF** || Posteaquam autem] Postea autem quam **C** *p.c.* **M** *p.c.* Posteaquam **D** Postquam autem **β Ro** || e cella sua *om.* **D** || ex **NF** || cellula **Ro** || et *del.* **C** 133/134 ad – venit *supplevi ex* **β Ro** *(cf. Praef. C4)* *om.* **α** Gr: ἐλθεῖν ἕως ἐκκλησίας τινὸς (*idem* Syr) 134 illic] ille **C** *p.c.* || persuadere (suadere **V Ro**) + mihi certissime **β Ro** (***59***) || sis] es **C** 135 cum hominibus **Ro** || *p.* placens *ca. 3 litt. eras.* **S** || et *sec.*] ut **Z** || *p.* vere *ca. 3 litt. eras.* **S** || te *def.* **C** || saeculo mortuam **β** mortuam saeculo **Ro** 136 sciam **Z D** || scio + Et ait virgo: Quid vis amplius faciam? **β Ro** || *a.* Exue te *(in ras.) ca. 8 litt. eras.* **S** || Et ille ait: Exue te **F** || inquit *del.* **M** || et ita **M** *p.c.* **β** 137 et supra **C** *a.c.* **S** *a.c.* et super (et *del.*) **Z** super **β Ro** || *p.* transi *1½ columnae vacuae* **C** || civitate **D** || et *sec. in ras. ca. 3 litt.* **S** 138 nudum + nec aliqua verecundia perturbatum **β Ro** || procedentem **V** || Ad hoc *in ras. ca. 3 litt.* **S** || ei] et **D** *om.* **β Ro** 139 inquit *om.* **β Ro** || quae **V** *p.c.* **Ro** 139/140 viderint ambulantem **Z** ambulare viderint **V** *p.c.* **Ro** 140 et *om.* **C** || esse *om.* **C** || me] *add.* **S** *om.* **β Ro** || me esse **D** || credunt **C** credent *in ras.* **S** 141 At **C Z** *p.c.* **M D NF** || Et quid *def.* **C** || ad te] tu **SM** tibi **D** || aut *prim. def.* **C** || crederis **E**

voceris insana? Tu enim iam apud illos, qui haec loquuntur, es mortua."
309 A Tunc illa ait: „Usque ad hanc autem regulam ⌜vitae non oro descendere."
(§16) 37.21 Ille tunc dixit: „Vide ergo, ne magnum iam aliquid esse te credas neque te supra homines sanctam putes et mortuam rebus saecularibus arbitreris. Nam longe plus te mortuus ego sum, qui per memetipsum omnibus monstro verum esse, quod dico. Faciens enim, quod ipsa non potes facere, nec pati me aliquid nec in aliquo deformari puto." Tunc igitur eam humilitate propriae mentis edoctam et de quadam superbiae vel tumoris arce depositam abscedens reliquit.

37.22 *Multa praeterea sunt admiranda, quae fecit*, ex quibus non
309 B sentire se, quod in hoc mundo esset, ⌜probavit. Sexagesimo autem anno finivit hanc vitam et in desertis ipsis sepultus est locis.

144-146 *cf.* Gal. 6,14 151 Jo. 21,25 (*cf.* 20,30)

144-146 *cf.* AP Nau 266 = PJ 11,38 = AP (BHL 6525) 116 = AP Bu 1,259 = Paschas. verba patr. 33,8

---

142 vocaris **M** *a.c.* || Tu enim *def.* **C** || iam *om.* **D V Ro** || haec] *def.* **C** hoc **F** || ut dicis mortua es + Mortuo autem numquam curae (cura **NF**) est si quis ei vel (vel *om.* **F**) detraxerit vel (vel *om.* **NF**) irriserit, nihil enim horum (eorum **N**) potest sentire. Tunc dicit (dixit **Ro**) ei virgo: Obsecro te quicquid (quidquid **Ro**) aliud vis in meo proposito iube et faciam. **β Ro** (***77***) 143 Tunc – ait *om.* **β Ro** || ait *def.* **C** || Usque ad hanc enim **β** (enim *transp. a.* ad **NF**) Ad hanc enim usque **Ro** || autem *om.* **C Z** || regulam vitae] vitae mensuram **β Ro** || non – descendere] nondum perveni. Oro autem pervenire quandoque. **β Ro** 144 Tunc ille famulus christi **β Ro** || dixit *om.* **C** || ergo soror **β Ro** || iam *om.* **NF** || te *om.* **F** 145 neque – putes] et tamquam cunctis hominibus sanctiorem **β Ro** || te *add.* **Z** || te mortuam **β Ro** 146 arbitreris] glorieris + Didicisti enim quod vivis et adhuc hominibus places. **β Ro** || ego mortuus sum **Z** || qui *def.* **C** 147 opere monstro **β Ro** || verum] me *in ras.* **C** venturum **G** || enim *om.* **β Ro** 148 in *om.* **D** 149 humilitate – mentis] talibus verbis in studio humilitatis **β Ro** || humilitatem **D** || et] hanc **N** *a.c.* (ac *p.c.*) **F** || quodam **S D** || superbiae *def.* **C** 150 positam **b** || abscedens reliquit] *def.* **C** reliquit abscedens **β Ro** 150-153 praeterea – locis *def.* **C** 151 magna admirandaque **β** (magna ammiranda **NF**) **Ro** 152 hoc *om.* **Ro** 153 illis **N**

Explicit de serapione **Z**

38. De Evagrio (Ro.: Caput XXV.)

38.1 De Evagrio diacono, qui ubique memoratur, viro, qui apostolorum (§1) moribus vixit, non est iustum tacere, sed oportet nos ipsius facta monimentis tradere litterarum sine dubio legentibus cunctis et gloriam bonitatis salvatoris nostri agnoscentibus profutura. Dignum igitur aestimo, ut a principio vitae eius incipiam diligenter exponens, quemadmodum ad propositum tale pervenerit, quam congruo stupendae ac praedicabilis vitae fine defecerit in ipsis solitudinibus constitutus quinquagesimum aetatis et quartum annum agens. De quo scriptura ⌜sancta quod dixit, 309 C probavit: *In parvo tempore multos implevit annos.*

38.2 Hic ergo genere Ponticus fuit ex oppido, quod Ibora nominatur, (§2) filius presbyteri multarum ecclesiarum curam gerentis, quos periodeutas vocant. Primum factus est lector a sancto Basilio ecclesiae Caesariensis episcopo circa fines montis Argaei. Post mortem autem sancti Basilii videns eum spiritalibus aptissimum rebus benedictus atque venerandus Gregorius Nazianzenae episcopus civitatis, ille, qui insigni providentia doctrinaque praeclarus nulla se humani generis passione laesum probavit, diaconum supradictum Evagrium facit. Unde, cum sanctus Gregorius ⌜ad 309 D maximum conventum episcoporum vocatus Constantinopolim usque venisset, sancto eum Nectario episcopo tradidit ac reliquit grandi scripturarum peritia haereticorum omnium nenias destruentem.

---

9 Sap. 4,13   *app. crit. ad lin.* 9 Sap. 4,14

---

ad totum capitulum cf. HM 27   *ad* §§ 1-9 *cf.* Soz. hist. eccl. 6,30,6-11; Nicephor. Callist. hist. eccl. 11,42 (717 C – 720 B)   2-4 *cf.* HL Cap. 61, 3-6; HM 8,1; 32,1; Theodoret. hist. eccl. 1,2; Vita Barl. et Iosaph. prol. (860 B/C) *et saepius*   2/3 *cf.* Tac. Agr. 1,1 (clarorum virorum facta moresque posteris tradere ...)

α = **C Z SM T**   β = **VB bG E NF**   *hab.* Lat. II (Caput XV.)
Gr: TVC   Syr: R3, R4, R4a   **Ro**

Incipit de evagrio diacono ... (*et* De evagrio *in marg.*) **Z**   XLVI De evagrio diacono quod multa sit passus **S**   XXVIIII **M β** *praeter* **NF**   De evagrio diacono. XXVIII **N**   De evagrio diacono **F**   Inc. *om.* **C T**

1 De evagrio diacono *(ut titulus)* Qui ... **M** *a.c.* || vir *corr. fort. ex* virum **Z**   2-5 non – eius *om.* **T**   2 iustum *add.* **b**   3 monumentis **C** *p.c.* **S M** *a.c.* **b** *a.c.* **G E** *a.c.* **Ro** || et] ad **Z** *p.c.*   4 existimo **M** *p.c.* **Ro**   5 exponere **T**   6 congruae **NF**   8 aetatis suae **NF** || et *om.* **Z** || sacra **NF** || *p.* dixit *add. in marg.* de illo **C**   9 annos + vere enim placita erat domino (deo **F**) anima eius **β Ro**   10 Ibora] dibora **T**   hiberorum **β Ro**   Gr: Ἰβορῶν   11 agentis **T**   gerens **b** *p.c.*   11-14 periodeutas – eum *def.* **C**   12 vocat **T** *a.c.* || cesariensis aecclesie **T**   13 finem **G** || Argaei **Z** *p.c.* **β Ro**   argeici **C Z** *a.c.* **SM T**   Gr B: + τῆς πρὸς τὸν Ἀργέα (*al.* Ἀργαίαν, Ἄργεω)   15 civitatis aepiscopus **T** || insigni] signis et *corr. ex* signi **M**   insignis **T V Ro**   16 probavit laesum **N**   17 diaconem suum **NF** || fecit **C S** *p.c.* **Ro** || *p.* Unde *del.* et **M**

38.3 Cum igitur vehementer inpugnans perversarum vanitatem errorem-
(§3) que sectarum in urbe memorata floreret §ac maximo omnium honore
frueretur, prior quidem ipse, ut referebat postmodum nobis, laqueis
desiderii mulieris inplicitus ex his tamen ipse continuo liberatus amari ab
eadem muliere, quam amaverat, coepit; quae quidem cuiusdam inlustris
viri coniux erat.

38.4 Evagrius igitur deum ante omnia metuens, tum autem et conscien-
310 A tiam ⌜erubescens suam atque ante oculos dedecoris execrandi magni-
tudinem ponens et omnium haereticorum ex alienis malis gaudium atque
laetitiam, deprecabatur inpensissime deum, ut conatus tantos ipse, qui
solus poterat, inpediret.

38.5 Cumque praedicta ei mulier insisteret neque posset ille prior a
voluntate rabiei ipsius separari, eo quod multis inretitus iam esset ac
(§4) variis eius officiis, §post paululum tempus suscepta a deo oratione, quam
fecerat, antequam eius, quo flagrare coeperat, mali experiretur incendio,
visio ei quaedam ostenditur angelorum habentium militum speciem, qui
ad praefecturae officium pertinerent.

38.6 A quibus ad exitium suum missis teneri subito se videbat, ferro

---

24/25 *et* 32/33 *cf.* Gn. 39,7.10.12

---

ad §§ 6-9 *cf.* HM 7,3,2-3; Vitae patr. Iurens. 101-103; Jo. Mosch. prat. 108 (2969 D – 2972 A)

---

21 *in marg.* De prima sancti evagrii temptatione qua pro muliere cuiusdam perpessus est *(partim del.)* **b** || impugnas **T** || perversorum **M** *p.c.* || vanitate **T** 21/22 errorum atque **M** *p.c.* 22 urbem **T** || florebat **C** *a.c.* 23 fruens **Z** || ut ipse **β Ro** || in laqueis **Z** || *p.* laqueis *ca. 4 litt. eras.* **S** 24 desiderii *om.* **T** || muliebris **β** || inplicitus est. Ex his laqueis **C** *p.c.* || liberatus] ratus **S** 25 coepit *in ras.* + *ca. 30 litt. (= 1½ lin.) eras.* **S** || se illustri **M** *a.c.* || illustris + et unius de magnatibus **β Ro** 26 coniux **S** *def.* **C** uxor **Z** coniunx *cett.* **Ro** 27 igitur deum *def.* **C** 27-29 metuens – haereticorum *def.* **C** 27 tum] cum **T** || et *om.* **M** 28 suam erubescens **F** || execrandam **Z** 29 *p.* ponens *ca. 10 litt. eras.* **S** || et *om.* **α** || omniumque **S** *p.c.* 30 *p.* laetitiam *ca. 12 litt. eras.* **S** || intentissime deprecabatur **Ro** || dominum **T** || tantus **T** 31 *p.* poterat *ca. 6 litt. eras.* **V** 32 praedicta] precanti **NF** || mulier ei **T** || possit **Z M** *a.c.* || *a.* prior *ca. 3 litt. eras.* **V** 33 voluntate *(cf. Praef. C4)*] voluptate **β Ro** || quod *def.* **C** || illectus **M** *p.c.* 34 officiis + ipsaque insistente paratum esset periculum **β Ro** || *in marg.* De visione angelorum que apparuit post orationem **b** || suscepta facta **T** || a *om.* **T** 34/35 quam – antequam *def.* **C** 35 incendio] *def.* **C** incendium **S** *p.c.* **β Ro** 36 *in marg.* Visio angelorum ei ostenta **N** 36/37 visio – pertinerent] Gr: ἐπέστη αὐτῷ ἀγγελικὴ ὀπτασία ἐν σχήματι στρατιωτῶν/στρατιώτου (T) τοῦ ὑπάρχου Syr: „un ange lui apparut en la forme d'un soldat de l'éparque" (R3)/„lui apparurent en vision des anges en l'apparence de romains de l'éparque" (R4) Lat. II: affuit ei angelica visitatio in schemate praefectiani 36 ei quidem **C** *a.c.* quaedam ei **Ro** || speciem *def.* **C** || qui] quae **C** *a.c.* **β Ro** 37 praefecturae *def.* **C** || pertinerent **M** *p.c.* pertineret *cett.* **Ro** 38 exitum **C** *a.c.* **T b F** || subito *def.* **C** || se subito **Z** (se *add. in marg.*) **β Ro** || missi **T** 38/39 ferro quoque] ferroque **Ro**

quoque per totum corpus ligatum in ⌜carcerem tradi nec ab aliquo tamen 310 B
causam, ob quam talibus poenis subcumberet, audiebat. Ipse autem conscientiam cogitans suam, cum intellegeret ac videret, quod propter illam, quam norat, ista pateretur, putaretque, quod ad praefectum omnia
maritus mulieris detulisset, §dumque sub tali metu ante fores iudicis *(§5)*
intremescit, qui interim aliam in manibus habens causam aliisque criminibus incumbens variis quosdam tormentis conficere videbatur,

38.7 – dum ergo fortiter timet, subito angelus ille, qui tali eum visione tremefecerat, in cuiusdam amici ipsius convertitur formam ac sic eum, quem cum quadraginta reis aliis vinctum videbat, adloquitur: „Quid", inquit, „domine diacone, sic adteneris?" Ille respondit: „Quantum ad rem
quidem ⌜veram expectat", inquit, „ignoro; suspicor tamen, quod quidam 310 C
ex praefecto praetorio vir ad me adierit iudicium praefecturae matrimonio me suo credens insidiari, et vereor, ne forte corruptus pecuniis ipsius iudex supplicio me mortis addicat."

38.8 Ille tunc dixit: „Si consilium", inquit, „amici tui accipis, non *(§6)*
expedit tibi diutius in hac civitate versari." Ad haec dixit Evagrius: „Si", inquit, „me deus ex his liberaverit malis et ulterius in Constantinopolitana

---

39 *cf.* Gn. 39,20

---

39 corpus *def.* **C** || in *def.* **C** || ab] *om.* **VB G** *add.* **b** || aliquo *def.* **C** 40 causam *def.* **C** 41 videret *def.* **C** 41/42 propter – norat] Gr: χάριν ταύτης (*idem* Syr) 41 propter *def.* **C** 42 illam quam *scripsi (cf. Praef. C4)* illam quae **T** illa quae *cett.* **Ro** || noverat **T** *p.c.* **NF** || ad *om.* **C** || omnia *transp. p.* mulieris **T** 43 mulieris] illius **Z** || forum *corr. ex* fo **T** 44 contremescit **C** || interim] quasi **β Ro** || aliam] *fort.* allatam **C** *a.c.* *om.* **M** 44/45 aliisque – incumbens] et de simili crimine occupatus **β Ro** (occupatos **N Ro**) 45 *a.* criminibus *ca. 3 litt. eras.* **C** || *p.* quosdam *add.* homines **C** 45-49 videbatur – inquit *def.* **C** 46 timeret **T** || timet + atque ultra modum anhelare se sentit **β Ro** 47 se convertit **N** 48 aliis *in ras.* **S** aliis reis **M** || videbat] ducebat **T** || Qui **N** 49 inquit – Quantum *in ras. ca. 20 litt. (= 1 lin.)* **S** || inquiens **β Ro** || attineris **S M** *p.c.* teneris **T β Ro** || respondit *def.* **C** 50 spectat **S** *p.c.* **β Ro** || inquit] *del. p.* ignoro **C** *om.* **Z T β Ro** *del.* **M** 50/51 quidam – vir] Gr: ὁ δεῖνα ὁ ἀπὸ ὑπάρχων Lat. II: vir ille magnificus ex praefectis 51 praefecto praetorio] praefectorum praetorio **C** praefecti praetorio **M** *p.c.* praefecturae officio **V Ro** praefecturae officiis **B** praefecturae **b** *a.c.* **G NF** praefectorio **b** *p.c.* **E** || vir] viri *fort.* **C** *a.c.* **Z** *a.c.* **S T** *om.* **β** (*add. in marg. inf.* **b**, *hab.* **E**) **Ro** || ad – praefecturae] Gr: ἐνέτυχε κατ' ἐμοῦ Syr: „a-t-il approché le juge contre moi" Lat. II: interpellavit contra me iudicem || a me adierit *corr. ex* ad me audierit **Z** contra me + *5 litt. eras.* + adierit **M** me incusaverit **VB Ro** adierit adversum me **b** *(add. in marg. inf.)* **E** *om.* **G NF** || iudicium praefecturae] *om.* **β** (*add. in marg. inf.* **b**, *hab.* **E**) **Ro** || matrimoniis **C** *p.c.* 52 credens *def.* **C** || et *def.* **C** 53 adducat **C** 54 Ille – dixit] Ille *et* dixit *def.* **C** Tunc ille dixit **Z** *a.c.* Tunc ille **Z** *p.c.* **β** (*om.* **N**) **Ro** || inquit *del.* **C M** 55 hac *def.* **C** || dixit *def.* **C** 56 inquit] *del.* **C M** *om.* **β Ro** || liberaverit *def.* **C**

urbe me videris, scias me tales modo poenas merito sustinere.“ Tunc ille ait: „Evangelium“, inquit, „tibi exhibeo, in quo si iuraveris mihi, quod ex hac civitate discedas et animae tuae de cetero curam geras, faciam te de necessitatis huius periculo liberari.“

310 D *(§7)* 38.9 Exhibito itaque evangelio atque in eodem sacramento ⌜ipsi dato, quod praeter unum diem, quo rescellas suas deferret ad navem, non esset Constantinopoli moraturus, coepit videre, quod iusiurandum, quod eidem praebuerat, profuisset et quod quasi a quaestione illa iudiciorum, quod in praesenti nocte metuerat, fuisset penitus absolutus. Consurgens ergo de somno secum cogitabat hoc dicens: „Quamvis in somnis iuraverim, tamen iurasse me memini.“ Mox igitur ingressus cum rescellis suis navem Hierosolimam navigavit.

(§8) 38.10 Quo cum esset advectus atque illic a sancta Melania Romana illa femina fuisset exceptus, iterum *cor ipsius* ut Pharaonis aliquando *dae-*
311 A *mon obdurat* et, ⌜quia in ipsis adhuc iuvenalis aevi doloribus erat, quaedam rursus et illic alia temptatio sensus eius invasit, nullique quicquam tale significans coepit illic iterum vestes sibi saepe mutare et disserendo

---

70/71 *cf.* Ex. 4,21 (*parr.* Ex.); Dt. 2,30

---

57 me *prim. transp. a.* in (56) **T** ‖ tu videris **S T** ‖ scias *def.* **C** ‖ me *sec. om.* **T** tales me **β Ro** ‖ sustinere + et maioribus his debere torqueri **β** (torquere + *ca. 7 litt. eras.* **V**) **Ro** 58 ait *om.* **NF** ‖ ait + Si haec vera sunt **β Ro** (***42***) ‖ Evangelium – exhibeo] affero evangelium tibi **β Ro** (tibi evangelium **NF Ro**) ‖ inquit *del.* **C M** ‖ in *def.* **C** ‖ quod *def.* **C** 59 hac *def.* **C** ‖ civitate] urbe **T** ‖ de cetero *om.* **NF** ‖ curam geras *def.* **C** 60 huiusce **SM T** ‖ periculo *def.* **C** 61 atque in *def.* **C** ‖ eumdem **Z** ‖ sacramentum **β** *praeter* **F** *a.c.* 62 unam **Ro** ‖ in quo **Z** ‖ rescellas suas **M** *p.c.* **T** *(cf. Praef. C4)* rescellulas suas *fort.* **C** *a.c.* **S** *p.c. fort.* **M** *a.c.* **VB bG E** res cellulae suae **C** *p.c. fort.* **S** *a.c.* **NF** reiculas suas **Z** recellulas suas **Ro** Gr: τὰ ἱμάτιά μου Syr: „mes bagages“ Lat. II: vestimenta mea ‖ ad] in **Z** ‖ navim **E** *p.c.* 63 constantinopolim **SM T NF** *(cf. ThLL, N om. Propr. C-D, 572, 33-50: „-im pro -i“)* ‖ quod *prim.*] quos **T** ‖ quod *sec.*] *add.* **C Z M** *om.* **T bG NF** ‖ quod eidem *in ras.* **S** 64 profuisse **T** ‖ et *def.* **C** ‖ a quaestione – iudiciorum *(cf. Praef. C4)*] Gr: ἀπὸ τῆς ἐκστάσεως ‖ a] ab **M** ad **F** ‖ quaestionem illam **F** ‖ iudiciorum] *def.* **C** iudicii **M** *p.c.* ‖ quod *sec.*] *def.* **C** quam **S** *p.c.* 65 metuerat] viderat **Z** metuebat **T** ‖ fuisset penitus *def.* **C** 65-67 Consurgens – memini *def.* **C** 65 ergo] vero **T** ‖ de] a **T** 66 cogitans **T** ‖ hoc *om.* **Z** ‖ somno **Z** 67 me *add.* **V** ‖ *in marg.* Ubi hyerosolimam iierat **N** ‖ rescellis suis **M** *a.c.* **NF** *(cf. Praef. C4)* rescellulis suis **C** *a.c.* **S T VB bG E** rebus cellulae suae **C** *p.c.* reiculis suis **Z** rebus suis **M** *p.c.* recellulis suis **Ro** ‖ navim **β Ro** 69 *bis in marg.* De secunda ipsius temptatione **b** ‖ Quod **C** *a.c.* **S** *a.c.* **bG** ‖ evectus **NF** 70 illa femina *om.* **T** femina *om.* **Z** ‖ susceptus **T** ‖ illius **T** 71 obdurat] *def.* **C** obdurabat **T** obduravit **Ro** ‖ quia] quoniam *fort.* **C** *(del.)* **Ro** quamvis **β** ‖ adhuc in ipsis **β Ro** ‖ iuvenalis – doloribus (aevi *def.* **C**)] iuvenilis aevi doloribus **Z** *p.c.* **V** *p.c.* **b** *p.c.* **E** *p.c.* **F** iuvenilis aevi caloribus *corr. ex* iuvenalis aevi ardoribus **M** ardoribus iuvenilis aevi **Ro** ‖ *ad* doloribus *cf. ThLL V 1, 1842, 40 sqq.: „orta ex amore (desiderium, ardor, cura, languor, sim.)“* ‖ *a.* quaedam *add.* ac **C** 72 et illic] *def.* **C** et illuc **β** *praeter* **E** *p.c.* **N** ‖ eius *om.* **C β** ‖ quidquam **Ro** 73 iterum *add.* **b** ‖ vestem **M** ‖ saepe *om.* **Ro**

cum multis gloriae vanae inlicitamenta sectari. Sed ille, qui semper perditiones nostras inpedit, deus, memoratum gravissimo febrium igne corripuit, ex quo eum longa aegritudine domuit et per sex mensuum spatia corpus eius adtrivit carnesque consumpsit, unde habere proprii mali fomenta consueverat.

38.11 Cum igitur plurimorum ars exquisita medicorum omnia quidem (§9) facere temptaret neque ullum tamen curationum genus, quod ad salutem eius proficeret, inveniret, haec sancta Melania ad ipsum locuta est: „Multum“, inquit, „mihi displicet huius tuae aegritudinis ⌜longitudo. Dic 311 B ergo mihi, quae sunt tui cordis arcana. Infirmitas enim ista sine voluntate ac iudicio dei non est.“ Tunc ille omnem feminae sanctae confessus est causam.

38.12 Cui hoc illa respondit: „Promitte“, inquit, „mihi ante conspectum dei, quod ad propositum monachorum atque habitantium solitudinem revertaris, et ego, quamvis ipsa peccatis videar involuta, tamen precabor ad deum, ut vivendi tibi tribuat commeatum.“ Cumque hoc facturum se fuisset ille pollicitus, intra paucos dies recepit sanitatem et de lectulo suo surgens mox coepit de profectione, quam spoponderat, cogitare. Tum benedictae ipsius Melaniae studio veste mutata inde discedit et ad Aegyptiacum Nitriae proficiscitur montem, §in quo degens cum biennii (§10) tempus implesset, tertio anno ad interiores solitudines ⌜pergit. 311 C

38.13 Ubi quattuordecim annos in his locis, quas Cellas nominant, vixit unam cotidie panis libram edens unumque sextarium absumens olei

---

92-94 *et ad* §§ 13-14 *cf.* Nicephor. Callist. hist. eccl. 11,42 (720 B-D)

---

74 illicita merita **T** 75 *p.* memoratum *add.* virum **M** 76 qua **C** *p.c.* || longa eum **SM T** || valitudine **SM T** || mensium **C** *p.c.* **Z** *a.c.* **S** *p.c.* **M** *p.c.* **b** *p.c.* **E NF Ro** mensum **Z** *p.c.* 77 spatia **Z β Ro** (*cf.* Cap. 7, §2: per septuaginta milium spatia diffusus *et* Cap. 10, §9: trium mensum spatia) spatio **C** *a.c.* **S M** *a.c.* spatium **C** *p.c.* **M** *p.c.* **T** || propria **T** 78 mali *om.* **T** 79 artifex quisita medicaminum (medicos *a.c.*) **Z** || arte **b** *p.c.* 80 ullum] *del.* **C** illum **bG** ullum remedium **N** || curationum genus] curatio unguentis **C E** *a.c.* (unguentum *p.c.*) curatio urguentis **β** *praeter* **E** curationis genus **Ro** 81 eius] ei **β Ro** || inveniret *om.* **b** || sancta *om.* **T** || melanium **NF** || locuta ad ipsum **NF** 82-84 huius – ille *def.* **C** 82/83 Dic – arcana] Gr: Εἰπὲ οὖν μοι τὰ ἐν τῇ διανοίᾳ σου. (*sim.* Syr) **Ro**: Dic ergo mihi: Quae sunt tui cordis arcana? *(certe propter indicativum)* 86 respondit *def.* **C** 87 atque] et ad (et *add.*) **C** *om.* **β Ro** 88 ipsa *om.* **T** || deprecabor **F** 89 ad] *del.* **M b** *om.* **T** *cett.* **β Ro** || dominum **β Ro** || ut – Cumque *add. in marg.* **C** || tibi vivendi **β Ro** || se *add.* **C** se facturum **S β Ro** 90 ille] *add.* **V** *om.* **Ro** 90/91 suo *om.* **V Ro** surgens suo **N** 91 professione **T** || Tunc **C** *p.c.* **S β Ro** 92 descendit **C** *p.c.* **β Ro** discessit **Z T** 93 aegiptiaticum **C** aegyptum **bG** 94/95 anno – quattuordecim *om.* **T** *(per haplographiam)* 95 annis **C** *p.c.* || his locis *scripsi cum* **β** (*cf.* Cap. 18, §1: ... vidi in his locis, quae Cellae nominantur) locis *om.* **α** iis locis **Ro** || quam **T** || secellas **T** 96 panis *def.* **C** || edens *om.* **M** || unum sextarii **Z** || assumens **C** *p.c.* (adsumens *a.c.*) **T** *p.c.* (asumens *a.c.*) **β** sumens **Z**

in mensibus tribus, ille, qui inter copias magnas atque delicias cum maxima semper voluptate vivebat. Faciebat autem cotidie centum orationes hoc tantum per annos singulos scribens, quod ex mercede operis sui posset ei ad emenda vitae alimenta sufficere. Subtiliter etiam illam scribebat manum, quam Oxyrincham vocant Graeci.

38.14 Intra quindecim ergo annos ad perfectum mente purgatus divinam gratiam meruit, ita ut haberet et notitiam et sapientiam spiritalem et ut bonorum aemulorumque spirituum differentias nosset. Scripsit iste
311 D tres libros, quos his vocabulis nominavit: unum ⌜Ierea, alterum Monachon, tertium Antirriticon, artesque monstravit, quibus possent daemones subiugari.

(§11) 38.15 Fortiter huic semper spiritus fornicationis incubuit. Nam, sicut nobis et ipse referebat, per totam noctem frequenter hiemis tempore nudus stabat in puteo, ita ut gelu quoque carnes eius constringerentur.

38.16 Aliquando iterum blasphemiae spiritus eum coepit urguere et ad sacrilega eundem contra deum verba conpellere, ob quod quadraginta iugiter dies sine tecto fuit, ut ipse dicebat, in tantum, ut per corpus ipsius totum quaedam papulae illi, quas saepe in pecoribus videmus, exirent.

---

ad §14 *cf.* Socr. hist. eccl. 4,23,34-38; Gennad. vir. ill. 11 104 (spirituum differentias) *cf.* Evagr. Pont. pract. 43 = cap. pract. B 43; HM 13,3; 27,7,1; Vita Pachom. prim. 52 (= Act. SS. §34); 87 (= Act. SS. §55); alt. 42 (lat. *om.*); 80 (lat. 48); tert. 137 *ad* §15 *cf.* Greg. M. dial. 2,2,2

---

97 in *om.* **M** || ille *def.* **C** || que *corr. ex* qui **C** || atque delicias *om.* **Z** 98 voluntate **C S M** *a.c.* 98/99 Faciebat – orationes *om.* **S** 98 cotidie centum *def.* **C** 99 tantum] totum **β** || per – singulos] *def.* **C** per singulos **V** per singulos annos **T B bG E Ro** || scribens singulos **NF** 99/100 quod – sufficere] Gr: τὴν τιμὴν μόνον ὧν ἤσθιεν (*idem* Syr) Lat. II: ut de opere manuum suarum sumeret cibum || ex – alimenta *def.* **C** 100 posset **S** *p.c.* **V Ro** possit *cett.* || possit *transp. p.* sufficere **T** || ei *om.* **S T** || ad *add. et del.* **Z** || *fort.* emenda *del.* **Z** ementia **S T** *p.c.* emendationis **V F** emendatioris *cett.* **β Ro** || Subtilem **Z** Similiter **V** || etiam] enim **Ro** || 100/101 illa ... manu **C** (illa *add.*) **β** (illam ... manu **E**) **Ro** 101 greci vocant **Z** 102 XVcim **G** || ergo *om.* **T** || mentem **T** || purgatur **F** 103 *p.* meruit *ca. 3 litt. eras.* **C** || ut *add.* **V** ut et **Ro** 104 aemulorumque] ac malorum **C β Ro** || *p.* Scripsit *add.* autem **M** 105/106 tres – Antirriticon *(cf. Praef. C4)*] Gr: τρία βιβλία ἱερὰ μοναχῶν ἀντιρρητικὰ οὕτω λεγόμενα 105 tres *om.* **β Ro** || his] hic **G** || unum *add.* **C** || Ierea **M T** *def.* **C** hiepea **Z** iepea (*in marg.* ierea) **S** epea **β Ro** || Monachon **Z T** nonaxon **C β Ro** Monaxon (*in marg.* monazon) **S** monacon **M** 106 Antirriticon **M** *def.* **C** Antipticon **Z** atippHtikon (*in marg.* atyrrenticon) **S** antiereticon **T** antipphyron *(vel sim.)* **β** Antiphyron **Ro** || possint **Z** 107/108 subiugari fortiter. Huic **C M T β** (fortiter subiugari. Huic **F**) 108 semper *om.* **V** || fornicationis *def.* **C** || *in marg.* De virtute animi sancti euvagri **b** 109 et *om.* **T** || frequenter *om.* **Z β Ro** 110 ita *om.* **β Ro** || quoque *om.* **Z** 111 *in marg.* De spiritu blasfemiae qui illum urguebat modumque curationis **b** || spiritus *def.* **C** || eum] ...um (*def.*, *fort.* illum) evacrium **C** *p.c.* *om.* **T** || urgere **M Ro** || et ad *def.* **C** 112 dominum **T** || XLta **G** 113 ipsius] eius **T** 114 illi] *del.* **C** ille **E** *a.c.* || corporibus **C β Ro** || vidimus **C β Ro** || exierint **Z**

38.17 Huic quodam die tres simul daemones adstiterunt ⌜in specie 312 A
clericorum de fide cum eo tractare cupientes, ex quibus unus Arrianum, alter Eunomianum, tertius Apollinarianum se esse dicebat. Quos omnes sapienter ac breviter disserendo superavit.

38.18 Idem iterum quadam die, cum ecclesiae claves perissent, invocato *(§12)*
Christi nomine signavit illam ostii partem, unde deerant claves, et aperuit manu pulsans fores.

38.19 Hic ipse tam vehementer expertus est daemones atque ab his totiens verberatus est, ut numerus esse non possit.

38.20 Uni cuidam discipulorum suorum omnia, quae ipsi post decem et octo annos essent futura, singillatim res ipsas ei prophetando praedixit.

38.21 ⌜Dicebat autem: „Ex quo“, inquit, „ad has solitudines veni, non 312 B
lactucae, non silvestris holeris cibum sumpsi, nihil viride attigi, non uvas,
non poma, non carnes, non balneas vidi.“ §Ad postremum sexto decimo *(§13)*
vitae suae anno, in qua nihil, quod coctum est, edebat, cum necesse esset corpori eius propter stomachi infirmitatem, ut coctum sumeret cibum, panem quidem attigit numquam, holera tamen et ptisanam et lenticulam per solum biennium gustans ita exivit e saeculo, ut tantum in ecclesia per sanctam epiphaniam communicaret.

126-128 *cf.* Hier. epist. 108,15,2-3; Vita Euphras. 6

---

115 *in marg.* Qualiter tribus demonibus de fide cum eo contendentibus restiterit **b** || quadam **T** || simul] similiter **Z** || spetiem **V** 116 clericorum *def.* **C** || tractare cum eo **T** *p.c.* **β** *praeter* **VB** 116/117 tractare – Quos *def.* **C** 116 cupientes] ceperunt **T** || Arianum **Ro** Gr: Ἀρειανόν 117 alterum **T NF** || tertium **T NF** || apollinarium **NF Ro** Gr: Ἀπολιναριανόν Lat. II: apollinaristam || dicebant **Z NF** 118 ac *def.* **C** 119 Idem *def.* **C** || perisset **T** 120 christo **T** || deerat **C T** *a.c.* perierant **Z** erat **β Ro** || clavis **C** *p.c.* **β Ro** 122 est *def.* **C** 123 totiens] *def.* **C** toties **Z T** *a.c.* **β** (*praeter* **E** *p.c.*) **Ro** || posset **C** *p.c.* **SM T** 124 Uni quidem **Ro** || suorum *om.* **T** || omnia – ipsi *def.* **C** 125 et octo *def.* **C** || futura *def.* **C** || singulatim **Ro** || res ipsas *def.* **C** || ei *om.* **β Ro** 126 Ex quo *def.* **C** || inquit] *del.* **C** *om.* **M β Ro** || has *om.* **β Ro** || non *def.* **C** 127 lactucas **C** *p.c.* || sumpsisset **C** *p.c.* *p.* sumpsi *ca. 3 litt. eras.* **S** sumpsit **E** *a.c.* **F** || nihil] non **β Ro** || adtigit **C** 128 non poma *def.* **C** || balnea **Z** *p.c.* || vidit **C** || Ad postremo **C** *a.c.* || sexto decimo] in quinquagesimo *in ras.* **C** 129 talius vitae suae **S** (talius *p.c.*) **VB b** *a.c.* **G E** *a.c.* talis vitae suae **E** *p.c.* **NF Ro** || in qua] *del.* **C** in aqua **Z** in quo **M** *p.c.* || est] esset **Ro** 130 eius *om.* **T** 131 *p.* numquam *ca. 6 litt. eras.* **S** || tamen *in ras. + ca. 2 litt. eras.* **S** || tamen holera **M** *p.c.* olera tantum **β Ro** || tesinam **C β** (testinam **V**) pthisanam **Z** et tesanam *in ras. + ca. 2 litt. eras.* **S** ptisanum *corr. ex* tisano **M** tipsanam **T** poscam **Ro** Gr: πτισάνης Lat. II: ptisanas (*codd.*: tysanas *vel* typsanas) || et *sec. in ras.* **S** 132/133 gustans – communicaret *in ras. + ca. 46 litt. (= ca. 2¼ lin.) eras.* **S** 132 gustans ita *def.* **C** || e] a **Ro** || in ecclesia *def.* **C** 133 sancta **T NF** || epyphania **NF** 133-135 communicaret – quo *def.* **C** 133 communicabat **T**

38.22 Circa ipsum igitur vitae suae finem referre consueverat, quod tertium ageret annum, ex quo se carnali desiderio intellegeret esse liberatum, et hoc post talem ipsius vitam, post sudores tantos, post tantos
312 C ⌜labores, post illas tam iuges orationes.

38.23 Nuntiata est huic patris sui mors quondam, atque hoc ei, qui nuntiaverat, dixit: „Quid“, inquit, „blasphemas, homo? Inmortalem ego patrem meum novi.“

39. De Pior et Moyse Libyco (Ro.: Caput XXVI. et XXVII.)

(§1) 39.1 Pior quidam Aegyptius iuvenis, cum huic mundo renuntiasset, egressus e paterna domo tanti animi circa religionem fuit, ut statueret ante conspectum dei, ne ullum iam suorum umquam videret.

39.2 Post quinquaginta igitur annos soror ipsius senio admodum gravis, cum fratrem suum vivere comperisset, amentium modo coepit ardere,

---

ad §23 *cf.* Evagr. Pont. pract. 95 = cap. pract. B 95 (*cit. apud* Nicephor. Callist. hist. eccl. 11,43, 721 C); Socr. hist. eccl. 4,23,51; PJ 1,5 = Paschas. verba patr. 49,7

134-136 Circa – liberatum *in ras.* + *5 lin. eras.* **S** 134 ipsum *add.* **V** 135 agit **T β Ro** || ex] in **Z** || esset **T** 136 hoc *del.* **C** || post tantos *om.* **N** 137 iuge **T** || *p.* orationes *ca. 65 litt. (= 3¼ lin.) eras.* **S** 138 *in marg.* Quid nuntiata morte patris responderit **b** || huic *def.* **C** || *fort.* patruo suo **C** *a.c.* patrui sui **F** || mortem **T** || quondam] a quodam **C** *p.c.* *om.* **T** || qui *add.* **C** 139 nuntiaverit **Z** || inquit *del. et rest.* **M** || o homo **S** *a.c.* **T β Ro** 140 novi *add. in marg.* + *ca. 20 litt. (= 1 lin.) eras.* **S**

Explicit de evagrio **Z**

De Pior et Moyse Libyco *ad* §§ 1-5 *cf.* Soz. hist. eccl. 6,29,26-29; AP (BHL 6525) 31 = Common. patr. 5,2; Nicephor. Callist. hist. eccl. 11,37 (704 A-C) *ad* §§ 2-4 *cf.* Hier. reg. Pachom. 52 = praecepta 53 (p. 28); Vita Pachom. prim. 37 (= Act. SS. §26); alt. 28; 33 (lat. 31); tert. 42; quart. 38; 44; AP alph. Marcus 3 = PJ 14,6 = AP Bu 1,241 = Paschas. verba patr. 49,2; AP alph. Marcus 4; AP alph. Poemen 76 = AP syst. 4,40 / PJ 4,33 = AP (BHL 6525) 154 = Paschas. verba patr. 49,1; AP Nau 153 = AP syst. 4,74 / PJ 4,61 = AP (BHL 6525) 33 = AP Bu 2,518 = Common. patr. 5,5 = Paschas. verba patr. 49,3; AP (BHL 6525) 32 = Common. patr. 5,3; AP (BHL 6525) 34 = Common. patr. 5,7; Vita Sim. 9; Common. patr. 5,4 5/6 *cf.* HM 1,1,11

α = C SM **β = VB bG E NF** *om.* Lat. II
Gr: PTVC Syr: R2 **Ro**

XXX **M** XXV **V** XXVIIII **B bG E** De quodam viri spiritali cui nomen erat pior. XXVIIII **N** De quodam viro spiritali cui nomen erat pior **F** Inc. *om.* **C** (*a.* Pior *interlin.* ...nime) **S**

1/2 Pior – domo *(= 3 lin.) in ras. 2 lin.* **S** 2 e] est **F** || tanti – fuit *(= 1 lin.) add. supra lin. prim. novae col.* **S** 3 ne *def.* **C** || umquam suorum **B NF** 4 *in marg.* De sorore sancti pior quae eum in senectute desideravit **b** || quadraginta **β Ro** || senio **E** *p.c.* **Ro** senior *cett.* || et admodum **M** *p.c.* admodum iam **E** *p.c.* 5 amantium **b** *p.c.* || ardere *def.* **C** donec ad conspectum ipsius veniret. Cumque ad vastissima illa deserta non posset accedere, ab episcopo loci ipsius ⌜petiit, ut ad sanctos scriberet 312 D patres, qui in solitudinibus ex more degebant, ut videndum sorori transmitterent fratrem. Quique vi maxima patrum venire conpulsus cum alio quodam itineris sui socio usque ad sororis propriae domum venit.

39.3 Ubi venisse se significavit hoc dicens: „Pior“, inquit, „frater tuus venit et pro foribus adsistit.“ Auditoque ianuae sono putans, quod anus ipsa in occursum fratris exiret, clausis ad eam oculis proclamavit nomine suo illam vocans dicensque: „Ego sum Pior, frater tuus, ego sum, inquam: Quantum volueris, conspectum meum fruere.“ *(§2)*

39.4 Cumque illa satisfecisse propriis sensibus credidisset, benedicens gloriam dei et, cum penitus ei, ut ingrederetur ipsius domum, persuadere non posset, ⌜regressa est ad habitaculum suum; ille vero oratione in limine 313 A domus facta ad solitudinum secreta remeavit.

39.5 Hoc autem ipsius miraculum fertur, quod, cum in eo, ubi degebat, loco fecisset sibi puteum et aquam illic amarissimam repperisset, ibidem usque ad finem ultimum vixit contentus inventae amaritudine aquae, ut patientiam cunctis propriae virtutis ostenderet. Multi tamen postea monachi post illius mortem degere in cella ipsius pertinaci voluntate cupientes ne uno quidem anno illic habitare potuerunt. Habet enim ipse locus et timorem maximum semper et solacium nullum. *(§3)*

---

ad §5 *cf.* HM 29,2,2-3

---

6 vastissimam illam **G** || *a.* illa *add. in marg.* loca **E** || deserta *om.* **β** 7 posset *def.* **C** || ipsius] illius **Ro** || petit **S β** *praeter* **NF** 8 patres *om.* **NF** || ex more *add. in marg. sup.* **F** 9 Qui cum **NF** Qui **Ro** 9/10 patrum – venit *def.* **C** 10 usque *om.* **V Ro** 11 se venisse **β Ro** || signavit **bG** || inquit *del.* **M** 12 Datoque **V** *p.c.* **Ro** 14 illum **β** *praeter* **E** *p.c.* **N** || et dicens **VB Ro** || *p.* sum *prim. add.* inquit **M** || inquam *del.* **M** 15 Quantum *def.* **C** || conspectu **α** *p.c.* **V b** *p.c.* **E** *p.c.* **NF** aspectu **Ro** || meo **α** *p.c.* **V B** *p.c.* **b** *p.c.* **E** *p.c.* **NF Ro** 16 illam **B bG E** illi **NF Ro** || satisfecisset **C M** *a.c.* || credidisset] vidisetque eum *in ras.* **C** || credidisset + proiecit se in orationem **β Ro** 16/17 benedicens – dei *transp. p.* posset (18) **β Ro** 17 et *del.* **M** || cum penitus] fratrem *in ras.* **C** || ei ut *del.* **C** 17/18 ingrederetur – posset *om.* **C** 17 ingrederetur – domum] surgeret soror eius **β Ro** 18 regressa] ingressa **C β Ro** Gr: ὑπέστρεψεν 19 domus *om.* **NF** 20 cum in *def.* **C** 21 *a.* loco *2 litt. eras.* **B** || *in marg.* De puteo quem fecit in quo amarissimam invenit aquam **b** || et ibidem **C** *p.c.* ubi **N** ibi **F** 22 ad *def.* **C** || *a.* ultimum *lac. ca. 5 litt.* **C** || vixit *def.* **C** || contentus – aquae] στοιχήσας τῇ πικρότητι τοῦ ὕδατος (*sim.* Syr) || inventa **NF** || amaritudine **S** amaritudini *corr. ex* amaritudines **C** amaritudinis **M β** *(cf. ThLL IV 680, 7-9: „contentus alicuius rei“)* amaritudinibus **Ro** || aqua **M** *p.c.* **b** *p.c.* **NF** 23 postea *om.* **NF** 24 pertinaci voluntate] pertinaciter **NF** 25 nec **b** *p.c.* || quidem anno *def.* **C** 25/26 potuerunt – nullum *def.* **C** 26 solacium] subsidium **NF**

313 B (§4) 39.6 ⌜Moyses quidam de Libya oriundus fuit, vir mansuetudinis summae et dilectionis inmensae, qui caelesti gratia aegros curare promeruit.

39.7 Hic rettulit mihi, quod, cum adhuc iuvenis in monasterio suo esset ac puteum maximae capacitatis efficeret viginti in lato habentem pedes cumque per triduum ⟨cum⟩ octoginta aliis effossionibus ac purgationi eius insisteret neque in tanto profundo ullum aquae signum videret, praesertim cum etiam infra ipsius venae indicia, in quibus esse aliqui putabantur humores, duos paene alios effodissent pedes ac ne tunc quidem humorem aliquem invenire potuerint, „tristes“, inquit, „admodum facti a tam inutili opere cogitabamus abscedere.

313 C 39.8 Ecce autem subito sanctus Pior de ultimis solitudinum locis ⌜in maximo ardore aestus hora sexta diei admodum ex pelle velatus adstitit nobis et his post primam salutationem locutus est verbis: ‚*Quid*‘, inquit, ‚*homines parvae fidei, angustiamini* et desperare voluistis?‘ Ab hesterno enim die defectionem vestrorum sensuum vidi.“

40/41 Mt. 8,26 (*cf.* 14,31)

---

ad §6 *cf.* Soz. hist. eccl. 6,29,25; Nicephor. Callist. hist. eccl. 11,36 (701 D) *ad* §§ 7-10 *cf.* Soz. hist. eccl. 6,29,30; Nicephor. Callist. hist. eccl. 11,37 (704 C/D)

XLVII De moyse libyensi (*corr. ex* libyense) qui putum *(sic!)* fodiens aquam invenit **S** XXXI **M** XXX **β** *praeter* **NF** De beato moyse qui ex libia fuit. XXX **N** De beato moyse qui ex libia fuit **F** Inc. *om.* **C**

27 Moses **M** *a.c.* || quidam *def.* **C** || oriundus *def.* **C** 28 summae et *def.* **C** || caelestis **NF** 29 meruit **M** 30 quod *def.* **C** || suo *def.* **C** 31 ac *del.* **C** || maximae *def.* **C** || effoderet **Ro** || XXti **G** || lato] *def.* **C** alto **NF** latum **Ro** 32 pedes + et centum in profundum **Ro** || cumque] cum **C β** et **Ro** 32/33 cumque – insisteret] Gr: ἐν τούτῳ τρεῖς ἡμέρας ἐκχοίσαντες ἄνδρες ὀγδοήκοντα || per – neque **S** (cum *supplevi*) *om.* **C β Ro** per dies octoginta alios effusionibus ac purgationi eius insisteret neque (*p.* per *2 litt. eras.*, dies *in ras.*, alios *del.*) **M** 33-36 neque – potuerint *(cf. Praef. B1 a)*] Gr: καὶ τὴν συνήθη καὶ ὕποπτον φλέβα παρελθόντες ὡς πῆχυν, οὐχ εὕρομεν ὕδωρ. (*sim.* Syr) 33 profundo] *def.* **C** spatio **Ro** || nullum **Ro** || non videret **C β** 33/34 videret, praesertim *def.* **C** 34 iam **V** || intra **V** || ipsius] *def.* **C** ipsum **β Ro** || venae] nulla **C β Ro** || *p.* indicia *(def.) add.* essent **C** || esse] *def.* **C** esset **bG F** *a.c.* || aliquid **C** *a.c.* **β Ro** 35 humoris putabatur **β Ro** (+ apparerent **V B** *p.c.* **Ro**, + apparere **B** *a.c.*) || duos] *def.* **C** ducentos **β** dum centum **Ro** || paene] enim *del.* **M** fere **G** || effodissent *def.* **C** || ac ne] *def.* **C** ac nec **b NF Ro** 35/36 quidem – invenire *def.* **C** 36 humorem *om.* **b** || potuissent **C Ro** potuerunt **NF** || tristes *def.* **C** || admodum *def.* **C** 37 a tam *def.* **C** || abscedere *def.* **C** 38 *in marg.* Oratione sua sanctus pior oratque in puteo et consolatus est fratres **b** || sanctus Pior *def.* **C** || pior *in ras.* + *ca. 11 litt. eras.* **S** || in *def.* **C** 39 ex *del.* **M** || adsisistit **S M** *a.c.* astitit **M** *p.c.* **β Ro** 40 post primam salutationem (post primam *scripsi; cf. Praef. C4*)] postremam salutationem **C S M** *a.c.* post datam salutationem **M** *p.c.* postremo **β Ro** Gr: μετὰ τὸν ἀσπασμόν (PT)/ἀσπασάμενος (VC) || inquit *om.* **C β Ro** 41 esterni **C** hesternae **Ro** 42 enim *om.* **C** || die] diei opere *in ras.* **C** diei **M** *a.c.* diei spatio **β Ro** || defectionem – vidi] *om.* **C** usque nunc tristitia absorbemini **β Ro** || vestrorum *in ras.* **S**

39.9 Moxque descendens in profundum per eas, quas illi fecerant, (§5) scalas oratione illic cum omnibus facta ter ferro, quod in manu ceperat, solum putei percussit hoc dicens: „Deus sanctorum patriarcharum, te“, inquit, „precamur ac petimus, ne sine causa inpensi sint tanti fratrum labores, sed praesta ipsis usum eius, quam desiderant, aquae.“

39.10 Et continuo ebullientes de visceribus soli latices perfuderunt precantes. Cumque rursus orasset, coepit ad propria velle remeare. Qui, cum ad sumendum ⌜cibum ab illis retineretur, hoc illis locutus est: „Propter 313 D quod sum“, inquit, „missus, hoc factum est; nam, ut cibum caperem, nemo me misit.“

40. De Effrem (Ro: Caput XXVIII.)

40.1 De Effrem diacono Edessenae ecclesiae multa te audisse non (§1) dubito: Dignus enim fuit, qui esset in memoria et ore sanctorum.

40.2 Qui, cum ita, ut oportebat, iter viae spiritalis implesset neque umquam a recto tramite deviasset, meruit per gratiam dei naturalium rerum habere notitiam, cui benedictio divina successit atque illa, quae exinde nascitur, beatitudo.

40.3 ⌜Semper igitur quietam hic vitam agens atque omnes, qui ad 314 A videndum eundem veniebant, per annos plurimos docens ad postremum de cella sua talius rei necessitate processit:

---

43 Moxque descendens] descendensque *corr. ex* descendens **C** Descendens ergo **β Ro** 45 Deus sanctorum] *def.* **C** Deus sacrorum **β Ro** 46 inquit *del.* **M** 46/47 sint – desiderant *def.* **C** 47 eius *om.* **NF** 48 Et *om.* **β Ro** 50 retineretur *def.* **C** || locutus est illis **b** 51 quod *def.* **C** || inquit *del.* **M** missus inquit **NF** || ut *add.* **C** || summerem **NF**

De Effrem *ad* §§ 1-2 *et* 8 *cf.* Hier. vir. ill. 115; Theodoret. hist. eccl. 4,29,1-2; Soz. hist. eccl. 3,14,29; 3,16,1-7.9; Nicephor. Callist. hist. eccl. 9,16 (281 B – 284 C) 5/6 Evagr. Pont. pract. prol. 8 *ad* §3 *cf.* Soz. hist. eccl. 3,16,8

α = C SM	**β = VB bG E NF**	*om.* Lat. II
Gr: P(W)TA	Syr: R3	**Ro**

XLVIII De effrem diacono aedisseno qui propter multitudinem populorum fame pereuntem divites increpavit **S** XXXII **M** XXXI **β** *praeter* **NF** De beato effrem diacono. XXXI **N** De beato effrem diacone **F** Inc. *om.* **C**

1 De effrem *(ut titulus)* Multa ... **M** *a.c.* || diacono – ecclesiae *om.* **M** || in edissenae (*corr. ex* edessenae) eclesia + *add. interlin.*: fuit beatus effrem diaconus; de eo **C** || te audisse *def.* **C** 2 Dignus – fuit *def.* **C** || memoria et *om.* **β Ro** 4 tramite *def.* **C** || meruit *def.* **C** 5 habere notitiam rerum **Ro** 7 hic vitam *om.* **C** || vitam quietam **β** (quietem **NF**) **Ro** 8 eundem *def.* **C** 9 talis **C** *p.c.* **M** *p.c.* **V** *p.c.* **E NF Ro**

(§2) 40.4 Cum fames admodum gravis in Edessena civitate saeviret,
miseratus ille pereuntem multitudinem rusticam accessit ad divites haec
eis dicens: „Quare nulla vos“, inquit, „humanae naturae sic ante oculos
vestros deficientis misericordia movet, sed *putrefactas intrinsecus opes*
vestras ad condemnationem vestrarum servatis animarum?“ Tunc illi:
„Non habemus“, inquiunt, „quibus pecuniam egentibus dividendam ad
conparationem ciborum credere debeamus. Omnes enim negotiari pro
suis commodis volunt.“

40.5 Ait ille ista dicentibus: „Qualis“, inquit, „vobis ego videor?“ –
314 B (§3) Habebat autem magnam ⌜apud omnes homines ipse vir famam. – §Qui
tunc ei non falsa dicentes ista respondent: „Scimus te“, inquiunt,
„hominem dei esse.“ Ait ille: „Credite mihi pecunias vestras; etiam nunc
propter vos ego ordino me ipsum susceptorem ac ministrum peregrinorum
atque miserorum.“

40.6 Accepta igitur pecunia interclusit certos parietibus porticos civitatis et trecentos in ipsis lectulos posuit, in quibus fame pereuntes reficiebat, morientes quidem sepeliens, eos autem, quibus adhuc spes aliqua vitae erat, in ipsis eorum laboribus curans omnibusque pereuntibus fame, qui illuc undecumque confluxerant, cotidianum ministerium suum ac necessariam sollicitudinem praebens ex his, quae ad eum singuli quique divites deferebant.

314 C (§4) 40.7⌜Impleto autem memorato anno, post quem copiae frugum grandes
fuerunt, et singulis quibusque ad domicilia propria regressis, cum, quid

13/14 *cf.* Jac. 5,2

ad §§ 4-7 *cf.* Soz. hist. eccl. 3,16,12-15; Nicephor. Callist. hist. eccl. 9,16 (285 B-D) 12/13 *cf.* Cyr. S. v. Sab. 67 (p. 168,21 sq.) 18-21 *cf.* Vita Euphras. 27 (636 B)

10 saeviret] eveniret **NF** 11/12 haec eis] hoc eis **M** *a.c.* **Ro** edissae **E NF** (*cett.* **β** haedis *vel sim.*) 12 nos **G** || inquit *del.* **M E** || sic *add.* **E** 12/13 oculos vestros *def.* **C** 13 deficientes **C S** || movet – putrefactas *def.* **C** || putrefacta **C** *a.c.* **β** Ro 13/14 opes – illi *def.* **C** || opes vestras *om.* **β Ro** 14 vestrarum *corr. ex* vestram **N** 15 *p.* quibus *del.* inquiunt **G** 16 pro *def.* **C** 18 At **C M** *p.c.* **β Ro** || Talis **β Ro** || ego *om.* **β Ro** 20 non falsa] infalsa **C** *a.c.* **β** (falsa **F**) || respondent – te *def.* **C** || inquiunt *del.* **M** 21 At **M** *p.c.* **E NF Ro** || *p.* Credite *add. m. rec.* inquit **M** || mihi inquit **E** || *a.* vestras *ca. 3 litt. eras.* **F** 22 suscepturus **β** (suscepturum **b** *p.c.*) **Ro** || ac ministrum] ministerium **β Ro** 24 certos **C** *(del.)* **β** (certas **E** *p.c.*) certis **SM Ro** || porticos **S M** *a.c.* *(cf. ThLL X 2, 24, 54-57 et Neue/Wagener 1, 781/2; cf. et* Cap. 68, §4: portico*)* porticus **C M** *p.c.* **β Ro** 25 civitatibus **VB b** 26 quidem] autem **M** || sepeliebat **M** || autem *del.* **M** 27 langoribus **S** curans laboribus **N** || omnibus **VB** 28 illic **β** 29 ac] ad **C** *a.c.* **β Ro** || ex his] *def.* **C** ex iis **Ro** 30-32 quique – et *def.* **C** 31 post quem] postquam **Ro** 32 et *om.* **β Ro** || a domicilio (*fort. et* proprio) **C** *a.c.* || *a.* cum *add. in marg.* cum non haberet ipse **C** || quid *scripsi* quibus *codd.* **Ro** Gr: ὃ (ἃ P) Syr: „une autre chose“

[vel circa quos] faceret, non haberet, confestim ad suam revertitur cellulam, in qua obiit post spatium mensis unius. Huiusmodi autem illi occasionem circa finem ipsius ad exemplum Stefani pietas divina praestiterat.

40.8 Multa vero reliquit, quae ipse conscripsit, ex quibus plura magna laude celebrantur.

41. De feminis sanctis

41.1 Necessarium autem valde et hoc puto, ut mulieribus quoque *(§1)*
viriles habentibus mores ad memoriam sempiternam libelli nostri paginam praebeamus, quibus deus noster non inferiora sexu virili certamina donavit
et praemia, ut demeret aliis omnem excusationis ⌜occasionem, quae, quia 314 D
sexus essent inferioris, non posse se dicerent ad consummandam virtutis gloriam pervenire.

34-36 *cf.* Act. 6,1-8

---

ad §8 *cf.* Cyr. S. v. Euthym. 30 (p. 49,19)

---

33 vel circa quos *ut glossema delevi (cf. Praef. C4)* ‖ circa quos] quid iam **M** *p.c.* ‖ faceret – haberet] facere hanc misericordiam posset (hanc – posset *in ras.*) **C** 34 cellam **NF** ‖ illi *om.* **β Ro** 35 ipsius] illius **β Ro** ‖ ad exemplum Stefani *(cf. Praef. C4)*] Gr: στεφάνου τρόπον Syr: „par où il serait couronné“ ‖ beati stefani (stephani *p.c.*) **S** 37 quae *def.* **C** ‖ conscripsit *def.* **C**

De feminis sanctis *ad* §1 *cf.* HL Prol. I, 5-8 *et* 35; Gr. Nyss. v. Macr. (p. 371,6-9; 380,17 – 381,14); Paul. Nol. epist. 29,6; 45,2; Theodoret. hist. rel. 29,1; Vita Melan. 12; 39; Vita Melan. (lat.) prol. 2; AP alph. Sara 4 = PJ 10,73 (= AP Bu 2,525); Vita Eugen. 9 (611 A); 15 (614 D); Nicephor. Callist. hist. eccl. 7,12 (1229 A)

α = **C SM**	β = **VB bG E NF**	*om.* Lat. II
Gr: P(W)T	Syr: R3	**Ro**
(usque ad lin. 8; deinde B*)*	*(usque ad lin. 8; deinde om.)*	

1 et *def.* **C** 1/2 mulieribus – mores] Gr: γυναικῶν ἀνδρείων (*idem* Syr) 1 quoque + sicut praefati sumus **β** (*a.* sicut *ca. 4 litt. eras.* **B**) **Ro** 2 viriles habentibus mores] vetulos habentibus mores **α** viriles mores habentibus + atque honestis (honestos **Ro**) **β Ro** 3 sexui **C** 4 de merito *corr. ex* demerit **C** ‖ aliis neglegentibus **β Ro** ‖ excusationis] excluderet **C** excusationem **M** ‖ occasionem *add. in marg.* **b** ‖ occasionem, quae] occasionemque **M** *p.c.* 5 sexu **C** *p.c.* **E** *p.c.* ‖ essent inferioris] essent inferiores **C** inferiores videntur **VB E** inferiore videntur **bG** inferioris videntur **NF Ro** ‖ *supra* non *add.* ne **M** ‖ se] eas **β** (eos **V**) ‖ dicant **C** *p.c.* dicunt **β Ro** ‖ commendandam **Ro**

(Ro: Caput XXIX.)

41.2 Multas igitur feminas vidi plurimasque tam viduas quam virgines (§2) novi, §inter quas et Paulam nomine Urbicam quandam, Toxotii matrem, mulierem prudentem ac spiritalem, cui Hieronimus quidam Dalmata 315 A cives inpedimento fuit, quae ⌜omnes alias acumine ac sapientia cordis sui spiritalibus pinnis superare potuisset, nisi ille eam ad propositum propriae voluntatis trahens a maioris gloriae merito et amore revocasset.

41.3 Cuius filia Eustochius nomine apud Bethleem usque ad praesens tempus in monasterio suo degit. Quam ipse quidem nescio; audivi tamen a pluribus eam esse castissimam habentem quinquaginta virgines secum.

(§3) 41.4 Novi etiam Veneriam nomine quandam, comitis Vallavici relictam, quae divisit bene atque dispersit cameli onus seque vulneribus, quae solent fieri ex nimio opum pondere, liberavit.

17/18 *cf.* Mt. 19,24; Mc. 10,25; Lc. 18,25

---

17 (cameli onus) *cf.* Isid. orig. 16,26,17: coacervati enim modii triginta instar collis videntur, et onus cameli efficiunt. – *cf. et* AP alph. Macarius Aeg. 40 = Bu 1,189

---

7 *initium capituli a.* Multas *codd.* **Ro**: De paula **C** XLVIIII De paula et hieronimum dicit fuisse dalmata civem **S** XXXIII **M** XXXII **V bG E** XXXI **B** De beata paula romana nobilissima femina et filia eius beatissima virgo eustochio. XXXI **N** De beata paula romana nobilissima femina et filia eius beatissima virgo eustochio **F**

p. vidi *lac. ca. 3 litt.* **G** || plurimas **Ro** 8-15 et – secum *del.* **B** (*m.a. add. in marg.*: Nota autorem huius libri de beatissimis hieronymo paula et eustochio feda quaedam et omnino falsa et sensisse et scripsisse sicut hic et etiam supra in capitulo XXVI contra opinionem sanctorum Augustini Cyrilli etiam et totius sanctae matris ecclesiae quae illorum vitam virtutibus et meritis insignem approbat et celebrat.) 8 et *om.* **V Ro** || nomine – quandam] Romanam **Ro** || matrem Toxotii **Ro** || *in marg.* De paula **b** 9-12 mulierem – revocasset] feminam ad genus vitae, quod est secundum spiritum, dexterrimo ingenio: cui quidem, quominus ei se daret, impedimento fuit Hieronymus quidam genere Dalmata, qui mulierem optima indole ad genus vitae perfectum, cum in eo multos, ne dicam omnes, longissimo post se intervallo videretur posse relinquere, ipse invidia motus ad suum peculiare vivendi institutum pertraxit. **Ro** 9/10 cui – fuit *eras.* **M** 10 cives – fuit *def.* **C** || civis **S** *p.c.* **V NF** 11 pennis **C** *p.c.* **S** *p.c.* **M β** 11/12 nisi – revocasset *eras.* **M** 11 a proposito **S** *p.c.* ad proposito **V** 12 a *add.* **S** || et *def.* **C** 13 *in marg.* De eustochio filia sanctae paulae **b** || Eius **Ro** || Eustochius *fort.* **C** *(def.)* **S** *a.c.* **M** *a.c.* eustochia **S** *p.c.* eustochium **M** *p.c.* **β** || nomine Eustochium **Ro** || apud] in **Ro** 13/14 usque – degit] vitam adhuc monachalem exercet **Ro** 14/15 Quam – secum] quam quidem ego nunquam allocutus sum; caeterum fertur insigni esse pudicitia, et regere societatem virginum quinquaginta. **Ro** 15 pluribus – esse *def.* **C** || virgines *def.* **C** 16 L De veneriam relictam comitis val... *(ca. 5 litt. legi non possunt)* **S** *in marg.* De veneria comitis vallavici relicta **b** || quandam *def.* **C** || velavice **C** valarici **S** vallacivi **V** Vallacini **Ro** Gr B: Βαλλοβίκου 17 quae *prim.*] Qui **F** || divisit *def.* **C** || onus cameli **β Ro** || quae *sec. def.* **C** 18 nimio *def.* **C** || operis *corr. ex* opere **C** opium **S** *p.c.*

41.5 Theodoram quoque tribuni alicuius coniugem quondam adeo nihil sibi de propriis ⌜bonis reliquisse cognovi, ut ante mortem suam 315 B aliorum ei misericordia stipem ad alimenta praeberet. Defecerat autem in monasterio, quod Esychae vocabulo nominatur, proximo mari femina iustae semper ac per omnia probabilis vitae. Cuius sororem etiam Adoliam noram, quae, etsi non potuerit germanae meritis conparari, dignam tamen pro modo virtutis propriae habuit [et] vitam.

41.6 Bassianillam quoque nomine feminam vidi, magistri quondam *(§4)* militum Candidiani relictam, prompta mente et moribus sanctis usque ad praesens quoque tempus vehementer institutione monachicae vitae ac labore sudantem.

41.7 Est et alia Fotina nomine, presbyteri ⌜Theoctisti filia virgo, quae 315 C valde honesta habetur et sancta.

41.8 Antiochiae quoque Sabinianam nomine diaconissam honestissimam vidi, quae cum ipso conloqui putabatur deo quaeque amita beati Iohannis episcopi fuit.

41.9 Romae etiam Asellam nomine bonam valde virginem novi in monasterio senem factam, feminam mitem atque mansuetam omniumque illic curam gerentem, §ubi viros etiam cum coniugibus suis vidi monachorum eo tempore vitas et instituta discentes. *(§5)*

---

19 LI ... theodo... nominat... tribuni ... coniu... **S** *in marg.* De theodora tribuni cuiusdam coniuge **b** || tribuni cuiusdam *corr. ex* tribunali *(?)* cuius **C** tribunali cuiusdam **V** *a.c.* **B E** *a.c.* tribunalis cuiusdam **E** *p.c.* **NF** || quondam *del.* **C** 20 sibi propriis **C** de propriis sibi **Ro** || bonis *def.* **C** || *p.* reliquisse *ca. 3 litt. eras.* **C** || ut *add.* **C** || *p.* suam *ca. 3 litt. eras.* **C** 21 aliis **C** || tipum alimenti *(?)* **C** 21-23 Defecerat – vitae *(cf. Praef. C4)*] Gr B: ... οὕτω τελευτῆσαι ἐν τῷ μοναστηρίῳ τοῦ Ἡσυχᾶ παρὰ θάλατταν. Ἔγνων Ὁσίαν ὀνόματι, τὰ ὅλα καὶ σεμνοτάτην γυναῖκα· 22 Esychae **SM** escicetie *(?)* **C** escycha **V** esycha **B b G** *p.c.* **E** exycha **G** *a.c.* ex sicha **N** ex sichia *corr. ex* ex sicchia **F** Escyca **Ro** Gr: τοῦ Ἡσυχᾶ 23 iusta **C** || *in marg.* De adolia sorore eius **b** 24 noveram **V** *p.c.* **Ro** || potuit **β Ro** 24/25 dignam – vitam] Gr: ἐπαξίως δὲ τῆς δυνάμεως ἑαυτῆς ζήσασαν 25 modo virtutis *def.* **C** || propriae famam **VB b** (famam *add. in marg.*) **E** || habuisset **V** habuisse fertur **Ro** || et *delevi* 25-27 vitam – militum *def.* **C** 26 LII De bassianilla nomine **S** *in marg.* De bassianilla candidiani relicta magistri militum **b** 27 prompta *def.* **C** || sanctis – ad *def.* **C** 28 quoque *om.* **E** || vehementer *def.* **C** || institutioni **C** *p.c.* || monachicae] *def.* **C** monachae **M** *a.c.* **V** *a.c.* (monachiae *p.c.*) **B bG** 29 laboribus **C** 30 *in marg.* De sancta virgine phocine filia theoctisti presbyteri **b** || Est et *def.* **C** || fotine (*vel* photine) **S** *fort.* **M** *a.c.* **β** || Theoctisti *def.* **C** || virgo, quae] virgoque **NF** 31 honesta *def.* **C** || habetur *om.* **V** 32 LIII De sabiniana **S** *in marg.* De sabiniana amita beata iohannis episcopi diaconissa **b** 32/33 honestissimam *om.* **N** 33 quae cum] qui **G** || quae **b** *a.c.* **G** || amica **M** *p.c.* 35 LIIII De asella **S** *in marg.* De asella christi virgine **b** || christi virginem **β Ro** 36 senem factam] senuisse **β Ro** || multorumque **β** (multorum **E** *a.c.*) **Ro** 37 curam illic **Ro** 38 institutas **M** *a.c.* **V bG** || dicentes **S** *a.c.*

41.10 Avitam aliquam deo dignam cum Aproniano quodam ipsius viro et filiam eius Eunomiam vidi adeo placentes deo, ut transferri ad caelestem
315 D vitam ante conspectum ipsius mererentur. Et ipsi ⌜enim iam ultimo fine naturae nunc in Christo quiescunt, qui peccatorum quidem omnium nexibus absoluti sunt, divinarum autem rerum peritiam atque notitiam semper habuerunt.

42. De Iuliano (Ro.: Caput XXX.)

De Iuliano quodam in Edessenae provinciae partibus sito viro, qui vere monachus diceretur, audivi, quod usque adeo omnes corporis sui carnes ad nihilum redegisset, ut pellem in se solam et ossa monstraret, ob quam ipse mercedem curationum a deo gratiam in ultimo vitae suae fine promeruit.

---

app. crit. ad lin. 41-44: *ad* cum – regnare *cf.* Apc. 20,4.6   *ad* qui – dei *cf.* Ps. 118,115

---

39 LV De avita dicit **S**   *in marg.* De avita et aproniano et filia eorum eunomia deo digna **b** ‖ *p.* Avitam *add. m. rec.* nec non **M** ‖ Aproniano *scripsi cum* **β** (proniano **E**) **Ro** *(cf. Praef. C4)*   piniano **α**   Gr B: Ἀπρονιανῷ (*vel* Ἀπρινιανῷ *vel* Πρινιανῷ *vel* Ἀπριανῷ)   40 filia ... eunomia **S** *p.c.* **β Ro** ‖ eius] eorum **β Ro**   41 vitam – ipsius] patriam **S**   41-44 Et – habuerunt] mox ut finem natura carnis pertulerint. Quia non tantum speramus nos cum christo regnare solos sed etiam illos qui se in quantum praevalent ab omni iniquitate custodiunt. Et qui semper scrutantur mandata dei uti opere faciant quae lectione vel auditu perceperint. **S**   42 in Christo *def.* **C** ‖ quidem omnium *def.* **C**   43 sunt – peritiam *def.* **C**

De Iuliano   *cf.* Soz. hist. eccl. 3,14,29; Nicephor. Callist. hist. eccl. 9,15 (277 B)   2/3 *cf.* Hier. vita Hilar. 5 (31 C); Vita Barl. et Iosaph. 18 (1021 A)

α = **C SM**   **β** = **VB bG E NF**   *om.* Lat. II
Gr: B   Syr: *deest*   **Ro**

LVI De iuliano monacho **S**   XXXIIII **M**   XXXIII **β** *praeter* **NF**   De iuliano quodam. XXXII **N**   De iuliano quodam **F**   Inc. *om.* **C**

1 quondam **V** ‖ qui] quod *corr. ex* quo **C**   2 videretur **E**   dicebatur **Ro** ‖ *a.* quod *add.* et **C** ‖ sui corporis **E**   3 ut *om.* **C** ‖ in *del.* **C** ‖ se *om.* **C** ‖ quam] quod **β Ro**   4 ipsam **C** ‖ *p.* ipse *ca. 12 litt. eras.* **S** ‖ *ad* mercedem *cf. ThLL VIII 797, 48 sqq.: „in universum i. q. meritum“* ‖ curationem **C** ‖ a deo] dei **C**   *om.* **S**   *transp. a.* curationum **β Ro** ‖ gratia **C** *p.c.*   gratiam omnium infirmitatum **S** ‖ finem **α** *a.c.*

43. De Adolio

43.1 Alium quoque vidi apud Hierosolimam Adolium ⌜nomine ducentem ex Tarseno oppido genus, qui, cum venisset illo, a nullo paene detritam ingressus est viam quique non tale, quale nos, iter tenuit, sed novum sibi quoddam et ultra hominem propositum conversationis invenit in tantum, ut daemones quoque intremescerent austeritatem eius ac fugerent ab ingenti eius abstinentia continuationeque magnarum vigiliarum, ut prope, id quod dicunt, fantasma [hoc est non res vera, sed imago] esse aliqua putaretur. *(§1)* 316 A

43.2 Per quadragesimam quidem quinto quoque edebat die, reliquo vero anni tempore post biduum semper cibum capere consueverat. *(§2)*

43.3 Hoc autem in eo magnum erat, quod vespertinis horis usque ad id tempus, quo rursus ceteri fratres ad oratorium ⌜colliguntur, ille in eo, qui Eleon dicitur, loco stans in tumulo, unde salvator ascendit, psallendo et orando pernoctare consueverat et sive sub nivibus sive sub pluviis seu pruinis immobilis permanebat. 316 B

43.4 Qui, posteaquam hoc modo solitum tempus implesset, signo eo, quo tempore fratres ceteros excitabat, percutiens fores omnium cellularum ad propria oratoria deducebat. In quibus cum unoquoque eorum unum *(§3)*

α = C SM **β = VB bG E NF** *om.* Lat. II
Gr: P(W)TA Syr: R2, R5 **Ro**

LVII De adolio dicit **S** *m. rec. in marg. sup.* De sancto adolio **B** *in marg.* De adolio tarsense mirabili viro **b** Inc. *om.* **C M V G E NF**

1 *in marg.* De beato adolio **N** ‖ quoque *add.* **M** 2 tarso **β Ro** ‖ illo] *om.* **C** illo et **S** *a.c.* **M** illuc **Ro** 3 vitam **B** *a.c.* ‖ quique] qui **C** *p.c.* et **M** *p.c.* quicumque **V** ‖ talem **C** *a.c.* **M** *a.c.* ‖ qualem **C** *a.c.* ‖ nos plurimi **β Ro** 4 hominum **C** *p.c.* homines **β Ro** 5 contremescerent **β Ro** ‖ *a.* austeritatem *del.* ab ingenti **M** ‖ vitae eius **E** 6 indigenti **NF** ‖ et continuatione *corr. ex* continuationemque **C** 7/8 ut – putaretur] Gr: ὑπενοήθη καὶ φάσμα εἶναι (*sim.* Syr) 7 hoc – imago *ut glossema delevi (cf. Praef. C4)* ‖ vera non res **M** *p.c.* 8 esse] *add.* **E** *om.* **NF** ‖ putaretur *def.* **C** 9/10 quidem – consueverat *def.* **C** 9 quoque *del.* **M** ‖ die edebat **Ro** 11 Hoc – erat] Gr: Τὸ δὲ μέγα αὐτοῦ τοῦτο ἦν ‖ non in eo **N** ‖ magnum erat **C** *p.c.* **S** magnum **C** *a.c.* **M** *a.c.* **β Ro** dicitur magnum **M** *p.c.* ‖ quod] quo **N F** *a.c.* ‖ a vespertinis **β Ro** 12 id *om.* **G Ro** ‖ tempus matutinorum **β Ro** ‖ quo *def.* **C** 12/13 in – loco] Gr: ἐν τῷ Ἐλαιῶνι ‖ eo – tumulo] monte oliveti stans in eo loco **β Ro** 13 locus **C** *a.c.* ‖ *a.* ascendit *add. m. rec.* celum **M** ‖ ascendit] assumptus est **β Ro** ‖ *p.* ascendit *ca. 5 litt. eras.* **S** 14 et orando *om.* **S** ‖ nubibus **M E NF** nimbis **Ro** 16 sollicitum **C** solum **G** 16/17 signo – excitabat] Gr: τῷ ἐξυπνιστικῷ σφυρίῳ 16 eo] mallei **β Ro** 17 quo *del.* **C** ‖ tempore *om.* **β Ro** ‖ caeteros fratres **F** ‖ cellarum **B** *a.c.* 18 *p.* propria *ca. 4 litt. eras.* **S** ‖ cum] *add.* **C M** *del.* **S** 18/19 eorum – alterum **β Ro** eorum (*corr. ex* eo) + *ca. 12 litt. eras.* **C** eorum vel alterum **S** eorum vel altero *corr. ex* eo tempore vel alterum **M** 18 unum quoque **C** *a.c.* **S** *p.c.* **M** *a.c.* unumquodque **S** *a.c.*

vel alterum in antifonis psalmum canens totidemque cum singulis preces fundens sic ante lucem adhuc revertebatur ad cellulam suam.

43.5 Quem fratres – vere enim sub deo loquimur – spoliatum vestibus suis aliis induebant, eas autem, quas detraxerant ipsi, tamquam de lavacro quodam exhibitas exprimebant. Sic ergo paulisper refectus iterum psalmos
316 C canens venire ad ⌜alterius diei vesperam nitebatur.

43.6 Haec Adolii Tarseni virtus fuit, quique Hierosolima consummatis moribus vixit et ultimo ibidem fine defecit.

44. De Innocentio (Ro.: Caput XXXI.)

(*§1*) 44.1 De benedicto Innocentio, qui in ea, quae est ad Olivam, ecclesia presbyter fuit, a multis quidem et magnis viris audisti, nihilominus tamen etiam a nobis, qui cum eo annis tribus viximus, pauca cognosces.

44.2 Hic ergo simplicissimus omnium fuit, qui, cum sub imperatore
316 D Constantio in principiis eius imperii in ⌜magnorum virorum ordine militasset, quique, cum usque ad illud tempus cum propria uxore vixisset habuissetque filium nomine Paulum domesticum militantem, ad postremum renuntiavit saecularibus rebus.

---

19 in] cum *in ras.* **C** || antiphonas **VB bG Ro** || psalmos **C** *p.c.* 20 adhuc *om.* **M** || revertebantur **C** *a.c.* 21 Quem *in ras.* **S** || *p.* deo *ca. 3 litt. eras.* **S** || loquar **β Ro** 21/22 expoliatum – induebant *in ras.* + *ca. 60 litt. (= 3 lin.) eras.* **S** 21 expoliatum **S** 22 suis + sepius aquam destillantibus **β** + aquam saepius stillantibus **Ro** || alium **M** 22/23 eas – exprimebant] donec illa (illae **Ro**) siccarentur **β Ro** 23 Si **V** || somno refectus + usque ad horam tertiam **β Ro** (***60***) 24 nitebatur *def.* **C** 25 tarsensis **β Ro** 25/26 virtus – defecit *def.* **C** 25 fuit virtus **E** || qui **Ro** || hierosolimam **M** Ierosolymae **Ro** || consumatis **M** *a.c.* **β** *praeter* **E** 26 patientiae moribus **β Ro**

De Innocentio

α = **C Z SM**	β = **VB bG E NF**	*hab.* Lat. II (Caput XVIII.)
Gr: PTA	Syr: R3	**Ro**

Incipit **Z** LVIII De benedicto innocentio presbitero **S** XXXV **M** XXXIIII **β** *praeter* **NF** De beatissimo innocentio. XXXIIII **N** De beato innocentio **F** Inc. *def.* **C**

1 De – Innocentio] Innocencius **Z** || De *def.* **C** || benedicto] beatissimo **β Ro** || *p.* benedicto *ca. 10 litt. eras.* **S** || in ea – ecclesia] Gr: τοῦ Ἐλαιῶνος Lat. II: in monte Oliveti || in ea *def.* **C** || ad olivam est **Z** || ecclesia *def.* **C** 2 a – audisti *supplevi ex* **β Ro** *(sim.* Gr *et* Syr; *cf. Praef. C4)* *om.* **α** 2/3 nihilominus – etiam *om.* **M** 2 tamen *def.* **C** 3 a – cognosces] *in ras.* + *ca. 4 litt. eras.* **M** Lat. II: Multa autem audivi a multis (ab his **Ro**), qui conversati sunt cum eo tribus annis. || annis tribus] *def.* **C** tribus annis **M** || cognoscunt **C** cognoscens **Z S V b E** || cognosces + Nam quicquid (quidquid **Ro**) aliorum oculos latuit, nobis non potuit occultari. **β Ro** 4 Hic ergo *def.* **C** || ergo *del.* **M** || cum sub *def.* **C** || cum *om.* **Z** || sub *add.* **E** 5 constantino **b NF** || principiis eius *def.* **C** 6 cum *om.* **Z** || ad illud usque **Z** || tempus *om.* **E** 8 rebus] *om.* **Z** *add.* **S**

44.3 Maledixit autem proprio filio pater, eo quod presbyteri alicuius *(§2)* filiam corrupisset, et deprecatus est deum dicens: „Da“, inquit, „illi, domine, spiritum talem, ne ullum umquam ad peccandum in carne sua tempus inveniat.“ fore rectius credens, si cum atrocitate daemonis quam cum corporeae voluptatis inpuritate certaret. Quod quidem ita, ut dixit, et factum est: Nam etiam usque in praesentem diem Paulus ipse ferreis vinctus catenis in eo, qui est ad Olivam, ⌜monte consistit et ab inmundo 317 A spiritu pro criminis sui correptione cruciatur.

44.4 Hic ipse Innocentius quam misericors fuerit, si referre vere voluero, *(§3)* delirare [eum] in quibusdam forsitan iudicabo⟨r⟩. Nam frequenter eum subripuisse fratribus cibos et egentibus dedisse cognovi. In inmensum enim modum simplex erat, neque quicquam mali cor ipsius norat. Divinam quoque hic gratiam contra daemones meruit.

44.5 Ad quem cum aliquando videntibus nobis iuvenis quidam fuisset exhibitus, quem spiritus inmundus impleverat et omnibus totum solverat membris in tantum, ut ego videns eum eminus talem neque ambigens ipsum non posse curari matrem eius, qui videbatur ⌜exhibitus, propelli 317 B iuberem.

44.6 Evenit autem inter haec, ut superveniret senex ac stantem et cum *(§4)* lamentatione deflentem propter tam inenarrabilem filii morbum matrem videret. Victus ergo continuo vir ille venerabilis lacrimis ex affectu sancti

---

9 *in marg.* Qualiter sanctus innocentius filio suo paulo nomine ob corruptam presbyteri filiam maledixit **b** 10 filiam *def.* **C** || et deprecatus] deprecatusque **β Ro** || dominum **Ro** || inquit] *om.* **Z β Ro** *del.* **M** || illi inquid **C** 11 nec **C** *a.c.* || ullum] illum **C** *om.* **M** || ut nullum **β Ro** 12 forte **C** *a.c.* || rectius fore **β Ro** || cum] magis **S** 13 corporeae – certaret *om.* **C** 14 et *om.* **Ro** || etiam] *om.* **C** et **Ro** || in] ad **G** || praesente die **M** *p.c.* 15 catenis vinctus **Ro** || catenis *def.* **C** || eo – Olivam] Gr: τῶν Ἐλαιῶν Lat. II: Oliveti || ad olivam est **Z** || ad Olivam] oliveti **β Ro** 15-17 monte – ipse *def.* **C** 16 corruptione **S** correctione **M** *p.c.* 17 *in marg.* De virtute misericordiae eius **b** || fuerat **b** || vere] *om.* **Z** veraciter **β** || veraciter referre **Ro** 18 delirare – iudicabo<r>] Gr: λῆρος ὀφθήσομαι (*idem* Syr) Lat. II: fortasse mendacii opinionem incurro || dilatare **b** || eum] *delevi* me **β Ro** || forsitan + pro eius simplicitate **β Ro** || iudicabo<r>] iudicabo **α**, *correxi (cf. Praef. C4)* quis iudicabit **β Ro** 19 a fratribus **S** *a.c.* suis fratribus **β Ro** 20 simplex *def.* **C** || quidquam **Ro** || mali cor *def.* **C** || noverat **C** *p.c.* **bG** nitebatur *corr. ex* n + *ca. 10 litt.* **S** || Unde divinam **β Ro** 20/21 divinam quoque *add. in marg.* **M** 21 quoque hic] *def.* **C** hic quoque **E** 22 *in marg.* De iuvene quodam quem spiritus inmundus dilanibat hunc sanctus vir ylexus *(?)* matri suae nimis *(?)* incolumem reddidit **b** || cum aliquando] aliquando eum **N** aliquando cum **F** 23 mundus **C** *a.c.* || dissolverat **C** *p.c.* 24 *p.* tantum *ca. 4 litt. eras.* **S** || *p.* ut *ca. 2 litt. eras.* **S** || videns eum *om.* **Z** || *p.* ambigens *ca. 2 litt. eras.* **S** 25 ipsum] *fort.* ipse **S** *a.c.* *om.* **β Ro** || exhibitus + aliosque qui eum deduxerant (deduxerunt **Ro**) **β Ro** 26 iuberem] viderem **C** viderim **Z** 27 autem *del.* **M** 28 propter tam] protervam **Z** || tam *add. in marg.* **V** || matrem *add. in marg.* **F** 29 Victus ergo] Intuitus (*corr. ex* Tuitus) autem **M** || *p.* continuo *ca. 12 litt. eras.* **S** || lacrimans **C** *p.c.* lacrimis *(p.c.)* + *ca. 6 litt. eras.* + *fort.* eius *del.* **S** eius lacrimas **M** *p.c.* lacrimis eius **β Ro**

cordis ingemuit iuvenemque adprehendit manu et intra martyrium suum, quod ipse construxerat et in quo reliquias sancti Iohannis baptistae conlocaverat, duxit atque illic orationem pro eo faciens a tertia nonam usque horam diei incolumem eum ipso die reddidit purgatum daemone atque constrictum omnibus membris, quae usque adeo fuerant dissoluta, ut, quotiens infelix puer voluisset expuere, in tergum spumam iactaret; ita illum distorserat daemon.

317 C *(§5)* 44.7 ⌜Anicula quaedam adiit memoratum virum quaerens ovem, quam se perdidisse deflebat. Dicebat igitur ei: „Ostende mihi ipsum, in quo perdidisti, locum.“ Quem mulier cum ad illa, quibus Lazarion nomen est, deduxisset loca, stetit illic et instanter oravit. Iuvenes autem, qui furati ovem fuerant, iam et occiderant eam.

44.8 Dum igitur precem fundit nullo penitus confitente, carnibus autem ipsius pecoris intra vineam, quae adiacebat, abstrusis, subito supra ipsas volitans corvus stetit partemque inde auferens carnis rursus abscessit. Quo viso ille venerabilis senex furtum, quod celabatur, invenit. Mox autem iuvenes ipsi proprium confitentes reatum ad pedes ipsius prociderunt. A quibus postea pretium, quod iustum videbatur, exactum est et mulieri restitutum.

---

30 conpraehendit **C** *p.c.* || martyrium] monasterium **Z** oratorium **β Ro** Lat. II Gr: τὸ μαρτύριον (*idem* Syr) 31/32 et – conlocaverat *om.* **Z** 31 et *add.* **S** 32 duxit *om.* **F** || atque illic *def.* **C** || a – nonam *def.* **C** || *a.* nonam *add.*] ad **Z** in **M** 33 usque *add. in marg.* **F** || in horam **C** || *p.* horam *add.* nonam **C** || diei – daemone *def.* **C** 33-36 die – daemon *in ras.* + *ca. 26 litt. eras.* **S** 33 purgato **Z M** *a.c.* **V** *a.c.* **bG N** *a.c.* **F** || a daemone **S E** 34 constricto **M** *a.c.* || resoluta **Z** 35 quoties **Z Ro** || in *def.* **C** || in tergum] interdum **M** || sputa **β** (*praeter* **N**) **Ro** 36 illum] eum **Ro** || distorserat *def.* **C** 37 *in marg.* De anicula quae ovem quam perdidit per sanctum virum invenit **b** || adiit *def.* **C** || quam *def.* **C** 38 deflebat *corr. ex* dicebat **M** || Dixit *corr. ex* Dicebat **M** || igitur] ergo **Ro** 39 locum *def.* **C** || Quem] Quae **NF** || Lazarion *def.* **C** 40 deduxisset – stetit *def.* **C** || illic *om.* **Z** || et *def.* **C** 40/41 fuerant furati ovem **M** furati *(add. in marg.)* fuerant ovem **E** 41 et] *del.* **C** etiam **β Ro** || eam *om.* **Z** 42 fudit **Z b** *p.c.* 43 adiacebat *add. in marg.* **E** || obstrusis **bG F** || super **M** 44 abscessit *def.* **C** 45 quod] quod *corr. ex* quo **C S** 46 confitentes proprium **Ro** || ipsius] eius **Ro** 46/47 prociderunt] *in ras.* **M** procidunt **NF** 47 post **N** *p.c.* **F** 48 restitutum est **C S** *p.c.* **M NF** redditum **Ro**

45. De Filoromo (Ro.: Caput XXXII.)

45.1 ⸢Filoromum nomine presbyterum quendam in Galatiae regione cognovi, cum quo multo etiam tempore fui. Quem virum patientissimae fuisse virtutis ac perfectum per omnia monachum conprobavi, qui ex ancilla quidem matre, ab ingenuo tamen patre fuerat procreatus. Tantae autem in ea, quae ad Christum pertinet, vita libertatis fuit, ut etiam illi, qui nobilitate generis aniceti dicerentur, erubescerent ac stuperent ipsius mores atque virtutes. *(§1)* 317 D

45.2 ⸢Hic eo tempore, quo Iulianus infelix tenebat imperium, saecularibus renuntiavit magnaque eidem interrogatus ab eo cum auctoritate respondit. Quem tunc ille calvitie eidem prius facta iussit a pueris verberari. Quique supplicium plagarum patientissime ferens maximas eidem gratias egit, sicut postea nobis et ipse referebat. 318 A

45.3 Huic tamen inter principia cum fornicatione ac ventris voracitate gravissima fuit pugna. Quos ille animi et corporis morbos his modis vicit: In quadam se cellula clausum ferro semper oneravit, non panem ex frumento factum edere voluit, nihil cocti ignibus cibi sumpsit. Ac tum *(§2)*

---

ad totum capitulum cf. AP N 517

α = C SM **β = VB bG E NF** *om.* Lat. II
Gr: B Syr: *deest* **Ro**

De filorone **C** LVIIII philoromum (*corr. ex* plorumum) presbyterum galatiae dicit a iuliano caesare multa perpessum **S** XXXVI (VI *in ras.*) **M** XXXV **β** *praeter* **NF** De phyromo presbytero. XXXV **N** De beato philoromo presbytero **F**

---

1 galatia **N** 2 etiam patientissimae **NF** 3/4 ac – matre *def.* **C** 4 ingenio **b** *a.c.* **G** *a.c.* ‖ Tanta **C** 5 in – libertatis] conversationis et libertatis quae ad christum pertinet **β Ro** ‖ eo **C** 5/6 illi – dicerentur] Gr: τοὺς ἀνικήτους ἐν γένει 6 nobilitate] libertate **M** ‖ aniceti *scripsi (cf. Praef. C4)* esse *(in ras.)* nati **C** canicii **S** *p.c.* anicii **M** insuperabiles **β** (insuperabiles esse **NF**) **Ro** ‖ dicebantur **C** *p.c.* videbantur **β Ro** ‖ ac] atque **E** ‖ ipsius *def.* **C** 6/7 ipsius mores] mores eius **β Ro** 7 atque] ac **E** 8 *in marg.* Qualiter ipse sanctus iuliano infelici responderit et cum illum decalvari ac verberari iussisset gratias eidem egerit **b** ‖ eo tempore *def.* **C** ‖ tenebat *def.* + *ca. 2 litt. eras.* **C** 9 *p.* renuntiavit *ca. 70 litt. (= 3½ lin.) eras.* **S** ‖ renuntiavit rebus **β Ro** ‖ magnaque eidem *in ras.* **S** ‖ ab *def.* **C** ‖ *p.* eo *ca. 7 litt. eras.* **S** ‖ *p.* auctoritate *ca. 11 litt. eras.* **S** 10 prius *def.* **C** ‖ facta *add.* **S** ‖ iussit *in ras.* **S** ‖ a] *def.* **C** *add.* **M** *om.* **Ro** 11 *p.* verberari *ca. 11 litt. eras.* **S** ‖ Qui **β Ro** ‖ *p.* supplicium *ca. 5 litt. eras.* **S** ‖ plagarum supplicium **G** 12 ei **β Ro** ‖ et ipse *def.* **C** 13 *in marg.* De temptatione quam primum perpessus est **b F** ‖ tamen *in ras.* **M** ‖ *p.* principia *ca. 11 litt. eras.* **S** ‖ ventris *def.* **C** 14 pugna fuit **NF** ‖ pugna *def.* **C** ‖ his *def.* **C** ‖ his modis] ita **β Ro** ‖ vicit] superavit + velut si quis immensum incendium validissimis aquis extinguat **β** (extinguit **E**) **Ro** (***43***) 15 quadam enim **β Ro** ‖ se *corr. ex* semper **C** ‖ oneraverat **E** 15/16 ex frumento factum] factum ex tritico **β Ro** 16 edere *add.* **b** ‖ nihil] nullum **C** *p.c.* **β Ro** ‖ coctum **C** *p.c.* **β Ro** ‖ cibum **S** *a.c.* **β Ro** ‖ tunc **C**

318 B demum in decem et octo annis dignum tali victoria ⌜hymnum deo cecinit.

45.4 Cui frequens semper et varius cum spiritibus inpuris per quadraginta annos patientissime intra unius monasterii claustra degenti conflictus fuit. Hoc quoque nobis solebat idem referre, quod per triginta ac duos annos ex nullo pomorum genere gustasset. Cum autem metus eum mortis aliquando vexaret, per sex annos clausisse se intra memoriam mortuorum, ut daemonem, quem ex formidine sepulturae terribilem sentiebat, in sepulchris habitando superaret.

(§3) 45.5 Libenter hunc sanctus Basilius episcopus habuit austeros in eo
318 C mores semper et acerrimos ⌜diligens. Qui usque ad praesentes dies non desinit libros propria manu scribere, etiam cum octoginta annos agat.

45.6 Dicebat hoc etiam, quod, ex quo accepisset lavacrum atque mysterii gratiam spiritalis, usque in praesentem diem *sine causa se alterius pane usum fuisse nesciret*, sed quod *ex laboribus propriis*, sicuti persuadere ante deum nobis solebat, ducentos quinquaginta solidos elefantiasis laborantibus morbo dedisset memoratamque pecuniam *non ex cuiusquam alterius vel levi damno, sed ex manuum suarum operibus* praestitisse.

(§4) 45.7 Qui pedes semper iter omne conficiens Romam usque pervenit atque in martyrio sancti Petri orationibus factis rursus Alexandriam pedes
318 D inde remeavit, ⌜ubi iterum precem fudit in basilica martyris Marci.

---

app. crit. ad lin. 17 Ps. 29,2   29-33 *cf.* 2. Th. 3,8 (*cf.* HL Cap. 10, §8)

---

17 annis + memoratis passionibus domitis **β** (edomitis **E**) **Ro** (***17***) || *p.* victoria *ca. 7 litt. eras.* **S** || deo cecinit *in ras.* **S** || cecinit + dicens: Exaltabo te domine quoniam suscepisti me nec delectasti inimicos meos super me **β** (me – delectasti *om.* **N**) **Ro** (***44***)   18 semper et varius] pugnae certamen *corr. ex* pugna certaminis **C** || inpuris fuit **C** || per] post **C**   18/19 quadraginta] *def.* **C**   XLta **G**   19/20 unius – quoque *def.* **C**   20 solebat idem] ibidem solebat **N**   idem solebat **F** || XXXta **G**   quadraginta **Ro** || et **E**   21 *in marg.* Ut metum mortis repelleret sex annis in sepulcris habitavit **b** || illum **β Ro**   22 clausisse se] clausisse **C** *a.c.*   clausit se **C** *p.c.* **E**   23 fornicatione **bG**   25 secum habuit **E** || habuit in memoria **Ro** || austeros] districtos **β Ro**   26 et acerrimos] ac simplices + intentionemque ad deum **β Ro** (***78***) || dirigens **G NF Ro** || praesentem diem **M** *p.c.*   27 conscribere **E** || cum iam **E** || octuaginta **VB bG** || agit **N** *a.c.*   28 etiam + ipse beatissimus **β Ro** (***45***) || quod] Quia **S** || lavacrum regenerationis **β Ro**   30 quod] *in ras.* **S**   *om.* **NF** || propriis laboribus **E** || sicut ipse suadere **C**   31 dominum **G** *a.c.* || *p.* solebat *ca. 9 litt. eras.* **S** || elefantiasis *scripsi (cf. Praef. C4)*   elefantiosis **C** *a.c.* **S M** *a.c.* **β** (elephantino **E**)   elefantiae *fort.* **C** *p.c.* **M** *p.c.* elephantioso **Ro**   32 morbo *om.* **NF** || dedisse se dicebat **C** *p.c.* || Memoratam **M**   33 praestitisset **N**   34 pedes semper] pedestre **β**   pedester **Ro** || iter omne *def.* **C**   34/35 usque – rursus *def.* **C**   35 martyrio] ecclesia **β Ro** || petri paulique **β Ro** || ad alexandriam **β** (*praeter* **NF**) **Ro**   35/36 pedes inde] pergens inde **C**   pedester **β Ro**   36 ubi] ibi **C** || sancti martyris **E** || Evangelistae Marci **Ro**

Hierosolimam etiam secundo fuit propriisque sumptibus semper ac pedibus martyres sanctos in omnibus sibi sufficienter honoravit.

45.8 Qui et hoc saepe dicebat non se meminisse, quod umquam sensibus suis *a deo fuerit separatus.*

46. De Melania seniore I (Ro.: Caput XXXIII.)

46.1 Sancta illa et multum beata Melanius de Spano vel urbico genere *(§1)* descendens filia ⌜quidem Marcelli cuiusdam ex consule fuit, uxor autem 319 A cuiusdam honorabilis viri, cuius nomen meminisse non possum.

46.2 Quae vicesimo ac secundo aetatis suae anno ad viduitatem redacta divinitatis amore meruit impleri neque ulli secreta animi sui prodens – prohibebatur enim inter principia Valentis imperii – procuratore ante filio suo constituto, quae habere in mobilibus videbatur, cum certis pueris ac puellis in navem misit itaque festinans Alexandriam navigavit.

46.3 Ex qua, posteaquam illic omnia vendidit et in pecunias totum *(§2)* atque in aurum redegit, Nitriae attigit montem atque ibidem venerabiles

---

40 *cf.* Sap. 1,3; Sir. 33,8; Rm. 8,35.39 *app. crit. ad lin.* 40 1. Pt. 5,4

---

37 hierosolimis **C** *p.c.* Hierosolimae **VB E** Hierosolima **bG NF** Ierosolymae **Ro** ‖ etiam] autem **M** ‖ fuit] adiit **M** *p.c.* ‖ fuit + pro honore sanctorum locorum **β** (locorum sanctorum **F**) **Ro** (***46***) ‖ semper sumptibus **Ro** 38 sibi] ibi **C** *p.c.* *om.* **β Ro** 39 qui *add.* **C** ‖ et] *om.* **C** *add.* **V** ‖ hoc + ad nostram aedificationem **β** (*p.* saepe **E**) **Ro** (***47***) ‖ dicebat – meminisse *add. in marg.* **B** 40 separatus + Haec sunt beatissimi philoromi certamina quibus (in quibus **F** *a.c.*) invictus apparuit et haec sanctorum patrum inmarcescibilis ei gloriae corona (corona gloriae **NF**) donata. **β Ro** (***48***)

De Melania seniore I 4/5 *cf.* Paul. Nol. epist. 29,8

α = C Z SM **β = VB bG E NF** *om.* Lat. II
Gr: P(W)TA Syr: R3 **Ro**

LX De melania iuniore *(sic!)* vidua dicit **S** XXXVII *corr. ex* XXXVIII **M** XXXVI **VB bG** XXXI **E** De beata melania maiore. XXXVI **N** De beata melania maiore **F** Inc. *om.* **C Z**

1 Melanius **C** *a.c.* **S M** *a.c.* melania *cett.* **Ro** ‖ hispano **β** (hispario **NF**) **Ro** 2 marcellini **β Ro** ‖ exconsulis **V Ro** Gr: ἀπὸ ὑπάτων 3 nominis *corr. ex* nomine **C** 5 meruit impleri] aeterno sponso meruit copulari + usque in finem vitae suae diligens eum **β** (*a.* in *ca. 7 litt. eras.* **B**, *p.* eum *ca. 5 litt. eras.* **E**) **Ro** ‖ neque] *in ras.* **M** Quae **β Ro** ‖ nulli **β Ro** 6 procurante *corr. ex* procuratore ante **C** a procuratore + *ca. 3 litt. eras.* **S** 7 constituto *om.* **C** ‖ ea quae **Ro** ‖ cum certis **β** (cum ceteris **NF**) **Ro** incertis **α** Gr: μετὰ φανερῶν *(cf. Lampe s. v.: „certain, some")* ‖ *p.* pueris *add.* rebus **C** 9 *in marg.* Describit primates heremi **F** ‖ In qua **Z** qua *add.* **S** ‖ postquam **Z** ‖ illic *om.* **Z** ‖ in *om.* **b** ‖ totas **C** *p.c.* 9/10 totum atque *del.* **b** 10 ibi **Z NF**

319 B patres vidit Pambo, Arsisium Serapionemque maiorem, ⌜Scithensem Pafnutium et Isidorum confessorem atque episcopum illius civitatis, quae vocatur Hermopolis, et sanctum Dioscorum. Apud quos in desertis locis sex tantum mensibus fuit omnesque illic sanctos viros peragravit ac vidit.

(§3) 46.4 Post haec autem cum Alexandriae praefectus Augustalis Isidorum, Pisimum, Adelfium, Pafnutium, Pambo, inter quos et quendam senem Ammonium et duodecim episcopos presbyterosque, circa Palaestinam et Diocaesaream damnasset exilio, istos haec omnes secuta est et ex propriis facultatibus eis mysterium suum praebuit. Cumque ab illis, qui in
319 C memoratorum custodia erant, prohiberetur haec ⌜facere, sicut mihi et ipsi saepe referebant – nam et ego sanctum Pisimum et Isidorum et Pafnutium vidi –, benedicta tunc illa sumpta veste puerili circa vespertinas horas omnia ipsis vitae necessaria deferebat.

46.5 Quo cognito Palaestinae provinciae consularis credens, quod

---

ad §§ 4-7 *cf.* Paul. Nol. epist. 29,11 *app. crit. ad lin.* 17 (Ammonium + unam habentem auriculam) *cf.* HL Cap. 11, 13-15; Soz. hist. eccl. 6,30,5

---

11 patres *om.* **M** || *p.* patres *lac. 13 lin.* **E** || *in marg.* Describit primates heremitarum pambo et arsisium serapionem atque paphnutium isidorum episcopum ac dioscorum adelphium atque ammonium **b** || pambo] *def.* **C** Ambo **Z** pambonem *corr. ex* ambo **M** pambo beatissimum **β Ro** || arsitium **Z** arsisium (assisium **VB**) + famulum christi **β Ro** || serapionem **Z NF** 11-15 maiorem – Augustalis *om.* **Z** 11 Scithensem *def.* **C** 12/13 confessorem – Hermopolis *def.* **C** 13 *in marg.* Qualiter sancta melania missis centum duodecim (XIIcim **F**) in exilium patribus a quodam praefecto alaexandriae eos secuta ex propriis sumptibus ministraverit **b F** (a – alaexandriae *om.* **F**) 14 fuit] commorata **β Ro** || omnesque] *def.* **C** omnes qui **β Ro** || illic erant **β Ro** || vidit *def.* **C** 15 haec *def.* **C** || cum *def.* **C** || Isidorum *om.* **Z** 16 piissimum **C** et pithimum **β** (phythimum **NF**) **Ro** || adelfium isidorum **α** (*del.* **M**) || pambonem **M** *p.c.* || et] *def.* **C** etiam et **Ro** || senem quendam **F** || senem *def.* **C** 17 *p.* Ammonium *ca. 8 litt. eras.* **S** || Ammonium + unam habentem auriculam **β Ro** (*18*) || et *prim. def.* **C** || XIIcim **G** || presbyteros quoque quos **Z** || *p.* presbyterosque *ca. 3 litt. eras.* **S** || presbyterosque + et alios quosdam usque ad centum duodecim numero **β** (XIIcim **G**) **Ro** 17/18 et Diocaesaream *def.* **C** 18 caesaream **Z** *p.c.* || *p.* Diocaesaream *ca. 12 litt. eras.* **S** || *p.* istos *ca. 14 litt. eras.* (*fort.* haec beatissima *del.*) **S** || haec beatissima **β** (beatissimos **NF**) **Ro** || omnes] omnia *del.* **Z** || secuta *def.* **C** 19 eis] cunctis **Z** || mysterium suum praebuit *(cf. ThLL VIII 1758, 12 sqq.: „i. q. ministerium")*] Gr: ὑπηρετουμένη || *p.* praebuit *ca. 22 litt. eras.* **S** || *in marg.* Prohibentibus eam quibusdam sumpta veste puerili omnia illis necessaria deferebat **b** 20 custodierant **M** *a.c.* || erant *def.* **C** 21 saepe *add. in marg.* **F** || nam *om.* **C** || ego *def.* **C** || pithimum **β Ro** || Isidorum *def.* **C** 22 tunc *def.* **C** || veste *def.* **C** 23 ipsius **C** eis **β Ro** || vitae *def.* **C** 24 *in marg.* Item consulari provintie teneri atque in carcerem tradi iubenti quam constanter viriliterque responderit **b** || *p.* Palaestinae *ca. 8 litt. eras.* **M** 24/25 credens – implere] Gr: θελήσας τὸν κόλπον πληρῶσαι προσεδόκησεν αὐτὴν καπνίζειν (WA) / καταπτοήσειν (P) / καταπτίζειν (T) Syr: „ayant voulu emplir sa bourse, attendait et pensait l'exploiter" || credens *def.* **C**

sinus suos posset fumo quodam atque terrore ex pecunia eius implere, §iussit eam – ignota autem ipsi erat – corripi atque in carcerem tradi. (§4)

46.6 Ex quo loco tunc ei per internuntios quosdam sancta illa mandavit: „Ego“, inquit, „illius filia et illius coniux fui, ancilla vero Christi sum. Ne ergo ob deformis me speciem habitus contemnendam putaveris – facile enim extollere, si velim, ipsa me possum –, nec terrere igitur me in aliquo vales neque ⌜quicquam mihi de meis rebus auferre. Atque ideo, ne haec 319 D fortassis ignorans in periculum aliquod et crimen incurras, idcirco tibi ista mandavi. Interdum enim necesse est ita adversum inprudentes agi et veluti accipitre arrogantia uti.“

46.7 Talibus ergo verbis mox ipse territus iudex excusavit eidem factum suum et ita eam, ut meruerat, honoravit et iussit, ut ad illos viros, quotiens vellet, accederet.

46.8 Haec autem revocatis ab exilio memoratis viris monasterium (§5) apud Hierosolimam sibi fecit, in quo viginti et septem annorum tempus implevit quinquaginta secum virgines habens.

46.9 ⌜Erat etiam cum ea Rufinus quidam nomine civis Italus ex 320 A Aquileiensi oppido, vir nobilium et in proposito singulari satis fortium

---

25 possit **C** *p.c.* **S** *p.c.* **M** *p.c.* **β Ro** ‖ fumo] fugo *(sic!)* **S** (*fort. pro* fuco?) 25-27 quodam – internuntios *add. in marg.* **N** 25 horrore **Z** ‖ *p.* terrore *add.* deceptus **C** ‖ pecuniis **Z** ‖ eius *def.* **C** 25/26 implere – erat *in ras.* **S** 26 iussit eam *transp. p.* erat **F** ‖ ignota – erat *om.* **Z** ‖ incognita **M** ‖ autem] enim **β Ro** ‖ ipsis **NF Ro** ‖ trudi **Z** 27 tunc ei *transp. p.* sancta illa **Z** 28 inquit *del.* **M** ‖ Christi *scripsi cum* **β Ro** *(idem* Gr *et* Syr; *cf. Praef. C4)* illius **α** nunc Christi **β Ro** ‖ *a.* sum] non *add.* **C** *ca. 3 litt. eras.* **S** 29 deformis – speciem] vilitatem praesentis **β Ro** ‖ deformes **C** *p.c.* **S** *a.c.* ‖ me] meae **C** *p.c.* **M** *a.c.* *transp. a.* ob **β Ro** ‖ speciei **C** *p.c.* 29/30 contemnendam – me *prim. def.* **C** ‖ facile enim] quia facile **β Ro** 30 igitur me] *def.* **C** me igitur **NF** 31 quidquam **Ro** ‖ mihi quicquam **NF** ‖ meis] his *corr. ex* is **C** ‖ Atque *def.* **C** ‖ ideo] adeo **S** *om.* **M** ‖ ne] hec **M** *a.c.* *om. cett.* **α** Gr: ἵνα μὴ ... (*idem* Syr) 32 in *om.* **β Ro** ‖ et] aut **β Ro** ‖ ista tibi **Ro** 33 mandavi + quasi quae diceret **β Ro** ‖ ita *om.* **β Ro** ‖ adversus **S β Ro** ‖ haec agi **β Ro** 34 veluti – uti] Gr: καθάπερ ἱέρακι τῷ τύφῳ κεχρῆσθαι ‖ velut **Ro** ‖ accipitre *scripsi cum* **β Ro** *(cf. Praef. C4)* accipere contra eos scutum **α** accipitre + vel cane **β Ro** ‖ arrogantia uti **β Ro** arrogantia quoque aliqua fastigii saecularis armari **α** (aliqua *om.* **Z**) ‖ uti + quae congruo tempore superbos comprehensura (comprehensa **N**) mittatur (ira minitatur **N**, minitatur **F**, immittatur **Ro**) **β Ro** 35 ergo] enim **S** ‖ mox *def.* **C** 36 et *prim. def.* **C** ‖ et *sec. def.* **C** ‖ viros *om.* **N** 37 quoties **Z B Ro** ‖ velit 38 *in marg.* De monasterio quod yerosolimis fecit **b** 39 in *def.* **C** ‖ qua **C** *a.c.* **S β** *praeter* **E** *p.c.* ‖ XX **b E** XXti **G** ‖ VIItem **G** ‖ annos **Z** 40 secum virgines **C M** (quinquaginta – habens: *cf.* Cap. 41, §3: habentem quinquaginta virgines secum) secum virgines sorores **Z** sorores secum virgines **S** secum sorores virgines **β Ro** Gr: συνοδίαν παρθένων Syr: „un groupe de ... sœurs“ 41 *in marg.* De rufino nobili viro aquilegensis opidi **b** ‖ italicus **C** *p.c.* (italius *a.c.*) **NF** 42 singulari **M** *p.c.* **β** (*praeter* **NF**) **Ro** saeculari *corr. ex* saecularis **C** singularis **Z S M** *a.c.* **NF** ‖ *p.* singulari *ca. 6 litt. eras.* **S**

morum, qui et ad presbyteratum postea meruit pervenire. Quo nullus alius tam mansuetus et placidus tamque omnia sciens in sexu virili potuit inveniri.

(§6) 46.10 Isti igitur in viginti et septem annis omnes apud Hierosolimam sanctos atque peregrinos episcopos, monachos virginesque – hoc enim voverant deo – suscipere propriis sumptibus ac fovere consueverant omnesque meliores tantarum ac talium rerum contemplatione fecerunt.

46.11 Illos etiam quadringentos numero monachos, qui propter
Paulinum se ab ecclesia separarant, sanctae rursus ecclesiae reddiderunt
320 B omnesque praeterea perversae sectae homines et contra ⌜spiritum sanctum
sacrilego ore certantes aeque ad ecclesiam nostram vera suadendo ac
iugiter cunctos docendo revocaverunt honorantes quidem ac saepe
pascentes eiusdem loci clericos, nulli tamen vel levem ex se dantes
suspicionem, qua possent a quocumque reprehendi.

47. De Chronio et Pafnutio (Ro.: Caput XXXIV. – XXXVI.)

(§1) 47.1 Chronius quidam nomine oriundus ex vico, cui Phoenicis vocabulum est quique desertis est proximus locis, quindecim milia passuum

---

52 (perversae sectae homines) = HL Prol. II, 157/158

---

43 murus *corr. ex* murum **C** || presbiterium *corr. ex* presbiterum **Z** || quod **S N** *a.c.* 44 alius *om.* **β Ro** || *p.* alius *ca. 25 litt. (= 1¼ lin.) eras.* **S** || tam – placidus] mansuetior fortior et (ac **NF**) placidior **β Ro** || tam] magis **M** *p.c.* || tamque] atque **M** tanquam **Ro** || viri **Z** 46 Iste **C** || XXti **G** || VIItem **G F** 47 sanctos – peregrinos *def.* **C** || *p.* peregrinos *ca. 3 litt. eras.* **M** 47/48 monachos – deo *def.* **C** || hoc – consueverant *in ras. + ca. 23 litt. eras.* **S** 48 consueverat **C** *p.c.* **bG** consuerant **B E** 49 omnesque + ad se venientes **β Ro** (***19***) || continua actione *corr. ex* contemplatione fecerunt **M** 50 *a.* Illos *ca. 2 litt. eras.* **S** 51 separarant **S** *p.c.* separabant **C M β Ro** separaverant **Z S** *a.c.* 52 praeterea] etiam praeter hos **β Ro** 53 aeque *om.* **β Ro** 54 revocarunt **S** *p.c.* **M β** 55 clericos + et haec pariter facientes vitam suam pio studio finierunt **β Ro** (finierant **Ro**) || tamen] quidem **β Ro** || ex se vel levem **SM β Ro** 56 scandali suspicionem **β Ro** || qua – reprehendi] totum vero orbem terrarum spiritali aedificatione plenissimum relinquentes **β** (vero *om.* **N**) **Ro** || possint **Z S** *a.c.*

Explicit **Z**

De Chronio et Pafnutio
α = **C SM** β = **VB bG E NF** *om.* Lat. II
Gr: P(W)TA Syr: R3 **Ro**

LXI Chronium fenicem presbiterum dicit fuisse quidem solitudine numquam discessit **S** XXXVIII *corr. ex* XXXVIIII **M** XXXVII **β** *praeter* **NF** De beato chronio. XXXVII **N** De beato cronio **F** Inc. *om.* **C**

1 quidam *om.* **G** || cui *add.* **F** || faenices **C** foenices *corr. ex* foenicis **S** Gr: τῆς … Φοινίκης 1/2 est vocabulum *corr. ex* est vocabulo **S** 2 *a.* quindecim *ca. 2 litt. eras.* **S** || milibus **V**

dextro pede numerans a proprio vico usque ad certum desertorum emensus
est finem, ubi facta oratione ⌜puteum effodit sibi, in quo optimae aquae 320 C
repperit venam septem tantummodo, quas orgyas vocant, ad putei ima
descendens, circa quem et cellulam sibi parvulam fecit. Ex quo die in
eadem mansione se constituit summisque deum precibus oravit, ne ad ea,
quae hominibus habitantur, loca ulterius accederet. §Post paucos autem (§2)
annos meruit presbyter fieri habuitque secum collectos ex diversis fratribus
usque ad ducentos numero viros.

47.2 Magnam vero hanc ipsius dicunt fuisse virtutem, quod per sexaginta annos altari serviens dei ac fungens officio sacerdotis numquam de solitudinibus egressus est nec nisi proprio opere ac sudore quaesitum attigit panem.

47.3 ⌜Iacobus etiam nomine aliquis, qui Clodus nomen acceperat, ex 320 D
vicinis eidem coniunctus est locis, unaque ambobus vita in monasterio
erat. Utrosque autem benedictus Antonius norat.

47.4 Quodam igitur die, cum sanctus quoque Pafnutius, quem Cefalan (§3)
cognominabant, una cum ipsis degeret, vir magnam scientiam sripturarum
habens, qui tam vetus testamentum omne quam novum interpretari solebat, cum tamen ipse nihil de scripturis sanctis aliquando legisset – adeo
autem erat mitis et placidus, ut propheticam ⌜quoque posset mansuetudinis 321 A
vi tegere[re] virtutem –, de quo istud refertur praeconium, quod per

---

ad §§ 4-8 *cf.* Cassian. conl. 6,1   23/24 *cf.* Vitae patr. Iurens. 127

---

3 certum locum **NF**   4 qua **NF**   6 quem et *def.* **C**   6/8 fecit – quae *def.* **C**   7 summis **E** *p.c.* **Ro** ‖ ne] ut **NF**   8 ab hominibus **C** *p.c.* **β Ro** ‖ ultra **NF** ‖ non accederet **N** *p.c.* (non accederit *a.c.*) **F**   9 *a.* annos *del. fort.* hos **M** ‖ ex] de *add.* **C**   11 *a.* quod *ca. 2 litt. eras.* **S**   12 serviens dei] serviendo **N**   serviendi **F** ‖ fugiens **G** ‖ sacerdotii **Ro**

15 LXII Iacobum propheticae mansuetudinis interrogant cur adversa veniant hominibus sanctis **S**   XXXVIIII **M**   XXXVIII **β** *praeter* **NF**   De beato iacob. XXXVIII **N**   De beato iacob **F**   Inc. *om.* **C**

Iacob **β Ro** ‖ aliquis] alius **S** ‖ qui – acceperat *scripsi cum* **β Ro**   *ca. 20 litt. del.* **C** quidam quem acceperat **S** *fort.* **M** *a.c.* *(del.; tantum* acceperat *legi potest)*   Gr: ὁ ἐπίκλην (P)/ἐπικληθεὶς (T) χωλός (*idem* Syr)   16 eiusdem **NF** ‖ *a.* locis *ca. 2 litt. eras.* **S** ‖ amborum **M** ‖ vita perfecta **β Ro**   17 noverat **C** *p.c.* **S** *a.c.*   noverat antonius **NF**   18/19 quem – cognominabant] Gr: τοῦ ἐπιλεγομένου Κεφαλᾶ   18 Cephalam **Ro**   19 cognominabat **M** *a.c.* ‖ magnam + dei dono **β** (dono] deo *del.* **b**) **Ro**   20 quia **C**   21 tamen] autem **M** ‖ sanctis *om.* **S**   22 propheticae **M** *p.c.* ‖ quoque posset *def.* **C** ‖ quoque *om.* **M**   posset quoque **NF** ‖ pro mansuetudinis *corr. ex* mansuetudines **C**   mansuetudine **β** (mansuetudinem **F** *a.c.*) **Ro**   23 vi tegere[re]] vitae gerere **S M** *a.c.*, *correxi (cf. Praef. C4)* et vitae gerere **M** *p.c.*   vita gerere **C**   vitae superare **β Ro**   Gr: καλύπτεσθαι ‖ virtutem *def.* **C** ‖ istud] tale **β Ro**   23/24 refertur – simul *def.* **C** ‖ quod] quo **V** octoginta annos *numquam habuerit duas simul tunicas*, – quos cum ego et sancti diacones Evagrius atque Albanius vidissemus, simul quaerebamus ex ipsis scire cupientes, quae esset causa, quae nonnullos fratres errare faceret et in peccatum aliquod incurrere aut penitus a recti itineris proposito deviare.

(§4) 47.5 Acciderat enim illis ipsis diebus, ut et Chaeremon nomine monachus residens in cathedra sua repente moreretur defunctumque in ea ipsum atque in manibus opus, quod faciebat, tenentem subito alii fratres viderent.

321 B 47.6 ⌜Acciderat etiam, ut unus ex fratribus, dum puteum conatur effodere, terrenae molis aggere obrutus interiret utque alter quoque de Scithensibus locis veniens in ipso itinere, cum sitim non posset ferre, deficeret.

47.7 Inter quos eo ipso tempore et Stefanus quidam relicto monasterio fratrum libidinis causa ad saecularem descenderet vitam, et de Eucarpio et de Herone Alexandrino et de Palaestino Valente et de Ptolomaeo Aegyptio, quique in Scithensibus degebat locis, quaecumque ipsis adversa provenerant, ferebantur.

(§5) 47.8 Propter quae omnia sanctos illos deprecabamur viros, ut nobis causas earum exponerent rerum, quae homines tam probabilis vitae in
321 C desertis ⌜degentes aut mente mutari aut ad turpia ac libidinosa transferri aut quibuscumque aliis modis decipi vel perire conpellerent.

---

24 *cf.* Mt. 10,10; Mc. 6,9; Lc. 9,3 (*et* 3,11)

---

ad §5 *cf.* HM 1,7,14; Hier. vita Pauli 15

24 octuaginta **β** ‖ simul duas **NF** ‖ *in marg.* Interrogant (Interrogat **F**) de diversis quae indifferenter accidunt casibus **b F** ‖ quos] Quod **M** *a.c.* Hos igitur **β Ro** 25 atque] et **β Ro** ‖ albinius **S** *a.c.* **β** (albinus **B** *a.c.*) Albinus **Ro** ‖ simul *def.* **C** ‖ quaerebam **V** 26 quae *prim.*] quaenam **Ro** ‖ fratres] *def.* **C** fratrum **Ro** 27 et in *def.* **C** ‖ in *om.* **β Ro** ‖ a *add.* **M** 29 *in marg.* De cheremon (cheremone **F**) repentina morte translato **b F** ‖ et *om.* **β Ro** 30 cathedra *def.* **C** ‖ morirretur **C** *a.c.* ‖ in ea *def.* **C** 31 ipsum] *in ras.* **S** ipsumque **F** ‖ atque *om.* **F** ‖ *p.* manibus *ca. 5 litt. eras.* **S** ‖ subito *add.* **S** 32 viderunt **C** *p.c.* 33 *in marg.* De quodam qui terra obrutus interiit **b** ‖ Evenerat **β** (Fuerat **NF**) **Ro** ‖ cum **b** 34 terrae **V** *p.c.* ‖ molis *def.* **C** ‖ aggerie **S** ‖ *in marg.* De alio qui siti periit **b** ‖ usque **bG** ‖ quoque *om.* **M F** 35 ut in **VB** ‖ itinere *om.* **NF** ‖ cum *in ras.* **M** ‖ sitim *add.* **C** ‖ possit **C** *a.c.* 36 defecerit **C** *a.c.* 37 *in marg.* De stephano qui relicto habitaculo ad secularem vitam decidit **b** 38 descenderet **C** *def.* **S** descenderit **M β** descenderat **Ro** ‖ *in marg.* De aliis quibusdam **b** ‖ et de] et haec ab **C** *p.c.* 39 eptolomeo **C M** eptolemeo **S** pholomeo **bG** tholomeo **NF** Ptolemaeo **Ro** Gr: Πτολεμαῖον 40 qui **β** (quod **NF**) **Ro** ‖ degebant **C** *p.c.* **S** *a.c.* 41 provenisse **M** *p.c.* 41/42 ferebantur – nobis *def.* **C** 41 referebantur **S** *a.c.* **Ro** deferebantur **β** (diferebantur **G**) 42 *in marg.* XXXVIIII *corr. ex* XXXVIII **E** ‖ precabamur **Ro** 43 rerum *def.* **C** ‖ tum **V** *a.c.* ‖ probabiles **C S** *a.c.* ‖ vitae *om.* **G** 44 degentes] *def.* **C** degentes locis **Ro** ‖ ad turpia *def.* **C** ‖ ac] aut **NF** 45 decipi *def.* **C**

47.9 Illi vero nobis huiusmodi ad haec dedere responsum et cum illis ipse Pafnutius, in quo maxima omnium rerum scientia erat, quod omnia, quaecumque in hoc saeculo fiunt, dupliciter dividuntur: in voluntatem et in permissionem dei. Quaecumque igitur ex animi virtute procedunt et ad dei gloriam fiunt, ex dei voluntate proveniunt; quae autem periculosa sentimus atque damnosa, in quibus aut perversitatem aliquam deprehendimus aut ruinam, haec rursus permissione dei fiunt. §Permissio ⌜autem ipsa *(§6)* 321 D
ex ratione descendit. Non potest tamen fieri, ut is, cuius sapientia probatur et vita, in peccatum alicuius turpitudinis ruat aut daemonum dolis in laqueos praecipitetur erroris.

47.10 Quicumque igitur otioso mentis proposito, quicumque temeraria voluntate ex hominibus habuere virtutes, illi facile peccare consueverunt. Desolantur enim divinitatis auxilio, ne possint intellegere profutura, ut, cum se a deo intellexerint derelictos casumque perversae mutationis agnoverint, incipiant vel propositum suum emendare vel factum.

47.11 Interdum ⟨...⟩ autem actus ipse noster in crimen est, quando non *(§7)*
ex recto proposito nec eo, quo convenit, more a nobis ⌜aliquid perpetratur. 322 A
Quod novimus frequenter accidere, ut si is, qui turpiter vivit, flagitioso animi proposito circa iuvenem puellam misericors esse videatur propter finem quidem ipsius rei turpem, sed propter actum rationabilem, qui quasi puellae et desolatae defensionem sui praebere monstret.

---

ad §§ 9-25 *cf.* Cassian. conl. 3,20; 4,6; 6,11 *ad* § 9 *cf.* Sulp. Sev. Mart. 21,4 53-55 *cf.* AP alph. Macarius Aeg. 20 b

---

46 De interrogatione lapsorum **C F** LXIII Responsio de causa vel pro qua re sanctis hominibus repentina obviat mors aut in quoslibet lapsus incidunt **S** De interrogatione lapsorum. XL **M** XXXVIIII **V G** XXIIIII **B** XXXVIII **b** De interrogatione lapsorum. XXXVIIII **N** Inc. *om.* **E**

ad haec *om.* **β Ro** ‖ et] pariterque **β Ro** 47 etiam ipse **β Ro** ‖ erat *def.* **C** 48 voluntate **C** *p.c.* **S F** 49 permissione **C S F** *a.c.* ‖ *in marg.* De lapsis sponte redisserunt **b** ‖ *in marg.* Sanctorum responsum **N** ‖ *a.* ad *add.* etiam *(?)* **C** 49/50 a dei gloria **V** *p.c.* 50 dei *def.* **C** ‖ *a.* ex *add.* et **C** 51 perversitatem] *def.* **C** per veritatem **NF** 53 descendit + id est ex peccato aliquo vel infidelitate subripiente (surrepente **Ro**) paulatim **β Ro** (***49***) ‖ tamen] enim **β Ro** 55 laqueum **G** ‖ praecipitentur **b** *a.c.* **G** ‖ erroris] horroris **C S** *a.c.* **M** *a.c.* Gr: πλάνης (*idem* Syr) 56 igitur *def.* **C** ‖ otioso] corrupto **β Ro** 56/57 quicumque – virtutes *def.* **C** 57 ex – virtutes] a tramite virtutis exorbitant **β Ro** ‖ consuerunt **B bG E** 58 Deseruntur **Ro** ‖ possent **M** *a.c.* 59 se *add.* **C** ‖ adeo **M** 60 vel factum emendare **Ro** 61/62 Interdum – perpetratur] Gr: ποτὲ μὲν γὰρ ἡ πρόθεσις ἐξαμαρτάνει, ὅταν κακῷ σκοπῷ γένηται· ποτὲ δὲ καὶ ἡ πρᾶξις, ὅταν διεφθαρμένως ἢ καθ' ὃν δεῖ τρόπον μὴ γένηται. (*idem* Syr) 61 *p.* Interdum *lac. indicavi (cf.* Gr *et* Syr*; cf. Praef. C4)* ‖ in crimine est **M** *p.c.* **β** 62 *p.* recto *ca. 4 litt. eras.* **M** ‖ ex eo **β Ro** ‖ quod **SM** 64/65 Non propter finem (finem *in ras.*) **M** 65 turpe est *fort.* **C** *a.c.* **N** ‖ propter] per **Ro** (*sagacius quam verius; cf.* Gr: διὰ τέλος αἰσχρόν, πρᾶξιν δὲ εὔλογον) ‖ inrationabilem **C** *p.c.* ‖ qui] quod **S** *p.c.* quo **Ro** 66 *p.* quasi *ca. 7 litt. eras.* **S** ‖ et *del.* **M** ‖ sui] se **Ro** ‖ monstraret *fort.* **S** *a.c.* **M** *a.c.* monstratur **S** *p.c.* demonstret **β Ro**

47.12 Evenit rursus, ut et in proposito quispiam recto misericordiam quidem in aegrotum inpendat aut ex divite se pauperem faciat, parca tamen manu et cum maerore quodam mentis invitae, ut rectum quidem videatur esse propositum, actus autem ipse indignus suo proposito iudicetur. *Oportet enim misericordem cum laetitia et cum largitate misereri.*

(§8) 47.13 Praeterea memorati viri praerogativas quasdam in sensibus
322 B plurimorum esse dicebant. Quorundam enim ⌜ut faciles et acutos animos praedicabant, quosdam autem aiebant habere optimos mores proposito institutisque monachorum.

47.14 Sed quando quid non fit propter id ipsum, quod novimus bonum, neque factum neque ingenium mentis humanae, neque illas ipsas praerogativas, quae infixae sunt mentibus plurimorum, quidam poterunt inputare datori bonorum omnium deo, sed magis totum adscribere voluntati propriae potestatis, tunc igitur, cum necessario relicti a deo fuerint et in turpitudinem aliquam, in qua erubescenda multa vel faciunt vel patiuntur, inciderint, per illum ipsum, qui his turpis vitae actu accidit

---

71/72 Rm. 12,8 (*cf.* Sir. 35,11 *et* 2. Cor. 9,7)

71/72 *cf.* AP Nau 281-289 (titul.); PJ 13 (titul.) ad §§ 14-15 *cf.* HM 1,4,2.6,5 80 (datori bonorum omnium deo) *cf. ThLL V 1, 41, 38 sqq.: „generatim i. q. collator, distributor, saepissime de deorum potestate"*

---

67 et *om.* **C b N Ro** || in] *om.* **β** ex **Ro** 67/68 misericordiam – faciat] Gr: ποιεῖν ἐλεημοσύνην ... εἰς νοσοῦντας ... ἢ ἐκπεπτωκότας πλούτου (*sim.* Syr) 68 in aegrotum] aegroto **β Ro** || inpendat + aut seni **β Ro** (***20***) || aut] et **β Ro** || se *om.* **b** || pauca **G** parcat **NF** 69 cum maerore **V B** *p.c.* **Ro** *(cf. Praef. C4)* cum more **C** *a.c.* **S M** *a.c. cett.* **β** cum amore **C** *p.c.* tumore **M** *p.c.* Gr: μετὰ γογγυσμοῦ (*idem* Syr) || ut] et **G** 70 actus *def.* **C** || suo proposito *def.* **C** 71 Oportet enim *def.* **C** 71-73 laetitia – Praeterea *def.* **C** 72 miseris **N** miseri **F** 74 ut **M** vi **C** viros **S** *p.c.* *om.* **β Ro** || faciles ad virtutem **β** (ad *add.* **b**) **Ro** || acutas animas **β Ro** 75 praedicabat **C** *a.c.* || quosdam – aiebant *om.* **β Ro** || proposito] *def.* **C** in proposito **Ro** 77 aliquid **β Ro** || sit **bG** || id *om.* **F** 78/79 illas ipsas praerogativas *scripsi (cf. Praef. C4)* illae ipsae praerogativae *codd.* **Ro** 79/80 quidam – inputare] imputantur **β Ro** 79 quidam *scripsi* quicquam *corr. ex* quidquam **α** 80 inputari **C** *p.c.* **S** *a.c.* || dari **C** *a.c.* datorum **S** *a.c.* **M** || bonorum *om.* **NF** || adscribitur **β Ro** 81 voluntatis **M** *p.c.* **Ro** || *p.* propriae *ca. 3 litt. eras.* **S** || potestati *corr. ex* potestatis *corr. ex* potestati **M** potestati **Ro** || igitur *om.* **β Ro** || *p.* necessario *ca. 4 litt. eras.* **S** || a deo relicti **NF** 82 et] incidunt **β Ro** || multa *om.* **NF** 82/83 patiuntur vel faciunt **β Ro** 83 inciderint *om.* **β Ro** || illum] eum **β Ro** || ipsum, qui] ipsumque **S** || in his **VB Ro** || *p.* vitae *ca. 14 litt. eras.* **S** || actum **S** *p.c.* 83/84 accedit lapsus **C S** *a.c.* 83/84 accidit lapsum (*corr. fort. ex* lapsorum) **M** lapsus cecidit **β Ro**

lapsus, paulatim sobrietate mentis admoniti ab eo animi tumore descendunt, quem putabant magnam aliquam esse virtutem.

47.15 ⌜Et quoniam ille, *qui* ex arrogantia eloquentiae suae et ex (*§9)* 322 C
ingenio vel acumine mentis *inflatus est*, non adscribit ante omnia originem atque fomenta ipsorum bonorum deo, quae ex ipsius tantum fonte descendunt, sed sui hoc esse aestimat studii suaeque naturae, removet tunc ab ipso providentiae suae angelum deus. A quo cum fuerit destitutus ille, qui ex alienis sibi donis placens coeperat superbire, a daemone inimico suo expugnatur ac vincitur et in aliquod turpitudinis crimen incurrit, ex quo inrationabilium animalium vel canum more usque ad diabolicam illam persuasionem, quae superbia est, insaniendo descendit.

47.16 Illo enim semel castae ac probabilis vitae teste sublato, quodcumque hi tales et qualecumque iam dixerint, nec credi ab aliquo nec suscipi potest. ⌜Quicumque enim sancti disserentes eos audire consueverant, 322 D
incipient ipsos fugere atque execrantes flagitiosi animi morisque doctrinam veluti fontem his, quas sanguisugias nominant, plenum, in quibus et sermo divinarum scripturarum probatur hoc dicens: *Ait autem ad peccatorem deus: „Quare tu iustitias exponis meas, et cur testamentum meum ex tuo ore procedit?“*

86/87 *cf.* 1. Cor. 4,18/19 *et* 5,2 (*cf.* Cap. 6, §1 *et* Cap. 25, §1) 93/94 *cf.* 2. Pt. 2,12 (*cf.* HL Cap. 1, §3) 100-102 Ps. 49,16

---

84 *a.* paulatim: Eoque **S** *p.c.* cumque *cett.* (*praeter* **M**) **Ro** || sobrietatem **V bG E** 84/85 descendant **C** *a.c.* discedunt **C** *p.c.* **β Ro** 85 quam **Ro** || esse *def.* **C** || virtutem + donatore cognito damnare coguntur **β Ro** 86 Et *om.* **β Ro** || quoniam] cum *in ras.* **M** quoniam vero **β Ro** || ex *prim. om.* **β Ro** || arrogantia *def.* **C** || et] ut **G** 86/87 ex ingenio *def.* **C** 87/88 inflatus – ipsorum *def.* **C** 88 *a.* ipsorum *add.* datori **M** || *p.* bonorum *ca. 14 litt. eras.* **S** || deo] *om.* **C S** *add.* **M** || ex *om.* **β** *praeter* **VB** || *p.* tantum *ca. 4 litt. eras.* **S** 89 descendunt *def.* **C** || aestimant **S M** *a.c.* || fonte studii + *ca. 2 litt. eras.* **S** || suaeque naturae *def.* **C** 90 *p.* ipso *add. in marg.* aufert **V** || angelo **C** *p.c.* || *in marg.* Quibus ex rebus a demone quis vincitur **N** || destitutus *def.* **C** 92 suo *def.* **C** || ac] et **N** || aliquo **V** *p.c.* || crimine **V** 94 diabolicam *def.* **C** || superbiae **bG E** || *p.* superbia *lac. ca. 6 litt.* **V** || insaniendo *def.* **C** 95 casta **Ro** (*error typographicus*; Ed. 1615: castae) 96 hi] in **G** || et] vel **Ro** || *inter* quale *et* cumque *lac. ca. 11 litt.* **V** || *p.* ab *lac. ca. 16 litt.* **V** || suspicari **M** *a.c.* 97 Nam quicumque **β Ro** || *p.* sancti] *ca. 8 litt. eras.* **S** *lac. ca. 3 litt.* **V** || *p.* eos *ca. 4 litt. eras.* **S** 98 incipiunt **β Ro** || ipsos *def.* **C** || *p.* ipsos *lac. ca. 9 litt.* **V** || atque] *del.* **M** *om.* **β Ro** || flagitium **NF** || mores atque **C** 99 velut **β Ro** || si fontem **β** || his – plenum] qui sanguisugis plenus est + licet quisquam sitiens tamen vitare cogatur **β Ro** || iis **M** *p.c.* || in *def.* **C** || in quibus et] ut **β Ro** 100 probetur **β Ro** 100/101 Ait – peccatorem] Peccatori autem dixit **β Ro** 101/102 iustitias – procedit] enarras iustitias meas et assumis (assumes **bG E**) testamentum meum per os tuum **β Ro** 101 expones **C S** *a.c.* **M** *a.c.*

(§10) 47.17 Et vere similes esse peccantium mentes diversis fontibus putes; nam voracitati atque ebrietati studentes caenosis conparantur, pecuniae cupidi vel rapaces his, quos impleverant ranae, illi vero, qui sunt invidi vel superbi habentes in se aliquam tamen scientiae peritiaeque notitiam,
323 A pares his fontibus iudicantur, ⌜qui serpentes inter latices suos nutriunt, quibus semper quidem sermo fecundus ut illis humor exuberat, a nullo tamen possunt libenter hauriri propter suorum amaritudinem morum. Unde sanctus David haec tria sibi dari a deo postulabat: *bonitatem et disciplinam et scientiam*, quoniam magis obest scientia sine bonitate quam prosit.

(§11) 47.18 Et si quidem iste, qui talis est, se emendare festinet relicta ea causa, ob quam deseruit ipsum deus (superbiam loquor), volueritque ⟨...⟩ mensuramque cognoverit suam, ut iam de reliquo neque contra alios se ut melior aut maior extollat, sed deo semper gratias agat, rursus ad eum profecto remeabit scientia bonorum actuum testimonio gloriosa. Nam facundia spiritalis, nisi cum honestis moribus vitae castisque concordet,

---

105 *cf.* Ex. 8,2-14   110/111 Ps. 118,66

---

103 *cf.* Gal. Protr. 60 (*ed.* Kaibel): ὅθεν οὐδ᾽ ὁ ταῖς κρήναις τοὺς τοιούτους εἰκάσας ἄμουσός τις ἦν; Hier. in Am. 2,5,24 l. 809-812   107 Apostol. 13,79a: ὄφιν τρέφειν καὶ πονηρὸν εὐεργετεῖν ταὐτὸν ἐστίν (*cf. Strömberg, p. 16*: Alciphron: λύκον τρέφειν)   113-115 *cf.* Macarius Aeg. ep. ad filios Dei 17 = Apophth. Macarii magni (PG 34, 233 A) = AP syst. 1,16

---

103 *p.* Et *3 litt. eras.* **S** ‖ similis **C** *a.c.* **bG** ‖ esse *del.* **C** ‖ diversis] pollutis **β Ro**   104 atque – pecuniae *def.* **C** ‖ caenosis locis **β Ro** ‖ comparantur *in ras.* **S**   105 *p.* vel *ca. 7 litt. eras.* **S** ‖ *p.* rapaces *ca. 8 litt. eras.* **S** ‖ iis **M** *p.c.* **Ro** ‖ impleverant *(cf. Praef. C4)*] impleverint **S** *a.c.* **β** impleverunt **Ro**   106 peritiaeque *corr. ex* peritiae + *ca. 6 litt. eras.* **S**   107 iis **M** *p.c.* **Ro**   108 facundus **β Ro** ‖ ut illis **M** *p.c. (cf. Praef. C4)* et ut illis **M** *a.c.* et utilis *cett.* ut utilis **Ro** ‖ sed a **Ro**   109 audiri **C M** *p.c.*   110 deo dona **β Ro**   110/111 bonitatem – scientiam *add. in marg.* **M**   110 et] *fort.* mentis *(def.)* **C** *om.* **M**   111 disciplinae **C** ‖ scientiam] scientiam doce me (doce me *m.a.*) **C** sapientiam **NF**   111/112 quoniam – prosit (quoniam – obest *in ras.*) **M** Scientia ... *(def.)* prosit **C** (prosit *del.*) quia scientia sine bonitate vel disciplina magis obest quam prosit *in ras.* + *ca. 140 litt. (= 7 lin.) eras.* **S** Sine bonitate enim et disciplina scientia (et scientia **NF**) nimis inutilis est. **β Ro** Gr: ἄνευ γὰρ χρηστότητος γνῶσις ἄχρηστος· (*idem* Syr)   113 qui *add.* **S** ‖ talis – se *def.* **C** ‖ *p.* se *ca. 2 litt. eras.* **G** ‖ emendari **M β**   114 deseruit – deus *def.* **C** ‖ ipsum] eum **β Ro** ‖ *a.* superbiam *ca. 2 litt. eras.* **S**   114/115 volueritque <...> mensuramque cognoverit suam *(lac. indicavi; cf. Praef. C4)*] deserere voluerit suamque (*corr. ex* volueritque) mensuram cognoverit **C** volueritque corrigi mensuramque cognoverit suam **S** voluerit (*corr. ex* volueritque) mensuramque suam cognoverit **M** (suam *add.*) volueritque mensuram sui cognoscere **β Ro** Gr: καὶ ἀναλάβῃ ταπεινοφροσύνην καὶ ἐπιγνῷ ἑαυτοῦ τὰ μέτρα (*idem* Syr)   115 alios *om.* **b**   116 aut ut maior **S** *a.c.*   117 remeavit **C** *a.c.* **S** *a.c.* ‖ in testimonio **E**   118 facunda **b** *a.c.* **G** ‖ castis **S** *a.c.* **M** *a.c.* (castae *p.c.*)

⌜illis similis spicis erit, quae ventorum corruptione vitiatae speciem 323 B
tantummodo spicarum gerant, non tamen habeant ea, quae possint
hominem iuvare vel pascere.

47.19 Omnis igitur lapsus humanus, qui vel linguae vel sensus vitio *(§12)*
procreatur quique ex uniuscuiusque actibus vel ex omni corporis nostri
parte descendit usque ad superbiae magnitudinem, ex eo semper accidere
solet, quia dei favore nudantur, qui tamen hoc ideo facit, ut parcat magis
his hominibus, quos reliquit. Nam si cum damnabili illa, quam in se
habent, morum perversitate ingeniis quoque eorum eloquentiae et fomenta
subpeditans quasi testimonio quodam suo animaret eos dominus, sine
dubitatione perfecti daemones fierent, cum intellegerent se vitae sordibus
inquinatos ad sublimiora conscendere.

47.20 ⌜Haec autem nobis memorati dicebant viri: „Quando aliquem *(§13)* 323 C
videritis pessimae quidem vitae, eloquentiae tamen magnae, daemonis
illius meminisse debetis, quem Christo loquentem legimus in scripturis
sanctis. Recordari etiam vos oportet et illius loci, in quo novimus scriptum:
Serpens autem sapientissimus ferarum omnium in terris erat, cui illa ipsa
sapientia magis obfuit, quia nullum in se habuit alterius virtutis auxilium.
Oportet autem bonum ac prudentem virum sapere quidem illa, quae ei
deus dederit, loqui autem illa, quae sapiat, et illa facere, quae loquitur.

47.21 Nam si non concurrat eloquentiae veritati cognitio quaedam et *(§14)*
adfinitas vitae, *panis profecto sine salibus esse ⌜fatuus videbitur, qui aut* 323 D

119/120 *cf.* Gn. 41,27 124-126 *cf.* Prv. 13,24 135 Gn. 3,1 140-142 *cf.* Jb. 6,6

---

119 similis spicis erit] similis speciebus (*corr. ex* species) erit **C** similis erit spicis (spetiebus **N**, speties **F**) **β** erit similis spicis **Ro** || vitiatae speciem *def.* **C** 120/121 spicarum – vel *def.* **C** 120 gerunt **M** *p.c.* **β Ro** || habent **M** *p.c.* **β Ro** || possunt **V F Ro** 121 hominibus **β** hominis **Ro** 124 *a.* usque *ca. 3 litt. eras.* **S** || accedere **S M** *a.c.* 125 quia] qui **C** *a.c.* **S** *p.c.* quod **C** *p.c.* || nudamur **Ro** 125/126 qui – reliquit *om.* **E** 125 tamen *corr. ex* tam **S** || *p.* facit *add.* deus **C** 126 iis **Ro** || relinquit **M** *p.c.* **β Ro** || si cum] si sic faceret deus ut **C** *p.c.* 127 eloquentia **S NF** eloquentiam *cett.* **β** || et] *del.* **M** *om.* **Ro** || *p.* et *add.* etiam **C** 128 suppeditas **V** suppeditassent **Ro** || *p.* subpeditans *add.* favendo **C** 129 *supra* perfecti *add.* sancti **C** 130 sublimiores **C** *a.c.* sublimia **Ro** 131 autem] quoque **β Ro** || dicebant + *ca. 16 litt. eras.* + memorati + *ca. 2 litt. eras.* **S** || dicebant + sanctissimi atque optimi **β Ro** (***61***) 133 cum christo *fort.* **S** *a.c.* **β Ro** || loquente **C** 134 et *om.* **M** 135 *p.* autem *ca. 4 litt. eras.* **S** || *p.* omnium *ca. 4 litt. eras.* **S** || in terris *def.* **C** || cui] Cum **NF** || illa ipsa] ultra (*corr. ex* illa) omnia ipsa **M** illa **Ro** 136 sapientia magis *def.* **C** || quia *def.* **C** 136/137 in – prudentem *def.* **C** 137 autem] enim **β Ro** 138 dominus **NF** || sapiat – loquitur] ad gloriam dei pertineat vel proximorum salutem. Ipse vero illa facere opere quae loquitur lingua. **S** || illa *prim.* **β Ro** nulla **C M** nulla nisi ea **S** Gr: ἃ || sapit **β Ro** || loquentur **C** *a.c.* **M** *a.c.* loquimur **N** *a.c.* 139 Nam – veritati] Gr: ἐὰν γὰρ μὴ τῇ ἀληθείᾳ τῶν λόγων ... συντρέχῃ (*idem* Syr) || concordat **S** occurrat **β Ro** || eloquentia **S** *p.c.* || veritati **S** veritate **C M** veritas **β Ro** 139/140 cognitio – vitae] cum virtutibus vitae moribusque honestis **β Ro** 139 quaedam illius **S** 140 panis *in ras.* **S** || esse *def.* **C** || fatuus esse **Ro** || aut *om.* **β Ro**

manducari iuxta Iob dicta *non poterit aut mortis causa his, qui eum comederint, erit.* Si enim panis sine salibus edi potest, poterit esse et aliquis bonus gustus in sermonibus vanis et qui non bonorum actuum testimonio roborentur.

47.22 Diversis autem modis famulos interdum suos deserit deus, aliquando enim hoc propter alicuius occultam virtutem, ut ceteris revelari possit ac prodi, veluti in sancto Iob, cui deus secreta sua manifestans ista dicebat: ‚*Noli*', inquit, ‚*mecum recusare iudicium neque ob aliam causam putaveris me tibi haec dedisse responsa, nisi ut iustus omnibus demon-*
324 A *(§15)* *strareris.* §Mihi quidem, *cui nihil potest esse celatum,* ⌜notus admodum eras; sed, quia alii te homines nesciebant, qui me propter divitias, quas acceperas, a te aestimantes coli, *idcirco huiusmodi temptationem ad te venire permisi,* idcirco omnes opes tuas abstuli, ut ostenderem cunctis sapientiam tuam, quae etiam in illo statu posset gratias actitare.'

47.23 Alio iterum modo relinquere homines videtur deus, quando eos a superbiae malo avertere cupit, quod in sancto novimus Paulo. Nam et Paulus tunc a deo putabatur relictus, cum tot ac tantis opprimebatur undique malis tamque diversis, quas scriptura sancta numerat, tribulationibus fatigabatur hoc dicens: ‚*Datus*', inquit, ‚*est iugis meae carni*

148-150 *cf.* Jb. 40,3   150 Jb. 13,9 (*cf.* 42,2)   152/153 Tb. 2,12   159-161 *cf.* 2. Cor. 12,7

---

141 *supra* iuxta *add.* secundum **C** || Iob] ob **C** *add. interlin. et in marg.* **F** 141/142 aut – erit] insulsum quae sal conditum non fuerit vel gustari ea quae mansa cum fuerit mortem adfert. **S** 141 iis **Ro** 142 panis *in ras.* **S** 143 *inter* ac *et* tuum *ca. 6 litt. eras.* **b** 144 roboratur **C** *p.c.* roboretur **b F** 145 *in marg.* Quibus modis deseri dicat deus homines **b** 146 hoc] *om.* **M** hunc **Ro** || alicuius] aliquam **M** *p.c.* || occulta virtute **V** || *in marg.* De sancto iob **S** || ut *corr. ex* et **M** 147 velut **M** || sancto + illo athleta **β Ro** || Iob *add.* **C** || *m. rec. in marg.* Intimo cordis affectu quomodo multociens deserit deus famulos suos **C** || *in marg.* Quibus modis suos deus deserit **N** || *p.* manifestans *ca. 4 litt. eras.* **S** 148 inquit] *del.* **M** *om.* **β Ro** || *p.* neque *ca. 6 litt. eras.* **S** 149/150 demonstreris **C β Ro** Gr: ἀναφανῇς (*idem* Syr) 151 te homines *def.* **C** || *a.* qui *ca. 2 litt. eras.* **S** || qui *del.* **M** || divitias, quas *def.* **C** 152 a te aestimantes *in ras.* + *ca. 12 litt. eras.* **S** 152/153 aestimantes – permisi *def.* **C** 152 aestimant **β** (extimant **N**) existimabant **Ro** 152/153 idcirco – permisi *om.* **M** 153 opes *om.* **b** 154 *p.* etiam *ca. 4 litt. eras.* **S** || alio *corr. ex* illo **M** || possit **C** *a.c.* **SM** || gratia sanctitare **C S** *a.c.* 155 videtur *om.* **NF** 156 *a.* Paulo *del.* in **B** 157 *p.* deo *ca. 7 litt. eras.* **S** || *p.* putabatur *ca. 4 litt. eras.* **S** || tot *def.* **C** || opprimeretur **C** 158 undique *add. in marg.* **b** || *p.* undique *3 litt. eras.* **b** || malis] colaphis **β Ro** || tamquam **M** *a.c.* || enumerat **S** dinumerat **M** 159 hoc dicens *om.* **β Ro** 159/160 Datus – daemonis] zelus sathanae **V G NF** datus est inquit mihi zelus sathane (datus – mihi *add. in marg.*) **B** datus est michi inquid zelus sathanae (datus – inquid *add. in marg. sup.*) **b** datus est mihi inquit zelus satane **E** Datus est mihi, inquit, velut angelus Satanae **Ro** 159 inquit] *del.* **M** *om.* **β Ro**

inimicus angelus daemonis, qui me saepe percuteret, ne subito inflatus
extollerer.', §et ne forte, si cum his, quae per divinam gratiam miranda *(§16)*
faciebat, aliquam ⸢habuisset quietem aut abundantiam rerum, cum illo 324 B
tanto honore, quantus illi ab omnibus deferebatur, diabolus eum palpatum
pluribus bonis atque resolutum superbia quadam novi tumoris extolleret.

47.24 Relictus est a deo quondam et ille paralyticus propter propria
delicta, cui dixit hoc deus: ‚*Ecce factus es sanus; iam desiste peccare.*'
Iudas quoque relictus est, *qui verbo dei praeposuit argentum, ob quod*
laqueo se suspendit et periit. Relictus est et Esau et peccati crimen
incurrit: *Intestinorum enim maluit sordes quam benedictiones paternas.*

47.25 Quae omnia cogitans Paulus hoc dixit de quibusdam quidem: *(§17)*
‚*Quoniam*', inquit, ‚*non putaverunt, quod deberent ⸢agnoscere deum,* 324 C
tradidit eos deus in stultitiam et insipientiam cordis, ut ea faciant, quae
nequaquam sibimet expedirent.' De aliis autem quibusdam, qui se
putarent divinam habere notitiam, sed qui vitiosae essent mentis, sic
dixit: ‚*Quoniam*', inquit, ‚*cum agnovissent deum, non ut deo gloriam*

163/164 *cf.* Sir. 11,4 166 *et app. crit.* Jo. 5,14 (*cf.* 8,11) 167/168 *cf.* Mt. 27,5 *et* Act. 1,18 168/169 *cf.* Gn. 25,31-34 *et* Hbr. 12,16 171-173 *et app. crit. ad lin.* 171 *cf.* Rm. 1,28 175-177 *cf.* Rm. 1,21.24.26

---

160 qui – subito *def.* **C** ‖ saepe percuteret] colaphizet **β Ro** 160/161 ne – extollerer] ut non extollar **β Ro** 161 et *om.* **β Ro** ‖ is **N** *p.c.* iis **Ro** ‖ quae] quibus **S** 162 quietem aut abundantiam *def.* **C** 163 honore *add. in marg.* **M** ‖ illi *om.* **NF** ‖ homnibus **V** hominibus **Ro** 164/165 extolleret relictus est a deo. Quondam **C** 165 est *om.* **NF** ‖ paralyticus et ille **Ro** ‖ propter *add.* **V** 166 *p.* delicta *add.* relictus est **C** ‖ hoc *om.* **β Ro** ‖ deus] ihesus **β** (*praeter* **bG**) **Ro** ‖ iam – peccare] iam (*om.* **VB Ro**) noli peccare (noli amplius peccare **Ro**) ne quid tibi deterius fiat (contingat **Ro**) **β Ro** 168/169 se – incurrit *def.* **C** 168 et *sec. om.* **Ro** ‖ peccanti **N** *a.c.* **F** 170 spiritu sancto beatissimus paulus **β** Spiritu sancto plenus beatissimus Paulus **Ro** ‖ hoc *om.* **β Ro** ‖ dicebat **β Ro** ‖ quibusdam *def.* **C** ‖ quibusdam quidem] talibus qui deseruntur (desererentur **V** *p.c.*) a deo **β Ro** 171 Quoniam – deum] Et sicut non probaverunt deum habere in notitiam (notitia **E**) **β Ro** (in notitia habere **Ro**) ‖ inquit *in ras.* **M** 172 eos deus *def.* **C** ‖ eos] illos **β Ro** ‖ stultitiam – cordis] reprobum sensum **β Ro** ‖ *a.* insipientiam *del.* in **S** ‖ cordis *om.* **S** ‖ *p.* ut *ca. 2 litt. eras.* **S** ‖ ea *om.* **β** ‖ faciant] *def.* **C** facerent **M** ‖ faciant ea **Ro** 173 nequaquam] non **β Ro** ‖ sibimet] sibi **C** *om.* **β Ro** ‖ expedirent] conveniunt **β Ro** 173/174 qui – notitiam **β Ro** (se *om.* **V Ro**); putarent *scripsi*, putant **β Ro** *(cf. Praef. C4)* divinam habere notitiam **C** *a.c.* **S** divinam habere se notitiam ostendit **C** *p.c.* qui *(add.)* divinam haberent notitiam **M** Gr: τῶν δοκούντων ἔχειν γνῶσιν θεοῦ (*idem* Syr) 174 que *corr. ex* qui **C** ‖ vitiosae] corruptae et superbae **β Ro** 175 inquit] *del.* **M** *om.* **β Ro** ‖ cum] non **E** *a.c.* ‖ cognovissent **M β Ro** ‖ ut deo] sicut deum **β Ro** 175/176 gloriam detulerunt] glorificaverunt **β Ro**

detulerunt neque gratias egerunt, tradidit ipsos deus in infirmas animae vel corporis passiones.‘, ut ex hoc intellegere possimus fieri omnino non posse, ut quis in peccati grandis alicuius crimen incurrat, nisi ante eum divina providentia derelinquat.“

48. De Elpidio (Ro.: Caput XXXVII.)

(§1) 48.1 In his speluncis Amorreorum, quae circa Hiericho esse memorantur, quas olim ipsi illi exciderant ferro, cum fugerent Iesum, cui cognomen Nave erat, qui eo tempore alienigenas in monte, cui Duca 324 D nomen est, persequebatur, ⌜Elpidius quidam fuit de Cappadocia genus ducens, qui postea ad presbyteratum meruit pervenire. Erat autem de monasterio Timothei Cappadocis cuiusdam chorepiscopi, viri admodum magni. Qui Elpidius in una de memoratis speluncis habitaculum sibi fecit.

48.2 Tantum autem abstinentiae studium in se esse monstravit, ut *(§2)* vinceret cunctos. §Per viginti et quattuor enim, quos vixit, annos solo

---

app. crit. ad lin. 176: *ad* sed – eorum Rm. 1,21 *ad* Dicentes – sunt Rm. 1,22 (*cf.* Jr. 10,14 *et* 1. Cor. 1,20) *app. crit. ad lin.* 176/177: *ad* passiones ignominiae Rm. 1,26 *ad* ut – semetipsis Rm. 1,24

---

176 neque] aut **β Ro** || egerunt + sed evanuerunt in cogitationibus suis et obscuratum est insipiens cor eorum. Dicentes enim se (se *add. in marg.* **V**, se esse **Ro**) sapientes stulti facti sunt elationis (elacione **V**) atque tumoris daemonio copulati. Unde sequitur: Propter quod **β Ro** || ipsos] illos **β Ro** 176/177 infirmas – passiones] passiones ignominiae + ut contumeliis afficiant corpora sua in semetipsis **β Ro**

De Elpidio 1-3 *cf.* Jos. 10,16 3/4 *cf.* Sir. 46,1

α = C SM **β = VB bG E NF** *(ex lin. 4)* *om.* Lat. II
Gr: P(W)T Syr: R3 **Ro**

1-4 In – persequebatur] *in ras.* **S** *om.* **β Ro** 1/2 memoratur **C** *a.c.* || *p.* memorantur *add.* latuerunt reges **C** 2 quas – ferro] Gr: ἃ πάλαι λελαξεύκεισαν (*sim.* Syr) || quas *scripsi* qui **C** *p.c.* quae *cett.* || ipsis **C** *p.c.* || illi *om.* **C** || exciderant – fugerent] excisis dedi//ori sunt ad *in ras.* **C** || exciderant ferro *scripsi (cf. Praef. C4)* excidere ac ferre **S M** *a.c.* (ac ferre *del.* **M**) || Iesum *def.* **C** 3/4 cui – erat] Gr: τὸν τοῦ Ναυῆ 3 *p.* qui *add.* ihesus **C** 3/4 cui – est] Gr: τοῦ Δουκᾶ

4 *initium capituli a.* Elpidius *codd.* (*a.* In his speluncis, *lin. 1*: **M** *p.c.*) **Ro**: De elpidio **C** LXIIII De helpidio cappadociae presbitero **S** XLI **M** XL **β** *praeter* **NF** De beato elpidio. XL **N** De beato elpidio **F**

5 et ad **M β Ro** 5/6 presbyteratum – cuiusdam *def.* **C** 5 presbiteratus ordinem (ordinem *add.*) **V** presbyteratus honorem **Ro** 6 episcopi **M** *p.c.* || admodum *def.* **C** 7 sibi *add.* **C** 8/9 Tantum – cunctos *om.* **NF** 8 esse] ipso **Ro** 9/10 vinceret – sumebat *def.* **C** 9 viginti enim et quinque **β** (XXti enim et V **G**) **Ro** Gr: γὰρ εἰκοσιπέντε

dominici ac sabbati die sumebat cibum et per noctes totas ⌜orando 325 A psallebat. Quem sicuti apes regem suum ita innumera multitudo fratrum secuta fecit quandam videri in speluncis ipsius ac solitudinibus civitatem. Erat autem maximae voluptatis stupendam varietatem ipsorum vitae et conversationis agnoscere.

48.3 Hunc ipsum Elpidium, cum quadam psalleret nocte nobiscum, scorpio vulneravit; quo ille calcato ne standi quidem, in quo fuerat, mutavit statum. Ita eum, quem ipsius scorpionis ictus intulerat, contempsit dolorem.

48.4 Quodam autem die, cum unus ex fratribus exiguam partem *(§3)* sarmenti ex arida vite teneret manu acceptam, accipiens illam a fratre, dum in summitate montis sederet, velut plantans eam infodit solo, et certe cum tempus ⌜plantationis omnino non esset. Quod ita in inmensum crevit 325 B modum, et tam magna exinde vitis effecta est, ut ad superiora se iactans totius ecclesiae tecta cooperiret.

48.5 Erat etiam Aenesius vir magnus cum eo ac frater eius Eustathius, quibus una vita atque eadem consummatio fuit.

---

11 (sicuti apes[1]) *cf.* HM 21,1,3; Vitae patr. Iurens. 16; 122; Regula mag. 54,3 = Eugipp. reg. 19,3 *ad* §3 *cf.* HM 8,3; 24,4,2; Vita Pachom. prim. 21 (= Act. SS. §14); 101 (= Act. SS. §64); alt. 20 (lat. 19); tert. 150; quart. 23 *ad* §4 *cf.* Greg. Tur. vit. patr. 10,3

[1] Vgl. C. Gindele OSB, Bienen-, Waben- und Honigvergleiche in der frühen monastischen Literatur, in: Regulae Benedicti Studia, Annuarium Internationale 6/7 (1977-1978) 1-26.

---

10 totas orando] *def.* **C** totas stando et orando **β** (stando totas **N**) **Ro** 11 sicut **S** 12 est secuta **F** || *p.* secuta *in ras.* phalangam **S** || fecit *om.* **S** || quandam videri *add.* **S** || ipsis **VB Ro** || civitatem *om.* **S** 13 Erant **S** || voluptatis **β Ro** (*cf.* Cap. 7, §8) voluntatis **α** || varietate *corr. fort. ex* varietates **C** || ipsorum] ipsius **S** *om.* **β Ro** || vitae varietatem **β Ro** 14 eorum cognoscere **β Ro** 15 *in marg.* Quod idem sanctus a scorpione vulneratus immobilis praestitit **b** 19 *in marg.* De scorpione calcato **N** || Elpidium + verae spei gloria gratulantem et propter christum tribulationum pericula sustinentem **β Ro** 16 nec **S** *a.c.* **V** *p.c.* **Ro** || stando **Ro** 17 *p.* mutavit] *ca. 12 litt. eras.* **C** *ca. 9 litt. eras.* **M** || statum] *in ras.* **S** spatium **β Ro** || Ita eum *def.* **C** || *p.* Ita *ca. 3 litt. eras.* **S** || intulerat *def.* **C** 19 *in marg.* De particula sarmenti quam ipse infodit **b** || Quadam **S** Quod **V** *a.c.* || cum – ex *def.* **C** || exiguam ei **S** 20 sarmenti – fratre] per quendam fratrem **S** || manu acceptam *om.* **β Ro** 21 sedebat **C** || velut – solo] plantae vitis transmisisset at ipse statim illas solo terrae proiecit **S** || velut plantas **C** *a.c.* **M** *a.c.* **E N** Gr: ὡς φυτεύων (*idem* Syr) || infodit eam **NF** || solo] loco **M** 22 omnino] omnimodo **Ro** || Quod] *del.* **C M** *om.* **S** || in *om.* **N** 23 est *def.* **C** || se ad superiora **β Ro** || iactans] diffundens **β Ro** 24 tectum **N** 25 *in marg.* De aenesio quodam magno **b** || etiam + cum hoc athleta christi **β Ro** || cum eo] et honestus **β Ro** || ac] *def.* **C** et **NF** || eusthasius **C** eustachius **β** 26 vita (vitae **NF**) continentiae **β Ro** || fuit + in christo **β Ro**

48.6 Usque adeo autem memoratus Elpidius nullis animi vel corporis passionibus subiacebat membris propriis vario abstinentiae labore consumptis, ut sol per ipsius ossa luceret.

(§4) 48.7 A quibusdam studiosis eiusdem discipulis talis fertur relatio, quod per viginti et quinque annos numquam se ad occidentem converterit, eo
325 C quod speluncae ⌜ostio mons in altum editus inminebat, et post sextam horam a medio mundi vertice in partes occiduas declinantem numquam viderit solem neque ab occidente surgentes conspexerit stellas. Qui, ex quo memoratam speluncam ingressus est, numquam de eius monte descendit, quamdiu corpus eius sepultum est.

49. De Sisinnio

(§1) 49.1 Huius Elpidii Sisinnius nomine discipulus quidam fuit Cappadociae natus, ex servili quidem origine genus ducens, fiduciam tamen habens in deum mentis. Debemus autem et ista conscribere, ut maior

---

27 nullis] *def.* **C** nullius **S M** *a.c.* 28/29 subiacebat – luceret *def.* **C** 28 *a.* membris *ca. 2 litt. eras.* **S** || *inter* pro *et* priis *ca. 5 litt. eras.* **V** || propriis membris **Ro** || variae **NF** 28/29 labori consumptus **E** 29 ut – luceret] ut solis instar ossuum (ossium **E** *p.c.* **Ro**) eius iunctura luceret **β Ro** Gr: ὡς ἥλιον διαφαίνειν αὐτοῦ τῶν ὀστέων (+ τὸ πῆγμα **P**) (Syr *idem ac* Gr TW) || ut *om.* **S** || sol per *scripsi (cf. Praef. C4)* sola super **S** super **M** 30 A *in ras.* **M** 30 quibusdam autem **β Ro** || eius **β Ro** || talis *om.* **S** || *p.* talis *add.* illi **M** || refertur **M** *a.c.* || *p.* fertur *ca. 5 litt. eras.* **S** || quod] Ut **S** *in ras.* **M** 31 XXti **G N** || et *om.* **G** || quinque] V **G N** 31/32 eo quod] et utique **β** et sane **Ro** 32 speluncae *def.* **C** || *p.* mons *ca. 5 litt. eras.* **S** || et quod post **β** (et quod per **E**) **Ro** || sextam quoque **β Ro** 33 mundi *add.* **G** || in *add.* **b** 34 viderit *om.* **F** || *p.* neque *exp.* lunam **F** || occidentes **M** *a.c.* || surgentes *om.* **M** || conspexit **bG** || *p.* stellas *ca. 30 litt. (= 1½ lin.) eras.* **S** 35 eius (*pro* suo)] eodem **S** eo **M** *p.c.* 36 quamdiu] donec **C** *p.c.* **Ro** || eius] illius **G**

De Sisinnio

α = C SM	**β = VB bG E NF**	*om.* Lat. II
Gr: B	Syr: R4	**Ro**

LXV De sisinnio presbitero helpidii discipulo **S** Inc. *om. cett.*

1/2 Huius – natus *in ras. + ca. 12 litt. eras.* **S** 1 quidem **C** *a.c.* || in cappadocia **β Ro** 2 *a.* genus *del.* descendit **M** || ducens] *add.* **C** *om.* **NF** 2/3 fiduciam – mentis *(cf. Praef. C4)*] sed habens in deo fiduciae libertatem **β Ro** Gr: ἐλεύθερος δὲ κατὰ τὴν πίστιν (*idem* Syr) 2 fiducia **S** || tamen] quidem **S** 3 mentis *scripsi* magnam *corr. ex* mentem **C** mentem *del.* **M** humili semper christum deprecans mente (*corr. ex* mentem) **S** || autem] enim **β Ro** || et *om.* **Ro** || *p.* et *ca. 3 litt. eras.* **S** || ista] genus humillimum quorundam **β** humillimum etiam genus quorundam **Ro** gloria ingenuitatis appareat, quae donatur a Christo, per quem ad veram atque caelestem nobilitatem libertatemque revocamur.

49.2 Qui, cum apud magistrum ⌜suum per sex vel septem annos fuisset, 325 D
ad postremum intra sepulchrum se clauserat quoddam, in quo per triennii tempus semper orabat, ubi non nocte, non die aut deambulavit aut sedit aut iacuit, quique gratiam quoque contra daemones meruit spiritalem.

49.3 Nunc autem regressus ad patriam presbyter factus est collegitque *(§2)*
in unum fratres pariter ac sorores. Qui adeo purus per omnia fuit, adeo sine ullo vitio mentis et corporis vixit, ut nullam generis esse distantiam inter mares ac feminas conprobaret, ut scripturae sanctae illud impleretur: *In Christo enim Iesu non masculus, non femina.* Est autem et peregrinis omnibus *hospitalis,* et certe cum sit cognitum ⌜*satis nihil eum penitus* 326 A
possidere, ad eorum opprobrium atque supplicium, qui, cum sint divites, nihil umquam egentibus largiuntur.

50. De Gaddano (Ro.: Caput XXXVIII.)

50.1 Novi ego Palaestinae quendam Gaddanum nomine senem, qui sine tecto semper circa loca Iordanis fluminis vixit.

4/5 *cf.* Gal. 4,31; 5,13; Jo. 8,36   11/12 *cf.* Tt. 1,8   14 Gal. 3,28   15 *cf.* Tt. 1,8   15-17 *cf.* 1. Tm. 6,17/18 *parr.*

---

4 gloria *in marg.* **V** || genuitatis **V** || appareret **Ro** || *p.* quae *ca. 4 litt. eras.* **S** || quem] quam **S β Ro**   5 revocatur **Ro**   6 *in marg.* De sancto sisinnio **N** || Qui] Is itaque **β Ro** || *p.* Qui *ca. 4 litt. eras.* **S** || fuit **V** *a.c.*   7 per *om.* **β Ro**   8 tempus stans **β Ro** || ubi] Et **S** || non nocte *def.* **C** || *p.* non *prim. ca. 3 litt. eras.* **S** || aut *prim. om.* **C**   8-10 aut *sec.* – patriam *def.* **C**   9 iacuit + alicubi aliquando foris **S** || quique] Qui **S** || gratiam – meruit] talem ibidem accepit gratiam **S**   gratiam quoque meruit contra daemones **M** *a.c.* || gratiam] gloriam **NF** || spiritalem + ut ipsius iussu daemones fugarentur **S**   10 Nunc] Postea **S**   11 pariter *om.* **F** || quia + *ca. 3 litt. eras.* + deo **S** || adeo – fuit *om.* **β Ro** || ideo **E** *a.c.*   12 *p.* nullam *ca. 2 litt. eras.* **S**   13 *p.* sanctae *ca. 2 litt. eras.* **S** || illud *def.* **C** || impleret **SM** || *p.* impleret *ca. 15 litt. eras.* **S**   14 non *prim. et sec.*] neque **β Ro** || *p.* masculus *ca. 7 litt. eras.* **S** || non femina *in ras.* **S** || feminae **C** || femina sumus **β Ro** || peregrinus **C** *a.c.*   15 *p.* hospitalis *ca. 20 litt. (= 1 lin.) eras.* **S** || et *del.* **M** || cum *add.* **C** || eum *om.* **NF**   16 possidere *om.* **NF** || *p.* possidere *ca. 10 litt. eras.* **S** || *p.* supplicium *add. in marg.* hoc faciebat **C** || *inter* divi *et* tes *ca. 3 litt. eras.* **C**

Explicit **C**

De Gaddano
α = C SM   **β = VB bG E NF**   *om.* Lat. II
Gr: P(W)T   Syr: R3   **Ro**

LXVI De gaddano palestino **S**   XLII **M**   XLI **β** *praeter* **NF** (*in marg.* **V**)   De gaddano beato. XLI **N**   De beato gaddano **F**   Inc. *om.* **C**

1 ego] enim **E** || gaddenum **C** || senum **C** *a.c.*   2 in *corr. ex* sine **C** || fluminis *om.* **M**

50.2 Contra quem aliqui Iudaeorum invidiae furore praecipites, dum ille in regionibus Mortui maris degit, armati gladio aliquando venerunt, et, cum unus ex ipsis eundem ferire voluisset, tale miraculum deus fecit, ut *dextera eius*, quam erexerat percussurus, *aresceret* gladiusque ex illius digitis, a quo tenebatur, excideret.

51. De Helia (Ro.: Caput XXXIX.)

326 B 51.1 ⌜Helias quidam nomine monachus in illis ipsis locis intra speluncam vivere solitus, vir castigatorum ad perfectam regulam morum, cum quadam die quorundam ad eum fratrum multitudo venisset – nam publicus illic transitus erat –, subito ei defuit panis.

51.2 Qui propria nobis relatione persuasit, quod, cum admodum tristis esse coepisset ingressusque esset speluncam suam, tres illic panes subito repperisset, ex quibus viginti simul fratres usque ad satietatem refecti sunt. Unum autem ex ipsis panem superfuisse eumque postea per viginti et quinque dies victui suo suffecisse memorabat.

---

6 *cf.* Jb. 15,32

---

ad §2 *cf.* Greg. M. dial. 3,37,14-15   6/7 *cf.* AP alph. Nicon (309 B)

---

4 degeret **C** ‖ armati *def.* **C** ‖ *a.* gladio *eras.* cum **S** ‖ gladiis **M** *p.c.*   4/5 venerunt – cum *def.* **C**   5 ipsis – fecit *def.* **C**   6 *fort.* dexteram eius qui **S** *a.c.* ‖ erexerat *def.* **C** ‖ ex *def.* **C**   7 digito **S** ‖ quo *def.* **C** ‖ exciderit **V**

De Helia   6-8 *cf.* Mt. 15,32-39 *parr.*

---

ad §2 *cf.* HM 1,6,3 sqq.; 9,2,11; 11,9,21; Hier. vita Pauli 10

α = C SM   **β = VB bG E NF**   *om.* Lat. II
Gr: P(W)T   Syr: R3   **Ro**

LXVII De helia monacho qui panes meruit spiritales accipere **S**   XLIII **M**   XLII **β** *praeter* **NF**   De beato helia. XLII **N**   De beato helia **F**   Inc. *om.* **C**

1 Elias **Ro**   Gr: Ἠλίας ‖ locis ipsis **V**   2 vivere solitus erat **M** *p.c.* **NF**   solitus vivere **Ro** ‖ castigator **C** *p.c.* ‖ perfectum **S** ‖ morum + hospitalis et caritate plenissimus **β Ro**   4 publicus *def.* **C** ‖ illinc **M** *p.c.* ‖ subito *def.* **C**   5 *p.* Qui *ca. 2 litt. eras.* **S** ‖ nobis] *def.* **C**   *om.* **F**   nobis fideliter **β Ro** ‖ revelatione **E** *a.c.* ‖ persuasit] //////dixit **C**   narravit **β Ro**   Gr: ἐπληροφόρησεν (P)/ἔπεισεν (T) ‖ cum] *def.* **C**   *om.* **β** (*add.* **E**)   6 coepisset *def.* **C** ‖ *in marg.* De tribus panibus **N** ‖ panes + magnos atque recentes **β Ro** (***62***)   7 *fort.* repperit **S** *a.c.* ‖ viginti] *def.* **C**   XX **G**   XXti **F** ‖ ad *om.* **B bG E** ‖ satietatem *def.* **C**   7/8 refecti sunt] refectos **M**   8 superesset *corr. fort. ex* supervenisset **V**   superesse **Ro**   8/9 XX et V **C G**   9 suffecisse **M** *p.c.* **β Ro**   sufficiens *cett.* **α**

52. De Saba (Ro.: Caput XL.)

52.1 ⌜Sabas quidam nomine Hiericuntius genere, saecularis vir et 326 C
uxorem habens, in tantum omnes monachos diligebat, ut per deserta omnium cellas totis noctibus circumiret et ante singulas quasque poneret mansiones modios singulos dactulorum et tantum holerum, quantum putaret posse sufficere, eo quod usum nesciunt panis hi monachi, qui in Iordanis regionibus vivunt.

52.2 In quem leo quodam die impetum fecit quemque intra unum lapidem consecutus corripuit atque deiecit et asinum tantummodo eius avertit ac rapuit.

53. De Habramio (Ro.: Caput XLI.)

53.1 Habramius quidam nomine fuit ⌜Aegyptius genere, qui satis 326 D
duram atque asperam vitam in desertis locis habuit.

53.2 Qui, cum aliquo tempore ex vana quadam praesumptione mente captus fuisset, ad ecclesiam venit et iurgari cum presbyteris coepit hoc dicens: „Presbyter a Christo factus sum ista nocte, et suscepit me divina sacra facientem.“ Quem postea patres sancti a solitudinibus separatum traditumque saeculari magis atque communi conversationi hominum

---

α = **C SM**	β = **VB bG E NF**	*om.* Lat. II
Gr: B	Syr: R4	**Ro**

LXVIII De sabae (*corr. ex* sabaae) hiericunta **S** *bis in marg.* De quodam viro saba nomine **b** Inc. *om. cett.*

1 hierichuntinus **β** (hierunchuntinus **NF**) Ierichuntinus **Ro** ‖ saecularis vir] vir saecularis **S** *a.c.* **M** *a.c.* *om.* **NF** 2 omnes *om.* **N** 3 cellulas **NF** ‖ totis *om.* **β Ro** ‖ circuiret **S β Ro** 3/4 quasque – holerum *def.* **C** 4 tantum et **Ro** 5 usum *def.* **C** ‖ nesciant **NF** ‖ panis nesciunt **Ro** ‖ hii **C** ii **Ro** 7 quadam **C** *p.c.* **S** *a.c.* **M β Ro** ‖ *p.* quemque *ca. 3 litt. eras.* **S** ‖ contra **C** *p.c.* 8 lapidum **SM** ‖ deiecit] disiecit *(cf. ThLL V 1, 1383, 5-7: „i. q. deicere“)* **S** *(+ ca. 35 litt. eras.)* **M** Gr: κατέστρεψε ‖ et *om.* **S** 9 advertit **C** *a.c.*

De Habramio

α = **C SM**	β = **VB bG E NF**	*om.* Lat. II
Gr: P(W)TA	Syr: R3	**Ro**

De abramio (*corr. ex* abraham) monacho aegiptio qui causa superbiae per inlusionem diabolicam dixit se fuisse presbyterum ordinatum **S** XLIIII **M** XLIII **β** *praeter* **NF** De beato abraham aegyptio. XLIII **N** De beato abraam aegiptio **F** Inc. *om.* **C**

1 Habraam **C** *p.c.* (Habraamius *a.c.*) *fort.* **M** *a.c.* **NF** Abramius **Ro** Gr: Ἀβράμιος ‖ satis *def.* **C** 3 ex – praesumptione] Gr: ὑπὸ ἀκαίρου οἰήσεως Syr: „par une opinion vaine“ ‖ vana **C** una *cett.* **Ro** 4 hoc] ac *corr. ex* hac **N** haec **Ro** 5 *a.* dicens *add. in marg.* vel dicere **F** ‖ *p.* dicens *ca. 8 litt. eras.* **S** ‖ sum *om.* **VB** ‖ suscepit me] Gr: δέξασθέ με (*idem* Syr) 6 sancti patres **F** 7 *p.* atque *ca. 2 litt. eras.* **S**

reduxerunt ad pristinam animi sospitatem curatumque atque omni superbia liberatum, per quam illum daemon inluserat, ad agnitionem humilitatis propriae infirmitatisque revocaverunt.

54. De Melania seniore II (Ro.: Caput XLII.)

327 A *(§1)* 54.1 ⌜De sancta illa atque admirabili Melania summatim quidem aliqua et superius indicavi; nihilominus tamen et reliqua, quae desunt meis sermonibus, conprehendam.

54.2 Quantum quidem opum illa disperserit amore maximo dei veluti flamma ignis accensa, meum tantum non est referre, sed illorum quoque, qui in Persidis regionibus vivunt. Cuius memorabilia in bonis facta omnes caeli quattuor plagae norunt atque senserunt.

(§2) 54.3 Per triginta enim et septem annos suscipiens semper ac pascens miseros advenasque sumptibus propriis alimenta ac necessaria omnia
327 B ministravit ecclesiis, monasteriis, ⌜carceribus atque peregrinis. Cui parentes quoque eius ac filius procuratoresque ipsius ex facultatibus propriis multa praebebant. Quae in tantum atque ita iugiter in suscipiendo omnes ac fovendo permansit et ne unius quidem in solo palmae spatium voluit possidere, ut ne umquam sic unici desiderio filii et amore caperetur, ut aliquando *a dilectione Christi posset avelli.*

---

10 humilitatis *def.* **C** || revocaverant **N** *p.c.*

De Melania seniore II 15 *cf.* Rm. 8,35.39

8-10 *cf.* HM 18,3 12-15 *cf.* Hier. epist. 108,6,2-5; Paul. Nol. epist. 29,9.11-12

α = C Z SM **β = VB bG E NF** *om.* Lat. II
Gr: PT(A) Syr: R3 **Ro**

De sancta melania *in ras. 3 lin.* **S** XLV **M** XLIIII **β** *praeter* **NF** De beata melania maiore de qua supra. XLIIII **N** De beata melania maiore de qua supra **F** Inc.] *def.* **C** *om.* **Z**

1/2 De – et *prim. def.* **C** 1 mirabili **Z** 2 et *prim.*] *in ras. ca. 3 litt.* **S** *om.* **β Ro** 3 meis] in his **Ro** 4 quidem *om.* **β Ro** || dispersit **M** *a.c.* disperserat **G N** || ob *(add.)* amorem maximum **C** 5 tantum *om.* **E** 7 quattuor *om.* **C** || noverunt **C** *p.c.* **S** 8 XXXta **C** XXX **G** || enim *in ras.* **S** || et] ac **SM β** atque **Ro** || VII **G** || ac pascens semper **Ro** 9 propriis sumptibus **Ro** 11 filius – ipsius] Gr: αὐτοῦ τοῦ υἱοῦ καὶ τῶν ἰδίων ἐπιτρόπων Syr: „son fils et l'administrateur de celui-ci" || filius *scripsi (cf. Praef. C4)* filii *codd.* **Ro** || procuratores **Ro** || ipsi **Z** *p.c.* 12 praeberent **NF** || atque ita *del.* **C** 13 et] ut **C** *p.c.* **Ro** || unum **NF** || palmi **Ro** || vellet **C** *p.c.* voluerit **Ro** 14 ut ne] ac ne **C** *p.c.* ne **M** *p.c.* ut **β Ro** || numquam **β Ro** || sic unici *def.* **C** 14-16 et – perpetuis *def.* **C** 14 et *add.* **S** || ut] quatenus **β Ro** 15 a *corr. ex* ab **S** || Christi] dei **Z** || possit **Z S** *a.c.* **NF** || evelli **NF**

54.4 Cuius orationibus magnis atque perpetuis et ipse ille iuvenis *(§3)* eruditione laudabili, moribus bonis et saecularibus quoque honoribus crevit pervenitque ad nobilium matrimonium nuptiarum, ex quo et filios suscepit duos.

54.5 Post multum vero temporis, cum audisset nupsisse quidem cuidam neptem suam Melaniam viro, renuntiare autem eam post nuptias saeculo huic velle cognovisset, ⌜metuens, ne qui malae vitae homines ac malae 327 C sectae perversaeque doctrinae eidem iungerentur, ob hoc ipsum, cum iam admodum senex, hoc est sexaginta esset annorum, de Caesariensium civitate urbem Romam intra dierum viginti spatium navigavit §atque illic, *(§4)* propter quos venerat, visis benedictum illum quidem neptis suae maritum Pinianum nomine, honestum ac nobilem virum, paganum tamen, instantissime docuit et christianum protinus fecit, cui persuadere spiritaliter potuit, ut etiam a concubitu propriae se coniugis abstineret.

54.6 Confirmatis ergo his simul, hoc est nepte sua Melania et Piniano eius marito, Albinam quoque cum ipsis nurum suam, hoc est uxorem filii sui, per omnia docuit. Itaque istis omnibus suasit, ut ⌜rebus, quascumque 327 D habebant in Urbe, distractis ad castum atque tranquillum vitae portum venirent.

54.7 Contra omnes alios tamen Romani nominis viros atque matronas *(§5)* veluti contra feras aliquas cotidie dimicabat. Prohibebant enim illi eam a domibus ceterorum verentes, ne et alios ad tale propositum doctrinae suae sermone converteret. Illa autem ipsis ista dicebat: „Scriptum est“, inquit, „ante quadringentos numero annos, quia: *Hora iam venit extrema.* Quid ergo tam libenter moramini in vanitate istius vitae? Timere debetis,

---

39 1. Jo. 2,18

---

16 magnis] magis **Ro** || ipse – iuvenis] ipsius + *ca. 9 litt. eras.* **C** || ille ipse **S** 17 eruditionis laudabilis **NF** || moribusque **C** *p.c.* || et] filius ipsius *add.* **C** 18 matrimonio **Z** 20 vero] ergo **C** || nupsisse – cuidam] cuidam nupsisse **Ro** || cuidam *om.* **S NF** 21 viro, renuntiare] nec velle renuntiare **C** *p.c.* 21/22 renuntiare – cognovisset *in ras.* + *ca. 40 litt. (= 2 lin.) eras.* **S** 21 autem *del.* **C** || eam *om.* **β Ro** 22 velle cognovisset *del.* **C** || qui *del.* **C** 24 LX **C** 25 ad urbem **M** *p.c.* **β** (ab urbe **b**) **Ro** || XXti **G** 27 Pinianum *(cf. Praef. C4)*] Gr: 'Απρονιανόν (T)/'Απριανόν (PA) Syr: „Apronianos“ || *p.* tamen *ca. 3 litt. eras.* **S** 28 spiritaliter *def.* **C** 29 concubitu propriae *def.* **C** 29-31 abstineret – Albinam *def.* **C** 30 Confirmatos ergo hos **β** Confirmatos hos ergo **Ro** || neptem suam melaniam **Z M** *a.c.* **β** Melaniam neptem suam **Ro** 30/31 pinianum eius maritum **Z β Ro** 32 per *add.* **B** || his omnibus **Z** omnibus istis **M** *a.c.* 35 tamen alios **NF** autem alios **Ro** || atque *def.* **C** 36 feras *def.* **C** || enim *def.* **C** || illi] alii **C Z** || eam *def.* **C** 36/37 a domibus ceterorum] Gr: τῶν λοιπῶν οἴκων (PA, οἴκων *om.* T) || a domibus **M** *p.c.* ab hominibus **Z** ab omnibus *cett.* **Ro** 37 ceteris **β Ro** || tale **M** *p.c.* **β Ro** talem **C Z S M** *a.c.* 38 est] esse **NF** 39 inquit] *om.* **Z β Ro** *del.* **M** || annos numero **C** (numero *del.*) **Z** || iam hora **G** || extrema *def.* **C** 40 tam – moramini *in ras.* **S** 40/41 in – adveniat *om.* **S** 40 vitae *def.* **C**

ne antichristi tempus adveniat neque vobis iam divitiis vestris ac parentum
328 A (§6) bonis frui liceat.“ §⌜Et hos igitur omnes saecularibus laqueis liberatos ad
solitudinum vitam fecit venire.

54.8 Publicolae quoque filium admodum iuvenem consilio docuit, ut volebat, ac Siciliam usque perduxit omnibus rebus suis ibique distractis atque auro de praediorum adnumeratione collecto Hierosolimam rursus traxit. Ibi omnibus suis opibus ex propria voluntate divisis intra quadraginta dies optima ac mansuetissima feminarum beato fine requievit relicto apud Hierosolimam monasterio sufficientibusque ei sumptibus deputatis.

(§7) 54.9 Ubi vero omnes isti abscessere de Roma, tempestas quaedam ac
procella barbarica oppressit ipsam urbem repente et usque adeo omnia
eius invasit ac rapuit, ut ne aes quidem, quod in publico stare consueverat,
328 B ⌜relinqueretur. Ita cuncta hostilis impetus praedae evertit et perdidit, ut
illa Roma, quae in mille et ducentis annis aucta semper fuerat ac semper
ornata, una subito quaedam ruina ac solitudo maxima videretur.

54.10 Tunc igitur et illi, qui saluberrimae doctrinae obtemperaverant, et illi, qui oboedire noluerant, stupuerunt virtutem et gloriam dei, qui tali permutatione rerum credere persuasit incredulis, quia omnibus aliis sub captivitatis iugum missis memoratae solae evaserunt atque servatae sunt domus, quae studio sanctae Melaniae tamquam sacrificium illud, quod holocaustomata vocant, deo fuerant reservatae.

---

41 ante christi **M** || *a.* neque *add.* cum **S** || iam] *def.* **C** *transp. p.* frui **β Ro** || *p.* iam *ca. 9 litt. eras.* **S** || ter divitiis **S** || parentibus **M** 43 solitudinis **C** *p.c.* 44 Publicolae – iuvenem] Gr: καὶ τὸν Πουπλικουλᾶ (P)/Πουπλίκου (T) δὲ υἱὸν τὸν νεώτερον (Bu: Πουπλικουλᾶ, Ba: Πουπλικούλα) Syr: „Quant à son fils Publicola, qui était un jeune-homme“ || Publicolae – filium *(cf. Praef. C4)*] Filium quoque **β Ro** || Publicolae quoque **Z** publi + *ca. 3 litt. eras.* + ique **C** Publicum laetoque **S** propriumque *(del.)* leto + *ca. 2 litt. eras.* **M** || consilio suo **β** || ut] quod **S** *add.* **N** 45 ac] ac ad **C** *p.c.* ad *corr. ex* a **Z** Ad **S** et ad **β** (et a **V**) **Ro** 45/46 perduxit – collecto *def.* **C** 45 omnibusque **M** *p.c.* **Ro** || ibi **M** *p.c.* **β Ro** 47 transvexit **β Ro** || Ubi **C** *p.c.* **Ro** In **NF** || omnibus] ergo **Z** || ex *del.* **Z** || divisit **C S** 47/48 quinquaginta **S** XL **B G** 49 sufficientibus **M** || eis **S** 50 de] *del.* **C** e **Ro** || ac *def.* **C** 51 urbem *def.* **C** 52 eis **N** || diripuit *corr. ex* deripuit **C** || quod] *def.* **C** *add.* **M** 53 reliquerit **Ro** || praedae *def.* **C** || vertit ac perdidit **Z** evertit ac perdidit **β** evertitae perdidit **Ro** 54 quae *add.* **S** || ac] et **M** || semper *sec. add.* **F** 55 unius *corr. ex* unus **C** || subito *def.* **C** || quaedam subito **Z** || ac *del.* **C** || sollicitudo **bG** 56 obtemperant **Z** *a.c.* || obtemperaverant + laetabantur quod intolerandis malis quorum mater est semper obsidio subtracti fuissent **β** (fuissent subtracti *corr. in marg. ex* fuerint subtracti **F**) **Ro** 57 et *def.* **C** || qui *prim.*] quidem **V** quidem qui **Ro** || noluerunt **β Ro** 58 quia] nam **C** *p.c.* 59 memoratae *del.* **C** memoratae eorum **SM** 60/61 quae – reservatae] Gr: ὁλοκαυτώματα (ὁλοκαύτωμα A) γενόμενοι τῷ κυρίῳ σπουδῇ Μελανίου Syr: „un holocauste pacifique du Seigneur …“ 60 Melaniae tamquam *def.* **C** 60/61 quod – reservatae *def.* **C** 61 holocaustoma **S** *p.c.* **β Ro** || *p.* reservatae *ca. 40 litt. (= 2 lin.) eras.* **S** || reservatae + ceteris in urbe qui eorum adversabantur saluti sera (salutifera **F**) paenitentia infructuosaque conclusis **β Ro**

55. De Melania seniore III

55.1 ⌜Evenit autem, ut postea simul Aegyptum ex Aelia proficisceremur (§1) 328 C
sanctam Silviam deducentes virginem dei, Rufini autem ex praefecto sororem.

55.2 Erat etiam nobiscum Iovinus tunc diaconus, nunc vero civitatis Ascalonensium episcopus, vir admodum sanctus et amator ac lector divinarum studiosissimus litterarum. Cumque ergo in itinere nos aestus vehementissimus occupassset et Pelusium oppidum fuissemus ingressi, sanctus Iovinus aestu nimio fatigatus coeperat manus ac pedes proprios frigidissimae aquae infusione refovere. Quo ita, ut desideraverat, facto supra pellitam se atque in solo stratam proiecerat plumam.

55.3 Ad quem sancta illa veluti filium verum ⌜sapiens mater accessit (§2) 328 D
et mollitiem ipsius deliciasque reprehendens ista dicebat: „Quemadmodum", inquit, „ausus es hanc aetatem agens, in qua adhuc sanguis tuus vivit, sic curare ac fovere corpus tuum? Non intellegis, quae ex hoc nasci soleant animae laesiones? Crede igitur mihi confidenter loquenti, quod sexagesimum ipsa aevi annum agens excepta summitate digitorum meorum non ora, non pedes, non partem aliquam aliquando membrorum aqua lavi et hoc, cum variis semper aegritudinibus laborarem, et cum ab ipsis

---

16-18 *cf.* Mc. 7,3

16-20 *cf.* Vita Melan. 40; Hier. epist. 108,15,2-3; Vita Euphras. 6 16-18 *cf.* Vita Anton. 47 (gr: §2, lat: §3); Hier. epist. 45,5,1; Vita Melan. (lat.) 1,2

α = **C Z SM** β = **VB bG E NF** *om.* Lat. II
Gr: PTA Syr: R3 **Ro**

in marg. De sancta virgine silvia et iovino ascalonensium episcopo **b** Inc. *om. cett.*

1 Evenit – Aelia *def.* **C** || In aegyptum **M** *p.c.* ad aegyptum **β Ro** || ex Aelia] ad illa loca **Z** ex helia **S** *p.c.* (hilia *a.c.*) **NF** exilio *corr. ex* ex ilia **M** || proficisceretur **E** *a.c.* proficiscerentur **NF** 2 autem] etiam **C** *p.c.* || expraefecti **C** *p.c.* **Ro** ex praefectis **SM β** Gr: τοῦ ἀπὸ ἐπάρχων Syr: „consulaire" 4 iovinius **VB Ro** || tunc *def.* **C** 5/6 amator – litterarum *(cf. Praef. C4)*] Gr: φιλόλογος Syr: „très instruit dans la doctrine" 5 ac] et **Ro** 6 divinarum *om.* **SM β Ro** || Cum **M** *p.c.* **β Ro** 8 iovinius **B** *p.c.* **Ro** || ab estu **C** || manus *om.* **NF** || proprio **C** *a.c.* **bG** 9 refoveret **NF** refovere infusione **Ro** 9/10 Quo – plumam *exp.* **C** 9 ut *om.* **C** || desideraret **C** *a.c.* desiderabat **S** 10 super **SM β Ro** || solo *def.* **C** 11 Ad quem *corr. ex* Atque **M** || sancta *add.* **C** || illa silvia **β Ro** || ad filium **C** *p.c. fort.* **S** *a.c.* || verum] virum **C** *a.c.* **Z** 12 illius **β** *praeter* **VB** || ista *corr. ex* ita **V** 13 inquit] *del.* **M** *om.* **β Ro** || ausus] usus **F** || tuus *add.* **F** 14 vivit – curare *def.* **C** 14/15 corpus – laesiones *def.* **C** 14 ex hoc *om.* **S** 15 animi **SM** || Crede *add. in marg.* **C** || igitur *in ras.* **M** || quodnam **C** 16 ipsa aevi *del.* **C** ipsa *om.* **Z** || agens annum (annum *add.*) **M** 17 aliquando *om.* **β Ro** || aqua *del.* **C** 18 *p.* lavi *ca. 8 litt. eras.* **S** || hoc *def.* **C** || semper *add.* **M** || laboraverim **Z** laborem **b** || cum *sec.*] *del.* **C** *om.* **S β Ro** || ab *om.* **S** || ipsis] illis **NF**

quoque cogerer medicis, numquam tamen volui antiquo corpus meum
329 A more palpare, ⸢non in lecto quievi, non in lectica recumbens iter feci.“

(§3) 55.4 Haec ipsa eloquentissima fuit magnumque amorem habuit litterarum, ita ut legendo noctes in diem verteret omnes antiquorum interpretum libros notissimos habens. Inter quos trecenties centena milia versuum Origenis sciebat, Gregorii quoque et Stefani Basiliique et aliorum studiosissimorum virorum vicies sescentena milia, quae tamen non quasi perfunctorie transcurrebat unumquemque septies aut octies auctorem revolvens.

55.5 Unde *mendaci scientia nominum* atque sectarum penitus liberata caelestibus pennis per gratiam litterarum ad aeternam spem salvatoris gallina spiritalis effecta potuit evolare.

56. De Olympiade (Ro.: Caput XLIII.)

329 B (§1) 56.1 ⸢Postquam vestigia ipsius secuta est, Olympias nomine castissimis moribus femina ac dei amore flagrantibus proposito eius exhibuit parem

---

28 *cf.* 1. Tm. 6,20

---

ad §4 *cf.* Vita Melan. (lat.) 1,26

---

19 quoque *om.* **NF** || *p.* quoque *ca. 3 litt. eras.* **S** || medicis + uti lavacro **β Ro** || antiquum corporis mei morem **β Ro** 20 quievi *in ras. + ca. 40 litt. (= 2 lin.) eras.* **S** || in *sec. om.* **C** 21 *in marg.* Quanta egerit melania **S** || loquentissima **C** *a.c.* **M** *a.c.* 22 ut ita **Ro** || in dies **Ro** || omnesque **C Z** 22/23 interpretatos **Z** 23 tricies centena **C β Ro** trecentos centena **Z** Gr: μυριάδας τριακοσίας (*om.* TA) *deest* Syr 24 Origenis sciebat] legendo transierat **β Ro** || Gregorii – Stefani] Gr: Γρηγορίου καὶ Στεφάνου καὶ Πιερίου (Πέτρου T) Syr: „du bienheureux Grégoire et de saint Étienne et de Pierre“ || gregorii pierii **β Ro** || et *prim. om.* **C** 25 sexcentena **Z M** *p.c.* || non quasi *def.* **C** 26-28 transcurrebat – atque *def.* **C** 26 aut octies *om.* **β Ro** 28 mendacii **Z bG Ro** || scientiaeque **Z** scientiae **M** *a.c.* || nominum] hominum *p.c. + ca. 100 litt. (= 5 lin.) eras.* **S** *del.* **M** 28-30 atque – evolare *in ras.* **S** 29 pinnis **Z** *a.c.* **M** || aeternam *def.* **C** 30 evolare + immortales ab eo vicissitudines receptura **β Ro**

De Olympiade *ad totum capitulum cf.* Soz. hist. eccl. 8,9,1; Nicephor. Callist. 13,24 (1009 B/C) *ad* §1 *cf.* Vita Olymp. 2

α = **C SM** β = **VB bG E NF** *om.* Lat. II
Gr: P Syr: R4 **Ro**

XLV **β** *praeter* **NF** De beata olimpiade. XLV **N** De beata olimpiade **F**

1 Postquam – est] *in fine antecedentis capituli* **α** *praeter* **M** *p.c.* (est *om.* **C**, *in ras. + ca. 30 litt. = 1½ lin. eras.* **S**) Huius vestigia subsecuta **VB E Ro** Huius vestigia subsecuta est **bG NF**

De olympiade virgine dicit **S** XLVI **M** Inc. *om.* **C**

2 flagrans **C** *p.c.* **M** *p.c.*

vitam. Quae Seleuci quidem ex comite filia fuit, neptis vero Ablabii praefecti, nurus autem paucis tantum diebus Nebridii, qui praefectus Constantinopolitanae urbis fuit, sed uxor omnino nullius: Dicunt enim eam virginem esse defunctam verbi veritatis magis coniugio gloriantem.

56.2 Quae omnes facultates suas in pauperes fratres dispersit ac divisit. *(§2)* Cui non parvum fuit semper pro veritatis adsertione certamen. Multas ⌜etiam alias feminas docuit, multos, ut oportebat, presbyteros atque 329 C episcopos honoravit. Ad confessorum quoque palmam pro veritate, quam coluit, meruit pervenire.

56.3 Cuius nomen ac vitam in Constantinopolitana urbe degentes ipsis, ut dixi, student confessoribus conparare. Nam talis in hoc mundo finis quoque ipsius fuit, omnibusque ad postremum periculis se propter dei nomen opposuit.

57. De Candida et Gelasia (Ro.: Caput XLIV.)

57.1 Quam rursus secuta est similis moribus vitae beata mulier nomine *(§1)* Candida, Traiani magistri militum filia, digna christiani nominis et cultrix egregiae castitatis, conversatione laudabilis, ecclesias sanctas atque episcopos colens.

---

7 *cf.* Vita Olymp. 5; 13   8 *cf.* Vita Olymp. 15   8/9 *cf.* Vita Olymp. 6-7   9/10 *cf.* Vita Olymp. 8; 14   10/11 *et ad* §3 *cf.* Vita Olymp. 9-10

---

3 vitam + in omnibus divinarum sequens consilium scripturarum **β Ro** (scripturarum consilium **Ro**) || Seleucii **Ro** || ex comite] Gr: τοῦ ἀπὸ κομήτων   Syr: „du comte“ || ex *def.* **C** || comite (comitis **Ro**) + secundum carnem **β Ro** || filia *def.* **C** || fuit filia **E** || vero *def.* **C** || ablavii **G Ro**   4 autem] vere **M** || paucis – diebus *del.* **C** || tantum] *om.* **S F**   autem **M** || qui *def.* **C**   5 omnino *om.* **M** || etenim **S**   6 ubi verbi **NF** || magis quam **C**   magis *om.* **S**   7 ac] atque **β** (*praeter* **NF**) **Ro**   8 parum **C**   9 etiam] enim **C** *p.c.*   10 palmarium **N** *p.c.* (palmarum *a.c.*) **F**   12 constantinopoli **NF** || degentes] parentes *corr. in marg. ex* degenus **M** (degenus *etiam* **S**)   13-15 ipsis – opposuit *def.* **C**   13 ipsius **M F**   14 omnibus **b Ro**   15 christi nomen **N**   nomen Dei **Ro**

De Candida et Gelasia
α = **C** (**S**)**M** (**S** *tantum lin. 1*)   **β** = **VB bG E NF**   *om.* Lat. II
Gr: P   Syr: R4   **Ro**

in marg. XLVII **M**   XLVI **VB bG**   De beata muliere candida nomine. XLVI **N**   De beata muliere candida **F**   Inc.] *def.* **C**   *om.* **S E**

1 Quam – beata *def.* **C** || Quam – vitae *in fine antecedentis capituli in ras. + ca. 40 litt. (= 2 lin.) eras.; sequitur lac. usque ad* Cap. 65, §6 **S** || vitae moribus **NF**   2 Candida *def.* **C** || militum *def.* **C** || digna] magna **β Ro** || nominis – cultrix *def.* **C**   3 egregia **β Ro** || conversatione *def.* **C** || sanctas atque *def.* **C**

329 D 57.2 ⌜Quae filiam quidem propriam doctrina sua virginitatis ordine copulatam praemisit ad Christum ut maximum donum laterum suorum atque virtutum. Postmodum vero consummatis castitatis ac sanctitatis bonis omnibusque rebus suis competenti distributione dispersis et ipsa suam filiam subsecuta est.

(§2) 57.3 Hanc ego laborantem noctibus totis ac propriis manibus molentem semper ad infringendas vires corporis sui noram atque hoc referentem saepius audiebam, quia, cum ieiunium ei solum sufficere non posset, et laboriosas sibi vigilias addidisset, quae adversum corpoream potestatem una cum ieiunio dimicarent, quo superbiam mentis tumoremque deponeret.

330 A 57.4 ⌜Haec ipsa ab omni se animalium carne semper abstinuit, piscem autem et holera cum oleo religiosis tantum ac sanctis diebus sumere solens per reliquum aevi sui tempus posca et sicco pane contenta vivebat.

(§3) 57.5 Cuius deinceps imitata est vestigia Gelasia nomine castissima mulier sensibusque piis ad iugum virginitatis accessit. Tribuni autem cuiusdam filia fuit hac, quam dicturi sumus, virtute memorabilis, quod *numquam iracundiam ipsius vidit solis occasus*, sive contra servum sive contra ancillam suam sive contra quemcumque alium fuisset irata.

---

22 *cf.* Eph. 4,26

---

22 *cf.* Cassian. inst. 5,27 22/23 *cf.* Sulp. Sev. Mart. 27,1

---

5 quidem] *def.* **C** *om.* **NF** || doctrinae suae **Ro** || ordine] *def.* **C** ordini **M** *p.c.* 6 Christum ut *def.* **C** || ut] et *del.* **M** 6/7 laterum – virtutum] Gr: τῶν ἑαυτῆς λαγόνων (*idem* Syr) 6 laterum **β Ro** *(cf. Praef. C4)* laborum **α** 7 atque *def.* **C** || *p.* virtutum *add.* habens **C** || vero] cum *in ras.* **C** 7/8 consummatis – dispersis] Gr: σωφροσύνῃ καὶ ἁγνείᾳ καὶ τοῖς τῶν χρημάτων σκορπισμοῖς 7 consummatis *scripsi (cf. Praef. C4)* consummatione *corr. ex* consummatio **C** consumatio **M** *a.c.* **G** consumato **M** *p.c.* **VB** consummato *cett.* **β Ro** || sanctitatis officio **β Ro** 8 bonisque **C** *p.c.* bono **M** *p.c.* || omnibus **C** *p.c.* **β Ro** || rebus] *om.* **C** rebusque **Ro** 10 ego] ergo **B** *a.c.* **bG F** || totis *om.* **VB Ro** || totis noctibus **F** 11 corporis sui vires **NF** || noveram **C** *p.c.* **β Ro** 12 adiebam **C** *a.c.* || possit **C** *a.c.* || et] *del.* **C** etiam **β Ro** 13 incorporeas potestates **β Ro** Gr: τὸ φρύαγμα τοῦ Ἠσαῦ (*idem* Syr) 14 quae **NF** 14/15 deponerent **V** 16 se *om.* **Ro** 17 religiosis] festis **β Ro** || tantum *om.* **Ro** 18 posca] postea **C** || et] vero *add.* **C** || videbatur **G** 19 *bis in marg.* De gelasia casta muliere **b** 20 sensibusque] quae sensibus **β Ro** || piis *def.* **C** 20/21 accessit – fuit *def.* **C** 21 hac – memorabilis] Huius etiam (et **Ro**) optimae feminae memorabilis virtus refertur **β Ro** || hac – virtute *def.* **C** || quam *in ras.* **M** || quod *om.* **C** 22 iracundiam *om.* **G** || viderit **β Ro** 23 suam *om.* **V Ro** || quemque **Ro** || alium fuisset *def.* **C** || irata + Fugiebat enim haec beatissima memoriam malitiae sciens (sciebat **NF**), quod iter eius ad aeternam mortem perduceret. **β Ro**

58. De monachis in Antinoo civitate habitantibus (Ro.: Caput XLV.-XLVII.)

58.1 ⌜In Antino⟨o⟩ Thebaidis provinciae civitate quattuor iugiter annis (§1) 330 B fui, per quod omne tempus monasteria illic universa cognovi. Habitant autem mille ac ducenti viri probatissimae vitae circa memoratae territorium civitatis suarum se manuum sudore pascentes. Ex quibus multi se, quos anachoritas vocant, ad speluncarum rupes ac solitudines contulerunt.

58.2 Inter quos Solomon nomine monachus castissimus atque mitissimus fuit, qui gratia divinitatis acceperat patientiam singularem quique se quinquagesimum in spelunca sua annum habere dicebat manibus semper suis victui suo sufficientissime subministrans, scripturas autem sanctas omnes didicisse videbatur.

58.3 ⌜Dorotheus quidam presbyter in spelunca alia degens inmensae (§2) 330 C bonitatis fuit et inreprehensibilem etiam ipse vitam peregit. Qui eo, quod meruerat, sacerdotis officio omnibus illic sancta mysteria fratribus ministrabat.

58.4 Huic quondam iunior illa Melania maioris Melaniae neptis, de qua in sequentibus dicam, quingentos numero transmiserat solidos rogans, ut fratribus illic degentibus eos ipse divideret. Ex quibus ipse tres tantummodo tulit, reliquos Diocli cuidam solitario monacho iussit dari,

---

ad §4 *cf.* HL Cap. 10, §§ 3-5; Vita Melan. 38

α = **C M** β = **VB bG E NF** *om.* Lat. II
Gr: P(W)TA Syr: R3, R4 **Ro**

XLVIII *corr. ex* XVIII **M** XLVII **β** *praeter* **NF** De antino thebaidis provintiae civitate. XLVII **N** De antino thebaidis provintie **F** Inc. *om.* **C**

1 Antinoo **Ro** antino *codd. (cf. ThLL II 170, 72)* Gr: Ἀντινόῳ || IIII **G** || annis iugiter **Ro** 2 diversa **G** 3 autem *om.* **NF** || ac] et **β Ro** || probatissimi **β Ro** || vitae *om.* **β Ro** || circa] in **β Ro** || memorato **NF** 3/4 territorio **β Ro** 4 se *prim. om.* **C** 4/5 se *sec.* – solitudines] (quos anachoretas vocant) ad rupium et solitudinum se speluncas **Ro** || se *sec. transp. p.* speluncarum **β** 5 ad – solitudines] Gr: ἐν τοῖς σπηλαίοις τῶν πετρῶν || ac] ad **NF** 6 *in marg.* De salomone quodam castissimo atque mitissimo **b** || Solomon **M** salomon *cett.* **Ro** Gr: Σολομών Syr: „Salomon" 7 gratiam **bG** 8 in *om.* **bG** 9 suis *add.* **F** || victum sibi **M** *p.c.*

11 XLVIIII *corr. ex* LIXLVIIII **M** XLVIII **VB bG** XLVIIII **E** De dorotheo episcopo. XLVIII **N** De beato dorotheo episcopo **F** Inc. *om.* **C**

quidem **N** *a.c.* 12 bonitatis suae **N F** *a.c.* bonitatis vir **F** *p.c.* || etiam *om.* **Ro** || quod] quo **C** 13 officium **β Ro** 13-15 illic – maioris *def.* **C** 15 melanius **M** *a.c.* 15/16 de qua *om.* **C** 16 sequentibus *def.* **C** 16/17 rogans, ut *def.* **C** 18 *in marg.* De quodam viro nomine diocles *et* De quodam viro diocles nomine **b** || cuidam] *ca. 7 litt. eras.* **C**

330 D viro omnium rerum scientia praedito, quem ⌜ille longe sapientiorem se esse dicebat, qui posset sine aliqua animae laesione cuncta dividere per eos, quos vere necessariis rebus sciret egere, illos tres solidos dicens sibi posse sufficere.

(§3) 58.5 Hic ipse Diocles grammaticus quidem primum fuit, philosophiae autem se postea dederat, sed tempore procedente, cum vicesimum octavum annum ageret aetatis, gratia eidem divina persuasit, ut saecularibus rebus atque doctrinis renuntiaret, ad institutionem vero se Christi scientiamque conferret, et ipse igitur eo tempore tricesimum et quintum annum in speluncis habens nobis ista dicebat: „Sensus", inquit, „humanus, cum a
331 A cogitatione recesserit ⌜dei, aut quodcumque animal aut daemon incipiet fieri."

58.6 Cuius dicti cum rationem ab eo cuperemus accipere, ista aiebat: „Qui a deo", inquit, „recesserit, necesse est, ut aut in desiderium aliquod aut in aliquam iracundiam ruat." Desiderium quidem illud insensatorum animalium, iracundiam vero daemonum esse dicebat.

(§4) 58.7 Me autem contradicente: „Quemadmodum", inquam, „potest fieri, ut cum deo iugiter maneat sensus humanus?" hoc tunc ille dicebat: „In quacumque", inquit, „cogitatione et in quocumque actu anima hominis illius fuerit, qui secundum deum vivens eidem placere festinat, cum deo eum esse manifestum est."

---

19 longe ille **β Ro** 20 possit **C** *a.c.* **M** || animae aliqua **E** || laesione animae **VB Ro** 20-22 per – sufficere] cum sciret amplius ac rationabilius quantum unicuique (cuique **V Ro**) distribuere debuisset dicens sibi illos tres solidos posse sufficere **β Ro** 21 quos – egere **M** *p.c.* (sciret egere *add. in marg.*) quibus (*corr. ex* quos) videbat (*corr. fort. ex* vere) necessaria suis rebus dare (suis *add.*) **C** 21/22 illos – sufficere] Gr: ἐγὼ γὰρ τούτοις ἀρκοῦμαι (Syr *al.*) 21 illos tres *scripsi cum* **β Ro** *(cf. Praef. C4)* duos tantum **α** || dicens sibi *scripsi cum* **β Ro** dicens uni (uni *add.*) **C** unicuique dicens (unicuique *add. in marg.*) **M** 23 primum quidem (quidem *del.*) **C** quidem primus **NF** 24 sed postea tempore **NF** 26 et ad **C** || vero *om.* **C** || se *transp. a.* conferret **β** (*om.* **N**) **Ro** || scientiamque + caelestis philosophiae **β Ro** 27 et *prim. om.* **C** || igitur *om.* **VB Ro** 28 inquit] *del.* **M** *om.* **β Ro** 29 aut *prim.* – fieri *scripsi (cf. Praef. C4)* aut quaecumque anima laus daemonis incipiet fieri **α** aut daemoni efficitur similis aut mutis animalibus comparatur **β Ro** Gr P: ἢ κτῆνος γίνεται ἢ δαίμων 31 rationem cum **β Ro** || agebat **C** dicebat **N Ro** 32 Qui] *def.* **C** Quia si quis **β Ro** || inquit] *del.* **M** *om.* **β Ro** || ut – desiderium *def.* **C** 33-35 aliquam – Quemadmodum *def.* **C** 33 ruit **E** *a.c.* || illud *add.* **B** 35 inquam, „potest] posset **β Ro** 35/36 potest fieri *def.* **C** 36 cum] in **C** Gr: μετὰ (*idem* Syr) || remaneat *corr. ex* remeat **E** || hoc *def.* **C** 37 inquit] *del.* **M** *om.* **β Ro** || cogitatione *def.* **C** || et] vel **β Ro** || quolibet **β Ro** || hominis *def.* **C** 38 deum *add.* **G** || vivit + si pia est **β Ro** (*21*) || eidem placere *def.* **C** || eidemque **β Ro**

58.8 ⌜Huic vicinus erat Capito quidam nomine, qui priore vitae suae 331 B tempore latro fuerat quique, cum in spelunca sua quinquaginta implesset annos, ne usque ad quartum quidem lapidem Antinoensis oppidi umquam voluit accedere neque usque ad fluvium, qui erat proximus, Nilum dicebatque, quod necdum se conversationi atque sermoni hominum plurimorum posset inserere, eo quod adhuc ei fortiter repugnaret communis inimicus.

58.9 Cum isto vidimus et alium quendam ex illis solitariis viris aeque *(§5)* et ipsum intra speluncae suae secreta viventem, qui vanae gloriae stimulis sub imagine somniorum inlusus atque deceptus simili et ipse solebat modo eos, quos inducebat, inludere et *pastor quodammodo videbatur esse* ⌜*ventorum*, incorruptam quidem habens corpoream castitatem sine 331 C dubio et propter ipsam senectam et propter plurimum, quod habebat in desertis locis, tempus et propter ipsam forsitan inanis gloriae vanitatem, quae cor eius ac sensus perversarum, ut solet, rerum cogitatione vitiaverat.

50/51 *cf.* Prv. 9,18 *et* 10,4   *app. crit. ad lin.* 51 *cf.* Sir. 34,2

50/51 Zen. 1,99: ἀνέμους γεωργεῖς; Diogenian. 1,51 *et* Mantiss. Prov. 1,17: ἀνέμους γεωργεῖν; Aug. c. Faust. 15,6 (p. 428,4): adhuc pascis ventos

---

40 De capitone **C**   De capitone. L (*corr. ex* LI) **M**   XLVIIII **β** *praeter* **NF**   De capitone quodam qui prior latro fuerat. XVIIII **N**   De quodam capitone qui prius latro fuit **F**

Huic vicinus] *ras. ca. 9 litt.* **C**   Hic iuvenis **β Ro**   Gr: Τούτου πλησίον (*idem* Syr) || capitone **F** || vitae suae] *def.* **C**   vita (*corr. ex* vite) sua **N**   41 tempore] *om.* **N**   *add. p.* priore **F** || in *def.* **C** || quinquaginta] plures *add.* **C**   Lta **G**   42 nec **F Ro** || quidem *om.* **β Ro** || oppidum **NF**   43 neque usque] *def.* **C**   ne usque **VB G**   nec usque **Ro** || Nilum] nilo **C** *p.c.*   *transp. a.* qui erat **β Ro**   45 posset ingerere **β** (ingereret **N**) **Ro** || ei *om.* **β** (*praeter* **NF**) **Ro**   47 *in marg.* De quodam qui vanae gloriae stimulis deceptus est **b** || Cum isto *del.* **M**   48 speluncam suam secretae **C** || vana gloria **M** *p.c.* || stimulatus **M**   49/50 modo solebat **β Ro**   50 eos *om.* **C** || pastorem admodum *corr. ex* pastor quodadmodum **C** || quodammodo insipiens **β Ro**   50/51 dicebat se esse venturum **C** *p.c.*   51 ventorum + atque persecutor umbrarum **β Ro** || habens quidem **C** (quidem *corr. ex* quidam) **B** *a.c.*   quidem *del.* **M** || corpore **NF** (corpore habens **F** *a.c.*)   52 et *prim.* – senectam *om.* **b** || et *prim. om.* **NF**   53 et propter] n// *in ras.* **C** || ipsa **C** *p.c.* || forsitan *del.* **C**   53/54 vanitatem – vitiaverat *def.* **C**   54 quam **Ro** || vitiaverat + divinaeque (-que *del.* **F**) conversationis fecerat alienum **β** (*a.* fecerat *add.* se **F**) **Ro**

59. De Amata et Taor (Ro.: Caput XLVIII.)

(§1) 59.1 Sunt vero in eadem illa Antinoensium civitate duodecim monaste-
331 D ria virginum feminarum, in quibus Amatam quandam nomine senem ⌜vidi octoginta iam in monasterio suo annos habentem, sicuti vicinae ipsius et ipsa referebat. Cum qua sexaginta numero mulieres habitantes atque viventes in tantum eandem diligebant, ut nec clavem quidem vestibulo monasterii ad similitudinem ceterorum necesse fuerit adfigi; sola enim illic omnes eas dilectio anus ipsius amorque retinebat.

59.2 Haec ipsa, quam dixi, senex usque adeo purae mentis et corporis erat a cogitatione et passione peccati, ut, cum ad ipsam ingressus fuissem
332 A atque sedissem, iuxta me indifferenter sederet, manus etiam suas ⌜supra humeros meos poneret stupenda inmensae fiducia castitatis.

(§2) 59.3 In hoc ipso virgo quaedam Taor nomine, discipula illius, triginta annos in monasterio habens non tunica, non maforte, non calciamentis umquam novis uti voluit hoc dicens: „Nihil“, inquit, „tale desidero, ne propter hoc et foras progredi cogar.“ Aliae quidem omnes dominico

---

α = **C M** **β** = **VB bG E NF** *om.* Lat. II
Gr: P(W)TA Syr: R4, R3 **Ro**

LI *corr. ex* LII **M** L **β** *praeter* **NF** De duodecim monasteriis virginum in anthiociae civitate. L **N** De XIIcim monasteriis virginum que sunt in anthiochia civitate **F** Inc. *def.* **C**

1 Sunt vero *def.* **C** || illa *om.* **Ro** || antiocensium **F** || XII **C** XIIcim **G E** (**E** *in marg.*) 2 feminarum + perfecta conversatione viventium **β Ro** || *in marg.* De ancilla christi amata nomine sene mirabilis sanctitatis et castitatis **b** || *in marg.* De sancta amata **N** || Amatam *(cf. Praef. C4)*] *in ras.* **M** Gr: ἀμμᾷ Ταλίδι Ba, Ἀματαλίδι Bu (= PB), ἀμμά τινι Ταλίδι T Syr: „Amantalida“ || quandam *corr. ex* quodam **E** quondam **F** || nomine + ancillam christi **β Ro** 3 LXXX **C** octuaginta **β** *praeter* **E** (octoaginta **G**) || annos *transp. a.* iam **C** || sicuti] *def.* **C** sicut **M** 4 ipsa] ipsae **N F** *a.c.* || referebant **M** *p.c.* **NF** || Cum qua *def.* **C** || LX **C** || atque *def.* **C** || atque + in abstinentiae puritate per eius doctrinam **β Ro** (*29*) 5 in *del.* **C** || eandem omnes **β** *praeter* **NF** omnes se **N** omnes eam **F** eadem omnes **Ro** || ut *def.* **C** || ne **β Ro** 6 ceterarum **Ro** || esset **β Ro** || infigi **β Ro** 7 omnes] comes **E** || eas *om.* **C** || inmensa dilectio **β Ro** || ipsius *def.* **C** || amorque] doctrinaque **β Ro** || retinebat + ad incorruptionis gloriam corpora earum mentesque conservans **β Ro** 8 ipsa *def.* **C** || usque *def.* **C** || et *def.* **C** 9 et] ac **C** || *p.* peccati *add.* et corruptione **F** 10 atque sedissem *om.* **b** || me *add. in marg.* **F** || indifferenter **β Ro** (*cf.* Prol. II, §8) indiffidenter **α** || sederet *def.* **C** || manum **N** *p.c.* || suam **N** 11 humeros *in ras.* **M** || meos *def.* **C** || stupendaque illi (illic **Ro**) erat in christo **β** (in christo *add. a.* erat **F**) **Ro** 12 *in marg.* De sancta quedam nomine taor **b** || *in marg.* De sancta taor **N** || In – ipso] Gr: Ἐν τούτῳ τῷ μοναστηρίῳ Syr: „Dans un monastère de la ville d'Antinoé“ || *p.* ipso *add.*] loco **C** monasterio **E** || virgo erat **NF** || Taor **β Ro** taos **α** Gr: Ταώρ || *p.* illius *add.* fuit **C** || XXXta **C G** 13 in *del.* **M** || non maforte *del.* **C** || mavorte **β Ro** 14 novis] *def.* **C** *corr. fort. ex* nos **M** *add.* **F** || uti *add.* **G** || dicens *def.* **C** || inquit] *del.* **M** *om.* **β Ro** || tale *def.* **C** 15 et *del.* **C**

tantum die causa divinae communionis procedere ad ecclesiam sanctam solebant, illa vero extremis induta pannis in monasterio sola residebat opus iugiter suum faciens.

59.4 Tam elegantis autem formae erat, ut castissimum quoque et constantissimum virum vultus ipsius ac pulchritudo posset inlicere, nisi ita moribus esset ornata itaque in semetipsa haberet inaestimabilem
⌜quendam custodem propriae castitatis, qui etiam cupidos alicuius turpiter 332 B
oculos ad inmensum pudorem conpelleret ac timorem.

60. De virgine et martyre Collotho (Ro.: Caput XLVIII.)

60.1 Alia quoque in vicino commanebat, cuius ego faciem quidem *(§1)*
videre non potui; numquam enim, ex quo huic mundo renuntiavit, de monasterio suo refertur egressa, in quo sexaginta annos una cum matre sua habitans implesse memoratur.

60.2 Cui ad postremum, cum recessura de saeculo esset, in visione adstitit Collothus vocabulo martyr, qui in hisdem colebatur locis, hoc ei dicens: „Hodie“, inquit, „*ad dominum tuum perges*, ubi et sanctos omnes videbis. Veni igitur ad basilicam martyrii mei, ut illic prandeas mecum.“

60.3 Quo audito prima statim luce surrexit ac solito more vestita in
sportella sua panem et olivas ⌜et holera comminuta sustulit secum et tunc 332 C
primum post tot annorum curricula procedens ad martyrium sancti venit.
§Ubi orationibus rite perfectis opperiri coepit tale tempus diei, quo omnes *(§2)*
penitus a memorato recederent loco. Quod cum ita factum videret, coepit

---

16 causa *def.* **C** ‖ sanctam] *def.* **C** *om.* **Ro** 17 sancta vero illa **Ro** 18 opus – faciens *om.* **b** ‖ suum iugiter **F** 19 autem *add.* **b** 19/20 quoque – constantissimum *om.* **M** 19 quemque **Ro** 20/21 ipsius – semetipsa *def.* **C** 20 possit **M** *p.c.* 21 itaque] ut **β Ro** ‖ habebat **C** *p.c.* ‖ inextimabilem **N** 22 etiam] et **Ro** 22/23 cupidos – oculos] oculos cuiusquam turpiter cupientis **β Ro**

De virgine et martyre Collotho 7 *cf.* Gn. 24,56

α = **C M** **β** = **VB bG E NF** *om.* Lat. II
Gr: P(W)TA Syr: R3 **Ro**

Inc. *om. omnes*

1 *in marg.* De alia quadam cui sanctus martyr coluthus ante ex<itum> apparuit **b** ‖ quidem *del.* **M** 3 suo *om.* **Ro** ‖ fertur **E** *p.c.* **Ro** ‖ LX **C F** LXta **G** 5 e saeculo esset **V** *a.c.* esset e saeculo **Ro** 6 Collothus **C** colutheus **M** colothus **V F Ro** coluthus *cett.* **β** Gr: Κόλλουθος ‖ isdem **M** *p.c.* **F** eisdem **Ro** 7 inquit] *del.* **M** *om.* **β Ro** ‖ dominum deum **M** 7/8 videbis omnes **Ro** 8 ad] in **VB Ro** 10 sportellam suam **M** ‖ olivas *corr. ex* aliud *et* olivam *add. in marg.* **G** 11 tot *om.* **NF** 13 videret *om.* **b**

sedere et invocare martyrem sanctum dicens: „Sancte“, inquit, „Collothe, benedic escam meam et veni orationibus tuis mecum.“

60.4 Sumpto igitur cibo et facta rursus oratione circa solis occasum ad monasterium suum rediit. Ubi matri suae Clementis, qui Stromateus cognomine dicebatur, libellum dedit in Amos prophetae dicta conscriptum hoc ei dicens: „Istud“, inquit, „episcopo, qui exul extat, dabis dicesque ei, ut pro me orare dignetur: Proficiscor enim.“

332 D 60.5 Et in ipsa nocte defecit et neque aut dolorem ⌜ullum capitis aut calorem corporis sensit, sed ipsa se ita, ut erat, sepeliendam conposuit.

61. De Melania iuniore (Ro.: Caput XLIX.)

(§1) 61.1 Et quoniam in superioribus relaturum de iuniore Melania me spopondi, necessario nunc debitum reddam. Nec enim iustum est veluti praetereundo transiri tam laudabilem ipsius in corpore iuventutem tantamque eius sine aliqua memoria litterarum praeterire virtutem, quanta in senibus ac studiosissimis circa deum feminis merito praedicatur.

---

app. crit. ad lin. 22 Ps. 30,6; Lc. 23,46 (*cf.* HL Cap. 10, *app. crit. ad lin.* 30)

---

14 sanctum martyrem **Ro** || inquit] *del.* **M** *om.* **β Ro** || Collothe **C** coluthee *corr. ex* coluthe **M** colothe **β Ro** Gr: Κόλλουθε 15 et – mecum] atque intercessionibus (interventibus **Ro**) tuis mecum proficisci dignare **β** (mecum *add.* **F**) **Ro** || subveni **C** *p.c.* || mecum] mihi **C** *p.c.* 16 et *def.* **C** || fata **V** 16-18 solis – cognomine *def.* **C** 18 cognomine *om.* **β Ro** || in *add.* **N** 19 Istud *(cf. ThLL VII 2, s. v. libellus, 1262, 54: „pro neutro habet ...“)*] Istum **C** *p.c.* **Ro** || inquit] *del.* **M** *om.* **β Ro** || exul extat] me sepeliet *in ras.* **M** || extat **C** *(ut videtur: tantum* t *legi potest)* **β** stat **Ro** || 20 ei *om.* **NF** || enim + ad dominum meum **β Ro** 21 in *om.* **C** || illum **N** 22 calorem] dolorem **C** || ipsa se] ita ipsa se et **C** || ita *om.* **β Ro** || sepelienda **NF Ro** || conposuit + spiritum suum manibus dei commendans **β Ro**

De Melania iuniore 2-4 *cf.* HL Cap. 38, 2-4; HM 8,1; 32,1; Theodoret. hist. eccl. 1,2; Vita Barl. et Iosaph. prol. (860 B/C) *et saepius*

α = **C Z M** **β** = **VB bG E NF** *om.* Lat. II
Gr: P(T) Syr: R4 **Ro**

LII *corr. ex* LIII **M** LI **VB G E** De beata melania iuniore beati piani coniuge. LI **N** De beata melania iuniore beati piani coniuge **F** Inc. *om.* **C Z b**

1 Et – superioribus *om.* **Z** || Et *om.* **C** || superioribus erat **C** || *initium capituli a.* relaturum **α** (*a.* Et quoniam: **M** *p.c.*) || me *transp. p.* relaturum **Z** 2 respondi **NF** || necessarium **Ro** || debito **C** *a.c.* **Z M** *a.c.* 3 transire **C** *p.c.* **β Ro** 4 *a.* memoria *del.* et **Z** 4/5 quanta in] quae **β Ro** 5 senibus **β Ro** sensibus **α** Gr: γραῖδων (*idem* Syr) || studiis **C** *p.c.* || merito nunc praefertur **β** (merito *add.* **B**) **Ro**

61.2 ⌜Hanc igitur parentes quidem ipsius vi maxima nubere coegerunt primo cuidam Romani nominis viro. Quae tamen, semper cum iugibus aviae suae doctrinis stimularetur, eo usque spiritaliter in civitate processit, ut non diu in nuptiali proposito permaneret. 333 A

61.3 Nam cum suscepisset filios duos et uterque defuncti fuissent, venit ad tantum odium nuptiarum, ut hoc Piniano marito suo, Marci ex praefecto filio, diceret: „Si“, inquit, „diligis castitatem et monachus vis esse mecum, meum te ac vitae meae dominum confitebor; si autem grave tibi hoc videtur ut iuveni, accipe, quascumque habeo facultates, et liberum mihi meum corpus relinque, ut de cetero secundum voluntatem dei vivens possim implere, quod cupio, et uti, sicut aviae meae nomen accepi, ita et propositum eius ac vitae heredem esse ⌜me monstrem. §Nam si voluisset deus, ut filios haberemus, numquam mihi utrumque, quem peperi, inmatura morte rapuisset.“ (§2) (§3) 333 B

61.4 Cum diu itaque altercantum contentio iugum nuptiale vexasset, ad postremum deus miseratus est iuvenem inspirans etiam ipsius animae, ut saecularia ac terrena contemneret, ut etiam in ipsis sancta vox posset impleri per apostolum dicens: *„Unde scis, mulier, si maritum tuum salves?“*

61.5 Nupta igitur viro cum tredecim esset annorum, septem vero annos cum eo vixit, vicesimo renuntiavit. Et primum quidem, quicquid

---

23/24 *et app. crit. ad lin.* 24 1. Cor. 7,16

---

ad §§ 2-4 *cf.* HL Cap. 8, §§ 1-3; Vita Melan. 1-6; Vita Melan. (lat.) 1,1.3.5-6 6/7 *cf.* HL Cap. 8, 3/4; Hier. vita Malchi 3 (56 B); Cassian. conl. 21,1,1 *ad* § 3 *cf.* Hier. epist. 39,5,4-5 *ad* §§ 5-6 *cf.* HM 18,3; Vita Melan. (lat.) 1,19 25/26 *cf.* Vita Melan. 1; 8 26-29 *cf.* Vita Melan. 21

---

6 vi] *supra* VI *del.* sexies **Z** || maxima *corr. fort. ex* maxime **Z** 8 suae *om.* **C** 10 et *om.* **C Z** || uterque] ipsique **C** *p.c.* utrique **β Ro** 11 tantum + pro christi nomine **β Ro** || odium *om.* **NF** || nuptiarum contemptum **N** || hoc *om.* **Z** || piano **N** || Marci **α** *(cf. Praef. C4)* severi **β Ro** Gr: Σευήρου/Σεβήρου (*idem* Syr) 11/12 expraefecti **Ro** 12 filio] *add. in marg.* **b** *om.* **NF** || inquit] *om.* **Z β Ro** *del.* **M** 13 meum – ac *def.* **C** || meum *om.* **N Ro** || ac *om.* **Ro** 13/14 si – hoc *def.* **C** || tibi grave **Ro** 14 hoc *om.* **F** 14/15 accipe – cetero *def.* **C** 16 uti *del.* **C M** 16/17 sicut – monstrem] secuta eius virtutem aviae heredem me esse cuius et nomen habeo recognoscam **β Ro** 17 voluisset *def.* **C** 18 filios haberemus] hoc saeculo frueremur **β Ro** || utrumque *def.* **C** 19 matura **M** *p.c.* 20 Cum – itaque] Cumque de vita *corr. ex* Cum de vitaque **M** || Cum diu] *def.* **C** Quamdiu **Z** || altercantium **C** *p.c.* **β Ro** 21 ad *def.* **C** || etiam] *def.* **C** *del.* **M** 22 ac] atque **NF** || terrena] *def.* **C** terrena desideria **Ro** || etiam *om.* **β Ro** || ipsis quoque **β Ro** || possit **Z M** 23 sis **NF** || mulier *def.* **C** || tuum *om.* **β Ro** 24 salvum facies (facias **NF**) + Unde scis (sis **NF**) vir si mulierem salvam facies? **β** (*a.* Unde *add.* aut **b**; si *om.* **V**) **Ro** 25 cum *om.* **F** || XIII **C** || VIItem **C** 26 vixit *def.* **C** || quidem *om.* **Z M** || quidquid **Ro**

vestium Sericarum in mafortibus habuit, sanctis altaribus dedit, quod et
333 C (§4) benedictam Olympiadem fecisse cognovimus. §Reliquas ⌜vero, quas habebat, Sericas vestes per varia ecclesiarum ornamenta distribuit. Argentum vero atque aurum suum per Paulum quendam Dalmatam civem, monachum atque presbyterum, navigio maris orientem usque transmisit.

61.6 Ita divisit cuncta, ut Aegypto ac Thebaidi decem milia solidorum transmitteret, item decem milia Antiochenae civitati atque illis, quae circa ipsam videntur esse, regionibus, provinciae quoque Palaestinae quindecim milia solidorum, ecclesiis per insulas positis una cum his, qui erant exilii relegatione damnati, decem milia, illis autem ecclesiis, quae sunt sub occidentali plaga, per semetipsam omnia, quae sciret hisdem
333 D (§5) necessaria, ministrabat. §⌜Haec autem et universa alia longe plura quam diximus – ut deus novit – ex manibus Alarichi fide propria tamquam *ex ore leonis* eripuit.

61.7 Servos vero promiscui sexus, quicumque manumitti volebant, usque ad octo milia liberos fecit. Nam reliquos, qui servire fratri ipsius maluerunt, concessit eidem ternos pro singulis solidos a fratre percipiens. Possessiones omnes, quascumque habuit in Aquitania, Gallia, Tarachone, Hispaniis Galliisque, distraxit. Eos vero tantummodo agros, quos intra Siciliam, Campaniam, Africam possidebat, sibimet reservavit, ex quibus monasteria deinceps aleret ac foveret.

39/40 2. Tm. 4,17; Ps. 21,22; 1. Mcc. 2,60 (*cf.* Dn. 6,22)

29-31 *cf.* Vita Melan. (lat.) 1,15 *ad* §6 *cf.* Vita Melan. 15; 19; Vita Melan. (lat.) 1,15 38-40 *cf.* Vita Melan. 19; Vita Melan. (lat.) 2,6 41/42 *cf.* Vita Melan. (lat.) 2,2 42/43 *cf.* Vita Melan. 10; Vita Melan. (lat.) 1,10 44-47 *cf.* Vita Melan. 11; 19; 20-22; 49; Vita Melan. (lat.) 1,10

---

27 in mafortibus *del.* **C** || mavortibus **β Ro** 28/29 habuit **F** *a.c.* 29 ecclesiarum *def.* **C** || distribuit ornamenta **Ro** 30 vero] *def.* **C** *om.* **β Ro** || quendam *def.* **C** || dalmatiae **NF** 31 presbyterum *def.* **C** || maris in orientem *corr. ex* mari orientem **C** 32 et ita **C** *p.c.* **β Ro** || ac] *def.* **C** atque **Ro** 32/33 decem – milia] decem milia **β** delegaret decem milia **Ro** 33 transmiserit **M** || milia *om.* **Z** || qui **Z** 34 ipsum **C** || regionibus decem milia **β Ro** 35 milia *om.* **C** || solidis **Z** || ecclesiis – positis] Gr: ταῖς ἐν νήσοις ἐκκλησίαις (*idem* Syr) || ecclesias *in ras.* **M** ecclesiis quae **β** (quoque **NF**) **Ro** || per *del.* **C** || insulas *scripsi (cf. Praef. C4)* singulas **C** *a.c.* **M** singulis **C** *p.c.* singula **Z** singulas insulas **β Ro** || positis] dispossuit **C** *p.c.* distribuit **M** *p.c.* sunt **β** (*om.* **NF**) **Ro** || iis **M** *p.c.* **Ro** 36/37 exilii – plaga *def.* **C** 36 damnati relegatione **Ro** || autem illis **M** *p.c.* autem *om.* **F** || ecclesiis + atque monasteriis et xenodochiis **β Ro** 37 plaga + cunctisque egentibus **β Ro** || *a.* per *add.* et **M** || sciebat **C** *p.c.* || isdem **Z** et isdem **N** eisdem **F** iisdem **Ro** 38 ministraret **Ro** || et alia **Ro** 39 ut *add.* **F** || ex *prim. del.* **C** || propria *def.* **C** 40 arripuit **N** 41 Servos *def.* **C** || quemcumque **C Z** *a.c.* || volebat **C** 42 Nam cum **V** Namque **Ro** 43 voluerunt **E** || concessis **Z** || eisdem **NF** || ternos – percipiens] ternis per singulos solidis distributis **β** (solidos **V**) **Ro** 46 et africam **β Ro**

61.8 Haec huius feminae sapientia in distribuendo onere divitiarum (§6) fuit. ⌜Propositi autem ipsius vita huiusmodi erat: Post alterum diem 334 A semper cibum capere consueverat – nam inter ipsa principia quinto quoque gustabat die – idque observans faciebat diurnas cum ancillulis suis ministerii sui vices, quas in asceterio ut sorores habebat.

61.9 Erat autem cum ipsa et mater eius Albina parem vitam habens similiterque proprias separatim opes et ipsa dispergens. Habitant vero in possessionibus suis semper et interdum intra Siciliam, nonnumquam intra Campaniam degunt cum eunuchis quindecim et sexaginta virginibus et cum aliis ingenuis vel ancillis.

61.10 Parem quoque et Pinianus coniux ipsius cum triginta monachis (§7) agit vitam, qui aut ⌜lectioni vacat aut hortorum amoenitatibus delectatur 334 B aut conspectibus atque sermonibus fruitur honestissimorum virorum.

61.11 Ne nobis quidem – et certe plurimis simul, qui Romam propter beatum Iohannem perrexeramus – non exigua praestiterunt, sed, dum et in illis partibus degeremus, officiosissimo nos susceperunt hospitio largissimisque sumptibus, cum exinde proficisceremur, honorarunt.

48/49 *cf.* Hier. epist. 108,16,1-2 49-51 *cf.* Vita Melan. 22; Vita Melan. (lat.) 1,24 51/52 *cf.* Vita Melan. 23; 41; 58; Vita Melan. (lat.) 1,23; Hier. epist. 108,2,2 53 *cf.* Vita Melan. 25; Vita Melan. (lat.) 1,25 56/57 *cf.* Vita Melan. 41 58/59 *cf.* Vita Melan. 49

---

48 honore **E NF** 50 cibum semper **Z** ‖ quinto] quando **C** 51 idque **Z** *p.c.* **M β Ro** id quod **C Z** *a.c.* ‖ observans **β Ro** *(fort. in* **M** *quoque legebatur)* observabat **C** *a.c.* **Z** servabat **C** *p.c.* ut servas **M** *a.c.* ‖ faciebat ut servans **M** *p.c.* ‖ diurnas **C** *p.c.* **M** diurnis **C** *a.c.* **Z** etiam diurnas **β** (autem **NF**) et diurnas **Ro** ‖ ancillis **C G F** *a.c.* 52 ministerii sui] ministeriis **Z** ‖ tamquam in **β** (tamen **NF**) **Ro** ‖ in asceterio] *del.* **C** in monasterio **Ro** 53 *in marg.* De albina matre eius **b** ‖ habens *def.* **C** et habens **N** 54 similiter **C** *p.c.* ‖ dispergens] *def.* **C** dispernens **M** *p.c.* 55 suis *om.* **V** 56 XV **C G** ‖ LX **C G** 57 ingenuis *om.* **C** ‖ vel *fort. del.* **C** 58 *in marg.* De piniani coniugis illius praeclarissimis moribus **b** ‖ Partim **M** 58/59 cum – hortorum *def.* **C** 58 XXX **G** XXXta **N** 59 lectioni vacat *in ras.* **M** lectioni (lectionum **NF**) sanctarum scripturarum vacat **β** (sacrarum **G** *a.c.*) **Ro** ‖ delectetur **F** *a.c.* 60 atque] aut **Z** 61 Ne] *del.* **C** Nec **M** *a.c.* **Ro** et **M** *p.c.* ‖ cum plurimi simul essemus **β Ro** ‖ Romam *om.* **NF** 62 non *om.* **β Ro** ‖ et *om.* **Z** 63 in *om.* **β** ‖ degemus **NF** ‖ officiosissime **C Z** officiosissimum **M** *a.c.* ‖ receperunt **Z** 64 lacrimisque **NF** ‖ honoraverunt **C** *p.c.* **β Ro** onerarunt *corr. ex* honerarunt **M**

62. De Pammachio (Ro.: Caput L.)

62.1 Horum parens Pammachius nomine, vir proconsularis, similiter saecularibus renuntiavit multumque laudabilis moribus vixit. Qui omnes
334 C proprias facultates partim, dum in ⌜saeculo esset, ipse dispersit, partim fratribus atque pauperibus moriens dereliquit.

62.2 Hoc idem et alter, Macharius nomine ex vicariis, fecit et Constantius quidam, qui consiliarius praefectorum in Italiae partibus fuit, nobiles valde et scolastici viri ac plurimo dei amore sublimes. Quos adhuc credo superesse egregia monachorum institutione viventes.

63. De virgine et Athanasio (Ro.: Caput LI.)

(§1) 63.1 Virginem quandam in Alexandria noveram civitate, quam ego
334 D septuaginta annos agentem vidisse ⌜me memini. Cui testimonium clerici illic omnes ferebant, quod tunc, cum adhuc iuvenis videretur, viginti fortassis annorum, pulchritudinis magnae, conspectus omnium vitare

---

α = **C M** β = **VB bG E NF** *om.* Lat. II
Gr: PT Syr: R4 **Ro**

LIII *corr. ex* LVIII **M** LII **VB G E** LI **b** De beato pamachio. LII **N** De beato pamachio **F** Inc. *om.* **C**

1 Horum parens *om.* **M** ‖ similiter] *del.* **M** *om.* **C** 2 saecularibus pompis **β Ro** ‖ laudabilibus **C** *p.c.* **Ro** 3 partim – dispersit *om.* **NF** ‖ partem *(prim. et sec.)* **C** 4 moriens + migransque ad dominum **β** (*a.* migransque *corr.* erogavit *ex* rogavit **N**) **Ro** (***63***) ‖ reliquit **Ro** 5 *in marg.* De alio machario et constantio qui in italiae partibus fuerunt viri valde nobiles **b** ‖ exvicarius **V E** *a.c.* 6 praefectorum – fuit *om.* **C** ‖ partibus fuit] fuit regionibus **Ro** 7 nobiles – sublimes] Gr: ἄνδρες ἐπίσημοι καὶ λογικώτατοι καὶ εἰς ἄκρον φιλοθείας ἐλάσαντες (*idem* Syr) ‖ nobiles **β Ro** nobilis **α** ‖ *p.* valde *add.* fuit **C** ‖ scolastici viri **β Ro** scolasticus vir **α** ‖ sublimes **β Ro** sublimis **α** 8 egregiae + *ca. 5 litt. eras.* **V**

De virgine et Athanasio *ad* §§ 1-5 *cf.* Nicephor. Callist. hist. eccl. 10,6 (452 D – 453 C) *ad* §§ 1-4 *cf.* Soz. hist. eccl. 5,6

α = **C M** β = **VB bG E NF** *om.* Lat. II
Gr: P(W)T Syr: R3 **Ro**

LIIII **M** LIII **β** *praeter* **NF** De virgine quadam in alexandria commorante. LIII **N** De virgine quadam in alexandria commorante **F** Inc. *om.* **C**

1 quondam **C** *a.c.* ‖ *a.* ego *del. fort.* olim **C** ‖ LXX **C** ‖ me] *add.* **C** *om.* **M** 3 illi **M** *p.c.* ‖ omnes *corr. fort ex* homines **M** ‖ XXti **C** XX **G** 4 *a.* pulchritudinis *add.* ac **C** ‖ pulchritudinis *def.* **C** 4/5 omnium – ex *def.* **C**

consuesset, ne qua propter miraculum vultus sui ex suspicione quorundam macula notaretur.

63.2 Quo in tempore accidit, ut Arriani sub Constantio imperatore per praepositum eius Eusebium beato Athanasio Alexandrino episcopo facerent factionem et ut execrandas ei criminum calumnias excitarent. Tunc igitur ille venerabilis corruptum iudicium pollutumque declinans non amico se, non clerico, non parenti, non cuiquam alii credidit atque conmisit, §sed, cum subito quidam praefecturae apparitores ⌜ipsum *(§2)* 335 A investigantes domum eius intrassent, tunica ille tantum sua birroque vestitus medio noctis fugiens ad hanc virginem venit.

63.3 Ad quam tam inopinatae rei novitate perterritam his episcopus sanctus locutus est verbis: „Ab Arrianis“, inquit, „plurimum quaeror et calumniosis criminibus incusor. Ne igitur ego inrationabiliter deformer nota et propter me in peccatum ruant, fugiendum magis credidi. §Deus *(§3)* autem mihi revelare dignatus est dicens: ‚Apud nullum ita ut apud illam scias te posse salvari.‘“

63.4 At illa tunc gaudio laetitiae spiritalis erecta proiectisque cogitationibus vanis coepit totis sensibus esse cum domino sanctumque illum virum per sex annos intra cellae suae secreta celavit, quoad memoratus Constantius vixit, ipsa tunc illi abluens ⌜pedes, ipsa per se omnia ei, 335 B quaecumque necessaria erant, praeparans ac ministrans, libros quoque, quos ille quaerebat, mutuo sumens atque ipsi praebens legendos. Nullus tamen hominum in Alexandriae civitate per sexennium totum, ubinam sanctus Athanasius degeret, potuit invenire.

63.5 Ubi primum autem mors Constantii nuntiata est et hoc ad aures *(§4)* ipsius venit, nocte rursus, ut fecerat prius, indutus bene propriis vestibus in ecclesia subito stupentibus cunctis ac mirantibus invenitur. Quem omnes tunc veluti ex mortuis suscitatum se videre credebant.

---

5 consuisset **VB bG E** *a.c.* consuevisset **E** *p.c.* **Ro** || ne qua] neque **N** || sui] eius **Ro** || suspectione **C** || quorundam *in ras.* **M** 7 Quod **M** *a.c.* || per *om.* **N** 9 facerent *om.* **M** || ut] *del.* **α** *om.* **β Ro** || ei] *om.* **C** *del.* **M** || criminum *om.* **NF** 10 igitur *om.* **C** 11 amicos **C** || se *om.* **C** || clericos **C** || parentes **C** 13 eius *add. in marg.* **F** 14 media **C** || *supra* noctis *m.a.* vel nocte **C** || ad *def.* **C** 15 inopinae **M B b** *a.c.* **G** inopiae **V** *a.c.* 15/16 sanctus episcopus **Ro** 16 plurimorum **NF** 17 incurro **C** || et ego **β Ro** 17/18 inrationabili nota deformer **β Ro** 18 nota *def.* **C** || me + qui ad meam poenam inique parati sunt **β Ro** (***22***) || *a.* in *add.* fideles **M** 19 mihi + hac nocte **β Ro** (***23***) 21 tunc] cum **Ro** || spiritali **C** *a.c.* || proiectis **F** 29 variis **E** 22 totis *def.* **C** || deo **G** *a.c.* **Ro** 22/23 illum – per *def.* **C** 23/24 cellae – Constantius *def.* **C** 23 cellulae **N** 24 tunc *om.* **β Ro** || ei] et **Ro** 25 libros *def.* **C** 26 ille] ipse **NF** || sumens *def.* **C** || ipsi] illi **C Ro** 27 hominum *def.* **C** || Alexandria **Ro** || civitatem **M** 29 mors autem primum **Ro** 31 ecclesiam **C M** *a.c.* || cunctis *om.* **NF** || et admirantibus **VB Ro**

63.6 Amicis autem intimis suis satisfaciebat hoc dicens: „Propterea me“, inquit, „ad vestras non contuli latebras, ut tuto iurare possetis, 335 C ubinam degerem, vos nescire dicentes, et propterea, quia necesse ⌜erat ubique me quaeri. In cella vero illius virginis latui – ubi me celari nulla poterat esse suspicio, eo quod et pulchra et iuvenis videretur – dupliciter hoc consilio meo gaudens, quod lucrifacerem et salutem ipsius: Profui enim ipsi et famae vel gloriae meae.“

64. De Iuliana (Ro.: Caput LII.)

(§1) 64.1 Quaedam iterum virgo nomine Iuliana in Caesariensi Cappadociae provinciae civitate scolasticissima esse ac fidelissima dicebatur. Quae Origenem illum, qui multa conscripsit, paganorum seditiones metuendo fugientem per biennium totum suscepit atque celavit propriis ei sumptibus 335 D necessaria cuncta sufficiens ac ministerio suo eundem ⌜recreans.

64.2 Quae ego in vetustissimo quodam codice scripta versibus legi. In (§2) hoc notatum erat Origenis ipsius manu: §„Hunc“, inquit, „libellum inveni ego apud virginem quandam nomine Iulianam in Caesariae civitate, dum apud ipsam laterem, quae se illum ab ipso Symmacho interprete Iudaeorum accepisse referebat.“

64.3 Non sine causa autem virtutes quoque harum posui feminarum, ut sciamus, quod multis proficere modis possumus, si velimus.

---

34 me *add.* **M** || inquit] *del. (?)* **M** *om.* **β Ro** || ut – possetis] Gr: ἵνα εὔορκον ὑμῖν ᾖ || *p.* ut *add.* et **C** || tuto **β** (tutos **G**) **Ro** toto **C M** *a.c.* toto corde **M** *p.c.* || possetis] possitis **C** *a.c.* **M** *om.* **NF** 35 degerem] essem **C** *p.c.* || dicentes *del.* **C** || praeterea **C** *a.c.* 36 vero *del.* **M** || ipsius **NF** || celare **C** || nulla me **N** 37 et *prim. om.* **C** 38 meo consilio **Ro** || quod] quo **C** || et me lucrifacerem **β Ro** 39 et ipsi **β Ro** || vel *def.* **C**

De Iuliana

α = **C M**	β = **VB bG E NF**	*om.* Lat. II
Gr: P	Syr: R3, R4, R4a	**Ro**

LV **M** LIIII **VB G E** LIII **b** De quadam virgine iuliana. LIIII **N** De virgine quadam iuliana **F** Inc. *om.* **C**

1 iterum *def.* **C** 2 provinciae *om.* **β Ro** || esse *om.* **C** 3 paganorum *def.* **C** 3/4 metuendo – ei *def.* **C** 5 *a.* necessaria *add.* ad **F** || sufficiens *def.* **C** 6 quodam *def.* **C** 6/7 In – notatum *def.* **C** 7 Hunc *def.* **C** || inquit *del. et rest.* **M** 8 ego *om.* **Ro** || virginem *def.* **C** || quondam **C** *a.c.* || Caesariae] *def.* **C** Caesarea **Ro** || civitatem **M** 9 se] *om.* **C** *transp. p.* Iudaeorum **β Ro** 11 sine *def.* **C**

65. De virgine et iuvene agente in rebus (Ro.: Caput LIII.)

65.1 In alio quoque vetusto admodum codice, qui scriptum nomen *(§1)* Hippolyti eius, quem apostoli norant, ⌜habebat in titulo, relationem 336 A historiae inveni huiusmodi:

65.2 Nobilissima quaedam et pulcherrima, inquit, puella proposito virginitatis ac vita in Corinthiorum civitate degebat. Quam eo tempore, cum apud paganum iudicem quendam tunc persecutio vesana flagraret, veluti diis ipsorum sacrilegisque temporibus atque idolis conviciantem nonnulli criminibus appetebant. Insidiabantur autem pulchritudinem eius volebantque ex ea lucrum hi, qui huiusmodi mercium negotiatores esse consuerant.

65.3 Iudex vero insanus amore femineo votivam a calumniatoribus *(§2)* occasionem veluti quadam alicuius aure quadripedis mox accepit. Qui, posteaquam machinamentis atque artibus variis non potuit eidem ⌜persua- 336 B dere, quod voluit, novo contra eam furore desaeviens non aut poenae eam alicui destinavit aut morti, sed, quod erat gravius atque crudelius, in

---

11/12 *cf.* Jr. 5,8 *et* Ez. 23,20

---

ad totum capitulum cf. Ambr. virg. 2,22-33; Nicephor. Callist. hist. eccl. 7,13 (1232 B/C)

α = **C S** *(ex lin. 35)* **M** β = **VB bG E NF** *om.* Lat. II
Gr: PT Syr: R3 **Ro**

2 Hippolyti *def.* **C** ‖ in titulo *def.* **C** 3 historia *fort.* **C** *a.c.* **M** *a.c.* 3/4 inveni – inquit *del.* **C** 3 inveni] et *(del.)* alius inveni **M** in **N** *add. in marg.* **F** ‖ huiusmodi *om.* **M**

4 *initium capituli a.* Nobilissima *omnes*: LVI **M** LV **VB G E** LIIII **b** De quadam virgine nobilissima in corinthiorum civitate. LV **N** De quadam virgine nobilissima in corinthiorum civitate **F** Inc. *om.* **C**

puellae quae **C** *p.c.* ‖ *fort.* propositum *(def.)* **C** 5 vitae **C V** ‖ *p.* vitae *add.* habens **C** 6 iudicem paganum **Ro** ‖ iudicem *def.* **C** 7 veluti – conviciantem] Gr: ὡς βλασφημοῦσαν καὶ τοὺς καιροὺς καὶ τοὺς βασιλεῖς καὶ δυσφημοῦσαν τὰ εἴδωλα (καὶ τοὺς καιροὺς καὶ *om.* P) *idem* Syr (+ „et méprisé les sacrifices“) ‖ dis **b** *a.c.* **G** dies **Ro** (*error typographicus*; Ed. 1615: diis) ‖ temporibus] temporibus atque imperatoribus **β** (atque corporatoribus **V** *p.c.*) imperatoribus **Ro** ‖ atque idolis *om.* **β Ro** 8 nonnullis **C** ‖ appetere **C** *p.c.* impetebant **β Ro** 8-10 Insidiabantur – consuerant] Gr: προσεπῄνουν δὲ τὸ ταύτης κάλλος οἱ περὶ τὰ τοιαῦτα κάπηλοι. 8 Insidiabantur *supplevi ex* **β** (Insidiantur **NF**) **Ro** *(cf. Praef. C4) om.* **α** ‖ autem] propter *in ras.* **C** *del.* **M** ‖ pulchritudini **β Ro** ‖ *p.* pulchritudinem *add.* enim **M** 9 volebantque **β Ro**, *fort.* **α** *a.c.* volebant **α** *p.c.* ‖ ex ea lucrum *supplevi ex* **β Ro** *om.* **α** ‖ ii **M** *p.c.* **Ro** his **V** ‖ commercium **C** *p.c.* ‖ esse *def.* **C** 10 consuerant **C** consueverant *cett.* **Ro** 11 feminae **M** ‖ a *def.* **C** 12 quandam **M F** *a.c.* ‖ accipit **NF** ‖ Qui] Sed **β Ro** 13 machinatione mentis **N** machinatio mentis **F** 13/14 non – poenae *def.* **C** 15 aut morti *def.* **C** ‖ aut] et **NF** ‖ quod *def.* **C** lupanari eandem prostare praecepit lenonique ipsarum turpitudinum, ut ternos ad eum per singulos dies ex concubitu ipsius solidos exhiberet, iniunxit. Quam pecuniam cum a se leno sine dubio intellegeret flagitandam, in omnium eam, qui vellent, dedit potestatem.

65.4 Quod ubi praedae talius accipitres verum esse didicerunt, petebant atque observabant perditionis officinam datoque infelicissimae spei pretio (§3) loquebantur cum ea optabilium sibi principia voluptatum. §Illa vero precibus inmensis singulos rogans vulnus quoddam in interioribus corporis 336 C sui se habere dicebat, cuius si ⌜venientes ad eam sentirent foetorem, necessario semper effugerent ipsius contagionis horrorem. Ob quod universos miserabiliter orabat, ut paucos eidem concederent dies habituri postmodum ipsius, prout cuperent, etiam sine pecuniis potestatem.

65.5 Interea, dum et ista sic loquitur et orationes ad dominum perpetuas ac maximas facit, ipsis illis diebus videns castitatem sanctae virginis deus iuvenem quendam agentem in rebus tam vultu quam moribus bonum ita mente commovit, ut ille divino amore succensus cuperet interire. Sub specie ergo turpitudinis perpetrandae hora profunda noctis ad lenonem lupanaris ipsius venit quinque solidos offerens ei petensque, ut manere 336 D ipsi cum eadem illa nocte ⌜concederet.

(§4) 65.6 Ingressus itaque ad secretiorem domus partem dixit hoc virgini: „Surge, salva te“, inquit, „ac libera.“ spoliavitque se vestibus suis – hoc est camisia, clamide et aliis rebus virilibus cunctis – atque induit puellam dicens ei: „Summa“, inquit, „parte clamidis vela caput tuum et velata procede.“ Quae, cum se signasset in nomine domini, ita, ut iussit, egressa est. Quam sic dominus intactam incorruptamque servavit.

31-34 *cf.* Vita Mar. meretr. 6 (655 B/C) 36 *cf.* Vita Mar. meretr. 10 (658 A)

---

16 prostuprari *(?) corr. fort. ex* prostari **C** *(partim def.)* prostrare **VB b F** prostari **N** prostitui **Ro** 17 eum] id **M** *p.c.* 18 se *om.* **C** ‖ lenone **C** *p.c.* 19 *a.* in *add.* et quod **C** ‖ velint **M** *p.c.* **β Ro** 20 Quod ubi *del.* **C** ‖ praedae *def.* **C** ‖ talius] alius **C** *a.c.* talis **M** *p.c.* **β Ro** ‖ accipitres verum] accepit et alii res veras istas *corr. ex* accepit res verum **C** ‖ petebant] ibant **β Ro** 22 vero *add.* **F** 23 precibus *transp. p.* rogans **M** ‖ precibus vulnus *in ras. ca. 7 litt.* **M** ‖ in *add.* **C** 24 fetorem sentirent **Ro** 25 necessaria **N** *a.c.* **F** ‖ cogitationis **G NF** ‖ horrore **β** (*praeter* **NF**) **Ro** 26 orabat] precabatur **β Ro** ‖ concederent eidem **M** 27 postmodo **C** *a.c.* ‖ etiam] et **Ro** 28 istis **Ro** 29 illis ipsis **β Ro** ‖ sanctae *om.* **NF** ‖ deus + custos salutis humanae **β Ro** 30 *p.* iuvenem *ca. 2 litt. eras.* **C** ‖ moribus] mentibus **C** 30/31 ita – interire] Gr: ἐνέθηκε ζῆλον πυριφλεγῆ θανάτου Syr: „jeta ... le zèle ... jusqu’à la mort“ 31 divino amore *def.* **C** ‖ *p.* cuperet *add.* pro ea **C** cuperet pro ipso **M** pro ea cuperet **β Ro** 31-33 interire – petensque *def.* **C** 32 hora *om.* **M** ‖ profundae **G** 33 V **G** 34 ipsum **C** *p.c.* se *corr. ex* ipse **M** ‖ nocte illa **Ro** 35 Ingressusque **F** ‖ dixit – virgini] sic affatus est virginem **β Ro** ‖ *a.* dixit *redit* **S** ‖ dixit *om.* **C** 36 inquit] *del.* **M** *om.* **β Ro** 37 virilibus rebus **Ro** ‖ viriliis **C** *a.c.* 38 inquit] *del.* **M** *om.* **β Ro** ‖ et *om.* **M** ‖ velato **NF** 39 recede **Ro** ‖ se *add. p.* signasset **M** ‖ ita *om.* **NF** 40 deus **C**

65.7 Post triduo autem cognito omnibus hoc facto agens in rebus ille iudici traditus ac bestiarum feritate discerptus est, ut etiam in hanc partem confusus erubesceret daemon videretque eum tam propter suum quam propter beatae illius nomen duplici martyrio coronatum.

66. De quodam ex comite (Ro.: Caput LIV.)

66.1 ⌜Intra Ancyram Galatiae civitatem clarissimum quendam ⟨...⟩ *(§1)* 337 A nomine ex comite una cum Bosforia coniuge ipsius vidi, quorum vitam longo tempore expertus probavi quorumque conversatio tantum spe bona fruitur, ut filiorum quoque suorum praesentia lucra futurarum opum praemeditatione ac provisione contemnat. Nam possessionum omnium reditus pauperibus et egentibus largiuntur quattuor habentes filios ac filias duas, quibus ne unam quidem unciam exceptis his, quae iam nupserant, tradiderunt dicentes, quod post mortem parentum futura necessario essent omnia filiorum. Ipsi autem agrorum suorum colligunt fructus et per ecclesias ⌜civitatum vicorumque distribuunt. 337 B

66.2 Hoc etiam in ipsis egregium et admirandum scio: Nam cum adeo *(§2)* illic maxima fame quodam tempore laborarent, ut homines ne affectibus

---

41 Post triduum autem **α** *p.c.* Postero autem die **β Ro** Gr: τῇ οὖν ἄλλῃ ἡμέρᾳ (*idem* Syr) || agens *add. in marg.* **C** 42 hac **S M** *p.c.* **β Ro** 43 parte **S** *p.c.* **M** *p.c.* **β Ro** || confessus **S** *a.c.* **M** || daemon erubesceret **NF** || propter suum] pro sua salute **β Ro** 44 propter *om.* **F** || *p.* martyrio *ca. 4 litt. eras.* **S**

De quodam ex comite *ad* §1 *cf.* HM 18,3; Hier. epist. 108,5,2

α = **C SM** **β** = **VB bG E NF** *om.* Lat. II
Gr: P[T] Syr: R4 **Ro**

LXXXII + *ca. 40 litt. (= 2 lin.) eras.* **S** LVII **M** LVI **β** *praeter* **NF** De clarissimo quodam nomine in galatiae civitate **NF** Inc. *om.* **C**

1 Intra – civitatem *om.* **C** || In Ancyra **β Ro** || Galatiae provinciae **β** (provinciae *add.* **N**) **Ro** || civitate **β Ro** 1/2 clarissimum – ex comite] Gr: Οὐήρῳ (P)/Σευηριανῷ (T) τινὶ λαμπροτάτῳ ... ὃς ἦν ἀπὸ κομήτων Syr: „un certain dont le nom était Irounion, qui était un ex-comte, un homme brillant" 1 *a.* nomine *lac. indicavi: nomen excidisse videtur (cf. Praef. C4)* 2 excomitem **C Ro** || ipsius] eius **NF** 2/3 quorum – probavi *om.* **β Ro** 4 lucra praesentia **β Ro** || futurorum **α** 5 contemnat: suorum *non obstat* contemnant **β Ro** 6 redditus **S V B** *a.c.* **bG E** *a.c.* 7 iis **Ro** 7/8 quae – nupserant *def.* **C** 7 quae] qui **Ro** 8 dicentes – parentum *def.* **C** 9/10 necessario – fructus *def.* **C** 10 ecclesias + et monasteria et xenodochia cunctosque egentes **β Ro** 11 in] *def.* **C** *om.* **SM** de **Ro** || ipsum **S** || et] etiam **b** ac **NF** || mirandum **b NF** || *a.* scio *del. fort.* verum **M** || scimus **Ro** 11/12 cum – illic *del.* **C** 11 adeo *om.* **S** 12 illi **Ro** || maxima] maximo **S** *om.* **β Ro** || fame *om.* **S** || ut] *def.* **C** nec **N** || ne *def.* **C**

quidem parcerent suis, propriae illi beneficio largitatis haereticorum greges ad sectae nostrae rectam viam et gloriam veram transire fecerunt plurima in possessionibus suis frumenta condentes omniaque ea pauperibus dividentes.

66.3 Ipsa autem species habitus atque vestitus memoratorum tam honesta videtur et parca, ut humiles quidam atque despecti et ex propriis vestibus aestimentur; cibus vero eorum satis parvus ac tenuis vitaque omnis ipsorum admodum casta ac deo probata est.

337 C 66.4 ⌜In possessionibus maxime suis degunt fugientes conversationem et inlecebras civitatum timentesque, ne ex ipsarum rerum atque sermonum communitione participata cum ipsis quadam labe vitiorum a propositi sui tramite devient.

67. De Magna (Ro.: Caput LV.)

(§1) 67.1 In hac eadem Galatiae civitate multae quidem et aliae virgines usque ad duum milium vel eo amplius numerum abstinentia grandi honestis valde atque ornatis moribus vivunt.

67.2 Inter quas Magna quaedam vocabulo videtur excellere merito sanctitatis, femina multum probata, quam utrum virginem an viduam vocem, nescio. Mater enim illam sua maxima vi coegit, ut nuberet, illa

ad §3 *cf.* Vita Melan. (lat.) 1,8   *ad* §4 *cf.* Vita Melan. (lat.) 1,7

13 suis *def.* **C** || proprio **β Ro** || illae **S** 13/14 greges ad *def.* **C** 13 gregem **Ro** 14 sectae nostrae] *fort.* sectam nostram **S** *a.c.* catholicae fidei **β Ro** || *fort.* rectamque **S** *a.c.* || transire *def.* **C** 15 suis *om.* **NF** || frumenta *def.* **C** || pauperibus + et famem patientibus **β Ro** 18 videtur] videntur **N** *om.* **F** || *p.* parca *add.* erat **F** || ut] et **G** || quidem **C** *p.c.* || et] *del.* **SM** etiam **β Ro** 19 aestimentur] *def.* **C** extimentur **N** existimentur **Ro** || eorum *om.* **NF** 20 casta *def.* **C** || probata] promta **S** 22 timentesque *def.* **C** 23 communitione **C** *(cf. ThLL III 1933, 34 sqq.: „i. q. commonitione")* communione **SM** commotione **β** communicatione **Ro** Gr: τῷ συνασμενισμῷ || a *add.* **C** 24 devient *scripsi (cf. Praef. C4)* deviarent **C M** *def.* **S** deviare cogantur **β Ro** *(fort. recte)*

De Magna
α = **C SM** β = **VB bG E NF** *om.* Lat. II
Gr: P[T] Syr: R4 **Ro**

LVIII **M** LVII **β** *praeter* **NF** De magna quadam nomine in galatiae civitate. LVII **N** De virgine quadam magna in galatiae civitate (virgine *in ras.*) **F** Inc. *om.* **C**

1 Galatiae *def.* **C** || quedam **M** *a.c.* || virgines *def.* **C** 2 duorum **C** *p.c.* duo **NF** || et vel eo *corr. ex* et eo **G** || grandi *def.* **C** 3 valde *def.* **C** || moribus *def.* **C** 4 *in marg.* De beata magna **N** || Inter *corr. ex* In **C** 5 utrum *def.* **C** 6 illam *om.* **S** || sua *om.* **β Ro**

vero ⌜semper variis modis coniugem suum fefellit ac distulit, ut pura atque intacta (quemadmodum dicitur) permaneret. 337 D

67.3 Quae post breve admodum tempus defuncto marito totam se penitus ad deum contulit sub proposito vitaque monachorum honestam propriae domus curam gerens. Cuius quotiens hoc ratio vel necessitas postulasset, tam castus apud omnes et sermo et conspectus erat, ut eam propter inmensae meritum sanctitatis episcopi quoque revereri atque erubescere semper solerent. (§2)

67.4 Omnia haec propriarum superflua facultatum in ⌜peregrinos, debiles, episcopos transeuntes dividere atque erogare consuevit neque a tali umquam opere destitit tam per se hoc quam per eos, quos fidelissimos novit, servulos faciens, in nocturnis tamen orationibus ab ecclesia numquam recedens. 338 A

68. De misericordi monacho (Ro.: Caput LVI.)

68.1 In hac eadem similiter civitate monachum invenimus quendam, qui ad tale propositum post militiam parvi temporis veniens presbyter quidem semper, cum saepius cogeretur, fieri recusavit. Vicesimo tamen iam anno in monasterio degit huiusmodi consuetudinem habens: (§1)

---

ad §4 *cf.* HM 18,3

7/8 semper – intacta *def.* **C** 7 modis + aegrotam se simulans **β Ro** ‖ coniugalem **NF** 8 quemadmodum] ut **Ro** 9 Quo *corr. ex* Qu//m **M** ‖ marito *om.* **M** ‖ marito + cunctarum facultatum domina simul effecta **β Ro** ‖ *p.* totam *ca. 2 litt. eras.* **C** 10 penitus *def.* **C** ‖ proposito ac **C** *a.c.* **Ro** ‖ vitaque] *def.* **C** vita **Ro** 11 domus *def.* **C** ‖ quoties **Ro** ‖ hoc] *def.* **C** *om.* **S** ‖ oratio **S E** ‖ necessitatis **Ro** 12 tam] causa **Ro** ‖ et *prim. om.* **NF** ‖ conspicuus **M** *p.c.* 14 semper *def.* **C** ‖ solent **M** *a.c.* 15 Omnia *def.* **C** 16 et debiles **β** ac debiles **Ro** ‖ episcopos] *def.* **C** per episcopos **S** et episcopos (et *add. in marg.*) **M** atque episcopos **β Ro** ‖ erogare] *def.* **C** rogare **S** *a.c.* 16/17 a tali] *del.* **C** ad aliud **N** *p.c.* (ad illum *a.c.*) **F** 17 opere *def.* **C** ‖ tam – quam] et deo *in ras.* **C** ‖ hoc + hilariter et occulte **β Ro** (***79***) ‖ fidelissimos *def.* **C** 18 servulos] servire illos **NF** ‖ in nocturnis] *def.* **C** in noctu **G** 19 *a.* numquam *del.* tamen **M** ‖ recedens + in omnibus abstinentiae studium spe vitae reservans et exequens. **β Ro**

De misericordi monacho
α = **C SM** *(usque ad lin. 16)* β = **VB bG E NF** *om.* Lat. II
Gr: P[T] Syr: R4 **Ro**

LXXX De quodam monacho qui presbyter fieri recusabat **S** LVIIII **M** LVIII **β** *praeter* **NF** De monacho quodam in galatiae civitate. LVIII **N** De monacho quodam in galatiae civitate **F** Inc. *om.* **C**

2 qui ad *def.* **C** ‖ ad *om.* **VB** ‖ talem **S** *a.c.* **M** *a.c.* 3 semper *def.* **C** ‖ fieri (cum saepius cogeretur) semper **Ro** ‖ tamen] *del.* **M** *om.* **N** 4 iam *om.* **Ro**

338 B 68.2 A sancto quidem viro civitatis eiusdem episcopo ⌜non recedit. Tantae autem humilitatis est ac tantae misericordiae, ut etiam noctibus totis loca cuncta circumeat manum dando petentibus.

(§2) 68.3 Iste ipse non clausis carcere, non aegritudine fatigatis, non pauperibus, non divitibus umquam suum, in quo deberet aut posset, negavit auxilium, sed omnibus consuluit semper ac profuit quosdam veluti duros atque crudeles ad misericordiam provocando, alios, si hoc debere fieri intellegeret, protegendo, nonnullos pacifica concordatione placando, ceteris quoque, ad corporales necessitates quaecumque pastus eorum atque vestitus exigit, etiam ministrando.

68.4 Est autem illic, quod esse in maioribus semper civitatibus solet: In portico enim ecclesiae

⟨multitudo pauperum iacet atque languentium, ex quibus alii quidem
338 C coniugati, ⌜alii vero sine coniugibus esse noscuntur.

(§3) 68.5 Contigit itaque una dierum hiemis tempore horis nocturnis urgueri quandam mulierem partus angustiis. Hac vero prae nimia difficultate stimulata doloribus atque ululante memoratus vir beatissimus derelicta oratione, quam positus tunc in ecclesia solemniter celebrabat, egrediens vidensque, quod miserandae mulieri in huiusmodi dolore nullus adsisteret, nimia pietate commotus horrore illo, qui parturientium feminarum consuetudinem sequitur, paulisper seposito ipse ministerium obstetricis adsumpsit, ne misericordiae genus amitteret.

(§4) 68.6 Cuius viri vestis quidem, qua induitur, abiecta nimis et vilis est, esca vero castigata vehementer et parva. Qui tanto humanitatis retinetur affectu, ut
338 D prae desiderio ⌜huius operis paene nullum habeat studium lectionis. Nam si quis ei ex fratribus donaverit codicem, continuo hunc vendere consuevit. A quo dum quidam causam, quare id faceret, postulasset, ita respondit: „Unde probabo magistro meo, quod eius artem diligenter didicerim, nisi distractis ipsius codicibus artis necessaria mihi providere festinem?“

68.7 Hic ergo sanctissimus huiusmodi hodieque exsequens actionem inmarcessibilem sui memoriam nominis cunctis illis regionibus derelinquet ipse nimirum gaudiorum caelestium pro his, quae inpendit egentibus, *aeterna retributione* securus.

35/36 *cf.* Ps. H 118,112

---

5 episcopo *om.* **N** 6 in noctibus **Ro** 7 circumeat] *def.* **C** circueat **E** *p.c.* 7/8 dando – fatigatis *def.* **C** 8 Iste] Is **β** *om.* **Ro** 9 possit **C** *a.c.* **S** *a.c.* 10 negavit (-vit *in ras.* **C**)] negare **S** negaret **M** *a.c.* ‖ consuluit – ac *def.* **C** ‖ consulit **S** *a.c.* **M** *a.c.* ‖ semper *om.* **NF** 11 veluti] quidem **β Ro** ‖ ad *def.* **C** ‖ alios vero **β Ro** ‖ si *om.* **C** 13 *a.* pastus *ca. 2 litt. eras.* **S** 14 atque] ac **C F** *a.c.* ‖ vestitus ratio **β Ro** 15 Est – solet *om.* **NF** 16 porticu **α** *p.c.* **β Ro** ‖ enim] *om.* **S** namque **β Ro** *ex lin. 17 usque ad lin. 19 sequentis capituli lac.* **α**: *om.* multitudo – Illa 17 langentium **b** ‖ quidem *om.* **F** 19 itaque *om.* **Ro** ‖ urgeri **F Ro** 21 qua **NF** 22 tunc] erat **NF** ‖ celebrabat *om.* **NF** ‖ *p.* celebrabat *2 litt. eras.* **b** 26 quidem] inquit **NF** *om.* **Ro** 27 parca **Ro** ‖ Qui *om.* **E NF** ‖ quanto **E** *a.c.* **N** quanta **F** ‖ affectum **N** *a.c.* **F** ‖ ut] et **NF** 28 eius **B** *a.c.* ‖ paene *om.* **Ro** 29 consueverat **NF** 30 facere **N** *a.c.* **F** ‖ probo **G** 31 magistrum meum **E** *p.c.* ‖ ipsis **F** 33-36 Hic – securus] *deest* Gr, *hab.* Syr 33/34 immarcescibilem **bG Ro** 34 illis *om.* **N** ‖ dereliquit **NF** derelinquit **Ro** 35 caelestibus **G**

69. De virgine lapsa

69.1 Ancilla dei quaedam virgo aliis virginibus ⌜duabus cohabitans abstinen- *(§1)* 339 A tiamque novem vel decem annis custodiens a quodam cantore sollicitata atque corrupta est. Quae statim concipiens partu explicito in tantum prorupit odium corruptoris, ut nimia conpunctione peccati ultra mensuram quoque resumens paenitentiae continentiam fame semetipsam vellet occidere §lacrimosis precibus *(§2)* iugiter dominum interpellans et dicens:

69.2 „Tu, deus magne, qui peccata omnium nostrum totiusque mundi immoderatam malitiam portare consuesti, *qui non vis mortem peccantium nec perditione delinquentium delectaris*, sed universae creaturae tuae probaris esse misericors, quia tua voluntas est cuncta salvari – me quoque perditam in hoc ostende, si saluti restitues, ut, quod ex mei peccati perditione creatum est, *solitis tuis miraculis super me miseram ⌜demonstratis* ex hac celerius luce tollatur, ne 339 B forte minus audita aut laqueo aut praecipitio perire conpellar.“ Cuius preces exauditas eventus ostendit: Statim namque, quod peperit, morte subtractum est.

69.3 Ex illo igitur die captivatori quidem suo non est visa ulterius, attamen *(§3)* summis paenitentiae continentiaeque se tradidit angustiis ita, ut divinitatem sibi propitiam cupiens reddere elefantiosis mulieribus per annos triginta serviret. Cuius preces humiles misericors dominus non fefellit: Revelavit namque cuidam sancto presbytero dicens: „Illa⟩ virgo plus mihi in paenitentia quam in virginitate sua placuit.“

69.4 Haec autem nunc ego dico, ut nemo contemnendos eos credat, qui vere paenitentiam gerunt.

8/9 Ez. 33,11 *et* Sap. 1,13 (*cf.* Ez. 18,23.32; 2. Sm. 14,14) 11/12 *cf.* Ps. 77,11

---

ad §2 *cf.* HL Cap. 31, 24-28 *et* Cap. 70, *app. crit. ad lin.* 27 19-22 *cf.* AP alph. Sarmatas 1 = AP Bu 1,610 = Paschas. verba patr. 55,4

α = **C SM** *(ex lin. 20)* β = **VB bG E NF** *om.* Lat. II
Gr: PT Syr: R3, R4 **Ro**

in marg. De lapsu cuiusdam ancille dei **b** Inc. *om. cett.*

1 *a.* Ancilla *add. in marg.* Tunc **F** Tunc etiam ancilla **Ro** || cum aliis **Ro** 3 explicato **b** 5 paenitentiam continentiam **NF** 7 nostrorum **Ro** || totius **V** 8 immoderata malitia **VB** || portari **N** *a.c.* **F** 9 delinquentium] morientium **NF** 9/10 sed – salvari *deest* Gr, Syr 11 ostendes **N** || si] quod *add.* **N** *om.* **F** || restituas **N** *p.c.* || solitus **F** *a.c.* 12 tui **N** *a.c.* **F** || demonstrantis **N** *a.c.* **F** || luce celerius **F** *a.c.* 13 forte *om.* **V** || aut *prim.*] a **NF** || ire **NF** 14 Statimque **N** *a.c.* || namque *add.* **N** || quo **N** *a.c.* **F** 16 se *om.* **NF** || ita, ut] ut aut **NF** 17 prospiciam **V** propriam **b** *fort.* **E** *a.c.* || XXXta **G** 19 a sancto **G** 20 *a.* virgo *redit* **α** || *p.* virgo *add.* qu... *(def.)* + *ca. 4 litt. eras.* **S** || *p.* paenitentia *ca. 5 litt. eras.* **S** 22 egerunt **β** (egerint **E** *p.c.*) egerint **Ro**

70. De lectore Eustathio (Ro.: Caput LVII.)

339 C (§1) 70.1 ⌜Presbyteri cuiusdam filia erat apud Caesaream Palaestinae provinciae civitatem, quae, cum in virginitatis esse proposito videretur, praeceps ruit. Cui ille, a quo inducta est atque corrupta, persuasit, ut factum proprium in alium mentiendo transferret et ut lectori cuidam civitatis calumniosum crimen inponeret.

70.2 Cumque iam gravida iuberetur a patre, ut proderet tanti sceleris auctorem, a memorato lectore vitiatam esse se dixit. Presbyter, ut putabat, veritatem compertam suggessit episcopo; episcopus in conventu omnium clericorum lectorem fecit arciri.

339 D 70.3 ⌜Agitabatur quaestio: Interroganti episcopo lector nihil se tale fecisse poterat confiteri, nam quemadmodum confessio sequeretur, ubi
(§2) non praecesserat crimen? §Episcopus lectori suo vehementer iratus, quasi qui inpudenter negaret, et ista dicebat: „Infelix“, inquit, „et miser atque inpuritate sordium plene, non confiteris?“

70.4 Respondit hoc lector: „Ego quidem, quod erat in conscientia mea, dixi nihil me in hac re habere commune neque peccatum me aliquod, quantum ad memoratam virginem expectat, agnoscere. Sed si vis audire,

---

ad totum capitulum cf. AP alph. Nicon; AP alph. Macarius Aeg. 1 = PJ 15,25 = AP (BHL 6525) 99 = AP Chaîne 101 = Paschas. verba patr. 30,1; Kopt. Leg. Matthäus der Arme (Till II, p. 14/5); Nicephor. Callist. hist. eccl. 8,45 (177 B – 180 B) *ad* §§ 1-5 *cf.* Vita Marin. 3

α = C SM H **β = VB bG E NF** *hab.* Lat. II (Caput XIX.)
Gr: PT R3 **Ro**

De filia presbiteri cuiusdam *et in marg.* sacerdotis de filia leg... (*def.*, *fort.* legit) *et in marg.* De filia cuiusdam presbiteri **C** LXXXII De filia presbiteri **S** LX **M** LVIIII **B b E** *p.c.* LVIII **E** *a.c.* De quadam filia presbyteri in cesarea palestinae provintiae. LVIIII **N** De filia cuiusdam presbyteri in caesarea palestinae provintiae **F** Inc. *om.* **H V G**

1 erat *om.* **NF** 2 quae *add.* **C** ‖ in *add.* **G** ‖ videretur *transp. a.* in **G** 3 est *om.* **Ro** ‖ corrupta fuerat **Ro** ‖ ut *del.* **C** 4 civitas **G** 6 iuberetur *scripsi (cf. Praef. C4)* videretur *codd.* **Ro** ‖ conpellitur a patre **S** coacta a patre (coacta *add. in marg.*) **M** (*cf.* Gr: ἐξεταζομένη παρὰ τοῦ πατρός, *idem* Syr; Lat. II: coepit pater eius requirere et discutere eam) ‖ a *om.* **β Ro** ‖ patre – proderet *def.* **C** 7/8 auctorem – veritatem *def.* **C** 7 auctorem cogente **β Ro** ‖ esse *om.* **b** se esse **NF** ‖ putabam **H** *a.c.* 8 veritate comperta **β Ro** ‖ conventum **H Ro** 9 arciri *(pro* acciri; *cf. ThLL I 299, 50-54)*] arcessiri **C** acciri **M** *p.c.* accersiri **β Ro** 10 *a.* Agitabatur *add.* et **C** ‖ interrogante **Ro** ‖ *a.* episcopo *2 litt. eras.* **S** ‖ lector – tale *def.* **C** ‖ se *om.* **G** 10/11 fecisse *add. in marg.* **F** fecisse tale **Ro** 11 quomodo **Ro** ‖ sequitur **C** *a.c.* 12 processerit **V** *a.c.* processerat **V** *p.c.* **B** 13 qui *om.* **H** ‖ et inpudenter **C** ‖ negarit **H** ‖ et *prim.*] *om.* **C** *del.* **SM** etiam **β** ei **Ro** ‖ inquit] *del.* **M** *om.* **β Ro** ‖ et *sec.*] ac **G** ‖ atque] cur *supra ras. ca. 3 litt.* **C** 16 in hac] *add. in marg.* **F** cum hac **Ro** ‖ re *om.* **β Ro** ‖ aliquando **H** aliquid **V** *a.c.* 17 spectat **M** *p.c.* **β Ro**

quod non est: Ego hoc crimen admisi.“ Quem ista dicentem deposuit
episcopus statim.
70.5 At ille tunc memoratum adiit sacerdotem, et cum rogaret hoc
dicens: „Quoniam“, inquit, „me peccasse cognosco, ⌜iube ipsam mihi in 340 A
matrimonio dari, quia neque illa iam virgo neque ego clericus esse
possum.“, §tunc episcopus eam eius dedit potestati putans, quod illam *(§3)*
iuvenis ipse diligeret quodque non posset ullo modo ab eadem separari.

70.6 Acceptam igitur iuvenis et tam ab episcopo quam a patre traditam
sibi commendavit monasterio feminarum, quarum abbatissam deprecatus
est, ut haberet illic eam, donec pareret, quae susceperat partum.

70.7 ⌜Intra breve ergo tempus, *cum proprios implesset dies, advenerat* 340 B
ei hora pariendi, cumque eam vehementer urguerent gemitus ac dolores
atque ipsa iam inferna ⌜conspiceret neque expedire se partus ipsius posset 340 C
§tantumque cruciatum a primo usque ad septimum diem mulier sustineret *(§4)*
intolerabili dolore conpulsa, cum iam sine dubio se videret esse morituram
neque ulterius aut manducaret aut biberet aut somnum oculi ipsius
caperent, hoc maxima proclamando voce dicebat: „Vae“, inquit, „miserae
mihi, quae ad hoc periculum veni, eo quod falsum lectori illi crimen
inposui.“

70.8 Quod statim defertur ad patrem ipsius. Pater veritus, ne quasi

---

app. crit. ad lin. 27: *ad* cui – omnia *cf.* 2. Par. 32,31; Jb. 28,24; 3. Esr. 6,8 *ad* nec – occultus *cf.* Prv. 15,3; Jr. 16,17; Mt. 10,26; Mc. 4,22; Lc. 8,17 (*cf. et* Dn. 13,42 *et* HL Cap. 18, *app. crit. ad lin.* 194) *ad* qui – fiant Dn. 13,42 (*ad* qui – nosti Bar. 3,32; *cf.* 2. Mcc. 9,5; 12,22; 15,2; *ad* antequam fiant Sap. 8,8; *cf.* Sir. 48,28) *ad* cogitationum – iudex *cf.* Jac. 2,4 *ad* tu – consolator *cf.* Dn. 13,43 *ad* inaccessibili – luce 1. Tm. 6,16 28/29 *cf.* Lc. 2,6 *app. crit. ad lin.* 29 2. Mcc. 9,18; Rm. 2,5; 2. Th. 1,5 (*cf.* Tb. 3,2; 2. Mcc. 12,41; Jo. 5,30; Apc. 16,7; 19,2)

---

app. crit. ad lin. 27 *cf.* HL Cap. 31, 24-28 *et* Cap. 69, §2 34-36 *et* 51/52 *cf.* Vita Marin. 6 (694 A)

---

18 *p.* hoc *ca. 5 litt. eras.* **S** ‖ gradu lectoris deposuit **β Ro** ‖ *p.* deposuit *exp.* Adiit sacerdotem et cum rogaret hoc dicens **C** ‖ *p.* deposuit *ca. 4 litt. eras.* **S** 19 episcopus *om.* **F** 20 rogasset **H** 21 inquit] *del.* **M** *om.* **β Ro** ‖ qui me **Ro** ‖ agnosco **H** 22 matrimonium **β Ro** ‖ esse iam clericus **M** esse clericus **H β** (clericus *om.* **NF**) 23 tunc *om.* **β Ro** ‖ eam *om.* **C** ‖ eius *transp. p.* potestati **β Ro** 25 igitur iuvenis *def.* **C** ‖ *p.* iuvenis *ca. 3 litt. eras.* **S** ‖ et tam] etiam **H** ‖ et *om.* **F** 25/26 a – sibi *def.* **C** 26/27 monasterio – haberet *def.* **C** 26 in monasterio **F** 27 quae – partum] *del.* **M** sustentandam **β Ro** ‖ quia *corr. ex* qua **S** ‖ partum + Ipse (Ipse se **V** *a.c.*) vero derelicta ea (ea derelicta **Ro**) in monasterio memorato (in monasterio derelicta ea memorato **b**) in angusta cellula (cella **E N** *a.c.*) se concludens arripiensque abstinentiam nimis difficilem adiit christum corde contrito cum lacrimis atque gemitibus dicens: „Tu, domine (deus **G**), cui nota sunt omnia, actus quoque (actusque **NF**) meos agnoscis nec est quisquam locus, qui

calumniatorem eum reprehenderent alii, quievit et tacuit. Per alium igitur biduum nec moriebatur neque pariebat puella.

340 D 70.9 ⌜Et quoniam clamores ipsius atque mugitus diutius circumstantes sorores ferre non poterant, episcopo sancto, quod audierant, rettulerunt confessam in dolore hoc eam dudum esse dicentes, quod calumniata memorato lectori fuisset. Tunc ad eum diacones episcopus mittit mandatque ei: „Ora“, inquit, „ut calumniatrix tua pariat.“

(§5) 70.10 Quibus nullum dedit ille responsum neque aperuit ostium propriae mansionis, in qua iugiter, ex quo fuerat ingressus, dominum precabatur. Pergit igitur pater ipsius ad episcopum, rursus orationes in ecclesia maximae fiunt, et nec sic quidem illa aliquod remedium sentiebat.

341 A 70.11 Tunc igitur episcopus ipse ad lectorem venit, ⌜pulsat ostium, ingressus hoc dixit: „Surge“, inquit, „Eustathi, et solve, quod ligasti.“ Ipso quoque momento, una cum episcopo cum lector genua fixisset, mulier enixa est.

38/39 *cf.* Vita Melan. 61

---

omnipotentiae tuae oculis sit occultus (occultum **N**, aboccultum **F**), *(340 B)* qui universa nosti, antequam fiant, tu solus profunda prospicis (perficis **G**) cogitationum, quarum sincerissimus atque acutissimus iudex esse consuesti (consuevisti **Ro**), tu auxiliator iniusta patientium, tu calumniam subeuntium consolator, cui nihil placet iniquum, apud quem mensura iustitiae inaccessibili semper luce perspicua est et omne opus hominum coram te est (et – est *om.* **NF**) – tuae est igitur (igitur est **E**) aequitatis incommutabilisque iudicii causam quoque meam divina manifestare sententia.“ Itaque cum (cum *add.* **F**) iuvenis infatigabiliter dominum precaretur (depraecaretur **NF**) ieiuniisque vigilanter ac diligenter incumberet **β Ro** 28 Intra *def.* **C** || ergo *om.* **β Ro** || puella cum **β** (cum *om.* **N**) **Ro** || proprior **NF** || conplesset **H** || dies *def.* **C** 29 ei] et **H** *om.* **b** || pariendi + simulque instabat iustum dei iudicium nam **β Ro** || cum **β Ro** || eam *def.* **C** || urgerent vehementer **Ro** || dolores *def.* **C** 30 iam ipsa **Ro** || calumniatrix miseranda conspiceret **β Ro** 30/31 expedire – tantumque *om.* **C** 30 *p.* se *add.* doloribus **M** || posset angustiis **β Ro** 31 tantumque *om.* **M** || ad *om.* **C** || diem septimum **b** || mulier *def.* **C** 32 cum *def.* **C** || dubio se *def.* **C** 33 aut *prim.* – biberet *om.* **NF** || aut *prim. def.* **C** || manducare **S M** *a.c.* **H β** (*praeter* **NF**) **Ro** || biberet **M** *p.c.* *def.* **C** bibere *cett.* **Ro** || sompnium **F** *a.c.* || oculi *def.* **C** || eius **Ro** 34 capere potuissent **β Ro** || maximo **H** || voce *def.* **C** || inquit] *del.* **M** *om.* **β Ro** || misera **C H** 35 quae ad *def.* **C** || quae *om.* **G** || dupliciter veni **β** (deveni **NF**) dupliciter perveni **Ro** || eo] primum + quod virginitatem perdidi, deinde **β Ro** || illi *def.* **C** 37 ad *def.* **C** || Pater] qui **NF** Pater autem *cett.* **β Ro** || ne quasi] ne sicut *corr. ex* neque sicut **M** 38 praenderent **C** || alii + velut incredulus **β Ro** || et] *def.* **C** ac **S** || alium] aliud **H β Ro** 39 biduo **S** *a.c.* || biduum + imminente ei divino iudicio **β Ro** || nec moriebatur *om.* **NF** || nec] *def.* **C** neque **β** (*praeter* **NF**) **Ro** 40 quoniam *def.* **C** || atque] ac **C** || mugitus] gemitus **Ro** 41 potuerunt **Ro** || episcopo *def.* **C** || sancto *om.* **β Ro** || audierant **β Ro** audierunt **α** || celeriter retulerunt **β Ro** 42 eam] etiam **H Ro** || dicentes *in ras.* **S**

70.12 Tantumque tam iugis innocentiae oratio valuit, ut calumnia proderetur et calumniatrix emendaretur in poenis et ut possemus agnoscere, quemadmodum insistere orationibus deberemus, quarum tantam scimus esse virtutem.

71. De quodam fratre (Ro.: Caput LVIII.)

71.1 Pauca nunc igitur de fratre quodam loquar, qui mecum a principio (§1) iuventutis usque in hodiernum diem vixit, atque ita inponam finem meo libello.

71.2 Hunc ego plurimum temporis admodum noveram ⌜nullo desiderio 341 B mentis aut corporis victum vel ad ieiunandum vel edendum aliquando,

---

43 memorata **N** *a.c.* || lectori *def.* **C** || fuisset + et idcirco parere non valeret **β Ro** || diaconos **C** *p.c.* **β Ro** || misit **H b** *a.c.* 43/44 aitque *corr. ex* mandatque **M** 44 inquit *del.* **M** 45 ille *add.* **b** responsum ille **Ro** 46 quam **C** 46-48 fuerat – ecclesia *def.* **C** 46 ingressus + ieiuniis vigiliisque **β Ro** 47 deprecabatur **H** deprecans **NF** || ipsius *om.* **F** || aepiscopum rursus. orationes **H** 48 maxime **V b F Ro** || nec] ne **B bG E** || sic] si **H V b** 49 pulsat] *def.* **C** pulsans **F** 50 et ingressus **β Ro** || dicit **Ro** || Surge *def.* **C** || inquit] *del.* **M** frater **β Ro** || eustatii **C** eustachi **β** *praeter* **B G** (eustachii **b** *a.c.*) || ligasti] *def.* **C** alligasti **NF** 51 Ipsoque momento **β** (*praeter* **G**) **Ro** || cum episcopo *def.* **C** || episcopo suo **NF** || cum lector] *om.* **H** *transp. a.* una **β Ro** || cum *sec.*] dum **S** dum *add. a.* una **M** || genua sua **β Ro** || flexisset **S Ro** fixissent **NF** 52-54 mulier – proderetur *add. in marg. inf.* **b** 52 mulier *def.* **C** 53 tam *om.* **β Ro** || ut] ut et **β** (et ut **b**) **Ro** 54 proderetur] periret **β Ro** || et *prim.*] et ut **NF** 54-56 et *sec.* – virtutem *om.* **H** 54/55 et *sec.* – agnoscere] Gr: ἵνα μάθωμεν (*idem* Syr) 54 et *sec. om.* **N** || possemus **β Ro** possimus **α** (*cf.* Cap. 47, §25: ut ex hoc intellegere possimus) 55 quemadmodum insistere *om.* **F** || quemadmodum] quantum **N** || debeamus **C** *p.c.* || quarum] horum **C** *p.c.* || tantam *corr. ex* tantum **C S G F**

De quodam fratre *app. crit. ad lin.* 5 *cf.* Gal. 1,10 *et* 1. Th. 2,4 (*cf.* HL Prol. II, §§ 1.9; Cap. 37, §20 *et app. crit. ad lin.* 146)

2/3 *cf.* Sulp. Sev. Mart. 26,1

α = **C SM H** *(***H** *usque ad lin. 43)*	**β** = **VB bG E NF**	*om.* Lat. II
Gr: PTA	Syr: R3	**Ro**

initium capituli a. et ut *(lin. 54 antecedentis cap.)* **SM** LXI **M** LX **B b E** De quodam fratre cum quo se scriptor huius operis dicit. LX **N** De quodam fratre cum quo se scriptor huius operis dicit **F** Inc. *om.* **C S H V G**

1 *in marg.* Huc de semetipso (*corr. ex* semetipsum) scriptor huius libri sub alterius persona narrat. **b** || *a.* Pauca: Haec de semetipso scriptor huius libri sub alterius persona narrat. **NF** || Pauca – loquar] Frater quidam erat **H** || Pauca *del.* **C** || igitur *del.* **M** || loquar quodam **Ro** || loquor **B** *a.c.* 2 in hodiernum] ad hunc **M** || *p.* ita *2 litt. eras.* **S** || inponam] nunc ponam **β Ro** 4 ergo **H V NF** 5 aut] atque **b** || ieiunandum + voluisse placere hominibus **β Ro** (noluisse **Ro**) || ad edendum **β Ro** || aliquando] carnis illecebra superatum **β Ro**

vicisse autem eum, sicut aestimo, tam divitiarum quam vanae gloriae ex parte maiore cupiditatem atque id sibi solum sufficere credentem, quod haberet in manibus. Nullo ornatu vestium delectabatur, etiam pro contemptu suo semper gratias agere consueverat et pro veris amicis etiam periculum subire cupiebat.

71.3 Expertus est etiam milies et forte amplius daemonum potestates usque adeo, ut quadam die pacisci cum eo diabolus vellet hoc dicens: „Promitte“, inquit, „mihi vel semel te peccaturum, et feminam tibi, quamcumque in hoc mundo desideraveris, exhibebo.“

341 C (§2) 71.4 Alio quodam tempore per quattuordecim noctes ⌜confligens cum
eo daemon – sicut mihi ipse referebat –, cum pedibus eum nocte de cellula sua traheret, humana ei voce dicebat: „Noli“, inquit, „adorare Christum, et numquam ad te ulterius accedam.“ Cuique hoc dedit ille responsum: „Propterea“, inquit, „magis et adoro eum et iugiter adorabo et in inmensum modum admirabor gloriam ipsius ac stupebo, quia hoc ipso, quod facio, angeris multum atque cruciaris.“

71.5 Centum et sex civitates hic ipse cognovit, longo etiam tempore in plurimis est moratus. Favore et misericordia Christi feminam expertus est nullam neque inter somnia nisi in certaminis visione atque conflictus.

(§3) 71.6 Scio etiam eum ter accepisse ab angelis cibum: Uno autem die in
vastissimis solitudinum locis, cum ne micam quidem panis haberet, tres
341 D calidos in pelle ⌜sua repperit paximates; alio quoque tempore vinum ac
panes pariter invenit. Quodam die eum alicui dixisse reminiscor: „Didici“,
342 A inquit, „quod alimenta vitae necessaria non haberes. ⌜Vade“, inquit, „et
ab illo frumentum atque oleum tibi datur.“ Cum ad eum ille ipse venisset,

---

6 sicut] sic **S** *p.c.* *om.* **β Ro** ‖ existimo **Ro** ‖ tam *om.* **V** 6/7 ex – maiore] Gr: τὸ πλεῖστον (*idem* Syr) 7 maiore **b** *p.c.* **Ro** maiorem *cett.* 8 Nullo] nec ullo **NF** 8/9 pro contemptu etiam **β Ro** ‖ contentu **M** ‖ gratias semper **β** 10 subire periculum **F** *a.c.* 11 potestatem **C** 12/13 adeo – inquit *def.* **C** 12 ut – die *om.* **H** ‖ pacisci] pacis **b** *a.c.* **G** ‖ diabolus *om.* **H** ‖ *p.* vellet *fort.* et *del.* **SM** ‖ et hoc **H** 13 inquit] *del.* **M** *om.* **β Ro** ‖ tibi *om.* **NF** 14 quacunque **Ro** (*error typographicus*; Ed. 1615: quamcumque) ‖ in] de **Ro** ‖ desideraberis **b** *a.c.* **G** 15 XIIII **C** 16 sicut *def.* **C** ‖ ipse mihi **Ro** ‖ cella **β Ro** 17 inquit] *del.* **M** *om.* **β Ro** 18 *p.* te *ca. 4 litt. eras.* **S** ‖ *a.* ulterius *del.* vel **M** ‖ ulterius *def.* **C** ‖ Cui **β Ro** ‖ dedit **S** dicebat **C** dabat *cett.* **Ro** ‖ *p.* responsum *add.* habebat **C** 19 inquiens **β Ro** ‖ et *prim. om.* **C H** ‖ adorabo] adoro **E** ‖ in *om.* **H NF** 20 admirabo **H** ammirabar **N** ‖ *a.* hoc *add.* pro **C** ‖ ipsum **C** *a.c.* **β** *praeter* **b** *p.c.* **F** *a.c.* (*cf. ThLL II, s. v. ango, 48, 83 sqq.: „c. acc. pronom.“*) 22 hic *om.* **H Ro** 23 moratus est **Ro** ‖ moratus favore et misericordia christi. Feminam **S** 24 neque interpraes somnia *exp.* **C** ‖ nisi – conflictus *exp. et del.* **C** ‖ conflictis **NF** 25 etiam] et **Ro** ‖ recepisse **NF** 26 vastissimo **H** ‖ nec *corr. ex* ne **C** ‖ quidam **C** *a.c.* 27 ac] aquam **NF** 28 reminiscor + quod angelo loquente haec audierit **β Ro** (*50*) ‖ dici **NF** 29 inquit *prim. om.* **NF** ‖ et quod **Ro** ‖ habebat *corr. fort. ex* haberet **C** haberes *in ras.* **S** ‖ inquit *sec. del.* **M** ‖ et *om.* **NF** 30 *p.* illo *ca. 8 litt. eras.* **S** ‖ atque *def.* **C** ‖ Cumque **β Ro** ‖ ad *add.* **C** ‖

ad quem fuerat iste transmissus, ait eidem: „Tu es“, inquit, „ille nescioquis?“ Et ille se esse respondit. Ad quem dixit hoc ille: „Iussit“, inquit, „aliquis, ut tibi triginta frumenti modios et decem olei sextarios darem.“

71.7 De hoc ergo maxime gloriabor, qui talis fuit. Quem novi *(§4)* frequenter, cum videret aliquos necessitate gravissima ac penuria laborare, multum flevisse et dedisse hisdem praeter corpus suum, quaecumque habere posset. Novi etiam ipsum pro aliquo monacho, qui inciderat in peccati ruinam, tantum in precibus suis fudisse lacrimarum, ut eum ad paenitentiam magnam orando ac flendo revocaret.

71.8 Hic idem mihi aliquando iuravit hoc dicens: „Deprecatus sum“, inquit, „deum, ne umquam aliquid maxime a ⌜peccatore vel divite ex his, 342 B quae necessaria victui vel usui meo viderentur, acciperem.“

71.9 Mihi tamen et hoc sufficit, quod merui tantorum meminisse *(§5)* sanctorum et quod tradidi eos memoriae litterarum, neque enim sine instinctu dei ad hoc tuus sensus accensus est, ut velles a me tibi ista conscribi et ut istorum omnium vitas conprehendi praeciperes hoc libello.

71.10 Tu vero, fidelissime Christi famule, libenter haec recole maximam in his imaginem resurrectionis agnoscens. Beatas sanctorum vitas virorum et intolerandos labores et admirandam patientiam lege, promotis

---

35 *cf.* 2. Cor. 12,5 *et* Jac. 1,9

---

31 *a.* ad: is **Ro** || iste] ipse **Ro** || eidem] *def.* **C** idem **M** || ille inquit (ille *def.*) **C** inquit *om.* **β Ro** 32 Ad *add.* **C** || hoc *def.* **C** 33 inquit] *del.* **M** *om.* **β Ro** || aliquis inquid **H** || tibi *def.* **C** || XXXta **C G** || frumenti *om.* **NF** || Xcem **C G** || sestarios **C** sextaria **NF** 35 De – gloriabor *in ras.* **M** || qui] quia **C** *p.c.* **S** 36 viderit **C** *a.c.* disceret *corr. ex* diceret **b** || conpenuria **N** cum penuria **F** || laboraret **NF** 37 flevisset **N** *a.c.* **F** || et dedisse *add.* **N** || dedisset **F** || isdem **S M** *a.c.* **H NF** iisdem **M** *p.c.* **Ro** 38 possit **C** *a.c.* **S** *a.c.* || ipsum *om.* **VB Ro** 39 fundisse **C F** 41 idem] quidem **M** *a lin.* 41 iuravit *usque ad finem capituli textus maxima ex parte deletus est* **S** 41 iuravit *def.* **C** || hoc – sum *def.* **S** 41/42 Deprecatus – divite *def.* **C** 42 inquit] *del.* **M** *om.* **β Ro** || Dominum **Ro** || ne umquam] *def.* **S** me numquam **N** meum quam **F** || aliquid] aliud **NF** || maxime – peccatore *def.* **S** || divite – his *def.* **S** || ex *om.* **H** || iis **C Ro** 43 victui – viderentur *def.* **S** || accipere **C bG** || *p.* acciperem *desinit* **H** 44 Mihi *def.* **S** || et *om.* **β Ro** || merui *om.* **G** 45 sanctorum *def.* **S** || tradidi *def.* **S** || neque *def.* **S** || sine] *add.* **M** absque **N** *om.* **F** 46 instinctu *def.* **C** || ut] *def.* **C** *om.* **NF** || velle **NF** || a me *def.* **S** || a *del.* **C** || 47 et ut *def.* **S** || vitas *def.* **C** || *a.* hoc *add.* in **C** 48 felicissime **Ro** || famule Lause **Ro** || hoc **β** *praeter* **NF** 48/49 *a.* maximam *add.* et **M** 49 regnoscens **S** agnosce **M** *p.c.* || Beatas sanctorum *def.* **S** || beatasque **F** *p.c.* 50 et *prim. def.* **S** || labores] dolores **C** labores et misericordes **NF** || et admirandam *def.* **S** || et *sec. om.* **NF** || mirandam **NF** || lege, promotis *def.* **S** || promotisque **β Ro**

sensibus sequere et spe rerum bonarum caelestiumque nutrire sciens paucos fore eos, qui sequentur hos, qui praecesserant, dies.

342 C *(§6)* 71.11 Pro me autem orare ⸢dignare talemque te mihi atque omnibus praebe, qualem esse te novi a consulatu Tatiani usque in praesentem diem et qualem te postea praepositum cubiculi piae sedis inveni. Nam que⟨m⟩ opes, dignitas et potestas in nullo minorem [te] erga amorem dei timoremque fecerunt, totus ille iam Christi est, illius, cui aliquando daemon hoc dixit: *„Omnia tibi ista donabo, si me pronus volueris adorare."*

58/59 Mt. 4,9 *app. crit. ad lin.* 59 Mc. 8,33

---

51 rerum] operum **C** || bonarum rerum **F** *p.c.* || nutri **Ro** || scis **C** *p.c.* sciens *in ras.* **M** 52 paucos *def.* **S** || fore] forte **C M** *a.c.* esse **NF** || eos *om.* **Ro** || hos, qui *def.* **S** || hos] his **M** *a.c.* eos **Ro** || praecesserunt **S** *a.c.* **M** *p.c. (in ras.)* **Ro** praecesserint **β** *praeter* **NF** 53 Pro me *def.* **S** || dignare *def.* **S** 54 titiani **β Ro** Gr: Τατιανοῦ Syr: „Tatien" || usque *def.* **S** 55 et *def.* **S** || postea te **Ro** || praesulem **β Ro** || cubiculi *def.* **S** || piae sedis] praesidis **C** *p.c.* quiescentis **N F** *a.c.* 55-57 Nam que<m> – est] Gr: Ὃν γὰρ ἀξία τοιαύτη ... οὐκ ἐποίησε χεῖρον, οὗτος ἀνάκειται τῷ Χριστῷ (*sim.* Syr) 55 Nam que<m>] Namque *codd.* **Ro**, *correxi (cf. Praef. C4)* 56 et *def.* **S** || te *delevi* || dei] christi *in ras.* **C** 57 timoremque] *om.* **C** timoresque **N F** *a.c.* || totus ille *def.* **C** || ille] *del.* **M E** || es **α** *p.c.* **β Ro** || illius] illis *exp.* **F** || cui] qui **F** 57/58 aliquando daemon *def.* **C** 58 daemon – dixit] a daemone audivit hoc sibi dictum (a *et* audivit *add.*, sibi dictum *in ras.*) **F** 58/59 tibi – adorare *def.* **C** 58 dabo **V Ro** 59 adorare + [Sed hunc Dominus confudit, cum dixit: Vade retro. Quem tu quoque imitans, repudiatis fluxis divitiis et umbratili vitae huius gloria, coelestem illam immortalem vitam, et aeternum regnum, et perpetuo manentem gloriam, et bona illa adamasti, quae neque oculus vidit, neque auris audivit, neque in cor hominis ascenderunt; quorum utinam haeredes nos faciat *(342 D)* una cum omnibus sanctis suis patriarchis et prophetis, apostolisque ac martyribus, et illis quorum in hoc libro memoriam celebravimus, gratia ipsius Salvatoris nostri Iesu Christi.] **Ro**

Expl.: Expl... *(def.)* **C** Explicat liber qui appellatur paradisus **VB** Explicit liber qui appellatur paradisus **bG E** Explicit liber vitae sanctorum patrum deo gratias amen **F** Expl. *om.* **SM N**

INDICES*

BIBELSTELLENINDEX

---

* Die arabischen Zahlen verweisen im Bibelstellenindex, Autorenindex und Wortindex zum Leben der Mönche auf die Kapitel und Zeilen, im Personennamenindex, Ortsnamenindex und Grammatikindex auf die Kapitel und Paragraphen des lateinischen Textes. Mit Prol. und römischer Zahl werden die beiden Prologe bezeichnet.

AUTORENINDEX[1]

[1] Der Index führt Autorennamen und Werktitel an. Er bezieht sich nur auf den in dieser Ausgabe edierten Text, nicht dagegen auf lateinische Textpassagen in der Einleitung.

PERSONENNAMENINDEX[1]

---

[1] In diesen Index sind auch Beinamen (wie *Sindonius*), denen der eigentliche Name der betreffenden Person in Klammern hinzugefügt ist, und von Eigennamen abgeleitete Adjektive (wie *Manichaeus*) aufgenommen worden; geographische Beinamen (wie *Aegyptius* zu *Macharius*) sind allerdings im Ortsnamenindex zu finden. Die Personen werden nur dann genauer charakterisiert, wenn zwischen verschiedenen Trägern desselben Namens unterschieden werden muß.

---

2 Der Name wird im Text des Kapitels nicht erwähnt.

3 Die Zuordnung des in Cap. 35 genannten *benedictus Macharius* ist sehr problematisch: Macarius der Ägypter scheidet aus, weil Palladius am Schluß von Cap. 17 schreibt, er habe ihn persönlich nie getroffen. Der griechische Wortlaut der Stelle (§3: οἱ περὶ τὸν μακάριον Εὐάγριον) legt vielmehr die Vermutung nahe, daß der Übersetzer das Adjektiv μακάριος irrtümlich als Eigennamen interpretiert hat; evtl. hatte er einen griechischen Text vor sich, in dem der Name des Evagrius ausgefallen war (vgl. Kapitel C4).

---

4 Version I schreibt statt *Marcus* den Namen *Severus*.

5 Diese Stelle geht auf ein Mißverständnis des griechischen Wortes στεφάνου zurück. Vielleicht hat der Übersetzer aufgrund des Kontextes an Stephanus, einen der sieben Gehilfen der Apostel (Act. 6,1-8) gedacht. – Vgl. Kapitel C4.

ORTSNAMENINDEX[1]

---

[1] Für Namen, die im Text verschiedenen Deklinationen zugeordnet sind, werden mehrere Nominativformen angesetzt wie bei *Nitria/Nitrias* und *Scithia/Scithin/Scithis*. Diejenigen Ortsbezeichnungen, die aus einem im Genitiv stehenden Eigennamen und einer charakterisierenden Angabe wie *loca*, *regio* oder *civitas* zusammengesetzt sind, wobei die griechische Endung beibehalten sein kann – wie in Cap. 48.1 bei *Duca (mons)* als Übersetzung von (τὸ ὄρος) τοῦ Δουκᾶ, in Cap. 35.23 bei *Nicius (oppidum)* für Νικίους (τῆς πόλεως) und in Cap. 32.15 bei *Panos (civitas)* für Πανὸς (τὴν πόλιν) –, werden mit beiden Bestandteilen angeführt. – Der Index enthält auch von geographischen Namen abgeleitete Adjektive, mit denen keine Menschen bezeichnet werden wie z. B. *Italicus* für ein Gefäß und *Latinus* als Attribut zu *sermo*.

---

2 Hier könnte es sich um die Wiedergabe der griechischen Genitivform Φοινίκης in itazistischer Schreibung handeln.

3 Die Akkusativform *Scithin* ist unter *Scithis* eingeordnet.

WORTINDEX ZUM LEBEN DER MÖNCHE[1]

[1] Der Index enthält Wörter aus dem gesamten lateinischen Text der Edition, also auch aus den Bibelzitaten. Ausgespart sind nur die von mir vereinheitlichten Kapitelüberschriften. Hinter einigen Einträgen finden sich in Klammern Zusätze, die entweder der eindeutigen Identifizierung der Form dienen oder darauf hinweisen, daß nur Stellen in einer bestimmten Bedeutung oder Verwendungsweise aufgenommen worden sind, unabhängig davon, ob das Wort darüber hinaus noch in anderen Bedeutungen vorkommt.

GRAMMATIKINDEX[1]

A WORTINDEX

a) Ungewöhnliche Bedeutungen und auffällige Wortwahl[2]

ad = adversus, contra (*vgl.* ThLL I 511, 40 ff.; LHS, S. 220) **38.7**
aemulus = invidus, inimicus (*vgl.* ThLL I 978, 71 ff.; Rönsch, S. 338) **38.14**
affectus: „die Lieben" (*vgl.* ThLL I 1191, 73 – 1192, 8) **1.5** (= uxores); **66.2** (= liberi)
alter = alius (*vgl.* LHS, S. 208; Löfstedt, S. 145) **16.1; 32.19; 35.21** *u. ö.*[3]
angustiari: „kleinmütig sein" (Gr: μικροψυχεῖν) **39.8**
anicetus = invictus (Gr: ἀνίκητος; *vgl.* ThLL II 68, 48-52) **45.1**
apud:
  apud = in + *Abl. oder Lok.* (*vgl.* Rönsch, S. 391 f.; LHS, S. 224; Löfstedt, S. 252 f.) **19.18; 31.2; 36.1; 41.3; 43.1; 46.8; 46.10; 54.8; 70.1**
  apud aliquem + *Pass.* = *ab agentis* (*vgl.* LHS, S. 225; Svennung, S. 339 ff.) **63.3**

bona (castitatis ac sanctitatis): „Güter" (mit abstrakten Genitiven sonst nur im Singular, *vgl. z. B.* Aug. civ. 1,28) **57.2**

cani (*sc.* capilli) = senectus (*vgl.* ThLL III 298, 2 ff.; Rönsch, S. 306) **18.36**
calumniosus = malus (Gr: κακοπραγμοσύνη) **Prol.II.8**
captivator = corruptor: „Verführer" (Gr: ὁ αἰχμαλωτεύσας; *vgl.* ThLL III 366, 71 f.; Rönsch, S. 60) **69.3**
castigatus = temperatus, moderatus (*vgl.* ThLL III 536, 38 ff., *bes.* 54-56) **51.1**
certus = quidam (*vgl.* ThLL III 906, 48 ff.) **40.6**
circa = in, erga, propter: „für, im Hinblick auf, zum Nutzen von" (*vgl.* ThLL III, 1091, 55 ff.; Niermeyer; Kühner/Stegmann, S. 543 f.) **40.7**

---

1 In diesem Index ist keine Vollständigkeit angestrebt; es sollen lediglich einige auffällige sprachliche Erscheinungen zusammengestellt werden. Ein Teil der angeführten Besonderheiten ist in Kapitel C4 ausführlicher behandelt. Hier werden jedoch zur schnellen Orientierung bereits Hinweise auf einschlägige Literatur, meist Lexika und Grammatiken, gegeben. – Der Zusatz „(app. crit.)" weist auf Formen und Konstruktionen hin, die zwar aufgrund der Überlieferungslage nicht in den Text aufgenommen wurden, aber dennoch nicht als reine Verschreibungen angesehen werden können. Die griechischen Entsprechungen stammen aus dem Text der HL.

2 Ausgenommen sind die in christlichem Kontext üblichen termini wie *communio* = „Abendmahl" oder *propositum* = „Vorsatz des asketischen Lebens".

3 Oft wird mit *alter* eine neue und damit zweite Person oder Sache eingeführt, die bei Verbindung mit einer Negation oder im Kontext einer Frage unbestimmt bleibt: 3.3 (*numquam ... sit alter cognitor*); 6.10 (*ne quis ... alter*); 7.9 (*nullus ... alter*); 16.4; 19.10; 21.17; 22.14 *bis*; 36.1 (*nullum ... alterum*); 37.17 (*quis alter monachus*); 47.6; 62.2.

---

4 S. a. den Sachindex unter „Kontamination".
5 S. a. den Sachindex unter „Numerus".
6 S. a. den Sachindex unter „Verbalkonstruktionen".
7 Die Interpretation von *habere* als Intransitivum mit Akkusativ der zeitlichen Erstreckung im Sinne von *habitare* (cf. ThLL VI 2401, 6 *sqq.*; Rönsch, p. 386; LHS, p. 34 *sq.*) ist nur auf einen Teil der Stellen anwendbar.

---

8 Oft in Verbindung mit *omnes*.

b) Unübliche Formen, Deklinations- und Genuswechsel

B SACHINDEX

---

[1] Auch als Haplographie erklärbar.

---

[2] S. a. unter Subjektswechsel und Tempuswechsel.

---

3 S. a. den Wortindex a) unter *contra*.
4 Durch Berührung mit Relativsätzen (vgl. LHS, S. 538).
5 Vermutlich durch Modusperseveration (s. dort).
6 Vielleicht durch Kontamination mit verneintem Kausalsatz. – S. a. unter Moduswechsel.

Modusperseveration (vgl. LHS, S. 335):

quibus contrarium est ..., quia ... nihil possint, et quibus curae sit[7] **Prol.II.16**

Referebat ..., quia, cum ... fuisset ingressa cumque ... cognovisset et ducta ... fuisset, obtulisset ... ac deprecata fuisset[8] **10.3**

proiecit se ... supra cellulae suae limen ita, ut extra cellulam suos relinqueret pedes atque hoc diceret **18.32**

quem si ostenderet, adiuvaturos se ... eum pollicerentur **37.9** *(app. crit.)*

Acciderat ..., ut unus ... interiret utque alter ... deficeret. Inter quos ... et Stefanus quidam ... descenderet **47.7**

Moduswechsel (vgl. LHS, S. 539 u. 814 f.):

quibus contrarium est ... et quibus curae sit[9] **Prol.II.16**

Adserebant ..., quia numquam ... cito responsum ... dederit, sed semper ... dicebat[10] **10.9** *(app. crit.)*

Quemadmodum pares possunt videri, et non magis ille praecedat, qui ... **14.5**

Negationen:

nec = *non* (vgl. LHS, S. 448 f.; Löfstedt, S. 88; Svennung, S. 497; Erikson, S. 79) **Prol.II.12; 12.7; 26.2; 29.3**

necdum = *nondum* (vgl. LHS, S. 449; Svennung, S. 404; Erikson, S. 79) **8.7; 10.8; 10.9; 19.10; 22.18; 58.8**

neque = *ne quidem* (vgl. LHS, S. 449 f.; Löfstedt, S. 88 f.; Svennung, S. 404): z. B. *ut, si forte umquam leguminis aliquid repperisset, neque inde gustaret* **18.2**

nihil:

nihil = *non* (vgl. LHS, S. 454) **Prol.II.16; 11.4; 22.3; 37.15**

nihil + adeo: adeo nihil ... sibi reliquisse **41.5**

nihil + tam: tam ... nihil habentem in se mali **36.1**

nullus = *nemo* (vgl. LHS, S. 204 f.)[11] **11.2; 14.3; 15.1; 18.34; 19.5; 22.3; 26.2; 27.2; 31.2; 33.1; 35.17; 35.24; 36.7; 37.15; 38.10; 46.11; 63.3; 68.5**

Nominalsätze (vgl. LHS, S. 419 ff.):

nullus illo in officio consolationis superior **11.7**

Alii etiam duo fratres, qui Esaias et Paisius vocabantur **14.1** *(app. crit.)*

Alter quidam de antiquis viris nomine Nathanahel **16.1** *(app. crit.)*

Numerus:

Plural statt Singular:

ignes statt *ignis*: *nihil cocti ignibus cibi* (vgl. ThLL VII 1, 291, 20) **45.3**

mercedes statt *merces* (vgl. ThLL VIII 798, 13-23; Salonius, S. 77): *Unde mercedes daturus es nobis?* **37.15**

---

[7] S. a. unter Moduswechsel.
[8] S. a. unter Konjunktiv statt Indikativ.
[9] S. a. unter Modusperseveration.
[10] S. a. unter Konjunktiv statt Indikativ.
[11] Aufgeführt sind nicht die schon im klassischen Latein üblichen Ersetzungen des Genitivs und Ablativs von *nemo* durch Formen von *nullus*.

[12] S. a. den Wortindex a) unter *ex*.

---

[13] S. a. unter Inkonzinnität und Tempuswechsel.
[14] S. a. unter Tempuswechsel.

---

15 S. a. unter Inkonzinnität und Subjektswechsel.
16 S. a. unter Subjektswechsel.
17 S. a. den Wortindex a).